DER DEUTSCHE ROMAN I

# DER DEUTSCHE ROMAN

Vom Barock bis zur Gegenwart

Struktur und Geschichte

I

Herausgegeben von

Benno von Wiese

August Bagel Verlag Düsseldorf

Neuntes bis vierzehntes Tausend
Alle Rechte vorbehalten. Printed in Germany 1965
Herstellung A. Bagel, Düsseldorf

GELEITWORT

Die beiden Bände „Der deutsche Roman", die der Herausgeber gemeinsam mit seinen Mitarbeitern vorlegt, sind zugleich als Abschluß der bereits früher erschienenen Interpretationswerke „Die deutsche Lyrik" und „Das deutsche Drama" gedacht. Wenn ihr Erscheinen etwas mehr Zeit beanspruchte, als ursprünglich vorgesehen war, so lag das nicht nur an den ja allgemein bekannten Schwierigkeiten, mit denen der Hochschullehrer der Germanistik heute zu kämpfen hat, sondern war auch in der Sache selbst begründet. Die Kunst der Interpretation, nunmehr schon seit Jahrzehnten geübt und immer mehr verfeinert, hat sich dennoch weit mehr im lyrischen und dramatischen Bereich oder in dem der kleineren Erzählformen durchgesetzt, den Roman aber dabei weitgehend vernachlässigt. Das mochte vor allem zwei Gründe haben. Der eine lag darin, daß die Geschichte des deutschen Romans bisher zu sehr in das Prokrustesbett des sogenannten Bildungs- und Entwicklungsromans eingezwängt wurde. Eben hier ließ sich kaum noch Neues und Wichtiges sagen, so daß die Beschäftigung mit dem deutschen Roman drohte, steril und eintönig zu werden. Der zweite Grund ergab sich aus der sehr komplexen und hochdifferenzierten Struktur des modernen Romans, vor allem im 20. Jahrhundert, die von dem überlieferten Schema her überhaupt nicht durchschaubar ist und zu deren Erforschung ganz neue Methoden des Zugangs eröffnet werden müssen.

Obgleich der Herausgeber auch bei diesem Werk wieder seinen Mitarbeitern für ihr methodisches Vorgehen so viel Freiheit wie möglich ließ, ergab es sich doch ganz ungezwungen, daß der bisherige, eingleisige Weg eigentlich überall verlassen wurde und frühere Erzählformen des deutschen Romans zu vorbereitenden Stufen für die Kulminationspunkte des 20. Jahrhunderts, Thomas Mann, Franz Kafka, Robert Musil, Hermann Broch und Alfred Döblin, werden konnten. Ein ganz neu gesehener Zusammenhang von deutscher Romantradition tritt damit in diesen beiden Bänden, wie ich meinen möchte, zum ersten Male hervor.

Allerdings hat der Herausgeber versucht, bereits durch die stellvertretende Auswahl einige neue und von der Konvention abweichende Akzente zu setzen. Er wollte nicht nur die übliche Tradition des Entwicklungsromans zu Worte kommen lassen. Wohl begann er sein Unternehmen nach gutem alten Brauch mit Deutschlands berühmtestem Barockroman: mit Grimmelshausens „Simplicissimus". Jedoch hat die Analyse von Clemens Heselhaus (Gießen) bereits hier die landläufige und im Grunde längst erledigte Diskussion, ob dieses Werk schon ein Entwicklungsroman sei oder nicht, weitgehend an den Rand geschoben und statt dessen die künstlerische Struktur dieses Romans unter die bisher hierfür ungewohnte Kategorie der Ironie gestellt. Damit schlägt Heselhaus ein Leitmotiv an, das auch in den nachfolgenden Interpretationen, ohne vorherige Vereinbarung, sich noch oft variieren wird. Für *Wieland* hat der Herausgeber, im Einverständnis mit dem Bearbeiter Fritz Martini (Stuttgart), nicht den sonst üblichen „Agathon" gewählt, sondern ein mit Unrecht bisher vernachlässigtes, aber dem „Agathon" sicher ebenbürtiges Meisterwerk, nämlich „Die Abderiten", herausgehoben. War zunächst diese Folge vom Herausgeber eher als Kontrast zum „Simplicissimus" gedacht, so erwies sie sich nunmehr als Fort- und Weiterführung des deutschen Romans und bestimmter durchgehender Strukturprobleme unter den Bedingungen des aufgeklärten Zeitalters.

Ein wichtiger Übergang bot sich dann mit *Karl Philipp Moritz'* psychologischem Roman „Anton Reiser" an. Dieses durchaus in die Zukunft, vor allem unmittelbar auf Goethe hinweisende, bisher viel zu wenig gewürdigte Buch mag zwar, wie Hans Joachim Schrimpf (Münster) im einzelnen sehr genau nachweist, mehr durch seine geistesgeschichtliche Verknüpfung als durch seine künstlerische Gestaltung wichtig sein. Dennoch und eben darum ist seine große Bedeutung für die Geschichte des deutschen Romans unverkennbar. Für *Goethe* hielt der Herausgeber am allgemein üblichen Beispiel von „Wilhelm Meisters Lehrjahren" fest, so gerne er auch „Die Wahlverwandtschaften" als das künstlerisch vielleicht noch bedeutendere Werk, ja unter Umständen sogar „Die Leiden des jungen Werther", die damals ein Welterfolg waren, gewählt hätte. Aber die „Lehrjahre" sind nun einmal das paradigmatische Buch für den deutschen Roman des 19. Jahrhunderts gewesen und daher für den geschichtlichen Zusammenhang unentbehrlich. Überdies sind die anderen Romane Goethes in den letzten Jahrzehnten wiederholt und eingehend von der wissenschaftlichen Forschung analysiert und eingeordnet worden, die „Lehrjahre" hingegen weit weniger. So zeigen sie denn auch in der Analyse von Hans-Egon Hass (Berlin) ein ganz neues Gesicht, und eben hier triumphiert die Ironie als ein künstlerisches Darstellungsmittel des Romans. Erst in der wechselseitigen Spiegelung, die in der Folge der Darstellung jede Position im ironischen Umschlag wieder aufzuheben vermag in einem höheren Dritten, wird der Entwicklungsprozeß des Helden voll verständlich. Mit *Jean Pauls* Roman „Flegeljahre" kommt jene zweite, mehr verborgene deutsche Romantradition der humoristischen Dichtung zum vollen Durchbruch, die dann über Immermann bis zu Raabe, ja noch zu Thomas Mann reicht. Vorwiegend vom Kontrast der „hohen" und der „niedrigen" Sprachwelt her wird hier von Herman Meyer (Amsterdam) die humoristisch-ästhetische Gesamtstruktur dieses Romans sichtbar gemacht.

Für den romantischen Roman bot sich eine reiche stellvertretende Auswahl an. Einiges, zunächst Geplantes, wie Hölderlins „Hyperion" und Brentanos verwilderter Roman „Godwi", kam durch verspätete Absagen einiger Mitarbeiter leider nicht mehr zustande. Jedoch hofft der Herausgeber durch anderes, nicht weniger wichtiges, den Leser zu entschädigen. *Novalis'* „Heinrich von Ofterdingen" durfte keinesfalls fehlen. Durch den Herausgeber der historisch-kritischen Ausgabe, Richard Samuel (Melbourne), konnte diese Dichtung eine umfassende, auch die neueste Quellenforschung berücksichtigende Darstellung erhalten. Mit *Hoffmanns* ironischem Doppelroman „Kater Murr", von Herbert Singer (Hamburg) analysiert, *Tiecks* reifem, bisher viel zu wenig bekanntem historischen Romanwerk „Vittoria Accorombona", von Wolfgang Taraba (Wesleyan University, USA) liebevoll betreut, schließlich mit *Karl Immermanns* parodistisch-ironischem Roman „Münchhausen", der das Ende des ersten Bandes bildet und vom Herausgeber selbst interpretiert wurde, sollte der spannungsreiche Übergang von der Romantik zum Realismus sichtbar gemacht werden, der keineswegs als ein bloßes Nacheinander zweier grundsätzlich verschiedener Stilformen mißverstanden werden darf. Absichtlich wählte der Herausgeber seine Beispiele hier abseits der üblichen Literaturgasse, für die Tieck mit „Franz Sternbalds Wanderungen" die nächste Hausnummer des deutschen Entwicklungsromans zu sein pflegt, Hoffmann meist unterschlagen wird und Immermann mit den „Epigonen" seinen Tribut an das überlieferte Schema zahlen muß. Auf andere Autoren, wie Mörike und Eichendorff, mußte aus Raumgründen verzichtet werden.

Der zweite Band setzt dann mit dem großen Bauernerzähler *Jeremias Gotthelf* ein, dessen Roman „Geld und Geist" von Werner Kohlschmidt (Bern) in seiner vielschichtigen realistischen Erzählform deutlich gemacht wird. Dann wird die inzwischen unterbrochene und daher sich nicht mehr so einheitlich darbietende Linie des deutschen Entwicklungsromans wieder aufgenommen und zwar mit *Adalbert Stifters* „Nachsommer", für den Victor Lange (Princeton, USA) gewonnen werden konnte, und mit *Gottfried Kellers* Meisterwerk einer epischen Totalität „Der grüne Heinrich", das von Wolfgang Preisendanz (Münster) neu erschlossen wurde. Auch in diesen beiden Fällen zeigt die Erzählleistung sich als ein viel zu verwickelter Vorgang, als daß die *eine* isolierte Perspektive der bloßen Seelen- und Bildungsgeschichte dafür genügen könnte. Erst recht gilt das von den späten großen Erzählern Wilhelm Raabe und Theodor Fontane, bei denen die Kategorie des Entwicklungsromanes nicht mehr anwendbar ist, auch die des „Realismus" erweist sich als sehr viel differenzierter und vielschichtiger, als man bisher angenommen hat. Bei *Fontane* waren sich der Herausgeber und der Bearbeiter, Walter Müller-Seidel (München), von vornherein einig, daß nur das bedeutende Spätwerk „Der Stechlin" hier stellvertretend stehen durfte; bei *Raabe* lagen die Verhältnisse weit schwieriger, aber der Herausgeber folgte nach einigem Zögern willig dem Vorschlag seines kundigen Bearbeiters Walther Killy (Göttingen), dem bisher viel zu wenig bekannten Roman „Das Odfeld" neue Geltung zu verschaffen.

Die großen Höhepunkte der Moderne: *Thomas Manns* „Buddenbrooks", die Eberhard Lämmert (Berlin) durchleuchtete, daneben von gleicher Bedeutung *Franz Kafkas* längst berühmt gewordenes Romanfragment „Der Prozeß", das Beda Allemann (Kiel) vorwiegend von der erzählerischen Struktur her interpretierte, *Alfred Döblins* „Berlin Alexanderplatz", das große Pandämonium kollektiver Kräfte, das Albrecht Schöne (Göttingen) für uns neu zu entdecken wußte, dann *Hermann Brochs* „Der Tod des Vergil", für den sich Albert Fuchs (Strasbourg) einsetzte und schließlich *Robert Musils* „Der Mann ohne Eigenschaften", den auf Grund der heutigen Forschungslage Wolfdietrich Rasch (Münster) neu darstellte — sie bilden die gewichtige Hälfte des zweiten Bandes und geben damit auch der Moderne den gerade auf dem Felde des Romans ihr gebührenden Raum. Je näher man freilich der Gegenwart rückt, um so mehr wird die Auswahl der Beispiele umstritten bleiben. Der Herausgeber hielt es daher auch aus diesem Grunde für richtig, das Romanschaffen noch lebender Autoren nicht mehr in die geschichtliche Kette dieser Interpretationen mit einzubeziehen.

Was mit den beiden Bänden im einzelnen und im ganzen geleistet wurde, muß der Leser und die öffentliche Kritik beurteilen. Dem

Herausgeber bleibt nur noch die angenehme Pflicht des Dankes an seine Mitarbeiter und nicht zuletzt an den Verlag, daß sie alle den Wagemut und die Geduld für ein so weit angelegtes Unternehmen aufgebracht haben. Als Herausgeber kann er nur hoffen, daß diese beiden Bände, an denen Hochschulgermanisten des In- und Auslandes und zugleich der verschiedenen Generationen mitgearbeitet haben — manche von ihnen nunmehr bereits zum dritten Male —, ein wenig dazu beitragen werden, der zeitgenössischen Germanistik auch im öffentlichen Leben zu mehr Anerkennung und Geltung zu verhelfen, als ihr gewöhnlich zuteil wird.

*Benno von Wiese*

# INHALT

## Vom Barock bis zur späten Romantik

**HANS JAKOB CHRISTOFFEL VON GRIMMELSHAUSEN**
Der abenteuerliche Simplicissimus
Von Clemens Heselhaus .. .. .. .. .. .. .. 15

**CHRISTOPH MARTIN WIELAND**
Geschichte der Abderiten · Von Fritz Martini .. .. 64

**KARL PHILIPP MORITZ**
Anton Reiser · Von Hans Joachim Schrimpf .. .. .. 95

**JOHANN WOLFGANG GOETHE**
Wilhelm Meisters Lehrjahre · Von Hans-Egon Hass .. 132

**JEAN PAUL**
Flegeljahre · Von Herman Meyer .. .. .. .. .. 211

**NOVALIS**
Heinrich von Ofterdingen · Von Richard Samuel.. .. 252

**ERNST THEODOR AMADEUS HOFFMANN**
Kater Murr · Von Herbert Singer .. .. .. .. .. 301

**LUDWIG TIECK**
Vittoria Accorombona · Von Wolfgang Taraba .. .. 329

**KARL IMMERMANN**
Münchhausen · Von Benno von Wiese .. .. .. .. 353

Anmerkungen .. .. .. .. .. .. .. .. .. 407

## VOM BAROCK BIS ZUR SPÄTEN ROMANTIK

CLEMENS HESELHAUS

# Grimmelshausen · Der abenteuerliche Simplicissimus

Als einziger deutscher Barockroman ist der „Simplicissimus" bis heute lebendig geblieben, weil er schon eine wesentliche Eigenschaft des Romanhaften, wie wir es verstehen, vorweggenommen hat: die Spiegelung der Welt in einer phantastischen Existenz. Seit seiner Wiederentdeckung im Zuge des romantischen Interesses an zerlesenen Volksbüchern hat dieses Buch allerdings die verschiedensten Interpretationen gefunden: als Erlebnisbericht aus rohen Zeiten und als Bildungsroman zwischen dem „Parzival" und dem „Wilhelm Meister", als deutscher Schelmenroman und als volkstümliche Leistung eines Autodidakten, als Produkt einer ursprünglichen Fabulierlust und als wohlüberlegte Anlage eines ausgeklügelten Zahlensystems, als realistischer und als allegorischer Roman, als Beispiel barocken Stils und als Gegenbeispiel bürgerlicher Strömungen, schließlich als astrologischer Schlüsselroman. Die Autorschaft Grimmelshausens ist erst spät hinter dem Schleier der Anagramme entdeckt worden. Über die Textgestalt hat erst J. H. Scholte mit dem Neudruck der Erstausgabe von 1669 eine Klärung herbeigeführt. Die Rätsel der barockisierten Überarbeitung hat M. Koschlig erst vollständig gelöst. Alle Versuche einer literarhistorischen Einordnung und literaturkritischen Bewertung stecken noch voller Fragen. Jede neue Studie kann höchstens in Anspruch nehmen, in dem Knäuel der Probleme das eine oder andere zu lösen und dafür neue wieder aufzurollen.

Schon der Titel „Simplicissimus Teutsch" birgt solche Fragen. Simplicia heißen in der Naturmedizin des 16. und 17. Jahrhunderts die heilbringenden Kräuter, die Kräutersammler Simplicisten[1]. In Grimmelshausens „Verkehrter Welt" (1672) erscheint der alte Simplicissimus, der sich schon im Roman auf seiner Wanderung durch Frankreich als Quacksalber durchgeschlagen hatte, noch einmal als Kräutersammler. Wichtiger ist noch, daß der Held des Romans überhaupt ein Naturwesen (Simplicius, später Simplex) ist, das in Wahlverwandtschaft mit den Erscheinungen der Welt steht. In den Widmungsversen hat der Verfasser sogar diese elementische Wahlverwandtschaft als Thema des Romans bezeichnet:

> Ich wurde durchs Fewer wie Phoenix geborn.
> Ich flog durch die Lüffte! wurd doch nit verlorn.
> Ich wandert durchs Wasser, Ich raißt über Landt,
> in solchem Umbschwermen macht ich mir bekandt,
> was mich offt betrüebet und selten ergetzt
> was war das? Ich habs in diß Buche gesetzt,
> damit sich der Leser gleich wie ich itzt thue,
> entferne der Thorheit und lebe in Ruhe.

In solcher Anweisung zum Lesen erscheint nicht das blinde Walten der Fortuna, die immer wieder zur Höhe führt und in die Tiefe stürzt, als das eigentliche Thema des Romans; auch nicht die barocke Entgegensetzung von trügerischem Schein und verborgenem Wesen, der der sogenannte Barock-Simplicissimus von 1671 auf den Kupfern mit der Devise „Der Wahn betreugt" Rechnung getragen hat: sondern der Elementarzustand des Welt- und Menschenwesens als Wandelbarkeit und Veränderlichkeit, durchgekostet und erlitten in den verschiedensten Situationen, um über allen Irrwegen und Umwegen die eine Simplizität der Weisheit, der Selbsterkenntnis und der Gelassenheit um so heller aufgehen zu lassen.

Zugleich wird mit dem Zusatz „Teutsch" auf ein deutsches Schicksal hingewiesen. Jedenfalls hat schon der Herausgeber der Gesamtausgabe der Simplicianischen Schriften von 1683/84 diesen Zusatz so verstanden[2]. Mit gutem Grund: denn der Name des deutschen Simplicissimus ist nach den neuesten Erkenntnissen die Entgegnung auf einen französischen Francion. Der ziemlich frivole Roman „Histoire comique de Francion" von Charles Sorel, deutsch als „Wahrhafftige und lustige Histori von dem Leben des Francion" in Frankfurt 1662 erschienen, hat, nach einer Bemerkung im „Satyrischen Pilgram"[3] zu urteilen, Grimmelshausen zu dem neuen realistischen Stil und zur poetischen Verarbeitung eigener und fremder Erlebnisse angeregt. Dem französischen Francion, dessen Name Aufrichtigkeit und Offenheit bedeuten soll[4], steht also der deutsche Simplicissimus gegenüber, dessen Name Einfalt, Mangel an Welterfahrung und Vertrauen in die Natur kundtut. Nicht nur das Monströse des Dreißigjährigen Krieges ist das deutsche Gegenstück zu Sorels übermütigen Späßen der adeligen Jugend Frankreichs, sondern auch die Waldeinsamkeit von Spessart und Schwarzwald, die Schwänke des Jägers von Soest und der religiöse Perspektivismus des Ganzen. In der Gegenüberstellung der Lippstädter und Pariser Liebesabenteuer tritt dieser deutschtümelnde Zug auch ausdrücklich innerhalb des Romanes hervor.

Dann aber ist der Name Simplicissimus auch wieder nichts anderes als eine sprechende Bezeichnung für das pikarische Wesen, das im Helden des Romans, in einer Reihe seiner Abenteuer und in den verschiedenen Ortswechseln zur Erscheinung kommt. Simplicius Simplicissimus ist auf den ersten Blick ein verspäteter deutscher Nachkömmling des pikarischen Abenteurers, der seit der Spätrenaissance von Spanien aus durch Europa zieht, um die Heldentaten der Amadis, Orlando und Tancred auf einer niederen oder burlesken Ebene außer Kurs zu setzen. Seit dem ersten dieser pikarischen Vagantenbrüder, dem Lazarillo von Tormes (1554), sind die elementare Lebensfreude, die Freiheit und Unbeschwertheit des Gemüts Grundzüge dieses erfolgreichen Typus in der Literatur. Mateo Alemán hat dem Renaissance-Lebensgenuß und -Zynismus eine barocke Wendung gegeben, indem sein Guzman (1604/05) geistreiche Tischreden und moralische Diskurse hinzunimmt. Diese moralisierende Tendenz hat Ägidius Albertinus in seiner Gusman-Verdeutschung (1615) bedeutend verstärkt und erweitert. „Die Landstörtzerin Justina Dietzin Picara genandt" von Andrés Pérez (deutsche Übersetzung 1626) hat besonders den geistreich-ironischen Stil entwickelt und zahlreiche Novellen als Einlagen aufgenommen. Sorels „Francion" (1626 ff.) hat schließlich dem pikarischen Typus eine französische Nuance gegeben: eine neue Unmittelbarkeit, die nicht nur in den frivolen Liebesabenteuern und komischen Schwänken, sondern auch in der genauen Sittenschilderung zum Ausdruck kommt. Grimmelshausen aber zeigt schon durch den Namen Simplicissimus an, daß er das satirische Element nicht nur im zynischen Realismus und in der Sittenschilderung geben will, sondern daß er das satirische Element in den Helden selbst verlegt hat. Seine „Courasche" und sein „Springinsfeld" gehören viel eher in die pikarische Schelmenreihe als sein unfreiwilliger Pikaro Simplicissimus. Dieser simplicianische „Schelm" wandelt denn auch die pikarische Freiheit des Gemüts zu einer geistigen Unruhe und Ungestilltheit ab, und damit ragt er über jene Vagantenreihe hinaus. Das ist weniger und mehr zugleich, als die pikarischen Abenteuer bis dahin geboten hatten: weniger, weil das dumm-täppische Greifen nach der Welt nicht von jener „großen innerlichen Freiheit" des pikarischen Gemüts ist, und mehr, weil das Ungenügen einen innerlichen Kern zutage treten läßt, der über alle Freiheit hinaus ist. Dies Weniger oder Mehr, um das der „Simplicissimus" seine Vagantenbrüderschaft übersteigt oder unter ihr bleibt, liegt in dem eigentümlichen Schritt vom Schelmenroman zum satirischen Roman, den Grimmelshausen viel entschiedener als irgendeiner seiner Vorgänger tut.

Der satirische Roman

Einen ersten Hinweis auf die satirische Struktur des Romans gibt schon das merkwürdige Titelbild der Erstausgaben. Darauf ist ein grotesk-emblematisches Wesen zu sehen, zusammengesetzt aus einem Menschenleib mit Faunsgesicht und Eselsohren, Schwanenflügeln und Fischschwanz, Enten- und Bocksfuß. Ein Degen im Gehänge, ein aufgeschlagenes Buch mit durcheinandergewürfelten Emblemen in den Händen, sieben Masken zu den Füßen vervollständigen dieses Monstrum des Krieges, das zugleich auch den grotesk-satirischen Charakter des Buches andeutet. Aber Grimmelshausen hat auch im Text ausdrücklich auf den satirischen Charakter hingewiesen. In der Einleitung zur „Continuatio", zum sechsten Buch, nennt er seine Schreibart „Satyricé", und er rechtfertigt sie damit, daß der „Theologische Stylus" beim Publikum nicht mehr beliebt sei. Aber er verwahrt sich auch dagegen, daß seine Geschichten nur als „kurtzweilige Histori" gelesen und der verborgene „Kern" („was ich ihn zu berichten aigentlich bedacht gewesen") nicht beachtet werde. Im Nachwort zur selben „Continuatio" verspricht er „noch mehr feine Satyrische Gedichte". Im „Satyrischen Pilgram" hatte Grimmelshausen schon die „lustigere Manier" des Simplicissimus angekündigt. In der Vorrede zum zweiten Teil des „Wunderbarlichen Vogelnest" erwähnt er wieder seinen „gewöhnlichen lustigen Stilum", womit er „seiner strafenden Schriften scharpfe Bitterkeit .. versüßet" habe. Auf dem Titelblatt des Barock-Simplicissimus steht der Merkvers: „Es hat mir so wollen behagen / mit Lachen die Wahrheit zu sagen." In dem Personenverzeichnis zum Titelkupfer des „Rathstübel Plutonis" ist der wiedererstandene Romanheld als „der Satyrice Gesinnte abentheurliche Simplicissimus" bezeichnet. Alle diese Hinweise betonen den satirischen Charakter des Stils und des Erzählens. Am Rande taucht sogar das Problem auf, das Jean Paul später in der „Vorschule der Ästhetik" veranlaßt hat, nicht mehr vom satirischen, sondern vom komischen Roman zu sprechen. Hier bleibt aber der Charakter der Satire als einer spottenden und „strafenden Schrift" erhalten, nur durch komische Schwänke gemildert. Alle diese Hinweise sagen jedoch wenig über die satirische Methode aus. Aus dem grotesken Titelbild könnte man auf das Bunt-Gestückelte und Zusammengesetzte der Komposition kommen[5]. Die „Continuatio"-Einleitung setzt voraus, daß es der Leser vorzieht, „daß die allgemeine Laster Generaliter durch gehechlet und gestrafft: als die aigne Untugenden freundlich corrigirt werden". Die Vogelnest-Vorrede spricht davon, daß der Satiriker wie ein Arzt verfahren müsse, der seinen Patienten die bittern Pillen mit angenehmen Beigaben eingebe. Das alles sind unbeholfene oder überlieferte Umschreibungen dessen, was der Satiriker tut, um seine Wirkung zu erzielen, aber es sind ganz und gar keine Hinweise auf die satirische Struktur, wie wir sie kennenlernen möchten.

Um die satirische Methode Grimmelshausens zu verstehn, genügt es also nicht, die verstreuten Bemerkungen zusammenzustellen. Aufschlußreicher ist schon der Aufbau seiner satirischen Traktate. Im „Satyrischen Pilgram", mit dem er 1666/67 seine Schriftstellerei begonnen hat, behandelt er einzelne Themen nach den gegensätzlichen Meinungen, die er gefunden hat und die sich wie Schwarz und Weiß widersprechen. Aus dem Vergleich miteinander sucht er den wahren und richtigen Kern der Meinungen zu ergründen. Dafür verwendet Grimmelshausen die schematische Dreiteilung: „Satz" — „Gegensatz" — „Nachklang". Das weist auf eine primitive satirische Dialektik hin.

Anders verfährt Grimmelshausen in den erzählenden Satiren. In der „Verkehrten Welt" von 1672 verwendet er das Motiv der Höllenfahrt. Simplicissimus gerät zufällig in die Hölle und begegnet dort dem verdammten Julianus Apostata, der sich in dantesken Qualen windet. In einer Schmerzenspause nach dem Weltzustand befragt, stellt Simplicissimus das Leben auf der Welt so christlich und vollkommen dar, daß der verdammte Kaiser ausruft: „Wann man jetzunder auf Erden bey Hoff so lebet wie du erzehlest ... / so lebet man gegen meiner Zeit zu rechnen / gantz in einer andern / ja gar in einer verkehrten Welt / und hat sich kein Fürst zu besorgen / daß er nach seinem Todt zu mir in diese Jammerqual logirt werde ..."
Das ist die Antwort auf eine boshafte Lüge des Simplicissimus und eine geistreiche Ironie des Autors. Das schwarz-weiße Gegeneinander des „Satyrischen Pilgram" ist zum ironischen Spottbild einer Welt, wie sie sein sollte, aber wie sie nicht ist, geworden. Die verkehrte Welt ist eine christlich-vollkommene Welt, und die schlechte Welt ist die wirkliche Welt. Man kann von einer satirischen Utopie sprechen[6].

Die gleiche satirisch-ironische Technik verwendet Grimmelshausen in der Mummelsee-Episode seines Romans. Simplicissimus stellt dem König der Sylphen die vom Krieg zerrissene Welt als eine glückliche Friedenswelt vor und wird für diese Lüge mit einem wunderkräftigen Stein beschenkt; aber dieser Lügenstein betrügt auch seinen Besitzer. Zwar erhält Simplicissimus einen Sauerbrunnen, aber nicht dort, wo er ihn sich wünscht, sondern dort, wo er sich zufällig zum Schlafen hinlegt und so den Stein mit der Erde in Berührung bringt. Das satirische Motiv von der verkehrten utopischen Welt ist hier mit dem Schwankmotiv vom betrogenen Betrüger verknüpft.

In zwei allegorischen Einlagen wird die satirische Struktur ironisch verwendet. Bevor Simplicissimus in die Welt hinauszieht, sieht er in dem Traum vom Ständebaum den Kampf der Bauern und Soldaten miteinander und den Rangstreit der Musketiere und Offiziere untereinander. Solche Traumsatiren sind uns von Jean Paul und Gottfried Keller her bekannt. Grimmelshausen waren sie durch die Traumgesichte des Philander von Sittewalt (Moscherosch) nach den spanischen „Visiones" des Quevedo ganz vertraut. Der Traum vom Ständebaum ist Satire, weil darin das Emblem für die ständische Ordnung der Welt verkehrt ist: die Zweige, auf denen die Soldaten sitzen, drücken und drangsalieren die Wurzeln, bei denen die Bauern, Handwerker und Tagelöhner hocken. Aber diese Traumsatire ist ironisch verwendet, indem sie auf den Entschluß des jungen Simplicius gar keinen Einfluß hat. Die zweite allegorische Einlage ist sogar von einer so feinen Ironie, daß selbst bedeutende Germanisten sie nicht erfaßt haben, nur weil von einem „teutschen Helden", von seiner Wunderwaffe und von seiner „teutschen" Stiftung des Welt- und Religionsfriedens die Rede ist. Diese utopischen Phantastereien sind einem Schulfuchser in den Mund gelegt, der sich an den poetischen Büchern um den Verstand studiert hat und nun als Jupiter auftritt. Simplicissimus begegnet ihm auf der Höhe seines Erfolges als Jäger von Soest, und so ist der läusegeplagte Jupiter-Phantast ein satirisches Spiegelbild der simplicianischen Hoffart.

So unterschiedlich diese drei satirischen Einlagen auch sein mögen, gemeinsam ist ihnen, daß sie nach dem Prinzip der „verkehrten Welt" gebaut sind. Ob es sich um den märchenhaften Abstieg in den Mummelsee, um Traumbilder oder um die Phantasien eines überspannten Hirns handelt, immer zeigt die verkehrte Welt die wahre Welt, die wirklichen Zustände oder eine ideale Ordnung. Der Traum zeigt die Wahrheit, aber der Knabe Simplicius glaubt nicht dem Wahrtraum. Der „hirnschellige" Kölner Schulmann entwickelt verrückte Ideen, denen man gerne nachhängt. Der reine Naturstand der Sylphen ist christlicher als der christliche Stand der Christen. Die satirische Methode Grimmelshausens ist die der verkehrten Welt, der Anti-Utopie oder der verkannten Utopie.

Aber der Roman enthält nicht nur satirische Einlagen, sondern er ist auch durch den Eingang unter das Prinzip der verkehrten Welt gestellt. Dieser Eingang stellt eine Entlehnung aus der Piazza universale des Garzoni dar, die aber völlig ins Satirische umgewandelt ist:

Garzoni: Piazza universale
Der 19. Discurs:
Von Nobilisten / oder Edelleuten

Nach diesem meinem Discurs sollen viel gemeiner und geringe Leute entdeckt werden / welche / wann sie so viel zusammen geraspelt und geschachert / daß sie drey Heller im Beuttel vnnd ein seyden Kleidt / beneben einen Federbusch auff dem Hut tragen können / mit gewaldt Rittermessige Herren wöllen seyn / kauffen Adels Brieff / vnd stutzen so Adelich in den Stätten umbher / daß man genug von jhnen hat zu sagen / vnnd mit Fingern nachdeutet / welches jhnen doch nicht zu Ehren / sondern zu mehrer Schmach vnnd Schande gereichet / dann da weiß man nichts mehr zu erzehlen / als daß ihr Großvatter / auch wol jhr Vatter / Taglöhner vnnd Lastträger / jhre Vätter Beerstecher / jhre Brüder Büttel / jhre Schwestern Huren / jhre Mutter Hurenwirtin gewesen. In summa jhr gantzes Geschlecht dermassen besudelt vnd befleckt / vnd sie selbst so Schwarz / als wann sie jetzo auß der raucherischen Werckstatt des Lahmen Vulcani dem Bronti vnd Steropi als jhren rechten Brüdern entlauffen weren. Solche Nobilisten sollen / wie gemeldet / allhie von mir entdecket werden / wiewol ich nicht zu viel grosses dancks mich von jhnen zu getrösten / doch sol es jhnen / wann sie es recht wollen annehmen / zum besten gereichen / nemlich wann sie sich eines rechten Adels wöllen befleissen. Dann allhie wil ich zeigen / auß mancherley Gründen vnnd glaubwürdigen authoritatibus / welches der rechte Adel sey /

Deß abentheurlichen Simplicissimus
Erstes Buch
Das Erste Capitel

Es eröffnet sich zu dieser unserer Zeit (von welcher man glaubt / daß es die letzte seye) unter geringen Leuten eine Sucht / in deren die Patienten / wann sie daran kranck ligen / und so viel zusammen geraspelt und erschachert haben / daß sie neben ein paar Hellern im Beutel / ein närrisches Kleid auff die neue Mode / mit tausenderley seidenen Banden / antragen können / oder sonst etwan durch Glücksfall mannhafft und bekant worden / gleich Rittermässige Herren / und Adeliche Personen von uhraltem Geschlecht / seyn wollen; da sich doch offt befindet / daß ihre Vor-Eltern Taglöhner / Karchelzieher und Lastträger: ihre Vettern Eseltreiber: ihre Brüder Büttel und Schergen: ihre Schwestern Huren: ihre Mütter Kupplerin / oder gar Hexen: und in Summa / ihr gantzes Geschlecht von allen 32. Anichen her / also besudelt und befleckt gewesen / als deß Zuckerbastels Zunfft zu Prag immer seyn mögen; ja sie / diese neue Nobilisten / seynd offt selbst so schwartz / als wann sie in Guinea geboren und erzogen wären worden.

Solchen närrischen Leuten nun / mag ich mich nicht gleich stellen / ob zwar / die Wahrheit zu bekennen / nicht ohn ist / daß ich mir offt eingebildet / ich müsse ohnfehlbar auch von einem grossen Herrn / oder wenigst einem gemeinen Edelmann / meinen Ursprung haben / weil ich von Natur geneigt / das Junckern-Handwerck zu treiben / wann ich nur den Verlag vnnd wie er zu erlangen / darauß sie werden lernen / wann sie nicht mit gewaldt mit der Nasen in jhrem Dreck wöllen stecken bleiben / daß so lang sie keine andere Ziehrde an jhnen haben / als die / so sie bißhero sehen lassen / sie nichts mehr seyen / als andere gemeine geringe Leutlein / die sich jhres Adels wenig zu freuwen / vnd durch denselbigen nicht vmb einen Strohalmen breit erhaben / sondern je lenger je mehr verhöhnet vnnd verspottet werden: vnnd müssen leiden / daß man jhnen an allen Enden auch wol ins Angesicht darff sagen / daß eine Bauren Hütte sey jhr Pallast gewesen / darinn sie gebohren vnnd erzogen / die Stette / da sie gewohnet / oder von denen sie sich schreiben / also beschaffen / daß wann man vber die Mauren springet / die Zäune krachen / jhre Gütter offtermals ein gemein Feldt / darauff sie sich kümmerlich erhalten / jhre behängte Kammern vnnd Gemach / ein stinckendes vnd berauchtes Loch / da man weder Sonne noch Mondt recht gesehen: jhre Diener vnd Lackeyen / Schaffe / Böck / oder Säuwe / deren sie gehüttet / der Pflug jhre Ritterliche Wehren / darin sie sich gevbet / daß Kühe melcken ist jhre kurtzweil / Gräben außwerffen / jhre disciplina militaris / Esel treiben oder Mist auff beren tragen / oder am Karch ziehen / jhre Hauptmannschafft gewesen / vnd was des dings mehr ist / dessen sie sich zum höchsten müssen schämen / wann es jhnen zu hindertreibung jhres Ubermuts vorgeworfen wird. Solche arme Nobilisten wissen noch nicht / was Adel sey: wann sie aber dessen allhie berichtet / beneben einer rech-

und den Werckzeug darzu hätte; Zwar ohngeschertzt / mein Herkommen und Aufferziehung läst sich noch wol mit eines Fürsten vergleichen / wann man nur den grossen Unterschied nicht ansehen wolte / was? Mein Knan (dann also nennet man die Vätter im Spessert) hatte einen eignen Pallast / so wol als ein anderer / ja so artlich / dergleichen ein jeder König mit eigenen Händen zu bauen nit vermag / sondern solches in Ewigkeit wol unterwegen lassen wird; er war mit Laimen gemahlet / und an statt deß unfruchtbaren Schifers / kalten Bley / und roten Kupffers / mit Stroh bedeckt / darauff das edel Getraid wächst; und damit er / mein Knan / mit seinem Adel und Reichtum recht prangen möchte / ließ er die Mauer umb sein Schloß nicht mit Mauersteinen / die man am Weg findet / oder an unfruchtbaren Orten auß der Erden gräbt / viel weniger mit liederlichen gebachenen Steinen / die in geringer Zeit verfertigt und gebrändt werden können / wie andere grosse Herren zu thun pflegen / auffführen; sondern er nam Eichenholtz darzu / welcher nutzliche edle Baum / als worauff Bratwürste und fette Schuncken wachsen / biß zu seinem vollständigen Alter über 100. Jahr erfordert: Wo ist ein Monarch / der ihm dergleichen nachthut? ... dann sein Stand macht ihm ein Belieben zu glauben / daß alles das jenige / was durch viel Mühe zu wegen gebracht würde / auch schätzbar / und desto köstlicher sey / was aber köstlich seye / das seye auch dem Adel am anständigsten; An statt der Pagen / Laqueyen und Stallknecht / hatte er ten Anweisung / wie man darzu kompt / als dann werden sie jhre Nidrigkeit desto besser verstehen lernen: dann wie der Philosophus saget / contraria sibi invicem opposita magis illucescunt, Das ist / wann man widerwertige Ding gegen einander helt / so sihet man den vunterscheit desto besser.

Schaf / Böcke und Säu / jedes fein ordenlich in seine natürliche Liberey gekleidet / welche mir auch offt auff der Waid auffgewartet / biß ich sie heim getrieben; Die Rüst- oder Harnisch-Kammer war mit Pflügen / Kärsten / Aexten / Hauen / Schaufeln / Mist- und Heugabeln genugsam versehen / mit welchen Waffen er sich täglich übet; dann hacken und reuthen war seine disciplina militaris, wie bey den alten Römern zu Friedens-Zeiten / Ochsen anspannen / war sein Hauptmannschafftliches Commando, Mist außführen / sein Fortification-wesen / und Ackern sein Feldzug / Stall-außmisten aber / sein Adeliche Kurtzweil und Turnierspiel; hiermit bestritte er die gantze Weltkugel / so weit er reichen konte / und jagte ihr damit alle Ernd ein reiche Beut ab. Dieses alles setze ich hindan / und überhebe mich dessen gantz nicht / damit niemand Ursach habe / mich mit andern meines gleichen neuen Nobilisten außzulachen / dann ich schätze mich nicht besser / als mein Knan war / welcher diese seine Wohnung an einem sehr lustigen Ort / nemlich im Spessert ligen hatte / allwo die Wölff einander gute Nacht geben. Daß ich aber nichts außführliches von meines Knans Geschlecht / Stammen und Nahmen vor dißmal docirt / beschihet umb geliebter Kürtze willen / vornemlich / weil es ohne das allhier umb keine Adeliche Stifftung zu thun ist / da ich sol auff schwören; genug ists / wann man weiß / daß ich im Spessert geboren bin.

Schon J. H. Scholte hat Stücke aus dem 19. Garzoni-Diskurs mit der „Simplicissimus"-Einleitung verglichen und dabei die humoristische Abwandlung und das Moment der Selbstverspottung erkannt. Aber er hat noch nicht die satirische Verkehrung als Prinzip dieser Veränderungen aufgezeigt. Garzoni wendet sich gegen die Unsitte der Zeit, daß gemeine Leute, wenn sie nur etwas Geld haben, gleich wie Adelige auftreten und Adelsbriefe kaufen wollen. Deshalb will er das Wesen und die Herkunft des wahren Adels aufzeigen. Er macht den „armen Nobilisten" ihre niedrige Gesinnung klar. Grimmelshausen verwandelt dies gleich zu Anfang in eine pathetische Satire. Die Modetorheit wird bei ihm zu einer Krankheit („eine Sucht"), die Modegecken werden Kranke und Patienten. Darum weist er vorweg auf den Endzeitcharakter dieser seiner Zeit hin, läßt es aber offen, ob er damit nur die eiserne Zeit des Krieges oder die Endzeiterwartung der Christen meint[7]. Wie ein Proömion gibt dieser erste Abschnitt eine pathetische Deutung der Sitten und Laster als Krankheitssymptome einer zu Ende gehenden Zeit.

Der zweite Abschnitt aber verwandelt diese satirische Strafrede in satirischen Spott. Der Autor mißt sein eigenes Verhalten an dem der „neuen Nobilisten": er mag sich ihnen zwar nicht gleichstellen, aber er hat sich selbst oft eingebildet, adeliger Abstammung zu sein, und er ist auch tatsächlich von Natur geneigt, das „Junckern-Handwerck", d. h. das Nichtstun, zu treiben. Dadurch wird der ganze pathetische Vorspruch perspektivisch verschoben; denn nun wird auch der Adel als Naturtrieb zum Nichtstun abgewertet und im gleichen Zuge wird der Bauernstand — aber nur ironisch — aufgewertet, bis am Schluß des Abschnittes mit satirischer Großzügigkeit auch der Ehrenanspruch bäuerlicher Herkunft abgelegt wird, um nicht mit den neuen Nobilisten als ein edler Rusticanus ausgelacht zu werden: der Erzähler will nicht mehr sein, als sein Knan war. Mit der ironischen Wendung „ohngeschertzt" wird der Vergleich zwischen fürstlichem und bäuerlichem Wohnen parodistisch durchgeführt („wann man nur den grossen Unterschied nicht ansehen wolte"). Von da an erscheint das, was Garzoni den „neuen Nobilisten" als Vorwurf vorrückt, in einer wortreichen und witzigen Umkehrung als Vorzug des Bauerntums: die eigene Arbeit, die gemäße Lebensweise, die dauerhafte Ausstaffierung. Mit dieser ironischen Ausbildung des bäuerlichen Standesbewußtseins nimmt die Achtung vor der Nobilität ab: Kein König vermag sein Haus mit eigenen Händen zu bauen — „Wo ist ein Monarch / der ihm dergleichen nachthut?" Wenn dann schließlich die bäuerliche Hantierung mit der Terminologie des Junker-Handwerks aufgezählt wird, überschlägt sich die spöttische Verteidigung der Bauernarbeit in eine phantastische Donquichotterie: auch die alten Römer hätten in Friedenszeiten den Kriegsdienst mit der Bauernarbeit vertauscht. So primitiv das Thema sein mag, so geistreich ist es gestaltet; man vergleiche es nur mit Gottfried Kellers „Lob des Herkommens" in der Einleitung zum „Grünen Heinrich". Vielleicht bezweckte der Autor damit auch eine satirische Parodie auf die Ritterromane („weil es ... um keine Adeliche Stifftung zu thun ist / da ich soll auff schwören"), wie sie grotesker und derber schon in Wittenwilers „Ring" vorhanden war.

Der zweite Abschnitt führt auch das erzählende Ich ein. Der Autor nennt sich auf dem Titelblatt nur als Herausgeber unter dem Anagramm „German Schleifheim von Sulsfort" (d. i. Christoffel von Grimmelshausen). Auf dem Titelblatt steht aber auch der eigentliche Name des Simplicius Simplicissimus: Melchior Sternfels von Fuchshaim. Das scheint auch ein gekaufter Nobilistenname zu sein. Im sogenannten Calender-Simplicissimus von 1670 ist Fugshaim richtiger mit „g" geschrieben; dann ist nämlich der eigentliche Name des Helden wieder ein Anagramm für Christoffel von Grimmelshausen. Autor und Herausgeber sind also identisch. Die Fiktion eines Herausgebers und eines fremden Lebenslaufs ist schon auf dem Titelblatt anagrammatisch aufgelöst und wird nur ironisch verwendet. Die satirische Verkehrung der Welt erfaßt auch den Autor selbst und macht nicht vor ihm halt. Simplicissimus, der seine Lebensgeschichte schreibt, weiß aber schon, daß er adeliger Abkunft ist. Diese Enthüllung bildet durch den Roman hin eine Art Nebenthema. Könnecke hat nachgewiesen, daß die Familie Grimmelshausen aus Gelnhausen wirklich adeliger Abkunft ist. Dann ist aber der Eingang nicht nur als eine Nobilistensatire, sondern auch als eine Adelssatire zu verstehn: aus dem grimmigen Stolz des Satirikers, dem leeren Anspruch des Adels den selbsterworbenen Wert entgegensetzen zu können. Nur weil Simplicius wie ein Bauernjunge aufgewachsen ist, kann er sich auch noch nach der Offenbarung seiner adeligen Abstammung für die Bauernehre und das Bauernansehen einsetzen. Aber nicht mehr im Sinne der pathetischen Satire, sondern mit jenem satirischen Witz und Spott, der sowohl dem Bauernelend als auch dem Adelsstolz überlegen ist. Dieser satirisch gesinnte Simplicissimus ist noch immer der satirische Weltpilger und nimmt an dem modischen Geckentum der Neureichen ebenso Anstoß wie an der adeligen Kurzweil und an der bäuerlichen Autarkie. So kommt es zu jener facettenreichen Ständesatire, die nur ein überlegener Geist entwerfen konnte. Insofern enthält der

Eingang des Romans schon die satirische Grundstruktur der „verkehrten Welt". Der satirische Blick auf das Treiben der Nobilisten, Adeligen und Bauern zeigt das Spiegelbild eines Menschentums jenseits aller ständischen Ordnung, eine Simplicitas humana.

Bisher bot die Bestimmung der satirischen Struktur immer noch Schwierigkeiten. F. Th. Schnitzler z. B. hat zwar die wenig beachteten Gattungssatiren und satirischen Traktate Grimmelshausens untersucht, vertritt dann aber die verbreitete Meinung, daß im „Simplicissimus" die Satire als Gattung vor dem Roman zurücktrete. H. Arntzen kommt in seiner Studie über den satirischen Stil Musils weiter, indem er die satirische Struktur in bestimmten Relationen verwirklicht sieht[8]. Darüber hinaus glaube ich, in dem satirischen Entwurf einer „verkehrten Welt" zum Zwecke der Änderung des Menschen die gedankliche wie formale Wurzel der Satire zu erkennen. Ein großer Satiriker unserer Zeit, Bertolt Brecht, bestätigt das in seinem bekannten Begriff der „Verfremdung". Die Verfremdung der gesellschaftlichen Relationen zum Zwecke der Veränderung der Gesellschaft ist Brechts marxistisch-satirische Struktur. Auch Schillers Definition der Satire könnte man als eine idealistische Bestimmung der Satire heranziehen: „In der Satire wird die Wirklichkeit als Mangel dem Ideal als der höchsten Realität gegenübergestellt." Um nämlich die Wirklichkeit dem Ideal als unterlegen gegenüberstellen zu können, muß sie erst verkehrt werden, sei es in den ihr eigentümlichen mangelhaften Zustand, sei es in eine unwahrscheinliche Utopie, sei es in die Indifferenz des lachenden Weisen. Selbst Opitz deutet schon solche satirische Verkehrung an, wenn er schreibt: „Und haben alle Satyrische scribenten zum gebrauche, das sie vngeschewet sich vor feinde aller laster angeben, vnd jhrer besten freunde ja jhrer selbst auch nicht verschonen, damit sie nur andere bestechen mögen."

So schonungslos stellt auch der Simplicissimus-Roman seine Welt facettenreich in den verschiedenen Brechungen als eine verkehrte Welt dar. Erst ist es der massive Umschwung der Spessarter Zustände, und ihm folgen immer neue Verkehrungen durch Reisen, Überfälle und Glücksumschwünge. Ein verkehrter Zustand folgt auf den andern: der jugendliche Einsiedler und mißverstandene Narr, der Jäger von Soest und Gefangene von Lippstadt, der Beau Alman und pockennarbige Quacksalber, der Merode-Bruder und reiche Olivier-Erbe, der unvergnügte Gast im Sauerbrunnen und weltüberlegene Einsiedler. Die pikarische Abenteuerreihe ist durch das Prinzip der Verkehrung in eine satirische Ordnung gebracht. Alle diese Verwandlungen dienen dazu, die phantastische Existenz des Menschen in der ständigen

Veränderung der Welt und des Menschenwesens sichtbar zu machen und in ihr wie in einem Zerrspiegel die Wahrheit über den Menschen zu enthüllen. Auch in bezug auf die romantische Welt der höfischen Romane der Zeit mit ihren abenteuerlichen Heldenfahrten und süßen Schäfereien handelt es sich um eine verkehrte Welt. Nicht einmal das romantische Motiv vom Sohn vornehmer Eltern, der bei Bauern und Soldaten aufwachsen muß, ist romanhaft verwendet worden. Denn die Enthüllung der wahren Abkunft am Ende des Romans führt nicht zur obligaten Glückswendung der barockhöfischen Romane und auch nicht zu ihrem Optimismus, daß sich die edle Abkunft selbst im niedern Stande nicht verbergen lasse. Vielmehr bleibt dieser romanhafte Zug ein blindes Motiv und wird höchstens satirisch verwendet, um auch die Unzulänglichkeit eines Standeswechsels aufzuzeigen. Das Romanhafte, die Utopie vom Happy-End, die phantastische Existenz des Helden, die Erschaffung einer eigenen Welt ist also in diesem satirischen Roman immer nur in satirischer Verkehrung vorhanden.

Der Einsiedlerrahmen

Lange Zeit sah man im Lebensweg des Simplicius vom Spessarter Bauernbub zum Einsiedler im Schwarzwald den Typus des Entwicklungsromans vorgebildet, ein volkstümliches Bindeglied zwischen dem „Parzival" und dem „Wilhelm Meister". Tatsächlich ist ja auch der Einsiedlerrahmen, der die Weltfahrt einleitet und beendet, gar nicht zu übersehen. Die Einsiedlerkapitel am Anfang und am Ende haben ein ganz anderes geistig-geistliches Niveau als die eigentlichen simplicianischen Geschichten. Ohne den Einsiedlerrahmen träte der pikarische Charakter des Romans viel deutlicher hervor. Nur kann man nicht von einer Entwicklung sprechen; denn am Anfang ist die Einsiedlerdarstellung viel überzeugender als am Ende.

Zufällig und unerwartet gerät der Bauernknabe an den Einsiedler im tiefen Spessartwald. Auf der Flucht vor den Reitern, die den Hof des Knan plünderten und die Bauern quälten, daß sie gegen den Gesang der Nachtigallen anschrien, traf der Zehnjährige in der dritten Nacht auf den betenden Einsiedler, der dem Aussehen nach den Leser an Grünewalds Antonius erinnert (auf die Versuchung des Antonius wird parodierend hingewiesen). Um Mitternacht hörte der Junge das seither berühmte Einsiedellied: „Komm, Trost der Nacht, o Nachtigall!" In einem Gespräch entdeckte der Alte die völlige Unbildung des Knaben in christlichen Dingen und gab ihm deshalb den Namen Simplicius. Dann folgte die Unterweisung im

Christentum und im Lesen. Schließlich werden dem „curiosen" Leser noch die einsiedlerischen Lebensgewohnheiten mitgeteilt. Bevor der Einsiedler zum Sterben kam, gab er dem Simplicius drei Lehren: sich selbst zu erkennen, böse Gesellschaft zu meiden und beständig zu verbleiben; dann legte er sich in das selbstgeschaufelte Grab und starb wie in einer Verzückung.

Diese Begegnung mit dem Einsiedler hat durchaus den Charakter einer Episode. Aber sie ist nicht nur der Kuriosität halber eingeführt, sondern sie hat den Sinn, die geistliche und geistige Erziehung, die Simplicius bei seinem Knan nicht genossen hat, nachzuholen. Bei der Rechtfertigung des Autors, daß er von solchen Grausamkeiten der Soldateska schreiben muß, wird die Bauernquälerei als eine drastische Strafe Gottes für die „liederliche Aufferziehung" der Kinder bezeichnet. Das muß uns stutzig machen. Der Autor gibt damit keine Erklärung der Bauernquälerei, sondern knüpft daran eine moralische Lehre. Solch moralischen Sinn hat es auch, daß der Einsiedler des Simplicius wahrer Vater ist, der recht eigentlich für das geistige und geistliche Wohl des Kindes sorgen muß. Hinzu kommt, daß dies Motiv des unerkannten Vaters, der als Einsiedler zum geistigen Vater wird, unverkennbar legendenhafte Züge annimmt. So ist der Einsiedler auch bei der ersten Begegnung nach der Legende des hl. Wilhelm dargestellt. Damit deutet sich noch ein weiterer geistig-spiritueller Sinn an, der erst durch den Entschluß des spätern Simplicissimus, nach dem Vorbild des Vaters die Welt zu verlassen, ganz deutlich wird.

Dieser Abschied von der Welt kommt ziemlich unvermittelt in den beiden letzten Kapiteln des Romans. Als Simplicissimus von seiner dreijährigen Irrfahrt nach Moskau und Astrachan über Corea, Macao, Constantinopel und Venedig in den Schwarzwald zurückgekehrt war, versenkte er sich wieder in die Bücher. Der delphische Orakelspruch „Nosce te ipsum" führte ihm die Ergebnislosigkeit seines Lebens vor Augen, und der Weltabschied des Guevara „Adjeu Welt" bewog ihn, selbst die Welt zu verlassen und wieder ein Einsiedler, wie sein Vater und wie er selbst es für kurze Zeit gewesen war, zu werden. Zwar ist dieses Verlassen der Welt von zwei Bekehrungsversuchen vorbereitet, aber die Wallfahrt nach Einsiedeln war mehr eine Freundestat für Herzbruder als religiöse Überzeugung. Selbst von der Konversion zur katholischen Kirche heißt es dort: „gleich wie meine Bekehrung ihren Ursprung nicht auß Liebe zu Gott / genommen: sondern auß Angst und Forcht verdampt zu werden; also wurde ich auch nach und nach wider gantz lau und träg / weil ich allgemählich deß Schreckens vergaß / den

mir der böse Feind eingejagt hatte . . ." Auch eine zweite Bekehrungsanwandlung im Sauerbrunnen (V, 11) ist von den Geldverlusten
und Enttäuschungen der Ehe heraufgeführt worden. Es waren nur
„Anfechtungen und schwere Gedancken / die ich damal deß Gelds
halber hatte". Weder die Bekehrung aus Furcht vor der Hölle noch
die Bekehrungsanwandlung aus Geldnot kann also als eine psychologische Vorbereitung der völligen Abkehr von der Welt angesehen
werden. Sie sind nur eine Vorausdeutung, daß der Leser mit einem
Weltabschied seines Helden rechnen kann.

Dennoch gibt diese letzte Abwendung von der Welt mit dem
langen Guevara-Zitat, das fast das ganze letzte Kapitel anfüllt, dem
Einsiedlerrahmen eine geistig-spirituelle Bedeutung. Nicht die religiöse Sinnenhaftigkeit der Wallfahrtskirche und nicht die Not des
Lebens führen Simplicissimus in die Abgeschiedenheit der Einsiedelei zurück, sondern das Lesen in den Büchern, das er bei seinem
Einsiedler-Vater gelernt hat. Geistige und religiöse Erleuchtung
treten in Parallele, wie sie ja auch in der Verbindung des antiken
Nosce te ipsum mit dem christlichen Adieu Welt vorliegt. Dieser
geistig-religiöse Gehalt des Einsiedlerrahmens zeigt an, daß es in
diesem Roman weniger um eine kontinuierliche Entwicklung als
um Schichten der Bedeutung geht.

An diesem Punkt muß man sich vergegenwärtigen, daß das Mittelalter nicht nur die Bibel, sondern auch wohl Kunstwerke in einem
mehrfachen Sinn verstanden hat. Man unterschied den Wortsinn
oder den historischen Sinn (den Erzählinhalt), den allegorischen
Sinn (die Bedeutung), den moralischen Sinn (die Anwendbarkeit),
den anagogischen oder tropologischen Sinn (die Heilsbedeutung).
Dies Schema der Exegese konnte auch als Kompositionsschema in
dem Sinne verwendet werden, daß bestimmte Einzelteile je eine der
vier Bedeutungen besonders zum Ausdruck brachten[9]. Dadurch
wurde ein vielfacher Perspektivismus erreicht, der von uns, die wir an
die Einheit des Kunstwerks glauben, nur noch schwer nachzuvoll-
ziehen ist. Diese mittelalterliche Interpretations- und Kompositionsweise wurde nun nicht, wie man vielfach annimmt, mit der Reformation aufgegeben. Bei Hans Sachs findet sie in den biblischen
Dramen noch immer Anwendung und in der Gegenreformation des
17. Jahrhunderts sogar eine ausdrückliche Erneuerung. Auch im
„Simplicissimus" ist sie noch als Dispositionsschema zu erkennen.
Im ganzen Einsiedlerrahmen dominiert der spirituell-geistige Sinn
(die Heilsbedeutung). In verschiedenen Einlagen des Romans, von
denen schon kurz die Rede war, tritt der allegorische Sinn des
Ganzen unverhüllt hervor. Durchgängig herrscht aber der historische

und der moralische Sinn: die „Histori" der Abenteuer, Stücklein und Possen und die moralische Rechtfertigung oder Nutzanwendung des Autors. Erst wenn man diese verschiedenen Bedeutungen und Schichten berücksichtigt, klärt sich das oft diskutierte Ich-Problem im „Simplicissimus". Einmal ist das erzählende Ich nur historisch-unterhaltend interessiert, dann auch deutend-allegorisch, sehr oft moralisch-klärend und gelegentlich auch geistig-spirituell. Wir haben es also mit perspektivisch verschobenen Schichten der Bedeutung zu tun und mit wechselnden Zwecken des Autors. Es ist schon schwer, beim Lesen unsere eigenen gesellschaftlichen Interessen zu vergessen und die jener Zeit an deren Stelle zu setzen. Es ist noch schwerer, die andere gesellschaftliche Situation zu erfassen und zugleich den Kunstcharakter, der auch darin enthalten sein kann.

So müssen wir hier fragen, ob die Verwendung der alten theologischen Schriftsinne nicht die satirische Struktur des Romans in Frage stellt. Den satirischen und theologischen Stil hat aber Grimmelshausen selbst schon in der erwähnten „Continuatio"-Einleitung miteinander in Verbindung gebracht. Beide sind darin verwandt, daß der einsinnige Fortgang einer Erzählung immer wieder durch den wechselnden Perspektivismus der Deutung unterbrochen wird. So wundert es nicht mehr, daß bei Grimmelshausen sämtliche theologischen Bedeutungen satirisch verkehrt werden können. Die moralische Anwendung kann einen zweideutigen Sinn bekommen. Die Allegorien werden immer zu satirischen Allegorien. Auch der geistig-spirituelle Sinn des Einsiedlerrahmens ist noch ins Satirische verkehrt. Ich denke hier weniger an die parodistische Einführung des Simplicius beim Einsiedler, der gegen den sackpfeifenden Knaben angeht wie weiland der große Antonius in der Wüste gegen den Teufel; ich denke auch nicht so sehr an den Wortwitz der Katechisationsszene (die keineswegs zahmer als die Katechismusszene in den „Buddenbrooks" ist): sondern ich denke vor allem an den Einsiedlerschluß. Die Bauern verwehren es dem einsiedelnden Simplicissimus, an seinem Sauerbrunnen im Muckenloch zu wohnen, und der neue Einsiedler zweifelt selbst, daß er wie sein Vater bis ans Ende in seinem neuen Stande verharren werde. Das ist eine satirisch-ironische Einschränkung des geistig-spirituellen Sinns.

Wie berechtigt der Zweifel am erbaulichen Charakter des Schlusses sein kann, zeigt schon der Ausgang der Einsiedlerepisode am Anfang des Romans. Nach dem Tode des Einsiedlers kam Simplicius bald die Lust an, „die Welt auch zu beschauen". Obwohl er zweimal gesehen hatte, daß die Soldaten die Bauern noch übler behandelten als seinen Knan, obwohl die Traumvisionen ihm zeigten, daß in der Welt ein ewiger Kampf zwischen Bauern und Soldaten, zwischen Hoch und Nieder herrscht und der Krieg sie alle wie reife Früchte vom Baum schüttelt, will er nicht mehr im Wald bleiben. Er findet sogar ein Brieflein vom Einsiedler, das ihm den Rat gibt, sich aus dieser Not zu erretten. Das sieht nicht so aus, als ob die Einsiedelei aszetisch als Lebensstand empfohlen würde. Man muß dabei auch an den spanischen Pikaro Guzman erinnern, dem von den Einsiedlern in Monserrat empfohlen wird, in Alcalà die Universität zu besuchen, und der dort erst die Hohe Schule des pikaresken Lebens kennenlernt.

Der Einsiedleranfang zeigt zwar an, wo dieser satirische Moralist die wahre Existenz weiß; aber das Einsiedlerende ist voll jener Ironie, die zu jeder tieferen Satire gehört. Darin tut sich die dialektische Gegensätzlichkeit als Kompositions- und Fügungselement des satirischen Romans kund. Die „verkehrte Welt" der Satire arbeitet mit dialektischen Umkehrungen.

Die Narrensatire

Die Einsiedlerepisode bildet einen Gegensatz zu den Kriegsgreueln im Anfang des Romans. Gegen die verkehrte Welt des Krieges steht die Einsiedelei als Ideal der Weltflucht. Gegensätzlich zur Einsiedelei und zur Bauerntrillerei öffnet sich dann vom 19. Kapitel an das Kriegstheater. Die Kulissen sind das geplünderte Gelnhausen und die Winterquartiere in Hanau. Vor den närrisch aufgeputzten Offizieren zieht Simplicius in seinem Bußgewand mit Ketten wie ein wirklicher Narr auf. Ein neuer geistlich-geistreicher Gegensatz kündigt sich an: im närrischen Treiben der Welt erscheint der aszetische Einsiedler als ein Hauptnarr. Zuerst allerdings wird er als Spion verdächtigt, und nur das Dazwischentreten des Dorfpfarrers, der der Vertraute des alten Eremiten gewesen war, errettet ihn vor der Folterung. Simplicius wird des Gubernators Page, aber seine Weltunerfahrenheit führt bei den ausschweifenden Gastereien des Stabes zu den drolligsten und derbsten Situationen. Das steht in nichts den Sittenschilderungen Sorels im „Francion" nach, dem auch einige Motive offensichtlich nachgebildet sind. Aber anders als im französischen Roman, wo die adeligen Freunde mit purgierenden Mitteln die derbkomischen Szenen heraufführen, ist der tumbe Simplicius das Opfer des Je-pète-Streichs, dem er die Durchpeitschung und die Einsperrung in den Gänsestall verdankt. Es handelt sich nicht nur um eine Sittenschilderung, sondern zugleich um eine satirische Geißelung des ausschweifenden Offizierslebens.

Die Reihe dieser derben Anekdoten wird nämlich durch eine

pathetisch-moralische Betrachtung eingeleitet (I, 24—26). Simplicius besinnt sich beim Anblick des Welttreibens der Lehren des Einsiedlers, und nach den Paulusworten an die Galater beurteilt er seine Umwelt: „Nächst der Hoffart und dem Geitz / sampt deren erbaren Anhängen / waren Fressen und Sauffen / Huren und Buben / bey den Vermöglichen ein tägliche Ubung; was mir aber am allererschröcklichsten vorkam / war dieser Greuel / daß etliche / sonderlich Soldaten-Bursch / bey welchen man die Laster nicht am ernstlichsten zu straffen pflegt / beydes auß ihrer Gottlosigkeit und dem heiligen Willen GOttes selbsten / nur einen Schertz machten." Auf diese pathetische Moralsatire folgt der Spott über die närrische Abgötterei: die einen hätten ihren Gott in der Kiste, die andern bei Hofe; diesen wäre die Reputation oder der Kopf ein Gott, jenen der Bauch, der Arzt oder die Metze; den Weibern die eigene Schönheit, den Reichen die Häuser, den Phantasten der Tabak, den Sammlern die Rarität. Dann kommt eine neue summarische Sittenschilderung mit einigen Beispielen des Fluchens. Zuletzt beklagt sich Simplicius beim Dorfpfarrer, daß er als Narr ausgelacht wird, wenn er den Menschen ihr unchristliches Treiben vorhält. Aber der Pfarrer weiß auch keinen anderen Trost als den Hinweis, daß es den Aposteln Jesu, wenn sie heute zurückkämen, nicht anders ergehen würde[10].

Die eigentliche Narrensatire beginnt aber erst im zweiten Buch. Der Gubernator verzweifelt daran, aus Simplicius einen anstelligen Pagen zu machen. Das Gänsestallerlebnis, mit drastischen Worten vor der Tischgesellschaft zum besten gegeben, besiegelt Simplicius' Schicksal: er wird zum Narren der Offiziersgesellschaft gemacht. Grimmelshausen sieht diese Narrenexistenz als eine neue Station seines Helden an; denn er läßt bei einer Truppenvisitation, bei der er einen fehlenden Soldaten ersetzen muß, seinen Namen zum Simplicius Simplicissimus vervollständigen. Der Erzähler sagt selbst, daß es nur bei Hurenkindern üblich ist, einen Namen zu erfinden. Ohne ein Pikaro zu sein, wird er wie ein Pikaro behandelt, bis er selbst noch im Laufe dieses Buches die pikarische Lebenshaltung des freien Gemütes annimmt. Nur steht dies pikarische Leben, das er als Narr am Tisch der Offiziere beginnt, in einer satirisch-dialektischen Gegensätzlichkeit zur unerfahrenen Bauernbub- und zur frommen Einsiedlersimplizität. Der Gubernator-Narr Simplicissimus wird selbst ein durchtriebener Schalk. Er lernt, die Schalkheit der Welt als Schalk mitzuspielen. Er bekommt von dem tollen Fähnrich, dessen „Hochzeit" er im Gänsestall beiwohnen mußte, ein Schweigegeld und hält doch nicht seinen Mund. Er läßt sich betrügerisch dem schwedischen Kommissär als Trommelknabe präsentieren. Schließlich lernt er bei der grausamen Prozedur der Narrenverwandlung (II, 5—8) den Narren zu spielen, um seinen Verstand zu bewahren. Freilich gab ihm der Dorfpfarrer die Anleitung dazu. So übersteht Simplicissimus auch glücklich das Hölle-und-Himmel-Spiel, das man sadistisch genug mit ihm spielt. Als er nach vier Tagen im Narrenkostüm mit Kalbsfell, Kappe und Eselsohren im Gänsestall wieder zu sich kommt, heißt es: „Damals fieng ich erst an / in mich selbst zu gehen / und auff mein Bestes zu gedencken. Ich setzte mir vor / mich auff das närrischte zu stellen / als mir immer möglich seyn möchte / und darneben mit Gedult zu erharren / wie sich mein Verhängnus weiters anlassen würde." Die Narrenverwandlung befreit ihn also von der Simplizität des weltfremden Knaben und gibt ihm die pikarische Durchtriebenheit. Das geht gleich so weit, daß er sogar den Dorfpfarrer durchschaut und ihn zu gelehrten Aufschneidereien über sein Verstandeselixier veranlaßt.

Die satirisch-dialektische Gegensätzlichkeit ist also unverkennbar. Das erste Buch entfaltet die naturhaft-fromme Simplizität eines Bauernbuben und eines frommen Knaben durch die Bauern-, Einsiedler- und Gubernatorszenen hin. Das zweite Buch aber zeigt die gewaltsame und gelehrige Einfügung in das Narrentreiben der Welt durch die Narrenkappe. Nach dem Vorschlag von Johannes Alt hat man bisher vielfach angenommen, daß die neuen Stationen des Helden jeweils in der Mitte der einzelnen Bücher beginnen, so als ob die Bucheinteilung eine Verschleierung des Handlungszusammenhangs sei[11]. Zu einer solchen Ansicht kann man aber nur kommen, wenn man die Ereignisse, Abenteuer und Schwänke als die eigentliche Materie versteht und den Perspektivismus des Erzählens völlig außer acht läßt. Der wechselnde Perspektivismus drückt sich in den wechselnden Namen aus, und sie schließen jeweils die Abenteuerreihe eines Buches zu einer Bedeutungseinheit zusammen. Das zweite Buch ist außerdem noch durch das Narrenkleid, das Simplicissimus darin trägt, gekennzeichnet. Ebenso das dritte Buch durch das grüne Jägerkleid. Die Funktion der Bucheinteilung konnte nur dadurch mißverstanden werden, daß jeweils innerhalb der Bücher eine satirische Umkehrung des Themas erfolgt. Der fromme Aufenthalt beim Einsiedler und der derbkomische Aufenthalt beim Gubernator sind nicht nur durch die Simplizität des Jungen verbunden, sondern auch noch durch die romanhafte Verwandtschaft zwischen Einsiedler und Gubernator: der eine ist Simplicius' Vater, der andere sein Onkel. Die Funktion der Bucheinteilung konnte auch deshalb mißverstanden werden, weil der Schluß jedes Buches auf die Fortsetzung der Abenteuer im nächsten verweist. Wir kennen solche Art des Erzählens in Fortsetzungen aus den Geschichten von Tausendundeiner Nacht, in denen die Fortsetzung einer begonnenen Geschichte in der folgenden Nacht mit zur Fiktion gehört, daß Scheherazade wortwörtlich um ihr Leben erzählt. Das Erzählen in Fortsetzungen und das Vorwegnehmen des folgenden Buches ist ein Grundelement des Erzählens, aber kein Bedeutungselement.

Wie sehr die Narrensatire als Bedeutungseinheit zu verstehen ist, geht auch daraus hervor, daß von der närrischen Freiheit, andern die Wahrheit zu sagen, nur am Anfang ausgiebig Gebrauch gemacht wird (II, 9—14). Simplicissimus sagt den modischen Damen unverblümt und witzig die Wahrheit über ihren Aufputz. Das Vanitas-Motiv der barocken Lyrik wird dabei satirisch abgewandelt, indem immerfort Vergleiche aus dem bäuerlichen Vorstellungskreis herangezogen werden. Wenn das Tischgespräch in gelehrte Diskurse übergeht, übertrumpft der Narr die Gelehrsamkeit des Sekretärs und die Überlegenheit des Gubernators durch seine gesunde Naturansicht der Dinge. Die Adelskritik des Romaneingangs wird noch einmal unter der Maske des Schalksnarren abgehandelt. Diesmal viel ernsthafter. Der Dorfpfarrer muß denn auch wieder herhalten und dem Gubernator wie dem Leser die aufsteigenden Bedenken zerstreuen, indem er auf die Belesenheit des dreizehnjährigen Jungen hinweist und die Narrheit als Krankheit interpretiert, die heilbar sei. Er bringt's auch zuwege, daß der Gubernator Anstalten trifft, durch eine neue Kur den Narren wieder zu einem vernünftigen Menschen zu machen. Aber noch bevor diese neue Kur vorgenommen werden kann, wird der Narr beim Eislaufen von Kroaten geraubt.

Damit ist das eigentliche Narrenspiel schon zu Ende; denn bei den Kroaten kommt Simplicissimus in das bewegtere Soldatenleben, in die Schule des „neidigen Glücks". Das pikarische Element drängt sich in den Vordergrund. In einem Jahr muß er mehrmals den Herrn wechseln. Erst dient er dem Kroatenoberst Corpes als Reiterjunge; dann gerät er in die kaiserliche Belagerungsarmee vor Magdeburg; für kurze Zeit trägt er nach der Schlacht bei Wittstock einem schwedischen Obristleutnant den Küraß, und schließlich wird er von einem kaiserlichen Dragoner zwischen Hamm und Soest gefangengenommen. Damit fängt gegen Ende die neue Abenteuerreihe des Jägers von Soest an, die das ganze dritte Buch anfüllt. Im zweiten Buch aber macht Simplicissimus eine Art Vorschule der Fortuna durch; er lernt, wie man seine Fortun machen kann. Als dieser Vorschüler trägt er noch sein Narrenkleid. Im Kalbs-Narrenfell beginnt er, das närrische Spiel der Welt mitzuspielen; es ist das Spiel ums Geld. Die Rolle in diesem Spiel wird ihm genauso aufgedrängt wie die Narrenrolle. Mit der Narrenkappe macht er sein Glück. So schon bei den beiden Schnapphähnen, die ihn des Nachts auflesen, als er eben den Kroaten entsprungen ist. Als die beiden sein funkenknisterndes Fell für den Balg des Leibhaftigen halten, spielt Simplicissimus gewitzigt den Teufel und treibt die beiden in die Flucht. Sie hinterlassen ihm ein Gewehr und einen Ranzen voll Dukaten. Merkwürdigerweise hat der Narr jetzt Sinn für Geld: er schneidet die Eselsohren (!) von seiner Kappe und näht das Gold darin ein. Ironisch heißt es dann, daß er sein einsiedlerisches Leben wiederaufnahm, aber mit Stehlen und ohne Beten. So gerät er auch durch einen Hexenritt auf den Hexentanzplatz und kann in letzter Not noch den Teufelsspuk durch einen Schreckensruf zu Gott bannen. Grimmelshausen fügt an dieser Stelle (II, 18) eine Verteidigung des Hexenglaubens von Simon dem Magier bis zum Doktor Faust ein. Sie kann nur ironisch gemeint sein; denn allzu deutlich benutzt er den Hexenritt als bequemes Mittel, um seinen Helden ins kaiserliche Lager vor Magdeburg zu befördern („wers nicht glauben will / der mag einen andern Weg ersinnen / auff welchem ich auß dem Stifft Hirschfeld oder Fulda ... in so kurtzer Zeit ins Ertz-Stifft Magdeburg marchirt seye"). Im allegorischen Sinne aber benutzt er den Hexenritt, um des Simplicissimus' neue Affinität zum Teufelswesen anzudeuten. Einzelne Episoden können durchaus eine symbolische Funktion für den Bedeutungsgehalt besitzen.

Die Kapitel im kaiserlichen Lager vor Magdeburg (II, 19—27) spielen eine entscheidende Rolle für die günstige Wendung der simplicianischen Geschicke im vierten Buch. Er kommt wieder als Narr bei einem Obristen in Dienst. Die Damen zieren ihn mit allerhand Bändern wie einen Alamodenarren aus. Aber der alte Herzbruder, der sein Hofmeister wird und nach dem Dorfpfarrer wieder die Rolle des Einsiedler-Vaters fortsetzt, ein Mann nach seinem Herzen, verständig, belesen, gottesfürchtig und geheimer Gaben kundig, hält ihn von Schlimmerem ab, rät ihm jedoch auch, sein Narrenkleid als Schutz gegen widrige Schicksale weiterzutragen. Um die volle Bedeutung dieses weisen Zuspruchs an den Tag zu geben, besucht der alte Herzbruder mit Simplicissimus den Spielplatz im Lager. In belehrenden Diskursen wird das Gefährliche der Spieltorheit dargelegt. Aber wie immer in diesem Roman ist neben dem guten Geleit auch gleich die Verführung zum Bösen da. Hier übernimmt der Schreiber Olivier diese Rolle, ein „arger Gast und durchtriebener Schalck". Gegen seinen Einfluß, den er nach und nach über Simplicissimus gewinnt, kommt dem alten Herzbruder sein Sohn zu Hilfe, der in der kursächsischen Armee als Schreiber tätig ist. Simplicissimus schließt mit ihm Blutsbrüderschaft. Die Narrenkapitel im kaiserlichen Lager vor Magdeburg werden dadurch zu der Herzbruder-Episode (II, 21—24), die den Charakter einer Novelleneinlage annimmt. Aber über dies Novellenhafte darf man nicht vergessen, daß der Streit zwischen Olivier und dem jungen Herzbruder auch ein barocker Streit um die Seele des jungen Simplicissimus ist. Herzbruder und Olivier bewerben sich beide um die Regimentsschreiberstelle. Olivier weiß aber mit Hilfe eines abgefeimten Profosen die Konkurrenz Herzbruders auszuschalten. Bei einem Taufschmaus läßt er den goldenen Becher des Obristen verschwinden, und der Profos lenkt durch die Zauberei mit den Hündlein den Verdacht auf Ulrich Herzbruder, dem nicht nur die erwünschte Stelle versagt wird, sondern dem auch die Musterschreiberstelle genommen wird, so daß er wieder unter der Pike dienen muß. Um dieser Schmach zu entgehen, tritt er als Reiter in schwedische Dienste, was ihm Simplicissimus mit seinen Dukaten ermöglicht.

Diese novellenartige Einlage erhält noch dadurch einen besonderen Charakter, daß sie mit den Wahrsagungen des alten Herzbruders verknüpft ist. Mit seinem eigenen Tode bezeugt er die Richtigkeit seiner Voraussagen. Obwohl er für den 26. Juli, den vorausgesehenen Tag seines Todes, alle Sicherheitsvorkehrungen getroffen hatte, wurde er von einem Leutnant, dem er schlechte Voraussagen machen mußte, im Bett erstochen. Wieder benutzt Grimmelshausen die Erzähleinlage als Mittel, eine weitere Frage abzuhandeln, die Frage nach der Gültigkeit der Voraussagen. Da der alte Herzbruder verschiedenes über die Zukunft des Simplicissimus, Herzbruder und Olivier voraussagt, dient diese Herzbruderepisode auch der Vorausweisung auf den weitern Erzählverlauf. Andererseits ist aber das ganze Wahrsagungs- und Prophezeiungswesen mit der Frage nach dem Glück und Schicksal eng verknüpft. Dadurch wird nach dem Hexenritt und der Spielkritik ein dritter Aspekt des Glückswesens in dieser Abenteuerreihe beleuchtet: das Schicksalhafte des Glücks. Es ist nicht ohne einen düsteren Pessimismus, daß alle Anstrengungen, seine Fortun zu machen, vergeblich sein müssen, wenn sie nicht vom Glück begünstigt sind. Erzählend meditiert Grimmelshausen über das Glück.

Der Abschluß der Narrensatire mit der Ablegung des Narrenkleides (II, 25—27) macht sofort eine Prophezeiung des alten Herzbruders wahr. Weil Simplicissimus um jeden Preis aus dem Narrenkleid heraus will, zieht er Frauenkleider an und verdingt sich als Magd an eine Rittmeisterin. Aber er kommt vom Regen in die Traufe. Nicht nur die Rittmeisterin verliebt sich in ihre falsche Magd, sondern auch der Rittmeister und auch noch dessen Knecht. Simplicissimus in Weiberkleidern hat mehr Ungelegenheiten als in seinem Kalbsfell. Sie enden damit, daß der Rittmeister ihn aus Eifersucht den Reiterjungen preisgibt. Dabei wird zwar sein wahres Geschlecht offenbar, aber nun nimmt ihn der Generalauditor in strenges Verhör, weil man in dem Verkleideten einen Spion vermutet. Nur die Schlacht bei Wittstock, deren Beschreibung ein Meisterwerk barocker Schlachtschilderung ist (II, 27), befreit den schon Verurteilten aus seiner höchst peinlichen Lage. So gerät er an einen schwedischen Obristleutnant und mit ihm in die Gegend von Soest.

Die Narrensatire wird also durch mehrere Situationen hindurch gespielt. Am Ende des ersten Buches sieht der fromme Simplicius die Laster der Welt noch als sündhafte Torheiten an, er selbst aber erscheint den Weltleuten als museumsreife Kuriosität; im zweiten Buch wird er zum lustigen Tischredner und Narr bestellt, in welcher Rolle er als scharfsinniger Diskutierer glänzt; zuletzt nimmt er im Narrenkleid am närrischen Treiben der Welt um Geld, Ansehen und Glück teil. Sein Narrenkleid legt er ab, um dieses Spiel mit mehr Erfolg treiben zu können. Das Eigentümliche dieser Erzählweise ist es also, daß nicht nur die moralisierenden Einlagen den tieferen Sinn deutlich machen, sondern daß er auch in den Geschichten und Schicksalen selbst schon enthalten ist.

Die Schwänke des Jägers von Soest

„Es ist einer drum kein Narr / wenn er schon närrische Einfäll hat / dann wir haben in der Jugend gemeiniglich alle dergleichen / welcher aber solche herauß läst / wird vor einen gehalten / weil theils ihn gar nicht / andere aber nur halb sehen lassen: Welche ihren gar unterdrücken / seyn rechte Saurtöpff; die aber den Ihrigen nach Gelegenheit der Zeit bißweilen ein wenig mit den Ohren herfür gucken / und Athem schöpffen lassen / damit er nicht gar bey ihnen ersticke / dieselbige halte ich vor die beste und verständigste Leut." Diese Rechtfertigung des Jugendübermuts verknüpft die neue Abenteuerreihe nach rückwärts mit der Narrensatire. Simplicissimus, der unversehens von einem Reiterjungen zu einem Dragoner und jungen Herrn wird, läßt immer noch die Narrenohren sehen. Die Verwandlung vom Pechvogel zum Glückskind, die sich nun vollzieht, ist von vorneherein satirisch dargestellt. Simplicissimus besteht vor seiner Überführung nach Soest einen siegreichen Kampf gegen die Läuse und damit verschafft er sich auch den „Titul eines Schneiders (sieben auff einen Streich)". Das ist eine Anspielung auf einen Schwank in Martin Montanus' „Wegkürtzer". Ein Schneider, der sieben Fliegen auf einen Streich getötet hatte, kam auf den Einfall, sich einen Panzer mit der Aufschrift „Sieben auf einen Streich" anfertigen zu lassen. Mit dieser Devise setzte er ein ganzes Königreich in Schrecken; aber mit gleicher List löste er auch drei schwere Aufgaben, die ihm der König stellte. Zuletzt vertrieb er sogar die gegen ihn gedungenen Mörder durch ein fingiertes Traumgespräch. Die Heldentaten des Jägers von Soest sind ebenso die Erfolge eines witzigen „Ingeniums". Er gerät an einen geizigen Dragoner, dem er an Witz überlegen ist. Mit den Kleidern fängt es an. Für einen Ballen Scharlach, den er findet, läßt er sich ein grünes Gewand machen. Im Paradeis-Kloster nimmt er Fechtunterricht bei einem Kürschner und geht mit dem Jäger auf die Jagd. So kommt er zu seinem neuen Namen „dat Jäjerken". Als sein neuer Herr stirbt, bringt er dessen Ersparnisse an sich. Ein Angebot des Kommandanten von Soest schlägt er aus, aber er bietet trotz seiner 14 Jahre seinen Dienst als Dragoner an. Mit „Geld, Glück und Courage" und besonders mit verwegener List bei den Beutezügen bringt er es zu Erfolg und Ansehen und wird zum Gefreiten befördert.

Die Taten des Jägers von Soest sind denn auch weniger Heldentaten als witzige Einfälle und Schwänke. Sie werden als „Stücklein" bezeichnet, und die Reihung solcher Stücklein bildet nun das Gerüst der Erzählung. Gleich die erste Anekdote vom Speckdiebstahl, den er mit Springinsfeld und einem entlaufenen Studenten verübt (II, 31), ist ein alter Schwankstoff, den Grimmelshausen neu herausgeputzt und lokalisiert hat. Bei der zweiten Anekdote, bei der Abschaffung des Jägers von Werl (III, 2), spielt die Teufelsmaske eine Rolle. In beiden Schwänken nützt der witzige Simplicissimus den Teufelsglauben der andern für sich aus. Aber deshalb ist er selbst nicht weniger von Teufelsangst befallen, wenn er bei der Plünderung einer eroberten Stadt in einem Trog einen Mohren entdeckt. Erst als dieser auf plattdeutsch um sein Leben bat, konnte sich Simplicissimus wieder fassen (III, 8). Dies Spiel mit dem Teufelsglauben wird durch die haarsträubende Gespenstergeschichte in einem zerfallenen Schloß (III, 12) überboten; sie endet auch mit einem märchenhaften Schatzfund.

Von diesen Schwänken sagt der Erzähler selbst, daß sie „nicht von importanz seyn", aber doch lustig anzuhören. Wichtiger sind offenbar die Stücke von der List und Durchtriebenheit. Ein eigenes

Kapitel handelt vom Perspektiv und Abhörgerät, womit der Jäger seinen Beutezügen ein fast zauberisches Ansehen gibt. Viel Aufhebens wird auch von dem Intrigenspiel zwischen den Offizieren und Bauern gemacht, das den Neid der einen und die Rache der andern in Grenzen halten soll. Der Jäger ist eine Art romantischer Räuber, der vielleicht den Schein des Rechts oder wenigstens den des guten Herzens wahren, aber vor allem mit Witz und Geist brillieren will. Er hat nicht nur Glück, sondern ebensoviel Verstand. Bei Dorsten lockt er einen überlegenen Geleitzug durch Springinsfelds Tierstimmennachahmung in einen Hinterhalt und gibt nachher dem gefangenen Leutnant noch wohlgemeinte Ratschläge (III, 7). Ausführlich wird die List beschrieben, mit der er einem prahlenden Reiter im Duell überlegen bleibt (III, 9). Als er wegen dieses Duells vor das Kriegsgericht gestellt wird, kommt er wieder frei, weil er dem General-Feldzeugmeister einen Anschlag unterbreitet, der zur Kapitulation der feindlichen Festung führt. Immer also triumphiert Simplicissimus kraft seines witzigen Ingeniums.

Aus diesen Schwänken und gelungenen Anschlägen ragt die Begegnung mit einem verrückten Schulmeister, der sich für den Gott Jupiter ausgibt, an Umfang und Bedeutung hervor (III, 3—6). Wie es in der Schwankliteratur üblich war, benutzt auch Grimmelshausen den närrischen Jupiter, tolles und kluges Zeug wirr durcheinander schwätzen zu lassen. Anscheinend sind es prophetische Aussagen. Er faselt von einem Teutschen Helden, den er mit einem Wunderschwert in die Welt schicken will, die Städte und Fürsten zu unterwerfen und eine gerechte Parlamentsregierung aufzurichten. Dann werde ein deutsches Arkadien entstehen, in dem Jupiter nur noch deutsch und nicht mehr griechisch reden will. Die Kriegshetzer aus dem Adel sollen im Orient ihr Handwerk treiben. Eine zentrale Hauptstadt wird gegründet, und alle christlichen Fürsten sollen die deutsche Vorherrschaft anerkennen. Zuletzt soll der Teutsche Held ein Konzil zur Vereinigung der christlichen Kirchen einberufen, und unter seinem Druck wird die gereinigte christliche Religion auch verkündet werden können. Mit andern Worten: dieser Teutsche Held soll alle nationalen und christlichen Wunschträume der Zeit verwirklichen[12].

Manfred Koschlig gibt als Vorbild für diesen Jupiter-Narren den närrischen Hortensius des „Francion" an, der als angeblich erwählter König von Polen ähnliche Weltbeglückungspläne entwickelt. Man könnte sogar darauf hinweisen, daß im „Francion" von Sorel schon im sechsten Buch ein Narr vorkommt, der über den Verlust eines Prozesses auch noch den Verstand verloren hat und beim

Clerante als Hofnarr in Dienst tritt. Dieser Narr Collinet ist ein satirischer Narr, der zwischen vielen Albernheiten auch manche Wahrheit sagt und den Freunden als satirisches Werkzeug in der Gesellschaft dient. Eine solche satirische Funktion hat aber auch der Jupiter-Narr im „Simplicissimus". Der Jäger von Soest versteigt sich in den Kriegsstücken fast so gewaltig wie der Narr in der Poeterei. Man wird diesen närrischen Jupiter also genauer als ein satirisches Spiegelbild des Jägers bzw. des Autors bezeichnen müssen. Die Faseleien des Phantasten sind ein satirischer Zerrspiegel der simplicianischen Aufschneidereien, als ironische Selbstsatire noch zur rechten Zeit eingeführt: „Ich gedachte bey mir selbst / der Kerl dörffte vielleicht kein Narr seyn wie er sich stellte / sondern mirs kochen / wie ichs zu Hanau gemacht / umb desto besser von uns durch zu kommen." Mit dieser Überlegung wird eine satirische Entlarvung des Narren eingeleitet, die in einer Flohgroteske endet. Der Jupiter-Narr stöbert in seiner Hose die Flöhe auf und hat gleich eine neue phantastische Geschichte zur Erklärung bereit: die Flöhe seien von den Weibern, die sich über sie beschwert hätten, zu ihm geflohen, um bei seiner Großmut Schutz zu suchen. Man kann also gar nicht in Abrede stellen, daß dieser Jupiter-Narr auch der Unterhaltung dient. Was er an Prophetien und Utopien auf die Beine stellt, darf man nur als satirische Verkehrung verstehen. Daraus spricht dann fast mehr Bitterkeit und Spott als Erwartung und Hoffnung. So verbleibt ja auch dieser Narr schließlich dem Jäger, weil der Kommandant ihn nicht übernehmen will. Nun hat Simplicissimus nicht nur die Narrenmaske und -kappe in sein Wappen aufgenommen, sondern auch noch einen Narren zu seiner Begleitung.

Zuletzt ist diese Jupiter-Episode noch mit dem Niedergang des Jägers von Soest verkoppelt. Der Schatzfund hat ihn um den Verstand gebracht. Den Rat des Narren, sich mit dem Gelde Freunde zu gewinnen, schlägt er ebenso in den Wind wie den des Springinsfeld, sich mit dem Geld ein ruhiges Leben zu verschaffen. Der Jäger zeigt weniger Witz als der Narr und bringt seinen Schatz zu einem Kaufmann nach Köln in Sicherheit. Aber auf dem Rückweg wird er von den Schweden gefangen.

Diese Gefangennahme ist eine neue satirische Verkehrung. Der Jäger von Soest wird von den Schweden nicht wieder freigegeben und muß in Lippstadt einen Vertrag unterzeichnen, sechs Monate lang die Waffen ruhen zu lassen. Er ist Gefangener auf Ehrenwort mit allen Freiheiten und Bequemlichkeiten, die ihm sein Geld verschafft. Ironisch heißt es in der Kapitelüberschrift: er ist ein „Freyherr". Diese neue Situation wird vom Autor dazu benutzt, seinen Helden in Liebeshändel zu verstricken (III, 18—22). Sie werden durch die Andeutungen der „Wahrsagerin von Soest" eingeleitet. In Soest hatte Simplicissimus zwar an den Damengesellschaften der Offiziere teilgenommen, auch die Geneigtheit der Damen schon erfahren, doch bei seinen Kriegsabenteuern hatte er keine Zeit und keinen Sinn dafür gehabt. Während des erzwungenen Müßiggangs in Lippstadt aber verfiel er aufs Romanelesen: erst um der „Wohlredenheit" willen, nachher auch um der Liebeserfahrung willen. Das ist ein bekanntes Motiv, das hier aber nicht galant, sondern moralisch-satirisch verwendet wird. Die Liebeshändel werden nur summarisch behandelt, aber den Warnungen des Pfarrers werden zwei Kapitel gewidmet. Der Lippstädter Pfarrer, der ihm geistliche Bücher geliehen hat, redet ihm zuerst wegen seines Josef-Romans ins Gewissen (III, 19). Dies ist natürlich ein satirisches Durchbrechen der Fiktion. Der kaum sechzehnjährige Simplicissimus kann noch keinen Roman geschrieben haben. (Solche Verstöße gegen die Fiktion waren in den Barockromanen schon nicht mehr üblich.) Das nächste Gespräch mit dem Pfarrer hat als Religionsgespräch (III, 20) eine gewisse Bedeutung erlangt. Simplicissimus spielt gegen den kalvinischen Pfarrer das „simpliciter glauben" aus. Wenn man aber meint, damit ein rundes Glaubensbekenntnis des Erzählers vor sich zu haben, wird man durch die satirische Einkleidung wieder gewarnt. Das Bekenntnis, „daß ich weder Petrisch noch Paulisch bin, sondern allein simpliciter glaube", überträgt das Simplicianische ins Religiöse. Es ist also mehr eine satirisch-romanhafte als eine ernsthaft-religiöse Äußerung. Dies Religionsgespräch ist ja auch durch die Einleitung und den Schluß ins Satirische verkehrt. Einleitend spricht der Jäger davon, daß er nicht den Haß der Geistlichen auf sich ziehen will. Abschließend moralisiert der Erzähler: „Hierbey kan der Leser abnehmen / was ich damals vor ein gottloser böser Bub gewesen / dann ich machte dem guten Pfarrer deßwegen vergebliche Mühe / damit er mich in meinem ruchlosen Leben ungehindert liesse / und gedachte: Biß du mit deinen Beweißthumen fertig bist / so bin ich vielleicht wo der Pfeffer wächst."

Auch das Lippstädter Moralisieren bekommt also Schwankcharakter. So geht auch der einzige Liebeshandel, der eingehender erzählt wird, wie ein Schwank mit einer Zwangsheirat aus. Es ist das „Stücklein" mit des Obristleutnants Tochter. Allerdings erfährt man auch hier kaum eigentliche Liebesabenteuer, „weil dergleichen Possen ohne das alle Liebes-Schrifften voll seyn". Es bleibt bei einer Beschreibung des ersten Treffens am Dreikönigabend, der Liebesschriftstellerei und des Lautenunterrichts. Erster Kuß und „andere Narrnpossen" werden mit einem Satz abgetan. Gleich drauf durfte er sich zwar „hübsch zu ihr ins Bett" fügen, aber da wurde wieder nicht „etwas ungebührliches" begangen, so daß Simplicius „ganz ermüdet vor Unmuth sanfft einschlummerte". Das half ihm jedoch nichts, als ihn der Obristleutnant gegen vier Uhr morgens überraschte; der Pfarrer wurde geholt und gab sie „im Bett sitzend" zusammen; der Schwiegervater trieb dann — schwankhaft genug — das junge Paar zum Haus hinaus. Der Jäger aber fand nach einigen Überlegungen, daß er nach allen seinen Lippstädter Händeln noch glimpflich davongekommen war. So ist der „Freyherr" um seine Freiheit gekommen und der Jäger von Soest an die schwedische Armee gebunden.

Aber ohne viel Kopfzerbrechen befreit der Erzähler wieder seinen Helden, indem er ihn auf den Weg schickt, den in Köln deponierten Schatz zu holen. Der Kaufmann ist natürlich bankrott und mit dem Schatz verschwunden. Die Nachforschungen ziehen sich hin. In dieser unvorhergesehenen Wartezeit erscheint ein neues Motiv: die Lust zu sehen, wie es in großen Städten hergeht. Damit wendet sich der Erzähler von neuem dem Reise- und Vagantenmotiv der pikarischen Romane zu, das im vierten Buch womöglich eine noch größere Rolle als im zweiten Buch spielt.

Die Schwänke des Jägers von Soest sind also einerseits mit der Narrensatire und andererseits mit dem pikarischen Vagantenmotiv verknüpft. Sie enthalten sowohl das pikarische Element des freien Gemüts als auch das satirische Element der verkehrten Welt. Das Stadium, in dem Simplicissimus im Sinne einer Entwicklung den Höhepunkt seines Ruhms erreicht, ist zugleich die Vorbereitung für den moralischen und materiellen Tiefpunkt seines Lebens. So, wie er es mit den andern getrieben hat, werden es nun die andern mit ihm treiben.

Beau Alman und Merode-Bruder

Die pikarischen Romane haben ihren Namen von den Bettlerzünften, in denen die Helden lernen, auf anderer Kosten zu leben und das Nichtstun der Arbeit vorzuziehen. In der Guzman-Übersetzung des Ägidius Albertinus wird der Held bei den Bettlern von Madrid ein Pikaro (I, 8). Grimmelshausen hat im vierten Buch diesen Bettlerzünften den Orden der Merodebrüder nachgebildet (IV, 13), und er ist stolz darauf, daß bisher noch niemand davon geschrieben hat. Es sind jene Soldaten, die außerhalb der Armee herumlungern, sich durch Diebstahl und Plünderung ernähren, aber sich vor der Disziplin und vor jeder Schlacht drücken. Auf sie wird das parodierte Bibelzitat angewendet: „Sie wachen nicht / sie schantzen nicht / sie stürmen nicht / und kommen auch in keine Schlacht-ordnung / und sie ernehren sich doch!" Unmittelbar nach dieser Merodebrüderbeschreibung trifft Simplicissimus mit dem Schlimmsten dieser Art zusammen und leistet ihm halb gezwungen, halb neugierig Gesellschaft. Es ist Olivier, der Gegenspieler Herzbruders vor Magdeburg. Diese Episode nimmt fast so viel Raum in Anspruch wie die Geschichten des Jägers oder die Lippstädter Liebeshändel. Zu dieser Aufschwellung kommt es dadurch, daß Olivier vier Kapitel lang (IV, 18—21) seine Lebensgeschichte erzählt. Es ist das einzige Mal, daß Grimmelshausen dies beliebte Mittel des Barockromans ausführlich verwendet. Es ist ein rein pikarischer Lebenslauf, der viele Züge aus dem Guzman entlehnt. Der Vater hatte die ehrlose Tochter eines reichen Kupferhändlers geheiratet, bloß um das Geschäft übernehmen zu können. Schon mit sieben Jahren zeigte Olivier seine Schelmenstücke auf der Schule. Später wurde er mit einem verdorbenen Präzeptor auf die Universität Lüttich geschickt. Wegen Diebstahls relegiert, floh er aus dem Elternhaus, gehörte wieder einer Diebsbande in Köln an und ging schließlich zu den Soldaten. Den bösen Streich, den er mit Hilfe des Profos dem jungen Herzbruder gespielt hat, erzählt er selbst noch einmal. Von da an ist sein Lebenslauf so ziemlich das Widerspiel des Simplicissimus, ins Boshaft-Gewalttätige verzerrt. Von den Schweden, die auch ihn in der Schlacht bei Wittstock gefangennahmen, kam er durch Mord und Betrug frei, in Werl spielte er den falschen Jäger von Soest, ging von den Hessen zu den Holländern und wurde schließlich Merodebruder und Wegelagerer. Diese Parallelisierung dient dazu, Simplicius vom Typ des Pikaro abzuheben.

Immerhin muß man sich wundern, daß sich der Held überhaupt mit Olivier zusammentut. Der Erzähler weiß auch keine andere Erklärung dafür als die Sentenz: „Ein resoluter Soldat / der sich darein ergeben / sein Leben zu wagen / und gering zu achten / ist wol ein dummes Vieh!" Olivier hatte aus dem Hinterhalt geschossen, war aber in einem langen Ringkampf überwunden worden. Nachdem Olivier Simplicius erkannt hat, ist dieser allerdings vor ihm sicher; denn Olivier glaubt fest an die Prophezeiung des alten Herzbruder, daß Simplicius seinen Tod rächen werde. Dadurch motiviert der Erzähler das Zusammenleben. Simplicius läßt er lediglich einen langen erbaulichen Stoßseufzer tun, wenn er am nächsten Morgen mit Olivier auf Raub ausziehen muß. Die Ich-Erzählung kommt sichtlich in Verlegenheit. Als Gewinn gehen jedoch neue satirische

Gespräche daraus hervor. Olivier rechtfertigt sein Räuberleben mit dem Machiavell, auf den sich auch Regenten und Feldherren berufen (IV, 15). Daß er den Kirchturm als Räuberwarte benutzt, verteidigt er damit, daß auch Hoffärtige, Wucherer und Verliebte mit dem Kirchenbesuch Mißbrauch treiben (IV, 17). Auf dem Kirchturm erzählt Olivier seine Lebensgeschichte. Wieder ist es also die Verkehrung der Welt (Kirchturm als Räuberwarte), die überhaupt erst die satirische Perspektive freigibt. Aber wenn Simplicius dann an dem Überfall auf die Majorsfamilie teilnehmen muß, kann er zwar die Frau und die Kinder vorm Erwürgen retten, aber er trägt die Mitschuld am Tode des Kutschers und eines Reiters. Er ist mit Olivier auf dem tiefsten Punkt seines Luderlebens angekommen, macht sich schwere Vorwürfe und hat doch nicht den Mut, Olivier den Rücken zu kehren. Als sie von einem Trupp Soldaten gestellt werden, muß sich Simplicissimus seines Lebens wehren. Dabei wird er tatsächlich der Rächer von Oliviers Tod. So kommt er in den Besitz von Oliviers zusammengeraubten Schätzen. In einem Wirtshaus von Villingen hat er dann Gelegenheit, dies Geld zum mindesten für den ganz heruntergekommenen Herzbruder gut anzulegen; aber dies ist doch nur eine halbe moralische Rechtfertigung der gemeinsamen Sache, die er mit Olivier gemacht hat.

Bis auf diesen Schluß dienen also die pikarischen Elemente im vierten Buch dazu, die Welt der Laster und nicht nur einzelne Torheiten darzustellen. Einmal darauf aufmerksam geworden, findet man zahlreiche weitere Momente. Schon der Aufenthalt in Köln gab Gelegenheit zu einem ausführlichen Lasterkatalog: Zorn, Neid, Spielsucht, Unmäßigkeit, Hoffart, Lachen und Vorwitz werden als Krankheiten des Gemüts dargestellt (III, 23). Am Ende hieß es allerdings: „Von den übrigen / als Faulheit / Rachgier / Eyfer / Frevel / Gebrechen der Lieb / und andern dergleichen Kranckheiten und Lastern / will ich vor dißmal schweigen / weil ich mir niemals vorgenommen / etwas davon zu schreiben / sondern wieder auff meinen Kost-Herrn kommen / der mir Ursach gab / dergleichen Gebrechen nachzusinnen / weil er vom Geitz biß auffs äusserste Haar eingenommen und besessen war." Das scheint der Auslegung des vierten Buchs als Theater des Lasters zu widersprechen. Aber dieser Wink des Erzählers wird durch einige Fakten widerlegt. Dreimal bekennt sich der Held eines lasterhaften Lebens schuldig und denkt an eine endgültige Umkehr: Das erstemal, als er bestohlen und von den Blattern entstellt ist, spricht er nur von der unseligen Wendung seines Glücks, aber er vergleicht sich schon mit dem

Verlorenen Sohn (IV, 7). Das zweitemal macht er gar die heiligsten Gelübde, wenn er nur aus seiner lebensgefährlichen Lage befreit werde (IV, 10). Das drittemal meldet sich sein Gewissen, als er Olivier bei seinen Überfällen hilft. Aber dies Erwachen des Gewissens in den Momenten der Not wirkte nicht weiter nach. Dem Regimentskaplan in Philippsburg machte er noch mehr zu schaffen als dem Lippstädter Pfarrer. Er verweigerte ihm einen in der Schlinge gefangenen Hasen mit der witzigen Bemerkung, ein Gehenkter gehöre nicht ins geweihte Land. Der Erzähler sagt an dieser Stelle von sich selbst: „Ich sage recht / verstockt / blieb auch verstockt..." Simplicissimus gibt im 11. Kapitel selbst ein Beispiel für das Laster der Verstocktheit und Herzensverhärtung.

Die Reihe der Laster, die an einzelnen Exemplaren der menschlichen Gesellschaft vorgeführt werden, beginnt in Köln mit dem Geiz des Notars, bei dem er Wohnung genommen hat. Das beliebte literarische Motiv des Geizhalses führt den Schwank mit dem Hasen herauf, um den der Notar geprellt wird (III, 24). Zugleich ist dieser Streich der Anlaß für die Rache, die der Kölner an ihm nimmt. Als Simplicissimus mit den beiden Adligen in Paris eintrifft, werden ihm die Pferde beschlagnahmt. So gerät er in eine große Verlegenheit, in der er den ersten besten Dienst annehmen muß (IV, 1—5). Es ist die Stelle beim Doktor Canard, der nicht nur als zweites Laster die Hoffart demonstriert, indem er mit den Kavalieren am Hof in Kleidung und Aufwand wetteifert, sondern auch ein höchst zweideutiges Gewerbe treibt. Er vermittelt den jungen Deutschen in die Komödie, wo er mit großem Erfolg, wenn auch ziemlich unglaubwürdig, den Orpheus singt und andere Rollen spielt. Das hat wohl keinen anderen Sinn, als ihn den Damen der hohen Gesellschaft als Beau Alman zu empfehlen[13]. Eingeführt durch eine Kupplerin, verbringt er im „Venus-Berg" acht Tage, in denen er stumm und ohne Licht, wie weiland Amor die Psyche, Nacht für Nacht mehrere Damen bedienen muß. Es ist wohl nicht so wichtig, nachzuforschen, ob Grimmelshausen sich mit der Figur des Monsieur Canard an dem Straßburger Dr. Küffer hat rächen wollen, bei dem er als Schaffner in Ungnade gefallen war. Der Frage kann man nur dann Wert beimessen, wenn man in der Satire nur den Ausdruck einer persönlichen Invektive sieht. Wichtiger ist es, daß Grimmelshausen entscheidende Züge für seine Pariser Simpliciaden Sorels „Francion" entnommen hat: das Komödienmotiv, die Kupplerin, den „Venus-Berg", später noch die Quacksalberei. Freilich sind die Abwandlungen größer, als das M. Koschlig deutlich macht. Sie liegen in der veränderten Bedeutung. Zu den exemplarisch gezeigten Lastern tritt nun die Wollust, gesichtslos als maskierte Frau, nur der üppige Mund sichtbar. Auch das Widerspiel zu den Lippstädter kleinstädtischen Liebeshändeln ist deutlich. Dem Beau Alman wird so mitgespielt, daß er schließlich „auß unvermögen der Narrenpossen gantz uberdrüssig wurde".

Als Simplicissimus mit der ersten Gelegenheit aus Paris abreiste, erkrankte er in einem Dorf an den Blattern. Die Weimarer Offiziere, in deren Gesellschaft er war, stahlen ihm den Liebessold hinweg und überließen ihn seinem Schicksal: „Wormit einer sündigt / damit pflegt einer auch gestrafft zu werden / diese Kinds-Blattern richteten mich dergestalt zu / daß ich hinfüro vor den Weibsbildern gute Ruhe hatte . . .‟ Das ist der schroffste satirische Umschlag nach dem Soester Abenteuer- und Lippstädter Glücksleben, der sich denken läßt. An dieser Stelle steht denn auch der Vergleich mit dem Verlorenen Sohn. Aber als Simplicissimus nur halbwegs wieder bei Kräften war, vermehrte er selbst den Lasterkatalog dieses Buchs, indem er als Quacksalber, wie er's vom Doktor Canard gelernt hatte, die Bauern in den Dörfern betrog und um ihr Geld brachte. Zwischen dieser quacksalbernden Rückreise durch Frankreich (IV, 8) und dem Eintritt in den Orden der Merodebrüder (IV, 13) stehen noch vier Kapitel, die äußerlich dem lückenlosen Ablauf der Historie dienen, worauf der Erzähler offenbar großen Wert legt. Aber ihrer Bedeutung nach zeigen sie, daß Simplicissimus in der Sprache der Zeit zu einem „Bernheutter" geworden ist, der als Musketier in Philippsburg kaum noch zu etwas nutz ist (IV, 9), dessen Leichtsinn weder die äußerste Lebensgefahr bei dem Bootsunglück im Rhein noch die Ermahnung des eifernden Regimentskaplans ändern kann (IV, 10 u. 11). Nicht einmal Herzbruder, der plötzlich in militärischer Mission auftaucht, kann seinen Freund zu neuer Unternehmungslust bringen. Es liegt also nicht nur an dem verhaßten Musketierdasein; denn auch, als Herzbruder ihn wieder beritten macht, hat der gewesene Jäger von Soest seine ganzen früheren Künste völlig vergessen. Simplicissimus ist mit 16 Jahren am Ende seiner Kraft und seiner Laufbahn angekommen. Daß er dann aber in der Begegnung mit Olivier seine alte Kraft wiederfindet, ist eine von den Merkwürdigkeiten oder Ungereimtheiten dieses Romans. Dafür hat der Erzähler zunächst überhaupt keine Erklärung, und von dem Gewaltmarsch nach Villingen heißt es später: „. . . und muß fast glauben / daß einem Menschen das Gold grosse Kräfften mittheilet / denn ob ich zwar schwer genug daran trug / so empfand ich jedoch keine sonderbare Müdigkeit." Simplicissimus hat zwar seinen Kölner Schatz nicht wiederbekommen, er hat seinen Pariser Liebessold verloren, aber er hat als Partner und Erbe Oliviers ebensoviel gewonnen, als beide zusammen ausmachten. Die Geldgier scheint also in diesem vierten Buch der Laster die Quelle der Lebens- und Widerstandskraft zu sein.

## Die phantastische Existenz im Sauerbrunnen

Was den Simplicissimus-Roman grundsätzlich von den pikarischen Romanen unterscheidet, ist die Rückkehr zu einem geordneten und gesicherten Leben. Der fiktive Lebensbericht ist nicht von einem Vaganten verfaßt, sondern das Umherschweifen durch die Welt soll auf einem Bauernhof im Schwarzwald noch vor der Einsiedelei auf dem Mooskopf zur Ruhe kommen. Dieses Ende war dem Verfasser durch die Identifizierung mit seinem Helden vorgezeichnet. Es lag aber auch in der Struktur der Simpliciaden; denn dieser deutsche Pikaro war ja nicht aus Abenteuerlust zum Vaganten geworden, sondern durch die Schicksale im Dreißigjährigen Krieg dazu gezwungen worden. In dem Augenblick, als er die Mittel und Möglichkeiten dazu hatte, gab er das unfreiwillige Pikaro-Dasein wieder auf. Darin liegt das besondere künstlerische Problem dieses Romans; denn er bedient sich ja der pikarischen Form, d. h. des Motivs der Reisen, der wechselnden Herren, der sich wandelnden Situationen und der vergeblichen Sinngebungen des Umherschweifens. Grimmelshausen strebt aber eine Sinngebung des Lebens in satirischer Form an. Wir sahen schon, wie das durch den Einsiedlerrahmen gelungen ist: diese Reise zur Selbsterkenntnis und zur Gotteserkenntnis hat den „Hergang vor den Hingang". Aber im fünften Buch versucht Grimmelshausen noch eine materiell-pragmatische Sinngebung des unsteten Lebens: er siedelt seinen Simplicissimus im Sauerbrunnen Grießbach im Schwarzwald an. Dadurch taucht die Frage auf: Was führt denn zu dieser Sinneswandlung? Ist es die Freundschaft zu Herzbruder, die Lust am Besitz, das Verlangen nach Frieden oder gar die Sehnsucht nach der Ruhe des Gemütes? Alle diese Motive tauchen nacheinander im fünften Buch auf. Sie vereinigen sich als der vierfache Sinn dieser Geschichte. Auf der Ebene der „Histori" ist es Herzbruders Krankheit, die Simplicissimus überhaupt nach Grießbach führt. Auf der moralischen Ebene ist es die Ansiedlung auf einem Schwarzwälder Bauernhof und die damit verbundene Beschränkung. Auf der allegorischen Ebene ist es das geheimnisvoll-elementische Wesen um die Natur des Sauerbrunnens. Die sinnbildliche Bedeutung wird im Bekehrungsmotiv, das dies Buch von der Wallfahrt nach Einsiedeln bis zum einsiedlerischen Weltabschied durchzieht, deutlich. Das ist für das Ende eines

Romans etwas viel an Lösungen, zumal wenn sie alle auch jeweils in satirischer Brechung erscheinen sollen. In der phantastischen Existenz dieses philosophierenden und lesenden Bauern ist jedoch die Vereinigung der verschiedenen Schichten noch einmal gelungen. Von diesen vier Schichten drängt sich durch die Anordnung der Kapitel am Anfang und Ende die sinnbildliche und theologische in den Vordergrund. Das Buch wird mit der Wallfahrt nach Einsiedeln eröffnet und schließt mit dem Weltabschied des Guevara. Man könnte denken, daß Grimmelshausen dabei der Ausgang der Guzman-Übersetzung von Ägidius Albertinus vorgeschwebt hat, der auf 150 Seiten allegorische Deutungen des Pilgerwesens bringt[14]. Wenn diese Anregung wirklich anzusetzen ist, muß man das Ingenium Grimmelshausens um so mehr bewundern. Er ließ sich dadurch nicht verführen, die weltliche Durchtriebenheit seines Helden aufzugeben. Auf der Wallfahrt tut er wie Herzbruder Erbsen in die Schuhe, aber nach der Beschwernis des ersten Tages zieht er es vor, die Erbsen in Schaffhausen kochen zu lassen. Zwar bringt ihn die Anklage eines Besessenen, der in Einsiedeln exorziert wird, zu einer Bekehrung in Furcht und Zittern, aber sein weltoffener Sinn läßt sich durch die Sehenswürdigkeiten der Wallfahrtskirche wieder ablenken. Was wirklich von dieser Wallfahrtsepisode bleibt, ist die bewegende Freundschaft zu Herzbruder, dem er einen Winteraufenthalt in Baden spendiert und mit dem er sein ganzes Olivierisches Vermögen teilen will (V, 3). Auf diese Bekehrung zum Katholizismus folgt dann die Konsolidierung der äußeren Verhältnisse (V, 4 u. 5). Herzbruder und Simplicissimus reisen nach Wien, wo beide befördert werden. Aber die Vergiftung Herzbruders nach der unglücklichen Schlacht macht eine Kur im Sauerbrunnen von Grießbach notwendig. Auch Simplicissimus verläßt seinen Dienst und lebt von nun als verabschiedeter Hauptmann im Schwarzwald. Man darf darin nicht allein biographische Beziehungen entdecken wollen; denn der Aufenthalt im Sauerbrunnen ist damals schon ein beliebtes Romanmotiv, Liebespaare zusammenzuführen. Simplicissimus allerdings erheiratet sich im Sauerbrunnen einen Bauernhof. Zuvor aber reist er zur Regelung seiner familiären Angelegenheiten nach Lippstadt. Im Sinne dieser Satire erfährt er dort, daß seine Frau gestorben ist, der Sohn durch den in Köln deponierten Schatz (der vom Lippstädter Kommandanten eingezogen werden konnte) gesichert ist und seine weiteren Söhne über die Stadt verteilt sind.

Die eigentliche Ansiedlung im Sauerbrunnen erfolgt recht pikarisch (V, 6–11). Während Herzbruder an seiner Krankheit dahin siecht, ergibt sich Simplicissimus — trotz seiner Blattern — wieder der Buhlerei. Erst ist es eine „schöne Dame" mit viel Aufwand; in der „Landstörtzerin Courasche" hören wir, daß es diese Erzhurin vieler Regimenter gewesen ist. Später ist es eine Bauerndirne, die ihm allein schon darum zusagt, weil sie genau wie er — nach Herzbruders Tod — Trauerkleidung trägt. Eigentlich geht es Simplicissimus um den Bauernhof der Dirne, aber er ist selbst der Betrogene dabei. An ein und demselben Tage hat dieser unfreiwillige Pikaro gleich drei Kinder: eins von seiner Frau, das dem Knecht gleicht; eins von der Magd, das ihm gleicht; eins von der Courasche, das weder ihm noch ihr gleicht. Zudem ist seine Frau dem Wein ergeben, hat immer ein Krüglein vor sich stehen und vernachlässigt die Wirtschaft vollends, als bekannt wird, daß Simplicissimus adeliger Abkunft ist. Diese pikarischen Schicksale rahmen nämlich die Wiederbegegnung mit dem Knan und der Meuder aus dem Spessart ein (V, 8). Aber der Glücksumschwung, den solch eine Enthüllung der adeligen Abstammung im hohen Barockroman immer mit sich bringt, kommt überhaupt nicht zum Zuge. Unser satirischer Held hat genug damit zu tun, die Magd abzufinden, für die Dame Courasche an die Obrigkeit zu zahlen und nach dem Tode von Frau und Kind („welches mir so zu Hertzen gienge / daß ich mich fast kranck hierüber gelacht hätte") den Hof durch die Pflegeeltern wieder in Ordnung bringen zu lassen. So ist also die Ansiedlung im Sauerbrunnen ins Satirische verkehrt: Simplicissimus ist kein Bauer und wird kein Edelmann, sondern er führt eine phantastische satirische Existenz.

Diese letzten pikarischen Abenteuer sind darauf abgestellt, im Helden wie im Leser einen Ekel vor diesem Leben zu erzeugen. Simplicissimus zieht sich wieder in den Nachtigallenbusch zurück, wo er vor Jahresfrist die Bauerndirne zuerst belauscht hatte, und geht beim Gespräch von zwei Kurgästen in sich: „Ich resolvirte mich / weder mehr nach Ehren noch Geld / noch nach etwas anders das die Welt liebt / zu trachten; ja ich name mir vor zu philosophiren / und mich eines gottseligen Lebens zu befleissen / zumalen meine Unbußfertigkeit zu bereuen / und mich zu befleissen / gleich meinem Vatter seel. auff die höchste Staffeln der Tugenden zu steigen." Das ist eine Bekehrung aus Weltüberdruß und Weltenttäuschung, daher dauerhafter und nachhaltiger als das Einsiedelnsche Wallfahrtserlebnis mit Höllendrohung und Teufelszwang. Tatsächlich fällt Simplicissimus von da an nicht mehr in sein pikarisches Lasterleben zurück, sondern dringt zu jener phantastischen Existenz durch, worin das Wesen seiner letzten satirischen Situation besteht. Der Vorsatz, zu philosophieren und ein gottseliges Leben zu führen, steht wie eine Deutung über der zweiten Hälfte des fünften Buches.

Zunächst ist es die Naturphilosophie in der Mummelsee-Allegorie (V, 12—18). Der Abstieg ins Zentrum der Erde demonstriert die phantastische Neugier, aber sie führt trotz aller märchenhaften Erlebnisse nur zur Enttäuschung, die schon vorher der Knan mit der volkstümlichen Wendung „den Hergang vor den Hingang darvon haben" formuliert hatte. Zwischen der phantastisch gespannten Neugier und dem betrogenen Wahn entfaltet sich die halb geistergläubige, halb naturwissenschaftliche Fahrt in die Tiefe und wird unversehens zu einer satirischen Friedensallegorie. Es ist bereits die dritte Anspielung auf den Frieden. Im ersten Kapitel, auf der Wallfahrt nach Einsiedeln, war es das Staunen über den Friedenswohlstand der Schweiz. Im fünften Kapitel, bei der Wiederbegegnung mit dem „hirnschelligen" Jupiter auf der Reise nach Lippstadt, war es die trübe Aussicht, daß die Menschheit, die am Krieg so gut verdient, den Frieden gar nicht will. Jetzt bei den Sylphen im Mummelsee sieht Simplicissimus die harmonische Ordnung der Gewässer, von Geisterhänden gelenkt, den seligen Naturstand der Elementargeister und die wahre Majestät des Geisterkönigs ohne allen äußerlichen Pomp. Aber selbst aus dieser seligen Naturwelt kommt ihm die Mahnung zu, daß nur die Welt ein „Probierstein Gottes" sei. Die Elemente dieser simplicianischen Naturphilosophie kann man von Paracelsus' Traktat über Nymphen und Sylphen bis zu Athanasius Kirchers „Mundus subterraneus" verfolgen. H. Mielert hat auf das Paracelsus-Wort hingewiesen: „Seliger ist es, zu beschreiben die nymphen, dan zu beschreiben die orden; seliger ist es, zu beschreiben den ursprung der risen, dan zu beschreiben die hofzucht; seliger ist es zu beschreiben melosinam, dan zu beschreiben reuterei und artellerei." Dann aber ist diese ganze naturphilosophische Abhandlung, was Mielert zu wenig bedenkt, durch märchenhafte und schwankhafte Züge wieder ins Satirische verkehrt. Simplicissimus hat Steine in den See gewälzt, um die Wahrheit der „Sagmehr" und „Hörsag" zu erkunden. Vom Sylphenkönig zur Rede gestellt, nennt er dies verwegene Tun verharmlosend ein Anklopfen an sein Reich. Nach dem Weltzustand befragt, weil die Sylphen bei der Lasterhaftigkeit der Menschen das Ende der Zeiten und auch ihr Ende befürchten, lügt er ihnen eine verkehrte Welt von einem utopischen Tugendleben vor. Das Ganze endet wie ein falsches Märchen: Nach dem Besuch des Mare del Zur hat er einen Wunsch frei. Trotz der satirischen Warnung seines

Begleiters wünscht er sich einen Sauerbrunnen. Aber der brunnenbohrende Stein wird ihm mit den zweideutigen Worten überreicht: „als du mit Eröffnung der Wahrheit umb uns verdient hast." Die Luftschlösser von einer Gesundbrunnenanlage auf seinem Hof werden denn auch gleich bei seiner Rückkunft zerstört, indem er sich verirrt und bei den Waldbauern im Muckenloch den Sauerbrunnen am falschen Ort hervorzaubert. Simplicissimus ist noch keineswegs philosophisch, wie er sich vorgenommen hat, sondern immer noch der alte Pechvogel, wenn auch ein phantastischer.

Aber ein Gutes hat doch dieser Weg ins Reich der Geister gehabt. Von da an verbringt er sein Leben hinter den Büchern. Es kommt zu einer Fakultätenmusterung, die anders als die faustische zur Theologie führt. Aber auch dann noch verliert er sich in den phantastischen Entwurf eines christlichen Sozialismus nach dem Muster der ungarischen Wiedertäufer (V, 19). Er hätte seinen Hof und sein Vermögen für diese phantastische christliche Gesellschaft drangegeben, wenn ihn sein Knan nicht überzeugt hätte, daß sich niemand dafür bereit finden würde.

So muß der Verfasser seinen Helden noch einmal in die Welt schicken und ihn noch einmal den Zusammenbruch seiner Luftschlösser erleben lassen. Dafür hat Grimmelshausen die Rußlandepisode (V, 20—22) eingefügt. Ein schwedischer Obrist, der bei ihm einquartiert wurde, beredet Simplicissimus, mit ihm nach Moskau zu gehen, um dort sein Glück zu versuchen. Zwar weigert sich unser Held standhaft, zum russisch-orthodoxen Glauben überzutreten, aber er darf schließlich eine Pulvermühle einrichten. Eine einzige groteske Episode wird eingeschoben, um die Allgewalt des russischen Zaren zu demonstrieren. Bei einem Tatareneinfall wird Simplicissimus ein Staatskleid angezogen, ein goldbeschlagener, edelsteinbesetzter Säbel in die Hand gedrückt, ein Streitkolben an die Seite gehängt, ein Roß vorgeführt und die Fahne mit dem doppelten Adler hinter ihm aufgezogen. In wenigen Stunden scharen sich 60 000 Reiter um ihn, mit denen er die Tataren schlägt. Nach dem Sieg wandert dann alles wieder in des Zaren Kleidertruhen. Der Sinn dieser Episode besteht natürlich nicht nur darin, ein anschauliches Bild von den russischen Zuständen zu geben, sondern mehr noch darin, den betrogenen Wahn seiner phantastischen Existenz von neuem zu zeigen. Als er nach der Moskauer Pulvermühle noch eine zweite in Astrachan errichten soll, wird er von Tataren verschleppt und kommt erst nach drei Jahren über Ostasien in den Schwarzwald zurück, nichts heimbringend als einen Bart und die neue Philosophie: „Ich aber setzte mich wieder hinder die

Bücher / welches dann beydes meine Arbeit und Ergözung war." Die russische Gewaltkur hat dem „teutschen" Simplicissimus endgültig die Lust an den Dingen der Welt genommen. Aus der Welt der Bücher steigen ihm keine neuen Phantome mehr auf, sondern die tiefe Unwirklichkeit der Welt vor dem Geist. Das wird in den beiden Schlußkapiteln am antiken Nosce te ipsum und im Adieu Welt des Guevara abgehandelt. So ist aber auch das Einsiedlerleben, zu dem sich Simplicissimus zuletzt entschließt, die neue religiöse Form seiner phantastischen Existenz.

Der „heilige Schalck"

Die einzelnen Stadien des simplicianischen Lebenswegs sind keine Entwicklungsstufen, sondern satirische Verkehrungen, in deren Masken sich der Held schnell zurechtfindet, so leichthin, wie der satirische Erzähler sie handhabt. Die entscheidenden Maskenverwandlungen sind zugleich Namens- und Garderobeänderungen: Simplicius im Einsiedlergewand, Simplicissimus im Narrenkostüm, der Jäger von Soest im grünen Kleide, der Beau Alman als Komödiant, der heruntergekommene Merodebruder und der flanierende Badegast. Wenn Grimmelshausen dem schon abgeschlossenen Roman eine Fortsetzung nachschicken wollte, mußte er seinem einsiedelnden Simplicissimus noch eine neue Maske geben. Er tat das, indem er ihn in der „Continuatio" oder im „Schluß" des Romans als „Heuchler oder heiligen Schalck" von neuem auftreten ließ. Zur Begründung dieses Maskenwechsels führt er die allegorische Figur des Baldanders ein (Cont. 9). Bei Hans Sachs ist „Baldanderst" eine Wortallegorie, die die Wandelbarkeit des Lebens erklären soll. Grimmelshausen aber macht den Baldanders zur Statue eines „alten teutschen Helden", die vergessen im Walde liegt und zu reden anfängt, als der Einsiedler sie auf die Seite wälzen will. Sie erklärt sich als die Veränderlichkeit und Unbeständigkeit aller Dinge, führt proteushafte Verwandlungskünste vor und fliegt schließlich als Vogel davon. Zwei Lehren hinterläßt Baldanders: die ernsthafte, daß der Mensch wankelmütig ist, solang er lebt, und die kurzweilige, mit Dingen zu reden, die von Natur stumm sind. Die zweite Lehre entziffert Simplicissimus aus einem primitiven Buchstabenversteckspiel und lautet: „Magst dir selbst einbilden, wie es einem ieden Ding ergangen; hernach einen Diskurs daraus formirn und davon glauben, was der Wahrheit ähnlich ist: so hastu was dein närrischer Vorwitz begehret[15]." Nach dieser Anweisung bildet Grimmelshausen selbst die satirische Geschichte des Klosettpapiers und gibt ihm den derbwitzigen Namen „Scheermesser", d. h., er gibt ihm eine satirische Maske

(Cont. 11 und 12). Das Sicheinbilden, wie es einem Ding ergangen, bedient sich mit Vorliebe einer Personifizierung oder Maske; daraus folgt die Diskursform in Rede und Widerrede; zuletzt wird von diesem Maskenspiel noch ein Wahrheitsgehalt verlangt. Das sind die wichtigsten Elemente des satirischen Maskenspiels, und von solchen Satiren heißt es, daß sie den „närrischen Vorwitz" befriedigen sollen.

Nach diesem Prinzip der Maskierung und des Maskenwechsels ist die ganze „Continuatio" zusammengesetzt. Am Anfang träumt der Einsiedel den allegorischen Streit zwischen Geiz und Verschwendung, der vor Luzifer in der Hölle aufgeworfen und als Exempel mit dem gegenseitigen Ruin des Verschwenders Julus und seines habgierigen Dieners Avarus in Frankreich und England durchgeführt wird. Das ist sogar ein doppeltes Maskenspiel. Die beiden Laster treten als Allegorien auf: der Geiz ist ein zerlumpter bleicher Kerl auf einem alten schäbigen Wolf, die Verschwendung eine ansehnliche aufgeputzte Dame auf einem kostbar gezäumten neapolitanischen Pferd; aber auch Julus und Avarus stellen in ihrem Namen und Benehmen die beiden Laster dar. Offenbar genügt dem praktischen Moralismus die Allegorese nicht mehr, sondern sie muß auch an realistischen Beispielen erläutert werden. Auf diese ausführliche Allegorie, die ein Viertel des Buches einnimmt (Cont. 2—8), folgt der Aufbruch des Einsiedlers zur Pilgerreise ins Heilige Land. Dieser Maskenwechsel ist nicht nur durch die Veränderung der Einsiedlerkutte in einen Pilgerrock angezeigt, sondern auch durch den Gesinnungswandel zum pikarischen Wallfahrer. Die Schwänke, Stücklein und komischen Einlagen spielen wieder eine Rolle, bis Simplicissimus selbst von arabischen Räubern am Roten Meer in der Maske des „wilden Mannes" herumgezeigt wird (Cont. 10—18). Ein dritter Wechsel wird durch den Schiffbruch und die Rettung auf die Südsee-Insel heraufgeführt. Die glückselige Insel mit ihrer paradiesischen Natur bietet an und für sich schon eine völlig veränderte Situation. Dabei spielt die moralsatirische Versuchung der beiden Schiffbrüchigen durch den Teufel in Gestalt einer Abessinierin noch eine besondere Rolle. Simplicissimus fängt aber sein gottseliges Leben erst endgültig an, als der Erzähler den Kameraden durch übermäßigen Palmweingenuß kurzerhand beiseite geschafft hat. Nun trägt der in der Südsee verlorene Einsiedel ein Gewand aus Palmblättern, und sein Bart ist mit Leuchtkäfern besteckt, bei deren Schein er auch die Niederschrift seiner Lebensgeschichte beginnt (Cont. 19—23). Diese Anspielung auf die Legende des heiligen Einsiedlers Onofrius ist mit der barocken Emblematik verbunden.

Wenn der alte Einsiedel im „Buch der Natur" liest, heftet er die einzelnen Entzifferungen auf Zetteln an die Bäume wie in einem botanischen Garten des „irdischen Vergnügens in Gott". Die satirische Utopie erhält ein mystisches Gegenbild:
> Ach allerhöchstes Gut! Du wohnst im Finstern Licht!
> Daß man vor Klarheit groß / den grossen Glantz kan sehen nicht.

Diese letzte Verwandlung wird erst durch die Relation des holländischen Kapitäns an den Herausgeber der Lebensgeschichte ganz deutlich: der alte Simplicissimus ist durch nichts zu bewegen, nach Europa zurückzukehren (Cont. 24—27).

In der „Continuatio" gibt Grimmelshausen erst eine Erklärung für die Fiktion des Ich-Berichtes; aber der Inhalt der satirischen Lebensgeschichte will sich nicht mehr recht zu dem gottseligen Leben auf der Kreuzinsel schicken. Der fiktive Erzähler muß sich denn auch gewisser Worte wegen entschuldigen. Auch das erbauliche Leben auf der Südsee-Insel behält also noch immer einen Zug heiliger Schalkheit.

Was mag aber Grimmelshausen bewogen haben, diesen Schluß dem schon abgeschlossenen Roman noch anzufügen? Scholte nahm in der Einleitung zum Neudruck an, daß der große literarische Erfolg einer Satire von Henry Neville „The Isle of Pines" (deutsch 1667), einer satirischen Fruchtbarkeitsutopie und „Persiflage auf die biblische Vorstellung der ersten Menschheit", die „Continuatio" veranlaßt habe. Koschlig legt mehr Wert auf die wörtlichen Übereinstimmungen mit der Beschreibung der Insel Mauritius in dem Buch über die „Orientalischen Idien" (Frankfurt 1601) und will in der „Isle of Pines" nur die Anregung zur Fiktion des Lebensberichtes sehen. Ganz allgemein wird die damals schon geübte Verlegerpraxis, durch Zusätze und Erweiterungen spätere Auflagen wieder flottzumachen, angeführt. Grimmelshausen hat auch noch dem „Barock-Simplicissimus" (1671) die simplicianischen Wundergeschichten aus seinen Kalendern, in denen er den Südsee-Einsiedler zu neuen Aufschneidereien nach Deutschland zurückführt, als erste bis dritte Continuatio angefügt. Selbst die rein pikarischen Lebensgeschichten von der „Courasche" und vom „Springinsfeld" (1670) sind durch ihre Verbindung mit dem Haupthelden als fortgesponnene Erweiterungen und Zutaten des Romans anzusehen. In jedem Fall liegt der künstlerische Wert aller Continuationen weit unter dem der ersten fünf Bücher. Insofern ist die spätere Bezeichnung der fünf oder sechs simplicianischen Lebensgeschichten als zehn Bücher, die Grimmelshausen selbst bei der Herausgabe des „Wunderbarlichen Vogelnestes" (1672 und 1675) vorgeschlagen hatte, nicht recht überzeugend. Das gilt auch schon für die „Continuatio" oder das sechste Buch. Selbst wenn man wie Koschlig der „Inseleinsamkeit" als einer „aus deutschem Drange zur letzten Verinnerlichung geborenen weltfernen Einsiedelei" oder wie Scholte dem „Finstern Licht" aus mystischer Tradition einen besonderen Wert beimessen wollte, bleibt immer noch der ungelöste Widerspruch, daß der satirische Roman wie eine erbauliche Schrift endet. Ich vermute deshalb, daß nicht zuletzt diese Betonung des moralischen Sinns, zugleich eine Verteidigung und Rechtfertigung, die „Continuatio" veranlaßt hat. Nur so erklärt sich die Ausführlichkeit der moralischen Allegorese von Julus und Avarus am Anfang oder der Vergleich des satirischen Stils mit dem theologischen in der Einleitung.

Was man aber auch vom Gesichtspunkt der Einheit oder der Kunst gegen die „Continuatio" anführen mag, sie gibt uns einen wichtigen Einblick in die Methode des satirischen Maskenspiels. Man muß sich dabei erinnern, daß Grimmelshausen schon im „Satyrischen Pilgram" die Frage der „Mummerey" behandelt hatte[16]. Dies satirische Maskenspiel ist ein satirisches Nachspiel zur barocken Welttheater-Vorstellung. Es steigt nicht bis zur ästhetischen Freiheit der Welttheater-Metapher auf, es bleibt vielmehr im Bereich der praktisch-moralischen Anwendbarkeit; aber es bewahrt sich die satirische Freiheit, den närrischen Vorwitz zu wecken und zugleich hinters Licht zu führen oder zu entlarven. Es ist die Freude am Spiel, aber umschränkt von dem Willen, durch die Aufzeigung der Torheiten zur Änderung der Menschen beizutragen.

### Der barocke Realismus

Die Welt hat für Grimmelshausen eine eigentümliche Konsistenz und Materialität. Gott ist nicht der Autor und wertende Zuschauer des Welttheaters, sondern für ihn ist die Welt ein Probierstein, daran den Wert der Menschen unter ihren Masken zu erproben. Solche Erklärung der Welt gibt der sylphische Naturgeist auf der Reise in die Tiefe: „das Leben so ihr habt / ist nit euer Leben / sondern euer Leben oder der Todt wird euch erst gegeben / wenn ihr die Zeitlichkeit verlaßt; das aber was ihr das Leben nennet / ist gleichsam nur ein Moment und Augenblick / so euch verliehen ist / GOtt darin zu erkennen / und ihme euch zu nähern / damit er euch zu sich nemmen möge / dannenhero halten wir die Welt vor einen Probierstein Gottes / auff welcher der Allmächtige die Menschen / gleich wie sonst ein reicher Mann das Gold und Silber probiert / und nachdem er ihren Valor am Strich befindet / oder nachdem sie sich durch Feuer läutern lassen / die gute und feine Gold- und Silbersorden in seinen himmlischen Schatz leget / die böse und falsche aber ins ewige Feuer wirfft . . ." Das Leben in der Welt ist eine Probe, die freilich nicht in der Bewertung der Rolle, die man gespielt hat, besteht, sondern in dem, was der Strich des Probiermeisters offenbart und das Feuer an den Tag bringt. Das Erleiden der Welt und die Art, wie man sie erduldet, ist also die eigentliche Probe, und nicht die Gestaltung der Welt.

So bilden auch die Sachen und Realien in diesem Roman ein ziemliches Gegengewicht gegen das Maskenspiel der Figuren. Die Anspielungen auf historische Ereignisse ermöglichen eine lückenlose Chronologie von der Schlacht bei Höchst (Geburt des Simplicissimus 1622) bis zum Friedensschluß (Rückkehr von der Rußlandreise nach 1648). Der Erzähler legt auf die Abfolge der Fakten größeren Wert als auf die innere Kontinuität der Geschehnisse. Zu den historischen Fakten treten als weitere Fixierungspunkte die schrecklichen oder monströsen Erlebnisse des Krieges: die Bauerntrillerei im Spessart, die Offiziersgelage in Hanau, das Soldatenleben vor Magdeburg, die Beutezüge um Soest, die Landplage der Merode-Brüder, das wechselnde Kriegsglück am Oberrhein, die Intrigen in Wien. So entsteht ein Sittenbild des Dreißigjährigen Krieges von dokumentarischem Wert. Damit sind noch andere Sittenschilderungen verknüpft: die Einsiedlergewohnheiten, die merkwürdigen Liebessitten in Paris, das Leben im Sauerbrunnen, die russischen Verhältnisse. Alles dies faßt man gern als den Realismus Grimmelshausens zusammen. Die durchgehende Technik, alles aus der Perspektive eines Fremden oder Betroffenen von außen oder von unten aufzuzeigen, legt ja auch tatsächlich nahe, von einer realistischen Schreibweise zu sprechen.

Realistisch sind insbesondere die Schwankgeschichten. Nicht nur das Jäger-von-Soest-Buch ist voll davon, sondern auch der ganze Roman. Sie sind so sinnreich in das Ganze verwoben, daß man sie nicht vom simplicianischen Weltverständnis lösen kann; d. h., der Realismus der Schwänke dient der satirischen Aussage. Von der Satire hat man gesagt: sie vernichtet. Auch in den Schwänken, wie Grimmelshausen sie ausgestaltet, liegt etwas Ähnliches vor. Sie bringen in eine Verlegenheit oder Verwirrung, die durch einen Streich, einen Witz oder einen Einfall gelöst wird. Der Schwank vom Speckdiebstahl ist ein Modell dafür. Der Speckdieb hat Pech gehabt und ist von der Haushälterin des Pastors überrascht worden. Als sie vor Schreck das Licht fallen ließ und zum Pastor lief, gab sie Simplicissimus Gelegenheit, über seine Rettung nachzudenken:

„Also bekame ich Lufft / mich zu bedencken / durch was Mittel ich mir darvon helffen möchte / es wolte mir aber nichts einfallen..."" Die Befreiung mit Gewalt, die ihm die Komplizen von oben anboten, lehnte er ab. Als aber die Köchin von einem Gespenst jammerte, kam ihm der Einfall, sich schnell teufelsmäßig auszustaffieren. Er konnte denn auch tatsächlich dem Pfarrer, der ihn zu exorzieren kam, während der Zeremonie und unter dem höllischen Lärm der Komplizen entwischen. Der Witz, die einfältigen Leute mit dem zu schrecken, was sie fürchten, befreit ihn aus der gefährlichen Lage. André Jolles hat den Witz als Lösung, als Befreiung aus einer gefährlichen Situation, als die Verwirrung der normalen Denkbahnen bezeichnet. Unter den Formen des Witzes behandelt er auch die Satire[17].

Wenn wir im Witz neben der Freude am Stofflichen die primitive Logik oder spontane Schlagfertigkeit sehen, dann erkennen wir auch den Zusammenhang zwischen der moralischen Beurteilung und dem Schwank. Als Simplicius aus Begierde, „die Welt auch zu beschauen", den Wald des Einsiedlers verließ, erlebte er den Überfall auf das Dorf des Pfarrers: „demnach ich auff meiner Räis sehr wenig getröst / hingegen aber umb viel andächtiger worden / beschlosse ich bey mir / die Wildnus nimmermehr zu verlassen." Am übernächsten Tag wurde er von Soldaten umringt und mit ins Dorf geschleppt, wo er den Grausamkeiten der Bauern und Soldaten gegeneinander beiwohnen mußte. In der Nacht darauf hatte er den allegorischen Traum vom Kampf der Stände untereinander. Sowohl der moralische Entschluß, Einsiedel zu bleiben, als auch der allegorische Traum bedeuten jedesmal eine Befreiung von den schrecklichen Erlebnissen des Krieges: erst eine spontan-moralische, dann eine intellektuell-satirische. Nichts anderes bedeutet, auf die Summe der Lebenserfahrungen hin gesehen, die Wendung zum Nosce te ipsum und zum Adieu Welt am Schluß des Romans. Beide sind eine Lösung der Lebensverwirrung durch einen spontanen Entschluß und sinnreichen Einfall. Die Befreiung aus der Haft des Verhängnisses, des schwankhaften wie des schicksalhaften, ist das Gemeinsame, was Schwänke, moralische Reflexionen, allegorische Deutungen und Weltabschied miteinander verbindet.

Der eigentümliche Realismus Grimmelshausens besteht also darin, die prekäre Situation, die moralische wie die faktische, als einen Fall anzusehen, der in seiner Singularität erörtert werden muß. Die moralischen Bemerkungen am Anfang oder Ende eines Schwanks sind nichts anderes als Erörterungen. Wie die ganze Welt als ein Probierstein Gottes angesehen wird, so auch der einzelne Fall als ein Probierstein des Menschen. Damit erkennen wir ein Strukturelement, das in diesem Roman die Charakterzeichnung oder den Psychologismus späterer Zeiten ersetzt. Der vorpsychologische Perspektivismus dieses Erzählens ist die Behandlung eines jeden Ereignisses als Fall, der zu erörtern ist. So entsteht keine Schwankreihe und kein Lebenslauf, sondern eine Kette von Erörterungen. Die einzelnen Bücher stehen unter besonderen Gesichtspunkten der Erörterung: die Simplizität des Menschen, die Narrheit des weltlichen Treibens, die berechenbare Unberechenbarkeit des Glücks, die Lasterhaftigkeit der menschlichen Natur, die phantastische Existenz, die heilige Schalkheit, alle zusammengenommen in der Erörterung der einen Frage, ob es seliger ist, in der Welt zu leben oder aus der Welt zu fliehen. Als eine besondere Methode dieses erörternden Stils wird die theologische Interpretation nach den vier Schriftsinnen verwendet.

Wenn die Erörterung eine solche Rolle spielt, dann ist auch anzunehmen, daß diese Redeweise in reiner oder einfacher Form vorkommt. Das ist der Diskurs. Grimmelshausen verwendet dies Wort mehrmals, sowohl in den Narrenkapiteln als auch in der Anweisung des Baldanders. Er bezeichnet damit eine erörternde Rede oder ein erörterndes Gespräch. Diskurse dieser Art kommen immer wieder vor: mit den verschiedenen Pfarrern, dem alten und jungen Herzbruder, dem Olivier. Die drei großen allegorischen Einlagen bestehen fast ausschließlich daraus. Eine Reihe von Beschreibungen und Erläuterungen nimmt Diskurscharakter an. Manchmal sind sie aus Handbüchern übernommen. Grimmelshausens große Fundgrube, die Piazza universale des Garzoni, besteht aus 153 Diskursen. Sein „Satyrischer Pilgram" verwendete schon eine dialektische Diskursform in enger Anlehnung an Garzoni. Auch Moscheroschs Traumgesichte enthalten Diskurse mit verbindendem Erzähltext. Selbst der Guzman enthielt schon ganze Diskurskapitel. Die „Picara Justina" hatte den Diskurs schon zu einer satirischen Erzählform entwickelt: Die alte Landstörzerin beginnt ihre Lebensgeschichte mit dem geistreichen Diskurs über ein Härchen an ihrer Feder, die sie ins Tintenfaß tauchen will, und kommt von da über „tausenderley lustige und nützliche sachen" auf das Haar, das sie durch ihr Lasterleben eingebüßt hat, und also auf ihr heruntergekommenes Aussehn[18].

Worin besteht nun ein Diskurs? Im Lateinischen bedeutet „discursus" ein Hin-und-wider-Laufen, militärisch ein Plänkeln. Erst verhältnismäßig spät bekam das Wort die übertragene Bedeutung: Erörterung eines Gegenstandes. Diese Bedeutung hat insbesondere ital. discorso oder franz. discours. Das schweifende Hin und Wider, der Vortrag verschiedener Ansichten gehört zum Charakter dieser Form der Abhandlung, und das verbindet sie mit dem modernen Essay. Aber mit dem Unterschied, daß der Essay von einem Gedanken, von einer Grundkonzeption her ein Phänomen beleuchtet, wobei die schriftliche Darstellung entscheidend ist. Der barocke Diskurs aber behandelt ein Phänomen als Fall von verschiedenen Seiten, sammelt Meinungen und führt eine Erörterung herbei, die immer die Form der Rede oder des lebendigen Gesprächs beibehält.

Der Realismus Grimmelshausens erhält dadurch seinen besonderen Charakter, daß er in der Form der Erörterung vorgetragen wird. Man darf ihn als einen kasuistischen Realismus bezeichnen. Als solcher unterscheidet er sich grundsätzlich vom pikarisch-zynischen Realismus und vom beschreibenden oder szenischen Realismus des 19. Jahrhunderts[19]. Für diesen barocken Realismus ist nicht das Theater, das Fest, der Hof, das galante Kompliment — jene Phänomene des festlichen Barocks — von Bedeutung, sondern die barocke Art der Lebensbewältigung. Sie ist als Kasuistik in der Rechtspflege wie in der Morallehre berüchtigt. Jedes Ereignis war ein Fall, der nach Normen zu beurteilen und zu bewerten war. Oft stand Norm gegen Norm, und ihre Verbindlichkeit mußte gegeneinander abgewogen werden. Dies kasuistische Abwägen der Normen und ihrer Verbindlichkeit wurde auch mit Vorliebe in der Literatur verwendet. In der Liebeslyrik der Zeit etwa ist der Streit zwischen Liebe und Ehre, zwischen Stolz und Hingabe, zwischen Freiheit und Unterwerfung ein beliebtes und oft abgewandeltes Motiv. Die Kasuistik zeigt sich darin, daß es meist gar nicht zu einer eigentlichen Entscheidung kommt, sondern daß die Klage über den Verlust der Freiheit, über die Aufgabe des Stolzes, über den Verzicht auf die eigene Ehre geistreich-balancierend in die Freude umschlägt, so viel der Geliebten bieten zu können.

So weit nun auch der Abstand zwischen der barocken Liebeslyrik und den satirischen Simplicissimus-Schwänken sein mag: darin verfährt auch Grimmelshausen kasuistisch, daß er jeden einzelnen Fall in seiner Realität und in seiner Notwendigkeit zur Geltung bringt und zugleich vor das Tribunal der Moral schleppt. Selbst in den Bauernszenen oder beim vielgerühmten Ausblick über den Schwarzwald hin und in die oberrheinische Tiefebene bis Straßburg hinab (Cont. 1) beschränkt sich die realistische Schreibart auf die notwendigsten Fakten. Dazu gehören auch die mundartlichen Gesprächsfetzen und die volkstümlichen Redensarten. Die Situationsbeschreibungen wie die der ersten Nacht beim Einsiedler (I, 7) oder die des Nachtigallenbusches (V, 7 und 11) gehen über konventionelle Angaben nicht hinaus und verwandeln die Situation gleich in einen „Kasus" für den moralischen Zustand des lauschenden Simplicissimus. Der diskursive Gesprächscharakter geht auch in der Beschreibung nicht verloren. Kasuistisch ist vor allem die fingierte Lebensbeschreibung. Der alte Simplicissimus redet immerzu in die Erörterung der früheren Lebensschicksale hinein. Das alte Ich ist der Gesprächspartner des jungen Ich, und die diskursive Erörterung findet aus den verschiedenen Normen, nach denen die beiden lebten und leben, immer neue Nahrung. Sodann ist der Witz, der die Lösung einzelner Fälle herbeiführt, oft nicht weniger balancierend oder gar bedenklich als die geistreichen Lösungen des barocken Liebesstreits. Schließlich geht Grimmelshausen mit seiner satirischen Utopie noch einen Schritt weiter und stellt die Moralkasuistik selbst ironisch in Frage, indem das simpliciter Handeln, Glauben und Leben eine eigene simplicianische Norm wird. Die Unbeständigkeit und Unruhe, das „Baldanders" der menschlichen Natur spottet jeder normativen Fixierung durch die Moral. So gibt es schließlich kein anderes Mittel, seinen beweglichen Helden vor den Einflüssen der Umwelt zu sichern, als ihn in eine menschenleere Abgeschiedenheit zu versetzen. Daß dies notwendig ist, um zu einem gottseligen Leben zu kommen, zeigt, wie sehr Grimmelshausen bereit ist, sowohl dem Empirismus als auch dem Moralismus recht zu geben. Auf diesem Widerstreit beruht aber auch die Möglichkeit und die Struktur des satirischen Romans.

Die Anfänge des deutschen Romans

Damit ist eigentlich auch schon die Frage beantwortet, warum sich vom „Simplicissimus" so wenig Parallelen zu den hohen Barockromanen ziehen lassen. Seitdem Opitz 1626 die lateinische „Argenis" des Schotten Barclay verdeutscht hatte, versuchte man auch bei uns die abenteuernden amadisischen Rittergeschichten durch das staatlich-heroisch-galante Idealbild zu kunstvollen Romanen zu veredeln. Diese Staats-, Helden- und Liebesromane wollten utopische Verwirklichungen der barocken Gesellschaft sein. Der Braunschweiger Herzog Anton Ulrich hat in diesem Romantypus am sinnreichsten und feinsinnigsten die Ausbreitung der schönen Gesellschaft, des wahren Glaubens und der neuen Staatsordnung dargestellt, um derentwillen seine „Durchläuchtige Syrerin Aramena" (1669—1673) und mehr noch seine „Römische Octavia" (1685—1707) von Leibniz bis zum jungen Goethe bewundert worden ist. Buchholtz und Lohenstein gaben diesem Typus ein phantastisch-vaterländisches Gepränge, „Herkules und Valiska" (1659) in erbaulich-moralisierender Art, der „Großmütige Feldherr Arminius" (1689/90) in gelehrt-stoischer Art. Einen anderen Weg schlug Zesen ein, als er, von den Übersetzungen französischer Romane der Scudéry und de Gerzans ausgehend, den biblischen Josefsbericht in seiner „Assenat" (1670) zu einer zarten Herzensgeschichte umwandelte, für die die Staats- und Lebensgeschichte den Rahmen bot. Alle diese utopischen Idealwelten, in denen nach Leibniz' Wort mögliche, aber nicht wirkliche Welten entworfen wurden, scheinen für Grimmelshausen kaum zu existieren. Zesen kritisierte in den Anmerkungen zur „Assenat" den drei Jahre vorher erschienenen „Keuschen Joseph" des Grimmelshausen. Im „Wunderbarlichen Vogelnest" verteidigt der alte Simplex vor dem Wirt Schrepfeysen, der beide Josefsromane nebeneinander liest, seine einfältig-religiöse Auffassung: „Der Asaneth Geschichte / so ich zwar nicht gesehen / halte ich vor ein Gedicht irgend eines alten Rabi / dardurch er die jüdische Jüngling zur Tugend und Keuschheit ansporren wollen..."[20]

In den Lippstädter Simpliciaden (III, 18) erwähnt Grimmelshausen zwar die „Liebes-Bücher" und „Helden-Gedichte" im allgemeinen, ausdrücklich aber nur die „Arcadia". Dieser Schäferroman Sidneys ist 1629 nach einer französischen Übersetzung von jemand, der sich Valentin Theocritus vom Hirschberg nennt, ins Deutsche übertragen und später (1638) von Opitz überarbeitet worden. Das verweist auf eine andere Gattung des barocken Romans. Die vornehme Gesellschaft ergötzte sich am Schäferspiel, um den verlorenen Anschluß an die Natur und das einfache Leben wiederzugewinnen. An diesem Spiel nahm das gebildete Bürgertum in den Städten teil. Auch Grimmelshausen putzte mit Anspielungen auf die Schäfermode seinen „Simplicissimus" satirisch auf: das Leben als Hirtenbub (I, 2), die Szene im Nachtigallenwäldchen (V, 7), der Abstieg ins Reich der Elementargeister (V, 12—17). Man darf sogar vermuten, daß das Pseudonym Samuel Greifnson vom Hirschfeld, das Grimmelshausen für den „Satyrischen Pilgram" und den „Keuschen Joseph" verwendet, in Anlehnung an das Pseudonym des ersten Arcadia-Übersetzers gewählt worden ist. Vielleicht ist sogar der fiktive Verlagsort Monpelgart des „Simplicissimus", anders als Scholte meint, mit der Kenntnis des Schäferromans in Verbindung zu bringen; denn die Übersetzung der ersten Bände von d'Urfés „Astrée" gab schon 1619 Mömpelgard als Verlagsort an. Aber Grimmelshausen hat das schäferliche Maskenspiel in ein satirisches verwandelt. Der Kupfertitel des „Satyrischen Pilgram" und des „Wunderbarlichen Vogelnest" bringt den gehörnten Satyrus als Sinnbild der satirischen Weisheit, die Doppelzüngigkeit zu erkennen und das Verborgene zu sehen. Auch der Kopf des grotesken Fabelwesens auf dem Titelkupfer zum „Simplicissimus" ist ein Satyrkopf. Der Satyr aber war ein Naturgeist und als solcher, wie noch in Goethes Satyrosspiel, ein Sinnbild der primitiven Menschennatur. Die Satyrn spielen schon in den Renaissance-Hirtenkomödien eine Rolle.

Die Abwandlung des Schelmenromans in einen satirischen erfolgt in der Absetzung von Motiven des Schäferromans. Der Schelmenroman hatte schon einen grotesk-satirischen Charakter. Grimmelshausen bezieht aber die pikarischen Schicksale des Helden ironisch auf das einfache unverdorbene Lebensideal, und die naturhafte Simplizität bewahrt das pikarische Element vor der bloßen Lust am Realistisch-Stofflichen. Im „Simplicissimus" gewinnt das pikarische Element nicht wie in den gegenbildlichen Lebensschicksalen der „Courasche" und des „Springinsfeld" die Oberhand. Das würde noch deutlicher, wenn man die Romane Johann Beers, mit denen uns Richard Alewyn bekannt gemacht hat[21], zum Vergleich heranzöge. Beer steht nämlich, wie schon der Titel seines „Simplicianischen Welt-Kucker" (1677—1679) oder seiner „Jucundi Jucundissimi Wunderlichen Lebens-Beschreibung" (1680) anzeigt, in der Nachfolge Grimmelshausens. Indem er aber die moralische Kasuistik fallenläßt, kommt Beers pikarischer Realismus und spontane Fabulierlust viel unverhüllter und „in confuser Ordnung" zur Geltung. Hingegen kann Grimmelshausen durch die Beziehung zum Schäferroman, wenn sie auch nur ironisch ist, dem pikarischen „freien Gemüt" jene wahrhafte Simplizität und der pikarischen Aneinanderreihung von Episoden jene satirisch-gegenbildliche Struktur geben.

Man kann überhaupt feststellen, daß sich Grimmelshausen in einer Auseinandersetzung mit der modischen Erzählkultur seines Jahrhunderts befindet. Er griff verwandte Themen auf, das biblische im „Keuschen Joseph" (1667), das geschichtliche in „Dietwald und Amelinde" (1670), das legendäre in „Proximus und Limpida" (1672), und machte daraus ein „Exempel der unveränderlichen Vorsehung Gottes" oder beispielhafte Legendenerzählungen. Es ist nicht nur die Auseinandersetzung eines Volksschriftstellers mit dem modernen Stil seiner Zeit. Grimmelshausen hält starr an einem alten Sitten- und Lebensideal fest. Er verweist selbst auf das „Altfränkische", auf Hans Sachs, auf die Volksbücher vom Fortunatus und der Magelone, auf die „rechten Historien" und „warhafften Geschichten". Man kann ihm aber nicht den Ehrgeiz absprechen, auch als Unzeitgemäßer mit dem damals modernen Erzählstil zu wetteifern.

Seinen „Simplicissimus" ließ er 1671 durch die Übernahme des nach Gueintz' Sprachlehre „modernisierten" Textes und durch Illustrationen „barock" ausstaffieren. Schon in der „Continuatio" kann man diese Barockisierungstendenz feststellen: die Widmungsverse („daß Unbeständigkeit allein beständig sey"), die breit ausgeführte Allegorese, die Verwendung des Epigramms in der gottseligen Robinsonade, die Erklärung der fiktiven Autobiographie. Solche Anlehnungen sprechen allein schon für den Formwillen Grimmelshausens, so schwerfällig und zäh er auch im Vergleich mit der anspruchsvolleren Romankunst des Jahrhunderts sein mag.

Gerade der „Simplicissimus" ist also mehr als nur ein klassisches Beispiel des deutschen Schelmenromans oder gar als die Krönung von Grimmelshausens Kalenderschriftstellerei. Er ist der erste große deutsche satirische Roman und läßt dessen Elemente noch nebeneinander erkennen: die pikarische Lebensbeschreibung, den „Antiroman" Sorels, die Tradition der Schwänke, die Natureinfalt der Schäferromane, die Satiren des Barock. Als satirischer Roman verklärt er seine Zeit nicht, sondern entlarvt die ästhetische Existenz der Barockwelt. Simplicissimus ist kein „großmütiger Feldherr", sondern ein simpler Tropf. Keine schönen und tugendhaften Damen werden zur Seele einer Kulturerneuerung, sondern weltferne Einsiedler lehren die Besinnung auf sich selbst. Die romantische Vergangenheit muß der bedrängenden Gegenwart das Feld räumen. Die phantastische Existenz steht gegen den Wirklichkeitscharakter der Welt. Dadurch schuf Grimmelshausen im Simplicissimus sein Bild und Gleichnis, satirisch im Verhältnis zu seiner Barockzeit, ironisch im Verhältnis zu sich selbst. Nicht so glänzend wie des Cervantes Satire auf das amadisische Rittertum im „Don Quixote", aber vielleicht ebenso bewegend in der Wahrhaftigkeit des Berichtes und sicher ebenso eindringlich in der tiefen Verantwortung vor der Zeit, die immer die letzte sein kann.

FRITZ MARTINI

# Wieland · Geschichte der Abderiten

### Geschichtliche Stellung und Bedeutung

Am 9. Juli 1797 schrieb Wilhelm von Humboldt an Schiller: „Die Erzählung hat nemlich nur den Zweck zu erzählen, man soll eine Geschichte hören, um unterrichtet oder belustigt zu werden. Insofern ist sie eine der niedrigsten Dichtungsarten. Auch sind in der Erzählung die Nationen am glücklichsten gewesen, denen sonst weder die epische noch die lyrische Dichtung in hohem Grade gelingt, Franzosen und Italiäner, und unter den Deutschen Wieland. Wieland wäre sicherlich der schwächsten Ballade unfähig." Humboldt bestimmt hier die Erzählung aus Auffassungsformen der bis zum Ende der Aufklärung vorwaltenden Ästhetik. Er schreibt ihr die Funktion des Prodesse et delectare und gegenüber dem Lyrischen und Epischen, in der Ballade vereinigt, den geringsten künstlerischen Wertgrad zu. Auf eine ähnliche Perspektive deutet ein unveröffentlichter Satz von Friedrich Schlegel: „Ironie bezieht sich nur auf Witz und Vernunft, ist ein philosophisches, kein poetisches Vermögen." Wieland erscheint zurückverwiesen in das 18. Jahrhundert, vor die Schwelle einer neuen Dichtungstheorie und -übung. Doch erkannte Humboldt dem Erzähler Wieland innerhalb dieser Grenzen einen den europäischen Leistungen ebenbürtigen Rang zu, einseitig allerdings auf die romanische Erzählliteratur anspielend, nicht eingedenk der Nachfolge Wielands gegenüber dem englischen Roman von L. Sterne und H. Fielding. Immerhin schien Wieland durch die Entwicklung des Romans seit Goethe in das Antiquiert-Historische verwiesen zu sein; er hat an ihren eine neue Symbolsprache konstituierenden Gestaltungsstrukturen und -qualitäten nicht teil. Gleichwohl hat er, gemessen an der deutschen Romanproduktion bis gegen das Ende des 18. Jahrhunderts, eine neue Sprache und einen eigenen Stil des Erzählens entwickelt, der, durch die folgende Entwicklung seit Goethe verdeckt, als eine eigene künstlerische Möglichkeit aus dem Bewußtsein verdrängt wurde.

Die Arbeit an der Ausbildung einer deutschen Erzählprosa, die ihr zu einem in der übrigen europäischen Literatur längst erreichten Niveau verhalf, war im 18. Jahrhundert nur mühsam und stockend vorangegangen[1]. Wieland trieb sie seit seinem ersten Roman „Don

Sylvio von Rosalva", parallel der geschmeidigen Sprachbildung in seinen Verserzählungen, also befruchtet durch die Übung in der Verskunst, mit überraschendem Gelingen voran. Er entdeckte bisher in Deutschland unbekannte Möglichkeiten einer gesellig plaudernden, spielerisch beweglichen und ihre Stilmittel künstlerisch wirkungsvoll einsetzenden Prosa.

Zwar beschritt der dichterische Roman seit Goethes „Leiden des jungen Werthers" andere Wege. Für seine Sprache wurde eine lyrisch-musikalische Erhöhung, eine in das Seelische gewandte Ausdrucks- und Symbolstruktur bestimmend, während die mehr „realistische", „rationale" und „kritische" Prosa der psychologischen und gesellschaftlichen Welterfassung, wie sie Wieland gemeistert hatte, nur geringe künstlerische Weiterbildungen erfuhr. Wenn jedoch begriffen wird, daß ihm glückte, eine neue, aus eigener künstlerischer Ordnung gebildete Form des ironischen Erzählstils zu schaffen, so wird eine gerechtere Würdigung seiner Leistung als Erzähler eintreten; sie gipfelt in der „Geschichte der Abderiten" und fügt der geistes- und gesellschaftsgeschichtlichen Bedeutung dieses Romans einen besonderen künstlerischen Wertrang hinzu. Die Ironie wird hier als Ausdruck eines kritischen Bewußtseins, von Witz und Empfindung, zum Mittel, sich der Welt zu bemächtigen.

1769, wenige Jahre vor dem Beginn seines Romans, schickte Wieland an Sophie La Roche den folgenden Selbstkommentar: „Die Ironie, die, ich gestehe es, meine Lieblingsfigur ist, und für die ich einiges Talent zu haben mir schmeichle, ist freilich ein ziemlich gefährliches Talent; zum Glück aber hat mich die Natur mit einem guten und redlichen Herzen begabt; mein Menschenhass ist nur gemacht; ich liebe von Natur die Menschheit, und wenn ich auch über die Gebrechen der einen und über die Schwachheiten der anderen spotte, so geschieht's in der Regel freundlich und in der Absicht, ihnen scherzend heilsame Wahrheiten zu sagen, die man zuweilen geradezu nicht zu sagen wagt."

Durchweg ist von der neueren Forschung, die die Entfremdung des 19. Jahrhunderts gegenüber Wieland zu überwinden und gehäufte Vorurteile abzubauen bemüht ist, dieser Roman als eine Gipfelung seiner Erzähl- und Stilkunst anerkannt worden[2]. Er gehört in den Kanon deutscher Romane; gleichwohl zählt er, „zum Vergnügen aller Klugen und zur Lehre und Züchtigung aller Narren" (II, 313) geschrieben, noch zu den großen Unbekannten in unserer Literatur. Wieland ließ sich bei seiner Abfassung Zeit; der Roman gedieh langsam unter dem Zuwachs eigener Lebenserfahrungen. Die Veröffentlichung der ersten, im Herbst 1773 begonnenen Fassung setzte in Fortsetzungen im fünften Band des „Teutschen Merkur" vom Jahre 1774 ein und endete zunächst im Juliheft des gleichen Jahrgangs mit einem vorläufigen, als „Zweyter Theil" bezeichneten, eine Fortführung ankündigenden Schluß. Von Januar bis Juni 1779 erschien die „Onoskiamachie" im „Teutschen Merkur" als „Ein Anfang zur Geschichte der Abderiten". Erst im Herbst 1780, nachdem der „Oberon" beendet war, gelang es Wieland, den Roman mit verändertem Plan fertigzustellen. Das letzte Buch verrät eine ungeduldige Beschleunigung des Abschlusses. 1781 erschien als „Neu umgearbeitete und vermehrte Ausgabe", mit Zusatz der Inhaltsübersichten am Beginn der einzelnen Kapitel und mit einer klaren Gliederungsarchitektur, die sich aus der Zweiteilung des bisherigen ersten Teils ergab, die erste Gesamtausgabe der „Geschichte der Abderiten". Ein breiter Erfolg, durch polemische Gegenschriften noch mehr belebt, stellte sich sogleich ein.

„Die Abderiten" erscheinen als die vorzüglichste Einführung in beständige Grundthemen des breiten erzählerischen Werkes Wielands und in die von ihm erreichte Kunst der Prosa; sie nehmen auf einer geklärten, mit souveräner Ironie gestaltenden Stufe auf, was seine Psychologie, Kritik und Pädagogik gegenüber den Zeitgenossen, ihren sozialen Zuständen und weltanschaulichen Tendenzen und Meinungen seit seinem ersten Roman beschäftigte. Der Roman wurde zu der wohl am meisten fesselnden literarischen Kundgebung der deutschen bürgerlichen Aufklärung in der gelockerten, aus pointierten Antithesen komponierenden Form des Rokoko. Dieser Form entspricht das Element eines logisch-klaren Begründens und Folgerns, zugleich die Tendenz, das Dargestellte als ein Mögliches und Wirkliches, als eine „sehr wahrscheinliche Geschichte" und „lehrreichen Spiegel des menschlichen Lebens" (II, 309) aus der Vernunft und Erfahrung aufzubauen und durch eine kompositionell und sprachlich mannigfaltige Beweglichkeit gefällig und unterhaltsam zu machen. Vernunft und Erfahrung — doch beides durchwoben von den Märchen und Possen des Narrenspiels: mit Wielands Worten: „das Wahre unter der Hülle des Wunderbaren, und das Nützliche, durch eine Mischungskunst, die nicht allen geoffenbart ist, vereinbart mit dem Schönen und Angenehmen" (II, 308). Wieland verknüpfte ein soziales und pädagogisches Ethos mit dem Maskenspiel einer entlarvenden und versöhnlichen Ironie und der Gabe, höchst „amüsabel" auch im vordergründigen, „materiellen" Sinne zu erzählen.

Jedoch liegt die dauernde Wirkungskraft dieses Romans nicht nur in solcher fabulierenden Heiterkeit angesichts der Komik und

Paradoxie des närrisch-naiven Welttheaters; sie liegt ebenso in der Treffsicherheit des ironisch-psychologisch aufhellenden Blicks auf den zeitgenössischen und immer wieder neu geborenen deutschen Spießbürger in allen seinen Erscheinungen und Auswirkungen — jenen Spießbürger, der nicht nur in den Kleinstädten des 18. Jahrhunderts so unerschütterlich wie belustigend sein beschränktes Dasein geführt hat. In der Maske der Narren von Abdera schildert Wieland zwischen Ernst und launigem Spiel den deutschen Philister, wie es ihn, mit gewandelten Kostümen, aber gleichen Trieben und Konventionen je und je bis heute gab und gibt. Er knüpfte nicht nur an antike Traditionen, sondern auch an die spätmittelalterliche und die humanistische Narrensatire an. Er wies in seinem ironischen Stil zugleich auf eine Entwicklung der Erzählkunst voraus, die, entsprechend verschärft, bis zu den großen Erzählern des 20. Jahrhunderts — Thomas Mann und Robert Musil — reicht. An eine Verwandtschaft mit Thomas Mann erinnert auch Wielands Gabe des Fabulierens, d. h. eines Ausspinnens, das aus wenig viel macht und dem Übernommenen den eigenen Stil verleiht, indem es seiner Stofflichkeit die eigene Geistigkeit mitteilt.

Wieland leitete einen breiten Strom der literarischen Selbstkritik des Bürgertums ein, der sich vom Sturm und Drang und Jean Paul an durch das ganze 19. Jahrhundert über Brentano, Hoffmann, Keller, Raabe, W. Busch, Fontane bis in das 20. Jahrhundert (Thomas und Heinrich Mann, Carl Sternheim u. a.) ausdehnt. Und er gestaltete in dem Roman ein Kontrastbild der positiven Menschennatur und -bildung, das als ein Präludium des Humanitätsideals der deutschen Klassik, darüber hinaus als ein übergeschichtliches Leitbild einer durch Vernunft, Sitte und Geschmack erzogenen weltoffenen Liberalität der Welterfahrung gewertet werden kann. Es hat selbst heute nichts von seiner inneren Verbindlichkeit eingebüßt. Die „Abderiten" gehören in ihrem Scherz und ihrem Ernst zu den großen Dokumenten einer oft und nicht nur „abderitisch" verfehlten deutschen Bildungsgeschichte. Denn es gilt mutatis mutandis noch heute Wielands ironische Erkenntnis, „daß ich unschuldiger Weise Abbildungen gemacht hatte, da ich nur Fantasien zu mahlen glaubte" (II, 317). So „unschuldig" verfuhr Wieland allerdings nicht, sondern mit einer List der „helldunklen" Zusammensetzung, die ihre Vorbehalte dazu benutzte, nur noch deutlicher zu demonstrieren. Die „unparteyische Geschichtserzählung" (I, 262) erhielt nach des Autors eigenem Zugeständnis „in gewissem Betracht einen doppelten Sinn" (I, 261).

F. Sengle hat den Roman unter der Formel einer „humoristischen

Klassik" gedeutet und ihn als eine Vermittlungsform zwischen Wielands spöttischen Rokokospielen und der empfindsamen, sittlich-humanen Kulturgesinnung des frühen klassischen Weimar verstanden. Sengle fand diese „Klassik" in dem Gleichgewicht zwischen Realität und Idealität, das den hier gewonnenen Erzählstil und die in ihm sich ausdrückende Lebensgesinnung bildet, weiterhin in der Objektivierung, Verfeinerung und Dämpfung seiner Sprache, in der Wendung vom spitzen Witz und von der Persiflage zu einer großzügigeren, toleranten und humanen Heiterkeit. „Überall zeigt sich in Wielands damaligen Äußerungen das bewußte Streben nach einer harmonischen Durchdringung von Gegenstand und Idee, nach der klassischen Synthese von Natur und Geist." Gleichwohl muß festgehalten werden, daß „Die Abderiten" noch einer Dichtungsauffassung entstammen, die durch die ästhetischen Kategorien der empirischen Naturerfahrung, der hellen Vernunftklarheit und des „guten Geschmacks", durch eine Kunst von Erfindung, Einfall und Witz als Scharfsinn und Anmut der Vorstellungsverknüpfungen charakterisiert wird[3]. Der Roman ist orientiert an dem Formprinzip des Witzes als dem Formprinzip der Aufklärungshaltung in der Dichtung des 18. Jahrhunderts, wobei der Witz begriffen wird als Kombination von Einbildungskraft und Scharfsinn der Verknüpfungen, als eine Fähigkeit, auf leichte und sinnreiche Weise die „Ähnlichkeiten" wahrzunehmen; Ähnlichkeiten hier zwischen der griechischen Stadt Abdera und der zeitgenössischen Bürgerwelt, zu deren Enträtselung Wieland gerade aufreizt, indem er solche Verknüpfungen abwehrt. In Wahrheit ist er jedoch von den ersten Episoden an eifrig bemüht, den Leser auf das Mehrsinnige seiner Erzählung einzuüben. Denn es wurde „unvermerkt zu einem wesentlichen Erforderniss eines epischen Gedichtes, ... dass es ausser dem natürlichen Sinn und der Moral, die es beym ersten Anblick darbot, noch einen andern geheimen und allegorischen haben müsse" (II, 310). Allerdings hat Wieland den humanen Bereich erweitert, indem er mit dem Pointenspiel der Satire und des Witzes und mit der Toleranz des Lachens eine Kultivierung des Fühlens, der erhöhten, veredelten Empfindung, eine Idealität des sittlich Schönen verband, die er als Form der zugleich geselligen und innerlichen Bildungsharmonie seinem Demokrit mitgab. Daß die Abderiten weder Witz als rechte und bewegliche Ordnung der Vernunft, Gefühl als Kultur des Herzens, guten Geschmack als Übereinstimmung von Empfindung und Urteil mit dem Natürlichen und dem Schönen besitzen, macht ihr Verfehlen aus und begründet alle ihre Schwächen und Torheiten. „Witz und Empfindung, zwey so ungleichartige und doch so nahe verwandte Dinge" — beides ist bei ihnen pervertiert. Sie werden gemessen an einem durch die Empfindung des Sittlichen und Schönen geweiteten Postulat der sozialen und individuellen Vernunft; gerade dies Postulat, das in sich ein duldsames Verstehen alles Menschlichen einschließt, verbietet Wieland das Rigorose einer direkten lehrhaften Satire[4] und verwandelt den Witz in eine Ironie, die das Allzumenschliche der Abderitheit versteht, hinnimmt, sogar gelegentlich mit ihnen mitspielt und sich in einer Mehrsinnigkeit des Gestaltens auswirkt, die die Abderiten in der doppelten Sicht des Närrischen und des Menschlichen, des komisch Anormalen und des immer und überall Gegebenen, des Absurden und des „Natürlichen" verstehen läßt.

Denn die Bürger von Abdera sind nicht nur Toren; sondern menschlich, ja kindlich und natürlich stehen sie uns nahe, sind doch alle Menschen bewegt von Einbildungen, Vorurteilen, Egoismen und nur zu oft bereit, sie an die Stelle eines reineren Lebensbezugs zu setzen. Und der Erzähler, von seinen Lesern ganz zu schweigen, blickt nicht nur aus vernünftig-moralischer Überlegenheit auf sie herab, sondern er fühlt sich unter ihnen als Mensch im Kreis des Allzumenschlichen, wie denn nach Wieland selbst die Weisen ihre Anomalien und Stunden der Torheit haben. Wieland wollte so wenig wie sein Demokrit ein abstrakt-radikaler Weltverbesserer sein. Der Stil der Ironie, der den ganzen Roman, die Haltung des Erzählers, seine Komposition und Sprache, auch seine Stellung zu seinem Leser durchdringt, wurde das ästhetische Mittel, in der fabulöslegendarischen Narrengeschichte auf das Mehrschichtige des realen Lebens zu deuten und ihr so den aktuellen und zum Humanen geweiteten Lebensbezug zu geben.

Quellen, Einflüsse, Tradition

Wir werden im folgenden nicht auf die Bemühungen der älteren Forschung zurückgreifen, das zeitgeschichtliche und biographische Material auszubreiten, das Wieland in seinem Roman eingebaut hat[5]. Es ist wohl richtig, daß im 3. Buch vornehmlich die Mannheimer Theaterzustände, im 4. Buch die Biberacher Stadtrepublik, im 5. Buch Erfahrungen Wielands in Erfurt das Modell lieferten. Wieland hat sich in den Vorreden, in dem Schlußteil der ersten Fassung, in dem „Schlüssel zur Abderitengeschichte" und in Einschüben und Anmerkungen beflissen bemüht, die Neugier nach solchen Identifizierungen abzuwehren, ohne jedoch ihre naheliegenden Möglichkeiten zu leugnen; er hat sogar wiederholt auf sie aufmerksam gemacht. Denn eben diese versteckt-offenbaren

Anspielungen erhöhten naturgemäß die spannende Wirkung auf die Zeitgenossen. Aus der Mischung von Abwehr und Hinweis sprach nicht nur die erfahrene Diplomatie des oft attackierten Zeitkritikers, nicht nur seine wohlgeübte Taktik des Verschleierns und Ausweichens oder seine Freude am Maskenspiel, das im Anschein eines arglosen Fabulierens um so mehr Freiheit zum genau gezielten Angriff gewann. Wieland war zu sehr ein Künstler, um nicht wiederum ein nur stoffliches Interesse der Zeitgenossen, das selbst etwas von abderitischem Barbarentum an sich haben mußte, als eine Schädigung der eigentlichen Intention und Leistung seines ironisch-fiktiven Erzählens zu empfinden. Gewiß meinte und traf er Zeitzustände und Zeitgenossen. „Überdem haben die Adamskinder von jeher die Gutherzigkeit gehabt, gerne über sich selbst zu lachen, in so fern man nur die Bescheidenheit gebraucht, die Namen zu ändern; uneingedenk – die ehrlichen Seelen! – daß die Namen der Dinge willkührlich sind, und daß Narr und Närrin nicht um einen Atom weniger Narr und Närrin sind, sie mögen Thrasyllus oder Siegfried, Thryallis oder Ursula heißen." Aber Wieland schrieb keinen „Schlüsselroman", dessen Reize und Wirkungen sich in Porträts erschöpften. Der allzu direkte Bezug hätte das schwebende Erzählspiel, dem seine künstlerische Neigung gehörte, zum Ernst und zur Aggressivität der aktuellen Satire abgestumpft. Denn erst, daß die Abderiten immer und überall sind, gibt dem Roman im ironischen Kontrast zu der Krähwinkelei, die er schildert, die kosmopolitische Dimension. „Sie sind immer noch die nemlichen, die sie vor zweytausend Jahren zu Abdera waren, und wie wohl man schon längst nicht mehr sagen kann: siehe, hie ist Abdera, oder da ist Abdera: so ist doch in Europa, Asia, Africa und America, so weit diese großen Erdviertel poliziret sind, keine Stadt, kein Marktflecken, Dorf noch Dörfchen, wo nicht einige Glieder dieser unsichtbaren Genossenschaft anzutreffen seyn sollen."

Ähnliche Einschränkungen nehmen wir gegenüber den umfangreich erarbeiteten literarischen Quellenuntersuchungen vor[6]. Wieland griff, hier wie stets, auf, was für ihn anregend und hilfreich sein konnte. Er verband mit den persönlichen Beobachtungen, die er in der Schweiz, in Biberach, Erfurt, Mannheim und Weimar gesammelt hatte, eine Fülle von Motiven und Gedanken, die ihm die Bücherwelt lieferte. Die geistige und literarische Bildung seit der Antike war ein Gemeingut; er hatte in ihm seine Wurzeln, und er durfte es benutzen. Wielands Dichtungsverständnis ist noch nicht von jenem Originalitätsanspruch berührt, der seit der Romantik mit der Subjektivierung der Kunstauffassung Hand in Hand ging. Aber was er entlehnte, war ihm nicht mehr als ein stoffliches Material, über das er trotz seiner Fiktion gelehrter Quellenuntersuchung nach künstlerischer Intention verfügte. Er setzte als ironisches Programm voraus, eine „sehr wahrscheinliche" Geschichte erzählen zu wollen, obwohl sie eher nach dem Märchenhaften, Abenteuerlichen und Fabulösen aussah und ihre historischen Überlieferungen recht dubios waren. Die Kontrastierung des Wahrheitsanspruchs des Romans, der sich durch die Fiktion faktischer und chronikalischer Geschichtstreue legitimierte, gegen das nur Phantastische und Aventuröse des Romans war längst eine Konvention geworden. Wieland hatte bereits den „Agathon" als einen Roman gegen den Roman geschrieben. Was dort ernsthaft gemeint war, ist in den „Abderiten" ins Ironische gewandt. Die Fiktion der Historizität vermehrte die Möglichkeiten des erzählerischen Spiels — eines Spiels mit dem Stoff, mit dem Leser und mit der eigenen Rolle als Erzähler und als überlegen kritischer Forscher, der, nach dem Richtigen hinter der entstellenden Überlieferung fragend, immer tiefer in eine verkehrte Welt hineinsieht. Indem Wieland das Unsinnige in der Tradition abwehrt, erweckt er einen Schein von Glaubwürdigkeit, der dem, was an Unsinnigem noch reichlich zurückbleibt, nun die Illusion des Faktisch-Zuverlässigen mitteilt. Die pseudoforscherliche Methodenfiktion, zugleich Medium einer distanzierten und verpersönlichten Verfügungsfreiheit des Erzählers gegenüber seinem Stoff, entsprach einem Prinzip des aufklärerischen Erzählstils. Der repräsentative Modellfall — also hier Geschichte und Treiben der Bürger der Stadt Abdera —, der alles einzelne zum Typischen prägt und auf das Generelle bezieht, wird mit den Mitteln der Distribution und Amplifikation dargestellt. Der Fall wird in seinen mannigfaltigen Einzelteilen mit der Richtung zum beweiskräftig Vollständigen, wie in der gelehrten Rhetorik, auseinandergelegt.

Solche Tendenz zum Mannigfaltigen im Typischen, zur steigernden Wiederholung des Paradigmatischen drängte zugleich zur Verkürzung der einzelnen, in sich selbständig abgeschlossenen, also anekdotischen Erzählteile. Die Monotonie, die bei einem gleichen Erzählton auf die Länge eintreten mußte, sollte vermieden werden. Solcher Lockerung diente der Wechsel zwischen Lehre und Belustigung, zwischen der Illusion des Historischen und der Phantastik des Narrenmärchens; ihr diente zugleich erzähltechnisch die beständige Unterbrechung durch An-, Zwischenreden und Exklamationen des Erzählers, durch plötzliche Abbrüche, knappe Szenen und Dialoge, eine Abwechslung zwischen kurzen und langen Satzfügungen, im Tempo und in der rhythmischen Sprachgestaltung.

Es waren die Mittel, eine möglichst große, anspringende Unmittelbarkeit des erzählten Lebensbildes zu erreichen und ihm etwas vom Momentanen und Fragmentarischen des „wirklichen" Daseins mitzuteilen. Wieland gab seiner Prosa zwischen Abhandlung, Beschreibung, Bericht, dialogischer Szene und beständigem Dialog mit seinen Quellen und mit dem immer gegenwärtig und wach gehaltenen, zugleich nach dem Gesetz des „Wohlanstandes" des Stils höflich umworbenen Leser eine ungezwungene und gesellige Beweglichkeit. Sein Stil wurde bestimmt vom ästhetischen Reiz der auf das Momentane pointierten Wirkungen und der gefälligen Anordnung. Er setzte den Leser als ein Glied der Erzählung, als einen Partner und gleichsam Spielgefährten ein und aktivierte seine Denk- und Kombinationsfähigkeit, die um so stärker beansprucht wurde, je mehr sich die antithetische Erzählführung in das Ironische eines doppelschichtigen Erzählstils nuancierte. Er warb um einen Leser, der entspannt mitzuspielen bereit war. „Wer mit Vergnügen und Nutzen lesen will, muß gerade sonst nichts andres zu tun noch zu denken haben" (I, 6). Denn „Spielen ist die erste und einzige Beschäftigung unserer Kindheit, und bleibt uns die angenehmste unser ganzes Leben durch" ... „Nehmet vom Leben weg, was erzwungner Dienst der eisernen Nothwendigkeit ist, was ist in allem übrigen nicht Spiel?" Im Spiel der Ironie bildete sich das Eigenständige der ästhetischen, künstlerischen Erzählform. Sie distanzierte von der lehrhaften Zweckgebundenheit der Satire und der Moral. Sie konnte auch noch die Freude am Spiel des Närrischen in sich hineinnehmen. Wieland vermied aber zugleich die Verwirrung im nur Willkürlichen, da er als Erzähler in der überlegenen Distanz des kritischen Vernunftaspekts blieb und die Führung des Spiels, die den Leser durch dies Durcheinander von Wahrheit und Märchen, ferner Vergangenheit und maskierter Gegenwart lenkt, nicht aus der Hand ließ.

Zu dieser Erzählführung gehört, wie er die Attitude der historisch-kritischen Quellenforschung benutzte, um scheinbar wie im Rahmen die Grenzen zwischen dem Fabulös-Legendarischen und dem, was er als Geschichte der Abderiten fiktiv zum Erzählinhalt machte, zu ziehen. Was er an Historischem seinen Quellen entnahm, war nicht Selbstzweck um des Berichts, sondern Mittel um der Erreichung einer ironischen Wirkung willen. Zudem rief er neben der Tradition eine noch bessere Bezeugung der Wahrscheinlichkeit seiner Erzählung an: die niemals lügende, zeitlose „Natur". „Alle ächte Menschenkenntniss (ist) historisch", heißt es in Wielands Aufsatz „Über die Rechte und Pflichten der Schriftsteller", aber wichtiger sei die menschliche allgemeine Wahrheit, „daß alles mit dem Laufe der Welt übereinstimme". Die Natur hilft ihm, die Lücken der historischen Überlieferung auszufüllen; sie legitimiert, was nur als eine fabulöse Erfindung und Übertreibung erscheinen möchte. Die Natur, die keine Unterschiede macht zwischen dem, was einmal in fast schon legendarischer Ferne war und dem, was noch heute ist, wird zu seinem Beweiskern im Gespinst von Historie und Erfindung. Die Erzählung von den Abderiten bewegt sich so auf mehreren Gleisen: zwischen fabulierender und phantastischer Erfindung, sei es durch die Tradition, sei es durch den Autor, der die Sachen so weit trieb, als sie nur immer gehen konnten, zwischen bewiesener und legendarischer Geschichte und dem Wahrheitszeugnis der Natur, die noch heute, an der Erfahrung des täglichen Lebens und der in ihm sich tummelnden Abderiten, nachprüfbar ist.

Schließlich wird es nicht die Aufgabe unserer Darstellung sein, den literarischen Einflüssen nachzugehen, die Wielands Roman aufnahm. Das umfangreiche Thema Wieland und die Weltliteratur, das nicht nur eine Abhängigkeit, wie ihm H. W. von Gerstenberg und später die Brüder Schlegel in mehr literaturpolitischer als sachlich begründeter Polemik vorwarfen, sondern mehr ein produktives Verarbeiten und Weitergeben an die deutsche Literaturentwicklung bis über die Romantik hinaus bedeutet, wurde von der Forschung bisher vernachlässigt. Die Stilhaltung des von Lawrence Sterne geschaffenen ironisch-humoristischen Romans wurde noch für die „Abderiten", vornehmlich ihre ersten Bücher und ihre Merkurfassung, bedeutsam[7]. Bei Sterne, der ihm seit 1763 vertraut war, stieß Wieland auch auf Zitierungen Abderas und des Demokrit. Sterne half Wieland zur Bildung seines Erzählstils. Aber Wieland lieferte sich ihm nicht aus und bewahrte, wenn auch mit geringerem Rang, seine Eigenart. Thematisch und im Erzählstil sind „Die Abderiten" bruchlos eingebettet in die Entwicklungsgeschichte von Wielands gesamtem Prosawerk.

In dem „Vorbericht" zu diesem „Beytrag zur Geschichte des menschlichen Verstandes" durch die Chronik seiner Umkehr hat Wieland selbst auf die ältere deutsche Tradition der Narrengeschichte im Volksbuch von den Schildbürgern und den Lalen hingewiesen. An sie erinnert die vor allem am Anfang der „Abderiten" überwiegende Reihen- oder Kettentechnik der anekdotischen Exempla. Erst allmählich, mit den Geschichten von Hippokrates und Euripides unter den Bürgern von Abdera, bekommen Anekdote und Dialogszene eine gewisse epische Weitung. Sie hat, in berechneter kompositorischer Steigerung, im vierten und fünften Buch des zweiten

Teils zu den ausgedehnten, selbständigen Erzählungen vom Prozeß um des Esels Schatten und von dem Kampf um die Frösche der Göttin Latona geführt. Dies entsprach der thematischen Weitung; in der „Komödie", dem „feinen bürgerlichen Drama" des Prozesses um den Schatten, also um ein Ding, das eigentlich gar nichts ist, und der dennoch den Stadtstaat Abdera bis dicht an die Schwelle der katastrophalen Selbstauflösung bringt, geht es um die närrische Psychologie der kleinen Republik und der sich in ihr en miniature, aber nicht minder leidenschaftlich entfachenden Parteikämpfe, Parteiegoismen und Intrigen. In der ebenso intriganten, mit der Emigration aus Abdera etwas abrupt endenden Auseinandersetzung zwischen Vernunft und religiösem Fanatismus, wiederum begleitet von allen Egoismen und Ränken jener, denen die Religion nur zur „politischen Maschine" geworden ist, geht es um die Psychologie des religiösen Wahnes, des kollektiven Aberglaubens und der Mittel seiner Herrschaft. Dies ließ sich nicht in einer Anekdote abfertigen; es verlangte nach dem Ensemble aller Typen und Kräfte im komplizierten Gespinst der Verwicklungen, nach einer Typologie aller sich dabei abspielenden Listen und Ränke.

Wie das Volksbuch baut Wieland eine Narrenpolis auf; wie das Volksbuch schickt er ihr eine mythische Vorgeschichte voraus — auch die Lalen stammen von den Griechen, „der weysen Meystern einem" ab — und läßt er Stadt und Stamm nach Auswanderung und Zerstörung im Dunkel der Geschichte verschwinden. Hier wie dort geht es um das alte Thema der „verkehrten Welt", um die groteske Geschichte einer Gruppe von Menschen, die beständig im Widerspruch, in einer komischen Unstimmigkeit zwischen Absicht, Gelegenheit und Resultat leben, denken, reden und handeln. Aber der Verfasser des Lalebuches von 1597 erzählte eine „wunderseltsame, abentheuerliche, unerhörte" Geschichte; die Komik seiner Erzählung beruht auf der Umkehr des Normalen zum Närrischen und Absurden, also auf der Abweichung von der Vernunft zum Narrentum. Die Lalen, ursprünglich wegen ihrer Weisheit weltberühmt, beschließen, um künftig in Pflicht und Ordnung ihres häuslichen Lebens nicht gestört zu werden, mit Vorsatz die Narren zu spielen. Sie schlüpfen aus Vernunft in die Maske der Toren. „So wurde im gegentheil die Thorheit oder Narrey sie beschirmen, wider die so sie biss dahin von Hause abgefordert hetten. Wie man nun sie zuvor irer Weyssheit halben abgefordert, vnd in frembde Land berüfft hette: also wurde man sie von wegen der Aberwitz vnd Thorheit daheymen lassen." Sie haben Mühe, sich auf ihr Narrentum einzuüben, aber es gelingt ihnen endlich so gut, daß sie mit ihrer Rolle und Maske identisch werden; ganz ähnlich wie der Verfasser des Lalebuches zunehmend von der Satire in das naive Ergötzen an der Komik ihrer Narrenanekdoten überwechselt. „Und wie sie am ersten auss zeittigem vnd wolbedachtem rhat die Thorheit angefangen hatten, also schlug sie jhn hernach in jr Natur und Art, also dass sie fürohin nicht mehr auss Weyssheit Narrey trieben, sonder auss rechter erblicher angeborner Thorheit." Das anfängliche ironische Kontrastspiel einer Torheit um der Weisheit willen verflacht sich allmählich zur monotonen Handgreiflichkeit grobianischer Komik.

Im Gegensatz dazu schafft sich Wieland einen weit größeren Spielraum ironischer Differenzierung dadurch, daß er die Ausgangssituation umkehrt. Die Abderiten wollen, als ehrgeizige, ruhmbegierige Abkömmlinge der Athener, klug, gebildet, auf allen Höhen der Kultur, der ästhetischen, sittlichen und politischen Vernunft sein, und sie werden gerade darum zu um so größeren Toren.

Wieland schildert sie als kritischer Psychologe; es geht ihm in ihren Taten um die Komik und Ironie ihres ihnen unbewußten subjektiven Verfehlens, des unaufhörlichen Widerspruchs zwischen ihren Absichten, Mitteln und Resultaten, um eine Entlarvung des Unzureichenden im Schein der Bildung. Ihr Fehler ist, daß sie mit unbedachter Einbildungskraft alles „zu gut" machen wollen. Seine Abderiten werden zur Parodie der nur scheinbar aufgeklärten Bildung; ihre Metaphysik ist eine Parodie der Philosophie, ihr Kunstenthusiasmus in Musik, Drama, Theater und Architektur ist eine Parodie der wahren Kultur des Schönen, ihre Republik ist eine Parodie des vernünftigen Staatswesens, und ihr Froschkult ist die Parodie der echten Religion. Wieland erzählt von den Abderiten mit viel Ergötzen an ihrem Spiel des Närrischen; aber er sieht in ihnen nicht den extremen Fall des Abnormen, sondern das sehr „Wahrscheinliche", das von der „Natur" selbst bezeugt wird, und er gewinnt derart eine Möglichkeit zum Ironischen, die dem Verfasser des Lalebuches verschlossen blieb. Nicht die Narrheit, sondern die humane Vernunft und Bildung, in welcher die Absicht, das Mittel und Resultat zur geordneten Übereinstimmung gelangen, ist in der Erzählung von den Abderiten das Seltene und Ungewöhnliche. Damit wird Abdera zum Modell des Narrentheaters, wie es sich in der bürgerlichen Polis immer wieder, gemäß der „Natur" der in ihr wimmelnden Menschen, abspielt. „Sie sind ein unzerstörbares, unsterbliches Völkchen, ohne irgendwo einen festen Sitz zu haben, findet man sie allenthalben; und wiewohl sie unter allen andern Völkern zerstreut leben, haben sie sich doch bis auf diesen Tag rein und unvermischt erhalten" (II, 320).

Griechen- und Bürgerspiegel

Es lag für die Zeitgenossen eine bemerkenswerte Pointe darin, daß Wieland der griechischen Welt dies objektivierende Modell des ewigen Spießbürgertums entnahm. Zwar sind die Abderiten entartete Athener, gleichsam koloniale Parvenüs mit dem philiströsen Ehrgeiz des Wetteifers; aber sie sind doch eben Abkömmlinge der Athener, „welche (den Geschmack und Witz abgerechnet) ziemlich Abderiten waren" (I, 172). Im Gegensatz zu dem ästhetischen und empfindsamen Griechenkultus, dem J. J. Winckelmann eine beherrschende Autorität gegeben hatte, bewahrte Wieland eine Freiheit des skeptisch-kritischen Urteils. Er las das Buch der Geschichte gleichsam von der Kehrseite und entdeckte, feind jeder Mythisierung, in den Griechen ein nicht eben zu hoch achtbares „wahres luftiges Lumpengesindel". „Überhaupt waren die Griechen große Liebhaber davon, mit ihren Filosofen den Narren zu treiben" (I, 171). An die Stelle der Wiedererweckung des Griechentums als Urbild humaner Vollendung setzte er eine Aktualität des Griechentums als Modell der Schwächen und Fragwürdigkeiten seiner eigenen Zeitgenossen. Er verfuhr allerdings auch hier mit einem Sinn für das Maß und schwebende Gleichgewicht: der Masse der griechischen Bürger, wie er sie sehr pessimistisch bereits im „Agathon" geschildert hatte, setzte er die griechischen Aristokraten des Geistes und Kosmopoliten der Vernunft gegenüber (Demokrit, Hippokrates, Euripides), überzeugt, auch in solchen Idealbildern nur die Grundsituation dessen nachzubilden, was im Gesellschaftszusammenhang der Kultur immer und überall geleistet werden kann. In dieser Einheit der Kontraste gab er das gleichgewichtige Bild einer durch die „Natur" bezeugten wie in der „Geschichte" überlieferten Welt. Er gestaltete in den Narrenkosmos die Gegenlage, die von ihm erstrebte praktische, d. h. mögliche Idealität der humanen Existenz ein, und er zeichnete derart, wenigstens in den ersten drei Büchern des ersten Teils, eine Ganzheit des menschlichen Daseins im Negativen und Positiven. Er hatte damit die nur negative Zuspitzung der Satire und ihre Gefährdung durch das Monotone aufgefangen; daß er im vierten und fünften Buch solche Kontrastgestalten ausspare – er läßt Demokrit am Schluß des vierten Buches einfach ins Unbekannte abreisen –, hängt mit der Wandlung des Themas und seines erzählerischen Verhältnisses zu den Abderiten, die sich während der langen Abfassungszeit des Romans vollzog, zusammen. Wenn schließlich ausdrücklich bemerkt wird, daß die Abderiten „recht treuherzig über ihre eignen Narrenstreiche lachen können", so wie die Athener, so hebt das eigentlich ihre Abderitheit auf und führt sie über ihre

Torheit hinaus, auch wenn sie darum „nicht weiser" werden (II, 179). Wieland spricht hier goldene Worte. „Aber es ist immer schon viel gewonnen, wenn ein Volk leiden kann, daß ehrliche Leute sich über seine Thorheiten lustig machen, und mitlacht, anstatt, wie die Affen, tückisch darüber zu werden" (II, 179)[8].

Die geistesgeschichtliche Bedeutung der „Abderiten" liegt jedoch nicht nur in solcher Korrektur des Winckelmannschen Griechenbildes und in dem sich darin dokumentierenden kritischen „Realismus". Wielands Roman gewinnt eine besondere Bedeutung aus der geistes- und gesellschaftsgeschichtlichen Perspektive auf die Problematik der bürgerlichen Kulturerziehung in der Aufklärung. Der Roman ist nicht nur der erste umfassende gesellschaftskritische Roman in der deutschen Literatur des 18. Jahrhunderts, der durch seine panoramaartige Weitung auf alle Gebiete — vom Erotischen, Ästhetischen, Philosophischen bis zum Politischen und Religiösen — der voraufgegangenen satirischen Zeitliteratur, die an die partikulare und fragmentarische Typensatire gebunden blieb, überlegen war. Er bedeutet zugleich die erste, künstlerisch durchgestaltete, literarische Dokumentation einer bürgerlichen Selbstkritik, die ihre Voraussetzungen wohl in der besonderen Struktur der bürgerlichen Mentalität seit der Aufklärung besitzt. Denn die Selbstkritik des Adels, die sich bei den französischen Moralisten seit dem 17. Jahrhundert findet, ist anders strukturiert; eine literarische Selbstkritik des sog. „vierten Standes", des „Proletariats", hat sich bis heute nicht entwickelt. Wielands „Abderiten" stellen eine Vorstufe jener gesellschaftlich-bürgerlichen Zeit- und Selbstkritik dar, die aus der Perspektive der Klassik mit überlegener Souveränität und härterer Radikalität Schiller in den „Briefen über die ästhetische Erziehung" vollzogen hat. Der Bürger setzt sich in diesem Roman kritisch mit dem Bürger auseinander: aus dem doppelten Aspekt der wahren Humanität des „ideellen" Bürgers und der praktischen Realität des kollektiv existierenden Bürgers. Demokrit verdeutlicht, wie der Mensch sich seiner Individualität bewußt geworden war und sich aus ihrer Vernunft, ihrem Gefühl und ihrer Erfahrung die Welt anzueignen suchte. Dem entspricht die neue Form des verpersönlichten Erzählens, die Darstellung der Welt im Spiegel des Blicks des gedichteten Erzählers, die W. Kayser als die Leistung Wielands in der deutschen Romangeschichte beschrieben hat. „So ergibt sich: das Erzählen vom persönlichen Erzähler aus, die Einbeziehung des persönlichen Lebens und die Begrenzung des Erzählens auf individuelles Leben und persönliche Geschichte hängen innerlichst zusammen."

Aber dem Vertrauen auf die Erziehung eines individuell und unabhängig denkenden, nach den Gesetzen der Vernunft, der Erfahrung, der Natur urteilenden, aus Geist und Gefühl sein Leben autonom bildenden und bestimmenden Bürgers, den Wieland im Idealbild des „Weltbürgers", des „Kosmopoliten" oft beschrieben hat[9], tritt die Skepsis gegenüber der Erziehbarkeit und Bildsamkeit der bürgerlichen Masse entgegen. Denn sie erscheint dazu unfähig wie von „Natur" aus, in ihrer Einverwobenheit in das soziale Kollektiv mit allen seinen Beschränkungen, Vorurteilen, Gewöhnungen, Trieben und Egoismen. Was Demokrit den Abderiten an Wahrheiten vorträgt, wird ihm nicht geglaubt; nur wenn er das Närrische fabuliert, findet er Gläubige. Der einzelne aufgeklärte Mann, in dem sich eine wahre Bildung frei und universal entfaltet, tritt dem Kollektiv gegenüber, in dem sich das an und für sich Nichtige zur Macht ballt, die nur deshalb nicht zur schädlichen Auswirkung kommt, weil es im Närrisch-Nichtigen bleibt. Der Spießbürger gedeiht nur im Kollektiv. C. Brentano stellte später den Satz auf: „Die Philister haben einen unsichtbaren bewußtlosen Bund mit einander und recken, wie die Gänse, alle den Hals in die Höhe, wenn es einer thut." Wieland hat dies im Verhältnis der Abderiten zu Demokrit geschildert. Die pessimistische Untertönung dieser Narrengeschichte darf nicht überhört werden; sie ist in anderen Schriften Wielands recht bitter geworden[10]; ebensowenig darf in der Erheiterung die Aufmerksamkeit dafür untergehen, wie leicht sich die Übergänge vom Törichten zum Bösartigen, vom lustigen Verfehlen des Humanen zum Inhumanen, vom Närrischen zum Ruchlosen unter den Abderiten einstellen. Demokrit, der duldsame Moralist mit dem Vernunftmaß für das Mögliche, wird an den Rand der Stadt, in die passive Zuschauerstellung und in die Position des Sonderlings abgedrängt[11]. Selbst seine „Sicherheit" wird angegriffen, seine Vernunft gilt als Narrentum — bis an die Schwelle seiner Ausplünderung und Entmündigung in der Dunkelkammer der Geisteskranken, vor der ihn nur Hippokrates rettet. Das „schlechte Allgemeine" zwingt ihn, entgegengesetzt seinem philanthropischen und weltbürgerlichen Trieb zur pädagogischen und sozialen Wirkung, in die Einsamkeit seiner Forschungen, eines zu sich isolierten Bildungsstrebens, in ein Voltairesches „cultiver son jardin" zurück.

### Der Weltbürger als Eremit, der Spießbürger im Kollektiv

Bereits in Wielands „Abderiten" bricht jener Zwiespalt zwischen einer entfremdeten und negativen Wirklichkeit einerseits und der

Welt der individuellen, auf das Inselhafte des Innerlichen zurückgewiesenen Gesinnungen andererseits auf, die F. Hegel in seinen „Nachgelassenen ästhetischen Vorlesungen" als das Grundthema des modernen Romans erkannte. Demokrit erscheint an der Spitze jener langen Reihe der resignierenden Romanhelden, die der deutsche Roman des 19. Jahrhunderts im Konflikt zwischen dem Ich und dem Weltzustand gestaltet hat. Wieland hat diese Resignation überdeckt durch die gelassene Weisheit seines Kosmopoliten, durch ein heiter-ironisches Selbstbewußtsein der Vernunft und den humoristischen Grundton, mit dem er die gesellschaftlichen und humanen Zuspitzungen auf die Narrengeschichte zurückführte. Er hat im Streit zwischen Bosheit und Dummheit das Närrische überwiegen lassen, das verziehen werden kann. Denn der Narr schadet nur sich selbst. Und da die abderitische Narrheit im Grunde nur einer kindlichen, unbemeisterten Einbildungskraft entstammt, hat sie noch genug Menschliches bewahrt, um sympathisch zu erscheinen. Gleichwohl: durch Demokrits Geschick spricht Wielands moralischer und sozialer Realismus gegenüber der wirklichen Welt, der oft auch eine schärfere Sprache in seinem Werk gefunden hat. Es drückt sich darin zudem eine generelle Einsicht der Aufklärung aus. Das Vertrauen, schlechthin den Bürger zu einer erhöhten humanen Kultur erziehen zu können, mündet in den Rückzug auf das von Natur und durch seine gesellschaftliche Unabhängigkeit höher angelegte Individuum, in einen Aristokratismus des Geistes, während die Masse des Bürgerkollektivs sich überlassen bleiben muß: bis an die Grenze einer törichten Selbstzerstörung, die in dem Prozeß um des Esels Schatten nochmals aufgefangen, im religiösen Irrwahn der Froscherzählung aber beinahe schon besiegelt wird. Nur die Emigration aus Abdera, d. h. die Trennung von sich selbst, rettet für diese Narrenbürger ein Überleben. „Von dieser Epoke an sagt die Geschichte weiter nichts von ihnen, als daß sie ein stilles und geruhiges Leben geführt, und, da sie weder witziger noch dümmer gewesen als andere Municipalen ihresgleichen, den Geschichtsschreibern keine Gelegenheit gegeben weder Böses noch Gutes von ihnen zu sagen" (II, 304).

Der pädagogische Optimismus der Aufklärung schlägt in diesem Roman, wie in anderen Erzählungen Wielands, um in eine ironische Resignation mit einem pessimistischen Unterklang. Er wird allerdings dadurch gemildert, daß es hier eben doch nur um „Abderiten" geht. Angesichts ihrer Torheit und ästhetisch-moralischen Barbarei klärt sich kontrastierend das Wesen und Ethos der humanen Bildung des einzelnen, höher angelegten Menschen, jenes Ethos einer verfeinerten Kultur des Geistes und des Herzens, der „schönen Seele", das im Humanitätsidealismus der Klassik zur vollen Entfaltung gelangte. Noch Nietzsche schreibt, wahre Bildung sei, die an der aristokratischen Natur des Geistes festhält. Dieser Aristokratismus schließt keineswegs ein Bedürfnis nach sozialer Wirkung aus. Vielmehr gehört zu dem echten humanen Verhalten eine soziale Fürsorge und Verantwortung. Aber angesichts der Unverbesserlichkeit der Masse verengt sich sein Spielfeld auf die kleine verstreute Gruppe der Berufenen, den unsichtbaren Orden der Kosmopoliten, auf den sich wiederum auch Nietzsche berief. In vielen anderen Erzählungen — „Agathon", „Der goldene Spiegel", „Die Geschichte vom weisen Danischmend", „Aus dem Nachlaß des Diogenes von Sinope" usw. — hat Wieland mit oft überraschend radikalen Formulierungen und auf dem Hintergrund des Zwiespalts zwischen Zivilisation und humaner Naturkindschaft, die auf der Stufe vollkommener Bildung, also des zu sich selbst gekommenen humanen Bewußtseins gleichsam wiederkehrt, für die moralischen und sozialen Rechte des Bürgers gegen das System des Absolutismus und Feudalismus gestritten. In den „Abderiten" ist dieser Zwiespalt zwischen Natur, Vernunft und Herzenskultur einerseits, Gesellschaft, Egoismustrieben und Herzlosigkeit andererseits als geistighumanes Problem der Bildung in die eigene gesellschaftliche Klasse eingelagert: als Widerstreit des Bürgers gegen den Bürger um seiner höheren humanen Bildung willen.

Damit treten die „Abderiten" an die Spitze einer langen Tradition innerhalb der bürgerlichen Erzählliteratur[12]. Seldwyla lag nicht fern von Abdera. Allerdings mag man einräumen, daß die zeitbedingte und individuelle Grenze Wielands darin lag, daß er in dieser Depravierung des Humanen durch das Spießbürgerliche nur ein psychologisch-individuelles, intellektuelles Problem sah und deshalb zur Resignation, zu seiner humoristisch-ironischen Tolerierung bzw. Überdeckung genötigt wurde. An die Stelle der noch nicht vollziehbaren sozialen Frontstellung ist in den „Abderiten" die Auseinandersetzung zwischen den Repräsentanten der fortschrittlichen, humanen Bildung, ihrer höheren Naturgemäßheit und der trägbeharrenden Bürgermasse getreten, die wie „geschichtslos" ihr Wesen, ihre „Natur" nicht zu verändern fähig ist. Mit Wielands Roman beginnt in Deutschland der vielstimmige Prozeß der Selbstkritik des bürgerlichen Bewußtseins in der literarischen Gestaltung. Die „Abderiten" enthalten nicht nur eine Parodie des „Nationaltheaters", man kann sie im ganzen wie eine Parodie des Nationalromans unter griechischer Maske lesen.

Wieland hat den Begriff „Philister", der offenbar schon in der Studentensprache geläufig war, doch erst durch Goethes „Werther", im gleichen Erscheinungsjahr der ersten Fassung der „Abderiten", literarisch eingeführt wurde, nicht benutzt. Er hat jedoch in seinem Roman dessen breite Variationsskala vorgeführt: vom harmlos-selbstzufriedenen, albern-naiven Spießer über den superklugen ästhetisierenden Bildungsbürger, der nach Nietzsche auch ein „Musensohn und Culturmensch" ist und in dessen Händen die Kultur und Bildung nur zu einer anderen Form der Barbarei wird, über den egoistischen, parvenühaften Bourgeois bis zu der bösartigen Abart des geld- und machtlüsternen Spießers, des sturen Fanatikers und des gewissenlosen Intriganten, in denen das Inhumane aufbricht und die sich schwerlich noch auf eine Unschuld der Dummheit berufen können. Er fand die Modelle dieser Typen in seinem eigenen Erfahrungskreis, unter seinen deutschen Mitbürgern, die nach rund hundert Jahren noch Nietzsche „Virtuosen des Philisterhaften" nannte[13]. Zwar scheint der Begriff „Bildungsphilister" erst eine romantische Schöpfung zu sein, doch Wieland hat ihm bereits in den beinahe sündhaft-närrisch kunst-, theater- und musikbegeisterten Abderiten die volle Figur gegeben. Es dürfte kein Zufall sein, daß Ludwig Tieck in seiner „Denkwürdigen Geschichtschronik der Schildbürger in zwanzig lesenswürdigen Kapiteln" und danach Clemens Brentano in „Der Philister vor, in und nach der Geschichte" mit besonderer Ausführlichkeit bei dem Theaterphilistertum und seinen recht abderitisch wirkenden Lastern verweilten. „Ich glaube, daß kaum irgendwo die Philisterei der modernen Zeiten mehr zu Tage getreten als im Theater." Wir treffen hier auf eine jener zahlreichen, von der Forschung noch nicht genügend konturierten Verbindungslinien, die von Wieland zur Romantik hinüberführen. Allerdings lag eine ironische Wendung darin, daß schon in der Klassik („Xenien"), mehr noch in der Romantik der „Philister" zum Negativbild gerade der Aufklärung wurde, die in Wielands „Abderiten" die Polarität von Spießbürgertum und humaner Bildung der freien, harmonischen Persönlichkeit, der „schönen Seele" entdecken ließ. Es ist jene Polarität, an die die Polemik der Klassik und Romantik, sie vertiefend und radikalisierend, anknüpfte. Auch Wieland schoß Pfeile gegen das närrische ästhetische und philosophische „Raisonnement" einer banalisierten „Aufklärung", die nur eine Verkehrung einer allzu naiven und wuchernden Einbildung ist.

Daß die warme, lebhafte Einbildungskraft, ein allzu feuriger Trieb zum Wunderbaren den Philister ausmacht, hätten die Romantiker allerdings nicht zugestanden. Ihre Bestimmung des Philisters kehrt dies Urteil gerade um. Sie hoben weiterhin gegen ihn das „Volk" als naturhaft-organische und geschichtlich-mythische Einheit ab, während Wieland in dem Volk nur mit pessimistischer Ironie die wankelmütige, launenhafte, zu aller Vernunft, höheren Bildung und Selbstbestimmung unfähige Masse sah. Aber Wieland verbindet mit den Romantikern, daß der Spießbürger zum negativen Gegenbild der erstrebten humanen Existenz, zur Denaturierung des werthaft Menschlichen und seiner Begründung in Natur, Vernunft und geklärtem Gefühl wird. Der Spießbürger ist die Karikatur des Menschen in das Mißglückte, in die Verzerrungen der „verkehrten" Welt; diese Verzerrungen nähern ihn dem Grotesken und machen gerade durch solche übertreibende Gestaltung die Realität seiner Zustände und Verfassung sichtbar. Es ist, so sagte Wieland schon in der Vorrede der „Abderiten" im „Teutschen Merkur", die Schuld der Natur oder des Zufalls, wenn Ideale oder Grotesken jemandem ähnlich sehen. „Es ist schwer, sich in Gedanken zu einem Grade von Schönheit zu erheben, der das schönste in der Natur merklich übertreffe; aber vielleicht ganz unmöglich, eine Karikatur zu erfinden, die keinem Geschöpf Gottes ähnlich sehe." Die Natur oder der Zufall, nicht der Autor, sollte schuldig sein, wenn man in den Abderiten die Zeitgenossen wiedererkennt.

Kontrastfiguren und Masken des Autors

Wieland hat in den ersten drei Büchern, vor allem in dem ersten Buch, den Heimkehrer Demokrit — wie später Gottfried Keller im „Martin Salander" und Wilhelm Raabe in „Abu Telfan" — als das Medium seines kritisch-ironischen Blicks gewählt und ihn, gleichsam als eine objektivierende Verdoppelung des Autors, die „verkehrte" Welt demaskieren und analysieren lassen. Er hat Demokrit, wie Sterne seinen Yorick, zu seinem idealen Doppelgänger gemacht. Er hat in ihm das humane Gegenbild zum Gegenstand der erzählerischen Beschreibung und Kommentierung werden lassen, das er satirisch-pädagogisch nicht nur den Abderiten, sondern auch seinen Lesern, so als ob sie zu ihnen gehörten, entgegenhielt. Denn dadurch, daß Demokrit nicht allein seinen Mitbürgern, auch fingiert seinem Erzähler, der da gleichsam mit und aus seinen Lesern spricht, zum „Sonderling" und damit zum psychologischen Problem wurde, erreichte er jene ironische Mehrstimmigkeit, auf die sein beständig zwischen Identifikation und Distanzierung schwebender Erzählstil eingerichtet war. Er gestaltete Demokrit zugleich auch wieder so, daß sich der Leser mit ihm identifizieren konnte. Denn das Lächerliche setzt ein Subjekt voraus, das es wahrnimmt. Demokrit verstärkte die Perspektive des Erzählers und des Lesers; er versetzte beide mitten unter das Gedränge des Narrenvolkes. Er sicherte zugleich einen Abstand, der die Überlegenheit des Spottes erlaubte. Denn es gehört zu der in Demokrit personifizierten Weisheit, alles verstehen, übersehen und sich über alles Begrenzte, noch über sich selbst und die eigenen Enttäuschungen erheben zu können. In ihm wird die Ironie zur Philosophie des Forschers, zu dem die unerschöpfliche Neugierde nach allen seltsamen Phänomenen, die die bunte Welt anbietet, gehört. Der Weltfahrer findet das Wunderlichste in seiner Heimat unter denen, die von ihm Wunderberichte erwarten; dies Wunderlichste erscheint in ihrer komischen Illusion ihrer für alle Welt exemplarischen Normalität und Vorbildlichkeit. Das Närrische entlarvt sich an seinem Verkennen der Weltdinge und ihrer richtigen Proportionen, an seinem Verkennen seiner selbst und an der Korrektur, welche die Gegenwart Demokrits unter den Abderiten beständig für sie bedeuten müßte.

Doch reichte der Naturforscher, Kosmopolit und humane Philosoph Demokrit als funktionale, positive Kontrastperspektive noch nicht aus. Hippokrates, auch er ein Weltbürger, wird neben ihm zum Repräsentanten der ärztlich heilenden Kunst, die sich jedoch, sie dadurch seinerseits entlarvend, angesichts der Abderiten nur ironisch betätigen kann — wie der Erzähler selbst. Wieland wählte schließlich noch eine dritte Selbstspiegelung und Selbstverdopplung. Daß es Euripides gelingt, dies Volk wenigstens für eine kurze Zeit, durch seine Aufführung der „Andromeda", aus ihrer Abderitheit herauszulocken, bezeugt die Bildungsmacht der wahren Kunst über den noch nicht gänzlich verdorbenen Menschen. Von dem Enthusiasmus der Abderiten nach dieser Aufführung strahlt Versöhnliches aus. Daß das dritte Buch damit gipfelt und endet, bedeutet in wohlberechneter Komposition ihre „Rettung" nach allen bisher dargestellten Torheiten und Verblendungen.

Nicht zuletzt zeigte sich die abderitische Verschrobenheit, ihr Verfehlen einer humanen Kultur in der Depravierung des Ästhetisch-Schönen, in einer geradezu barbarischen Handhabung der Künste. Hier, in seinem eigenen Bereich beteiligt, verläßt Wieland die bisher noch immer, trotz aller „persönlichen Zwischenrede" eingehaltene Erzählerdistanz, um selbst in direkter Wendung zum Leser mittels breiter essayistischer Digression und Abhandlung das Wort an sich zu ziehen. Er benutzt unbekümmert eine Freiheit zum Stil der „diversité", der nicht erst seit L. Sterne als ein künstlerisches Lockerungsmittel des Erzählens galt. Den Erzähler schiebt zeitweilig der Theoretiker des Dramas beiseite; er durchbricht die epische Illusion mit einem direkten, ästhetisch aktuellen Programmvortrag. Er sprach hier mit dem Eifer und Ernst der eigenen Sache. Er hielt einen didaktischen Monolog, der einen Stilbruch bedeutete. Denn der fiktive Dialog war bisher und im folgenden das beherrschende Stilmittel, mit dem Wieland den Leser spannend, ihn herausfordernd und erziehend in die Erzählung und ihre wechselnden Situationen und Augenblicke einbezog; mittels des Dialogs ließ er auch die Abderiten ihre Rollen auf der Narrenbühne spielen.

Allerdings hat er den Dialog, der die ersten drei Bücher beherrscht, im vierten und fünften Buch zugunsten des Berichts und seiner Raffungen zurücktreten lassen. An die Stelle des erzählerischen Bühnenspiels tritt da nunmehr die zusammenfassende, kürzende Erzählung. Das deutet auch auf eine Veränderung seiner eigenen Position gegenüber den Abderiten hin. Zwar nehmen die Satire und die Ironie in dem Prozeß um des Esels Schatten und in dem Kampf um die Frösche der Göttin Latona in einer architektonisch folgerichtigen, kompositorischen Steigerung noch größere thematische Objektdimensionen an. Denn es geht in diesen verwickelten und verworrenen Vorgängen um die Fragen von Eigentum und Recht, um die Institutionen von Staat, Priestertum und „Kirche", um recht radikale Desillusionierungen der Verfassung der Republiken und eine ebenso radikale Entmythologisierung von Glaubenstraditionen. Gewiß, es ging Wieland nicht um prinzipielle ideelle Staats- und Religionsprobleme, sondern um die Typologie und Psychologie der Menschen, in deren Händen der Staat und die Kirche um ihren eigentlichen Sinn gebracht werden. Es ging ihm um eine von der Vernunft gelenkte richtige Ordnung der Dinge, nicht aber darum, die Staatsverfassung im revolutionären und die Glaubenseinrichtungen im atheistischen Sinne in Frage zu stellen[14]. Aber es lag doch offenbar an Art und Gewicht dieser Themen, daß Wieland dem karikaturistischen Negativbild nicht mehr ein Positivbild wie mittels Demokrit, Hippokrates und Euripides und seiner eigenen ästhetischen Programmatik des Dramas in den ersten drei Büchern entgegenstellte. Er hätte, was einen neuen Stilbruch bedeuten würde, zum Ernst der Utopie des wahren Staates und der wahren Kirche greifen müssen. Gerade die Utopie gehörte in diesem Roman als Resultat einer allzu warmen Einbildungskraft aber in den Bereich der Abderiten; Wieland hat sie in Demokrits Erzählung vom Schlaraffenland parodiert, die die Abderiten so hingerissen vernehmen. Die Utopie war eine andere Erscheinungsweise des törichten Wahns, wie er unter den Spießbürgern bis in die Froschmythologie der Latona hinein regiert. Dennoch bleibt hier eine ungelöste Frage. Denn offenbar waren in Wielands Sicht nur in der privaten wissenschaftlichen und künstlerischen, also theoretischen Existenz der ideale Mensch und seine Verwirklichung der humanen Vernunft real möglich; das zeigten Demokrit, Hippokrates, Euripides. Sie alle resignierten, wenn auch mit heiterer Überlegenheit, die Abderiten als Gesellschaftskollektiv zu erziehen und damit zu ändern. In der Praxis der staatlichen und religiösen Gesellschaft wird von Wieland hier nicht einmal versucht, das positive Gegenbild einzuführen. Die „reale" Welt zieht dem Ideal der humanen Ordnung eine Grenze, die unübersteigbar erscheint. Ein resignierender Pessimismus wird zur Hintergrundsfolie des ironischen Narrenpanoramas.

Die Humanität des Lachens

Wieland griff im vierten und fünften Buch nicht unbedenkliche Themen auf. Zwar konnten die Torheiten der Regenten, Parteimänner und des Volkes in dieser Miniaturrepublik noch außerhalb einer ernsthaften Aktualität für die deutschen Zeitgenossen bleiben. Der Spott über Krähwinkel bewies ja nicht nur bei Wieland, noch im späteren 19. Jahrhundert nur dessen harmlose Nichtigkeit. Und er nahm sogar selbst idyllische Züge an. Es führt ein Weg von Wieland zu dem Spitzweg-Biedermeier und dessen spielender Idyllen-Ironie. Aggressiver fiel das Gemälde der mittels der Religion verkleideten Machtpolitik, der mittels der Machtpolitik sich behauptenden Religion aus. Denn hier schilderte Wieland die Fragwürdigkeit der Vertauschung zwischen Religion und Politik, zwischen Priestertum und Herrschaftsegoismus, die Denaturierung des Religiösen durch Intrigen, Ränke, in denen es um sehr weltliche Triebe geht. Er schilderte, wie die Priester Vernunft, Frieden und Volkswohlfahrt verhindern, Wahn und Verwirrung verbreiten, zur Zwietracht aufhetzen, eher bereit, das Volk untergehen zu lassen als von ihrem Dogma und ihrer Mythologie abzustehen. Aber Wieland gab auch dem Porträt des Freigeistes Korax und seinem Vorschlag, die heiligen Tiere aufzuessen, ironisch-kritische Schattierungen. Denn auch Korax ist schließlich, samt der gelehrten platonischen Akademie, ein Abderit. Wieland milderte dies Pandämonium des religiösen Wahns durch die Dummheit, die sich in ihm darstellte, und durch den possenhaften Ausgang der Tragikomödie. Er widerlegte durch das Lachen. Die Abderiten lachen am Ende selbst mit (II, 302). Das Widersinnige mündet befreiend in die närrische Groteske. F. Sengle hat in dieser Überlegenheit, die, je länger Wieland an dem Roman arbeitete, ihn immer humorvoller und menschlicher auf die Weltnarrheit sehen ließ, eine Annäherung an das „Klassische" angenommen. Aber war dieser Humor nicht zugleich kompositorisch notwendig, um den thematischen Zuspitzungen und dem Mangel eines positiven Kontrastbildes das Gleichgewicht zu halten? Vor der Entscheidung, über diese Welt zu lachen, zu zürnen oder zu weinen, hat Wieland wie sein Demokrit das Lachen gewählt; nicht ohne einen Anflug, der die Heiterkeit solchen Lachens zuweilen trübte (I, 174).

Der Psychologe, abhold allen prinzipiellen und kategorischen Antithesen und Generalisierungen, wußte um die komplexe Mischung, das Mehrschichtige im Verhalten des Menschen und in seinen Reaktionen gegenüber der Welt. „Es giebt Thorheiten, welche belachenswerth sind; es giebt andre, die ernsthaft genug sind um dem Menschenfreunde Seufzer auszupressen; andre, die einen Heiligen zum Unwillen reizen könnten; endlich noch andre, die man der menschlichen Schwachheit zu gute halten soll. Ein weiser und guter Mann ..., lacht oder lächelt, bedauert oder beweint, entschuldigt oder verzeiht, je nachdem es Personen und Sachen, Ort und Zeit mit sich bringen" (I, 176). Diese Mehrstimmigkeit der Perspektiven erlaubt Demokrit und seinem Autor, weise genug zu sein, über die Abderiten zu lachen, ja — was mindestens mit der fortschreitenden Erzählung für ihren Autor gilt — ihnen gegenüber, da sich das Allzumenschliche so naiv unbefangen und im Grunde mehr komisch als bösartig darstellt, sogar Sympathie zu empfinden. In dem „Kalender" der „Geschichte vom weisen Danischmend" hat Wieland eine andere Form solcher Distanzierung geschildert, die mit taubem, kaltem Herzen und kritisch-bösem Blick in die Menschenverachtung umschlägt. „Er war am liebsten bloß ein Zuschauer. Aber eben darum hatte er seine Freude an Veränderungen und neuen Auftritten; besonders wenn er vermuten konnte, daß sie fruchtbar an unerwarteten Folgen sein und ihm viel Stoffs darbieten würden, sich über die Torheiten der Menschenkinder lustig zu machen. Mit Einem Worte, der alte Bube liebte Unheil und befand sich nie besser, als wenn es recht bunt und toll in der Welt zuging."

Demokrit wie sein Autor betrachten hingegen die Abderiten auch mit einer Philosophie des Herzens, als sozial verantwortliche Philanthropen — so wie Kalenders Gegenspieler Danischmend. Im rechten Lachen verraten sich eine Überlegenheit und ein Gleichgewicht der humanen Vernunft; in der Sympathie verrät sich eine humane Toleranz, das mitfühlende Wissen um die Relativität und Verwirrbarkeit der menschlichen Dinge. Lachen, Weisheit und Toleranz hüten die Wirklichkeit davor, auseinanderzubrechen. Obwohl jeweils eine Leistung aus Vernunft und Gefühl der einzelnen subjektiven Persönlichkeit, bedeuten sie eine objektive Sicherung des Weltzusammenhanges. Denn die Abderiten waren, „bey aller ihrer Abderitheit, am Ende doch Menschen ... wie andre; ja, in gewissem Sinne, nur desto mehr Menschen — je mehr Abderiten sie waren" (I, 375). Im Narrentheater auch einmal mit einer sich tarnenden Weisheit mitzuspielen — das erscheint weder des Demokrit, Hippokrates, Euripides noch des Autors unwürdig. Zur Weisheit gehört das Vermögen zum Spiel, wenn es sich dessen bewußt bleibt, ein Spiel zu sein. „Die Dummheit hat ihr Sublimes so gut als der Verstand, und wer darin bis zum Absurden gehen kann, hat das Erhabene in dieser Art erreicht, welches für gescheute Leute immer eine Quelle von Vergnügen ist. Die Abderiten hatten das Glück im Besitz dieser Vollkommenheit zu seyn. Ihre Ungereimtheit machte einen Fremden Anfangs wohl zuweilen ungeduldig; aber so bald man sah, daß sie so ganz aus Einem Stücke war, und (eben darum) so viel Zuversicht und Gutmüthigkeit in sich hatte; so versöhnte man sich gleich wieder mit ihnen, und belustigte sich oft besser an ihrer Albernheit als an andrer Leute Witz." Wieland schreibt diese Sätze im achten Kapitel des dritten Buches.

Er hatte sich Zeit gelassen, seine Leser auf das Sublime dieser Narrheit mit genau erwogenen Steigerungen einzuüben, und er hatte sie zum Begreifen der kritisch-humanen Kontrastfiguren, deren weltmännische Weisheit und Humanität des Lachens diesen selbst der Abderitheit verdächtigen zeitgenössischen Lesern noch keineswegs selbstverständlich war, hinerzogen. Er hat, darauf verwies schon Wolfgang Kayser, den Leser gelehrt, zu merken, daß mehrere Perspektiven im Spiel sind und er dem Wort nicht mehr blindlings vertrauen darf. Denn der Leser muß nicht nur die Bürger von Abdera durchschauen können, sondern auch das Rollen- und Maskenspiel des Erzählers, die schwebende Vielfalt seiner Anspielungen; und er muß verstehen, daß selbst ihm, dem Leser, eine doppelte Rolle als Abderit und als Partner des Autors zugemutet wird. „Im Reden und Verhalten des Menschen offenbart sich nicht mehr die ihm selbst bewußte Gesinnung als letzte Schicht, sondern zunächst nur eine Oberfläche. Es gilt, tiefer zu dringen und die oft unbewußten Mächte der seelischen Natur und die Gesetze ihres Wirkens zu erfassen. Es ist für Wielands Erzählweise typisch, daß in dem Leser die Gewißheit erzeugt wird, diese Tiefen erkennen zu können. Scharfsinn, Einsicht in die Schichtung, Weltkenntnis, Überlegenheit, Milde gegenüber dem, was sich der Mensch als Schein aufbaut, Nachsicht mit allen seelischen Schwächen — das sind einige Wesenszüge des Erzählers." Jetzt, im vierten und fünften Buch bedurfte er der Kontrastfiguren gegenüber den derart als „menschlich" erkannten Abderiten und gegenüber seinen Lesern nicht mehr. Die heitere Satire konnte jetzt zur Komödie und „Posse" überwechseln. Die kompositorische Verwandtschaft dieses Romans mit dem Lustspiel, seinen Typenrollen und Verwicklungen, seiner epigrammatisch schlagkräftigen Pointierung, seiner Technik des belebten Perspektivenwechsels ist längst bemerkt worden; F. Sengle verweist darauf, wie hier Wielands Neigung zur Bühne, zum szenischen Aufbau in das Epische eingegangen sei. Wieland gab wiederholt selbst das Stichwort der „Komödie", und er ist von Kotzebue bis zu F. Dürrenmatt beim Wort genommen worden. Das dialogische Denken, das sein ganzes schriftstellerisches Werk charakterisiert, kam in den „Abderiten" zu glücklicher Ausformung. Der Dialog reicht in der Abderitenwelt vom intimen Gespräch über das galantgesellige Salongeplauder bis zur großen öffentlichen Streitrede; er ist als Dialog zwischen den dargestellten Personen, dem Autor und dem Leser beständig, mit vielen Digressionen, im Gange. Indem Wieland die Anekdoten zu erzählten Szenen ausspann, gelang ihm, die Abderiten wie Bühnenfiguren mimisch unmittelbar, in ihrer Psychologie, mittels Sprache und Gestik zu vergegenwärtigen. Die Komik ihrer Erscheinung wird dadurch gesteigert, daß sie, wie lebensecht, vom Erzähler genau pointiert und dennoch wie unbewußt und stegreifartig, sich selbst vorspielen, damit nicht nur bestätigen, sondern noch steigern und übertreiben, was der Autor über sie vorbringt. Sie sind immer noch närrischer, als ihr Partner, der Autor oder sein Leser erwartet. Die Überraschung der Umkehr, auf der die Wirkung des Witzes beruht, liegt nicht nur im anekdotischen Resultat, sondern sie wird ebenso als Gestaltungsmittel in die Erzähltechnik eingeformt. Nicht nur mittels seiner gelehrten Quellenfiktionen, auch mittels dieser Szenenkomposition erreicht der Erzähler die Fiktion, es stelle sich eine „objektive" Wirklichkeit vor, die er nur kommentierend wiedergebe und begleite; als seien die Abderiten nicht Geschöpfe seiner Erfindung, sondern reale historische und natürliche Wesen, denen er so zuschaut wie Demokrit, wie seine Leser. Zugleich bringt der rasche Wechsel der Dialogszenen jene Beweglichkeit der Perspektivenänderung mit sich, deren besonders der humoristische oder komische Roman bedarf, um nicht der Monotonie zu verfallen; der Dialog bewirkt eine Darstellungsnuancierung im Ton, im Mimischen und Gestischen, die sogar noch dem fast wortlosen „Seelengespräch" Raum läßt: in der Szene zwischen Demokrit und Gulleru, zwischen Demokrit und dem blutjungen, der Nachtigall lauschenden Abderitentöchterlein Nannion. Es sind jene stillen Gespräche zwischen Person und Person, in denen sich etwas vom rechten Verhältnis zum Natürlich-Menschlichen aus einem noch unbeschädigten Gefühlsgrunde andeutet.

Der Stil der Ironie

Wielands Stil der Ironie entstammt einer für den Dialogstil der Aufklärung typischen Kunst des beständig mehrperspektivischen Erzählens[15]. Selbst sein Bericht von der Entstehung des Romans bezeugt dies. In einem Anfall von Geistesträgheit fühlt er selbst sich „dumm — aber ach! ohne an den Seligkeiten der Dummheit Theil zu haben, ohne einen einzigen Gran von dieser stolzen Zufriedenheit mit sich selbst, dieser unerschütterlichen Überzeugung, welche gewisse Leute versichert, daß alles, was sie denken, sagen, träumen und im Schlaf reden, wahr, witzig, weise, und in Marmor gegraben zu werden würdig sey" (II, 314). Er fühlte sich abderitisch, ohne ein Abderit zu sein. Indem er sich wie sie fühlte, verstand er sie und gewann er zugleich die Fähigkeit, ihr Allzumenschliches durch das höher Menschliche zu überwinden, das an ihrer Demaskierung seiner selbst bewußt wird: „Und plötzlich ward es Licht in meinem Kopfe" (II, 315). In der Demaskierung der Dummheit gewinnt sich das selbst von ihrer Dumpfheit betäubte Ich zurück. Die „objektive" Komik der erzählten Gegenstände bestimmte den Typus der älteren Narrengeschichte; mit dem persönlichen Erzähler, der selbst, wie seine fiktiven Leser, zu einem Bestandteil der Erzählung wird, setzte als konstituierendes Element, die Möglichkeit solcher mehrperspektivischen Erzähllenkung ein. Sie macht die Anschauung dessen, was als Abweichung vom Normalen zum Anlaß der moralisch aggressiven Satire, des Zornes und des Weinens werden könnte, zu einem nuancierten und sublimierten ästhetischen Vergnügen. Die Freiheit, mit der der Ironiker über seinen Stoff verfügt, mußte in die Gestaltung dieses Stoffes selbst eingeformt werden. Abdera wurde für Wieland nicht eine „Symbolwelt", sondern das willkürlich stilisierte, die Zuverlässigkeit des Historisch-Faktischen unbekümmert, mit vielen Anachronismen überspringende Mittel, ein freies Spielfeld für seine Ironie zu gewinnen. Er hat hier das Motto seines „Agathon", „Quid virtus et sapientia possit, utile proposuit exemplum", parodistisch umgekehrt. Die griechische Narrenstadt wurde, unabhängig von allen historischen Abständen, zum übertragbaren „Modell", zum Medium, im ironischen Spiel das Einst im Jetzt, das Jetzt im Einst zu spiegeln, wie in einer Maskerade die Rollen zu vertauschen und, im Stil eines aufkläre-

rischen Pragmatismus, an die Stelle der Zeitlichkeit der Geschichte
die Typik der Gleichläufe, wie sie einer Norm des Vernünftigen,
Moralischen und Schicklichen und deren Umkehr entsprechen,
zu setzen. Zwar nimmt Wieland die Attitude des gelehrten, wissenschaftlich
bemühten Geschichtsforschers an, der die Quellen umständlich, mit
gewichtiger Genauigkeit untersucht, um zur exakten Wahrheit des
Berichts und der aufklärenden, korrigierenden Erkenntnis der
Tatsachen zu gelangen[16]. Schein und Sein werden ironisch verwoben;
denn eben diese Attitude kritischer Forschergewissenhaftigkeit,
die sich mit Dunkelheiten, Lücken und Entstellungen der
Überlieferung beschäftigt, gibt seinem fabulierenden und anspielungsreichen
Spieltrieb freien Raum, läßt die Tatsachen sich
beständig zum Grotesken und Märchenhaften steigern und bedeutet
eine Tarnkappe, unter der sich die aktuellen Spitzen um so unbekümmerter
ausleben können. Bald aus der Überlieferung oder
Legende, bald aus der Perspektive des Autors oder des Lesers, bald
aus der Ferne oder der Präsenz der Sache erzählend, in ihr bald
aus der Perspektive seiner Kontrasthelden, bald aus der der Abderiten,
gewann Wieland eine große Kontrastvariation und Vielschichtigkeit
der Perspektiven. Es ist die gleiche Vielstimmigkeit,
die der Erzähler gegenüber der Frage an seine Erzählung, ob sie
Wahrheit oder Erfindung, Historie oder Märchen sei und ob sie
die Griechen von einst oder die Deutschen von heute meine, beibehält.
Das Verhältnis zwischen Sein und Schein, Wirklichkeit und
Einbildung, Realität und Illusion oder listigem Maskenspiel wird
nicht nur unter den Abderiten, auch durch den Erzähler selbst
verwirrt. Ironie liegt in der Verknüpfung einer anscheinend gewissenhaft
ins Detail vertieften Pedanterie der schriftstellerischen
Wahrheitsverantwortung mit dem Grotesken und Absurden, das
immer wieder die Grenzen des Wahrscheinlichen berührt oder sogar
überschreitet. Indem die historische „Forschung" sich derart in das
Töricht-Widersinnige vertieft, wird sie selbst ironisiert. Im Stil des
Aufklärers parodiert Wieland die Aufklärung. Sie wird selbst zum
Objekt seiner Ironie. Aufklärerische Ernsthaftigkeit wird in das
ästhetische Spiel verwandelt.

Solche Ironie wirkt sich ebenso darin aus, wie der Erzähler
bemüht ist, das Groteske und Absurde als eine eigene Logik aus
der Natur und der Psychologie der Abderiten verständlich zu
machen und so dem Verkehrten seine eigene Folgerichtigkeit
zuzusprechen. Das Anormale bekommt so scheinbar den Charakter
der Normalität und wird gerade dadurch in seiner Widersinnigkeit

demaskiert. Die Abderiten denken, reden, handeln konsequent — nur immer unter der Voraussetzung ihrer unveränderlichen und ihnen unbewußten Verkehrtheit. Das Aberwitzige wird zum logischen und natürlichen Resultat der unter ihnen herrschenden verkehrten Normalität; verknüpft mit aktuellen Zuständen und Ereignissen, spiegelt diese Normalität zurück auf die Normalität des zeitgenössischen deutschen Bürgers. In dem Lachen über die fernen Griechen entdeckt er sich selbst; gelingt ihm dies nicht, so hat er sich selbst als Abderit bewiesen. Indem Wieland mit dem unschuldigen Gesicht des neutralen Geschichtsforschers beteuert, nur die Wahrheit hinter ihren legendarischen oder sogar böswilligen Trübungen und Verstellungen aufzudecken, macht er gerade das Aktuelle und mit ihm zusammen das fast Unglaubliche deutlich, läßt er also Zeitsatire und Narrenmärchen zu einer ironischen Verbindung ineinandergleiten. Er versteckt sich hinter dem forscherlichen Sprachton der Verwunderung und Erheiterung; er demaskiert die Narrheit von Abdera als ein aufgeklärter Sohn seiner vernünftigen Gegenwart, belustigt, als das historisch Richtige gerade das von der Vernunft her absolut Verkehrte aufzudecken, und er zieht seine Leser als Zeitgenossen dieser fortgeschrittenen Gegenwart in seine sie selbst treffende Verwunderung und Heiterkeit mit herein. Er erzählt als Psychologe, Moralist und Humanist und unterstellt, daß sein Leser auf der gleichen Ebene urteilt, mit ihm diese Perspektive aus einer überlegenen und allgemein verbindlichen Normalität der Vernunft, der Moral und des guten Geschmacks teilt. Denn sie bestimmt, als Basis heiterer Erkenntnis, das Maß des Richtigen, das Übermaß des Verkehrten.

Aber indem Wieland beständig, was er erzählt, zur Gegenwart transparent macht, das Porträt der Zeitgenossenschaft durch die Karikatur durchblicken läßt, läßt er den Leser das Anormale als seine herrschende zeitgenössische Normalität erkennen und verwandelt er das Narrenmärchen von Abdera in die Narrengegenwart der eigenen Zeit. Es entsteht derart ein ironisches Spiel zwischen den Zeiten und Welten, zwischen dem, was einst war und jetzt ist, zwischen dem Abenteuerlichen und dem, was heute gebräuchlich und normal ist. Der distanzierte Blick auf die ferne verkehrte Welt entlarvt die Wirklichkeit des Gegenwärtigen, macht sie im Zerrspiegel deutlicher, erhellt durch Steigerungen ihren eigentlichen Charakter. Die Kritik an Abdera wird in ironischer Umkehr zur Anregung der Selbsterkenntnis und Selbstkritik des Lesers, der im Schein der lustigen Geschichte getroffen und, wie Zuschriften von Zeitgenossen auf sehr abderitische Weise zeigten, auch wirklich verletzt wurde.

Zugleich jedoch dämpfte Wieland die Aggressivität der Satire dadurch, daß er dem Leser die Möglichkeit gab, sich mit Demokrit, Hippokrates, Euripides oder mit dem Autor zu identifizieren und deren überlegene Distanz auch für sich zu beanspruchen. Er legte ihm einerseits nahe, sich mit den Abderiten getroffen zu fühlen; er gab ihm zugleich durch die gewählte ironische Stilhaltung die Chance der Überlegenheit. Diese dem Leser suggerierte Doppelung der Perspektive wiederholt sich in der Spiegelung der abderitischen Narrheit; sie ist unerschütterlich „aus einem Stück" und läßt doch den Aspekt auf eine Korrigibilität offen, auf eine Freiheit von ihr und über ihr. Nur wo solche Freiheit wahrscheinlich ist, kann die Ironie ins Spiel kommen. In ihrem Lachen vollzieht sich eine Selbsterkenntnis und Befreiung des Humanen. Dies Humane liegt in dem Vermögen des Menschen zur Vernunft, zu echter Empfindung und zu gesellschaftlicher und sittlicher Moral. Damit wird zugleich die Grenze des Spielfeldes der Ironie gezogen. Was nicht innerhalb des intellektuellen und moralischen Vermögens des Menschen liegt, wird aus dem Vorstellungsraum des Romans ausgeklammert.

Solche Beschränkung ließ den ironischen Stil in dieser Zeit sich entwickeln. Denn in der aufgeklärten Auffassung des Humanen, die sich auf das menschlich Erreichbare begrenzte, lag die Möglichkeit einer Versöhnung, wenigstens einer Vermittlung zwischen den Gegensätzen. Das Bedrohliche, vor dem die Ironie ohnmächtig geworden wäre, blieb ausgeklammert. Wieland ließ die Gegensätze, indem er im Porträt der Abderiten immer an das Natürlich-Menschliche erinnerte, in einer schwebenden mittleren Lage zwischen den Extremen, in einem wenn auch oft verzerrten Bezug zu einer verbindlichen humanen Normalität. Solange sie als Wert gesichert blieb, war das Spiel der Ironie mit den Kontrasten und Abweichungen möglich, die, als verkehrte Konvention, Schicklichkeit und Moral, als verkehrter Scharfsinn und Geschmack auf der prinzipiell gleichen perspektivischen Ebene blieben. Die Verkehrung führte deshalb nicht in das chaotisch Bodenlose, sondern wurde eine um so deutlichere Einübung auf das Rechte und Richtige. Das Positive spricht hier beständig durch das Negative hindurch; die Ironie bewahrt die Fähigkeit, zum Rechten und Richtigen tolerant und versöhnlich zu vermitteln. Sie verliert nicht ihre heitere Tendenz und pädagogische Funktion, da sie sich immer an einer faßlichen, allgemein einsichtigen Norm der Werte orientiert und deren dauernden Bestandes sicher ist. Sie kann es sich aus dieser souveränen Sicherheit — wie Demokrit oder Euripides — leisten, auch einmal, ohne die eigene Überlegenheit zu gefährden, mit Narren den Narren zu spielen. Diese Überlegenheit hat dem Erzählstil des Romans das Fließende, Gleichmäßige, eine Art von spielender Gelassenheit mitgeteilt, die stets über dem Verkehrten und Absurden eine sichere Distanz der Norm bewahrt. Würde Wieland die Dinge einer indirekten Entlarvung durch sich selbst überlassen, also auf solche Führung verzichten, dann wäre die von ihm geschilderte Welt nur ihrer Negativität verblieben und der Zusammenhang der Wirklichkeit aufgelöst worden, den er nur als einen Zusammenhang von Torheit und Vernunft, Menschenschwäche und Menschenwürde begreifen konnte. Hätte er anders erzählt, als er tat, so wäre er aus dem Vorstellungsraum der aufgeklärten Humanität herausgetreten. Die Radikalisierung der Ironie lag ihm fern. Seine Sprache vermeidet Beschwerungen, Schärfen und Spannungen; seine ironische Stilhaltung fordert die leisen und mildernden Übergänge, die durchsichtigen und nuancierten Abschattierungen, die kleinen und schnell einanderfolgenden Pointen, welche eine Intelligenz des Lesers herausfordern. Sein Erzählen bewegt sich beständig zwischen dem Allgemeinen und dem Einzelfall, zwischen dem Geselligen und dem Persönlichen, zwischen Überraschungen und Wiederholungen.

In den „Abderiten" ist diese Sprache Wieland im Gegensatz zu der ermüdenden Breite der meisten seiner umfangreichen, das Geplauder leicht in das Geschwätzige verwässernden Prosaerzählungen geglückt. Gleichwohl hat eine neuere Analyse seine Prosa, parallel der Leistung Lessings und Winckelmanns, berechtigt als ein „stilgeschichtliches Ereignis ersten Ranges" bezeichnen können. Denn wie die Ironie angewiesen war auf eine zur Gänze überschaubare und beherrschbare Welt, so konnte sie auch nur in einer Erzählsprache sich entfalten, die knapp, durchsichtig und beherrscht war und in ihrer Rationalität eine Beweglichkeit gewann, die ihren Kunstcharakter ausmacht. Dieser Kunstcharakter ist, darin urteilte W. von Humboldt richtig, nicht „poetisch"; er besitzt jedoch eine ästhetische Qualität von beträchtlichen Graden, soweit das Vermögen zum souveränen und beherrschten Spiel als ein Element des Kunstwerkes anerkannt wird. Nicht aus dem Pragmatischen dessen, was erzählt wird, erst durch solche Stil- und Sprachhaltung gewinnt der Roman seine künstlerische Eigenart. Denn die Sprache ist das Element, in dem und auf dem er spielt. Sie macht die „Geschichte der Abderiten" zur ironischen Deutung transparent.

Schiller hatte seine Antwort auf Humboldts eingangs zitiertes Urteil bereits in der Abhandlung „Über naive und sentimentalische Dichtung" vorausgeschickt. „Streng genommen verträgt zwar der Zweck des Dichters weder den Ton der Strafe noch den der Belustigung. Jener ist zu ernst für das Spiel, was die Poesie immer sein soll; dieser ist zu frivol für den Ernst, der allem poetischen Spiele zum Grund liegen soll ... Die strafende Satire erlangt poetische Freiheit, indem sie ins Erhabene übergeht; die lachende Satire erhält poetischen Gehalt, indem sie ihren Gegenstand mit Schönheit behandelt ... Wenn die pathetische Satire nur *erhabene* Seelen kleidet, so kann die spottende Satire nur einem *schönen* Herzen gelingen. Denn jene ist schon durch ihren ernsten Gegenstand vor der Frivolität gesichert, aber diese, die nur einen moralisch gleichgültigen Stoff behandeln darf, würde unvermeidlich darein verfallen und jede poetische Würde verlieren, wenn hier nicht die Behandlung den Inhalt veredelte und das *Subjekt* des Dichters nicht sein *Objekt* verträte. Aber nur dem schönen Herzen ist es verliehen, unabhängig von dem Gegenstand seines Wirkens in jeder seiner Äußerungen ein vollendetes Bild von sich selbst abzuprägen ... Auch in unserem Wieland erkenne ich diesen Ernst der Empfindung; selbst die mutwilligen Spiele seiner Laune beseelt und adelt die Grazie des Herzens."

Schiller stellt Wieland hier an das Ende der Namenreihe Lucian, Cervantes, Sterne — doch wohl nicht nur als eine freundliche Konzession an den nahen Nachbarn in Weimar. Aber Wieland selbst hat sich in ironischer Prophetie einer Dauer des Ruhmes in dem von ihm gesetzten „Denkmahl" der Bürger von Abdera versichern zu können geglaubt: „daß es, ungeachtet, aus so leichten Materialien, als die seltsamen Launen und jovialischen Narrheiten der Abderiten, zusammen gesetzt ist, so lange dauern werde, bis unsre Nazion den glücklichen Zeitpunkt erreicht haben wird, wo diese Geschichte niemand mehr angehen, niemand mehr unterhalten, niemand mehr verdrießlich und niemand mehr aufgeräumt machen wird; mit Einem Worte, wo die Abderiten *niemand mehr ähnlich* sehen, und also ihre Begebenheiten eben so unverständlich seyn werden, als uns Geschichten aus einem andern Planeten seyn würden" (II, 305 f.). Es war eine schon boshafte Ironie von ihm, zu erwarten, dies werde bereits für „die Knaben der ersten Generazion des neunzehnten Jahrhunderts" gelten. Wenn seine Prophezeiung zutrifft — wäre es selbst nicht schon abderitisch, an ihr zu zweifeln? —, dann wird die „Geschichte der Abderiten" so lange lebendig bleiben wie die „menschlich-allzumenschlichen" Menschen diese Erde, jedenfalls die deutschen Staaten und Städte bewohnen.

HANS JOACHIM SCHRIMPF

## Moritz · Anton Reiser

Wege zum psychologischen Roman

„Ließ doch Anton Reiser ein psychologischer Roman von Moritz, das Buch ist mir in vielem Sinne werth. Der arme Narr liegt nun schon 26 Tage auf Einem Flecke an einem Armbruche", schreibt Goethe am 23. Dezember 1786 aus Rom an Charlotte von Stein. Es ist die Zeit, da er Wochen hindurch viele Stunden des Tages und der Nacht am Krankenlager des um sieben Jahre jüngeren italienischen Gefährten verbringt, „als Wärter, Beichtvater und Vertrauter, als Finanzminister und geheimer Sekretär". Zwei Monate zuvor erst waren beide, ohne Kenntnis vom Reisevorhaben des andern und, wie der Zufall es fügte, im Abstand von nur wenigen Tagen in Rom eingetroffen: beide auf der Flucht vor unerträglich gewordenen heimatlichen Verhältnissen, beide in Italien innere Befreiung und Erneuerung suchend, indem sie die Enge der gesellschaftlichen und beruflichen Bindungen des Nordens mit der Weite der Natur und Kunstwelt des Südens vertauschten.

Schon in der zweiten Novemberhälfte hatte Goethe die persönliche Bekanntschaft des Berliner Gymnasialprofessors gemacht, der sich dem seit langem verehrten Dichter des „Werther" und des „Götz" sogleich leidenschaftlich anschloß. Aus mehreren Gründen gewannen die Begegnung mit Moritz und der Einblick in dessen Lebensumstände für Goethe in seiner damaligen Lage eine Bedeutung, die sie zu andrer Zeit wohl kaum in solchem Grade erlangt hätten. Er sah seine eignen zurückliegenden Erfahrungen noch einmal wie in einer Spiegelung, ja sie mußten ihm in dem Maße verschärft aus dem Gegenbilde zurückstrahlen, als Moritzens vergleichbare Leiden durch unglücklichere individuelle und soziologische Voraussetzungen ungleich quälender und härter erschienen. „Moritz wird mir wie ein Spiegel vorgehalten", heißt es im Brief an Frau von Stein vom 20. Januar 1787. „Dencke dir meine Lage, als er mir mitten unter Schmerzen erzählte und bekannte daß er eine Geliebte verlaßen, Ein nicht gemeines Verhältniß des Geistes, herzlichen Antheils op zerrißen, ohne Abschied fortgegangen, sein bürgerlich Verhältniß aufgehoben!" Und schon in einem früheren Brief: „Moritz der an seinem Armbruch noch im Bette liegt, erzählte mir wenn ich bey ihm war Stücke aus Seinem Leben und ich erstaunte über die Ähnlichkeit mit dem Meinigen. Er ist wie ein jüngerer Bruder von mir, von derselben Art, nur da vom Schicksal verwahrlost und beschädigt, wo ich begünstigt und vorgezogen bin. Das machte mir einen sonderbaren Rückblick in mich selbst."

Über das eigentümliche Zusammentreffen der augenblicklichen persönlichen Konstellation hinaus ist jedoch die Begegnung des Romanautors Goethe mit dem Verfasser des „Anton Reiser" noch bemerkenswerter und folgenreicher. Vielleicht wird überhaupt von hier aus seine starke Betroffenheit erst ganz verständlich. 1785 war in Berlin der erste Teil des „Anton Reiser" erschienen; als Moritz 1786 nach Italien flüchtete, lagen auch der zweite und dritte Teil vor. Goethe seinerseits hatte seinen zweiten Roman halbfertig liegenlassen: der Aufbruch zur italienischen Reise bedeutete für ihn den endgültigen Abbruch der Arbeit an „Wilhelm Meisters theatralischer Sendung", die ihn seit fast zehn Jahren (vielleicht sogar schon seit 1773) beschäftigt und bis zum Abschluß des sechsten und in die Anfänge des siebten Buches (des fünften der „Lehrjahre") hineingeführt und von der er noch 1785 sechs weitere Bücher geplant hatte[1]. Es muß in der Tat auf Goethe frappierend gewirkt haben, wenn er im zweiten Teil des „Reiser", wo zum erstenmal das Theatermotiv angeschlagen wird, über den Helden lesen konnte: „Er wünschte sich dann eine recht affektvolle Rolle, wo er mit dem größten Pathos reden und sich in eine Reihe von Empfindungen versetzen könnte, die er so gern hatte, und sie doch in seiner wirklichen Welt, wo alles so kahl, so armselig zuging, nicht haben konnte. — Dieser Wunsch war bei Reisern sehr natürlich; er hatte Gefühle für Freundschaft, für Dankbarkeit, für Großmuth, und edle Entschlossenheit, welche alle ungenutzt in ihm schlummerten; denn durch seine äußere Lage schrumpfte sein Herz zusammen. — Was Wunder, daß es sich in einer idealischen Welt wieder zu erweitern, und seinen natürlichen Empfindungen nachzuhängen suchte! — In dem Schauspiel schien er sich gleichsam wieder zu finden, nachdem er sich in seiner wirklichen Welt beinahe verloren hatte ... Wenn er die Scenen eines Drama, das er entweder gelesen, oder sich selbst in Gedanken entworfen hatte, durchging, so war er das alles nach einander wirklich, was er vorstellte, er war bald großmüthig, bald dankbar, bald gekränkt und duldend, bald heftig und jedem Angriff muthig entgegenkämpfend."

Denn Goethe hatte die Theaterleidenschaft seines Helden im ersten Buch der „Sendung", die unfertig der Weiterführung harrte, mit folgenden Worten eingeführt:

„Sein Gefühl, das wärmer und stärker ward, seine Einbildung, die sich erhöhte, waren unverrückt gegen das Theater gewendet, und was Wunder? In eine Stadt gesperrt, in's bürgerliche Leben gefangen, im Häuslichen gedrückt, ohne Aussicht auf Natur, ohne Freiheit des Herzens ... Und mit der Fülle von Liebe, von Freundschaft, von Ahndung großer Thaten, wo sollte er damit hin? Mußte nicht die Bühne ein Heilort für ihn werden, da er wie in einer Nuß die Welt, wie in einem Spiegel seine Empfindungen und künftige Thaten, die Gestalten seiner Freunde und Brüder, der Helden und die überblinkende Herrlichkeiten der Natur bei aller Witterung unter Dache bequem anstaunen konnte? Kurz es wird niemand wundern, daß er wie so viele andere an's Theater gefesselt war, wenn man recht fühlt, wie alles unnatürliche Naturgefühl auf diesen Brennpunct zusammen gebannt ist."

Die Übereinstimmung dieser Sätze ist so auffällig, daß man kaum glauben möchte, daß sie aus zwei verschiedenen, völlig unabhängig voneinander entstandenen Büchern stammen. Sie beschränkt sich nicht nur auf den Gegenstand, die Ausgangslage und die Art der Begründung, sondern geht bis in den Stil und in die Wortwahl. Sie beweist zweierlei: einmal, daß hier nicht Einzel- und Ausnahmefälle dargestellt werden, sondern daß ein Zeitproblem zur Sprache kommt und offenbar genau getroffen wird. Es ist ganz folgerichtig, daß beide Romane in der Shakespeare-Verherrlichung kulminieren. Zum andern wird erkennbar, daß in der trockenen, distanziert-erklärenden Berichterstattung ein gemeinsamer, ein neuer, ein realistischer Stilwille sich durchzusetzen sucht.

Die Verwandtschaft der Romanfragmente betrifft nicht nur das Thema der Theatromanie und des dilettantischen Dichtertums. Gemeinsam ist ihnen auch die starke Verwurzelung im Biographischen. Im Falle Goethes hat man sie vielfältig nachweisen können, er selbst nannte Wilhelm 1782 sein „geliebtes dramatisches Ebenbild". Bei Moritz steht die Bezeichnung „Biographie" ausdrücklich im Vorwort zum ersten Teil und wird vor dem zweiten eindringlich wiederholt. Beide Romane schildern mit drastischem Realismus das beklemmende Milieu muffigen deutschen Kleinbürgertums, das die „Helden" niederdrückt: Misere, häuslichen Zank und Lieblosigkeit. Goethe hat dabei mit Absicht unter seine eigne Herkunft gegriffen; Anton Reisers Elternhaus steht, dem des Verfassers entsprechend, noch einige Stufen tiefer. Der Realismus Goethes und Moritzens beschränkt sich nicht nur auf die Umweltzeichnung. Er ist wesentlich psychologischer Realismus: die seelischen Reaktionen der Helden, die kausalen Beziehungen von äußeren und inneren Vorgängen sind thematisch. Ihrer Beobachtung und Erklärung gelten die eingelegten Reflexionen. Gesundheit und Krankheit des Menschen, soweit sie durch Umwelt, Entwicklung, Selbsttäuschung veranlaßt sind, spielen eine große Rolle. Goethe wie Moritz zeigen dabei eine Vorliebe für das Aufzeigen pathologischer Zustände, die mit den Wirkungen der Einbildungskraft und künstlerischen Ambitionen zusammenhängen.

Die Namen beider Romanhelden sind sprechende, sind symbolische Namen. Wilhelm Meister ist Shakespeares Namensvetter; auf diesen und seine Lebensumstände, soweit sie damals aus Wielands Übersetzung bekannt waren, weist die „Theatralische Sendung" hin. „Meister" hat fraglos in Verbindung mit den „Lehrjahren" eine ironische Färbung, möglicherweise sollte diese aber auch in der „Sendung" schon mitschwingen. Auf die sinnbildliche Bedeutung des Namens „Anton Reiser" spielt Moritz selbst häufig an. Er spricht vom „Wandergeist" seines Helden, seiner „unwiderstehlichen Begierde zum Reisen", zur „Wallfahrt", von seiner „Pilgrimschaft durchs Leben", das heißt, er versteht ihn im säkularisiert pietistischen Sprachgebrauch als viator und peregrinator. Hier hat das in die gleiche seelengeschichtliche Tradition gehörende Vorbild des „Werther", der auf Moritz-Reiser einen so starken Eindruck machte, sicher mitgespielt. Denn Werther erlebt sich schon in der ersten Fassung als „Wallfahrer", den das „Sehnen ... nach Veränderung des Zustands" umtreibt, wenn er auch erst in der späteren Bearbeitung schreibt: „Ja wohl bin ich nur ein Wandrer, ein Waller auf der Erde!" Den Vornamen „Anton" andrerseits bringt Moritz mit dem heiligen Antonius, „seinem großen Namensgenossen", in Zusammenhang, dem Erzvater des Mönchstums also, der die Eltern verließ und in die Wüste floh. Daneben verweist schon ein Zeitgenosse, Charles Dénina[2], auf einen Hamburger Theologen namens Anton Reiser, der 1681 eine eifernde Streitschrift gegen das Theater veröffentlicht hatte. Hier wäre ein wenn auch negativer Bezug auf die Theaterleidenschaft gegeben.

Hinzu kommt nun aber noch der biographisch verbürgte Peter Israel Reiser aus Erfurt, ein Mitschüler Moritzens schon vor der Bekanntschaft mit dem „Werther", der im Roman als Antons intimer Freund eine wichtige Rolle spielt. Diesem wiederum hat Moritz, die Mystifikation vollständig zu machen, seinen eignen Vornamen Philipp beigelegt. Schon die Namen „Anton" und „Philipp Reiser" können als Beispiel dafür dienen, wie auch Moritz über die reine Autobiographie hinausdringt zum psychologischen „Roman", der seiner eignen Zielsetzung folgt. Denn die Reflexionen über den großen „Namensgenossen", den heiligen Antonius, können in Wirklichkeit so nicht stattgefunden haben, weil Moritz „Philipp" hieß, die über den geliebten Namensvetter „Philipp Reiser" nicht, weil er „Moritz" hieß. Der Name Anton Reiser ist demnach schillernd und verbindet Symbolisch-Andeutendes mit Historisch-Faktischem zu einer mehrdeutigen Maskierung. Er enthält ein Motiv, das bei Goethe fehlt, aber besonders zeittypisch ist: die Verbindung von Kanzel und Theater[3]. Auf beiden Wegen versucht sich Reiser-Moritz, auf beiden scheitert er. Wichtiger noch erscheint für Moritzens Roman die Verknüpfung von Eremitentum und Theatromanie. Eremit und Schauspieler bilden nämlich hier nicht Gegensätze, die einander ausschließen, sondern eine symptomatische Entsprechung. Sie sind gleichermaßen aus der Gesellschaft Herausgehende, viatores, die ihre Selbstverwirklichung als Einsiedler in der Wüste oder als öffentliche Person auf den Brettern suchen. Die Dialektik von Enge und Weite, Selbstverleugnung und Selbstdarstellung, die den ganzen „Anton Reiser" strukturell prägt, deutet sich im Titel an.

Die psychologische Einstellung, die realistische Sachlichkeit, die aufmerksame Akribie, mit der das Banale, Unscheinbare einbezogen wird, all dies, wodurch Goethes wie Moritzens Roman bezeichnet ist, kommt nicht unvorbereitet und überraschend neu. Es erfüllt vielmehr in mancher Hinsicht Forderungen, wie sie in der Zeit von verschiedenen Seiten gestellt worden waren. Im Erscheinungsjahr des „Werther", 1774, wird gleichzeitig ein umfangreiches theoretisches Werk anonym veröffentlicht, das den Titel „Versuch über den Roman" trägt. Es setzt sich zum Ziele, zur Veredlung der verachteten Gattung beizutragen und sie als gleichberechtigte Dichtungsform neben den traditionalen zu legitimieren. Der „gute Roman", den es leider, besonders in Deutschland, nicht gebe, dürfe und müsse rechtmäßig das Erbe des großen Epos antreten, er allein könne für die Gegenwart das werden, was jenes für ursprünglichere Zeiten darstellte. Der Verfasser des „Versuchs" ist Friedrich von Blankenburg[4]; sein Buch stellt die erste selbständige Romantheorie dar, die wir in Deutschland besitzen. Ob Goethe und Moritz sie gekannt haben, ist nicht sicher. Aber beide bewegen sich auf der Linie, die Blankenburg zeichnet. Besonders der „Anton Reiser" enthält grundsätzliche Formulierungen, die mit dem „Versuch" fast wörtlich übereinstimmen.

Im Mittelpunkt dieser Theorie steht die Forderung, daß der moderne Roman im Gegensatz zum Epos den Menschen als Menschen darzustellen habe: die *„nackte Menschheit"*, die *„entblößte*

*Menschheit"*. Habe die Epopöe „*öffentliche Thaten* und *Begebenheiten,* das ist, *Handlungen des Bürgers"* besungen, so beschäftige sich der Roman mit den „*Handlungen und Empfindungen des Menschen"*. Um Mißverständnissen vorzugreifen: Bürger meint hier gerade nicht den bürgerlichen Menschen der Neuzeit, wie ihn Lessing zum Ausdruck des „Menschlichen" bevorzugte, sondern das Gegenteil, die hohe Standesperson im politischen und staatlichen Sinne, den von den öffentlichen Aufgaben und Institutionen her definierten und sich selbst verstehenden Menschen. Der „nackte Mensch", das ist demgegenüber der einzelne, der als Individuum in seinem Innern unmittelbar „Menschheit" auszutragen hat. Um diese darzustellen, komme es weder auf den öffentlichen Rang noch auf die Begebenheiten als solche an, sondern allein auf den „innren Zustand der Personen". Dieser Zustand müsse nach allen seinen Beziehungen, in dem Gesamtgeflecht der inneren und äußeren Ursachen und Wirkungen gefaßt werden. Das aber verlange „Umfang" und „Universalität" des Romans, dessen Einheit nicht die der Begebenheiten, sondern allein die der Person sein könne.

Was Blankenburg hier fordert, ist der psychologische Roman, sein großes, bewundertes Vorbild: Wielands „Agathon". Der „Versuch" sieht im modernen Roman das geeignetste Instrument, das Innere des Menschen in einer lückenlosen Kette von Kausalbegründungen nicht nur darzustellen, sondern diese Motivierungen durch Anschauung und Reflexion in ihrem ganzen Umfange selbst sichtbar zu machen[5]. Zehn Jahre später gibt Moritz seiner diagnostischen Autobiographie den Untertitel „Ein psychologischer Roman"; es ist das erste Werk, das diese Bezeichnung trägt. Genau wie Blankenburg geht es Moritz in erster Linie um den erzieherischen Wert der Lebensdarstellung, das Unterrichtende der psychologischen Enthüllung, die pädagogisch-therapeutische Einsicht. Der Mensch soll mit sich selbst bekannt gemacht werden, aber nicht durch Tugendlehre, sondern durch Anschauung des Individuellen in seiner noch unbekannten Mannigfaltigkeit. Der Roman *lehrt* wie jede Dichtung — darin ist Moritz gleich Lessing und Blankenburg ganz Kind seines Jahrhunderts —, aber eben *nicht durch Lehren,* sondern durch Vermittlung konkreter Menschenkenntnis. Programmatisch heißt es in der Vorrede zum ersten Teil des „Reiser":

„Wer den Lauf der menschlichen Dinge kennt, und weiß, wie dasjenige oft im Fortgange des Lebens sehr wichtig werden kann, was anfänglich klein und unbedeutend schien, der wird sich an die anscheinende Geringfügigkeit mancher Umstände, die hier erzählt werden, nicht stossen. Auch wird man in einem Buche, welches vorzüglich die innere Geschichte des Menschen schildern soll, keine große Mannigfaltigkeit der Charaktere erwarten: denn es soll die vorstellende Kraft nicht vertheilen, sondern sie zusammendrängen, und den Blick der Seele in sich selber schärfen ... wird doch vorzüglich in pädagogischer Rücksicht, das Bestreben nie ganz unnütz seyn, die Aufmerksamkeit des Menschen mehr auf den Menschen selbst zu heften, und ihm sein individuelles Daseyn wichtiger zu machen." Schon Blankenburg aber erläuterte:

„Bey den, auf uns wirkenden Ursachen, vermöge deren ein gewisser Gemüthszustand so und auf diese Art erfolgt, kommt es nicht allein auf die, auf uns wirkende Ursache an, sondern auch auf den damaligen Zustand unsrer Gemüthsfassung, und auf tausend Kleinigkeiten mehr, die alle zusammen kommen müssen, wenn eine gewisse Wirkung erfolgen soll. Die ganze vereinte und in einander geflossene Summe unsrer Ideen und Empfindungen; — der Zustand unsers Körpers, Krankheit oder Gesundheit, Gesellschaft und Wetter und viele namenlose, dem Ansehn nach sehr unbedeutende Dinge können diesen Gemüthszustand mehr oder weniger günstig gestimmt haben". Der Romanautor müsse uns „die innre Geschichte eines Menschen geben". An anderer Stelle scheint Blankenburg genau Moritzens Methode vorzuformulieren:

„Wenn der Dichter nicht das Verdienst hat, daß er das *Innre* des Menschen aufklärt, und ihn sich selber kennen lehrt: so hat er gerade — gar keins ... Aber, wenn er dies thut, wenn er uns sehen läßt, *wie* wir gut oder böse, *wie* wir *wahrhaft* glücklich oder unglücklich werden können: wenn er uns unsern *innern* Zustand, worauf alles dies beruht, als das *wichtigste* ansehen und ihn uns kennen lehrt, damit wir an andern lernen können, wie wir uns selbst, und wie wir andre, unsre Kinder Schüler, Untergebene ausbilden sollen: — so hat er ein Verdienst ums menschliche Geschlecht".

Die hohe Bewertung des scheinbar Unbedeutenden klingt bis in Goethes „Lehrjahre" hinein nach, wo der Abbé, der Hauptvertreter des Pädagogischen, Wilhelm korrigiert: „Alles, was uns begegnet, läßt Spuren zurück, alles trägt unmerklich zu unserer Bildung bei". Hinter Blankenburgs und Moritzens Thesen steht noch unverkennbar der Popesche Satz: „The proper study of mankind is man". Er kehrt ebenso wieder in dem Wort einer Rezension von Moritz „Wie nun aber der Mensch uns unter allen Dingen auf Erden das Interessanteste ist" als in Wilhelm Meisters Äußerung „Der Mensch ist dem Menschen das Interessanteste und sollte ihn vielleicht ganz allein interessieren".

Für die Kenntnis des Menschen reicht nun aber die Schablone

des rational ableitbaren Tugendsystems der Aufklärung nicht mehr aus. Denn gesucht wird, lange vor Goethe, der konkrete Einzelne, die Summe seiner Kräfte und Reaktionen, die gerade nicht deduzierbar ist. Wieland forderte bei Besprechung von „Sophiens Reise", daß der echte Romandichter „die Moral im Menschen, nicht den Menschen in der Moral" studiere. Moritz weist auf das „individuelle Daseyn" und schreibt bereits 1782 in seinen „Aussichten zu einer Experimentalseelenlehre": „Was ist unsre ganze Moral, wenn sie nicht von Individuis abstrahirt ist?"

Es sind zum wenigsten zwei deutliche Quellen, von denen im 18. Jahrhundert der Strom des zunehmenden psychologischen Interesses und der Beobachtung innerer Erfahrung ausgeht: die „psychologia empirica" der Wolffischen Schule und die religiöse, pietistische Autobiographie. Neben der klaren Erkenntnis durch Begriffe unterschied man nach der Lehre von Leibniz eine dunkle aus der Wahrnehmung, die Tatsachen- oder historische Erkenntnis. Sie war, weil nicht unmittelbar aus der Vernunft ableitbar, nur zufällig und von niederem Rang. Aber sie sollte auch aus den Erfahrungstatsachen nachträglich das erweisen, was zuvor aus dem metaphysischen Begriff der Seele a priori deduziert war. So trat neben die rationale Psychologie eine empirische. Mehr und mehr stieß diese bei ihren Bemühungen jedoch auf Phänomene, die keineswegs mit dem rationalen Befund ohne weiteres im Resultat übereinstimmten. Der konkrete Mensch ging in den logischen Begriffen nicht auf. Die Natur der Seele zeigte sich rätselhaft bis zum Widervernünftigen. Die Bemühungen der Zeit um eine ausgedehnte empirische Seelenkenntnis, die mit rationalen Mitteln irrationalen Kräften auf die Spur zu kommen hoffte, waren bereits vielfältig wirksam, als Moritz es unternahm, die verstreuten Ergebnisse zu sammeln und zu diesem Zwecke 1783—1793 die erste deutsche Zeitschrift für Psychologie, sein „Gnothi Sauton oder Magazin zur Erfahrungsseelenkunde" herausgab. Unter den Mitstrebenden, die er in seinen Ankündigungen namentlich aufführt, nennt er Sulzer, Semler, Rousseau, Lavater, Schlözer, Lichtenberg, Meißner, Zöllner und Herder, besonders aber verweist er auf „wahrhafte Lebensbeschreibungen", wie die von Adam Bernd oder Jung-Stilling, aus denen er später Proben in seinem Magazin abgedruckt hat. Tätigster Förderer dieser Zeitschrift war jedoch Moses Mendelssohn, der Berliner väterliche Freund Moritzens, der mit seinen „Briefen über die Empfindungen" (1755) einer ganzen Generation die entscheidenden Anstöße gegeben hat. Er war es auch, der den endgültigen Namen des Magazins formulierte.

Wie weit Moritz bereits von der älteren Stufe der „psychologia empirica" abgerückt ist, erhellt am deutlichsten aus der Kritik, die er im siebenten Band seiner Zeitschrift an den „Revisionen" von C. F. Pockels übte, der ihn während seiner Italienreise als Herausgeber vertreten hatte. Er wirft diesem vereinfachenden Rationalismus vor, der über die konkreten Phänomene „wegräsoniert". Sein Magazin aber sollte nicht Moral lehren und vorweggenommene Resultate der Verstandeserkenntnis bestätigen, sondern der konkreten Wahrheitsfindung dienen:
„Es giebt eine Sucht, viele Dinge leicht erklärlich zu finden ... Der Mensch redet freilich gar zu gern *über* Sachen, *unter* denen er steht, und welche doch eigentlich über ihm sind ... Man muß nie Umstände, soviel wie möglich, *zusammen nehmen, um* irgend etwas zu beweisen, wenn es einem darum zu thun ist, die Wahrheit zu erforschen; denn der Beweis muß sich ja nach den Umständen, nicht aber die Umstände sich nach dem Beweise richten ... in Erwegung zu ziehen, daß jenseit der unübersehbaren Fläche wohl etwas liegen könne, welches von Menschengedanken noch nicht erforschet ist."

Die andere, im Falle Moritz mindestens ebenso starke, aber keinesfalls, wie es die neuere Literatur meist glauben machen will, allein vorherrschende Quelle ist die religiöse Autobiographie. Moritz ist in seiner Jugend durch alle Höllen der pietistischen Autovivisektion gegangen. Im Unterschied zu Wieland, Jung-Stilling, Goethe oder Schiller ist er durch seinen Vater, den Braunschweiger Hutmacher Lobenstein und deren „Seelenführer", den Pyrmonter Baron Friedrich von Fleischbein, mit einer radikal welt- und lebensfeindlichen Form des Pietismus in Berührung gekommen, die spanisch-katholischen Ursprungs ist: dem mystischen Quietismus der Fénelon-Gefährtin Madame Guyon. Ihre freilich kleinbürgerlich verzerrte Lehre, die er als die Grundlage seiner Erziehung an Seele und Leib durchlitten hat, gipfelte in den Stichworten „völliges Ausgehen aus sich selbst, und Eingehen in ein seliges Nichts ... gänzliche Ertödtung aller sogenannten *Eigenheit* oder *Eigenliebe*, und eine völlig uninteressirte Liebe zu Gott". In Verbindung mit dem pietistisch gefärbten Luthertum seiner Mutter und den Grübeleien der herrnhutischen und mystischen Handwerker, deren Umgang er in seiner Kindheit und Jugend suchte, gab ihm diese Erziehung jedoch zugleich jene gründliche Schulung in der Selbstbeobachtung und Seelenzergliederung, die die Grundlage seiner Psychologie blieb und die sich, sobald er zu selbständigem Urteil gelangte, gegen ihren eigenen Ursprung kehren mußte. Die mystische

Komponente in Moritzens Seelenleben hat von daher ihre tiefe Zweideutigkeit empfangen.

Daß die empirische Psychologie — zu einem wesentlichen Teil jedenfalls — als Ergebnis fortschreitender Säkularisierung pietistischer Selbstbeobachtung angesehen werden muß — auch Wieland ist ja durch diese Schule gegangen —, ist uns heute geläufig. Neuere Forschung vermochte darüber hinaus zu zeigen[6], daß von Anfang an, bei Spener und Francke also, Ansätze im Pietismus selbst lagen, die bereits von sich aus zur Säkularisation hintendierten. Schon der Antrieb zur Niederschrift der pietistischen Autobiographie ist ja als ein solcher Ansatz anzusprechen: Die Unsicherheit über den Glaubensbesitz und das individuelle Ringen um Sicherheit mußten zu einer Psychologisierung des Glaubens führen, da dessen Gewißheit eben nur an den psychologischen Reaktionen ablesbar war. Die Wiedergeborenen wollten den erlangten Heilsbesitz bereits im Diesseits leben, was einer psychologischen Säkularisation der lutherischen Rechtfertigungslehre bei Verblassen des lutherischen Gottesbegriffes gleichkommt. Die vom Glauben her begründete Selbstprüfung weitete sich allmählich vom eigentlichen religiösen Erlebnisablauf auch auf andre und schließlich alle Seelenregungen aus. Die Aufmerksamkeit richtete sich immer stärker auf das eigene Ich. Die Fremdbeobachtung, die wiederum zur Erzielung des Erbauungseffektes unerläßlich war, wurde zur erfahrungs-seelenkundlichen Schulung. Bei Moritz erscheint im Unterschied etwa zu Jung-Stilling oder Adam Bernd dieser Säkularisationsprozeß vollendet: im „Anton Reiser" ist die religiöse Motivation seelischer Vorgänge ganz durch eine weltlich-pädagogische ersetzt. Daß dieser Vorgang freilich nicht vereinfachend als Entleerung und Substanzverlust angesehen werden darf, wird gerade bei Moritz deutlich. Denn seine nüchterne Analyse legt im Gegenteil den Punkt wieder frei, wo die mystisch-pietistische Verkürzung den Weltbezug Gottes preisgegeben hatte: sie legt ihn frei in der Form einer Analyse des Leidens durch Entfremdung.

Moritz hat die Herkunft erfahrungsseelenkundlicher Schulung aus dem Pietismus selbst klar gesehen. In einer Revision des vierten Bandes seines Magazins, der im gleichen Jahre erschien wie der zweite und dritte Teil des „Anton Reiser", schreibt er: „Überhaupt hat sich jene frömmelnde Phantasie, ohngeachtet der unrechten Richtung, die sie genommen, doch noch weit mehr mit dem innern Seelenzustande beschäftiget, als die gewöhnliche Moral und Pädagogik." Wenn Goethe in seinen vollendeten Bildungsroman die „Bekenntnisse einer schönen Seele" aufnimmt, und zwar so, daß sie als ein autobiographisches Manuskript eingeführt werden, das von einer nicht religiös gestimmten Gesellschaft in seelentherapeutischer Absicht gelesen wird, so hat er damit nicht nur eine geschichtliche Quelle des Entwicklungsromans gleichsam zum Abstammungsnachweis in diesen Roman selbst eingebaut, sondern auch die Funktion, die den zahlreichen religiösen Selbstbekenntnissen im Magazin Moritzens unter den Rubriken „Seelenkrankheitskunde" und „Seelenheilkunde" zugewiesen ist, mit übernommen. Die arbeitstherapeutischen Maßnahmen der letzten Bücher der „Lehrjahre", sosehr sie auch im Erzählganzen wieder ironisch rückbezogen werden, stimmen mit den Vorschlägen von Moritz im Magazin weitgehend überein. Wenn Goethe am 18. März 1795 über das religiöse Buch seines Romans an Schiller schrieb, daß das Ganze „auf den edelsten Täuschungen und auf der zartesten Verwechslung des Subjektiven und Objektiven" beruhe, so kann man dabei, vom „Anton Reiser" ganz abgesehen, an einen Moritz-Artikel im achten Band des Magazins (1791) „Über Selbsttäuschung" denken, der die Täuschungen und Verwechslungen behandelt, die insbesondere bei den religiösen Empfindungen stattfinden. Gerade dieses Stück des achten Bandes vom Magazin fand sich in Goethes Bibliothek[7]. Noch näher bei Goethe scheint eine Bemerkung Moritzens im siebenten Band des Magazins (1789) über „höhere" religiöse Mystik zu stehen: „Es ist gleichsam eine Metaphysik ohne Physik — ein Etwas, das über einem Abgrunde schwebt und gaukelt, aber doch immer ein Etwas bleibt, woran zu zarte Gemüther sich gern festhalten mögen, weil sie durch das gröbere Irdische sich durchzuarbeiten scheuen; weil sie von der Menschenmasse gedrückt werden, und nun auf einmal ganz isoliert, in einer schönen Einsamkeit sich wiederfinden." Es darf die Vermutung ausgesprochen werden, daß hier neben Goethes Beziehungen zum Fräulein von Klettenberg und neben Jung-Stillings Erinnerungen, deren Publikation er veranlaßte, Moritz als wichtigster Vermittler in Frage kommt.

„Anton Reiser" steht in der Mitte zwischen Biographie und Roman. Von der ersteren geht er aus, denn er will realistisch getreu die Geschichte eines Menschen geben. Dem zweiten nähert er sich durch die Distanz des Autors seinen eignen Geschicken gegenüber und dadurch, daß nicht die Lebensereignisse als solche, sondern die Abenteuer einer Seele, ihre ins Phantastische führenden Auseinandersetzungen mit der Wirklichkeit thematisch sind, die jedoch nicht im Wunderbaren, sondern ganz im Psychologischen begründet werden. Es mag sogar die Vermutung nicht abwegig sein, daß in der Gattungsbezeichnung noch der alte abschätzige Sinn des Unwirklichen,

Abenteuerlichen, willkürlich Erfundenen mitschwingt, den sie ja bis zu Goethe hin nicht ganz verloren hat. So jedenfalls werden die Begriffe des „Romanhaften" und „Theatralischen" innerhalb des „Reiser" durchweg verwendet; Moritz spricht sogar von dem „Roman, den die frömmelnde Phantasie der gläubigen Seelen mit dem höchsten Wesen spielt, von dem sie sich bald verlassen, und bald wieder angenommen glauben, bald eine Sehnsucht und einen Hunger nach ihm empfinden, und bald wieder in einem Zustande der Trockenheit und Leere des Herzens sind", oder von Freund Philipp Reisers „verliebten Romane, den er damals gerade spielte"[8]. Der psychologische Roman wäre dann der bloßgelegte, der durchleuchtete Roman, der sich selbst als ein solcher analysiert. Darauf deutet es auch, wenn Moritz in der Vorrede zum dritten Teil sagt, daß mit seinem Schlusse „Anton Reisers *Wanderungen*, und mit ihnen der eigentliche *Roman seines Lebens*" anhebe, und nicht darauf, daß das Buch über den vierten Teil hinaus fortgesetzt werden sollte. Sein Realismus wird getragen vom biographischen Gegenstand und von der das Banalste nicht scheuenden einläßlichen Schilderung der untersten Gesellschaftsschichten der Zeit. Darin scheint der „Anton Reiser" ganz dem Rat der Vorrede von „Herrmann und Ulrike" zu entsprechen — Moritz waren Werk und Verfasser gut bekannt —, man müsse den Roman „auf der einen Seite der Biographie und auf der andern dem Lustspiel" nähern.

Man wird jedoch Moritz nicht gerecht, wenn man daraufhin den „Reiser" einfach als Roman nach künstlerischen Maßstäben mißt, die vom späteren Bildungsroman abgelesen sind. Biographie sowohl als Erzählung treten bei ihm ganz bewußt nicht als Selbstzweck auf, sondern sind einem übergeordneten Gesichtspunkt unterstellt: dem pädagogisch-psychologischen, genauer noch: einem psychotherapeutischen. Denn Moritz stellt seine eigne Jugend hier als ein Exemplum auf, das unter das Kapitel „Zur Seelenkrankheitskunde" des Magazins gehört, wo er denn auch nicht nur wiederholt auf den „Anton Reiser" verweist, sondern an verschiedenen Stellen mehrere Fragmente seines Werks demonstrativ abgedruckt hat[9]. Eine Analyse will seine Darstellung geben, eine Untersuchung symptomatischer Erscheinungen mit dem Ziele, im Individuellen allgemeinere und zeittypische Gesetzlichkeiten sichtbar zu machen und zu ihrer Bewältigung beizutragen. Ganz in diesem Sinne kann die zusammenfassende Vorrede zum vierten Teil sagen, daß dieser ein „Problem abhandle", die Frage nämlich, inwiefern ein junger Mensch sich selber seinen Beruf zu wählen imstande sei.

Das unglückliche Bewußtsein

Welches sind nun die Symptome, die Moritz zu untersuchen, die aufzudecken er sich vorgesetzt? Es sind solche, die er am eignen Leibe erfahren und durchlitten hat und von denen er zur Zeit der Abfassung seiner Autobiographie keineswegs frei ist. Aber er hat sie durchschaut, er zergliedert sie, um sie zu begreifen. Er ist Patient und Arzt zugleich. Man hat die pathologischen Züge in Moritzens Charakter oft hervorgehoben: seine übergroße Empfindlichkeit, seine selbstquälerische Hypochondrie, seine Disposition zu Wahnvorstellungen und Selbstbetrug. Robert Minder bezeichnet ihn zutreffend als „Lytiker", als „Eidetiker"[10], der auf Grund phthisischer Veranlagung zu grüblerischer Schwermut, Passivität und Hysterie neigte. Von Jugend auf lassen sich solche Züge an Moritz beobachten. Er schwankt zwischen Hingabe und Absonderung, hektischer Betriebsamkeit und stumpfer Trägheit, Lebenshunger und Weltflucht unstet hin und her. Wiederholt steht er am Rande des Selbstmordes; dann wieder faßt ihn schreckliche Todesangst. Er leidet öfter an eingebildeten Übeln, die ihn noch schwerer drücken als die wirklichen; sehr real aber ist das soziale Elend, aus dem er sich emporarbeitet, ist die schwere Lungenkrankheit, die ihn sein Leben lang begleitet und die ihn bereits im 37. Lebensjahre hinrafft.

Es wäre jedoch völlig abwegig, das Selbstquälerisch-Disharmonische und Exzentrisch-Zerrissene im „Anton Reiser" aus der individuellen pathologischen Veranlagung seines Verfassers erklären zu wollen. Schon die Freunde und Zeitgenossen haben das Krankhafte an Moritz beobachtet und beschrieben. Aber sie haben es, wie sein Arzt Markus Herz, mit den Mitteln seiner eigenen Diagnose getan. Das heißt, die Ärzte bedienten sich der Diagnose des Patienten. Moritz selbst tritt mit seinem Werk als Arzt im weitesten Wortsinn auf, der die Wirklichkeit seiner Jugendgeschichte als das Nicht-sein-Sollende entwickelt. Er wurde zum Psychologen auf Grund der Einsicht in die schmerzhaft durchlittene psychopathische Struktur seines Seelenlebens. Er weiß um seine gefährdete, übersensible Veranlagung. Aber er legt Wert darauf, zu zeigen, daß sich diese erst entfaltete unter dem Zwang seiner religiösen Erziehung und unter dem Druck bestimmter gesellschaftlicher Bedingungen. Es ist nicht Wehleidigkeit, wenn Moritz bis zum Überdruß immer wieder über die Primitivität seiner Lebensumstände, seine zerlumpte Kleidung und schlechte Ernährung, das Demütigende der Freitische und Almosen, die verächtliche Gleichgültigkeit der Bevorrechteten klagt. Er begehrt auf gegen Verhältnisse, die es einem

Menschen niederer Herkunft unmöglich machen, sein Menschsein zu verwirklichen. Dieser Protest ist nicht der einer auf Natur pochenden genialen Kraftnatur gegen gesellschaftliche Erstarrung, sondern die Forderung des ohne eigne Schuld um sein Daseinsrecht Betrogenen, des Wehrlosen und Unterdrückten nach Herstellung menschenwürdiger Lebensbedingungen für alle. Neigt Anton Reiser dazu, seine Leiden aus rein individualpsychologischen Gründen, aus seiner unglücklichen „Natur" zu erklären, so führt der analysierende Moritz sie auf religiöse und vor allem soziologische Voraussetzungen zurück[11]: „Alle die Schmach, und die Verachtung, wodurch er schon von seiner Kindheit aus der wirklichen, in eine idealische Welt verdrängt worden war — darauf zurückzugehen hatte seine Denkkraft damals noch nicht Stärke genug, darum machte er sich nun selbst unbilligere Vorwürfe". Kindheitserlebnisse, ins Unbewußte verdrängt und dort die verborgene Wurzel seines Inferioritätsgefühls — so argumentiert Moritz hier bereits mit dem Blick des Tiefenpsychologen. Die Kategorie der „Verdrängung", die er mehrfach gebraucht, stellt sich automatisch ein. Er kennt auch schon zwar nicht den Begriff, doch die Sache „Ersatzbefriedigung" und „Kompensation" — sein ganzer Roman handelt von nichts anderem. Anton Reiser leidet an einem Trauma, das im Unbewußten wurzelt, aber Moritz spricht es aus: „Im Grunde war es das Gefühl, *der durch bürgerliche Verhältnisse unterdrückten Menschheit*, das sich seiner hiebei bemächtigte, und ihm das Leben verhaßt machte ... was hatte er vor seiner Geburt verbrochen, daß er nicht auch ein Mensch geworden war, um den sich eine Anzahl anderer Menschen bekümmern, und um ihn bemüht seyn müssen — warum erhielt er gerade die Rolle des *Arbeitenden* und ein andrer des *Bezahlenden*?" Die Schärfe, mit der Moritz an verschiedenen Stellen von der ökonomischen Basis her argumentiert, kommt zu Formulierungen, die eher aus dem 19. als aus dem 18. Jahrhundert zu stammen scheinen und wie ein Vorklang von Büchners „Hessischem Landboten" anmuten. Moritz stößt durch die konventionelle Vorstellung von den, wenn auch einander entfremdeten, immer noch gottgewollten Gesellschaftsschichten durch zu einer schroffen Zweiklassenantithese.

Im gleichen Jahr, da der zweite und dritte Teil des „Anton Reiser" erschienen, schreibt er: „Eins der größten Übel, woran das Menschengeschlecht krank liegt, ist die schädliche Absonderung desselben, wodurch es in zwei Theile zerfällt, von welchen man den einen, der sich erstaunliche Vorzüge vor dem andern anmaßt, den *gesitteten Theil* nennt." Und es klingt beinahe wie ein kommunistisches Manifest, wenn er erklärt: „Ich stelle mich auf die unterste Stufe, worauf mich der Zufall versetzen konnte, und gebe keinen von meinen Ansprüchen auf die Rechte der Menschheit auf. Ich fordre so viel Freiheit und Muße als nöthig ist, über mich selbst, über meine Bestimmung, und meinen Werth als Mensch zu denken." An andrer Stelle — in dem Aufsatz „Einheit — Mehrheit — menschliche Kraft", gleichfalls 1786 — spitzt Moritz den Zweiklassengegensatz auf eine Weise zu, daß er — bis in die Formulierung von vorwegnehmender moderner Radikalität — als ein Verhältnis raffinierter Ausbeutung der Lohnarbeit durch die Besitzenden erscheint:

„Der listigere und verschlagnere Theil der Menschen hat nehmlich Mittel gefunden, dem ehrlichern und gutmüthigern, seine nothwendigen Bedürfnisse auf gewisse Weise zu entreissen und abzuschneiden, um sie ihm nur unter der Bedingung wieder zufließen zu lassen, daß er eine Zeitlang auf die natürliche Verbindung seiner Geistes- und Körperkräfte *Verzicht* thut — und wie eine bloße Maschine durch die Gedanken eines andern seinen Arm ausstrecken, und seinen Fuß emporheben läßt, wie der Soldat auf das Kommando thun muß".

Er kennt auch schon der Sache nach den ideologischen Überbau, wie ihn Klassengebundenheit und menschliche Selbstentfremdung notwendig erzeugen müssen. Anton Reisers ständiges Ausweichen in eine „unnatürliche idealische Welt" ist ein solches Herstellen ideologischer Fiktionen, mit denen Moritz sich keineswegs als einer höheren oder eigentlichen Realität abzufinden bereit ist. Im Falle des kalvinistisch-quietistischen Hutmachers Lobenstein in Braunschweig, zu dem Reiser-Moritz zwei Jahre in die Lehre geschickt wurde, wird die religiöse Ideologie geradezu in ihrer bewußt eingesetzten ökonomischen Funktion entlarvt: „Die Nutzanwendung lief denn immer, politisch genug, darauf hinaus, daß er seine Leute zum Eifer und zur Treue — in seinem Dienste ermahnte, wenn sie nicht ewig im höllischen Feuer brennen wollten."

Es war Heinrich Heine, der zuerst scharfsichtig die soziologische Bedeutung des „Anton Reiser" erkannt und hervorgehoben hat. Er nannte ihn „eins der wichtigsten Denkmäler jener Zeit" und schätzte — wie übrigens auch Schopenhauer — seinen Verfasser sehr hoch ein. In einer geistreichen Nebenbemerkung bezeichnete Heine 1826 in den „Reisebildern" — er sprach von einem „schon verschollenen Romane" — den „Reiser" als „die Geschichte einiger hundert Taler, die der Verfasser nicht hatte, und wodurch sein ganzes Leben eine Reihe von Entbehrungen und Entsagungen wurde, während doch seine Wünsche nichts weniger als unbescheiden waren"[12].

Moritzens Bedeutung liegt vor allem darin, daß er trotz seines
Ausgangs von ganz subjektiven Erfahrungen und persönlichstem
Engagement zu sachlicher Analyse fähig ist. Individualpsychologische, religiöse und soziologische Sachverhalte werden nicht voneinander abgesondert oder einseitig verabsolutiert, sondern mit
*einem* Blick gleichzeitig erfaßt und in ihrem Zusammenwirken und
ihrer symptomatischen Korrelation gedeutet. Darum wird ihn auch
keine einseitige Hervorhebung *eines* Aspektes angemessen fassen
können. Er selbst legt nämlich zwar individuell, religiös und gesellschaftlich bedingte Krankheitssymptome bloß, aber er nimmt niemals
den Maßstab für seine Beurteilung aus einem dieser abgesonderten
Bezugssysteme allein. Seine Leitvorstellung ist nicht der natürlichindividuelle, nicht der religiöse, aber auch nicht der ökonomische
Mensch. Er geht vielmehr von einem Ganzheitsbegriff aus — oder
sucht ihn sich allererst zu entwickeln —, der keinem von den analysierten Teilbereichen selbst zu entnehmen ist. Es wird sich zeigen,
daß er zuletzt nur noch in der Kunst das Bild vom ganzen Menschen
in einer ganzen Welt aufbewahrt sieht, freilich in einer strengen,
in sich selbst vollendeten Kunst, die gerade das Gegenteil empfindsamen oder romantischen Ausweichens vor der Wirklichkeit und
ästhetischer Ersatzbefriedigung darstellt. Besonders der marxistischen
Auslegung ist vorzuhalten[13], daß die der analysierten Entfremdung
entgegengestellte Kunstlehre Moritzens eine ontologische Ästhetik
darstellt, zu deren Voraussetzung die Unvollendbarkeit des Menschen in sich selbst, in der Gesellschaft, aber ebenso in einer rein
spirituell-religiösen Überwelt unabdingbar gehört. Der im Ästhetischen entfaltete Ganzheitsbegriff Moritzens ist metaphysisch und
theologisch in europäischer Tradition begründet, aber nicht nur
überkonfessionell, nicht nur so, daß christliche Gehalte säkularisiert
in eine ästhetische Seinsfrömmigkeit ausstrahlen, verschwimmen
oder dort als beglaubigende Legitimation dienen, sondern in der
Weise, daß hier ganz ähnlich wie bei Goethe und später bei Schiller
dem religiösen Selbstverständnis Werte zurückgewonnen werden, die
im 18. Jahrhundert in seinen geschichtlichen Formen ausgeklammert erscheinen: Weltlichkeit, Sinnlichkeit, Bejahung des Lebens
um seiner selbst willen, Würde des diesseitig-individuellen Daseins
innerhalb einer nüchtern gesehenen, aber akzeptierten modernen
Welt. Auch für Moritz ist das gleichbedeutend mit: Überwindung
christlich-spiritualistischer Innerlichkeit durch Neuaneignung antikheidnischer, gestalthaft-sinnlicher Äußerlichkeit.

Wo die Ansatzpunkte der Religionskritik liegen, wird schon im
„Anton Reiser" mehrfach deutlich. Gerade an solchen Stellen

bedient sich Moritz mit Vorliebe ironischer Wendungen — sie können sich bis zur ätzenden Satire steigern —, wie sie sonst seinem eher naiven und enthusiastischen Wesen durchaus nicht eigentümlich sind. Von der Madame Guyon, der er demungeachtet zeitlebens seinen Respekt bewahrt hat, heißt es gleich zu Beginn: „Als man nach ihrem Tode ihren Kopf öfnete, fand man ihr Gehirn fast wie ausgetrocknet. Sie wird übrigens noch itzt von ihren Anhängern, als eine Heilige der ersten Größe, beinahe göttlich verehrt." Der Knabe Anton macht durch die „Acerra philologica" und Fénelons „Telemach" Bekanntschaft mit der antiken Götterlehre, die ihn bald stärker anzieht als die biblische Geschichte:
„Und da ihm nie eigentlich gesagt worden war, daß jenes wahr, und dieses falsch sey, so fand er sich gar nicht ungeneigt, die heidnische Göttergeschichte mit allem, was da hineinschlug, wirklich zu glauben ... Er suchte also, welches ihm allein übrig blieb, die verschiedenen Systeme, so gut er konnte, in seinem Kopfe zu vereinigen ..., und die heidnische Welt mit der christlichen zusammen zu schmelzen. Die erste Person in der Gottheit und Jupiter, Calypso und die Madam Guion, der Himmel und Elysium, die Hölle und der Tartarus, Pluto und der Teufel, machten bey ihm die sonderbarste Ideenkombination, die wohl je in einem menschlichen Gehirn mag existirt haben."

Über die demütigenden Braunschweiger Erfahrungen schreibt Moritz:
„So war Anton nun in seinem dreizehnten Jahre, durch die besondre Führung, die ihm die göttliche Gnade, durch ihre auserwählten Werkzeuge hatte angedeihen lassen, ein völliger Hypochondrist geworden, von dem man im eigentlichen Verstande sagen konnte, daß er in jedem Augenblick *lebend starb*"; aber: „die Natur, die alles heilet, fing auch hier allmälig an, wieder gut zu machen, was die Gnade verdorben hatte."

Moritzens autobiographischer Roman ist eine diagnostische Pathographie. Wie die Forschung zeigen konnte, hält sich sein Verfasser im wesentlichen treu an die biographischen Fakten. Wo er davon abweicht, übertreibt, zuspitzt oder erweitert, geschieht es nicht aus Gründen der Eitelkeit, Unredlichkeit, Selbstbemitleidung oder um romanhafter Effekte, sondern um der Erkenntnis willen: er stilisiert auf das Zeittypische hin mit dem Ziel, einen möglichst vollständigen Symptomenkomplex zu erfassen. Dieses „Syndrom", das analysiert wird, ist Ausdruck einer geschichtlich-gesellschaftlichen Krise der modernen Individualität.

Moritz führt mit überzeugender Konsequenz alle Krankheitssymptome seines Helden auf eine einzige Ursache zurück: Leiden der Phantasie infolge unterdrückten Selbstgefühls, das heißt aus Mangel an konkretem individuellen Dasein. Wörtlich heißt es, daß er „von Kindheit auf *zu wenig eigene Existenz gehabt hatte*" und daß es darum „sein Schicksal" war, „die Leiden der Einbildungskraft zu dulden, zwischen welcher und seinem würklichen Zustande ein immerwährender Mißlaut herrschte, und die sich für jeden schönen Traum nachher mit bittern Quaalen rächte". Diese Qualen, die Anton Reiser in jeder Phase seiner Kindheit und Jugend immer erneut durchleidet, gründen zuletzt in einer unter den gegebenen Umständen unüberwindbaren Spaltung von Sein und Bewußtsein, von Phantasieexistenz und Wirklichkeitserfahrung. Er lebt „im Grunde immer ein doppeltes, ganz von einander verschiedenes inneres und äußeres Leben". Die Analyse seines eignen Lebens als eines exemplarischen Falles menschlicher Selbstentfremdung, die im unglücklichen Bewußtsein zur Krise treibt, ist die leitende Absicht, die Moritz zur Niederschrift seines psychologischen Romans veranlaßt hat. Sie bestimmt nicht nur den thematischen Gehalt, sondern auch die Form der Darstellung, die Struktur des erzählerischen Aufbaus und, wie sich zeigen wird, den fragmentarischen Schluß des Ganzen. Darum wäre es falsch, in der Künstlerproblematik das Zentralmotiv des Werkes sehen zu wollen[14]. Sein Gegenstand ist viel umfassender; doch gerade dann, wenn man die Tragweite dieser Analyse des unglücklichen Bewußtseins erkennt, wird sich auch die Rolle der Kunst in Moritzens Denken erst richtig abschätzen lassen.

Die Voraussetzung für die im Leiden ausgetragene Spaltung von *realer Existenz* und *Leben in der Idee* ist die Erfahrung der modernen Gesellschaft. Diese Gesellschaft ist nicht mehr die den Menschen in seinem vollen Menschsein ausdrückende, tragende und bergende Gesamtordnung der Stände als ein lebendiger Organismus, sondern die atomisierte moderne Gesellschaft als System der Bedürfnisse, in der sich ausschließende Interessengruppen gegeneinanderstehen und doch, und zwar allein durch den Bedürfniszwang, aufeinander angewiesen sind. Die kleinbürgerliche Misere, in der sich Moritz nach Herkunft und Erziehung vorfindet, schließt ihn und seine Standesgenossen von vornherein von der Möglichkeit freier, ganzheitlicher menschlicher Entfaltung aus. Eine öffentliche bürgerliche Wirksamkeit innerhalb der deutschen staatlichen Systeme des 18. Jahrhunderts ist nicht möglich; der einzige Weg für die Angehörigen der unteren und mittleren Gesellschaftsschichten, ohnedies nur wenigen Begabten sich öffnend, ist der mühseliger und bestenfalls zum Hofmeister- und Predigeramt führender Bildung mit Hilfe demütigender Stipendien und Almosen.[15] In solcher Situation weicht die ihrer vollen Entfaltung beraubte, auf die Bedürfnisbefriedigung verkürzte Natur aus: in die Innerlichkeit und eine „unnatürliche idealische Welt". Dieses Abgedrängtwerden nach innen und in eine irreale Ideenwelt ist die Grunderfahrung von Moritzens Jugendentwicklung. Er erlebt sie als unerträgliche Entfremdung, deren beide Seiten — gesellschaftlich-reale Misere und in die Innerlichkeit ausweichende Idealität — der zur Einsicht Gereifte als einander bedingende Erscheinungen des gleichen Symptomenkomplexes sieht. Schon in seinen „Aussichten zu einer Experimentalseelenlehre" (1782) forderte Moritz von dem wahren Menschenbeobachter: „Vor jenem Hang, sich in eine idealische Welt hinüber zu träumen, muß er sich äußerst hüten; er muß in keine idealische, sondern in seine eigne wirkliche Welt immer tiefer einzudringen suchen". „Anton Reiser" ist kein Bekenntnisbuch, sondern der Rechenschaftsbericht eines scharfsichtigen Diagnostikers. Darum ist zu seinem angemessenen Verständnis, was in der Deutung immer wieder versäumt worden ist, die strenge Scheidung zwischen den Erfahrungen des Helden und dem Standpunkt des Autors wichtigste Voraussetzung[16].

Was wir als Diagnose des unglücklichen Bewußtseins bezeichnet haben, entspricht in sehr auffälliger Weise dem, was Hegel kaum zwanzig Jahre später auf philosophische Begriffe gebracht hat. Das selbstzerstörerische Gegeneinander von endlich-realer Existenz und unbedingtem ideellen Entwurf, das Moritz für die Leiden Anton Reisers verantwortlich macht, indem er den Anspruch beider Positionen festhält und gleichzeitig ins Bewußtsein bringt, ist auch die Begründung, die Hegel in der „Phänomenologie des Geistes" für die Bestimmung des „unglücklichen Bewußtseins" entwickelt. „Die wahre Existenz", so heißt es 1786 im dritten Teil des „Reiser", „schien ihm nur auf das eigentliche *Individuum* begrenzt zu seyn — und außer einem *ewig unveränderlichen, alles mit einem Blick umfassenden Wesen*, konnte er sich kein wahres Individuum denken. — Am Ende seiner Untersuchungen dünkte ihm sein eignes Daseyn, eine *bloße Täuschung*, eine *abstrakte Idee* — ein Zusammenfassen der Ähnlichkeiten, die jeder folgende Moment in seinem Leben mit dem entschwundenen hatte." Im ideellen Entwurf des Menschen von sich selbst vernichtet sich jeweils sein reales Dasein, so wie umgekehrt im Rhythmus des Reiserschen Erlebens die unbedingte Phantasieexistenz wieder dem Zurücksinken in die unwesentliche, wandelbare Wirklichkeit zum Opfer fällt. Noch eindringlicher, weil im unmittelbaren Bekenntnis, zeigt sich der disharmonische Wechsel von Aufschwung und Rückfall in früheren Tagebüchern Moritzens, die er unter dem Titel „Beiträge zur Philosophie des Lebens" 1780 zuerst veröffentlicht hatte und die zu den Vorstufen der Lebensbeschreibung zu zählen sind. Diese Tagebücher bestehen aus nichts anderem als einer Folge von immer wieder erneuerten Vorsätzen, ein wesentliches, sittlich-ideelles Leben zu führen, und ebenso regelmäßig wiederkehrenden Selbstvorwürfen wegen der Unmöglichkeit, diese Entwürfe in der Alltagsexistenz zu realisieren, so daß sich beide Extreme wechselseitig paralysieren. Moritz hat zehn Jahre später seiner Schrift in der dritten Auflage (1791) einen Anhang „Über Selbsttäuschung"[17] beigefügt, in welchem er die Gründe für das unvermeidliche Scheitern einer so in sich zerrissenen Lebensführung gibt. In dieser „Selbsttäuschung" sieht es so aus, „als ob man ein von sich selbst verschiedenes Wesen wäre, daß zweierlei Interesse hätte". Der ideelle Selbstentwurf ist als „Schlupfwinkel" bezeichnet, mit dem der Schein der Wirklichkeit vorgezogen wird: „Wen nun aber seine Neigung einmal zu dem Scheinbaren hinzieht, dem ist der Vorzug der Realität freylich nicht so leicht begreiflich zu machen. — Denn wenn die Realität mehr inneres Gewicht hat, so hat das Scheinbare wieder eine größere Ausbreitung." Besonders deutlich zeigt sich die zerstörerische Selbstentfremdung in einem entlarvenden Bekenntnis der Tagebücher: „Ich habe mir einmal ein Ideal von mir selber gemacht, und sobald ich unter dasselbe herabsinke, so wünsche ich mir, nicht mehr ich selbst zu sein."

Wie die präzise Erklärung hierzu erscheint Hegels Bestimmung: „Das *unglückliche Bewußtsein* ist das Bewußtsein seiner als des gedoppelten nur widersprechenden Wesens." Dieses „*in sich entzweite* Bewußtsein" muß „in dem einen Bewußtsein immer auch das andere haben, und so aus jedem unmittelbar, indem es zum Siege und zur Ruhe der Einheit gekommen zu sein meint, wieder daraus ausgetrieben werden". Seine Versöhnung ist aber auf dieser Stufe nicht möglich. Die von Moritz immer wieder geschilderte Konsequenz der Selbstvernichtung bezeichnet Hegel genau entsprechend als den Hang der „wesentlichen" Seite des unglücklichen Bewußtseins, „sich von dem Unwesentlichen, d. h. sich von sich selbst zu befreien". „Das Bewußtsein des Lebens, seines Daseins und Tuns ist nur der Schmerz über dieses Dasein und Tun, denn es hat darin nur das Bewußtsein seines Gegenteils als des Wesens, und der eigenen Nichtigkeit." Von diesem Schmerz und seiner Aufdeckung, und nur davon, handelt Moritzens autobiographischer Roman.

In der wichtigsten Vorrede des „Anton Reiser", die den vierten Teil einleitet, faßt Moritz das zentrale Problem genau in diesem

Sinne zusammen: aus seiner Geschichte erhelle, daß Reisers Theaterleidenschaft „eigentlich ein Resultat seines Lebens und seiner Schicksale war, wodurch er von Kindheit auf, aus der wirklichen Welt verdrängt wurde, und da ihm diese einmal auf das bitterste verleidet war, mehr in Phantasieen, als in der Wirklichkeit lebte ... und doch hatte er hiebei ein gewisses Gefühl von den reellen Dingen in der Welt, die ihn umgaben, und worauf er auch ungern ganz Verzicht thun wollte ... Er dachte nicht leichtsinnig genug, um ganz den Eingebungen seiner Phantasie zu folgen, und dabei mit sich selber zufrieden zu seyn; und wiederum hatte er nicht Festigkeit genug, um irgend einen reellen Plan, der sich mit seiner schwärmerischen Vorstellungsart durchkreutzte, standhaft zu verfolgen ... Widerspruch von außen und von innen war bis dahin sein ganzes Leben."

Was Moritz unter seinen Zeitgenossen heraushebt, die sich in großer Zahl mit dem gleichen Problem des unversöhnlichen Gegensatzes von realem gesellschaftlichen Leben und Sehnsucht nach voller Entfaltung der aufstrebenden menschlichen Kräfte abquälen[18], ist, daß er dieses Problem nicht nur ausdrückt, sondern durchschaut, und *beide* Seiten, Wirklichkeit und Idee, Beschränkung und Sehnsucht, Enge und Weite im religiösen, philosophischen und künstlerischen Bereich als zusammengehörige Symptome der Entfremdung enthüllt.

### Ambivalente Motive

Die den Ablauf des psychologischen Romans strukturell prägenden Formen, in denen das in sich entzweite Bewußtsein erzählmotivisch zum Ausdruck gebracht wird, sind die Bestimmung aller Erscheinungen der imaginativen Idealität als „Zuflucht", „Ersatz", „Schadloshaltung", „Betäubung" und „Opiat" und die durchgehende Ambivalenz aller Leitbilder und Vorstellungsinhalte. Wir können aus der Fülle nur die wichtigsten herausheben. Bereits das Lesen des Kindes beschreibt Moritz als Ausweichen in eine „unnatürliche idealische Welt", die ihn „für alle das Unangenehme in seiner wirklichen Welt einigermaßen entschädigen konnte". Genauso wirken die „seelenschmelzenden" Lieder der Madame Guyon im Zustande realer Unterdrückung als „himmlische Beruhigung". Während der unwürdigen Behandlung durch den bigotten Lobenstein „mochte er sich am liebsten in religiösen Schwärmereien, von *Aufopferung, gänzlicher Hingebung,* usw. verlieren". Beim Lesen von Romanen und heroischen Dramen oder beim Chorsingen träumt er sich in ein „Zauberwerk" hinein und „über allen Kummer der Erde hinaus". Das wirklichkeitsferne Lesen wird ihm zum Bedürfnis, „wie es den Morgenländern das Opium seyn mag". Entsprechendes gilt für die Freude am Deklamieren, an eigner poetischer Produktion. Sogar die an sich durchaus normale Entdeckung der „Wonne", die der Gebrauch der erwachenden Denkkräfte verursacht, erscheint nur als Verstärkung der wirklichkeitsflüchtigen Grundtendenz. Reiser fühlt sich bei den philosophischen Gesprächen über „Wesen der Seele", „Entstehung der Dinge", Wolffische Spekulation und Spinozismus „aus dem umringenden Zusammenhange der Dinge, worin er sich auf Erden befand, auf eine Zeitlang hinaus versetzt". Nur vorübergehend vermag ihm das Ordnen und Rubrizieren seines sich regenden Verstandes einen gewissen inneren Halt zu geben. Schon bald tritt wie im religiösen Bereich die transzendierende Bewegung zerstörerisch hervor. Er stößt sich an der Grenze der Sprache, die ihm „beim Denken im Wege zu stehen" scheint; der Begriff seines eignen Daseins entwertet sich unter dem Zwang, das Absolute umfassen zu müssen: „Da wurde ihm alles dunkel und öde ... und der Gedanke oder vielmehr *Ungedanke* vom Nichtseyn, erschütterte seine Seele ... so irrte er ohne Stütze und ohne Führer in den Tiefen der Metaphysik umher."[19] Später heißt es dann noch erklärend, daß der „Reiz des Wirklichen" vor ihm verschwand, da ihm „Traum und Wahn" unter dem Druck der Umstände lieber geworden waren: „Und alle diese Erscheinungen gründeten sich gewissermaßen wieder in dem Idealismus, wozu er sich schon natürlich neigte, und worin er durch die philosophischen Systeme, die er in H ... studierte sich noch mehr bestärkt fand. Und an diesem bodenlosen Ufer fand er nun keinen Platz wo sein Fuß ruhen konnte."

Die Theaterleidenschaft ist nur die extremste und dem imaginativen Wirklichkeitsersatz gemäßeste Form, zu der sich Reisers transzendierender, „bodenloser" Idealismus am Ende mit innerer Notwendigkeit hinentwickeln muß. Denn die Farbigkeit und Fülle der Welt, die auf dem theatralischen Schauplatz künstlich erzeugt werden kann, vermittelt am intensivsten die Illusion allseitigen Lebens. Andererseits ist gerade diese Phantasiewirklichkeit besonders geeignet, das Theatralische und Scheinhafte der verschiedenen kompensatorischen „Rollen", in die Anton Reiser immer wieder abgedrängt wird, sinnfällig zu demaskieren: „Das Theater als die eigentliche Phantasieenwelt sollte ihm also ein Zufluchtsort gegen alle diese Widerwärtigkeiten und Bedrückungen seyn"; es ist ihm „nicht sowohl Kunstbedürfniß, als Lebensbedürfniß".

Die Konsequenz, mit der Moritz die Ambivalenz aller aus dem

Widerstreit von realer und imaginativer Existenz entspringenden Leitbilder und Vorstellungsinhalte veranschaulicht, ist erstaunlich. Wir müssen uns auf wenige Beispiele beschränken, die sich vielfach erweitern ließen. Da ist zunächst der Konflikt von Enge und Weite, Einschränkung und Freiheit, dessen Erfahrung Moritz mit fast allen seinen Generationsgenossen aus dem aufstrebenden Bürgertum der zweiten Hälfte des 18. Jahrhunderts teilt. Es ist kein Zufall, daß gerade der „Werther" auf Moritz einen so starken Eindruck gemacht hat, in dem das gleiche Erlebnis inhaltlich und sprachlich zum durchgängigen Leitmotiv geworden ist[20]. Der im unglücklichen Bewußtsein als pathologische Krise heraustretende Selbstwiderspruch bewirkt die unversöhnliche Doppelwirksamkeit und Doppelwertigkeit des Einschränkungs- und Ausdehnungsmotivs.

„Wie groß ist die Seligkeit der Einschränkung, die wir doch aus allen Kräften zu fliehen suchen! Sie ist wie ein kleines glückliches Eiland in einem stürmischen Meere: wohl dem, der in ihrem Schooße sicher schlummern kann, ihn weckt keine Gefahr, ihm drohen keine Stürme. Aber wehe dem, der von unglücklicher Neugier getrieben, sich über dieß dämmernde Gebirge hinauswagt, das wohlthätig seinen Horizont umschränkt."[21]

Diese positive Wertung steht im schroffen Gegensatz zu dem gesellschaftlich bedingten Gefühl der Einschränkung und Hemmung aller nach Wirksamkeit strebenden menschlichen Kräfte in der Wirklichkeit, wie wir sie bereits eingehend beschrieben haben. Die ersehnte Weite und Unbegrenztheit wiederum schlägt in die Vorstellung vom „alles verschlingenden Abgrund" um, sobald sich das Selbstgefühl seiner Ort- und Bodenlosigkeit im Umkreis der Realität bewußt wird. Die gleiche Ambivalenz tritt im „Werther" in den Briefen vom 22. Mai und 26. Mai 1771 hervor, wo einmal die Einschränkung, „in welcher die tätigen und forschenden Kräfte des Menschen eingesperrt sind", seine nur dem Bedürfnis dienenden „Lumpenbeschäftigungen" beklagt werden und nur im Raum der Innerlichkeit „das süße Gefühl der Freiheit, und daß er diesen Kerker verlassen kann, wann er will" verbleibt; unmittelbar daneben aber das Bekenntnis Werthers von seiner Art gestellt ist, sich „an einem vertraulichen Orte ein Hüttchen aufzuschlagen und da mit aller Einschränkung zu herbergen". Die Wendung des erstgenannten Wertherbriefes von der „träumenden Resignation", mit der „man sich die Wände, zwischen denen man gefangen sitzt, mit bunten Gestalten und Aussichten bemalt", kehrt in vielen Abwandlungen im „Anton Reiser" wieder und belegt besonders auffällig den Einfluß des Goetheschen Jugendromans auf Moritz[22].

Das äußerste Extrem des Leidens an der Einschränkung, das Anton Reiser durchlebt, steht am Ausgang des dritten Teils. Hier erscheint die Enge als tödliche Einschnürung des Lebens, als identisch mit Kleinheit, Leerheit, Grab und Vernichtung. Das Bild eines winzigen nächtlichen Dorffriedhofs erfüllt Reiser mit Ekel — „der Gedanke an *dieß Auslaufen in einer solchen Spitze, dieß Aufhören ins enge, und noch engere, und immer engere*" verstört ihn und jagt ihn unstet umher. Die von der Phantasie bis in ihre letzten Konsequenzen durchgespielte Idee des Engen bringt also hier die gleichen Wirkungen eines lähmenden Nihilismus hervor wie das Grauen, im Abgrund der unbegrenzten, bodenlosen Weite zu versinken.

Diesem immerwährenden Antagonismus entspricht der ständige Wechsel von Aufschwüngen und Niederbrüchen, von Weltüberhebung und realen Demütigungen, der den monotonen Rhythmus des Romans ausmacht. Die Aufschwünge laufen in die eisige Leere des Abstrakten und Phantastischen aus, die Demütigungen werden zu neuen Ansätzen der Orientierung in der Wirklichkeit[23]. Da auf diese Weise jede neue Situation des Helden binnen kurzem unerträglich wird, lebt er in einem ständigen Gefühl der Erwartung „großer Veränderungen", die ihm eine radikale Erneuerung seiner selbst, eine Wiedergeburt seiner ganzen Existenz gewähren sollen. Die „Reiselust" ist nur der äußere Ausdruck der inneren Aufbruchshaltung[24]. Die Herkunft dieser Palingenesie-Erwartung ist unschwer zu erkennen. Sie entstammt dem Kanon der pietistischen Erweckungsbewegung und ihrer, mystischer Tradition verpflichteten, Eschatologie. Im „Anton Reiser" hat sie sich als fortdauernde Aufbruchsstimmung niedergeschlagen, die selbst wieder Symptom der geschilderten Entfremdung ist. Bei Moritz ist dabei die gesellschaftliche Voraussetzung des Palingenesie-Motivs besonders unterstrichen. Als Reiser ohne Abmeldung die Schule verläßt und zum Theater strebt, denkt er sich „den Faden seines bisherigen Lebens gleichsam wie abgeschnitten — er war nun aus allen Verwickelungen auf einmal befreiet... Wenn das gänzliche Hinscheiden aus dem Leben durch irgend einen Zustand kann vorgebildet werden, so muß es dieser seyn ... er fühlte sich nun beinahe wie ein Wesen, das über alle irdische Sorgen hinweggerückt ist; und lebte deswegen auch ungestört in seiner Ideen- und Phantasiewelt, so daß dieser Zeitpunkt, bei allem anscheinenden Ungemach, einer der glücklichsten Träume seines Lebens war". Sogleich tritt jedoch in dem folgenden Satze die bekannte Ambivalenz auch im Palingenesie-Motiv hervor:

„Unmerklich aber schlich sich denn doch ein Gedanke mit unter, der sein gegenwärtiges Daseyn, damit es nicht ganz zum Traume würde, wieder an das vorige knüpfte. Er stellte sich vor, wie schön es seyn würde, wenn er nach einigen Jahren in dem Andenken der Menschen, worin er nun gleichsam gestorben war, wieder aufleben, in einer edlern Gestalt vor ihnen erscheinen, und der düstere Zeitraum seiner Jugend alsdann vor der Morgenröthe eines bessern Tages verschwinden würde."

Was Moritz zeigt, ist, daß das Palingenesie-Erlebnis selbst als Krankheitssymptom anzusprechen ist. Die eschatologische Endzeiterwartung im individuellen Leben, immer wieder getäuscht und ständig erneuert, erscheint als Kompensation verlorener Gegenwart und gebrochenen Selbstgefühls. Jede gespielte „Rolle" auf dem Theater — aber nicht nur da — stellt eine imaginativ vorweggenommene „Palingenesie" dar. Weil Moritz jedoch die Realität nicht preiszugeben gewillt ist, entlarvt er die ins Einzelleben transponierte, iterativische Endzeithoffnung und Wiedergeburtserwartung als Wirklichkeitsersatz und Selbstbetrug[25].

Die ständigen Umschläge und ebenso jähen Neuansätze in Reisers Lebensgang machen deutlich, warum es zu einer stufenweisen Entwicklung und organischen Entfaltung und Erweiterung der menschlichen Anlagen nicht kommen kann. In jedem Stadium seiner Kindheit und Jugend muß Anton gleichsam wieder von vorn beginnen. Das nennt er dann eine „neue Epoche in seinem Leben". Darum gibt es kein inneres Fortschreiten; der gleiche Konflikt wiederholt sich nur auf jeder Stufe: im Elternhause, in der Lehre, auf der Grundschule, im Gymnasium, während der „Geniereise", beim Theater und auf der Universität. Was man dem Verfasser zum Vorwurf gemacht hat, die als unkünstlerisch vermerkte monotone Wiederkehr des Gleichen, ist seine geistesgeschichtliche Leistung. Es ist falsch, den Maßstab des als Kunstwerk konzipierten Bildungsromans an das Werk von Moritz anzulegen[26]. Sein die Komposition bestimmender Gesichtspunkt ist ein durchaus verschiedener. Die Rück- und Vorblicke etwa dienen nicht einem gefügten Erzählaufbau, sondern der Erkenntnis von Kausalzusammenhängen psychologischer Reaktionen. Der Verfasser zieht dann Beispiele zusammen, die meist bis in die früheste Kindheit zurückreichen, um horizontale Linien durch seinen Roman zu legen, an denen das Zentralproblem abzulesen ist. Der Wert des „Reiser" als eines psychologischen und soziologischen Dokumentes liegt gerade darin, daß er es verschmäht, zu harmonisieren. In *dieser* Hinsicht ist er sogar Goethes „Wilhelm Meister" überlegen. Moritz demonstriert die Unmöglichkeit einer individuellen menschlichen Entwicklung unter der Voraussetzung ganz bestimmter geschichtlicher Gegebenheiten. Er hat das Problem des Entwicklungsromans so scharf gesehen und gestellt wie vor und außer ihm kein zweiter. Die Rolle, die „Anton Reiser" innerhalb der Geschichte dieser Gattung einnimmt, ist eine produktiv negative: er ist ein negativer Bildungsroman, ein Antibildungsroman. Gerade das aber macht die starke Wirkung verständlich, die das Werk auf den italienischen Goethe gehabt hat. An ihm konnte dieser in größtmöglicher Deutlichkeit erkennen, wie individuelle menschliche Entfaltung und verantwortliche Eingliederung in die Gesellschaft *nicht* zustande kommen können. In solcher negativen Funktion scheint uns vornehmlich die Bedeutung von Goethes Begegnung mit dem „Anton Reiser" und seinem Verfasser für die nachitalienische Neukomposition seines „Wilhelm Meister" zu liegen.

In diesem Zusammenhang kommt einem andern ambivalenten Motiv von Moritzens Werk besondres Gewicht zu: es ist die Individuationsproblematik. Individualität ist immer zugleich das, was Reiser entbehrt, wonach er sich verzehrt, und das, was ihn beengt, was er loszuwerden wünscht. Daß er von Jugend auf „zu wenig eigne Existenz" gehabt, ist, wie wir schon sehen konnten, eine Grundbestimmung, mit der Moritz seine Leiden erklärt. „Ein gänzliches Aufhören von Denken und Empfinden, und eine Art von Vernichtung und Ermangelung seiner selbst, die ihn mit Grauen und Entsetzen erfüllte", diese Vorstellung ist der Anlaß von Reisers frühster kindlicher Todesfurcht[27]. Die „Zerstörung und Zerstückelung des Körpers" und der Gedanke, daß nach dem Tode alle individuellen Geister in eine „unförmliche *Seelenmasse*" in eins zusammenfließen könnten, machen ihm Angst. Er will ein Ich sein, das sich nicht in der Menschenmasse, aber ebensowenig in einem unterschiedslosen überirdischen Einen, das zugleich als mystisches „Nichts" erscheint, bedeutungslos verliert.

Da Reiser die natürliche Bejahung und Entfaltung des eignen Selbst durch Gesellschaft und religiöse Erziehung versagt wird, kommt es zu imaginativen Kompensationserscheinungen, die — das ist die eine Seite — eine maßlose Übersteigerung des Ich-Bewußtseins zur Folge haben. Über der Lektüre der „Insel Felsenburg" verfällt der unterdrückte Knabe auf die Idee, „einmal eine große Rolle in der Welt zu spielen, und erst einen kleinen, denn immer größern Cirkel von Menschen um sich her zu ziehen, von welchen er der Mittelpunkt wäre: dieß erstreckte sich immer weiter, und seine ausschweifende Einbildungskraft ließ ihn endlich sogar Thiere, Pflanzen, und leblose Kreaturen, kurz alles, was ihn umgab, mit in die Sphäre seines Daseyns hineinziehen, und alles mußte sich um ihn, als den einzigen Mittelpunkt, umher bewegen, bis ihm schwindelte." Später fügt Moritz hinzu, daß Reiser durch sein beständiges Nachdenken und Insichgekehrtsein sogar auf den „Egoismus"[28] geraten sei: „Weil nämlich seine Träume größtentheils sehr lebhaft waren, und beinahe an die Wirklichkeit zu grenzen schienen; so fiel es ihm ein, daß er auch wohl am hellen Tage träume, und die Leute um ihn her, nebst allem, was er sahe, Geschöpfe seiner Einbildungskraft seyn könnten." Es ist unverständlich, wie man diese Stellen als Ausdruck eines extremen Moritzschen Subjektivismus hat deuten können. Denn ihre Funktion im Ganzen des Werks macht deutlich genug, daß hier Fieberträume eines erkrankten Selbstbewußtseins geschildert werden. Andere Zeugnisse aus Moritzens Schriften erheben dies über jeden Zweifel. Zwar hat die Moritz-Forschung seit Unger und Minder mit Recht herausgearbeitet, daß der Reisersche Egozentrismus, dieses ausgreifende Mittelpunktsstreben[29], eine Säkularisationsform mystischer Gottvereinigungssehnsucht darstellt. Besonders E. Catholy hat zuletzt überzeugend nachgewiesen, wie sich hier, durch Doppeldeutigkeiten in der mystischen Tradition selbst vorbereitet, das Ich mit der Gottheit verwechselt und dem absoluten Weltzentrum unterschiebt[30]. Um seine Selbstverwirklichung betrogen, wirft sich also Reiser gleichsam in einem gewaltsamen experimentum medietatis zum Mittelpunkt einer selbstgeschaffenen Phantasiewelt auf.

Es ist demgegenüber jedoch von größter Wichtigkeit, festzustellen, daß Moritz diese Form des egotistischen Mittelpunktsdenkens gerade *nicht* akzeptiert. Und zwar schon der voritalienische Moritz nicht, der Verfasser des Aufsatzes über den „Begriff des in sich selbst Vollendeten" (1785) und des „Andreas Hartknopf". Er diagnostiziert diesen ausgreifenden Autismus der Imagination vielmehr als Machtkompensation des ohne eigne Schuld real Entmächtigten, als Ausgeburt des Wahnsinns der leidenden Einbildungskraft. Von Andreas Hartknopf, einer allegorischen Gegenfigur Reisers, heißt es im gleichen Jahr[31], in dem auch der erste Teil des psychologischen Romans erschienen ist:

„Er nahm demohngeachtet an der Ehre des menschlichen Geistes Theil, und vergaß, wie ein ächter Republikaner, sein eignes Individuum, in der Vorstellung von der großen Geisterrepublik, mit welcher verbunden er nur sich selber schätzte, und seiner eignen Existenz einen Wert beilegte.

Denn unter allen sogenannten philosophischen Systemen, war ihm das der Egoisten das abgeschmackteste von der Welt — ob er gleich als Knabe einigemale Anfälle von dieser subtilen Raserei gehabt hatte — da es ihm einfiel, alle Wesen außer ihm, wären eigentlich nur Traumbilder, die in ihm da wären, und er wäre das einzige einsame Wesen in dieser weiten öden Welt; die denn, wie eine Schaumblase mit ihm aufgestiegen sey, und auch mit ihm wieder in ihr Nichts versinken würde."

Und Moritz fügt selbst hinzu:

„Ich begreife auch kaum, wie man den Gedanken des eigentlichen Egoismus nur einen Augenblick lang, ohne sich der Raserei zu nähern, ertragen kann. — Es ist das allerfürchterlichste und schrecklichste; ohne Hülfe, ohne Rettung bin ich mir selbst, als einem sich verzehrenden, sich selbst mit tausend Gefahren und dem Untergang drohenden Ungeheuer, überlassen."

In den gleichen Zusammenhang der ohnmächtigen Machtkompensation gehört das kindliche Spiel mit den Kirsch- und Pflaumenkernen, das Reiser auch später in Augenblicken tiefster Erniedrigung wiederholt. Er erbaut sich eine imaginierte Welt, Schlachtreihen selbstgeschaffener Helden, nur um sie, mit dem Hammer blindlings hineinschlagend, wieder zu zerstören. Das unterdrückte Selbstgefühl stellt seine Macht in phantastischer Übersteigerung wieder her, um wenigstens in der Imagination über eine Welt zu herrschen und sich dabei zugleich an der widerstrebenden Realität stellvertretend zu rächen: „im Grunde das fürchterlichste Resultat der höchsten Verzweiflung, die vielleicht nur je durch die Verkettung der Dinge bei einem Sterblichen bewirkt wurde." Durchgehender Ausdruck des Individuums, das sein eignes, verkürztes Dasein wiederherstellen und ihm seinen Wert zurückverschaffen will, sind die vielen Formen der Eitelkeit, des Ehrgeizes, der Sucht nach Ruhm und Beifall, des Bedürfnisses, hervorzutreten, eine Rolle zu spielen, unter allen Umständen, und sei es negativ, aufzufallen, geliebt, bewundert und wichtig genommen zu werden, die Reiser im Laufe seiner Kindheit und Schulzeit durchprobiert. Auch hier entspricht die Forcierung des Geltungstriebes dem Mangel an natürlichem Selbstvertrauen. Auf dem Theater insbesondre strebt Reiser, in den gespielten glänzenden Rollen das verlorene eigne Ich wiederzufinden und durch unwiderstehliche Wirkung auf andere zu bestätigen. Die versagte Rolle in einem Stück muß ihm aus diesem Grunde stets wie eine Vernichtung seiner ganzen Persönlichkeit erscheinen. Entsprechend sind seine exzentrischen Reaktionen[32].

Nach dem Gesetz der Ambivalenz des unglücklichen Bewußtseins steht nun aber auf der andern Seite der Individuationserfahrung der freiwillige Verzicht auf das Selbstsein, oder das Leiden am unaufhebbaren Zwang, ein Ich sein zu müssen. Beide Haltungen, Selbstüberhebung und Selbstverneinung, folgen in stereotypem Wechsel aufeinander. An der gleichen Stelle im dritten Teil des Werks, da Reiser voller Angst die individuelle Seele in einer „unförmlichen Seelenmasse" sich auflösen sieht, gelangt er auch zur entgegengesetzten Konsequenz. Gerade die Furcht vor dem „Verlieren unter der Menge", die doch der Sehnsucht nach eignem Dasein entspringt, macht ihm umgekehrt sein Ich-Sein lästig: „Plötzlich entstand in ihm das Gefühl, *daß er sich selbst nicht entfliehen konnte.*" In solchen Augenblicken begehrt er nach „Auflösung", gänzlichem „Vergessen seiner selbst", „Aufhören aller Erinnerung und alles Bewußtseyns". Der Tod, der jetzt nicht mehr gefürchtet wird, bekommt im Gegenteil eine ansaugende Faszination: er bedeutet Befreiung vom Individuationszwang, Eintauchen in die unendliche Fülle des im Endlichen entbehrten Ganzen und Vollendeten. Der durch die Lehren des Quietismus um sein Glück Betrogene sucht in der Verzweiflung noch Zuflucht an der mystischen Quelle, aus der seine Leiden entsprungen sind. „Daß er nun unabänderlich *er selbst* seyn *mußte*, und kein anderer seyn *konnte;* daß er in sich selbst eingeengt, und *eingebannt* war — das brachte ihn nach und nach zu einem Grade der Verzweiflung", der ihn an den Rand des Selbstmordes treibt. Das gleiche Selbstbewußtsein, das sonst nach Glanz und Geltung strebt, verbindet sich hier mit dem entgegengesetzten „Gefühl von *Verächtlichkeit* und *Weggeworfenheit",* wird zum widerwillig fortgeschleppten „verhaßten Selbst". Wie zu dem subjektivistischen Machttrieb der forcierte Geltungsdrang, so gehören zu dem mystischen Selbstvernichtungsverlangen die mannigfaltigen Versuche, in der Anonymität unterzutauchen, von niemandem beachtet in freiwilliger Erniedrigung ein unauffälliges Dasein zu fristen. Sie erscheinen in Moritzens Roman ebenso häufig wie jene Äußerungen des Geltungstriebes. Daher die Vorliebe für bedeutende Menschen, die verkannt und tief unter ihrem wahren Rang im Verborgenen leben, wie der philosophische Essigbrauer, der mystische Schuster, der selbstlose Arzt und Gelehrte Doktor Sauer.

Reisers wechselnde Berufswünsche, seine Leitbilder erfüllten Lebens spiegeln die gleiche antagonistische Doppelwertigkeit. Auf der einen Seite steht das Ideal des glänzenden Kanzelredners, des großen Schauspielers, der über alle hervorragt und die Herzen der Hörer und Zuschauer bezwingt und hinreißt, des Schriftstellers, Gelehrten und Künstlers, die wie Heilige verehrt werden, auf der andern jedoch die romantische Vorstellung vom einfachen Leben im Verborgenen: Reiser möchte ein Bauer, ein Soldat, ein kleiner

Tagelöhner, ein Schuhknecht, Lichtputzer beim Theater, ja Bedienter bei Goethe sein. „Diese selbst gewählte freiwillige Niedrigkeit hatte einen außerordentlichen Reiz für ihn ... Denn hierdurch vernichtete er gleichsam sich selbst". Was in Wahrheit dahintersteckt, entlarvt Moritz mit unbestechlichem Wirklichkeitsblick. Auch in dem scheinbar demütigen Selbstverleugnungswillen wirkt noch der Trieb des unterdrückten Selbstgefühls, seine Rolle zu Ende zu spielen. Ein einfacher Soldat, ein Bauer möchte Reiser werden, aber ein gebildeter, ein „feiner, höflicher, und gesitteter Bauer", der „sich unter allen übrigen auszeichnet", dem die andern aufmerksam zuhören, ein Soldat, der die Kameraden verfeinert und „das Gefühl der höhern Menschheit" in ihnen entwickelt. Die „unbeschreibliche Süßigkeit" des Gedankens liegt darin, *„weit weniger zu scheinen... als er wirklich wäre".* In der romantischen Theatralik dieser Phantasieerzeugungen regt sich aber doch zugleich auch das Wirklichkeitsbegehren: als Schuhknecht könnte er Befriedigung finden, „denn als ein solcher war er doch etwas, als einer der ein bloßes Blendwerk seiner Phantasie verfolgte, war er nichts".

Ebenso ambivalent ist Reisers Verhältnis zur Gemeinschaft. Sich ihr einzuordnen, eine verantwortliche und ehrenvolle Stellung unter Gleichen einzunehmen, sich „in Reihe und Glied" stellen zu dürfen, ist das Ziel seiner Wünsche. Immer wieder tritt es hervor, wenn ein neuer Lebensabschnitt die aufstrebende Hoffnung begünstigt. Das Scheitern seiner Wünsche aber erzeugt den entgegengesetzten Effekt: die Gemeinschaft wird zur pluralistischen „Menschenmasse", in der er sich zu verlieren fürchtet und der er die „heilige und ehrwürdige" Einsamkeit vorzieht. „*Allein* fühlte er sich edler und ausgezeichneter, als unter jenem Gewimmel verlohren ... daß er an den Haufen sich nicht anschließen konnte, drängte ihn in sich selbst zurück". Ist ihm die Absonderung vorübergehend wirklich gelungen, so genießt er es wieder, unbeachtet unter den Menschen umherzugehen, weil er glaubt, ihnen durch nichts mehr verpflichtet und allen Ansprüchen in reiner Innerlichkeit enthoben zu sein. Diese Resignation aber ist ein trügerischer Schein. Die Gemeinschaft und ihre Forderungen lassen sich nicht überspringen; die andrängende Wirklichkeit treibt ihn wieder aus seiner Einsamkeit, die dann unerträglich irreal erscheint, heraus.

Als äußerstes Extrem zieht Reiser am Ende der Gedanke des Klosterlebens an. Da er „die geräuschvollen Weltszenen" weder in der Wirklichkeit noch im Theater spielen durfte, bietet sich ihm die Weltabgeschiedenheit des Kartäuserklosters als letzte Zuflucht. Aber auch dies ist eine romantische Kompensation, die noch dazu ihren literarischen Ursprung im „Siegwart"-Kult nicht verleugnen kann. Sein schwärmerisches Klostergedicht zeigt, wie die Idee weltflüchtiger Entrückung mit dem Gefühl der Geborgenheit die nur durch den Tod zu beschwichtigende Klage über ein versäumtes Leben unlösbar verknüpft[33]. So extreme Gegensätze Theatromanie und Klosterromantik zu sein scheinen — sie sind einander korrespondierende Phänomene des imaginativen Wirklichkeitsersatzes und müssen daher gleichermaßen unbefriedigend bleiben.

## Die Funktion der Kunst

Auf diesem Hintergrund zeichnen sich nun die Stellung der Kunst und die Bedeutung der Kunsttheorie für Moritzens Wirklichkeitsverständnis deutlicher ab. Von Kindheit auf sind Anton Reisers Ersatzbefriedigungen Phantasieerzeugungen. Sie machen, wie die Leiden, so auch die einzigen Freuden seiner Jugend aus. Ja noch die Leiden versucht er, solange es möglich ist, ästhetisch zu genießen. Das ist dann die „joy of grief", ein Modewort der Zeit aus den „Nachtgedanken" von Young, das Moritz wiederholt zitiert. Sein Wirklichkeitssinn deckt aber auch hier immer wieder die Stellen auf, wo der Selbstgenuß des Schmerzes nicht mehr möglich ist, weil die Realität das Ästhetische verdrängt. Dann bleibt nur noch „Verdrießlichkeit", die dürftige, glanzlose Qual des weder seiner Phantasie noch der Wirklichkeit mehr trauenden Bürger-Ästheten.

In der Reaktion auf die entseelte Wirklichkeit zeigt sich im „Anton Reiser" die zunehmende Ästhetisierung menschlichen Ganzheitsstrebens. Im ästhetischen Bereich allein scheint sich die Möglichkeit zu erschließen, als Individualität zur Entfaltung aller Kräfte und Anlagen zu gelangen, während Gesellschaft, politisches Leben und Religion nur noch als Formen der Verkümmerung und Entmenschlichung erfahren werden können. Lektüre, Deklamationslust, poetische Versuche, Kanzelpredigten und Schauspielkunst stimmen in ihrer Funktion bei Reiser darin überein, daß die sachlichen Gehalte ganz hinter den angestrebten Effekten, den Gemütswirkungen, dem Genuß starker Erschütterungen und Rührungen, in denen sich das Ich fühlen und wiederfinden möchte, zurücktreten. Dieser Weg des ästhetischen Ausweichens aber — und das ist die wichtigste Erkenntnis — ist *nicht* der Weg zur Kunst und zur Versöhnung des Menschen mit sich selbst im Sinne von Moritz. Er ist ebenso abstrakt wie die ihren seelenlosen Zwecken verfallene, inhuman gewordene Wirklichkeit. Das unglückliche Bewußtsein, das sich psychologisch im Dauerzustand der Hypochondrie manifestiert, leidet ebenso stark an der kalten Realität wie an der Bodenlosigkeit der Phantasieexistenz.

Zwar gelangt Moritz nie zu einem Ausgleich mit der Wirklichkeit im real-gesellschaftlichen Leben selbst. Die beiden Teile der Hartknopfiade „Andreas Hartknopf. Eine Allegorie" (1785) und „Andreas Hartknopfs Predigerjahre" (1790) bezeugen eindringlich, wie dieser Versuch scheitert[34]. Die Kunst wird für Moritz zum einzigen Weg, den individuellen Menschen in unverkürzter Gestalt wiederherzustellen. Darin liegt seine Modernität. Aber der Kunstbegriff, den er dem entfremdeten Dasein entgegenstellt, ist ein Totalitätsbegriff, der den Subjektivismus der Innerlichkeit gerade überwinden und Wirklichkeit und Idealität in einer übergreifenden dritten Dimension versöhnen soll. In Italien, während des Umgangs mit Goethe, hat Moritz seine antisubjektivistische Kunstanschauung, die also bei Abfassung des vierten Teils des „Anton Reiser" (1790) schon gültiger Maßstab ist, voll ausgebildet. Für die kunstpädagogischen Partien des vierten Teils, die ein strenges Gericht über Reisers Irrweg halten, stellen die Schrift „Über die bildende Nachahmung des Schönen" (1788) und die übrigen Abhandlungen zur Ästhetik aus den Jahren 1788/89, vor allem aber auch der „Gesichtspunkt für die mythologischen Dichtungen" aus der „Götterlehre" (1790/91) die maßgebende Voraussetzung dar.

Der Zentralbegriff der Moritzschen Kunsttheorie, der schon bei Erscheinen des ersten Teils des „Anton Reiser" klar formuliert ist, ist der Begriff des „In-sich-selbst-Vollendeten". Das Schöne ist das in sich selbst Vollendete. Dem in sich entzweiten, seiner selbst ermangelnden Menschen Anton Reiser steht hier eine Ganzheitsvorstellung gegenüber, die der Diagnose des „erkrankten Selbstgefühls" als heiles Gegenbild so genau entspricht, daß der innere Zusammenhang unübersehbar ist. Die aus eigner Existenznot entsprungene Frontstellung Moritzens gegen den Subjektivismus ist sehr auffällig dadurch charakterisiert, daß der psychologisch Engagierte, der Patient und Therapeut in einem ist, eine nichtpsychologische Kunstlehre vertritt. Sie ist streng objektivistisch, geht vom Primat des Werks über den Künstler aus und verbannt rigoristisch jede Form künstlerischer Selbstbesessenheit und ästhetischen Selbstgenusses. Von diesem Standpunkt aus erscheinen alle im „Reiser" demonstrierten Formen der ästhetisierenden Kompensation als egotistischer Dilettantismus. Davon handelt insbesondre der „Die Leiden der Poesie" überschriebene Abschnitt des vierten Teils, den Moritz auch selbständig unter dem Titel „Warnung an junge Dichter" in Wielands „Neuem Teutschen Merkur" (1792) veröffentlicht hat. Dieser Dilettantismus ist für Moritz gleichbedeutend mit Ersatzbefriedigung. Er ist gekennzeichnet durch das Sichvordrängen des Individuums, das „*für sich das alles haben*" will, „*was die Kunst zum Opfer fordert*"³⁵. Aus solchem Subjektivismus folgt ein falsches Wirklichkeitsverhältnis, ein Streben ins Unendliche und Abstrakte, statt nach dem konkreten Detail, ein Überwuchern der nach starken Wirkungen begehrenden Innerlichkeit des Gefühls. Der ästhetisierende Dilettant, zu dem Reiser auf Grund seines in die Imagination abgedrängten unbefriedigten Lebens geworden ist, meint immer nur sich, und nicht die Kunst; er greift zu exzentrischen, grellen, exotischen Gegenständen, statt die Wirklichkeit von innen her poetisch zu beseelen. Moritz formuliert hier bereits mit aller Schärfe, was Goethe fast zehn Jahre später in dem Schema „Über den Dilettantismus" festhält: Der „Dilettant wird nie den Gegenstand, immer nur sein Gefühl über den Gegenstand schildern. Er flieht den Character des Objekts", und seine Geburten werden „pathologischen Character" haben. Noch deutlicher trifft Goethe die Moritzsche Auffassung, wenn er unter der Rubrik „Schauspielkunst" von der durch den Dilettantismus „zerstörten Idealität der Kunst" spricht, weil dieser „alles durch eine pathologische Wirklichkeit erreichen muß". Während der kompromißbereite Goethe jedoch Vor- und Nachteile des Dilettantismus bedächtig gegeneinander abwägt, ist Moritz von einer rücksichtslosen Strenge, wie sie Goethe und Schiller sich erst zu einem späteren Zeitpunkt zu eigen machen sollten. Das hat seinen Grund darin, daß für Moritz seine ganze Existenz an der stellvertretenden Wahrheit der Kunst hängt. Ihre Heilsfunktion aber vermag sie ihm nur zu erfüllen, wenn sie in sakraler Reinheit und Objektivität bewahrt werden kann, d. h., wenn sie nicht Funktion der pathologischen Wirklichkeit des Subjekts ist.

In Reisers Umgang mit der Literatur nehmen zwei Erscheinungen eine besondere Stellung ein: Shakespeares Dramen und Goethes „Werther". Während sonst die poetischen Produktionen, besonders der Zeitgenossen, in ihrer Wirkung auf den Helden dessen empfindsamen Selbstgenuß nur noch bestärken – z. B. Youngs „Nachtgedanken", Millers „Siegwart" oder Klingers „Zwillinge" –, kommt bei Shakespeare und Goethe ins Spiel, daß hier eine Begegnung mit wahrhaft großen Kunstwerken stattfindet. Zwar bleibt auch dabei die Wirkung auf Reiser ästhetisch-empfindsam, was sich z. B. schon in seiner Vorliebe für bestimmte Stoffe verrät – etwa das Vergänglichkeits-, Einsamkeits- und Marionettenmotiv im „Werther", die Vorstellung, daß das Leben nur ein Traum, alles menschliche

Streben nur Gaukelspiel sei —, aber der echte Kunstcharakter dieser Werke setzt sich bereits auf *seine* Weise durch. Nicht nur eröffnet sich — wie bei Wilhelm Meister — in den Shakespeare-Nächten „eine neue Welt", es heißt ausdrücklich: „Selbst über seine äußern Verhältnisse lernte er sich auf eine edlere Art hinwegsetzen — selbst bei seiner Melancholie nahm seine Phantasie einen höhern Schwung." Es ist wohl die Tatsache, daß hier *idealisches Dasein* wirklich *gestaltet* wurde und in der Gestalt eigenes, selbständiges Dasein gewonnen hat, was solche Werke auch in der Wirkung auf ein gefährdetes Gemüt auszeichnet. Sie geben sich nicht an das pathologische Ich preis, sondern ziehen umgekehrt dieses unwiderstehlich zu sich herüber. Moritz hat in seinen zahlreichen Schriften zur Ästhetik diese Bestimmungen, gerade auch an der Kunstgestalt des „Werther", eingehend erläutert. Daß es zur scharfen „Kontur" gestaltet und ganz „Oberfläche" geworden ist, unterscheidet das Werk des Meisters von dem des Dilettanten, der „Empfindungskraft" mit „Bildungskraft" verwechselt. Wird dieser Gestaltcharakter nicht erfaßt, so kommt es auch im Umgang mit Dichtungen zu Zerstörungserscheinungen. Moritz kritisiert heftig den Kult der Empfindsamkeit, wenn er Reiser die quälende Langeweile durchkosten läßt, die den bloß ästhetisch affektierten Genuß bei mancher seiner empfindsamen Lektüre als unecht und scheinhaft entlarvt.

An zwei Stellen des Romans, am Schluß des zweiten und in der Mitte des vierten Teils, die zugleich Tiefpunkte des Lebensgefühls bei Anton Reiser darstellen, hat Moritz die beiden Extreme des pathologischen Verhältnisses von Realität und Imagination anschaulich dargestellt. Am Schluß des zweiten Teiles ist Reiser auf der untersten Sprosse der sozialen Stufenleiter angelangt: körperlich und seelisch verwahrlost, hat er Umgang mit kriminellen Kameraden. Als wirklich Asozialer gerät er selbst an die Grenze des Verbrechens. Zur gleichen Zeit jedoch erreicht seine Phantasieexistenz einen pathologischen Höhepunkt: das Zerstörungsspiel mit den Pflaumenkernen erhebt ihn zum eingebildeten Weltschöpfer[36]. Die letzte Konsequenz ist ein Selbstmordversuch. Klaffen hier Wirklichkeit und Imagination in äußerster Entfremdung auseinander, so führt ihr Mißverhältnis im vierten Teil zum Zusammenbruch ihrer Grenzen gegeneinander. Reiser zieht in „labyrinthischen" Wanderungen, in der dumpfen Betäubung seiner Verzweiflung durch das offene Land. Die innere Verwirrung treibt ihn auch äußerlich in die „Irre". Die Herrschaft der Phantasie wird so stark, daß sie den Schein der Wirklichkeit annimmt: „Denn da er einmal bloß in der Ideenwelt lebte, so war ihm ja alles das wirklich, was sich einmal fest in seine Einbildungskraft eingeprägt hatte, ganz aus allen Verhältnissen mit der wirklichen Welt hinausgedrängt, drohte die Scheidewand zwischen Traum und Wahrheit bei ihm den Einsturz." Die Konsequenz, die hier drohend im Hintergrund liegt, ist der Wahnsinn[37].

Im schroffen Gegensatz zu dieser ästhetischen Wirklichkeitsflucht, bei der Schein und Realität unversöhnt auseinanderklaffen oder sich destruktiv vermischen, fordert die Ästhetik von Moritz die klare Scheidung zwischen beiden Bereichen. Aus diesem Grund: nicht Funktion der Wirklichkeit soll die Kunst sein, sondern repräsentatives Symbol *für* die Wirklichkeit. Was bei Schiller „schöner Schein" heißt, das nennt Moritz mit einem sehr präzisen Begriff „Erscheinung". „Die Realität muß ... zur Erscheinung werden" ist die These der Schrift „Über die bildende Nachahmung". „Eben diese Erscheinung aber faßt das alles in sich, was die Wirklichkeit hätte zerstöhren müssen, wenn sie nicht die Macht gehabt hätte, es von sich abzulösen, und bildend außer sich darzustellen." Genau diese Kraft fehlt Reiser; darum ist seine ästhetische Existenz ein qualvoller Prozeß nie zur Ruhe kommender Selbstzerstörung.

Künstlerische Gestaltung heißt für Moritz: Ablösung von der Realität, um sie im gereinigten Bilde neu zu bergen. Er hat damit die spätere Forderung Schillers, den Schein von der Wirklichkeit und zugleich die Wirklichkeit vom Schein frei zu machen, vorweggenommen und der Sache nach den klassischen Symbolbegriff vorbereitet. In der „Bildenden Nachahmung" steht der Satz: „Indem nun aber das Schöne alles Mangelhafte von sich ausschließt, und alles Wirkliche in sich begreift, ohne doch alles Wirkliche selbst zu seyn, findet es, selbst da, wo es wirklich ist ... immer nur in der Erscheinung statt."

Nur in der ungeschmälerten Autonomie seiner Vollendung in sich selbst, frei von pathologischer Realität und als aufrichtiger Schein, vermag das Schöne des Kunstwerks seine Heilsfunktion zu erfüllen. Das heißt später bei Schiller so:

„Dieses menschliche Herrscherrecht übt er (der Künstler) aus in der *Kunst des Scheins*, und je strenger er hier das Mein und Dein von einander sondert, je sorgfältiger er die Gestalt von dem Wesen trennt, und je mehr Selbständigkeit er derselben zu geben weiß, desto mehr wird er nicht bloß das Reich der Schönheit erweitern, sondern selbst die Grenzen der Wahrheit bewahren; denn er kann den Schein nicht von der Wirklichkeit reinigen, ohne zugleich die Wirklichkeit von dem Schein frei zu machen.

Aber er besitzt dieses souveräne Recht schlechterdings auch nur in der *Welt des Scheins*, in dem wesenlosen Reich der Einbildungskraft, und nur, solang' er sich im Theoretischen gewissenhaft enthält, Existenz davon auszusagen, und solang' er im Praktischen darauf Verzicht tut, Existenz dadurch zu erteilen."

Im „Anton Reiser" hat Moritz die durch den gereinigten Schein gewährte Heilswirkung der Kunst einmal mit folgenden, gleichfalls an Schiller gemahnenden Worten ausgedrückt:

„Dasjenige, was durch die menschlichen Einrichtungen und Verbindungen gleichsam aus dem Gebiete der Aufmerksamkeit herausgedrängt, gemein und unbedeutend geworden ist, trat, durch die Macht der Poesie, wieder in seine Rechte, wurde wieder *menschlich*, und erhielt wieder seine ursprüngliche Erhabenheit und Würde."

In Reiser selbst jedoch liegen Schein und Wirklichkeit in immerwährendem, unversöhntem Widerstreit: „Eigentlich kämpften in ihm, so wie in tausend Seelen, die Wahrheit mit dem Blendwerk, der Traum mit der Wirklichkeit, und es blieb unentschieden, welches von beiden obsiegen würde". Genau zur gleichen Zeit schrieb Moritz in seiner „Götterlehre" von den mythologischen Dichtungen, die eine „Sprache der Phantasie" darstellen, als solche „eine Welt für sich" ausmachen und „aus dem Zusammenhange der wirklichen Dinge herausgehoben" sind:

„Es scheint fast, als sollten diese Dichtungen anspielen, daß Traum und Wahrheit, Wirklichkeit und Blendwerk gleichsam lange vorher miteinander im Kampfe lagen, ehe die Dinge sich in der Vorstellung ordnen konnten und ihre feste und bleibende Gestalt erhielten. Das Werk der Helden war es, die unnatürlichen Erscheinungen und Blendwerke zu verscheuchen und Ordnung, Licht und Wahrheit um sich her zu schaffen."

Die beiden Stellen umfassen die ganze Spannweite, innerhalb derer sich die Moritzsche Auseinandersetzung vollzieht. Der „Anton Reiser" ist Fragment geblieben, weil der Lebensgang seines Helden unter den gegebenen Voraussetzungen unvollendbar und unversöhnbar war. Er kennt nur die endlose Progression des Widerspruchs, die das ganze Werk in seiner entlarvenden Monotonie des Leidens charakterisiert. Ein abrundender Schluß hätte von Moritzens erreichter Position aus einen völligen Neuansatz gefordert. Dieser wäre jedoch mit dem Ausgeführten und seiner Darstellungsform nicht ohne Bruch zu vereinigen gewesen. Anton Reisers entwicklungsunfähiger Entwicklungsgang verliert sich im Ungewissen. Die eingestreuten kunstpädagogischen Bemerkungen des letzten Teils aber geben dem Roman wenigstens im Theoretischen einen abschließenden Akzent.

Der einzig reale Ausweg aus Reisers Dilemma, den Moritz gewissermaßen negativ ausspart, ist ein Bildungsverlauf wachstümlich-organischer Entfaltung. Ihn zu gestalten war einem andern vorbehalten: seinem abgöttisch verehrten Vorbilde Goethe. „Wilhelm Meisters Lehrjahre", die die destruktiven Voraussetzungen Reisers entscheidend umgeprägt haben: Selbstvertrauen, Bildsamkeit, gehobenes soziales Milieu, Ausklammerung lähmender Traditionen und Institutionen, weise pädagogische Leitung, wären für Moritz die Erfüllung seines therapeutischen Zieles und zugleich seiner kunsttheoretischen Grundsätze gewesen. Denn Goethe gelang es, den theatralischen Irrweg seines Helden und seinen Dilettantismus symbolisch umzudeuten, ohne die im Irrtum angelegte zeitsymptomatische Krise zu überspringen und preiszugeben. Er hat aus den katastrophischen Krisen Wachstumskrisen gemacht und den Helden, mit Schillers Worten zu reden, in eine „schöne menschliche Mitte" gestellt, ihn in ein bestimmtes tätiges Leben finden lassen, „ohne die idealisierende Kraft dabei einzubüßen".

Moritz hat den „Wilhelm Meister" nicht mehr erlebt. Er starb im Juni 1793. In Rom, Dezember 1786, am Krankenlager des „jüngeren Bruders ... von derselben Art", hatte Goethe sich unter dem Eindruck des „Anton Reiser" seit seiner Flucht aus Weimar zuerst wieder in Gedanken mit seinem Roman beschäftigt[38]. 1794, im Jahr nach Moritz' Tode, begann er mit der Umarbeitung der „Theatralischen Sendung". Es ist zugleich das Jahr der beginnenden Freundschaft Goethes mit Schiller, zwischen denen Moritz 1788/89 in den Wochen seines weimarischen Aufenthaltes, als sie noch fremd nebeneinanderher lebten, wie ein ahnungsvoller „Prophet" — so nannte man im Weimarer Kreise wohlwollend-kopfschüttelnd den sonderbaren, unsteten Mann — unverdrossen hin und her gewandert war.

HANS-EGON HASS

## Goethe · Wilhelm Meisters Lehrjahre

> Freuet euch des wahren Scheins,
> Euch des ernsten Spieles:
> Kein Lebendiges ist ein Eins,
> Immer ist's ein Vieles.

Die Frage nach der „Einheit", nach der „Idee" der „Lehrjahre" ist schon während der Entstehung der letzten Bücher von Schiller mit einer gewissen Ratlosigkeit gestellt worden. Goethe hat sich durch diese Frage im einzelnen nur sehr zögernd und im ganzen gar nicht bewegen lassen, eine solche „Idee" mit schärferen Linien im Text zu verdeutlichen. Auch später ist er dieser Frage fast immer ausweichend begegnet, obwohl er selbst auf die symbolische Bedeutsamkeit der erzählten „Wirklichkeit" nachdrücklich verwiesen hat. Bei einer späteren Revision der „Lehrjahre" hat sich offenbar für Goethe selbst die Schwierigkeit ergeben, das Werk in seiner Einheit zu überschauen, so daß er davon sagte, es sei „nicht eusynopton" (zu Riemer, 26. 3. 1814). Wird man dennoch nicht ablassen von dem Versuch, das Geheimnis der dichterischen Einheit dieses Werkes, das verborgene Ordnungssystem seiner Gestaltzüge zu enträtseln, so wird man damit doch keinen absoluten Anspruch auf seine rationale Durchdringung verbinden dürfen. Das Verlangen, die ästhetische Anschauung einer Dichtung verstehend in Begriffe überzuführen und also angesichts eines gestalthaft Lebendigen zu theoretisieren, wird sich, je reicher die poetische Wirklichkeit des Werkes ist, um so mehr mit dem Wort Goethes bescheiden müssen: „Ein echtes Kunstwerk bleibt, wie ein Naturwerk, für unsern Verstand immer unendlich; es wird angeschaut, empfunden; es wirkt, es kann aber nicht eigentlich erkannt, viel weniger sein Wesen, sein Verdienst mit Worten ausgesprochen werden." Das gilt in besonderem Maße von den „Lehrjahren".

Es mag nicht zuletzt ihr poetischer Zauber darin liegen, daß diese sich dem Verstehen in geheimnisvollem Vexierspiel zugleich darbietende und entziehende symbolische Wirklichkeit mit einer „Reinlichkeit des Contours" (an J. G. u. Caroline Herder, 11. 11. 1785), einer geistbestimmten Genauigkeit, ja durchweg mit einer Knappheit und Ökonomie, die sich kaum je erlaubt, über die Grenze des „Notwendigen" hinauszuschweifen, erzählt ist. Die „Natürlichkeit" der Erzählung eines wie absichtslos aus sich selbst gelebten Lebens sollte uns nicht darüber täuschen, daß sie genauestem Kunstwillen und weitgespannter geistiger Architektonik entstammt. Darauf weisen viele Äußerungen von Goethe selbst. Einen Einblick in die „Werkstatt" gibt eine Bemerkung schon aus der Zeit der Arbeit am fünften Buch der „Theatralischen Sendung", eines Buches, das jedoch mit relativ wenigen Veränderungen in die „Lehrjahre" eingegangen ist: „An ‚Wilhelm' habe ich hier und da eingeschaltet und am Stile gekünstelt, daß er recht natürlich werde" (an Ch. v. Stein, 14. 6. 1784).

Deutlich hat Goethe zum Ausdruck gebracht, daß die Unstimmigkeit und Inkonsequenz der episch gezogenen Summen nicht mangelnder Strenge seiner eigenen künstlerischen Forderungen entstammt: „... die Ansprüche, die dieses Buch an mich macht, sind unendlich und dürfen, der Natur der Sache nach, nicht ganz befriedigt werden, obgleich alles gewissermaßen aufgelöst werden muß" (an Schiller, 25. 6. 1796). Eine „Auflösung" der Entwicklung, die Herausklärung des ideellen Substrats durch das Hinzufügen von „einigen kecken Pinselstrichen" (an Schiller, 9. 7. 1796), hätte dem Werk einen guten Teil von dem Zauber des Lebendigen genommen, der dem Betrachter daraus wie der Geist des Lebens selbst entgegenkommt, ihn die unergründliche Tiefe unter dieser klaren und heiteren Oberfläche ahnen und ihn zugleich immer wieder das Ungenügen bloßer Verstandesoperationen vor den Abgründen einer Dichtung, die sich als ein Analogon des Lebens gestaltet, fühlen läßt. Goethes Forderung, diese „obligateste" und „schwerste" seiner Arbeiten müsse, „wenn sie gelingen soll, mit der größten Freiheit und Leichtigkeit gemacht werden" (an Unger, etwa 7. 3. 1796), entspricht es, daß sich Sinn und Tiefsinn dieser Dichtung oft als überlegen dirigierter Scherz und den Leser heiter vexierendes Rätsel darstellen.

Der begrenzte Raum dieser Interpretation fordert den Verzicht darauf, ein Ganzes der zum Verstehen des Werkes nicht nur möglichen, sondern auch notwendigen Perspektiven sichtbar zu machen. Wir wollen uns auf den Versuch beschränken, aus der Struktur des Erzählverlaufs, der Organisation der Stoffentfaltung, einen Aufschluß des „Sinnes" der auf bestimmte Weise so und nicht anders erzählten Wirklichkeit zu gewinnen, indem wir der kompositionellen Abfolge der epischen Entfaltung und der Verknüpfung des Erzählgewebes folgen. Es können hier jedoch allenfalls *einige* der Fäden dieses Gewebes, der Zusammenhangs- und Verweisungsketten seiner Motive sichtbar gemacht werden. Der Ausgang unserer Betrachtung soll an einen Komplex von Gestaltzügen anknüpfen, der unter dem Begriff der Ironie schon immer bemerkt und durch Friedrich Schlegel sogleich mit hohem Scharfsinn formuliert wurde. Doch anders als Schlegel, der von der „Ironie, die über dem ganzen Werke schwebt", vom Geist des Erzählers vornehmlich, sprach, wollen wir unser Augenmerk auf die Ironie der Erzählstruktur selbst richten. Auf eine Begriffsbestimmung und terminologische Abgrenzung der Ironie müssen wir hier allerdings verzichten und den Begriff sozusagen hypothetisch voraussetzen, als heuristische Begriffshilfe, wenn wir den Nachweis seiner konstitutiven Bedeutung für die Erzählstruktur — als *eines* der Gestalt- und damit Sinnelemente — in der Konsequenz einer Schritt für Schritt vorgehenden, jedoch notwendig auswählend vorgetragenen Interpretation versuchen.

Ehe wir jedoch den Schritt ins einzelne tun, wollen wir einige Bedingungen der Erscheinungsweisen der Ironie in den „Lehrjahren" ins Auge fassen. Schon bei der ersten, unbefangenen Aufnahme des Textes spricht uns daraus eine gewisse Freiheit und Heiterkeit an, ein „lachendes Kolorit" (Körner an Schiller, 22. 5. 1795), eine milde, überlegene Ironie, mit der uns der Autor seinen subjektiven Abstand von seinen Gestalten, den Weltverhältnissen und dem Geschehen mittelbar kundtut. Diese Distanz des Autors steht in engem Zusammenhang damit, daß der Autor im Werk selbst gegenwärtig ist; er erzählt auf solche Weise, daß seine Überlegenheit als Spiegelung seines Bewußtseins deutlich wird. Es gehört aber zur ironischen Mittelbarkeit der Erzählweise der „Lehrjahre", daß sich der Erzähler viel seltener ironisch-räsonierend dem Leser ausdrücklich zuwendet, als es uns etwa aus dem ironisch-satirischen bürgerlichen Roman des 18. Jahrhunderts vertraut ist. Dennoch wird dem Leser bewußt gemacht, daß es dem Autor nicht darauf ankommt, die epische Fiktion einer objektiv selbstgesetzlichen Welt zu vermitteln, er wird gleichsam angewiesen, die erzählte Wirklichkeit, ihre Auswahl und Abfolge, nach der bestimmten Intention des Autors als „bedeutsam", und das heißt schließlich als symbolisch, aufzufassen. Doch diese Beziehung zwischen Autor und Leser wird in den „Lehrjahren" größtenteils fast unmerklich gestiftet. Der ironisch relativierende Blick, mit dem der Autor die in sich selbst und ihrer Lebensbetroffenheit gebundenen Gestalten betrachtet, hebt sie in die Anschauung eines freien und welterfahrenen Bewußtseins, das ein gleiches Bewußtsein im Leser anspricht oder auch erst erzeugt. Das einfachste und am häufigsten angewandte Mittel dazu ist die Bezeichnung des Helden als „unser Freund". Es wird damit zwischen Autor und Leser eine Gemeinsamkeit der Anteilnahme an den Freuden oder Leiden des Helden hergestellt, die diesem überlegenen Bewußtsein zugleich die Qualität liebender Mitempfindung gibt. Auch ein spöttisches Lächeln wird die Güte nicht verleugnen, mit der der Blick des Autors seinen Helden umfängt und die auch von dem Leser durch die Darstellung sozusagen gefordert wird, als ein bestimmendes Element der Gemeinsamkeit des Bewußtseins. Die Ironie des Autors in diesem Sinne ist das geistig-heitere Medium, in dem Welt und Gestalten verwandelt, aus der Begrenztheit ihres Wesens und ihres Schicksals herausgehoben werden, so daß alle individuelle Bedingtheit nur als Varietät eines Typus, des alles einzelne durchwaltenden Gesetzes der Gattung, des Humanen überhaupt erscheint. Es hängt mit dieser Erscheinungsweise der Ironie zusammen, daß Welt und Schicksal in den „Lehrjahren" ganz eigentlich human begriffen sind. Zu der ironischen Struktur der „Lehrjahre" in tieferem Sinne gehört es jedoch, daß die Möglichkeit auch einer antihuman-unerklärlichen Verfallenheit an das Walten dämonischer Kräfte in den Werkkosmos eingestaltet ist. Das epische Medium dafür ist aber bei den wichtigsten Beispielfällen Mignon und Harfner weniger das Verhängnishafte ihres Schicksals selbst als vielmehr das Geheimnis, das verstörend Rätselhafte und Außervernünftige, das die epische Regie des Autors über diesen Gestalten so lange Strecken des Romans hindurch walten läßt. Wenn am Ende der Schleier des Geheimnisses von diesen Schicksalen genommen und ihre Geschichte aufgeklärt wird, dann bedeutet diese nachträgliche „Rationalisierung" nicht, wie man Goethe oft vorgeworfen hat, eine verständig-flache Entlarvung der dämonischen Mächte, von deren Zwang man diese Gestalten geformt und getrieben glauben mußte. Diese „Rationalisierung" stellt vielmehr den humanen Akt sozusagen einer Dämonenaustreibung dar, das Einholen schließlich auch dieser Gestalten in die Geborgenheit der Humanität. Dabei sollte man jedoch nicht die tiefe Ironie übersehen, die darin liegt, daß die rationale Durchlichtung und das heißt Humanisierung des Schicksals bei Mignon — als gleichsam sakraler Vorgang gesteigert in ihren Exequien — erst nach ihrem Tode erfolgt, nachdem sie ihr dämonisches Geschick bis zum Ende durchlitten hat, und daß sich bei dem Harfner das Durchleiden dieses Geschicks bis zum freiwilligen Tod — als der sich auf zartere, weniger gewaltsame Weise ja auch das Ende Mignons darstellt — in unerwartetem Widerspruch zu der scheinbar in ihm wiederhergestellten Vernunft vollzieht. Und dieser Selbstmord steht, von der epischen Regie her gesehen, in kausalem Zusammenhang gerade mit der entdämonisierenden Aufklärung seines Schicksals.

Für die „Lehrjahre" ist sehr charakteristisch, daß die Form der direkten Ironie, d. h. der unmittelbar zu durchschauenden Verstellung der Rede, höchst selten ist. Der Sprachstil ist insgesamt durchaus nicht ironisch: insbesondere lebt die Ironie keineswegs aus immanenten Reizen des sprachlichen Ausdrucks, dem Genuß am Spiel mit der Sprache selbst, wie das etwa für die Thomas-Mannsche Ironie gilt. Daher ist verständlich, daß sich das Element der Ironie in den „Lehrjahren" dem ersten, sozusagen der „Oberfläche" der sprachlichen Inhalte zugewandten Lesen allzu leicht verbirgt. Die „realistische" Gestaltung verhüllt die geheimen Absichten eines Erzählens, das seinen tieferen Sinn nicht offen darbieten will, ja, dessen Sinn sich erst in der Mittelbarkeit verweisender Bedeutungszusammenhänge konstituiert. Die Ironie als bloße Redeweise ist für den Stil der „Lehrjahre", für seine innerste Mittelbarkeit, allzu unmittelbar — wenn diese angesichts der Mittelbarkeit aller Ironie paradoxe Formulierung erlaubt ist.

Am ehesten tritt die Ironiestruktur des Romans an der Erzählhaltung zutage, insoweit diese von seinem Grundthema gewissermaßen selbständig bestimmt wird: dem der Entwicklung eines Individuums, das über mancherlei Stufen des Irrens zum Bewußtsein seines Irrens erzogen wird. Die Betrachtung des von Irrtum zu Einsicht, von neuem Irrtum zu höherer Einsicht Fortschreitenden aus der Distanz eines reiferen Bewußtseins formt auch die Weise, in der von seiner Entwicklung erzählt wird. Nicht zufällig ist daher dem Entwicklungsroman überhaupt, als derjenigen Erzählgattung, deren Gegenstand eben betrachtete Entwicklung ist, von Anfang her ein gewisser ironischer Umgang mit dem Helden eigentümlich. Die Übersicht des Autors über die Stufen des Lebensweges, über das den Menschen bedingende Wechselspiel von Wollen und Vollbringen, das die Entwicklung seines Helden gleichsam von außen umfassende Bewußtsein, erzeugt notwendig das Phänomen der Ironie als Darstellungskomponente. Jenes Wort von der „ironischen Ansicht des Lebens im höhern Sinn", von der Goethe in bezug auf die Darstellung des eigenen Lebens gesagt hat, daß sich dadurch „die Biographie ... über das Leben erhebt", gilt analog auch für die von seiner Einbildungskraft geregelte, erzählte Entwicklung Wilhelm Meisters.

Die ironische Erzählstruktur der „Lehrjahre" gründet zudem noch in Voraussetzungen, die nicht im „Erzähler", sondern vielmehr in der vom „Erzähler" theoretisch zu unterscheidenden Persönlichkeit Goethes selbst zu suchen sind. Gerade die autobiographischen Bezüge der „Lehrjahre" rufen dazu auf, die Diskrepanz zwischen dem Persönlichkeitsumfang Goethes und dem des „geliebten dramatischen Ebenbildes" nicht zu übersehen. Die Erzählerdistanz gegenüber der betrachteten Entwicklung erweitert sich in diesem besonderen Falle — und zwar gerade insofern Wilhelm Meisters „Lehrjahre" Goethes „Lehrjahre" spiegeln — um den Abstand, der zwischen dem Autor und dem epischen Medium seiner Selbstdarstellung besteht. Zweifellos war Goethe gezwungen, wollte er die Ergebnisse der eigenen Bildungsentwicklung in ihrer menschlich-typischen Geltung darstellen, das epische Medium dieser Darstellung auf ein menschlich-mittleres Maß zu reduzieren, was schließlich auch heißt, ihm an Individuellem, und eben dessen Übergröße vor allem, zu nehmen, um ihm dafür Menschenallgemeines zu geben. Eine grundsätzliche Diskrepanz zwischen der Bildungslehre des Werkes und der Bildungswirklichkeit seines Autors liegt schon in dem umgekehrten Verhältnis, das zwischen dem Ergebnis der Selbstbegrenzung Wilhelms und der Goethes besteht. War es bei Wilhelm der dilettantische Traum vom Künstlertum, der sich als Irrtum erwies, nach dessen Überwindung er erst in die rechte Einsicht der ihm gemäßen Bildungsbestimmung fortschreitet, so war es bei Goethe gerade umgekehrt die Selbstbefreiung von den Forderungen des Wirkens in der Gesellschaft und die Selbstbegrenzung auf die Sphäre des ihm eigenen Künstlertums, worin sich die Reife seiner Selbstbildung und Selbstfindung darstellte. Unüberbrückbar und nicht anders als vom Autor gewollt zu begreifen ist die Diskrepanz zwischen der schon dem jungen Goethe ja bewußten und von ihm, wenn auch unter Schmerzen, doch immer schon „gewältigten" Gefährdung durch den grenzenlosen Traum der Subjektivität — einer Gefährdung des Zu-sichselbst-Kommens eben doch nicht des Bürgers — und der vergleichsweise harmlosen, vor allem doch jugendlicher Selbstträumerei entstammenden Theaterillusion des eigentlich nur zum höheren Bürger bestimmten und in seiner natürlichen Wohlgeratenheit nie wirklich gefährdeten Dilettanten. Unüberbrückbar ist die Diskrepanz zwischen der einsamen Selbstbestimmung der Goetheschen „Bildung" und des sich durch den Bund mit Natalie im Bezirk des Menschlich-Sittlichen und keineswegs nach Maßen des Außerordentlichen und der Größe vollendenden Bildungsweges Wilhelm Meisters.

Ein anderes Moment der Ironie in den „Lehrjahren" ergibt sich aus dem Fehlen eigentlich sittlicher Kategorien. Diese Feststellung zielt nicht etwa auf moralische Grenzüberschreitungen, sondern auf die in der Darstellung eines menschlichen Bildungsweges auffallende Irrelevanz des Ethischen. Weder von Wilhelm werden auf dem Wege seiner Reife ethische Entscheidungen gefordert, noch wird an irgendeiner der anderen Figuren, auch nicht an der Stiftsdame des sechsten Buches, der Entscheidungscharakter einer ethischen Existenz sichtbar gemacht. Durchweg ist, bei aller Verschiedenheit der Charaktere, menschliches Dasein als ein Phänomen des Natürlichen gestaltet, Natur verstanden als ein lebensmäßig Bergendes, das sich dem Menschen erst entzieht, wenn er die ihm als Geschöpf des Lebens gezogenen Grenzen verläßt, wie das auf verschiedene Weise an Mignons, an des Harfners und an Aureliens Tod sichtbar wird. Der Autor läßt eigentlich alle seine Gestalten als sittlich unbewertete Erscheinungen der menschlichen Natur gelten. Auf die sinnlich-sittlich bedenkenlose Philine läßt er auch nicht den Schatten eines ernst zu nehmenden moralischen Tadels fallen, ja, er gibt ihr so viele Reize nicht nur der Sinne, sondern auch des Herzens und stellt Wilhelms Bezauberung und oft versagenden Widerstand mit so heiter durchgekosteter Ironie dar, daß die Diskrepanz zwischen Natur und Sittlichkeit eigentlich nur insofern zum Bewußtsein gebracht wird, als sie das Wechselspiel zwischen Philine und Wilhelm durch eine gleichsam neckende Spannung belebt und steigert.

Es kann hier nicht erörtert werden, inwiefern das Phänomen der epischen Ironie im neueren Roman sehr wesentlich aus dem Zusammenhang der individualistischen Entwicklung des Geistes zu verstehen ist. Daß das Individuum allmählich in den Mittelpunkt des Interesses trat, steht in engster Verbindung mit jener Entwicklung, die den Glauben an die Objektivität und Absolutheit der religiösen und schließlich auch der geistigen Inhalte vernichtete. Insofern mit dem Interesse an der Individualität auch das Interesse an ihrer Entwicklung verbunden war, mußte es zum besonderen Problem werden, die Entwicklung des Individuums auf ein Ideal hin und vom Bewußtsein eines solchen Ideals her darzustellen. Gerade deshalb darf man etwa den „Parzival" und auch den „Simplicissimus" nicht als Vorläufer des neueren Bildungsromans in Anspruch nehmen, weil hier Unreife und Irrtum aus der Perspektive eines objektiv verbindlichen Ideals gesehen sind. Im neueren Bildungsroman dagegen stellte sich das Problem der Bildung von vornherein grundsätzlich anders: Irrtum der Entwicklung heißt hier wesentlich Irrtum über die Inhalte der Bildung, über das Bildungsziel selbst. Noch der realistisch-humoristische Roman der Engländer unterscheidet sich insofern vom Bildungsroman vornehmlich deutscher Observanz: so wächst beispielsweise Tom Jones, anders als Wilhelm, in eine objektiv gegebene, in ihren menschlichen Ordnungen und gesellschaftlichen Gesetzen ganz unbezweifelte Welt hinein; seine Entwicklung konnte daher weder von der Problematik des Bildungsziels noch von einem grundsätzlichen Irrtum in bezug auf dieses Ziel betroffen sein. Das in Wilhelm Meisters Entwicklung dargestellte Irren, Suchen und Schwanken hat dagegen ganz eigentlich das Bildungsziel selbst zum Gegenstand. Deshalb ist der Irrtum in den „Lehrjahren" ein wesentliches Element der Bildung, da das gewissermaßen mit sich selbst allein gelassene Individuum die Wahrheit nicht als ein von außen Gegebenes übernehmen kann, sondern sie aus dem Innern selbst entwickeln muß. Wahre Erziehung wird daher das Individuum gerade nicht vor Irrtum bewahren wollen, weil das Durchschreiten des Irrtums erst der Erkenntnis des Wahren die Kraft der individuellen Entscheidung verleiht.

Wie die pädagogische Grundmaxime der „Lehrjahre" der geistesgeschichtlichen Situation nach Überwindung des Rationalismus der „Aufklärung" entspricht, so auch den Einsichten Goethes bei der Rückschau auf seine eigene Lebens- und Geistesbildung. In unzähligen Äußerungen hat er sich lebenslang zu einer solchen Funktion des Irrtums bekannt. Daß darüber hinaus der Irrtum, ein negatives Prinzip überhaupt, zur geistigen Struktur des Menschen gehört, hat Goethe in der Gestalt Mephistos konkretisiert; Mephisto spricht diese Wahrheit einmal, ohne die pädagogische Behutsamkeit der Lehrjahre-Maximen, unverblümt aus: „Wenn du nicht irrst, kommst du nicht zu Verstand!" Der Irrtum auf dem Wege des Lebens und der Bildung ist jedoch noch in anderem Lichte zu sehen. Analog zu der eigentlich sittlich-logisch in der Wirklichkeit seines „strebenden Bemühens" nicht zu begründenden „Erlösung" Fausts scheint auch in Wilhelms Streben, das ihn von einer Stufe des Irrtums zur anderen führt, keine Konsequenz in bezug auf die Erreichung des Ziels zu liegen. Und doch verläuft Wilhelms Entwicklung so, als sei er sich in einer tiefsten Schicht seines Wesens, in dem „dunklen Drange" einer von allen Zweifeln nicht berührten innersten Sicherheit, „des rechten Weges wohl bewußt". Von daher eröffnet sich die religiöse Perspektive der dargestellten Entwicklung Wilhelms.

Daß alle falschen Schritte, das Getriebensein „auf falschem Wege zu falschem Zwecke", „zu einem unschätzbaren Guten hinführen", hat Goethe selbst als Schlüssel zum „Sinn" der „Lehrjahre" genannt und hat aufgefordert, wenn man durchaus eine „Tendenz" wolle, sich an die Worte Friedrichs, die er am Ende an Wilhelm richtet, zu halten: „Du kommst mir vor wie Saul, der Sohn Kis, der ausging, seines Vaters Eselinnen zu suchen, und ein Königreich fand." Es entspricht dem letztlich frommen Vertrauen Goethes auf das Walten eines „oberen Leitenden", wenn er, an dieses Wort anschließend, sagte: „Denn im Grunde scheint doch das Ganze nichts anderes sagen zu wollen, als daß der Mensch trotz aller Dummheiten und Verwirrungen, von einer höheren Hand geleitet, doch zum glücklichen Ziele gelange" (zu Eckermann, 18. 1. 1825). Die Ironie eines Bewußtseins, das den Menschen und sein Schicksal solchergestalt im tiefsten unberührt sieht von den objektiven Gegenwirkungen der „Welt" und von den subjektiven Gegenwirkungen des „Irrtums", entzieht zwar die Entwicklung des Individuums sowohl dem Gesetz strenger Kausalität wie der planenden Willkür der Vernunftfreiheit, stellt sie aber um so konsequenter in die Konstellation des Gegensatzes von Schein und Wirklichkeit, der Diskrepanz von Ursache und Wirkung des Handelns, des Strebens, Erfahrens. Als Einzelzug, insbesondere als Mittel zur Hervorbringung komischer Effekte, sind solche Konstellationen der Dichtung schon immer vertraut. Der Geschehensablauf der „Lehrjahre" jedoch hat insgesamt die Struktur der Ironie, das heißt, im allgemeinsten Sinne verstanden, der Konstellation des Widerspruchs zwischen unmittelbarer Aussage und mittelbarem Sinn, was sich kompositorisch als das Verhältnis des Widerspruchs in der Abfolge und Verknüpfung der einzelnen Phasen und zwischen der unmittelbaren und mittelbaren, sich erst in übergreifenden Verweisungszusammenhängen herausklärenden „Wirklichkeit" ihrer Inhalte darstellt. Das ironische Bewußtsein des Erzählers, das von der sprachlichen „Oberfläche" so behutsam zurückgehalten ist und nur gelegentlich mit zart relativierendem Spott hervortritt, ist sozusagen in die Tiefenschicht der Komposition verlegt; insofern ist allerdings die Ironie in einem wesentlicheren Sinne für die „Lehrjahre" und ihre „Idee" konstitutiv, als man an dem Ironie-Vorzeichen des sprachlichen Ausdrucks fassen könnte. Das Organisationsprinzip der epischen Entfaltung, das in diesem ironischen Bewußtsein des Erzählers gründet, gestaltet die Geschehensabfolge in ironischen Konstellationen, die im einzelnen etwa greifbar sind als Fortschreiten des Erzählverlaufs in Kontrasten, als der Umschlag ins Unerwartete, Ungewollte, Unverdiente, als Verknüpfung des Gegensätzlichen, als der Widerspruch zwischen Absicht und Folge, — insgesamt als das ironische Widerspiel von Bewußtsein und Wirklichkeit. Für diesen ganzen Komplex struktureller „Verhältnisse" wollen wir abkürzend und zusammenfassend den Terminus „ironische Komposition" verwenden.

In gewisser Weise wirkt die ironische Komposition dem zeitlichen Nacheinander der Stoffentfaltung als ein konträres Organisationsprinzip entgegen. Durch den Kontrast- und Verweisungscharakter der einzelnen Erzählphasen, durch ihre mittelbare, oft verborgene Vorausdeutung auf spätere Geschehensverläufe, in deren Sinnzusammenhang sich die wahre Bedeutung ihrer Inhalte erst enthüllt, durch die Verknüpfung des Gegensätzlichen wird in das epische Nacheinander eine Simultaneität hineingestaltet, in der sich der ironische Ausgleich der einander scheinbar zuwiderlaufenden Sinnentfaltungen ausdrückt.

## Erstes Buch

Insofern das erste Buch dem Glück und dem Scheitern der Liebe Wilhelms zu Mariane gewidmet ist, kann es zunächst als ein in sich abgerundetes Ganzes erscheinen, das sich auch als abgeschlossene Erzählung ohne weitere Fortsetzung denken ließe. Die erste Einwirkung des „Turms" in dem Gespräch Wilhelms mit dem Fremden sprengt allerdings diese Grenzen. Der Leser, der sich undistanziert der erzählten Liebesgeschichte hingibt, könnte durch die Äußerungen des Unbekannten ähnlich befremdet sein wie Wilhelm. In einer Erzählung, die auf die leidenschaftliche Entwicklung einer Herzensbeziehung begrenzt wäre, erschiene die abgeklärte, dem seligen Aufschwung eines Herzens, das sich der Gunst eines ungeheuren Schicksals teilhaftig weiß, so ganz entgegengesetzte Belehrung durchaus abwegig. Keineswegs genügt jedoch festzustellen, daß wir darin die exponierende Verzahnung dieser ersten Phase des Geschehens mit sehr viel später erst thematisch führenden Stoffpartien zu sehen haben. Die Verknüpfung der kontrastierenden Sphären bedeutet vielmehr vom Ganzen her, daß die Begrenzung des unbedingten Lebenstraums, zu der Wilhelms Entwicklung geführt wird, schon in diese erste Phase der Erzählung als geistige Gegenwart aufgenommen ist. Erzähltechnisch ist schon hier durch das beinah Unmotivierte und Zufallhafte dieser Begegnung die Einwirkung des „Turms" als die einer fremden, außerhalb des Lebens- und Bewußtseinshorizonts der epischen Gegenwart liegenden Macht angedeutet. Die Perspektive der „Liebesgeschichte" ist erweitert um die Perspektive nicht nur der reifen Lebenserfahrung, sondern — was für die Erzählweise viel bedeutsamer ist — der späteren Entfaltung des epischen Geschehens und der in ihm dargestellten Verwandlung weniger des subjektiven Erlebnisstandpunktes des Helden als vielmehr der ihm gewährten Lebenswirklichkeit.

Schon die unmittelbare Stoffabfolge in den Kontrasten von sehnsüchtigem Gefühlsaufschwung, nüchterner Lebenslehre und tiefster Herzensenttäuschung hat eine ironische Struktur, weil die verschiedenen Phasen einander wechselseitig als Schein erweisen. Das geschieht in einem vielstrahligen Spiel der Wechselverweisung. Auf die mitreißende Darstellung des Hochgefühls seligster Liebesgewißheit folgt die kontrastierende Stimme skeptischer Lebensvernunft. Daß damit gleichsam der Schatten einer Gegenwelt auf den Glanz der Liebe fällt, wird vom Leser sogleich empfunden. Wilhelm aber antwortet dieser nüchternen Stimme mit einer ganz vom Glück seiner Liebe erfüllten Schicksalsgläubigkeit, die sich jedoch als Schein erweist, wenn dann sein Absturz in grenzenlose Liebesenttäuschung unmittelbar folgt. In einer anderen Konstellation erweist sie sich zugleich aber als Wahrheit, insofern Wilhelm die Macht des Schicksals, das er eben in glücklichstem Vertrauen berufen hat, als furchtbare Wirklichkeit erleidet. In wechselseitiger ironischer Verweisung werden jedoch sowohl der Schicksalsglaube Wilhelms wie die Position des Unbekannten wiederum als Schein offenbar: Wilhelms Liebesschicksal gründet auf einem bloßen Zufall, und dieser Zufall zeigt die Vernunft als Lenkerin des Lebens ohnmächtig. Vom Ganzen der Romanentwicklung her wird die Ironisierung der vernünftigen Lebenslehre dadurch wieder aufgehoben, daß Wilhelm sich später zu ihrer Sphäre hin entwickelt; umgekehrt hebt diese Entwicklung doch auch die Ironisierung des Vertrauens auf die jenseits aller Vernunftlenkung liegende Lebensgnade des Schicksals wieder auf. Insofern hält sich das hier am Beginn der Erzählung angelegte Verhältnis ironischer Wechselbeziehung zwischen „Leben" und „Vernunft" bis zum Ende durch, zwischen dem vernunft- und willensentzogenen Lebensweg des Menschen auf der einen Seite und der Einwirkung vernünftig planender Erziehung, die das Schicksal zu lenken und die Unbedingtheit der Natur zu begrenzen versucht, auf der anderen Seite.

Das dem zeitlichen Nacheinander der epischen Stoffentfaltung entgegenwirkende Prinzip der ironischen Komposition, das Wilhelms erste Begegnung mit dem „Turm" in mannigfaltigen und einander wechselseitig relativierenden Sinnbeziehungen mit dem Ende des ganzen Romans verknüpft, bestimmt auch die Erzählstruktur des ersten Buches, wenn wir es für sich, als ein geschlossenes Ganzes, nehmen. Der Erzähler beginnt die Geschichte einer leidenschaftlichen Liebesbeziehung, indem er dem Beginn ihrer Entfaltung die Schatten, die ihr Ende verdüstern werden, voraussendet. Nicht Marianens freudige Ungeduld der Erwartung des

Geliebten und auch nicht ihre quälende Sorge angesichts der unzeitig ihre Liebe bedrohenden Ankunft eines früheren Liebhabers stehen am Anfang der Erzählung, sondern die Empfindung der alten Barbara, in der sich jene beiden, erst im weiteren Verlauf der Erzählung vergegenwärtigten Gefühlssituationen Marianens in ironischer Umkehrung spiegeln: Der Gedanke an die Geschenke Norbergs, der die Ursache des unglücklichen Ausgangs der Liebesgeschichte sein wird, läßt Barbara ungeduldig auf Mariane warten; und was Mariane ängstliche Sorge bereiten wird, der angekündigte Besuch Norbergs, hat Barbara in freudige Stimmung versetzt. Der Begegnung der Liebenden hat der Erzähler die Bedrängung Marianens durch diese Nachricht und die Vorstellungen Barbaras vorangestellt. Hinzukommt, daß der Erzähler Wilhelm nicht in der Spiegelung der Liebe Marianens einführt, sondern aus der Perspektive Barbaras gesehen, die ihn als einen „unbefiederten Kaufmannssohn" bezeichnet. Wenn nach diesem allen die Gespanntheit des Erzählganges durch die Schilderung von Wilhelms Ankunft und der leidenschaftlichen Umarmung der Liebenden gelöst wird und der Autor dann den Leser unmittelbar mit den Worten anspricht: „Wer wagte hier zu beschreiben, wem geziemt es, die Seligkeit zweier Liebenden auszusprechen! Die Alte ging murrend beiseite, wir entfernen uns mit ihr und lassen die Glücklichen allein", wird man das nicht nur als den alten Topos der Aposiopese oder nur so verstehen, als wollte der Autor das Verstummen der Sprache vor solchem höchsten Glück ausdrücken und mit neckend-diskreter Geste gleichsam den Vorhang der Erzählung vor den Liebenden fallenlassen. Man wird den ironischen Unterton eines tragischen Wissens, das über diese Szene hinausreicht, in diesen Worten nicht überhören.

Das Spiel ironischer Verweisungen ist so mannigfaltig verflochten, daß in jeder Phase des Erzählens neue Ketten solcher Verweisungen ansetzen. Wenn Barbara Wilhelm einen „unbefiederten Kaufmannssohn" nennt, so hat die komische Verkleinerung Wilhelms durch diese Bezeichnung sozusagen auf der „Außenseite" des Erzählens die Bedeutung, der niedrigen, von der bloßen Abschätzung nach dem ihr möglichen Gewinn bestimmten Vorstellungsart Barbaras Ausdruck zu geben. Diese Bezeichnung Wilhelms offenbart sich aber zugleich auch als ein den Leser scherzend vexierendes Dissimulieren, insofern der Autor den Helden des ganzen ungeheuren Aufwandes, den er mit dessen „Bildung" in der Erzählung treiben wird, solchergestalt zum erstenmal, wenn auch mittelbar, in die Erzählung einführt. Was hier nur als spöttische Herabsetzung gegenüber dem reicheren Liebhaber gemeint war, gewinnt im Verweisungszusammenhang der ganzen Erzählung noch andere Bedeutung, wenn wir Wilhelms weiteren, zwischen Schauspielertum, für das er zu sehr Bürger ist, und Bürgertum, für das er zuviel Künstlergeist hat, ungewiß schwankenden Weg betrachten. Als „unbefiederten Kaufmannssohn" scheint ihn der Erzähler später oft genug selbst zu zeigen, wenn er sein mancherlei Versagen, das Mißverhältnis zwischen Vorstellung und Wirklichkeit in seiner Beziehung zum Theater darstellt und ihn dabei doch zugleich nie ganz die Distanz des Bürgers zu dieser Sphäre verlieren läßt. Wie er in verschiedenen Graden sich hier weder selbst je ganz unter seinesgleichen fühlt noch seinerseits so behandelt wird, ergeht es Wilhelm später dann mit umgekehrtem Vorzeichen in der Sphäre des Adels. Ein wenig bleibt er in der Tat in seinem Verhältnis zur Umwelt immer ein Bürger: aber doch nicht ganz, nicht Kaufmann, sondern nur Kaufmannssohn. Mit „unbefiedert" meinte Barbara das Fehlen des Reichtums, der ihn geeignet machte, zum Glücksausgleich der unterbürgerlichen Sphäre gerupft zu werden. In einem weiteren Sinne heißt es aber, daß er nicht von den Gewichten bürgerlicher Existenz beschwert ist, die ihm den Aufflug in höhere Sphären, erst der Liebe und des Künstlertums und dann edlerer Bildung und Gesittung, verwehren würden. Einen dunklen Unterton jedoch gewinnt dieses eingangs so leicht und spöttisch hingeworfene Wort, wenn wir es aus der Perspektive der späteren Erzählung Barbaras vom Schicksal Marianens und der Schuld Wilhelms daran verstehen. Der „unbefiederte Kaufmannssohn", den Barbara als Liebhaber Marianens abgelehnt hatte, weil er für den „Ernst", das Geschäft, das die Bedürftigkeit mit der Liebe zu verbinden zwang, zu „unbefiedert" war, wird dann zu einem Schuldigen, der zu „unbefiedert" war, sich dem Schicksalsernst der Liebe wirklich zu stellen, dessen Liebe dem Trugbild eines Zufalls nicht standzuhalten vermochte und der, so ahnungslos gegenüber dem wirklichen Leben er zu Zeiten des Glückes war, in der Täuschung des Schmerzes ahnungslos das Leben der Geliebten vernichtete.

Mannigfaltig in anderer Richtung noch ist die Geschichte von Wilhelms Liebe zu Mariane vom Prinzip der ironischen Komposition bestimmt. Das gilt schon für den Kausalnexus, in dem hier Liebesglück und unglücklicher Ausgang stehen: nicht gegenwärtige Untreue gegenüber Wilhelm vernichtet seinen Liebestraum, sondern die trügerische Illusion einer Untreue. Diese Illusion wiederum gründet sich auf das Hereinwirken einer vergangenen Wirklichkeit in die Gegenwart. Der Vertauschung von Schein und Wirklichkeit korrespondiert die Vertauschung von Vergangenheit und Gegenwart, womit der Autor insgeheim darauf hindeutet, wie gleichgültig gegenüber den von den Menschen selber gesetzten Bedingungen das Schicksal ihr Glück und ihr Unglück entscheidet. Wie es gleichgültig war für Wilhelms leidenschaftlichen Schmerz, für die Zerstörung seines Glücks, ob nun Trug oder Wahrheit seinem Glauben an Marianens Untreue zugrunde lag, so war es für Marianens Schicksal in gewissem Sinne auch gleichgültig, ob sie es unschuldig oder in der Not doch schuldig geworden erlitt.

Die ironische Struktur des Erzählens wird besonders in der Verknüpfung der Erzählphasen, in der Diskrepanz von Grund und Folge des Tuns und Empfindens deutlich. Der Brief Wilhelms an Marianen, der die ständige Verbindung einleiten soll, steht am Beginn jener unglücklichen Kette von Zusammenhängen, an deren Ende der Abgrund der Liebesenttäuschung sich öffnet. Dem korrespondiert die Rolle, die Marianens Versuch spielt, sich bei einem letzten Empfang Norbergs die Freiheit für ihre Liebe zu Wilhelm zu erobern. Wilhelm will Marianen seinen Brief übergeben, um sich später in der Nacht ihre Antwort zu holen. Norberg erwartend, verwehrt Mariane jedoch Wilhelm den späteren Besuch. Dieser fühlt, obwohl nichts Böses ahnend, „daß es nicht die Stunde sei, ihr seinen Brief zu übergeben". Wie zum Ersatz für die Nähe der Geliebten ergreift er eines ihrer Halstücher, mit dem er ahnungslos zugleich jenen verhängnisvollen Zettel Norbergs zu sich steckt. Voll sehnsüchtiger Unruhe irrt Wilhelm darauf durch die Nacht. Nachdem im Gespräch mit dem Unbekannten zum erstenmal die Gegenstimme erfahrener Lebensvernunft gesprochen hat, wird ausdrücklich erzählt, wie sich beim Klang der Marianen gespendeten Nachtmusik der Scheinglanz seines Liebesglücks noch einmal, sein ganzes Daseinsgefühl umfassend, zu höchster Empfindung steigert: „Unter den holden Sternen hingestreckt, war ihm sein Dasein wie ein goldner Traum." Im Verlangen nach der Gegenwart, nach der Berührung der Geliebten will Wilhelm nach Marianens Halstuch greifen, das er jedoch in einem anderen Rock zu Hause zurückgelassen hat. Dieses retardierende Moment der Komposition hat die Funktion, die ironische Verknüpfung der Geschehensfolge noch zu intensivieren. Der gleiche Drang, seine Sehnsucht nach der Geliebten wenigstens an Dingen zu stillen, die zu ihr gehören, treibt ihn vor ihr Haus, läßt ihn die Schwelle küssen, über die ihre Füße ein- und ausgingen. Damit setzt er selbst eine weitere Bedingung seines Unglücks: Als er sich von Marianens Haus entfernt, sich immer wieder dahin umwendend, sieht er eine dunkle Gestalt aus der Türe treten, eine Erscheinung, die Schrecken und Zweifel in seinem Herzen erzeugt. Noch einmal stellt sich Wilhelm den Schein seines Liebesglücks wieder her: er vertreibt „das unerwartete Blendwerk mit den triftigsten Gründen". Die Katastrophe, die Entdeckung des Zettels, ist dann eine unmittelbare Konsequenz seines Verlangens, sich seiner Liebe wieder ganz als Wirklichkeit zu versichern: „Sein Herz zu letzen, ein Siegel seinem wiederkehrenden Glauben aufzudrücken, nahm er das Halstuch aus der vorigen Tasche. Das Rauschen eines Zettels, der herausfiel, zog ihm das Tuch von den Lippen; er hob auf und las . . ."

Zweites Buch

Die wechselseitige Bedingtheit der Liebesillusion und der Theaterillusion, auf die mannigfaltig mit Ironie angespielt war, wird nach der Liebeskatastrophe noch einmal dadurch verdeutlicht, daß mit der Liebe zugleich auch der Glaube an die „theatralische Sendung" aufgegeben scheint. Ein solches Übergewicht der subjektiven menschlichen Betroffenheit über alles objektive Sachinteresse wird für Wilhelms ganzen Bildungsweg bezeichnend bleiben. Und wenn am Ende Wilhelms Bildung zu jener Reife gelangt ist, daß er sich unter die Lebensprinzipien des „Turms" stellen und sich als tätiges Glied den Plänen dieser Gesellschaft verbinden will, dann erweist sich in dieser Wendung ganz analog zu der frühen Wechselbeziehung von Liebe und Theaterstreben seine Liebe zu Natalie als der eigentliche Antrieb: denn als Wilhelm seine Hoffnung gescheitert und sich deshalb zum Verlassen ihres Kreises gezwungen glaubt, gibt er zugleich, ohne daß diese Konsequenz überhaupt in sein Bewußtsein kommt, die Pläne sachlich tätigen Strebens auf, denen seine Bildung zugereift schien.

Das oft bemerkte Fehlen der öffentlichen Lebensbezirke des Staates, der Wissenschaften, der Kirche, aller Sphären also, die einen außerpersönlichen Sachdienst fordern, gründet in dieser wesentlich menschlich-persönlich bestimmten Welterfahrung und Lebensbindung Wilhelms. Die fortschreitende Begrenzung seiner Unbedingtheit darf keineswegs von der Position der „Wanderjahre" her und etwa als ihr entsprechend verstanden werden. Diese setzt die tiefe Resignation Goethes über die Möglichkeiten einer freien Persönlichkeitsbildung voraus, die auf seiner Erfahrung vom politischen und gesellschaftlichen Wandel des heraufkommenden neuen Zeitalters beruhte. Die Bildungs- und Lebensgründung im rein Menschlichen versteht sich auf der Stufe der „Lehrjahre" — gerade insofern diese ein Paradigma menschlicher Bildung überhaupt darstellen —

als der wunschbildhafte Gegenentwurf gegen die Bedrängnis der reinen Menschlichkeit des Individuums durch die Macht öffentlich-außerpersönlicher, nicht mehr human zu durchdringender Lebensvoraussetzungen, wie sie Goethe vor Italien als Gefährdung des eigenen Wesens und dann epochal als geschichtliche Wirkung der Französischen Revolution erfahren hatte. Es gehört, der untergründigen Ironie der Erzählung entsprechend, in diesen Zusammenhang, daß zwar ausdrücklich und oft genug das Ethos der Tätigkeit, des objektiv gemeinschaftsbezogenen Wirkens verkündet und von Wilhelms Hineinwachsen in eine solchermaßen bestimmte Lebensführung gesprochen, daß aber von irgendeiner positiven Tätigkeit Wilhelms auch während der ganzen Lebensphase im Kreis Lotharios nicht einmal andeutend etwas berichtet wird. Am ehesten noch ist von einer sachlichen Tätigkeit Wilhelms die Rede, solange er in der Sphäre des Theaters einem subjektiven Traum nachstrebt und er als noch nicht reif zum Tätigkeitsethos des „Turms" dargestellt wird.

Auch der kaufmännischen Tätigkeit Wilhelms in den Jahren nach dem Verlust Marianens wird vom Erzähler kein sachlich objektiver Wert zugemessen: sie ist vielmehr Ausdruck seines entsagenden Verzichts, eine Fesselung seines Wesens, aus der er nach seiner inneren Wiederherstellung nur allzu leicht auszubrechen geneigt war. Die Ironie der Erzählung läßt es gerade den Antipoden Werner sein, dessen Eingreifen bei der selbstquälerischen Vernichtung der Zeugnisse seines verloren geglaubten Dichtertums jählings die Flamme seines unbedingten Wesens wieder entzündet. Der bald darauf folgenden Wendung, die Wilhelms Lebensgang nimmt, ist die Bemerkung vorausgeschickt: „Nach solchen Rückfällen pflegte Wilhelm meist nur desto eifriger sich den Geschäften und der Tätigkeit zu widmen, und es war der beste Weg, dem Labyrinthe, das ihn wieder anzulocken suchte, zu entfliehen." Gerade der solchermaßen begründete tätige Eifer Wilhelms veranlaßt die väterlichen Handelsfreunde dazu, Wilhelm auf eine Geschäftsreise zu schicken. An diesen zweckbestimmten Auftrag knüpft der Erzähler in ironischer Diskrepanz von Grund und Folge die Wiedergeburt seiner „Jugendträume" und damit der bisher in Fesseln gehaltenen Ganzheit seiner Persönlichkeit. „Erheitert durch freie Luft und Bewegung", fühlt sich Wilhelm in romantischer Landschaft verjüngt: „alle erduldeten Schmerzen waren aus seiner Seele weggewaschen". Im Gegensatz zu der nur eine knappe Seite vorher berichteten verzweifelten Absage an sein Dichtertum erinnert sich Wilhelm „mancher Stellen aus seinen eigenen Liedern, die er mit einer besondern Zufriedenheit rezitierte". Diese Geschäftsreise beschert Wilhelm schon auf der ersten Station die Begegnung mit einem Schauspiel, und zwar so sehr ungesucht und unerwartet, daß er ausruft, in rhetorisch-poetisch gesteigerten Wendungen, als empfände er selbst dieses Zusammentreffen als schalkhafte Neckerei eines Zufalls: „Wie! ... in diesen einsamen Gebirgen, zwischen diesen undurchdringlichen Wäldern hat die Schauspielkunst einen Weg gefunden und sich einen Tempel aufgebaut? und ich muß zu ihrem Feste wallfahrten?" Sozusagen noch scherzend und unverbindlich präludierend werden die folgenschweren Schritte auf einem Wege eingeleitet, der Wilhelm weit von dem Auftrag dieser Reise hinweg und für immer aus den Grenzen der häuslich-bürgerlichen Entsagung hinausführen sollte. In gleicher Weise scheint der Zufall bzw. der Erzähler seinen Spaß mit Wilhelm zu treiben, wenn er auf der nächsten Station seines Weges, im Wirtshaus des heiteren Landstädtchens, sogleich wieder auf die Theatersphäre, auf die „Trümmer" einer Schauspielergesellschaft, stößt.

Wiederum hat Wilhelm das Theater nicht gesucht, sondern ist ihm zufällig begegnet. Das bleibt für alle Erfahrung und Entwicklung Wilhelms bestimmend: Welt und Menschen kommen gleichsam auf ihn zu. Das gilt auch von der Verbindung mit der Schauspielergesellschaft. Es ist Philine, die ihm durch Friedrich einen Blumenstrauß abbitten läßt und mit der solchergestalt eingeleiteten Bekanntschaft die erste Ursache setzt für alle weiteren Schritte Wilhelms, die ihn tiefer in die Theatersphäre verstricken. Daß Wilhelm auf solche „neutrale" Weise, d. h. ohne eigentlichen Bezug auf sein ideales Theaterinteresse, wieder an die Theatersphäre herangeführt wird, ist gleichsam eine ironische Tarnung der Schlingen, mit denen das Schicksal Wilhelm wieder für das Theater einfängt. Zur ironischen Komposition einer solchen Schicksalführung der Erzählung gehört es auch, daß der Gesellschaft in den beiden Melinas und dem Polterer weitere Glieder zuwachsen, zu denen Wilhelm schon in der Zeit seiner Mariane-Liebe in Beziehung stand. So reichen Wilhelms Theateridealismus, durch das gegenbildliche Medium Melina, und seine Leidenschaft für Mariane, durch die komische Spiegelung im Polterer, in die neue Phase der Theaterbindung Wilhelms hinein und sind mittelbar an der Befestigung dieser neuen Bindung beteiligt. In dem so gar nicht zufälligen „Zufall" des Hinzukommens dieser Gestalten, wie überhaupt in der doppelten Zufallsbegegnung mit der Theatersphäre auf dieser Reise, liegt etwas von der geheimnisvoll gelenkten Möglichkeit der Allgegenwart und dem Spiel wunderbarnotwendiger Zufälle des Märchens: Wilhelms erneute Hinwendung zum Theater erscheint dadurch ganz dem Zusammenhang bewußt und willentlich gelebten Lebens und Wünschens entzogen und nimmt den Charakter einer unausweichlichen, von verborgenen Kräften gelenkten Fügung an. Die Rolle, die Philine in diesem Sinne bei der Schicksalsumstrikkung Wilhelms spielt, wird vom Erzähler mit scherzender Ironie in ihrem „Funktionieren" vorgeführt, als wolle er den Genuß an seiner Direktion dieses graziös-sinnlichen Schicksalsspiels eigens betonen. Wilhelm, der eben noch im Entschluß endgültiger Entsagung und lebenslangen Liebesschmerzes gezeigt war, ist jetzt doch sogleich von den Reizen Philinens gefangen. Die ironische Struktur der Erzählung wird in Wilhelms Verhältnis zu Philine insbesondere daran deutlich, daß Wilhelm hier der Anziehung einer weiblichen Natur erliegt, in der ihm erotischer Leichtsinn und heitere Treulosigkeit als beinahe diejenigen Eigenschaften offen entgegentreten, deren er in getäuschter Eifersucht Marianen angeklagt hatte und deren bloßer Schein den Liebesbund mit ihr zerstörte. Ausdrücklich wird diese Wechselbeziehung, die in Wahrheit ja auf der Gleichsetzung einer Wirklichkeit und eines bloßen Scheins, auf der Gleichsetzung ganz verschiedener Wesen beruht, einmal in Wilhelms eigenem Bewußtsein gezeigt. Als er sich, verdrossen darüber, daß Philine die Verabredung zu einer Spazierfahrt nicht eingehalten hat, bei Laertes über ihr Betragen beklagt und dieser sie verteidigt und als „die wahre Eva" deshalb rühmt, weil sie keine Heuchlerin sei, sondern ihr Geschlecht so rein darstelle, ist Wilhelm sehr verstimmt: denn es war ihm dadurch „die Erinnerung an sein Verhältnis zu Marianen wieder lebendig gemacht" worden. Schien das Verhältnis zu Mariane Wilhelm auf unbedingte und ewige Dauer angelegt, so ist Philine für ihn der verführerische Reiz einer zukunftlosen Gegenwart. Wie sie ganz auf den Augenblick, auf die Lust jedes gegenwärtigen Genusses und zugleich graziös-gewissenlos auf das Glück wechselnder Freuden gestimmt ist, so gibt sie auch in ihrer Neigung zu Wilhelm, trotz aller unbeirrten Stetigkeit ihrer Verliebtheit, immer nur eine augenblickhafte und sich willkürlich schnell wieder entziehende Erscheinung ihres Wesens hin. Laertes hat Wilhelm von Anfang an über ihre Art nicht im Zweifel gelassen; dennoch ist Wilhelm, den wir als unbedingten Liebenden und in den Abgründen der Enttäuschung noch als Gläubigen eines unbedingten Liebesideals kennenlernten, unwiderstehlich und auf eine gar nicht aus der Seele, aus reiner Herzensneigung stammende Weise von ihr entzückt.

Der Wilhelms Schicksal dirigierende Erzähler führt jedoch in der Gestalt Mignons Fesseln menschlicher Bindung ganz anderer Art ein. Der gleichsam schicksallosen, sinnlich-außermoralischen Natur

Philinens stellt er in Mignon die rätselhafte, dunkle und zerbrechliche Schicksalsgestalt einer im tiefsten gestörten Natur gegenüber. Ganz anders als Philine, die ihrerseits Wilhelm entgegengekommen war, entzieht sich Mignon zunächst, und es ist Wilhelm, der Mignon aktiv an sich zieht. Als „das wunderbare Kind", „das Rätsel", geschlechtslos zwischen Knabe und Mädchen stehend, als scheu und unsicheren Blickes wird Mignon in die Erzählung eingeführt. Wilhelm wird von ihrem Anblick in Schichten seines Innern berührt, die ihn einer unbedingteren, seiner gegenwärtigen Wirklichkeit ganz entgegengesetzten Sphäre teilhaftig erscheinen lassen. „Diese Gestalt prägte sich Wilhelmen sehr tief ein; er sah sie noch immer an, schwieg und vergaß der Gegenwärtigen über seinen Betrachtungen." In ironischem Gegensatz zu der Entzückung Wilhelms durch den Anblick Mignons steht die Bemerkung des Erzählers: „Wilhelm sprach diesen Abend noch manches zu Philinens Lobe..."

Im Zusammenhang mannigfaltiger Verweisungsketten und ironischer Verknüpfung mit dem Ganzen der „Lehrjahre" wird die weitere Entwicklung ihrer Beziehung durchgespielt. Als Philine bei einem Ausflug einen empfindsamen Naturenthusiasten verjagt hat, kleidet sie ihre Abneigung gegen alle Schwärmerei für „Natur und Naturszenen" in die neckisch-anmutige Liebeserklärung an Wilhelm: „... in ein Paar schöne schwarze Augen zu sehen tut einem Paar blauen Augen gar zu wohl. Was sollen dagegen Quellen und Brunnen und alte, morsche Linden!" Mit ironisch-umständlicher Wendung berichtet der Erzähler von der Wirkung dieser Worte und ihres Blickes in Wilhelms Augen, „dem er nicht wehren konnte, wenigstens bis an die Türe seines Herzens vorzudringen". In seiner „Verlegenheit" flüchtet sich Wilhelm in eine im Augenblick ganz unangemessen gewichtige sentenziöse Rede: „... der Mensch ist dem Menschen das Interessanteste und sollte ihn vielleicht ganz allein interessieren." Als Reaktion auf die zierlich-klugen Verführungskünste Philinens betrachtet, erscheint diese dem Geist und Ton der „Turm"-Maximen so nahe und daher in einen weiten Zusammenhang hinausdeutende Sentenz als Ausdruck der untergründigen, allen Geist des Ernstes in den „Lehrjahren" durchheiternden Ironie. Zugleich ist durch Wilhelms ernsthaft-sentenziöse Übertragung der Worte Philinens angedeutet, daß in ihrer Abweisung der Naturschwärmerei und ihrer Erklärung für die Freuden der Liebe das Wilhelms ganzen Bildungsweg bezeichnende Übergewicht des subjektiv-menschlichen Interesses gespiegelt ist. Ihre lebendig-unreflektierte Abwehr der Naturschwärmerei weist zudem mittelbar auf den Grund für die Natur- und Landschaftsferne der ganzen

Erzählung. Daß Wilhelm seine Maxime, und zwar in einem innerlich doch bewegten, von den schmeichlerischen Reizen Philinens erfüllten Augenblick, sogleich auf die Wirklichkeit des Theaters bezieht, macht offenbar, wie nahe seinem Innern schon wieder die alten Theaterträume sind.

Die kontrastierende Doppelbindung seiner Neigung zu Philine und zu Mignon zieht Wilhelm immer stärker in die Schauspielersphäre hinein und läßt den ihm gesetzten Zweck seiner Reise immer wesenloser werden: „Durch die frevelhaften Reize Philinens, durch die geheimnisvolle Gegenwart des Kindes, mehr als er sich selbst gestehen durfte, unterhalten, brachte Wilhelm verschiedene Tage in dieser sonderbaren Gesellschaft zu..." Hier ist, wie so oft noch im weiteren Verlauf der Erzählung, die eigentliche Halbbewußtheit Wilhelms, ja geradezu ein halb absichtlich vor sich selbst verhüllter Gegensatz seines Selbstbewußtseins zu seinem wirklichen Empfinden und Handeln angedeutet, was der Erzähler noch ironisch durch die Scheinbegründung verstärkt, die er Wilhelm für sein Verweilen in dieser Gesellschaft finden läßt: Er „rechtfertigte sich bei sich selbst durch eine fleißige Übung in der Fecht- und Tanzkunst, wozu er so leicht nicht wieder Gelegenheit zu finden glaubte". Nicht ohne Lächeln wird man Wilhelm dieserart auf dem Wege der „Ausbildung" sehen, die er sich später mit so ernstem Pathos vom Theater als der einzigen Möglichkeit des Bürgers, die Bildungsvorteile des Adels auszugleichen, versprechen wird. Der vom Erzähler mit dem desillusionierten Blick der Erfahrung gezeigten Wirklichkeit des Theaters gegenüber bleibt Wilhelm doch in seiner Theaterillusion ganz unbeirrt. Fremdartig genug nimmt sich der sentenziöse und umständliche Ernst, mit dem Wilhelm seine Gedanken über das Theater äußert, in der Schauspielerwirklichkeit aus. So stellt der Erzähler nach einer solchen Rede Wilhelms einmal fest: „... da weder Philine noch Laertes gestimmt schienen, einen solchen Diskurs fortzusetzen, unterhielt er sich allein mit diesen Lieblingsbetrachtungen..." Und ausdrücklich wird Wilhelms alter, nun mit Lebhaftigkeit erneuerter Wunsch, „das Gute, Edle, Große durch das Schauspiel zu versinnlichen", der „Freiheit einer losgebundenen Einbildungskraft" zugeordnet. Es entspricht dem schwankend-halbbewußten Werdeprozeß dieser Entwicklungsphase, daß Wilhelm dem Entschluß zu festerer Bindung an die Gesellschaft noch ausweicht. So zeigt er bei den wiederholten Anträgen Melinas, das Geld für die Auslösung der Theaterdekorationen und damit zur Gründung einer spielfähigen Truppe vorzuschießen, zunächst Unentschlossenheit.

Der Leser spürt jedoch, daß Wilhelm schon unentrinnbar von der Woge neuen Schicksals erfaßt ist. Wie in der entscheidenden Phase seiner Mariane-Leidenschaft Wilhelm zum erstenmal von der Gegenstimme des „Turms" angeredet wird, so läßt der Erzähler ihm auch in dieser Werdephase durch einen Abgesandten des „Turms" einen Wink erteilen. Auf der Wasserfahrt, da der hinzugestiegene Geistliche Wilhelm in ein Gespräch zieht, wird die Gegenposition des „Turms" sehr ausdrücklich vorgeführt. Während der Geistliche Wilhelm auf die Notwendigkeit der Ausbildung, der Erziehung, der Lebensleitung durch Vernunft hinweist und zugleich Wilhelms Theaterneigung durch herabsetzende, geheimes Wissen verratende Anspielungen auf deren Herkunft vom kindlichen Puppentheater empfindlich trifft, beruft Wilhelm „ein glückliches Naturell als das Erste und Letzte" und wiederum das Schicksal: „Glücklich sind diejenigen daher, deren sich das Schicksal annimmt, das jeden nach seiner Weise erzieht!" Die ironische Antwort des Geistlichen: „Das Schicksal ... ist ein vornehmer, aber teurer Hofmeister. Ich würde mich immer lieber an die Vernunft eines menschlichen Meisters halten", — diese Antwort erscheint vom Ende des Romans, vom Ganzen der Entwicklung Wilhelms und ihrem glücklichen Ziel her gesehen dann ihrerseits im Licht der Ironie. Wilhelms Worte jedoch, in ahnungslos-jugendlichem Lebensgefühl gesprochen, deuten insgeheim auf die innere Wirklichkeit seines Entwicklungsweges hin. Und wir finden denn auch Wilhelm auf der Heimfahrt in heiterster Stimmung. Als habe er die Mahnung des Geistlichen bezüglich seiner Gesellschaft gar nicht aufgefaßt, ja als hätte sie ihn in seinem eigenen, so gegensätzlichen Lebenssinn noch bestärkt, ist sein Herz den Reizen Philinens ganz geöffnet. Diese hatte allerdings „eben heute ihren schönen, sehr schönen Tag" — ein Hinweis des Erzählers, der die ironische Kompositionsabsicht erkennen läßt. Ganz wiederhergestellt scheint, in deutlichem Kontrast zu der erneuten Einwirkung des „Turms", die holde Illusionskraft von Wilhelms Herzen, die durch das Mariane-Erlebnis so schmerzlich gebrochen war: „Er ging wieder wie von dem ersten Jugendnebel begleitet umher ..."

Mit der Gestalt des Harfenspielers erweitert sich die Umwelt Wilhelms um eine Erscheinung, die gleich Mignon einem dunkleren und tieferen Schicksalsbezirk angehört als seine übrigen menschlichen Beziehungen. Wie sehr Wilhelm im Innern und mit jenen Kräften seines Wesens, die ihn eines unbedingten Gefühls fähig machen, dieser Sphäre verbunden ist, zeigt sich sogleich an der Wirkung, die der Gesang des Harfenspielers auf ihn macht: „Wilhelm enthielt sich kaum, ihm um den Hals zu fallen", und mit Verehrung und Dankbarkeit nennt er ihn einen „hülfreichen Schutzgeist". Wenn sich in Philine auch eine menschliche Gegenwelt verkörpert, so zeigt doch ihr Verhalten gegenüber dem Harfner wie auch gegenüber Mignon, daß sie keineswegs jener gemeinen, dem geheimnisvoll Unbedingten solcher Gestalten feindlichen Sphäre angehört, wie etwa Melina. Philinens eigenes Lied jedoch kontrastiert zu dem Gesang des Harfners dann mit seiner sinnlichen Leichtfertigkeit, ein Lied, das der Erzähler den Lesern nicht mitteilen zu können vorgibt, „weil sie es vielleicht abgeschmackt oder wohl gar unanständig finden könnten". Auch Wilhelm rügt es, indem er zugleich ihren Vortrag lobt, ihr aber für einen allgemeinen Beifall „etwas Schickliches" zu singen anrät. Schnippisch antwortet Philine: „... es müßte eine recht angenehme Empfindung sein, sich am Eise zu wärmen". Mit dieser Bemerkung wird der Szene zwischen ihr und Wilhelm präludiert, die seinem Verdruß über das erneuerte Drängen Melinas und seiner Bemerkung, „daß er sich nicht lange mehr bei so unfreundlichen und undankbaren Menschen aufhalten wolle", folgt.

Ganz entgegen dieser Stimmung bringt das Wechselspiel der Umstände, in die wir sogleich Wilhelm verstrickt sehen, gerade eine Verstärkung seiner Bindung an die Gesellschaft hervor. Wie Wilhelm verdrießlich und „beunruhigt von mancherlei Gedanken" auf einer Bank vor dem Hause sitzt, gesellt sich Philine hinzu und bedrängt ihn mit ihren Liebkosungen, ihn bittend, „er möchte ja bleiben und sie nicht in der Gesellschaft allein lassen". Ganz entschlossen und standhaft scheint Wilhelm bei dem Versuch, ihr begreiflich zu machen, „daß er länger weder bleiben könne noch dürfe". Die Ironie der Position Wilhelms steigert sich noch, als Philine auch angesichts vorübergehender Leute fortfährt, ihn zu liebkosen: Wilhelm, „um kein Skandal zu geben, war gezwungen, die Rolle des geduldigen Ehemannes zu spielen". Aller Standhaftigkeit zum Trotz gibt er ihr das Versprechen, zu bleiben. Philine, von ihm ablassend, nennt ihn „einen rechten Stock". Der Erzähler aber bemerkt mit wissender Ironie, daß sie ihm diesmal unrecht tat. Als Philine dann, „nachdem sie ihm einen leichtfertigen Blick zugeworfen", ins Haus geht, erhebt sich Wilhelm denn auch, „ohne selbst recht zu wissen warum, von der Bank, um ihr nachzugehen".

Aber da erscheint mit erneuten Bitten Melina. Deutlich stellt sich die ironische Struktur der Erzählung dar, wenn Wilhelm, „der sich ungern auf der Schwelle aufgehalten sah, über die ihn eine unwiderstehliche Neigung in diesem Augenblicke zu Philinen hinüberzog", wegen dieses Verlangens nach Philine, nämlich um Melina schnell loszuwerden, seine Zusage gibt. Doch die Vexierung Wilhelms ist damit nicht zu Ende. Seine Absicht wird trotz der „mit einer überraschten Zerstreuung und eilfertigen Gutmütigkeit" gegebenen Zusage an Melina erneut durchkreuzt: durch das unvermutete Wiedererscheinen Friedrichs. Und zum Überfluß tritt in diesem Augenblick noch der Wirt hinzu und erklärt, wo Friedrich Philine finden könne, wodurch Wilhelm jede Möglichkeit verliert, doch noch zu Philine zu gelangen. Die ironisch durchgespielte Bedrängnis Wilhelms, ein „Unbehagen, dergleichen er in seinem Leben noch nicht empfunden hatte", wird noch weitergeführt. In seiner Stimmung betrübt er Mignon durch Gleichgültigkeit; es treibt ihn unruhig umher. Die für den Erzählverlauf typische Verknüpfung von disparaten Motiven führt in dieser Situation den „Stallmeister" des Grafen ein und damit ein Verbindungsglied zu einer neuen Sphäre der Welt- und Theatererfahrung Wilhelms. Die gleiche kompositorische Ironie führt Wilhelm in seiner verdrießlichen Unruhe wegen Philine zum Harfenspieler, der gleichsam eine dritte, eine innere Hinderung seines Verlangens nach Philine darstellt. Sein Gesang zieht Wilhelm aus der Sphäre Philinens auf sein inneres Selbst zurück. Die Bemerkung des Erzählers, daß Wilhelms Empfindungen durch den Gesang des Harfners in eine Zirkulation gebracht wurden, „von der in dem gegenwärtigen Zustande unsers Freundes das Beste zu hoffen war", leitet zu der Feststellung über, daß Wilhelm nun „über seine Lage lebhafter, als bisher geschehen, zu denken" anfing und „mit dem Vorsatze, sich aus derselben heraus zu reißen, nach Hause" gelangte. Doch das erweist sich dann wieder als Ironie des Erzählers gegenüber Wilhelm, wenn dieser sogleich, „wiewohl mit einigem Zaudern", das Melina gegebene, und zwar ganz ohne den gewünschten Erfolg und also unnötig gegebene Versprechen auch zu halten genötigt wird. Und noch weiter fällt auf Wilhelms Situation ein ironisches Licht, wenn er in der eifersüchtigen Raserei Friedrichs gegen den Stallmeister, Philinens neueste Eroberung, sein eigenes Innere gespiegelt sehen muß. In Wilhelm regt sich die Erkenntnis, wie sehr seine jetzige Lage im Gegensatz steht zu jener früheren, durch die Liebe zu Mariane erhöhten Epoche, „in der sein Geist durch ein unbedingtes hoffnungsreiches Streben emporgehoben wurde". Er selbst empfindet den Widerspruch zwischen seinem Vorsatz, „aus diesen Verhältnissen sich loszureißen und gleich zu scheiden" und der neuen Bindung an die Gesellschaft durch die Tatsache, daß er „vor wenigen Augenblicken sich mit Melina in ein Geldgeschäft eingelassen" hatte. Auch die Bekanntschaft mit dem Harfner ist Wilhelm als eine weitere Bindung an diesen Kreis deutlich. Dennoch ist er entschlossen „oder glaubte wenigstens entschlossen zu sein", sich dadurch nicht zurückhalten zu lassen. Das Umschlagen der Erzählfolge ins Gegenteil läßt auf Wilhelms Beteuerung: „Ich muß fort... ich will fort!" sogleich eine ganz kontrastierende Entwicklung folgen. Als Wilhelms Entschluß dergestalt gefestigt erscheint, tritt Mignon herein. Ihr Gefühlsausbruch bei der Mitteilung, daß Wilhelm fort müsse, ihr ohnmachtartiger Schmerz, die Gewalt ihrer Tränen bewegen Wilhelm zu dem Versprechen: „Ich werde dich behalten, dich nicht verlassen!" Gleichfalls zugehörig jener Sphäre der alles Planen der Vernunft überwältigenden Mächte des Innern erklingt in diesem Augenblick vor der Tür der Gesang des Harfners. Die ironische Situation, da Wilhelm Philinen, von ihren Zärtlichkeiten bedrängt, zu bleiben verspricht, wiederholt sich in dieser kompositorischen Parallele, jedoch auf den innigsten Gefühlsernst übergeführt. Stiftete Philine in seiner Seele Unruhe und Verwirrung, so genießt Wilhelm, so lange vom Vexierspiel der Umstände schlimm gefoppt, mit Mignon dann gleichsam erlöst „des reinsten, unbeschreiblichsten Glückes".

Der Schluß des zweiten Buches stellt eine umgekehrte Spiegelung des Schlusses des ersten Buches dar: Durch die Zerstörung einer menschlichen Bindung erscheint Wilhelm dort ausgestoßen aus einer Schicksalssphäre, die seinem unbedingten Streben Nahrung gab, während ihm hier in Mignon eine menschliche Bindung zugewachsen ist, die in ihm das Verhältnis zu der Lebenssphäre befestigt, der er sich aus dem unbewußten Bedürfnis seiner tieferen Natur, dem Verkümmern seines unbedingten Strebens in bürgerlicher Selbstbegrenzung zu entgehen, zugewandt hatte.

Drittes Buch

Doch es ist Philine, die Wilhelm einer neuen, höheren Lebens- und Bildungssphäre verbindet — vorbereitet schon durch ihre Beziehung zu dem Stallmeister —, insofern sie die erste ist, auf die die Neigung der Gräfin fällt und die dann die Gräfin auf Wilhelm aufmerksam macht, mit Worten, in denen zugleich eine Vorausdeutung auf die Rolle, die Wilhelm später in der Tat bei der Gräfin spielen wird, liegt: „Es ist noch ein recht hübscher junger Mann oben, der sich gewiß bald zum ersten Liebhaber qualifizieren würde." Wiederum tritt Wilhelm, ahnungslos und beinahe gegen seinen Willen, in eine neue Entwicklungsphase hinüber: als Philine ihn herbeiholen will, folgt er ihr „mit einigem Unwillen". Dabei streift ein Lächeln des Erzählers den Bürgersohn, der dann doch der Adelsbekanntschaft eifrig entgegenstrebt: „... da er von vornehmen Personen hörte, war er voll Verlangen, sie näher kennen zu lernen". Diesem Motiv verknüpft der Erzähler sogleich jenes noch gewichtigere der ihm in der Sphäre des Adels beschiedenen neuen und das zukünftige Glück beziehungsvoll vorbereitenden Liebeserfahrung: „Er trat ins Zimmer, und seine Augen begegneten sogleich den Augen der Gräfin, die auf ihn gerichtet waren." Als Wilhelm später mit sich zu Rate geht, „ob er die Gesellschaft auf das Schloß begleiten solle", entschließt er sich dazu wegen der damit verbundenen Aussicht, „die große Welt näher kennen zu lernen, in der er viele Aufschlüsse über das Leben, über sich selbst und die Kunst zu erlangen hoffte". Doch der Erzähler ergänzt: „Dabei durfte er sich nicht gestehen, wie sehr er wünsche, der schönen Gräfin wieder näherzukommen." In schwärmerischer Täuschung ergeht sich Wilhelm in dem Lobpreis der Vorzüge einer hohen Geburt, er schätzt auch diejenigen glücklich, „die sich einem solchen Kreise nähern, aus diesen Quellen schöpfen können". Wenn Wilhelm dann seinen Genius preist, „der Anstalt machte, auch ihn diese Stufen hinanzuführen", wird die ironische Absicht des Erzählers deutlich, der Wilhelms Eintreten in die Adelssphäre und die Wirklichkeit des Adels selbst durchaus im Gegensatz zu solcher hochgemuten Erwartung vorführen wird.

Schon die Erzählung von der Reise der Schauspielergesellschaft, ihrer Ankunft auf dem Schloß und den ersten Erlebnissen dort ist eine einzige Folge getäuschter Erwartungen. Daß auch Wilhelm die anfangs schlimme Lage der Schauspieler teilen muß, hat noch die besondere Ursache, daß er in dem Wirtshaus, in dem er eigentlich absteigen wollte, keinen Platz fand. Der Bürgersohn muß also auf die gewohnte Distanzierung verzichten und sich gefallen lassen, vom Zufall der Umstände gezwungen, den Schauspielern gleich behandelt zu werden, zum erstenmal praktisch als ihresgleichen zu leben, ja ihresgleichen zu sein. Daß gerade Philine Wilhelm jetzt aus seinem Ungemach helfen kann, indem sie ihn am Genießen dessen, was ihre erotischen Erfolge ihr eingebracht, teilzunehmen einlädt, wirft ein ironisches Licht auf Wilhelms Position, da er „seit dem Abenteuer der steinernen Bank" so fest entschlossen war, „keine Gemeinschaft mehr mit ihr zu machen", und sich nun ausgerechnet in seinen jetzigen Umständen an die Beziehung zu ihr erinnert sehen muß. Der Erzähler kostet diese Konstellation gleichsam mitleidlos aus, wenn er die ganze Kläglichkeit der Lage, in die Wilhelm das Herausstreben aus der Bürgerlichkeit und der zufallsbedingte Schritt in die große Welt gebracht haben, verdeutlicht: „Der Bediente ging und hinterließ Wilhelmen eins von seinen Lichtern, das dieser in Ermanglung eines Leuchters auf das Fenstergesims kleben mußte, und nun wenigstens bei seinen Betrachtungen die vier Wände des Zimmers erhellt sah."

Zur ironischen Behandlung Wilhelms während seines Aufenthaltes auf dem Schloß gehört insgesamt die illusionslose Darstellung der Umwelt, auf die seine Bildungshoffnungen gerichtet sind. So werden sowohl die Theatersphäre wie die Adelsgesellschaft gleichsam nach einem vollständigen Register aller ihrer Schwächen gezeichnet. Ironien umspielen und durchdringen auch die Beziehungen Wilhelms zu der schönen Gräfin, mit deren Anfang zugleich Wilhelms Autorehrgeiz und seine auf die Adelssphäre gerichtete Bildungshoffnung verknüpft sind. Mit Lächeln blickt der Erzähler auf Wilhelms Vorbereitung, als sich ihm endlich die lang ersehnte Aussicht eröffnet, der Gräfin von seinen dramatischen Produktionen vorzulesen. Trotz aller, seinen Illusionen so sehr widersprechenden Erfahrungen reflektiert er mit einer gewissen feierlichen Ernsthaftigkeit über die sich ihm mit der Vorlesung verbindende Hoffnung, seine Lebens- und Bildungsentscheidungen von einem zuständigen Tribunal beurteilt zu sehen. Als einen Genarrten aber zeigen Wilhelm die wirklichen Erfahrungen „im Kabinette". Zur Gräfin gerufen, findet er sie unter den Händen des Friseurs, und neben ihrem Stuhl sieht er „leider Philinen knien und allerlei Torheiten machen". Während er darauf brennt, sein Stück vorzulesen, muß er ein Lied Philinens anhören, muß ertragen, daß der Graf hereinkommt, um über die „Einteilung des Tages" zu sprechen, daß einige Offiziere ihre Aufwartung machen, so daß die Gräfin sich einer immer größer werdenden Gesellschaft zu widmen hat, indes Wilhelm „manchmal nach dem Manuskripte in der Tasche" fühlte, „und fast wollte seine Geduld reißen, als ein Galanteriehändler hereingelassen wurde..." Wilhelms enttäuschte Erwartung endet damit, daß er sich „nach einer ängstlich und vergebens durchharrten Stunde" wieder wegbegeben muß, ohne zu seiner Vorlesung gekommen zu sein.

Erst als Wilhelm später, wenn auch mit Widerstreben, das allegorische Festspiel zu Ehren des Prinzen schreibt und auf die Hilfe der Damen verwiesen wird, um seine Abänderungen des gräflichen Plans durchzusetzen, ermöglicht die Baronesse heimlich eine Zusammenkunft mit der Gräfin. Mit vorausdeutender Ironie wird hier die spätere Situation der galanten Intrige vorweggenommen, was durch den Hinweis auf sein Verhältnis zu Mariane noch verstärkt wird: „Die Art, mit der ihm die Baronesse in einem kleinen Kabinette entgegen kam, erinnerte ihn einen Augenblick an vorige glückliche Zeiten." Sein Widerstand gegen den Wunsch der Damen, zur Befriedigung des Grafen wenigstens den allegorischen Schluß nach dessen Plan zu gestalten, wird schließlich aufgegeben. Die „schönen Augen der Gräfin" haben größere Macht über ihn als die Unbedingtheit seiner poetischen Überzeugungen. Selbst als Schauspieler mitzuwirken aber weigert sich Wilhelm zunächst; im Widerspruch zu seiner augenblicklichen Lebensbindung an die Schauspielergesellschaft regt sich in ihm das bürgerliche Gewissen; und ausgerechnet das Argument, es handle sich hier auf dem Schloß doch um ein Gesellschaftstheater, bestimmt ihn zum Nachgeben. Es ist für die ironische Struktur der Entwicklung Wilhelms bezeichnend, daß dieser erste Schritt zur Verwirklichung seiner „theatralischen Sendung" durch gesellschaftliche Scheinargumente seiner Bürgerlichkeit abgerungen werden muß. Noch später bei Serlo müssen ja solche bürgerlichen Vorbehalte Wilhelms gegen sein Auftreten als Schauspieler eigens überwunden werden. Insgeheim spricht daraus aber die innere Stimme der Wahrheit, die verborgene Sicherheit Wilhelms trotz allen äußeren Irrtums. Spricht die Wahrheit jedoch von außen, dann leiht ihr Wilhelm kein Ohr. Als Mignon sich weigert, an der Aufführung mitzuwirken, und sie Wilhelm anfleht: „Lieber Vater! bleib auch du von den Brettern!", heißt es von Wilhelm. „Er merkte nicht auf diesen Wink..." Ebensowenig Wirkung hat die kritische Warnung Jarnos: „Es ist schade, daß Sie mit hohlen Nüssen um hohle Nüsse spielen." Spricht in Jarno die gebildete Weltvernunft gegen Wilhelms Theaterbindung, so spricht aus Mignon die ursprüngliche Sphäre der Innerlichkeit dagegen — wobei sich die ironische Komposition der Erzählung darin zeigt, daß gerade Mignons Gefühlsausbruch Wilhelm bewogen hatte, bei der Schauspielergesellschaft zu bleiben. Dieser Widerspruch in der Funktion Mignons deutet allerdings an, daß ihre Sphäre weder der Theaterillusion Wilhelms noch der Vernunft des „Turms" und das heißt weder früher noch später den Stufen seiner „Bildung" zugeordnet ist.

Die Konstellation dieses Widerspruchs wiederholt sich noch einmal in bezug auf Jarnos Belehrungsversuche. Jarno hatte Wilhelm auf Shakespeare hingewiesen. Dieser Hinweis akzentuierte eine ironische Situation Wilhelms, insofern er an dessen absichtsvoll pathetische Lobrede auf Racine, den Lieblingsdichter des Prinzen, angeschlossen wird, eine Lobrede, durch die Wilhelm zudem die gesellschaftlichen Formen zur spöttischen Verwunderung Jarnos auf gänzlich weltfremde Weise verfehlt. Wilhelm vertieft sich dann in Shakespeare und ist sogleich unendlich hingerissen. Doch Jarnos geheimen Absichten widerspricht seine Reaktion völlig. Wilhelm berichtet zwar: „Diese wenigen Blicke, die ich in Shakespeares Welt getan, reizen mich mehr als irgend etwas andres, in der wirklichen Welt schnellere Fortschritte vorwärts zu tun...", doch in Wahrheit bewirkt die Shakespeare-Begegnung in Wilhelm die Wiedergeburt jener idealen Theaterhoffnungen, denen er nach Marianens Verlust so schmerzlich entsagt hatte. Mit erneuerter Illusionskraft schwärmt er von seinem Verlangen, „dereinst, wenn es mir glücken sollte, aus dem großen Meere der wahren Natur wenige Becher zu schöpfen und sie von der Schaubühne dem lechzenden Publikum meines Vaterlandes auszuspenden". Jarno dagegen macht den Versuch, nach seinem Sinne auf die ersten Worte Wilhelms zurückzulenken: „Lassen Sie den Vorsatz nicht fahren, in ein tätiges Leben überzugehen..." Diesen Übergang zu ermöglichen, macht er Wilhelm sogleich Aussicht auf vorteilhafte Dienste. Wilhelm scheint ganz dankbar und willig; doch er schreckt ernüchtert zurück, als Jarno dann an Wilhelms gegenwärtiger Gesellschaft gerade die Herzensbindung an den Harfner und Mignon verurteilt: „Jarnos Reden hatten sein Herz getroffen; er war tief verwundet..." Gegen „die scheinbare Klugheit der Welt", gegen die Aussichten, die ihm der „Weltmann" eröffnete, stellt Wilhelm die innere Welt: „Alles, was du mir anbieten magst, ist der Empfindung nicht wert, die mich an diese Unglücklichen bindet." Dieses erste aktive Eingreifen des „Turms" ist ein völliger Fehlschlag, den Jarno zudem selbst, durch die Schmähung Mignons und des Harfners, verursacht. Die „Autonomie des Lebens" ist der Vernunft des „Turms" entgegengestellt: der Entwicklungsgang Wilhelms ist von den „Zufällen" der Lebensverknüpfung wesentlicher bestimmt als von der Belehrung und Lenkung des „Turms".

So wird Wilhelm eben auch nicht durch Jarnos Aufforderung in die Sphäre des „Turms" hinübergezogen; er nähert sich ihr vielmehr an durch die Herzensneigung zur Gräfin, in der er ahnungslos einem Vorausbild seiner innersten und reinsten, aber noch unbestimmten Sehnsucht begegnet: der Schwester Nataliens nicht nur, sondern dem Abglanz, wenn auch noch nicht einem vollkommenen, ihres Wesens selbst. Die Komposition der Erzählung führt ihn allerdings auf gleichsam komisch-verschnörkeltem, komisch-vermitteltem Wege zu ihr hin. Sowohl Philine wie die Baronesse hatten die zunehmende Neigung der Gräfin zu Wilhelm bemerkt; und beide waren bestrebt, sie darin noch zu bestärken. Aus ganz verschiedenen Interessen, die zu der zarten Schwärmerei der Seelen, die zwischen Wilhelm und der Gräfin waltet, durchaus im Gegensatz stehen, leiten sie die schicksalhafte Begegnung der beiden ein. Nach raffiniertem Plan soll Wilhelm der Gräfin in einer Verkleidung zugeführt werden, so daß sie ihn für ihren Gemahl halten muß. Wilhelm hat zwar Bedenken, doch wie so oft wird er halb gegen seinen Willen in sein Schicksal gezogen. Im Kabinett des Grafen, in dessen Schlafrock gekleidet, erwartet er dann die Gräfin. Trotz seiner Verlegenheit ist Wilhelm ergriffen von einem süßen Vorgefühl ersehnter Liebkosungen der schönen Gräfin. Mit ironischem Lebensblick deutet der Erzähler an, daß Wilhelm von einem Liebesverlangen erregt ist, das nicht allein von der Neigung zur Gräfin genährt wird, sondern zugleich von der Empfindung für alle weiblichen Reize, die er sonst erfahren, mit der Erinnerung an Mariane und der von neuem wirksamen Liebenswürdigkeit Philinens.

Das so häufige Umschlagen einer Hoffnung in Enttäuschung bestimmt die kompositorische Folge der Erzählung auch hier. Denn als bloßer Schein zerflattert die Hoffnung Wilhelms. Das Erscheinen des Grafen löst ein ironisches Wechselspiel von Schein und Wirklichkeit aus: Die Baronesse glaubt der Gräfin eine „erdichtete Nachricht" zu bringen, als sie ihr die Ankunft des Gatten meldet, um sie zu Wilhelm, der im Gewand des Grafen ihrer harrt, hinüberzuführen. In Wahrheit aber bringt sie ahnungslos der Gräfin die Nachricht von einer Tatsache, die der Gräfin zudem schon bekannt war, so daß sie nicht einmal Überraschung hervorruft. Die gleiche Struktur hat auch die Weiterführung der Erzählung. Der Graf glaubt in Wilhelm sich selbst gesehen zu haben und versteht das als Ankündigung seines Todes. Er ist daher bei seiner Gemahlin sehr still und in sich gekehrt, so daß das Gespräch bald ausgeht. War Wilhelms Verkleidung wirklich die Ursache für die Einsilbigkeit des Grafen, so wird die Wirkung dieser Ursache doch falsch gedeutet, wenn man befürchtet, der Graf könnte Wilhelm erkannt haben. Die von Wilhelm, wenn auch in anderer Weise als ihm bewußt, verursachte Verstörung des Grafen hat ihrerseits die Folge, daß Wilhelm doch noch zu einem Zusammensein mit der Gräfin gelangt: Wegen der stockenden Konversation läßt der Graf Wilhelm zum Vorlesen rufen. Die Folge von Ursachen und Wirkungen, die zu dieser Begegnung führt, setzt mit der Ankunft des Grafen ein; letztlich ist die Ursache des Scheiterns der Begegnung also identisch mit der Ursache des Stattfindens der Begegnung. Schein und Wirklichkeit jedoch, die erhoffte und die wirkliche Begegnung, sind einander gänzlich entgegengesetzt.

Am Ende dieser Erzählphase, die so mannigfach durch die Diskrepanz von Schein und Wirklichkeit bestimmt ist, bringt der Erzähler, wie an ihrem Beginn, Schein und Wirklichkeit zu ironischer Identität. Wilhelm kann seine Beklemmung, als er vorlesen muß, nicht verbergen, sie gibt seinem Ton „etwas Unsicheres, Zitterndes", das aber „glücklicherweise dem Inhalt der Geschichte gemäß war": die Wirklichkeit der Empfindung Wilhelms deckt sich also mit dem Schein, den die vorgelesene Geschichte von seinem Ausdruck gefordert hätte, bzw. mit dem Schein der literarischen Fiktion selbst, der hier zur schützenden Maske der Wirklichkeit wird. Ja, gewissermaßen wird die Wirklichkeit durch diese Identität in Schein verwandelt, insofern nämlich der Graf die Wirklichkeit der sich in Wilhelms Vorlesen ausdrückenden Empfindungen für Schein, für künstlerischen Ausdruck hält. Wenn der Graf daher Wilhelm „freundliche Zeichen des Beifalls" gibt und „den besondern Ausdruck der Vorlesung" lobt, ist es ganz eigentlich Wilhelms Schuldgefühl gegenüber dem Grafen, das ihm dessen Lob einträgt; seine Schuld wird zur Ursache des Beifalls dessen, an dem er schuldig wurde.

Es entspricht der ironischen Struktur der Erzählung, daß die Baronesse das, was der wirklich eingeleiteten Intrige nicht gelungen war, durch die Erzählung von ihrem Scheitern erreicht. Die Gräfin ist zwar, als sie von der Geschichte hört, anfangs unwillig, doch der Erzähler verrät, daß sie „seit der Zeit nachdenklicher ward und in ruhigen Augenblicken jene Szene, die ihr zubereitet war, zu bedenken, zu verfolgen und auszumalen schien". Wilhelm ist indessen mit einer Abschrift seiner Dramen beschäftigt, um die ihn die Gräfin gebeten hatte. Wiederum ist Wilhelms Selbsttäuschung über seinen Künstlerberuf genährt und gesteigert durch eine Herzensillusion. Ironisch verknüpft der Fortgang der Erzählung damit auch seine folgen- und beziehungsreiche Umarmung der Gräfin. Zum Vortrag seiner Dichtung gebeten, findet er sie besonders festlich geschmückt. Daß der Grund das Abschiedsmahl für den Prinzen ist, stellt die Umarmungsszene sogleich unter das Zeichen der Trennung, da mit dem Abschied des Prinzen der Aufenthalt auf dem Schloß für alle sein Ende nehmen soll. Die glänzende Schönheit der Kleidung verklärt jedoch zugleich die Erscheinung der Gräfin vor Wilhelms entzückten Blicken und verursacht, in eins mit der für die Seele lösenden Empfindung nahender Trennung, das Auflodern eines bisher von der gesellschaftlichen Distanz temperierten Gefühls. Andererseits ist der festliche Schmuck, den die Gräfin angelegt hat, auch die Ursache für das jähe, das ganze Leben der Gräfin verwandelnde Ende der Umarmung, worin sich geheim auch der symbolische

Sinn ihrer Schmucklust als eines Wesenszugs andeutet, der die
Gräfin nur ein unvollkommenes Vorausbild der schwesterlichen
Natalie sein läßt, dem Schein und nicht dem Wesen zugeordnet,
weshalb Wilhelm auch bestimmt ist, über sie hinaus zu der höheren
Natalie fortzuschreiten.

Philine ist es, die diese entscheidende Begegnung zwischen
Wilhelm und der Gräfin herbeigeführt hat. Eine untergründige
Ironie des Erzählers verknüpft diese so bewegte, schicksalstiefe
Zusammenkunft mit einem Bedürfnis der Langeweile: „Philine, als
sie merkte, daß den beiden Damen in Erwartung ihrer Gäste die
Zeit zu lang wurde, schlug vor, Wilhelmen kommen zu lassen . . ."
Wilhelm hat beim Anblick der Gräfin kaum Atem zu seiner Rezitation und weiß, als er von ihr einen Ring zum Geschenk bekommt,
„nichts zu sagen und nichts zu tun", sondern steht da „wie eingewurzelt in den Boden". Dies Verhalten Wilhelms, wie die lakonische Knappheit, mit der davon erzählt wird, steht im Gegensatz
zu den wortreichen Perioden, mit denen der Erzähler vorher die
„tausenderlei Gedanken, die sich in seiner Seele kreuzten", zusammengefaßt hatte. Offenbar ist Philines Funktion, dem von
seinem gefühlsreinen Enthusiasmus gehemmten Wilhelm nachzuhelfen, indem sie ihn mit Spott reizt und durch ihr Beispiel in
Bewegung setzt. Die Kompositionsweise einer ironisch gelenkten
Einbildungskraft kann sich kaum sinnfälliger darstellen als in der
grotesken Szene, die auf Philinens neckende Ermunterung Wilhelms
folgt: Philine kniet neben der Gräfin und küßt ihr die rechte Hand,
Wilhelm, Philine nachahmend, stürzt gleichfalls auf seine Knie und
drückt die linke Hand der Gräfin an seinen Mund. Zur Rechten
und zur Linken der Gräfin also, so müssen wir uns das Bild vor
die Anschauung rufen, knien Philine und Wilhelm, zur Rechten und
zur Linken jeder ihre Hand zum Kuß an seine Lippen ziehend.

Philine befördert die Annäherung Wilhelms und der Gräfin noch
um ein weiteres, indem sie schalkhaft beziehungsvoll fragt, die
Hand auf das Herz der Gräfin legend: „Doch sollte wohl niemals . . .
in diese verborgene Kapsel sich ein ander Bild eingeschlichen haben?"
Von der Gräfin deshalb gerügt, verläßt Philine das Zimmer. Noch
kniend ruft Wilhelm der Gräfin zu, von dem plötzlichen Alleinsein
mit ihr überwältigt und mit einer Kühnheit, die gleichsam ein
Geschenk Philinens ist: „Ihr Bild steht unauslöschlich in meinem
Herzen. Leben Sie wohl, lassen Sie mich fliehen!" Diese auch die
Gräfin mitreißende Offenbarung seines Gefühls läßt auf die Annäherung der Liebenden wiederum den Schatten des Abschieds und
des Endes fallen. Dabei ist jedoch die Ironie einer Erzählstruktur

nicht zu verkennen, die die leidenschaftlichste Umarmung dem flehentlich entschlossenen Ausruf: „... lassen Sie mich fliehen!" folgen läßt, ja ihm geradezu ursächlich verbindet. Das Bewußtsein dieser Ironie durchdringt die sozusagen abfernenden, alle gemeine Kausalität überspielenden Wendungen, mit denen der Erzähler auf die Umarmung zwischen Wilhelm und der Gräfin hinführt, als sei diese Umarmung nicht aus dem Stoff der Wirklichkeit, sondern aus dem von Träumen gemacht: „... wie im Traum das Seltsamste aus dem Seltsamsten sich entwickelnd uns überrascht, so hielt er, ohne zu wissen, wie es geschah, die Gräfin in seinen Armen ..." Mit einer leisen, zärtlich mitempfindenden und zugleich relativierenden Ironie hüllt der Erzähler wie den Eingang so den Ausgang der Schilderung in eine sentenzhafte Reflexion ein, als wolle er, wenn er ein Innerstes preisgibt, den Kern der Darstellung zugleich schützend umschirmen und aus dem Zufälligen in die Distanz des Menschenallgemeinen rücken: „... ihre Lippen ruhten auf den seinigen, und ihre wechselseitigen lebhaften Küsse gewährten ihnen eine Seligkeit, die wir nur aus dem ersten aufbrausenden Schaum des frisch eingeschenkten Bechers der Liebe schlürfen."

Auf den dann folgenden Umschlag des Erzählverlaufs bereitet wiederum die wissende Distanzierung einer allgemeinen Reflexion den Leser, jedoch nicht die jäh aus dem Schein ihrer Seligkeit gerissenen Liebenden vor: „O daß ein solcher Augenblick nicht Ewigkeiten währen kann, und wehe dem neidischen Geschick, das auch unsern Freunden diese kurzen Augenblicke unterbrach." Die Gräfin macht sich mit einem Schrei von Wilhelm los und ihre Worte: „Fliehen Sie mich, wenn Sie mich lieben" treiben Wilhelm hinweg; es ist, als scheuchte ihn der Erzähler durch ein Echo auf seine eigenen Worte. Ein Abgrund von Ironie tut sich auf in der Diskrepanz, die zwischen Philinens heiterer, neckend anstiftender Willkür und jener dunklen Frage liegt, mit der die Erzählung dieser Begegnung endet: „Die Unglücklichen! Welche sonderbare Warnung des Zufalls oder der Schickung riß sie auseinander?" — eine Frage, die jenes Gespräch der Mariane-Epoche über Zufall und Schicksal mit dem „Unbekannten" wieder heraufruft. Vom Erzähler gestellt, meint diese Frage, daß er die Antwort im Ungewissen läßt, daß er sich weder für die Position Wilhelms noch für die des „Turms" entscheidet. Insofern jenes Gespräch sich untergründig auf das Schicksal der Liebe zu Mariane bezog, knüpft die darauf zurückdeutende Frage des Erzählers hier die Trennung Wilhelms und der Gräfin geheim an das Ende der Mariane-Liebe. In beiden Fällen wird die Trennung von einer Ursache bewirkt — dort ein mißdeuteter Brief, hier ein mißdeuteter Schmerz —, deren Nichtigkeit nur durch eine getäuschte Einbildungskraft Schicksalsgewicht erhält.

## Viertes Buch

In Kontrast zu Wilhelms innerem Verhältnis zur Gräfin steht seine offizielle Verabschiedung: Als Ausdruck der Dankbarkeit des Grafen für Wilhelms „theatralische Bemühungen" überbringt der Baron ein Geldgeschenk, das anzunehmen er sich zunächst weigert. In ironischer Verkleinerung legt der Erzähler in den Überredungsversuch des Barons eine Lehre, die er Wilhelm auf dem Weg von der jugendlichen Unbedingtheit zur Reife der Weltbildung durchgehend erteilen läßt: daß er das Geschenk annehmen solle, „da wir doch einmal nicht ganz Geist sind". Wilhelms weitere Reaktion ist mannigfach von ironischen Bezügen umspielt. Er selbst ist einzuräumen gezwungen: daß die Gabe „mich in dem Augenblicke, in dem sie mich in Verlegenheit setzt, aus einer Verlegenheit reißt, in der ich mich bisher gegen die Meinigen befand". So nimmt er denn schließlich das Geldgeschenk als ein „Glück" an, zu dem ihn „dieser sonderbare Seitenweg geführt hat", da es ihm wiedergibt, was er durch schlechte Haushaltung von dem Gelde vertan, über das er seinem Vater Rechenschaft schuldig ist. Eigens wird die Wilhelms Haltung durchdringende Ironie noch spöttisch verdeutlicht, wenn es nach seiner anfangs so spontanen Ablehnung des Geldgeschenkes heißt: „Der Baron hatte kaum das Zimmer verlassen, als Wilhelm eifrig die Barschaft zählte ..." Daß sie „ihm so unvermutet und, wie er glaubte, so unverdient zugekommen war", gehört zu der geheimen ironischen Vorausspiegelung des Schlusses der „Lehrjahre", die in dieser ganzen Szene liegt: auch da wird Wilhelm von einem „Glück" sprechen, das er nach so manchen Irrtümern nicht verdient zu haben glaubt. Die Parallele ist jedoch noch weitergeführt: Wilhelms Feststellung, daß er „ebenso viel, ja noch mehr in Kassa habe, als an jenem Tage, da Philine ihm den ersten Strauß abfordern ließ", verweist ausdrücklich auf Philine als Ursache und Anfang seiner Verbindung zu der Schauspielergesellschaft und damit einer Lebens- und Entwicklungsphase, die ihn von dem vorgesetzten Kaufmannswege abführen sollte. Am Schluß der „Lehrjahre" wird Friedrich mit fast gleichen Worten darauf anspielen.

Zunehmend bekommt das Geldgeschenk in Wilhelms Vorstellung den Charakter einer Selbstbestätigung: „Mit heimlicher Zufriedenheit blickte er auf sein Talent, mit einem kleinen Stolze auf das Glück, das ihn geleitet und begleitet hatte." In einer „glücklichen Exaltation" knüpft er die Gunst der Gegenwart an die Aussichten der Zukunft; in dem Rechenschaftsbericht an die Eltern, zu dem ihm diese Hochstimmung endlich Zuversicht gab, bildet er daraus „ein solches wunderliches Luftgemälde, daß Fata Morgagna selbst es nicht seltsamer hätte durcheinander wirken können". Den Inhalt des Schreibens rekapitulierend, malt er sich „eine tätige und würdige Zukunft" aus. Man muß sich die Ironie bewußt halten, die darin liegt, daß dieses im Grunde fragwürdige und Wilhelms erste Verbindung zur Welt des Adels ein wenig herabwürdigende Geldgeschenk Zukunftshoffnungen in ihm lebendig macht, deren Ausdruck in der Wendung „eine tätige und würdige Zukunft" insgeheim auf jenes Ziel seiner Entwicklung und Bildung voraufweist, das am Schluß der „Lehrjahre" Lotharios Worte, als er Wilhelm Natalien verbindet, bezeichnen: „Lassen Sie uns zusammen auf eine würdige Weise tätig sein!"

Wilhelm, den das Geldgeschenk mit seiner Verbindung zu der Schauspielergesellschaft durchaus versöhnt hatte, wird sogleich wieder deutlich gemacht, daß er sich in fragwürdiger Gesellschaft befindet. Dabei ist es für die Lust des Autors zu ironischer Verknüpfung der Erzählfolge bezeichnend, wenn das Eigentum Wilhelms, der die Hilfe Philinens „nicht ohne Widerwillen" anzunehmen gezwungen war, mit Philinens Koffer dann als einziges gerettet wird, und zwar auf eine moralisch höchst anstößige Weise, und das heißt, gerade als Folge derjenigen Eigenschaften Philines, gegen die sich seine bemühte sittliche Reserve richtete.

Zu den Vorkommnissen, die den gemeinen Sinn der Schauspielergesellschaft bloßstellen, gehört auch Melinas Forderung, Mignon solle Weiberkleidung tragen und der Harfner solle sich den Bart abschneiden. Ernst und Ironie durchdringen sich wechselweise, wenn der niedrige Realitätssinn Melinas die beiden außerhalb der Gesellschaft stehenden Gestalten in die Ebene der „normalen" Gesellschaft ziehen will, indem er sie ihre Maske, das Zeichen eben ihrer Rollen als Gestalten außerhalb der Gesellschaft, abzulegen auffordert, und wenn Philine ihre Verteidigung des Harfnerbartes mit dem Hinweis begründet: „ . . . dieser Bart allein hat ihm die Gnade dieses Herrn verschafft." Der Graf nämlich hielt den Bart des Harfners für einen Theaterbart — und dieser lächerlichen Täuschung, verbunden mit der skurrilen Meinung, der Schauspieler solle auch im gemeinen Leben seine Rolle fortspielen, verdankte der Harfner die günstige Meinung des Grafen. Philinens Bemerkung spielt Melinas Forderung bzw. das Objekt seiner Abneigung ins Komische hinüber und entzieht dieser dadurch ihren eigentlichen Grund.

Hinter der Lächerlichkeit der Vorstellung des Grafen wird hier jedoch zugleich der Ernst einer geheimen Hindeutung auf das Wesen des Harfners sichtbar: sein wahres Wesen ist innerhalb der „normalen" Gesellschaft möglich, weil es als Maske, als das Fortspielen einer Rolle aufgefaßt wird. Melinas Forderung, die Mignon und den Harfner sozusagen domestizieren will, beruht aber, in dumpfer Ahnung der Fremdheit ihres Wesens, ebenso wie das lächerliche Lob des Grafen auf einer Täuschung. Ihr nachgeben zu müssen, empfindet denn auch der Harfner als den Ausschluß aus der „normalen" Gesellschaft, eben weil sich Erscheinung und Wirklichkeit, Maske und Wesen dann nicht mehr decken. Am Ende des Romans werden sich gerade daran die verhängnisvollsten Folgen knüpfen. Es wird dadurch ein Verweisungszusammenhang zwischen dieser Forderung Melinas und den Heilungsversuchen des „Turms" hergestellt, der die Gesinnungen des „Turms" einer abgründigen Ironie unterwirft: In der Täuschung, der Harfner sei geheilt, sei zur Vernunft gekommen und damit ein „normales" Glied der menschlichen Gesellschaft geworden, wird irrtümlich die „normalisierte Erscheinung" des ohne Bart und in gewöhnlichem Gewand auftretenden Harfners als identisch mit dem Wesen genommen, das in Wahrheit nur unter dieser domestizierten Erscheinung verborgen ist. Deshalb aber sieht man das aus diesem Wesen kommende Unheil nicht voraus. In einer Verkettung disparater Ursachen und Wirkungen wird mit der Forderung Melinas, die in seiner „Gewöhnlichkeit" gründet, noch einmal eine Spiegelung jenes Schicksals- und Zukunftsvertrauens Wilhelms verbunden, das nach dem Gespräch mit dem Unbekannten durch den Zusammenbruch der Mariane-Liebe schon leidvoll enttäuscht wurde und durch die Wirkung des Geldgeschenkes wieder so hochgemut belebt war. Der Harfner bittet Wilhelm „mit Tränen, ihn ja sogleich zu entlassen", und schließt an diese Bitte das Bekenntnis: „Ich sollte nirgends verweilen, denn das Unglück ereilt mich und beschädigt die, die sich zu mir gesellen." Diese Worte deuten voraus auf das Ende des Harfners, dessen Ursache, die vermeintliche Schuld am Tode von Felix, sich dann allerdings als Täuschung erweisen wird. Wilhelm, der eben noch die Aussichten der eigenen Zukunft an seinen Schicksalsglauben, an ihm vermeintlich gewordene Verheißungen gebunden hatte, setzt den Worten des Harfners: „Meine Gegenwart verscheucht das Glück" seine eigene Schicksalszuversicht entgegen: „ . . . wenn du ja in Ahnung wunderbarer Verknüpfungen und Vorbedeutungen lebst, so sage ich dir zu deinem Trost und zu deiner Aufmunterung: geselle dich zu meinem Glücke, und wir wollen sehen, welcher Genius der stärkste ist, dein schwarzer oder mein weißer!" Hatte der Erzähler Wilhelm schon durch das Geldgeschenk zur inneren Aussöhnung mit seiner Bindung an die Schauspielergesellschaft gebracht, so läßt er nun im gleichen Sinne auch Shakespeare wirken, indem er auf Wilhelms Beziehung zu Hamlet als seiner Gleichnisgestalt zum erstenmal ausdrücklich, und zwar sogleich mit unverhohlener Ironie und zudem mit einer so direkt bisher nicht geübten Kritik an Wilhelms Wesen hindeutet: „Sein Freund Shakespeare... hatte ihm einen Prinzen bekanntgemacht, der sich unter geringer, ja sogar schlechter Gesellschaft eine zeitlang aufhält... Höchst willkommen war ihm das Ideal, womit er seinen gegenwärtigen Zustand vergleichen konnte, und der Selbstbetrug, wozu er eine fast unüberwindliche Neigung spürte, ward ihm dadurch außerordentlich erleichtert." In ironischer Spiegelung seiner späteren Hamletrolle auf dem Theater und des schließlichen Scheiterns seiner Theaterlaufbahn an der Unfähigkeit, etwas anderes als sich selbst darzustellen, spielt Wilhelm nun hier in der Wirklichkeit die Rolle Hamlets: „... unser Freund... kam bald selbst in den Geschmack, einige tolle Streiche anzugeben und zu befördern." Stimmung und Tun Wilhelms, die dem Hamlet-Vorbild solchermaßen folgen, stehen durchaus in Kontrast zu den Vorstellungen von einer tätigen und würdigen Zukunft, die er sich in der Zufriedenheit über das Glück des Geldgewinns versprochen hatte. Tanz und Spiel sind die Folge und eine „Fröhlichkeit des Herzens", die in offenbarem Gegensatz zu den Gefühlen steht, die man bei Wilhelm eigentlich nach der Trennung von der Gräfin erwarten sollte.

Als wollte der Erzähler vergegenwärtigen, wie gänzlich versunken die Seelenerhöhung der liebenden Umarmung und die ihr folgende dunkle Anrufung des Schicksals sind, weist er ironisch besorgt auf diese Stimmung Wilhelms als auf eine Einbruchsstelle für den Angriff Philinens hin: „Philine lauerte in der Unordnung dieser Lebensart dem spröden Helden auf, für den sein guter Genius Sorge tragen möge." Auf der Reise versucht Wilhelm zwar der Nähe Philinens zu entgehen: der Verwundete findet sich später dennoch in Philinens Schoß geborgen. Allem, was man auf dieser Reise tut und empfindet, ist der Charakter der Täuschung gegeben, ihre Schilderung greift vor allem diejenigen Momente heraus, die in einem scheinhaften Widerspruch zu dem wirklichen Verlauf stehen. In eine hintergründige zweite Potenz gleichsam wird dieser „Wahn des Moments" versetzt, wenn er, von Wilhelm vor allem, „so poetisch als möglich" ausgebildet wird. Das gilt von Wilhelms

Selbstgenuß, sich als Anführer einer wandernden Kolonie zu denken, und stärker noch von dem theatralischen Zweikampf zwischen Wilhelm und Laertes, der jenen Zweikampf darstellen sollte, „in welchem Hamlet und sein Gegner ein so tragisches Ende nehmen". Der Überfall verwandelt dann den Schein der poetisch-theatralischen Fiktion in den Ernst eines wirklichen Kampfes, der jedoch seinerseits nicht frei vom Charakter des Scheins ist, da der Überfall eine ganz andere Gesellschaft zum Ziel hatte. Nach dem unglücklichen Ausgang wacht der schwerverwundete Wilhelm „in der wunderbarsten Lage" auf: Philine „hatte den Kopf des vor ihr ausgestreckten Jünglings leise an sich gedrückt und ihm in ihren Armen, so viel sie konnte, ein sanftes Lager bereitet". Außer Philine war nur noch Mignon gegenwärtig, sie „kniete mit zerstreuten blutigen Haaren an seinen Füßen und umfaßte sie mit vielen Tränen". Als wollte er den Blick des Lesers für diese Ausgangssituation der folgenden ersten Begegnung mit der Amazone schärfen, bringt der Erzähler diese drei Gestalten noch einmal vor die Anschauung, als Bild gleichsam, wie eine mythologische Gruppe in romantischer Landschaft: „... die wunderliche Gruppe fand sich in dieser Einsamkeit allein." Im Schoße Philinens ruhend, erblickt Wilhelm zum erstenmal Natalie. Das Bewußtsein für die sich in dieser Lage Wilhelms darstellende Diskrepanz ist auf die Schilderung der Reaktion Nataliens übertragen — ein Beispiel für die Mittelbarkeit der Erzählung: Die „schöne Amazone" wendet „erstaunt ihre Augen nach der wunderbaren Gruppe", ihr schien die Lage des Verwundeten „in dem Schoße der leichtfertigen Samariterin ... höchst sonderbar vorzukommen". Im Augenblick der ersten Erscheinung Nataliens wird Wilhelm sein Verhältnis zu Philine peinigend bewußt gemacht; Philine antwortet auf die Frage der Amazone, ob er ihr Mann sei: „Es ist nur ein guter Freund", „mit einem Ton, der Wilhelmen höchst zuwider war". Um die ironische Struktur der ersten Begegnung und Beziehung zwischen Wilhelm und Natalie recht zu erfassen, muß man die Andeutungen des Erzählers von ihrer ersten wechselseitigen Betroffenheit vor der Folie dieser Lage Wilhelms verstehen und sich die Diskrepanz zwischen der geheimen Bedeutung dieser Worte für den weiteren Erzählverlauf und ebendieser Situation bewußt halten: „Er hatte seine Augen auf die sanften, hohen, stillen, teilnehmenden Gesichtszüge der Ankommenden geheftet; er glaubte nie etwas Edleres noch Liebenswürdigeres gesehen zu haben." — Und von der Amazone heißt es: „Es schien, als könnte sie sich nicht von dem Anblick des Verwundeten losreißen ..." Es gehört zu den Verknüpfungsprinzipien der ironischen Komposition, daß die Begegnung zwischen Wilhelm und Natalie eine so ganz inadäquate Ursache hatte, nämlich den Überfall, und daß dieser zufälligen Ursache wiederum der zufällige Irrtum der Räuber zugrunde lag. Wilhelm gibt dann den Schauspielern — obwohl ihr Verhalten nach dem Überfall ihn einmal mehr zur Einsicht in ihr wahres Wesen bringt — das Versprechen, sie nicht eher zu verlassen, als bis sie sich wieder in einem glücklichern Zustand befinden; dazu will er ihnen durch Fürsprache bei seinem Freund Serlo verhelfen. Die seiner Einsicht widersprechende, erneuerte und jetzt moralische Bindung an die Schauspieler ist also gleichfalls eine Konsequenz des Überfalls, was schließlich auch von seinem eigenen Auftreten als Schauspieler gilt. Die unmittelbare Folge des Überfalls ist jedoch eine Nähe zu Philine — als „Ehepaar" werden beide im Pfarrhaus untergebracht —, deren Gefährlichkeit Wilhelm nun nicht ausweichen kann: „Ihre Gegenwart beunruhigt mich mehr, als Sie glauben." Vertraulich, der Wahrheit ihres Verhältnisses eigentlich gemäß, und zugleich, als spräche sie begütigend-zurechtweisend mit einem Kinde, redet ihn Philine mit Du an: „Du bist ein Tor ... du wirst nicht klug werden. Ich weiß besser, was dir gut ist ... und wenn ich dich lieb habe, was geht's dich an?" Ist Wilhelm in Philine das „Leben" auf anmutig-freie, um allen Ernst der „Vernunft" unbekümmerte Weise hilfreich zugewandt, so scheidet Philine doch sogleich, als Wilhelm ihrer Hilfe nicht mehr bedürftig ist. Jetzt allein und der eigenen „Vernunft" überantwortet, finden wir ihn entschlossen, künftig von den bisherigen Irrwegen zu lassen. Seine zielstrebigen Pläne gehen aber im wesentlichen auf nichts anderes hinaus als auf die Bindungen und Aussichten, die ihm der Zufall beschert hat. Zunächst will er „die hülfreiche Herrschaft aufsuchen, um seine Dankbarkeit an den Tag zu legen", und dann bei Serlo für die Schauspielergesellschaft sorgen. Doch es meldet sich auch die Besinnung auf den ursprünglichen Zweck seiner ganzen Reise: so will er in der Stadt Serlos auch „die ihm aufgetragnen Geschäfte verrichten".

Im Innern aber folgt Wilhelm in Wahrheit der träumerischen Sehnsucht, „seine Retterin wiederzusehen". Alles Forschen nach dem Aufenthaltsort der Amazone bleibt jedoch vergebens. Es ist, als ob der Erzähler geheim auf die wirklichkeitslose Idealität der Gestalt Nataliens hindeute, wenn er die Amazone unauffindbar sein läßt: „ ... der Ort war in keiner Geographie, auf keiner Karte zu finden, und die genealogischen Handbücher sagten nichts von einer solchen Familie". Die reale Erklärung ist dagegen, daß der wahre Name der Familie verschwiegen wurde. Unverkennbar ist die ironische Komposition, wenn der Erzähler von Wilhelms Gefühl für die Gräfin, das nach der Erschütterung des Abschieds seither wie vergessen schien, in einem Augenblick zum erstenmal wieder spricht, da Wilhelm sehnsüchtig einer anderen nachträumt, und ihn nur dadurch an die Gräfin erinnert sein läßt: „Was diese sonderbare Bewegung in ihm vermehrte, war die Ähnlichkeit, die er zwischen der Gräfin und der schönen Unbekannten entdeckt zu haben glaubte." Heißt es auch: „Die Erinnerung an die liebenswürdige Gräfin war ihm unendlich süß", so vertauscht sich doch im Gedächtnis ihr Bild mit dem der Amazone: „... eine Erscheinung verwandelte sich in die andere". In dieser frühen Phase schon, während Wilhelm wie dem Leser die wirklichen Verhältnisse noch auf lange verborgen sind, wird auf die Verwandtschaft der Gräfin und der Amazone vorausgedeutet; es schien Wilhelm: „Sie glichen sich, wie sich Schwestern gleichen mögen..." Und auch hier schon wird von Wilhelm die Ähnlichkeit der Handschriften bemerkt, die ihn später auf dem Weg zu Natalie in so verwirrende Zweifel stürzen wird. War eingangs des Kapitels von Plan und Zweckmäßigkeit der Lebensentschlüsse Wilhelms gesprochen, so ist am Ende dieses kurzen Kapitels schon keine Rede mehr davon. Er ist ganz in seine Innerlichkeit versunken, jener unbedingten Sphäre des Gefühls hingegeben, der Mignon und der Harfner zugeordnet sind, deren Lied „Nur wer die Sehnsucht kennt..." denn auch, „wie einstimmend mit seinen Empfindungen", jetzt erklingt. Mit Ironie zwar betrachtet der Erzähler Wilhelms Lage, doch mit der Wendung: „Der Faden seines Schicksals hatte sich so sonderbar verworren" weist er auf die Macht ganz außervernünftiger Antriebe, auf die Macht eben des „Lebens" und seiner Verstrickungen hin, von der Wilhelms Weg in Wahrheit, und nicht von absichtsvollem Bildungsstreben oder von dem lenkenden Eingriff der Vernunft des „Turms", bestimmt wird.

Die Reise zu Serlo beeilt er sich schließlich anzutreten. Der Grund, einer seiner Freundschaft nicht gerade würdigen Gesellschaft wohltätig und nützlich zu sein, wirft ein ironisches Licht auf diesen neuen Eintritt in die Theatersphäre und den damit verbundenen Höhepunkt seiner Theaterlaufbahn. Dieser Weg Wilhelms zu Serlo steht in Kontrast zu den hochgespannten Nationaltheaterideen, die einst seinen Plan bestimmten, Serlo aufzusuchen — ja, es verdeutlicht Wilhelms jetzige Verlassenheit und die vergleichsweise Zufälligkeit der menschlichen Bindungen, die ihn zu Serlo führen, wenn man dessen eingedenk ist, daß einst die geliebte Mariane seine Theaterpläne menschlich belebt hatte. Doch noch in anderer Weise blickt der Erzähler auf diesen Entschluß Wilhelms und seine Begründung mit Ironie: es ist, als hätte sich dieser Entschluß Wilhelms nur als Ausweg aus der Ratlosigkeit einer Situation geboten, in der sich seinem verworrenen und sehnsüchtigem Verlangen kein anderer zeigte.

Die Frage, die Serlo an Wilhelm bei dessen Ankunft richtet, klingt im Zusammenhang mit der Stimmung und den Beweggründen betrachtet, die Wilhelm zu Serlo führten, wie Ironie: „Ist Ihre Liebe zur edelsten Kunst noch immer so stark und lebendig?" Und Serlos Vorwurf, Wilhelm habe ihn „wie einen großen Herrn behandelt, dem man mit gutem Gewissen unbrauchbare Leute empfehlen darf", läßt Wilhelms bisherige Verbindung zur Welt der Kunst nicht gerade in günstigem Licht erscheinen. So beginnt diese neue Phase der Theaterbindung Wilhelms mit einer Verlegenheit. Doch im übrigen empfindet es Wilhelm als Glück, hier endlich mit „Künstlern und Kennern" über das Theater sprechen zu können. Aber dieser Eindruck wird sich als Täuschung erweisen: Serlos Theaterwelt ist eben eine Schauspielerwelt und fern genug von Wilhelms hohem und der Wirklichkeit des Theaters fremdem Ideal. Melina wird schließlich mehr Erfolg bei Serlo haben als Wilhelm.

Die tiefsten, gleichsam verschwiegensten Schichten der Ironie der „Lehrjahre" deuten sich in Wilhelms Auffassung des „Hamlet" an: „. . . mir ist deutlich, daß Shakespeare habe schildern wollen: eine große Tat auf eine Seele gelegt, die der Tat nicht gewachsen ist". Gedenkt man der geheimen Gleichnisbeziehung zwischen Wilhelm und der Hamletgestalt, so scheinen diese Worte in die Richtung jenes Verständnisses zu weisen, das in Wilhelms Entwicklung ein Versagen, ein fortschreitendes Verfehlen seiner eigentlich auf ein Unbedingtes angelegten Bestimmung sehen zu müssen glaubt. Sicher steht das von Wilhelm am Ende erreichte Ziel im Gegensatz zu der jugendlichen Ursprünglichkeit und Unbedingtheit seines Strebens, zu den Idealbildern, die er sich mit dem reinen Enthusiasmus seines unbegrenzten Innern formte. Doch man darf nicht den geheimen Wink der Goetheschen Ironie verkennen, der darin liegt, daß der Gleichnissinn der Hamletgestalt seine Grenze an dem tragischen Untergang Hamlets hat: daß Wilhelm eben nicht „zernichtet" wird, vor allem deshalb nicht, weil von ihm weder „das Unmögliche an sich" noch auch „was ihm unmöglich ist" gefordert wird. Der Weg, der Wilhelm vom „Schicksal" — und d. h. vom Erzähler — bestimmt wird, und das Ideal der Bildung, zu dem ihn die Vernunft des „Turms" zu leiten bestrebt ist, auferlegen Wilhelm nicht mehr als seinem Wesen gemäß ist. Anders als Hamlet zeigt er sich seinem Weg und seinem Ziel gewachsen. Sosehr Hamlet Gleichnisgestalt Wilhelms ist, so sehr kann er gerade deshalb zum geheimen Medium der Ironie des Erzählers werden, die sich seiner zur mittelbaren Hindeutung auf Möglichkeiten eines absoluten Schicksals bedient, wie es Wilhelm, seinem letztlich bedingten Maß entsprechend, gerade nicht auferlegt wird. So ist Wilhelm schon bei der Mariane-Liebe das Werther-Schicksal erspart, so erkennt er selbst, daß ihm die Unbedingtheit einer dichterischen Existenz versagt ist, so weiß er sich vor den Verstrickungen der sinnlichen Liebe zu bewahren oder geht doch unverletzt daraus hervor, so ist ihm schließlich eine Liebe beschert, in der die Vernunft nicht mit dem Herzen zu streiten braucht.

Wie gerafft und knapp erzählt und von der erzählten Wirklichkeit nur einläßlich dargeboten wird, was in einem wesentlichen Zusammenhang mit den tieferen Absichten des Erzählers steht, zeigt sich beispielhaft an folgendem Übergang: „Nach einigen Tagen, die auf eine angenehme Weise zugebracht wurden, verlangte Aurelie nach unserm Freund." In heftiger Gemütsbewegung offenbart sie Wilhelm dann Leid und Jammer ihrer Lebensgeschichte. Aureliens Klage erscheint wie ein gesteigertes Spiegelbild mancher Selbstvorwürfe Wilhelms, wenn sie sagt: „... ich habe mich selbst hintergangen, mich selbst wider Wissen betrogen". In Kontrast zu Wilhelms wortgewandter Beredsamkeit über Gegenstände der Kunst steht seine Unfähigkeit, angesichts des leidenschaftlichen Ausbruchs eines wirklichen Menschen die rechten Worte zu finden. „Endlich nahm er in der Verlegenheit ein Buch auf...": Der Erzählerzufall will es, daß es der aufgeschlagene „Hamlet" ist. Und Serlo gegenüber, der hinzutritt, weiß Wilhelm sogleich sich sehr beredt über das Stück zu äußern — ja es ist, als lege der Erzähler Wilhelm mit der Sinndeutung Hamlets eine Wahrheit in den Mund, die seinen eigenen Lebensgang und die besondere Weise, in der davon erzählt wird, bezeichnet: „... der Held hat keinen Plan, aber das Stück ist planvoll".

Serlos Erzählung von den „Kindern der Freude" enthält ganz ähnlich, doch sozusagen komplementär, eine geheime Verweisung auf das Ganze des Romans, auf die „Idee" bzw. innere Struktur der Lehrjahre Wilhelms, d. h. auf das Fehlen einer letzten Folgerichtigkeit und vernunftgemäßen Konsequenz darin: „Es waren verständige, geistreiche, lebhafte Menschen, die wohl einsahen, daß die Summe unsrer Existenz, durch Vernunft dividiert, niemals rein aufgehe, sondern daß immer ein wunderlicher Bruch übrigbleibe." Aus der Perspektive des Erzählers, des künstlerischen Erfinders einer solchen lebensanalogen epischen Wirklichkeit sagt das gleiche Goethes Selbstauslegung: „... ich komme mir vor wie einer, der, nachdem er viele und große Zahlen übereinander gestellt, endlich mutwillig selbst Additionsfehler machte, um die letzte Summe aus Gott weiß was für einer Grille zu verringern" (an Schiller, 9. 7. 1796).

Aureliens Lebensbericht ist die Geschichte der Resignation eines idealen Strebens, von dem sie mit Worten spricht, in denen Wilhelm seinen eigenen früheren Theaterenthusiasmus widergespiegelt finden muß: „O! ich war auch einmal in diesem glücklichen Zustande, als ich mit dem höchsten Begriff von mir selbst und meiner Nation die Bühne betrat." Die Erfahrung der Welt, des Publikums, die eheliche Bindung an einen guten Haushälter lassen sie schließlich auch in bezug auf das Theater im tiefsten enttäuscht sein: „Ich dachte nicht mehr an Welt und Nation ... Wenn ich auftrat, tat ich's, um zu leben ..." Sicherlich nicht ohne die Absicht ironischer Verweisung gründet der Erzähler Aureliens Theaterenttäuschung einerseits auf die Erfahrung der wirklichen Welt, die Wilhelm eben noch fehlt, wodurch aber zugleich die Absolutheit seines Innern und die Ungebrochenheit seiner Theaterneigung erhalten ist; andererseits wirken an ihrer Resignation als Künstlerin gerade jene Eigenschaften ihres Ehemannes mit, die zu den Idealen der bürgerlichen Herkunft Wilhelms und schließlich in einem höheren Sinne dann zu dem Bildungsziel des „Turms" gehören: „Liebe zur Ordnung, Fleiß, eine köstliche Gabe hauszuhalten und mit Gelde umzugehen." Wie ein Gegenbild einer solchen Lebensverkümmerung durch bedingende Welterfahrung tritt dann Mignon auf, deren Wesenssphäre den zwar leidbetroffenen, aber unbedingten Kräften der Seele zugehört. Sie kann sich nur im Gesang ganz ausdrücken. Der Prosa des Verstandes und seiner Sprache ist sie nur mühsam mächtig. Gerade deshalb aber hat sie die Fähigkeit zum Gesang. Es deutet auf eine Wesensentsprechung zwischen ihr und Wilhelm, daß dieses scheue und herbe jungfräuliche Kind ihm gegenüber die ersten Zeichen einer mehr als kindlichen Zärtlichkeit kundgibt. Dabei ist es typisch für die Art und Weise, in der der Erzähler mit Wilhelm verfährt, daß er diese Wesenszuordnung symbolisch in einem unbewußten Trieb der Natur veranschaulicht und daß er Wilhelm davon bedrängt sein läßt: „Wir müssen ... der Verlegenheit gedenken, in die sie seit einiger Zeit unsern Freund öfters versetzte. Wenn sie kam oder ging, guten Morgen oder gute Nacht sagte, schloß sie ihn so fest in ihre Arme und küßte ihn mit solcher Inbrunst, daß ihm die Heftigkeit dieser aufkeimenden Natur oft angst und bange machte."

Gleichsam als Gegenbild nun wieder der Wilhelm und Mignon aneinanderbindenden Sphäre des Innern und der Seele ist in Aureliens Erzählung Lotharios Wesen gezeichnet: eine Gestalt voller Wirklichkeit, Adel und männlicher Tapferkeit, in der die von Wilhelm noch nicht geahnte Sphäre seiner einstigen Bildungsbestimmung sichtbar gemacht wird. Daran, daß Lothario durch Aurelie zum erstenmal in die Erzählung eingeführt wird, zeigt sich wiederum die der Erzählung eigentümliche Verknüpfung des Gegensätzlichen. Wie sehr, bis in die einzelne Bewegung der Erzählfolge hinein, die Komposition der „Lehrjahre" symbolischen Charakter hat, wird etwa an solchem Zuge offenbar wie dem der ausdrücklichen und „wider ihren Willen" erfolgenden Entfernung Mignons in dem Augenblick, da Aurelie ihre Geschichte mit der Erzählung ihrer Verbindung zu Lothario fortsetzen will. Als mit Lothario jene Sphäre heraufgerufen wird, in die Wilhelm einst — und von Mignon hinweg — hineinwachsen wird, ist Mignon schon hier symbolisch ausgeschlossen, so wie später ihr Anderssein, ihre Nichtzugehörigkeit symbolisch darin darstellen wird, daß ihr in der Sphäre des „Turms" die Kräfte des Lebens schwinden und sie in jenem Augenblick stirbt, da Wilhelm ganz dorthin übergegangen scheint.

Die ironische Komposition der Erzählfolge schließt an Aureliens Lebensbeichte, die Wilhelm am Ende in der Gestalt Lotharios das Bild eines männlich erfüllten Weltlebens vorführte, sogleich den Bericht, wie Wilhelm sich der Mißlichkeit seiner eigenen, so ganz andern Lage bewußt ist: „Wilhelm konnte nun nicht länger den Besuch bei seinen Handelsfreunden aufschieben. Er ging nicht ohne Verlegenheit dahin; denn er wußte, daß er Briefe von den Seinigen daselbst antreffen werde. Er fürchtete sich vor den Vorwürfen, die sie enthalten mußten." Ganz anders aber, als er in seiner ichbeschränkten Verlegenheit erwartet hatte, ist dann der Empfang: „In dem großen, lebhaften und beschäftigten Comptoir hatte man kaum Zeit, seine Briefe aufzusuchen; seines längern Außenbleibens ward nur im Vorbeigehn gedacht." Auch in diesem Falle, wie später beim ersten Empfang durch Lothario, trifft Wilhelm auf eine Wirklichkeit objektiver Welt und tätigen Daseins, die gänzlich seinen individuell begrenzten oder aus bloßen inneren Vorstellungen gespeisten Erwartungen widerspricht. Die Erleichterung über das Ausbleiben der häuslichen Vorwürfe wird mit Wilhelms hochgemutem Entschluß, dem Vater ein ausführliches Reisejournal zu schicken, verknüpft. Dabei weist der Erzähler auf das wirklichkeitslose Phantasieleben in Wilhelms kindlichem Theaterspiel zurück: „Er merkte nicht, daß er beinah in eben dem Falle war, in dem er sich befand, als er, um ein Schauspiel, das weder geschrieben, noch weniger memoriert war, aufzuführen, Lichter angezündet und Zuschauer herbeigerufen hatte." Drückt sich in diesen Worten die ironische Distanzhaltung des Autors gegenüber Wilhelm offen aus, so deutet die ganz ohne Ironievorzeichen, weder der sprachlichen Formulierung noch des unmittelbaren Sinnes, gemachte Feststellung: „In dieser Verlegenheit kamen die Kenntnisse seines Freundes Laertes ihm gut zustatten" auf die innere ironische Struktur der Erzählung. Und das nicht nur insofern, als Wilhelm sich für die Darstellung der Realien seiner Reiseerfahrungen die „Quellen und Hülfsmittel" aus der Weltkenntnis eines andern borgen muß, sondern vor allem insofern, als Wilhelm im Bestreben, in seinem Bericht „Wirklichkeit", reale äußere Welt zu geben, nur um so mehr zum Schein, zu Gebilden bloßer Phantasie, um nicht zu sagen der Lüge, seine Zuflucht nehmen muß.

Der Erzähler läßt deutlich den Geist seiner ironischen Erfindung spielen, wenn er Wilhelm durch Melina und dessen Gesellschaft an die ihm vor kurzem noch so wichtigen, jetzt scheinbar so weit unter seiner inneren und äußeren Position liegenden Menschen- und Theaterbeziehungen erinnert: „Sie erschienen unserm Freunde manchmal wie böse Geister". Aber diese störenden Geister der Vergangenheit wirken noch einmal sehr bestimmend auf Wilhelms Gegenwart ein. Die ironische Komposition knüpft den entscheidenden Schritt der Theaterlaufbahn Wilhelms, die Erfüllung seines ganzen künstlerischen Strebens, an das einstige Gelübde, dieser Gesellschaft zu helfen — und das in dem Augenblick, da Wilhelm selbst keineswegs dieses Gelübdes noch zu gedenken bereit und jedenfalls von ganz anderen Interessen erfüllt ist. Serlo nämlich willigt nach langem Weigern schließlich ein, Melinas Gesellschaft zu engagieren, aber nur unter der Bedingung, daß Wilhelm selbst als Schauspieler auf seiner Bühne auftritt. Wieder finden wir also Wilhelm bei einer entscheidenden Wendung und Bindung seines Lebens mehr getrieben, hingezogen von den Umständen, als etwa in freier Selbstbestimmung.

Die ironische Struktur der Erzählung wird offenbar, wenn Wilhelm sich in diesem Augenblick, da er sich eigentlich am Ziel seines künstlerischen Strebens fühlen sollte, mit Worten, die wie ein Echo der einstigen Mahnrede Werners klingen, zu der bürgerlichen Sphäre des Handels bekennt. Eine doppelte Ironie fällt auf dieses

Bekenntnis durch den Hinweis, daß ihm diese Überzeugung nicht an der Erfahrung der Wirklichkeit, sondern an dem bloßen Schein des fingierten Reisejournals gewachsen ist: „Er begriff jetzt selbst erst die Absicht des Vaters, als er ihm die Führung des Journals so lebhaft empfohlen. Er fühlte zum ersten Male, wie angenehm und nützlich es sein könne, sich zur Mittelsperson so vieler Gewerbe und Bedürfnisse zu machen und bis in die tiefsten Gebirge und Wälder des festen Landes Leben und Tätigkeit verbreiten zu helfen." Wilhelm fühlt sich zu der Entscheidung aufgerufen, zwischen den Lebenssphären der Kunst und des Handels zu wählen. Wie immer in solchen Phasen, da er sich wesentlichen Erfahrungen und Wendepunkten seines Lebens gegenübersieht, ruft sich Wilhelm selbst zur Besinnung auf, indem er seine Schritte — gleichsam gehorsam seiner Rolle als Held eines Bildungsromans — unter die Frage nach ihrem Sinn für seine Bildung stellt. Wilhelms Selbstverständnis steht in diesem Augenblick gewissermaßen in der Mitte zwischen den beiden Extremen: der Bedingtheit des Lebens in der bürgerlichen Handelstätigkeit und der Unbedingtheit des Lebens, die sich für ihn, nach dem Verlust der Ursprünglichkeit und Unbedingtheit der Liebe, in der ästhetischen Sphäre repräsentiert. Die fortgeschrittene Reife seines Bildungs- und Lebensbewußtseins läßt ihn das Bedingte nun weniger bedingt und das Unbedingte nun bedingter erscheinen: „Da steh' ich nun ... abermals am Scheidewege zwischen den beiden Frauen, die mir in meiner Jugend erschienen. Die eine sieht nicht mehr so kümmerlich aus wie damals, und die andere nicht so prächtig. Der einen wie der andern zu folgen, fühlst du eine Art von innerm Beruf ..." In diesen Worten deutet sich eine Einheit der Extreme an, eine Einheit, zu der Wilhelms Bildungsweg am Ende hinführen wird. Noch unterscheidet Wilhelm aber Außen und Innen, „Umstände" und „Bedürfnis", und entschließt sich dann, nicht den Umständen, sondern dem Bedürfnis zu folgen. Ohne Bewußtsein jedoch davon, daß er diesem „innersten Bedürfnis" eben doch auch durch „äußere Umstände" zu folgen getrieben ist, sagt er sich: „... wenn du dich recht untersuchst, so sind es nur äußere Umstände, die dir eine Neigung zu Gewerb, Erwerb und Besitz einflößen, aber dein innerstes Bedürfnis erzeugt und nährt den Wunsch, die Anlagen, die in dir zum Guten und Schönen ruhen mögen, sie seien körperlich oder geistig, immer mehr zu entwickeln und auszubilden". Kaum verhüllt ist der Charakter der ironischen Verweisung, den der Erzähler Wilhelms Worten, wenn er sich schließlich auf das Schicksal beruft, gleichsam als ihre objektive Bedeutung unterlegt: „Und muß ich nicht das Schicksal verehren, das mich ohne mein Zutun hierher an das Ziel aller meiner Wünsche führt? Geschieht nicht alles, was ich mir ehemals ausgedacht und vorgesetzt, nun zufällig ohne mein Mitwirken?" Auch hier wieder empfindet Wilhelm, wie dann vor allem am Ende seines Weges bei der Erlangung Nataliens, daß er, allem absichtsvollen Planen entgegen und ohne sein Verdienst, die Gunst des Schicksals erfährt. Dabei wird sich gerade von jenem höchsten Ziel her gesehen die Selbstbesinnung dieses Augenblicks als ironischer Schein herausstellen. In anderer Weise jedoch entspricht auch Wilhelms eigenes Empfinden der Ironie seiner Situation, der sich darin darstellenden Diskrepanz zwischen der frühen Enttäuschung seiner Hoffnungen und dieser unvermuteten Erfüllung: „Hierher wollte ich flüchten und bin sachte hergeleitet worden; bei Serlo wollte ich unterzukommen suchen, er sucht nun mich . . ." Und Wilhelm selbst stellt sich jene Frage, die früher schon der Erzähler ironisch angedeutet hatte: „War es denn bloß Liebe zu Marianen, die mich ans Theater fesselte? oder war es Liebe zur Kunst, die mich an das Mädchen festknüpfte?" Wilhelm ahnt hier etwas von dem Entwicklungsgesetz seines Lebensweges, das bis zum Ende der Erzählung hin für ihn bestimmend sein wird, wenn er sich fragt: „Hast du nicht vielmehr bisher selbst unwissend deinen Plan verfolgt?"

Wenn Wilhelm sich in der Entscheidung für das Theater dadurch bestärkt fühlt, daß er Mignon und den Harfner nicht zu verstoßen braucht, wie es der Entschluß zur bürgerlichen Sphäre notwendig gemacht hätte, so weist das darauf hin, daß Wilhelm auch in dieser Phase seiner Bildungsentwicklung den in diesen beiden Gestalten ihn anrührenden ursprünglichen und außervernünftigen Mächten verbunden ist. Es bedeutet zugleich im weiteren, daß diese Mächte von der ästhetischen Sphäre nicht ausgeschlossen sind, daß innerhalb dieser Sphäre vielmehr, und noch in ihrer bedingten Erscheinung als Theaterwelt, eine Bindung an Wesen, die von jenen Mächten ergriffen und durchwaltet sind, gerade ermöglicht wird. Dasselbe und zugleich das Gegenteil wird sich auf der letzten, höchsten Bildungsstufe Wilhelms, im Kreise Lotharios und Nataliens, erweisen: Mignon und der Harfner werden auch dort aufgenommen, sie werden nicht, wie in den Sphären der bürgerlichen oder der niedrigen Nützlichkeit (Melina) und in der des Verstandes (Jarno), ausgestoßen, aber sie vermögen dort doch nicht zu leben.

Ein Wechselbezug ironischen Kontrastes besteht darin, daß Wilhelm in dem Augenblick, da er sich für das Theater, für sein ästhetisches Streben und damit in gewisser Weise gegen das wirkliche, tätige Leben entschieden hat, von Aurelie erfährt, daß ihre

Erfolge als Schauspielerin nicht Erfolge der Kunst, sondern des Lebens sind: „... ihr fühlt nicht, daß es die Schmerzenstöne der Unglücklichen sind, der ihr euer Wohlwollen geschenkt habt". Ironisch ist zudem in diesem anklagenden Bekenntnis die Situation Wilhelms, als er dem Grafen vorlesen mußte, widergespiegelt: das ganz entsprechende Verhältnis zwischen der Wirklichkeit seiner Empfindung und ihrer Verkennung als Schein der Kunst. Und Wilhelm, dessen Leben so mannigfach von der Liebe erfüllt war, muß sich von Aurelie sagen lassen: „... nichts als Zeitverderb ist die Liebe!" Aureliens allgemeiner Vorwurf gegen das männliche Geschlecht: „Ihr seid gewohnt, daß sich euch alles an den Hals wirft" läßt ein ironisches Licht auf das Wesen Wilhelms fallen, der ja in der Tat — und könnte anderes als seine ein wenig harmlose Wohlgeratenheit der Grund sein? — sogleich und mit einer durch die Wiederholung leise komischen Selbstverständlichkeit die Gunst aller Frauen genießt. Wie sehr er jedoch jenem absoluten Gefühl, das ihn in der Liebe zu Mariane erfüllt hatte, im Innern noch immer zugewandt ist, offenbart sich, wenn durch das Bekenntnis der absoluten Liebe Aureliens in ihm unmittelbar die Wirklichkeit seiner Mariane-Erfahrung belebt wird: „Ich war dazu bestimmt, das ganze Heil meines Lebens an eine Unglückliche festzuknüpfen, die ich durch die Schwere meiner Treue wie ein Rohr zu Boden zog, ja vielleicht gar zerbrach." Wilhelms Erfahrung des absoluten Gefühls war mit Schmerz, aber auch mit Schuld verbunden: das macht ihn bereit, nach Aureliens Forderung zu schwören: „... kein weibliches Geschöpf soll ein Bekenntnis der Liebe von meinen Lippen vernehmen, dem ich nicht mein ganzes Leben widmen kann!" Die weitere Entwicklung jedoch rückt diesen Schwur in eine ironische Perspektive, insofern Wilhelm ja schon bald ein solches Bekenntnis der Liebe einem weiblichen Geschöpf ablegt, nämlich Therese, dem er keineswegs sein ganzes Leben widmen wird. Und aus der Retrospektive macht das nächtliche Abenteuer mit Philine noch erst recht die Relativierung dieses Schwurs deutlich. Diese Relativierung ist zugleich ins Allgemeine, nämlich gegen den nicht nur jugendlich lebensfremden, sondern in seiner subjektiven Unbedingtheit und Innerlichkeit auch das Leben bedrohenden Anspruch auf die Absolutheit der Liebe gerichtet. In den extremen Positionen Aureliens und Lotharios ist das gestalthaft vergegenwärtigt.

Fünftes Buch

Der für die Struktur der ganzen Erzählung charakteristische Fortgang in kontrastierenden Schritten zeigt sich gleichsam in nuce, wenn der Erzähler unmittelbar nach der Feststellung, daß Wilhelm sich bei Serlo recht wohl und zufrieden befand und es nie „an angenehmer Unterhaltung" gefehlt habe, berichtet: „Mitten in diesem vergnüglichen Zustande brachte man Wilhelmen eines Tags einen schwarz gesiegelten Brief." Es ist die Nachricht, daß Wilhelms Vater gestorben ist. Die dadurch bedingte neue Lebenssituation Wilhelms wird vom Erzähler als Situation des ironischen Widerspruchs zum Bewußtsein gebracht: „Wilhelm sah sich in einem Augenblicke frei, in welchem er mit sich selbst noch nicht einig werden konnte." Wieder finden wir Wilhelm angesichts einer wesentlichen Veränderung seines Lebens „nicht wenig beunruhigt". Die Struktur des inneren Widerspruchs zeigt sich auch in der erzähltechnischen Funktion dieser Todesnachricht. Sie schafft erst die Bedingung zur endgültigen Entscheidung Wilhelms für das Theater: nicht nur deshalb, weil der Tod des Vaters Wilhelm in seinen Entschlüssen unabhängig macht, sondern weil sie als Medium egoistischer Interessen benutzt und dadurch mittelbar zur Ursache dafür wird, daß Wilhelm zur Entscheidung gezwungen ist. Serlo benutzt die Todespost zu seinem Vorteil, er läßt Aurelien, Philinen, die übrige Gesellschaft in Wilhelm dringen, Schauspieler zu werden. Was Wilhelms Entscheidung für das Theater dann zuletzt bestimmt, zeigt wiederum die ironische Struktur des Mißverhältnisses von Ursache und Wirkung, worauf der Erzähler hier ausdrücklich hindeutet: „Wer hätte gedacht, daß ein Brief von Wernern, der ganz im entgegengesetzten Sinne geschrieben war, ihn endlich zu einer Entschließung hindrängen sollte." Ja, der ganze, zu munterer geschäftlicher Tätigkeit auffordernde Brief Werners enthält einen doppelten ironischen Widerspruch: zum Wesen Wilhelms, das dem Freund im Grunde so tief fremd ist, und zu der Situation Wilhelms, der sich gerade vor die Entscheidung für die Theaterlaufbahn gestellt findet. Die Ironie dieses Mißverhältnisses offenbart sich etwa in dem von Werner ausgesprochenen Wunsch, Wilhelm möge die „unfruchtbaren Liebhabereien" des Vaters und Großvaters nicht geerbt haben. Von der leitmotivisch-symbolischen Funktion her gesehen, welche die Kunstwerke des Großvaters durch die ganze Erzählung bis zum Ende hin gerade für die stufenweise Annäherung Wilhelms an das ihm bestimmte Ziel haben, wird Werners Bemerkung über die Kunstliebhaberei des Großvaters: „Dieser setzte seine höchste Glückseligkeit in eine Unzahl unscheinbarer Kunstwerke, die niemand ... mit ihm genießen konnte" in einen ironischen Verweisungszusammenhang gerückt. Auch die sowohl Werner wie Wilhelm unbewußte Vorausdeutung auf die Sphäre der letzten

Bildungsstufe Wilhelms steht in einem Mißverhältnis zu Wilhelms
Streben; Werner spricht von dem Gutskauf, der ihn dann ja später
bei Lothario mit Wilhelm zusammenführen wird: „... und wir
rechnen auf Dich, daß Du dahin ziehst" — was Wilhelm zwar wirklich, aber aus ganz anderen Antrieben, tun wird —, „... man verkauft es wieder, sucht ein größeres, verbessert und handelt wieder,
und dazu bist Du der Mann".

Diese bürgerlichen Glücksverheißungen Werners haben eine
seinen Absichten gerade zuwiderlaufende Wirkung: Wilhelm ward
„durch einen heimlichen Geist des Widerspruchs mit Heftigkeit auf
die entgegengesetzte Seite getrieben". Er überzeugt sich, daß er
nur auf dem Theater die Bildung, die er sich zu geben wünschte,
vollenden könne. Seinen Antwortbrief an Werner leitet Wilhelm
mit Worten ein, die seinen Widerspruch aus Höflichkeit relativieren
wollen, die aber ungewollt auch das Gleichgewicht der entgegengesetzten Wesenssphären in Wilhelms Innern ausdrücken: „Dein
Brief ist so wohl geschrieben und so gescheit und klug gedacht,
daß sich nichts mehr dazusetzen läßt. Du wirst mir aber verzeihen,
wenn ich sage, daß man gerade das Gegenteil davon meinen,
behaupten und tun, und doch auch recht haben kann." Der
Haltung, die Wilhelm hier die beiden einander widerstreitenden
Wahrheiten anerkennen läßt, entspricht im Bewußtsein des Erzählers
die poetische „Parteilosigkeit". Dies aber nicht nur im Sinne der
Parteilosigkeit des Schöpfers, der allen Positionen und Gestalten
seiner Schöpfung Wahrheit verleihen muß, und auch nicht nur im
Sinne einer poetischen Toleranz, die mit der gleichen Gerechtigkeit
oder aus der gleichen Distanz das Widerspiel entgegengesetztester
Gestalten und Meinungen betrachtet, sondern vor allem in dem
tiefsten Sinn eines ironischen Bewußtseins „sensu eminentiori", um
mit Kierkegaard zu sprechen. In diesem Bewußtsein gründet die
ironische Struktur der „Lehrjahre", der gemäß das Widerspiel der
entgegengesetzten Sphären letztlich nicht zur Entscheidung gebracht
wird, sondern die Gegensätze, wenn auch nicht aufgehoben, so doch
gleichgewichtig zu einer höheren, paradoxen, eben ironischen Einheit geläutert werden. Die Sphären des bedingten und des unbedingten Lebens, der Bürgerlichkeit und der Bildung werden sich
am Ende der „Lehrjahre" auf einer sozusagen mittleren Ebene ausgleichen und versöhnen; aber das Widerspiel der Ursachen und
Kräfte, die Wilhelms Weg zu diesem Ziel leiten, wird als Widerspiel
entgegengesetzter Sphären, als ein innerster Widerspruch sich
durchhalten. Um es in Formeln abgekürzt zu sagen: Am Ende sind
unbedingtes Streben und gereifte Selbstbegrenzung, absolutes Gefühl

und bedingte Wirklichkeit, sind Leben und Bildung, Schicksal und Vernunft im gleichen Ziel vereinigt. Dennoch waren es die Antriebe des Gefühls, der Umstände, des Zufalls, eines gleichsam bewußtlos getriebenen Lebens und nicht vernünftiges Planen und gelenkte Bildung, die Wilhelms Weg dahin bestimmt haben; Wilhelm erreicht sein Ziel, ohne daß jene Kette von Ursachen und Wirkungen in der „Sphäre des Lebens" etwa von den Einsichten und Absichten jener im „Turm" repräsentierten „Sphäre der Vernunft" beeinflußt worden wäre.

Erweisen sich die Mächte der „Vernunft", des planenden „Turms", als ohnmächtig gegenüber der Führung durch das „Leben", so ist dieser Sphäre der „Vernunft" doch gerade das Bewußtsein eigentümlich, gleichnishaft erscheinend im Prinzip der „Erziehung durch Irrtum", daß das Ziel aller Bildung in Wahrheit nur erreicht wird, wenn die Einsichten der Vernunft nicht von außen vermittelt werden, sondern wenn das „Leben", die Natur aus ihrem eigensten inneren Antrieb, ihm gleichsam außervernünftig entgegenwächst. In diesem dem Geist des „Turms" zugehörigen Bewußtsein liegt sozusagen der rationale, erzähltechnische Schlüssel für jene unter allen äußeren Gegensätzen verborgene Korrespondenz zwischen „Leben" und „Vernunft" in Wilhelms Entwicklung und für ihre scheinbar außer aller realen, epischen „Logik" — es sei denn die des Märchens — liegende Übereinstimmung am Ende, wenn Wilhelm auf dem Wege des „Lebens" doch das von der „Vernunft" gesetzte Ziel erreicht hat. Was im Eingang von Wilhelms Brief an Werner nur geheim angedeutet ist, was sich in dem durchgehaltenen Widerspiel der Sphären des „Lebens" und der „Vernunft" als Ausdruck eines Bewußtseins darstellt, das sich zur Anerkennung der entgegengesetztesten Wahrheiten erheben kann oder zur ironischen Übersicht über den Widerspruch menschlichen Daseins und menschlicher Erkenntnis, das entspricht der innersten Struktur des Goetheschen Geistes überhaupt.

In der Entscheidung über seinen weiteren Weg, die Wilhelm jetzt Werner mitteilt, bekennt er sich wieder zu den Gesinnungen seiner Jugend, bekennt sich im Grunde also zu jener Sphäre der Unbedingtheit des persönlichen Strebens, der die Absolutheit des Gefühls und der ästhetische Traum zugehören: „ . . . mich selbst, ganz wie ich da bin, auszubilden, das war dunkel von Jugend auf mein Wunsch und meine Absicht". Nicht ohne ironischen Hintersinn läßt der Erzähler Wilhelm erneut die früh geäußerte Vorstellung aussprechen, in Deutschland sei nur dem Edelmanne, nicht aber dem Bürger die Ausbildung der Persönlichkeit möglich, eine Vorstellung, der seine wirklichen Erfahrungen mit der Welt des Adels so durchaus entgegen waren; es scheint, als habe Wilhelm ganz vergessen, daß er selbst dieser negativen Erfahrung Ausdruck gegeben und den Weltleuten, den Leuten von Stande die Innigkeit und Ursprünglichkeit der standeslosen menschlichen Natur entgegengestellt hatte. Die ironische Erzählstruktur und der gleichsam durch die „Oberfläche" der Erzählwirklichkeit hindurchscheinende übergreifende Verweisungszusammenhang wie auch die symbolische Bedeutung aller einzelnen Glieder der erzählten Wirklichkeit sind besonders einsichtig, wenn von Wilhelms Unterschrift unter den Theatervertrag erzählt wird: „... durch eine unerklärliche Verknüpfung von Ideen entstand vor Wilhelms Einbildungskraft, in dem Augenblicke, als er seinen fingierten Namen unterzeichnete, das Bild jenes Waldplatzes, wo er verwundet in Philinens Schoß gelegen". Daß Wilhelm mit einem fingierten Namen unterschreibt, weil er den bürgerlichen Vorurteilen gegen das Schauspielertum Rechnung tragen und den eigenen Namen, den seiner Familie, daher schonen will, bezeichnet noch einmal, wie wenig er in Wahrheit, trotz seiner Entscheidung für das Theater, aus seiner, ihm wesentlich zugehörigen Bürgerlichkeit herausgetreten ist. Die tiefere Bedeutung dieses Hinweises auf Wilhelms Bürgerlichkeit hieße es mißverstehen, wollte man ihn nur historisch, aus den Vorurteilen der Zeit überhaupt, erklären. Insgeheim deutet die Namensfingierung darauf hin, daß es nicht seine wahre Person ist, die sich als Schauspieler verpflichtet. Im Innern schon längst durch die Erscheinung Nataliens auf eine ganz andere, höhere Sphäre vorbereitet, ja schon von ihr in Besitz genommen, Nataliens Gestalt als die eigentliche Wahrheit vor Augen, verschreibt sich Wilhelm einem Irrtum, der ihn an die Natalien entgegengesetzte Welt bindet. Dem ironischen Widerspruch von „Leben" und „Vernunft" ist es gemäß, daß Wilhelm dann doch gerade im Kreis des Theaters, und nicht durch einen Wink etwa des „Turms", den Hinweis auf den Weg in Nataliens Sphäre erhält: durch Aureliens Auftrag, Lothario die Nachricht von ihrem Tod zu überbringen. In Mignons Versuch, Wilhelm an der Unterschrift zu hindern, deutet sich der Einspruch des tieferen, außervernünftigen Wissens einer Sphäre unbedingten, ursprünglichen Gefühls an, der auch Wilhelm mit einem Teil seines Wesens zugehört. Daß Mignon hier das gleiche Ziel verfolgt wie später der „Turm" durch die Warnung des Geistes und daß diese Warnung in Wilhelms Bewußtsein ja überhaupt erst durch Mignons Hilfe, indem sie ihm den Schleier mit auf die Reise gibt, zur Wirkung gelangt, weist auf eine Gemeinsamkeit der Wahrheit, die die Sphären des unbedingten

Gefühls und der Vernunft trotz aller Gegensätze verbindet in bezug auf den Irrtum dieser Lebensentscheidung Wilhelms. Es sind dann Serlos Eröffnungen über die Bedingtheit des Theaterwesens, die in Wilhelm ein erstes Aufdämmern der Erkenntnis, daß er sich einem Irrtum verschrieben habe, bewirken: „Überzeugen Sie mich ja nicht, daß Sie recht haben; denn keine Macht in der Welt würde mich bewegen können, einen Kontrakt zu halten, den ich nur im gröbsten Irrtum geschlossen hätte." An einer solchen Stelle zeigt sich die ironische Mittelbarkeit der Erzählweise, insofern schwebend übergänglich von einer Stufe der Erzählung auf eine andere verwiesen, gleichsam in den Grenzen der Täuschung über diese Grenzen hinausgedeutet wird. Doch der Erzähler nimmt Wilhelm sogleich in die Grenzen seines Irrtums zurück, läßt ihn in seiner Täuschung befestigt erscheinen, wenn er erzählt, daß Wilhelm, zur Bearbeitung des „Hamlet" aufgefordert, nach einigen Tagen, als sei Serlos illusionsloses Urteil über das Theater gänzlich vergessen, „mit frohem Blicke" wieder vor ihm erscheint und vom Ergebnis seines Nachdenkens über die Aufführung des „Hamlet" berichtet.

Philinens Reize durchheitern die Erzählung auch noch weiterhin mit sinnlichem Leben. Ihre Pantoffeln sind ein scherzend-symbolisches Leitmotiv, das in Vorausdeutungen, Anspielungen und Sinnverknüpfungen jeweils vielsinnig einen ironischen Verweisungszusammenhang der Erzählabfolge der Beziehung zwischen Wilhelm und Philine herstellt, Wilhelm — und mit ihm teils auch den Leser — in ein heiteres Vexierspiel ziehend. Vorbereitet wird die Einführung dieses Motivs durch Serlos schäkernde Erwähnung der „Füßchen und Wädchen" Philinens. Philine, die Serlo schnippisch antwortet, stellt ihre Pantöffelchen auf den Tisch und fordert Serlo auf, sie zu bewundern, indem sie ihn dadurch spöttisch von ihren „Füßchen und Wädchen" weg auf die „Stelzchen", auf den weniger intimen und doch sozusagen stellvertretenden Reiz der äußeren Hülle hinlenkt. Durch die Bemerkung des Erzählers, daß Philine sie von der Gräfin zum Geschenk erhalten hatte, wird die Erinnerung an jene Liebesbeziehung Wilhelms mit dem Pantoffelmotiv verknüpft, was im weiteren Ablauf der Motivkette ein ironisches Bindeglied des Kontrastes zwischen Wilhelms Neigung zur Gräfin und seiner Beunruhigung durch die Reize Philinens herstellt, bis hin zu der Liebesnacht mit Philine reichend, wodurch denn zugleich auch noch Wilhelms Verhältnis zu Mignon dieser Motivkette verbunden wird. Es sind Serlos scherzende Anspielungen, durch die der Erzähler mittelbar auf diesen Sinnzusammenhang hindeutet. Serlo bemerkt, wie gar tröstlich der nächtliche Besuch eines gutherzigen Kindes für den Junggesellen ist: „... es schleicht was herbei, die Vorhänge rauschen, klipp! klapp! die Pantoffeln fallen, und husch! man ist nicht mehr allein". Diese ironische Vorausdeutung wird fortgeführt durch die Bemerkung des Erzählers, daß man Philine, als sie nach ihrem Lied von den Freuden der Nacht forteilte, „mit den Absätzen klappern" hörte. Als Aurelie darauf Philine tadelt und Wilhelm wegen seiner Achtung für sie zurechtweist, nimmt Wilhelm sie zwar in Schutz, aber er bestreitet doch eine intimere Beziehung zu ihr. Das aber tut er mit Worten, die als ironische Vorausdeutung auf seine spätere Ungewißheit in bezug auf jene nächtliche Besucherin aufzufassen sind, insofern sie gerade das Gegenteil ausdrücken und Wilhelm ja später nicht in der Lage ist, zu tun, was er hier behauptet: „Ich will von jeder Minute Rechenschaft geben, die ich mit ihr zugebracht habe." Wilhelm, der sich durch die ironische Entgegnung Aureliens beleidigt fühlt, verteidigt Philine dann noch vor seinem eigenen Innern; mit sittlicher Selbstzufriedenheit glaubt er sich im Augenblick „so fern von jeder Neigung zu ihr, daß er recht stolz und standhaft vor sich selbst bestehen konnte".

Doch sogleich läßt die ironische Komposition der Erzählung Wilhelm in eine ganz entgegengesetzte innere Verwirrung und Beunruhigung fallen: Er findet Philinens Pantoffeln vor seinem Bett stehen und vermutet sie selbst daher hinter den Vorhängen seines Bettes verborgen. Lächelnd blickt der Erzähler auf Wilhelms Verhalten: „Mit großem Erstaunen fand er sein Bette leer ... Er sah sich um, suchte nach ... er suchte emsiger und emsiger; ja, ein boshafter Zuschauer hätte glauben mögen, er suche, um zu finden." Und weiter noch wird von Wilhelm ironisch berichtet: „Kein Schlaf stellte sich ein ... und ein schelmischer Genius, der ihn belauschte, will versichern: er habe sich einen großen Teil der Nacht mit den allerliebsten Stelzchen beschäftigt." Die Erzählung lenkt dann zu dem Widerspruch in Wilhelms Situation, daß er, spät erst eingeschlafen, ausgerechnet an dem Morgen des Tages, da er zum erstenmal als Hamlet öffentlich auf der Bühne auftreten soll, die Zeit verschläft: In dem Augenblick der Erfüllung seiner Theaterwünsche finden wir Wilhelm innerlich dem Theater fern, finden ihn gleichsam machtlos, von der abwesenden Philine überwunden. Wie ein spöttisches Echo auf Serlos Neckereien über tröstliche nächtliche Besuche klingt die Erzählung vom Ende dieses Tages, da Wilhelm, nach dem Gelage zur Feier des Hamlet-Erfolges, trunken ins Bett gesunken ist. Eine ironische Spiegelung erfährt dabei auch die Funktion des warnenden Geistes, indem seine Erscheinung dem

Liebesbesuch kontrastierend verknüpft und zudem noch zurückbezogen wird auf das Schaudern nächtlichen Alleinseins im Bette, von dem Serlo gescherzt und dem er den Trost eben solchen Besuches gewünscht hatte, wie ihn Wilhelm jetzt erhält: „Eben schwebte vor seiner erhitzten Phantasie das Bild des geharnischten Königs; er richtete sich auf, das Gespenst anzureden, als er sich von zarten Armen umschlungen, seinen Mund mit lebhaften Küssen verschlossen und eine Brust an der seinen fühlte, die er wegzustoßen nicht Mut hatte." Mit Spott vermerkt der Erzähler Wilhelms Unbehagen am nächsten Morgen; ironisch spielt er mit Wilhelms Ungewißheit über die nächtliche Besucherin und zugleich mit der Neugierde des Lesers. Wilhelm glaubt erschrocken, Mignon mit dem Erlebnis der Nacht in Verbindung bringen zu müssen. Doch sogleich wird der Verdacht wieder auf Philine gelenkt, wenn sie Wilhelm zuflüstert, sie müsse ihre Pantoffeln holen und er möge doch den Riegel nicht vorschieben. Und Wilhelm schiebt wirklich den Riegel nicht vor. Es ist für die Struktur der Phasenverknüpfung charakteristisch, daß in diese Stimmung Wilhelms, der eben doch auf Philine wartet, dann plötzlich Mignon mit dem Schreckensruf hereinstürzt: „Meister! Rette das Haus! Es brennt!"

Der Brand führt in mancher Weise Änderungen der menschlichen Konstellationen herbei, bzw. es werden in der Folge der Ereignisse bedeutende Akzentverschiebungen sichtbar. Noch einmal wird das Pantoffelmotiv mit dem Fortgang der Erzählung verknüpft, um kontrastierend das Auslaufen einer Phase und den Einsatz einer neuen ironisch widerzuspiegeln: „Leider war nun die Türe verbrannt, die er nicht zuschließen sollte, und die Pantöffelchen waren in Rauch aufgegangen." Tatsächlich bezeichnet der Brand den Wendepunkt des Verhältnisses zwischen Wilhelm und Philine. Nur noch einmal, wenn er ihr die flehentliche Frage nach Mariane stellt, wird von einer Begegnung Wilhelms mit ihr erzählt.

Nach der Brandkatastrophe haben sich um Wilhelm, wie nach dem Räuberüberfall auch, diejenigen geschart, die innerlich zu ihm gehören. Es sind jetzt Felix und Mignon. Und schließlich kommt wie damals auch noch der Harfner wieder hinzu. Wilhelm ist in einer „großen Verlegenheit ... was er mit dem unglücklichen Alten beginnen sollte". Laertes aber berichtet von einem Landgeistlichen, der sich der Behandlung solcher Kranken widmet, und zu diesem wird dann auch der Harfner zur Kur gegeben. Die erneute und bestimmtere Berührung, die Wilhelm auf diese Weise mit der Sphäre des „Turms" erfährt, geht wiederum nicht auf dessen Eingreifen, sondern auf den Zufall zurück, daß Laertes, „der nach seiner alten Gewohnheit überall zu sein pflegte", im Kaffeehaus einen Mann gesehen hatte, der von dem Landgeistlichen geheilt worden war.

Immer mehr rückt der Erzähler die enttäuschenden Seiten der Theaterwirklichkeit ins Licht. Wilhelm, der die Aufgabe eines Regisseurs übernommen und den Versuch gemacht hatte, „etwas mehr Ordnung und Genauigkeit in das Ganze zu bringen", erreicht mit seinen Anstrengungen nur das Gegenteil. Und es heißt dann schließlich: „In kurzer Zeit war das ganze Verhältnis, das wirklich eine zeitlang beinahe idealisch gehalten hatte, so gemein, als man es nur irgend bei einem herumreisenden Theater finden mag." Als wolle der Erzähler eigens hindeuten auf die Komposition der Erzählabfolge in ironischen Widersprüchen, bemerkt er über Wilhelms innere Situation, über das Mißverhältnis zwischen der Vollendung seiner Theaterbildung und seiner Enttäuschung über die Theaterwirklichkeit: „Und leider in dem Augenblicke, als Wilhelm durch Mühe, Fleiß und Anstrengung sich mit allen Erfordernissen des Metiers bekannt gemacht und seine Person sowohl als seine Geschäftigkeit vollkommen dazu gebildet hatte, schien es ihm endlich in trüben Stunden, daß dieses Handwerk weniger als irgend ein andres den nötigen Aufwand von Zeit und Kräften verdiene." Der Widerspruch dieser Stimmung Wilhelms zu seinen hochgemuten Theaterhoffnungen verstärkt sich noch durch die Rückverweisung auf die Gegenposition Werners: Im Unmut enttäuschter Erfahrung macht sich Wilhelm jetzt die einst von Werner zur Beschwichtigung seiner verzweifelten Unbedingtheit geäußerte Bürgermeinung zu eigen, das künstlerische Streben müsse und könne auf die Mußestunden nach einem tätig verbrachten Tage begrenzt werden.

Ein Zeichen für das sich vorbereitende Auslaufen dieser Lebensepoche ist auch der Besuch Wilhelms bei dem Landgeistlichen, der den Harfner in Pflege hat. Hier tritt Wilhelm zum erstenmal selbst in den Umkreis der „Turm"-Sphäre hinein. Es ist dies vielleicht die Stelle der Erzählabfolge, an der der eigentliche Umschlag der sogenannten Bildungstendenz von der Unbedingtheit zur Begrenzung durch die „Vernunft" mittelbar sichtbar gemacht wird. Tätigkeit und Gemeinschaft sind die Prinzipien vernünftiger Lebensführung, die dem Wahnsinn des Harfners entgegengesetzt werden. In Wilhelms Theaterenttäuschung deutete sich schon an, daß er sein absolutes Streben auch innerlich nicht gegen eine bedingte Wirklichkeit durchhält — insofern ist er gleichsam reif geworden dafür, aus dem Munde des Geistlichen die Maximen zu hören, die über der weiteren Phase seiner Entwicklung stehen werden.

Der Theaterenttäuschung Wilhelms antwortet die Veränderung, die sich während seiner Abwesenheit in der Theatersphäre selbst vorbereitet hat. In dem Augenblick, da sich Wilhelm innerlich vom Theater entfernt, scheint ihn das Theater selbst entfernen zu wollen, indem sich durch Melinas Einfluß die Gesinnung Serlos, und damit der Geist des ganzen Theaters, dem Gegenteil der Ideale Wilhelms zuwendet. Wird Wilhelm allmählich vom Theater, aus dem Schein der Bühne, wieder ins Leben geleitet, so vollendet sich Aureliens Schicksal dadurch, daß sie das Leben auf die Bühne bringt und es hier auf eine lebenzerstörende Weise steigert. So ist sie nach einer leidenschaftlichen Darstellung der Orsina dem Tode nahe. Die Komposition der ironischen Verknüpfung setzt in ihrem Auftrag an Wilhelm, Lothario zu besuchen und ihm Vorstellungen über seine Schuld an ihrem Tode zu machen, die Ursache zum Übergang Wilhelms in den Lebensumkreis des „Turms". Einer leidenschaftlichen Regung der Sphäre des „Lebens" verdankt sich also Wilhelms Fortschreiten zur Sphäre der „Vernunft". Nach Aureliens Tod beschließt Wilhelm zu reisen, um sich der Botschaft an Lothario zu entledigen. Bemerkenswert ist, daß Wilhelm in diesem Augenblick noch nicht an mehr denkt als an einen „Urlaub". Dadurch wird verdeutlicht, daß seine Entfernung vom Theater und sein Fortschreiten in die Sphäre des „Turms" wiederum, wie alle Entwicklungen seines Weges, weder planvoller Absicht noch planvoller Lenkung folgen und daß er in die Sphäre des „Turms" in gleicher Weise sozusagen passiv hineingezogen und darin seinen ursprünglichen Absichten entgegen festgehalten wird, wie bei seiner Bindung an die Schauspielergesellschaft. Symbolisch wird der Übergang Wilhelms in die neue Phase seiner Bildungsentwicklung und die damit verbundene Entfernung von der Unbedingtheit des Innern dadurch angedeutet, daß Mignon nicht mitreisen, sondern ihn bei Serlo zurückerwarten will, da die Reise nicht nach Süden, sondern „nach Norden" gehe; darin zeigt sich an, daß die Ursprünge und das Wesen dieser unbedingten Gestalt und die Bindung zwischen ihr und Wilhelm einer Welt- und Lebenssphäre angehören, die wie der Süden dem Norden der Sphäre des „Turms" entgegengesetzt ist. Mignons Bitte um Marianens Perlenschnur ist ein symbolischer Hinweis darauf, daß Wilhelm auch diese Gestalt einer Lebensphase des absoluten Gefühls vor dem Aufbruch in die Sphäre des „Turms" zurückläßt bzw. daß Mignon sich in diesem Augenblick der dem „Turm" entgegengesetzten Wesenssphäre, in der Wilhelms Liebe zu Mariane und ihr Schicksal angesiedelt sind, zugehörig fühlt.

Die ironische Struktur der Erzählung verrät sich jedoch darin, daß es gerade Mignon ist, die insgeheim Wilhelms Selbstbesinnung und damit sein Fortschreiten vom Theater zum „Turm" befördert, indem sie ihm den Schleier des Geistes in den Mantelsack steckt und damit Wilhelm, der noch nichts von der Botschaft des Schleiers begreift und deshalb auch sagt, „daß ihm dieser Flor zu keinem Gebrauch sei", zu der späteren Erkenntnis der Mahnung führt, die der „Geist Hamlets" ihm schon auf dem Höhepunkt seiner Theaterlaufbahn hinterließ. Daß Wilhelm die Erkenntnis seiner Vaterschaft werden wird und es diese Vaterschaft ist, die er dann als eine ursprüngliche Bindung des „Lebens" in die Sphäre des „Turms" mit hinübernehmen wird, darauf ist vorausgedeutet, wenn Felix beim Abschied auf die Frage Wilhelms, was er mitgebracht haben wolle, antwortet: „Bringe mir einen Vater mit." In dem Lied Mignons, das am Schluß dieses Buches steht, ertönt noch einmal die Stimme des „Schutzgeistes" des innersten und unbedingten Bezirks der nun endenden Lebensphase Wilhelms, die damit gleichsam schirmend eingehegt wird, während zugleich doch mit diesen Versen — „Heiß mich nicht reden, heiß mich schweigen! . . ." — die Gestalt Mignons in sich selbst zurücktritt, sich zurücknimmt in ihr Geheimnis und sich abgrenzt von Wilhelms zum „Turm" fortschreitenden Leben.

Sechstes Buch / Bekenntnisse einer schönen Seele

Durch die Einschaltung der „Bekenntnisse einer schönen Seele" zwischen das fünfte und siebente Buch wird die Bedeutung des Übergangs aus einer Phase der Entwicklung Wilhelms in die andere noch verstärkt betont. Wilhelm lernt zwar den Inhalt der „Bekenntnisse" noch am Ende seiner Theaterphase kennen: insofern wird mit dem sechsten Buch nur der Inhalt einer Lektüre Wilhelms, die in das fünfte Buch fällt, nachgeholt. Wie im Falle des Mignon-Liedes am Ende des fünften Buches die redaktionelle Begründung dieser Stellung den tieferen Grund verschweigt, so ist auch die nachgeholte Mitteilung der „Bekenntnisse" und ihre Einschaltung als eigenes Buch tiefer als nur durch äußere Erfordernisse der Redaktion begründet. Es füllt die Zeitspanne, gleichsam die epische Pause zwischen Wilhelms Abreise vom Theater und seinem Eintritt in den Kreis Lotharios aus; der Leser ist damit angewiesen, die durch diese Unterbrechung entstandene Pause in der Erzählfolge als den inneren Raum der Verwandlung der Erzählwirklichkeit, als eine Verwandlung der Bildungssphäre nicht nur, sondern der Lebens- und Bildungsdisposition Wilhelms zu verstehen, sowenig dann zunächst Wilhelms äußeres Handeln einer solchen Verwandlung schon entspricht. Haben so die „Bekenntnisse" einesteils die erzähltechnische Funktion einer Zwischenmusik, eines Entr'acte, machen sie anderteils Wilhelm, wie auch den Leser, mit den Schauplätzen und Personen der zukünftigen Sphäre seiner Bildung und in der Gestalt des Oheims mit einer bestimmten, dieser Sphäre zugeordneten Lebens- und Geisteshaltung bekannt. Insbesondere aber haben die „Bekenntnisse" die redaktionelle Nachholfunktion, das bisher bei der Darstellung der Erfahrungen und der inneren Wirklichkeiten Wilhelms fast gänzlich ausgesparte Phänomen des Religiösen dergestalt als Bildungselement Wilhelms vorzuführen, daß es zwar außerhalb seines subjektiven Erlebniskreises, aber doch als Teil seiner objektiven Bildungserfahrungen erscheint. Zudem erfüllen die „Bekenntnisse" eine Forderung des historischen Sinns; denn in der pietistischen, verinnerlichten Frömmigkeit und Seelenkultur wird eine geschichtliche Voraussetzung der klassischen Geistesepoche und damit zugleich der in den „Lehrjahren" gestalteten Bildungsentwicklung bzw. des ihr Ziel bestimmenden Bildungsideals vergegenwärtigt. Daß dies in Form einer redaktionellen Ergänzung geschieht, also der Einheit der epischen Wirklichkeit nicht unmittelbar integriert wird, ist jedoch nicht nur in dem sozusagen historischen Charakter der „Bekenntnisse" begründet — womit nicht der alte, vornehmlich der hämischen Nachrede einiger mißvergnügter Zeitgenossen entstammende Irrtum gemeint ist, Goethe habe eine seitdem verschollene Selbstdarstellung der Susanne von Klettenberg übernommen. Auf den Grund des Fehlens der religiösen Sphäre unter den unmittelbar Wilhelms Bildung bestimmenden Elementen geben die „Bekenntnisse" selbst am Ende einen ironischen Hinweis: in der Bemerkung der Stiftsdame, der Oheim halte sie wegen ihrer religiösen Gesinnung „für die Kinder für gefährlich" und entferne diese daher von ihr, also jene Generation, der auch Wilhelm zugehört und in deren Kreis er dann das Ziel seiner „Bildung" erreichen wird. Im Schicksal der schönen Gräfin, im religiösen Wahn des Grafen reicht die Sphäre pietistischer Religiosität dann nur noch als negatives Gegenbild in die epische Wirklichkeit der „Lehrjahre" hinein. Ganz analog zu Wilhelms Entwicklung wird auch im sechsten Buch von den Irrtümern und Umwegen einer Bildung, hier einer religiösen Bildung, erzählt. Und ganz ähnlich wie auf Wilhelms Weg zeigt sich auch hier jeder Schritt, der zur Überwindung eines Irrtums im Religiösen führt, als Grundlegung eines neuen Irrtums; die Überwindung eines alten Irrtums schafft gewissermaßen erst die Möglichkeit zu neuem Irrtum. Die Rolle des Erzählers und seines ironisch distanzierten Bewußtseins ist jedoch hier, der Ich-Erzählung gemäß, der „schönen

Seele" selbst übertragen, die ihrerseits ihre eigene Entwicklung von einer reiferen Stufe des Bewußtseins her betrachtet, ohne allerdings die Grenzen, und das heißt die subjektive Begrenztheit der aus dem Bildungskreis der „Lehrjahre" verwiesenen Religiosität zu überschreiten. Objektiv jedoch, mit der Erzählung von der Hochzeit der Schwester auf dem Schloß des Oheims, wird in den „Bekenntnissen" selbst die Gegenwelt zu der subjektiven religiösen Innerlichkeit der Stiftsdame vergegenwärtigt. In den Gesinnungen des Oheims wird dem religiösen Sündenbewußtsein der „schönen Seele" der Glaube an die Humanität, daran, daß „in dem Begriff des Menschen kein Widerspruch mit dem Begriff der Gottheit" liege, entgegengestellt. In der Forderung tätigen menschlichen Schöpfertums erhält die subjektive religiöse Innerlichkeit der „schönen Seele" ein Gegenbild. Mit ironischer Untertreibung des eigenen Standpunkts weist der Oheim seine Nichte darauf hin: „Sie haben Ihr sittliches Wesen, Ihre tiefe, liebevolle Natur mit sich selbst und mit dem höchsten Wesen übereinstimmend zu machen gesucht, indes wir andern wohl auch nicht zu tadeln sind, wenn wir den sinnlichen Menschen in seinem Umfange zu kennen und tätig in Einheit zu bringen suchen." Zugleich aber drückt sich in der Gesinnung des Oheims eine Auffassung von der Bildungsaufgabe des Menschen aus, zu der der Entwicklungsweg Wilhelms in offenbarem Gegensatz steht: „Des Menschen größtes Verdienst bleibt wohl, wenn er die Umstände so viel als möglich bestimmt und sich so wenig als möglich von ihnen bestimmen läßt."

In den Äußerungen des Oheims scheint der Geist des „Bildungsideals" der „Lehrjahre" unmittelbarer und von einem höheren Standpunkt, aus einer umfassenderen Perspektive, als Wilhelm in der selbsterfahrenen Wirklichkeit zugemutet wird, formuliert zu sein. Wenn es überhaupt erlaubt ist, von einem Bildungsideal der „Lehrjahre" zu sprechen, dann dürfte es wohl in den folgenden Worten des Oheims einmal deutlich, jedoch auch die Grenzen der „Bildung" weit übergreifend, zu finden sein: „Das ganze Weltwesen liegt vor uns wie ein großer Steinbruch vor dem Baumeister, der nur dann den Namen verdient, wenn er aus diesen zufälligen Naturmassen ein in seinem Geiste entsprungenes Urbild mit der größten Ökonomie, Zweckmäßigkeit und Festigkeit zusammenstellt. Alles außer uns ist nur Element, ja ich darf wohl sagen, auch alles an uns; aber tief in uns liegt diese schöpferische Kraft, die das zu erschaffen vermag, was sein soll, und uns nicht ruhen und rasten läßt, bis wir es außer uns oder an uns, auf eine oder die andere Weise, dargestellt haben." Es ist der ironischen Struktur der Erzählung gemäß, daß der Erzähler die ausdrücklichsten und unmittelbarsten Hinweise einer Kritik und Belehrung der „Bildung" Wilhelms nur mittelbar in einem Manuskript gibt, das, jedoch nur scheinbar, ganz ohne Beziehung auf Wilhelm ist. Nicht anders denn als eine belehrende Kritik an Wilhelms bisherigem Weg erscheinen viele der Äußerungen des Oheims: „ . . . der größte Teil des Unheils und dessen, was man bös in der Welt nennt, entsteht bloß, weil die Menschen zu nachlässig sind, ihre Zwecke recht kennen zu lernen und, wenn sie solche kennen, ernsthaft darauf los zu arbeiten"; „Der Mensch ist zu einer beschränkten Lage geboren . . . sobald er aber ins Weite kommt, weiß er weder, was er will, noch was er soll . . . Es ist immer sein Unglück, wenn er veranlaßt wird, nach etwas zu streben, mit dem er sich durch eine regelmäßige Selbsttätigkeit nicht verbinden kann." Den tiefsten Selbstvorwürfen, die Wilhelm sich wegen seiner Unentschiedenheit, seines schlendernden Lebens so oft gemacht hat, entspricht es, wenn der Oheim „Entschiedenheit und Folge" das „Verehrungswürdigste am Menschen" nennt.

Andererseits wenden sich seine Belehrungen über Wert und Würde der Kunst, womit er auf eine Kultur hinweist, in der sich sittliche und ästhetische Bildung vereinigen, vornehmlich gegen die Bildung der „schönen Seele" bzw. gegen die in den „Bekenntnissen" überhaupt zur Anschauung gebrachte einseitige religiöse Kultur. In der Begrenztheit und in den Irrtümern der „schönen Seele" werden jedoch auch Begrenztheiten und Irrtümer Wilhelms gespiegelt, was zugleich zu der vielfältigen, hier nicht im einzelnen zu verfolgenden erzähltechnischen Verzahnung der „Bekenntnisse" mit der epischen Wirklichkeit der „Lehrjahre" gehört. Es weist etwa auf Wilhelms gefühlsbeteiligtes und inhaltsbezogenes Kunstinteresse hin, dem schon früh ein Vertreter des „Turms" widersprochen hatte, wenn die Stiftsdame bemerkt: „So sollte mir auch eine bildliche Darstellung etwas sagen, sie sollte mich belehren, rühren, bessern . . ." Von dieser Parallele her gesehen wird auch die ästhetische Bildung Wilhelms einer Subjektivität und Innerlichkeit zugeordnet, deren Überwindung zu den Zielen seiner wahren Bildung gehört. Manche der Belehrungen, die der Stiftsdame zuteil werden, könnten auch unmittelbar Wilhelm gegeben sein. So berichtet sie davon, wie ihr ein Freund die Gefahren einer bloßen subjektiven Innerlichkeit vorstellt: „ . . . er zeigte mir, wie sehr diese Empfindungen, wenn wir sie unabhängig von äußern Gegenständen in uns nähren, uns gewissermaßen aushöhlen und den Grund unseres Daseins untergraben". Es ist der Arzt aus dem Hause des Oheims, dem die Stimme solcher Gegenwirkung übertragen ist. Seine Maxime: „Tätig zu sein ist des Menschen erste Bestimmung" gibt einer fundamentalen Lehre des „Turms" Ausdruck, die eher für Wilhelm als für die „schöne Seele" bestimmt zu sein scheint. Mit der Erzählung der Stiftsdame von den vier Kindern ihrer Schwester, für deren Erziehung der Oheim sorgt, führen die „Bekenntnisse" unmittelbar in jene Sphäre hinüber, in der Wilhelms Bildungsweg sich vollenden wird. So etwa, wenn sie von Natalie berichtet, die ihr ähnlich sehe, jedoch in der Harmonie aller inneren und äußeren Kräfte über ihr stehe. Die ihr zugesprochenen Eigenschaften jedoch weisen, bei aller ihrer menschlichen Vollkommenheit, auf eine gewisse Kühle und Freiheit, die ihr etwas nicht Menschliches, eine leidenschaftslose Idealität verleihen. So rühmt die Stiftsdame ihre tätige Hilfsbereitschaft gegenüber Notleidenden, „ob sie gleich ... selbst keine Art von Liebe und ... kein Bedürfnis einer Anhänglichkeit an ein sichtbares oder unsichtbares Wesen ... auf irgendeine Weise merken ließ".

Gegen Ende ihrer Bekenntnisse spricht die „schöne Seele" von der Vollendung ihrer Entwicklung mit Worten, die mit der Selbstbestimmung ihres Wesens zugleich die Bestimmung des Begriffs „schöne Seele", fast möchte man sagen unmittelbar im Sinne Schillers, geben: „ ... nichts erscheint mir in Gestalt eines Gesetzes; es ist ein Trieb, der mich leitet und mich immer recht führt; ich folge mit Freiheit meinen Gesinnungen und weiß so wenig von Einschränkung als von Reue". Deutlich jedoch grenzt sich dieser Begriff der „schönen Seele" von dem ethisch-ästhetischen Ideal der klassischen Humanität ab, wenn die Stiftsdame bekennt, daß sich die Annäherung an solche Vollkommenheit nicht „aus der menschlichen Natur", deren Verderben sie so tief eingesehen habe, erklären lasse, sondern „jenem Wesen zu danken sei", „das uns zu allem Guten die Hand reicht".

Die Ironie des Erzählers umspielt und relativiert das in den „Bekenntnissen" sich darstellende religiöse Menschenbild. Eine Kritik an der „schönen Seele", an der eingeschränkten Subjektivität und weltabgekehrten Empfindsamkeit einer ganz in das eigene Innere gekehrten Religiosität spricht dann später Natalie aus: „Eine sehr schwache Gesundheit, vielleicht zu viel Beschäftigung mit sich selbst, und dabei eine sittliche und religiöse Ängstlichkeit ließen sie das der Welt nicht sein, was sie unter andern Umständen hätte werden können." Es ist der pietistisch-empfindsamen Betrachtung und Kenntnis der eigenen Seele gemäß, daß diese Kritik schon als Selbsterkenntnis der Stiftsdame ihrer Bewunderung für Natalien zugrunde lag. Dabei ist es jedoch für die Erkenntnis des kompositorischen Prinzips des Ausgleichs entgegengesetzter Positionen von Bedeutung, sich in diesem Zusammenhang auch der kritischen Position der Stiftsdame gegenüber Natalien zu erinnern. Wie der subjektiven Empfindsamkeit der Stiftsdame das Element der tätigen Wirksamkeit nach außen fehlt, so fehlt Natalien mit der subjektiven Leidenschaft der Empfindung das Bedingende und doch zugleich Tragende, das der Bindung zwischen Menschen nur aus der Kraft des subjektiven Gefühls zuwächst. Daher ist es vielleicht ebenso wichtig für Natalie selbst wie für Wilhelm, wenn sie schließlich einer subjektiven Liebe fähig wird, insofern sich ihr darin eine Möglichkeit menschlicher Wirklichkeit auftut, die ihr im Zustand der kühlen Unbedingtheit der Idee zur Vollkommenheit der Erscheinung fehlte. Es ist wohl in solchem Sinne zu verstehen, wenn Lothario die Schwester Natalie erst, nachdem er feststellen konnte: „Die Natur hat gewirkt", Wilhelm zueignet und sie erst in diesem Augenblick als Erfüllung des Begriffs „schöne Seele" über die Stiftsdame stellt.

Siebentes Buch

Sowenig Wilhelm ahnt, daß ihn seine Reise zu Lothario auf eine neue Stufe des Lebens und der Bildung führen wird: das Theater jedenfalls ist seinem Innern fremd geworden; ihm noch unbewußt befindet er sich innerlich auf dieser Reise, für die er nur „Urlaub" genommen zu haben glaubt, schon auf einem Weg, der ihn endgültig vom Theater wegführt. Sein Bewußtsein jedoch ist der eigenen Zukunft noch ganz verschlossen, seine Absichten, seine Vorstellungen stehen durchaus in Kontrast zu der Wirklichkeit, in die er jetzt eintreten wird. Am Eingang dieser neuen Phase offenbart sich sogleich wiederum sehr deutlich die ironische Struktur der Erzählung. Wilhelm kommt weder dazu, seine wohlvorbereitete und memorierte Strafrede zu halten, noch wird er von Lothario nach seinem persönlichen Willen überhaupt gefragt; mit einer gleichsam keine Entgegnung duldenden Selbstverständlichkeit wird er in der neuen Lebens- und Bildungssphäre durch Lothario festgehalten. Noch als Wilhelm die Mahnung des Geistes: „Flieh! Jüngling, flieh!" auf dem Schleier liest, ist er so ahnungslos bezüglich ihres wahren Sinns, daß er sagen kann: „Weit besser hätte der Geist mir zugerufen: Kehre in dich selbst zurück!" Hier, nach dem ersten Schritt auf einem Wege, der ihn aus der weltlosen Innerlichkeit seiner Träume und Täuschungen gerade hinausführen soll, beruft Wilhelm eine Maxime, mit der er die Mahnung des Geistes und die Bestimmung seines Weges gänzlich verkennt.

Die Bilder des Traums dagegen, den Wilhelm in dieser ersten Nacht unter dem Dach Lotharios träumt, bringen ihm im Gegensatz zu den Gedanken und Phantasien des Wachens bedeutsame Vorausbilder seiner wirklichen Zukunft. Er erblickt in einem Garten „wie Geister schwebend" die verlorene Mariane an der Hand seines verstorbenen Vaters: das deutet auf den lang vorausliegenden Tod Marianens, insofern sie sich im Traum geisterhaft zu dem Toten gesellen kann. Auch eine Vorausdeutung auf Mignons Tod enthält das Traumgesicht: sie liegt „ausgestreckt auf dem Rücken", eben wie eine Tote, im Grase, auf Philinens Händeklatschen springt sie nicht auf, wie Felix, sondern bleibt unbeweglich liegen. Aus Erinnerung, Sehnsucht und noch tief verhüllter Ahnung gemischt, führt der Traum der ersten Nacht Wilhelm Wirklichkeiten der Zukunft vor, denen sein Bewußtsein noch durchaus fern ist. Die Empfindung jedoch, die Wilhelm im Übergang vom Traum zum Wachen erfüllt, reicht in diese Zukunft hinein. Als er im Traum von der Hand der Amazone zurückgehalten wird, dem Vater und Marianen zu Hilfe zu kommen, da heißt es von ihm: „Wie gern ließ er sich halten!" Es ist Natalie, von der er sich im Traum den Toten zu folgen zurückhalten läßt, Natalie, die im Traum auch den Knaben Felix rettend an sich zieht.

In mannigfachen ironischen Widersprüchen entfaltet sich die Erzählung von Wilhelms Hineinwachsen in den Kreis Lotharios, von seinen weiteren Schritten auf dem Wege, der ihn zu Natalie führen soll. Statt Lothario eine Moralpredigt über eine vergangene Liebesaffäre zu halten, muß Wilhelm erleben, wie Lothario in die Folgen einer neuen Liebesaffäre verstrickt ist. Das dieser herrenhaften Amour nachfolgende Duell ist eine Ursache dafür, daß er eine erste Spur seiner Amazone erblickt. An dem Band der Wundtasche des behandelnden Arztes glaubt Wilhelm die Tasche des Chirurgus zu erkennen, der ihn in dem Walde bei der ersten Erscheinung der Amazone verbunden hatte. Es setzt hier die Motivkette des ironischen Vexierspiels mit Wilhelms Suchen nach der Amazone wieder ein, die, Wilhelm vielfältig ins Ungewisse leitend, bis zu der endlichen Begegnung mit Natalien reicht und sich darüber hinaus in den Verlegenheiten, Zweifeln und Nöten, die Wilhelm bis zur Vereinigung mit Natalien zu erdulden hat, fortsetzt. Es ist dann gerade das Duell, sosehr es den empfindsamen Voraussetzungen der ursprünglichen Absichten der Reise Wilhelms zu Lothario widerspricht, das ihn dessen Kreis enger verbindet, indem es ihn zum Vertrauten sehr persönlicher Vorgänge macht, weshalb er immer mehr als zur Familie gehörig behandelt wird. Eine Folge davon ist seine Teilnahme an Erörterungen Lotharios, die sich als eine erste Erweiterung seiner Bildung darstellen. Lotharios Maxime: „Hier oder nirgend ist Amerika!" ist gleichsam ein Gegenbild gegen das schlendernde Welt- und Theaterabenteuer Wilhelms. Das Prinzip der ironischen Verknüpfung führt von dem Außerordentlichen der Lebenspläne Lotharios zu dem Außerordentlichen der Entschlüsse seines Schwagers, des Grafen, hinüber, der sein Vermögen der Brüdergemeinde geben will. In der Parallele: „Hier oder nirgend ist Herrnhut!" wird das Bildungsthema mit der für Wilhelm so peinlichen Geschichte des Grafen verknüpft. Durch Jarno erfährt Wilhelm von seiner Schuld. Spöttisch belächelt, steht er, der gekommen war, Moral zu predigen, nun selbst als Schuldiger da, gepeinigt zudem von der Offenbarung Jarnos, daß seine Rolle bei der Gräfin Lothario keineswegs unbekannt ist. Jarno, der Vertreter des skeptischen Weltverstandes, ist notwendig auf dieser Stufe des Eintritts in die Sphäre seiner höheren Bildung Wilhelms erster Lehrer. Denn jetzt geht es darum, Gefühlserfahrungen, die ihm nur den subjektiven Theatertraum zerstört haben, zu Verstandeserfahrungen und damit zu objektiver Welterkenntnis zu machen. Es entspricht der Wesensveränderung der Lebenssphäre Wilhelms, daß jetzt eine erste Aufklärung über die konkreten Umstände, die das Schicksal des Harfners verursachten, gegeben wird. Bedeutungsvoll setzt hier am Anfang von Wilhelms Leben im Kreis des „Turms" die Rationalisierung der bis dahin so ganz geheimnisvollen und gleichsam mythischen, der realen gesellschaftlichen Welt fremden Gestalt des Harfners ein.

Wilhelms Mithilfe bei der Entfernung Lydiens, seine Mitschuld an der Irreführung einer neuen Geliebten Lotharios, obwohl er gekommen war, ihm wegen der Schuld gegenüber einer früheren Geliebten Vorhaltungen zu machen, beleuchtet noch einmal den Kontrast, in dem Wilhelms neue Lebenswirklichkeit zu den Antrieben seines Kommens steht. Zudem macht die Komposition der ironischen Verknüpfung die Hilfe Wilhelms bei der Irreführung Lydiens zum Medium seiner Bekanntschaft mit Therese und bedingt schließlich den Irrtum seiner Werbung um sie. In Therese, ihrer Klarheit, Sachlichkeit und zweckbestimmten Tätigkeit, in ihrer Welt- und Wirtschaftserfahrung lernt Wilhelm ein Wesen kennen, das seinem bisherigen Leben durchaus fremd war, ja, zu dem Wilhelm in der zurückliegenden Phase seiner Entwicklung kaum die Möglichkeit einer Beziehung gehabt hätte. Die innere Wandlung Wilhelms, sein Bewußtsein, in eine neue, höhere Lebenssphäre eingetreten zu sein, spricht sich zum erstenmal deutlich in den Bemerkungen aus, die er über Lothario und seinen Kreis zu Therese macht. Mit ironischer Mittelbarkeit weist der Erzähler darauf hin, daß sich mit dem Eintritt Wilhelms in den höheren Lebenskreis auch das Verhältnis zu seiner Umwelt verschoben hat, insofern er nun Menschen eines überlegeneren Ranges begegnet. Das erzähltechnische Medium, die Überlegenheit Lotharios sichtbar zu machen, ist dessen Beziehung zu den Wilhelm begegnenden Frauen. Bisher waren alle bedeutenderen Frauenzimmer auf Wilhelm bezogen, jetzt muß Wilhelm das gleiche in bezug auf Lothario erleben. In geheimer ironischer Verweisung auf Wilhelms Theaterirrtum — kompositorisch die frühere und die jetzige Bildungssphäre Wilhelms miteinander in Beziehung setzend — wird das Theater im Wesen Theresens gespiegelt. Das Scheinwesen des Theaters muß Theresens Sachlichkeit widersprechen. Im Verweisungszusammenhang des Theaterirrtums Wilhelms, des Problems seiner Bildung und der Entwicklung zu seiner eigentlichen Bestimmung erscheint die Haltung Theresens als Hinweis darauf, daß das Theaterleben Wilhelms seiner Selbstwerdung gerade durch seinen Scheincharakter im Wege stand. Was Therese von ihrem Lebenslauf berichtet, ist im Grunde ein Gegenbild zu den „Bekenntnissen" der Stiftsdame. Sosehr das Wesen der beiden einander entgegengesetzt ist, so handelt es sich doch in beiden Fällen um die Geschichte einer Selbstbildung, das heißt des unbedingten Durchsetzens des eigenen Wesens. Insgesamt werden Wilhelm durch Therese Lebensvorstellungen und Lebenslehren vorgeführt, die dem absoluten Streben Wilhelms ganz entgegengesetzt sind und die eigentlich mehr der bürgerlichen Herkunft Wilhelms, ja der Denk- und Lebensart Werners zu entsprechen scheinen. Es ist, als ob Wilhelm auf dem Weg, der ihn über die Grenzen seiner Herkunft hinausgeführt hat, schließlich, wenn auch auf höherer Ebene, die Lebensmaximen und Daseinsgrundsätze anträfe, die den Bedingungen seiner Herkunft entsprechen, als ob er ironischerweise auf seinem Weg durch die Welt lernen soll, was er von Haus aus schon besitzen könnte.

Ein analoges Verhältnis stellt sich in Lotharios Aufforderung dar, Felix, und mit ihm Mignon, vom Theater fortzuholen und Felix selbst zu sich zu nehmen. Ein ironischer Kontrast zur Wirklichkeit ist es, wenn Wilhelm zunächst Lothario von solcher Verpflichtung gegenüber Felix spricht, da er diesen für Lotharios und Aureliens Sohn hält und damit Vorwürfe verbindet, die sich eigentlich gegen ihn selbst richten. Schonungslos vollendet Jarno dann die Wendung auf Wilhelms eigenes Bildungsschicksal, wenn er ihn auffordert, dem Theater, zu dem er doch einmal kein Talent habe, endgültig zu entsagen. Nur ein wenig getroffene Eigenliebe wehrt sich noch in Wilhelm gegen die innerlich schon entschiedene Abkehr vom Theater. Auf der Rückreise dorthin, als ahne er, daß er einer lebendig gewordenen Vergangenheit entgegenreite, bewegt ihn die schmerzliche Ungewißheit über Marianens Schicksal, und zugleich ruft er im Gedenken an die Amazone seine Zukunft an, wobei doch seine Hoffnung ahnungsloser als der erneuerte Schmerz der Vergangenheit ist. Hat Wilhelm bisher auf der Bühne nur täuschenden Schein erfahren, so findet er jetzt bei seiner Rückkehr auf der Bühne nur wirkliche Lebensgestalten vor: die alte Barbara, die er erschrocken erkennt, Mignon und Felix. Der Schauplatz des Scheins und der Täuschung wird nun für Wilhelm zur Szene seines wirklichen Lebens. Hier auf der Bühne wird ihm Felix als sein Sohn zugeeignet, hier auf der Bühne schwinden Schein und Täuschung vom Gedächtnis Wilhelms an Mariane. Der Besuch der alten Barbara bei Wilhelm tief in der Nacht, um ihm über Marianens Schicksal zu berichten, läßt in dem Arrangement Barbaras die ironische Komposition der Erzählung besonders deutlich erkennen. Die beziehungsvolle Widerspiegelung einer glücklichen Vergangenheit in einer traurigen Gegenwart, die Wiederholung einer vergangenen Situation der Liebe, indem die alte Barbara in groteskem Rollentausch an die Stelle Marianens tritt, taucht diese Szene in das gespensterhafte Licht einer Ironie, die im Gegenwärtigen Vergangnes in fürchterlicher Vertauschung und Umkehrung aller Gegebenheiten und mit schaudererregender Spaßhaftigkeit spiegelt. Was Wilhelm im Schmerz über Marianens Verlust manchmal dunkel geahnt hat, das muß er jetzt als die Wahrheit erfahren: nicht nur, daß seine Vorstellung von Marianens Untreue ein Irrtum war, sondern daß er durch diesen Irrtum das Leben der Geliebten zerstört hat. Indem sich hier die ironische Illusionslosigkeit, der leise distanzierte Spott der Erzählung von einer getäuschten ersten Liebe als Schein enthüllt, wird zwar nachträglich der Ironie über die Illusion der Liebe der Grund entzogen, wird das Recht des unbedingten Gefühls gleichsam nachträglich bestätigt, aber es wird damit zugleich eine tiefste Schicht der Ironie, eine bittere und tragische Form der ironischen Anschauung des Lebens sichtbar.

Wilhelm hatte seine Entscheidung für das Theater einst in einem Brief an Werner begründet. Gleicherweise ist nun ein Brief Wilhelms an Werner das erzähltechnische Mittel, seine Bewußtseinslage beim Verlassen des Theaters zu artikulieren. Doch haben diese beiden Briefe am Anfang und am Ende seiner Schauspielerlaufbahn noch eine tiefere Funktion. In beiden Fällen stellen sie die notwendige

Beziehung zur Sphäre seiner Herkunft und ihrer Daseinswertungen her. War der erste Brief in wörtlichem Sinne eine Auseinandersetzung, so stellt der zweite Brief eine Ineinssetzung, wenn auch auf höherer Stufe, mit der Bildungssphäre seiner Herkunft dar. Der Erzähler macht uns deutlich, daß der Entschluß zum Verlassen des Theaters zugleich eine Absage an sein unbedingtes, nur auf die innere Bildung gerichtetes Streben darstellt: „Er erkundigte sich nach seinem Vermögen, und es schien ihm nunmehr sonderbar, daß er so lange sich nicht darum bekümmert hatte. Er wußte nicht, daß es die Art aller der Menschen sei, denen an ihrer innern Bildung viel gelegen ist, daß sie die äußeren Verhältnisse ganz und gar vernachlässigen." In der Tat finden wir denn nun Wilhelm bei diesem endgültigen Abschied vom Theater durchaus verwandelt: „Er reiste fort mit einem ganz andern Sinn als das erste Mal" — nicht mehr durch einen Auftrag empfindsam bewegt, der im Widerspruch zur Wirklichkeit seines Reiseziels steht, sondern mit Gesinnungen, die in gleicher Weise der Sphäre seiner Herkunft wie der seines Reiseziels gemäß sind. Der Gutskauf, den Jarno und der Abbé zusammen mit einem Handelshaus, nämlich dem Werners, geplant haben, verbindet symbolisch Wilhelms Herkunft mit seiner neuen Gegenwart.

Das Prinzip der ironischen Verknüpfung des Gegensätzlichen kommt besonders deutlich zum Ausdruck in der allmählichen Hinführung Wilhelms an das Geheimnis des „Turms". Wilhelm selbst ahnt nicht, daß er mit dem Eintritt in den Kreis Lotharios in die Sphäre geheimer Einwirkungen auf sein bisheriges Leben gelangt ist. Es ist Lydie, sozusagen die dem „Turm" fernste Gestalt, die Wilhelm zum erstenmal auf das Geheimnis des „Turms" aufmerksam macht, indem sie ihn zugleich selbst als Werkzeug des „Turms" anklagt. Als Wilhelm dann wirklich in die Geheimnisse des „Turms" eingeführt werden soll, ist es Jarno, der ihn mit einer allgemeinen Maxime vorbereitet: „Es ist gut, daß der Mensch, der erst in die Welt tritt, viel von sich halte ... aber wenn seine Bildung auf einem gewissen Grade steht, dann ist es vorteilhaft, wenn er sich in einer größern Masse verlieren lernt, wenn er lernt, um anderer willen zu leben und seiner selbst in einer pflichtmäßigen Tätigkeit zu vergessen." Über Wilhelms Eintritt in den „Turm" steht also die Lehre einer mit Bewußtsein anzunehmenden Resignation, der Einschränkung nach der Unbeschränktheit der Jugend. Wilhelms Entwicklung wird damit einem Lebensgesetz unterstellt, das für den Menschen allgemein, für ein Mittelmaß des Menschlichen gilt. Jarnos Maxime nimmt gleichsam dem „Scheitern" des unbedingten Strebens Wilhelms die Schicksalsschwere einer individuellen Erfahrung, indem er das Menschenallgemeine einer solchen Begrenzung als einen natürlichen Reifevorgang zum Bewußtsein bringt.

Der Saal des Turms, in dem Wilhelm schließlich einzutreten gerufen wird, ist eine ehemalige Kapelle, also ein Sakralraum, der jedoch weltlich verwandelt ist, symbolisch für ein Menschenbild, das zwar nach den Maßen der religiösen Erhöhung des Menschen, aber nicht mehr nach den Inhalten der christlichen Lehre gebildet ist. So ist an die Stelle des Altars ein großer Tisch getreten, von dem Wilhelm dann, gleichsam an Stelle des Sakraments, seinen Lehrbrief empfängt. Statt des Altarbildes befindet sich über dem Tisch eine Öffnung, durch die zu Wilhelm menschliche Erzieher als Lebende sprechen. Mit dem Strahl der aufgehenden Sonne tritt ein irdisch-kosmisches Symbol an die Stelle eines kirchlich-religiösen Jenseitssymbols. Indem Wilhelm gefragt wird, ob er zu erfahren wünsche, wo die Kunstsammlung seines Großvaters sich gegenwärtig befinde, wird in Wilhelm die Erinnerung an ein Bildungsgut seiner Jugend erweckt, zugleich aber an die erste Begegnung mit einem Abgesandten des „Turms".

Die ironische Frage: „Wo mag der kranke Königssohn wohl jetzo schmachten?" wird sich im weiteren Verlauf der Erzählung und besonders am Ende nicht nur als rückverweisende Anspielung, sondern als eine ironische Vorausdeutung auf Wilhelms Zukunft, auf seine Begegnung und seine Bindung mit Natalie erweisen. Ironisch wird noch einmal auf Wilhelms Schicksalsglauben angespielt. Wenn Wilhelm sich fragt: „ ... sollten zufällige Ereignisse einen Zusammenhang haben? Und das, was wir Schicksal nennen, sollte es bloß Zufall sein?", dann weist diese Frage in verschiedene Ebenen des Sinnes der ganzen Erzählung. In der ersten Ebene wird das Schicksal durch die planvolle Lenkung der Turmgesellschaft gleichsam ersetzt und aufgehoben, in einer zweiten Ebene ist die Führung der Turmgesellschaft für Wilhelm aber gerade eine Schicksalsfügung. Indem das Schicksal als Zufall erklärt wird, wird es entdämonisiert, rationalisiert, gleichsam ins Irdische geholt — indem vom Zusammenhang des Zufalls gesprochen wird, wird ein sinnvoller Zusammenhang alles Wirklichen, eine vernünftige Ordnung des Seins an die Stelle des Schicksals gesetzt, eine Ordnung, in der auch das menschliche Leben mit der Folge seiner Veränderungen seinen Beziehungsort hat. Wenn in der Schicht des realen Geschehnisverlaufs Wilhelms Weg zum „Turm" tatsächlich vom „Leben" und nicht vom „Turm" bestimmt wurde, wenn anderererseits aber dieser Weg durchaus an das Ziel des „Turms" führt, so löst sich dieser Widerspruch in solcher Anschauung eines sinnbestimmten Zusammenhangs der Wirklichkeit auf. Die Gestalten, die zu Wilhelm im Turmsaal sprechen, führen ihm noch einmal die wesentlichen Irrtümer seines bisherigen Lebens vor. In diesem Zusammenhang hat denn auch die Erscheinung von Hamlets Geist, der ihm als letzte Gestalt aus der Öffnung über dem Altartisch entgegentritt, eine wichtige Bedeutung. Schon bei der ersten Hamlet-Aufführung schien es Wilhelm, als töne ihm aus der Maske von Hamlets Geist die Stimme seines Vaters entgegen, und auch hier heißt es ausdrücklich: „Wilhelm war äußerst betroffen, er glaubte, die Stimme seines Vaters zu hören." Und die Gestalt selbst sagt zu ihm: „Ich bin der Geist deines Vaters." Was dieser Vatergeist zu ihm spricht und daß es eben der Geist des Vaters ist, läßt den Sinn der Entwicklung und das von Wilhelm erreichte Ziel deutlich werden als die schließliche Befestigung seines Lebens und seiner Einsicht auf den ihm von seinem Vater, durch seine Herkunft gegebenen Grundlagen, auf eine zwar höhere, aber doch nicht etwa andere Weise als ihm von seiner Herkunft bestimmt ist. Damit wird im Grunde auch die Sphäre Lotharios als eine in ihren Lebens-, Tätigkeits- und Seinsgrenzen nicht durchaus andere Sphäre als die seiner bürgerlichen Herkunft deutlich gemacht.

Wenn hier der Vatergeist Wilhelm ausdrücklich zu dem Genuß dessen aufruft, was er, der Vater, was seine Herkunft ihm vorbereitet haben, so macht die Rückverweisung dieser Gestalt auf die Erscheinung des Geistes bei der Hamlet-Aufführung das Gebot, das dieser ihm mit dem Schleier hinterließ, die Aufforderung, das Theater zu fliehen, zu einer Mahnung, die aus dem Geiste seines Vaters, seiner Herkunft ihm zugerufen ward. In einer Übereinstimmung des innersten Wesens steht damit die von Wilhelm erwartete Frage, ob Felix wirklich sein Sohn sei, eine Frage, die über alle Bildungsvernunft hinaus eine Bindung seiner menschlichen Natur offenbart. Das Wort des Abbés, mit dem dieser den Hinweis auf die Gegenwart von Felix schließt: „Wagen Sie es, glücklich zu sein!", dieses Wort, in dem bedeutenden Augenblick gesprochen, an einer Stelle der Erzählung, da alles einzelne einen symbolisch über sich hinausweisenden Sinn hat, darf sicher allgemeiner verstanden werden denn nur als Aufforderung zu einem von Zweifeln nicht mehr getrübten Vaterglück. Es spricht daraus eine Lebensmaxime Goethes, die allerdings nicht optimistisch und im Geist der Aufklärung zu verstehen ist, sondern als die Maxime eines Lebensglaubens, der sich sowohl aller christlichen Weltflucht wie aller dämonischen Gefährdung des eigenen Wesens, den eigenen Lebensleiden wie auch der geschichtlichen Erfahrung eines die Humanität bedrohenden Wandels der Zeit entgegenstellt. In solchem Sinne ist wohl auch noch das „Glück" Wilhelms am Ende der „Lehrjahre" zu verstehen, von dessen Erlangung ja ganz ähnlich wie hier ausdrücklich bemerkt wird: „Die Natur hat gewirkt."

Achtes Buch

In der Reaktion Werners, der in Geschäften auf das Schloß Lotharios kommt, wird die Veränderung, die „Bildung", die Wilhelm auf seinem bisherigen Weg erfahren hat, gespiegelt. Trotz der ironisch befremdeten Anerkennung des Freundes erscheint der Bildungsgewinn Wilhelms aus dieser verkleinernden Perspektive in seinem wahren Wesen, eben als Entwicklung der Persönlichkeit. Zugleich gibt der Erzähler durch Werner einen scherzenden Wink auf das Ziel hin, das Wilhelm am Ende seines Wegs der „Bildung" erreichen wird, indem er ihn sagen läßt: „Du sollst mir mit dieser Figur eine reiche und schöne Erbin erkaufen." Es entspricht dem ironischen Geist der Erzählung, daß gerade Werner den Bildungssinn des nutzlos-schlendernden Lebens, das Wilhelm geführt hat, feststellt. Auch der neue Lebensirrtum Wilhelms, nämlich die Werbung um Theresen, zeigt die ironische Struktur des epischen Ablaufs. Wilhelm bittet Theresen um ihre Hand, ohne vorher den Rat des „Turms", seiner neuen Freunde, einzuholen. Er geht hier einen falschen Weg, gerade weil er sich, nun des bisherigen Wirkens des „Turms" bewußt, dessen Leitung wissentlich entzieht. In einer Zusammenhangskette mannigfaltiger ironischer Situationen wird sich dieser Irrtum als ein Hindernis sowohl für die Absichten des „Turms", die Wünsche Lotharios, wie auch für die Erfüllung seiner eigenen wahren Herzenssehnsucht erweisen. Als Wilhelm schließlich von Lothario zu Natalie geschickt wird, geht Wilhelm diesen so lange vergeblich gesuchten Weg zu seiner Amazone in dem ihn bedrückenden Glauben, auf den Weg zur Gräfin geschickt zu sein. Wilhelm findet seine Amazone in einem Augenblick, da er sich durch seinen Antrag an Theresen, entgegen aller inneren Sehnsucht, aller geheimen Regung, die ihm die Amazone, die ihm Natalien vorbestimmte, schon an eine andere gebunden hat. Trotz seiner durchaus noch anhaltenden Täuschung und als nähme der Erzähler gleichsam keine Rücksicht darauf, ist Wilhelm beim Eintritt in die Sphäre Nataliens dann doch ganz auf eine Begegnung mit ihr eingestimmt. Es zeigt sich an dieser Stelle des Übergangs vom Schein zur Wirklichkeit deutlicher als irgendwo der Eintritt in die Sphäre der Idee an: „Er trat in das Haus und fand sich an dem ernsthaftesten, seinem Gefühle nach dem heiligsten Orte, den er je betreten hatte." In dem Augenblick, da Wilhelm dann die Amazone erkennt, scheint die gerade erreichte neue Lebens- und Bildungsstufe ganz versunken, die Ethik der Begrenzung des Innern, Therese scheinen vergessen: „... er konnte sich nicht halten, stürzte auf seine Knie und rief aus: ,Sie ist's!', er faßte ihre Hand und küßte sie mit unendlichem Entzücken." Verborgen und mittelbar, mit einer sich erst später enthüllenden Symbolik, deutet der Erzähler durch einen schlichten Sachverhalt darauf hin, daß der innerste Sinn dieser Begegnung in einer Zukunft liegt, die Felix zum Mittler der Liebe Nataliens zu Wilhelm werden und ihn in ihrem Bunde geborgen sein lassen wird: „Das Kind lag zwischen ihnen beiden auf dem Teppich und schlief sanft."

Nataliens Bedeutung für Wilhelms Höherentwicklung über die Grenzen des Bildungsethos hinaus, in das ihn der Schritt in die Sphäre der Turmgesellschaft eingeführt hatte, deutet sich in Wilhelms inneren Überlegungen an: „... er beschäftigte sich, das Bild der Amazone mit dem Bilde seiner neuen gegenwärtigen Freundin zu vergleichen. Sie wollten noch nicht mit einander zusammenfließen; jenes hatte er sich gleichsam geschaffen, und dieses schien fast *ihn* umschaffen zu wollen." Solange Wilhelm die Gegenwart der Amazone entbehren mußte, konnte er sie nach den Maßstäben seines eigenen Gefühls, seiner eigenen Entwicklungsstufe gleichsam für sich erschaffen; Nataliens Gegenwart und Wirklichkeit ist aber so geartet und von solcher Macht, daß das subjektive Phantasiebild versinkt und Wilhelm nun selbst das Objekt einer ihn umschaffenden Kraft wird. Damit ist darauf hingewiesen, daß Wilhelm in Natalie dem Ideal begegnet ist, dem sich anzunähern zu der innersten Aufgabe seiner Bildung wird. Dazu stimmt die kühle Unpersönlichkeit ihrer Erscheinung und ihres Gesprächs. Wie die Rede des Vatergeistes und die Erinnerung an die bürgerliche Grundlage seiner Existenz Wilhelms Bildung im Kreis des „Turms" an seine Jugend anschloß, so schließen in der höheren Lebens- und Bildungssphäre Nataliens, in der Sphäre des umfassendsten „Bildungsideals", die Kunstwerke des Großvaters, die Kunsteindrücke der Jugend den Eintritt Wilhelms in diese Sphäre an seine Herkunft an.

Die Sorge um Mignon, deren Krankheit das Sinnzeichen ihres Heraustretens aus Wilhelms neuer Wirklichkeit und schließlich der Sphäre seiner Bindung an Natalien ist, hatte diese bewogen, Wilhelm herzurufen. So lenkt ihn zwar der „Turm" schließlich zu Natalie, doch die Gründe dafür gehören der Sphäre des „Lebens" — Bindungen Wilhelms, die außerhalb des Kreises des „Turms" und seines Geistes liegen — an. Die erste Wiederbegegnung Wilhelms mit Mignon macht die Wandlung beider und ihres Verhältnisses zueinander offenbar. Mignon und ihr Wesen gehören nicht mehr in der alten Weise unmittelbar zu Wilhelms gegenwärtigem Leben. Mignon ist gleichsam schon von der Aura des Todes umgeben; sie ist in dem Maße der Erde entrückt, wie Wilhelm umgekehrt einem wirklich-gegenwärtigen Leben zumindest in seiner inneren Entscheidung zugewachsen ist. Daher gehört jetzt die in die Zukunft weisende, lebensvolle Existenz des Knaben Felix zu seiner Wirklichkeit.

Mignons Tod ist mit einer abgründig spielenden Ironie des Erzählers in Wilhelms Bedrängnis durch den Irrtum der Werbung um Theresen hineinverflochten. Wenn Natalie Wilhelm in den „Saal der Vergangenheit" führt, so ist in der Kunstanschauung, die durch die Architektur des Saales selbst und durch die Äußerungen Nataliens vergegenwärtigt wird, die geistige Anschauung gespiegelt, zu der Mignons Exequien ihren Tod erheben werden, die Welt- und Lebensfrömmigkeit, die Wilhelm in der symbolisch-gestalthaften Idealität Nataliens zum Ziel gesetzt ist.

Der mit dem Abschluß des Besuchs im „Saal der Vergangenheit" sogleich erfolgende Umschlag der Erzählung läßt das Prinzip der ironischen Komposition wiederum deutlich erkennen. Als Natalie und Wilhelm eben den Saal verlassen wollen, stürmen Mignon und Felix herein, um die Ankunft Theresens anzukündigen. Wenn Mignon in dem übermütigen Wettlauf der Kinder obsiegt und sie solchergestalt lebendig in den Raum hineinstürmt, so steht das in Kontrast zu der wahren Bedeutung dieses Ortes für Mignon, an dem bald ihre Exequien zelebriert werden, und auch zu der Vorausdeutung auf ihren Tod in Nataliens Worten: „ . . . das liebe Mädchen . . . das sich unserer Pflege nach und nach zu entziehen und zu dieser ruhigen Wohnung zu neigen scheint". Umgekehrt aber offenbart sich ein Kontrast darin, daß Mignons stürmischer Lauf, dieser kindliche Ausbruch von Lebendigkeit, sie gerade dem Tode näherbringt. Mignons Entgegnung auf Nataliens Tadel wegen der ihr untersagten heftigen Bewegung nimmt die Vorausdeutung auf ihren Tod wieder auf; sie äußert nach dem lebhaften Lauf, der sie in den Raum, den sie im Tode bewohnen wird, hineinführte, ihre Sehnsucht nach dem Tod: „Sieh, wie dein Herz schlägt!" ruft ihr Natalie zu. „,Laß es brechen!' sagte Mignon, mit einem tiefen Seufzer, ,es schlägt schon zu lange.'"

Auch der weitere Verlauf dieser Erzählphase zeigt die Kontraste der ironischen Komposition. Therese, die Mignon als erste ankündigen wollte, weshalb sie ja gerade so stürmisch gelaufen war, tritt nun ihrerseits in den Saal herein. Die heftige Gefühlsäußerung bei der Umarmung Wilhelms kontrastiert der Sphäre des Todes, in der diese Begegnung erfolgt, sie kontrastiert jedoch zugleich der Wirklichkeit der inneren Situation nicht nur Wilhelms, sondern auch Theresens selbst. Die Wirkung dieses so mannigfach in ironischen Widersprüchen gegründeten und dem inneren Wesen nach sich eigentlich als Schein darstellenden Verhaltens Theresens auf Mignon macht die ironische Struktur dieser Erzählphase besonders deutlich: ihr Tod nämlich ist die unmittelbare Folge. Mignon ist mit Felix um die Wette gelaufen, um die Nachricht von der Ankunft Theresens und damit von einem Umstand zu überbringen, der letztlich zur Ursache ihres Todes wird. Daß sie im „Saal der Vergangenheit" stirbt, deutet symbolisch darauf voraus, daß diese geheimnisvolle und innerlich todesnahe Gestalt dann in den Exequien, die ihr der „Turm" in diesem Raum bereiten wird, in eine fremde Sphäre aufgenommen und nach dem Geist einer ihr zutiefst nicht gemäßen Anschauung verwandelt werden wird. In seiner Verklärung wird ihr Wesen, indem es solchergestalt in eine andere Vorstellungswelt hinübergeführt wird, untergehen.

Die kompositorische Organisation läßt Wilhelm in einer Phase der Erzählentfaltung, in der diese sich ihrem Höhepunkt und Ende nähert, durch ein Gespräch mit Jarno Aufschluß erhalten über den „Turm" und die Grundsätze seiner Erziehungslehre. Es ist dem Geist der Erzählung gemäß, daß Wilhelm ein Wink gegeben wird, das Wirken des „Turms" nicht allzu ernst zu nehmen. Gleichsam die menschliche Szenerie vorbereitend, in der sich die letzte Phase der Entwicklung Wilhelms verwirklichen wird, und um diese letzte Phase noch einmal an die früheren Stufen der Entwicklung Wilhelms anzuschließen, werden nach und nach die wichtigsten Personen seines bisherigen Lebens zu einer Gesellschaft in seiner Nähe versammelt. Die bloßen Repräsentanten des Theaters jedoch fallen aus, das Theater ist zu sehr abgetan und der Sphäre des „Turms" fremd. Allenfalls in Friedrich und durch die von ihm wieder geweckte Erinnerung an Philine kommen Abgesandte dieser Sphäre dazu, aber eben gerade solche, die nicht eigentlich Schauspieler, sondern menschlich wichtige Naturen sind. Versammelt werden in dieser Endzone der Entwicklung auch Mignon und der Harfner: aber Mignon nur als verklärte Tote und der Harfner nur, um darin zu sterben; es ist damit ausgedrückt, daß sie ihrem Wesen nach einer anderen Sphäre angehören und hier nur Fremde sind, deren Fremdheit in der Bewußtseins- und Vernunfthelle dieser Sphäre allerdings durch Aufklärung ihres Schicksals gleichsam aufgehoben wird. In der letzten Phase der Erzählung werden also diejenigen Elemente, die bisher geheimnisvoll und rätselhaft waren — der „Turm", Mignon und der Harfner —, verstandesmäßig, realistisch aufgelöst und zur Klarheit übergeführt, was auch für das ironisch-schalkhafte Geheimnis des nächtlichen Frauenbesuchs bei Wilhelm gilt.

Wenn durch Friedrichs Erzählungen und mannigfach ironische Erwähnung der Neigung Wilhelms zu Philine diese gleichsam mit in die Gegenwart des Endes der Erzählung hineingenommen wird, zeigt sich, daß sich in ihm, und durch ihn repräsentiert in Philine, ein Element des Lebens, der menschlichen Wirklichkeiten der Vergangenheit Wilhelms, sozusagen der außersittlichen Lebendigkeit der menschlichen Natur, dieser höchsten Sphäre der Bildung Wilhelms und als förderndes Element auch noch seinem Bund mit Natalien verbindet. In Geist und Wesen Friedrichs werden die bedeutsamsten Inhalts- und Sinnaspekte, die wichtigsten Motive der ganzen in der Sphäre des „Turms" sich entfaltenden Erzählung — Wilhelms Vaterschaft, die Lehre des „Turms", die Todeskrankheit Mignons und die Liebe — ironisch gespiegelt. Es wird ihnen gleichsam ein leichteres spezifisches Gewicht gegeben, ein Geist des Gegensatzes zum hohen Lebensernst der „Turm"-Sphäre. Die heitere Vexierung Wilhelms durch Friedrich, in der sich jedoch insgeheim schon seine Funktion bei der glücklichen Lösung des Endes andeutet, hat eine Parallele in der ironischen Vexierung Wilhelms durch die Folge von Scheinhindernissen, die sich seinem Verlangen nach Natalie in den Weg stellen. Wilhelm wird gleichsam vom Erzähler nichts erspart, ehe er ihn zum glücklichen Ziel gelangen läßt. In diesem letzten Teil der Erzählung ist Wilhelm wirklich „ein armer Hund", der leidvoll geschunden wird. Es offenbart die ironische Struktur der Erzählung, daß Wilhelm gerade in der größten Nähe des glücklichen Ziels aller Hoffnung, je dahin zu gelangen, beraubt wird, daß er in der unmittelbar der Erfüllung vorausgehenden Zeit nach allen Verlegenheiten, Mißstimmigkeiten und Enttäuschungen ein glückliches Ende scheinbar gar nicht erwarten darf. Nicht nur im Bewußtsein Wilhelms, sondern auch in den tatsächlichen Konstellationen der erzählten Wirklichkeit führt die Erzählung in dieser Endphase den Schein der Aussichtslosigkeit aller Hoffnungen vor, die dann wenig später in Wilhelms Bund mit Natalien erfüllt werden sollen. Die an Wilhelm gezeigte mangelnde Übereinstimmung mit sich selbst und mit der Gesellschaft hat ein Echo gleichsam in der allgemeinen Atmosphäre des Zusammenlebens der ganzen Gesellschaft: „Man ... hätte sich gern beredet, man lebe in einer vergnüglichen Übereinstimmung, wenn schon in der Stille die Gemüter sich gewissermaßen auseinander sehnten."

Diese Feststellung des Erzählers macht besonders deutlich, sosehr zweifellos damit auch die ungelösten Verwicklungen der persönlichen Verhältnisse mancher Glieder der Gesellschaft gemeint sind, daß hier am Ende der „Lehrjahre" sowenig wie bei irgendwelchen anderen Gesellschafts- und Gemeinschaftsformen im Laufe der Erzählung von einem Idealbild harmonischer Gemeinschaft die Rede sein kann. Wie Goethe lebenslang das Fehlen eines lebendigen gesellschaftlichen Zusammenhangs in Deutschland beklagt hat, indem er zugleich auf die glücklicheren Kulturbedingungen der westlichen Nachbarn hinwies, so ist auch in den „Lehrjahren" nicht zu verkennen, daß Goethe weder als Wirklichkeit noch als Utopie das Leben einer wirklichen Gesellschaft gestaltet hat. Das Interesse an Wilhelm ist im Grunde das Interesse an einem einzelnen Individuum. Was sich in der Schauspieler-, was sich in der Adelsgesellschaft als Lebensform menschlicher Gemeinschaft darstellt, ist deutlich genug mit ironischer Skepsis gezeichnet: Letztlich steht am Ende der diesen Gemeinschaften gewidmeten Erzählphasen immer deren Zerfall. Besonders im Spiegel des Amerikaplans wird deutlich, daß der Kreis Lotharios eine individuell geprägte Gemeinschaft eigentlich übergesellschaftlicher Art ist, die einer gesellschaftslosen, allenfalls noch von Standeskonventionen strukturierten Epoche das Muster einer Persönlichkeitsgesellschaft entgegengestellt. Jedoch mit ausgleichender Skepsis unterläßt der Erzähler auch am Ende nicht, auf das Element individueller innerer Absonderung hinzuweisen, das einer objektiven gesellschaftlichen Gemeinschaft entgegensteht. Was von Wilhelms Stimmung gesagt wird, stellt sich gleichsam als eine extreme Steigerung der allgemeinen Stimmung, aber auch der inneren Peinigung Wilhelms dar. Seine Täuschung über die wahren Aussichten seiner Sehnsucht sind nicht nur ein erzähltechnisches Medium dafür, ihn ins Licht einer ironischen Betrachtung zu rücken, sondern zugleich auch das Medium einer Steigerung seiner Leidenschaft zu Natalie. Wilhelm glaubt schließlich abreisen zu *müssen* und macht sich zudem selbstquälerisch falsche Vorstellungen über die Ursache dieses Müssens, obwohl er ja in Wahrheit, das heißt dem Erfordernis der objektiven Erzählwahrheit gemäß, gerade bleiben muß, wenn die Erzählung ihn an das glückliche Ziel seines Schicksals führen soll. Daß ihn unbestimmte Gefühlsgründe daran hindern, eine Reise anzutreten, die der Verstand, die sachliche Beurteilung der Umstände zu fordern scheinen, das weist nun zugleich auf jenes die „Lehrjahre" als Ganzes bestimmende, den „Sinn" ihrer ironischen Struktur konstituierende Widerspiel von „Leben" und „Vernunft": folgte Wilhelm hier der „Vernunft", die ihn abzureisen drängt, und nicht dem „Leben", das heißt seinem gleichsam bewußtlosen Gefühl, so würde er die Erfüllung seiner Sehnsucht, die Erreichung des höchsten Ziels seiner „Bildung" verfehlen. Daß am Ende dann das Bild vom kranken Königssohn durch Friedrichs Anspielung zu einem Medium der Offenbarung der Liebe Wilhelms zu Natalien gemacht wird, insofern die Entwicklung dadurch gleichsam in Bewegung gesetzt und im Bewußtsein der Gesellschaft, im Bewußtsein aber gewissermaßen auch der „Erzählung" selbst konkretere Erscheinung gewinnt, das ist nach der ganzen Weite seiner Bedeutung erst aus dem symbolischen Verweisungszusammenhang, in dem Friedrichs Anspielung steht, als sinnvolle, die besondere Stelle weit übergreifende, innerhalb der Erzählung von weither vorbereitete kompositionelle Absicht des Erzählers verständlich: im Zusammenhang nämlich des symbolischen Leitmotivs, das in dem Gespräch mit dem Fremden im ersten Buch zum erstenmal angeschlagen war. Es ist zudem für die ironische Struktur der Erzählung bezeichnend, daß die erste deutliche Vergegenwärtigung der Liebe Nataliens zu Wilhelm, der erste Ausdruck ihres bisher verborgenen Gefühls, eine Wirkung der spaßhaften Anspielung des schwadronierenden Friedrich ist. Wenn Friedrich dann, scheinbar immer noch spaßend, über den Erfolg seiner beziehungsvollen Scherze triumphiert, so deutet der Erzähler damit auf einen tieferen Sinn dieser Wirkung Friedrichs, auf den Sinn seiner Funktion innerhalb dieser Schlußphase der Erzählung. Es besagt im Grunde, daß es in dieser ganzen Verwirrung und Stockung und Verlegenheit der Situation, in der der gute Ton, die Zurückhaltung einer sich gemessen selbst begrenzenden, sich alle Spontaneität versagenden Gesellschaft verlangte, die innere Wahrheit mit Schweigen zu verhüllen, was schließlich die Gefahr in sich barg, daß die Wirklichkeit des Gefühls dem gesellschaftlich-humanen Takt, daß das Wesen dem Schein geopfert würde — daß es in einer solchen, aller Unmittelbarkeit entbehrenden Situation nötig war, die Wahrheit des Gefühls gleichsam aus dem taktvollen Schweigen herauszulocken, die Wahrheit auszusprechen, auf daß sie, einmal ausgesprochen, Wirklichkeit werde. Am Ende überläßt auch der „Turm" die Entwicklung, indem er auf jeden Eingriff der „Vernunft" verzichtet, ganz der Natur, das heißt also dem „Leben". Wenn selbst der Abbé verlangt, „keinen Schritt zu dieser Verbindung zu tun, sondern alles seinen Gang gehen zu lassen", so weist das darauf hin, daß der Widerstreit von

„Vernunft" und „Leben" auch vom „Turm" mit umfaßt wird, daß von einer klaren und eindeutigen Gegenposition zwischen „Turm" und „Leben" eben doch nicht gesprochen werden kann. Eine letzte Auflösung, die der Forderung des ordnenden Verstandes und einer konsequenten Logik widerstreitender Positionen entspräche, versagt der Erzähler der Entwicklung. So wird schließlich denn auch die Funktion Friedrichs als der Hilfe einer Gestalt des „Lebens" gegenüber den Verwirrungen in der Sphäre der „Vernunft" durchaus relativiert, wenn Lothario gleichsam das Fazit der ganzen Entwicklung mit den Worten zieht: „Die Natur hat gewirkt, und der tolle Bruder hat nur die reife Frucht abgeschüttelt." Lothario stellt Wilhelms Bund mit Natalien ganz unter den Ernst des „Bildungsideals", das der „Turm" repräsentiert. Lothario macht deutlich, daß die Unbedingtheit der Liebe Wilhelms zu Natalien nicht mehr die Unbedingtheit eines nur subjektiven Gefühls darstellt, wie seine Liebe zu Marianen, die ja gerade an dieser Subjektivität des unbedingten Gefühls scheiterte, sondern daß die Erfüllung der Liebe zu Natalien in eins die Verbindung Wilhelms mit einer objektiven menschlichen Umwelt und mit einem objektiven Ideal des Lebens bedeutet. Sind damit Geist und Tätigkeit des „Turms" am Ende noch einmal bejaht, so wird doch mit der Wendung: „da wir einmal so wunderbar zusammengekommen" die Entwicklung, die zu dem durch die Verbindung Wilhelms mit Natalien erst ganz verwirklichten Bund Wilhelms mit dem „Turm" geführt hat, als Fügung des Schicksals, das heißt des „Lebens" und nicht der lenkenden „Vernunft", bezeichnet. Wenn Lothario am Ende die Idee der höchsten Bildung, in der Wilhelms Entwicklung mündet, deutlich ausspricht: in einer Gemeinschaft Auserwählter vorbildhaft und zum Wohl der größeren Menschengemeinschaft tätig zu sein, nennt er die Schwester Natalie als ein Beispiel dafür, daß dies „keine Schwärmerei" sei, sondern „eine Idee, die recht gut ausführbar ist". In einem Atem aber sagt Lothario von diesem „Beispiel", von der Wirklichkeit seiner Idee: „Unerreichbar wird immer die Handlungsweise bleiben, welche die Natur dieser schönen Seele vorgeschrieben hat." Dieser scheinbare Widerspruch deutet auf das Geheimnis der Gestalt Nataliens hin, auf die Doppelheit ihres Wesens: das dem Menschen unerreichbare Ideal zu repräsentieren und zugleich eine wirkliche Gestalt des Lebens bzw. der „realen" Erzählung zu sein. Mit der Rückverweisung auf die Stiftsdame und der Übertragung des Begriffs der „schönen Seele" von dieser auf Natalien legt der Erzähler Lothario sozusagen die Interpretation der Gestalt Nataliens in den Mund, und mit jener Wendung

Lotharios: „die Menschheit freut sich einer solchen Erscheinung" deutet er insgeheim auf jene erste Erscheinung der Amazone vor Wilhelm zurück, auf jene wahrhafte Epiphanie der vor Wilhelm in ihrer Gestalt mit strahlendem Glanz aufleuchtenden Idee. Es ist bemerkenswert, daß es Friedrich ist, der das eigentliche Schlußwort des Romans spricht und Wilhelm in dem Augenblick, da er in Natalien das Ideal seines höchsten Strebens erlangt, an jene so fern zurückliegende Stunde erinnert, da er ihm die Bekanntschaft mit Philinen vermittelte. Aus der Perspektive des ganzen, den „Turm" gleichsam ausschließenden Kausalzusammenhangs von Wilhelms Entwicklungsweg, der mit Friedrichs Bitte um den Strauß für Philine beginnt, gesehen, stellt sich die scheinbar leichthin scherzend gemachte Anspielung Friedrichs nicht nur als ein ironisch-neckender, den feierlichen Schicksalsernst dieser letzten Szene durchheiternder Scherz dar. In Wahrheit deutet sich damit in einer tieferen und Wilhelms ganze Entwicklung umgreifenden Schicht der symbolischen Sinnverweisung an, daß stellvertretend in der Anspielung auf Philine der ganze Lebens- und Wirklichkeitszusammenhang der Entwicklung Wilhelms, auch die ganze Folge seiner Irrtümer, als die Kausalkette des „Lebens", an deren Ende Wilhelms Bund mit Natalien steht, in ironischer Rückverweisung bewußt gemacht und der Wirklichkeit dieses Augenblickes des Glücks, der erreichten „Idealität", verbunden wird. Als Wilhelm die Anspielung Friedrichs auf die Zeiten der ersten Bekanntschaft mit Philine und ihren Kontrast zur Gegenwart abwehrt, bedeutet ihm Friedrich mit einem eigentlich nicht zu erwartenden Ernst, er solle sich dieser Zeiten nicht schämen, „so wenig man sich seiner Abkunft zu schämen hat". Will diese Bemerkung Friedrichs zunächst sagen, daß Wilhelm sein vergangenes Leben nicht verneinen solle, daß auch diese Sphäre des wirklichen, bunten und mannigfaltigen, sinnlich-menschlichen Lebens mit seiner Banalität, seinen Irrtümern im Recht sei und schließlich zu den Bedingungen gehöre, die seinen Weg zu Natalien bestimmt haben, so weist diese Bemerkung doch zugleich auf jenen ganzen thematischen Komplex der Herkunft Wilhelms und dessen bedeutsame Hereinnahme in die Sphäre seiner höheren „Bildung". Ausdrücklich sagt Friedrich: „Die Zeiten waren gut ...", das sagt im Grunde, daß sie nicht zu schelten seien, weil in ihnen eben doch die Voraussetzung des jetzigen Glückes liege. Friedrichs Schlußwort aber: „ ... ich muß lachen, wenn ich dich ansehe: du kommst mir vor wie Saul, der Sohn Kis, der ausging, seines Vaters Eselinnen zu suchen, und ein Königreich fand", dieses Schlußwort, an das sich zu halten Goethe selbst dem bezüglich des Sinns der ganzen

Erzählung ratlosen Leser ausdrücklich empfohlen hat, macht Friedrich zum Medium eines grundsätzlichen Sinnhinweises des Erzählers auf die ironische Struktur von Weg und Ziel der erzählten Entwicklung Wilhelms. Dessen abschließende Bemerkung: „... ich weiß, daß ich ein Glück erlangt habe, das ich nicht verdiene" drückt den Sinn der letzten Worte Friedrichs letztlich noch einmal aus. Mittelbar deutet der Erzähler damit darauf hin, daß zwischen Glück und Verdienst, und das heißt hier auch zugleich zwischen „Leben" und „Vernunft", weder Identität noch ein kausales Wechselverhältnis bestehe und sich solchermaßen die Erlangung des „Ideals" weder als Folge des Verdienstes noch als Wirkung der „Vernunft", sondern eben als das unauflösbare Geheimnis des „Lebens" selbst darstellt. In der ironischen Komposition zeigt die epische Struktur der „Lehrjahre" ein Analogon dieses Sinnes.

HERMAN MEYER

## Jean Paul · Flegeljahre

### Eigenart der epischen Ganzheit

Ist Jean Paul ein guter Erzähler? Es kommt darauf an, wie wir die Frage verstehen wollen. Das Haupt- und Kernproblem, mit dem man sich beim Studium von Jean Pauls Romanen früh oder spät notwendig konfrontiert sieht, ist die Frage nach der Ganzheit ihrer jeweiligen ästhetischen Form. Dieser Gesichtspunkt bestimmt in hohem Maße das Urteil über Niveau und Legitimität seiner Erzählkunst. Es ist bekannt, mit wie starken Vorbehalten diese Frage schon zu Jean Pauls Lebzeiten und bis in unsere Tage immer wieder beantwortet worden ist. Natürlich mit Unterschieden. Die unter seinen Zeitgenossen verbreitete Meinung, er schreibe wie ein spazierender Hund, darf wohl als endgültig überwunden gelten. Zu gut wissen wir um die hohe Besonnenheit, die sein poetisches Schaffen ständig begleitete. Das bedeutet aber nicht, daß es überhaupt keine kritischen Bedenken mehr gäbe. Und zwar nicht nur unter den Nörglern, sondern auch unter den aufrichtigen und verständnisvollen Verehrern seiner Kunst! In einem meisterhaften und von warmherzig verehrender Sympathie getragenen Essay über Jean Paul kann Rudolf Alexander Schröder in seinem Bemühen um gerechte Würdigung nicht umhin zu konstatieren: „Denn freilich, um dies gleich vorwegzunehmen, vom Standpunkt des zünftigen Handwerks aus ist es um den Aufbau seiner großen Romane nicht zum besten bestellt. An Abwechslung, an Dichtigkeit und Stichhaltigkeit der Motive wie in der Kunst ihrer Verschlingung sind ihm viel Geringere weit überlegen." Das gelte nicht nur für „Die unsichtbare Loge", den „Hesperus" und den „Titan", sondern auch für den relativ festgefügtesten Roman, die „Flegeljahre". Wer könnte, so gerne er auch möchte, diesem Urteil alle Berechtigung absprechen? Bedenklicher wird uns aber zumute, wenn der Kritiker nach einer kurzen Überleitung fortfährt: „Den Bewunderer unseres Dichters mag diese Einsicht schmerzen; verschließen soll er sich ihr nicht. Wenn er die Spreu vom Weizen gesondert hat, wird er sich der verbleibenden reichen Ernte doppelt erfreuen. Er braucht ja nur das Ganze in seine gesonderten Eidyllien zu zerlegen, um dann jedes Einzelne rein zu genießen. Darf er sich doch auch sagen, daß das, was er aufgibt, ein in bezug auf Jean Paul im Grunde Unwesentliches sei." Diese Sätze bedeuten, so maßvoll sie im Tone auch sind, eine echte „Herausforderung", mit welcher sich der Jean-Paul-Interpret notwendig auseinanderzusetzen hat. Denn hier handelt es sich letztlich um Sein oder Nichtsein von Jean Pauls Kunst, wenn anders es zum Wesen des echten Kunstwerkes gehört, daß es, in welcher Weise auch immer, ein strukturiertes Ganzes ist. Hier gilt es also zu prüfen und gegebenenfalls zu widerlegen. Die Antwort kann nur durch eingehende Strukturuntersuchung gefunden werden. Wir beschränken uns im folgenden durchaus auf die „Flegeljahre", für den Augenblick unbekümmert um die Frage, ob unsere Feststellungen über diesen einen Roman hinaus auch für andere Werke des Dichters eine stellvertretende Gültigkeit haben. Die Hauptsache des hier zu Entwickelnden sei im voraus angedeutet: Man bringt diesen Roman um sein Wesentlichstes und bricht ihm geradezu das Genick, wenn man ihn in seine einzelnen „Eidyllien" auflöst. Denn das Eigentliche an diesem Roman ist eben, in einem ebenso starken wie eigentümlichen und freilich auch geheimnisvollen Sinne, seine wunderbare strukturelle Ganzheit.

Freilich werden wir zu dieser Ganzheit nicht durchdringen, wenn wir sie bloß auf dem Gebiete des „zünftigen Handwerks" suchen und unser Augenmerk nur auf die Frage der Richtigkeit und Dichtigkeit der pragmatischen und ideellen Motivierung im Roman richten. Es ist ein Gemeinplatz, aber darum noch kein unwahrer, wenn die Forschung immer wieder betont, daß hier Jean Pauls schwache Seite liege. Wir müssen aber bei dieser Seite einen Augenblick verweilen, weil ja auch sie ins Gesamtbild dieser Kunst gehört. Bekanntlich hat Jean Paul sich viel Mühe gegeben, das Handwerkliche der Romankunst überhaupt und besonders seiner eigenen durch theoretische Analyse zu unterbauen. Da ist es nun ein leichtes, den Advocatus diaboli zu spielen und seine theoretischen Erwägungen und Normen gegen seine erzählerische Praxis auszuspielen. In seinen „Winken und Regeln für Romanschreiber", die im allgemeinen dasjenige betreffen, was später von Robert Petsch im Anschluß an Otto Ludwig als der „pragmatische Nexus" im Roman bezeichnet wurde, fordert Jean Paul ein Höchstes hinsichtlich der Einheitlichkeit, Stimmigkeit und straffen Intentionalität der pragmatischen Motivierung. Er findet hierfür das einprägsame Bild: „Im ersten oder Allmachts-Kapitel muß eigentlich das Schwert geschliffen werden, das den Knoten im letzten durchschneidet." Oder dasselbe noch einmal zum Paradoxon zugespitzt: „Zwei Kapitel müssen für einander und zuerst gemacht werden, erstlich das letzte und dann das erste." Mit Recht stellt er Fieldings „Tom Jones" als das Musterbeispiel für eine solche strenge Handhabung der epischen Intentionalität hin. Denn in diesem großartigen Roman gleicht der Motivierungsmechanismus tatsächlich einem makellosen Uhrwerk. Das Bild vom Schwerte, das im „Allmachtskapitel" geschmiedet werden soll, ist hier vollauf anwendbar. Aber gerade die Vergleichung mit dem „Tom Jones", die Jean Paul uns selbst nahelegt, macht es uns bewußt, wie locker gefügt die „Flegeljahre" in pragmatischer Hinsicht sind! Wir berühren diesen Punkt nur kurz und brauchen hier nicht alle motivischen Inkonsequenzen und Blindgänger aufzuspüren und aufzuzählen, die dem Erzähler unterlaufen; dies ist in der Forschung schon zur Genüge und fast bis zum Überdruß geschehen.

Für den „ideellen Nexus" gilt im wesentlichen dasselbe. Aus der Menge von Vorarbeiten geht unzweideutig hervor, daß die Hauptperson Walt nach der Absicht des Dichters eine entschiedene geistige Entwicklung durchmachen sollte. Was dem Autor vorschwebte, war zweifelsohne eine Art von Bildungsroman. Ein „schwachguter", furchtsamer Mensch sollte sich zur Festigkeit und Seelenstärke durchringen. Wieder fällt die Antwort negativ aus, wenn wir, mit den Wertkriterien des „zünftigen Handwerks" gewappnet, die Frage stellen, ob diese Absicht auch verwirklicht worden sei. Denn zwar entfaltet der Dichter das Wesen seines Haupthelden Walt mit großer Kunst, so daß tatsächlich eine Art von erzählerischem Wachstum stattfindet, aber dies ist kumulativer Art und grundverschieden von „Entwicklung" im herkömmlichen Normalsinn. Um Walts Zwillingsbruder Vult steht es nicht anders. Er hat recht, wenn er im Abschiedsbrief an den Bruder am Ende des Romans sagt: „Ich lasse Dich, wie Du warst, und gehe, wie ich kam." Es wäre aber töricht, über diese Entwicklungslosigkeit zu trauern. Denn gehört es nicht zutiefst zum Wesen des Haupthelden, dieses weltfremden Sonntagskindes und Götterlieblings, daß er grundsätzlich sich selber gleichbleibt und daß er wohnhaft bleibt in jenem Reich, das nicht von dieser Welt ist? Kann man ermessen, welchen Wertverlust es bedeuten würde, wenn Walt eine entschiedene Entwicklung durchmachte?

Der starke Eindruck, den die umfangreichen Vorarbeiten, Skizzen, Entwürfe und Zusammenstellungen uns vermitteln, ist dieser: Es gibt hier eine unglaubliche Fülle von wimmelndem Leben im Kleinen und Kleinsten, während die großen Umrisse auf lange hin äußerst unklar bleiben. Eine feste Handlungslinie will sich nicht einstellen, und auch die Konturen der Personen bleiben lange schwankend. Merkwürdig, wie in den Entwürfen die Einzelzüge von einer Person zur andern hinüber- und herüberwandern! Der Dichter leidet nicht an Mangel, sondern an Überfluß der Einfälle und Gesichte. Erst in einer späten Phase der Planung findet er „den perspektivischen, alles ordnenden Punkt". Oder besser: Er glaubt ihn zu finden. Das Testamentsmotiv, das sicher unter diesem „ordnenden Punkt" zu verstehen ist, war nicht bloß als komische Ouvertüre gedacht, sondern es sollte das Direktiv der Handlung und der ideellen Entwicklung abgeben. Wie es der reiche Sonderling van der Kabel in seinem Testament klar ausspricht, haben sowohl die schrulligen Bedingungen, die Walt zu erfüllen hat, um des testamentarischen Segens teilhaft zu werden, wie auch die sieben Erbfeinde, die das Testament ihm auf seinem Wege beigesellt, einen hochpädagogischen Sinn: sie sollen „den leichten Poeten vorwärts bringen und ihn schleifen und abwetzen".

Ist das Motiv aber folgerichtig durchgeführt? Von der Normalpoetik des zünftigen Handwerks aus kann man es wieder nur verneinen. Denn welche Verbindung besteht zwischen dem Testamentsmotiv und den Hauptvorgängen des Romans? Walts schwärmerisches Umwerben des adligen Jünglings Klothar und das durch Vults eifersüchtige Gegenaktion herbeigeführte katastrophale Ende dieser Schwarmliebe; die Versöhnung mit Vult und die gemeinsame Arbeit am Doppelroman; das Aufblühen des Liebesverhältnisses zu Wina; Vults zuerst unbewußte, später bewußte Nebenbuhlerschaft und der schrille Dissonant seines Zerwürfnisses mit dem Bruder am Schluß des Romans: dies alles bleibt nahezu unberührt von den Testamentsbedingungen, die auf langen Strecken aus unserem Blick und Bewußtsein verschwinden. Nur Walts Notariat wird, zwar etwas dürftig, mit der Haupthandlung verbunden; das vom Testament vorgesehene Klavierstimmen dagegen bleibt eine folgenlose komische Einlage ebenso wie das Korrekturlesen. Im abschließenden vierten Bande des Romans klingt das Testamentsmotiv freilich wieder etwas stärker auf, aber die Bezüge bleiben doch stark formaler und verbaler Art; und wenn Jean Paul einmal bedauert, daß der Leser die sechste Klausel, die die neun Verpflichtungen enthält, nicht auswendig kann, weil auf dieser Klausel „doch gerade die Pfeiler des Gebäudes stehen", so ist dies reine Selbstironie. Natürlich darf daran erinnert werden, daß der Roman unvollendet ist und daß die Testamentsbedingungen in der Fortsetzung wohl eine erhebliche Rolle spielen sollten. Aber nach allgemeiner Ansicht wäre doch die Annahme verfehlt, daß sie die pragmatische Einheit des Romans hätten bewirken können. Um die Frage der Fortsetzung steht es übrigens sonderbar. Es steht fest, daß Jean Paul sie im Ernste geplant hat; aber auch wirklich in allem Ernste? Vieles scheint dagegenzusprechen. Wichtiger scheint mir das spontane Gefühl zu sein, das der Leser hat, wenn er den Roman nach beendeter Lektüre aus der Hand legt. Das Vorganghafte ist so wenig intentional gerichtet, daß er kaum nach einer Fortsetzung verlangt. Das Unvollendete hat ihn befriedigt und gesättigt. Fast möchte man sagen: Es gehört zum Wesen selber der „Flegeljahre", daß sie unvollendet blieben und daß ihre Handlung ins Offene und Unbestimmte ausklingt.

Von der Ganzheit dieses Romans, die wir vorhin so entschieden postulierten, scheint also nicht viel übrigzubleiben. Wir müssen aber betonen: es ist nicht der Roman, der hier versagt, sondern unsere zünftige Normalpoetik reicht ihm gegenüber nicht aus. Unsere bisherige Betrachtung rührte nicht ans Wesentlichste dieses Werkes. Wir haben seine Einheit und Ganzheit auf einer anderen Ebene zu suchen. Seine Struktur liegt jenseits des Pragmatischen im Bereich der gehaltbestimmten Gestalt. Wir haben uns darauf zu besinnen, daß dieser Roman in einem sehr ausdrücklichen und zugespitzten Sinne ein Wortkunstwerk ist und daß seine Struktur spezifisch wortkünstlerischer Art ist.

Eine oft zitierte und selten richtig verstandene Formulierung des Dichters in den Vorstudien zu den „Flegeljahren" lautet: „Summa: Poesie und Liebe im Kampfe mit der Wirklichkeit". Sie findet ihre notwendige Ergänzung in der früheren und weniger beachteten Aufzeichnung: „Synthese des Dualism zwischen Poesie und Wirklichkeit". Man hat diese Worte bisher zu ausschließlich auf den Inhalt und den ideologischen Gehalt des Romans bezogen, wobei man sich wenig von der Tatsache hat beirren lassen, daß inhaltlich eigentlich weder von einem wirklichen Kampf zwischen Poesie und Wirklichkeit noch von einer Versöhnung gesprochen werden kann. Demgegenüber muß betont werden: Der Kampf, der sich hier vollzieht, und die Synthese der widerstreitenden Teile, die durch diesen Kampf erreicht wird, ist primordial ein sprachlich-gestalthaftes Ereignis. Die Bauform der „Flegeljahre" ist antithetischer Art, sie beruht auf dem Kontrast zweier verschiedenen Stilebenen und strebt über den bloßen Kontrast hinaus zur Kontrastharmonie. Durch diese Bauform, deren sprachliche Verwirklichung zu beschreiben unser Hauptanliegen sein wird, ordnen die „Flegeljahre" sich in die große abendländische Tradition des humoristischen Romans ein. Der „Don Quijote" ist zwar nicht das literargeschichtliche Vorbild, aber wohl die gültige Ausprägung des idealtypischen

Urbildes, auf das die „Flegeljahre" ausgerichtet sind. Da darf es nicht, wie es so oft geschieht, sein Bewenden dabei haben, daß Walt mit Don Quijote und Vult mit Sancho Pansa verglichen wird, ein Vergleich, der in charakterologischer Hinsicht ja auch schief genug ist. Es ist nur dann sinnvoll, diesen Vergleich anzustellen, wenn sie sich auf den strukturellen Stellenwert dieser Gestalten im Gesamt der sprachlich-poetischen Leistung dieser beiden Romane bezieht! Denn es handelt sich hier um den für den „Don Quijote" und für die „Flegeljahre" gleichermaßen grundlegenden Sachverhalt, daß zwei grundverschiedene Stilebenen, ja, man darf sagen, zwei einander entgegengesetzte Sprachwelten wechselweise in Erscheinung treten und in mannigfacher Weise zueinander in Beziehung gesetzt werden, so daß sie bald unsanft aufeinanderprallen, bald sich ineinander spiegeln, bald auch sich wechselseitig durchdringen. Es ist nicht das Wichtigste, ob wir diese Stilebenen mit den Jean-Paulschen Kennworten als „idealistisch" und „realistisch" oder auch als „italienisch" und „niederländisch" oder sonstwie bezeichnen wollen. Weil es vor allem auf den Höhenunterschied der Stile ankommt, sprechen wir am besten einfach von Hoch- und Tiefebene. Wichtiger ist, daß wir, nachdem wir das grundlegend Gemeinsame eingesehen haben, auch einen grundsätzlichen Unterschied zwischen Cervantes' und Jean Pauls Antithetik ins Auge fassen. Bei Cervantes wird das Erhabene, Idealische und Verschrobene durchgängig durch das Niedrige, durch die robuste Erdenwirklichkeit zuschanden gemacht und ins Unrecht gesetzt. Der erhabene Stil erscheint gleichsam zwischen Anführungsstrichen, als Ausdruck des Unechten und der literarischen Künstelei, während das Echte im irdisch-niedrigen Stil seinen Ausdruck findet. Ein solcher Wert- und Wertungsunterschied besteht bei Jean Paul nicht. Vielmehr ist man im allgemeinen geneigt, ihm eine Höherbewertung des Idealischen auf Kosten des nüchternen Alltags beizulegen und hierin den Sinn der „Flegeljahre" zu erblicken. Das ist aber eine starke Simplifizierung, durch die man weder dem Vorhaben noch der Leistung des Dichters gerecht wird. Dies kann nur eingesehen werden, wenn das gestalthafte Gefüge, in dem die stilistische Hoch- und Tiefebene funktionieren, klar erkannt wird[1]. Um zu diesem Ziel zu gelangen, müssen wir aber zuerst durch die Gehaltsanalyse hindurchgehen.

Äther der Einbildung und Entzauberung

Unter den Vorstudien zu den „Flegeljahren" befindet sich ein Schema zu Walts Charakter, das mit den Worten anfängt: „Intellektueller Grundzug: poetische Phantasie". Darauf folgen in Stichworten die Einzelzüge, die aus diesem Grundzug resultieren. Wir brauchen nicht zu zweifeln, daß der planende Dichter hier dasjenige meint, was er in der „Vorschule der Ästhetik" als den „geheimen organischen Seelen-Punkt" bezeichnet, „um welchen sich alles erzeugt, und der seiner gemäß anzieht oder abscheidet". Schon früher hatte Jean Paul seine Gedanken über das Wesen der Phantasie in der kleinen Abhandlung „Über die natürliche Magie der Einbildungskraft" (1795) ebenso klar wie eigenwillig formuliert, und wir kommen am schnellsten zum Ziel, wenn wir hier geradewegs an jene Gedankengänge anknüpfen. „Natürlich" heißt jene Magie, weil die Phantasie allen Menschen, und dem Dichter in verstärktem Maße, von der Natur verliehen worden ist. Warum aber „Magie"? Während die sinnliche Anschauung an die räumlich begrenzte und auf die Gegenwart beschränkte Wirklichkeit gebunden ist, springt die Phantasie über diese Grenze hinweg und schafft sich jenseits ihrer aus durchaus eigenen Mitteln ein Unbegrenztes und Unendliches. Der ästhetische Wirkungsbereich der Phantasie wird sehr weit abgesteckt. So wird Kants Lehre vom Erhabenen als einem angeschauten Unendlichen dahin präzisiert, daß das Unendliche nur von der Einbildungskraft erzeugt werden kann. Auch das „Idealische", ein zweiter Hauptbegriff der klassischen Ästhetik, wird als von der Phantasie „vorgespiegelte Unendlichkeit" definiert. Das Charakteristische dieser Phantasielehre ist der schroffe Gegensatz von Endlichkeit und Unendlichkeit. Es ist wirklich ein Sprung über eine tiefe Kluft hinweg, durch welchen sich die Phantasie des Unendlichen bemächtigt. Die „vorgespiegelte Unendlichkeit" ist der endlichen Wirklichkeit entgegengesetzt und vernichtet sie. Diese Antithese klingt in vielen Formulierungen auf. So heißt es vom Traume, der bald als mit der Phantasie verschwistert, bald geradezu als mit ihr identisch erscheint: „Der Traum ist das Tempe-Thal und Mutterland der Phantasie; die Konzerte, die in diesem dämmernden Arkadien ertönen, die elysischen Felder, die es bedecken, die himmlischen Gestalten, die es bewohnen, leiden keine Vergleichung mit irgend etwas, das die Erde gibt." Besonders deutlich wirkt sich diese Trennung in den Zeitdimensionen aus. Die Phantasie überspringt und vernichtet die Wirklichkeit des gegenwärtigen Augenblicks; sie lebt und webt in Erinnerung und Erwartung; sie zieht „einen bunten Diffusionsraum um die glücklichen Inseln der Vergangenheit, um das gelobte Land der Zukunft" und übermalt höchstens mit ihrem verfremdenden Schein die Gegenwart, die ohne sie stumpf und „tierisch" bliebe[2].

Wir haben den antithetischen Charakter von Jean Pauls Phantasielehre so stark hervorgehoben, weil sie für die Gestaltung von Walts Seelentum von bestimmender Bedeutung ist. Vult, der oft durch seine Aussagen zum Sprachrohr des Dichters wird, nennt ihn einmal „einen arglosen Singvogel, der besser oben fliegen als unten scharren könne". Das Element, in dem er lebt, ist der „Äther der Einbildung", nicht die „unbehülfliche Gegenwart". Solche Entgegensetzungen gibt es in unserem Roman in unendlicher Abwandlung. Man könnte geradezu sagen: Wie jene Abhandlung die allgemeine Theorie der Einbildungskraft bietet, so verkörpert sich in Walt ihre eindringliche und umfassende Phänomenologie. Natürlich bedeutet dies nicht, daß Walts Wesenszüge alle auf die magere Schnur dieser einen Idee gezogen wären. Was hier gestaltet wird, ist durchaus individuelles Seelentum, das alles Unwägbare und alles fibrierende Fluten gelebten Lebens aufweist. Das ist auch der große Mehrwert, den diese Phänomenologie der Einbildungskraft über die Theorie hinaus besitzt. Wir erleben das Weben der Einbildungskraft in ihrer ganzen Paradoxie von Kraft und Schwäche, als strahlende Lebensbewährung und als zwar rührende, aber doch auch klägliche Unzulänglichkeit den letzten Existenzfragen gegenüber. Und gerade diese nicht bloß ideologische, sondern auch lebensmäßige Verankerung ermöglicht eine fast unvorstellbar reiche phänomenologische Entfaltung der Phantasie! Daß Jean Paul, wie wir gleich sehen werden, sogar neue Kennwörter einführen muß, um dieses Reichtums Herr zu werden, ist nur ein Symptom dieses Sachverhalts.

Allem vorgeordnet ist die subjektive Eigenmächtigkeit von Walts Phantasieren, die sich von nichts und niemand dreinreden läßt. Dies ist die eigentümliche und unverwüstliche Kraft dieses körperlich und seelisch schmächtigen, „aus zitternden Fühlfäden gesponnenen" Menschen. Er hat die Kraft, die Wirklichkeit zu entwirklichen, sie ins bloß Mögliche zurückzuverwandeln und in freier Souveränität neu zu erschaffen. Über sein Gespräch mit der Geliebten Wina in der Mondnacht heißt es: „Es gab wenige Schönheiten, die er nicht, wenn er vorbeiging, abschilderte. Es war ihm so wohl und so wohlig, als sei die ganze schimmernde Halbkugel um ihn nur unter seiner Hirnschale von einem Traume aufgebauet und er könne alles rücken und rauben und die Sterne nehmen und wie weiße Blüten herunterschlagen auf Winas Hut und Hand." Daß hier ein Grundzug von Jean Pauls eigenem dichterischem Schaffen gültig ausgesagt wird, darauf kommen wir später zu sprechen. — Noch einmal: „Der Traum ist das Tempe-Thal und Mutterland der Phantasie." In den „Flegeljahren" sind die Termini „Einbildung", „Phantasie" und „Traum" sogar so eng verschwistert, daß einer für den anderen eintreten kann. Besonders die Wortsippe „Traum" und „träumen" muß zur Beschreibung der Phantasievorgänge dienen, und diese sind so kompliziert, daß Jean Paul mit dem Simplex nicht auskommt und selbstgemachte Komposita einführen muß. So lesen wir in der Schilderung von Walts Sehnsucht nach einem idealen Freunde: „Allmählich sank er ins *Vorträumen* hinein — was so verschieden vom engern *Nachträumen* ist, da die Wirklichkeit dieses einzäunt, indes der Spielplatz der Möglichkeit jenem freiliegt." Zum Vor- und Nachträumen gesellen sich das „Erträumen" und (wohl nach Analogie von Zeitwörtern wie „ausdenken" und „aushecken") das „Austräumen". Besonders das letzte bildet er zu einer Geistesübung mit rührend-komplizierter Technik aus. Im Kapitel „Träume aus Träumen" — wieder ist die Fernliebe zu Wina das Thema — heißt es: „Er suchte jetzt seine alte Sitte hervor, große Erregungen — z. B. wenn er irgendeinen Virtuosen gesehen, und wär's auf dem Tanzseile gewesen — dadurch zu nähren und zu stillen, daß er sich frei einen Superlativ des Falls austräumte, wo er die Sache noch millionenmal weitertrieb."Aber damit nicht genug! Die Technik des Austräumens und Erträumens läßt sich noch weiter komplizieren und potenzieren. Und immer ist der Hauptsinn, daß die Gegenwart von der Zukunft und der Vergangenheit, die Nähe von der Ferne aufgesogen und entmächtigt wird. Das Leben des schwedischen Pfarrers, in der von Walt geschriebenen gleichnamigen Idylle, das ist Walts Leben selbst, seine eigene „ausgeträumte" Existenz.

Aber dieser Pfarrer, Walts Spiegel-Ich, ist natürlich wiederum ein Phantasiemensch, der sich die Ferne erträumt und sich ein ganzes blühendes Italien in seine Stube hineinimaginiert. So schlägt die Phantasie ihre luftigen Brücken über große Räume hinweg, von Mitteldeutschland nach dem nördlichsten Schweden, von Schweden nach dem Welschland. Was für den Raum gilt, das gilt noch mehr für die Zeit. Sind das Vor- und das Nachträumen einmal da, so kann sich auch leicht das Vorträumen des Nachträumens einstellen. Ein Beispiel: Walt steht vor dem Zablockischen Palast, zum erstenmal wird er Winas Wohnung betreten. „Die Auffahrt und das Ketten-Gehenke an Pfeilern waren neue Siebenmeilenstiefel für seine Phantasie; er freute sich auf die Nacht, wo er diese gespannte bange Stunde auf dem Kopfkissen frei und ruhig beschauen und behandeln werde." So wird die emotionelle Ladung des Gegenwartserlebnisses in die Zukunft und von ihr aus in die Vergangenheit hinübergeleitet. Wieder eine andere Möglichkeit der Potenzierung bietet die romantische Idee der Traumgemeinschaft mit der Geliebten. „Als er zu Bette ging, verstattete er sich, Winas Träume sich zu erträumen.

‚Wer kann mir verbieten', sagt' er, ‚ihre Träume zu besuchen, ja ihr sehr viele zu leihen?'" Hier kommt die Vorstellungskraft des Lesers schon schwer mit. Eine noch barockere Steigerung finden wir in Walts Gesang an Wina, der den Schluß des Kapitels „Träume aus Träumen" bildet und zu Jean Pauls bekanntesten und am meisten vertonten Polymetern gehört: „O wär' ich ein Stern, ich wollte ihr leuchten; — wär' ich eine Rose, ich wollte ihr blühen; — wär' ich ein Ton, ich dräng' in ihr Herz; — wär' ich die Liebe, die glücklichste, ich bliebe darin; — ja, wär' ich nur der Traum, ich wollt' in ihren Schlummer ziehen und der Stern und die Rose und die Liebe und alles sein und gern verschwinden, wenn sie erwachte." Während die drei ersten schmachtenden Wünsche noch im Bereich der normalen lyrischen Bildlichkeit bleiben, wird in den beiden letzten Wünschen die Bildlichkeit ins völlig Unvorstellbare gesteigert. Als Ausdruck höchster lyrischer Ekstase wird man dies immerhin willig hinnehmen. Der Schlußsatz des Kapitels überbietet dann aber noch diese Unvorstellbarkeit durch Hinzufügung einer neuen Dimension: der Wunsch, Winas Traum zu sein, wird zum möglichen Inhalt von Walts Traum gemacht. „Er ging nach Hause zum ernsten Schlaf und hoffte, daß ihm vielleicht träume, er sei der Traum." Auch der willigste Leser wird diese überschwengliche Potenzierung kaum nachvollziehen können und wird sich fragen, ob sie letztlich nicht bloß verbaler Art sei.

Aber dies ist nur ein Ton unter vielen. Es ist keineswegs so, daß der Dichter Walts Träumereien kritiklos glorifiziert; vielmehr hat er ein reges Gefühl für ihre Wertrelativität. In heiterem Darüberschweben deckt er auch die zwar rührenden, aber doch bedenklichen und zumindest ambivalenten Züge dieses Gefühlsüberschwangs auf. Auf eine ins Ungeheuerliche gesteigerte und in höchstem Ernst vorgetragene Schilderung von Walts idealischem Phantasieren folgt als Probe des Austräumens: „Sehr hatt' ihm an der Wirtstafel die Bemerkung gefallen, daß Wina eine Katholikin sei, weil er sich darunter immer eine Nonne und eine welsche Huldin zugleich vorstellte. Auch daß sie eine Polin war, sah er für eine neue Schönheit an; nicht als hätt' er etwa irgendeinem Volke den Blumenkranz der Schönheit zugesprochen, sondern weil er so oft in seinen Phantasien gedacht: Gott, wie köstlich muß es sein, eine Polin zu lieben — oder eine Britin — oder Pariserin — oder eine Römerin — eine Berlinerin — eine Griechin — Schwedin — Schwabin — Koburgerin — oder eine aus dem 13. Säkul — oder aus den Jahrhunderten der Chevalerie — oder aus dem Buche der Richter — oder aus dem Kasten Noäh — oder Evas jüngste Tochter — oder das gute arme Mädchen, das am letzten auf der Erde lebt gleich vor dem Jüngsten Tage. So waren seine Gedanken." Die anfangs leise Ironie wird allmählich offenkundiger, bis der Dichter offenen Schabernack mit der Sentimentalität seines Lieblings treibt. Durch solche Verschiebungen und Brechungen des Tones wird die Darstellung von Walts Phantasieleben dem modernen Leser entschieden genießbarer. Jean Paul identifiziert sich keineswegs mit der Sentimentalität seines Geschöpfes, sondern stellt sie in ihrer Wertambivalenz dar. Die Konsequenzen reichen weit, und jedenfalls weiter, als es die meisten Jean-Paul-Interpreten, die überschwenglich auf seinen Überschwang eingeschworen sind, sehen oder wahrhaben wollen. Wer möchte leugnen, daß Walts Alliebe ein hohes ethisches Gut bedeutet und sich der höchsten Liebe, der christlichen Caritas annähert? Und dennoch muß eingesehen werden, daß diese Liebe von innen her gefährdet und sentimental aufgeweicht ist. Als junges Bürschchen stattet Walt einer alten Schneidersfrau einen ordentlichen Krankenbesuch ab und liest ihr ein Kirchenlied vor. „Und mußt' er nicht schon bei dem zweiten Vers den Aktus einstellen, weil ihn Tränen übermannten, nicht über die taube, trockne Frau, sondern über den Aktus?" Das ist Inzucht des Gefühls, die Empfindung der Empfindung, die recht eigentlich das Wesen der Sentimentalität ausmacht. Die Sentimentalität macht es sich bequem, weil sie nicht auf die Sachen eingeht. So spricht Jean Paul einmal von Walts „angeborner Milde, überall nur die übermalte, nicht die leere Seite der Menschen und des Lebens vorzudrehen". Ein anderes Mal heißt es beiläufig, er sei „in die Liebe verliebt". Nackter spricht eine Aufzeichnung in den Vorstudien dies Bedenkliche aus: „Auch seine Menschenliebe und Elternliebe sei eigentlich poetisch — er sieht das nicht, was er liebt." Deshalb hat auch Vult, trotz des scheinbaren Gegenteils, nicht so unrecht, wenn er einmal sagt: „daß ich nämlich dich echter zu lieben fürchte, als du mich liebst". Und hellsichtig genug fügt er hinzu: „Sehr zu besorgen ist, ... daß du — ob du gleich sonst wahrlich so unschuldig bist wie ein Vieh — nur poetisch lieben kannst, und nicht irgendeinen Hans oder Kunz, sondern ... in ihnen nur schlecht abgeschmierte Heiligenbilder deiner innern Lebens- und Seelenbilder kniend verehrst."

Schärfer und scharfsinniger könnte die ganze Problematik von Walts Liebesphantasie und Phantasieliebe wohl nicht beleuchtet werden. Und diese Einsicht verleiht der Dichter dem Zwillingsbruder Vult! Dieser verfügt über die höhere Einsicht, und es ist gut, dies klar auszusprechen.

Im Jean-Paul-Schrifttum ist der Gegensatz der beiden Brüder oft sehr tiefsinnig behandelt worden, aber durchweg so, daß man Vult eine etwas niedrigere menschliche Ranghöhe zuerkennt als Walt. Man stellt es gerne so dar, als gehörte er einfach mit zur dunklen Folie, gegen die sich dann Walt um so strahlender abhebt. Mir scheint dies eine schlimme und letzten Endes auch für das Verständnis der gesamten Struktur dieses Romans verhängnisvolle Verkennung von Jean Pauls Absichten zu bedeuten. Als seelische Potenzen sind die beiden Brüder einander ebenbürtig. Und es wird noch die Rede davon sein, daß Vults Geisteskraft die des Bruders in mancher Hinsicht unter sich läßt. (Daß gewissermaßen auch das Umgekehrte der Fall ist, gehört zur Rätseltiefe dieser Menschengestaltung.) Gewiß sollen die unheilvollen, charakterologisch und besonders moralisch bedenklichen Züge von Vults Charakter nicht übersehen werden. Der Dichter spricht sie klar genug aus und findet treffende, zum großen Teil Vult selber in den Mund gelegte Bezeichnungen für das Abgebrannte, Stachliche und sogar auch Giftige seines Wesens, für seinen „Schmollgeist", seinen „Seelenpips", seine „moralische Nesselsucht". Aber es wäre moralistische Befangenheit, wollten wir deshalb das seelische Format dieser Romangestalt niedriger einschätzen. Denn jene Züge tragen durchaus und wesentlich bei zum Reichtum und zur Größe des fesselnden und menschlich wahren Seelenbildes, das hier entworfen wird. Vor allem scheint es uns abwegig, Vult als eine bloße Komplementärbildung zu Walt aufzufassen, wie sehr die Entstehungsgeschichte des Romans auch dafür zu sprechen scheint[3]. Vult ist (und wird immer mehr) ein selbstgenügsamer und runder Charakter, als Romangestalt steht er fest auf beiden eigenen Beinen. Und es ist nur ein Ausfluß der strengen Erzählökonomie, daß diese Gestaltung durchgängig eng auf Walt bezogen wird, wie übrigens umgekehrt auch. Verstehen wir die Formel „Poesie und Liebe im Kampfe mit der Wirklichkeit" richtig, so verkörpern sich sowohl die Poesie wie die Liebe in Walt und Vult beiden und gelangen erst dadurch zu ihrer reich nuancierten Fülle. „Er war herzensgut und voll Liebe, nur aber zu aufgebracht auf sämtliche Menschen", so lautet Vults adäquate Selbstcharakteristik. Daß auch Vult die Poesie verkörpert, darauf kommen wir noch des weiteren zu sprechen. Sind die Brüder einander polar zugeordnet, so bilden sie andererseits zusammen einen Doppelpol der verknöcherten und hartherzigen „Wirklichkeit" der Philister gegenüber. Und nur Vult steht innerlich im Kampfe mit dieser Wirklichkeit, während Walt in seliger Ekstase kampflos über sie hinauslebt. Daß Vult zu gleicher Zeit dieser „gemeinen" Wirklichkeit mehr verhaftet, ja zum Teil verfallen ist, daß sein satirischer

Zynismus sowohl von der Gemeinheit zehrt als auch seine Spitze gegen sie richtet, das ist eine Bereicherung der Antithese von Poesie und Wirklichkeit, die, wie wir sehen werden, für die sprachlich-gestalthafte Gesamtstruktur des Romans von wesentlichster Bedeutung ist. Walt ist verzaubert; Vult entzaubert. Nur durch das Gegen- und Ineinander von Verzauberung und Entzauberung konnte Jean Paul die Fülle erreichen, die ihn berechtigte, zu sagen, „in den Flegeljahren ... habe sein Talent ihn selbst ergriffen, auch seien Vult und Walt nur die beiden entgegengesetzten und doch verwandten Personen, aus deren Vereinigung er bestehe". In diesem Zusammenhang ist es besonders interessant, zu sehen, daß sich Vults echter und schroffer Kunstidealismus nicht nur gegen die gemeine Härte, sondern auch und sogar vorzugsweise gegen die Sentimentalität der Spießer wendet. Durch ihren betonten Antisentimentalismus ist Vults Kunstlehre — denn geradezu von einer solchen darf man sprechen — ein notwendiges Antidoton gegen Walts empfindsamen Überschwang. Mit heißer Empörung spricht er von der „gräßlichen Bespritzung des einzigen Himmlischen", nämlich der Musik, durch die „Lebens-Spießbürgerei". Aber auch die „delikater" Fühlenden machen sich dieser Bespritzung schuldig. „Ich habe aber Stunden, wo ich aufbrausen kann gegen ein paar verliebte Bälge, die, wenn sie etwas Hohes in der Poesie oder Musik oder Natur vorbekommen, sofort glauben, das sei ihnen so recht auf den Leib gemacht, an ihren flüchtigen Erbärmlichkeiten, die ihnen selber nach einem Jahr bei noch größerer als solche erscheinen, habe der Künstler sein Maß genommen ..." Die Musik ist ihm zu hehr und heilig, als daß persönliche Gefühle und Stimmungen gemeinsame Sache mit ihr machen dürften. „Darfst du Tränen und Stimmungen in die Musik einmengen: so ist sie nur die Dienerin derselben, nicht ihre Schöpferin ... Und was wäre das für ein Kunsteindruck, der wie die Nesselsucht sogleich verschwindet, sobald man in die *kalte* Luft wieder kommt? Die Musik ist unter allen Künsten die rein-menschlichste, die allgemeinste." In diesem Sinne lehnt er es schroff ab, „Wirklichkeit in die Kunst zu kneten". Mit Staunen sieht man: Es ist durchaus das Tonio-Kröger-Problem des Gefühlsdégagements als einer notwendigen Voraussetzung echten Kunstschaffens und Kunsterlebens, das hier von Vult vertreten wird, nicht weniger klar und schroff, als es Thomas Mann ein Jahrhundert später aussprechen sollte. Man braucht nicht daran zu zweifeln, daß Vult hier in hohem Maße das Sprachrohr des Dichters selbst ist. Die ironische Ablehnung des brutwarmen Gefühls kann indessen noch drastischeren Ausdruck finden. Als Vult im Gespräch mit Wina fordert, „daß die

Kunst sich vom persönlichen Anteil rein halten lerne", findet er, der Flötenspieler, das burleske Gleichnis: „Ein Virtuose ... muß imstande sein, während er außen pfeift, innen Brezeln feil zu halten, ungleich den Brezel-Jungen, die beides von außen tun." Und es klingt vollends wie ein geschliffener Aphorismus Tonio Krögers, wenn er im Kunstgespräch mit Walt äußert: „In der Kunst wird, wie vor der Sonne, nur das Heu warm, nicht die lebendigen Blumen." Bezeichnend genug fügt der Erzähler hinzu: „Walt verstand ihn nicht." Halten wir uns diese Züge von Vults Kunstlehre vor Augen, weil diese mit der ästhetischen Eigenart unseres Romans selbst allerlei zu tun hat!

### Die zwei Sprachwelten

Nachdem wir uns der gehaltlichen Hauptelemente einigermaßen vergewissert haben, schlagen wir jetzt einen anderen Weg ein, um uns unserem Hauptproblem, der Frage nach der sprachlich bedingten humoristisch-ästhetischen Gesamtstruktur des Romans, wieder einige Schritte zu nähern. Wir werden zu zeigen haben, wie die beiden Sprachwelten, die wir oben abkürzenderweise als „hoch" und „niedrig" bezeichneten, miteinander in der Gesamtstruktur funktionieren. Aber dies bliebe ein blasses Gerede, gewännen wir nicht vorher eine gegenständliche Vorstellung, wie diese beiden Sprachwelten an und für sich beschaffen sind. Für den Augenblick sondern wir die beiden Sprachwelten also voneinander und stellen die Frage nach ihrem Zusammenhang und ihrem Zusammenwirken noch zurück. Selbstverständlich sind es nur einige Hauptzüge, die wir sichtbar machen können. In den beiden Bereichen, auf der stilistischen Hoch- und auf der Tiefebene, ist es besonders die Bildlichkeit, die unsere Aufmerksamkeit verdient, ohne daß wir uns aber durchaus auf sie beschränken werden.

Die gegenständlichen Bereiche, die in der hohen, idealisch-erhabenen Stilart zur Darstellung kommen, sind einmal die landschaftliche Natur und zweitens das ekstatisch erregte Gefühlsleben. Beide sind übrigens nicht scharf zu trennen, weil sich in der Darstellung der Landschaft die innere Erregung des Erlebenden abspiegelt. Versuchen wir, an einigen Textstellen die Eigenart der Bildlichkeit auf dieser Stilebene sichtbar zu machen. Wo im 14. Kapitel jener „Zauberabend" beschrieben wird, an dem das „Projekt der Äthermühle" (d. h. des Doppelromans) geboren wird, finden wir das Gleichnis: „Die fernen Dorfglocken riefen wie schöne verhallende Zeiten herüber und ins dunkle Hirtengeschrei auf den Feldern hinein." Der Vergleich scheint auf den ersten Blick wenig sinnvoll zu sein.

Wird hier doch das Bestimmte und sinnlich Greifbare („Dorfglocken") mit etwas völlig Ungreifbarem verglichen, das selbst schon eine verkürzte und im Grunde recht schwierige Metapher ist: „verhallende Zeiten". Ist es nicht, so wird man sich fragen, die Funktion eines dichterischen Bildes, das noch wenig Bestimmte durch das Greifbarere genauer zu bestimmen? Wenn jemand etwa den Satz bildete: „Die Erinnerung an ihre glückliche Jugendzeit tönte verhallend wie ferne Dorfglocken in ihr fort", so würden wir den Vergleich als „normal" und „korrekt" empfinden. Aber bei der Korrektheit hätte es auch sein Bewenden. Demgegenüber spüren wir die tiefe Magie des Jean-Paulschen Bildes. Das sinnlich Konkrete und Einzelne wird vergeistigt und in einen größeren Seinszusammenhang hineingestellt. Dabei hat diese Vergeistigung auch ihren guten realpsychologischen Sinn: Das Bild deutet an, daß Walt die Töne nicht als punktuelle Gegenwart erlebt, sondern daß er gerade durch sie in einen überzeitlichen Gefühlszustand versetzt wird, in dem sich die Grenze von Gegenwart und Vergangenheit verwischt. Hinsichtlich jener Konkreta, der Dorfglocken, hat das Bild eben die fernende, entgegenständlichende Wirkung, durch die das Gefühl des Erhabenen geweckt wird. Entsinnen wir uns, daß Jean Paul das Erhabene als „das angewandte Unendliche" definiert. Das Unendlichkeitsgefühl kann sich nur einstellen, wenn die Gegenwart von den beiden „Polarzeiten" Zukunft und Vergangenheit vernichtet wird. Es sind bei Jean Paul ganz besonders die den Landschaftsraum durchwallenden Töne, vorzugsweise der Glocke und der Flöte, die diese entgrenzende Ausweitung des Zeiterlebens bewirken. „Plötzlich kam ein altes vertrautes, aber wunderbares Mittagsgeläute aus den Fernen herüber, ein altes Tönen wie aus dem gestirnten Morgen dunkler Kindheit..." Oder ähnlich: „Jetzt schlug die wohlbekannte kleinliche Dorfkirche aus, und der Stundenton fuhr so tief in die Zeit und in seine Seele hinunter, daß ihm war, als sei er ein Knabe, und jetzt sei Feierabend..." Die wenigen Beispiele stehen für unzählige Fälle. Diese Ausweitung der Zeit durch die Töne ist ein stehendes Element, ohne das eine Jean-Paulsche Naturschilderung nahezu undenkbar ist.

Nicht weniger stark ist die raumbildende Kraft der Töne. Zwar ist das Bilden hier auch ein Entbilden, weil die den Raum durchflutenden Klänge den Raum selbst in Mitleidenschaft ziehen und seine starre Begrenztheit in wallende Bewegung aufzulösen scheinen. Die Töne sind ein Hauptgestaltungsmittel dessen, was man mit Recht Jean Pauls „expressive Bewegungslandschaft" genannt hat. Das hervorstechendste sprachliche Mittel zu dieser Dynamisierung ist die richtungsbetonte präpositionale oder adverbiale Bestimmung zu Zeitwörtern, die ohne dies und normaliter keine Bewegung oder Richtung ausdrücken. „Ich ziehe drüben mein Flauto traverso heraus und blase ein wenig in die Abendsonne und über die toten Herrenhuter hinüber", sagt Vult. Natürlich ist es nicht bloß das Akustische, das diese Wirkung auslöst; es gesellt sich zu den zuckenden und spielenden Scheinen und Blitzen, ja sogar zu den Gerüchen, die vom Dichter in seinem Bestreben, sämtliche Sinnesorgane mitspielen zu lassen, als raumbildendes Element mobilisiert werden. „Die nahen Birken dufteten zu den Brüdern hinab, die Heu-Berge unten dufteten hinauf." Die Doppelung der Richtung, die wir hier bemerken, wirkt sich indessen im Akustischen noch eindrucksvoller aus, weil das Aufeinanderprallen und Ineinanderfluten der aus verschiedenen Quellen strömenden Klänge dem erlebten Raum eine merkwürdige Dichte verleihen und zugleich seine Umrisse verflüchtigen. Wir sahen es schon in unserem Eingangsbeispiel, wo die fernen Dorfglocken *ins* dunkle Hirtengeschrei auf den Feldern *hinein*riefen. Gerne wird bei solcher Doppelung die vertikale Richtung betont. Zur Schilderung der sonntäglichen Militärmusik in den Straßen der Residenz gehört wesentlich der Zusatz: „Der Nikolaiturm warf dazu seine Blasemusik in die untere hinein."

Ihren höchsten Triumph feiert die erhabene Stilart in der Gestaltung des Erlebnisses der Wanderung durch die große freie Natur. Das 40. Kapitel „Cedo nulli", Walts nachsommerliche Wanderung durch die sächsische Gebirgslandschaft, stellt den unübertroffenen Gipfel dieser Gestaltungsart dar. Mag Walts idealistischer Höhentrieb im täglichen Leben der Wirklichkeit unangemessen und der Gefahr der Lächerlichkeit ausgesetzt sein, in der freien Natur findet er das brüderlich antwortende Element, und hier wachsen ihm wirklich Flügel. Die Verschmelzung von Mensch und Natur kann kaum höher gesteigert werden, als es hier geschieht. „Im hohen Äther waren zarte Streifen Silberblumen gewebt, und meilen-tief darunter zog langsam ein Wolken-Gebürge nach dem andern hin; — zwischen diese aufgebaute Kluft im Blau flog Walt und wandelte auf dem Himmelswege aus Duft leicht dahin und sah oben noch höher auf." Walts Phantasieerlebnis, seine Entrückung in den Himmel, wird dem Leser zur glaubhaften Wirklichkeit. Daß es glaubhaft wird, ist nur dadurch möglich, daß der Leser schon eingeschwungen ist in eine Weise der Weltgestaltung, die die geschaffene Wirklichkeit gleichsam erst ins Nichts zurückverwandelt, um sie dann durch die Macht der gestaltenden Phantasie neu zu erschaffen. Auch hier nur ein einziges Beispiel für viele. „Jetzt schwang sich die Landstraße plötzlich aus dem Tale den Berg hinauf. — Die Flöte drunten wurde still, da sich oben die Weltfläche weit und breit vor ihm auftat und sich mit zahllosen Dörfern und weißen Schlössern anfüllte und mit wasserziehenden Bergen und mit gebognen Wäldern umgürtete." Was sich dem nüchternen Blick als beharrende Zuständlichkeit darbieten würde, erscheint dem ekstatisch erregten Gemüt als mythischer Vorgang. Schon im Auftakt des Passus wird die Landstraße zu einem ungeheuren sich aufbäumenden Lebewesen. Und in den folgenden Sätzen scheint der Dichter vollends das Sechstagewerk der Schöpfung aus eigenen Kräften zu wiederholen und aus dem Chaos einen neuen Kosmos zu gestalten. Besonders die dynamischen Zeitwörter, aber auch ihr Subjekt sind mit mythisierender Potenz geladen. „Die Weltfläche": das ist erstens einmal die totalisierende Apperzeption der Phantasie, von der in der „Vorschule" gesagt wird: „Die Phantasie macht alle Theile zu Ganzen... und alle Welttheile zu Welten, sie totalisieret alles, auch das unendliche All." Zweitens ist der Ausdruck erhaben, als „angewandtes Unendliches", das das Hic et nunc der Landschaft fernend entfremdet. „Er ging auf dem Bergrücken", so lautet die Fortsetzung, „wie auf einer langen Bogen-Brücke über die unten grünende Meeresfläche zu beiden Seiten hin." Die grünen Wiesen werden nicht unverbindlich-witzig mit dem Meere verglichen, sondern es drückt sich in dem kühn gekürzten Vergleich „grünende Meeresfläche" wirkliche mythische Verwandlung aus.

Nach dem Himmelflug des 40. Kapitels bringt der Eingang des folgenden uns urplötzlich auf die feste Erde zurück. „In Grünbrunn kehrt' er ein. Im Wirtshaus hielt er seine Wachsflügel ans Küchenfeuer und schmolz sie ein wenig. In der Tat braucht der Mensch bei den besten Flügeln für den Äther doch auch ein Paar Stiefel für das Pflaster." Schon durch den Wechsel der Stilhöhe spürt man, daß die Antithese von „Äther" und „Pflaster" auch den Gegensatz zweier Sprachwelten, den Gegensatz von stilistischer Hoch- und Tiefebene bedeutet. Auch unsere Betrachtung muß jetzt aus dem „Äther" aufs „Pflaster" hinunter, oder unbildlich: Wir haben uns zu fragen, was die Merkmale sind, durch welche sich die niedrigere „niederländische" Sprachwelt von der erhabenen „italienischen" unterscheidet. Hierbei sei es uns bewußt, daß diese Sprachwelt in sich selber komplexer Art ist und daß sie sowohl idyllische wie satirische, bald derb realistische, bald grotesk irrealistische Züge aufweist. Ob wir hier durchgängig von „Komik" oder von „Humor" sprechen sollen, ist eine heikle terminologische Frage, die wir im Augenblick noch zurückstellen.

Eins der auffälligsten Merkmale dieser Sprachebene ist die wuchernde Fülle der Bildlichkeit. Wenn Jean Paul über sich selbst zu äußern pflegte, man solle auf seinen Grabstein setzen, daß nie ein Mensch so viele Gleichnisse gemacht habe wie er, so denkt man unwillkürlich vor allem an das bunte Gewimmel von Bildern und Gleichnissen auf dieser Ebene. Aber nicht weniger eindrucksvoll als ihre quantitative Vielheit ist ihre nuancenreiche Vielheitlichkeit. Der komische Vergleich kann unter Umständen drastisch sein und das Häßliche und Unappetitliche hervorkehren. Vult betont einmal, daß man in einer neuen Umgebung sogleich viele Bekanntschaften machen soll: denn „später, wenn man ihn hundertmal gesehen, ist man ein alter Hering, der zu lange in der aufgeschlagenen Tonne auf dem Markte bloßgestanden". Der Vergleich ist derb und einfach. Ebenso drastisch, aber viel komplizierter in der sprachlichen Formgebung ist die Schilderung der abgelebten und geschmacklos aufgedonnerten Frau Hofagentin Neupeter, die früher einmal hübsch gewesen, „die aber jetzt — aus ihren eignen Relikten bestehend — als ihr eignes Gebeinhaus — als ihre eigne bunte Toilettenschachtel — ihren kostbaren Anzug zum bemalten metallischen, mit Samt ausgeschlagenen, mit vergoldeten Handheben beschlagenen Prunksarg ihrer gepuderten Leiche machte". Das ist freilich ein Glanzbeispiel für die von Jean Paul auch theoretisch postulierte „humoristische Sinnlichkeit", aber es wäre naiv, hier einfach von Realismus zu reden. Besonders durch die kühne Vermischung von Bezeichnetem und Bezeichnendem spielt die Schilderung stark in die Irrealität der Groteske hinüber. Es ist das Prinzip des „Witzes" (im damaligen Wortverstand), das Verschiedenartigste assoziativ zusammenzuzwängen. So heißt es einmal von jenem grobschlächtigen Hoffiskal Knoll, „daß (er) als ein zusammengewachsenes, verknöchertes Revolutionstribunal das Vorhängschloß des Pfeifen-Kopfes am eignen hatte". Zur Vorstellung der französischen Revolutionstribunale gehört offenbar das Pfeifenrauchen der Jakobiner als fester Zug und als sichtbares Symptom ihres hartherzigen Grobianismus[4]. Knoll vereinigt die Hartherzigkeit sämtlicher Tribunalsmitglieder in sich, er ist also ein „zusammengewachsenes" Revolutionstribunal. Ganz unabhängig hiervon ist die zweite witzige Assoziation in der bei Jean Paul häufigen Verkürzung durch Genitivverbindung: der Pfeifenkopf hängt am Kopfe Knolls wie das Vorhängeschloß an der Tür. (Ähnlich war kurz vorher vom „Nabel-Gehenke" seines Pfeifenkopfes die Rede gewesen.) Der dritte witzige Bezug von Menschen- und Pfeifenkopf bleibt fast unausgesprochen; Jean Paul unterläßt es einfach, das Bezugswort „Kopf" zu wiederholen.

Auch hier „humoristische Sinnlichkeit"; aber das witzige Assoziationsverfahren ist geistiger und sogar stark gedanklicher Art. Eduard Berend hat einmal treffend geschildert, wie Jean Paul „zu seinen Gleichnissen kam". Oft bot ihm das Register, in dem er die gewaltige Menge seiner Exzerpte geordnet hatte, eine wichtige Hilfe. Und da ist nun das Ordnungsprinzip höchst interessant. Er rubriziert nicht nach den konkreten Realia, sondern vorzugsweise nach allgemeinen abstrakten Begriffen: Höhe, Tiefe, Anfang, Ende, Groß, Klein, Einfach, Doppelt, Ganz, Halb usw. Das Register umfaßt etwa zweihundert solcher Rubriken. Wollte Jean Paul einen Gedanken einkleiden, so konnte er in der betreffenden Rubrik nach passenden Gleichnissen suchen. Zu welcher vertrackten Kombinatorik dieses Verfahren führen kann, zeigt folgende Stelle. Am Rande der Erzählung erscheint ein gewisser Doktor Hut, „der wenige Patienten hatte, weil er ihnen das Sterbliche auszog und sie verklärte". Im folgenden wird dann gesagt, daß er ein doktrinärer Anhänger des englischen Mediziners John Brown ist, dessen Krankheitslehre damals bekanntlich in Deutschland starke Beachtung fand[5]. Brown verteilt die Krankheiten in zwei Hauptgruppen, Sthenie und Asthenie, wozu sich als Abarten die Hypersthenie und die Hyperasthenie gesellen. Wie bringt Jean Paul die sich so ergebende Vierteilung ins Spiel? „Dieser Hut hatte den vier großen Brownischen Kartenköniginnen seine vier ganzen Gehirnkammern eingeräumt — der Sthenie die erste vorn heraus — der Hypersthenie die zweite — der Asthenie die dritte — der Hyperasthenie die vierte als wichtigste —, so daß die vier großen Ideen ganz bequem allein ohne irgendeine andere darin hausen konnten. Gleichwohl macht' er mit der heiligen Tetraktys von vier medizinischen syllogistischen Figuren selber noch keine sonderliche; der alte Spaß über den Doktorhut des Dr. Huts wurde stets erneuert." Was soll dieser abstruse Aufwand von Gelehrsamkeit? Es werden nicht weniger als fünf notorische Vierergruppen zusammengezwängt: die vier Brownischen Krankheitsarten, die vier Königinnen im Kartenspiel, die vier Gehirnkammern, die heilige Vierergruppe der Pythagoräer ($1+2+3+4 =10$) und schließlich die vier syllogistischen Figuren der Schullogik. Es ist klar, daß sie inhaltlich gar nichts miteinander zu tun haben. Auch nicht im Sinne des Dichters, denn es wäre sicher irrig, ihm hier irgendwelchen Glauben an magische Zahlenbezüge zuschreiben zu wollen. Der Zusammenhang ist nicht seinsmäßig und reduziert sich auf die nackte und leere Vierzahl. Deshalb ist die sprachliche Zusammenzwängung durch beiwortliche und genitivische Verbindungen („die vier großen Brownischen Kartenköniginnen", „die heilige Tetraktys von vier medizinischen syllogistischen Figuren") rein verbaler Art; sie trägt nichts zur inhaltlichen Bereicherung oder näheren Bestimmung der Gegebenheit bei und will es auch nicht tun. Sie ist reine Neckerei, deren nur der Leser froh wird, der sich auf die humoristische „Liebe zum leersten Ausgang" versteht!

Zur Seinswidrigkeit des komischen Vergleichs gesellt sich seine oft ebenso starke Sprachwidrigkeit. Die Katachrese wird zum positiven Stilistikum. Sie ist noch relativ einfach und durchsichtig, wenn es von Walts mißlaunigem Vater heißt, er „habe noch unverdauete Nasen, die er im Winter von der Regierung bekommen, im Magen". Drei an und für sich sprachübliche Metaphern (etwas nicht verdauen können; eine lange Nase bekommen; etwas liegt mir schwer im Magen) gehen eine unübliche und unmögliche Verbindung ein. Die Katachrese kann aber auch zu komplizierten Gebilden auswachsen, deren Sprachmächtigkeit nicht hinter der Metaphorik auf der idealisch-erhabenen Sprachebene zurücksteht. Wie wird ein Pferd beschrieben, das plötzlich nicht weiter will und stocksteif stehenbleibt? „Es ist ein Grundsatz der Pferde, gleich den Planeten nur in der Sonnen-Nähe eines Wirtshauses schnell zu gehen, aber langsam daraus weg ins Aphelium; der Schimmel heftete seine vier Fuß-Wurzeln als Stifte eines Nürnberger Spielpferdes fest ins lackierte Brett der Erde und behauptete seinen Ankerplatz." Was zunächst wieder auffällt, ist die Vermischung der Bereiche von Bezeichnetem und Bezeichnendem. Die Pferde gehen ja nicht ins Aphelium. Die Gehirngymnastik des Lesers besteht darin, daß er die Verbindung auflösen und korrekt konstruieren muß: Wie die Planeten nur in der Nähe der Sonne schnell gehen, aber langsam daraus weg ins Aphelium, so gehen Pferde nur schnell, wenn sie sich einem Wirtshaus nähern, aber langsam, wenn sie aus ihm weggehen. Was für ein Reichtum griffig-konkreter Bezüge vermittelt aber der zweite Hauptsatz, grade durch die katachretische Zusammenzwängung! In dem einen Wort „Fuß-Wurzeln" drängt sich das Gleichnis zusammen, daß der Schimmel gleichsam Wurzel schlägt. Aber sogleich wechselt die Vorstellung zum Nürnberger Spielzeugpferd hinüber. Kaum ist der Leser mitgekommen, so wird er wieder von einer anderen Vorstellung überrumpelt. Wenn es von dem Pferde plötzlich heißt, daß es „seinen Ankerplatz behauptet", so ist das Tier unvermittelt zum Schiff geworden. Die Bildhäufung verleiht der Vorstellung vom stocksteif dastehenden Pferde in üppigster Weise den „farbigen Rand und Diffusionsraum fremder Bei-Züge", der nach Jean Pauls Theorie für die „humoristische Sinnlichkeit" charakteristisch ist.

Die Bildlichkeit ist keineswegs das einzige, aber wohl das bezeichnendste Ausdrucksmittel von Jean Pauls humoristischer Sprachvirtuosität. Über ihre weiteren Kapriolen wollen wir uns notgedrungen etwas kürzer fassen. Das regelrechte Wortspiel („Das Weinhaus"; „Neues Testament"; „ein alter verschimmelter Schimmel" usw.) steht, vielleicht gegen unsere Erwartung, unter diesen Ausdrucksmitteln wirkungsmäßig nicht einmal in vorderster Reihe. Charakteristischer ist es, daß Jean Paul eine Reihe von Figuren, die in der traditionellen Stilistik und Rhetorik ihr korrektes Bürgerrecht besitzen, dermaßen übersteigert, daß sie lustig-inkorrekt werden. So die Pars pro toto im folgenden Beispiel, als Walt auf der Wanderung einen Zettel gefunden hat und in der vollen Wirtsstube fragt, ob jemand ihn verloren. „‚Ich, Herr', sagte ein langer herübergestreckter Arm und ergriff ihn und nickte *einmal* kurz mit dem Kopfe." Nicht weniger inkorrekt wirkt sehr oft das Zeugma, wo es etwa heißt, daß der Schimmel „seinem Stalle nahe und aus dem herrnhutischen hungrig kam", oder daß „die Landstraße und der Schimmel und Bruder durch den Hof liefen". Ähnlich die zugespitzte Syllepsis: „Eben jetzt ... ist Tanz- und Klavierschule bei Knoll und alle meine Töchter." Meisterhaft ist die Verwendung des Oxymorons in Fällen wie: „Der Doktor ging weigernd den Antrag ein"; „der General schläft gerade nebenan und wacht"; das Dienstmädchen bringt Walt „eine mündliche Einladungskarte — weil man ihn einer schriftlichen nicht wert halten konnte". Aber längst nicht alle sprachlichen Eigenwilligkeiten dieser Art lassen sich auf Namen aus der traditionellen Stilistik taufen. Besonders Jean Pauls Syntax ist reich an neuen spaßhaften Erfindungen, deren gründliche Untersuchung sich durchaus lohnen würde. Ich denke etwa an die sonderbare Art, Substantive nicht korrekt zu wiederholen, sondern durch Bestimmungs- und Eigenschaftswörter wieder aufzunehmen. „Seine Bewegung bedarf keines Gemäldes, da jede auf jedem erstarrt." „Weder Jakobine noch der General machten je ein Geheimnis daraus — nämlich aus ihrem wechselseitigen." Zu solchen regelwidrigen Wendungen gesellen sich in bester Harmonie die logikwidrigen. Hierfür nur ein Glanzbeispiel: es ist einmal die Rede von einem kleinen Männlein, „das sich selber nicht einmal an die Knie geht, geschweige längern Personen". Herausgehoben aus dem sie tragenden Sprachstrom, zeigen all diese Beispiele gerade in ihrer Vereinzelung deutlich, wie anspruchsvoll und schwierig Jean Pauls Sprachgebung auch auf der „niedrigen" Ebene ist! Die Aufmerksamkeit des Lesers darf keinen Augenblick erschlaffen, und er muß bereit sein, auch die abenteuerlichste Gehirnakrobatik mitzumachen. Was aber in der vereinzelnden analytischen Betrachtung notwendig etwas zu kurz kommen muß, ist das krause und knorrige Gesamtgepräge dieser von der „humoristischen Sinnlichkeit" bestimmten und doch so merkwürdig gedanklich durchwirkten Sprachwelt. Beim kursorischen Lesen aber zeigt sie uns ihre buntscheckige Konsistenz.

„Hoppelpoppel oder das Herz"

In welchem strukturellen Verhältnis stehen nun die beiden oben geschilderten Sprachwelten zueinander, und wie funktionieren sie miteinander? Wir wollen die Antwort ermitteln auf einem Wege, der nur scheinbar ein Umweg ist und in Wirklichkeit geradewegs ins Zentrum des von uns Erfragten führt. Mit heiterer List und überlegenem Kunstverstand hat Jean Paul einen kostbaren Schlüssel zum ästhetischen Verständnis der strukturellen Beschaffenheit der „Flegeljahre" geschmiedet und diesen, so richtig als ein offenbares Geheimnis, dem Roman selber als ein scheinbar nebensächliches Erzählmotiv einverleibt. Der Interpret, der dieses Geheimnis durchschaut, hat die Aufgabe, sich der solchermaßen angebotenen Hilfe auch wirklich zu bedienen. Der Schlüssel, den wir meinen, ist der von Walt und Vult gemeinsam projektierte und halbwegs vollendete Doppelroman „Hoppelpoppel oder das Herz".

In der Romanhandlung als solcher spielt das Romanprojekt keine übermäßig bedeutende Rolle. Bezeichnenderweise ist Vult der Auctor intellectualis des Plans, der in seinem hellen Kopfe geboren wird, als er, verborgen in der Dunkelheit, Walt seine Streckverse vortragen hört. Gleich am Abend des Tages, wo Vult sich dem Bruder zu erkennen gegeben hat, schließen sie dann im „Wirtshaus zum Wirtshaus" in seliger Stimmung den „Schreibvertrag". Von da an zieht sich die gemeinsame Arbeit am Roman als ein bescheidenes Nebenmotiv durch den Roman hindurch. Erst im letzten Bändchen spielt das Motiv wieder eine wichtigere Rolle, als die Brüder zusammen in Walts Stube hausen, die Arbeit weiter betreiben und von mehreren Verlegern, denen sie den vollendeten Teil des unvollendeten Romans zur Veröffentlichung anbieten, einen Korb bekommen. Erst in der Fortsetzung der „Flegeljahre" sollte das Motiv nach Jean Pauls Absicht eine wichtigere pragmatische Rolle spielen und entscheidender in die Handlung eingreifen.

Ungleich bedeutender ist aber der ästhetisch-gestalthafte Sinn des Doppelromanmotivs. In einem berühmten Athenäumsfragment sagt Friedrich Schlegel von der romantischen Poesie, sie könne „zwischen dem Dargestellten und Darstellenden ... auf den Flügeln der poetischen Reflexion in der Mitte schweben, diese Reflexion immer wieder potenziren und wie in einer endlosen Reihe von Spiegeln vervielfachen". In diesem Sinne sind die „Flegeljahre" durchaus romantische Poesie. Und eben solch einen reflektierenden Spiegel, wie Schlegel ihn meint, bedeutet im Gefüge der „Flegeljahre" Walts und Vults Doppelroman. Der Roman im Roman dient der immanenten Selbstdeutung der „Flegeljahre" und ist recht eigentlich, im Stile der Zeit zu reden, „Poesie der Poesie". (Wir kommen hierauf später zurück.) Das Motiv gehört ganz zur romantischen Potenzierung, die auch sonstwie in den „Flegeljahren" so oft begegnet, in den Kapiteltiteln „Musik der Musik" und „Träume aus Träumen", als Brief im Briefe (33. Kap.) oder auch in Wendungen wie „in die Liebe verliebt" und „Heimweh nach dem Heimweh". Zur romantischen Spiegelung, diesmal mit dem Beigeschmack der Selbstironie, gehört es gewiß auch, daß die Brüder das Modell der künftigen „Äthermühle" gerade in dem Wirtshause entwerfen, das den sonderbaren Namen „Wirtshaus zum Wirtshaus" führt. Der Wirt hat „auf sein Schild nichts weiter malen lassen als wieder ein Wirtshausschild mit einem ähnlichen Schild, auf dem wieder das Gleiche stand"[6]. Die sich anschließende satirische Digression über „die jetzige Philosophie des Witzes" zeigt, daß Jean Paul über die philosophischen Implikationen solchen „Widerscheins ins Unendliche" durchaus im klaren ist.

Wie spiegeln sich nun die „Flegeljahre" im Doppelroman ab? Auffällig ist gleich die Dualität des Titels „Hoppelpoppel oder das Herz". Das verbindende „oder" drückt hier keineswegs, wie man gemeint hat[7] und wie es freilich damals in Romantiteln üblich war, eine Art von Identität der verbundenen Teile aus, sondern es handelt sich hier um eine gegensätzliche Alternative. Vult, der den Titel vorschlägt, sagt deutlich, daß dieser „die Duplizität der Arbeit" bezeichnen soll. Walt wird seine Streckverse, Vult seine satirischen „Ausschweifungen" (Digressionen) zum Doppelroman beisteuern. „Ich lache darin, du weinst dabei oder fliegst doch — du bist der Evangelist, ich das Vieh dahinter — jeder hebt den andern — alle Parteien werden befriedigt, Mann und Weib, Hof und Haus, ich und du." (Beim „Evangelisten" und dem „Vieh" dahinter hat man wohl an die den Evangelisten ikonographisch fest zugeordneten Attribute zu denken, von denen drei immerhin Tiere sind und eines in engerem Sinne ein „Vieh" ist, nämlich der Stier des Lukas.) Es ist ohne weiteres deutlich, daß das Wort „Hoppelpoppel" schon durch seine nicht mißzuverstehende Lautsymbolik dem polternden Satiriker Vult, das „Herz" dagegen dem sanftmütigen Seraphiker, dem „stillen Bacchanten des Herzens" Walt zugeordnet ist. Zum

Überfluß heißt es einmal in den Vorstudien ausdrücklich: „Satire hieß Hopelpopel", und damit stimmt es überein, daß Vult einmal eine seiner Digressionen kurzweg als einen „Hoppelpoppel" bezeichnet. Was bedeutet aber dieses sonderbare Wort? In Justinus Kerners „Bilderbuch aus meiner Knabenzeit" lesen wir: „Hopelpopel war ein Getränk von Tee, Eigelb und Kirschengeist, echt russischer Art wie wahrscheinlich auch der Name Hopelpopel." Wir hören dort von einem russischen Wunderdoktor Weickart, einem „gewaltigen Brownianer", der Hopelpopel und Pfefferkörner als „stärkendes Mittel" gegen „Asthenie" vorschrieb. „Die Heilungen dieses Mannes sind ganz entsetzlich. Menschen, die man begraben wollte, brachte er durch Hopelpopel wieder ins Leben." Die Zusammenstellung des Getränkes aus disparaten Teilen läßt sich natürlich unschwer mit dem buntscheckigen Charakter des humoristischen Sprachstils in Einklang bringen. Und wir dürfen mindestens vermuten, daß auch die Heilkraft des Getränks symbolisch mitgemeint ist. Denn was wollen Vults stachliche Digressionen anders sein als ein stärkendes Mittel gegen die geistige Asthenie der Zeit? Ähnlich vergleicht Vult einmal die bezweckte Wirkung des „Hoppelpoppel" mit der Nieswurz, die früher ärztlich als Heilgift benutzt wurde: „Was sind wir anders als Nieswurz der Welt?"

Der Dichter gibt uns der Fingerzeige genug, damit wir verstehen, daß sich in der Antithese von „Hoppelpoppel" und „Herz" die antithetische Grundstruktur der „Flegeljahre" mit ihren beiden verschiedenartigen Sprachwelten symbolisch widerspiegelt. So ist es mehr als ein loser Scherz, daß er Vult zuerst für den Doppelroman den Titel „Flegeljahre" vorschlagen läßt, den Walt aber zu auffallend und zu wild findet.

Auch die Entstehungsgeschichte der „Flegeljahre" öffnet einen Ausblick auf die enge Verbindung zwischen dem Roman selbst und dem eingefügten Roman im Roman. Ursprünglich hatte Jean Paul daran gedacht, in eigener Person als Bruder des Haupthelden im Roman aufzutreten. Die Ichperson sollte mit dem Bruder zusammen ein Buch schreiben, worin dieser seine Gedichte, er selber seine Satiren anbringen könnte, und dieser Simultanroman sollte „Mumien" betitelt werden, also mit Jean Pauls erstem eigenem Roman „Die unichtbare Loge" identisch sein, dessen Untertitel ja „Mumien" lautet. Von solchem Brückenschlagen zwischen der Fiktionswelt des Romans und der außerfiktionalen Wirklichkeit ist übriggeblieben, daß Vult in den „Flegeljahren" zum angeblichen Verfasser der „Grönländischen Prozesse", der frühen Satirensammlung Jean Pauls, gemacht wird. Auch sind die thematischen Entsprechungen zwischen dem Doppelroman und den „Flegeljahren" deutlich genug. So wird einmal im Bilde einer Gartenlandschaft über den Inhalt gesagt, daß von Walt der „Herkules-Tempel der *Freundschaft*" und die „Einsiedelei der ersten *Liebe*" stammen, während Vult „die Vogelhäuser, Klingel-Häuschen, Satyrs und andere Garten-Götter... ausschweifend zu postieren" hat.

Viel wichtiger als solche inhaltlichen Entsprechungen ist aber die Vult in den Mund gelegte Einsicht, daß „Hoppelpoppel" und „Herz", diese beiden grundverschiedenen Elemente, dennoch notwendig *zusammengehören*. Hören wir noch einmal seine Worte: „Du bist der Evangelist, ich das Vieh dahinter — jeder hebt den andern." Noch deutlicher spricht er einmal diese Grundbewandtnis aus, wo er sagt, „in ihrem ‚Hoppelpoppel oder das Herz' gewännen ja eben die süßen Darstellungen am meisten durch die schärfsten, und gerade hinter dem scharfen Fingernagel liege das weichste empfindsamste Fleisch". Hier wird durch die Blume nicht weniger als das strukturelle Grundprinzip des humoristischen Romans ausgesprochen, nämlich daß die gegensätzlichen Elemente, aus denen er sich aufbaut, einander *steigern* und daß durch ihr Zusammenwirken ein ästhetischer *Mehrwert* zustande kommt. Über die Eigenart der epischen Integration in den „Flegeljahren" kann kaum Wesentlicheres ausgesagt werden.

Es soll gar nicht geleugnet werden, daß es in den „Flegeljahren" nicht wenige auf einen einzigen Grundton gestellte Episoden gibt, die, auch wenn sie aus ihrem Kontext losgelöst werden, in ihrer Vereinzelung immer noch treffliche Wirkung tun. Die üblichen Anthologien leben ja davon, und wer möchte ihnen das Recht absprechen, dem Leser Idyllen wie „Das Glück eines schwedischen Pfarrers" oder Grotesken wie die Testamentseröffnung, Walts Ausritt auf dem alten Schimmel oder die Kampfszene der Musikanten als kostbare Kabinettstücke vorzusetzen. Dennoch gewinnen auch diese anscheinend so autarke Stücke etwas sehr Wesentliches hinzu, wenn man sie in und mitsamt ihrem Kontext auf sich einwirken läßt. In ihrer Isolierung wirken sie flächig, durch ihren Kontext gewinnen sie gleichsam perspektivische Tiefe. Der Verlust an Tiefendimension besteht übrigens auch dann, wenn man nur erhabenpoetische Teile anthologisch zusammenstellt. Denn auch diese wollen in ihrem stilistisch vielschichtigen Kontext aufgefaßt werden[8]. Jean Paul verwendet in den „Flegeljahren" wiederholt für Walts Arbeit am Doppelroman die Metapher des Webehandwerks und spricht auch einmal in bezug auf sich selbst von „poetischer Weberschaft".

Wir dürfen diese Metapher auch auf das eigentlich Stilistische unseres Romans beziehen. In seiner Textur gehen die verschiedenen Stilarten, „Niederländisch" und „Italienisch", „Hoppelpoppel" und „Herz" gleichsam wie Zettel und Einschlag eine enge Verbindung ein. Natürlich ist dies nur ein Bild; ebenso richtig ließe sich vom Prinzip der Verschränkung der gegensätzlichen Stilarten oder vom rhythmischen Wechsel der Töne sprechen. Es wäre wohl vergebliche Mühe, das einzig und völlig treffende Kennwort für die gemeinte Erscheinung finden zu wollen. Versuchen wir lieber zu zeigen, wie sie in concreto beschaffen ist.

Zunächst beschränken wir uns auf die Frage, wie sich das gemeinte Prinzip innerhalb des Gefüges eines einzelnen Kapitels als strukturierende Kraft auswirkt. Wir wählen hierzu das 25. Kapitel „Smaragdfluß. Musik der Musik", weil sich hier wohl besonders deutlich die Gestaltidee, deren symbolisches Modell „Hoppelpoppel oder das Herz" ist, in konkreter epischer Gestalt verwirklicht hat. Zum Inhalt nur dieses: Vult spielt als angeblich blinder Flötenvirtuose vor den versammelten Honoratioren Haßlaus ein Flötenkonzert von Haydn. Walt ist unter den Zuhörern, und wir erleben den Konzertabend gleichsam durch seine Augen und Ohren und durch seine zitternd erregte Seele hindurch. Das Erlebnis der erhabenen Musik und des weniger erhabenen gesellschaftlichen Drum und Dran gewinnt nun aber Gestalt in einer sprachlichen Vieltönigkeit, die selber in ihrer rhythmischen Gliederung eminent musikalisch ist und den Titel „Musik der Musik" — Sprachmusik, die Musik zum Inhalt hat — durchaus rechtfertigt. Den Zauber dieser sprachlichen Musik können wir gar nicht wiedergeben; nur ihre Schwingungsweite im Auf und Ab zwischen sprachlicher Hoch- und Tiefebene sei dürftig-schematisch angedeutet. Ein Wunder vor allem, wie die gegensätzlichen Teile sich verschränken! Zuerst wird das Konzert als gesellschaftliches Ereignis kurz angeleuchtet. Hier herrschen die satirischen Töne vor, aber zugleich schon erleben wir den festlichen Trubel durch das Medium von Walts verzauberter Seele. Dann auf einmal, mitten im Satz und in jähem Aufschwung zum erhabenen Sprachstil, erfolgt der Einsatz des Haydn-Konzerts. Gestaltungsmittel ist die synästhetische Verräumlichung der Musik zur mythisch-heroischen Landschaft. „Eben stellte sich der Buchhändler Paßvogel grüßend neben den Notar, als Haydn die Streitrosse seiner unbändigen Töne losfahren ließ in die enharmonische Schlacht seiner Kräfte. Ein Sturm wehte in den andern, dann fuhren warme, nasse Sonnenblicke dazwischen, dann schleppte er wieder hinter sich einen schweren Wolkenhimmel nach und riß ihn plötzlich hinweg wie einen Schleier, und ein einziger Ton weinte in einem Frühling, wie eine schöne Gestalt."

Die sich anschließende Schilderung von Walts Erleben bleibt anfangs auf dieser Höhe, aber dann mischen sich wieder komische Elemente ein, die in der Schilderung gipfeln, wie der scheinblinde Vult vom wirklich blinden Hofpauker in den Saal und auf das Podium geführt wird. Damit harmoniert eine zynische, sprachlich derbe Meinungsäußerung Vults, worauf dann aber in starkem Kontrast die ätherische Musik der Musik folgt: „Wie eine Luna ging das Adagio nach dem vorigen Titan auf — die Mondnacht der Flöte zeigte eine blasse schimmernde Welt" usw. Auf derselben Stilhöhe, nur mit kleinen gegenteiligen Einschüben, bleibt die Schilderung des Prestos — um plötzlich und schrill-dissonantisch einer satirischen Diatribe Vults gegen die Klatschsucht der Konzertgänger und -gängerinnen Platz zu machen. „Wer Henker", so fängt das für den Doppelroman bestimmte Extrablatt an, „Wer Henker wollte Ton- wie Dicht-Kunst lang' aushalten ohne das Haltbare, das nachhält? Beider Schönheiten sind die herrlichsten Blumen, aber doch auf einem Schinken, den man anbeißen will. Kunst und Manna — sonst Speisen — sind jetzt Abführungsmittel, wenn man sich durch Lust und Last verdorben." Fast schreibt der Biograph J. P. F. R. diesen ganzen „Schwanzstern" aus, bis er sich mit dem spaßhaft-verdrehten Argument unterbricht: „denn der Hoppelpoppel gehört in sein eignes Buch und nicht in dieses." Inzwischen hat sich Walt innerlich der soeben eingetretenen Wina zugewandt, und die Schilderung des letzten Satzes des Konzertes, jetzt wieder im erhabenen Stil, steigt noch weit über die Schilderung der vorigen Sätze hinaus, indem jetzt die Macht der Musik und Walts Liebesglut sich in einem Gewimmel von seraphischen Bildern innig vermischen. Nach Hause zurückgekehrt, schreibt Walt, noch ganz verzaubert, einen hochpoetischen Streckvers, durch den das Kapitel in seraphischer Höhe ausklingen würde, schlösse sich nicht noch *ein* kurzer Satz an, durch den wir wieder auf die Erde zurücktaumeln: „Beim letzten Worte stürmte Vult ungewöhnlich lustig herein."

So ist eine unmittelbare Überleitung zum nächsten Kapitel gegeben, das im Gegensatz zum vorhergehenden vieltönigen Kapitel ganz auf den einen Hoppelpoppelton gestellt ist. Vult erzählt dem Bruder, wie die Konzertisten, die zur Feier des Wiegenfestes ihres Kapellmeisters „sich noch früher als den Zuhörer berauschtet," sich gleich nach beendetem Konzert nach ihrer Nationalität in zwei feindliche Lager verteilt und mit ihren Musikinstrumenten als Waffen auf Hieb und Stoß eine förmliche Völkerschlacht — hie Deutsche, dort Italiener — geliefert haben. Dem Inhalt nach hat die komische Kampfszene ihren festen Stellenwert im humoristischen Roman, man denke nur an die vielen Waffengänge im „Don Quijote" oder an die nicht weniger berühmte Schilderung im „Tom Jones", wie Molly Seagrim auf dem Kirchhof gegen die ganze Dorfbewohnerschaft mit Knochen und Schädeln eine Schlacht liefert. Im Vergleich mit diesen berühmten Vorbildern wirkt Jean Pauls Schilderung doch unsinnlicher, sie lebt weniger von den derben Realitäten als vom spezifisch sprachlichen Humor, der sich hier einmal nicht genugtun kann in ausgelassener wortspielerischer Übertragung der fachlichen Musikterminologie auf die Rauferei der Musikanten. Das Bild, das so zustande kommt, ist keine derbe Wirklichkeit, sondern groteske Irrealität; man kann fast zweifeln, ob der Streit wirklich stattgefunden hat oder nur eine Ausgeburt von Vults toller Phantasie ist. Wie dem auch sei, wir brauchen nicht zu zweifeln, daß wir hier im Vultschen Sinne einen echten „Hoppelpoppel" vor uns haben. Er selbst beteuert zum Schluß, daß einer seiner besten Genien ihm die Schlägerei als eine fertige Mauer mit Freskobildern für den Doppelroman vor die Nase hingeschoben habe. Der Hinweis ist wichtig und will auch ästhetisch ernst genommen werden. Denn wie bewährt sich hier die Zusammengehörigkeit dieses Kapitels mit dem vorigen, oder mit andern Worten: die Zusammengehörigkeit von „Hoppelpoppel" und „Herz"! Isoliert man die Raufszene, so ist ihre Wirkung bloß oberflächlich-spaßhaft. Ihre groteske Tiefendimension enthüllt sich erst in der Synopsis mit dem vorhergehenden Kapitel. Nach der Verzauberung durch die Musik der Musik bedeutet diese Schlägerei der Musiker eine so radikale Entzauberung und einen so tiefen Absturz, daß dem Leser schwindelt und ihn trotz allen Spaßes das kalte Grauen beschleicht.

## Humoristische Totalität

Jetzt endlich können wir uns der Frage zuwenden: Wie wirkt sich die vieltönige Antithetik von hohem und niedrigem Stil als eine das Ganze durchwaltende Fügekraft aus? Oder, was nahezu dasselbe bedeutet: Wie ist der epische Humor als Großform beschaffen? Im vorigen wurden schon gewisse partielle Erscheinungen auf der stilistischen Tiefebene als „humoristisch" angesprochen, aber das geschah doch nur mit einem gewissen zaudernden Vorbehalt. Erst in der Großform des Romans kommt der Humor ganz zu sich selbst, weil sich nur im wechselnden Auf und Ab der Stilhöhe und in der arabeskenhaften Verschlingung der verschiedenen Sprachwelten durch ganze Kapitelreihen hindurch jener Hauptzug des großen

Humors vollauf verwirklichen kann, den Jean Paul als „humoristische Totalität" bezeichnet. Wir wollen versuchen, das innere Bauprinzip des Humors wenigstens an einer längeren Kapitelreihe — wir wählen hierzu die ersten elf Kapitel des ersten Bandes — in groben Umrissen sichtbar zu machen.

Diese Kapitelreihe umfaßt drei kurze und in sich abgerundete Erzählphasen[9], die jeweils deutlich durch eine Kapitelgrenze voneinander getrennt sind. Die erste Phase, die Eröffnung von van der Kabels Testament im Haßlauer Rathaus in Anwesenheit der sieben Präsumptiverben, bildet den Inhalt des ersten und des dritten Kapitels, die handlungsmäßig nahtlos miteinander verbunden sind. Der Ton ist einheitlich; die heitere Ironie des Verstorbenen, die das ganze Testament stilistisch färbt, harmoniert mit dem maßvoll ironischen Ton, in dem der Erzähler die komische Situation schildert. Diese Einheitlichkeit darf aber nicht zur Einerleiheit werden, und es läßt sich beobachten, wie sie nach verschiedenen Seiten hin gelockert und aufgebrochen wird.

Hierzu dient zunächst der Brief, der den Inhalt des zweiten Kapitels bildet und in dem der von den Testamentsexekutoren gewählte Biograph „J. P. F. Richter" dem Haßlauer Stadtrat für den Auftrag dankt, den testamentarischen Bedingungen gemäß die Geschichte des Universalerben Walt zu schreiben, wobei er über Art und Charakter des noch zu schreibenden Werkes seine Betrachtungen anstellt. In dieser Vorschau, die in die geschlossene Handlungsphase des ersten und dritten Kapitels eingekeilt ist, steigert sich die einfache Ironie des Kontexts ins maßlos Verzwickte und kryptisch Verspielte. Als ein echt Lawrence-Sternesches Capriccio springt die Digression aus dem gerade erstellten fiktionalen Gefüge in die außerfiktionale Wirklichkeit hinüber — biographisch korrekt datiert „J. P. F. Richter" den Brief „Koburg, den 6. Juni 1803" und berichtet unter anderem, daß er „vorgestern ... mit Weib und Kind und allem von Meiningen nach Koburg zog" —, und zu gleicher Zeit treibt der Erzähler ein so verwirrendes Spiel mit der Erzählfiktion, daß der Leser allen Halt verliert. Denn anfangs hören wir zwar, nächstens werde das Kapitel einlaufen, „das aus einer Kopie des gegenwärtigen Briefes, für den Leser bestehen soll", aber gleich nach dem Brief folgt die Zurücknahme: „Die im Briefe an die Exekutoren versprochene Kopie desselben für den Leser ist wohl jetzt nicht mehr nötig, da er ihn eben gelesen." Eine Superlogik oder Scheinlogik, aus der kein Mensch klug werden kann! Bei alledem ist die ausweitende und stilistisch bereichernde Wirkung des Einschubes deutlich.

Aber auch in den beiden der Testamentseröffnung selbst gewidmeten Kapiteln wirkt sich die Neigung aus, die stilistische Vieltönigkeit zu verstärken. Wir meinen die eigentlich erstaunliche Tatsache, daß sowohl der berühmte Wettkampf um das „Weinhaus" im ersten Kapitel — „wohl die komischste Szene nicht nur in Jean Pauls Werken, sondern in der ganzen deutschen Literatur" — wie die nicht weniger berühmte Idylle „Das Glück eines schwedischen Pfarrers" im dritten Kapitel in entstehungsgeschichtlicher Hinsicht recht späte Einschübe bedeuten. Im Vergleich mit der gemäßigtironischen Stillage des Kontextes bedeuten sie beide ein starkes Ausschlagen des stilistischen Pendels, freilich in zwei entgegengesetzten Richtungen.

Beim Wein-Wettkampf um das Haus in der Hundsgasse handelt es sich durchaus um die Komik der niederen Wirklichkeit und insoweit um „niedere" Komik, aber zugleich bedeutet diese Szene ein Non plus ultra barocken Überschwangs: Durch syntaktische Verfitzung und extreme Häufung der komischen Metaphern wird die Komik ins Surrealistisch-Groteske emporgesteigert. Völlig dem entgegengesetzt ist die Stillage der von Walt verfaßten Idylle, die dem Testament beigelegt ist und die von einem der sieben geprellten Erben den andern vorgelesen wird. Durch diese Einlage wird der „Dualism zwischen Poesie und Wirklichkeit" höchst sinnfällig akzentuiert! Walts philiströse „Erbfeinde" haben wir gleich als greifbare Wirklichkeit kennengelernt; Walt selbst dagegen begegnet uns zuerst in indirekter Beleuchtung, in seiner Dichtung, die uns mit seiner erträumten Existenz, aber nicht mit seiner Lebenswirklichkeit bekannt macht. Die Sprache nun, in der dieses idyllische Traumbild gestaltet wird, ist von einer innigen Einfalt, die sich scharf von der planen Ironie der umgebenden Partien unterscheidet und deren hohe Stillage uns durch diesen Gegensatz um so stärker bewußt wird. Das Kapitel schließt dann wieder in der niedrigen Stillage: die Erbfeinde wenden sich voller Ekel von der Lektüre der Idylle weg. Der „Kampf" der Poesie mit der Wirklichkeit realisiert sich in der Verschränkung der einander gegensätzlich zugeordneten Sprachwelten.

Die zweite Kapiteltriade umfaßt wieder eine kurze und geschlossene Erzählphase und ist ähnlich komponiert wie die erste. Vult ist die Hauptperson: er mystifiziert und quält den ängstlichen Kandidaten Schomaker und zwingt ihn dazu, die Vorgeschichte des Helden zu erzählen, wobei Vult ihm angeblich durch die Kraft des Zauberprismas nachhilft. Diese Vorgeschichte ist der Inhalt des mittleren (5.) Kapitels; der Dichter bietet sie aber ausdrücklich nicht als wörtliche Wiedergabe von Schomakers Erzählung, sondern in eigener Redaktion dar. Stilistisch ist diese Triade weniger nuancenreich als die vorige: die Kapitel liegen durchweg auf der „niederen" Stilebene; und höchstens kann gesagt werden, daß das „niederländische" Element in dem mittleren Kapitel, das weitgehend die Züge einer realistischen Dorfgeschichte ante datum aufweist, noch etwas kräftiger betont ist als in den beiden umgebenden.

Viel größer ist dann aber die Schwingungsweite zwischen Hoch und Niedrig in der dritten Erzählphase, die die fünf Kapitel 7 bis 11 umfaßt. Jetzt zuerst tritt Walt uns leibhaft vor Augen. Abgesehen vom kurzen Anlauf handelt es sich um eine geschlossene Szene: Walt wird in der elterlichen Wohnstube vom Hoffiskal Knoll examiniert und zum Notar „kreiert". Vult sitzt auf dem Apfelbaum im Garten und schaut durch das Fenster dem Vorgang zu. Im Kapitel „Violenstein" steht Walts traumumsponnene Seligkeit über seine Begegnung mit einem „hohen Menschen", den Jean Paul Plato nennt und bei dem wir an Herder denken sollen, in scharfem Kontrast mit dem gedrückten und unfreien Wesen des Vaters, der verständigen Nüchternheit der Mutter und der groben Härte des Hoffiskals. In seiner Begeisterung kann er von nichts anderem als von jener Begegnung sprechen: „Worte, wie süße Bienen, flogen dann von seinen Blumen-Lippen, sie stachen mein Herz mit Amors-Pfeilen wund, sie füllten wieder die Wunden mit Honig aus: O der Liebliche! Ich fühlt' es ordentlich, wie er Gott liebt und jedes Kind." Den Rückschlag bringt dann im Kapitel „Koboldblüte" die Schilderung des Notariatsexamens, das nach der hohen Anmut des vorigen nur als lächerliche Philisterei erscheint. Gleich darauf schlägt das Pendel im Kapitel „Schwefelblumen" wieder ganz nach der poetischen Seite aus: Walt liest seine hochpoetischen Streckverse vor. Wieder Verschränkung der Gegensätze: der Vortrag wird von hausbackenen Bemerkungen der Hörer unterbrochen, und das folgende Kapitel „Stinkholz" schildert noch ausführlicher das philiströse Unverständnis dieser „Prosaisten". Der Ton ist angemessen prosaisch. „‚Ich habe genug', sagte Knoll, der bisher die eine Tabakswolke gerade so groß und so langsam geschaffen hatte wie die andere. — ‚Ich meines Parts', sagte Lukas, ‚kann mir nichts Rechts daraus nehmen, und den Versen fehlt auch der rechte Schwanz, aber gib her.'" Ihr ödes Unverständnis wird aber aufgewogen von dem Jubel Vults, der ganz außer Rand und Band gerät, als die „prosaische Session" Walt vom Versemachen abzubringen versucht und dieser „wie ein getroffener Löwe" emporschnaubt: „Ein Donnerkeil spalte mein Herz, der Ewige werfe mich dem glühendsten Teufel zu, wenn ich je den Streckvers lasse und die himmlische Dichtkunst." Ausnahmsweise paßt hier die Formel „Poesie und Liebe im Kampfe mit der Wirklichkeit" einmal genau auf den pragmatischen Inhalt. Es möge indessen deutlich geworden sein, daß sie in einem typischeren und viel umfassenderen Sinn für die Antithetik der Sprachgebung paßt.

Diffusionsraum der Überschriften

Mit Bedacht haben wir *einen* Leckerbissen bis zuletzt aufbewahrt, wenn er auch in romanmorphologischer Hinsicht etwas schwer verdaulich sein mag. Es handelt sich um ein Gestaltelement, das sich auf den ersten Blick kaum mit der von uns postulierten Strukturganzheit des Romans in Einklang bringen läßt und vielmehr bloße Ungestalt zu bedeuten scheint. Wir meinen die höchst sonderbaren, krausbarocken Überschriften der Kapitel. Gerade diesem anscheinenden Wildwuchs gegenüber dürfen wir der Frage nicht ausweichen, ob und wie er im gestalthaften Gefüge des Romans funktioniert.

Erst in einer späten Entstehungsphase unseres Romans ist Jean Paul auf den Gedanken gekommen, daß der „Biograph" als Honorar für jedes einzelne Kapitel ein Stück aus van der Kabels Naturalienkabinett erhält, und noch später hat er die Benennung der Kapitel nach diesen Kabinettstücken durchgeführt. Ursprünglich wollte er die Kapitel nach der Zeit und dem Ort ihrer Entstehung benennen oder sie nach homerischem Vorbild schlicht als „Gesänge" bezeichnen[10]. Sehr im Gegensatz zu dieser Zurückhaltung haben die Kapitel, wie sie jetzt vorliegen, sogar Doppeltitel, denn auf den Namen des Kabinettstücks folgt jeweils noch eine kurze stichwortartige Andeutung des Inhalts. Weil es hier sehr auf den sinnlichen Klang ankommt, geben wir die Titel der beiden ersten Bändchen als geschlossene Reihe wieder; der Leser möge sich diesen Ohrenschmaus nicht versagen.

*Bleiglanz.* Testament — das Weinhaus; *Katzensilber aus Thüringen.* J. P. F. R.s Brief an den Stadtrat; *Terra miraculosa Saxoniae.* Die Akzessit-Erben — der schwedische Pfarrer; *Mammutsknochen aus Astrachan.* Das Zauberprisma; *Vogtländischer Marmor mit mäusefahlen Adern.* Vorgeschichte; *Kupfernickel.* Quod Deus Vultina; *Violenstein.* Kindheits-Dörfchen — der große Mann; *Koboldblüte.* Das Notariatsexamen; *Schwefelblumen.* Streckverse; *Stinkholz.* Das Kapaunengefecht der Prosaisten; *Fisettholz.* Lust-Chaos; *Unechte Wendeltreppe.* Reiterstück; *Berliner Marmor mit glänzenden Flecken.* Ver- und Erkennung; *Modell eines Hebammenstuhls.* Projekt der Äthermühle — der Zauberabend; *Riesenmuschel.* Die Stadt — chambre garnie; *Berggur.* Sonntag eines Dichters; *Rosenholz*. Rosental; *Echinit*. Der Schmollgeist; *Mergelstein*. Sommerszeit — Klothars-Jagd; *Zeder von Libanon*. Das Klavierstimmen; *Das Großmaul oder Wydmonder*. Aussichten; *Sassafras*. Peter Neupeters Wiegenfest; *Congeries von mäusefahlen Katzenschwänzen*. Tischreden Klothars und Glanzens; *Glanzkohle*. Der Park — der Brief; *Smaragdfluß*. Musik der Musik; *Ein feiner Pektunkulus und Turoinite*. Das zertierende Konzert; *Spatdrüse von Schneeberg*. Gespräch; *Seehase*. Neue Verhältnisse; *Grobspeisiger Bleiglanz*. Schenkung; *Mißpickel aus Sachsen*. Gespräch über den Adel; *Pillenstein*. Das Projekt; *Heller im Straußenmagen*. Menschenhaß und Reue.

In weitaus den meisten Fällen stehen die Namen der Kabinettstücke nicht in einem ohne weiteres ersichtlichen sinnhaften Bezug zum Inhalt der Kapitel. In erster Linie spricht sich hier jene kindliche Lust am farbigen Wortlaut, am Fremdartigen und Verfremdenden aus, die wir auch sonst in Jean Pauls humoristischer Sprachgebung feststellten und die dem Leser auch aus den Titeln seiner andern Romane und Erzählungen bekannt ist. Man denkt unwillkürlich an die „Sektoren" in der „Unsichtbaren Loge", an die „Hundsposttage" im „Hesperus", die „Jobelperioden" und „Zyklen" im „Titan", die „Zettelkasten" im „Quintus Fixlein" und die „Summulae" in „Dr. Katzenbergers Badereise". Noch verwandter sind die Titel im „Komischen Anhang zum Titan" und im „Leben Fibels", wo nämlich auch eine ganz bestimmte und behaglich ausgearbeitete erzählerische Fiktion dazu dient, eine bunte Fülle von fremdartigen Überschriften ins Leben zu rufen: hier die „Haubenmuster-Kapitel", „Leibchen-Muster", „Herings-Papiere", „Zwirnwickler" u. ä., dort die „Abel- und Sethblatt", „Enochsblatt", „Lothsblatt" usw. überschriebenen Kapitel. Die bunte Worthäufung ist ein wesentliches Element dessen, was Jean Paul selbst als „humoristische Sinnlichkeit" bezeichnet hat, und bewirkt ein ähnliches Gefühl sprachlichen Wohlbehagens wie jene gewaltigen Worthäufungen bei Rabelais und Fischart, die er im betreffenden Paragraphen der „Vorschule" so kongenial analysiert hat.

In stilistischer Hinsicht sind die Kapitelüberschriften der „Flegeljahre" nach Jean Pauls eigener ästhetischer Terminologie unstreitig als ein „niederländisches" Element im vieltönigen Gefüge des Romans anzusehen. Was nun die besondere Eigenfarbe des Naturalienkabinettmotivs betrifft, so muß bedacht werden, daß Jean Paul dieses Motiv von jeher mit Vorliebe und durchweg in satirischem Sinne verwandt hatte. In der Geschichte der Naturwissenschaften und der wissenschaftlich fundierten Allgemeinbildung haben die öffentlichen und besonders auch die privaten Naturalienkabinette des 17. und 18. Jahrhunderts eine kaum hoch genug einzuschätzende Bedeutung gehabt. Aus der Geschichte der Zoologie, der Botanik, der Geologie und Mineralogie sind sie nicht wegzudenken. Wer Gelegenheit hat, sich einigermaßen in das naturkundliche Sammlerwesen der Aufklärungsepoche zu vertiefen[11], wird auch jetzt noch beeindruckt von dem positiven Ethos, das diese Kabinette entstehen ließ, von der liebenden Andacht und Bewunderung für Gottes Schöpfung und von dem unermüdlichen Erkenntnisdrang, der diesem Sammeleifer zugrunde lag. Noch aus Goethes Lebenszeugnissen kann man auf Schritt und Tritt erfahren, mit welchem Ernst er vielerorts seine Einsicht und Kenntnisse durch den Besuch von Naturalienkabinetten vertieft hat. Auch Jean Paul hat Naturalienkabinette besucht, aber bei ihm finden wir von diesem positiven Ethos nichts. Im Gegenteil verwendet er das Naturalienkabinettmotiv von früh auf in bildlich-symbolischer Bedeutung, und zwar durchweg als ein schaurig-groteskes Gleichnis für widrige Erstarrung und zerknöcherte Lieblosigkeit. So hält er es schon gleich in der frühen Satire „Feilbietung eines menschlichen Naturalienkabinets" (1798), wo die Übertragung der Vorstellung von Naturalienkabinetten auf den Menschen bloß dazu dient, die widrigen und absurden Blößen des Menschenlebens aufzudecken. Diese ganze Sammlung von versteinerten Herzen, eisernen Stirnen, hohlen Köpfen und giftigen Zungen, worunter Glanznummern wie „ein Mandel braminischer Nasen", „der Nabel eines Hesychasten oder Quietisten", „das Gerippe der Helena" usw.: diese ganze surrealistische Greuelkammer dient dazu, mit zynischer Härte dem Leben das Leben zu nehmen und Leichengeruch sich verbreiten zu lassen. Nicht weniger makaber und zynisch ist die gleichnishafte Verwendung des Motivs in der Nachlaßsatire „Meine Magensaft-Bräuerei" (1790). Im „Hesperus" ist es ein wirkliches Naturalienkabinett, das Viktor besucht; aber auch hier geht die Beschreibung stark ins Satirisch-Gleichnishafte. „Das Kabinet hatte rare Exemplare und einige Curiosa — einen Blasenstein eines Kindes, $^2/_{17}$ Zoll lang und $^2/_{17}$ Zoll breit, oder umgekehrt — die verhärtete Holader eines alten Ministers — ein Paar amerikanische Federhosen — erträgliche Fungiten und bessere strombi (z. B. eine unächte Wendeltreppe) — das *Modell eines Hebammenstuhls* und einer Säemaschine — graue Marmorarten aus Hof im Voigtland — und ein versteinertes Vogelnest — Doubletten gar nicht gerechnet — — inzwischen zieh' ich und der Leser diesem *todten Gerümpel* darin den Affen vor, der lebte und der das Kabinet allein zierte und — besaß." (Der „Affe" ist der diensttuende Kammerherr.) Mehrere dieser Kuriosa sind übrigens identisch mit den Schätzen des van der Kabelschen Kabinetts. Auch hier wird das Sinnlose, Unorganische und Erstorbene betont, ebenso wie in einer Digression im „Titan", wo der Dichter vom „Jammer" spricht, „den ich haben würde, wenn ich in Dresden einen Tag im Antiken-Olymp der alten Götter zubrächte und dann ... in ein Naturalienkabinet voll ausgestopfter und einmarinierter Fötus-Kanker geriethe". Die Stelle leitet gleich über zu Jean Pauls letzter und bekanntester Gestaltung des Motivs, nämlich zum makabren „Mißgeburtenkabinett" Dr. Katzenbergers[12].

Im Vergleich mit den angeführten Stellen fehlt dem Naturalienkabinettmotiv in den „Flegeljahren" die zynisch-makabre Komponente, die ja auch zum Bilde des warmblütigen und sympathischen Erblassers van der Kabel schlecht passen würde. Was übrigbleibt, ist die „niederländische" Komik des irren Durcheinanders und der saftig-griffigen Nomenklatur. Daß man diese wenigstens zum Teil als derbkomisch empfinden soll, bezeugt die rügende Bemerkung Bürgermeister Kuhnolds, daß die Überschriften der meisten Kapitel „Anstößigkeiten gegen den laufenden Geschmack" bedeuten. Aber die Kennzeichnung „niederländisch" gilt hier nicht nur im stilistischsymbolischen Sinne. Dem aufmerksamen Leser wird es nicht entgehen, daß Jean Paul hier das Stilistische vom Pragmatischen her unterbaut hat. Van der Kabel ist ja ein halber Holländer: aus seinem Testament erfahren wir, daß er nicht nur „ein deutscher Notarius", sondern auch „ein holländischer Dominé" gewesen ist und daß er die Erbschaft selber von seinem „unvergeßlichen Adoptivvater van der Kabel in Broek im Waterland" geerbt habe. Es liegt kein Anlaß vor, das Naturalienkabinett hiervon auszunehmen; mindestens darf man annehmen, daß ein Teil seines ansehnlichen, 7203 Nummern umfassenden „Kunst- und Naturalienkabinetts" vom holländischen Adoptivvater stammt. Darüber hinaus ist zu bedenken, daß die Vorstellung „Naturalienkabinett" an und für sich schon eine gewissermaßen niederländische Färbung hatte und leicht entsprechende Assoziationen hervorrufen konnte. Dies gilt sogar in dreierlei Hinsicht. Erstens galten die Niederlande damals im allgemeinen Bewußtsein in Deutschland unter anderem als das klassische Land der Naturalienkabinette[13]. Dies trifft ganz und gar für die Konchyliensammlungen zu, aber nicht nur für diese. Die Kabinette wurden von unzähligen deutschen Reisenden besucht oder gar extra aufgesucht, und wir wissen aus vielen Reiseberichten, daß diese Sammlertätigkeit als ein charakteristischer niederländischer Zug empfunden wurde[14]. Natürlich gab es auch in Deutschland eine Menge Kabinette, wenn auch bei weitem nicht in einer solchen proportionellen Häufigkeit wie in Holland. Aber auch was diese betrifft, lag es im allgemeinen Bewußtsein, daß besonders Holland durch seine Schiffahrt und seinen Überseehandel das wichtigste Transitoland war, das die deutschen Kabinette mit exotischen Naturalien belieferte[15]. In diesem Zusammenhang dürfte es sinnvoll sein, daß in der Entstehungsgeschichte der „Flegeljahre" als Vorgänger van der Kabels ein „Vetter aus Ostindien" vorkommt, von dem der Held eine Erbschaft erhalten sollte. Das dritte und wichtigste „niederländische" Element im Naturalienkabinettswesen ist aber die Nomenklatur. Besonders für die Konchyliensammlungen (von denen es in Holland unzählige gab und die auch in den deutschen Kabinetten zum ehernen Bestand gehörten) gilt, daß die Namensgebung durchweg von Holland ausging, bis schließlich seit der zweiten Hälfte des 18. Jahrhunderts die landessprachlichen Namen allmählich der lateinischen Linnéschen Nomenklatur zu weichen anfingen[16]. Indessen zeigen viele niederländische und deutsche Kataloge, daß die landessprachlichen Bezeichnungen noch gegen Ende des Jahrhunderts durchaus üblich waren. Maßgeblich waren besonders die großen Standardwerke von Rumphius und von Valentijn, was sich darin äußerte, daß die von ihnen gebrauchten holländischen Namen von den deutschen und französischen gelehrten Autoren entweder einfach übernommen oder mehr oder weniger wörtlich übersetzt wurden. Für einen halbwegs sprachempfindlichen Menschen ist es auch jetzt noch ein pures Vergnügen, beim Durchblättern dieser Prachtwerke sich die Reihen von Namen, die großenteils aus der drastischen sprachschöpferischen Phantasie einfacher Matrosen und Schiffskapitäne geboren wurden, zu Gemüte zu führen und dann zu sehen, wie die deutschen und französischen Übersetzer sich um genaue Wiedergabe der manchmal recht rabelaisianischen Bezeichnungen bemühen![17] Und man braucht nicht daran zu zweifeln, daß Jean Paul für den hier investierten Sprachhumor ein reges Gefühl gehabt hat. Ebensosehr wie die Sachen oder vielleicht noch mehr als diese müssen die Namen ihn gefesselt haben. Von seiner Hand ist eine lange, hundertdreiundsiebzig Nummern umfassende Liste von Naturalienkabinettstücken erhalten geblieben, die er vermutlich im Laufe der Jahre aus mehreren Katalogen abgeschrieben hat und aus der er bei passender Gelegenheit, so bei der Benennung der Kapitel der „Flegeljahre", nach Herzenslust schöpfen konnte[18]. In dieser Liste kommen mehrere holländische Namen vor: „Suursack Tischlerholz auf Zeilon"; „Nautilus papyraceus, de kleene Doekhuyve"; „Das Grosmaul, Wydmonder", von denen der letztere, der übrigens nachweislich auf Rumphius zurückgeht, in den „Flegeljahren" Verwendung fand. Aber auch hierüber hinaus dürfen wir annehmen, daß Jean Paul diese Reihen von Namen, die großenteils tatsächlich niederländischer Herkunft sind, in stilistisch-metaphorischem Sinn als „niederländisch" empfunden haben wird.

Um uns den hier waltenden Sprachhumor zu vergegenwärtigen, stellen wir hier zwei Reihen solcher Tiernamen nebeneinander. Erstens: „Ameisenbär", „Bieresel", „Bisamschwein", „Bombardierkäfer", „Entenstößer", „Ferkelkaninchen", „Gabelgeier", „Notenschnecke", „Schnabelbein", „Himmelsziege", „Kümmelkäfer", „Perspektivschnecke", „Venusnabel", „Venusfliegenwedel". Zweitens: „Ochsenspatz", „Kamelente", „Regenlöwe", „Turtelunke", „Quallenwanze", „Gürtelstier", „Sägeschwan", „Eulenwurm", „Menschenbrotbaum", „Löwenreh", „Wassereseli". Wir gestehen gleich, daß wir den Leser ein wenig mystifiziert haben. Die erste Aufzählung stammt wirklich aus Jean Pauls langem Verzeichnis und bringt Namen, die damals wirklich im Umlauf waren; Jean Paul hat sie nicht erfunden, sondern aufgefunden. Die zweite Liste ist zusammengestellt aus Christian Morgensterns „Galgenlieder", großenteils aus seinem Poem „Neue Bildungen, der Natur vorgeschlagen". Hier handelt es sich durchaus um Morgensterns eigene Erfindungen, um Geschöpfe, die ebenso wie das Nasobēm aus seiner Leier zum erstenmal ans Licht traten. Der kleine fromme Betrug sollte nur deutlich machen, wie sehr jene aus anonymem Sprachschöpfertum geborenen wirklichen Namen mit den irrealen Schöpfungen des Groteskendichters verwandt sind und mit welchem schmunzelnden Behagen sich Jean Paul ihrer humoristischen oder grotesken Potenz bewußt geworden sein mag.

Wir können das bisher über die Kapitelüberschriften Ermittelte nicht treffender auf einen gemeinsamen Nenner bringen als durch die von Jean Paul selbst geprägte Formel: Sie verleihen dem Romankörper einen „farbigen Rand und Diffusionsraum fremder Bei-Züge". Dies schließt aber nicht die Frage aus, ob diese Beizüge in irgendwelchem bedeutungsmäßigen Bezug zum Inhalt der jeweiligen Kapitel stehen. Während in anderen Erzählwerken, etwa im „Komischen Anhang zum Titan" und im „Leben Fibels", solch ein Zusammenhang schlechterdings nicht vorzuliegen scheint, beschleicht den Leser der „Flegeljahre" immer wieder eine dunkle Ahnung, daß die Titel irgendwie, und das bedeutet meistens: in rätselhafter und verrätselter Weise, auf den Inhalt der Kapitel hindeuten. Einige Male ist ein solcher Zusammenhang evident, aber diese deutlichen Fälle sind nicht die interessantesten. Rein vordergründig ist der Bezug etwa im 17. Kapitel: „Rosenholz. Rosental";

etwas hintergründiger schon im 14. Kapitel: „Modell eines Hebammenstuhls. Projekt der Äthermühle — der Zauberabend". Es ist deutlich, daß der „Hebammenstuhl" (oder „Gebärstuhl": „ein Stuhl, auf welchem gebärenden Weibern die Geburt erleichtert wird", Adelung) auf die Geburt des Doppelromanprojekts, der „Äthermühle", bezogen ist, und dieser Bezug wird noch dadurch unterstrichen, daß das Projekt im Kapitel selbst einige Male als „Modell" der künftigen Äthermühle bezeichnet wird. Nur behutsam können wir über solche eindeutigen Fälle hinausgehen[19]. Wir müssen dabei mit der Möglichkeit rechnen, daß der Dichter mit manchen dieser kuriosen Namen doch eine deutlichere inhaltliche Vorstellung verband, als wir es im allgemeinen tun. Hierfür ein Beispiel: Wie schon gesagt, erreicht die erhabene Stilart ihren Gipfelpunkt in der Beschreibung von Walts nachsommerlicher Wanderung im 40. Kapitel „Cedo nulli. Wirtshäuser — Reisebelustigungen". Jean Paul markiert diesen stilistischen Gipfelpunkt, indem er ihm den Namen des „Conus cedo nulli" beilegt, der im 18. Jahrhundert wegen seiner großen Seltenheit und Schönheit gleichsam die schwarze Tulpe unter den Muscheln war und für den die Konchyliensammler unvorstellbar hohe Summen zahlten[20]. Daß er wußte, was er tat, zeigt die Aufzeichnung in jener schon genannten Liste: „Cedo nulli mit den Kegelschnecken oder Admiralen die schönste." Für den eingeweihten hat die Überschrift also deutlich verweisende Funktion.

Die Verweisungskraft kann auch irrationalerer Art sein und vorwiegend auf der klanglichen und semantischen Gefühlsassoziation beruhen. Wir dürfen einen Wink, den Jean Paul einmal hinsichtlich der Eigennamen in seinen Romanen gegeben hat, mit gutem Gewissen auf unsere Überschriften ausdehnen: die Namen sollen „mehr mit Klängen als mit Sylben reden und viel sagen, ohne es zu nennen"[21]. So wird die ekstatische Sprachmusik des Kapitels „Musik der Musik" vorzüglich durch das lyrisch-assoziative Wort „Smaragdfluß" evoziert. Wir sprachen schon davon, daß das Musikerlebnis hier in landschaftlicher Verräumlichung dargestellt wird, und in dieser Landschaftsmetaphorik spielen die Vokabeln „Strom" und „strömen" eine erhebliche Rolle. (An anderer Stelle spricht Vult einmal vom „Paradiesesfluß der Kunst".) Es kommt offenbar weniger auf die sachliche Beschaffenheit des Kabinettstücks als auf die beschwörende Kraft des Namens „Smaragdfluß" an. Das Wort wird poetisch beim Wort genommen. Solche gefühlsmäßig-symbolischen Assoziationen können des weiteren dadurch verstärkt werden, daß sie in Konfigurationen auftreten, die gleichsam Brücken von einem Kapitel zum anderen schlagen. Daß sich der „Bleiglanz" des ersten

Kapitels auf das leidige Geld bezieht, das zwar nicht für die sieben „Erbfeinde", aber wohl in der poetischen Sicht des Dichters nur einen Scheinwert bedeutet und in metaphorischem Sinne nur den stumpfen Glanz des Bleis (im Gegensatz zum Glanze des Goldes) hat, ist eine nicht ganz beweisbare Annahme, die aber dadurch wahrscheinlicher wird, daß im 29. Kapitel „Grobspeisiger Bleiglanz" ein vergleichbarer Sachverhalt vorliegt; denn auch hier wird der Mammon den höheren Lebenswerten entgegengesetzt. Dem poetischen Notar muß es vorkommen, daß Klothars Schenkungsinstrument dazu dient, Wina in grober Weise mit Geld abzuspeisen. Als drittes kommt das 24. Kapitel „Glanzkohle" hinzu, wo in der Beschreibung der „Glanzpartien" von Neupeters Park der Talmigeschmack dieses reichen Protzers herrlich karikiert wird.

In einer ähnlichen symbolischen Konfiguration scheinen mir die Überschriften der Vult-Kapitel zu stehen. „Kupfernickel", der Titel des ersten Vult-Kapitels, ist eine mineralische Verbindung von Nickel und Arsenik; „Nickel" ist ein Scheltname für den die Bergleute hänselnden Berggeist, die aus dem Mineral trotz seiner Kupferfarbe kein Kupfer gewinnen können. Tatsächlich lernen wir Vult bei seinem ersten Auftreten im Gespräch mit Schomaker als einen hänselnden Quälgeist kennen! In denselben Assoziationsbereich gehört der Titel des Vult-Kapitels „Mißpickel aus Sachsen". Das Wort „Mißpickel" (ein alter Name für den giftigen, Metalle verzehrenden Arsenikkies) drückt semantisch und sprachsymbolisch vorzüglich das Mißlaunige, Stachlige und Giftige seines „Schmollgeistes" aus, der sich gerade hier in besonders ätzenden Satiren Luft macht. Zum Überfluß nennt Vult sich selbst in diesem Kapitel einmal einen „Dornstrauch", wie er sonstwo von seiner „moralischen Nesselsucht" spricht. Ein deutliches Gegenstück zum „Mißpickel aus Sachsen" ist übrigens der Titel des ersten Walt-Kapitels „Terra miraculosa saxoniae", das die Idylle vom schwedischen Pfarrer enthält. Beide Brüder sind aus einem sächsischen Dorf gebürtig, aber dem Desillusionisten Vult gegenüber lebt Walt auf verzaubertem Boden, auf einer Terra miraculosa. Wir brauchen nicht daran zu zweifeln, daß Vults igelborstiges Wesen auch durch den Titel „Echinit" des 18. Kapitels ausgedrückt wird, wo Vult selber seinen „Schmollgeist" als eine „schlimme Bestie von Polter- und Plagegeist" beschreibt, der „zu peinigen, breitzudrücken, einzuquetschen, zu vierteilen, zu beizen" sucht. Echiniten sind versteinerte Seeigel. Das Stachlige und Arsenikalische ist übrigens nicht Vults Monopol, sondern es kann auf niedrigerer Ebene auch dazu dienen, die Schikanen der „Erbfeinde" und besonders des Hoffiskals Knoll zu charakterisieren. So heißt das Kapitel über das Notariatsexamen „Koboldblüte". Das ist ein Synonym zu Kobaltblüte, arseniksaurem Kobalt; das Mineral erhielt seinen Scheltnamen nach dem boshaften Berggeist, ähnlich wie es beim Nickel der Fall ist. Tatsächlich benimmt sich Knoll beim Examen dementsprechend, und es verdeutlicht den Zusammenhang, daß schon eher von den „arsenikalischen Dämpfen" die Rede war, die er um sich verbreitet.

So zeigt es sich, daß die Überschriften nicht bloß eine farbige Zugabe sind, sondern daß wenigstens ein Teil von ihnen (schätzungsweise etwa ein Viertel oder Drittel) den Gehalt der Kapitel irgendwie sinndeutend beleuchtet und reflektiert. Ihre Funktion in bezug auf die einzelnen Kapitel ist von weitem mit der Funktion vergleichbar, die das Hoppelpoppel-Projekt für den ganzen Roman hat. Und sogar können sie dazu dienen, den rhythmisch auf- und niedersteigenden Wechsel der Töne in der Reihung der Kapitel zu artikulieren. Dies scheint mir besonders für die beiden ersten Bändchen zuzutreffen, während die sinndeutende Kraft der Überschriften im weiteren Verlauf des Romans ständig abnimmt. Überhaupt scheint es zum Wesen der hier geübten Verrätselung zu gehören, daß dem ahnenden Deutungsvermögen des Lesers ein recht großer Spielraum gelassen wird.

Poesie der Poesie

Es wurde schon wiederholt die Typologie der Romankunst erwähnt, die Jean Paul in dem 72. Paragraphen der zweiten Auflage der „Vorschule der Ästhetik" entwickelt hat. Er unterscheidet bekanntlich drei „Schulen" der Romankunst, die er symbolisch-assoziativ als die „italienische", die „deutsche" und die „niederländische" bezeichnet und wobei er auch nicht ohne die Begriffe „hoch" und „niedrig" auskommt. Die „Flegeljahre" gehören zur mittleren oder „deutschen" Schule. Die Unterscheidung ist nicht so gemeint, daß jeweils eine bestimmte Stilhöhe einheitlich durchgehalten werden sollte; ganz im Gegenteil betont er: „Gewöhnlicherweise bauen die drei Schulen oder Schulstuben in einem Roman wie in einer Bildergallerie queer durch einander hin, wie in den Werken des uns so bekannten Verfassers deutlich genug zu sehen ist ..." Er erblickt diese Erscheinung aber auch in den Werken anderer Autoren. Und da lassen die Ausführungen über den ebenfalls zur „deutschen" Schule gehörigen „Wilhelm Meister" uns aufhorchen, weil sich in ihnen mittelbar etwas für Jean Pauls ästhetisches Selbstverständnis sehr Wesentliches bekundet. Er erklärt sich uneinig mit Novalis, der den Lehrjahren „Parteilichkeit *für* prosaisches Leben und *wider* poetisches" zur Last legte; demgegenüber führt er hellsichtig aus, daß Goethes „höhere Dichtkunst" *über* dem „Dichtleben" und dem „Prosen-Leben" schwebe und daß er diese „als bloße *Dicht-Mittel*" gebrauche. Was er mit dem Ausdruck „Dicht-Mittel" meint, verdeutlicht er treffend durch einen Vergleich aus dem Bereiche der Metrik: „beide sind ihm nur kurze und lange Füße — falsche und wahre Quantitäten." Treffender kann nicht ausgedrückt werden, wie der Wirklichkeitsstoff — prosaisches und poetisches Leben — entstofflicht und zum ästhetischen Formans erhoben wird. Jean Paul meint durchaus diese mediatisierende Erhebung des Stoffes zur ästhetischen Funktion, wenn er hinzufügt: „Hier gilt im richtigen Sinne der gemißdeutete Ausdruck Poesie der Poesie."

Diese von Jean Paul nur leicht modifizierte Formel Friedrich Schlegels[22] bezeichnet sehr genau, was wir im vorigen über den medialen Stellenwert von „Poesie" und „Wirklichkeit", von „Idealität" und „Realität" in den „Flegeljahren" sowie über die Selbstdarstellung und Selbstbespiegelung der Dichtung in der Dichtung ermittelt haben. Unsere Ausführungen waren bei allem Hin und Her darauf gerichtet, den letztlich streng ganzheitlichen Charakter dieses scheinbar so vielheitlichen und musivischen Romans sichtbar zu machen. Es hat sich gezeigt, daß vom Leser ein nicht unerheblicher Energieaufwand und ein ausgebildetes Aneignungsvermögen erfordert wird, um diese Ganzheit adäquat zu erfassen. Jean Paul hat dies gewußt und in den „Flegeljahren" auch einmal durch die Blume ausgesprochen. Im Gespräch nach dem Flötenkonzert fragt Vult den Bruder: „Aber wie hörtest du? Voraus und zurück, oder nur so vor dich hin? Das Volk hört wie das Vieh nur Gegenwart, nicht die beiden Polar-Zeiten, nur musikalische Silben, keine Syntax. Ein guter Hörer des Worts prägt sich den Vordersatz eines musikalischen Perioden ein, um den Nachsatz schön zu fassen." Es handelt sich hier um Musik, aber Vult drückt sich wie immer bildlich aus und verdeutlicht das Gemeinte durch Vergleich mit der Sprache, mit Silbe und Syntax, Vordersatz und Nachsatz. Umgekehrt haben wir das Recht, das über das Musikerleben Ausgesagte metaphorisch auf Jean Pauls symphonische Erzählkunst und deren Erfassung anzuwenden. Wir hoffen, daß durch unsere Analyse trotz scheinbarer „Silben"stecherei die ästhetische „Syntax" der „Flegeljahre" einigermaßen durchsichtig geworden ist.

RICHARD SAMUEL

## Novalis · Heinrich von Ofterdingen

„Wilhelm Meister" und die Romantik

Friedrich Schlegel erklärte in einem berühmten Fragment, daß die Französische Revolution, Fichtes Wissenschaftslehre und Goethes „Wilhelm Meister" die „größten Tendenzen" seines Zeitalters darstellten. In seinem gleichzeitigen meisterhaften Essay über Goethes Roman (1798) spiegelt sich der außerordentliche Eindruck wider, den dieser bei der jungen Generation der Romantiker hervorgerufen hatte. Für Schlegel war der „Wilhelm Meister" ein schlechthin neues und einziges Buch, „ein göttliches Gewächs"; an ihm entwickelte er die romantische Theorie, durch dieses Werk erhielt das Wort „romantisch" eine tiefere Bedeutung als bisher und wurde repräsentativ für eine neue Weltanschauung. Gleichzeitig mit Schlegel vertiefte sich sein Freund Friedrich von Hardenberg in den Roman, der ihn seit dem Tode seiner jungen Braut Sophie von Kühn — seit dem Frühjahr 1797 — ständig begleitete. Romantische Situationen und Charaktere im damals geläufigen Sinne des Wortes hatte das Buch in bunter Fülle, man braucht nur an das Auftauchen geheimnisvoller Fremder, an die merkwürdigen Verknüpfungen sonderbarer Begebnisse, an Raubüberfälle, Brände, geheime Gesellschaften und ihre Einweihungsritualien zu denken, besonders aber an das Schicksal Mignons und des Harfners und an die Geschichte der Sperata. Diese drei nennt Friedrich Schlegel „die heilige Familie der Naturpoesie, welche dem Ganzen romantischen Zauber und Musik geben, und im Übermaß ihrer eignen Seelenglut zu Grunde gehn". Aber für die Romantiker hatte das Werk noch mehr. Vor allem Ironie, die Schlegel darin entdeckte und ausführlich analysierte, jenes, wie er es ausdrückte, Herablächeln des Dichters auf sein Meisterwerk von der Höhe seines Geistes, wobei dennoch der „heilige Ernst" seiner Zielsetzung nicht verwischt werde. Er sieht Lizenz und Willkür des Dichters in dem Werk und bewundert, wie doch alles mit leisen, losen Fäden zusammenhängt. Auch Novalis bestätigt, daß das Gemeinste wie das Wichtigste mit romantischer Ironie angesehen und dargestellt werde. Dazu erscheinen ihm die Philosophie und die Moral des Buches romantisch zu sein; denn in ihm spiegelt sich das Schauspiel der Welt durch das Mittel der Poesie wider. Das Problem der Existenz ist hier gelöst; oder, wie Schlegel das Ganze in dem kurzen Satz zusammenfaßt, daß in den Lehrjahren nichts gelernt wird als zu existieren. Die Moral aber ist „romantisch", weil hier nicht die bürgerliche Konvention zum Maßstab gemacht wird, sondern weil Liebe, Versuchung und Verlockung als eine natürliche Erfahrung dargestellt sind, als Stufen in der Bildung des Charakters. Die Dissonanzen, die hier auftauchen, werden am Ende ja aufgelöst; denn „Wilhelm Meister" endet, wie Novalis sagt, mit der Synthesis der Antinomie.

Die Form wird als ebenso „romantisch" angesehen wie der Gehalt. Die Akzente sind nicht logisch, sagt Novalis, sondern metrisch und melodisch; sie legen keinen Bedacht auf Rang und Wert, Erstheit und Letztheit, Größe und Kleinheit, „wodurch eben die wunderbare romantische Ordnung" des Werkes entsteht. Die Charaktere, d. h. die Individuen in dem Roman, sind nur Variationen voneinander. „Ein Variationenakkord ist eine Familie", sagt Novalis, „wozu jede innig verbundene Gesellschaft zu rechnen ist. Wenn eine so einfache Variation wie Natalie und die schöne Seele schon ein so tiefes Wohlgefühl erregt, wie unendlich muß das Wohlgefühl dessen sein, der das Ganze mit einer mächtigen Symphonie vernimmt." Dieses Element wird für Hardenbergs eigenen Roman dann bedeutsam, und so stellt er einmal alle Hauptgestalten des „Wilhelm Meister" in ihren inneren Beziehungen und Konstrasten zusammen. Das gleiche gilt den Romantikern für die Struktur, das Verhältnis von Gespräch, Beschreibung und Reflexion, die Verwebung von Lustigem und Ergreifendem, von Geheimem und Lockendem, das magische Schweben zwischen Vergangenheit und Zukunft und endlich für die „wunderbare Prosa, die Prosa ist und doch Poesie" (Schlegel), und die „romantischen Gesänge", in denen sich die Poesie auch als die natürliche Sprache und Musik schöner Seelen offenbare. So findet die junge Generation im „Meister" nicht das tote Fachwerk eines Lehrgebäudes, sondern die lebendige Stufenleiter jeder Naturgeschichte und Bildungslehre, die „poetische Physik der Poesie" (Schlegel).

Ob die Romantiker den Roman richtig gedeutet haben, in dem Sinne, in dem Goethe ihn verstanden haben wollte, ist eine andere Frage. Sie muß schon deshalb verneint werden, weil Novalis, dem der „Meister" zunächst zur Bestätigung und zum Ausbau seiner Weltansicht verhalf, beim Wiederlesen plötzlich und mit einigem Schrecken erkennen zu müssen glaubte, daß das Werk durch und durch unromantisch sei. Am 23. Februar 1800 schrieb er Ludwig Tieck, der seiner Hochschätzung des „Wilhelm Meister" nicht in reflektierender Form, sondern in Gestalt eines Nachfolgeromans „Franz Sternbalds Wanderungen" Ausdruck gegeben hatte, er habe eine Rezension von „Wilhelm Meisters Lehrjahren" völlig im Kopfe, die allerdings das völlige Gegenstück zu Schlegels sei. „So viel ich auch aus ‚Meister' gelernt habe und noch lerne, so odiös ist doch im Grunde das ganze Buch."

Schlegel hatte schon leise Kritik an der Auflösung des Ganzen geübt und ein leichtes Absinken der Gestaltungskraft im vierten Teile (den Büchern VII und VIII) bemerkt; Novalis hatte schon früher einmal gelegentlich notiert, das Ganze sei „für und vom Verstande" geschrieben. Jetzt nimmt er in heftigster Weise Anstoß daran, daß Goethe seinen Helden aus der romantischen Welt, aus Schwärmerei und Idealismus ins tätige, diesseitige Leben führte, eine Welt, die Novalis die „ökonomische" nannte. Er bemängelt ferner, daß Wilhelm Meister am Ende in den Kreis des Adels aufgenommen wird. So wird ihm der Roman in Umdrehung seiner früheren Auffassung eine poetisierte bürgerliche und häusliche Geschichte. Das Romantische geht darin zugrunde, das Wunderbare, das für Novalis zum Wesen der Poesie gehört, wird darin ausdrücklich als Poesie und Schwärmerei behandelt. In sarkastischen Ausfällen geht er gegen die Charaktere vor, die ihm nun nichts als „Aventuriers, Komödianten, Maitressen, Krämer und Philister" sind; der Abbé ist ihm besonders „fatal", seine geheime Oberaufsicht ist „lästig und lächerlich". Das „Weiberregiment" im vornehmen Schlosse und das Intrigieren, Schwatzen und Repräsentieren darin wird verspottet. Was vorher als reine Poesie angesehen wurde, ist nun „poetische Maschinerie", fatal und albern, prätentiös und preziös, der Stil glatt und gefällig. Das Abschlußurteil lautet dann, das Buch predige das „Evangelium der Ökonomie", es sei ein „nobilitierter Roman", dem man den Untertitel „Die Wallfahrt nach dem Adelsdiplom" geben solle, ein „Candide gegen die Poesie", in der die Poesie die Rolle des Harlekins spiele, aus dem Buch wehe der Geist eines künstlerischen Atheismus.

Novalis hat die geplante Anti-Kritik des „Meister" nicht in zusammenhängende essayistische Form gebracht. Dagegen sagt er unmittelbar nach den fragmentarischen Notizen darüber, daß er die Ideen zu diesem Aufsatz in seinem eigenen bürgerlichen Roman zum Ausdruck bringen wolle. Dieser „bürgerliche" Roman, den der junge Adelige im Gegensatz zum „nobilitierten" Roman des bürgerlichen Goethe damals schrieb, war der „Heinrich von Ofterdingen". In ihm wollte er die Forderung wahr machen, die er schon in der Zeit der Begeisterung über „Wilhelm Meister" gestellt hatte:

„Goethe wird und muß übertroffen werden ... aber nur an Gehalt und Kraft, an Mannigfaltigkeit und Tiefsinn — als Künstler eigentlich nicht oder doch nur um sehr wenig ..."

Die Entstehung des „Heinrich von Ofterdingen"
Über die Entstehung von „Heinrich von Ofterdingen" wissen wir wenig. Als 24jähriger war der junge Hardenberg 1796 Akzessist, d. h. Anwärter auf die höhere Verwaltungslaufbahn, bei der kurfürstlich-sächsischen Salinendirektion in Weißenfels geworden, deren Direktor sein Vater war. Um seine Kenntnis des Berg- und Salinenwesens auf wissenschaftliche Grundlagen zu stellen, aber auch um die Erschütterung über den Tod seiner Braut Sophie von Kühn zu überwinden, ging er Ende 1797 als Gasthörer auf die Bergakademie in Freiberg. Hier studierte er nicht nur alle Zweige der Naturwissenschaften, sondern bildete sich auch philosophisch und ästhetisch weiter und machte Hunderte von Aufzeichnungen, die als Teil einer umfassenden wissenschaftlichen Enzyklopädie gedacht waren und als „Allgemeines Brouillon" bekannt sind. Dichterisch beschäftigte er sich damals nur gelegentlich, unter anderem schrieb er Ansätze zu einem naturphilosophischen „Roman" „Die Lehrlinge zu Sais", die er selbst nur als eine Fragmentsammlung bezeichnete, obwohl das, was erhalten ist, schon in einer durchsichtigen, feinfühligen Prosa, die besonders die Gespräche der Lehrlinge durchweht, geschrieben ist. Gleichzeitig zeigt das eingefügte Märchen von Hyazinth und Rosenblüt die dichterische Begabung Hardenbergs bereits in ihrer ganz eigenartigen Form. Gegen Ende der Freiberger Zeit, als er sich wieder verlobt hatte, mit Julie, der Tochter des Bergrats von Charpentier, finden wir zwei scheinbar kontrastierende Stimmungen bei ihm. Auf der einen Seite will er heiraten und muß sich deshalb ganz dem Berufsleben widmen, „in der Technik" leben, weil seine Lehrjahre zu Ende gehen; auf der anderen Seite will er die schöpferische Beschäftigung mit den Wissenschaften aufgeben und sich ganz der Dichtung widmen. Er, der im Laufe des Jahres 1798 dem Kreis der Jenaer Romantiker nahegekommen war und Goethe persönlich kennengelernt hatte (Schiller war ihm schon lange als Lehrer, Freund und Gönner vertraut), schreibt den bezeichnenden Satz: „Die Poesie mit lebendigen Kräften, mit Menschen, und sonst gefällt mir immer mehr. Man muß eine poetische Welt um sich her bilden und in der *Poesie* leben." Ende Februar 1799 erhält er von Friedrich Schlegel das Manuskript der ersten Bogen des Romans „Lucinde", nach Tiecks „Sternbald" der zweite romantische Nachfahre des „Wilhelm Meister". In der „Lucinde" hatte Schlegel mit

allen Mitteln der Ironie und mit der „Frechheit" des romantischen Dichters, wie er sie auffaßte, die „Lehrjahre der Liebe" eines zeitgenössischen Künstlers dargestellt. Hardenberg setzt sich in einem Brief an Karoline Schlegel vom 27. Februar 1799 mit dem Produkt seines Freundes trotz einiger Äußerungen der Zustimmung sehr kritisch auseinander. Gleichzeitig spricht er von einem eigenen Roman, der von dem Schlegels „himmelweit" verschieden sein wird. Er wird der erste Teil einer ganzen Bibliothek von Romanen werden, die er schreiben will und die alle zusammen „Lehrjahre einer Nation" werden sollen. Allerdings erklärt er, der Begriff „Lehrjahre" sei falsch, da dieses Wort ein bestimmtes „Wohin" ausdrückte, während er „Übergangsjahre vom Unendlichen zum Endlichen" darstellen will. Und er fügt hinzu, daß er im Roman seine „historische und philosophische Sehnsucht" befriedigen, also die Summe seiner in den zwei Jahren seit Sophiens Tod gewonnenen Ansicht der Welt ziehen will. Für seinen Roman will er besondere Studien treiben und die Welt erleben, Reisen machen. Norwegen und Schottland auf der einen Seite, die griechischen Inseln auf der anderen, also Norden und Süden will er kennenlernen. Er war nicht in der Lage, dies durchzuführen, aber die Absicht wirft ein bezeichnendes Licht auf den Plan seines Romans.

Im Frühling 1799 kehrt Hardenberg nach Weißenfels zurück und wird im Laufe des Jahres als Salinenassessor angestellt. Sein berufliches Leben wird immer aufreibender, gleichzeitig ergreift ihn der Trieb zur Dichtung immer stärker. In der letzten Zeit der Freiberger Jahre hatte er eine tiefgreifende Wandlung erfahren. Das Eindringen in die exakten Wissenschaften auf der einen Seite, seine willige Aufnahme der neuen Erfindungen auf dem Gebiete der Elektrizität, wie sie Volta, Galvani und sein Freund Johann Wilhelm Ritter entwickelten, und seine unmittelbare Berührung mit den „Geheimnissen" der Natur über und unter der Erde hatten ihm die Überzeugung gegeben, daß der Mensch in einer engen Beziehung zu jenseitigen Kräften stehe, die sich in religiösen Phänomenen offenbaren. Wissenschaft in dieser höchsten und reinsten Form war für ihn nur möglich durch Intuition, die er „herzliche Phantasie" nannte. In sich selbst fand er „höhere Einflüsse", denen er nachspüren wollte, um sich einen eigenen Weg in das, was er „Urwelt" nannte, zu bahnen. Dazu verhalf ihm das Christentum, das er nicht orthodox als „Buchstabenreligion" oder historisch-kritisch verstand, sondern in dem er die „symbolische Vorzeichnung einer allgemeinen, jeder Gestalt fähigen Weltreligion — das reinste Muster der Religion als historischer Erscheinung überhaupt — und wahrhaftig also auch die vollkommenste Offenbarung zu sehen" glaubte. Von diesem Standpunkt aus erklären sich dann die Ausbrüche gegen Schlegels „Lucinde" und „Wilhelm Meister" als „Satire auf Poesie, Religion etc." und die Ankündigung, daß sein eigener Roman so ganz anders aussehen werde.

Im Laufe des Jahres 1799 entstanden Hardenbergs größere religiöse Dichtungen, die Zyklen der „Geistlichen Lieder" und der „Hymnen an die Nacht". Gleichzeitig suchte er das Christentum dort, wo es seiner Meinung nach am glänzendsten geschienen und eine einigende Kraft auf die Völker Europas ausgestrahlt hatte, im Mittelalter, das er nun an den Quellen studierte. Das Ergebnis war zunächst ein Essay „Die Christenheit oder Europa", in dem er eine neue Geschichtsauffassung formulierte. Sie war so neuartig und umwälzend, daß selbst die Romantiker Bedenken hatten und Goethes Auffassung — man hatte ihn zum Schiedsrichter bestellt — folgten, den Aufsatz nicht im „Athenäum", dem Organ des romantischen Kreises, zu veröffentlichen.

Im Frühsommer 1799 war Novalis beruflich in Artern, wo er viel auf der dortigen Saline zu tun hatte. Gleichzeitig studierte er in der reichhaltigen Bibliothek eines befreundeten Historikers, Karl Wilhelm von Funck (1761—1828). Dieser war durch eine Biographie des Hohenstaufenkaisers Friedrichs II. (1792) bekannt geworden; und Tieck behauptet, Hardenberg habe sich für diese Gestalt so begeistert, daß er sie als das Muster eines Regenten darstellen wollte. Artern lag in der Goldenen Aue am Fuß des Kyffhäuserberges, um den sich ein ganzer Kranz von Sagen und Legenden rankte, insbesondere die Sage vom Hohenstaufenkaiser Friedrich Barbarossa, der im Berge vor einem marmornen Tische sitze und auf eine Wiederauferstehung des deutschen Reiches warte. Gleichzeitig las Hardenberg bei Funck viel in mittelalterlichen Chroniken, und hierbei stieß er auf die Gestalt eines sagenhaften Minnesängers, Heinrich von Ofterdingen, die ihm den eigentlichen Stoff zu seinem Roman gab. Im Spätherbst 1799 begann er, wiederum in Artern, die Arbeit. Am 31. Januar 1800 berichtete er Friedrich Schlegel: „Das Neuste von mir ist ein bald fertiger Roman — Heinrich von Afterdingen." Drei Wochen später teilt er Tieck, gleichzeitig mit seiner neuen Einstellung zum „Wilhelm Meister", mit, daß etwa zwölf Bogen fertig seien, und am 5. April schreibt er beiden Freunden, der erste Teil sei fertig. „Der Stoff ist ein sehr günstiger Stoff. — Die Wahl ist geglückt." Er will das Fertige bei Unger, dem Verleger von „Wilhelm Meister", veröffentlichen, in genau dem gleichen Format und mit gleichen Lettern, wie der große Rivale erschienen war.

Heinrich von Ofterdingen ist keine historisch belegte Persönlichkeit. Er ist uns nur bekannt durch ein mittelalterliches Gedicht „Der Sängerkrieg auf der Wartburg", das zu Anfang des 13. Jahrhunderts (1225) von einem unbekannten Dichter geschrieben worden war. Es handelt von einem Sängerwettstreit, in dem es darum ging, ob der Landgraf Hermann von Thüringen oder der Herzog Leopold von Österreich das größere Lob verdiene. Walther von der Vogelweide, Wolfram von Eschenbach und andere sind auf der Seite des Gastgebers und besiegen Heinrich von Ofterdingen, der Leopold preist. Sein Leben ist verwirkt, aber auf Fürbitte der Landgräfin Sophie wird ihm erlaubt, den Magier und Dichter Klingsor von Ungerland zu Hilfe zu rufen, der dann den Streit schlichtet.

Hardenberg lernte den Stoff zunächst nicht aus dem Original kennen, sondern aus Werken seines Landsmanns Johannes Rothe, Domherr und Gelehrter zu Eisenach, der den Wartburgkrieg in seiner „Düringischen Chronik" in Prosa, in seinem „Leben der Heiligen Elisabeth" in kurzen Reimpaaren (beide um 1420 geschrieben) wiedererzählte. Dies ist dadurch erwiesen, daß Hardenberg in Briefen und erhaltenen Handschriften durchgängig die bei Rothe übliche Namensform *Afterdingen* benutzt, während die im Urgedicht gebrauchte Form „Ofterdingen" erst in dem durch Friedrich Schlegel und Ludwig Tieck posthum besorgten Druck des Romans erscheint.

Der Gang der Handlung des ersten Teils

Hardenberg hat seinen Roman nicht vollendet; er starb über der Arbeit an ihm, noch nicht neunundzwanzigjährig, im März 1801. Er hinterließ das (später verlorengegangene) Manuskript zum ersten Teile, den im Manuskript erhaltenen Anfang des ersten Kapitels zum zweiten Teile und zahlreiche, ebenfalls handschriftlich erhaltene, andeutende Notizen zur Fortsetzung. Im ersten Teile beschreibt er Heinrich von Ofterdingens Jugend, von der in den Quellen nichts berichtet wird. Aber die Einführung Ofterdingens durch Rothe in seiner Thüringer Chronik muß ihm das Stichwort für den ersten Teil gegeben haben: „... und der sechste (Sänger) hieß Henrich von Aftirdingen, der war ein Bürger aus der Stadt Eisenach, von einem frommen Geschlecht, dessen Krieg alleine mit dem Gesange wider die andern alle geführt wurde[1]."

Heinrich als ein Bürger der Stadt Eisenach, das war wohl der Anlaß für Hardenberg, sein Werk einen bürgerlichen Roman zu nennen. Im Gegensatz zu „Wilhelm Meister" und zu Schlegels „Lucinde" zieht Novalis aber den Leser von der Gegenwart hinweg in abgelegene Zeiten. Im Gegensatz zu Tiecks auch historisch gefärbtem Roman „Franz Sternbalds Wanderungen" ist es jedoch nicht die Zeit Albrecht Dürers, sondern das hohe Mittelalter, in das wir versetzt werden.

Novalis gab dem ersten Teil des Romans die Überschrift „Die Erwartung". Die Handlung ist hier ganz einfach und nicht wie in „Wilhelm Meister" oder „Sternbald" durch verschlungene Nebenhandlungen kompliziert. Heinrich, der eben zwanzig Jahre alt geworden ist und durch den Hofkaplan der Landgräfin, seiner Patin, zum „Lehrstande" ausgebildet wird, ist der Sohn eines Handwerkers, wohl eines Goldschmieds (genau ist das nicht angegeben, der Vater „feilt" und „hämmert" und war während seiner Gesellenzeit in Rom), der in einfach bürgerlicher Behaglichkeit lebt. Die Mutter stammt aus einem wohlhabenden süddeutschen Patrizierhause in Augsburg. Im Eingangskapitel erfahren wir, daß ein Fremder das Haus in Eisenach besucht hatte. Seine Erzählungen, besonders die von einer blauen Blume, hatten das Innerste Heinrichs aufgewühlt. Etwas Neues, Ungewohntes war in ihm aufgebrochen, das verstärkt wird durch einen Traum, den er in der Nacht nach dem Besuche träumte und der in engem Zusammenhang mit einem Traum steht, den sein Vater in der Jugend gehabt hatte und den dieser nun erzählt.

Das veränderte Wesen Heinrichs beunruhigte die Mutter, und so wird kurz nach Johannis, also Ende Juni, eine Reise nach Augsburg beschlossen, die in Begleitung von dem Vater befreundeten Kaufleuten unternommen wird. Immer neue Welten der Natur und des Geistes werden Heinrich auf dieser etwa vierzehn Tage dauernden Reise aufgeschlossen. Zunächst in Gesprächen mit den Kaufleuten, die sich bald der Dichtkunst zuwenden und während derer ihm zunächst die Sage von Arion und dann die Geschichte des Königs von Atlantis und seiner Tochter erzählt wird, die sich einem dichterisch begabten Jüngling aus einfachem Stande ergibt und ihn zu ihrem Gemahl macht. Drei Phasen der Reise geben dann Heinrich neue praktische Erfahrungen. Nach einigen Tagereisen findet die Gesellschaft in einem fränkischen Bergschlosse Unterkunft, wo Heinrich mit dem Rittertum, dem Geist des Krieges und der Kreuzzüge in Berührung kommt, aber auch mit dem des Morgenlandes — durch die Begegnung mit einer nach Deutschland verschleppten Sarazenin, Zulima, die im Schloß mit einem Kinde als Gefangene lebt. Nach einigen weiteren Tagen kehrt man im Wirtshaus eines Dorfes ein, wo die Gesellschaft einem Bergmann begegnet, der die Reisenden über den Bergbau und das Innere der Natur belehrt. Zusammen mit ihm gehen sie in eine Höhle, in der sie einen Einsiedler treffen, den Grafen von Hohenzollern, der sich nach kriegerisch-ritterlichem Leben und seit dem Tode von Frau und Kindern hierhin zurückgezogen hatte, um ganz der Vergangenheit zu leben. Von ihm wird Heinrich in die Welt der Geschichte eingeführt. Endlich trifft man eines Abends in der „weltberühmten" Stadt Augsburg ein. Im Haus des Großvaters Schwaning wird ein frohes Fest gefeiert, in das die Reisenden sogleich hineingezogen werden. Heinrich fühlt sich stark von einem Freund des Großvaters angezogen, von Klingsohr, dem Dichter. Er wird zwischen dessen Tochter, Mathilde, und eine lebenslustige junge Verwandte, Veronika, gesetzt. Heinrich und Mathilde werden magisch zueinander hingezogen; und noch ehe das Fest „tief in der Nacht" zu Ende geht, besiegelt ein erster Kuß ihr Geschick. Erst gegen Morgen einschlafend, träumte Heinrich, nachdem er von den „entzückenden Weissagungen der ersten Lust und Liebe" übervoll in tiefe Gedanken versetzt worden war, einen beängstigenden Traum: Mathilde rudert auf einem Kahn und wird vom großen Strome verschlungen, er verliert sie, findet sie in fremder Gegend wieder, über beiden flutet der blaue Strom, und sie bleiben auf immer vereinigt. Klingsohr weckt ihn und fordert ihn auf, mit ihm und Mathilde einen Spaziergang auf einen Hügel außerhalb der Stadt zu machen, wo er Heinrich in die Elementarregeln der Poesie einführt und dem Bunde der beiden seinen Segen gibt. Das Gespräch mit Klingsohr wird am Nachmittag auf dessen Stube fortgesetzt, und als Mathilde eintritt, läßt Klingsohr das Paar allein. Es folgt ein Liebesgespräch der beiden, die Stiftung eines „ewigen Bundes", der durch eine lange Umarmung besiegelt wird. Am Abend wird mit Gästen die Verlobung gefeiert, und Klingsohr erzählt der Gesellschaft ein Märchen, das er in jungen Jahren gemacht und dessen Vortrag er Heinrich am Nachmittag versprochen hatte. Mit dem Märchen von Eros und Fabel schließt der erste Teil des Romans.

### Die Struktur des ersten Teils

Diese schlichte Handlung hat nicht den Reichtum einer vielgestaltigen Welt, nicht den Ablauf einer Prozession von flimmerden Gestalten wie der vielschichtige „Wilhelm Meister" mit seinen acht Büchern und 100 Kapiteln. Keine aufregenden Erlebnisse, Abenteuer und Liebesgeschichten, wenig biographische Rückblendungen sind retardierend eingeschoben. Auf Spannungserregungen wird ganz verzichtet. Dennoch durchläuft die Geschichte von Heinrich von Ofterdingen denselben Umkreis, wie die des Wilhelm Meister, beide schließen mit der Vereinigung des Helden mit einer geliebten Frau, und in beiden Fällen war eine Fortsetzung geplant. Der erste Teil von „Heinrich von Ofterdingen" ist in neun Kapitel geteilt und entspricht damit, was die Länge betrifft, nur einundeinhalb Büchern des „Wilhelm Meister".

Von den neun Kapiteln des „Ofterdingen" fallen zwei, oder ein volles Drittel des Romans, ganz für die äußere Handlung aus, da sie aus selbständigen Erzählungen bestehen, der Geschichte von Atlantis im dritten und dem Märchen von Eros und Fabel im letzten Kapitel. Handlungsarmut und Spannungslosigkeit sind also ein Charakteristikum des Novalisschen Romans. Die äußerlichen Vorgänge werden nur ganz knapp und andeutend umrissen; Zeit- und Ortsangaben sind unbestimmt. Wir werden in eine Situation hineingestellt, die durch den Besuch des Fremden bestimmt wird. Der Beschluß zur Reise wird gefaßt, als Johannis vorbei war; mit dem ersten Kapitel wird nur dadurch ein Zusammenhang hergestellt, daß die Mutter „seit einiger Zeit" eine Veränderung in Heinrich bemerkte. Die Phasen der Reise werden zeitlich nur vage bestimmt. Das zweite und dritte Kapitel liegen am Anfang der Reise, die „früh am Tage" angetreten wurde; die nächsten drei Kapitel sind stets durch „einige Tagreisen" voneinander getrennt. Die letzten drei Kapitel sind genauer bestimmt: Ankunft in Augsburg am Abend, das Fest und der Traum während der Nacht (sechstes Kapitel), der Spaziergang mit Klingsohr und Mathilde am nächsten Morgen (siebtes Kapitel), die Unterhaltung mit Klingsohr und das Gespräch der beiden Verlobten am gleichen Nachmittag (achtes Kapitel), Verlobungsfeier und Klingsohrs Märchenerzählung am gleichen Abend (neuntes Kapitel). Die zweite Hälfte des Romans ist also auf 24 Stunden konzentriert. Allerdings gibt Novalis einmal eine genauere Zeitangabe: in der Erzählung des Bergmannes, der „am 16. März, vor nunmehr 45 Jahren" zum ersten Male Gold fand. Der 16. März, der hier sozusagen eingeschmuggelt ist, ist der Geburtstag von Novalis' zweiter Braut, Julie von Charpentier.

Von Orten werden Rom, wo der Vater in seiner Jugend war, Eisenach und Augsburg genannt. Von Landschaften wird Thüringen mehrfach erwähnt und Schwaben, das Heinrich von den Kaufleuten als ein mit Thüringen stark kontrastierendes Land gerühmt wird. Der Thüringer Wald liegt zu Anfang des vierten Kapitels im Rücken der Reisenden. Da man im Bergschlosse Frankenwein trinkt, scheint es in dieser Landschaft zu liegen. „Wälschland" wird als Nachbarland von Schwaben erwähnt, Jerusalem im Zusammenhang mit den Kreuzzügen. Die „romantischen Schönheiten der fruchtbaren arabischen Gegenden" werden von Zulima liebevoll beschrieben,

Persien ist das Land, in das ihr Bruder reiste, bevor die Kreuzfahrer ihre Familie ins Unglück brachten. Der Bergmann kommt aus Böhmen, aus dem alten Goldbergbauort Eula, ist in Ungarn, Tirol, Bayern und Österreich, in Illyrien, Sachsen und Schweden gewesen; in Ungarn hat auch Klingsohr viel gelebt, aber er stammt nicht von dort, wie die Quellen behaupten. Das ist alles, was dem Leser an Örtlichkeiten genannt wird, und doch hat jede dieser Ortserwähnungen ihren bestimmten Platz und Wertgehalt.

Ähnlich unbestimmt sind Namen und die Charakterisierung der Personen. Einen Namen hat zunächst der Held, stets mit dem Vornamen Heinrich belegt, mit einer Ausnahme, wo von dem „jungen Ofterdingen" gesprochen wird, wobei das Fehlen des „von" deutlich macht, daß er trotz des Titels des Romans kein Adliger ist. Das morgenländische Mädchen und „die junge Verwandte" haben Vornamen: Zulima und Veronika. Der Einsiedler ist durch die Inschrift seines Sarkophages als Friedrich von Hohenzollern bestimmt, und der Erzähler sagt ein wenig später, daß er Graf sei. Dieser Name ist merkwürdig und vielleicht ein Nachklang des Tributes, den Novalis dem jungen König Friedrich Wilhelm III. bei seiner Thronbesteigung in der Sammlung staatsphilosophischer Fragmente unter dem Titel „Glauben und Liebe" (1798) spendete; er mag aber auch in den Quellen gefunden haben, daß ein Graf Friedrich von Zollern ein vertrauter Ratgeber Kaiser Barbarossas war, der ihn 1191 zum Burggrafen von Nürnberg machte. Der Roman besagt allerdings nur, daß er als „Kriegsmann" im Orient und in Jerusalem, also auf Kreuzzügen war. Von anderen Namen erfahren wir nur die von Heinrichs Großvater, Schwaning, dessen Freund Klingsohr und seiner Tochter Mathilde. Rückblickend erzählt der Bergmann ausführlich von seinem Bergmeister und Adoptiv- und Schwiegervater in Eula, der den Namen Werner trägt, womit Novalis seinem Lehrer Abraham Gottlob Werner in Freiberg ein Denkmal setzte. Sonst sind die auftretenden oder indirekt erwähnten Personen durch keine Namengebung ausgezeichnet: Der Fremde, Heinrichs Vater und Mutter, der Landgraf und die Landgräfin von Thüringen und ihr Hofkaplan, der alte Ritter und seine „Hausfrau", der Bergmann. Ebenso verfährt Novalis in den eingestreuten Geschichten. Arion ist nicht genannt, er erscheint nur als „einer jener sonderbaren Dichter oder mehr Tonkünstler". In der Erzählung von Atlantis sind die Hauptpersonen ein alter König, dessen verstorbene Frau aus der uralten Königsfamilie des „berühmten Helden Rustan" stammt (Rustan ist der Held des persischen Epos „Schâch-Nâme" von Firdûsi), die Prinzessin, ein alter Mann und sein Sohn.

Andere Personen treten in Gruppen auf und sprechen als solche, ohne eine Individualität zu verraten: die Kaufleute, die Ritter, die Reisenden und Trinkgäste im Wirtshaus, die Bauern im Dorfe, unter denen sich allein ein „Knabe" heraushebt (fünftes Kapitel), die Gäste Schwanings. Die Kaufleute agieren geradezu als ein Chorus, sie sprechen im Plural („es dünkt uns") und erzählen sogar ganze Geschichten als Gruppe: „Eine andere Geschichte, fuhren die Kaufleute fort, ... wird Euch vielleicht doch gefallen."
Wie die Namensgebung bleibt auch die äußere Charakterisierung unbestimmt. Es ist bezeichnend, daß keiner der Charaktere problematisch, kompliziert oder differenziert ist. Im ganzen ersten Teil gibt es keine böse Gestalt, weder im Roman selbst noch in den eingeschobenen Erzählungen, abgesehen von den Reisenden, die Arion ausrauben, oder einigen allegorischen Figuren in Klingsohrs Märchen. So kommt es, daß kein Gegenspiel vorhanden ist und der Held sich nicht mit ihm widerstrebenden Persönlichkeiten auseinanderzusetzen hat wie Wilhelm Meister mit Werner, Melina, Serlo, Philine und Jarno. Man ahnt einen Gegensatz zwischen Heinrich und seinem Vater, aber er führt nirgends zu Zusammenstößen. Der einzige kontrastierende Charakter ist Schwaning. Er ist ungehemmt, fröhlich bis zum Leichtsinn, offen bis zur Taktlosigkeit, unbeschwert trink- und sangesfreudig. Veronika ist offenbar aus seinem Geblüt, lebhaft, schelmisch, gesprächig und kokett.

Alle anderen Gestalten haben einen ernsten Charakter und sind äußerlich schwer voneinander zu unterscheiden. Heinrich wird als ein junger Mann von „Bescheidenheit und ungezwungenem mildem Betragen" geschildert; Schwaning findet in ihm eine Ähnlichkeit mit seinem Vater, „nur scheint er weniger heftig und eigensinnig", Züge, die in den Begegnungen des Lesers mit dem Vater allerdings kaum in Erscheinung treten. Die Mutter scheint eine resolute Hausfrau zu sein, ohne daß sie näher beschrieben wird; der Dichter erwähnt nur ihre gutmütige Bereitwilligkeit und „Teilnahme", d. h. Interesse an anderen Menschen. Den Bewohnern des platten Landes erscheint sie als Repräsentantin der Residenzstadt, bewandert in der Mode der Zeit und in der Bereitung schmackhafter Gerichte. Der Bergmann ist bloß ein alter Mann, dem das Wort „freundlich" beigegeben ist, sein Bergmeister Werner ein „alter, ehrwürdiger Mann", dessen Tochter „ein wackres, muntres Geschöpf"; dem Grafen von Hohenzollern lag Heiterkeit in den Augen, die Prinzessin der Geschichte von Atlantis ist „unaussprechlich liebenswürdig" und ihr „edles Betragen" wird gerühmt wie das „bescheidene Betragen" ihres Liebhabers, während ihr Vater den Ruf des „ausschweifenden

Stolzes" hatte; ein Gerücht, das der Erzähler für nicht ganz unbegründet erklärt, da trotz seiner Milde ein „Gefühl der Erhabenheit" in ihm entstanden ist, das dann später, durch den Verlust der Tochter, abgeschliffen wird. Der — scheinbaren — Dürftigkeit individueller Charakterisierung entspricht die Unbestimmtheit der äußeren Gestalt und Kleidung der Personen. Auch hier begnügt sich der Dichter meistens mit allgemeinen Andeutungen. Heinrich hat eine „einnehmende Gestalt" und ein „anziehendes Gesicht", das ist alles. Zulima ist „bleich und abgehärmt". Der Graf von Hohenzollern ist ein Mann, dessen Alter man nicht erraten kann. „Er sah weder alt noch jung aus, keine Spuren der Zeit bemerkte man an ihm als schlichte silberne Haare, die auf der Stirn gescheitelt waren." Ein weiter Mantel hob seine „edle große Gestalt" heraus. Vom Bergmann wird gesagt, daß er eine fremde Tracht (wohl eine Bergmannsuniform) trug, der alte Mann des Märchens von Atlantis ist bloß „schlichtgekleidet", während die Gestalt seines Sohnes „gewöhnlich und unbedeutend" ist. Allerdings hat sein „edles" Gesicht eine „geheimere Bildung", die sich besonders in der „ungewöhnlichen Klarheit" seiner Augen ausspricht, wie überhaupt die Augen und die Stimme eine bedeutende Rolle in der Charakterisierung einiger Personen des Romans spielen: dem Grafen von Hohenzollern lag eine „unaussprechliche Heiterkeit in den Augen, als sähe er von einem hellen Berge in einen unendlichen Frühling hinein", ebenso hat die Tochter des Bergmeisters „Augen, die so blau und offen wie der Himmel waren und wie Kristalle glänzten".

Zwei Personen werden allerdings mit größerer Genauigkeit in ihrer äußeren Gestalt geschildert, Klingsohr und Mathilde. Zunächst wieder einmal eine fast banale allgemeine Feststellung: Sein „edles Ansehn zeichnete ihn vor allen aus". Dann aber tritt eine lebendige Gestalt vor den Leser: „Ein heiterer Ernst war der Geist seines Gesichts; eine offene schön gewölbte Stirn, große schwarze, durchdringende und feste Augen, ein schalkhafter Zug um den fröhlichen Mund und durchaus klare, männliche Verhältnisse machten es bedeutend und anziehend. Er war stark gebaut, seine Bewegungen waren ruhig und ausdrucksvoll, und wo er stand, schien er ewig stehen zu wollen."

In der Beschreibung Mathildens ist dieses Feste ins Ätherische verflogen. Sie ist gegenüber Veronika schweigsam, schmiegsam, passiv, dennoch „der Geist ihres Vaters in der lieblichsten Verkleidung". „Aus ihren großen ruhigen Augen sprach ewige Jugend. Auf einem lichthimmelblauen Grunde lag der milde Glanz der braunen Sterne. Stirn und Nase senkten sich zierlich um sie her.

Eine nach der aufgehenden Sonne geneigte Lilie war ihr Gesicht, und von dem schlanken, weißen Halse schlängelten sich blaue Adern in reizenden Windungen um die zarten Wangen. Ihre Stimme war ein fernes Echo, und das braune lockige Köpfchen schien über der leichten Gestalt nur zu schweben."

Heinrich, Klingsohr und Mathilde sind die Hauptgestalten des ersten Teils des Romans. Heinrichs Charakterentwicklung zieht sich durch den ganzen Roman, für ihn sind Einzelzüge offenbar nicht notwendig. Mit der mehr verdeutlichenden äußeren Charakteristik von Klingsohr und Mathilde hatte Novalis dagegen etwas ganz Bestimmtes im Sinne. Die Beschreibung Klingsohrs stimmt genau mit der äußeren Gestalt Goethes zusammen, wie sie dem Dichter in persönlicher Begegnung entgegengetreten war; und Goethes Weltauffassung und besonders seine Poetik spiegeln sich in Klingsohrs Gesprächen wider. In Mathilde auf der anderen Seite erscheint des Dichters verstorbene Braut Sophie von Kühn, nicht wie sie wirklich war, sondern in einer Verklärung; sie wird zum Idealbild, das sich der Dichter von ihr nach ihrem Tode geschaffen hatte.

Novalis' unplastische, man kann fast sagen impressionistisch-verwischte, musikalisch untermalte Form der Charakterisierung ist nicht mangelndes Können, sondern entspringt einem Prinzip. Novalis war ein sehr genauer Beobachter von Menschen und Dingen, seine exakte naturwissenschaftliche Ausbildung, seine Tätigkeit als Mitglied des Salinendirektoriums, als welches er Protokolle und Berichte auszuarbeiten hatte, die dem geringsten Detail ihre Aufmerksamkeit schenkten, seine Briefe und Tagebücher beweisen dies. Und ganz besonders eine Charakterstudie eben seiner Braut während ihrer Lebzeiten, die in Stichworten unter dem Titel „Klarisse" (1795) erhalten ist. Einige Bruchstücke daraus zeigen den Gegensatz zwischen Roman und Wirklichkeit: „*Ihre Frühreife. Sie wünscht allen zu gefallen. Ihre Dezenz und doch ihre unschuldige Treuherzigkeit. Sie will nichts sein ... Sie ist etwas ... Sie macht nicht viel aus Poesie ... Offenheit. Sie scheint noch nicht zum eigentlichen Reflektieren gekommen zu sein ... Ihr Schreck für die Ehe ... Ihr Tabacksrauchen ... Ihre Dreistigkeit gegen den Vater ... Ihre Gespensterfurcht. Ihre Wirtschaftlichkeit ... Gesicht bei Zoten. Talent nachzumachen. Ihre Wohltätigkeit ... Sie ist irritabel-sensibel. Ihr Hang gebildet zu sein. Ihr Abscheu für dem Vexieren, dem Geträtsche; ihre Achtsamkeit auf fremde Urteile. Ihr Beobachtungsgeist. Kinderliebe. Ordnungsgeist. Herrschsucht. Ihre Sorgfalt und Passion für das Schickliche ... Sie glaubt an kein künftiges Leben, aber an die Seelenwanderung. Sie kann zu große Aufmerksamkeit nicht leiden und nimmt doch Vernach-*

lässigung übel. Sie fürchtet sich vor Spinnen und Mäusen. Sie will mich immer vergnügt ... Sie läßt sich nicht duzen. *Ihr H auf der Wange.* Lieblingsessen — Kräutersuppe — Rindfleisch und Bohnenaal. Sie trinkt gern Wein ... *Sie denkt mehr über andre, als über sich nach.*"

Dieses realistische, fast naturalistische Suchen nach objektiven Maßstäben, diese erste rohe Skizze zu einem noch zu formenden Porträt läßt nichts aus und ist himmelweit entfernt von dem, was der Künstler endgültig daraus gestaltet. Dennoch, wenn man die oben kursiv wiedergegebenen Stellen ansieht, könnte man das verdichtete Porträt Mathildens finden. Damit kommen wir zur Gestaltungsweise des Dichters, zum Wesen und Sinn des romantischen Romans, wie er ihn zuerst und vielleicht einmalig geformt hat.

Novalis notiert einmal, wohl zu einer Zeit als der erste Teil des Romans schon geschrieben war: „Echte, poetische Charaktere sind schwer genug zu erfinden und auszuführen. Es sind gleichsam verschiedene Stimmen und Instrumente. Sie müssen allgemein, und doch eigentümlich, bestimmt und doch frei, klar und doch geheimnisvoll sein." Er fährt fort, daß es in der wirklichen Welt Charaktere äußerst selten gebe, daß die meisten Menschen noch nicht einmal Charaktere seien, sondern bloß Gewohnheitsmenschen. Der poetische Charakter ist also etwas anderes als der wirklich in der Welt stehende. Und doch steht der Roman in enger Beziehung zum Leben. „Ein Roman ist ein Leben als Buch", also ein verändertes Leben. Es handelt vom Leben, stellt Leben dar, aber in einer Maskerade. „Oft enthält er Begebenheiten einer Maskerade, eine maskierte Begebenheit unter maskierten Personen. Man hebe die Masken; es sind bekannte Begebenheiten, bekannte Personen." Denn der Roman als solcher, fährt Novalis fort, enthält kein bestimmtes Resultat, er ist nicht Bild und Faktum eines Satzes. Er ist „anschauliche Ausführung, Realisierung einer Idee". Damit gelangen wir zum Zentralpunkt, zur Bestimmung des Romans. Er ist eine poetische Widerspiegelung des Lebens. „Ein Roman muß durch und durch poetisch sein", jedes Wort muß poetisch sein und nicht „platte Natur". Dennoch scheint in einem echt poetischen Buch nach Novalis alles so natürlich — und doch so wunderbar. Man glaubt, es könne nicht anders sein und als habe man nur bisher in der Welt geschlummert — und gehe einem nun erst der rechte Sinn für die Welt auf. Die Poesie selbst ist allerdings nicht der eigentliche Stoff des Romans, sie gibt ihm nur den Schimmer des „Wunderbaren", das das Leben und die Welt tatsächlich durchdringt, das uns an den „Sinn der Welt" heranführt. Poesie ist Darstellung des Gemüts, und das Gemüt ist die „innere Welt in ihrer Gesamtheit". In unserem Gemüt ist nämlich alles auf die eigenste, gefälligste und lebendigste Weise verknüpft.

Der Stil des ersten Teils

Die poetische Widerspiegelung des Lebens, die Aufdeckung der inneren Welt in ihrer Gesamtheit vollzieht sich in diesem Roman in einem Menschen, Heinrich, und ergibt sich aus Einflüssen von außen und von innen, die an ihn herantreten. Die formale Zielangabe des Romans — poetische Widerspiegelung — gibt dem Dichter die Freiheit, sich aller Formen des Poetischen zu bedienen: der Betrachtung, der Erzählung, des Gespräches, des Traumes, des Märchens und der lyrischen Einlage.

Die *Betrachtung* gibt die Thematik dessen an, was widergespiegelt werden soll. Der Roman, soweit er ausgeführt ist, enthält zwei solcher Betrachtungen, die die eigentliche Handlung unterbrechen, zu Anfang des zweiten Kapitels, also vor Heinrichs Ausfahrt, und zu Anfang des sechsten Kapitels, kurz vor dem Ende der Reise und vor dem Höhepunkt der „Erwartung". Die erste Betrachtung fixiert die historische Periode, in der der Roman spielt. Es ist eine Übergangszeit zwischen den „rohen Zeiten der Barbarei" und dem „kunstreichen, vielwissenden und begüterten Weltalter", offenbar also die Zeit zwischen dem frühen Mittelalter und der Renaissance. Novalis nennt diese Periode eine „tiefsinnige und romantische Zeit", die unter ihrer Schlichtheit eine liebliche Armut (das Beiwort ist hervorgehoben) verbirgt, in der eine ernste und unschuldige Einfalt herrscht, eine „Sparsamkeit" nicht nur als wirtschaftliche Notwendigkeit, sondern auch als Ausgewogenheit, Natürlichkeit und Harmonie. Es ist ein Zeitalter, das durch seine Unkompliziertheit die Möglichkeit biete, verborgene Dinge zu fassen, in sie hineinzuhorchen. Als Übergangszeit ist es „Zwischenreich", eine Periode der „Dämmerung" und des „Zwielichts", der „wunderbaren Erwartungen".

Daß das Zeitalter „liebliche Armut" kennzeichnet, ist beachtenswert für die sozialen Motive, die den Roman durchziehen und die besonders in der Szene mit dem Bergmann entfaltet werden, wo Novalis seine Auffassung vom Eigentum eingehend darlegt.

In der zweiten Beobachtung stellt der Verfasser zwei Menschentypen einander gegenüber, den Handelnden, Geschäftigen und „Helden" und den „ruhigen, unbekannten" Menschen, dessen Welt das Gemüt, dessen Tätigkeit die Betrachtung, dessen Leben „ein leises Bilden seiner inneren Kräfte" ist. Der letztere Typ ist der des Dichters; und die Betrachtung schließt mit der Feststellung: „Heinrich war von Natur zum Dichter geboren."

Es wird somit deutlich, daß das Zeitalter, das der Verfasser in der ersten Betrachtung umreißt[2], eigentlich nur dem Menschentyp angepaßt ist, den er sich zum Gegenstand des Romans gewählt hat. Die Handlung dreht sich nun genau um das, was Novalis als das Wesentliche des zweiten Menschentyps beschreibt: „das leise Bilden der inneren Kräfte." Der Nachdruck ist auf das Beiwort *leise* gelegt; denn dieses bedingt die Einfachheit, ja Kindlichkeit der eigentlichen Handlung mit ihren sachten Schritten der allmählichen, gemächlichen Aufschließung neuer Welten im Inneren der Hauptgestalt. Was in Heinrich aufgeschlossen wird, ist niemals die Sache selbst, sondern ihr Geist: des Handels (Kaufleute), des Krieges (Kreuzritter), des „romantischen" Morgenlandes (Zulima), der Natur (Bergmann), der Geschichte (Hohenzollern), der Dichtung (Klingsohr), der Liebe (Mathilde). Klingsohr faßt dies alles am Ende des siebten Kapitels zusammen und gibt ihm die eigentliche charakteristische Farbe: „Ich habe wohl gemerkt, daß der Geist der Dichtkunst Euer freundlicher Begleiter ist. Eure Gefährten sind unbemerkt seine Stimmen geworden. In der Nähe des Dichters bricht die Poesie überall aus."

Die „Stimmen" äußern sich im *Gespräch*, das einen breiten Raum in der Struktur des Romans einnimmt. In diesen Gesprächen legt Novalis seine gesamte Weltauffassung, die er sich in philosophischem Nachdenken seit dem Tode seiner Braut Sophie und in praktischer Betätigung befestigt hatte, in dichterischer Umschreibung und doch in einfach faßlicher Form dar. Zehn Gespräche kann man aus dem Ganzen herausschälen: (1) das zwischen Heinrich und dem Vater, das von dem Gegensatz zwischen Traum und Wirklichkeit handelt; (2) das zwischen Heinrich und den Kaufleuten, das eine Vielfalt von Fragen anschneidet: der „Handelsgeist", das symbolisch zu nehmende Verhältnis von Norden und Süden (Eisenach und Augsburg), das Verhältnis von Wirklichkeit und höheren Welten, der Beruf der Dichter; bei der Begegnung mit den Rittern (3) verhält sich Heinrich ganz passiv; seine Seele gerät in Aufruhr vor der Aussicht eines neuen Kreuzzuges, aber in dem ebenfalls kurzen Gespräch mit Zulima (4) durchdringt ihn Mitleid, wird er sich der „Verwirrung in der Welt" bewußt. Im lang ausgedehnten Gespräch mit dem Bergmann (5) wird die Naturphilosophie des Novalis, am eigenen Berufsleben genährt, entwickelt und findet in den Gesprächen zwischen dem Bergmann und Hohenzollern, in die Heinrich gelegentlich eingreift (6), seine genaue Parallele: die Natur- und Geschichtsphilosophie sind engstens miteinander verbunden. Erst danach ist Heinrich weltoffen genug, in den Gesprächen mit Klingsohr (7) das Wesen der Poesie theoretisch zu fassen, das dann eine unendliche Vertiefung in dem Liebesduett zwischen Heinrich und Mathilde (8) findet. Vorausnehmend sei dann noch auf die beiden Gespräche der ausgeführten Fortsetzung hingewiesen: das kurze stichomythische Gespräch zwischen Heinrich und Zyane (9), das die Seelenwanderungslehre des Novalis verdeutlicht, und das breit ausholende zwischen Heinrich und Sylvester (10), das über Erziehung, die Gartenpflanzen- und Blumenwelt, die Wolkenwelt hinaus in die Ethik einmündet, die Verwandlung der Natur durch die Kraft des Gewissens.

Neben den Mitteln der Betrachtung und des Gespräches webt Novalis in seine Romanhandlung eine Reihe von *Erzählungen* ein, Erzählungen verschiedenster Natur. Auf der untersten Stufe steht die einfache, faktische Geschichte einiger handelnden Personen: die Kreuzritter erzählen von ihren kriegerischen Erlebnissen in aufgereihter Satzfolge; kontrapunktisch erzählt Zulima ihre Vergangenheit, so das Falsche der Kreuzzüge demonstrierend; der Bergmann erzählt ebenso ausführlich seinen Lebenslauf, während sich die Wandlung Hohenzollerns vom Krieger zum Einsiedler in gelegentlichen Bemerkungen enthüllt. Neben solchen einfachen Erzählungen bedient sich dann der Romandichter überwirklicher Erzählformen, des Traumes und des Märchens.

Gleich zwei Träume beherrschen das erste Kapitel. Das von dem „Fremden" angeschlagene Zentralmotiv der blauen Blume wird Heinrich bewußt im Traum. Er nimmt die Gesamthandlung des ganzen Werkes andeutend voraus und führt den Helden bis an die Schwelle der Erfüllung, er sieht die blaue Blume, die mit einem Mädchengesicht verschmilzt, aber bevor er sie pflücken kann, wird er „gestört" durch das Wecken der Eltern. Das Traumgespräch mit diesen, ihre Skepsis im Gegensatz zu Heinrichs Gefühl schlägt ein anderes Hauptmotiv an: das der verlorenen Vergangenheit, in der Träume die Menschen noch in einen engen Zusammenhang mit dem Göttlichen und der Natur stellten. Heinrich ist mit dieser „Vergangenheit" engstens verbunden, während der Vater, ein „Realist", ihr entfremdet ist. Er war es nicht immer, das zeigt dessen eigener Traum, der aus der Erinnerung früher Jugend erzählt wird. Er war „heller und geordneter" als der Heinrichs, er führte den Vater genau zum gleichen Punkt wie Heinrich, dem Sehen der blauen Blume, aber dieser hatte nie Gott um das Verständnis des Traumes gebeten und wurde deshalb ein Handwerker, nicht ein Künstler. Das Verständnis und damit die Künstlerschaft war dem „glänzenden Kinde" vorbehalten, das er am Ende seines Traumes erblickte, eben Heinrich.

So setzten die ersten Träume die innere Handlung des Romanes in Bewegung, wie der dritte Traum, nach dem ersten Liebeserlebnis Heinrichs am Ende des sechsten Kapitels, die weitere Handlung vorwegnimmt: Heinrich verliert Mathilde und gewinnt sie wieder. Wie er im ersten Traum die Blume nicht pflücken konnte, so konnte er in diesem das wunderbare, geheimnisvolle Wort nicht verstehen, das ihm Mathilde „in den Mund" sagte; wieder steht ein „Realist" in seinem Weg, Schwaning, der ihn weckt. „Der Traum ist oft bedeutend und prophetisch, weil er eine Naturseelenwirkung ist ... er ist wie Poesie bedeutend ... durchaus frei", hatte Novalis in Freiberg aufnotiert und „Unser Leben ist kein Traum — aber es soll und wird vielleicht einer werden". Wie die Träume im ersten Teil des Romans die Funktion der Andeutung der Zukunft, der inneren Spannung haben, so sollte im zweiten Teile sich das erfüllen: „Die Welt wird Traum, der Traum wird Welt" (Astralis), gerade so wie in der letzten Hymne an die Nacht ein Traum die Bande der Menschen bricht.

Wie der Traum ist auch das Märchen „prophetisch", als eine Vermischung der Natur mit der Geisterwelt, als Darstellung der Zeit vor der Welt, die gleichzeitig die zerstreuten Züge der Zeit nach der Welt liefert („Welt" hier in der Bedeutung der historischen Wirklichkeit gemeint). Während also die Träume Heinrich in unmittelbaren Zusammenhang mit der „Geisterwelt" bringen, stellen die Märchen ihm diese symbolisch dar. Darüber hinaus hat das Märchen historischen Wahrheitswert, wie der Einsiedler im fünften Kapitel betont, da es unabhängig vom realen Geschehen und der zufälligen Existenz historischer Figuren „die große, einfache Seele der Zeiterscheinungen" zur Anschauung bringt.

Der erste Teil des Romans enthält drei „Märchen", von denen zwei wiederum am Anfang stehen; das letzte schließt ihn ab, und alle drei sind unabhängig von der äußeren Handlung als selbständige Erzählwerke zu werten. Heinrich kommt mit Märchen in Berührung, als er die Kaufleute bittet, ihn in die „sonderbare Kunst der Dichter und Sänger einzuführen". Sie hatten die Wirkung der Dichter durch Geschichten erfahren, die sie auf ihren Handelsreisen im Orient — in den Ländern des „jetzigen Griechischen Kaisertumes" — gehört haben und erzählen ihm zwei solche „artigen Geschichten" — also nicht ausdrücklich Märchen. Beide sind Künstlergeschichten, sie haben einen Sänger und die Macht seines Gesanges zum Gegenstand. Das erste, am Ende des zweiten Kapitels erzählt, ist die „Sage" von Arion. In ihr sticht das Wunderbare und Zauberhafte hervor, der Dichter hat die Macht, die Natur zu beruhigen und zu beherrschen, die magische Gewalt, das Böse zu besiegen und das Gute zur Herrschaft zu bringen. Die Arionsage ist nur ein Auftakt zu einer weit ausgedehnteren und in sich völlig durchgeformten „Geschichte", die unvermittelt anschließend das ganze dritte Kapitel ausfüllt. Während die Arionsage ihre Vorgänger in A. W. Schlegel und Tieck hatte[3], ist das Atlantis-Märchen ein in sich geschlossenes Kunstwerk, frei erfunden und gestaltet. In drei Sätzen spielt sich die Handlung ab: Der Hof von Atlantis mit dem alten König und einer Prinzessin, für die sein Stolz keinen ebenbürtigen Freier findet (Novalis' Sozialauffassung über den Ausgleich der ständischen Gegensätze findet hier ihren Niederschlag); das Waldidyll mit dem einfachen bürgerlichen Besitzer eines Landgutes, Gelehrter und Arzt zugleich, und seinem künstlerisch begabten Sohn bilden den Auftakt. Das Eintreten der Prinzessin in die Gegenwelt und der Verlust des Karfunkels, der die Dichtergabe in dem Sohn entbindet, führen zum Höhepunkt genau in der Mitte des Märchens, zum „ersten glühenden Kuß"; diesem folgt die freie Liebesvereinigung in der Höhle, die Hochzeit im Sturm und die einjährige Abwesenheit der Prinzessin. Der dritte Satz beginnt mit der Trauer am Hofe, die gelöst wird durch die Erscheinung des Dichters, dem der Vater, die Prinzessin und das Enkelkind folgen, und schließt mit dem Segen des innerlich gewandelten Königs.

Das Atlantis-Märchen entbehrte im Gegensatz zur Arionsage des Übernatürlichen und Wunderbaren, obwohl es in sich selbst „wunderbar" ist. Sein Thema ist die Auflösung von Disharmonien: der Stolz des Königs wird gebrochen, die sozialen Gegensätze zwischen „hoch"- und „niedrig"-geboren werden ausgemerzt, die die Menschen trennenden Konventionen werden überwunden. Das Ende ist die Harmonie aller gegensätzlichen Kontraste, jene „absolute, wunderbare Synthesis", die Novalis die „Achse des Märchens" nannte. Das Instrument der Harmonie ist die Liebe, die selbst wieder als menschliches Gefäß den Dichter zum Instrument ihrer Intentionen macht.

Beide Märchen werden erzählt, ohne daß zunächst ihre Wirkung auf Heinrich angedeutet wird. Nach Abschluß des Atlantis-Märchens geht die Haupthandlung unvermittelt weiter. Aber es wirkt dennoch leise und trächtig nach. Als Heinrich im fünften Kapitel vom Bergmann in die Höhle geführt wird und die vielen „seltsamen Vorstellungen und Anregungen", die er empfangen, überdenkt, erinnert er sich wieder an die Erzählung von dem Jüngling, der die Natur „so einzig betrachtete und der Eidam des Königs wurde". Das Atlantis-

Märchen sollte auch in der Fortsetzung eine Rolle spielen. Nicht nur, daß das Karfunkel-Motiv einen bedeutenden Platz einnehmen sollte, der „Dichter aus der Erzählung" sollte auch als König der Poesie wieder erscheinen.

Völlig anderer Natur ist das Märchen von Eros und Fabel, das Klingsohr bei der abendlichen Verlobungsfeier erzählt und das wiederum ein ganzes Kapitel, das letzte des ersten Teils, ausfüllt. Es ist das einzige, das vom Verfasser selbst als Märchen bezeichnet wurde. Klingsohr hatte die Märchenform als besonders schwierig bezeichnet. Er sagte, er habe es in ziemlich jungen Jahren geschrieben, wovon man noch Spuren sehen könne, dennoch entspreche es seiner Poetik.

Klingsohrs Bemerkung hat zu der Annahme geführt, daß Novalis dieses Märchen vor und sogar unabhängig von dem Roman geschrieben habe[4]. Die Auffindung von allerersten Entwürfen aus dem Anfang des Jahres 1800 beweist aber, daß es von Anfang an in die Struktur des Romans eingebaut werden sollte.

Es ist bezeichnend, daß Klingsohr, der ja Züge von Goethe trägt, das Märchen erzählt, denn Goethe selbst hatte ein Märchen als Erzähltypus geschaffen, am Ende der „Unterhaltungen Deutscher Ausgewanderten". Es wurde Vorbild für Novalis. Genial charakterisierte er es als eine „erzählte Oper" (den Zusammenhang mit Mozarts „Zauberflöte" konnte er ja nicht wissen), und er denkt sicherlich an dieses Werk, wenn er das Märchen, als Form dem Traumbild vergleichbar, „ein Ensemble wunderbarer Dinge und Begebenheiten — z. B. eine musikalische Phantasie — die harmonischen Folgen einer Äolsharfe — die Natur selbst" nennt. Was Klingsohrs Märchen vor dem Goethes auszeichnet, ist seine verschlungene Einheit, seine tiefere Symbolkraft, seine Eingeordnetheit in die Romanhandlung. Es wird unmittelbar nach dem Höhepunkt von Heinrichs Erleben erzählt, dem Liebesduett mit Mathilde. Der dunkle, Leiden voraussagende Traum ist vergessen; denn der Tod kann die beiden nicht mehr trennen, die Ewigkeit gehört ihnen schon. Mathilde hat zur Mutter Gottes gebetet, dadurch ist sie zur Heiligen und Fürsprecherin geworden, beide haben Religion, welche Heinrich als „ein unendliches Einverständnis, eine ewige Vereinigung liebender Herzen", also als eine irdische Unio mystica definiert. Dadurch sind sie schon in eine höhere Welt eingetreten, die „auf das innigste mit der irdischen Natur verwebt" ist.

Hier denn setzt das Märchen ein. Es zeigt Heinrich und Mathilde, daß ihr Weg noch nicht zu Ende ist, daß sie noch dornenreiche Pfade der Prüfungen zu durchschreiten haben, daß die Welt noch der Reinigung bedarf. Was Klingsohr hier in allen Einzelheiten erzählt, ist thematisch schon in allen Phasen angegeben in dem prosaischen Aufriß des Gesanges des jungen Dichters im Atlantis-Märchen. Dieser handelte: „von dem Ursprunge der Welt, von der Entstehung der Gestirne, der Pflanzen, Tiere und Menschen, von der al' nächtigen Sympathie der Natur, von der uralten goldenen Zeit und ihren Beherrscherinnen, der Liebe und Poesie, von der Erscheinung des Hasses und der Barbarei und ihren Kämpfen mit jenen wohltätigen Göttinnen, und endlich von dem zukünftigen Triumph der Letztern, dem Ende der Trübsale, der Verjüngung der Natur und der Wiederkehr eines goldenen Zeitalters."

In dieser Inhaltsangabe ist Novalis' ganze Geschichtsschau zusammengefaßt; sie wird in Klingsohrs Märchen symbolisch dargestellt und sollte in der Fortsetzung als Romanhandlung durchgeführt werden. Bis zum Beginn des Märchens hatten sich Heinrichs bildende Kräfte „leise", das heißt widerstandslos, entfaltet. Der Traum war ein Vorbote, daß dies noch nicht die „Erfüllung" war. Das Märchen stellt das Kommende in einen kosmologischen Rahmen. Heinrich selbst hatte, sozusagen, die „uralte goldene Zeit" durchlaufen. So setzt das Märchen mit der „Erscheinung des Hasses und der Barbarei" ein und beginnt mit einem Astralmythos: Das Reich Arcturs[5] ist zu Eis erstarrt, weil seine Gemahlin Sophie, die Weisheit, in die verirrte Menschenwelt hinabgestiegen ist. Erdgeschichtlich vertritt die Eiszeit den Eintritt in die Barbarei; menschengeschichtlich vertritt sie die „Eisenzeit", die den Krieg in die Welt wirft und damit Arcturs Tochter Freya (den Frieden) lähmt; geistesgeschichtlich vertritt sie die Aufklärung, den petrifizierenden und petrifizierten Verstand (im Schreiber verkörpert)[6], moralisch vertritt sie die sexuelle Verwilderung, die die Phantasie (Ginnistan) angerichtet hat.

In drei Welten spielt das Märchen. Die Astralwelt mit Arcturs Reich, wo im goldenen Zeitalter Arctur, der Geist des „Lebens", mit Sophie, der Weisheit, vermählt ist, ohne sie aber nichts als „Zufall" ist; und das Reich des Mondes, Ginnistans Vater, das Reich der Verführung. Die zweite Welt ist die mittlere oder Menschenwelt, das „zu Hause", wo Mutter und Vater (von Novalis als „Herz" und „Sinn" gedeutet) die Liebe — Eros — erzeugt haben, gleichzeitig aber die Phantasie — Ginnistan — von dem sinnverwirrten Vater die Poesie — Fabel — empfing. Hinzu kommt, daß Ginnistan ihre ehebrecherische Verbindung fortsetzt (in Anwesenheit der Mutter „schleicht" sich der Vater in Ginnistans Kammer, um sich „in ihren Armen von den Geschäften des Tages zu erholen"), dann mit Eros zum Monde reist und dort ihn, den Sohn ihres Liebhabers verführt, eine Szene, die noch dadurch unterstrichen wird, daß sie, zwar verwelkt, aber reuelos, ihrer Tochter Fabel die Einzelheiten dieses „verbotenen Rausches" mit sinnlicher Deutlichkeit erzählt. All diesem sieht Sophie, an den Altar der Weisheit gelehnt, gelassen zu. Sie gibt sogar dem Eros die Ginnistan zum Reisebegleiter, allerdings in der Gestalt der Mutter, „um dich (Eros) nicht in Versuchung zu führen". Aber der Magnet, vom Vater gefunden, vom Schreiber in seiner Bedeutung erkannt, von Ginnistan in eine Schlange gebogen, als Kompaß auf der Reise nach Norden dienend, strahlt seine verführerische Gewalt aus. In dieser Verwilderung des moralischen Sinnes, den Novalis mit einer rätselhaften Gleichgültigkeit darstellt — immerhin sind die zwei Verlobten und die Gäste ihrer Feier als Zuhörer zu denken —, bemächtigt sich der Schreiber des Hausregimentes und nimmt Vater und Mutter gefangen, während Fabel ihm entkommt und Sophie verschwindet. Die Mutter wird vom Schreiber dem Flammentode übergeben: Der Verstand zerstört das Herz (unfreiwillig auch die Sonne) und zertrümmert den Altar der Weisheit.

Fabel war in die dritte Welt entkommen, die Unterwelt, die von der Sphinx, den drei Parzen, von Irrlichtern und Taranteln bevölkert ist und wo das Schicksal gesponnen und geweissagt wird. Fabel ist in allen drei Reichen zu Hause; und sie ist es, die — immer fröhlich — schließlich die Welt aus der Barbarei erlöst. Für sie ist des Schreibers Ankündigung der Verbrennung der Mutter das Zeichen zur Wende, das sie als gute Botschaft zu Arctur bringt. Deshalb ist die Opferung der Mutter, d. h. des Herzens, der symbolträchtigste Akt des Märchens. Durch ihn wird die Fabel frei und geschäftig; sie besänftigt die Unterwelt, sie belebt das gebannte Haus wieder, löst den gelähmten Vater, vereinigt ihn mit der gereinigten Ginnistan und reicht der zurückgekehrten Sophie die Asche der Mutter, die in der blauen Schale am wiederaufgebauten Altar zum göttlichen Trank, zum Abendmahl für Eros und die anderen wird. Sie alle vernehmen die Anwesenheit der Mutter in ihrem Innern, sie „merkten, was ihnen gefehlt habe" — dieser Satz ist wohl der Schlüssel zum Verständnis dessen, was in der Menschenwelt vor sich gegangen war. Die Welt war herzlos geworden und dadurch aus den Fugen gegangen. Sophie spricht es dichterisch-symbolisch aus: „Aus Schmerzen wird die neue Welt geboren, und in Tränen wird die Asche zum Trank des ewigen Lebens aufgelöst" (Astralis wiederholt dies fast wörtlich am Ende ihres Monologs, der den zweiten Teil einleitet). So kann das barocke, opernhafte Finale beginnen: Eros, von Fabel geleitet, zieht ein in Arcturs Reich, in dem ein mächtiger Frühling ausgebrochen ist, erweckt Freya, den Frieden, zum neuen Leben, vermählt sich mit ihr und — wie Fabel, die Spinnende, zum Abschluß singt:

> In Lieb' und Frieden endigt sich der Streit,
> Vorüber ist der lange Traum der Schmerzen,
> Sophie ist ewig Priesterin der Herzen.

Jeder Versuch einer Deutung des Klingsohr-Märchens ist der Gefahr ausgesetzt, daß es in eine Allegorie aufgelöst wird. Aber ohne Identifizierung der Hauptagierenden und Handlungen ist nicht auszukommen, zudem Novalis selbst das Ganze allegorisch entwarf, wie schon die allererste Aufzeichnung sagt: „Dunkle Beziehung auf den Kampf der Vernunft — des Verstandes — der Fantasie, des Gedächtnisses und des Herzens"; erst später gab er diesen Begriffen Namen. Es ist aber gerade die Leistung des Novalis, die Allegorien symbolkräftig aufgelöst zu haben. Was ihm gelingt, ist die „Vermischung des Romantischen aller Zeiten" (an F. Schlegel am 18. Juni 1800), die mit Souveränität durchgeführt wird. Antike Mythologie (Eros, Atlas, Perseus, die Sphinx, der Phönix, die Parzen, die Hesperiden) verbündet sich mit germanischer Sage (Freya) und arabischem Märchen (Ginnistan); Astronomie (Arctur, Mond, Eridanus) mit Geologie (Gold, Zink, Turmalin — die Grundelemente des Galvanismus — und Eisen); die neuen Erfindungen der Zeit werden romantisiert, wie es schon im ersten Entwurf hieß: „Anspielungen auf Elektrizität, Magnetism und Galvanism", und so spielt der Magnet und die galvanische Kette (die Zink um Ginnistan schlägt) eine Rolle; die Geometrie ist verkörpert in der Sphärenharmonie, das das magische Kartenspiel Arcturs und Freyas begleitet und in dem sinnlosen Spiel des Schreibers mit Zahlen und Figuren. Hineinverstreut sind verdichtete Eindrücke astrologischer und alchimistischer Studien sowie bergmännische Erfahrungen, die den Dichter — hier wie anderswo im Roman — befähigten, die Eislandschaft der arcturischen Hauptstadt mit Palast und Garten, die apokalyptische Mondlandschaft und die Höhle der Unterwelt zu gestalten (wie ja das Höhlenmotiv auch in den Träumen, im Atlantis-Märchen und besonders — erdgeschichtlich symbolisierend — im fünften Kapitel vorkommt). Endlich überstrahlt das Ganze die Gestalt der Sophie, die mit der ewigen Weisheit der Mystik und Theosophie verschmilzt[7] und die der Dichter selbst als „das Unbekannt-Heilige, die Vesta" deutet. Dennoch sind alle diese „Arabesken" — als welche er die verschiedenen Themen bezeichnet — strukturell in eine innerlich gegliederte Handlung verschlungen, die einen fein gewobenen Zusammenhang offenbart. Man darf in dieser Beziehung Hiebel folgen, der im Märchen die Verschlingung einer allegorischen Naturmythe, eines symbolischen Sündenfall-und-Erlösungs-Dramas und einer künstlerischen Imagination des Sophien-Erlebnisses sieht[8].

## Lyrische Einlagen

Das Klingsohr-Märchen ist die kunstvollste poetische Widerspiegelung des Lebens; diese läßt Novalis schließlich noch in eingestreuten *Gedichten* ablaufen. Goethe war der erste, der lyrische Einlagen in einen Roman einfügte, zweifellos von Oper und Singspiel beeinflußt. Zehn der zwölf Lieder in „Wilhelm Meister" wurden von den „romantischen" Gestalten, dem Harfner und Mignon, gesungen. Tieck, im „Sternbald", streute wahllos seine Versungeheuer in die Handlung. Novalis dagegen gibt der lyrischen Einlage einen ganz bestimmten Schwerpunkt im Romanganzen wie in den einzelnen Gliedern. Sie faßt die Grundidee der jeweiligen Handlung zusammen, hebt Hauptmotive hervor, leitet oft in den Fortgang über oder deutet den Weitergang vor. Dadurch werden die Zueignung, neun Lieder der Haupthandlung und die vier des Klingsohr-Märchens (ihnen gesellen sich noch drei erhaltene der Fortsetzung zu) ein Zyklus, der sich den „Geistlichen Liedern" und den „Hymnen an die Nacht" ebenbürtig an die Seite stellt.

Die Zueignung besteht aus zwei Sonetten, deren erstes Sophie anspricht und einen Bogen zum Klingsohr-Märchen schlägt, gleichzeitig Motive aufnimmt, die in den Liedern an die lebende Sophie angestimmt worden waren und die im Roman weitergesponnen werden, der ja letzten Endes nichts weiter tut als „tief ins Gemüt der weiten Welt zu schauen". Da sie den Dichter in Friedrich von Hardenberg erweckt hat, so verschmilzt Sophie im zweiten Sonett mit der geheimen Macht des Gesanges, die von Schiller im Musenalmanach auf 1796, von Goethe im gleichen Jahre im Harfnerlied „Der Sänger" gänzlich verschieden gedeutet worden war. Bei Novalis verwebt sich die Macht des Gesanges mit Sophie, so daß man am Ende nicht mehr weiß noch zu wissen braucht, auf wen das Fürwort „sie" sich bezieht: „An ihrem vollen Busen trank ich Leben, Ich ward durch sie zu allem, was ich bin."

Die gesamte Handlung des Atlantis-Märchens wird im Lied des Sängers zusammengefaßt. Auch dieses ist zweigeteilt (erst sechs, dann acht achtzeilige jambische Strophen). Zunächst wird das harte Los des Sängers besungen, mit leisen Anklängen an Goethes Lied, bis am Ende das Hauptmotiv erklingt: „Der Myrthenkranz wird eine Krone." Der zweite Teil ist dann eine echte Ballade, die Geschichte des Sängers und der Prinzessin, und die Funktion des Gedichtes besteht darin, die Vergebung des Königs zu sichern. Im vierten Kapitel haben die zwei Lieder, der wilde Kreuzgesang (zehn sechszeilige, jambische Strophen) und das zarte Lied der Morgenländerin (sieben siebenzeilige trochäische Strophen), die Funktion, kontrapunktisch die zwiespältige Situation Heinrichs ins Licht zu stellen. Dieser Zwiespalt, die „Verwirrung in der Welt" kann nur gelöst werden durch die „Aussöhnung der christlichen mit der heidnischen Welt", wie sie sich am Ende des Romans vollziehen sollte.

Im fünften Kapitel spiegeln die beiden Bergmannslieder die Naturauffassung wider, die in den Gesprächen mit dem Bergmann zum Ausdruck kam. Das erste, leichtere (elf vierzeilige, dreihebige jambische Strophen) symbolisiert den Bergmann in seiner Verbundenheit mit dem Innern der Erde, wo ihnen die geologische Vorwelt enthüllt wird. Aber der Grundton ist ein sozialer. Der Bergmann ist stolzer „Herr der Erde", er gibt seinem König ihre Schätze, aber er will keinen Lohn dafür, seine Armut ist seine Freude, und fast drohend endet das Lied:

> Sie mögen sich erwürgen
> Am Fuß um Gut und Geld,
> Er bleibt auf den Gebürgen
> Der frohe Herr der Welt.

Das „Gold"-Motiv selbst beherrscht das zweite Lied; „beinah so dunkel und unverständlich wie die Musik selbst", nennt es der Bergmann. Es schreitet feierlich dahin mit seinen vierhebigen Jamben und achtzeiligen Strophen (durch die Reimweise ababcddc kunstvoll zusammengewoben). Hier ist das Gold der König, der mit seinem Troß, den minderen Mineralien, in einem festen Schloß lebt. Die sieben Strophen sind dreiteilig aufgebaut. Die ersten drei schildern die Erde in ihrem jetzigen Zustand, die dritte stellt die neptunistische Erdentstehung dar. Die Mittelstrophe betont wiederum die verderbliche Macht des Goldes auf die Menschen. Die letzten drei zeigen die Erlösung der Natur durch die Arbeit der Bergleute, die die Macht des Goldes „untergraben" und dadurch die falsche Natur des Metalles offenlegen, endlich das Meer zurückholen, auf dessen Schwingen die Menschen „in der Heimat Schoß" zurückgetragen werden.

Dieses zweite Lied spiegelt Novalis' eigenes Bergmannsleben romantisiert wider und ist angefüllt mit mineralogischen und alchimistischen Ideen, wie die, daß das Gold an Macht einbüßt, je mehr es sich ausbreite; es schließt mit der symbolischen Kraft des Wassers.

Friedrich Schlegel hat wohl aus diesem Lied seine Auffassung vom ganzen Roman geformt, daß er aus „herrlichen Bergmannsträumen" bestehe und daß „das Zentrum die Idee des Goldes" sei[9].

Während diese Lieder die Summe der Naturgespräche ziehen, steht das kurze trochäische Lied des Einsiedlers (Hohenzollern) als Einführung in den zweiten Teil des Kapitels. Der Einsiedler, ebenfalls in der Tiefe lebend, steht „trunken" an des Himmels Tor. Im Zustand der Betrachtung gehört er der Madonna, die als Motiv hier zum zweitenmal auftritt, in ganz anderer Weise als im Kreuzlied. Dort war sie die Walküre, die von Engeln getragen über der Schlacht schwebt und gefallene Krieger in den Himmel bringt; nun ist sie nichts als „die Königin der Frauen", die den Einsiedler von „hier" wegtragen wird, obwohl er dankbar auf dieses „hier" mit allen seinen Kriegen und Leiden zurückblicken wird.

Wiederum zwei Lieder sind in das sechste Kapitel eingelegt. Sie atmen die Stimmung des Festes und verbildlichen, was Heinrich fühlt, wenn der Erzähler von ihm sagt: „Der Lebensgenuß stand wie ein klingender Baum voll goldener Früchte vor ihm." Schwanings Lied von den „geplagten Mädchen", an Philines Lied im „Wilhelm Meister" anklingend, ist offenherzig erotisch und in seiner Urfassung noch gewagter als hier. Diesem Lied steht, wie dem ersten Bergmannslied das zweite, Klingsohrs Weinlied symbolisch tiefer gegenüber, die Trochäen des ersten kontrastieren mit den Jamben des zweiten. Der Wein als Geist der goldenen Zeiten hat sich die Liebe „ewig", den Dichter „von jeher" zugesellt und inspiriert ihn zu trunkenen Liedern. Novalis' symbolische Lieblingsvorstellungen sind hier alle in einfachster Form verwandt: Sonne und Flamme, Lenz und Herbst, die Wiege und das Kind, das unterirdische „Geschoß", der Wächter, Priester, der Traum, das Flüssig-Strömende.

Im Märchen werden viermal Verse verwandt. Ginnistans Lied von der Liebe hebt sich heraus, freischwebend, rasch dahinfließend in seinen Jamben, die vier- und dreihebig abwechseln. Es führt in das Reich des Mondes, der Verführung, ein, ist aber so eng in die Handlung eingefügt, daß es selbst Handlung darstellt: die Fahrt von Ginnistan und Eros durch das Schattenreich zum Mond, Ginnistan selbst im Vorgefühl der kommenden Sinneslust, endlich die Ankunft im Monde.

Fabels Lied in der Unterwelt dagegen (vier dreihebige jambische Strophen, das Spinnen nachahmend) erläutert ihre Mission. Sie übernimmt die Erweckung der Kinder der alten Zeit, die in den Morgen eintreten werden — ihr Lied ist ein Lied der Verheißung, wie die acht Blankverse des Phönix Verheißung sind und das Ganze des Romans wiederum vorausnehmen:

> Die kalte Nacht wird diese Stätte räumen,
> Wenn Fabel erst das alte Recht gewinnt.
> In Freyas Schoß wird sich die Welt entzünden
> Und jede Sehnsucht ihre Sehnsucht finden.

Eine Verheißung, die in den vier Zeilen der spinnenden Fabel am Schluß des Märchen erfüllt worden ist.

## Die Sprache des ersten Teils

„Heinrich von Ofterdingen" ist die unendliche Variation eines einzigen Themas. Wenn Novalis noch vor der eigentlichen Konzipierung seines Romans an Karoline Schlegel schrieb, er solle — im Gegensatz zur „Lucinde" — „Übergangsjahre vom Unendlichen zum Endlichen" darstellen, so hätte man eigentlich das Gegenteil erwartet. Das „Endliche" aber ist für Novalis das, was ein Ende hat, was dauernd ist, das Unendliche dagegen das, was noch nicht zu Ende ist, was in Unordnung, im Chaos, in Raum und Zeit gebannt ist. Das Endliche ist ein bestimmtes „wohin", auf das sich sein Roman (nach dem gleichen Briefe) zubewegt, es ist das endgültige „zu Hause". Denn wir gehen „immer nach Hause". Das Unendliche ist die Gegenwart, das „zu Hause" ist, wie Heinrich so stark fühlt, als er die Reise antritt, das Verlassen der Vergangenheit (Kindheit), in die er aber wieder zurückkehrt, auf dem Wege über die Zukunft. Das „zu Hause" ist der Magnet, der im Klingsohr-Märchen „zur Schlange" geformt wird, die aber immer nach Norden zieht, wie Heinrich physisch von Norden nach Süden auszieht, dann aber wieder nach Norden zurückkehrt (in den eisbefreiten Frühling). Das Ende ist das Reich, in dem Weisheit und Liebe sich verschmelzen (die Gegenwart hatte sie getrennt) und ewig bleiben, weil sie behütet werden, von der „Fabel", der Dichtung. Deshalb ist es der Dichter, der allein das Endliche erreichen, das goldene Zeitalter schaffen und verewigen kann. Die Dichter, sagen die Kaufleute im zweiten Kapitel, „sollen zugleich Wahrsager und Priester, Gesetzgeber und Ärzte gewesen sein, indem selbst die höhern Wesen durch ihre zauberische Kunst herabgezogen worden sind und sie in den Geheimnissen der Zukunft unterrichtet, das Ebenmaß und die natürliche Einrichtung aller Dinge, auch die innern Tugenden und Heilkräfte der Zahlen, Gewächse und aller Kreaturen, ihnen offenbart" haben. Der Dichter ist also die Verkörperung der Einheit des Lebens, der Einheit der Welt.

Die unendliche Variation des Dreiklangs der Welt-, Erd- und Menschengeschichte mit dem Blick fort von der „Gegenwart", zurück zur „Vergangenheit" und hinaus (oft hinauf, ebensooft hinab) in die „Zukunft" wäre ermüdend, wenn Novalis nicht über reiche Variationsmittel seiner dichterischen Sprache verfügte. Es ist die Sprache, die in diesem Roman fesselt, und die Wiederholung dessen, was schon im ersten Gedichte, der „Zueignung" ausgesprochen ist, zu einem Reigen vollendeter Kunstwerke, zu einem Rankenwerk von bedeutsamen Handlungen, verschlungenen Gedankengeweben, tiefen Erkenntnissen und in Bilder verwandelten Eingebungen macht. Diese Sprache, so durchromantisiert sie auch ist, ist auf Erfahrung aufgebaut. Es ist merkwürdig, wie Novalis immer darauf besteht, daß Poesie und damit ihr Ausdrucksmittel „immer auf Erfahrung beruht". Klingsohrs Belehrung des Anfängers, so stark an der Beobachtung von Goethes poetischer und naturwissenschaftlicher Methode geformt, warnt vor der Überschwenglichkeit, vor einer Jagd auf Bilder und Gefühle, betont das Handwerksmäßige, die Grenzen der Darstellbarkeit, die Notwendigkeit leichtfaßlicher Ordnung und verlangt wirtschaftliches Umgehen mit den Hilfsmitteln der Kunst. Die Essenz dieser Poetik ist, daß nicht der Stoff, sondern die „Ausführung", d. i. die strukturelle und sprachliche Form, der Zweck der Kunst sei.

Novalis hat nun am stärksten aus der Erfahrung seines Nachdenkens, seines inneren Erlebens und seines Berufes gelernt. Dazu war ihm aber die Fähigkeit gegeben, diese Erfahrungen bildhaft und doch einfach zu formen. Novalis stellt selbst die stilistischen Mittel zusammen, die er für seinen „bürgerlichen Roman" nötig habe: eine gewisse Altertümlichkeit des Stils, eine richtige Stellung und Ordnung der Massen, eine leise Hindeutung auf Allegorie; dazu soll durch die Schreibart eine gewisse Seltsamkeit, Andacht und Verwunderung hindurchschimmern. Während er „äußerst simplen Stil" verlangt, sollen doch Anfänge und Übergänge „höchst kühn, romanzenähnlich und dramatisch" sein; Gespräch, Rede, Erzählung, Reflexion sollen einander folgen. Alles soll ganz „Abdruck des Gemüts" sein.

Am stärksten wirkt sich dieser „simple Stil" im Satzbau aus. Dieser ist nicht verschlungen, sondern so gegliedert, daß der Hauptsatz die Achse aller syntaktischen Gebilde ausmacht. In unzähligen Passagen wird einfach Hauptsatz an Hauptsatz gereiht. Sind die Sätze länger, so bestehen sie meistens aus gleichgeordneten Hauptsätzen; wo untergeordnete Sätze gebraucht werden, geschieht es sparsam, und Relativsätze überwiegen. Dennoch weiß der Dichter eine eigentümliche, man möchte sagen, einlullende Melodie in diese Aufreihung zu verweben, die durch innere Füllung oder verschiedene Satzlänge hervorgebracht wird. Im sechsten Kapitel fallen z. B. auf die drei Absätze vor Schwanings Mädchenlied, zusammen 65 Zeilen, nicht weniger als 51 Sätze. Dieser geheime Rhythmus spiegelt sich etwa in den folgenden: „Heinrich wünschte den Tanz nie zu endigen. Mit innigem Wohlbehagen ruhte sein Auge auf den Rosen der Tänzerin. Ihr unschuldiges Auge vermied ihn nicht. Sie schien der Geist ihres Vaters in lieblicher Verkleidung. Aus ihren großen ruhigen Augen sprach ewige Jugend. Auf einem lichthimmelblauen Grunde lag der milde Glanz der braunen Sterne. Stirne und Nase senkten sich zierlich um ihn her. Eine nach der aufgehenden Sonne geneigte Lilie war ihr Gesicht, und von dem schlanken, weißen Halse schlängelten sich blaue Adern in reizenden Windungen um die zarten Wangen."

Die Parataxe ist also das Grundprinzip des Novalisschen Satzbaus. Besonders bei Beschreibungen, bei der Erzählung von Berichten oder Handlungen reiht sich Satzglied an Satzglied, meist nebengeordnet, gelegentlich durch Inversion belebt. Man vergleiche die obenangeführte Inhaltsangabe des Dichtergesangs aus dem Atlantis-Märchen oder die Erzählung der Kreuzritter: Sie „sprachen vom Heiligen Lande, von den Wundern des Heiligen Grabes, von . . ." Wiederum, wenn Heinrich sich im Buche Hohenzollerns wiedererkennt: „Er sah sich am kaiserlichen Hofe, zu Schiffe, in trauter Umarmung . . . im Kampfe . . ." Gefühlsgeladene Gespräche werden stichomythisch durchgeführt wie das Liebesduett zwischen Heinrich und Mathilde, noch stärker das Gespräch zwischen Heinrich und Zyane in der Fortsetzung.

Demgegenüber kommen gelegentlich längere, „kühnere" Sätze vor, dennoch haben sie einen durchsichtigen Bau. So wird Ofterdingen charakterisiert: „Der junge Ofterdingen ward von Rittern und Frauen wegen seiner Bescheidenheit und seines ungezwungenen milden Betragens gepriesen, / und die letzten verweilten gern auf seiner einnehmenden Gestalt, // die wie das einfache *Wort* eines Unbekannten war, /// das man fast überhört, / bis längst nach seinem Abschiede es seine tiefe unscheinbare Knospe immer mehr auftut, / und endlich eine herrliche Blume in allem Farbenglanze dichtverschlungener Blätter zeigt, // so daß man es nie vergißt, / nicht müde wird es zu wiederholen, / und einen unversieglichen, immer gegenwärtigen Schatz daran hat. ///" Dieses neungliedrige Satzgebilde ist in zwei Hälften mit drei bzw. sechs Untergliederungen geteilt, die sich durch den Wechsel des Tempus von der erzählenden

Vergangenheit zur immer gültigen Gegenwart voneinander abheben. Die erste Hälfte ist von zwei gleichgeordneten, das Subjekt wechselnden Hauptsätzen getragen, die in dem Wort *Gestalt* gipfeln; dieses wird im untergeordneten dritten, einem Relativsatz, durch einen Vergleich näher bestimmt. Das Vergleichsbild *Wort* beherrscht völlig die zweite Hälfte des Satzes, in der nach einem kurzen zweiten Relativsatz in einem diesem untergeordneten zweigliedrigen Temporalsatz ein neuer Vergleich entwickelt wird, um in einem dreigliedrigen Konsekutivsatz zu enden. (Infinitivsätze — wie hier: „es zu wiederholen" — behandelt Novalis meist als Objekte und trennt sie nicht durch Satzzeichen ab.) Für die Satzmelodie ist es wichtig, daß das Konsekutivfürwort „so daß" geteilt ist und der Ton auf dem eine Pause erzwingenden „so" liegt. Auch die dunklen a-Vokale am Satzende nach den hellen i-Vokalen im Satzinnern sind kaum willkürlich gewählt.

Die angeführten Sätze exemplifizieren auch Novalis' Wortwahl. Sie ist einfach, bedient sich scheinbar der gebräuchlichsten Wörter, und doch sind die Worte ein wenig fremdartig durch ihre leicht ungewohnten Verbindungen: „sein Auge ruhte auf...", „aus ihrem Auge sprach...", „auf einem... Grunde lag..."; oder durch die Wahl von verfeinerten Synonymen wie „preisen" für loben, „verweilen auf" für ansehen. Archaische Wendungen, die bewußt das historische Milieu nachzumalen versuchen, finden sich kaum; vielmehr ist es so, daß der kindlich-einfache Stil des Ganzen der „unschuldigen Einfalt" des gewählten Zeitalters entsprechen soll. Spricht doch Novalis einmal von der Schreibart in Folianten als „echt literarisch", womit er mittelalterliche Chroniken meint. Diese Einfalt zeigt sich auffallend in den Beiwörtern, und die angeführten Stellen machen deutlich, wie sich ein berühmter Satz des Grammatikers Novalis hier wie überall in seinem Roman verwirklicht: „Beiwörter sind dichterische Hauptwörter." Fünfzehn Beiwörter finden sich in der ersten Anführung, neun in der zweiten. Manche sind auf den ersten Blick nichtssagend, oft verniedlichend: „die liebliche Verkleidung", „die zarten Wangen", die „reizenden Windungen", die „herrliche Blume", das „einfache Wort", die „einnehmende Gestalt". Aber gerade das letzte Beiwort „einnehmend" wird durch die zweite Hälfte des langen Satzes vertieft, und beide Beiwörter „einfach" und „einnehmend" erhalten eine neue Bedeutung. Ebenso wird „lieblich" durch das folgende gerechtfertigt und „herrlich" verwandelt durch die Vorstellung von „Farbenglanz" und das Beiwort für die Blätter: „dicht-verschlungen". Wenn Novalis mehrere Beiwörter wählt wie „ungezwungenes, mildes Betragen" oder „tiefe, unscheinbare" Knospen, so werden Gegensätze oder sich ausschließende Vorstellungen verknüpft. Ungezwungenes Betragen könnte auf Lautheit, ja Frechheit weisen, dies aber wird durch das Beiwort „milde" ausgeschaltet. Eine „tiefe" Knospe könnte glänzend, buntfarbig, tropisch sein, das Beiwort „unscheinbar" verhindert aber den Leser, an etwas Äußerliches zu denken. So wird — wie in vielen anderen Fällen — sinnschwachen Wörtern ein neuer, nach innen gewendeter Gehalt gegeben.

Satzbau, Satzmelodie und die Anwendung scheinbar nichtssagender Wörter geben dem Gesamtstil den Charakter des „Leisen", das der Absicht des Romans im Helden das „leise" Bilden der inneren Kräfte zu entwickeln entspricht. Demzufolge finden wir so viele „romantische" Wortbegriffe, die einen unbestimmten, verfließenden und verklingenden Charakter haben: vor allem natürlich „Sehnsucht", dann „Wehmut", „Ahndung", „Geheimnis", „Unschuld", „Kindheit", „Gemüt", „Herz", „Ewigkeit" und „Innigkeit" mit ihren Abwandlungen; Beiwörter wie „romantisch" selbst, „wunderbar", „seltsam", „tief", „unbekannt", „unverständlich", „unbegreiflich", „unsichtbar", „dunkel", „verstohlen" und — „magisch" als einziges Fremdwort.

Die letzten vier Beiwörter kennzeichnen die Vorliebe für die „Dämmerung" als Tageszeit (und Weltzeit), den Abend, die vielfache Beschreibung von Mondnächten und ihrer Landschaft. Das Unbestimmte spiegelt sich auch in den immer wiederkehrenden Konditionalwendungen an Satzeingängen ab, wie: „Es war ihm, als ob", „ihm dünkte", „es gedeuchte mir, als sei", „sie sollen... gewesen sein" und die vielen Vergleiche mit „wie" und „als wenn".

Die direkten Vergleiche, metaphorischen Wendungen und Bilder, in überwältigender Fülle eingestreut und im Klingsohr-Märchen ihren Gipfel erreichend, weisen die gleiche Sensitivität auf. Die meisten sind aus dem Novalis so vertrauten Naturreich genommen, aus der Pflanzen- und Blumenwelt und der Welt des Erdinneren. Hinzu kommt das Strömen und Quellen, das Fließende, das eine Grundanschauung des Novalis darstellt, eng verbunden mit der neptunistischen Auffassung der Erdentstehung; ferner die Flamme als bewegliches, doch keineswegs zerstörendes Element: „Wer weiß, ob unsere Liebe nicht dereinst noch zu Flammenfittichen wird, die uns aufheben und in die himmlische Heimat tragen", sagt Mathilde im Liebesduett und Heinrich: „Auch ich fühle eine stille Flamme in mir." Selbst die Flamme des Scheiterhaufens der Mutter, die im Klingsohr-Märchen die Sonne zerstört, übt eine segensreiche Handlung aus und wird mit Sophiens blauem Schleier, „der wallend über der Erde schwebte", identifiziert.

Gleichzeitig sind diese Elementarbilder des Wassers und der Flamme Abbilder des sinnlich-erotischen, des rauschhaften, direkt und sublimiert. Die Liebesvereinigung der Prinzessin und des Sängers finden unter dem „Brautgesange des Sturmes" und den „Hochzeitsfackeln des Blitzes" statt, in Schwanings Lied „quellen" die Reize der Mädchen gegen ihren Willen „empor", Ginnistan in ihrem Lied „bespricht" im Vorgefühl der künftigen Lust ihre „wilde Glut". Im „Lied der Toten", das in die Fortsetzung eingeschaltet werden sollte, steigert sich die Wasser- und Flammenerotik zu unerhörter Deutlichkeit, Tod und Leben so alterierend, daß es scheint, als ob die letzte Erfüllung sinnlichen Erlebens nur im Tode gefunden werden kann:

> Uns ward erst die Liebe Leben,
> Innig wie die Elemente
> Mischen wir des Daseins Fluten,
> Brausend Herz mit Herz.
> Lüstern scheiden sich die Fluten ...
>
> Alles, was wir nur berühren,
> Wird zu heißen Balsamfrüchten,
> Wird zu weichen zarten Brüsten,
> Opfern kühner Lust ...

Dieser Paroxysmus der erotischen Bildersprache — in dem barocken Schauspiel, das im Klingsohr-Märchen der Mond für Eros gibt, gesellt sich zu ihr noch eine apokalyptische Grausamkeit — darf aber weder den metaphysischen Hintergrund des Dreiklangs Leben-Liebe-Tod verwischen noch die Tatsache, daß Heinrichs Gang in das Totenreich nur eine Durchgangsstufe zum höheren Leben sein sollte. Sie ist ein notwendiger Kontrast zu dem Grundsymbol des Romans, der blauen Blume, welches das verbindende Glied der Gesamtstruktur darstellt und ihm wortwörtlich seine „Farbe" gibt. Die „lichthimmelblauen" Augen Mathildes, der blaue Strom, der blaue Schleier Sophies; wo immer das Blau — erlebnismäßig durch den Mantel der sixtinischen Madonna Raphaels in Dresden bestimmt — in der Erzählung auftaucht, wird die eigentliche Thematik deutlich. Gerade dieses Symbol rational zu analysieren würde der Dichtung ihren Schmelz entziehen. Es genüge, darauf hinzuweisen, daß der Name Zyane, jenes Hirtenmädchen, das in der Fortsetzung Heinrich von Mathilde stellvertretend beigegeben wird, ein Name für die Kornblume ist, vom lateinischen *cyaneus*, himmelblau, abgeleitet. „Farbencharakter. Alles blau in meinem Buche", findet sich in den Notizen zur Fortsetzung.

Metapher, Vergleich und Bild richten sich also immer darauf, in allem lebendig Wirkenden die unmittelbare Beziehung zum Transzendenten herzustellen, den Menschen über die Grenzen von Raum und Zeit hinweg in die Ewigkeit zu stellen, das Band, das sich ums „innre Auge" zieht, zu zerreißen. Leider ist ein Brief Friedrich Schlegels an Novalis nicht erhalten, in dem jener den Stil des Romans kritisch betrachtete. Novalis stimmt ihm zu und sagt, „diese Ungeschicklichkeit in den Übergängen, diese Schwerfälligkeit in der Behandlung des wandelnden und bewegten Lebens" sei seine Hauptschwierigkeit (Brief vom 18. Juni 1800). Er stellt fest, daß der zweite Teil, der der Kommentar des ersten sein soll, schon in der Form weit poetischer sein wird als der erste. Eine Analyse der Pläne zur Fortsetzung des Romans wird dies bestätigen.

Die Pläne zur Fortsetzung des Romans

Während der erste Teil eine straffe, begrenzte Handlung hatte, mit klar faßlichem physischem Umkreis, sollte die Fortsetzung sich in eine unendliche Weite ausbreiten, physisch gesehen in die gesamte bekannte Welt, geistig gesehen die Grenzen der mit der Vernunft und Beobachtungsgabe erfaßbaren Welt überschreiten und in eine transzendente, geahnte, nur visionär erfaßbare Welt eindringen.

Auf die geplante Fortsetzung deuten eine Reihe von Stellen des ersten Teils hin, dazu Briefe, hinterlassene Aufzeichnungen von Plänen und Gedankengängen, die zwischen Januar und Herbst 1800 geschrieben wurden, ferner ein ausgeführter Teil des ersten Kapitels des zweiten Teils sowie einige Gedichte, die in die Fortsetzung eingeschaltet werden sollten. Ludwig Tieck hat versucht, diese Pläne in einen Bericht zusammenzufassen, den er der ersten Auflage von „Novalis Schriften" (1802) beifügte. Er behauptet, diesen Abriß aus „hinterlassenen Papieren" und aus Gesprächen mit Hardenberg, „soviel es mir erinnerlich ist", zusammengestellt zu haben. Der Wert der „hinterlassenen Papiere" und besonders des Berichts ist in Frage gestellt; Friedrich Schlegel behauptet, Hardenberg habe ihm noch „in den letzten Tagen seines Lebens" gesagt, „daß er seinen Plan ganz und durchaus geändert" habe[10]. Dennoch ist eine Deutung der vorliegenden Pläne erlaubt und notwendig, da sie, ob nun Schlegels Behauptung richtig oder übertrieben ist, den Kern seiner Absichten widerspiegeln.

Der erste Teil war von Novalis „Die Erwartung" überschrieben worden, der zweite Teil „Die Erfüllung". Noch vor Vollendung des ersten Teils schrieb Novalis an Ludwig Tieck (23. Februar 1800): „Der erste (Teil) enthält die Andeutungen und das Fußgestell des zweiten Teils. Das Ganze soll eine Apotheose der Poesie sein. Heinrich von Afterdingen wird im ersten Teile zum Dichter reif — und im Zweiten, als Dichter verklärt." Neuerdings hat Peter Küpper scharfsinnig herausgestellt, daß der Dichter offenbar zwei weitere Teile im Auge hatte, wohl beide in einem Bande zu drucken („Es werden zwei Bände werden", heißt es in dem erwähnten Brief), und daß der dritte Teil die Überschrift „Die Verklärung" gehabt haben müsse. Einen besonderen Stützpunkt findet er in der Bemerkung: „Kein rechter historischer Übergang $>$ *aus* $<$ nach dem 2ten Teile — dunkel — trüb — verworren." Küppers Beweisführung kann noch in wesentlichen Punkten ergänzt werden. Zunächst ist chronologisch festzustellen, daß die Überschrift: Heinrich von Afterdingen. / Ein Roman / von / Novalis. / 2ter Theil. / Die Erfüllung. / Das Gesicht. sich erst neuerdings handschriftlich gefunden hat. Sie steht vor einem ersten Entwurf des Anfangs des zweiten Teils, der wahrscheinlich — zum mindesten diese Überschrift — unmittelbar nach der Vollendung des ersten Teils im April 1800 geschrieben wurde, d. h. zu einer Zeit, als die eingehenderen Pläne noch nicht konzipiert waren, obwohl Novalis schon im Februar, als er erst fünf Kapitel des ersten Teils fertig hatte, an Tieck schrieb, der ganze Plan ruhe „ziemlich ausgeführt" in seinem Kopfe. Die Art der Plan-Aufzeichnungen ist aber so, daß sich die Fortsetzung allmählich ausweitete, und für das Kapitel „Verklärung" ist so viel Stoff gegeben, daß es sich eben unmöglich in einem Kapitel verarbeiten ließ.

Trotz der gelegentlich undurchsichtigen und scheinbar unzusammenhängenden Aufzeichnungen formte sich in Novalis' Kopfe ein Plan, der die zu bewältigenden Massen ähnlich dem ersten Teil in deutlich erkennbare Abschnitte verdichtete. Diesen gab er die Überschrift: „(1) Das Gesicht. / (2) Heldenzeit. / (3) Das Altertum. / (4) Das Morgenland. / (5) Der Kaiser. / (6) Der Streit der Sänger. / (7) Die Verklärung."

Daß „jedes Kapitel" eine Überschrift haben sollte, sagt Novalis ausdrücklich, und dies ist auch durch die erste Ausführung des ersten Kapitels (s. o. „Das Gesicht") erwiesen. Dazu fügt Novalis noch hinzu, daß jedes Kapitel ein Eingangs- und ein Schlußgedicht haben sollte. Ferner spricht „zwischen jedem Kapitel die Poesie". Die „Poesie" wird noch näher bestimmt in der Bemerkung: „Geburt des siderischen Menschen mit der ersten Umarmung Mathildens und Heinrichs. Dieses Wesen spricht nun immer zwischen den Kapiteln. Die Wunderwelt ist nun aufgetan."

Daß dieses siderische Wesen Astralis heißen sollte, geht aus dem ersten dieser Gedichte hervor, das handschriftlich erhalten ist. Es

sollte den Eingang des zweiten Teiles bilden, wie sich daraus ergibt, daß über der Überschrift „Astralis" noch eine umfassendere steht: „Das Kloster oder der Vorhof", die offenbar die früher gefaßte Überschrift für das erste Kapitel „Das Gesicht" ersetzen sollte.
  Dieser Eingang ist in 90 leicht dahinschwebenden Versen geschrieben, zunächst in ungereimten Blankversen, die unmerklich (ab Z. 25) in gereimte Blankverse übergehen, bis ein zweiter Teil (ab Z. 47) ansetzt, der größtenteils in Knittelversen verfaßt ist. Astralis, als „Prolog" oder Ansager fungierend, erzählt den Ursprung ihrer Geburt, damit unmittelbar an die Geschehnisse des ersten Teils anknüpfend. Aber nicht nur an die aktuellen Geschehnisse der Sommernacht, in der sie jung ward, sondern auch an das Märchen, das nun lebendig in die weitere Handlung eingreift. Astralis ist Puck aus Shakespeares „Sommernachtstraum"[11] und eine (positive) Vorahnung des Euphorion in „Faust II". Durch ihre Geburt ist das Reich der Liebe aufgetan (Z. 59), und die Zeit hat nun ihr Recht verloren (Z. 45). Nun kann die Fabel (des Märchens) zu spinnen anfangen und das Hauptmotiv der Fortsetzung anschlagen: Das große Weltgemüt regt sich und wird blühn; das Band, das das „innre Auge" verdeckt, wird schmerzhaft zerreißen, unsre „trübe" Welt wird zum Grabe werden, in das das Herz als Asche niederfallen wird (wiederum ein Motiv aus dem Märchen), sie wird in einen Traum zerrinnen, während der Traum selbst Welt wird (Z. 72). Das Mittel der Fabel ist die Phantasie (Ginnistan), die nun erst frei schalten kann:
  Nach ihrem Gefallen die Fäden verweben,
  Hier manches verschleiern, dort manches entfalten,
  Und endlich in magischen Dunst verschweben. (76 ff.)
  Die Gelöstheit dieses „Prologs", seine fröhliche Unterstimmung, die Leichtigkeit seiner Form, die so stark an die Anfangsszenen des „Faust" erinnert, der Novalis in der Gestalt des „Fragments" von 1790 wohl bekannt war[12], steht in starkem Gegensatz zum Beginn des ersten Kapitels, das der Dichter noch ausführen konnte. Hier finden wir Heinrich völlig gebrochen durch den Tod seiner Geliebten. Der Traum, nach dem sie im Strome ertrinken werde, hat sich erfüllt, obwohl ihr Tod nicht näher beschrieben wird. Heinrich verläßt Augsburg als Pilgrim, läßt den „furchtbaren, geheimnisvollen Strom", den Lech, hinter sich und wandert ins Gebirge, also nach Süden. Aus einem Baume ertönt ihm ein Lied und dann die Stimme Mathildens, die dort mit ihrem Kinde wohnt und den Pilger damit tröstet, daß ihn auf seiner weiteren kurzen Lebensbahn ein „armes Mädchen" begleiten werde. Durch einen Strahl empfängt Heinrich

eine großartige Vision mit Mathilde als Zentralgestalt. Sie bringt eine völlige Veränderung in ihm hervor. „Die wilde Qual seiner Einsamkeit, die herbe Pein des unsäglichen Verlustes, die trübe entsetzliche Leere, die irdische Ohnmacht war gewichen." (Novalis beschreibt hier genau seinen eigenen Zustand nach dem Verlust Sophiens drei Jahre zuvor.) Der Pilgrim befindet sich wieder in einer „vollen und bedeutsamen Welt". Das „Gesicht" hatte ihn mit Vergangenheit und Zukunft in Berührung gebracht. Er stand außer der Gegenwart; und die Welt ward ihm erst teuer, wie er sie verloren hatte und sich nur als „Fremdling" in ihr fand, der ihre weiten bunten Säle noch eine kurze Zeit durchwandern sollte. Nun singt er — in die Geheimnisse der Poesie eingeweiht — sein erstes Lied, in dem er Mathilde und die Mutter Gottes gleichsetzt.

Das von Mathilde angekündigte Mädchen steht nun vor ihm (biographisch gesehen ist sie die zweite Braut, Julie), und ein merkwürdiges Zwiegespräch erhebt sich, von mehreren Leben und mehreren Eltern beider, das nur auf Hardenbergs Annahme der Lehre von der Seelenwanderung bezogen werden kann. Dann führt sie ihn fort, auf des Pilgers Frage „Wo gehn wir denn hin?" antwortend: „Immer nach Hause." Die erste Station, zu der ihn das Hirtenmädchen Zyane — das ist ihr Name —[13] geleitet, ist zu dem alten Arzt Sylvester, der in einem kleinen Steinhäuschen „von neuer Bauart" wohnt, das von einem Garten umgeben ist und hinter den Ruinen eines alten Schlosses liegt. Sylvester ist der Sohn eines Sterndeuters aus Sizilien; es ist der gleiche „Antiquar", der Heinrichs Vater in Rom aufgenommen und belehrt hatte, wie im ersten Kapitel des ersten Teils mitgeteilt worden war. Sylvester ist über alles unterrichtet, was in Heinrichs Familie vorgegangen war. Gespräche fädeln sich nun ein, zunächst über des Vaters Entwicklung, dann über Heinrichs Jugend, über die Gartenwelt und die Symbolkraft der Blumen und schließlich, immer tiefer dringend, über das Gewissen als die Urkraft von Erkenntnis, Natur, Religion und Poesie. Mit Sylvesters Ansatz zu einer Beschreibung seiner eigenen Herkunft und Jugend bricht der zusammenhängende Teil des Anfangs der Fortsetzung ab.

Von nun an müssen wir uns auf die Aufzeichnungen über die Pläne verlassen. Es ist klar, daß das Gespräch mit Sylvester noch weitergehen sollte. Es sollte sich auf Physik, Arzneikunde und Physiognomik ausdehnen und damit eine „medizinische Ansicht der Welt" geben, wobei Theophrast Parazels — natürlicherweise — den Ausgangspunkt bildete, endlich sich über Philosophie, Magie, Geographie erstrecken. Nachdem Zyane das Abendessen bereitet hatte, sollte sie ihre eigene Geschichte erzählen: daß sie die Tochter des Grafen Hohenzollern war, dessen Kinder nicht gestorben waren (wie es im fünften Kapitel des ersten Teils zu sein schien), daß sie von ihrer Mutter in Gebirgen erzogen wurde, im Morgenlande war, ihren Bruder verlor und schließlich aus einem Grabgewölbe von dem alten Arzt gerettet wurde, der sie zu sich nahm. Beim Abschied muß beschlossen worden sein, daß Zyane mit Heinrich gehen sollte, da es in den Plänen heißt: „Hirtenmädchen (Zyane) begleitet ihn nun beständig" (Handschrift: „Das Gesicht").

Die nächste Station Heinrichs ist das christliche Totenreich, in das Zyane ihn schickt. Dieses Reich ist ein auch mit einem Garten umgebenes Kloster, höchst wunderbar, wie ein Eingang ins Paradies, wie eine mystisch-magische Loge. Dessen Insassen sind Klosterherren oder Mönche, Priester des heiligen Feuers, eine Art Geisterkolonie, eben Tote. Von ferne hört er ihren Gesang (das „Lied der Toten")[16], erlebt eine weitere Vision in der Kirche, und die „wunderlichen Gespräche mit den Toten" beziehen sich auf Tod und Magie und den Stein der Weisen. Auch einen Kampf mit einem Wolfe, der sich in ein Lamm mit einem goldenen Felle verwandelte, wodurch Heinrich einen Klosterbruder rettete, hatte Novalis im Sinne, gab diese Idee aber wieder auf.

Dieses zweigeteilte erste Kapitel, dessen Grundstimmung ein Adagio sein sollte, scheint also als endgültigen Titel „Das Kloster oder der Vorhof" gehabt zu haben, mit dem die Handschrift des Eingangsgedichtes „Astralis" überschrieben ist. Das Reich der Toten ist demnach der „Vorhof" zum neuen Leben, der „vollen, bedeutsamen Welt", die Heinrich nach dieser Erfahrung betritt. Heinrich wird nun zum Helden. „Heldenzeit" sollte das zweite Kapitel heißen, und Heinrich wird nun aktiv in den Strudel der Ereignisse des hohen Mittelalters gezogen, den Geist der alten Chevalerie und des Krieges. Zunächst greift er in „bürgerliche Händel" der Schweiz ein und findet sich auf den Ruinen der alten Römerstadt Vindonissa (bei Windisch an der Aare), wo er wohl zuerst den Geist des alten Roms verspürt. Dann wird er in „italienische Händel" verwickelt, überfällt mit einem flüchtigen Haufen eine feindliche Stadt und wird schließlich ein Feldherr. Als eine Einlage in diese kriegerischen Verwicklungen sollte die Geschichte eines vornehmen Pisaners zu einer Florentinerin erzählt werden. Jedenfalls trifft er in Pisa, wohl auf dem Höhepunkt dieses Kapitels, den natürlichen Sohn Kaiser Friedrichs II. — sicherlich König Enzio, um den sich viele Legenden rankten, und schließt mit ihm Freundschaft. Von ihm hört er von dem fehlenden Stein in der hohenstaufischen Krone, der später noch eine bedeutsame Rolle spielen sollte. Endlich kommt Heinrich nach dem Wallfahrtsort Loreto. Nach Loreto wurde, der Legende nach, das Haus der Mutter Gottes von Engeln getragen. Der Marienkult, schon im Kreuzlied, im Lied Hohenzollerns und im Liebesgespräch Heinrichs und Mathildes, dann zu Anfang des zweiten Teiles angeschlagen, im Liede Heinrichs und im ersten Gespräch mit Zyane, würde am Ende des zweiten Kapitels zur vollen Blüte gebracht worden sein.

Im dritten Kapitel („Altertum" überschrieben) wird Heinrich von Loreto, das südlich von Ancona an der Adria liegt, nach Griechenland „verschlagen", wobei die Seefahrt durch eine Erzählung belebt werden sollte. Novalis nennt die Reise durch Griechenland eine „Tour", auf der er in ein Arsenal kommt, wohl auf der Akropolis, und mit einem Griechen Gespräche über Moral führt; Tieck fügt noch hinzu „Gespräche über griechische Staatsverfassungen, über Mythologie" und daß er „die alten Bilder und die alte Geschichte verstehn lernt".

Logisch schließt sich als viertes Kapitel das „Morgenland" an, dessen Inhalt in den Notizen allerdings nur spärlich angedeutet ist. Sie sprechen von einer Fahrt nach Tunis, also Nordafrika, das aber später wieder annulliert und durch Jerusalem ersetzt wird. Heinrich lernt die morgenländische Poesie kennen, auch die Morgenländerin (Zulima aus dem vierten Kapitel des ersten Teils) taucht wieder auf, die mit der Poesie identisch ist. Tiecks eingehendere Darstellung: „Seltsame Begebenheiten mit den Ungläubigen halten ihn in einer einsamen Gegend zurück, er findet die Familie des morgenländischen Mädchens; die dortige Lebensweise einiger nomadischen Stämme. Persische Märchen. Erinnerungen aus der ältesten Welt" ist bisher nicht von des Dichters eigener Hand belegt, aber in dem Buche ohne Titel des Grafen von Hohenzollern vorgedeutet: „Er sah sich in einem Kampfe mit wildaussehenden Männern und in freundlichen Gesprächen mit Sarazenen und Mohren."

Den großartigen Höhepunkt von Heinrichs Wanderjahren bildet seine Anwesenheit am deutschen Kaiserhofe im fünften Kapitel, dessen Titel einfach „Der Kaiser" sein sollte. Heinrich reist nach Deutschland über Rom zurück, wo er, nach Tieck, in die römische Geschichte eingeweiht wird. Am Kaiserhofe weitet sich der Roman in eine barocke Welt des Festes aus. Als Schauplatz dürfen wir wohl Mainz ansehen, wo Friedrich II. während einer seiner kurzen Anwesenheiten im Reiche im August 1235 einen glänzenden Reichstag abhielt, der in Funcks Biographie ausführlich beschrieben wird. „Der kaiserliche Hof muß eine große Erscheinung werden", sagt

Novalis, „das Weltbeste versammelt". Gespräche werden geführt über Regierung und Kaisertum, aber auch über Amerika und Ostindien; die letzteren sind „dunkel", da ja Amerika noch nicht in das damalige Gesichtsfeld getreten war. Ob hier „Ostindianische Pflanzen — etwas indische Mythologie" und „Sakontala" einbezogen werden sollte, ist nicht sicher. „Friedrich (?) treibt poetische Spielerei mit Spekulation. Die Begriffe und ihre Worte sind seine Personen — sie bilden einen dunklen, mysteriösen Roman. Diese allegorischen Figuren, dieser Glaube an die Persönlichkeit der Begriffe ist poetisch durchaus[15]." Denn der Kaiser ist ein „mystischer Kaiser", sein Haus die Urkaiserfamilie, und Novalis, indem er die berühmte Schrift „De tribus impostoribus" erwähnt, macht sich die Legende zu eigen, daß Friedrich II. Moses, Christus und Mohammed zu Betrügern erklärt habe[16]. Jedenfalls sah sich der historische Friedrich II. als einen Messiaskaiser an, er verkündigte sich selbst als Christo ähnlich, während die Kirche ihn als Antichrist betrachtete, eine Antinomie, die Novalis vielleicht auflösen wollte.

In den Mittelpunkt des Kaiserkapitels sollte ein großes Fest gestellt werden. „Heinrich könnte vor ein Theater kommen", heißt es, und das Fest soll aus lauter allegorischen Szenen zur Verherrlichung der Poesie bestehen. Darin wird das Orpheusthema verarbeitet. Heinrich sollte wohl Dramaturg und Spielleiter zugleich sein und seine Geschichte in Umwandlung der Orpheuslegende darstellen: Er gerät unter Bacchantinnen, die ihn töten, Mathilde steigt in die Unterwelt und holt ihn zurück. Ebenso sollte eine Parodie auf Amphion dargestellt werden, jenen dichterisch begabten Königssohn, der beim Bau der Mauern Thebens zuwege brachte, daß die Mauerblöcke sich von selbst an ihre Stelle setzten. Die Poesie aller Nationen und Zeiten sollte verherrlicht werden.

Der Abschluß der „Erfüllung" würde dann das sechste Kapitel, „Der Streit der Sänger", gewesen sein. Hier hat Novalis geschwankt, ob dieser Streit im traditionellen Sinne auf der Wartburg stattfinden sollte oder nicht, wie die Notiz: „Über den Streit auf der Wartburg und die (letzte) Verklärung noch reiflich nachgedacht", zeigt. Bald danach ist er, zum mindesten zeitweilig, zu der Entscheidung gekommen: „Keinen Streit auf der Wartburg. Mehrere Szenen an Kaiser Friedrichs Hofe." Die Chroniken besagen, daß während des Mainzer Festes in der Tat auch „Sängerwettstreite" stattgefunden hätten. Novalis hätte damit Heinrichs Rückkehr zum heimatlichen Boden, eben nach Eisenach, aufgegeben, vielleicht wegen der Beschränktheit der dortigen Verhältnisse. Aber konnte er das wirklich tun, nachdem diese Rückkehr schon im ersten Teile festgelegt war, bei der Trennung zu Beginn des zweiten Kapitels: „Er sah nach Thüringen, welches er jetzt hinter sich ließ, mit der seltsamen Ahndung hinüber, als werde er nach langen Wanderungen ... in sein Vaterland zurück kommen und als reise er diesem eigentlich zu", und im fünften Kapitel, wo er im Buche des Grafen Hohenzollern seine Zukunft vorauslas: „Gegen das Ende kam er sich größer und edler vor. Die Gitarre ruhte in seinen Armen, und die Landgräfin reichte ihm einen Kranz."

Ob die Aufgabe des Wartburgschauplatzes nun endgültig war oder nicht, der Sängerstreit selbst als eigenes Kapitel blieb bestehen. Über seinen Inhalt hatte sich Novalis notiert: „Wartburg. Innrer Streit der Poesie. Mystizismus dieses Streites. Formlose — förmliche Poesie." Der erste Teil des Streites wäre somit eine Poetik geworden. Dann wurde die Situation erhitzter: „Die Dichter wetten aus Enthusiasmus und bacchischer Trunkenheit um den Tod." Dies entspräche der Darstellung Rothes in seiner Thüringischen Chronik: „Der Krieg wurde so hart mit dem Gesange unter ihnen, daß sie sich verpflichteten, wer da verlöre, der sollte Stempfel, so hieß der Scharfrichter damals, überliefert werden ... Und ebenso, wie nun der Krieg unter ihnen wuchs, so wuchs auch der Haß." Sie können, sagt Rothe, Heinrich nicht besiegen, greifen zum Würfelspiel und „gewannen mit ungleichen Würfeln sein Geld und dann die Meisterschaft". Als sie ihn ergreifen wollten, vermittelte die Landgräfin.

Novalis notiert dann später: „Gegen das Gleichnis mit der Sonne ist Heinrich bei mir." Dieses Gleichnis ist bei Rothe nur ganz andeutend dargestellt: „Heinrich lobte den Herzog von Österreich vor allen anderen Fürsten in seinem Gesange und verglich ihn mit der Sonne." Später dann, als Heinrich Klingsohrn aus Ungarn nach Eisenach gebracht hatte, schlichtete dieser den Streit damit, daß er sagte: „Wie der Tag käme von der Sonne, und wenn die Sonne das Erdreich nicht beleuchtete, so wäre kein Tag." Im „Wartburgkrieg" dagegen wird das Gleichnis ausführlicher behandelt: Ofterdingen singt vom Österreicher: „Alle Fürsten sind ein Nebel gegen ihn: Er ist der Sonne gleich", worauf Walther feststellt: „Der Tag muß doch preiswürd'ger sein / Als Sonne, Mond und Sternenglanz, wie ich vermeinen will ... / Thüringens Landgraf mag uns tagen: / So steht ihm nach ein Sonnenschein der Held von Österreich." Es ist möglich, daß Hardenberg inzwischen das Wartburglied der Manessischen Handschrift gelesen hatte; A. W. Schlegel sagt, er habe es ihm im Laufe des Jahres 1800 gegeben[17]. Offenbar wollte Novalis das Gleichnis der Sonne durch die Lösung eines Rätselspiels, das Klingsohr abhält, ersetzen. Gleich nach der Aufgabe des Sonnengleichnisses heißt es nämlich: „Heinrich errät den Sinn der Welt — Sein freiwilliger Wahnsinn. Es ist das Rätsel, das ihm aufgegeben wird." Heinrich scheint also das Rätsel zu erraten, nachdem er durch einen Wahnsinnszustand hindurchgegangen ist. Er holt sich das Geheimnis von den Hesperiden, die ewige Fremde auf Erden sind und als solche Geheimnisse lüften können. Der Inhalt der Auflösung darf wohl in dem reizenden Gedicht: „Wenn nicht mehr Zahlen und Figuren / Sind Schlüssel aller Kreaturen" gefunden werden, denn die Bemerkung „Allerhand Wissenschaften poetisiert, auch die Mathematik im Wettstreit" weist darauf hin. „Dann fliegt vor Einem geheimen Wort (vor der Liebe) / Das ganze verkehrte Wesen fort." Dieses Lied, vielleicht wieder von Astralis gesprochen, ist durchaus als „Schlußgedicht" des sechsten Kapitels und damit des zweiten Teiles denkbar.

Der Schluß des Romanes sollte zweifellos Heinrichs „Verklärung" behandeln, und war, wie oben erwähnt, zunächst als siebtes Kapitel vorgesehen. Während die ersten Kapitel in sich sehr klar gegliedert waren, war für die „Verklärung" so viel Material vorhanden, daß es unmöglich in ein Kapitel gezwängt werden konnte. Die „Erfüllung" selbst wäre mit dem Siege Heinrichs im Sängerstreit durch die Lösung des Rätsels vom Sinn der Welt gegeben. Die erwähnte Bemerkung: „Kein rechter historischer Übergang >aus< nach dem 2ten Teile dunkel—trübe—verworren" kann nicht übersehen werden. Das Schwergewicht liegt auf dem Worte *historisch*. Denn von nun an verläßt der Dichter die historische Welt und betritt eine rein mythisch-märchenhafte. Von nun an werden alle Sinnbilder des Märchens von Eros und Fabel wieder lebendig und verschmelzen mit der „Wirklichkeit" Heinrichs in eine traumhafte Welt. „Der Schluß", sagt Novalis, „ist der Übergang aus der wirklichen Welt in die geheime — Tod — letzter Traum und Erwachen. Überall muß hier schon das Überirdische durchschimmern — das Märchenhafte." Das Variationenspiel, dereinst an „Wilhelm Meister" beobachtet, verschmilzt mit der Lehre von der Seelenwanderung. Gleichsetzungen werden vorgenommen, nicht nur aus dem Märchen, sondern aus dem ganzen ersten Teil (aus dem Personen „wiederkommen") wie folgt:

„Sofie ist das Heilige, Unbekannte.

Klingsohr ist der König von Atlantis.

Der Dichter aus der Erzählung — König der Poesie. Die Fabel erscheint.

Die Morgenländerin ist auch die Poesie.

Heinrichs Mutter ist Phantasie. Der Vater ist der Sinn, ... denn: Vater und Mutter blühn auf.

Schwaning ist der Mond, und der Antiquar ist der Bergmann und auch das Eisen.
Der Graf von Hohenzollern und die Kaufleute kommen auch wieder. Nur nicht sehr streng allegorisch.
Der Fremde von der ersten Seite.
Kaiser Friedrich ist Arctur.
Saturn = Arctur."
Die Gleichsetzung „Kaiser Friedrich ist Arctur" ist bedeutsam. Sie zeigt, daß Friedrich II. auch weiterhin (in der „Verklärung") eine Rolle spielt. Dadurch gewinnen wir trotz des „dunkel-trübverworrenen" Übergangs einen Anhaltspunkt für den Fortgang der Handlung. Das Leitmotiv dieses Teils liegt in der Bemerkung: „Heinrich muß erst ... für die blaue Blume empfänglich gemacht werden."
In einer ersten Übersicht über die einzelnen Stationen folgt auf den Sängerkrieg das Stichwort „Kyffhäuser". Auf dem Sängerkriege hat Heinrich Klingsohr wiedergetroffen, der ja auch im zweiten Teil des traditionellen Wartburgkrieges die entscheidende Rolle spielt. Die Bemerkung „Klingsohr — Poesie der Wissenschaften" bezieht sich offenbar darauf, daß er im Sängerstreit die Wissenschaften poetisiert (was dem Gespräch im 8. Kapitel des ersten Teils entspricht), während Heinrich das Wort von der Liebe fand. Den Anfang sollte ein Eingangsgedicht in Stanzen bilden. Das Kyffhäuserkapitel sollte damit beginnen, daß er „mit Klingsohr über allerhand sonderbare Zeichen spricht". Dann hört er in der Nacht ein Lied, „das er selber gemacht hat" (wohl das Lied des Pilgers). Dieses erweckt in ihm „Sehnsucht nach dem Kyffhäuser", der schon im 1. Kapitel des ersten Teils, in des Vaters unaufgelöstem Traum, auftauchte. Heinrich berichtet Klingsohr von seiner Sehnsucht, und dieser führt ihn — wieder ein Motiv aus dem Wartburgkrieg[18] — auf seinem Mantel nach dem Kyffhäuser. Hier erfüllt Heinrich einen Auftrag, der ihm schon bei seinem Aufenthalt in Pisa von Enzio angedeutet war, er findet den fehlenden Stein in der Krone. Die Barbarossasage wird nun romantisch ausgeschmückt und gleichzeitig mit Heinrichs eigenem Schicksal verwoben, der Wiederfindung Mathildens und des eigenen Kindes. Vor dem Kyffhäuserberg trifft Heinrich auf „Johannes", der ihn in den Berg führt, wo sie ein Gespräch über die Offenbarung führen. Es ist also der Apokalyptiker, der ihm hier begegnet, der seinerseits identisch mit dem Fremden von der ersten Seite sein könnte; denn dieser hatte ihm ja am Johannistage von der blauen Blume erzählt (Tieck behauptet dies). Der alte Mann in der Höhle, den Heinrichs Vater in seinem

Traum noch schlafend gefunden hatte, erwacht. Bei ihm weilt Mathilde in tiefem Schlaf und dazu ein „kleines Mädchen", mit dem Heinrich ein Gespräch führt, in dem er erfährt, daß es ihrer beider Kind, Astralis, ist. Sie zeigt Heinrich den Karfunkel („ein altes talismanisches Kleinod des kaiserlichen Hauses"), der im Kelche einer Blume am Busen Mathildes verborgen liegt. Zyane, die Heinrich treulich gefolgt ist, trägt den Stein zum Kaiser. Währenddessen erwacht Mathilde und heißt Heinrich, die blaue Blume zu pflücken und zurückzubringen[19].

Die Auffindung der blauen Blume sollte wohl der Inhalt des zweiten Kapitels sein. Zur Vorbereitung wird nun Heinrich verwandelt, so daß er alle Naturreiche durchlebt und alle Naturwesen verstehen kann, dadurch reif zur „höheren Natur". Heinrich wird erst Blume, dann Stein. Aus dieser Versteinerung („Schmerzen versteinern", heißt es kurz vor der Bemerkung „Metempsychose") erlöst ihn die Morgenländerin, die sich an dem Steine opfert. Nun wird Heinrich ein klingender Baum; und diesmal opfert sich Zyane, die den Baum umhaut und sich mit ihm verbrennt. Danach wird der Held in einen goldenen Widder verwandelt, den Mathilde opfern muß, wodurch Heinrich schließlich wieder Mensch wird. „Während dieser Verwandlungen hat er allerlei wunderliche Gespräche[20]."

Zuletzt, sagt Novalis in einer Fragmenthandschrift vom Frühjahr 1800, findet sich eine ausführliche Beschreibung der innern Verklärung des Gemüts. Heinrich kommt in Sophiens Land — in die Natur, wie sie sein könnte — in ein allegorisches Land. Dies wäre das dritte Kapitel. Licht- und Schattenreich leben hier durcheinander. Die Welt des Märchens wiederholt sich. Heinrich geht nun selbst in die Gärten der Hesperiden, die die letzten Geheimnisse bewahren. Zurückkommend offenbart sich ihm Arctur als Kaiser Friedrich, den Heinrich erlöst und dessen Nachfolger er wird. Da Arctur auch mit Saturn, der römischen Entsprechung von Chronos (Zeit), identisch ist, wird die „Zeit" dadurch aufgehoben. Aber „die blaue Blume richtet sich noch nach den Jahreszeiten", d. h., sie blüht und vergeht noch. Diesen „Zauber" vernichtet Heinrich — er zerstört das Sonnenreich, und endlich kann die „Vermählung der Jahreszeiten" stattfinden, das vierte, abschließende Kapitel. Allerdings zeigt das Gedichtfragment, das unter diesem Namen erhalten ist, daß keine Gewaltsamkeit in der Zerstörung des Sonnenreichs vorliegt. Heinrich ist nun der neue Monarch. Er denkt zurück an den ersten Tag der Geschichte, an den nächtlichen Traum und die Erzählung des Fremden, „als er zu erst von der himmlischen Blume gehört". Seine Gemahlin ist Edda, die blaue Blume selbst, die

irdisch mit Mathilde gleichzusetzen ist, da er an ihr die Blume gefunden hat — sie verkörpert das goldene Zeitalter „am Ende".
Edda antwortet auf die Frage, was noch fehle: die Verbindung alles Heterogenen, das noch existiert, die Paarung von Frühling und Herbst, Sommer und Winter, Jugend und Alter. Da „unser die Macht ist", gehen sie, die Tages-, Jahres- und Lebenszeiten zu „holen": von der Sonne den Tag, von der Finsternis die Nacht, vom Norden den Winter, vom Osten den Frühling, vom Süden den Sommer, vom Westen den Herbst, von der Vergangenheit das Alter, von der Zukunft die Jugend. Das Ganze schließt dann mit „Afterdingens Apotheose", mit einem „Fest des Gemüts", das dem Herrscherpaar in einem „höchst wunderbaren Drama in Versen" vorgeführt wird: „Wie Sakontala", jenes altindische Spiel Kalidasas, das Novalis so hoch schätzte, daß er Sophie von Kühn zu ihren Lebzeiten nach der Titelrolle benannte. In diesem Spiel verliert ebenfalls ein König seine Geliebte und findet sie mit ihrer beiden Kinde wieder.

Die Ausgestaltung des Endes hat Novalis viel beschäftigt. Auch zukünftige Menschen sollen „in der Verklärung" vorkommen; „das Buch schließt just umgekehrt wie das Märchen (von Eros und Fabel) — *mit einer einfachen Familie*. Es wird stiller, einfacher nach dem Ende zu", denn die Urwelt steigt auf, die goldene Zeit am Ende. Heinrichs Jugend wird wiederbelebt und von seiner Mutter erzählt. „Hinten" soll eine „wunderbare Mythologie" sich entfalten, und der Dichter ist stolz auf die Erfindung, „die entferntesten und verschiedensten Sagen und Begebenheiten zu verknüpfen". „Hinten" soll ein ordentliches Märchen in Szenen gestaltet werden, „fast" nach Gozzis Märchenstücken („Turandot" u. a.)[21], nur „romantischer" ... „Menschen, Tiere, Pflanzen, Steine und Gestirne, Flammen, Töne, Farben müssen hinten zusammen wie Eine Familie oder Gesellschaft, wie Ein Geschlecht handeln und sprechen". Die Geschichte des Orpheus soll auch hier eingefügt werden und die verwandte von der Psyche. Die Aussöhnung der christlichen mit der heidnischen Religion soll dargestellt und damit die endgültige „Poetisierung der Welt" durchgeführt werden. „Das ganze Menschengeschlecht wird am Ende poetisch. Neue goldene Zeit."

### Der Stil der geplanten Fortsetzung

Die Pläne Hardenbergs für die Fortsetzung des Romans sind so ausgreifend und weiten sich in eine universale Kosmogonie aus, daß oft bezweifelt worden ist, ob er in der Lage gewesen wäre, sie in eine ausführbare Form einzufangen. Daß er zur Ausführung entschlossen war, macht Friedrich Schlegels oben angeführte Bemerkung über das Gespräch am Lebensende des Freundes deutlich. Die hier versuchte Rekonstruktion der Fortsetzung läßt erschließen, daß die Durchführung durchaus möglich gewesen wäre. Auch Äußerungen des Dichters in den Planaufzeichnungen weisen darauf hin: Zunächst die deutliche Gliederung, die er der Stoffmasse, die Überschriften, die er den Kapiteln gibt; ferner der Rahmen, der durch die geplanten Eingangs-, Schluß- und Zwischengedichte jedes Kapitels gegeben wird, die schon manche Gedanken und Teile der Handlung absorbiert hätten. Dazu war sich der Dichter über den Rhythmus des Ablaufs klar. Das erste Kapitel sollte im Adagiotempo gehalten werden, dem der ausgearbeitete Teil durchaus entspricht. Die weiteren Teile der „ersten Hälfte des 2ten Teils" dagegen sollten „recht leicht, dreist, sorglos und nur mit einigen scharfen Strichen bemerkt werden". Das mag sich auf die an sich sehr handlungsreichen Kapitel über die schweizerisch-italienischen Händel, Griechenland und Morgenland beziehen. Danach sollte die „epische Periode" in ein „historisches Schauspiel" übergehen, „wenn auch durch Erzählung die Szenen verbunden sind", was sich sowohl auf das Kaiserkapitel wie auf den Sängerwettstreit beziehen kann — das Epos vom „Sängerkrieg auf der Wartburg" war ja auch „dramatisch", d. h. in Rede und Gegenrede dargestellt, mit „Erzählung" untermischt. Dem Ende, d. h. wohl dem „Verklärungs"-Teil, zu wird es wiederum „stiller, einfacher und menschlicher" — es sieht fast so aus, als ob der Dichter nach den „dreisten" epischen und den dramatisch zugespitzten Szenen das Ganze wieder im Adagiotempo auflösen wollte. Tatsächlich hat das Gedicht „Die Vermählung der Jahreszeiten" einen feierlichen Ton, der durch das Versmaß — das Distichon — verstärkt wird[22]. Auch das abschließende „Fest des Gemüts" im Stile „Sakontalas" sticht stark von dem Fest am Kaiserhofe ab, ferner die kurze Bemerkung: „Nach Jakob Böhm am Schluß des Buchs." Novalis' Gedicht „An Tieck", in dem der „Verkündiger der Morgenröte" gefeiert wird, gibt dazu Aufschluß. Auch hier ein alter Mann, der einem Kinde seine Mission zuweist, das des Friedens Bote sein soll. „Die Zeit ist da, und nicht verborgen / Soll das Mysterium mehr sein."

> Du wirst das letzte Reich verkünden,
> Was tausend Jahre soll bestehn;
> Wirst überschwenglich Wesen finden
> Und *Jakob Böhmen* wiedersehn.

So nahm Novalis, der dies Gedicht während der Arbeit am ersten Teil des Romans schrieb, das Ende des Ganzen voraus.

Wie der erste Teil sollten auch die anderen Einlagen der verschiedensten Art haben. Neben den verbindenden Gedichten, von denen wir das „Astralis"-Gedicht und die Vermählung der Jahreszeiten als Eingangsgedichte und „Wenn nicht mehr Zahlen und Figuren" als mögliches Schlußgedicht haben, sollten Lieder stehen, wie das einem Volkslied nachgedichtete „Ihr Herz war voller Freuden", Heinrichs „Pilgerlied" und das „Lied der Toten", die wir als Beispiele besitzen. Kriegslieder würden im zweiten Kapitel eingestreut gewesen sein, und an seinem Ende mag das „Lied zu Loreto" gestanden haben, während „Orientalische Gedichte" in das vierte Kapitel des zweiten Teils gehören. Ferner waren die späteren Teile wiederum mit Erzählungen durchsetzt — die Erzählung Zyanes zum Beispiel im ersten Kapitel, eine Erzählung von Heinrichs Mutter am Ende, die Züge aus seiner Jugend, wohl vor Anfang der Romanhandlung, darstellen sollte, die Geschichte von der Liebe des Pisaners zu einer Florentinerin, wohl im Tone Boccacios, vielleicht auch die Erzählungen von den Söhnen eines Zauberers, von der Auflösung eines Dichters im Gesang und die „Legende" von einem Dichter, der seinen Herrn aus der Hölle heraus holt. Dagegen wird der Entwurf der Geschichte vom Karfunkel, die ursprünglich als selbständige Erzählung geplant war, in die eigentliche Handlung einbezogen, d. h. auf Heinrich „angewendet". Dem Märchen am Ende des ersten Teils würde das „Märchen in Szenen" am Ende des Ganzen während des „Fests des Gemüts" entsprochen haben, während das Fest am Kaiserhofe aus „allegorischen Szenen" besteht. So wäre es trotz der Fülle von geplanten Gesprächen, trotz des Reichtums von historischen, mythologischen und Märchenmotiven, die in den Gang der Handlung eingefügt werden sollten — manche wären auch sicher wieder abgestoßen worden —, möglich gewesen, den Rahmen der elf vorgesehenen Kapitel der beiden letzten Teile in gut proportionierte Maße zu fassen.

„Heinrich von Ofterdingen" als Bildungsroman

Heinrich von Ofterdingen ist in der Tat ein Bildungsroman, nimmt aber eine eigentümliche Stellung innerhalb dieser Gattung ein. Es sind weniger die äußeren Verhältnisse der Welt, die auf den Helden einwirken, als innere Kräfte, die sich in ihm entfalten und die nicht von der Welt, wie sie sich uns darbietet, beeinflußt sind, sondern Brücken schlagen zu einer höheren Welt, die für Novalis eine absolute Realität war. Diese höhere Welt liegt allerdings nicht jenseits unserer Erfahrung, sie ist enthalten in unserer Realität, in dem, was Novalis „Natur" nennt, nur wird sie vom gewöhnlichen

Menschen nicht gefühlt oder geschaut. Dies Fühlen und Schauen entspringt der Kraft des Gemütes, die nur in dem für sie Empfänglichen sich offenbart. Ein solcher Mensch ist Heinrich, dessen Erfahrungen das Gemüt allmählich bilden. Diese Erfahrungen fallen ihm als Worte und Gedanken in den Schoß wie „belebender Fruchtstaub", als Ereignisse schieben sie „Riegel" fort, öffnen „versteckte Tapetentüren" oder „neue Fenster". Die höhere Welt, in die er durch sie hineinsieht, ist aber engstens mit dem Leben verbunden, sonst würde Novalis sich nicht die Mühe nehmen, soziale Fragen anzuschneiden, seine Eigentumslehre zu entwickeln oder dem Gemeinschaftsleben der Menschen, dem Staat seine Aufmerksamkeit zu widmen, wie das in der Fortsetzung geschehen wäre. Die Sensitivität für das Schauen der höheren Kräfte in unserer Welt ist am höchsten entwickelt im Dichter. Im „Wilhelm Meister" wurde die Kunst, das Theater, als eine Zwischenstufe angesehen, von der sich der Held löst, um im praktischen, „ökonomischen" Leben seine Erfüllung zu finden. Im Roman des Novalis kann erst der durch das Erlebnis der reinen Liebe zum Dichter gewordene Held Erfüllung bringen, allerdings nur indem er durch das tiefste Leid hindurchgeht. Zum Dichter wird er in der kleinen Welt, zum Erfüllenden wird er, nachdem er die große Welt durchschritten hat. Vom großen Plan her gesehen, erinnert der Roman des Novalis auffallend an Goethes „Faust", in dem der Held erst die kleine, dann die große Welt „sieht" und endlich Erfüllung in einer höheren Welt findet. Auch viele Mittel, die Goethe im „Prolog im Himmel" und im zweiten Teil des „Faust" anwendet, scheinen von Novalis vorausgenommen zu sein: die Vermischung von Realität und Phantasiewelt, das Durcheinanderwürfeln der Mythologien aller Zeitalter, Verwandlungen, der Ablauf von Festen, Schauspielen und allegorischen Szenen, dem Ausspruch Chirons entsprechend: „Den Poeten bindet keine Zeit." Faust geht durch das Reich der Tiefe, geologische Theorien werden dichterisch verarbeitet usw.

Dennoch ist Heinrich von Ofterdingen alles andere als eine Faust-Natur. Er ist weder rastlos noch unersättlich, vor allem sind weder Schuld noch Sünde Probleme, mit denen er zu ringen hat. Er ist vielmehr ein Parzival, der reine Tor, der kindhaft offen und erwartungsvoll ausreitet, sein Ziel unbewußt vor Augen hat und den Weg des reinen Herzens zum Wissen durch Leiden bis zur Erringung des Sinns (der Gral, die blaue Blume) und der Verklärung geht. Auch während der Irrfahrten, die in der Fortsetzung von Novalis' Roman vor sich gehen sollten, ist nirgendwo eine Verstrickung in Schuld angedeutet; selbst die „Schuld" des Nichtfragens im „Parzival" findet keine Entsprechung in Heinrich, dessen Mitleid gerade im Mitgefühl für Zulima zum Ausdruck kommt. Es scheint, als ob die Kraft des Gewissens, die ihm Sylvester (entfernt mit Gurnemanz vergleichbar) einflößt, davor feit, jene Kraft, welche die Kraft der Liebe, die er erlebt hat, befestigt. Diese Parzival-Natur, die Novalis hier in eigentümlicher, der mittelalterlichen Religiosität wahlverwandten Weise wiedererstehen läßt — dafür daß er den Stoff gekannt hat, sind keine Anhaltspunkte gegeben —, macht den Roman einzigartig. Dies rückt ihn heraus aus der zeitgenössischen Romanentwicklung, der Empfindsamkeit (Jakobis „Woldemar", Moritz' „Anton Reiser"), der Sturm-und-Drang-Sinnlichkeit Heinses, der Subjektivität Jean Pauls, der Ziel- und Zwecklosigkeit in den Erzählwerken „Lucinde" und „Sternbald" seiner romantischen Freunde und stellt ihn in bewußten Gegensatz zu „Wilhelm Meister". Diesem seinem stärksten Vorbild verdankt er den Anstoß dazu, etwas Gegensätzliches und damit Neues zu schaffen — und den Sinn für Planung, der allerdings schon im Geschäftsmann und Beamten Hardenberg entwickelt war. Im „Heinrich von Ofterdingen" hat Novalis zwar das Muster des romantischen Romans geschaffen, hat aber keine Nachfolger gefunden. Viele seiner Gedanken, das Symbol der blauen Blume, etliche seiner künstlerischen Mittel haben sich in späteren Romanen niedergeschlagen, aber weder seine Form noch seine Gestaltbildung, noch seine Bildkraft sind erreicht worden. Nur Eichendorff ist in „Ahnung und Gegenwart" (1815) eine Verbindung wesentlicher Elemente von „Wilhelm Meister" und „Heinrich von Ofterdingen" gelungen.

HERBERT SINGER

## Hoffmann · Kater Murr

Der vollständige Titel von Hoffmanns zweitem und letztem Roman lautet: „Lebensansichten des Kater Murr nebst fragmentarischer Biographie des Kapellmeisters Johannes Kreisler in zufälligen Makulaturblättern". Im Jahre 1819, als der erste Band erschien, mußte ein solcher Titel nicht minder barock und befremdlich erscheinen als heute. „Lebensansichten" schien er zu versprechen, also einen Roman vom Typus „Life and Opinions", wie er für das 18. Jahrhundert charakteristisch war[1]; einen Roman, der die oft recht banalen biographischen Daten seines Helden zum Vorwand nahm, dessen bemerkenswerte, vielleicht auch absonderliche „Meinungen", sein Verhältnis zum Leben, zur Welt, zu den großen Fragen seiner Zeit mitzuteilen. Die gravitätische und antiquierte Formel schlägt aber sogleich ins Groteske um, wenn sich herausstellt, daß Hoffmann nicht die Meinungen eines achtbaren Bürgers, wie etwa des Tristram Shandy Esq. oder des Magisters Nothanker, sondern die eines Katers vorzulegen gedenkt; vollends frappierend schließlich muß der Zusatz wirken, der als Beilage eine „fragmentarische Biographie" Johannes Kreislers verspricht, die sich in „zufälligen Makulaturblättern" erhalten habe. Kreisler nämlich, um den sich arabeskenhaft die „Kreisleriana", kleine „Fantasiestücke in Callots Manier" (1814/15) gruppierten, ist eine dem Leser bekannte Figur, ebenso seltsam wie reizvoll, dessen Leben und Meinungen ihm, mag er sie nun exzentrisch und verschroben oder bedeutend und geistreich nennen, wohl Interesse abnötigen können. Doch dieses ungewöhnlichen Mannes Lebensansichten werden keineswegs ausführlich und systematisch mitgeteilt, und auch seine Biographie ist in doppelter Hinsicht fragmentarisch.

Kreislers Lebenslauf ist, so erläutert der Herausgeber der Katermemoiren, lediglich durch einen ärgerlichen Zufall in Murrs Biographie — deren Präponderanz er mit keinem Wort in Zweifel zieht — hineingeraten, dadurch nämlich, daß der Kater ein — übrigens verschollenes — gedrucktes Buch, Kreislers Biographie enthaltend, „ohne Umstände" zerriß und „die Blätter harmlos teils zur Unterlage, teils zum Löschen" benutzte, und daß ganze Lagen dieser

Blätter von einem unverständigen Setzer mit abgedruckt wurden. So finden sich also in Murrs Werk willkürliche, ungeordnete Fragmente aus einem ganz andersartigen Zusammenhang. Daß dieser dann auch in einem anderen Sinne Fragment bleiben sollte, konnte der Erfinder des Titels nicht voraussehen: 1821 vollendete Hoffmann den zweiten Band, der geplante dritte Band ist niemals geschrieben worden. Ob Hoffmann, wenn dem 46jährigen nicht 1822 der Tod die geschäftige Feder aus der Hand genommen hätte, das Werk vollendet hätte, darüber zu streiten ist müßig; die Einheit des Vorliegenden jedoch wird uns noch zu beschäftigen haben.

Sicher ist, daß die fingierte Herausgebervorrede mit ihrem gespielten Erschrecken ob des „verworrenen Gemischs fremdartiger Stoffe" nicht so wörtlich zu nehmen ist, daß es ein Gelehrter unternehmen dürfte — und sei es auch ein sonst verständiger und scharfsinniger Hoffmann-Forscher wie Hans von Müller[2] —, den angeblichen Lapsus des Setzers zu korrigieren und dem Leser die Biographien Murrs und Kreislers getrennt und jeweils wohlgeordnet zu präsentieren. Die „etwas bizarre Szenerie, die in dem Buche herrscht", ist dem Leser auf keine Weise zu ersparen; er wird sich vielmehr genötigt sehen, sich der Führung des vielgewandten Autors anzuvertrauen und ihm unerschrocken in das Labyrinth seiner „biographischen Belustigungen"[3] zu folgen.

### Katerbiographie und Gesellschaftskritik

Erklärte Absicht des fingierten Herausgebers ist es, dem Publikum zugänglich zu machen, „was ein junger Autor von dem glänzendsten Talent, von den vortrefflichsten Gaben vorher aufschrieb". Der Interpret kann nicht umhin, zu tun, was er dem Herausgeber nicht gestatten darf: die Denkwürdigkeiten des talentierten Katers zunächst isoliert zu betrachten.

Freilich hat der Autor dafür gesorgt, daß es dem Leser nicht zu leicht wird, den hochbegabten Kater und seine instruktiven Memoiren nach Gebühr zu würdigen; er legt es geradezu darauf an, jedermann gegen Murr einzunehmen. Murr erscheint unerträglich selbstgefällig; seine aufdringliche Zurschaustellung von Talenten, Bildung, Leistung und Verstand ist geeignet, jeden Leser für seine Verdienste blind zu machen. Seine Eitelkeit ist maßlos, seine Selbstgerechtigkeit unerschütterlich, seine Heuchelei empörend. Die Unvorsichtigkeit, mit der er seine bedenklichen Eigenschaften enthüllt, zwingt jeden Leser, ihm sein Lebensziel zu mißgönnen: die Würde eines akademischen Lehrers.

Diese unausrottbaren moralischen Defekte des gelehrten Katers wären in der Tat dann ein bedeutendes Hindernis für das Verständnis und die Würdigung seines Buches, wenn Murr, wie uns ein Forscher glauben machen will, eine „epische Charakterkatze" wäre, seine Biographie also die Entfaltung eines Charakters, das Zusichselbstkommen einer Persönlichkeit in der Auseinandersetzung mit der physischen und moralischen Welt darstellte. Dies aber ist tatsächlich die Meinung Murrs selbst; ganz offensichtlich will er einen Bildungsroman schreiben, einen zweiten „Wilhelm Meister". Von diesem Vorbild hat er ganz unverkennbar das Aufbauschema seiner Memoiren bezogen und die Kategorien, unter denen er sein Leben betrachtet. Den vier Abschnitten seines Buches gibt er je zwei Überschriften, die von jener Absicht Zeugnis ablegen:

> Gefühle des Daseins
> Die Monate der Jugend
>
> Lebenserfahrungen des Jünglings
> Auch ich war in Arkadien
>
> Die Lehrmonate
> Launisches Spiel des Zufalls
>
> Ersprießliche Folgen höherer Kultur
> Die reiferen Monate des Mannes

Wenn man, wie bei der Transposition vom Katzen- auf ein Menschenleben nötig, „Monate" jeweils durch „Jahre" ersetzt, sind die Anspielungen auf Goethe und auch auf die „Lehrjahre der Männlichkeit", das Kernstück von Schlegels „Lucinde", unübersehbar.

Was der Kater als „denkwürdige, lehrreiche Geschichte" seiner „ereignisreichen Jugend" und seiner, wie er meint, nicht minder bemerkenswerten ferneren Schicksale präsentiert, ist höchst alltäglich. Er berichtet von seiner Kindheit und ersten Erziehung; von seiner Autodidaktenbildung, seinen gelehrten Studien, seinen poetischen und essayistischen Werken; von der Jugendfreundschaft mit dem Pudel Ponto und seinem ersten Ausflug in die Welt; von der Liebe zur Katze Miesmies und ihrem Ende; von seinen Erfolgen in der Burschenschaft der Kater und der Unterdrückung des Burschenwesens; schließlich von seinem vergeblichen Versuch, als Weltmann in den eleganten und exklusiven Zirkeln der Hunde zu reüssieren, und seiner reumütigen Rückkehr in die Welt der schönen Künste und Wissenschaften. Das ist freilich ein Lebenslauf, der des Ungewöhnlichen und Interessanten gänzlich entbehrt; dennoch könnte er als Substrat eines Bildungsromans dienen, zumal Murr sich nicht auf die dürren Fakten beschränkt, sondern das Hauptgewicht wirklich auf seine „Lebensansichten" legt, auf die Kommentierung des

Berichteten, die Mitteilung von empfangenen Lehren, von Meditationen und Maximen, Seelenzuständen und inneren Erfahrungen. Er spart schließlich auch nicht mit lebendiger Schilderung und scharfsinniger Beobachtung seiner Umwelt; die Gesetze und Zustände in den Reichen der Katzen, der Hunde und der Menschen beschäftigen ihn nicht minder als die allgemeinen Bedingungen von Gesellschaft und Kultur überhaupt. Die äußeren Kennzeichen des Bildungsromans sind also vollzählig zu gewahren. Daß als Autor ein Kater auftritt, daß also Bedingungen des menschlichen Lebens und Zusammenlebens nach Art der Fabel ins Tierreich transponiert werden, muß den Voraussetzungen der Gattung durchaus nicht widersprechen; die komische Wirkung, die jene Transposition häufig hervorruft, braucht ihrer Würde keinen Abbruch zu tun, und die didaktische Absicht der Fabel kommt ihr sogar entgegen.

Wenn Murrs Plan, einen neuen „Wilhelm Meister" zu schreiben, mißlingt, so nicht einfach deshalb, weil er ein Tier ist, sondern wegen seiner Unzulänglichkeit, wegen der Defekte, mit denen ihn sein Erfinder ausgestattet hat. Diese Defekte resultieren nicht daraus, daß dem Kater zur Ausbildung höherer menschlicher Eigenschaften die Voraussetzungen fehlten; Murr repräsentiert vielmehr, wie die Tiere der Äsopischen Fabel, einen menschlichen Typus mit all seinen Vorzügen und Schwächen.

Des Katers gelehrte Ignoranz, sein egozentrischer Hang zur Selbstbespiegelung und Selbstbemitleidung, seine philiströse Beschränktheit und Überheblichkeit, seine bornierte Eitelkeit und seine grenzenlose Selbstüberschätzung leiten ihn naturgemäß auch bei der Abfassung seiner Denkwürdigkeiten, sie bestimmen die Perspektive, unter der er sich und die Welt sieht. Damit aber wird die Perspektive zum Zerrspiegel, und die Lebensansichten werden zur Groteske. Murrs Bildungsroman ist eine unfreiwillige Parodie, ein Anti-Meister. Das heißt aber: Hoffmanns Katerbuch ist eine wohlzubereitete Satire.

Diese Satire beschränkt sich nun keineswegs darauf, eine literarische Form zu parodieren. Sie ist auch nicht von der im 18. Jahrhundert nicht seltenen lächelnd resignierenden Art, die die nun einmal unausrottbaren Mängel und Schwächen des Menschengeschlechts verspottet und die Narren zum Narren hält, wie sich's gebührt. Hoffmann prangert höchst reale und aktuelle gesellschaftliche Zustände an, er schreckt nicht einmal vor der Kritik an politischen Maßnahmen wie der Demagogenverfolgung, die ohne Zweifel die Verfolgung der Katzburschenschaft im „Kater Murr" inspiriert hat, zurück. Doch wird die Satire nirgends zum Pamphlet, zur Verhöhnung einer einzelnen Person oder eines einmaligen Vorgangs. Sie generalisiert vielmehr und stellt sich auch damit in Gegensatz zum Bildungsroman. Wo dieser sich die einmalige, unwiederholbare Persönlichkeit und ihre Genese zum Vorwurf nimmt, schildert die Satire das Typische und Charakteristische; und die Welt, die der Bildungsroman seinem Helden als Gegenstand der Auseinandersetzung und Anverwandlung nahebringt, entfremdet die Satire ihrem Leser — denn wenn die Satire einen „Helden" hat, ist es der Leser — durch Verzerrung, Bloßstellung und Entwertung.

Um die Welt, die Hoffmann solcherart in der Murrbiographie in den Anklagezustand versetzt hat, zu identifizieren, ist es nötig, sie aus der doppelten Entfremdung, der der Satire und der der Fabel, zu befreien und unter einer vertrauteren Perspektive zu betrachten. Hoffmann hat „den moralischen Ernst der Satire" gemildert durch die Transposition der Fabel, die den komischen Kontrast zwischen den vitalen Instinkten des Katers und der Bildungswelt, in der er zu leben vorgibt, zwischen seinem prätendierten Tiefsinn und seiner natürlichen Unbefangenheit ermöglicht. Das Bewußtsein, daß der bedenkliche Autor ein Kater ist, versöhnt den Leser mit manchem seiner Defekte, der andernfalls seine Empörung hervorzurufen geeignet wäre. Sobald der Leser die Transposition der Fabel rückgängig macht und sich statt des Katers einen gebildeten, aber mit allen Schwächen Murrs behafteten Menschen als Autor vorstellt, wird er eine Beobachtung machen, die Jean Paul in der „Vorschule der Ästhetik", dem unerschöpflichen Rezeptbuch romantischer poetischer Praxis, mitteilt: er wird wahrnehmen, „wie die Bitterkeit einer Ironie von sich selber mit ihrer Kälte und Ernsthaftigkeit zunimmt ohne Willen, Haß und Zuthun des Schreibers".

Mit Wesen und Funktion der Ironie in Hoffmanns Roman werden wir uns noch zu beschäftigen haben. Zunächst aber scheint es nötig, den Gegenstand der Satire, von ironischen Verzerrungen, entlarvenden Konfrontationen und vernichtenden Kontrasten befreit, unbefangen ins Auge zu fassen.

Das Ergebnis dieser Operation ist erstaunlich genug: Hoffmann begnügt sich nicht damit, einzelne Mängel und Ungereimtheiten der gebrechlichen Welt satirisch aufs Korn zu nehmen oder gar nur einen extrem unzulänglichen Zeitgenossen ironisch zu vernichten; er unternimmt nichts Geringeres, als das Gesamtphänomen von Kultur und Gesellschaft der glanzvollsten Epoche der deutschen Geistesgeschichte, der Goethezeit, planvoll zu negieren und zu zerstören. Auch darin erweist er sich als gelehriger Schüler Jean Pauls, der dem „Humor" diese Aufgabe zuweist: „Der Humor, als das umgekehrte Erhabene, vernichtet nicht das Einzelne, sondern das Endliche durch den Kontrast mit der Idee. Es gibt für ihn keine einzelne Thorheit, keine Thoren, sondern nur Thorheit und eine tolle Welt — er hebt ... keine einzelne Narrheit heraus, sondern er erniedrigt das Große, ... um ihm das Kleine, und erhöhet das Kleine, ... um ihm das Große an die Seite zu setzen und so beide zu vernichten." Die „tolle Welt" aber ist die, welche die unsterblichsten Meisterwerke deutscher Dichtung und Musik ermöglicht hat und in die hineingeboren zu sein ein Dichter und Musiker wie Hoffmann, so sollten wir glauben, als höchstes Glück empfinden müßte.

Es ist keineswegs nur die Epoche der Aufklärung, die Generation der „harmonisch Platten", gegen die schon Friedrich Schlegel mit wenig Recht seine schärfsten und verständnislosesten Angriffe gerichtet hatte, es ist gewiß nicht Friedrich Nicolai, den Hoffmann in der Figur und den Ansichten Murrs verspotten will. Doch ebenso gewiß gehört die Begriffswelt der Aufklärung noch zum geistigen Besitz der Epoche, und als solcher verfällt sie der mitleidlosen Aggressivität der Satire. Hinter Murrs Ansicht, „daß die Welt mit ihren Freuden, als da sind Bratfische, Hühnerknochen, Milchbrei usw., die beste sei, und da er das allerbeste in dieser Welt, da ihre Freuden nur für ihn und seinethalben geschaffen sind" — hinter dieser empörenden Versimpelung, die überdies durch die Transposition in die Sphäre der Bratfische lächerlich wirkt, verbirgt sich die heiligste Überzeugung des 18. Jahrhunderts und der philosophische Ertrag des großen Leibniz und seiner Nachfolger. Der Ausruf des Hauskaters: „Klima, Vaterland, Sitten, Gebräuche, wie unauslöschlich ist ihr Eindruck, ja, wie sind sie es nur, die des Weltbürgers äußere und innere Gestaltung bewirken!" persifliert den historischen Determinismus des 18. Jahrhunderts und Winckelmanns gewaltige Leistung. Und ebenso ergeht es anderen Begriffen und Wertvorstellungen, die der Aufklärung teuer waren: Erziehung und Bildung, Natur und Vaterland, Weisheit und Menschlichkeit.

Doch der gelehrte Kater zitiert nicht nur Basedow und Pestalozzi, Lichtenberg und Knigge, sondern auch Shakespeare und Goethe, Hamann und Kant, und seine Rhetorik und sein Vokabular ist eher empfindsamen als aufgeklärten Vorbildern verpflichtet. Schon die Vorrede (die eine „versehentlich" mitabgedruckte „unterdrückte Vorrede" als eitel Heuchelei entlarvt) beginnt:

„Schüchtern — mit bebender Brust, übergebe ich der Welt einige Blätter des Lebens, des Leidens, der Hoffnung, der Sehnsucht, die in süßen Stunden der Muße, der dichterischen Begeisterung, meinem innerster Wesen entströmten ... ihr seid es, ihr fühlenden Seelen, ihr rein kindlichen Gemüter, ihr mir verwandten treuen Herzen, ja ihr seid es, für die ich schrieb, und eine einzige schöne Träne in eurem Auge wird mich trösten ..."

Das Emphatische, das Larmoyante und das Seraphische überwiegt das nüchtern Didaktische bei weitem, und das Begriffsarsenal der Empfindsamkeit und des Geniekults wird gründlicher geplündert als das der Aufklärung. Begeisterung und Genie, Ahnung und Wehmut und der unerklärliche Kontakt der schönen Seelen werden nicht nur immerzu genannt, sondern auch als Stimulantien und Bedingungen dichterischer und musikalischer Produktivität gerühmt.

Hoffmann geht aber noch einen Schritt weiter und erlaubt seinem Kater, sich als Romantiker zu bezeichnen: „Eine gewisse Schwermut, wie sie oft junge Romantiker befällt, wenn sie den Entwicklungskampf der großen erhabenen Gedanken in ihrem Innern bestehen, trieb mich in die Einsamkeit ... Ich empfand mit jenem Dichter die süßen idyllischen Freuden im kleinen Häuschen am Ufer eines murmelnden Baches, umschattet von düster belaubten Hängebirken und Trauerweiden, und blieb, mich meinen Träumen hingebend, unter dem Ofen."

Diese Stelle verbietet uns, Murr und seine Welt als Zerrbilder einer vergangenen Epoche anzusehen, des Jahrhunderts, das sich von den Romantikern so manche Zurechtweisung hat gefallen lassen müssen. Wenn Hoffmann das empfindsame Klischee der idyllischen Hütte der Romantik zuordnet, legt er es dem Leser sogar nahe, ähnliche Leistungen des Katers als Beispiele romantischer und nicht empfindsamer Prosa aufzufassen, so etwa den Hymnus: „O Natur, heilige, hehre Natur! wie durchströmt all deine Wonne, all dein Entzücken meine bewegte Brust, wie umweht mich dein geheimnisvoll säuselnder Atem! ..."

Vollends die Gedichteinlagen wird man als Parodien romantischer Poesie ansehen müssen. Wenn bei manchen der Ton Tiecks anzuklingen scheint, so darf das gewiß nicht dazu verführen, in Murr nun statt Nicolais Karikatur die Tiecks sehen zu wollen. Doch mag die Frage gestattet sein, ob die Gestalt Tiecks, den Hoffmann bewunderte, mit dem er aber nicht auf gutem Fuße stand, ob der vielgewandte, ein wenig selbstgefällige, manchmal fast seichte Altmeister der Romantik, der in seinen Anfängen noch so deutlich im 18. Jahrhundert verwurzelt ist, ob Tieck, weniger wohl als Person denn als literarischer Typ, nicht doch Pate gestanden hat bei der Konzeption des literarischen Katers, der sich so oft und stolz auf seinen Ahnherrn, den Gestiefelten Kater Tiecks, bezieht.

Das kulturelle Panorama, das Murr entwirft, ist bei aller Reichhaltigkeit einseitig; denn Dichtung, Philosophie, Musik dringen in Murrs Bewußtsein nur, insofern sie als Funktion der Gesellschaft aufgefaßt werden können. Kunst ist für ihn stets Mittel, niemals Zweck, ist Vehikel des Erfolgs, Gebrauchsgegenstand, Konsumware; er stellt sie bedingungslos in den Dienst der Gesellschaft, von der er selbst sich abhängig fühlt und deren absolute Superiorität zu seinen ersten und entscheidenden Erkenntnissen gehört. „Gewisse Normalprinzipien ... als unbedingt notwendig für die Gesellschaft, welche die herrschende Macht auf dieser Erde versammelt", erkennt er unbedingt an, und zu seinen Wahlsprüchen gehört das „wahre Wort": „Je mehr Kultur, desto weniger Freiheit."

Murr ist jederzeit bereit und bestrebt, sich mit allen seinen Talenten in den Dienst der „herrschenden Macht" zu stellen. Die oberste Richtschnur seines Verhaltens ist die Anpassung an die Gesellschaft. Obwohl von exemplarisch bürgerlichen Neigungen und Gewohnheiten, akkommodiert er sich willig der Majorität, wenn er in die rauhe und übermütige Burschenschaft gerät, steuert sein poetisches Talent zur Verschönerung der Geselligkeit bei und glaubt einem Aufstand gegen die bürgerliche Philisterei beizuwohnen. Es ficht ihn nicht an, daß die Werte, auf die man sich beruft, selber bürgerliche Klischees sind, daß sein Leibbursch, der sich „offen, ehrlich, uneigennützig, herzhaft, stets bereit, dem Freunde zu helfen" nennt, ihn schnöde ausbeutet und daß der Trauerredner Hinzmann den höchst philiströsen Katalog von Verdiensten, den er jenem widmet, sogleich zu widerrufen genötigt ist. Erst als die herrschende Macht das Burschenwesen unterdrückt und sein Meister ihm versichert, daß der Philister es am besten habe, bequemt er sich zu seiner früheren Lebensweise.

Auch ein zweiter Versuch, in einer nichtbürgerlichen Gesellschaft Fuß zu fassen, mißlingt. Murr läßt sich durch seinen vornehmen Freund, seinen Lehrer in Dingen der Eleganz und Weltgewandtheit, in die adlige Gesellschaft der Hunde einführen. Doch gelingt es ihm nicht, die ständischen Schranken zu überwinden. Die Situation erinnert an die Tragödie des Diplomaten Werther[4]. Murr aber nimmt keinen Schaden, denn er versucht nicht, Achtung für seine Persönlichkeit zu erzwingen, sondern sich selbst dem vorgegebenen Klischee des Weltmannes anzugleichen:

„Der gute Ton besteht aber, so wie der gute Geschmack, in der Unterlassung alles Ungehörigen. Nun meine ich ferner, daß der Unmut, der sich aus dem widersprechenden Gefühl der Überlegenheit und der ungehörigen Erscheinung bildet, den in dieser sozialen

Welt unerfahrenen Dichter oder Philosophen hindert, das Ganze zu erkennen und darüber zu schweben. Es ist nötig, daß er in dem Augenblick seine innere geistige Überlegenheit nicht zu hoch anschlage, und unterläßt er dies, so wird er auch die sogenannte höhere gesellschaftliche Kultur, die auf nichts anderes hinausläuft als auf das Bemühen, alle Ecken, Spitzen wegzuhobeln, alle Physiognomien zu einer einzigen zu gestalten, die ebendeshalb aufhört eine zu sein, nicht zu hoch anschlagen. Dann wird er, verlassen von jenem Unmut, unbefangen, das innerste Wesen dieser Kultur und die armseligen Prämissen, worauf sie beruht, leicht erkennen und schon durch die Erkenntnis sich einbürgern in die seltsame Welt, welche ebendiese Kultur als unerläßlich fordert."

Was Murr hier fordert und zu leisten bereit ist, ist nichts weniger als die Kapitulation des Geistes vor der Gesellschaft. Er ist bereit, die Persönlichkeit, die „Physiognomie" hinzugeben als Kaufpreis für die Zulassung zu den Arkana der „Gesellschaftskultur". Daß die Gesellschaft den Preis verschmäht und der Refüsierte, nach einer schweren Krise, sie zu verachten sich entschließt, mindert nicht die grundsätzliche Bedeutung der Bereitschaft zu jedem Opfer für die vollkommene Anpassung.

Die gesellschaftliche Wirklichkeit, in der Murr ebenso wie sein Erfinder lebt und die trotz aller satirischen Destruktion auch in Murrs Lebensansichten noch vage erkennbar bleibt, erscheint uns, erschien aber auch vielen der Zeitgenossen als eine zwar verbesserungsbedürftige, aber doch höchst erträgliche, menschenwürdige und geistfreundliche Lebensordnung. Kaum jemals durfte man so hoffnungsvoll von der Möglichkeit reden, daß Maß und Sitte sich mit Freiheit und schöpferischer Entfaltung der Individualität zu harmonischem Ausgleich verbinden würden. Eben diesen Ausgleich aber vereitelt Murr, der die „milden Sitten", die er bis zum Überdruß rühmt, desavouiert und der Freiheit nicht einmal ansichtig wird, der, indem er Kultur und Gesellschaft in eine falsche und erzwungene Verbindung bringt, den Kontrast der beiden Mächte um so greller beleuchtet. Eine solche Satire boshaft und mutwillig zu nennen, wäre vielleicht nicht ungerecht — wenn sie für sich allein stünde.

Noch ein zweites könnte man ihr dann vorwerfen. Jean Paul charakterisiert an der zitierten Stelle die Verfahrensweise des romantischen Humors und erläutert, daß er das Große erniedrige und das Kleine erhöhe und beide vernichte. So auch geht Hoffmann vor: er mißt die Welt an der kleinlichen Pedanterie eines gelehrten Literaturkaters — ein Verfahren, dem beide nicht gewachsen sind und an dem beide zu grotesken Schemen werden. Aber die Vorbedingung des Verfahrens ist nicht gegeben: Hoffmann vernichtet nicht das Endliche durch die Idee. Jean Paul endet seine Beschreibung: „weil vor der Unendlichkeit alles gleich ist und Nichts". Die Aspekte der Idee und der Unendlichkeit fehlen in der Autobiographie Murrs; nicht aber in dem Roman des Kapellmeisters Kreisler. Erst die scheinbar willkürliche Verknüpfung der Katersatire mit dem Künstlerroman verleiht jener Gewicht und volle Bedeutsamkeit, macht aus einer launigen Persiflage ein unübertroffenes Exempel romantischer Ironie. Wenn Hoffmann von „dem skurilen Scherz" spricht, „der das eigentlich sehr ernste Buch durchflicht", dann meint er das ganze Werk. Auch der Kreislerroman ist nicht arm an Skurrilem; doch erst Murr und Kreisler zusammen konstituieren die stets gegenwärtige Kontrastharmonie von ernsthaftem Spaß und ironischem Tiefsinn, die die unvergleichliche Signatur des Buches ist.

Kreisler und seine Welt

Der äußeren Parallelen zwischen Katersatire und Kreislerroman sind wenige. Zwar lassen sich die meisten der Überschriften, die Murr den Abteilungen seiner Memoiren gibt, bei einigem guten Willen auch auf die entsprechenden Abschnitte der Kreislerbiographie anwenden; doch ist das Aufbauschema der letzteren von dem des Entwicklungsromans, dem Murr folgt, gänzlich verschieden. Die oft verzeichneten Parallelen sind durchweg so oberflächlich wie die, daß sowohl Murr als auch der junge Kreisler in benachbarten Abschnitten des Buches von einem Onkel eine Ohrfeige beziehen. Die einzige Figur, die in beiden Teilen erscheint, ist die des Meister Abraham, die, oberhalb der Welt Murrs beheimatet, der Satire unerreichbar ist. Ohne Zweifel wäre es Hoffmann ein leichtes gewesen, die beiden Teile durch gemeinsame Personen und mannigfachere Parallelen enger zu verknüpfen. Wenn er darauf verzichtet, so geht seine Intention offenbar nicht auf eine direkte, am Einzelfall ablesbare Kontrastierung. Eine solche Kontrastierung hätte sich für den dritten Band geradezu aufgedrängt; denn am Schluß der in den beiden ersten Bänden erzählten Ereignisse wird Murr Hausgenosse Kreislers, und es eröffnet sich damit die Möglichkeit, dieselben Vorgänge sowohl aus seiner wie aus der Perspektive seines neuen Herrn darzustellen. Doch Hoffmann begibt sich freiwillig dieser Möglichkeit, indem er am Ende des zweiten Bandes den Tod des Katers mitteilt und für den dritten Band lediglich „Reflexionen und Bemerkungen" aus Murrs Nachlaß in Aussicht stellt. Nicht um Glossierung, Kontrastierung und Parodierung des Einzelnen also ist es ihm zu tun, sondern um das Ganze, um die Demonstration der Unvereinbarkeit der beiden Welten und Lebensformen.

Die Fiktion des Titels und der Herausgebervorrede, daß die Lebensansichten des Katers der eigentliche und gewichtige Teil des Buches seien und die Kreislerfragmente eine zufällige und störende Zutat, enthüllt sich bald als ironisch. Murr und seine Welt drängen sich vor, beanspruchen Gewicht und Beachtung und erlauben Kreisler nur ein fragmentarisches Dasein, das sich unwillkommen in die geschlossene Kontinuität der Philisterwelt einschmuggelt. Und doch ist die Biographie Kreislers, die fast zwei Drittel des Gesamtumfangs ausmacht — Kreislers und Murrs Geschichte stehen zueinander im Verhältnis des Goldenen Schnitts —, ungleich bedeutender, gehaltvoller und für den Sinn des Ganzen entscheidend. Hoffmanns ironische Fiktion ist eine Variation zu Goethes Wort von dem Niederträchtigen, das stets das Mächtige ist.

Kreislers Biographie beginnt, nach einem später zu betrachtenden ersten Fragment, das Prolog und Epilog zugleich ist, mit der Schilderung des Hofes zu Sieghartshof. Sie berichtet sodann vom Auftreten des Kapellmeisters dortselbst und von der Wirkung, die er hervorruft, erzählt, was ihn hergeführt, teilt danach Einzelheiten aus Kreislers Jugend mit und beginnt erst im siebten der 17 Fragmente mit der Erzählung dessen, was Kreisler in Sieghartshof erlebt. Am Schluß des zehnten Fragments, mit dem der erste Band endet, muß Kreisler den Hof verlassen und zieht sich in ein Kloster zurück; der zweite Band berichtet abwechselnd von Kreislers Ergehen und den Begebenheiten in Sieghartshof.

Der absonderliche Aufbau des Kreislerromans, der sich so deutlich von dem geradlinigen der Katerbiographie unterscheidet, wird uns noch beschäftigen. Zunächst aber ist unverkennbar, daß der Roman mit einer Satire einsetzt, eben der Satire, über die die Lebensansichten Murrs niemals hinauskommen. Gegenstand der Satire ist derjenige soziale Bereich, zu dem Murr keinen Zutritt findet, der Hof[5].

Irenäus, Fürst von Sieghartsweiler, ist ein mediatisierter Duodezpotentat, macht- und einflußlos, der seine Apanage darauf verwendet, den Schein einer Hofhaltung aufrechtzuerhalten. Die winzige Residenz, zumal aber das Lustschloß Sieghartshof sind von dem gespenstischen Treiben unbeschäftigter Hofchargen, Räte und Exzellenzen erfüllt, und die Wirklichkeit höfischen Lebens hat sich längst verflüchtigt zu einer Nomenklatur von Titeln und zu der formelhaften Liturgie von Hofball, Conseil und Cour.

Schon hier ist es notwendig, eine methodische Bemerkung einzuschalten. Hoffmanns Biographen haben mit Eifer und Erfolg die

Erlebnisse ihres Helden nach realen Modellen für Kreisler und seine Welt durchstöbert. Der Hof des Fürsten Irenäus, so belehren sie uns, sei der Bamberger Hof, Kreislers Geliebte die Tochter der Konsulin Marc zu Bamberg, vielleicht zugleich auch die Sängerin Johanna Eunicke, und so führen sie die Umgebungen und Figuren der Dichtung auf allerlei reale Begebenheiten und Personen zurück. All diese Spekulationen beruhen auf der Gleichung Kreisler = Hoffmann und auf der Überzeugung, die Dichtung sei die Fortsetzung des Lebens mit anderen Mitteln. Selbst wenn diese Gleichungen erlaubt wären, könnten sie allenfalls der Deutung von Hoffmanns Persönlichkeit und Lebenslauf, nicht der seiner Dichtung hilfreich sein; ihre simplifizierende Willkür aber ist gerade geeignet, das unbefangene Verständnis des dichterisch Gestalteten zu erschweren, ja durch scheinbar unwiderlegliche Vorurteile unmöglich zu machen.

Die Schilderung des Klein-Versailles von Sieghartshof ist nicht die Karikatur eines bestimmten deutschen Hofes, nicht die späte und kleinliche Rache des weiland Hofkapellmeisters Hoffmann, sondern meint das Ganze des höfischen Wesens, vervollständigt die in der Murrbiographie unternommene satirische Vernichtung der zeitgenössischen Gesellschaft. Allerdings kommt auch hier wieder die Vernichtung nicht durch die bloße satirische Schilderung zustande; diese wäre bloße launige Persiflage, und die chimärische Hofhaltung könnte, auch im Bewußtsein des Lesers, weiterhin unangefochten ihr Scheinleben weiterfristen. Die ironische Annihilation kommt erst dadurch zustande, daß das unbedingte Prinzip, daß Johannes Kreisler just in diese verwunschene Welt versetzt wird.

Irenäus, nicht die beherrschende, wohl aber die zentrale Figur des Hofes, kennt als einziges Wertsystem die konservierende Etikette, als einzige lebenregelnde Kategorie „das Schickliche". Die Schicklichkeit entspricht den „milden Sitten", die Murr und sein Wertsystem, aber auch den Vater des Fürsten auszeichnen. „Die Vorsorge für den gehörigen Anstand am Hofe und im Lande" nimmt des Fürsten „ganzes Selbst in Anspruch"; und die Fürstin Maria, gänzlich versteinert zu einer Figurine des Zeremoniells, erklärt „stolz und kalt", „beinahe mit Unwillen": „Nie werde ich mich bewegen lassen, eine Unschicklichkeit zu begehen."

Höchst unschickliche Situationen aber entstehen, sobald Kreisler an diesem Hof erscheint. Bisher kreiste der zeremoniöse Rundtanz der anachronistischen Marionetten ungestört um das fürstliche Paar, um den imbezillen Prinzen Ignaz, die schöne junge Prinzessin Hedwiga und deren schwesterliche Freundin, die sanfte Julia; unschicklich war es allenfalls, daß dieser Tanz dirigiert wurde von zwei eigentlich nicht hoffähigen Personen: von Meister Abraham, der, halb Scharlatan und halb Weiser, einen unerklärlichen, doch wohltätigen Einfluß auf den Fürsten und den Hof ausübt, und einer Intrigantin, der Rätin Benzon, die „kalt und in sich verschlossen", immer lächelt und niemals lacht. Doch scheinen die unterschiedlichen Interessen dieser beiden Mächte bisher niemals zu Kollisionen geführt zu haben.

Mit Kreislers Auftreten wird die leblose Ruhe des kleinen Hofes beendet. „Die seltsamsten Ereignisse", so raisonniert die Rätin, „scheinen sich durchkreuzen zu wollen in diesem einsamen Familienkreise, den eine kleine Stadt und ein paar Dutzend Menschen mehr, als eben darin wohnen, Hof zu nennen gewohnt sind." Bei aller Verachtung dieses Hofes identifiziert sie sich doch mit dessen Spielregeln und bekämpft darum das fremde Element, das Kreisler hineinbringt; denn für sie sind die „konventionellen Verhältnisse" und „üblichen Formen ... durch die richtige Ansicht des wirklichen Lebens bedingt und als unsere Zufriedenheit begründend anerkannt". Diese Identifikation von Konvention und Wirklichkeit verweist sie aber, bei all ihrer Intelligenz, in dieselbe Kategorie wie den törichten Fürsten und den platten Autor der Katermemoiren.

In der Tat entfesselt Kreislers Auftritt in der sterilen Idylle des vergessenen Hofes eine beängstigende Abfolge bedenklicher Situationen. Das erste Auftreten des seltsamen Mannes macht bereits die Gegensätzlichkeit zwischen den Freundinnen Julia Benzon und Prinzessin Hedwiga deutlich. Die blumenhafte Julia, schüchtern, aber sicher in ihrer unbewußten Reinheit, fühlt sich schwärmerisch zu ihm hingezogen. Hedwiga, impulsiv, vulkanischen Temperaments, schwankt zwischen Jähzorn und Wehmut, Verstörtheit und krampfhafter Lustigkeit; dem Fremden ist sie erst feind, dann haltlos verfallen. Die Ankunft des ihr auf Grund dynastischer Erwägungen bestimmten Bräutigams, des schönen und bösen Prinzen Hektor, schafft eine vollends explosive Konstellation. Kreisler und Julia lieben sich wort- und hoffnungslos; Hektor und Hedwiga, die Verlobten, lassen es an deutlichen Bekundungen ihrer Liebe nicht fehlen. In Wahrheit aber liebt Hedwiga Kreisler, der sich ihrer schillernden Attraktion nicht ganz entziehen kann, und Hektor liebt Julia und verstört ihre Unbefangenheit mit seiner dämonischen Verführungskunst so lange, bis sie, eine zweite Emilia Galotti, fleht: „Barmherziger Himmel! ... schütze mich nur vor mir selber!" Es ist diese Konstellation, die zu einem Rencontre zwischen dem Adjutanten des Prinzen und Kreisler führt und diesen aus Sieghartshof vertreibt.

Wer ist dieser Kreisler? Was ermächtigt einen stellungslosen Kapellmeister, einen in sich ruhenden sozialen Kosmos heillos zu verstören?

„Sanft und weich wie ein Kind" kann der unheimliche Gast sein, „harmlos und gefügig" ist er, manchmal „sehr weich und mild", beim Unterricht „die Geduld selbst". Er ist im Grunde ein staunendes Kind, dessen Naivität die Kompliziertheit der von der Konvention vorgeschriebenen Verhaltensweisen nicht begreift. Gerade diese seine paradiesische Unschuld aber macht ihn überlegen und gefährlich, gerade sie fürchten die Hüter der gesellschaftlichen „Wirklichkeit", wie die Rätin Benzon, der Meister Abraham zornig vorhält:

„Was, rief er mit erhöhter Stimme, was habt ihr alle gegen diesen Johannes, was hat er euch Böses getan, daß ihr ihm keine Freistatt, kein Plätzchen gönnt auf dieser Erde? — wißt ihr's nicht? — Nun, so will ich es euch sagen. — Seht, der Kreisler trägt nicht eure Farben, er versteht nicht eure Redensarten, der Stuhl, den ihr ihm hinstellt, damit er Platz nehme unter euch, ist ihm zu klein, zu enge; ihr könnt ihn gar nicht für euresgleichen achten, und das ärgert euch. Er will die Ewigkeit der Verträge, die ihr über die Gestaltung des Lebens geschlossen, nicht anerkennen, ja er meint, daß ein arger Wahn, von dem ihr befangen, euch gar nicht das eigentliche Leben erschauen lasse, und daß die Feierlichkeit, mit der ihr über ein Reich zu herrschen glaubt, das euch unerforschlich, sich gar spaßhaft ausnehme, und das alles nennt ihr Verbitterung ... Der Geist der wahren Liebe wohnt in ihm, doch vermag dieser ein Herz zu erwärmen, das auf ewig zu Tode erstarrt ist, ja in dem niemals der Funke war, den jener Geist zur Flamme aufhaucht? Ihr möget den Kreisler nicht, weil euch das Gefühl des Übergewichts, das ihr ihm einzuräumen gezwungen, unbehaglich ist, weil ihr ihm, der Verkehr treibt mir höheren Dingen, als die gerade in euren engen Kreis passen, fürchtet."

Abraham nennt hier die wesentlichen Ursachen von Kreislers zerstörerischer Macht: Kreisler ist der Fremde schlechthin, derjenige, der die Gültigkeit der Gesellschaftsverträge leugnet, ja, ihre Existenz ignoriert. Mit ihm bricht das „eigentliche Leben" zerstörend in die Scheinwirklichkeit der Konvention ein. Sein Auftreten in der Gesellschaft ist nicht die Rebellion eines Einzelnen, sondern der Zusammenprall zweier Wirklichkeiten.

Zugleich enthüllt aber auch Abraham die notwendige Unvereinbarkeit der Kreislerwelt mit der Welt Murrs. Die Scheltrede gegen die weltkluge Rätin trifft noch eindeutiger den beschränkten Kater.

Wenn dieser die absolute Anpassung an die Gesellschaft zur obersten Maxime erwählt hat — während die Rätin diese Gesellschaft immerhin beherrschen will, ohne sie zu zerstören —, dann ist Kreisler derjenige, der die Gesellschaft als mögliche Lebensordnung nicht einmal recht wahrnimmt, weil er die Realität ihrer Prinzipien bestreitet. Und doch ist er dazu verdammt, in und mit dieser Gesellschaft zu leben. Er ist kein heiliger Anachoret, er hat keine bewohnbare Heimat, in die er sich zurückziehen könnte, und die Klosterzelle taugt ihm nicht. Wenn der Abt des Klosters, in dem Kreisler zeitweilig gastlich Obdach findet, ihm die Aufnahme in den Orden anträgt, lehnt Kreisler brüsk ab. Des Abts Diagnose ist richtig, nicht aber seine Therapie. Zweifellos gehört Kreisler zu jenen, „die Fremdlinge in der Welt sind und bleiben, weil sie einem höheren Sein angehören und die Ansprüche dieses höheren Seins für die Bedingung des Lebens halten, so aber, rastlos das verfolgend, was hienieden nicht zu finden, ewig dürstend in nie zu befriedigender Sehnsucht, hin und herschwanken und vergeblich Ruhe suchen und Frieden, deren offene Brust jeder abgeschossene Pfeil trifft, für deren Wunden es keinen Balsam gibt als die bittere Verhöhnung des stets wider sie bewaffneten Feindes".

Was der Abt hier „das höhere Sein" nennt, ist Kreislers unerreichbare Heimat, die ihn zur Einordnung in jede irdische Lebensform untauglich macht. Das höhere Sein aber ist zugleich der archimedische Punkt der ganzen Murr-Kreisler-Dichtung, das, was Jean Paul „das Unendliche" nennt und vor dem alle irdischen Verhältnisse zu nichts werden; nur aus diesem Unendlichen bezieht Kreisler auch die Legitimation für seine Selbstherrlichkeit, für seine Weigerung, mit der sozialen Wirklichkeit Kompromisse zu schließen.

Es mag verwunderlich scheinen, daß ein solch zentrales Phänomen nicht genauer bestimmt wird. Aber in und außer der Kreislerdichtung wird man nirgends präzisere Formulierungen finden als „das höhere Sein", „das, was hienieden nicht zu finden", „ein dunkles Geheimnis, ein wirrer, rätselhafter Traum von einem Paradies der höchsten Befriedigung, das selbst der Traum nicht zu nennen, nur zu ahnen vermag". Dies unendliche, unnennbare Numinosum ist Kreislers Glorie und sein Dämon. Die bloße Ahnung dieses Geheimnisses zeichnet ihn aus vor allen anderen Menschen, macht ihn aber auch untauglich für das Leben, in das er gestellt ist.

Der einzige Zugang zum Unendlichen führt über die Musik. Die Tantalusqual der Unerreichbarkeit des Höchsten, die Unrast, die Kreisler nicht „Sehnsucht" nennt, sondern „ein wüstes, wahnsinniges Verlangen", wird nur von ihr besänftigt: „Nur einen Engel des Lichts gibt es, der Macht hat über den bösen Dämon. Es ist der Geist der Tonkunst, der oft aus mir selbst sich siegreich erhebt und vor dessen mächtiger Stimme alle Schmerzen irdischer Bedrängnis verstummen."

Nicht die Kunst selbst wird hier vergöttlicht, sondern ein Unerreichbares, das hinter der Kunst zu ahnen ist. Theologie und Metaphysik sollen durch eine Metaästhetik ersetzt werden, die aber ihrem Wesen nach niemals begrifflich faßbar ist. Hoffmanns Beitrag zu dem romantischen Ringen um eine neue Mythologie ist ein vager Traum von der ästhetischen Existenz, die den Zugang zur Mythologie der Musik eröffnen soll. Aber diese Mythologie ist leer, und das macht sie zum Tremendum und verleiht ihr zerstörerische Macht.

Wenn Kreisler von der Liebe des Künstlers schwärmt, die ihm als Funktion der Kunst, als Vorhof des Paradieses der ästhetischen Existenz erscheint, so ist auch dies ein Traum:

„Und nun lodert auf in reinem Himmelsfeuer, das nur leuchtet und wärmt, ohne mit verderblichen Flammen zu vernichten, alles Entzücken, alle namenlose Wonne des höheren, aus dem Innersten emporkeimenden Lebens, und tausend Fühlhörner streckt der Geist aus in brünstigem Verlangen und umnetzt die, die er geschaut, und hat sie, und hat sie nie, da die Sehnsucht ewig dürstend fortlebt! — Und sie, sie selbst ist es, die Herrliche, die, zum Leben gestaltete Ahnung, aus der Seele des Künstlers hervorleuchtet, als Gesang — Bild — Gedicht!"

Und die Prinzessin antwortet darauf, ergriffen: „So geliebt zu werden — o es ist ein schöner, herrlicher Traum des Himmels — nur ein Traum, ein leerer Traum!"

Kreislers Versuch, Kunst und Leben in eine äußerliche Verbindung zu bringen, scheitert, muß scheitern. Die Ahnung vom Unendlichen, das hinter der Musik verborgen liegt, macht ihn nicht nur untauglich zum Hofkapellmeister, der kulinarische Musik zum Konsum der Gesellschaft herstellt; sie macht ihn auch heimatlos im Leben, ohne ihm eine Heimat in anderen Bereichen anzubieten. „Kreisler bleibt ein Verlorener zwischen zwei feindlichen Mächten." Die Feindschaft der beiden Mächte drängt ihn in die Position des Streiters. Er ist, mag er noch so „zerrissen", „bizarr", „barock" erscheinen, doch alles andere als eine „tiefsinnige Karikatur". Er ist ein hoffnungslos Kämpfender, und seine Waffe ist die Ironie.

Sobald Kreisler mit der Konvention kollidiert, verbirgt er sein „sanftes, weiches Gemüt" hinter der „Satyrmaske", und „aus dem treuesten, herrlichsten Gemüte" sprudelt eine Kaskade bitterer Scherze und schneidenden Humors. Dieser Humor, diese Ironie

— beide Begriffe werden, wie im Grunde schon bei Jean Paul, im Kreislerroman, in der „Prinzessin Brambilla" und auch sonst bei Hoffmann durchweg als Synonyma gebraucht — ist es, die dem eigentlich zarten und verletzlichen Mann den Ruf des Exzentrischen und Aggressiven einträgt.

Schon eine einzige konventionelle Formel kann Kreisler in den stachligen Verhau seiner Ironie treiben. Beginnt Hedwiga eine Konversation mit der Phrase „Gibt's wohl einen reizenderen Aufenthalt weit und breit als unser Sieghartshof?", dann muß sie der Antwort gewärtig sein:

„In der Tat, gnädigste Prinzessin, sagte der Kapellmeister, der Park ist herrlich, und ganz besonders ist es mir lieb, daß sämtliche Bäume grünes Laub tragen, welches ich überhaupt an allen Bäumen, Sträuchern und Gräsern sehr bewundere und verehre, und jeden Frühling dem Allmächtigen danke, daß es wieder grün worden und nicht rot, welches in jeder Landschaft zu tadeln ..."

Die Stelle korrespondiert übrigens mit einer Glanzleistung Murrs, der allerdings das ahnungslose Opfer seiner ironischen Formulierung ist:

„O das Sehen! es ist eine wunderbare, herrliche Gewohnheit, eine Gewohnheit, ohne die es sehr schwer werden würde, überhaupt in der Welt zu bestehen! — Glücklich diejenigen Hochbegabten, denen es so leicht wird als mir, sich das Sehen anzueignen."

In beiden Fällen wird das Banale durch die Aufblähung seiner Bedeutsamkeit zu unangemessener Größe entstellt und vernichtet.

Doch dies ist ironisches Vorgeplänkel. Die entscheidende Waffe wird die Ironie dann, wenn sie das Einzelne und Endliche an der Idee der Unendlichkeit mißt. Immer wenn Kreisler sich genötigt sieht, zum Generalangriff gegen die alltägliche Wirklichkeit überzugehen, ist das Bewußtsein der Unendlichkeit gegenwärtig. Das wird ganz deutlich, wenn Kreisler seine Musik gegen den Vorwurf verteidigt, ihre Extravaganz, ihr „gewaltsamer, zerstörender Eindruck" sei „im gemütlichen Zirkel, wo freundliche Unterhaltung obenan stehen soll", nicht am Platze. Der Vorwurf ist nicht einmal unberechtigt — und Kreisler gibt ihm recht, dergestalt aber, daß er die Prämissen des Vorwurfs aufdeckt und vernichtet:

„O Gott, gnädigste Prinzessin! — wie ganz bin ich ärmster Kapellmeister Ihrer gütigen, gnädigen Meinung! — Ist es nicht gegen alle Sitte und Kleiderordnung, die Brust mit all der Wehmut, mit all dem Schmerz, mit all dem Entzücken, das darin verschlossen, anders in die Gesellschaft zu tragen als dick verhüllt mit dem Fichu vortrefflicher Artigkeit und Konvenienz? Taugen denn alle Löschanstalten, die der gute Ton überall bereitet, taugen sie wohl was, sind sie wohl hinlänglich, um das Naphthafeuer zu dämpfen, das hie und da hervorlodern will?"

Da ist nichts von dem „Lächeln des versöhnenden Humors", das manche Deuter in Hoffmanns Roman gefunden haben wollen. Dieser Humor ist gerade dazu bestimmt, die Unmöglichkeit der Versöhnung zu demonstrieren, die Kontraste aufs schärfste herauszutreiben. Diese Kontraste aber sind schneidend und qualvoll, nicht nur für Kreislers Umgebung, sondern auch für ihn selbst. Bezeichnend für ihn sind die abrupten Umschläge von „schwermütiger Sehnsucht" zu „toll verzerrtem Lächeln", der „Todessprung von einem Extrem zum anderen"; oft auch vermischen sich Zorn und Schmerz des verwundeten Kämpfers, und er führt die Klinge, „indem jenes skurrile Lächeln auf dem Antlitz wieder die Oberhand gewann, und dabei die innere Wehmut die Stimme beinahe erstickte".

Jean Paul nennt den Humor „die große Antithese des Lebens selber", und er fährt fort: „Shakespeare, der Einzige, tritt hier mit seinen Riesengliedern hervor; ja in Hamlet, so wie in einigen seiner melancholischen Narren, treibt er hinter einer wahnsinnigen Maske diese Welt-Verlachung am höchsten." Abraham vergleicht Kreisler einmal mit Hamlet, Julia vergleicht ihn mit Probstein und zweimal mit „dem melancholischen Monsieur Jacques". Als Kreisler davon hört, ruft er unter Tränen aus: „O du ahnendes Himmelskind!" Er, der die Welt zu verlachen genötigt ist, ist doch kein hochmütiger Weltverächter, kein Menschenfeind oder lebenhassender Asket, er liebt die Erde, die Natur und die Menschen, er liebt Schönheit und Reinheit, Güte und Unschuld. Nur die heillosen Ordnungen, die die Menschen auf dieser Welt aufgerichtet haben, machen ihm vertrauensvolles Miteinanderleben unmöglich, und die chimärische Utopie, an der er das Bestehende mißt, treibt ihn in den Kampf gegen die Wirklichkeit. Es ist nicht verwunderlich, daß er darüber zum „Zerrissenen", zum Melancholiker wird und daß sich die „fixe Idee" bei ihm einstellt, „daß der Wahnsinn auf ihn laure, wie ein nach Beute lechzendes Raubtier, und ihn einmal plötzlich zerfleischen werde". Nur die Musik, sein Heil und sein Unheil zugleich, rettet ihn immer wieder:

„Schadenfroh trachtete der Dämon eben, das tiefste Geheimnis meiner Brust zuschanden zu machen, da rührte der mächtige Geist der Tonkunst die Schwingen, und von dem melodischen Rauschen erwachte der Trost, die Hoffnung, ja selbst die Sehnsucht, welche die unvergängliche Liebe selbst ist und das Entzücken ewiger Jugend. Julia sang!"

Es ist kein Wunder, daß ein so explosiver Charakter die Puppenwelt des Fürsten Irenäus schwer erschüttern muß. Die kluge Rätin Benzon erkennt als erste die Gefahr und prophezeit, er werde „mit dieser phantastischen Überspanntheit, mit dieser herzzerschneidenden Ironie nichts anstiften als Unruhe — Verwirrung — völlige Dissonanz aller konventionellen Verhältnisse, wie sie nun einmal bestehen".

Kreisler wird alsbald der Mittelpunkt des Hofes. Die beiden Auguren, der freundliche Meister und die feindliche Rätin, messen ihre Kräfte in einem lautlosen Kampf, der sich steigert bis zu dem nächtlichen Dialog nach Kreislers Verschwinden, einer Art von Ringen mächtiger Geister, in dem die Rätin unterliegt.

So ringen im „Goldenen Topf" der Archivarius und das Äpfelweib um Anselmus, in „Klein Zaches" Prosper Alpanus und Rosabelverde um Balthasar. Die Analogie reicht noch weiter: Kreisler steht zwischen Julia und Hedwiga wie Anselmus zwischen Serpentina und Veronika, wie Medardus zwischen Aurelie und Ephemie — wie eine ganze Reihe von Hoffmanns Helden also zwischen einem guten und einem bösen Prinzip, die jeweils durch einen mit geheimnisvoller Macht ausgestatteten Schutz- oder Widergeist und durch eine liebenswürdige oder verführerische Frau vertreten sind.

Julia ist rein und gut wie der Geist der Musik, und im Traum wird sie selbst zum Gesang und Kreislers keusche Geliebte. Hedwiga aber ist eine Kreislernatur, die nur der Ahnung des Unendlichen entbehrt. Auch sie ist zerrissen, oft krampfhaft, exzentrisch, jäh wechselnd zwischen extremen Stimmungen; sie liebt das Bizarre ebenso, wie Julia es verabscheut. Zart und weich ist sie nur nach erschöpfenden inneren Anspannungen. Ihr Leben ist verstört von einem Jugenderlebnis: ein Wahnsinniger, der Kreisler glich, hat sie ermorden wollen. Dies ist ihr Trauma, „die Wunde", die „noch immer nicht recht geheilt ist, so daß sie vor Schmerz manchmal allerlei Faxen macht". Hedwiga, verstört und verstörend, wirkt eben dadurch auf Kreislers dämonische Gespaltenheit ebenso abstoßend wie anziehend.

## Kreislerroman und Gesamtkomposition

Wie die bedrohliche Konstellation nach Ankunft des satanischen Prinzen Hektor ein abruptes Ende nimmt, davon haben wir bereits gesprochen, und es wäre nun endlich an der Zeit, das zu erörtern, was im Kreislerroman eigentlich geschieht. Der Interpret hat sich im Kreise bewegt; aufgefordert, nun endlich fortzuschreiten, sieht er sich in Verlegenheit. Es wird sich zeigen, daß diese Verlegenheit nicht von ungefähr ist.

Der Roman, so reich er an profilierten Figuren, überraschenden Situationen, wechselnden Episoden ist, macht es nicht leicht, eine nacherzählbare „Handlung" zu entdecken. Er entwirft eine Konstellation, erläutert sie, spitzt sie zu — und bricht dann zunächst ab. Die Episoden aus Kreislers Jugend, so lebendig, fesselnd, rührend sie sein mögen, können dennoch nicht als „nachgeholte Vorgeschichte" der Romanhandlung gelten — denn nicht einen Entwicklungsroman wollte Hoffmann schreiben. Sie enthalten Materialien zur Genese der exzentrischen Persönlichkeit, die trotz ihrer Ausführlichkeit sich funktional nicht von der Episode unterscheiden, die von Hedwigas Trauma erzählt. Wie die Nachrichten über die anderen Figuren, wie die Schilderung des Hofes sind sie geeignet, die Situation zu erläutern, nicht aber, sie zu verändern. Wer aber nun vom zweiten Band eine Entwicklung, eine Fortführung der Haupterzählung erwartet, sieht sich abermals getäuscht.

Vielen Interpreten des Romans ist die Enttäuschung über den zweiten Band anzumerken; doch kaum einer hat sie einzugestehen gewagt. Und doch scheint es uns kein Sakrileg zu sein, wenn wir ein merkliches Qualitätsgefälle zwischen den beiden Bänden konstatieren. In wenigen Wochen war der erste Band niedergeschrieben worden; zwei Jahre später entstand in Monaten der zweite. Nicht zum erstenmal hätte Hoffmann ein angefangenes Werk mit Unlust weitergeführt; diesmal aber mußte er unter ungewöhnlich ungünstigen Auspizien arbeiten: krank, von Geldsorgen geplagt, mit mancherlei Nebenarbeiten befaßt, endlich auch unter dem Druck des kleinlich-gehässigen Disziplinarverfahrens, das ihm die Satire des „Meister Floh" eingetragen hatte. Es schmälert den Ruhm des Dichters und des Werkes nicht, wenn der zweite Band unter solchen widrigen Umständen nicht ganz so sicher konzipiert, nicht ganz so klar, dicht und überzeugend wurde wie der erste.

Kreisler findet Zuflucht in einem weitherzig und kunstsinnig regierten Kloster. Eine Episode berichtet von dem Versuch eines asketischen Mönches, strengere Observanz einzuführen, und von Kreislers geheimnisvoller Macht über ihn; eine weitere von einer düsteren neapolitanischen Mordgeschichte. In Sieghartshof wartet man ab; Abrahams Jugend wird mitgeteilt; Gespräche werden geführt; Prinz Hektor erscheint unverhofft, versucht vergebens, Julia zu überrumpeln, und reist ab. Die Anfangskonstellation aber bleibt unverändert. Erst die letzte halbe Seite des Bandes bringt einen entschiedenen Fortschritt: Meister Abrahams Brief an Kreisler, in dem er ihn auffordert, nach Sieghartshof zurückzukehren, und mitteilt: Hektor werde bald zurückkehren und Hedwiga heiraten;

Irenäus hoffe auf einen Thron; die Rätin Benzon sei zur Reichsgräfin erhoben, so daß ihrem — dem Leser längst bekannten — Plan, Julia mit dem schwachsinnigen Prinzen Ignaz zu verheiraten, nichts mehr im Wege stehe. So schließt der Band mit der Aussicht auf neue Verwicklungen, ohne deren Schürzung zu erläutern oder gar ihre Lösung anzudeuten.

Dagegen ist das Netz der Geheimnisse, die sich schon im ersten Band andeuten, dichter geworden. Mit vielen romantischen Romanen teilt der Kreislerroman die analytische Komponente, das Geheimnis, das sich erst zum Schluß enthüllt. Auch hierfür hat Jean Paul das Rezept geliefert:

„Wenn schon das Interesse einer Untersuchung, ja des Stils auf einem fortwechselnden Knötchen-knüpfen und -lösen beruht, . . . so darf sich noch weniger im Roman irgend eine Gegenwart ohne Kerne und Knospen der Zukunft zeigen. Jede Entwicklung muß eine höhere Verwicklung sein . . . Im ersten oder Allmacht-Kapitel muß eigentlich das Schwert geschliffen werden, das den Knoten im letzten durchschneidet. Hingegen im letzten Bande mit einem regierenden Maschinisten nachzukommen, ohne daß ihn Maschinen in den vorhergehenden angemeldet, ist widrige Willkür."

So hat es sich Hoffmann angelegen sein lassen, rechtzeitig „Maschinen" einzubauen, unerklärte Anspielungen, seltsame Ähnlichkeiten, das Bild einer unbekannten Person, das erstaunliche Wirkungen ausübt, schließlich das Wort „Geheimnis" und Ankündigungen wie die, „daß noch vor dem Schluß des Buches auch dieses Geheimnis an den Tag kommen soll". Einzelne Aufklärungen, wie die, daß die Rätin Benzon dem Fürsten ein Kind geboren hat, schaffen wiederum neue Dunkelheiten; Vermummte und Unbekannte treten flüchtig auf und verschwinden wieder. Immer stärker muß im Leser die Überzeugung werden, daß die Welt des Hofes noch in einem anderen Sinne unwirklich ist, als Kreislers Attacken meinen: er argwöhnt, daß die Identität all dieser Personen zweideutig ist, daß vielleicht Irenäus gar kein Fürst, Hedwiga nicht seine Tochter, Kreisler nicht von obskurer kleinbürgerlicher Herkunft ist, daß die Starre der Konvention nur mühsam ein ganzes Geflecht von Quiproquos, von Mystifikationen und Verbrechen überdeckt. Er wird sich an Hoffmanns ersten Roman erinnern, an die „Elixiere des Teufels", an die schrecklichen Begebenheiten, die dort berichtet werden, daran, wie Verbrechen auf Verbrechen gehäuft werden und immer neue, vergangene Verbrechen ahnen lassen, bis endlich eine alte Chronik die schaurige Geschichte eines fluchbeladenen Geschlechts enthüllt, dem alle Akteure angehören.

Der dritte Band des „Kater Murr", der solche Aufklärungen hätte bringen müssen, ist ungeschrieben geblieben. Sicher aber ist, daß alle handelnden Personen auf weit engere und geheimnisvollere Art miteinander verbunden sind, als es zunächst den Anschein hat, und daß den im Roman berichteten Ereignissen eine Vorgeschichte vorausgeht, die diese Verbindungen zustande gebracht hat; sicher ist auch, daß mancherlei illegitime Verbindungen, Verstoßungen, Entführungen, Verwechslungen, Kindesunterschiebungen die im Kreislerroman entworfene Konstellation erst ermöglicht haben. Mehr als wahrscheinlich ist es auch, daß, wie in so vielen Werken Hoffmanns, alle Hauptfiguren durch verwandtschaftliche Bande miteinander verknüpft sind und sich in einer wenn auch überaus komplizierten Stammtafel unterbringen lassen. Walther Harich hat es mit viel Scharfsinn unternommen, mit Hilfe von mancherlei Kombinationen und Analogien zu anderen Hoffmannschen Werken eine solche Stammtafel aufzustellen. Wir werden niemals wissen, wie nahe er des Dichters Absichten gekommen ist. Doch mag er im einzelnen recht oder unrecht haben: was Harich voraussetzt, könnte, und Ähnliches müßte der dritte Band enthüllt haben.

So wäre also Kreisler der Sohn der Fürstin, der Enkel und vielleicht der legitime Nachfolger des verstorbenen Fürsten, Hedwiga die Tochter Meister Abrahams, Hektor der Sproß einer Nebenlinie des Fürstenhauses, wären Nebenfiguren und flüchtig erscheinende Unbekannte eng mit den Hauptpersonen verknüpft. Doch nicht das ist das Entscheidende; das Knüpfen und Lösen von „Knötchen" ist nur Maschinerie. Bedeutsamer sind die Konsequenzen, die sich aus solchen Verknüpfungen für Kreislers Stellung in der Welt ergeben. Denn nun ist Kreisler nicht mehr nur der Fremde, der sich das Recht anmaßt, die Welt, die er zufällig vorfindet, auf Grund einer angemaßten Legitimation zu verstören. Er ist vielmehr, ohne es zu wissen, der geborene Herrscher dieser Welt, dessen natürliche Überlegenheit sogar der Usurpator Irenäus — zur Verwunderung der Rätin Benzon — instinktiv anerkennt.

Man könnte die Konsequenzen noch weiter treiben. Medardus, der Held der „Elixiere", Schlüsselfigur in einer ähnlich zerrütteten und verrätselten Sippe wie Kreisler im Fürstenhause von Sieghartsweiler, unternimmt seinen Weg durch die Welt unter dem Einfluß satanischer Gifte, belädt sich mit Schuld; und doch gelingt es ihm, den alten Familienfluch aufzuheben, sein Haus zu entsühnen. Sollte Kreisler etwa eine ähnliche Erlöserrolle zugedacht sein? Der Fragmentcharakter des Romans erlaubt keine Antwort; und es ist hier nicht der Ort, die daraus sich ergebenden Möglichkeiten zu diskutieren. Nur die Frage mag gestattet sein: Wäre nicht dann Kreisler, der Unschuldige, der leidend Zerrissene, wäre er nicht der, der stellvertretend eine Passion auf sich nähme? Der, Sendbote des Unendlichen, die Welt vernichtete, um sie zu erlösen? Ille, qui tollit peccata mundi? Doch das mag luftige Spekulation sein und hieße vielleicht die leere Mythologie der Kunst mit einer unangemessenen Analogie überlasten. Auf solche Fragen bleibt uns der Roman die Antwort schuldig.

Doch selbst naheliegendere Fragen bleiben unbeantwortet. Es ist viel herumgerätselt worden, um den Inhalt des dritten Bandes, soweit er nicht Aufhellung der Geheimnisse ist, zu erschließen. Doch keine der Antworten kann überzeugen. Sollte Kreisler zerbrechen, sollte er entsagen, sollte er triumphieren? Wären die Ränke der Reichsgräfin erfolgreich gewesen, wäre Komteß Julia dem geistesschwachen Thronerben angetraut worden, Kreisler dem Wahnsinn verfallen, wie man lange als sicher glaubte annehmen zu dürfen? Wäre Kreislers Rettung der Entschluß gewesen: »Sacrifier la femme aimée au profit de l'art«? Hätte sich, märchenhaften Weltgesetzen zufolge, alle scheinbar hoffnungslose Verwirrung unverhofft zum Guten gewendet? Wir werden es niemals wissen.

Das Rätselraten um den dritten Band hat aber eines deutlich gemacht: all die vorgeschlagenen Fortsetzungen des Romans sind keine befriedigenden Lösungen der Spannung, auf die hin der erste Band angelegt ist. So ist mit Recht die Frage aufgeworfen worden, ob Hoffmann den dritten Band je geschrieben hätte, ob nicht der Roman nach seiner ganzen Anlage Fragment hätte bleiben müssen oder allenfalls einen äußerlichen und notdürftigen Abschluß erlaubt hätte. Diese These ist in der Tat erwägenswert; denn es ist schwer vorstellbar, daß der dritte Band eine entscheidende Wendung hätte bringen können, ohne den ersten zu widerrufen. Eine Entscheidung aber hätte nur dann vorgelegen, wenn die Konstellation des ersten Bandes nicht nur variiert, sondern aufgehoben worden, Kreisler also aus der zerreißenden Spannung zwischen Gesellschaft und Kunst, zwischen gewöhnlichem Leben und höherem Sein erlöst worden wäre.

Mit der Maschinerie der Romanhandlung aber war das nicht zu leisten. Wenn wirklich die Intrige siegt, Hedwiga dem Prinzen und Julia dem Schwachsinnigen geopfert wird — wie es das Bamberger „Modell", Hoffmanns Liebe zu Julia Marc, vorzuschreiben scheint —, so kann das Kreislers Leiden vergrößern, seine Position aber nicht verändern; die nächste Station seines Lebensweges wird ihn in eine ähnliche Situation bringen. Wird aber die Intrige vereitelt, siegt

Abrahams weise Führung, so kann Kreisler allenfalls eine äußerlich ehrenvolle Stellung am Hofe erhoffen, wie er sie bereits im ersten Band innehat. Julias Besitz ist unmöglich, weil „wahre Musikanten ... nach der wahrhaft Geliebten nichts ausstrecken als geistige Fühlhörner, an denen weder Hand noch Finger befindlich, die mit konvenabler Zierlichkeit einen Trauring erfassen und anstecken könnten an den kleinen Finger der Angebeteten". Julia ist eins mit der Musik, die sie verkörpert, sie inspiriert Kreisler zu musikalischen Schöpfungen, doch von seinem Dämon kann sie ihn nicht befreien.

Eine nur äußerliche Lösung wäre es auch, wenn der Autor sich mit radikalen Mitteln seines Helden entledigen wollte. Kreislers Tod wäre ein Ende, aber keine Lösung, sein Selbstmord die Bestätigung dessen, daß eine Lösung nicht gefunden werden kann. Ja, ein Selbstmord würde Kreislers Position nachträglich erschüttern; denn die Legitimation eines Mannes, der mit sich und der Welt auf keine Weise fertig zu werden versteht, zur radikalen Kritik an allen bestehenden Verhältnissen dürfte nicht nur von den verstockten Anbetern der Konvention in Zweifel gezogen werden.

Das gilt in noch höherem Maße auch von der traditionellen These, Kreisler habe im Wahnsinn enden sollen. Die Wahrheit dieser These gilt vielen Forschern als unumstößlich, obwohl sie als Beweise nichts anführen können als eine Zeichnung Hoffmanns und ein paar zweideutige Stellen der viel früher entstandenen „Kreisleriana". Doch ein wirklich wahnsinniger Kreisler würde den ganzen Roman zu einer Groteske entwerten, zu einer psychopathologischen Studie oder gar zu einer moralischen Erzählung von den verderblichen Wirkungen des Irrsinns auch in seinen Frühstadien. Das hieße aber den gesamten Sinn des Romans auf den Kopf stellen; gerade dadurch, daß Kreisler, so absonderlich er sich gebärdet, der Repräsentant einer höheren Vernunft ist, wird der Roman, so wie er angelegt ist, erst möglich. Eben damit, daß die konventionelle Welt die ungewöhnliche Gestalt Kreislers als aberwitzig bezeichnet, daß ihn Hedwiga beim ersten Anblick für wahnsinnig hält, manifestiert sich die Verkehrtheit einer Gesellschaft, die hinter der Hamletmaske der „antic disposition" nicht die tiefere Einsicht des Überlegenen wahrzunehmen imstande ist.

Unvorstellbar ist aber auch, daß Kreisler den Dualismus, der ihn zerreißt, überwinden kann. Die Hoffnung, daß Kunst und Gesellschaft harmonieren könnten, daß die Stellung eines großherzoglichen Kapellmeisters ihn befriedigen könnte, „daß, in der Kunst lebend, meine Stellung eben mich ganz beschwichtigen, daß der Dämon in meinem Innern besiegt werden würde", diese Hoffnung hat er längst aufgeben müssen. Daß er der Kunst entsagte und ins bürgerliche oder höfische Leben sich resignierend einordnete, ist undenkbar. Doch auch dem Leben ganz entsagen, in einsamer Zelle nur noch mit dem Geist der Tonkunst umgehen kann er nicht. Seine Absage an das Kloster ist eindeutig, wenn sie auch die Gründe für die Absage kaum mehr als erraten läßt. Kreisler ist ein Mensch, der leben will und lieben; seine Arbeit braucht menschliche Nähe, braucht die Liebe zu irgendeiner Julia als unentbehrlichen Katalysator.

So wäre die einzige wirkliche Lösung die Aufhebung der Spannung, die Versöhnung zwischen Kunst und Leben durch eine Synthesis. Das aber wäre der Anbruch des Reiches Gottes auf Erden, die Erlösung des Erlösers — eine kunsttheologische Utopie. Dann müßte die Gesellschaft, nicht nur ironisch, sondern real durch die unendliche Idee vernichtet, auf ihren Trümmern das Atlantisreich der ästhetischen Wirklichkeit errichten. Dazu ist aber weder Kreisler noch das Prinzip, das er vertritt, die leere Mythologie der Kunst, in der Lage. Und auch diese Lösung würde die Voraussetzungen des Buches aufheben — die Bindung der Satire an die zeitgenössische Realität. Der Roman würde zum Märchen.

So wäre es denn nicht unberechtigt, den Fragmentcharakter der vorliegenden Murr-Kreisler-Dichtung als notwendig und konstitutiv anzusehen. Ein weiteres Argument ist geeignet, diese Vermutung zu stützen: die formale Geschlossenheit der Dichtung.

Gegenstand der Dichtung wäre dann nicht eine Handlung, nicht Spannung und Lösung, sondern die Entfaltung einer vielfach bedeutsamen Situation, aus der es kein Entrinnen gibt, einer Situation, die die unausweichlichen Antinomien der künstlerischen Existenz verdeutlicht. Kreisler bemerkt dazu, an die etymologische Deutung seines Namens anknüpfend:

„Sie können nicht wegkommen von dem Worte Kreis, und der Himmel gebe, daß Sie dann gleich an die wunderbaren Kreise denken mögen, in denen sich unser ganzes Sein bewegt und aus denen wir nicht herauskommen können, wir mögen es anstellen, wie wir wollen. In diesen Kreisen kreiselt sich der Kreisler, und wohl mag es sein, daß er oft, ermüdet von den Sprüngen des St.Veitstanzes, zu dem er gezwungen, rechtend mit der dunklen unerforschlichen Macht, die jene Kreise umschrieb, sich ... hinaussehnt ins Freie."

Die Stelle entwirft ein symbolisches Diagramm seiner Existenz. Er ist eingeschlossen in einen Kreis, aus dem er niemals hinausgelangen wird. Das Eingeschlossensein bringt die Sehnsucht, das verzehrende Ungenügen hervor, und die ständige Kreisbewegung nimmt oftmals manische, scheinbar wahnwitzige Züge an. Dieser Kreis aber ist auch konstitutiv für den Kreislerroman; so wie die Situation, die er entfaltet, keine geradlinige Weiterentwicklung zuläßt, so wie Kreislers Lebensweg, sobald er einmal von den Fesseln von Amt und Beruf frei ist, keine Entwicklung, sondern nur noch ein Hin und Her und Rundherum zuläßt, so ist auch die Biographie des Kapellmeisters so angelegt, daß sie zum Ausgangspunkt zurückkehrt.

Der zweite Band endet mit Abrahams Brief an Kreisler: „Nächstens ist der Namenstag der Fürstin, da unternehme ich Großes, aber Ihr müßt hier sein." Hoffmann hat Jean Pauls Anweisung wörtlich befolgt: „Zwei Kapitel müssen für einander und zuerst gemacht werden, erstlich das letzte und dann das erste." Denn das erste Kreislerfragment schließt unmittelbar an das letzte an. Es beginnt: „... und erinnern Sie sich, gnädigster Herr, denn nicht des großen Sturmes ..." Das Thema ist angeschlagen. Erst allmählich wird klar, daß von diesem Sturm in einer Anekdote die Rede ist, die dem Rabelais zugeschrieben wird — sie stammt von Sterne —, daß Meister Abraham dem Fürsten Irenäus diese Anekdote erzählt, daß das Gespräch die Ereignisse einer turbulenten Nacht zu Sieghartshof rekapituliert, daß aber auch dies Gespräch lange zurückliegt und Abraham es nur zu Kreislers Information wiederholt, und schließlich, daß jene turbulente Nacht eben die des Hoffestes war, zu dem Abraham, mehr denn fünfhundert Seiten später, Kreisler einladen wird. Dann erst folgt die Beschreibung des Festes, das in Sturm und wilder Verwirrung unterging.

Dies erste Fragment ist der glanzvollste Höhepunkt und zugleich die Entscheidung des ganzen Buches. Der Leser, verwirrt, unvertraut mit den genannten Personen und Beziehungen, kann erst im Laufe des Romans die Bedeutung dieser Szene erfassen. Von ihr gehen alle Fäden aus, zu ihr führen aber auch alle hin. Abraham hat sie sorgsam arrangiert und erhofft sich wichtige folgenreiche Ereignisse. Und doch bleibt diese Nacht ohne Folgen — denn der Hauptakteur ist abwesend, Kreisler hat Abrahams Aufforderung nicht befolgt, und so ist der Plan des Meisters von vornherein zum Scheitern verurteilt. Wir wissen nicht, was Kreisler hinderte, so wie wir auch nicht wissen, was Abraham sich erhoffte. Das Fest endet mit Sturm und Gewitter, mit Flucht und Auflösung des Hofes, mit der momentanen Zerstörung aller gesellschaftlichen Ordnungen. Und dabei bleibt es. Von des Meisters Versuch, „gewaltsam den Knoten, den das dunkle Verhängnis geschlungen", zu „zerreißen", bleibt nichts als ein „Grabhügel verlorner Hoffnungen, unerfüllter Träume". Es ist unmöglich, zu erraten, wie Abraham den Knoten zerhauen, wie er Kreisler aus dem dämonischen Kreis, in den er gefangen ist, erlösen wollte. Der Versuch jedenfalls mußte scheitern, und mit diesem Scheitern, mit Chaos und Hoffnungslosigkeit beginnt das Buch. Der Ausweg wird gleich zu Anfang verbaut, ein Grabhügel wird aufgerichtet, ehe noch der Leser ahnt, welche Hoffnungen er bergen kann. So unwiderruflich setzt dieser Anfang einen Schlußstrich, daß es schwer vorstellbar ist, wie ein dritter Band hier einsetzen sollte.

Noch ein weiteres Indiz weist auf die formale Vollendung des fragmentarischen Romans hin. In der Nacht des Festes hat Abraham, so erzählt er, ein neugeborenes Kätzchen vom Ertrinken gerettet. Dies Kätzchen, so erläutert er Kreisler, ist seitdem zu einem „klugen, artigen, witzigen, poetischen Kater Murr" herangewachsen, und Kreisler soll ihm Gastrecht gewähren. Dieses selbe Faktum aber erzählt Murr im vorletzten Satze seiner Autobiographie. Zwischen dem gescheiterten Fest und Abrahams Bericht davon erstreckt sich also Murrs Lebenszeit, soweit sie von ihm selbst beschrieben ist. Kreislerroman und Murrbiographie schließen unmittelbar aneinander an; Murrs Bericht endet, wo der Roman beginnt, und Murrs Leben beginnt, wo der Roman endet. Wiederum rundet sich ein Kreis.

Die Zentralkomposition des Romans, der Kreis um Kreisler, ist in sich geschlossen wie die ähnliche Komposition der „Elixiere des Teufels". Murrs geradliniger Lebenslauf, an den Kreis wie eine Tangente angelehnt, wird doch auch kompositorisch in den Kreis einbezogen. Was uns vorliegt, ist ein Oxymoron: ein in sich vollendetes Fragment.

Es geht nicht an, Hoffmanns „Kater Murr" einen „realistischen Roman" zu nennen. Zwar sind die satirischen Abschnitte reich an Realien, an Gegenständen und Verhältnissen einer vertrauten Alltagswelt. Doch damit erfüllt Hoffmann lediglich das Stilgesetz der Satire; denn nur ihm gehorchend, „heftet uns der Komiker gerade eng an das sinnlich Bestimmte", wie Jean Paul formuliert. Die Satire, will sie nicht ins Leere treffen, muß ihre Gegenstände individualisieren, zeitlich und räumlich fixieren. Der „Realist" Hoffmann ist der Erbe Jean Pauls und des 18. Jahrhunderts, nicht so sehr der Wegbereiter Kellers oder Raabes. Gerade der Kreislerroman ist noch ganz aus dem Geiste der Romantik konzipiert, gerade er erschöpft alle Techniken des romantischen Romans. Seine Welt ist eine künstlich arrangierte, vom Dichter prästabilierte Welt, in der alle Figuren in geheimnisvollen Verbindungen stehen, in der jeder Vorgang, jede flüchtige Begegnung Maschen in dem Netz von Beziehungen sind, das die Grundstruktur einer Welt bildet, aus der der Zufall eliminiert ist. Nur so kann es geschehen, daß Medardus ganz Europa durchwandert, ohne auf Menschen zu stoßen, denen er nicht durch Familienbande verknüpft ist, und daß Kreisler nicht nur aus den Fängen seines Dämons, sondern auch aus dem Beziehungsgeflecht der ihm zugeordneten Personen niemals hinausgelangt.

Hoffmann hat nicht nur die technischen Mittel des romantischen Romans zu einem kaum überbietbaren kunstvollen Gefüge geordnet, er hat auch den klassisch-romantischen Dualismus von Leben und Kunst, Natur und Geist, Ideal und Wirklichkeit zu einer äußersten Spannung auseinandergebogen. Aus dem Spannungsfeld zwischen den beiden Polen war kein Entrinnen, solange sich der Dichter nicht entschloß, den Dualismus überhaupt zu leugnen. Doch dies war einer neuen Generation vorbehalten.

WOLFGANG F. TARABA

Tieck · Vittoria Accorombona

Die Romanhandlung

„Vittoria Accorombona", Ludwig Tiecks Meisterwerk, das 1840 bei Joseph Max in Breslau erschien, ist heute fast vergessen[1]. Das Spätwerk dieses fruchtbaren Dichters ist nicht nur weithin unbekannt, sondern auch relativ schwer zugänglich, so daß es sich empfiehlt, zunächst einen kurzen Abriß des Geschehnisablaufes zu geben:

Zur Zeit der Spätrenaissance — der Roman umfaßt die Jahre 1575 bis 1585 — lebt die verwitwete Donna Julia mit ihrem treu ergebenen, aber weichlichen jüngsten Sohn Flaminio und der schönen Tochter Vittoria, die ein großes dichterisches Talent auszeichnet, im Sommer auf dem hinterlassenen Besitztum ihres Gatten in Tivoli und im Winter in Rom. Das Leben in der Stadt und auf dem Lande wird durch die gesellschaftlichen Beziehungen bestimmt, welche die Accoromboni pflegen. Die edle Donna unterhält das, was man späterhin als einen „Salon" bezeichnet, in dem die Großen des Standes und des Geistes verkehren. Unter ihnen finden wir den einflußreichen Kardinal Farnese, einen geistlichen Mann von Welt, den ältlichen Dichter und treuen Ratgeber Cesare Caporale, den mürrischen Sperone, der sich besonders durch zersetzendes Kritisieren hervortut, und viele andere mehr. Selbst Torquato Tasso begegnen wir, wenn auch nur ganz kurz, in dieser Gesellschaft im behüteten Tivoli, die aus dem Gespräch, der Mitteilung, dem poetischen und philosophischen Schaffen und Diskutieren lebt.

Außer den beiden schon genannten Kindern hat Donna Julia zwei weitere Söhne. Der Älteste, Ottavio, ein rücksichtsloser Ehrgeizling und bereits Abt in Rom, ist mit der stolzen Mutter, die ihm durch ihre Beziehungen in einflußreichen Kreisen der Geistlichkeit und des Adels den Weg geebnet hat, zerfallen. Auch der jugendlich freiheitstrunkene und ungezähmte Marcello scheint ihr keinen Dank zu wissen; er setzt sich über ihre Ermahnungen und wachsenden Sorgen hinweg, wenn er das Banditenleben dem Umgange mit den Seinen vorzieht. Aus dieser Familienkonstellation entwickelt sich die eigentliche Romanhandlung, zu der die Verhaftung einer Gruppe von Banditen, unter ihnen Marcello, den Anstoß gibt. Die verzweifelte Mutter bittet die ihr befreundeten Einflußreichen um Hilfe, um die drohende Hinrichtung des Sohnes zu verhindern. Doch auch die Großen müssen auf der Hut sein, sich nicht durch Druck auf die Gerichte neue Feinde zuzuziehen. Konzessionen müssen gemacht werden. Kardinal Farnese ist in heftiger Leidenschaft zu Vittoria entbrannt und scheint zu jeder Hilfe bereit, falls sie seine Mätresse werde. Dieses wird jedoch von Donna Julia schroff abgelehnt. Der ungezügelte Luigi Orsini, der schon lange Vittoria belästigt hat und vor dem sie sich fürchtet, scheidet ebenfalls aus. Und so scheint es am besten, durch eine günstige Verheiratung der vielumworbenen Vittoria an den Verwandten eines der Mächtigen Marcello einen Pardon zu erwirken und gleichzeitig die soziale Stellung der Familie auf die Zukunft hin zu sichern. Die Wahl fällt auf den Neffen Kardinal Montaltos, den unreifen Peretti, der aus Liebe zu Vittoria gern bereit ist, seinen Verkehr in schlechter Gesellschaft aufzugeben.

In einem Stadium jugendlichen Glaubens an eheliche Ideale und den hohen Wert der Frau, die ihr in der beobachteten Wirklichkeit keine Entsprechung zu finden scheinen, verachtet aber die kritische Vittoria die Männer in ihrer Rolle als Ehegatten. Skeptisch über die Möglichkeit einer Erfüllung ihrer Ideale, lehnt Vittoria die Männerwelt und ihre an den Tag tretende Praxis, die Frau vornehmlich als Objekt der Sinnenlust zu behandeln, ab. Ohne rechte Hoffnung, einen ihr geistig überlegenen, geliebten Gatten zu finden, dachte sie daran, Camillo Mattei zu heiraten, mit dem sie eine jugendliche Liebelei verbindet. In diesem Vorschlag steckt auch ein gutes Teil Auflehnung gegen die konventionellen Ansichten der Mutter, die Camillo wegen seines niederen Herkommens natürlich ablehnt und ihn geldlich dafür entschädigen möchte, daß er Vittoria vom Ertrinken errettet hat. Pessimistisch eingestellt wie sie ist, würde Vittoria auch Farneses Geliebte werden. Alle Umstände bezeugen deutlich, daß nur sie die Familie aus der unglücklichen Lage befreien kann, und so ehelicht sie eben Peretti — wenigstens erinnern sie seine Züge an Camillo. Der tugendhafte Montalto, der sich hieraus viel für Perettis Charakterentwicklung verspricht, setzt nun Marcello frei, und Donna Julia darf aufatmen.

Eine Zeitlang verläuft die ohne Illusionen geschlossene Ehe ereignislos. Vittoria widmet sich ihrem dichtenden Freundeskreise und den Pflichten des Hauses, Peretti benimmt sich ungeschickt und einfältig in der Gesellschaft, und die Mutter tritt immer mehr in den Hintergrund. Als Peretti seine Minderwertigkeit deutlicher wird, treibt er wieder in seine frühere Lebensweise zurück. Er verfällt dem Einfluß Farneses, der durch ihn Einlaß in Vittorias Schlafgemach zu finden trachtet, und ist nur noch dem Namen nach Gatte seiner Frau. Zu dieser Zeit erlebt Vittoria erstmalig wirkliche Liebe. Cesare Caporale, der Hausfreund, führt den Herzog Paolo Orsini Bracciano inkognito in Vittorias Kreis ein. Sie entzündet sich für den älteren Mann, der sein Leben als Heerführer und Abenteurer fern seiner Frau Isabella und seiner Besitztümer verbringt. Vittoria, der die Identität ihres Gastes unbekannt ist, wird besonders von seiner Männlichkeit, seinen Ideen und seinem edlen Gebaren angezogen. Am Abend ihres Zusammentreffens erzählt der Geheimschreiber Malespina, der im Solde des florentinischen Großherzogs Francesco, Braccianos Schwager, steht, Geschichten über den zweifelhaften Lebenswandel der Donna Isabella, und Bracciano reist sofort zu seiner Frau zurück. Als er während eines Gewitters allein mit ihr auf einem Zimmer seines Schlosses weilt, stirbt Isabella — wir dürfen annehmen, daß Bracciano sie erdrosselt, obwohl das nicht direkt ausgesprochen wird —, und der Herzog kehrt nach Rom und zu Vittoria zurück. Sie gestehen sich ihre Liebe und sind häufig zusammen, während sich Peretti mit seinen Freunden herumtreibt.

Vittoria will wegen ihrer Versprechungen an die Mutter und Montalto jedoch ihre nur noch nominale Ehe nicht scheiden lassen. Auch ist sie zu tugendhaft, sich dem Geliebten einfach hinzugeben oder mit ihm zu entfliehen. Das Glück der Nähe Braccianos genügt ihr. Bei einem dieser Zusammentreffen muß sich der Herzog in einem Geheimkabinett verbergen, als Peretti betrunken in Gesellschaft des Kardinals Farnese frühzeitig heimkommt. Bracciano wird der unfreiwillige Zuhörer von Perettis Geständnis an Farnese, daß er selbst keinen Zugang zu Vittorias Gemächern mehr habe und diesen also nicht einschmuggeln könne. Dem wütenden Kardinal wird jedoch versprochen, Vittoria auf einer hastig geplanten Reise nach ihrem geliebten Tivoli entführen und Farnese übergeben zu lassen. Am Vorabend der Reise wird Peretti aus dem Hause gerufen, und obschon Vittoria und Donna Julia ihn beschwören, daheimzubleiben, leistet er der Geheimbotschaft Folge. Er geht in eine Falle und wird ermordet zurückgebracht, worauf Vittoria, obwohl unschuldig, als Komplizin vor das strenge geistliche Gericht geladen wird. Sie verteidigt sich glänzend, Bracciano erscheint zu ihrer Unterstützung, und der verängstigte Farnese ist mit dem Freispruch einverstanden, als er aus Vittorias Andeutungen erkennen muß, daß sein Spiel durchschaut ist. Sie wird jedoch in eine ehrenvolle Schutzhaft auf die Engelsburg verwiesen, angeblich damit sich die Gemüter nach der Ermordung ihres Gatten beruhigen.

Während Vittorias Aufenthalt auf dem Kastell zieht sich Donna Julia völlig von der Umwelt zurück und wird ein Opfer des Wahnsinns, der sich schon seit langem in ihren Ängsten um die Familie und in ihrer Reaktion auf widrige Umstände angebahnt hatte. Sie stirbt, ohne Wissen der Tochter, in Tivoli, wo auch der nun reuige Ottavio an ihrem Grab verscheidet.

In Rom war schon vorher eine blutige Bandenherrschaft unter Luigi Orsinis Führung ausgebrochen; der schwache Papst Gregor stirbt, und Montalto tritt als Papst Sixtus an seine Stelle. Vor seiner „Schreckensherrschaft der Tugend" — die nicht nur die Banditen ausrottet, sondern auch den Vittoria und Bracciano befreundeten Grafen Pepoli, einen Wohltäter der Armen und Flüchtlinge, in Bologna erreicht — ziehen sich die endlich vermählten Liebenden auf eine Besitzung Braccianos am Gardasee zurück. Nach einer Zeit der ungetrübten Idylle und des gegenseitigen Glücks gerät der Herzog auf einem Spaziergang im Walde in die Hände seiner Gegner, die ihn unter Vorspiegelung der Zauberei durch Dämpfe vergiften. Vittoria kann ihm nicht mehr helfen und lebt nach seinem Tode zurückgezogen mit Flaminio auf einem der herzöglichen Besitztümer in Padua. Obwohl ihr nur ein Teil des Erbes zugefallen ist, versucht ihr Erzfeind Luigi Orsini, ihr auch dies zu nehmen. Als das mißlingt, läßt er sie und den Bruder, die er schon lange haßt, ermorden. Als Anstifter überführt, wird Orsini schließlich unter Aufbietung großer Kräfte zur Übergabe gezwungen und im Gefängnis erdrosselt. Bei seiner Gefangennahme verliert auch Marcello das Leben, als er die Schwester rächen will. „So war das ganze Geschlecht der Accoromboni, einst so bekannt, erloschen, untergegangen und bald vergessen."

Verknüpfungen und historischer Hintergrund

Das wiedergegebene Handlungsgerüst besagt aber an sich noch wenig über die vielfachen Verknüpfungen des reichen Gewebes, das der Roman uns darbietet. Gewiß bildet die Gestalt Vittorias den Kern des Werkes; aber wir haben es nicht nur mit *ihrem* Lebensgang zu tun, sondern auch mit der jeweiligen Entwicklung der anderen Hauptpersonen. Das trifft vorzüglich auf die Mutter zu, deren Schicksal mit dem der Tochter innig verbunden ist und die sich gegenseitig entscheidend beeinflussen. „Statische" Charaktere lassen sich schwer finden. So erlangt auch die Wandlung Montaltos ihre Bedeutung für das Geschehen, indem dieser anfangs gerechte und zurückgezogene Kirchenfürst, der später über den Tod seines Neffen nicht hinwegkommen kann, zur treibenden Kraft hinter der

Schreckensherrschaft des Gesetzes wird, in deren Folgeerscheinungen sowohl Bracciano als auch Vittoria untergehen. Ottavios, des ältesten Bruders, schließlicher Umschwung vom eiskalt berechnenden kirchlichen Ehrgeizling zum wahrhaft bereuenden Christen erhält Wichtigkeit, da hier zumindest die Hoffnung auf eine bessere Welt durch den gelebten Glauben angedeutet zu sein scheint. In der Wirklichkeit des Romangeschehens bleibt ein direkter Effekt, abgesehen von der Rührung und Unstimmung des alten Vincenz, jedoch aus, was durch das Zuspät der Bekehrung den oft zutage tretenden pessimistischen Grundakkord des Werkes nur noch verstärkt. Als Entwicklungen durchaus positiv dargestellt sind Braccianos reif werdende Liebe und sein Mannestum, das sich im Umgang mit Vittoria der Vollendung nähert, wenn er lieber „arm, ohne Rang und Titel, ein Bettler" sein möchte als die Geliebte aufzugeben; Graf Pepolis neuer Lebensinhalt als Wohltäter der Armen und Unterdrückten, was er schließlich mit dem Leben bezahlt; schließlich Vincenz', des früher unversöhnlichen, den Adel hassenden Priesters, endliche Milde und seine Bereitschaft, zu vergeben und zu helfen. Selbst Marcello, das schwarze Schaf der Familie, gibt sein Banditentum auf, wenn auch ziemlich unvermittelt, um gesetzesachtendes Mitglied der Gesellschaft zu werden. Und den ganzen Roman durchzieht obwohl auf längere Strecken scheinbar vergessen oder hier und da weniger stark ausgeprägt das Schicksal Torquato Tassos, an dessen Kuß sich das junge Mädchen Vittoria begeistert und dessen Leidensweg von ihr fast symbolisch für die Unbeständigkeit menschlichen Glücks und menschlicher Größe verstanden wird.

Bei dem jüngeren Bruder Flaminio, der aber Nebengestalt bleibt, scheint sich jedoch keine innere Wandlung zu vollziehen, wenn auch er den sich ändernden Umständen und Geschehnissen ausgesetzt ist. Dies trifft ebenfalls auf den Dichter Caporale zu, einen allerdings schon geformten Menschen, der als treuer Ratgeber Vittoria zur Seite steht, in seiner ruhigen Verständigkeit und Verehrung Schicksalsschläge zu mildern weiß und zudem oft die Rolle eines Kommentators zum komplizierten Zeitgeschehen innehat.

Alle diese von Vittorias Schicksal untrennbaren individuellen Entwicklungsstränge — die hier natürlich nicht in ihren Einzelheiten aufgezeigt werden können — geben im Einklang mit der vielseitig beeinflußten Handlungsführung der Struktur des Romans ein ungemein reichhaltiges Gepräge. Sie verleihen ihm Fülle. Über die Gesetzmäßigkeit im Gefüge wird später noch zu sprechen sein.

Auch historisch betrachtet, bietet „Vittoria Accorombona" — Entwicklungs-, Familien- und Zeitroman — eine Vielfalt der Erscheinungen, die hauptsächlich aus zwei einander verwandten Quellen entspringen. Einmal ist der Roman selbst das Produkt einer Übergangszeit; zum anderen behandelt Tieck in ihm Schicksale, die sich vor dem verwirrenden Hintergrunde des Ausgangs einer Epoche vollziehen. Was das Erscheinungsjahr 1840 anbetrifft — dem allerdings einige Jahre des Heranreifens vorausgehen—, so liegt es volle acht Jahre später als der große romantische Spätling „Maler Nolten" des siebenundzwanzig Jahre jüngeren Eduard Mörike, erschienen im Todesjahr Goethes. Clemens Brentano, nur drei Jahre älter als Tieck und damit schon eher der gleichen Generation angehörig, veröffentlicht seinen „Godwi, oder das steinerne Bild der Mutter" ganze achtunddreißig Jahre *vor* „Vittoria Accorombona". Die „Lebensansichten des Kater Murr" von E. T. A. Hoffmann — der, 1776 geboren, ebenfalls Zeitgenosse Tiecks ist — erscheinen 1820—22. Selbst des jüngeren Karl Immermanns satirische Romane „Münchhausen" und „Die Epigonen", die den Realismus vorbereiten, gehen Tiecks Alterswerk voraus. Georg Büchner stirbt drei Jahre vor „Vittorias" Vollendung, in deren Erscheinungsjahr auch Adalbert Stifters „Das Heidedorf" und „Der Kondor" fallen.

Diese Überlegungen erinnern uns schon rein äußerlich daran, daß sich in dieser Zeit nachromantische, biedermeierliche und frührealistische Eigenarten überschneiden. Das erkennen wir auch in Tiecks Geschichte selbst unter anderem daran, daß ein ausgeprägtes geschichtliches Interesse, der Mythenglaube (Wasserfallszene mit Camillo) sowie Überbleibsel des Spukhaften (kauernde Gestalt zu Ende des Romans) noch in die Blütezeit der Romantik zurückdeuten; daß die ethische Färbung, besonders in der starken Betonung der Ehe, und die Gleichzeitigkeit von konservativen und zwiespältigen Elementen (Mutter und Tochter) in der Haltung gegenüber der Gesellschaft weitgehend dem Biedermeier verwandt sind, während ausgesprochen gesellschaftskritische und erzähltechnische Tendenzen schon deutlich auf den Realismus vorausweisen. Das Ausmaß, in dem derart unterschiedliche Phänomene in ein homogenes Gebilde ineinanderfließen, verbietet einen streng epochegerichteten Zugriff; es sei denn, man fasse alle genannten epochalen Züge, wie Jost Hermand das tut, unter dem Begriff des „Biedermeier" zusammen[2].

Wie gesagt, ist der Roman nicht nur Produkt einer Übergangszeit, sondern er gestaltet darüber hinaus den Verfall einer Epoche. Damit werden auch die oft gestellten oder zumindest angedeuteten Fragen müßig, wo eigentlich die Renaissance-„Übermenschen" seien, ob Tieck auch wirklich das rechte Verhältnis zur Zeit der „Wiedergeburt" gehabt habe und ob der Renaissancehintergrund nun wirklich „echt" sei oder nicht. Die Handlung spielt von 1575 bis 1585 meist in und um Rom, in Florenz und Padua; sie spielt also nicht auf dem Höhepunkt der Epoche, die man in Italien „La Rinàscita" nannte, sondern in der Spätrenaissance. Ein riesiger Unterschied! Die Hauptspanne der Renaissance dürfen wir für Rom von 1378 bis 1521, für Florenz vom gleichen Jahre bis etwa 1534, für Venedig, das erst in den Ausklängen größere Bedeutung erlangt, gar bis 1576 ansetzen[3]. Kunstgeschichtlich gesehen, leben Tiecks Gestalten also schon im Zeitalter des Manierismus, das der Hochrenaissance folgt. Zweifel an historischer Echtheit sind auch insofern unzutreffend, als wir es hier mit einem Dichtwerk zu tun haben; das heißt mit einem Gebilde der Einbildungskraft, in dem die Einheitlichkeit der dichterischen Phantasie und ihre Gestaltung den Ausschlag geben, aber nicht die faktentreue Reproduktion einer geschichtlichen Ära.

Wenn Tieck sich nun aber doch treu an das Zeitbild der Spätrenaissance hält, so spricht das weiterhin für ihn. Daß er gerade auf die Darstellung eines überzeugend realistischen Hintergrundes auch im historischen Sinne große Mühe angewendet hat, sehen wir an dem noch zu dieser Periode starken Kulturinteresse seiner Personen; an der reichen Schilderung des Bandenwesens und dessen Einfluß auf die gefährdete Gesellschaft; an den Versuchen von weltlichen Fürsten und kirchlichen Herrschern, eine Tyrannei aufzurichten; an der Willkür, die durch das Fehlen einer einheitlichen Obrigkeit herrscht; am Kolorit, das die angeregte Diskussion von Zeitfragen seinem Roman verleiht; an der Gestalt Tassos, die ihn durchgeistert; am Anspruch des Adels, Hindernisse durch Mord sogar an der eigenen Ehefrau (Francesco) zu beseitigen — welch typische Übergangserscheinung! —; und nicht zuletzt auch an dem vorsichtigen Urteilsspruch des strengen geistlichen Gerichts, vor dem Vittoria nach Perettis Tod erscheinen muß. Auch Luigi Orsini paßt überzeugend in dieses Bild einer späten Epoche. Ein von Leidenschaft und Haß getriebener Kraftmensch, deutet er noch auf den ungebrochenen Renaissance-Übermenschen zurück. Besonders nahe kommt er diesem Typ, wenn er erklärt: „Ich bin mir selbst genug", als er in seinem Rechtsstreit mit Vittoria keine Hoffnung auf Erfolg hat und sich zum Mord entschließt. Jedoch enthüllt er sich als schon gebrochener Mensch einer Spätzeit, wenn er sich aus der Urheberschaft des Mordes herauszureden versucht und schließlich sich gefangennehmen läßt, anstatt im Kampf den Tod zu suchen.

In jeder Epoche gibt es, wie wir gesehen haben, eine Mannigfaltigkeit von Individuen. Die Renaissance hatte ihren Leonardo da Vinci und ihren Macchiavelli; die dichterisch nachgestaltete Spätrenaissance den Tieckschen Luigi Orsini. Trotz der vielen zeitgemäßen Details geht Ludwig Tiecks Themenstellung in „Vittoria Accorombona" aber über das Historische hinaus. In seinem Alter weist er auf die eigene zeitgeistige Problematik hin — vielleicht sogar auf die Problematik aller Epochen —, wenn er danach fragt, wie die Einheit der Persönlichkeit und ihre Freiheit in einer enttäuschenden Welt gewahrt bleiben können. Damit kommen wir zu der Gestalt seiner Vittoria selber.

Tiecks realistische Gestaltung Vittorias

Vittorias Bildungsgang vollzieht sich gemäß der angedeuteten Vielschichtigkeit des Romans und reicht vom Romantischen zum Realistischen. Bereits das erste der fünf Bücher entfaltet vor dem detaillierten Familien- und Freundeshintergrund voll die Charakteranlagen, Talente und Lebensanschauungen der jungen Titelheldin. Jedoch geschieht dies nicht durch langatmige Beschreibungen, sondern mühelos und wie von selbst ersteht Vittoria aus den Harmonien und Spannungen, die im Kreise ihrer Familie herrschen, mit allen ihren Eigenschaften vor uns. Das zeugt in hohem Maße von Tiecks stilistischer und erzählerischer Meisterschaft. Er verfährt, rein technisch gesehen, so, daß er Mutter und Tochter, die innige Liebe und anfangs großes gegenseitiges Verstehen verbindet, einander im Gespräch gegenüberstellt und sie sich in der Lebensauffassung unaufhaltsam voneinander forttreiben läßt, ohne doch das Band der Liebe und Achtung auf die Dauer zu zerstören. Weder verlaufen diese Gespräche künstlich — da sich fast immer andere Familienmitglieder und Gäste an ihnen beteiligen oder sie sich aus der jeweiligen Situation ergeben — noch sind sie abstrakter Natur; denn sie beschäftigen sich ganz konkret mit den Dingen des täglichen Lebens: mit der Ehe, den Sorgen um Marcello und Ottavio, Vittorias Zukunft, dem Platz der Frau in der Gesellschaft und dem, was eben Leben in diesen Kreisen bedeutet. Stets unterbrechen Geschehnisse (wie etwa Vittorias Sturz in das Wasser) die Diskussionen, und diese gehen oft selbst in eine Handlung über, sei es in Spaziergänge, dichterische Wettbewerbe oder den Empfang eines gerade ankommenden Gastes. Auch kommt es Tieck nicht nur darauf an, was gesagt, sondern ebensosehr, wie etwas vorgebracht wird. Adjektiva wie „gelassen", „zornig", „ruhig", „empört", „lachend", „schneidend", das Ringen der Hände oder ihr Zusammenschlagen über dem Kopfe unterstreichen bildlich das Gesagte und verleihen dem Erzählten einen Realismus, der zudem Rückschlüsse auf das Temperament der verschiedenen Personen erlaubt.

In dem sich entwickelnden Gegensatz zwischen Mutter und Tochter, der großenteils auch Generationsproblem ist, zeigt sich in Vittorias Stellungnahme zunächst die romantische Furcht des schon ganz individuell denkenden jungen Mädchens vor der „großen Ernüchterung" des Lebens. Der Gegenspieler ihrer Ideale und Sehnsucht nach wahrer fraulicher Erfüllung ist die Gesellschaft, in welcher der Frau, wie sie immer wieder sieht und hört, eine untergeordnete Rolle zufällt. Sie aber will die Freiheit ihrer einmaligen Persönlichkeit für keinen Mann aufgeben; es sei denn, sie kann sich ihm freiwillig unterordnen, da er als Mensch sie an Größe überragt und sie ihn lieben und zu ihm aufblicken kann. Solch ein Mann ist noch nicht in ihr Leben getreten. In Tassos Küssen erhält sie eine Vorahnung davon, wie ihr zukünftiger Gatte in Wirklichkeit beschaffen sein müsse. Doch es bleibt ein Vorgefühl; denn Tasso, der die geistige Größe hat, fehlt es an der gelassenen Stärke und dem männlich zielsicheren Willen, dem sie die Leitung ihres Geschickes anvertrauen könnte. Während die Tochter im vollen Teilhaben am Leben der Gesellschaft die Gefahr der Entzauberung sieht, vor der sie sich auf dichterische Zusammenkünfte beschränken möchte, fürchtet die Mutter, daß gerade darin eine Weltabkehr läge. Fast hätte sie sich selbst nach ihrer unglücklichen Jugendliebe zu einem Orsini vom Geschehen abgeschlossen. Durch ihre Ehe aber mit dem römischen Rechtsgelehrten Accorombona, die sie mehr aus Mitleid denn aus Liebe eingegangen war, hat sie Selbsterfüllung gefunden. Und so geben ihrem nun konservativen, auf die Welt der Pflichten gerichteten Sinn Familie und Gesellschaft, aus denen sie ihre Daseinsberechtigung herleitet, die Antwort auf Vittorias Ideale, welche für die vom Leben schon geformte Frau wirklichkeitsferne Schwärmerei bleiben müssen. Es ist echte Sorge um die Tochter, auf die sie die größte Hoffnung von allen ihren Kindern setzt, die Julia so nachdrücklich auf der eigenen Position beharren läßt, wodurch sich nur die Entfremdung beschleunigt.

Daß der Zwang der Umstände zu einer schnellen Entscheidung drängt und daß der Mutter trotz aller Liebe und Sorge die wahre Größe Vittorias verschlossen bleibt, ist tragisch. Auch die Aufregung, in die sie des Edelrebellen Marcello Ansichten über den „langweiligen Staat" und die Nichtachtung des Berufes seines toten Vaters versetzt, tragen offensichtlich dazu bei, daß sie der Tochter gegenüber unduldsamer wird, als es in ruhigeren Zeiten der Fall gewesen sein möchte.

Schon früh entwickelt Vittoria neben allen anscheinend schwärmerischen und vielleicht zu hoch gesteckten Erwartungen einen gesunden, wenn auch manchmal jugendlich unkontrollierten Pessimismus. Wo beides im Einklang steht, zeigt sich ihr frühreifes Erfassen der Umstände und ihre Fähigkeit, Motive zu durchschauen und zu interpretieren. Als die Mutter sich wundert, woher Marcello seine Unbändigkeit habe — „sein Vater war milde und sanft, nachgiebig, folgsam, ein Feind alles wilden ungestümen Wesens, die Ruhe und Gesetztheit selbst" —, hat Vittoria die richtige Antwort bereit: „‚Gewiß von dir', sagte Vittoria lachend." Auf einen „kurzen und schneidenden" Ausruf der erzürnten Julia heißt es weiter: „Vittoria ließ sich nicht irre machen, schloß ihr Buch, legte es in die Kapsel und sagte ruhig: ‚So denke ich mir die Abstammung dieses tobenden Blutes. Dein fester Sinn, dein großes, starkes Gemüt, dein edles Wesen, das für seine Überzeugung Blut und Leben hingeben würde, ist in ihm als Mann in diese jugendliche Roheit umgeschlagen, die sich später selber erziehen wird ...' ‚Du magst recht haben', antwortete die Mutter, ‚mir ist der Gedanke noch nicht eingefallen.'" Vittoria kann ihr den psychologisch feinen Rat geben, „daß man den Burschen gewähren lassen muß. Er sucht seinen männlichen Stolz und Trost darin, dir nicht zu gehorchen, sondern zu widersprechen; je mehr du also ermahnst, je mehr sucht und findet er Gelegenheit, das zu thun, was du verbietest. Zeigst du dich seinetwegen unbekümmert, so wird er von selbst zur Vernunft zurückkehren, weil er sich dann einbilden kann, als freier Mensch zu handeln." Daß Marcellos Entwicklung nicht so verläuft, steht auf einem anderen Blatt; denn die Mutter kann nicht gegen die eigene Natur an. Vittorias Rat wird zwar gehört, aber nicht befolgt. Julia lebt aus den eigenen Überzeugungen, „weil ich das menschliche Herz besser kenne als du".

In der Situation zunehmender Entfremdung von der Mutter, in der es zu scharfen Meinungsverschiedenheiten kommt, wird Vittoria schließlich ganz auf sich selber zurückgeworfen und nähert sich der großen Bewährungsprobe. Die gefürchtete Heirat mit dem ungeliebten Peretti bedeutet die Entzauberung des Lebens. Sie macht die Vergangenheit zu einem Traum. Der Unterschied zwischen Einst und Jetzt wird deutlich, wenn man das Jetzt mit der Zeit vergleicht, als ihr die „liebliche, schöne Natur" noch „wie ein großer Dichter" erschien und die „Märchen und goldenen Fabeln" der „alltäglichen Wunder dieser Landschaft" die Wirklichkeit bestimmten. Damals durfte sie Camillo auffordern: „Hier laßt uns wie Kinder sein, wahre Kinder, die sich immer in ihrem Spielwerk vergessen." Nun stellt sich alles Glück völlig in Zweifel; es ist „nur ein albernes Kindermärchen". „Ich werde eingespannt, wie der

Ackerstier, in das Joch der alltäglichen Gewöhnlichkeit, so ziehe ich denn nun auch die Furchen der hergebrachten und regelrechten Langeweile, wie die übrigen Menschen." Was die Wünsche auf Glück betrifft, so heißt es aber selbst in diesem Zusammenhange, daß alles andere nicht der Mühe wert sei, „es vom Boden aufzuheben, wenn es auf dem Spaziergange vor unseren Füßen schimmert".

In der standhaft ertragenen, desillusionierenden Wirklichkeit des alltäglichen Ehelebens verliert Vittoria ihr starkes Selbst nicht. An die Stelle der Wünsche tritt die Geduld und das Reifwerden durch Leid. Die Mutter, die sich immer mehr zurückzieht, sieht all dies mit „leisem Schauer". Ihr fehlt die Gefaßtheit, die Vittoria aus ihrem dichterischen Beruf schöpft, der ihr Ruhm und Erfüllung im Freundeskreis bringt. Diese Diskrepanz zwischen Vittorias Bewältigung des Schweren und der wachsenden Hilflosigkeit Julias findet unter anderem Ausdruck in der gegensätzlichen Reaktion beider Frauen, als Peretti nach einem Streit mit seinen Gesellen schwerverwundet ins Haus gebracht wird. Donna Julia legt sich, „fast grollend mit dem Schicksal", schlafen, während ihre Tochter den Kranken pflegt, ihn tröstet und nicht von seiner Seite weicht.

Erst Bracciano setzt das Bild des Mannes — und damit der Welt menschlicher Beziehungen, wie sie sein sollen — für Vittoria zurecht. Durch sein Dasein hilft er ihr, die Kluft zu überbrücken, die sich ihr von Anfang an zwischen dem berechtigten Wunschbild, daß Ehe- und Lebensideal eins sein möchten mit der Wirklichkeit, und der gesellschaftlichen Realität selbst auftut. „So habe ich doch wirklich einen wahren, wirklichen Mann gesehen", gesteht sie Cesare Caporale. Bracciano überragt den Dichterkreis — von dem „Männchen Peretti" ganz zu schweigen — nicht nur durch seine Taten und Erfahrungen, sondern durch seine selbstbewußte Männlichkeit, die sich auch in dem ihm unbekannten Kreise nicht geniert, sich so zu geben, wie sie ist: „Jetzt, meine Damen, da die Reihe an mich gekommen ist, fällt mir dermalen nichts ein (am wenigsten ein Vers, da ich in meinem ganzen langen Leben noch keinen geschrieben habe), als eine Stelle aus jenem weltbekannten Kindermärchen von den drei Orangen." Was Tasso fehlte, hat Bracciano im Überfluß. Und er ist der einzige, der für Vittorias Anschauung vom Leben volles Verständnis zeigt.

In der Liebe zu Bracciano findet Vittoria die letzte Reife. Wie beide nach Perettis Tod zueinanderstehen, ist schon gesagt worden. Die Erwiderung ihrer Liebe macht es Vittoria mehr als alles andere möglich, die Schutzhaft auf dem Castell Angelo klagelos zu überdauern und mit neuer Kraft aus ihr hervorzugehen. Wenden wir uns den glücklichen Tagen am Gardasee zu — Bracciano schlägt Vittorias wegen eine hohe und rühmliche Befehlshaberstelle aus, die Venedig ihm anbietet —, so klingt aus dieser Darstellung ein neuer Ton, welcher der diesseitig realistischen Liebeserfüllung entspricht: „Von einem so einfachen, idyllischen Leben ist nur wenig zu berichten, das ruhige, ungestörte Glück kann niemals die Imagination des Dichters vielfach bewegen; nur von Wechsel, Unglück, Schlacht und Tod, Gram und Verzweiflung oder Wunder berichtet Legende und Romanze, das epische Gedicht wie das Drama."

In der Entscheidung, Peretti zu ehelichen, hatte Vittoria sich zwischen der ungewissen Möglichkeit auf späteres Glück und der sicheren Errettung ihrer Familie aus gegenwärtig drohendem Untergang zum Opfer entschlossen. Nun, da sich die Umstände gewandelt haben, gibt sie sich ganz dem Leben hin. An die Stelle der dichterischen Wettbewerbe treten die Wettläufe in der freien Natur. Der glückliche Mensch dichtet nicht. Die Seligkeit des Zusammenseins verströmt sich in Taumel und Rausch, der schon im Hier den Himmel öffnet. Sie fühlt sich als eine der Olympischen, und Paolo wird ihr zum „Gott und alles". Wie sehr diese Liebe im Grunde dem Diesseitigen verhaftet bleibt, ergibt sich daraus, daß sie selbst dem Todesgedanken das Dunkle nimmt: „‚Und warum nicht gern sterben?' antwortete sie, und mit Freudenthränen im Auge? — ‚Ach Paul, mein Giordano! wenn wir uns nach dem Tode wiederfinden, wenn ich dir entgegenstürze, in jenem uns unbekannten Lande, wird dann die Wonne nicht vielleicht noch größer sein? Oder anders? Oder ist es, wie mir im Leben vorher war, daß wir es uns jetzt nicht denken können?'" Wie Vittoria sich und die Ewigkeit aus der neugefundenen „Wonne" versteht, so ist auch Braccianos Glaube nur von der Realität gegenseitiger Liebe getragen: „Tod und Leben in deiner Nähe ist mir eins." Als Vittoria während der letzten Abwesenheit des Herzogs dann doch schreibt, gipfelt ihre poetische Weltschau in den Worten: „Die Liebe ist es, durch die ich alles verstehe." Welch ein Stimmungswandel gegenüber den früheren Gedichten!

Braccianos Tod und die mit seiner Vergiftung einhergehende Vision Vittorias, die ein kleines graues Wesen in einer Ecke ihres Zimmer kauern sieht, werden von Tieck in der Schwebe gelassen. Ist die Gestalt wirklich, oder ist es Vittorias innere Stimme, die zu ihr spricht? Von Kindheit an hatte sie sich ja mit einer solchen Begegnung beschäftigt und sie in ihrer Phantasie ausgemalt. Die Todesgefahr, in der ihr Gatte schwebt, mit dem sie sich eins fühlt, mag solch eine Halluzination hervorrufen. Heute würde man von einem „parapsychologischen Phänomen" sprechen; zu Tiecks Zeit war wenigstens der Ausdruck unbekannt. „Da ging sie ganz nahe, aber ihre Hand erfaßte nur die Mauer, es war nichts da, was gesprochen haben konnte." Ist Bracciano von einem „Zauberer" verlockt worden, oder haben seine Feinde ihn nur durch Vorspiegelung der Magie in ihr Netz gezogen? Zwar ist die Hütte nicht aufzufinden, in der Paolo die giftigen Dämpfe einatmet; aber Vittoria trifft ihn mit dem ihr bekannten Schurken Mancini im Walde an, der den Schwankenden stützt. Auch dies bleibt in der Schwebe.

Mit Bracciano stirbt auch Vittoria als Mensch, der auf eine individuelle Erfüllung im Diesseits angelegt ist. Darin wirkt in ihrer Gestalt noch der Renaissanceglaube nach. Sie hat das Glück als Künstlerin und für kurze Zeit als Gattin besessen. Was nun folgt, ist Leben aus der Erinnerung und stille Vorbereitung auf den Tod. Tieck sagt ganz eindeutig: „Ihr Leben war beschlossen, ein Frühling, Sommer und Herbst war ihr Glück gewesen, in diesen wenigen Monaten war der Inhalt ihres eigentlichen Daseins befangen." Hieraus erhellt, warum sie trotz ihrer endlichen Gefaßtheit im Glauben keine eigentliche romantische Gottsucherin ist. „Wer so große unnennbare Schmerzen durchlebt, der wendet sich gern in der Einsamkeit seines verwaisten und verarmten Herzens an die Liebe des Unnennbaren", begründet Tieck realistisch aus den Umständen.

Wie in der Idylle am Gardasee nicht eigentlich ein transzendenter Gott angesprochen wird, sondern der Geliebte den Namen „Gott" erhält und die erfüllte Liebe sich selbst in göttliche Bereiche transzendiert — damit aber wesentlich in der Immanenz verwurzelt bleibt —, so fühlte Vittoria „auch in diesen Übungen der Andacht ... den teuren Gemahl wieder ganz nahe in ihrer Gegenwart". Es soll hier keineswegs die Stärke ihres Glaubens verkleinert werden, den sie findet, als ihr „eigentliches Dasein" schon vorüber ist, wie Tieck sagt. Aber es ist doch charakteristisch, daß sich die Hauptpersonen — Vittoria sowohl wie Ottavio und Julia — erst dann Gott voll zuwenden, wenn es eigentlich zu spät ist oder, besser ausgedrückt, wenn nichts anderes mehr übrigbleibt. So findet Vittoria ihr Ende als Mensch, der vom heidnischen Mythenglauben poetischer Färbung zum Christentum übergeht. Eine Gottsucherin im Sinne eines Novalis oder der Anna Margaret in Brentanos „Geschichte vom braven Kasperl und dem schönen Annerl" ist sie nicht. Das setzt, wie auch bei Hesses Siddhartha, eine längere Lebensspanne *aktiver* Gottessuche voraus. Man kann aber wohl sagen, daß sie ihren Gott findet, was ja auch Siddhartha widerfährt; dort aber nach langem vergeblichen „Suchen", das vor dem „Finden" aufgegeben wird.

Die psychologische Motivierung der Hauptgestalten

„Vittoria Accorombona" ist ein äußerst wohlmotiviertes Werk. Marianne Thalmanns knappe und, wie mir scheint, nicht recht überzeugend begründete Behauptung, Tieck habe „so oft der psychologischen Sonde entraten" und „ohne allzu viele Spitzfindigkeiten des Warum und Darum erzählen können", soll wohl nicht bedeuten, daß es ihm an psychologischer Einsicht und dichterischer Gestaltungskraft gemangelt habe. Wenn uns auch keine „Spitzfindigkeiten" ins Auge fallen, was ja nur für Tiecks Feingefühl und handwerkliches Geschick spricht, so sind ihm doch das „Warum und Darum" von größter, nie übersehener Bedeutung. Dieses ständige Fragen nach den Gründen eines Geschehens ist nicht nur kennzeichnend für den wirklichkeitsnahen Stil und die Struktur des Romans, sondern es ist auch in der Gestalt Vittorias selbst verkörpert. Vittoria lebt nicht aus einem Daseinswunder, das sich fraglos selbst genug ist. Sie bespiegelt sich vielmehr in ihren Dichtungen, bedarf der erörternden Gespräche und kann auf großartig realistische Weise sogar das Schicksal als etwas definieren, was nicht übernatürlichen Ursprungs ist, sondern „sich aus den Umständen unabweislich wie von selbst entwickelt". So gibt auch das Warum ihrer eigenen Umstände, von ihr selbst erkannt und gelebt, dem Roman sein Gepräge. Und wo die anderen das Warum ihres Handelns nicht verstehen oder verstehen wollen, da erklärt sie es ihnen. Selbst die junge Vittoria ist kein Mensch, der die „Dinge einfach an sich geschehen läßt".

Sie argumentiert gegen die Ehepläne, und wenn sie schließlich ihre Einwilligung gibt, dann opfert sie sich wegen der verzweifelten Lage ihrer Familie, ohne jedoch irgendwelche Zweifel an ihrer eigenen Meinung zu lassen. Sie grübelt über ihre Existenz und ihr Bewußtsein davon, als Bracciano sich ihr zu erkennen gibt. Das „schwarze Nebelgespenst" der Ehre, so oft als Grund zur Tat genannt, genügt ihrem forschenden Geist nicht: „Und abgesehen von allem anderen, muß man die Umstände, Verhältnisse, Zufälle, die obgewaltet haben, alles genau kennen, um ein eigentliches Urteil zu fällen." Solch ein Ausspruch umreißt kein unerreichtes Ideal, sondern ist Lebensprogramm für Vittoria und Strukturgesetz für Tieck. In der langen Aussprache mit dem kranken Peretti läßt sie ihn nicht im unklaren, warum ihre Ehe in Wahrheit zu existieren aufgehört hat. Ebenso deutlich erklärt sie Bracciano, der ihr die Welt zu Füßen legen will, warum sie als Gattin Perettis sich dem Geliebten nicht hingeben kann. Und es sind durchaus nicht nur abstrakte Erwägungen über die Moral, die angeführt werden: „Ich kann meine großartige, tugendhafte Mutter nicht so kränken, die schon ein stiller Gram verzehrt und ihr Leben untergräbt." Die harte Notwendigkeit, Gründe und Folgen zu erwägen, bestimmt, den jeweiligen Umständen angemessen, wie der verantwortungsbewußte Mensch sich zu entscheiden und zu leben hat — ein Zug, der uns besonders bei Stifter vertraut wird.

Im aktiven Tun, im Dichten und Denken offenbart sich die Seele Vittorias und der anderen Gestalten des Romans. Zwar verfährt Tieck nicht „psychologisch" im Sinne etwa des Kafkaschen Werkes; aber die Schilderung der seelischen Zustände einiger seiner Hauptgestalten dürfte selbst für den Psychiater Überzeugungskraft besitzen. Schließlich operiert ja auch die Psychologie nicht im luftleeren Raum, sondern richtet einen Großteil ihrer Bemühungen darauf, was die Seele beeinflußt, auf das Warum und Darum also, oder was Tieck „die Umstände" nennt. Und hierin ist Tieck unbestritten Meister. Die noch während der Blütezeit der Romantik nicht seltenen Fälle von plötzlichen Wahnausbrüchen, die oft mit der Scheu und Ehrfurcht vor übernatürlichen Phänomenen behandelt werden, fehlen in „Vittoria Accorombona" vollkommen. An ihre Stelle tritt die klare Einsicht darin, was den jeweiligen Geisteszustand hervorgebracht hat. Darüber hinaus kennt Tieck auch Mittel und Wege, wie der Mensch sich aus der Gefahr des Zusammenbruchs durch das retten kann, was man als eine Art von „Berufs-" oder „Beschäftigungstherapie" bezeichnen könnte. Wenn es sich bei der als Beispiel zu erörternden Stelle auch nicht um eine fortgeschrittene Erkrankung, sondern nur um einen wohlbegründeten Anfall von schwerer Depression handelt, so ist sie doch für Tiecks psychologisches „Sondieren" kennzeichnend. Nach Perettis Ermordung, die einen Höhepunkt der schweren und zermürbenden Erlebnisse in ihrem Leben darstellt, heißt es von Vittoria: „Diese war endlich durch das Übermaß der vielen, sie bestürmenden Gefühle völlig aufgelöst. Ihre Nächte waren schlaflos, die Nahrung stärkte und erquickte sie nicht, und so, nach einem kurzen Fieberzustande, sank sie in eine stumpfe Bewußtlosigkeit. Sie war nicht mehr fähig, ihr Schicksal zu überdenken, sich aller Umstände zu erinnern, die sie so nach und nach in diese abscheuliche Lage geworfen hatten. Diese gewaltsame Wendung ihres Lebens hatte sie so plötzlich überrascht, daß sie noch keines freien Entschlusses fähig war. Ihr Gemüt, das sie für so reich gehalten hatte, schien ihr nun völlig verarmt, sie sah mit Entsetzen in diese innere Leere und begriff nicht, wohin alle diese Kräfte entschwunden waren, die ihr sonst immer Halt gegeben, die Gefühle, von denen sie in allen Lagen, selbst in der Verzweiflung, Trost empfangen hatte."

Es ist bedeutsam, daß Vittorias Auflösung und die „stumpfe Bewußtlosigkeit", die der plötzlich hereinbrechenden Gewalttat folgen, nicht auf diese allein, sondern in Wirklichkeit auf die zermürbenden Umstände zurückgeführt werden, die ihre Entschlußkraft „so nach und nach" unterhöhlt haben. Die Unfähigkeit, sich im Augenblick der Krise der vorausgehenden negativen Einzelheiten zu erinnern, ist eine Abwehrreaktion der bereits überforderten Seelenkraft, ein Versuch, die Wirklichkeit mit ihren Bedrohungen durch Abwendung vom Geschehen auszuschließen. In dieser seelischen Isolierung liegt aber die Gefahr, das Selbst zunehmend zu verlieren. Die moderne Tiefenanalyse versucht, die ins Unterbewußte verdrängten Erlebnisse und Gefühle wieder heraufzubeschwören, damit sie bewußt noch einmal durchlebt und durchfühlt werden und so ein Weg zu neuer Lebensbewältigung geöffnet wird. Gerade das tut auch Vittoria, um ihr gefährdetes Selbst wiederzufinden; sie überwindet die Leere, in der sie sich wie Grillparzers Sappho von den Göttern verlassen findet, indem sie sich zwingt, aktiv ihrem dichterischen Berufe nachzugehen: „Ich glaubte ja immer von den Musen begünstigt zu sein und mich in unmittelbarer Berührung mit göttlichen Kräften zu befinden; warum gestatte ich denn nun der toten kalten Erde die Herrschaft über meinen Geist und rufe nicht jene Bundesgenossen zu Hilfe, die mir in Stunden des Übermutes fröhlich und lächelnd beistanden? — Sie setzte sich nieder, tat einige Griffe auf der Laute und schrieb dann ein Gedicht in Terzinen..."

Das Gedicht, „Ernst und Trauer des Lebens", das nun folgt, gestaltet die pessimistische Lebensanschauung seiner Autorin und spricht in schauerlichen Bildern die Ängste aus, die schon in dem jungen Mädchen unbestimmt lebten und deren erneute „Verdrängung" in ihrem gegenwärtigen Zustande zur Katastrophe führen könnte. In der dichterischen Übersteigerung dieser sich nun entladenden Ängste kann sie fragen:

„Gibt es etwas anderes denn Verlust?" und folgert: „Alles war nur Spielzeug und liegt zertrümmert im Staube." Der Mensch wird ihr zum verbannten Geist, die Jugend zur Zeit der Illusion, und das Leben eigentlich ein Tod, in dem Dämonen den Hirsch von Hunden jagen und zerfleischen lassen. Das Sterben nimmt universalen Umfang an. Der spielende Fisch wie das unschuldige Lamm sind schon dem Köder des tückischen Fischers und dem blutigen Messer des lauernden Schlächters verfallen. Des Menschen Geschick ist noch grausamer als das der Kreatur; denn „wir zittern bei jedem Windeshauch, der uns leidige Nachricht" zuwehen möchte.

Vom Allegorischen und Universalen her kann sie dann ganz

konkret die eigene Situation der lähmenden Bindung an Peretti und seinen Tod ansprechen und sich verdeutlichen, was die Zukunft ihr bringen mag: „Was warst du mir? Was konnt' ich Dir bedeuten? Wie in lebloser Maschine kein Rad vom anderen weiß, und doch das eine das andere treibt, so lief mit uns, nebeneinander das Getriebe unseres Daseins . . .

Und ängstigende Ahnung weht um mich. Mir dünkt, ich sehe die unsichtbaren Dämonen schadenfroh lachen und die gierigen Zähne fletschen. Der Glanz der weißen Hauer blitzt leuchtend durch die Nacht.

Sie werden der Unschuldigen nachjagen — schon trieft das Blut aus meinem Herzen — die Witterung macht sie nur lüsterner und wilder. — Ich sinke nieder, todesmatt."

Dieser Gedichtsschluß überrascht zunächst. Scheint es nicht, als überlasse sich Vittoria willenlos den andrängenden dämonischen Kräften? Aber auch hier haben wir es wieder mit einer heilsamen Übersteigerung zu tun. Im Akt des Aussprechens der Ängste selbst liegt schon die ersehnte Hilfe. Die Phantasie hat sich von ihren Schreckensbildern gereinigt.

Das abschließend todesmatte Niedersinken, das der letzten, gehetzten Vision folgt, bringt mit der natürlichen Erschöpfung nach kathartischer Entladung, so dürfen wir vermuten, einen von Beunruhigung freien Heilschlaf. Der Punkt, der das letzte Bild beschließt, und der ihm folgende Gedankenstrich scheinen „Ich sinke nieder, todesmatt" von der Geisterbeschwörung abzusetzen. Vittoria spricht wieder aus der Realität der gegenwärtigen Situation des Dichtens. Hier endet die Handlung abrupt, was unter den geschilderten Umständen auf den erlösenden Schlaf hindeutet.

Und in der Tat tritt uns in der wiederaufgenommenen Erzählung Vittoria neugestärkt entgegen. Sie ist gereifter, als sie es vorher war, sie ist frei von dunklen Ahnungen und Ängsten und kann fest das Steuer der Familie in die Hand nehmen. Als nämlich Caporale mit neuer Unglücksbotschaft kommt, die die wirtschaftliche Existenz der Accoromboni als dem sicheren Ruin verfallen darstellt, sehen wir, welche Läuterung Vittorias Geist durchgemacht hat. Sie steht im deutlichen Kontrast zu dem verzweifelten Gebaren der Mutter, der erstmals so starken und umsichtigen Donna Julia. „Die Mutter irrte verwildert im Saal umher und rang die Hände . . . ‚Wohin hat uns das Notwendige, Gute, wohin das Schicksal geführt, daß wir nun in diesem ehernen Netz gefangen liegen, und alle unsere Glieder tödlich gelähmt sind . . . Es bleibt uns nichts als Verzweiflung und Untergang.'" Vittoria hat ihre eigene tödliche Lähmung überwunden.

„'Fassung, Mutter', sagte Vittoria in ihrer großartigen Weise; ,das Nächste, Notwendigste müssen wir auch jetzt eben so wie damals ergreifen.'" Nachdem die Schreckensbilder ihrer Seele gebannt sind, wendet sie sich ganz der Meisterung ihres Lebens zu. „Nur sterben will ich nicht, nicht jetzt endigen, wie ich es ehemals vermocht hätte; weil ich das Leben kennen gelernt habe, und weil ich es von der Zeit erwarte, die oft billig und selbst gerecht ist, daß sie mich und die Meinigen wieder läutere." In ihrer schwer errungenen seelischen Gelassenheit besteht sie auch die Anklage vor dem geistlichen Gericht und fügt sich gefaßt den einschränkenden Bestimmungen des Freispruchs.

Was geschieht, wenn der Mensch nicht zeit seines Lebens, wie Vittoria, bereit ist, sich mit der physischen und psychischen Wirklichkeit auseinanderzusetzen, wenn seine Kräfte erlahmen?

Tiecks großartig gestaltetes Beispiel für das Erliegen im Lebenskampf ist der sorgfältig nachgezeichnete schrittweise Verfall der Mutter, die der Schizophrenie anheimfällt und ihr Leben im Wahnsinn verdämmern läßt. Auch hier gibt es keine unerklärlichen Gründe und außerweltlichen Mächte, die den Geist zerrütten. Alles wird aus der Situation und den menschlichen Reaktionen selbst hergeleitet. Die Erfahrungen der eigenen Jugend bestimmen weitgehend Donna Julias Lebenshaltung. Nach einer unglücklichen Liebeserfahrung schließt sie eine Vernunftehe, die sie gegen alle Erwartungen glücklich macht. Langsam gelangt sie zu der Überzeugung, daß es gar nicht so sehr darauf ankommt, wen man heiratet, sondern wie man die Ehe selbst führt. So versucht sie zu Beginn des Romans in ihren Kindern die gleichen Lebensanschauungen zu befestigen, ohne sich bewußt zu werden, daß die Kinder auf Grund eigener Veranlagung, Erfahrungen und Erlebnisse ein eigenes Weltbild in sich reifen lassen müssen. Julia versteht nicht, daß Söhne und Tochter, für die sie alles Menschenmögliche tut, sie nicht begreifen, und der Gedanke bemächtigt sich ihrer, daß sie als Mutter versagt habe. Zwischen Julia und dem Ältesten, Ottavio, ist es schon zur völligen quälenden Entfremdung gekommen; Marcello ist unter die Banditen gegangen; und nur der weichliche Flaminio, der Jüngste, ist in seiner Nachgiebigkeit in vollem Einklang mit den Wünschen und Anschauungen der Donna Julia. Daß Vittoria der Ehe und der Gesellschaft, deren Achtung der Mutter Erfüllung und Halt in ihrem Witwentum gibt, in scharfer jugendlicher Kritik gegenübersteht, schmerzt sie tief und führt zu immer heftigeren Meinungsverschiedenheiten, die in der Mutter Sorge und nagende Zweifel an ihren Erziehungsmethoden hervorrufen. Ihr ursprünglich unerschütterlicher Stolz auf die Kinder gibt zunehmend dem Gefühle Raum, daß ihre Liebe unerwidert bleibt. Als ein Schlag nach dem anderen ihre Familie trifft, Marcello hingerichtet werden soll und alle ihre hohen Hoffnungen und Erwartungen zerschellen, kämpft sie immer starrsinniger um die Erhaltung der Familiengemeinschaft und erreicht doch nur, daß sie ihrer Tochter täglich fremder wird und noch das Schuldgefühl auf sich lädt, Urheberin der offensichtlich unerfüllten Ehe zwischen Peretti und Vittoria zu sein. Der „Erfolg" aller ihrer Bemühungen ist ein Fehlschlag nach dem anderen. Donna Julia versteht die Welt nicht mehr. Verzweiflung bemächtigt sich ihrer, und als der Familie nach Perettis Ermordung auch noch der wirtschaftliche Ruin droht, die Tochter vor das strenge geistliche Gericht als Anstifterin des Mordes gefordert wird, läßt sie — im geraden Gegensatz zu Vittoria — die Zügel aus der Hand gleiten. Die erbarmungslosen Umstände, gegen die sie so lange und tapfer, wenn auch vergeblich, angekämpft hat, lassen diese stolze Frau doch als mehr erscheinen denn „eine Mutter, die Ehen stiftet".

Die nun folgende Schilderung der fortschreitenden Zerrüttung bei der Mutter ist ein klassisches Beispiel für eine durch die Phantasie erwirkte Kompensation dessen, was das Leben selbst versagt hat. Die Realität wird zur Illusion, der Schein zur Wirklichkeit. Schon kurz vor Perettis Ermordung, als man auf seinen Rat hin nach Tivoli zurückkehren will, spricht Julia von „zersprengenden Angstgefühlen" in ihrer Seele, sie „bebt in Angst vor dieser Reise" und zeigt auch sonst Symptome des drohenden Wahnsinns: „Ihr großes Auge hatte den ehemaligen Glanz verloren, sie war bleicher als sonst, und die Wangen waren eingefallen." Tivoli, der Ort, an dem sie mit ihrer Familie eine glücklichere Zeit als die Gegenwart verlebt hat, birgt für sie die Gefahr gänzlichen Wahnsinns. Das erkennt sie sehr deutlich, da dort der Verlust der vormaligen Gesichertheit ihres Daseins gegenständlich sichtbar werde. In einem bei der Art ihrer Krankheit nicht seltenen „lichten Augenblick" wird sie sich ihrer Lage im Zusammensehen von Vergangenheit und Gegenwart ganz real bewußt: „Ich weiß am besten, was ich seither gelitten habe. Glaubt mir, alter Freund, gewisse Erschütterungen unserer Natur, wenn wir auch nachher gleichgültig weiter leben, zittern und unterhöhlen fort und fort in unserer Seele, bis von der dauernden Anstrengung und dem Umsichfressen des Giftes die Schale zerbricht."

Unerbittlich verfolgt Tieck die psychologisch glaubhafte Entwicklung dieser großen Frauengestalt weiter. Perettis Ermordung und die Anklage gegen Vittoria machen die Wirklichkeit vollends unerträglich. Während Vittoria auf der Engelsburg neue Kräfte sammelt und Luigi Orsini Rom in ein Blutbad stürzt, zieht Julia sich völlig von der Menschheit zurück. So trifft Orsini sie, die schon völlig verwahrlost ist, zufällig in einem Zimmerchen und entsetzt sich, als er in der gespensterhaften Erscheinung Donna Julia erkennt. Noch gibt sie ihre Identität zu, antwortet ihm „mit heiserer Stimme; irgend was muß der Mensch sein, und ich habe diese mühselige Rolle übernommen". Doch Tivoli lockt, nun, und hier finden wir sie im fortgeschrittenen Stadium der Schizophrenie. Die „mühselige Rolle" als Donna Julia weicht der Flucht in die Illusion, und das, was eigentlich Rolle ist, nimmt für sie die Züge des Realen an. Im Zusammentreffen mit dem alten Pfarrer Vincenz, dem Onkel Camillos, der sie übertrieben laut und kreischend Volkslieder singen hört, gibt sie sich als Mutter der weltberühmten Kaiserin Semiramis. Ihr körperlicher Verfall, der dem geistigen entspricht — worauf Tieck in der Beschreibung jeder Krankheitsstufe genau achtet—, nähert sich schon dem Außermenschlichen: Sie „sah in dieser Gestalt einem wilden reißenden Tiere oder einem Ungeheuer nicht unähnlich". Was das Leben ihrem Stolz versagt hat, erfüllt sich in den Illusionen des Größenwahns. Damit hält der Roman sich auch hier strikt im Rahmen des Psychologischen. Sie selbst und die Ihren sind historisch belegte oder sonst berühmte Gestalten. Am liebsten scheint sie sich als Mutter der Gracchen zu sehen; aber sie ist auch Kaiserinmutter oder der Dichter des „Befreiten Jerusalem". Der Tyrann Holofernes, Augustin, Chrysostomus, der Königsliebling Daniel und andere Große geistern neben den Gracchensöhnen durch ihre Reden. Typisch für das Krankheitsbild der Schizophrenie ist es, daß sie sich in ihren Wahnvorstellungen für gesund, ihre Mitmenschen aber für gestört hält. „‚Ihr seht es', sagte sie zu ihrem Besucher, ‚mit den Verrückten, wovon Ihr einer seid, muß ich nun sprechen und poetische Akademieen halten.' ‚Das ginge mir ab', sagte Vincenz, ‚ich verrückt und die da klug.'"

Im Spiel des Hin und Her von Wahn und Geistesklarheit gibt der Tod ihr endlich Erlösung. Die seelenhygienische Bedeutung der Beichte wird hier sehr deutlich. So wird Vincenz Julias Beichtvater-Psychiater, wenn er, obwohl oft recht unwillig, „ihr die mythologischen und geschichtlichen Thorheiten christlich nachsah", wogegen er unerbittlich bleibt, „wenn sie in die Geheimnisse der Religion anmaßend hineingriff". Von derartigen Auseinandersetzungen sagte Tieck, „daß es in solchen Momenten schwer zu entscheiden sein mochte, wer von beiden der Thörichte sei". Am Ende ist beiden gedient: „Sie hörte ihn an und begriff sein Wohlwollen, da jetzt nach jener Erhitzung die gute Stunde bei ihr herrschte." Julia stirbt „milder und selbst christlicher und vernünftiger geworden", und Vincenz darf sich freuen, „noch einmal so ein starker Heidenbekehrer" geworden zu sein.

## Die Form des Romans

Über die Struktur des Romans hat schon Marianne Thalmann in ihrer Tieck-Studie, „Der Heilige von Dresden", sehr viel Gültiges gesagt, indem sie die fünf Bücher auf das Prädominieren der einzelnen „Stimmen" hin untersucht und ihr Auseinandergehen sowie ihr Zusammenklingen verfolgt. Auch wir wiesen schon häufig auf strukturelle Züge hin, so im Zusammenhang mit der Fülle der individuellen Entwicklungsstränge, die sich mit Vittorias Lebensgang zu einem reichen Gewebe gegenseitiger Einflüsse verbinden; dann bei den erzähltechnischen und stilistischen Einzelheiten in der Gegenüberstellung von Mutter und Tochter und in der Erörterung von Tiecks realistischer Gestaltung der psychologischen „Umstände" sowie der jeweiligen Situation, die auf Entscheidung drängt.

Was uns darüber hinaus auffällt, ist das Ausmaß an Konzentration, mit dem Tieck erzählt. Das fehlt noch im Roman der romantischen Blütezeit. „Vittoria Accorombona" ist in jedem Sinne vollendet; keine Akkorde werden angeschlagen, die nicht auch ausgeführt werden. Das Fragmentarische ist realistischer Durchgestaltung gewichen. Tieck hält sich an die Gegebenheiten, die nun der ehemals frei waltenden Phantasie und der illusionszerstörenden romantischen Ironie übergeordnet sind. Das verleiht seinem Roman nicht nur Wirklichkeitsnähe, sondern auch Schicksalsschwere. Die Rolle des reinen Zufalls ist beinahe gänzlich ausgeschaltet. Vittoria ist kein liebenswerter „Taugenichts" mehr, der in die Welt hinausgeht und auf wunderbare Art und Weise immer die richtigen Leute trifft.

Die Schicksalsschwere und Konzentration, mit der hier erzählt wird, steht im Einklang mit der strengen Anwendung des zeitlichen *continuum*, der chronologischen Aufeinanderfolge von Vergangenheit, Gegenwart und Zukunft. Nur einmal wird länger in schon Vergangenes zurückgegriffen; und auch das geschieht im Gespräch, als Donna Julia auf ihre Jugend eingeht, um ihre jetzige Einstellung zum Leben zu erklären. Tieck beginnt am Anfang und hört am Ende auf, und was dazwischen liegt, ist kontinuierlich angeordnet. Das ist gar nicht selbstverständlich. Als Gegensatz zu dieser weitgehend realistischen Zeitstruktur möchte ich nur an Eduard Mörikes romantischen Roman „Maler Nolten" erinnern, wo aus dem gegenwärtigen Geschehen immer wieder auf Vergangenes und von dort auf Vorvergangenes zurückgegriffen wird, ein Zug, der dem Gesamt des Handlungsablaufs etwas Statisches verleiht und in der kunstvollen Verschiebung von Zeitebenen den Einbruch des Schicksals mildert[4].

In der Geradlinigkeit der Erzählform, der unerbittlichen Einhaltung der Handlungszeit scheint sich mir die gereifte Altershaltung des Dichters zu spiegeln, der die Zeit in ihrem Verfließen nicht mehr durch strukturelle Manipulationen „anzuhalten" braucht, um ihr Vergehen ertragen zu können. Er erfaßt, wie Marianne Thalmann sagt, die Zeit „als ein Spiel der Übergänge". Bracciano sehnt sich, „daß ich mir nur ein einzig armes Mal sagen könnte: Jetzt ist mein Herz und Sinn gesättigt, ich bin, auf diesen Augenblick doch, der Sehnsucht und dieses Rausches frei." Doch selbst in der Liebeserfüllung gibt es kein Stillestehen, wenn auch der Sterbliche „in immer neuem Glück nicht Zeit und Stunde" zählt. Gerade die Idylle am Gardasee hat Tieck kurz gehalten. Sie umfaßt knapp vier Seiten.

Weiterhin ist zur Struktur zu sagen, daß die verhältnismäßig seltenen Unterbrechungen des Handlungsablaufes, wie z. B. „Die Macht der Liebe" und „Ernst und Trauer des Lebens", aus dem gesellschaftlichen Rahmen oder der Gestimmtheit Vittorias natürlich hervorgehen. Nach der Vorlesung des Dämonenmärchens vom „Schwarzbraunen Bräutigam", das selbst Caporale als eine „trübselige Erfindung" bezeichnet, bemerkt Bracciano verstehend, daß es „nur zu sehr ein wahres und trübes Bild unseres Lebens sein" mag. Dazu bietet „Der schwarzbraune Bräutigam" als Geschichte echter Liebe eine Vorbereitung aus dem Gegensatz zum ihr folgenden Bericht Malespinas über das Tun und Treiben Isabellas während der Abwesenheit ihres Gatten. Und in den unbetitelten Versen von Rose, Muschel und dem armen Menschen auf einer Welt, wo Zeit und Stunde herrscht, erhalten wir in poetischer Enthüllung Einblick in die Weltanschauung und den Seelenzustand der jungen Dichterin. Die Verse sind eine teils allegorische, teils konkrete Selbstbespiegelung, die für unser rechtes Verstehen des Romans und Vittorias Reaktionen in ihm unerläßlich sind: „O armer Torquato Tasso! — Und darf ich sagen: O ärmste Vittoria? — Oder bin ich zu eitel?"

So haben wir es nicht mit bloßen Arabesken oder poetischen Einschiebseln zu tun, die eine Berechtigung in sich selbst hätten. Damit beugt Tieck der möglichen Tendenz des traditionellen romantischen Romans vor, poetische Unterbrechungen darzubieten, die nicht unbedingt im Geschehnishaften vorgebildet sind und, von der Struktur her betrachtet, leicht künstlich wirken. Die beliebten Phantasmagorien oder Zwischenspiele fehlen hier. Die dichterischen Erzeugnisse der anderen, die am jeweiligen Wettbewerb teilnehmen, werden sogar nur in knappen Sätzen erwähnend zusammengefaßt, wenn sie, was meistens der Fall ist, zur Erhellung des Geschehens nichts beitragen. Auch durch diesen Kunstgriff schreitet die Erzählung realistisch voran.

„Vittoria Accorombona" bleibt im Grunde ein tragischer Roman. Auch die Liebesidylle, die Vittoria und Bracciano am Gardasee beschieden ist, leuchtet nur kurze Zeit ungetrübt vor dem unsteten, blutigen Hintergrund auf. Die gefühlsmäßige und ideenmäßige Problematik des Daseins verschmilzt zur untrennbaren Einheit mit der situationsgemäßen Bedrohung durch Farneses erpresserische Leidenschaft, Orsinis ungezügelte Wildheit, das Auf und Ab von Intrige und Politik und die Ungesichertheit der Familienposition. Die Freiheit individuellen Handelns ist äußerst begrenzt. Tieck macht die Ausweglosigkeit deutlich, indem er keine Zweifel über die Folgen läßt, denen seine Menschen sich aussetzen, wenn sie ihre wahre Lage übersehen. Die Gegenspieler nutzen jeden Vorteil des Augenblicks unerbittlich aus. Aber auch die Großen werden ständig von anderen Machtvollen in Schach gehalten. Der einzelne ist im Netz der vielen auf ihn einwirkenden Kräfte und Gegenkräfte gefangen und muß sich dem Gebot der Stunde fügen oder zugrunde gehen. Ascanio, gefangener Bandit wider Willen, spricht das für alle aus: „Ach Himmel, warum ist es dem Menschen doch nicht immer vergönnt, einen einfachen und rechtlichen Lebenswandel zu führen! Ich wäre ja so gern im engsten Kreise froh und zufrieden gewesen."

Der Kompromiß mit den Widersprüchen des Lebens, noch 1839 von Tieck in der Novelle „Des Lebens Überfluß" gestaltet, ist im Roman nicht möglich[5]. Im epischen Bericht läßt sich die Welt nicht ausklammern, wie es noch Heinrich und Clara in der Abgeschiedenheit ihres Refugiums gelingt. Und eine Existenz ohne „Treppe" zur Umwelt ist im Wandel menschlicher Schicksale, in der Unbeständigkeit des Glücks, wie sie der Altersroman gestaltet, undenkbar. In der Aussetzung des Menschen in eine gnadenlose Welt, in seiner Verwicklung in das Tagesgeschehen erreichen einzig Vittoria und mit ihr Bracciano die Reife und Größe einer gefaßten Hinnahme des Daseins, wie es ist, bevor auch sie untergehen.

Der tragische Grundton ist von Anfang an unüberhörbar. Er schwingt schon in Vittorias noch kindlichem Vergleich von Ideal und Wirklichkeit mit, als sie Camillo erklärt: „O, über alles dieses Müssen in unserer Alltagswelt. Freilich, die Fabel fliegt fort mit Schmetterlingen, Schwalben und Nachtigallen, wir kommen immer an das letzte Wort auch des schönsten Gedichtes, machen das Buch zu und legen es in den hölzernen Schrank. Nach dem herrlichsten Gesang erschallt die heisere Stimme des elenden Dieners und ladet die Gesellschaft an den Eßtisch. Muß denn das alles so sein? Oder könnten wir nicht mit einem Gotte oder einem hohen Geiste ein Pactum schließen, daß es anders sich gestaltete?" Dann reißt der Strom des Geschehens sie fort.

BENNO VON WIESE

## Immermann · Münchhausen

> Die Vernunft ist wie reines Gold, zu weich, um Façon anzunehmen; es muß ein tüchtig Stück Kupfer, so eine Portion Verrücktheit darunter getan werden, dann ist dem Menschen erst wohl, dann macht er Figur und steht seinen Mann.
> 
> Karl Immermann

### Der Erzähler

Immermanns Roman „Münchhausen" entstand im einundvierzigsten Lebensjahr seines Autors (1837) und wurde im Jahre 1839 vollendet und als Ganzes gedruckt. Er gehört zu den wenigen großen Romanen von Rang und Bedeutung, die wir in deutscher Sprache besitzen und ist dennoch bis heute ein nahezu unentdecktes Werk geblieben. Diese merkwürdige Tatsache hat mehrere Gründe. Zu einem Teil beruht sie auf dem dualistischen Aufbau des Buches, das nach dem Vorbild von E. T. A. Hoffmanns „Kater Murr" zwei verschiedene, dem ersten Anscheine nach voneinander unabhängige Romanteile zu einer Einheit verbunden hat. Sehr zum Schaden der Dichtung wurde der sogenannte „Oberhof" später häufig als eine selbständige westfälische Bauerngeschichte herausgelöst und in dieser Form gelesen und verbreitet. Die vorwiegend satirisch-parodistischen Partien des übrigen Buches gerieten darüber allzusehr in Vergessenheit, zumal die zahlreichen literarischen Anspielungen, z. B. auf Pückler-Muskau, Alexander Freiherrn von Sternberg, Raupach, Alexander von Humboldt, Bettina von Arnim und Görres, Müllner, Houwald, Menzel, Platen, Gervinus, von der Hagen, Gutzkow, Scott oder gar auf Karl Witte, das gelehrte Wunderkind, auf Rothschild usw., um aus dem riesenhaften Umkreis nur einige Namen zu nennen, bereits für Immermanns Zeitgenossen nicht immer voll verständlich waren, ganz zu schweigen von dem Spott, der der zeitgenössischen Almanachpoesie, der Flut der Journale galt, der spekulativen Philosophie, allen Spielarten der Empfindsamkeit und der mystischen Verstiegenheit, dem Nazarenertum und dem Fortschrittsglauben der Zeit und den politisch gesellschaftlichen Erscheinungen des „juste milieu" der dreißiger Jahre.

Zu einem anderen Teil hängt die Verkennung des Immermannschen Romans mit seinem merkwürdigen Herausfallen aus der Tradition des deutschen Bildungs- und Erziehungsromanes zusammen und mit dem mangelnden Organ der Deutschen für humoristisch-satirische Dichtung überhaupt. Zwar gibt es auch im deutschen Schrifttum jene andere Tradition, die von Christian Reuter über Jean Paul, E. T. A. Hoffmann bis zu Wilhelm Raabe reicht, aber sie blieb weit mehr im verborgenen. Immermann nimmt insofern eine besondere Stellung in ihr ein, weil er trotz der Aufnahme romantischer Elemente in sein Werk — Brentanos „verwilderten Roman" „Godwi" hat er gerade während der Arbeit am „Münchhausen" erneut gelesen — ein ausgesprochen *gesellschaftlicher* Schriftsteller blieb, ein Autor von Zeitromanen, dessen Darstellungsstil erst mit Fontane und Thomas Mann seine lebendige Weiterentwicklung erfahren hat.

Schließlich wäre noch ein Drittes zu nennen. Auch die neueste Immermann-Forschung konnte sich nicht von dem Vorurteil befreien, daß sich der Münchhausen-Teil, als Adelssatire, und der Oberhof als Bauernroman wie Bild und Gegenbild entsprechen, ohne daß diese beiden Ansätze zu einem einheitlich durchgeformten realistischen Roman vereinigt wurden[1]. Wir werden jedoch zeigen, daß das Stilprinzip des sogenannten „Realismus" zum Verständnis dieses Romans nicht ausreicht, weil er weit mehr vom vorwiegend Artistischen aus gestaltet ist, das sich auch der Unordnung noch als eines künstlerischen Mittels bedient, und zwar in durchaus bewußter und konstruktiv durchgeführter Absicht. Eben hier haben sicher auch romantische Vorbilder wie Brentano und Hoffmann Immermanns Stilwillen noch mitbestimmt. Die Auffassung, daß sich in den beiden Romanteilen nur eine negativ gezeichnete Welt des schrankenlosen Subjektivismus und eine positive der „organischen, objektiven Lebensformen" gegenüberstünden, läßt sich bei einer näheren Analyse des Romans nicht halten.

Immermann nennt in seinem Untertitel sein Buch „eine Geschichte in Arabesken". Damit sind nicht nur die zahlreichen Einlagen, Zwischenreden und Schnörkel gemeint, das dem ersten Anschein nach bloß der freien Laune folgende Abbiegen von der Hauptlinie des Erzählens, sondern die Arabeske bedeutete für Immermann eine ihm durch die Romantik, insbesondere durch Friedrich Schlegels Theorie überlieferte Darbietungsform, in der sich Phantasie mit Witz verband und die auf Grund ihrer losen Verknüpfungen dem Poeten einen nahezu unbeschränkten Spielraum gestattete. Eben darum gehörte sie auch durchaus zur romantisch modernen und nicht zur klassisch antiken Dichtungsgattung. Die Arabeske ist nach Friedrich Schlegels

Formulierung „die älteste und ursprünglichste Form der Phantasie". Als im Oberhofteil der Hofschulze als eine Gestalt erwähnt wird, „deren Geltung zwar von den Mächten der Gegenwart nicht anerkannt wird, welche aber für sich selbst und bei ihresgleichen einen längst verschwundenen Zustand auf einige Zeit wiederherstellt", fügt der Autor hinzu: „Doch das klingt für diese Arabeskengeschichte zu ernsthaft. Sehen wir uns lieber im Oberhofe selbst um!" Der Roman in Arabesken meint mit dem „zu ernsthaft" nicht etwa, daß ernste Dinge hier nicht geschildert werden dürfen, denn eben dies geschieht ja mit dem nachfolgenden „Umsehen" im Oberhof und auch sonst an vielen Stellen des Romans; indessen soll der Leser niemals den Sinn dafür verlieren, daß der Dichter kraft eines von ihm erst entworfenen Zusammenhanges schaltet und waltet, so sehr er auch in solcher freien Weltbetrachtung an seinen Stoff gebunden bleibt, zumal dann, wenn dieser Stoff die Wirklichkeit selbst und ihr überquellender Reichtum ist. An einer anderen Stelle des Romans ist von einem „Arabeskenprotokoll" die Rede (vgl. II, S. 178, 183 ff.). Es wird vom Schriftsteller Immermann selbst aufgenommen und bringt die für die Handlung an sich durchaus überflüssige Zusammenfassung der verschiedenen Meinungen und Ansprüche von Randfiguren auf den Helden Münchhausen. Das Protokoll wird dann zusätzlich in einer Fußnote ironisiert, weil der Schriftsteller in einer für seinen Helden gefährlichen Lage leider nur die Zeit „mit unnützem Protokollieren" verliere. Das Protokoll, als Arabeske, hat offensichtlich eine vom Geschehen unabhängige, rein artistische Funktion, indem es die Münchhausengestalt in anderen Figuren gleichsam facettenartig spiegelt und bloßstellt.

Für eine solche „Geschichte in Arabesken" hat die Romanhandlung nur wenig Schwergewicht. Immermann bedient sich des altbewährten Schemas einer phantastischen Abenteurerhandlung im Stile der Ritter-und-Räuber-Geschichten mit Findlingswesen, Verkennungen und Wiedererkennungen, um seine Arabesken nach allen Seiten spielen zu lassen und so eine möglichst umfassende Fülle von Perspektiven zu gewinnen. Was geschieht, läßt sich trotz des großen Romanumfanges mit wenigen Worten nacherzählen. Das Mädchen Lisbeth, der Findling aus zweifelhafter Abkunft, aber mit dem natürlichen Adel des Herzens begnadet, die stille Helferin bei einer verschrobenen Adelssippe, trifft auf der Fahrt zu den westfälischen Bauern, bei denen sie für ihre Herrschaft Gelder einzutreiben hat, den Jüngling aus Schwaben, der sich als Förster ausgibt, in Wahrheit aber von hoher Abkunft ist. Dieser wiederum spürt seinerseits einem rätselhaften Abenteurer und Verleumder nach, findet ihn schließlich unerwartet in Münchhausen, dem Gast auf dem Rumpelschloß, muß aber zugleich in ihm den Vater seiner Geliebten entdecken. Nach mannigfaltigen Wirrungen und Verwirrungen und dem Gegenspiel meist komischer Randgestalten finden die Liebenden dann doch endgültig zusammen. Wie in Immermanns Zeitroman „Die Epigonen" steht auch hier die Gründung einer Familie am Schluß des Romans. Aber diese Handlungsskizze (unter Weglassung der Nebenlinien) gibt uns weder über die besondere Art des Erzählens Auskunft noch über den Roman als Zeitgeschichte, der die Verhängnisse dieses Zeitalters, aber auch seine besonderen, positiv gesehenen Aufgaben analysiert. Das Geschehen als solches ist für Immermann nur ein Anlaß zum Erzählen; ja, sogar die Charaktere und ihre Eigentümlichkeiten interessieren ihn in den meisten Fällen nicht so sehr um ihrer selbst willen, sondern in ihrer symptomatischen Bedeutung für den gesamten Bereich des gesellschaftlichen und auch rein menschlichen Lebens im Zeitalter Immermanns. Man wird jedoch kaum sagen dürfen, daß Immermann die Wirklichkeit bereits um ihrer selbst willen darzustellen sucht. Vielmehr kommt es ihm weit eher auf die souveräne Freiheit des Erzählers an, der sich der verschiedensten Stilmittel bedienen kann, der Arabeske, der Ironie, aber auch der breit ausmalenden Schilderung, der den Schein gegen die Wirklichkeit oder die Wirklichkeit gegen den Schein ausspielt, in allen diesen Fällen aber sehr wohl weiß, daß er als Erzähler nicht etwa hinter seiner Geschichte verschwindet, sondern eher umgekehrt mit allen Erzählinhalten scheinbar willkürlich auf seine Weise umgeht und das in seinem Erzählen auch erkennen läßt.

Daher müssen wir zunächst den Standort, den der Autor selbst einnimmt, genauer erörtern. Bereits im Anfang des Romans wird er unter die ironische Perspektive gerückt. Der Roman beginnt mit dem 11. Kapitel, um erst nach dem 15. eine Korrespondenz des Herausgebers mit seinem Buchbinder einzurücken, die eine solche aus dem Rahmen fallende Umstellung dem Buchbinder und seinen privaten Meinungen zur Last legt; dann erst können Kapitel 1 bis 10 nachgeholt werden. Der unbefangene Leser wird heute nicht mehr wissen, daß Immermann hier des Fürsten Pückler-Muskau „Briefe eines Verstorbenen" parodiert, die Brief 1 bis 24 hinter Brief 25 bis 48 bringen. Der Zugriff der Satire geht jedoch weit darüber hinaus. Der Buchbinder begründet seine absichtlich durchgeführte „Konfusion" auf folgende Weise: Man könne heutzutage nicht mehr mit dem „süßfesselnden Stil" beginnen, mit dem man, wie zu Cervantes' Zeiten, „so sacht und gelind in eine Erzählung hineinkommen" will, wie es der Autor mit seiner epischen Langsamkeit und großbögigen Einteilung im ersten Kapitel getan habe.[2] Vielmehr müsse man jetzt „den Tam-Tam schlagen und die Ratschen in Bewegung setzen", wenn man die Leute „packen" will. Denn „die ordentliche Schreibart" sei aus der Mode. „Ein jeder Autor, der etwas vor sich bringen will, muß sich auf die unordentliche verlegen, dann entsteht die Spannung, die den Leser nicht zu Atem kommen läßt und ihn parforce bis zur letzten Seite jagt. Also nur alles wild durcheinander gestopft und geschoben wie die Schollen beim Eisgange, Himmel und Erde weggeleugnet, Charaktere im Ofen gebacken, die nicht zu den Begebenheiten stimmen, und Begebenheiten ausgeheckt, die ohne Charaktere umherlaufen wie Hunde, die den Herren verloren haben! Mit *einem* Worte: Konfusion! Konfusion! — Ew. Wohlgeboren, glauben Sie mir, ohne Konfusion richten Sie heutzutage nichts mehr aus."

Der Roman nimmt also eine theoretische Diskussion über mögliche Verfahren des Romandichters in den Roman selbst mit hinein. Das scheint zunächst reine Parodie zu sein, Parodie im doppelten Sinne: in den späteren Kapiteln 1 bis 10 auf den althergebrachten epischen Stil einer verzaubernden, von der Welt wegziehenden Magie („süßfesselnder Stil"), in den Kapiteln 11 bis 15 auf die von allen ästhetischen Gesetzen sich loslösende Subjektivität der Moderne („unordentliche Schreibart", „Konfusion"). Aber im Parodieren gewinnt Immermann zugleich seinen eigenen Darstellungsstil. Es geht ihm darum, die Münchhausen-Welt in ihrem Abstand von der Wirklichkeit sichtbar zu machen; ihre Irrealität wird nicht einfach behauptet, sondern mit den parodierenden Stilmitteln indirekt verdeutlicht. Der Autor springt mitten in die Erzählung hinein, indem er auf Grund seiner Kapitelumstellung Münchhausen als einen pausenlos Erzählenden vorführen kann. Was also endgültig am Romananfang steht, ist nicht ein verfallenes Schloß und seine in der Karikatur dargestellten Bewohner, sondern die ins Endlose führende Assoziationskette Münchhausenscher Erzählungen, zu denen die „Konfusion" als notwendiges Stilelement mitgehört. Nur ab und an werden auch die Zuhörenden durch ihre jeweiligen Reaktionen auf das Erzählte charakterisiert. Der Erzähler Immermann überläßt zunächst einmal dem Erzähler Münchhausen das freie Feld, und erst beim zweiten Lesen des Romans überblickt der Leser von der künstlerisch sehr durchdachten Planung des ganzen Romans aus, daß das Prinzip des willkürlichen, ungeordneten Erzählens in den Aufbau des Ganzen hineingehört und hier seine bestimmte, vom Autor vorgesehene Funktion hat. Die pausenlosen, sich überstürzenden Erzählungen Münchhausens kommen vom Hundertsten ins Tausendste, geraten von einer Geschichte in die andere, ohne einen eigentlichen Abschluß zu finden. Sie setzen mit dem eigenen Großvater ein, gehen dann über zu dem sentimentalen Idyll der braven Indianer von Apapurincasiquinitschchiquisaqua und ihrer sauren Milch, geraten dann auf den englischen Spleen und die Mere Oye (den Hegelianer Eduard Gans), von dort zum afrikanischen Abenteuer mit Nilpferden und ägyptischen Vizekönigen, dann weiter zu Grisetten, Juchten und Rothschild, um schließlich mit der Ineinanderschachtelung verschiedener Erzählungen in der Geschichte der sechs Gebrüder Piepmeyer in Kurhessen zu kulminieren. Man versteht, daß solche Art des Erzählens einen Schulmeister aus der Fassung bringen muß: „Herr von Münchhausen beginnen zu erzählen; dann fangen wieder andere Personen an, in diesen Erzählungen zu erzählen; wenn man nicht schleunig Einhalt tut, so geraten wir wahrhaftig in eine wahre Untiefe des Erzählens hinein, worin unser Verstand notwendig Schiffbruch leiden muß. Bei den Frauen, die mit Schachteln handeln, stecken oft vierundzwanzig ineinander, so kann es fürwahr auch hier mit den Geschichten gehen, denn wer schützt uns davor, daß alle sechs Gebrüder Piepmeyer sich wieder von sechs Wachtkameraden sechs Geschichten vorplaudern lassen, und daß solchergestalt sich die historische Perspektive in das Unendliche verlängert?" Münchhausen selbst begründet freilich sein gewiß nicht geordnetes und schlichtes, aber dafür um so arabeskenreicheres Erzählen damit, er habe sich „nach den besten jetztlebenden Mustern gebildet" und stelle ebenso dar „wie die Autoren, welche das Zeitalter und die Nation gegenwärtig entflammen und hinreißen". Als der jetzt noch gespannt zuhörende Baron sich in einem späteren Stadium bei Münchhausens Erzählungen zu langweilen beginnt, nennt er sie „hirnlose Geschichten" und „unsinnigste Faxen".

Aber das Erzählte ist keineswegs „hirnlos" und „unsinnig". Es trifft vielmehr ins Zentrum der ins Imaginäre der Erzähllaune und in die Spiegelung der Ironie entrückten deutschen Zeit- und Schrifttumsverhältnisse. Auch, wo er die Anspielungen heute nicht mehr versteht, bleibt dem Leser eine Quelle des Vergnügens über diese Kette von Einfällen, intellektuellen Pointen und zündenden klugen Witzen. Der Autor bedient sich seines Münchhausens nur, um in der scheinbaren Chaotik und Bindungslosigkeit dieses Erzählens seinen eigenen, geistig überlegenen Standort der ironischen Vorbehalte durchzusetzen. Wer dieses verwegene Doppelspiel nicht mit vollzieht, verkennt die tiefere Bedeutung, die sich hier im Absurden ansiedelt. Münchhausen mag sich bis in den Darstellungsstil mit dem in Konfusion geratenen Zeitgeist identifizieren — schien ja doch „der

Geist aller Journale" in seiner Gestalt verkörpert (vgl. I, 123) —, der ironische Darstellungsstil des Autors bringt darüber hinaus nicht nur die parodistische Übersteigerung aller solcher Konfusionen, er spielt zugleich mit dem närrisch Absurden in freier Laune, geistreichem Einfall und unerwarteten Kombinationen. Es geht eben nicht an, die Figur des Freiherrn nur negativ zu werten. Soweit der Autor Immermann durch ihn hindurch erzählt, besitzt Münchhausen eine souveräne Überlegenheit seiner gesamten Schloßumwelt gegenüber, die sich in erster Linie in dieser freien Selbstbehauptung eines nur scheinbar sinnlosen Erzählens äußert, mag das auch den Zuhörern, weniger jedoch den aufmerksamen Lesern, weitgehend verborgen bleiben. Denn das Absurde, Chaotische und Unordentliche wird zum von Immermann bewußt gewollten Erzählstil, um eben damit alle Verstiegenheiten unwirklicher Idealität oder auch die einer allzu kompakt und damit unwahr gewordenen Realität an den Pranger zu stellen. Der Reiz des Münchhausenschen Erzählens liegt in der Freiheit, die sich der Erzählende noch allen Erzählinhalten gegenüber zu schaffen weiß.

Nun nimmt freilich auch der Autor selbst diese Freiheit für sich in Anspruch, und an eben diesem Punkte droht er mit der von ihm selber erfundenen Figur in Konkurrenz zu geraten. Daher muß der in Arabesken erzählende Münchhausen noch seinerseits in diese Geschichte aus Arabesken mit eingegliedert werden. Je selbständiger Münchhausen erscheinen darf, um so wirkungsvoller ist der Triumph des Autors, sich als Schöpfer dieser, seiner Figur zu erweisen und ihr die Grenzlinien vorzuzeichnen. Das geschieht einmal indirekt durch die Darstellung einer anderen Welt, in der Münchhausen überhaupt nicht vorkommt und auch gar nicht vorkommen könnte, nämlich durch die des Oberhofes. Hier ist seinem ins Schrankenlose sich ausdehnenden Erzählgenie im Roman eine Grenze von außen gesetzt: Münchhausen ist keineswegs der Mittelpunkt der Welt, wie es nach seinen Erzählungen aussehen könnte. Zum anderen aber bedient sich der Autor noch des Kunstgriffes, daß er sich selbst als Person innerhalb seines eigenen Romans auftreten läßt. Wir haben es also mit sehr verschiedenen Erzählebenen zu tun. Wir grenzen sie erst einmal gegeneinander ab.

Die umfassendste ist die des Autors, der hinter allen Mitteilungen steht und der diesen Roman als Ganzes geschaffen hat. Davon unterscheiden wir den Erzähler Immermann, der sich ab und zu noch zu seinem eigenen Erzählen äußert, also sich in die Erzählung selber einschaltet und in einer bestimmten Spiellaune mit ihr umgeht und daher mit dem Autor Immermann nicht einfach identisch ist[3]. Als

Drittes haben wir es mit dem Erzähler Münchhausen zu tun — und was tut dieser im Grunde anderes als erzählen? —, der dem Autor noch als Werkzeug für seine eigene Ironie dient. Davon muß schließlich viertens der Schriftsteller Immermann unterschieden werden, den der Autor wie eine Romanfigur in seinen Roman einführt und den er sogar mit der von ihm erfundenen Figur Münchhausen im Roman grundsätzliche Debatten führen läßt. Immermann folgt hier romantischen Vorbildern, wenn auch bereits mit parodistischer Absicht. Besonders Jean Paul liebt es in seinen Romanen und Erzählungen, z. B. im „Hesperus", „Quintus Fixlein" und im „Jubelsenior", sich selber als Figur unter seine Figuren zu mischen; aber auch in Brentanos „Godwi" tritt der Dichter Maria selbst auf, um den zweiten Teil des Romans „mit Godwis Hilfe auszuschreiben". In einer fünften Schicht beginnen erzählte Figuren zu erzählen; so erzählen die Gebrüder Piepmeyer, von denen Münchhausen berichtet, ihrerseits eine Geschichte vom Geburtstag des Kurfürsten (vgl. I, 33 ff.), was Agesilaus zu einem Ausbruch der „Verzweiflung" über das scheinbar ungeordnete Erzählen veranlaßt.

    In dieser fünffachen Brechung des Erzählens wird der fiktive und im Sinne der Frühromantik „potenzierende" Charakter dieses Erzählens besonders deutlich. Es ist, als ob der Autor immer wieder darauf hinweisen wollte: ich bin es, der euch so närrische und oft labyrinthische Wege führt; es ist meine Kunst der Arabeske, an der ich euch wie am Faden der Ariadne führe, wenn auch an manchen Vexierspiegeln vorbei, die ich so gerne durch meinen Lügenfreiherrn aufstellen lasse. Aber warum eigentlich nicht? Steckt ja doch in allem Erzählen, soweit es eine bloße Fiktion ist, immer auch die Lüge darin! In dem Oberhofteil tritt dann allerdings das teils kokette, teils ironische Spiel des Autors sowohl mit den Figuren wie mit den Geschehnissen weit stärker zurück, weil es hier im bewußten Gegensatz zu einem nur fiktiven und dadurch künstlich organisierenden Erzählen um die Poesie des Wirklichen selbst geht, insbesondere um die Poesie der Liebe und des geschichtlich gewachsenen Lebens. Davon sei später noch genauer die Rede.

    In weiten Partien seines Romans ist jedoch der Autor ironischer Erzähler. Durch Ironie sucht er das Erzählte von der Wirklichkeit zu distanzieren; aus solchem Kontrast gewinnt er dann die besonderen Stilmittel seiner Darstellung. Durch Ironie erreicht der Erzähler die Distanz zum Dargestellten und erzeugt erst so das Bewußtsein der künstlerischen Form[4]. Das Erzählen, und nicht nur das Münchhausens, probiert gleichsam eine ganze Skala von Lügengeschichten durch, weil eben hierin noch der besondere Reiz des Erzählens selbst liegt. In solcher bewußt durchgeführten Entfernung von der Wirklichkeit und ihrer Wahrheit sollte jedoch gerade die Frage nach der möglichen Existenz von Wirklichkeit und Wahrheit zur entscheidenden Grundfrage des Romans werden. Nach dem Glauben Immermanns sind Wahrheit und Wirklichkeit in ihrem tiefsten Grunde miteinander identisch. Indessen ist es sehr problematisch geworden, ob und wieweit beides noch durch den Menschen zu finden und zu ergreifen ist. Man kann jedoch die Suche nach dieser mystischen Identität, also nach dem Ort, wo der Mensch in den Dingen ist und sie in ihm, die Suche nach einer Erde, die von den „Blitzen" des menschlichen Geistes durchdrungen ist, geradezu als das mehr oder weniger geheime Ziel dieser Dichtung bezeichnen. Gegen Ende des Romans, in dem Kapitel „Gedanken in einer Krypte", wird es vom Schriftsteller Immermann, „welcher seinen Namen zu dieser Arabeskengeschichte hergegeben hat, weil eben kein anderer zu finden war", weltanschaulich verkündet, und zwar als Idee eines dritten Zeitalters, als Versöhnung des geistigen Christentums mit einem heiteren Paganismus, also als Heilsgedanke. Allerdings ist dies weit eher eine utopische als eine wirkliche Vorstellung von der Welt, und im Romanablauf selbst überwiegt durchaus das ebenso schmerzliche wie ironische Bewußtsein, daß uns die Wirklichkeit als solche eigentlich nie, sondern immer nur eine „Anweisung auf sie" in die Hände gegeben ist. Das wird bezeichnenderweise von dem verrückten Schulmeister in eben dem Augenblick reflektiert, als er schon auf dem Wege ist, wieder vernünftig zu werden. Primär gegeben sind zunächst einmal die „Gedanken" der Menschen. Der Inhalt dieser Gedanken „kann wahr oder falsch sein. Falsch ist er, wenn er der Wirklichkeit wider-, wahr, wenn er ihr entspricht. Was nun die Wirklichkeit sei, ist zwar schwer zu sagen, indessen bis dieses große Geheimnis entdeckt wird, müssen wir mit dem, was andere Menschen über unsere Gedanken denken, uns behelfen. Deshalb ist es so überaus wichtig, letzteres zu erfahren, weil wir dadurch zwar noch nicht die Wirklichkeit selbst, aber doch gleichsam eine Anweisung auf sie in die Hände bekommen."

Weitgehend dürfen wir auch Immermanns künstliche Romanfiktionen als solche „Anweisung" auf die „Wirklichkeit" verstehen. Fiktion und Wirklichkeit werden ständig gegeneinander ausgespielt, ja miteinander ironisch vertauscht, damit der Leser nirgends den Sinn dafür verliert, daß sogar in der Fiktion noch die „Anweisung" auf die Wirklichkeit steckt oder umgekehrt so manche angebliche Wirklichkeit nur eine Fiktion ist. Wir bringen dafür einige Beispiele. Als Emerentia Karl Buttervogel mit Liebe und Sauerbraten gleichzeitig zu beglücken scheint, reagiert dieser in einer Weise, von der der Autor sagt, daß so etwas „erfunden in einem Gedichte zu den größten Fehlern gezählt werden würde; zwei Motive wurden nämlich für die Handlung gleichzeitig in Bewegung gesetzt". Da indessen Emerentia und Karl Buttervogel ja keine wirklichen Gestalten, sondern nur reine Romanerfindungen sind, romanhaft auch noch in dem besonderen Sinne des karikaturhaft übersteigerten Komischen, so liegt die Ironie einer solchen Bemerkung des Autors eben darin, daß sie in der bloßen Fiktion eine Wirklichkeit vortäuscht, die sich angeblich gegen die für die Fiktion gültigen Kunstgesetze richtet. Ein anderes Beispiel: Von der Kammerzofe Fancy heißt es: „Sie faßte ihre eigenen verschwiegenen Gedanken. Diese halten wir uns nicht für berechtigt zu offenbaren; denn auch gegen Kammerjungfern soll man diskret sein." Der Autor spiegelt uns vor, seine Kammerzofe sei eine wirkliche Figur, die ihm als Erzähler noch einen bestimmten Takt vorschreibt, mag dieser auch jenseits des Ästhetischen liegen. Dabei verrät uns später der Autor nur allzugern den geheimen Plan der Kammerjungfer, so daß es ihm offensichtlich mit seiner Diskretion nicht sehr ernst war. Auch hier wieder spielt er mit der angeblichen Wirklichkeit der von ihm erfundenen Gestalten. Oder eine andere, besonders hübsche Stelle: Der alte Baron jagt im Höllentempo den Bedienten Karl Buttervogel die Treppe herunter, weil er ihm hinter die Schliche gekommen ist. Der Erzähler unterbricht diesen Vorgang mit dem Hinweis auf ein Mirakel, das einem Wundertäter gelungen sei; dieser sollte nämlich einen Toten in einem Sterbehaus aufwecken: „unterweges sah er einen Schneider aus dem Fenster stürzen, den hieß er, weil er keine Zeit für ihn übrig hatte, so lange in der Luft schweben, bis er vom Toten zurück wäre, tat hierauf im Sterbehause, was seines Amtes war, kehrte danach zu dem schwebenden Schneider zurück und ließ ihn sänftlich zur Erde nieder kommen." Anschließend nimmt der Romanautor das Verfahren dieses Wundertäters einer ebenso komischen wie wunderbaren Anekdote für sich selbst in Anspruch. „Unsere Erzählung hat dringende Geschäfte in Münchhausens Zimmer, sie fixiert daher den Bedienten Karl Buttervogel und den alten Baron Schnuck im Herabstürzen von der Treppe und läuft zum Freiherrn . . ." Hier wird das souveräne Recht des Erzählers, den Raum- und Zeitzusammenhang nach Belieben zu durchbrechen, auf komische Weise proklamiert. Eine Situation voller Bewegung wird durch einen Kunstgriff vorübergehend zum Erstarren gebracht, weil eine andere an anderer Stelle ihm im Augenblick für sein Erzählen wichtiger ist. Im Liegenlassen der einzelnen Handlungsstränge und im Rückgriff auf längst vorausgegangene

Kapitel hebt der Autor den Fluß der epischen Zeit auf und erzeugt so in dem Münchhausenteil den Eindruck eines stehenden und eben darin illusionistischen Geschehens. Der Erzähler spielt mit dem Erzählen; er beläßt es zwar in seiner vorgegebenen Wirklichkeit, unterrichtet uns aber zugleich in der Reflexion darüber, daß er im jeweiligen Fall auf seine besondere Weise beliebig damit umgehen darf.

Am deutlichsten wird dieses Stilprinzip der absichtlichen Unterbrechung eines zunächst kontinuierlichen Erzählzusammenhanges mit der Einführung des Schriftstellers Immermann in seinen eigenen Roman. Der Autor fingiert eine Situation, in der die Schwierigkeiten für den Romanhelden so groß geworden sind, daß dieser allein nicht mehr mit ihnen fertig werden kann. Und wen schickt er zu Hilfe? Den Schriftsteller Immermann als Romanperson, der nun seinerseits seinem Münchhausen eine ebenso diskrete wie fragwürdige Mission bei Hofe vermitteln will. Von ihr sei später die Rede. Denn weit wichtiger noch als die damit für die Handlung neu erfundene Romanarabeske sind die Gespräche zwischen Schöpfer und Geschöpf oder zwischen dem Erzähler Immermann und dem Lügen-Erzähler Münchhausen. Nach Münchhausens Apologie der Lüge beklagt sich dieser anschließend darüber, daß der Autor sich unhöflich gegen ihn benähme. „‚Was?' rief der Schriftsteller Immermann, ‚du empörst dich, Geschöpf, wider deinen Schöpfer?'" Aber der Freiherr weiß ihm mit ruhiger Hoheit zu antworten und beginnt mit der wohlwollenden Anrede ‚Alter Freund', um dann fortzufahren: „‚Ihr seid nicht der Mann, einen Mann wie mich zu schaffen. Ihr habt einige meiner Abenteuer aufgeschrieben und demnach ein Stück meiner Biographie geliefert, das ist das Ganze, und wer weiß noch, ob mir und meinem Rufe damit sehr gedient gewesen ist, denn Ihr habt wenig Kredit in der Literatur'". Er führt dann die geringen Verdienste an, die der Autor sich ihm gegenüber erworben habe, und fährt fort: „‚Wäre das aber auch, so sind jene Dienste kleine Gefälligkeiten, die ich Euch dadurch reichlich vergütet habe, daß ich Euch erlaubte, aus mir ein Buch zu machen.'" Der Schriftsteller Immermann kann nur befremdet antworten: „‚Sie behaupten also im vollen Ernste, ein selbstständiger Charakter zu sein?'" Aber auch das kann den Freiherrn nicht erschüttern. Er kehrt sozusagen den Spieß um. „‚Nehmen Sie sich nur in acht, daß Sie nicht ganz gegen mich verschwinden, daß Sie nicht für eine Erfindung von mir gelten. Was hätten *Sie* mir geben oder leihen können? — Sie sind kein Genie —' ‚Nein', versetzte der andere ohne alle Ironie oder Empfindlichkeit. ‚Sie sind höchstens ein Talent, doch sind Sie auch das nicht, sondern nur ein Nachahmer. Sie ahmten immer nach, erst Shakespeare, dann Schiller, zuletzt Goethe. In Ihren Arbeiten ist mehr Witz, Phantasie, Reichtum als in denen der andern, die Ideen strömen Ihnen aus ergiebigeren Quellen zu als den andern, aber Sie sind ein mittelmäßiger Kopf und ein seichter Geist. Adel und Hoheit der Weltanschauung kann man Ihnen nicht absprechen, wenn Sie nur nicht so trivial wären. Sie haben einige Figuren in vollendeter Wahrheit geschaffen, könnten Sie sich an eine Erscheinung hingeben, so wäre Ihnen vielleicht geholfen. Sie waren stäts ein Dichter von Gesinnung, leider aber ohne alles Gefühl und ohne Liebe.'" Der Schriftsteller Immermann nimmt das freilich nur für einen Spaß, weil der Freiherr den Ton seiner öffentlichen Beurteiler ziemlich lustig kopiert habe. Allerhand Leute bestünden jetzt darauf, daß er mehr Liebe haben solle. „,Sie fordern es aber so entsetzlich grob, daß die Liebe, welche ein scheues, feines Kind ist, sich weinend versteckt oder schleicht, sie ahnen nicht, wohin.'"

Dieses Gespräch verdeutlicht uns, wie Immermann sich zu der von ihm erfundenen Romangestalt verhält. Er ironisiert sie, aber er gestattet ihr zugleich, sogar ihn selbst, den Autor, zu ironisieren. In diesem großen Roman, in dem es um die Lüge geht und in dem immer die Frage gestellt wird, welche Wirklichkeit der Lüge gegenüber noch zu bestehen vermag, darf in der dialektischen Erörterung eines solchen Gespräches selbst noch der Autor für eine Erfindung des „Cäsars der Lügen" gelten, und nicht umgekehrt. Die Romanfigur hat sich im rein Fiktiven so weit emanzipiert, daß die Realität des Schriftstellers Immermann dadurch fragwürdig wird, und dies um so mehr, als er sich ja selbst auf die Ebene des rein Fiktiven eingelassen hat, indem er aus sich eine Romanfigur in seinem Buche machte. Bei alledem bleibt jedoch das Verhältnis zwischen dem Autor und seinem Geschöpf durchaus kameradschaftlich. Der eine schaut mit einer Art von Augurenlächeln zum anderen hinüber und umgekehrt. Nicht nur der Autor Immermann weiß um die Schwächen seiner Romanfigur, in der ja noch alle Fragwürdigkeiten des Zeitgeistes bloßgestellt werden sollen, sondern auch die Romanfigur kennt die Schwächen ihres Autors. Denn Immermann legt ihr nicht nur den Ton seiner öffentlichen Beurteiler in den Mund, sondern noch ein Stück Selbstkritik, weil er um die Grenzen seiner eigenen Begabung Bescheid wußte. Wenn aber der Freiherr dem Dichter vorwirft, er sei ohne alles Gefühl und ohne Liebe, so hat sich das wahre Verhältnis geradezu in sein Gegenteil verkehrt. Ist es nicht durchaus Münchhausens Grenze, daß er ohne Herz, ohne Liebe ist? Will nicht der Autor immer wieder durch ihn zeigen, daß Witz, Geist, Phantasie, Fabulieren und Vagabundieren für das menschliche Leben nicht genügen, sondern daß es in erster und letzter Instanz stets auf das menschliche Herz ankommt? Münchhausens Polemik gegen den Autor, der ihn erfunden hat, wirkt nahezu wie eine ungewollte Polemik gegen sich selbst. Oder ist es noch versteckter gemeint? Dir, dem Autor, muß ich vorwerfen, daß Du *mich* ohne Liebe erfunden hast? In solcher wechselseitigen Ironie zwischen dem Autor und seinem Geschöpf wird die Gesprächsform von jeder realen Basis abgelöst, aber eben dadurch jene wechselseitige Einschränkung nicht nur des Geschöpfes durch seinen Dichter, sondern auch des Dichters durch sein Geschöpf erreicht. Damit macht Immermann seinen Roman auch noch zum Instrument einer durchaus ernst gemeinten Selbstkritik, die mit den Mitteln der Ironie sogar den Autor selbst in die Zweideutigkeit von Schein und Sein verstrickt. Wer die Figuren wirklich sind, wieweit sie überhaupt individuelle Personen genannt werden können, bleibt in der Schwebe zugunsten der so gewonnenen fiktiven Ebene eines Erzählens, das sich mit Hilfe der Ironie ständig selbst reflektiert und alle Vermittlungen von Wirklichkeit ins Gleiten kommen läßt. Kein Zweifel, daß hier Immermann besonders von Ludwig Tieck gelernt hat, der in einem in den Roman eingeschobenen Widmungsschreiben — auch dies ist eine Arabeske — als der Meister der komischen Muse, als der Wahlverwandte in Ironie, Spott und Laune gefeiert wird (vgl. II, 253 ff.).

Das Stilprinzip des Witzes und der Ironie beherrscht freilich keineswegs das ganze Buch. Wohl finden sich auch im Oberhofteil mancherlei Arabesken (wir werden noch von ihnen zu reden haben), aber die Darstellung ist hier im ganzen weit dinglicher und wirklichkeitsnäher. Die Entdeckung der Wirklichkeit bedeutet dabei keine Entzauberung, sondern gerade umgekehrt das Hinfinden zu einer „Poesie des Lebens", die nicht primär vom Dichter geschaffen ist, sondern von ihm nur wahrgenommen und in der verdichtenden Darstellung ins poetische Medium der Sprache übersetzt wird. Das bedeutet für den Erzähler, daß er in diesen Partien stärker hinter dem Dargestellten zurücktreten muß, wenngleich er auch hier die kompositionelle Führung des Ganzen niemals aus der Hand gibt. Sowohl der landschaftliche Raum (Westfalen) wie seine Bewohner erhalten jetzt ein stärkeres Eigengewicht. Auch in der Darstellung der Personen überwiegt nunmehr die individuelle Charakteristik, besonders beim Hofschulzen, aber auch bei Lisbeth und Oswald. Die Poesie der Liebe und ebenso die des geschichtlich gewachsenen Lebens soll keineswegs als eine bloße Romanerfindung gelten; vielmehr möchte der Autor das Romanhafte daran gerade abstreifen, damit das reine, ebenso wirkliche wie poetische Phänomen deutlicher hervortreten kann. Das Goethesche Erbe ist hier bei Immermann bis in den Sprachstil hinein unverkennbar. Nun ist der Erzähler weit mehr der Schauende und Empfangende und nicht so sehr der spontan und willkürlich von sich aus Verknüpfende. Sosehr der Autor uns einerseits auffordert, seinem Erzählen wie in einem aufgestellten Spiegel zuzusehen und uns eben damit der Unabhängigkeit der künstlerischen Form zu vergewissern, so sehr weiß er auch über diese, noch romantische Position hinaus, daß die Wirklichkeit doch reicher und mannigfaltiger ist, als es selbst das virtuoseste Erzählen zu erreichen vermag. In der Bewegung der Ironie gelangt er zur dialektischen Gegenposition, die die Ironie als solche wiederum aufhebt. Für Immermann ist nicht nur der Dichter, sondern „das Leben" selbst „ironisch; es widerlegt nie geradezu, sondern entfaltet den Irrtum und zeigt ihn eben dadurch als Irrtum". Das bedeutet den entscheidenden Schritt über die Ironie hinaus. „Der Schein des Entgegengesetzten wird vom Dichter dargestellt, und indem er diesen dialektisch immer mehr entfesselt, tritt auf dem äußersten Punkte die Wirklichkeit hervor[5]." Immermann hat das zwar im Hinblick auf den rasenden Ajax des Sophokles niedergeschrieben, aber es gilt ebenso für seinen „Münchhausen".

Der Dichter hat für diesen Zusammenhang des Nichtigen mit dem Wirklichen selber ein gleichnishaftes Bild gewählt. Ich denke hier an jenes seltsame optische Spielglas im Roman, das dann später dem Jäger aus Schwaben die unglückselige Herkunft seiner Lisbeth enthüllt. Das Okularglas ist als solches zwar nur ein Arabeskeneinfall, der dann auch ziemlich kolportagehaft verwendet werden darf. Gehört es doch eindeutig in die Münchhausen-Welt und nicht in die des Oberhofes hinein! Der Autor verrät uns nicht, was der Liebhaber mit seiner Hilfe entziffert hat. Auf die neugierige Frage des Buchbinders danach versichert er am Ende des Romans nur: „Was das optische Glas zu lesen gegeben, kann ich Ihnen nicht sagen. Es liegt unter den Trümmern des Schlosses, die nicht hinweggeräumt worden sind." Auch hier wieder spielt der Autor zunächst mit einer von ihm selbst erschaffenen, rein fiktiven Wirklichkeit, indem er vortäuscht, sie setze seiner Möglichkeit zur Aussage bestimmte Grenzen. Richtig angewandt, hat das Glas die Fähigkeit, „verschiedene Figuren oder einzelne Buchstaben, die auf einer Fläche umher zerstreut sind, zum Bilde oder zum lesbaren Satze" zu versammeln. Es vermag also „Signaturen" zu lesen und damit „Wahrheit zu entdecken" (vgl. bereits I, 90 f.). Das alles mag noch als ein bloßes Spiel des Witzes gelten. Aber indem Immermann das Glas mit den Augen des Dichters vergleicht, gibt er ihm eine sinnbildliche Bedeutung für die Poesie. Denn was geschieht durch das dichtende Auge? „Es versammelt zum Bilde, was weit umher zerstreut ist und keine Gestalt annehmen zu können scheint, und oft verschwindet ihm das, was ihm zunächst vorschwebt." Solche universale Bildversammlung, die ja zugleich eine Verdichtung bedeutet, finden wir dann besonders im Oberhofteil des Romans. Das Auge des Dichters schaut die im Leben selbst wirksam gewordene Poesie und „versammelt" sie in bildhaften Signaturen.

Die Komposition des Romans

Um die Komposition des Romans als eines Ganzen richtig zu verstehen, müssen wir ihn jedoch nicht nur in Querschnitten, sondern auch in einem Längsschnitt untersuchen und der Gliederung seiner Teile nachgehen. Der Romanaufbau erfolgt in acht Büchern und zwei als Anhang daran angeschlossenen Briefen. Das erste Buch „Münchhausens Debüt", von dessen Kapitelumstellungen schon die Rede war, exponiert zunächst den Reisenden und Lügenerzähler Münchhausen und entwickelt zugleich die Umwelt des sonderbaren Schlosses Schnick-Schnack-Schnurr und seiner mehr als merkwürdigen Bewohner. Trotz aller Anspielungen auf deutsche Kleinstaaterei hat das Schloß — und die Menschen, die in ihm wohnen — etwas durchaus Phantastisches, als wäre es selber nur eine der Erfindungen des Barons von Münchhausen. Mit dem zweiten Buch setzt dann die Oberhoferzählung ein, die auf einem wirklichen landschaftlichen und stammesmäßig gewachsenen Boden spielt. Schon der Eingang, der vom alltäglichen Tun des westfälischen Hofschulzen in genauer Beschreibung berichtet, drängt den Arabeskenstil zugunsten rein gegenständlicher Wirklichkeit bewußt zurück. Die gleiche Erzählweise wird in der breit angelegten Entfaltung des Oberhofes und seiner großbäuerlichen Gemeinschaftsformen durchgeführt. Streckenweise lesen sich solche Partien des Romans wie eine exakte, auf genaue Quellen zurückgehende Analyse der westfälischen Höfe, ihrer freien Besitzer und ihrer festlichen und rechtlichen Bräuche und Sitten. Jede Beimischung von Ironie wird in dieser Art Darstellung vermieden. Dafür jedoch gewinnt das humoristisch-schwankhafte Stilelement an Bedeutung, das auch und gerade den bäuerlichen Bräuchen abgewonnen werden kann, mehr aber noch im Anekdotenhaften hervortritt und in der Charakteristik amüsanter Käuze wie des Küsters und ihrer kuriosen Erlebnisse und Ängste. Immermann benutzt mit Vorliebe Nebenpersonen dazu, die für die

Gesamthandlung kaum eine Bedeutung haben, um den Arabeskenstil auch im Oberhofteil nie ganz verlorengehen zu lassen. Das kann inmitten der ernsthaftesten Vorgänge geschehen, durch ein hier und da eingestreutes Scherzo, das den Erzählzusammenhang wieder ins Bewegliche auflockert.

In die Oberhofwelt hinein, aber doch von ihr weitgehend unabhängig, ist die Liebeshandlung zwischen Oswald und Lisbeth gestellt, die bereits gegen Ende des zweiten Buches einsetzt mit dem gewollt symbolhaltigen Kapitel über die fremde Blume und das schöne Mädchen und mit dem tragikomischen Schuß des schießlüsternen, aber schießunbegabten Jägers auf die geheimnisvolle Unbekannte (11. und 13. Kapitel). Ernst und Scherz halten sich hier in einem lieblichen Gleichgewicht, wie ja auch schon in der dem Hofschulzen erzählten Jugendgeschichte des Jägers, welche die ein wenig närrische Anlage der erfolglosen Schießleidenschaft bis in die Vorgeschichte der Eltern und die Schwangerschaft der Mutter zurückverfolgt. „Pläsierlich" möchten wir ein solches Erzählen mit dem Hofschulzen nennen. Wie denn überhaupt auch die Oberhofwelt und alles, was in ihr geschieht, wohl ihren gewichtigen Ernst, ebenso aber auch ihre eigenen Launen und Späße hat.

Besondere Bedeutung hat im zweiten Buch auch noch die Einführung einer Nebenfigur, des Diakons, in dem der Jäger aus Schwaben einen alten Freund und Gesprächspartner unerwartet wiederfindet. Immermann vermeidet hier jeden Spott, verzichtet sogar auf alle humoristischen Schnurren. Sehr wahrscheinlich steckt im Diakonus noch jene andere ernsthafte Hälfte von Immermann selbst, so wie auch Münchhausen immerhin die ironische Hälfte seines Wesens widerspiegelte. Der Diakonus wird zu einer Schlüsselfigur für die Immermannsche Zeitkritik. Durchaus im Kontrast zur kritischen Darstellung der Epoche in den Münchhausenkapiteln wird die gleiche, über das Literarische bis ins allgemein Gesellschaftliche ausgedehnte Thematik hier im ernsten Freundschaftsgespräch erörtert und mit der romantisch-enthusiastischen Huldigung an „die Idee des unsterblichen Volkes" verschmolzen. Der Diakonus steht in und zugleich außerhalb der Oberhofwelt; er ist der unter die Bauern geratene Intellektuelle. Er vermag von einem erhöhten Standort aus den Bereich des Oberhofs zu überschauen, zu deuten und zu rechtfertigen. Aber er ist in seiner Vorgeschichte bereits auch durch alle Gefahren und Zwiespältigkeiten der Epoche hindurchgegangen, hat sich indessen nunmehr den heilenden Kräften geöffnet. Wie der Jäger Oswald hält er sich ans „Positive", und auch für ihn sind „Begeisterung und Liebe ... die einzig würdige

Speise edler Seelen" (vgl. I, 204). So bedeutet er in seiner „Stille und Abgeschiedenheit von den brausenden Strömungen der Gegenwart" noch eine deutlich herausgehobene Gegenfigur zu Münchhausen, weil er, ohne etwa dabei zu „verbauern", in seinem Dasein als schlichter toleranter Landpfarrer noch „durch stille, aber feste Fäden mit dem Weltganzen" zusammenhängt (vgl. I, 240), während jener mitten in den Strömungen des Zeitalters steht und das „Verkehrte" zum Prinzip seiner Existenz gemacht hat.

Im dritten Buch „Acta Schnickschnackschnurriana" springt der Erzähler wieder zur Münchhausenwelt hinüber, holt nach einem komischen Gesprächseingang im 1. Kapitel erst einmal in „notwendigen Erklärungen des Autors" nach, was inzwischen sich dort an konfusen Verwicklungen zwischen den Schloßbewohnern ereignet hat, kontrastiert dann im amüsanten Arabeskenstil das empfindsam-schwärmerische Tagebuch des ältlichen Fräuleins Emerentia mit den handfesten Aufzeichnungen des Bedienten (der gleiche Vorgang, aber in zweifacher, höchst unterschiedlicher Perspektive!) und schildert schließlich die sich im Schloß allmählich ausbreitende Langeweile. Erst mit dem 6. und 7. Kapitel beschleunigt das Erzählen sein Tempo: einmal in Münchhausens Projekt einer „Luftverdichtungsaktienkompanie" und in deren rasanter Wirkung auf den alten Baron, zum anderen, durchaus gegensätzlich, in der Wandlung des Schulmeisters, der seinen verrückten Spleen — wir werden später noch über ihn zu sprechen haben — mit einem Male durch Münchhausens unfreiwillige Hilfe wieder los wird. Vor allem aber gerät Münchhausen selbst durch seine eigene Lügengeschichte in Schwierigkeiten; die, wenn auch hier nur fiktive, Realität nimmt gleichsam Rache an der entbundenen Phantasie; aber eben jetzt feiert die Phantasie erst ihre eigentlichen Triumphe. Denn der Autor läßt die spannungsreich gewordene Situation zunächst auf sich beruhen, er stellt sie gleichsam kalt, indem er sie durch Erzählen in der Erzählung überspielt. Dazu freilich bedarf er seines Helden, der nunmehr ein wahrer Virtuose, ja ein Heroe des Erzählens wird, indem er durch pausenlose Geschichten seine Zuhörer nicht mehr zu Worte kommen läßt und so sich die ihm von allen Seiten drohenden Schwierigkeiten vom Leibe zu halten weiß. Er kämpft zwar nicht wie Scheherezade in Tausendundeiner Nacht durch Geschichtenerzählen um sein Leben, dafür aber um das für ihn so bitter notwendige, verschwiegene Asyl auf dem Schlosse! Die Kraft seiner Imagination siegt auch zunächst über die Pseudorealität seiner vom Autor entwickelten fatalen Lage. So gipfelt das dritte Buch nicht im Ereignishaften, sondern in Münchhausens langer, diesmal aber zusammenhängender Erzählung: „Ich.

Fragment einer Bildungsgeschichte." Sie ist gewiß auch eine Satire auf die deutschen Entwicklungsromane; schon zu Beginn des Romans wurden sie von Münchhausen als „tiefsinnige ästhetisch-poetische Seelenentwickelungsgemälde" ironisiert (vgl. I, 49), aber noch wichtiger ist sie als Schlüssel für den ganzen Roman und seine zentrale Frage nach dem Verhältnis von Idealität und Realität. Wir werden uns noch genauer mit ihr beschäftigen müssen.

Nach einer nur kurzen Unterbrechung im Schlußkapitel des dritten Buches, in der die Gesellschaft des Schlosses sich weiter „in ihre Elemente" auflöst, hat sich im vierten Buch eine andere Großerzählung Münchhausens so weit verselbständigt, daß sie unter dem Titel „Poltergeister in und um Weinsberg" mit ihren zwölf Abschnitten den Raum eines ganzen Buches einnehmen kann und nicht mehr innerhalb des Geschehens selbst erzählt wird. Dies gilt dem Erzähler Immermann bereits als vorausgegangen. Wohl spricht auch hier noch der Autor durch die unermüdlichen Lügengeschichten Münchhausens hindurch. Aber das geschieht jetzt nicht mehr in der absichtlich ungeordneten Assoziationsfolge — bereits in der Erzählung „Ich" ist das nur noch scheinbar der Fall —, sondern in einem literarisch abgerundeten Gebilde, das man seiner Gattung nach als satirische Novelle bezeichnen könnte. Sie handelt von den beiden Doktoren Kernbeißer und Eschenmichel (gemeint sind Justinus Kerner und Karl August Eschenmeyer), die am Ende als zwei alte, aus dem Juliushospital entflohene Weiber entlarvt werden. Novellistisch ist diese Erzählung, weil sie über das schwankhaft Zuständliche hinaus in einem witzig pointierten Ereignis, der seltsamen Auffindung und Öffnung des Testaments des Magisters Schnotterbaum, gipfelt. Im ganzen jedoch bleibt sie von der satirischen Darstellungsform beherrscht. Immermann will mit dieser, dem Arabeskenstil durchaus gemäßen Novelleneinlage, ebenso wie sein verstorbener Magister, das ganze „jämmerliche, krüpplichte Zeichen-, Wunder- und Gespensterwesen", den „müffigsten mystischen Trödel" des in Schwaben so weit verbreiteten „Zwischenreiches" an den Pranger stellen. Solche Desillusionierung des nur scheinbar Wunderbaren geschieht zwar lustig amüsant, aber auch mit erbarmungslosem Sarkasmus.

Mit dem fünften Buche erreicht die Oberhofgeschichte ihren Höhepunkt. Im Vordergrund des Erzählten steht die breit ausgemalte Hochzeit der Tochter des Hofschulzen, die den Autor nicht von den Personen her interessiert, sondern als Zeremonie und Brauchtum, wiederum unter Einflechtung mancher humoristischen Nebenpointe. Durchaus kontrastierend dazu werden die weiteren

Schicksale des Liebespaares Oswald und Lisbeth berichtet, die sich nicht in den festen geregelten Bahnen sozialer Überlieferung vollziehen können, sondern ganz dem Wagnis der Liebe preisgegeben sind. Aber auch in diesem Buche steht am Ende eine in sich geschlossene Erzählung, das Waldmärchen „Die Wunder im Spessart", von dem der Autor vorher berichtet hat, daß es der Jäger Oswald — offensichtlich steckt auch ein Stück von einem Poeten in ihm — der Geliebten Lisbeth inmitten einer Wiesenlandschaft vorgelesen hat. Damals ließ er jedes gelesene Blatt von den Wellen des Baches davontragen. Hat es doch „seine Bestimmung erfüllt", denn nur als Märchen für die Geliebte war es gedichtet worden. Der Erzähler fügt freilich hinzu: „Die Wellen ließen es aber nicht verloren gehen, sie trugen es zu mir; ihr sollt es nachher hören." Das ist typischer Immermannscher Arabeskenstil. Das einmalig, im Geschehnisablauf selbst Erzählte wird mit Vorliebe vom Autor als scheinbar eigenwilliges Gebilde herausgelöst, ohne daß damit sein Zusammenhang mit dem Ganzen verlorengeht.

Erreicht „Der Oberhof" mit dem fünften Buche seine Kulmination, so die Münchhausenerzählung mit der „Walpurgisnacht bei Tage" des sechsten Buches. Das Konzert der Narren wird zur großen, vom Autor dirigierten Bühne, auf der die einzelnen Personen jeweils auftreten, abgehen und sich zu neuer Gruppierung vereinigen. Hier erst entfaltet sich das humoristisch-satirische Genie des Autors zu seiner vollen Blüte. Nicht nur der Jäger gelangt jetzt endlich zu Münchhausen, sondern darüber hinaus eine ganze Reihe von komischen Randfiguren, die eine verwirrende Turbulenz ohnegleichen einleiten, und mitten unter ihnen als nicht eben glücklicher Schiedsrichter, Protokollist und freiwilliger Helfer der so nebenbei mitkarikierte Schriftsteller Immermann. Diesmal sucht Münchhausen nicht mehr durch Erzählen alle Figuren um sich herum schachmatt zu setzen, sondern durch eine chronische Schlafsucht — schon als Kind ließ man ihn nicht genügend schlafen! —, die sich allem Reagieren souverän entzieht. Dennoch bleibt er der ins nahezu Mythische gesteigerte Mittelpunkt, der den drei Brüdern, den unbefriedigten Jünglingen aus Hamburg, auch im Schlafe noch ein „Gott" zu sein scheint (vgl. II, 182). Am Ende freilich kracht das ganze rumplige, vermoderte Schloßgebäude zusammen, was jedoch längst nicht so schlimm ist wie die späte Wiedererkennung Münchhausens durch Emerentia und umgekehrt; nur in der beiderseitigen erneuten Kostümierung von ehemals (Paradiesvogel und Phantasieuniform) ist sie möglich. Indessen, sie geschieht im unruhigsten, dramatischsten Augenblick, als sich der phantasierende Lügner gerade zum Heldentum entschlossen hat und das Duell mit dem Jäger aus Schwaben auf sich nehmen will. Aber die Angst vor der wiedererschienenen „Gans" ist größer; so bleibt ihm denn nur die Flucht ins Weite, das geheimnisvolle Verschwinden aus der Krypte ohne Ausgang, in der er sein letztes Gespräch mit dem Schriftsteller Immermann geführt hatte.

Damit hat die Münchhausenerzählung bereits ihren Abschluß gefunden; nur der eine Brief im Anhang gibt nach dem mythischen Verschwinden noch einmal ironisch persiflierende Aufklärungen über die offengelassenen Schicksale. Dennoch ist der Roman noch keineswegs zu Ende. Im siebenten Buch „Das Schwert Karls des Großen" wächst die Oberhofwelt ins düster Archaische und urwelthaft Großartige bis an die Grenze des Tragischen, während gleichzeitig die Liebesschicksale zwischen Oswald und Lisbeth in alle Irrungen und Verwirrungen des Herzens und in qualvolle Täuschungen über die Umwelt hineingeraten. „Denn die Menschen werden nicht von den Dingen, sondern von den Meinungen über die Dinge gepeiniget." In dieser Darstellung der Illusionen des Gefühls und der falschen Auslegung von gegebenen Situationen klingen noch manche Erfahrungen des jungen Immermann nach, der mit seinem Roman „Die Papierfenster eines Eremiten" (1822) selber einen weitgehend autobiographischen Beitrag zu der von ihm später so bekämpften Literatur der „Zerrissenen" und des empfindsamen Weltschmerzes geliefert hat. Jetzt freilich, auf dem Höhepunkt seiner Leistung, geht es nicht mehr um die Halbheiten und Unzulänglichkeiten der Gefühle, sondern um das „Ungeheure" der Liebe, die noch *alle* menschlichen Möglichkeiten in sich schließt, auch die zerstörerischen, aber in solcher Fülle sich auch zu einer Herrlichkeit ohnegleichen zu steigern vermag. Zur Liebe gehört das höchste Glück ebenso wie das bitterste Elend. Ja, Immermann sieht, wie trostlos beides miteinander vermengt sein kann. Besonders sein Oswald erfährt etwas von dem „plumpen Spaß des Daseins", wenn in dem „ekelhaften Schlangenknäuel des Lebens" das „Spülicht und die Blume des Weines" zusammengemischt werden (vgl. II, 294). Es gehört zu den Kunstgriffen des Erzählers, daß Immermann die Krise der Liebe und die Krise des Oberhofes in solchen parallelen Abläufen gestaltet hat. Sie haben zwar inhaltlich nur wenig miteinander zu tun, spiegeln sich aber noch gegenseitig; außerdem ist durch Zufälle der verschiedensten Art dann doch wieder das eine Geschehen mit dem anderen verflochten. Während Oswald und Lisbeth sich für immer zu verlieren scheinen, wird dem Hofschulzen vom Patriotenkaspar, der düstersten Nebenfigur des Romans, der böse Schabernack mit *seinem* Schwert Karls des Großen gespielt, und es fällt dabei wenig ins Gewicht, daß dieses Schwert offensichtlich nur ein Symbol des Oberhofglaubens ist, während der alte Sammler sicher recht hat, wenn er den Hofschulzen darüber belehren will, daß das umstrittene Schwert noch nicht einmal ein halbes Jahrtausend erlebt hat und wohl aus der Soester Fehde (1444) stammen mag, in der es ein Reisiger des Erzbischofs in den Büschen stehengelassen hat. Der Verlust dieses nicht eigentlich gestohlenen, sondern nur unauffindbar versteckten Schwertes bedeutet für den Hofschulzen die Erschütterung seiner Oberhofwelt bis in die Grundfesten, obwohl diese seiner Überzeugung nach für immer und ewig gegründet war. Und in den gleichen Zusammenhang gehört es hinein, daß der so gastfreundlich auf dem Hofe aufgenommene Fremdling die „Heimlichkeit der roten Erde", das Freigericht, belauscht und damit zum Todfeind geworden ist, der mit „Berserkerwut", wie in den Zeiten Wittekinds, im Zweikampf Axt gegen Axt vernichtet werden soll. Der Roman, der sich so vieler Stilschichten nicht willkürlich mischend, sondern in kunstvoller Verflechtung bedient, nähert sich hier sogar der dramatisch geballten Energie des germanischen Heldenliedes, weitab von allen skurrilen Späßen, ironischen Pointen und humoristischen Kaprizen. Dennoch gehört auch dieser künstlerische Zug noch in das Gesamtthema der menschlichen Verrückung und des, wenn auch hier zum nahezu Tragischen gesteigerten, menschlichen Wahns hinein. Davon sei später die Rede.

Die Leiden der Liebe und die Leiden des Hofschulzen werden beide ohne wechselseitige Teilnahme ausgetragen, mögen sie sich auch noch so dicht im Raume beieinander vollziehen. Jedoch haben beide für den Autor Immermann eine gemeinsame Bedeutung. Denn hier ereignet sich der mögliche Einbruch völliger Zerstörung auch in die Welt des „Positiven": das eine Mal als Zerstörung einer erst zu gewinnenden, allein in der Ehe zu verwirklichenden Ordnung des Lebens, das andere Mal als Zerstörung des von alters her Gegründeten und durch Jahrtausende Gewachsenen.

Der Romandichter überläßt die freundliche Auflösung der so furchtbar anschwellenden Dissonanzen weitgehend dem Zufall. Der plötzliche Blutsturz Oswalds im Beisein der Geliebten führt zur eigentlichen Erkennung zwischen den Liebenden; der mörderische Zweikampf mit dem Hofschulzen unterbleibt, weil Lisbeth völlig unerwartet dazwischentritt; ja selbst noch die endgültige Vereinigung von Oswald und Lisbeth geschieht, trotz aller Tapferkeit des Herzens, auch durch kapriziöse Sprünge des Zufalls und launische Einflüsse von außen. Aber der Zufall ist hier eine legitime Instanz, auf die der Autor sich selber beruft. „Denn das Leben ist stärker als der Tod", und eben der Zufall ist es, mit dem sich diese wiederherstellende Kraft des Lebens durchsetzt. Immermann hat seine Apologie des Zufalls gegen Ende des Romans dem Diakonus in den Mund gelegt: „die Welt wird erst wieder anfangen zu leben, wenn die Menschen sich erst wieder vom Zufall hin und her stoßen lassen, wenn man z. B. ausgeht, um Rache zu nehmen, und sich nicht darüber verwundert, findet man statt der Rache eine Braut, wenn man (Sie verzeihen meine Freimütigkeit) in einer zufälligen allerliebsten Aufwallung entsagende Briefe nach Wien schreibt und ebenso zufällig von der Entsagung zum Häubchen abfällt. Unsere Zeit ist so mit Planen, Tendenzen, Bewußtheiten überdeckt, daß das Leben gleichsam wie in einem zugesetzten Meiler nur verkohlt und nie an der freien Luft zur lustigen Flamme aufschlagen kann. Die Lebensweisheit der wenigen Vernünftigen heutzutage besteht folglich darin, sich von der Stunde und von dem Ungefähr führen zu lassen, nach Launen und Anstößen des Augenblicks zu handeln." Bereits der kluge Magister Schnotterbaum hatte in seinem Testament erklärt: „Ich halte sehr viel vom Zufall, seit ich gesehen, welche erbärmliche Fratze die Menschen aus der Vorsehung machen."

Der Zufall ist der komische „Gott", der in Immermanns Roman und insbesondre in der Geschichte seines Liebespaares waltet. Er gestattet es dem Autor, seinen Geschehniszusammenhang arabeskenhaft zu entwerfen; der Zufall als weltanschauliche Instanz befreit aber auch von dem Übermaß an Bewußtsein in die heitere Welt der komischen Muse und schlägt dort „an der freien Luft zur lustigen Flamme" auf; ja er kann und soll auch noch nach den Worten des Diakonus im Sinne des christlichen Gebotes interpretiert werden: „Sorge nicht um den anderen Tag." Das Bild, das Immermann allen anderen, von ihm durchgespielten Arabesken für seine „alte, närrische Erde" vorzieht, ist das des Parketts, auf dem wir uns alle im „schönsten Reigen" bewegen. Wohl gehören die „hölzernen Stühle", das „Gedränge" und die schmerzlichen Erfahrungen mit dazu, aber ebenso der „Übermut der Jugend" und die überraschende, offensichtlich dem Zufall überlassene Auflösung der Dissonanzen. Alles läuft plötzlich auseinander, um sich ebenso plötzlich wiederzufinden (vgl. II, 242). Selbst in sein düsterstes Buch innerhalb des Gesamtromans konnte Immermann noch das neckende Kapitel vom Küster einlegen, der durch seine „ausnehmende Feigheit" um seine „erbaulichen Eßgedanken" am Ende betrogen wird. Dieser im 11. Kapitel erzählte Schwank steht zwischen den beiden anderen Kapiteln von angespanntestem Ernst, der Herausforderung des Jägers durch den Hofschulzen und der erneuten Lebensbedrohung Oswalds durch den plötzlichen Blutsturz, ja es stiftet zum zweiten noch einen rein „zufälligen" Übergang. „Aber dieser abgeschmackte Vorfall brachte an einer anderen Stelle eine tragische Wirkung hervor." Diese lose, auf eigentliche Motivation verzichtende Verknüpfung im rein Vorgangshaften ist der künstlerische Ausdruck für eine Anschauung der Welt, in der nicht die eherne Notwendigkeit des Tragischen, sondern die lustige Flamme des komischen Gottes das letzte Wort behält.

Mit dem achten Buch „Weltdame und Jungfrau" befinden wir uns weitgehend schon jenseits der Oberhof- und der Münchhausenwelt. Die dominierenden Figuren sind neben dem Liebespaar der Diakonus, die liebliche Törin Clelia, Oswalds Base, und sein Freund, der Oberamtmann Ernst. Thematisch geht es um die sozialen Hindernisse, die der endgültigen Verbindung des Liebespaares entgegenstehen, und um deren Überwindung. Die Auflösung der an sich durchaus ernst genommenen Schwierigkeiten geschieht dennoch in vorwiegend heiterer Weise, zumal die der Verbindung widerstrebenden Randfiguren zwar nicht satirisch, wohl aber auch und gerade in ihren Menschlichkeiten noch weitgehend komisch gezeichnet sind. Selbst der Kammerzofe wird noch mit ihrem „Soubrettenplan" zugunsten der Liebenden eine ebenso lustige wie liebenswürdige Mittlerrolle zugedacht. Nur noch einmal ragt im 5. Kapitel die mächtige Gestalt des Hofschulzen in den Roman hinein, wenn er seine letzte entscheidende Rede vor Gericht hält, am Ende dann geradezu verbrüdert mit dem Diakonus: der eine der Repräsentant einer bleibenden alten, der andere der einer erst neu zu gründenden Welt, beide aber in offensichtlich schneidendem Gegensatz zum Zeitgeist der Epoche.

Der Anhang der Briefe gibt „das Nachspiel zu der Tragödie, die einen heiteren Ausgang gewann". Der eine ist an den Buchbinder gerichtet und löst die offenen Fragen nach den Hauptgestalten der Münchhausenwelt in scherzhafter Weise auf, der andere ist ein Brief an die Braut des Dichters und handelt von den weiteren Schicksalen des in der Ehe verbundenen Liebespaares. Er mündet am Ende in die emphatische Apologie des Herzens ein, die neben der Apologie des Zufalls und der Apologie des unsterblichen Volkes zu den großen positiven Leitideen dieses Romans gehört: „In das Schiff der Zeit muß die Bussole getan werden, das Herz."

Das Welttheater der Narren und die Lüge als Existenzform

Immermanns „Münchhausen" ist der Roman der menschlichen Narrheiten, das Wort im engsten und im weitesten Sinne genommen. Es gibt harmlose Narren in ihm, liebenswürdige, komische, bedenklich gefährliche, phantastische und dem Wahnsinn nahe. Zahlreiche Spielarten des Verkehrten und Seltsamen, Unechten und Fragwürdigen, vom Exzentrischen bis zum Absurden werden wie auf einer Bühne vorgeführt. Jedoch ist die Narrheit für Immermann nicht eigentlich ein psychologisches Problem; es handelt sich keineswegs um besonders komplizierte Individualitäten, die in einer subtilen Romananalyse als Sonderlinge oder gar als Wahnsinnige enthüllt werden sollen. Vielmehr ist paradoxerweise in diesem Roman das Verkehrte geradezu das Normale und das Normale das Seltene, das Außergewöhnliche. Denn die Verkehrtheiten wurzeln nicht in einem genialischen Ausnahmedasein des Ich, sondern sind Symptome des Zeitalters. Die Gesellschaft befindet sich in der Veränderung, in der Auflösung. Alle geschichtlich gewordenen Bindungen sind nicht mehr selbstverständlich. Die Einheit des Lebensprozesses hat sich weitgehend aufgespalten in die beiden extremen Möglichkeiten, entweder nur noch anonym in der Masse zu existieren oder ein rein privates menschliches Dasein zu führen. Der Mensch dieser Zeit war bereits in Immermanns erstem großen Zeitroman Epigone, hineingerissen in den Widerstreit von Adel und Bürgertum, in den Bruch zwischen Stadt und Land, in die Zerspaltung des Glaubens, in ein nach Immermanns Meinung substanzloses Konvertitentum, in die Zerstörungen der Familie, in die Verirrungen des Eros: eine Fülle von Auflösungserscheinungen, die in dem Roman „Die Epigonen" vom Autor kritisch analysiert und diagnostiziert werden. In diesem Sinne frißt die Zeit gleichsam am Menschen, sie ist zu *der* Gefahr, zur entscheidenden Gefahr schlechthin geworden. Niemand hat das Zweifelnde und Zweifelhafte an seinem Jahrhundert so wahrgenommen wie Immermann: die Auflösung des Ethos, das Fehlen echter Führung, die Unredlichkeiten des öffentlichen Lebens, die Lüge als Signatur einer amorph gewordenen Welt. Das Grundgefühl Immermanns ist, daß alle Dinge und vor allem der Mensch selbst ins Wanken geraten sind, daß die Kommunikationen abreißen, daß eine dunkle Welle die Welt und den Menschen überspült. Wir dürfen hierin eine Vorwegnahme des Nihilismus als Schicksal der Moderne sehen. Denn Nihilismus — das Wort findet sich bereits bei Immermann — ist nichts anderes als dieser Prozeß der Zerstörung, der in einer Mechanisierung und Atomisierung der Gesellschaft gipfelt.

Daher erscheint der Wahn als die Signatur der Zeit. Im Wahn ist der Mensch auf eine einzelne Idee gleichsam fixiert, ohne das selber durchschauen zu können. Auf dem Schlosse Schnick-Schnack-Schnurr hat jeder seinen eigenen Spleen, jeder vermag sich über die Narrheit des anderen lustig zu machen, ohne daß er seine eigene dabei bemerkt. Diese Art von Wahn entsteht aus der Isolierung des Individuums, das sich nicht mehr in einer echten Verbundenheit mit der Natur, mit dem Du, mit der Gesellschaft oder mit Gott erlebt. Vielmehr ist das Prinzip des bloßen Ichseins bis zur exzentrischen Abkapselung vorgetrieben worden. Am Ausgang seines Romans betont Immermann, daß sich in seiner „lehrreichen" Geschichte gerade das Gegenteil von dem ereignet, „was in anderen Geschichten vorzukommen pflegt. Denn in denen werden meistens alle Vernünftigen toll, in der unsrigen aber wären durch tüchtige Eingriffe des Lebens, sei es mittelst Nichtachtens auf die Schrolle, sei es mittelst Fallens auf den Kopf oder mittelst Wiedererscheinens einer alten Geliebten, alle Tollen oder Halbtollen vernünftig geworden. Gewiß ein tröstlicher Ausgang!" Der Wahn ist hier also nicht etwas, wodurch der Mensch besonders ausgezeichnet und individualisiert würde, und sei es auch nur im poetischen Bereich; vielmehr wird er für Immermann zum Zeichen dafür, daß die menschliche Existenz substanzlos und damit negativ geworden ist. Im Wahn leben heißt in der Phantasterei leben und damit die Wirklichkeit verfehlen.

Aber das ist nicht so sehr die Schuld des einzelnen; es erklärt sich aus der Struktur eines Zeitalters, daß sich zwar die Wirklichkeit überall ersehnt, sie aber nicht mehr oder noch nicht besitzt. Die Verrücktheit der einzelnen Person ist nur die jeweilige Reaktion auf eine sozial gesehen bodenlos und damit lügenhaft gewordene Situation. Wir erläutern das an Beispielen. Da haben wir den alten Baron, der immer noch wirklicher Geheimrat im höchsten Kollegio werden will, so wie alle seine Vorfahren es waren, und der überhaupt nicht verstehen kann, daß alle Voraussetzungen aufgehört haben, unter denen sich dieser Wunsch hätte erfüllen können. Nun sucht er sich in die vage Vorstellung hinüberzuretten, es sei alles nur ein kurzer Übergang, „die alte, gute Zeit stehe schon wieder vor der Türe und werde bald anklopfen". Von hier aus gerät er immer stärker in die Strömung des Irrealen, erst in die Welt der Journale, dann in die phantastischen Lügenprojekte Münchhausens, schließlich in den kompletten selbstzerstörerischen Wahnsinn, bis am Ende sein rumpliges, armseliges Schloß über ihm zusammenstürzt und er darüber wieder zu Verstand kommt. Rein negativ darf man solche Figuren wie den alten Baron jedoch nicht auffassen. Der Dichter sieht auch in ihm den Zusammenhang des Lächerlichen mit dem Vernünftigen, er stattet ihn und auch andere Narren mit solchem „Behagen an ihrem Unsinn" aus, daß sie damit gleichsam Figuren seiner eigenen freundlich-scherzenden Laune werden[6]. Freilich gibt es dabei Gradunterschiede.

Weit drastischer wird die Tochter Emerentia gesehen. Bei ihr fängt es mit schwärmerischen, unwirklichen Vorstellungen von einem durch Tradition vorgegebenen Dasein als Geliebte eines Hechelkramschen Fürsten an. Statt dessen gerät sie auf einer Badereise in Nizza in eine in Wahrheit fatale und anrüchige Liebesgeschichte mit einem Hochstapler; es ist Münchhausen in einer seiner Masken, er tritt dort als Kommandeur der sechsten birmanischen Elefantenkompanie auf, verschwindet aber auf Grund unbezahlter Wechsel rechtzeitig im Gefängnis, ehe die Geliebte ihn dingfest machen kann. Aber nun fixiert sich Emerentias Wahn auf diese Gestalt, die versprochen hatte, als Hechelkramscher Fürst zurückzukehren. Wird er sie doch dereinst — und was schadet da schon das langsame Verblühen! — in ihre erträumte Idealwelt von Adel, Reinheit und Tugend hinüberführen. Als Münchhausen aber wirklich im Schloß erscheint, wird er nicht erkannt. Statt dessen hat sein Bedienter, Karl Buttervogel, „Karlos, der Schmetterling", der Sancho Pansa neben dem Don Quixote Münchhausen, die Rolle der Idealfigur zu spielen, die er nur darum akzeptiert, weil sie für ihn mit leiblichen Genüssen, vor allem mit dem Schlemmermahl eines Sauerbratens, verbunden ist, während der arme Baron nichts Ordentliches zu essen bekommt, weil wieder einmal die Katze angeblich alles Fleisch verspeist habe. In dem Fräulein werden alle Verstiegenheiten der Empfindsamkeit gegeißelt, die gegenstandslose Schwärmerei, der unwirkliche Tugendkultus, die Unnatur der Prüderie. Sie führt ein sehr abwegiges und eben darin ganz unechtes Empfindungsleben, voller Verkennung der Realität und auf der nervösen Jagd nach einem unfreiwillig komischen Traumgespinst. Das Objekt, das dafür herhalten muß und dessen Äußerungen alle umgedeutet werden, ist zwar als Subjekt das genaue Gegenteil: nüchternster Bedientenverstand, gepaart mit sehr irdischer Schläue. Dennoch gehört auch dieser „Realist" partiell in die Gruppe der mehr oder weniger Verrückten mit hinein. Hält er doch den Dienst bei seinem meist nicht zahlenden Herrn nur darum durch, weil er sich einen profitlichen Posten beim Projekt der Luftversteinerungsaktienkompanie erhofft! So ist auch er vom Bazillus der Lüge angesteckt. Gerade der reellste Eigennutz kann — ins Extreme gesteigert — in das Unwirkliche der Verrücktheit umschlagen. Im ganzen freilich gesellt er sich mehr zu den komischen und nicht zu den eigentlich verrückten Narren in diesem Roman. Schließlich sei noch von einem weiteren Toren die Rede, dem Dorfschullehrer Agesel, der über einer abstrakten deutschen Sprachlehre seinen Verstand verliert. Ein Student, der ihn beobachtete, trägt darüber mit treffendem Witz in sein Tagebuch ein: „Paralysierung des Denkvermögens in einem beschränkten Geiste durch unverdaulichen Denkstoff." Agesel hält sich nunmehr für einen Nachkommen des alten Königs Agesilaus, tauft sich entsprechend um und sucht seinem Vorbild nachzufolgen durch spartanisches Leben und Wesen. Jedoch kommt er als erster wieder zu seinem Verstand. Er wird wieder vernünftig, weil seine Schrulle nicht genügend Anerkennung gefunden hat. An der Zunahme der Narren ist im Grunde nur das Zeitalter schuld, weil in ihm die Narrheit von den meisten Menschen zu ernst genommen wird. „Demnach wäre alle Unvernunft... sehr bald zu heilen, ja vielleicht schon ganz in der Welt ausgegangen, wenn nicht darauf geachtet würde... Ein Satz, der nicht nur im Privatleben ernstlich erwogen, sondern auch Fürsten und Gewalthabern zum Nachdenken anempfohlen zu werden verdient. — Der Lärmen und das Geschrei um widersinnige Vorstellungen und Handlungen rührt auch meistenteils nicht aus einem Widerwillen gegen sie, sondern daher, daß jeder Mensch in sich den Narren fühlt und ihn liebt und zu erhalten wünscht. Er macht daher über den Narren seines Nächsten so großes Aufheben, oder, richtiger zu reden, er widmet ihm Anerkennung, weil er bei sich denkt: Was du willst, daß dir die Leute tun sollen, das tue ihnen zuerst."

Das Charakteristische aller dieser Verrücktheiten ist ihre Isolation; ihnen fehlt die Verbindung mit dem gemeinschaftlichen Leben der Menschen, so wie es sich tatsächlich vollzieht. Jeder spinnt sich gleichsam in seine Verrücktheit ein, obgleich er die des anderen sehr wohl zu durchschauen vermag. Wie Münchhausen sagt: „Jeder von ihnen hat merkwürdigerweise einen klaren Blick in den Zustand des andern, und, was noch merkwürdiger ist, sie reflektieren äußerst gescheit über den Wahnsinn." Diese Arten von partiellem Wahnsinn bei sonstigem normalen Verhalten, diese Fixierung an bestimmte unwirkliche Ideen sind Symptome eines Zeitalters, das von der Lüge durchtränkt ist und durch seine eigene, ans Phantastische grenzende Unwirklichkeit den einzelnen in diese unproduktive Isolierung hineingetrieben hat.

Die Thematik der menschlichen Verrücktheiten ist aber mit den Figuren aus dem Schloß noch keineswegs erschöpft. Die ganze „Walpurgisnacht bei Tage" ist ein einziges großartiges Narrenkonzert. Alle, die zum Dauerschläfer Münchhausen, der sich im Schlosse verbarrikadiert hat, hinaufpilgern, sind vom Sog der Narrheit erfaßt worden: der Deutschtürke mit dem bunten Ochsenwagen, Semilasso, das heißt der berühmteste Reisende der Gegenwart, Fürst Hermann von Pückler-Muskau in Person, der Münchhausens Ideen von „Rasseveredelung unter den Menschen durch reine Kreuzungen gesunder Exemplare" in die Praxis umsetzen möchte, zunächst als „Vollblutsinstitut" unter den Kassuben — welche vorwegnehmende glänzende Satire Immermanns auf Rassewahn und Rasseideologie! — dann, wenn auch harmloser, der Ehinger Spitzenkrämer, der dem profitlichen Auswanderungsprojekt zur Königin der Koralleninsel im Stillen Weltmeer nachjagt, und schließlich die drei unbefriedigten Jünglinge, deren Reden selbst dem Schriftsteller Immermann „zu transzendental" werden und die die drei magischen Formeln suchen für „das reine und abstrakte Trauerspiel", für „die nie erhörte politische Wahrheit" und die Formel für das Hegelsche System, „wonach es verständlich werde" (vgl. II, 185).

Solcher Irrealität der Verrückten in der um Münchhausen gruppierten Welt scheint die gediegene Wirklichkeit des Oberhofs gegenüberzustehen. Aber das ist nur sehr bedingt der Fall. Indessen bleibt im Oberhof alles Närrische dem Menschlichen und Bodenständigen näher. Ganz frei vom Verkehrten sind eigentlich nur Lisbeth und der zur Lebensreife gelangte Diakonus. Von Lisbeth wird ausdrücklich hervorgehoben, daß sie das verkörpere, was Goethe „eine Natur" genannt habe (vgl. II, 361). Komische Käuze, Einzelgänger, Originale gibt es freilich auch im Umkreis des Oberhofs in reicher Auswahl: beim Küster ins derb Schwankhafte gewandt, beim Patriotenkaspar ins düster Dämonische, beim Oberamtmann ins harmlos Spleenige, bei Clelia in liebliche Torheit. Auch noch Figuren an der äußersten Peripherie der Geschichte sind hier zu nennen, wie jener liebenswürdige, aber doch nahezu schizophrene Offizier, der sich tageweise in einem Zimmer seiner Wohnung als wütender Bonapartist und tageweise im anderen als preußischer Patriot gebärdet. Nur so wird er auf komische Weise mit dem Zwiespalt seiner Lebenserinnerungen fertig, die ihn sonst vielleicht in den Wahnsinn hineingetrieben hätten. Wiederum liegt die Wurzel für das abnorme Verhalten im Zeitgeschehen. Denn der Offizier hat auf beiden Seiten gedient und von beiden Seiten hohe Auszeichnungen erhalten (vgl. dazu I, 251 ff.).

Wir wollen diese lange Reihe von Narren und Narrheiten nicht weiterverfolgen. Aber von Oswald und dem Hofschulzen muß in diesem Zusammenhang noch kurz die Rede sein. Oswald unterschreibt seinen zweiten Brief an seinen Freund, den Oberamtmann Ernst, mit der Floskel „Dein Narr", und diese Selbstcharakteristik enthält zum mindesten einige Züge seines Wesens, zu denen ja auch seine kuriose Schießleidenschaft und alle in ihr lauernden Gefahren gehören. Der Dichter selbst beschreibt ihn als eine junge, saftschwangere Natur, in der „noch alle Widersprüche des Ernsten und Närrischen ... chaotisch nebeneinander" lagen. Aber das Närrische wird hier zu einem produktiven Element, es führt nicht zur Abkapselung von der Wirklichkeit, sondern gerade umgekehrt zum leidenschaftlichen Sicheinlassen mit ihr. Wohl hat Oswalds Enthusiasmus gewiß auch komische Züge, aber er wird vom Dichter nicht ironisiert, sondern nur freundlich belächelt. Er bleibt, weil er echt ist, ein positiver Wert. Bloße Polemik ist für Immermann nicht Poesie; „das Positive ist das Element der Kunst". Gerade der komische Dichter sollte jene „leise Sympathie mit den Figuren" besitzen, die uns als „wohlthuendes Gefühl des Behagens durch sein Werk" begleitet[7]. Der alte Hofschulze schließlich ist sicher alles andere eher als ein Narr; aber die tragische Szene, in der die heidnische Berserkerwut seines Stammes in ihm durchbricht, zeigt gerade ihn als vom „uralten Wahnsinn" besessen, und nur der Zufall rettet ihn vor der ungeheuren Torheit, den Anspruch auf *sein* Recht und auf *seine* Rache in nahezu mörderischer Weise in einem angeblichen Gottesgericht zu verwirklichen. In dem Augenblick, als die ihn unerschütterlich tragende Ordnung zu zerbrechen scheint, gerät eben er, der so durchaus den Ernst überlieferter Ordnung vertrat, in ein dem Wahnsinn direkt benachbartes Chaos. Ihn nur als positive Gegenfigur zu Münchhausen sehen zu wollen, dürfte daher nicht angebracht sein.

Wie aber steht es um Münchhausen selbst? Wie haben wir seine Figur im großen Narrenkabinett, dessen Mittelpunkt er doch weitgehend ist, zu interpretieren? Er treibt die Figuren des Schlosses mit koboldhafter Freude noch mehr in ihren Wahn hinein, ja, er gibt diesem Wahn durch seine Lügengeschichten stets neue Nahrung, aber er löst ihn auch mehr oder weniger unfreiwillig wieder auf, indem der Wahn in der Übersteigerung in sein Gegenteil, also in Vernunft, umschlägt. Es wäre sicher nicht richtig, Münchhausen als eine Gestalt aufzufassen, die nun auch ihrerseits partiell oder gar total verrückt wäre. Das Prinzip, aus dem heraus er existiert, ist die Lüge. Aber während die anderen ihre unwahren Hirngespinste für wirklich halten, weiß Münchhausen um sein Lügen durchaus Bescheid. Ja, er ist in einer so bewußten und damit überlegenen Weise Lügner, daß er sich damit einen wenn auch extravaganten Raum geistiger Freiheit erschafft. Immermann sieht seine Gestalt unter einem doppelten Aspekt. Auf der einen Seite ist er für ihn die Inkarnation des Zeitgeistes, dessen Substanzlosigkeit durch die Lüge charakterisiert ist;

auf der anderen leiht ihm der Autor auch seinen eigenen Spott, der sich über die Zeit erhebt und mit allen ihren Fragwürdigkeiten ins Gericht geht. Oswald, der Jäger, der ihm nachspürt, gibt die eine, vielzitierte Deutung: „In diesem Erzwindbeutel hat Gott der Herr einmal alle Winde des Zeitalters, den Spott ohne Gesinnung, die kalte Ironie, die gemütlose Phantasterei, den schwärmenden Verstand einfangen wollen, um sie, wenn der Kerl krepiert, auf eine Zeitlang für seine Welt stille gemacht zu haben. Dieser Schrimbs oder Peppel, dieser geistreiche Satirikus, Lügenhans und humoristisch-komplizierte Allerweltshaselant ist der Zeitgeist *in persona;* nicht der Geist der Zeit oder, richtiger gesagt: der Ewigkeit, der in stillen Klüften tief unten sein geheimes Werk treibt, sondern der bunte Pickelhäring, den der schlaue Alte unter die unruhige Menge emporgeschickt hat." In dieser Charakteristik wird Münchhausen als „Pickelhäring", also auch als Narr gesehen. Gemeint ist jetzt damit der Narr der Fastnachtspossen, der bewußt im großen Theater der Menschheit die Rolle des Narren spielt, aber darum keineswegs selber verrückt zu sein braucht. In diesem Sinne ist Münchhausen „das Verkehrte lieb, notwendig, Bedürfnis und Stoff des Daseins". „Eine gewisse theoretische Unwahrhaftigkeit war in ihm zur andern Natur geworden."

Aber das Merkwürdige an dieser Identität Münchhausens mit der Lüge ist das fast völlige Fehlen einer praktischen Anwendung seiner Lügenbegabung zugunsten eigener Vorteile. Münchhausen ist zwar ein unsteter Reisender, ein Abenteurer und Geschichtenerzähler, aber kein eigentlicher Betrüger. Abgesehen von dem einen Ausnahmefall seiner obskuren Liebesgeschichte, hat er sich nie der Lüge aus berechnenden Gründen bedient. Bosheit und Machttrieb sind ihm fremd, und daher versucht er mit seinen Lügen auch nie bewußt Schaden anzurichten. Während sonst im sozialen Leben die Menschen meistens lügen, um etwas zu verbergen oder auf unredliche Weise zu erreichen, lügt Münchhausen nur um der Lüge willen; es ist viel Spaß und Mutwillen dabei, die Lüge ist ihm zum Selbstzweck geworden. Eben darin ist er auch wieder durchaus aufrichtig und konsequent, wie er es ja paradoxerweise so gerne von sich selbst behauptet.

Sich so mit dem Verkehrten zu identifizieren, bedeutet indessen zugleich auch die Gabe, alles Verkehrte seinerseits zu durchschauen, zu steigern und am Ende zur explosiven Auflösung zu bringen. Indem das negative Prinzip zum absoluten erhoben wird, gewinnt das Scheinhafte des menschlichen Daseins eine phantastische Deutlichkeit und bereitet damit in der Entfaltung des Irrtums der Widerlegung des Irrtums den Weg. Aber dem Schein kommt insofern wieder Wirklichkeit zu, als er ja den faktischen Zustand der Epoche widerspiegelt. Dieses Zeitsymptomatische durchdringt zahlreiche Äußerungen Münchhausens, sei es als die Unverbindlichkeit der Journale, sei es als krasse Spaltung des Anonymen und des Öffentlichen, sei es als „Fortschritts"-Gedanke mit allen seinen Konstruktionen — eben dieser bedeutet ja für Immermann ein Ausweichen vor der wirklichen Geschichtssituation zwischen den Zeiten —, sei es im nicht mehr organischen, dafür aber atomisierenden Denken, sei es in der idealistisch-philosophischen Spekulation — Münchhausen als Hegel —, sei es in den abstrakten Formeln und den windigen Projekten. Münchhausen, der die Luftversteinerungsfabrik mit ihren Aktien für versteinerte Luft gründen will, auf die der alte Baron so gründlich hereinfällt, ohne daß der Held das etwa praktisch ausnutzt, er baut „Luftschlösser" im herrlichen Doppelsinn des Wortes. Eigentlich tut er im Grunde nie etwas anderes. So ist er das Sinnbild Immermanns für alle Irrealitäten, alle unerfüllbaren Wunschträume, alle phantastischen Einfälle, die Figur eines fluktuierenden Scheins. Aber trotz aller Entzauberungen, die die Anhänger dieser ebenso proteischen wie chamäleonsartigen Existenz durchmachen müssen, Münchhausen wird „nach wie vor der Heiland der nach dem Unerhörten verlangenden Menschheit bleiben".

Man kann ihn nicht eigentlich als eine konkrete Romangestalt bezeichnen. Obwohl er so nachdrücklich „ich" von sich sagt und gewiß auch noch für das Scheinhafte des extremen Subjektivismus stellvertretend steht, nicht nur das Erzählte, auch er selbst bleibt irreal; es gibt ihn und gibt ihn auch wieder nicht. Keiner weiß, wer er wirklich ist. Was er über sich selbst erzählt, ist ja auch nur eine klassische Lügengeschichte. Sogar der Schriftsteller Immermann erklärt nachdrücklich, daß ihm zwar einiges von seinen Lebensumständen bekannt ist; „wer er aber eigentlich ist, das weiß ich so wenig als Sie". Im Selbstgespräch verrät uns Münchhausen, daß er „nicht die Ehre hat, der Freiherr von Münchhausen zu sein, sondern nur der—". Aber hier bricht er bezeichnenderweise ab: „doch still! Selbst die Lüfte sollen nicht erfahren, wer ich bin".

Eine Figur, die nicht real existiert, hat immerhin die Chance, eine mythische Person zu sein. Aber kann das ins Absolute erhobene Verkehrte einen Anspruch auf mythische Wahrheit erheben? Der Autor ist klug genug, das im Zwielicht zu lassen und alle mythischen Aussagen über Münchhausen noch unter den Widerspruch der Ironie zu stellen. Das beginnt bereits mit der Verschiedenheit seiner Augen, das eine blau, das andere braun, und mit dem Grünwerden statt des

Rotwerdens, eine Abnormität, die er sich nach seiner eigenen Behauptung durch die einzige selbstsüchtige Lüge seines Lebens zugezogen hat, mit der er sich eine reiche Braut ergattern wollte, um sich dann grün zu ärgern, als er erfahren mußte, daß die „Gans" in Wahrheit völlig mittellos war. Selbst, wenn wir ihm das nicht abnehmen wollen und es mehr mit den chemikalischen Erklärungen halten, kommen wir damit nur noch nachdrücklicher in die „Untiefe" des Erzählens hinein an eben jener fragwürdigen Grenze von Mythos und Ironie. Wie steht es nämlich um den *Menschen* Münchhausen? Ist er wie jeder andere natürlich gezeugt, geboren und am Ende zum Sterben bestimmt? Der schließlich dann doch wieder aufwachende Dauerschläfer beruft sich auf sein Lebens- und Verjüngungselixier. Sollen wir ihm das wirklich glauben? Aber auch von der realistischen Perspektive des Bedienten Karl Buttervogel sieht die Sache nicht weniger geheimnisvoll aus. Münchhausen sei nicht natürlich gezeugt, sondern ein Mixtum compositum aus dem chemischen Laboratorium, der Homunkulus, der „Munkel", wie es in der respektlosen Ausdrucksweise Karl Buttervogels heißt. So sei er mit Hilfe der Apothekerwissenschaften und unnatürlicher Schnurralien entstanden, mit allem möglichen „Teufelskram, zusammengebraten, geschmort, gekocht, geschmolzen, geröstet, abfiltriert", gewissermaßen von seinem Pseudovater als Person aus dem Schmelztiegel hervorgebracht, sehr zum Verdruß der gnädigen Frau, und eben wegen dieser merkwürdigen Entstehung muß er sich von Zeit zu Zeit chemisch „schmieren" mit den Sachen, die der Bediente aus der Apotheke holt, um sie wieder aufzufüllen und herzustellen (vgl. II, 189). Münchhausen als Produkt der Chemie mit den mineralischen Gerüchen in seiner Kammer, der sich chemisch Regenerierende: das ist der fragwürdige Mythos vom Homunkulus, von dem Menschen, der keinerlei Bindungen mehr an die Natur hat, sondern ebenso künstlich ist wie seine Geschichten, auch er selber nur das Erzeugnis eines schrankenlos ins Phantastische entbundenen Verstandes. Sogar noch Spekulationen, eine chemische Menschenfabrik zu gründen, können sich an diese denaturierte mythische Person knüpfen.

Jedoch am Ende stellt sich in diesem Roman aus Arabesken heraus, daß alle die geheimnisvollen Retorten und Gläser nicht etwa dem Homunkuluswunder dienten, wie es der seltsame Schwärmer seiner nächsten Umgebung vorgeredet oder diese sich selbst eingeredet hat, sondern nur „Hühneraugenessenzbereitungsversuche" sind, da ja Münchhausen am Hof des Erbprinzen von Dünkelblasenheim — und das erzählt nicht er uns, sondern der Schriftsteller Immermann — demnächst eine sehr heikle diplomatische Doppelmission übernehmen soll. Einmal holt ihn heimlich der junge Erbprinz als Genie zum Ideenaustausch, aber das darf der regierende Herr Vater nicht wissen. Zu dem kommt er wiederum als der geheime Hühneraugenessenzbereiter, aber auch dies nicht eigentlich offiziell, weil da wieder Rücksichten auf den alten Obersanitätsrat genommen werden müssen. So plant denn hier Immermann für seinen Münchhausen eine Karriere am Hofe, die in der Tat einen „Universalkopf" verlangt, der noch mit jeder Lage fertig zu werden vermag. Indessen, nicht nur Münchhausen treibt im Erzählen seine Späße, auch sein Autor tut es im Umgang mit uns, den Lesern. So müssen wir denn wohl den wirklichen geheimen Hühneraugenessenzbereiter auch nur als eine proteische Verwandlung dieser Gestalt hinnehmen, ebenso unwirklich, phantastisch und ungreifbar wie alle anderen Metamorphosen und Pseudometamorphosen dieses Universalkopfes. Scheint nicht der Autor Immermann ironisch zu lächeln, wenn er mit offensichtlichem Vergnügen auch den Leser, der sich bereits unterrichtet glaubte, erneut zum Narren halten kann?

Münchhausens Existenz verflüchtigt sich in das Nichts und umfaßt doch zugleich nahezu alles. Er entzieht sich jedem entschiedenen Zugriff. Denn das Wirkliche ist für Immermann das Wahre, und Münchhausen ist weder wirklich noch wahr. So mag denn doch sehr vieles dafür sprechen, daß Münchhausen ganz mit dem Nihilistischen seiner Zeitsituation identisch ist, deren Bewußtseinsinhalte vom Wahn, nicht aber von der Wirklichkeit bestimmt sind. Dennoch darf Münchhausens Schwelgen „in der reinen unselbstischen Erfindung" nicht nur negativ gedeutet werden. Denn solches Erzählen bedeutet zugleich die Kraft zur poetischen Verwandlung der Welt. Konnte sich ja der Autor selbst noch als einen halben Münchhausen bezeichnen. Die Apologie der Lüge, wie sie Münchhausen seinerseits vorträgt, steigert sich zu einem selbstbewußten, wenn auch komischen Pathos. Gleicht er nicht dem „Geist Capriccio" in diesem Augenblick? Ihm geht es um „das selige Behagen, mit allen stolzen Torheiten der Zeit zu tändeln, zu scherzen, zu spielen und des Witzes urkräftige Blitze in alle Spelunken hinableuchten zu lassen!" So aber entfaltet er ein ihm angeborenes Schöpfertum, das „viele Narren" glücklich macht, „und da die Welt aus Narren besteht", kann er konsequenterweise behaupten, diese Welt beglückt zu haben. Ja, das „Lügen, Flirren, Flausen produzieren" erscheint sogar noch von der Situation der Zeit aus gerechtfertigt, da andere sich anbietende Wege, wie Kriegsdienst, Staatskunst, geschäftliche Spekulation, Originalität im Denken und im Unglück (Weltschmerz), bereits als langweilig und abgebraucht entwertet sind. Mit Emphase bekommen wir es zu hören: „Ein Lügner war ich, ein Lügner bin ich, ein Lügner will ich sein! Ich habe auf Tollheiten spekuliert, das ist das höchste und nobelste Hasardspiel, was es gibt."

Ganz ähnlich lautet es in Münchhausens zweiter großer Rede über die Lüge, diesmal nicht im Gespräch mit dem Schriftsteller Immermann, sondern mit dem Jäger Oswald. Die Lüge gehört zur Wirklichkeit der Menschen; nur bringen es die meisten von ihnen darin nicht zur Virtuosität; „ . . . alle Menschen sind Lügner, nur mehr oder weniger entwickelte. Die sogenannten tugendhaften und edeln Charaktere haben nur nicht den Verstand zur echten und vollkommenen Lüge; ihre Lüge bleibt ihnen im Blute, zwischen dem massigen Fleische oder den dicken Stirnhäuten stecken, sie bringen es höchstens zur Halblüge, zu der egoistischen Lüge . . . Hinz lügt, wenn er zu Kunzen sagt: ‚Ich freue mich, Sie wohl zu sehen', denn er weiß gar nicht, ob Kunzen wohl ist, und von Freude ist sein Herz weit entfernt; Kunz lügt, wenn er an Hinzen schreibt: ‚Der Ihrige', denn er gehört niemals Hinzen. Der Familienvater lügt, wenn er von Pflichten gegen Frau und Kinder redet; nein, sein Haus ist seine Bequemlichkeit, und die muß er sich natürlich seinerseits auch zu erhalten wissen; der Offizier, der seine Leute mit einer Rede vom Vaterlande in das Feuer führt, lügt; denn an das Vaterland denkt er nicht, sondern ans Avancement, wenn die Bursche ihm mutig folgen; der Prediger auf der Kanzel lügt, der Richter im Richterstuhle lügt, der Fürst auf dem Throne lügt — sie lügen alle, alle, nur haben sie nicht die Virtuosität darin, sie bringen ungeschickte, phantasielose, entkräftete Lügen hervor, und ihr schweres Blut, ihr massiges Fleisch, ihre dicken Stirnhäute nennen die Halblügner Tugend."

Steckt nicht in dieser Schilderung in der Tat eine entlarvende Kritik des sozialen Lebens, so daß der totale Lügner Münchhausen zugleich zu einem unbestechlichen Aufdecker der zweifelhaften, weil auf Lüge gegründeten Ideologien geworden ist? Es ist schwer zu entscheiden, ob Immermann das seiner Figur noch zugebilligt hätte. Aber aus ihrer Anlage läßt es sich herleiten. Münchhausen mag sich selbst berauschen, wenn er das Leben als „ein Impromptu" leben will oder wenn er von dem ganzen „Göttergeschlecht von Einfällen, Phantasien, unvergleichlichen Sprüngen der Laune und Erfindungen" spricht, das mit ihm zugrunde gehen würde. Aber ist er nicht trotz allem der „Don Juan der Erfindung", der „Cäsar der Lügen", der ironisch triumphierende Gegner alles Schwerblütigen, Massigen und Dickstirnigen, das er als die durchschnittliche, phantasielos gewordene Existenz der Menschen so entschieden anprangert? Gewiß, er spricht in der komischen Ekstase, und komisch bleibt auch sein Umschlagen vom „Paroxysmus" der Feigheit in den des todesverachtenden Heldentums bei der Begegnung mit dem Jäger. Aber dennoch behält diese Donquixotterie in der Lüge ihren auch von Immermann anerkannten Wert. Zwar ist sie eine ins Imaginäre übersetzte Quintessenz all der Tollheiten, die sich in der Welt wirklich zutragen. Aber Münchhausen repräsentiert noch weit mehr als eine solche Summe der Tollheit; er verkörpert einen Überschuß an ungebundener Energie, er ist und bleibt ein Meister des Geistes, des Witzes, der Laune, der Erfindung, der Phantasie. Darin bewahrt er seine geheime, von Immermann selbst angedeutete Identität mit seinem eigenen Erfinder, dem Autor. Ja, hat er nicht auch etwas von einem Grandseigneur, steht er nicht vor uns wie der letzte Ritter der sterbenden Romantik, eben darin noch Don Quixote verwandt, wenn auch diese Romantik sich bereits in seiner Gestalt selbst parodiert und ironisiert? Gewiß steckt auch das Unwirkliche und Spekulative des Zeitgeistes als Unwert mit darin, aber ebenso die überlegene Freiheit des spöttischen Spiels, das zur Entlarvung alles Unechten führt, die Unbestechlichkeit jenes Scherzens, das noch in alle Spelunken hinabzuleuchten versteht. Hierin identifiziert sich der Autor mit seinem Helden; denn auch er selbst ist der gescheite und phantasievolle Kopf, der durch souveräne Tollheit mit den Tollheiten der Zeit fertig zu werden sucht und auf eben diesem Wege der Vernunft von neuem den Weg bereiten will.

Geheimnisvoll bleibt am Ende Münchhausens Verschwinden aus der Krypte ohne Ausgang, mag im Anhang auch brieflich versichert werden: „Natürlich muß die Krypte einen geheimen Ausgang gehabt haben; wer nur wüßte, wo." Aber der Autor erspart seinem Helden trotz der romantischen Flucht in die unbestimmte Weite auch nicht die böse, kompakte Ironie. „Ein Reisender wollte nämlich in einem kleinen Gebirgsstädtchen im Hohenzollern-Hechingenschen einen Mann, genau aussehend wie unser Held, mit einer ältlichen Dame lustwandeln gesehen haben. Auf Befragen hatte man dem Reisenden gesagt, jener Mann heiße Münch, genannt Hausen, lebe vom Ackerbau, sei ein nützlicher Staatsbürger, guter Gatte und würde ohne Zweifel ein ebenso guter Vater werden, wenn seine Frau noch Kinder bekommen könnte." Das Schema dieses Schlusses erinnert an das paradoxe Ende von Voltaires „Candide".

Dies wäre freilich, sofern es sich wirklich in dem „unschädlichen Acker- und Staatsbürger" um den einstigen Freiherrn von Münchhausen handeln sollte, die seltsamste aller Metamorphosen dieses Lügen-Proteus. Der Autor läßt es immerhin offen. Indessen konnten in einem Roman in Arabesken sogar der entbundene Geist und die ironische Phantasie, der leider nur das Herz und die Liebe fehlten, nun ihrerseits noch im Namen der handfesten Wirklichkeit ironisiert werden. Es bleibt jedoch dem Leser überlassen, ob er den mit Emerentia traulich vereinten Münchhausen nicht doch lieber für eine freche Lüge des Autors hält, der damit sein eigenes, ihm allzu selbstherrlich gewordenes Geschöpf in eine vom normalen Menschenverstand regierte reale bürgerliche Welt unerbittlich zurückholen wollte.

Das „Positive"

Vom Bazillus der Lüge sind aber keineswegs nur die Entwurzelten bedroht. Die Vorgeschichte des Diakonus und sein Selbstbekenntnis darüber zeigen, daß es sich hierbei um ein Existenzproblem des ganzen Zeitalters, ja noch einer bestimmten Generation handelt. „Ich war, da ich jenen jungen Vornehmen zu führen hatte, während ich noch selbst der Führung gar sehr bedürftig war, unter allen den geistreichen, eleganten, schillernden und schimmernden Gestalten der Kreise, die mir durch mein damaliges Amt zugewiesen waren, ebenso geistreich, halbiert, kritisch und ironisch geworden wie viele; genial in meinen Ansprüchen, wenn auch nicht in dem, was ich leistete, unbefriedigt von irgend etwas Vorkommendem, und immer in eine blaue Weite strebend; kurz, ich war dem schlimmeren Teile meines Wesens zufolge ein Neuer, hatte Weltschmerz, wünschte eine andere Bibel, ein anderes Christentum, einen andern Staat, eine andere Familie und mich selbst anders mit Haut und Haar. Mit einem Worte, ich war auf dem Wege zum Tollhaus oder zur insipidesten Philisterei; denn diese beiden Ziele liegen meistens vor den Füßen der modernen Wanderer." Aber nunmehr macht Immermann auch die Gegenkräfte sichtbar, von denen er sich eine Heilung der modernen Krankheiten erhofft. Dem „Hermaphroditismus des Geistes und Gemütes", dem Schaum der Zeit und der nur äußerlich glanzvollen Aristokratie der Lebensführung werden die „Mittelverhältnisse", die bleibenden „Grundbezüge der Menschheit" entgegengestellt, die der Autor wie sein Diakonus im Volk, im „richtigen Verhältnis der Geschlechter" und in den darauf aufgebauten wirklichen Ordnungen des menschlichen Lebens (Gewerbe und Beruf statt Geschwätz) zu finden glaubt. Immermanns erneute Romantisierung des Volksbegriffes kann jedoch nur angemessen von uns verstanden werden, wenn wir sie im Zusammenhang mit seiner kritischen Diagnose des Zeitalters sehen.

Wir hoben es schon hervor: die Gesellschaft befindet sich im Zustand der Auflösung. Die oberen Stände hätten das Protektorat des

Geistes übernehmen müssen, aber sie sind hinter dem Volk zurückgeblieben, in ihnen lebt nicht die „gleiche Tüchtigkeit". Selbst die Zeit der großen Kriege hat den Adel nicht darüber belehrt, daß es mit dem leeren Scheinen nunmehr für immer vorbei ist und daß der erste Stand sich notwendig „in sich selber gründlich fassen und restaurieren" müsse. „Es war seine erste Obliegenheit, dies zu begreifen, es war die Lebensfrage für ihn, ob er sich mit dem Heiligtume deutscher Gesinnung und Gesittung nunmehr inniglich verbünden, allem wahrhaftquellenden geistigen Leben der Gegenwart Schirm und Schutz geben möchte, damit das Zauberbad dieses Lebens seine altersstarren Glieder verjünge." An die Stelle des Adels ist zwar das Bürgertum getreten, aber hier triumphiert die Ökonomie und keineswegs die Bildung. Der Zustand der allgemeinen Unsicherheit spiegelt sich in der Bildungsgeschichte des Diakonus, der immer in die blaue Weite strebte, immer etwas Neues wollte und am Ende von der Gefahr des Tollhauses oder der der Philisterei bedroht war. Die gleiche Unsicherheit charakterisiert die deutsche Literatur. Im Gegensatz zu den Franzosen haben wir keinen Esprit. „Unsere Literatur ist ein Produkt der Spekulation, der freiwaltenden Phantasie, der Vernunft, des mystischen Punkts im Menschen." Das Übergewicht des Gesellschaftsprozesses, der bereits ein Vermassungsprozeß zu werden beginnt, vernichtet alle die Vorzüge, die die deutsche Dichtung und Philosophie sich früher gerade durch ihre Absonderung von der Gesellschaft erworben hatten. „Denn jede Erfindung der schaffenden Seele, welche vor Augen haben muß, mit gewissen Forderungen der Gesellschaft zusammenzutreffen, wird notwendigerweise mechanisiert." Das Geistreiche, Interessante, Spekulative, mit einem Wort das nur subjektive Bewußtsein verstellt den Weg zur eigentlichen Wirklichkeit.

Aus der „Narrheit", der eigenen wie der der Zeit, kommt man nur heraus, wenn man das „Positive" findet. Der Weg dorthin bedeutet für Immermann den Weg in die Wirklichkeit. Aber das ist zunächst keineswegs selbstverständlich. Positiv nennt er das menschliche Herz, Begeisterung und Liebe als „die einzig würdige Speise edler Seelen". Derartiges gibt es in der Münchhausen-Welt nirgends. Aber ist nicht gerade das „Herz" eine Kategorie, die erneut ins rein Individuelle, ins subjektiv Persönliche und damit ins Antigesellschaftliche verweist? Deutet nicht die ganze Vorgeschichte des Wortes „Herz" auf den Irrationalismus und Emotionalismus hin, auf die Linie vom Pietismus über die Empfindsamkeit zum Sturm und Drang und die Romantik; und wäre nicht eben hier zu fragen, ob dem Münchhausenschen Subjektivismus des Geistes und der Phantasie so nicht nur ein Subjektivismus des Gefühls und der Liebe entgegengesetzt wird, der ebenso dem Scheinhaften und damit dem Unwirklichen preisgegeben sein kann wie der seines Gegenspielers?

Gerade diese Gefahr will jedoch Immermanns Roman mit allem Nachdruck überwinden. Darum konnte er sich auch nicht bloß auf die Instanz des Herzens berufen, sondern bedurfte ebenso der in ihrer ganzen Breite entfalteten Oberhofwelt, die vor allem die überdauernden „Grundbezüge der Menschheit" sichtbar machen soll. Der Oberhof selbst ist in keiner Weise romantisiert. Der Autor stellt hier eine wirkliche Welt dar, eine Sphäre „mit derber Natur wie mit Sitte und Zeremonie ausfüllt und gar nicht ohne Anmut und Zierlichkeit". Die Wirklichkeit selbst ist hier der Bereich, dem es das Poetische abzugewinnen gilt. Im Mittelpunkt steht die patriarchalische Gestalt des Hofschulzen. Gleich zu Beginn wird er mitten in der Arbeit dargestellt, zwischen Scheuren und Wirtschaftsgebäuden mit aufgekrempelten Hemdsärmeln vor dem offenen Feuer, wie er mit Hilfe von Amboß, Hammer und Zange ein Wagenrad wiederherstellt, an dem ein Stück Schiene abgebrochen war, und dann anschließend mit listiger Bauernschläue und unermüdlicher Geduld eine Verhandlung über einen Pferdekauf führt. Die in einem solchen Großhof verkörperte Welt ist „ein kleiner Staat für sich, rund abgeschlossen, und der Herr darin so gut König als der König auf dem Throne". Der Hofschulze ist freier Bauer im vollen Sinne des Wortes, er steht unter den Seinen wie ein Erzvater, „der dem Gotte seiner Väter von unbehauenen Steinen ein Mal aufrichtet und Trankopfer darauf gießt und Öl und seine Füllen erzieht, sein Korn schneidet und dabei über die Seinigen unumschränkt herrscht und richtet". Der Jäger bemerkt über ihn, nie sei ihm „eine kompaktere Mischung von Ehrwürdigem und Verschmitztem, von Vernunft und Eigensinn vorgekommen". Der alte Bauer wird ganz aus seiner Landschaft Westfalen heraus gesehen. Das zerstreute Wohnen hat neben der „altsassischen Hartnäckigkeit" hier noch „den primitiven Charakter Germanias" aufrechterhalten. Aber das gibt dieser Landschaft auch etwas Zeitloses oder, richtiger gesagt, etwas Zeitüberdauerndes. „Alle Regierungen und Gewalten sind darüber hingestrichen, haben wohl die Spitzen des Gewächses abbrechen, aber die Wurzeln nicht ausrotten können, denen dann immer wieder frische Schößlinge entsprossen, wenngleich sich diese nicht mehr zu Kronen und Wipfeln zusammenschließen dürfen." Mag auch eine Gestalt wie der Hofschulze von den Mächten der Gegenwart nicht anerkannt werden, er stellt dennoch „für sich selbst und bei ihresgleichen einen längst verschwundenen Zustand auf einige Zeit" wieder her (vgl. I, 181).

Uraltes, längst Verschollenes wie das Femegericht kann sich hier noch behaupten und „wie eine unabhängige Macht im Staate" seine eigenen Rechtsformen bewahren.

Die Figur des Hofschulzen ist dicht und konkret, nirgends idealisiert, und doch ist er ein heimlicher König, der über seinen an Sitte, Zeremonie und Überlieferung gebundenen Lebenskreis zu wachen weiß und seine anschaulichen Lebenserfahrungen zu praktischen moralischen Maximen verdichtet. Vorgänge wie eine ländliche Hochzeit werden vom Autor hier durchaus nicht von der Geschichte der menschlichen Herzen her beleuchtet, sondern eher umgekehrt als ein rein soziales Ereignis dargestellt, das dem Brauchtum und allen seinen gewachsenen Formen, Formeln und Vorschriften bis ins einzelne unterliegt. Gegen das Ende des Romans, nach den tragischen Erschütterungen der Oberhofwelt, hält der Alte seine große Rede vor Gericht, die „in ihren rohen und strudelnden Ausdrücken wie ein Waldbach" daherrauschte, „der über Wurzeln, Knoten und Kiesel strömt". Hier wächst die Gestalt so sehr ins riesenhaft Ursprüngliche, daß sie zum eigentlichen Stellvertreter des „ewigen Volkes" geworden ist. Der Hofschulze entwickelt seine eigene „Reflexion, wie das Wesen in der Welt so eigentlich bestellt sei. Da dachte ich (denn ich habe immer in meinem Leben Nachgedanken gehabt), daß ein ordentlicher Mensch schon durchkommt, der auf Wind und Wetter achtet und auf seine Füße schaut und in seine Hände und sich mit seinen Nachbarn getreulich zusammenhält." Von einem solchen dinglich-konkreten Ausgangspunkt aus wird anschließend noch einmal die alte heimliche Sache gerechtfertigt, der Anspruch auf Recht und Gerechtigkeit dieses Staates im Staate, der sich aber dennoch dem König des großen Staates dabei untertan weiß. Immermann entwirft durch den Hofschulzen auch noch seine eigenen Ideen von einer ständisch gegliederten, in ihrer Struktur konservativen Gesellschaft: der Bürger mit dem Bürger, der Gelehrte mit dem Gelehrten, der Edelmann mit dem Edelmann. Sie alle sollen ihre Sachen untereinander ausmachen „ohne die Herren von der Schreiberei draußen". Dann aber wäre jeder „gleichsam ein Fürst ... bei sich zu Hause und mit seinesgleichen. Dann wäre auch erst der König ein recht großer Potentate und ein Herre sondergleichen, denn er wäre der König über vielmalhunderttausend Fürsten."

Was hier unter Berufung auf Altes und Uraltes von der Gesellschaft verlangt wird, ist organische Gliederung mit ständischer Aristokratie statt destruktiver Auflösung in die Massen. Für den alten Bauern ist das freilich streng an die Überlieferung und ihre sinnlichen Zeichen gebunden. Diese scheint ihm mit dem Verlust des stellvertretenden Schwertes Karls des Großen und dem Herauszerren der heimlichen Sache an das grelle Licht der Öffentlichkeit zerstört. Aber Immermann gibt durch seinen Diakonus der Lebensanschauung des Hofschulzen eine mehr geistige Deutung, die zwar ebenso das objektiv Gewordene und geschichtlich Gewachsene bejaht, aber es stärker unter den Blickpunkt einer persönlichen Aneignung rückt. In begeisterter Rede versucht der Landpfarrer den tief gekränkten Alten zu trösten: „Habt Ihr nicht in Euch und mit Euren Freunden das Wort der Selbstständigkeit gefunden? Das ist die heimliche Losung, an der Ihr Euch erkennt, und die Euch nicht genommen werden kann. Gepflanzt habt Ihr den Sinn, daß der Mensch von seinen Nächsten abhange, schlicht gerade, einfach, nicht von Fremden, die nur das Werk ihrer Künstlichkeit mit ihm herauskünsteln, zusammengesetzt, erschroben, verschroben; und dieser Sinn braucht nicht der Steine unter den alten Linden, um gutes Recht zu schöpfen. Eure Freiheit, Eure Männlichkeit, Eure eisenfeste Natur, Ihr alter, großer, gewaltiger Mensch, das ist das wahre Schwert Karls des Großen, für des Diebes Hand unantastbar!"

Ein wenig klingt das wie eine Predigt, und in der Tat setzt damit auch bereits die Ideologisierung der als solcher ganz unideologisch dargestellten konservativen Bauernwelt ein. In der gleichen Linie liegen die Gespräche des Diakonus mit dem Jäger. Bezeichnenderweise wird die Umsetzung in Leitideen von denen geleistet, die selber gar nicht in den genau geregelten Formen des bäurischen Lebens darinstehen, sondern es nur mit liebevollem Zuschauen und innerer Anteilnahme begleiten. Der Diakonus belehrt die unter die Bauern verirrte hohe Exzellenz, die dort eine keineswegs gnädige, sondern sehr komische Figur abgibt, der Bauernstand sei „der Granit der bürgerlichen Gemeinschaft". Kaum hätte der Hofschulze selber das so programmatisch aussprechen können. Das Bauerntum hat für Immermann weder idyllisch-sentimentale noch privat-menschliche Züge. Der Diakonus vergleicht es mit der echten hohen Aristokratie, nicht etwa mit dem zeitgenössischen Adel, der für diesen unruhigen Kopf nur „der Schwamm im Hause" ist. Das Gemeinsame von Aristokratie und Bauernstand liegt in einem noch klassenmäßig gebundenen Denken nach „Konvenienz, Herkommen, Standesbegriffen und Standesvorurteilen". Sowohl der Bauer wie der Aristokrat gehören zunächst einmal ihrer „Gattung" an und sind dann erst Mensch, während nur der bürgerliche Mittelstand den „Strom der Selbstbestimmung" kennt „nach Charakter, Talent, Laune und Willkür". Jedoch weiß Immermann nur allzu gut Bescheid um die Gefahren, die aus dieser bürgerlichen „Selbstbestimmung" entstanden sind; daher neigt er zur ideologischen Rechtfertigung des klassengebundenen Denkens, wenn auch weit mehr zugunsten dem des Bauerntums als zu dem der Aristokratie, deren zeitgenössische Verfallserscheinungen ja bereits Gegenstand seiner Zeitkritik waren. Indessen, die Rechtfertigung des Bauernstandes wird zugleich für Immermann zu dem Weg, um zu einer echten Regeneration des Bürgertums zu gelangen. Die Idee des „unsterblichen Volkes" umfaßt beides, Bauerntum und Bürgertum, ja wohl auch noch den Adel, soweit er als echte Aristokratie verstanden wird, zumal ja selbst das Königtum von Immermann stets ausdrücklich bejaht wurde. Den zersetzenden Elementen der Zeit möchte Immermann das Streben nach den „allgemein gültigen Unterlagen des Daseins, nach organischen objektiven Lebensformen"[8] gegenüberstellen. Die zukünftige Verwirklichung des organisch aufgefaßten gesellschaftlichen Lebens glaubt der Diakonus unter den freien Bürgern zu finden, in dem „ehrwürdigen, tätigen, wissenden, arbeitsamen Mittelstand". „In ihm gebiert sich immer neu der wahre Ruhm, die Macht und die Herrlichkeit der Nation, die es ja nur ist durch ihre Sitte, durch den Hort ihres Gedankens und ihrer Kunst, und dann durch den sprungweise hervortretenden Heldenmut, wenn die Dinge einmal wieder an den abschüssigen Rand des Verderbens getrieben worden sind." Dieser vaterländische Glaube des Diakonus verschmilzt Bauerntum und Bürgertum zu der ideologischen Einheit „unsterbliches Volk", „unvermischter Stamm". Zeitüberdauernde, dem deutschen Volk und insbesondere dem westfälischen Stamm zugeschriebene Charakterwerte wie „tiefsinnig, unschuldig, treu, tapfer" kontrastieren zu den lügenhaften Verfallserscheinungen der Epoche.

Das alles hat freilich mit dem beschreibenden Realismus der Oberhofdarstellung höchstens indirekt etwas zu tun. Es ist weit mehr der Versuch einer geistigen Deutung dieser Welt, die noch aus dem Geist der Romantik und ihren Vorstellungen von Volksgeist, Volksseele und organischem nationalem Leben erfolgt. Immermann übersah dabei, daß eine solche patriotische Ideenwelt nicht mehr ausreiche, um mit den von ihm selbst aufgedeckten Verfallserscheinungen fertig zu werden.

Offensichtlich genügte ihm die bloß romantisch-restaurative Lösung des Zeitproblems auch selber nicht ganz. Wohl hatte er das konservativ Organische dem fortschrittlich Mechanischen des Zeitgeistes gegenübergestellt. Trotzdem hat er den vorwiegend materiellen, pragmatischen und praktischen Charakter seines Zeitalters im ganzen eher gerechtfertigt als abgelehnt. Noch in seinem letzten Werk, den „Memorabilien", wird das deutlich ausgesprochen. Die moderne Industrialisierung bedeutet im Bündnis mit der Wissenschaft eine Evolution des menschlichen Geistes. „An der Natur wird dieses Werk unternommen. Dem Altertume war sie ein Göttliches, dem Mittelalter ein Magisches, und der neueren Zeit scheint sie ein Menschliches werden zu sollen." Wenn sie dem Altertum die Schönheit, dem Mittelalter den christlichen Spiritualismus schenkte, so wird sie gewiß auch der neueren Zeit „ein lebensfähiges gliedmäßiges Kind gebären".

Inmitten der Widersprüche des Zeitalters möchte Immermann einen festen Grund gewinnen, von dem aus sich weiterleben läßt. Einmal sucht er ihn im Vergangenen, zum andern aber auch im Zukünftigen. Für das zweite steht die Geschichte seines seltsamen Liebespaares stellvertretend und ihr Bund außerhalb „aller Ordnung und Regel" (vgl. II, 405). Lisbeth und Oswald gehören nicht eigentlich zur Oberhofwelt, sie sind eher noch Kontrastfiguren zum dortigen Ehezeremoniell und zur genau festgelegten Überlieferung bäurischer Gemeinschaftsformen. Aber sie bilden gewiß auch nicht einen feindlichen Gegensatz zum Oberhof, wenngleich ihre Liebe nach den dort herrschenden Vorstellungen niemals eine Erfüllung finden kann. Vom Autor aus gesehen stehen der Oberhof und das Liebespaar unter dem gemeinsamen Blickpunkt, daß in diesen beiden Fällen, wenngleich mit ganz anderen Vorzeichen, eine positive Lösung des Zeitproblems bereits gegeben ist oder noch gesucht wird. Zunächst scheint der Dichter nur eine romantische Liebesgeschichte zu erzählen mit all den Überschwenglichkeiten, aber auch all den Täuschungen und Enttäuschungen des Herzens, die nun einmal mit dazu gehören. Ja, die Liebeserzählung hat noch die märchenhaften Züge vom armen, unbekannten Mädchen (Findling) und vom reichen Prinzen, der sie erlöst, in sich aufgenommen; aber sie werden dann in den Bereich des Sozialen transponiert und ihm dienstbar gemacht. Das Symbol der im Walde gefundenen Blume erinnert unmittelbar an die blaue Blume im „Heinrich von Ofterdingen" des Novalis, die dort zunächst geträumt und am Ende in der Gestalt der Geliebten, Mathilde, gefunden wird. Aber Immermanns Blume ist keineswegs traumhaft und magisch, sondern durchaus wirklich, wenn auch keine landläufig hiesige, sondern „eine fremde Blume", die inmitten eines vermoderten Baumstumpfes zur herrlichen Schönheit erblüht ist. Ihre äußere Erscheinung wird genau, bis in die Einzelheiten hinein beschrieben (vgl. I, 246f.). Für sich allein genommen kann man sie kaum ein Symbol nennen. Der Erzähler stiftet nur einen symbolischen Bezug, indem er den Fund der Blume und das uns zum erstenmal begegnende Mädchen zu einem optischen Gesamteindruck verschmilzt. Wenige Seiten später wird der Vorgang vom Diakonus fast allzu überdeutlich im symbolhaften Sinne kommentiert: „so hat Ihnen die Natur wirklich ein Symbol gezeigt, denn auch das Mädchen ist in Moder und Verfall aufgeblüht wie Ihre Wunderblume aus dem alten Baumtrumm." Das geschilderte Ereignis könnte jedoch auch völlig nüchtern ausgelegt werden. Der Jäger selbst versucht es: „Ein hübsches Mädchen, die des Weges daherkommt und sich auch an einer hübschen Blume erfreut, das ist das Ganze!" Es ist eben doch nicht das Ganze; denn in der Blume und in dem schönen Mädchen, das mit der „holdesten Freude der Überraschung" über ihr kniet und „deren Stengel zärtlich wie den Hals des Geliebten umschlungen" hält (vgl. I, 247), steckt die „Poesie des Lebens", die Oswald mit einemmal so unmittelbar nahe steht, daß überall die Elfe hervorzugucken und ihn mit Liebesaugen anzuschauen scheint (vgl. I, 262). Zwar ist es eine durchaus irdische, real gefundene Blume, die später traurig verwelkt, aber sie ist dennoch das poetische Zeichen für eine mit ihr aufblühende und sie überdauernde Liebe, und so darf sie im „Heiligtume der Liebe" später ihr Grab finden (vgl. II, 72). Die Blume gehört in die gleiche poetische Welt hinein wie das Waldmärchen „Die Wunder im Spessart".

Die Werte des Gewachsenen, des Bleibenden, aber auch die des Ursprünglichen und Echten, mögen sie nun Volk und Vaterland oder Liebe und Herz heißen, die Immermann der entfesselten Zeit gegenüberstellt, bedeuten für ihn das Wahre, das Wirkliche, die Poesie des Lebens selbst. Darin unterscheiden sie sich prinzipiell von allem nur Subjektiven, Interessanten und Willkürlichen. Sie sind gegen die Lebenslüge des Zeitalters immun, sie vertreten in allem geschichtlich Vergänglichen das Ewige. Wohl erzählt Immermann eine durchaus individuelle Liebesgeschichte, ja, seine beiden Liebespartner fallen geradezu aus den sozialen Ordnungen heraus: der Graf aus Schwaben, indem er sich so leidenschaftlich ernst in dieses Abenteuer des Herzens einläßt, der uneheliche Findling Lisbeth bereits durch Geburt und Herkunft. Es fehlt nicht an klugen Argumenten, die dieser Liebe im Namen der Vernunft entgegengestellt werden. Denn es handelt sich nicht bloß um die sozialen Standesunterschiede, sondern auch um die ungeheure Kluft der Welten, aus denen beide stammen. Wohl glaubt jedes Liebespaar, daß von seiner Torheit an ein neuer „Himmel und eine neue Erde datiert"; aber am Ende bleibt meist nur der entzauberte, poesielos gewordene Alltag übrig. Hat der trockne Oberamtmann so ganz unrecht, wenn er meint: „Die Ehe soll dem Menschen einen Boden unter die Füße geben, nicht den Boden unter den Füßen wegziehen"?

Ist nicht Clelias Standpunkt durchaus verständlich, der Liebenden die „Entsagung" zu predigen, damit der Vetter Oswald in der Harmonie mit seinen vorbestimmten „Verhältnissen" bleiben darf? Selbst der Diakonus, der das seltsame Liebespaar vielleicht am besten versteht, bleibt vom Zweifel nicht verschont. Um so schwerer wiegt Immermanns Kühnheit, daß er alle diese Argumente entkräftet im Glauben an das „Ungeheure" und „Ewige" der Liebe. Wohl weiß der Dichter, daß Liebe nur im Privaten und ganz Persönlichen wurzeln kann. Und dennoch kann von ihrer Ursprünglichkeit aus eine Lösung des Zeitproblems gefunden werden. Denn das Private bleibt für Immermann nicht isoliert, sondern gewinnt eine stellvertretende Bedeutung für die größeren Gemeinschaften. Was im Öffentlichen und im Politischen nicht mehr zu finden ist, das vermag die Liebe zu leisten, nämlich eine neue Ordnung zu stiften. Darum wäre „Entsagung" gerade das schwerste Verbrechen an der Liebe selbst, nur eine romanhafte Attitüde der Tugend, während Liebe die Wirklichkeit verwandeln, nicht aber aus ihr fliehen soll. Deshalb steht das Wagnis des Herzens für Immermann höher als alle, scheinbar noch so zwingende „Verhältnisse".

Nicht auf den Eros und die Leidenschaft kommt es ihm dabei in erster Linie an, denn diese Seite der Liebe verliert sich nur allzu leicht in die Wirrnisse der Zeit. Liebe, wie Immermann sie versteht, muß notwendig Ehe werden. Erst damit ist sie vor ihre entscheidende Bewährungsprobe gestellt. So werden denn nicht die vom Sozialen losgelöste Romantik der Liebe und die gesellschaftliche Organisation Ehe als zwei unversöhnliche Bereiche einander entgegengesetzt, sondern die Liebe erfüllt erst ihren Anspruch auf Ewigkeit, indem sie die vorgegebene Institution Ehe in einem ursprünglichen Sinne erneuert. Darum kann Immermann von seinem Liebespaar sagen: „Die Geschichte ihres Herzens und innersten Geistes nahm von dem Segen des Priesters den Ausgang." Gilt es doch in allem Zufälligen das Wesenhafte zu finden, denn auch das „echte Vertrauen will gelernt werden". Im Schlußbrief an die Braut heißt es dann weiter: „Mit Liebe wollen sie den stumpfen Widerstand der Materie überwinden. Der ist groß. Denn ihr Schritt hat freilich in alle Verhältnisse den tiefsten Riß gemacht ... Zwischen diesen dürren Klippen, in solcher Wildnis ist ihnen die Aufgabe gesetzt, den Garten eines schönen, fruchttragenden Lebens auszusäen. Daher hat denn ihre Geschichte nur erst begonnen. Überallhin müssen sie sich aufstellen, jeden Schatz aus sich zutage fördern, sie müssen sich vollenden für die Welt und für die Zwecke der Welt, um das Recht des Herzens darzulegen." Das Recht des Herzens! Damit ist nicht eine erneute Verklärung des empfindsam romantischen Subjektivismus gemeint. Ebensowenig darf dieser Anspruch als Flucht aus den Widersprüchen des Zeitalters ins Verborgene und privat Abgesonderte mißverstanden werden. Vielmehr kann nach Immermanns Glauben die Zeit nur an der Kraft des Herzens genesen. Er meint mit dem Herzen nicht den „von der Empfindelei getauften Muskel ..., der in einer Flut matter Tränen schwimmt"; er meint „das volle, starke Herz", von dem alles Große auf Erden ausgegangen ist; er meint das mit der Vernunft wieder verbündete Herz, „vom Atem Gottes und göttlicher Notwendigkeiten durchweht und begeistet". Dieses Herz bezeugt sich durch sich selbst, und eben darin ist es wirklich. Immermann traut der Liebe die Kraft zu, neue soziale Ordnungen zu schaffen, mögen diese auch zunächst in Widerspruch zu überlieferten „Verhältnissen" stehen. Wo die Zeit erkrankt ist, wo kaum mehr echte Tradition vorhanden ist, wo die Ordnungen sich auflösen, da ist die Wahrheit des Herzens, das heißt die ursprüngliche, individuelle Existenz und ihre vertrauende Aufgeschlossenheit zum Du, der einzige Garant dafür, daß wiederum neue Bindungen entstehen können. Immermanns Apologie des Herzens wurde daher zugleich zu einer Apologie der Ehe. In diesem Sinne will er mit Oswald und Lisbeth nicht etwa „eine Liebesgeschichte und nichts weiter" erzählen, sondern „eine Geschichte der Liebe ... bis zu dem Punkte, wo sie den Menschen für Haus und Land, für Zeit und Mitwelt reif, mündig, wirksam zu machen beginnt".

Ideal und Wirklichkeit

Immermanns „Münchhausen" steht — geschichtlich gesehen — am Ende der romantischen Romantradition. Wohl benutzt der Dichter eine Fülle von romantischen Stil- und Darstellungsmitteln, übersteigert sie aber auch teilweise bewußt zur Parodie. Am deutlichsten wird das in der Verwendung der Ironie. Zwar sucht Immermann wie die Romantiker durch die Ironie noch Abstand zur Wirklichkeit und zu seinem eigenen künstlerischen Schaffen zu gewinnen. Jedoch ist diese Ironie keineswegs mehr ein Zeichen für den Glauben an die unbeschränkte Macht des subjektiven Geistes. Vielmehr kann die Spontaneität und Freiheit des reflektierenden Ichs jetzt selber in die Ironie mit einbezogen und in der Poesie des wirklichen Lebens ein der Ironie grundsätzlich entzogener Bereich entdeckt werden. Die Ironie zersetzt den bloßen Schein, die Anmaßung der Lüge, den absoluten Anspruch des „idealistischen" Geistes, die leere Phantasterei und Schaumschlägerei; das heißt, sie richtet sich in erster Linie gegen das Subjekt selbst. Die Ironie führt sich sozusagen selbst ad absurdum, indem sie ihre eigene unbegrenzte Willkür als ein Symptom des bindungslos gewordenen Zeitgeistes entlarvt. Jenseits der Ironie stehen für Immermann das menschliche Herz, das unsterbliche Volk. Über beide spricht er gerne pathetisch, keinesfalls aber ironisch. In ihnen glaubt er die Wirklichkeit zu finden; beiden ist gemeinsam, daß sie sich nur als „Positives" fühlen und ergreifen lassen. Ironie ist also für Immermann nicht mehr schöpferische Freiheit, sondern kritisches Regulativ. Es gehört zur Paradoxie dieses Romanes, daß gerade er die Ironie in unerhörtem Ausmaß künstlerisch produktiv gemacht hat, bis in die Struktur des Romans hinein, und doch sich selbst als eine Dichtung auffaßt, die die souveräne Herrschaft der Ironie als bloße Herrschaft des denaturierten Geistes entthronen will. Die ironische Dichtung dient nicht der puren Verneinung, sondern „sie löst ihre Aufgabe nur, wenn sie das Lächerliche und Vernunftlose in seinem dennoch obwaltenden Zusammenhange mit der allgemeinen vernünftigen Ordnung der Dinge darstellt"[9]. Aber auch umgekehrt ist das Nichtige ein unentbehrlicher Bestandteil des Reellen. Es gibt ihm erst „Façon" und „Figur". „Die Vernunft ist wie reines Gold, zu weich, um Façon anzunehmen; es muß ein tüchtig Stück Kupfer, so eine Portion Verrücktheit darunter getan werden, dann ist dem Menschen erst wohl, dann macht er Figur und steht seinen Mann."

Ironie ist bei Immermann stets der Satire verwandt. Sie zeigt den Abstand zwischen Ideal und Wirklichkeit, aber nicht zugunsten des Ideals, sondern zugunsten der Wirklichkeit. Denn das von der Wirklichkeit abgespaltene Ideal ist zur „Lüge", zur fixen Idee, zum Wahn geworden. Die Ironie durchschaut das mit den Mitteln der Satire: sie zeigt die Einseitigkeit des Ideals, seine Unzulänglichkeit, seine Irrealität, ja seine völlige Nichtigkeit. Wohl kennt auch Immermann echte Idealität. Aber sie steht für ihn stets jenseits der Ironie und ist nur im Wirklichen selbst zu finden. Das hat vor allem die von Immermann mindestens realistisch und nicht schönfärberisch gemeinte Darstellung der Oberhofwelt zu zeigen, in der alles natürlich gewachsen und geschichtlich entstanden ist. Die Ironie der Satire hingegen kann und soll immer nur bis zu dem Punkt führen, an dem der Gegenstand sich der Ironie entzieht, und das geschieht erst dort, wo das Ideale im Welthaften sich verwirklicht: in überlieferten Gemeinschaftsformen, in der echten, „ewigen" Liebe, die sich als Ehe erprobt, in der sozialen Leistung, in dem auf Nächstenliebe gegründeten Zusammenleben, in einem neuen Christentum. Aber Immermann vermag dabei der Gefahr nicht zu entgehen, daß die so gewonnene positive Idealität ihrerseits eigentümlich utopische oder auch ideologische Züge bekommt. Dann schlägt seine kritische Analyse des Zeitalters der „Epigonen" in eine neue chiliastische Heilslehre um. Die „Erde" genannte Wirklichkeit wird zum Ausgangspunkt für weltverklärende, sehnsüchtige Träume von einer neu sich offenbarenden Menschheit und Gottheit.

Münchhausen erzählt unter dem Titel „*Ich*. *Fragment einer Bildungsgeschichte*" eine ebenso amüsante wie kluge Lügengeschichte, in der Immermanns Ironie ihre glanzvollsten Paradestücke vorführt. „Das gebildete Kind gebildeter Eltern" — die oft wiederholte Formel persifliert schlagend und witzig den aufgeklärten Bildungsoptimismus — erfährt eine negative Metamorphose ins Tierhafte hinein; es gerät unter die Ziegen und verwandelt sich in ein seltsames Zwischending, halb Mensch, halb Bock, am Ende dem Bock oder dem Bockaffen entschieden näher als dem Menschen, bis dann später in einem holländischen Tierverschlag unter der gräßlichen Perspektive, getötet und ausgestopft zu werden, aus nackter Angst die Rückverwandlung in die Anfangsformen des Menschen gelingt. Wir können hier nicht Münchhausens Leben unter den Ziegen[10] im einzelnen schildern. Erst der wiederkäuende Münchhausen ist nach Meinung dieser Ziegen „endlich vernünftig" und einer der Ihrigen geworden. Jedoch wollen wir ein entscheidendes Grundmotiv aus der Erzählung herausgreifen. Das Ganze spielt am Helikon, dem Gebirge in Böotien, das dem Apoll und den Musen geweiht ist, und das Wasser, das dort fließt, ist Hippokrene, das heißt, es gehört zu der Quelle, die durch den Hufschlag des Pegasus entstanden ist. Aber die Welt des Poetischen wird hier nicht wie im romantischen Roman, vor allem bei Novalis, als eine höhere Magie verstanden, mit deren Hilfe der Dichter in den Geheimnisbereich der Natur eindringt, sondern sie dient der Parodie. Wohl stände das zauberhafte Wasser nur dem Dichter an, aber dafür bringt die Erzählung kein Beispiel; alle anderen, die es trinken, geraten nur in bestimmte Formen der Verrücktheit. Das „Ideal" ist hier also nicht eine im Quell versinnbildlichte Kraft, durch die sich der Mensch vom Irdischen befreit, sondern es wird der Wirklichkeit gleichsam künstlich aufgepfropft und erweist sich damit als unwahr. Der noch nicht in den Ziegenbock verwandelte Münchhausen trinkt Hippokrene und beginnt zu schwärmen und zu skandieren, aber nicht etwa als echter Dichter, sondern als Pseudopoet. „Formen und Verse, Weisen und Reime, Laiche, Stollen, Stanzen, Assonanzen, Dissonanzen, Dezimen, Kanzonen, Terzinen, Handwerksburschenlieder, Sprichwörtlich, Afrikanisches, Madekassisches, an Personen, Gelegenheit, Denk- und Sendeblätter, Runenstäbe, Gepanzertes und

Geharnischtes, Blätter und Blüten, Schutt — alles dieses und noch unendlich viel mehr entquoll meinen unermüdlich vom Wasser bewegten Lippen, so daß ich glaube, ich armes, nacktes Kind habe da droben auf dem Helikon an jenem Abende in wenigstens sechs Dutzenden der verschiedensten Arten und Weisen meine Kindlichkeit lyrisch ausgesprochen."

Von solchem modischen Wahnsinn des lyrischen Taumels befreit ihn das Schicksal, indem er in eine Herde wilder Ziegen hineingerät. Verglichen mit den irrealen Exzessen der poetischen Idealität mußte eine solche handfeste Wirklichkeit zunächst einmal eine Rettung bedeuten. Leider trinken aber auch die Ziegen aus dem Musenquell, und die Folgen sind nicht weniger verheerend. Sie gründen einen „Verein ‚zur Linderung des Elends leidender Naturwesen'", weil „das höhere Selbst der helikonischen Ziegen" seine besondere Befriedigung verlangte (vgl. I, 358 ff.). Aber die Weitläufigkeit der Sitzungen, das Wiederkäuen der Barmherzigkeit führt nur dazu, daß alle philanthropische Hilfe meistens zu spät kommt. „Die Hummel, welcher ein auf der Stelle zugeworfenes Blatt das Leben gerettet hätte, war während der Reden über die Pflicht, sie zu retten, untergegangen, und die Maus, der die vorübergehende Einzelziege ein paar Körner hätte zuscharren können, bis es zum Gesamtwirken für sie kam, Hungers gestorben." Die gleiche Abneigung gegen Vereinswesen und Frauenemanzipation hat Immermann auch in seinen „Memorabilien" ausgesprochen. Die helikonischen Ziegen erreichen zwar nichts mit ihrer Betriebsamkeit, aber dafür lernten sie, sich „in ihrer Vortrefflichkeit immer mehr fühlen und an ihrer eigenen Tugend begeistern, und darauf kam es doch hauptsächlich vor allem an". Die Ironie der Satire trifft hier deutlich die Unwirklichkeit des Ideals „Tugend". Der Mensch, bzw. die hier stellvertretende Ziege, lebt an der eigentlichen Wirklichkeit vorbei, berauscht sich aber dafür an der eigenen Vortrefflichkeit. Wenn die Hippokrene bei Münchhausen nur „abscheulichste Würfelreime" hervorbringt, so bei den Ziegen nur „die blühendste Prosa des Lebens", „den Drang zu unnötigen Tugenden und überflüssigen Wohltätigkeiten". Aber auch „die Gatten der Ziegen" stiften einen Verein, und zwar „zur Rettung sittlich verwahrloseter Naturwesen". Die Erzählung, wie der Mistkäfer — von Münchhausen aus Gründen der Delikatesse nur „Roß des Trygäos" genannt — und die Schmeißfliege — sie wird als „blaue Schwärmerin" tituliert — zu anständigen Leuten in der guten Gesellschaft helikonisch begeisterter Ziegen bekehrt werden sollen, hat die bezaubernde Anmut der Ironie. Indessen, alle gewaltsamen Hungerkuren, mit denen die beiden schlichten rohen „Naturwesen ohne alle Theorie, praktischen Trieben ergeben", zum Höheren bekehrt werden sollen — Lilien und Rosen, bzw. Feigen sollen künftig ihre edlere Nahrung sein —, scheitern kläglich an der Wirklichkeit ihres nun einmal unidealen Daseins: „... ungerührt von Besserungsversuchen, Reden, Rührungen, Strophen und Gegenstrophen", beginnen sie bei der ersten Gelegenheit ihr „altes Lasterleben" von neuem.

Der Genuß der Hippokrene führt also nirgends in einen Zustand echter Begeisterung, sondern erzeugt in sonst normalen und alltäglichen Existenzen nur Hirngespinste, Schwärmereien und Albernheiten. Auch die Ziegen, soweit sie leichtsinnig aus dem Musenquell tranken, gehören noch in das Welttheater der menschlichen Verrücktheiten hinein. Idealität, in der Abspaltung vom Leben und seinen konkreten Forderungen, führt ins Nichtige oder bestenfalls ins unfreiwillig Komische. Das gilt auch von dem Mynheer aus Holland, der so unvorsichtig ist, seinen Tee mit Hippokrene zu trinken, und damit in einen exaltierten, seinem Nationalcharakter durchaus nicht angemessenen Zustand gerät. Er läßt sich daraufhin den merkwürdigen versprengten Bock Münchhausen nicht entgehen und nimmt ihn mit nach Holland. Was ihm dort im Stall mit der Dreck-Griete begegnet und wie er auf höchst kapriziösen Umwegen, nachdem er „die Tierhülle durch Seelenkämpfe abgestreift" hat, wieder an seinen eigenen Pseudovater gerät, soll hier nicht weiter berichtet werden.

Die Schlüsselstellung der Erzählung „Ich" für den Roman liegt nicht nur in der hier völlig vorherrschenden Gestaltungsform der Ironie als eines Instrumentes der Satire, sondern noch mehr in der damit möglich gewordenen Entlarvung der bloßen Idealität als eines unwirklichen Scheins. Das gilt noch von ihren verschiedensten Spielarten, z. B. als „gebildetes Kind gebildeter Eltern", als lyrische „Kindlichkeit", als „höheres Selbst", als um ihrer selbst willen genossene Tugendlehre und Philanthropie, als Erziehungswahn oder als gegenstandslose Schwärmerei. Hingegen läßt Immermann die kurzen Moralsprüche seines Hofschulzen durchaus gelten, weil sich diese unmittelbar auf die Praxis des bäurischen Lebens beziehen. Ebenso ist das sehnsüchtige Suchen des Jägers nach der „Herstellung des wahren und beseligenden Verhältnisses zwischen den beiden Geschlechtern", überhaupt sein jugendliches Talent zur Begeisterung, kein Gegenstand von Immermanns Spott mehr, weil es aus echtem menschlichen Ursprung stammt. Nur die isolierte, künstlich oder abstrakt gewordene Idealität, die von der Wirklichkeit des Lebens abgespalten ist, soll an den Pranger gestellt werden.

Die Umkehr in der Wertung von Ideal und Wirklichkeit zuungunsten des Ideals und zugunsten der Wirklichkeit zeigt sich aber nicht nur in der ironisch-satirischen Darstellungsform, sondern auch in der rein poetischen. Das wird besonders deutlich in dem eingelegten Märchen „*Die Wunder im Spessart*". Das Märchen bedeutete für die gesamte Romantik ein Mittel zur Poetisierung der Welt. Zum Programm des Novalis gehörte es, daß der Roman sich am Ende in Märchen verwandeln muß. Ja, für den „magischen Idealismus" mußte das Märchen geradezu zu der allen anderen künstlerischen Ausdrucksformen noch übergeordneten Gattung werden. Die Totalität des Romans konnte erst durch das Märchen voll erreicht werden. Aber auch bei Tieck dient das Märchen nicht nur der Versinnlichung unterbewußter und traumhafter Vorgänge der menschlichen Seele, es wird darüber hinaus zur Chiffre für die übersinnlichen Kräfte der Natur. Die Phantastik des Märchens steht im bewußten Kontrast zur Prosa des alltäglichen, philiströsen, uneingeweihten Daseins. Noch bei E. T. A. Hoffmann mündet das Märchen vom „Goldenen Topf" in das poetische Reich Atlantis, zu dem der Philister keinen Zugang hat. Das Märchen ist die eigentliche Heimat des Dichters, stellvertretend für eine höhere Idealität, die von der Wirklichkeit aus niemals zu ergreifen ist. So besitzt die Phantasie des Märchens für die Romantik zugleich symbolische Bildkraft und jenen transzendierenden Zug, der über die Grenzen unserer irdischen Welt hinausführt.

In Immermanns Märchen ist das alles nicht mehr der Fall. Wohl gibt es auch hier noch die romantische Märchenauffassung, aber sie wird als eine bestimmt umrissene Schicht in das Ganze seines Waldmärchens eingebaut und am Ende negativ bewertet. Von den beiden Freunden, Petrus und Konrad, die sich im Walde treffen, geht Petrus den falschen, den romantischen Weg. Er ist der Lehrling der Magie, der danach strebt, Meister geheimnisvoller Naturkräfte zu werden, damit „ihre sonst in Gott gebundenen Glieder sich zu ganz neuen Regungen entfalten". Er will mit geheimer Wissenschaft die lieblichen Schleier der Natur abstreifen und in das Innere der Kreatur schauen. Daher spricht er das frevelhafte Zauberwort aus; aber das bedeutet jetzt keine echte romantische Einweihung mehr in das verborgene, poetische Wesen der Welt, sondern es führt nur in einen furchtbaren Alptraum. Jedes körperliche Maß geht verloren, und der neue Herrgott der Tiere, der ihre Sprache versteht, weiß mit dieser nur unheilvollen Gabe nichts anzufangen, sondern ist wehrlos einer chaotisch und grauenhaft gewordenen Natur ausgeliefert. Aber nicht nur die Perspektive des Räumlichen, auch die des Zeitlichen ist ins Gespensterhafte verzerrt. Immermann nimmt das alte Märchenmotiv wieder auf von dem Manne, der in den Zauberwald als Jüngling hineingeht und als welker Greis zurückkehrt. Aber er wandelt es dahin ab, daß das verlorene, nicht gelebte Leben gleichsam der Preis ist, mit dem die Schuld bezahlt werden muß, sich magisch eine Herrschaft über die Natur angemaßt zu haben. Die Märchenwelt führt hier nicht in den Urgrund der Dinge, in die Symbolik des Universums, sondern in ein unverständliches Chaos und damit in die Zerstörung des Menschen. Wohl kannte auch schon Tieck, und nicht nur er unter den Romantikern, solche Vernichtung durch das Übermenschliche, Magische der Naturmächte. Aber darüber ging die geheime Anziehung durch das Elementare und die Ahnung eines übermächtigen Geheimnisses nicht verloren. Bei Immermann hingegen wird die Hingabe an das Dämonische der Natur zu einem bloßen Verfehlen, sie gehört in den Bereich des menschlichen Wahns und des Fixiertseins an eine „Idealität", die in Wahrheit gar keine ist.

Daher wird dem Weg des Petrus mit bewußtem Nachdruck der Konrads gegenübergestellt. Hier aber geht es auch im Märchenbereich um die heile und damit um die wirkliche Welt. Immermann nimmt bereits die Weisheit Stifters vorweg, daß das Blauen, Rauschen und Duften des Waldes schon das Allerschönste ist, „hinter welchem es kein Schöneres mehr gibt". Die schlafende Geliebte im Walde, von beiden Männern geliebt, fällt nicht dem zu, der sie auf Zauberwegen sucht, sondern dem anderen, der den Mut hat, sie auf den roten Mund zu küssen und mit schöner Minne zu wecken. Sie ist ja auch keine verzauberte Prinzessin, sondern ein Mensch von Fleisch und Blut. Wie im ganzen „Münchhausen" gilt auch hier die Poesie der Wirklichkeit als der höchste Wert. Sie hat für Immermann gültigere und bindendere Kraft als alle willkürliche Phantastik des romantischen Märchens. Der Zauberer trägt im Walde nur den Tod davon, der andere aber findet die Braut. Denn „wer Gott versucht und die Natur, über den stürzen Gesichte, an denen er rasch verwittert ... Dabei bleibt der Mensch, wenn er auch die Pflanzen wachsen sieht und die Reden der Vögel verstehen lernt, so einfältig wie zuvor, läßt sich von einer albernen Elster Fabeln von der Prinzessin und vom Kankerkönige aufbinden und sieht Frauenschleier für Spinnweben an. Die Natur ist Hülle, kein Zauberwort streift sie von ihr ab, *dich* macht es nur zur grauen Fabel". So wird das in romantischer Auslegung verstandene Märchen hier als ein Trug widerlegt. Magischer Umgang mit der Natur ist ein Versuchen Gottes, das sich selbst bestraft. Das wahre, eigentliche Märchen, das in die Wirklichkeit eingegangene Ideal, ist der Wald selbst, die Welt Gottes mit ihren lieblichen Schleiern, hinter denen es kein Geheimnis zu suchen gibt, und auf dieser von Immermann so geliebten Erde ist das schönste Wunder das der Liebe, wie sie aus den menschlichen Herzen hervorblüht. Von dieser Selbstaufhebung des Märchens im Märchen führt ein deutlicher Weg bis zu Stifters „Hochwald", in dem die unberührte Natur als die eigentliche Märchenwelt erscheint, während ihre Mythologisierung bereits als geschichtliches Sagengut davon abgehoben wird.

In der Satire stellte Immermann die falsche Idealität bloß, im Märchen verherrlichte er die poetische Wirklichkeit (Natur und Liebe). Aber sosehr er sich auch gegen Empfindsamkeit und Romantik absetzt, von einer naturalistischen Entzauberung der Welt ist er noch weit entfernt. Vielmehr sucht er seinem realistischen Weltbild erneut eine religiöse Rechtfertigung zu geben. Nicht nur seine dramatische Gedankenmythe „Merlin", auch seine „Chiliastischen Sonette" zeigen besonders deutlich diesen religiösen, mit gnostischen und chiliastischen Überlieferungen vermischten Zug in seinem Denken und Dichten. Auch die Träume von einem neuen Christus und einem mystischen Kaiser, von der Wiederkunft des Herrn und dem Beginn eines Tausendjährigen Reichs gehören in diesen Zusammenhang. Im „Münchhausen" wird die Krypte zu dem geheimnisvollen, einsamen Ort, an dem der Schriftsteller Immermann den Glauben des Autors vorträgt (vgl. II, 222 ff.). Ausgangspunkt ist indessen auch hier die Besinnung auf die geschichtliche Situation, auf „die Strömung..., in welcher das Schiff unserer Tage fährt". Aber Geschichte ist jetzt nicht mehr politisch gesellschaftliche Geschichte, sondern wird zur Geschichte des Christentums und damit zur Heilsgeschichte. Die Vision des Dichters entzündet sich am Urchristentum, als noch Lamm und Olymp um die Seelen der verworrenen Menschen kämpften, die „mit der einen Hand sich an dem geheiligten Zeichen der äußersten Schmach, mit der andern an den Hörnern des Altars anklammern".

Antike und Christentum vermischten sich damals in einem merkwürdigen Kampfgewimmel, in einem schwärmenden Larvenspiel der Vorstellungen. Vom paganen, noch weitgehend antik gedeuteten Urchristentum und von seiner beseelten Stofflichkeit springt Immermanns Blick zu der Situation der Gegenwart hinüber, da er sie der damaligen Zeit als verwandt empfindet. Nur die Vorzeichen haben gewechselt. „... der Tod und der Himmel sind zurückgewichen in den Hintergrund der Gedanken, und auf der Erde will der Mensch wieder menschlich heimisch werden. Heißt das: Er will das Fleisch bei Champagner und Austern emanzipieren? Nein. Heißt's: Die Erde soll ihm nur das Mistbeet sein, in dem er sich sein Gemüse zieht? Nein. — Sondern mit den Blitzen seines Geistes will er die Erde durchdringen, daß sie geistschwanger werde, er will sich an ihr eine Freundin seiner besten Stunden, eine ernste und doch heitere Gefährtin seiner reifsten und männlichsten Jahre gewinnen." Die „Erde" also ist die neue Wirklichkeit, die dem Geist des Menschen in dieser seiner gegenwärtigen Geschichtsstunde aufgegeben ist. Da aber für Immermann Weltgeschichte nunmehr zur „Gottesgeschichte" geworden ist, so deutet er dementsprechend den sausenden „Atem der Zeit" als die Geburtsstunde eines dritten Weltalters. Die Kritik am Epigonentum einer verlogenen Epoche schlägt in chiliastische Verkündigung einer neuen Religion der Zukunft um. Immermann denkt jedoch viel zu konservativ-geschichtlich, als daß er etwa die überlieferte Botschaft des Evangeliums als unzeitgemäß hätte über Bord werfen können; aber das aus seiner Geschichte heraus interpretierte Christentum soll eine neue Gestalt annehmen, indem es sich wiederum mit einem heiteren Paganismus, einem der Erde zugewandten Glauben verbindet.

„Der Geist der Geschichte" (d. h. in diesem Fall der Heils- und Gottesgeschichte) „muß allgemeiner die Geister durchdringen, als bisher geschehen ist. Die Kirchengeschichte muß die Menschen mehr belehren als der Katechismus und das Credo und das Symbolum. Sich inniglich und haltbedürftig als eines der letzten Glieder der großen Kette zu empfinden, die aus unzähligen Ringen besteht" (auch die Sekten, Häresien und Ketzereien gehören für Immermann mit zu dieser Kette), „das wird das neue Christentum sein", durch das der Mensch von der Erde auf neue Weise Besitz ergreift. „In *dem* Sinne werden der Enkel Enkel wieder Heiden werden, daß sie es für Gewinn achten, wenn sie einen Gott mehr bekommen" (vgl. I, 227 f.).

Immermann nennt diese Ideen des Schriftstellers „verbotene Gedanken", und es steckt noch eine heimliche Selbstironie darin, wenn wenig später der an Projekten so reiche Lügen-Münchhausen den Schriftsteller Immermann in eben jener Krypte dazu verführen will, „eine neue Religion" zu stiften. Das allerdings läßt diesen drei Schritte zurücktreten. „Nein, das wollen wir hübsch bleiben lassen!" rief er so tönend, daß es durch das Gewölbe hallte. „Alles muß seine Grenzen haben." Aber Immermanns eigene Utopie vom dritten Weltalter ist dennoch nicht allzu weit von Münchhausens neuem Plan entfernt. Was den Dichter für die Gedankengänge der Gnosis so aufgeschlossen machte, war diese Sehnsucht nach einer Vereinigung von Heidentum und Christentum, mit der er seine Glorifizierung der irdischen, aber keineswegs geistfremden Erde — „der Ding urmächt'ges Prangen", wie es in den chiliastischen Sonetten[11] heißt —, auch religiös zu rechtfertigen und zu sichern suchte. Hinter all solchen Spekulationen steckt Immermanns leidenschaftliches Bedürfnis nach einer völligen Aussöhnung, ja Identifizierung von Ideal und Wirklichkeit.

Utopisch in diesem Sinne ist auch der Schluß dieses außerordentlichen Buches. Es hatte die Widersprüche des Immermannschen Zeitalters unter das Zwielicht der Ironie gestellt; es hatte aber auch im Oberhofteil noch auf eine tausendjährige Überlieferung zurückgegriffen, um die so tief gefährdete gesellschaftliche Welt neu und dauerhaft zu verankern. Es scheint dann in der schlichten Eheschließung eines ungewöhnlichen Liebespaares die endgültige Lösung für viele Fragen zu finden. Aber am Ende klingt es aus in der Prophetie eines neuen Aufbruches und neuer ungeahnter Entdeckungen. Das Zeitalter selbst verwandelt sich in das gleichnishafte Bild des Kolumbus, der nach dem fernen Land hinter der Wüste des Ozeans sucht und statt Indien Amerika findet. So wie Kolumbus die Insel San Salvador als erster entdeckte, „wild, üppig, mit großen und schönen Wäldern, mit unbekannten Blumen und Früchten, von reinen, lieblichen Lüften überhaucht und umspült von einem krystallklaren Meere", so kann auch diese der Wunder und Hoffnungen volle, aber noch irr und wirr taumelnde Zeit erhaben über ihr angesteuertes Ziel phantasieren, während „erst spätere Jahre erfahren, Amerika sei an jenem Morgen entdeckt worden".

# ANMERKUNGEN

# HANS JAKOB CHRISTOFFEL VON GRIMMELSHAUSEN S. 15

T: „Der Abentheurliche Simplicissimus Teutsch" nach: Grimmelshausens Simplicissimus Teutsch, Abdruck der editio princeps (1669) ..., hrsg. v. Jan Hendrik Scholte (Neudrucke dt. Literaturwerke des XVI. u. XVII. Jahrh. Nr. 302–309), Halle/Saale 1938. Continuatio des abentheurlichen Simplicissimi oder der Schluß desselben, hrsg. v. Jan Hendrik Scholte (Neudrucke Nr. 310–314), Halle/Saale 1939.

L: Jan Hendrik *Scholte*, Zonagri Discurs von Waarsagern, in: Verhandelingen der Koninklijke Akademie van Wetenschappen te Amsterdam (Afd. Letterkunde), Amsterdam 1921, S. 1–154; Julius *Petersen*, Grimmelshausens „Teutscher Held", in: Euphorion, 17. Ergänzungsheft, Leipzig–Wien 1924, S. 1–30; Gustav *Könnecke*, Quellen und Forschungen zur Lebensgeschichte Grimmelshausens, hrsg. im Auftr. d. Gesellsch. d. Bibliophilen v. Jan Hendrik Scholte, 2 Bde., Weimar 1926 u. 1928; Richard *Alewyn*, Grimmelshausen-Probleme, in: Zeitschr. für Deutschkunde 44, 1930, S. 89–102; Clemens *Lugowski*, Literarische Formen und lebendiger Gehalt im „Simplicissimus", in: Zeitschr. für Deutschkunde 48, 1934, S. 622–634; Käte *Fuchs*, Die Religiösität des H. J. Chr. v. Grimmelshausen, Leipzig 1935 (Palaestra 202); Johannes *Alt*, Grimmelshausen und der Simplicissimus, München 1936; Manfred *Koschlig*, Grimmelshausen und seine Verleger, Leipzig 1939 (Palaestra 218); Günther *Müller*, Geschichte der dt. Seele, Vom Faustbuch zu Goethes „Faust", Freiburg i. B. 1939, S. 124–137; Heinz *Sterde*, Die Wiederentdeckung Grimmelshausens durch die Romantik und ihre dt. Bedeutung, Würzburg 1940; Harry *Mielert*, Der paracelsische Anteil an der Mummelsee-Allegorie in Grimmelshausens „Simplicissimus", in: Dt. Vjschr. 20, 1942, S. 435–451; Johanna *Fahr*, Die Bedeutung des allegorischen Elements in Grimmelshausens Simplicianischen Schriften, Diss. Marburg 1944, ungedr.; Paul *Böckmann*, Die Abwendung vom Elegantiaideal in Grimmelshausens „Simplicissimus", in: Formgeschichte der dt. Dichtung, Bd. I: Von der Sinnbildsprache zur Ausdruckssprache, Hamburg 1949, S. 448–470; Jan Hendrik *Scholte*, Der Simplicissimus und sein Dichter, Gesammelte Aufsätze, Tübingen 1950; Eva *Finkelstein*, Symmetrie und Parallelismus, Formuntersuchungen zu Grimmelshausens „Simplicissimus Teutsch", Diss. Bonn 1953, ungedr.; Günther *Weydt*, Zur Entstehung barocker Erzählkunst, Harsdörffer und Grimmelshausen, in: Wirkendes Wort, 1. Sonderheft, 1953, S. 61–72; Ders., Der dt. Roman von der Renaissance und Reformation bis zu Goethes Tod, in: Dt. Philologie im Aufriß, hrsg. v. Wolfgang Stammler, Berlin–Bielefeld–München 1954, Bd. II, Sp. 2063–2245; Felix Th. *Schnitzler*, Die Bedeutung der Satire für die Erzählform bei Grimmelshausen, Diss. Heidelberg 1955, ungedr.; Gisela *Herbst*, Die Entwicklung des Grimmelshausenbildes in der wissenschaftl. Literatur, Bonn 1956 (Bonner Arb. z. dt. Literatur 2); Alfred *Kelletat*, Nachwort zu den Neuausgaben Simplicius Simplicissimus u. Simplicianische Schriften, 2 Bde., München 1956 u. 1958; Manfred *Koschlig*, Das Lob des Francion bei Grimmelshausen, in: Jahrb. d. Dt. Schiller-Gesellsch. 1, Stuttgart 1957, S. 30–72; Siegfried *Streller*, Grimmelshausens Simplicianische Schriften, Allegorie, Zahl und Wirklichkeitsdarstellung, Berlin 1957 (Neue Beiträge z. Literaturwissenschaft 7); Werner *Welzig*, Ordo und verkehrte Welt bei Grimmelshausen, in: Zeitschr. für dt. Philologie 78, 1959, S. 424–430; Walter *Müller-Seidel*, Die Allegorie des Paradieses in Grimmelshausens „Simplicissimus", in: Medium Aevum vivum, Festschrift f. Walther Bulst, hrsg. v. Hans Robert Jauß u. D. Schaeler, Heidelberg 1960, S. 253–278.

Die Originalausgaben Grimmelshausens, insbesondere soweit sie noch nicht in Neudrucken vorliegen, der satirischen Schriften von Moscherosch, der pikarischen Romane (Lazarillo, Guzman, Picara Justina, Francion und ihre Übersetzungen), der Piazza Universale des Garzoni (2. Aufl. Frankfurt 1626) und anderer Barockromane habe ich in der Herzog August Bibliothek zu Wolfenbüttel einsehen können und dabei jede nur denkbare Hilfe und Förderung gefunden, wofür ich auch an dieser Stelle meinen Dank aussprechen möchte.

Seite

N: 23, 1 v.u. Garzoni, Piazza universale (vgl. Anm. 1), Der 19. Discurs, Abdruck nach der 2. Aufl., Frankfurt 1626, S. 130 bis 131

24, 4 Scholte, s. L., Zonagri Discurs von Waarsagern, S. 120/1 u. 144/5

26, 21 v.u. Schiller, Über naive und sentimentalische Dichtung, Säk.-Ausg., hrsg. v. Ed. v. d. Hellen, Stuttgart 1904, Bd. 12, S. 194

26, 13 v.u. M. Opitz, Buch von der dt. Poeterei (Abdruck der 1. Ausg. 1624), 5. Aufl. Halle/Saale 1949, S. 20

29, 1 Simplicissimus Teutsch, s. T. V. Buch 2. Cap. (ST V, 2) S. 379–80

32, 10 ST I, 24, S. 67

33, 12 ST II, 6, S. 110

37, 6 v.u. ST III, 17, S. 258

38, 4 Von einem könig, schneider, risen, einhorn, vnnd wilden schwein. Vierhundert Schwänke des sechzehnten Jahrhunderts,

Seite

hrsg. v. Felix Bobertag, Dt. Nat.-Lit. Bd. 24, Berlin–Stuttgart 1888, S. 254–258

40, 14 ST III, 6, S. 217

43, 4 ST IV, 13, S. 332

43, 9 v.u. ST IV, 15, S. 336

45, 10 ST IV, 11, S. 325

46, 12 ST IV, 7, S. 310

46, 2 v.u. ST IV, 25, S. 364

49, 22 ST V, 9, S. 404

49, 6 v.u. ST V, 11, S. 410

50, 12 v.u. Mielert, s. L., S. 440

52, 1 ST V, 22, S. 455

54, 15 v.u. Koschlig, Grimmelshausen und seine Verleger, s. L., S. 82–91

55, 2 Koschlig, s. L., S. 91

55, 4 Scholte, Das finstere Licht, s. L. Der Simplicissimus u. sein Dichter, S. 83–106

55, 5 ebd.

56, 3 ST V, 14, S. 423

57, 2 ST II, 31, S. 192

61, 18 Neudrucke dt. Literaturwerke des XVI. u. XVII. Jahrh. Nr. 288–291, Halle/Saale 1931, S. 104

A: 1) S. 15, 9 v. u. Garzoni, Piazza universale. Das ist Allgemeiner Schawplatz oder Marckt und Zusammenkunfft, Franckfurt am Mayn 1626 (2. Aufl., 1. Aufl. 1619, ital. Originaltitel: Piazza universale di tutte le professioni del mondo, Venezia 1617), 23. Discurs, Von Simplicisten und Kräuterlesern, S. 141–145. Dieser Discurs ist wie der 19. Discurs (Von Nobilisten oder Edelleuten – vgl. unseren Text S. 7–9) nicht enthalten in der Auswahl-Faksimile-Wiedergabe von Karl R. Pawlas (Publizistisches Archiv, Nürnberg 1962). Diese Auswahl enthält übrigens nur 32 Discurse (von 153) und benutzt einen späten Nachdruck aus dem Jahre 1659 als Vorlage.

2) S. 16, 20 v. u. „. . . nicht so Simplicissimus, dessen herrlicher Geist die Welt weit anders als aus Büchern kennet, und aus eigener Erfahrung / teutsch / aufrichtig / ohne Falsch / Schein-gleissende Aufschneiderey / und mit Bestand der Warheit frey durchgehet / daher es denn kommen / daß ihme den Beynamen des Teutschen (Simplicissimi) beyzulegen beliebet worden."

3) S. 16, 14 v. u. „Und wann man einen solchen Kerl sihet poetisiren / dürffte mancher aus seinen Gebärden urtheilen und darauff schweeren / er wäre gar verrückt im Kopff! welchen morbum Francion in seines Lebens Erzehlung so artlich außdrucket / daß es auch kein Mahler mit lebendigen Farben besser entwerffen hätte können." (Sat. Pilg. II, 1. Cap. „Von der Poeterey". ed. 1683, S. 78). Dies Lob der „lebendigen Farben" des Francion zeigt, daß Grimmelshausen den Sinn des Sorelschen „Antiroman" durchaus verstanden hat.

4) S. 16, 11 v. u. „Francion, der den Namen mit der that hatte / weil er eines francken und freyen gemüts war . . ." (Vollkommene Comische Historie des Francions, Leyden 1668, S. 35, Sign. Wolfenbüttel 142 Eth. 14).

5) S. 18, 6 v. u. Scaligeri Poetices libri VII, Lyon 1561, III, cap. XCVIII, pag. 149: „Obgleich der Stil je nachdem höher oder niederer oder mutwilliger sein kann: ist er dennoch fein und bescheiden und durchweg von einer mittleren Lage."

6) S. 19, 10 v. u. Im „Ewig-währenden Calender" führt Grimmelshausen die satirische Vorstellung von der „verkehrten Welt" auf eine Illustration in einer Spinnstube, einen sogenannten „Kunkel-Brieff", zurück: „und lobte bey mir selbst / die artliche Invention des Autoris / indem mich bedünckete / die verkehrte Welt könnte sinnreicher / kürzer und besser nicht abgemalet werden . . . Derowegen setzte ich mir vor / ich wollte alle dergleichen Possen / so die „verkehrte Welt" verfügen würde / hinfüro genau beobachten / umb mich daraus zu bessern und meinen wenigen Verstand zu schärfen." Neudruck München 1925, S. 195–96. Scholte, Grimmelshausen und die Illustrationen seiner Werke, in: Der Simplicissimus und sein Dichter, s. L., S. 221 ff., weist mehrere satirische Blätter dieses Themas und Titels aus dem 16. und 17. Jahrh. nach. W. Welzig, s. L., bringt dazu literarische Nachweise aus dem Mittelalter, dem Volkslied und dem Märchen.

7) S. 24, 15. So auch im „Satyrischen Pilgram" (1667) im Nachklang des zweiten Satzes „von den vier Zeiten der Welt Und sonderlich der Letzteren": „Es finden sich vielleicht Menschen / welche wann sie die Beschaffenheit dieser unserer Zeit umbständlich betrachten / Ihnen einbilden möchten / ob were sie diejenige schreckliche von deren Christus der ewige Mund der Warheit selbsten Warnungsweiß vorgesagt ... Dieselbe aber so dergleichen Einbildung haben / wollen noch zur Zeit besser getröst: ... Jetzo geschiehet noch nichts neues was nicht zuvor auch beschehen were / jene Zeit aber von denen Christus sagt / wird beschaffen seyn / daß kein itzt lebender Mensch derselben Jammer ihme wird einbilden können ..." (Das Zitat auf S. 21/22).

8) S. 26, 12. Helmut *Arntzen*, Satirischer Stil, Zur Satire Robert Musils im „Mann ohne Eigenschaften", Bonn 1960, Abhandlungen zur Kunst-, Musik- u. Literaturwissenschaft 9, geht von dem Problem aus, daß es bei uns so wenig Bestimmungen des satirischen Stils gibt, und versucht am Beispiel Musils Elemente des satirischen Sprachstils und Aspekte der satirischen Methode zu gewinnen. Im Roman vor der Aufklärung läßt er allerdings das satirische Moment nur als Anlaß gelten, das, „je bedeutender das Werk, mehr und mehr an Gewicht verliert". Zwar unterscheidet er schon zwischen der Satire als Gattung und dem satirischen Element in anderen Literaturgattungen; er sieht aber noch nicht, daß in einem satirischen Roman, wenn der Begriff überhaupt sinnvoll sein soll, daß Romanhafte von Grund auf ins Satirische verkehrt sein muß.

9) S. 29, 13 v.u. Über den mehrfachen Schriftsinn und dessen Verwendung bei Dante vgl. meinen Aufsatz Auslegung und Erkenntnis, in: Gestaltprobleme der Dichtung, hrsg. v. Richard *Alewyn*, Hans-Egon *Hass*, Clemens *Heselhaus*, Bonn 1957, S. 259–282. Über die „Auslegung nach dem mehrfachen Bildsinn" in der Kunst vgl. Hans *Sedlmayr*, Jan Vermeer. Der Ruhm der Malkunst, jetzt in: Kunst und Wahrheit, 2. Aufl. Hamburg 1959, S. 161–172.

10) S. 32, 22. Dies Motiv erinnert an Pauli „Schimpf und Ernst" von 1522, wo im ersten Stück von einem Narren erzählt wird, der dafür, daß er die Wahrheit gesagt hat, ausgepeitscht wird. Im „Ernst" wird daraus die Folgerung gezogen, daß heute selbst die Prädikanten ihren Herren nicht mehr die Wahrheit sagen, weil es ihnen dabei so übel ergehen würde, wie seinerzeit dem Johannes beim Herodes.

11) S. 33, 16 v.u. Johannes Alt, s. L., sieht den Aufbau folgendermaßen: Jugend und Einsiedler I, 1–14, Kriegstraum I, 15–17, Narr-Simplicissimus I, 18–II, 16, Hexenfahrt II, 17–18, Jäger von Soest II, 19–III, 13, Gefangennahme III, 14, Galante Abenteuer III, 15–IV, 12, Merodebrüder IV, 13, Olivier-Herzbruder IV, 14–V, 9, Mummelsee V, 10–12, Einsiedler-Ende V, 13–24. J. H. Scholte, Der Simplicissimus Teutsch, s. L., S. 12–14, denkt dagegen an den fünfaktigen Aufbau eines Dramas, dessen Held zugleich satirischen Charakter habe.

12) S. 39, 7 v.u. Julius Petersen, s. L., hat dieser „Prophetie eines Irrsinnigen" als Selbstbekenntnis des Simplicissimus-Dichters aus damaligen politischen Traktaten eine reale politische Bedeutung unterschieben wollen. Scholte, Der „Simplicissimus Teutsch" als verhüllte Religionssatire, s. L., S. 15 ff., hat hingegen mehr Wert auf die religiöse Utopie gelegt: einerseits sei der närrische Jupiter als „Held der Phrase" ein Spiegelbild des Simplicissimus; andererseits will er im Jupiter-Narren Rompler von Löwenholt und im Teutschen Helden den Herzog Georg von Württemberg-Mömpelgart (darum auch der fingierte Verlagsort) als Vertreter utopistischer Ideen sehen.

13) S. 45, 14 v.u. Günther Weydt, s. L., leitet dies Motiv aus einer Harsdörffer-Novelle nach Bandello ab.

14) S. 48, 11. Auch das „Adjeu Welt" hat Grimmelshausen aus einer Guevara-Übersetzung des Ägidius Albertinus übernommen (De molestiis aulae et ruris laude, Leipzig 1636, Sign. Wolfenbüttel Ll 144), und zwar aus dem Schlußkapitel „Mit was kläglichen Worten der Author von der Welt Urlaub nimt", S. 257–271.

15) S. 52, 4 v.u. Der primitive Scherz besteht darin, daß vorweg die Leseregel, wonach die Geheimsprache aufzulösen ist, gegeben wird: „Ich bin der Anfang und das End / und gelte an allen Orten" oder „Das Mittel folgender Schrifft behüt / daß dich kein Kugel trifft". Nach der ersten Regel sind die Anfangs- und Endbuchstaben jedes Worts zu neuen Wörtern zusammenzusetzen, nach der zweiten die Mittelbuchstaben (Cont. S. 41 und 59).

16) S. 55, 19. Satyrischer Pilgram II. Das VII. Capitel „Von der Mummerey / und warumb dieselbe zulässig / und verantwortlich". Im Nachklang dazu heißt es: „Im Übrigen seynd die Larven oder Vermummungen viel gemeiner in der Welt / als etwas anders / wie das auch Namen haben mag / beydes bey den Menschen und dem leidigen Teuffel selbst; welcher gemeiniglich die Masquerada braucht / wann er einen armen Menschen verführt / und der elenden Congregation seiner Hexen und Unholden einverleibt."

17) S. 57, 13. André *Jolles*, Einfache Formen, Halle/Saale 1930, S. 247–261.

18) S. 58, 5 v.u. „Die Landstörtzerin Justina Dietzin Picara genandt" von Franciscus Ubeda von Toledo (d. i. Andrés Pérez), nach der italienischen Übersetzung von Barezzo Barezzi, Frankfurt/M. 1626 (Sign. Wolfenbüttel Ll 182).

19) S. 59, 16. Vgl. meinen Aufsatz Das Realismusproblem, in: Hüter der Sprache, Perspektiven der dt. Literatur, hrsg. v. K. *Rüdinger*, München 1959, S. 39–61.

20) S. 61, 18. Clara *Stucki*, Grimmelshausens und Zesens Josephsromane, Wege zur Dichtung, Bd. XV, Horgen-Zürich 1933, zieht sogar den „Keuschen Joseph" als dichterische Leistung der „Assenat" vor.

21) S. 62, 18. Richard *Alewyn*, Johann Beer, Studien zum Roman des

17. Jahrh., Leipzig 1932 (Palaestra 181). – Johann Beer, Das Narrenspital sowie Jucundi Jucundissimi Wunderliche Lebens-Beschreibung, hrsg. v. R. *Alewyn*, Hamburg 1957. C. H.

## CHRISTOPH MARTIN WIELAND S. 64

T: „Geschichte der Abderiten" nach: Sämtl. Werke, Leipzig bey Georg Joachim Göschen, 1794, 39 Bde. Geschichte der Abderiten, ebd., Bd. 19 (I), 20 (II).

L: Ludwig Felix *Ofterdingen*, Wielands Leben und Wirken in Schwaben und in der Schweiz, Heilbronn 1877; Bernhard *Seuffert*, Wielands Abderiten, Berlin 1878; Friedrich *Schulze-Maizier*, Wieland in Erfurt, Erfurt 1919; Fritz *Martini*, C. M. Wieland und das 18. Jahrh., in: Festschrift Paul Kluckhohn und Hermann Schneider, Tübingen 1948, S. 243 ff.; Friedrich *Sengle*, Wieland, Stuttgart 1949; Fritz *Martini*, C. M. Wieland. Zu seiner Stellung in der dt. Dichtungsgeschichte im 18. Jahrh., in: Der Deutschunterricht, Heft 5 (Dichtung des 18. Jahrh. I), 1956, S. 87 ff.; Ders., Zur Theorie des Romans im dt. „Realismus", in: Festgabe für Eduard Berend, Weimar 1959, S. 272 ff. – Zur Bibliographie: Fritz *Martini*, Wieland-Forschung, in: Dt. Vjschr. 24, Heft 2, 1950, S. 269 ff.; Hans Werner *Seiffert*, Wieland und Wielandforschung, in: Wieland, Vier Biberacher Vorträge, Wiesbaden 1954, S. 80 ff.

Seite

N: 64, 9 Neue Briefe W. v. Humboldts an Schiller 1796–1803, hrsg. v. F. C. Ebrard, Berlin 1911, S. 136

64, 17 Beda Allemann, Ironie und Dichtung, Pfullingen 1956, S. 66

68, 4 Sengle, s. L., S. 320 ff.

68, 12 Sengle, s. L., S. 331

69, 1 Sämtl. Werke, Supplement Bd. 6, S. 274

72, 21 v. u. ebd., Bd. 24, S. 134 f.

72, 1 v. u. ebd., Bd. 30, S. 151 ff.

74, 20 v. u. Das Lalebuch (1597) mit den Abweichungen und Erweiterungen der Schiltbürger (1598) und des Grillenvertreibers (1603), hrsg. v. Karl von Bahder, Neudrucke dt. Literaturwerke des XVI. u. XVII. Jahrh. Nr. 236/239, Halle 1914, S. 9. Zur Geschichte und Typologie des Lalenbuch Her-

Seite

mann Bausinger, Schildbürgergeschichten. Betrachtungen zum Schwank. Der Deutschunterricht 13, 1961, S. 18 ff.

74, 3 v. u. ebd., S. 27

75, 7 ebd., S. 112

76, 14 Sengle, s. L. S. 324

77, 1 v. u. Wolfgang Kayser, Entstehung und Krise des modernen Romans, Stuttgart 1955, S. 23

78, 20 Clemens Brentano, Der Philister vor, in und nach der Geschichte, Gesam. Schriften, Frankfurt/M. 1852, Bd. 5, S. 379

80, 4 Friedrich Nietzsche, Unzeitgemäße Betrachtungen, Kröners Taschenausg. Bd. 71, Stuttgart 1955, S. 464

81, 20 v. u. Ludwig Tieck, Schriften, Berlin 1828, Bd. 9, S. 1 ff., bes. 54 ff.

Seite
81, 16 v. u. Clemens Brentano, a. a. O. S. 420
86, 2 Sengle, s. L. S. 336
86, 9 v. u. Sämtl. Werke, Bd. 8, S. 250
88, 1 Kayser, a. a. O. S. 14 ff.
88, 10 Sengle, s. L. S. 332; vgl. Marga Barthel, Das Gespräch bei Wieland, Frankfurt/M. 1939
88, 12 A. von Kotzebue, Des Esels Schatten oder der Process in Krähwinkel. Eine Posse, 1810; Ludwig Fulda, Des Esels Schatten, Lustspiel 1920; W. Schlippe, Die Narren und der Weise, Ein Hörspiel, ges. SWF

Seite
Baden-Baden 5. 5. 1950; Friedrich Dürrenmatt, Der Prozeß um des Esels Schatten. Ein Hörspiel (nach Wieland – aber nicht zu sehr), Zürich 1958
89, 10 v. u. Hans Heinrich Borcherdt, Geschichte des Romans und der Novelle in Deutschland, Leipzig 1926, Bd. I, S. 297
93, 19 v. u. Hans Hafen, Studien zur Geschichte der dt. Prosa im 18. Jahrh., St. Gallen 1952, S. 70 ff.
94, 16 Werke, hrsg. v. Paul Merker, Leipzig o. J., Bd. 6, S. 273 ff.

A: 1) S 64, 1 v. u. Vgl. dazu vor allem E. A. *Blackall*, The Emergence of German as a Literary Language, Cambridge 1959.

2) S. 65, 7 v. u. Ferdinand Josef Schneider, Die dt. Dichtung der Aufklärungszeit 1700–1775, 2. Aufl. Stuttgart 1948, S. 328: „Perle unserer humoristischen Romanliteratur"; Sengle, s. L., S. 333: „ein einsamer Gipfel wie Lessings Meisterlustspiel"; S. 340: Wielands „vollendetstes Prosawerk", vielleicht „seine gültigste Dichtung"; Blackall a. a. O., S. 417: „It is as irony that the culture of wit appears in Wieland"; S. 423: „The full flower of this irony is to be seen in Die Abderiten." Zur Instrumentierung der Ironie in Wielands Verserzählungen H. P. H. *Teesing*, Ironie als dichterisches Spiel. Ein stilistischer Versuch an Hand von Wielands „Schach Lolo", Stil- und Formprobleme in der Literatur, Vorträge des VII. Kongresses der Internat. Vereinig. f. mod. Sprachen und Literatur in Heidelberg, hrsg. v. P. Böckmann, Heidelberg 1959, S. 258 ff.
In dem soeben erschienenen Nachdruck der Geschichte der Abderiten, Fischer-Bücherei, Exempla Classica, Bd. 37, Frankfurt/M. 1961, schreibt Emil Staiger: „Wie er sich selber und uns aus jedem Anlaß ein drolliges Fest bereitet, die nichtigsten Dinge ausziseliert und emsig von allen Seiten beleuchtet, hin und her dreht und kein Ende findet in seinem verliebten Geschäft, das zeugt von höchster Meisterschaft und einer so wohlgeratenen Mischung von Scherz, Gemüt und sprühendem Geist, daß wir, im deutschen Schrifttum wenigstens, nichts damit zu vergleichen wüßten."

3) S. 68, 18. Vgl. dazu Paul *Böckmann*, Formgeschichte der dt. Dichtung, Hamburg 1949, Bd. 1, S. 471 ff.; Bruno *Markwardt*, Geschichte der dt. Poetik, Berlin 1956, Bd. 2, S. 236 ff.

4) S. 69, 6. Peter *Michelsen* faßt in seiner Darstellung Laurence Sterne und der dt. Roman des 18. Jahrh., Göttingen 1962 (Palaestra 232), die

Geschichte der Abderiten lediglich als Satire auf, die, mit positiver Ausgangsbasis eines ethischen „Soll", nach ihrem Wesen lehrhaft sei und als solche von dem Kommunikationswillen und, wenn nicht dem Glauben, doch der Hoffnung auf Besserung der menschlichen Verhältnisse, eben indem diese als unverbesserlich dargestellt werden, zeuge (S. 223). Dabei wird meines Erachtens das Element des mehrschichtigen erzählerischen Spiels übersehen, mit dem Wieland sein Erzählen über die didaktische Stoff- und Moralgebundenheit der Satire hinaushebt und die Ironie zur durchbildenden künstlerischen Erzählhaltung ausgestaltet.

5) S. 69, 9 v. u. Begründet hebt auch Sengle, s. L., S. 338, das Fragwürdige einer allzu spüreifrig identifizierenden Modellphilologie hervor.

6) S. 70, 10 v. u. Vor allem Albert *Fuchs*, Geistiger Gehalt und Quellenfrage in Wielands Abderiten, Paris 1934. Über das Verhältnis zu Voltaire vgl. Hermann August *Korff*, Voltaire im literarischen Deutschland des XVIII. Jahrh., Heidelberg 1918, bes. S. 311 ff., S. 476 ff.

7) S. 73, 17 v. u. Den ersten Zeitpunkt, die Wirkung und die Grenzen des Einflusses von L. Sterne auf Wieland hat jetzt Michelsen, a. a. O. S. 177 ff., mit wesentlichen Korrekturen gegenüber Carl August *Behmer*, L. Sterne und C. M. Wieland, Forschungen zur neueren Literaturgeschichte, Heft IX, Berlin 1899, geklärt.

8) S. 77, 5. Vgl. Sämtl. Werke, Bd. 30, S. 162: „Ein unbefangener Beobachter, den die Natur mit Scharfsinn und Lebhaftigkeit des Geistes ausgesteuert, und die Filosofie mit dem richtigen Maßstabe dessen, was löblich, anständig und schicklich oder das Gegentheil ist, versehen hat, sieht überall, wo er hinkommt, die Menschen und ihr Thun und Lassen, ihre Gewohnheiten und Eigenheiten, Schiefheiten und Albernheiten, in ihrem *natürlichen Lichte;* und, ohne die mindeste Absicht etwas *Lächerlich machen zu wollen*, findet sich, daß man über das Lächerliche – lachen oder lächeln muß. Wohl dem Volke das *nur lächerliche* Fehler hat."

9) S. 78, 6. Vgl. z. B. Nachlaß des Diogenes von Sinope. Aus einer alten Handschrift, Sämtl. Werke. Bd. 13; Das Geheimnis des Kosmopolitenordens, ebd., Bd. 30, S. 171 ff.

10) S. 78, 19 v. u. Vgl. z. B. Geschichte des weisen Danischmend, Sämtl. Werke, Bd. 8; Stilpon, Ein patriotisches Gespräch, ebd., Bd. 15, S. 75 ff., bes. S. 81 ff.

11) S. 78, 12 v. u. Über die Figur des Sonderlings in Wielands Erzählungen vgl. die vorzüglichen Analysen bei Michelsen, a. a. O. bes. S. 217 ff.

12) S. 80, 17 v. u. Dazu gehört auch das Thema der Selbstzerstörung im Rechts- und Prozeßwahn, das im 19. Jahrh. – Otto Ludwig, Der Erbförster; Berthold Auerbach, Diethelm von Buchenberg; Gottfried Keller, Romeo und Julia auf dem Dorfe – radikalisiert weitergeführt wurde.

13) S. 81, 17. Vgl. dazu Herman *Meyer*, Nietzsches Bildungsphilister und der Philister der Goethezeit, in: Verzamelde Opstellen, Festschrift für J. Scholte, Amsterdam 1947, S. 285 ff. Zur Wortgeschichte R. M. *Meyer*, Das Alter einiger Schlagworte, in: Neue Jahrb. für das klassische Altertum, Bd. 5, 1900, S. 465 ff.

14) S. 84, 13 v. u. Vgl. seine Abhandlung Über den freien Gebrauch der Vernunft in Glaubenssachen, Sämtl. Werke, Bd. 29, S. 1 ff. Zu Wielands Kritik der Mythologie Fritz *Strich*, Die Mythologie in der dt. Literatur von Klopstock bis Wagner, Halle 1910, Bd. 1, S. 72 ff.

15) S. 89, 8. Zum Verhältnis Ironie und Dichtung vgl. Allemann, a. a. O. Fraglich erscheint die Begrenzung der „Abderiten" auf „die eigentliche Satire" mittels der Interpretation lediglich einer ausgewählten Stelle, des Wortspiels „Schatten" und „Esel" in der Prozeßgeschichte, wie sie Helmut *Arntzen*, Satirischer Stil, Abhandlungen zur Kunst-, Musik- und Literaturwissenschaft, Bonn 1960, Bd. 9, S. 19 ff., vornimmt. Denn das Ethische der Satire tritt in Wielands Roman zugunsten des „scherzhaften" Spiels der Ironie zwischen der Vernunft und ihrer närrischen Verkehrung zurück. Das Narrentheater bedarf nicht der Anstrengung des Ethischen, nur der natürlichen Vernunft, um in sich widerlegt zu werden.

16) S. 90, 9. Eine eigene ironische Funktion erhalten dabei die Anmerkungen, in deren Anwendung Wieland sich als Vorläufer von Jean Pauls virtuoser Notenkunst erweist, die Walther *Rehm*, Jean Pauls vergnügtes Notenleben oder Notenmacher und Notenleser, in: Jahrb. d. Dt. Schiller-Gesellsch. 3, Stuttgart 1959, S. 244 ff., so meisterhaft wie amüsant beschrieben hat. F. M.

## KARL PHILIPP MORITZ S. 95

T: „Anton Reiser. Ein psychologischer Roman. Hrsg. von Karl Philipp Moritz." Vier Teile, mit je einem Titelkupferstich. I: Berlin 1785; II und III: 1786; IV: 1790. Bei Friedrich Maurer. — Eine kritische Edition gibt es nicht. — Erster Neudruck (mit eingearbeiteter Paginierung der Originalausgabe): hrsg. v. Ludwig Geiger, Heilbronn 1886 = Deutsche Litteraturdenkmale des 18. und 19. Jahrhunderts, Nr. 23 (hiernach zitiert: DLD 23). Geiger bewahrt die alte Rechtschreibung, berücksichtigt aber die Lesarten der von Moritz besorgten Vor- und Separatabdrucke einzelner Partien nicht, von denen ihm nur zwei bekannt waren. Diese Teilveröffentlichungen finden sich: 1. Berlinische Monatsschrift, 1783, II, S. 357–364. 2. Magazin zur Erfahrungsseelenkunde, II, 1784, 1. St., S. 76–95; 2. St., S. 22–36. 3. Magazin z. E., IV, 1786, 2. St., S. 73–80 (u. d. Titel „Die Menschenmasse in der Vorstellung eines Menschen"). 4. Magazin z. E., VIII, 1791, 1. St., S. 90–98; 2. St., S. 7–30. 5. Magazin z. E., VIII, 1791, 3. St., S. 108–125 (u. d. Titel „Die Leiden der Poesie"). 6. Der Neue Teutsche Merkur vom Jahre 1792, 2. Bd., Weimar 1792, S. 200–208 (u. d. Titel „Warnung an junge Dichter"). – Seither verschiedene populäre Ausgaben des „Anton Reiser". – Keine Fortsetzung, sondern die erste Teilbiographie, ein Gedenkbuch aus der Hand eines Schülers und Freundes ist: Anton Reiser. Ein psychologischer Roman. Fünfter und letzter Theil. Berlin 1794 = Karl Friedrich Klischnig, Erinnerungen aus den zehn letzten Lebensjahren meines Freundes Anton Reiser. Als ein Beitrag zur Lebensgeschichte des Herrn Hofrath Moritz. – Moritz' Kunst-Schriften jetzt erstmals gesam.: K. Ph. Moritz, Schriften zur Ästhetik und Poetik, Krit. Ausg., hrsg. v. H. J. Schrimpf, Tübingen 1962 = Neudrucke dt. Literaturwerke, Neue Folge, Bd. 7.

L: Willibald *Alexis*, Anton Reiser, in: Litterarhistorisches Taschenbuch, hrsg. v. R. E. Prutz, 5. Jahrg., Hannover 1847, S. 1–72; Erich *Schmidt*, Richardson, Rousseau und Goethe, Ein Beitrag zur Geschichte des Romans im 18. Jahrh., Jena 1875; Hugo *Eybisch*, Anton Reiser, Untersuchungen zur Lebensgeschichte von K. Ph. Moritz und zur Kritik seiner Autobiographie, Leipzig 1909 = Probefahrten, hrsg. v. A. Köster, Bd. 14; Fritz *Brüggemann*, Die Ironie in Tiecks William Lovell und seinen Vorläufern, Diss. Leipzig 1909, Buchausgabe: Die Ironie als entwicklungsgeschichtliches Moment, Jena 1909; Rudolf *Lehmann*, Anton Reiser und die Entstehung des Wilhelm Meister, Jahrb. d. Goethe-Gesellsch., Bd. III, Weimar 1916, S. 116–134; Herbert *Marcuse*, Der dt. Künstlerroman, Diss. Freiburg i. B. 1922; Kurt *Hoffmann*, K. Ph. Moritz' Anton Reiser und seine Bedeutung in der Geschichte des dt. Bildungsromans, Diss. Breslau 1923, Teildruck in: Schles. Jahrb. für Geistes- u. Naturwiss., 2. Jahrg. Heft 4, Breslau 1924, S. 243–261; Melitta *Gerhard*, Der dt. Entwicklungsroman bis zu Goethes Wilhelm Meister, Halle 1926 (Buchreihe d. Dt. Vjschr., Bd. 9); Walther *Rehm*, Der Todesgedanke in der dt. Dichtung vom Mittelalter bis zur Romantik, Halle 1928 (Buchreihe d. Dt. Vjschr., Bd. 14); Edwin H. *Zeydel*, The relation of Anton Reiser to German Romanticism, in: Germ. Rev. 3, Nr. 4, 1928; Rudolf *Unger*, Zur seelengeschichtlichen Genesis der Romantik, I. K. Ph. Moritz als Vorläufer von Jean Paul und Novalis, in: Nachrichten v. d. Gesellsch. d. Wissenschaften zu Göttingen aus dem Jahre 1930, Phil.-Hist. Klasse, Berlin 1930, S. 311–344; Walter H. *Bruford*, Germany in the eighteenth century: the social background of the literary revival, Cambridge 1935; Hermann *Blumenthal*, K. Ph. Moritz und Goethes Werther, in: Zeitschr. für Ästhetik u. allg. Kunstwissenschaft XXX, 1936, S. 28–64; Robert *Minder*, Die religiöse Entwicklung von K. Ph. Moritz auf Grund seiner autobiographischen Schriften, Studien zum „Reiser" und „Hartknopf", Berlin 1936 = Neue Forschung, hrsg. v. F. Neumann u. R. Unger, Bd. 28; Johannes *Neumann*, K. Ph. Moritz: „Anton Reiser, ein psychologischer Roman", 1785–1789, Studien zur tiefenpsychologischen Typenlehre I (nach einem Vortrag im Psychologische Studiekring, Amsterdam 1938), in: Psyche, I, 1947/48, S. 222–257 u. S. 358–381; Eckehard *Catholy*, Die lebensmäßige Funktion des Theaters bei K. Ph. Moritz, Diss.

Göttingen 1950, jetzt auch als Buch: K. Ph. Moritz und die Ursprünge der dt. Theaterleidenschaft, Tübingen 1962; Ders., K. Ph. Moritz, Ein Beitrag zur Theatromanie der Goethezeit, in: Euphorion 45, 1950, S. 100–123; Fritz *Stemme*, K. Ph. Moritz und die Entwicklung von der pietistischen Autobiographie zur Romanliteratur der Erfahrungsseelenkunde, Diss. Marburg 1950; Ders., Die Säkularisation des Pietismus zur Erfahrungsseelenkunde, in: Zeitschr. für dt. Philologie, Bd. 72, Stuttgart 1953, S. 144–158; Ruth *Ghisler*, Gesellschaft und Gottesstaat, Studien zum „Anton Reiser", Winterthur 1955; Hermann *Granzow*, Künstler und Gesellschaft im Roman der Goethezeit, Eine Untersuchung zur Bewußtwerdung neuzeitlichen Künstlertums in der Dichtung vom „Werther" bis zum „Kater Murr", Diss. Bonn 1960. Hans Joachim *Schrimpf*, Nachwort zu: K. Ph. Moritz, Die neue Cecilia, Faksimiledruck der Originalausg. von 1794, Stuttgart 1962 = Sammlung Metzler: Realienbücher für Germanisten; August *Langen*, K. Ph. Moritz' Weg zur symbolischen Dichtung, in: Zeitschr. für dt. Philologie, Bd. 81, 1962, S. 169–218 u. S. 402–440; Hans Joachim *Schrimpf*, K. Ph. Moritz, Studien zum Wirklichkeits- und Kunstbegriff der dt. Frühklassik, Mit einer biographischen Chronik und einer Moritz-Bibliographie, erscheint Gütersloh 1965.

Seite

N: 95, 4 Weimarer Ausg., IV, Bd. 8, S. 102
95, 9 Hamburger Goethe-Ausg., Bd. 11, S. 154
95, 7 v.u. Weimarer Ausg., IV, Bd. 8, S. 144
96, 5 ebd., S. 94
96, 4 v.u. DLD 23, S. 158
97, 14 W. Meisters theatralische Sendung, hrsg. v. H. Maync, Stuttgart–Berlin 1911, S. 29 f.
97, 11 v.u. An Frau v. Stein, 24. 6. 1782, Weimarer Ausg., IV, Bd. 5, S. 352
98, 16 Wandergeist etc. / Vgl. DLD 23, S. 244, 291, 313, 330, 331
98, 20 v.u. Wallfahrer etc. / Vgl. Hamburger Goethe-Ausg., Bd. 6, S. 72, 54, 75
98, 16 v.u. DLD 23, S. 15
100, 3 Versuch, Vorbericht, S. (XIII), S. 17
100, 14 Versuch, S. 305
100, 17 Umfang / Versuch, S. 8 ff.

Seite

101, 8 DLD 23, S. 3
101, 19 Versuch, S. 261, 326
101, 13 v.u. ebd., S. 356 f.
101, 9 v.u. Hamburger Goethe-Ausg., Bd. 7, S. 422
101, 4 v.u. Vossische Zeitung, 25. 12. 1784, S. 1185
101, 2 v.u. Hamburger Goethe-Ausg., Bd. 7, S. 101
102, 6 Moral /Wielands Sämtl. Werke, hrsg. v. Gruber, Bd. 47, S. 324
102, 9 Berlin 1782, S. 6
103, 19 3. Stück, S. 4 f., 8 f.
103, 8 v.u. DLD 23, S. 6
104, 2 v.u. 1. Stück, S. 35
105, 15 Hamburger Goethe-Ausg., Bd. 8, S. 525
105, 14 v.u. 3. Stück, S. 76
106, 15 DLD 23, S. 207
108, 15 ebd., S. 209 f.
108, 14 v.u. ebd., S. 323
108, 1 v.u. Denkwürdigkeiten, I, Berlin 1786, S. 12
109, 5 ebd., S. 11 f.

Seite
109, 19 ebd., S. 127
109, 11 v. u. DLD 23, S. 52
111, 8 ebd., S. 7
111, 22 ebd., S. 21 f.
111, 12 v. u. ebd., S. 76
112, 4 ebd., S. 368; vgl. auch S. 75
112, 14 ebd., S. 216
113, 5 ebd., S. 13
113, 15 Berlin 1782, S. 20
113, 13 v. u. Die wahre / DLD 23, S. 236
114, 15 Berlin 1791, S. 163
114, 20 ebd., S. 165
114, 19 v. u. ebd., S. 133
114, 16 v. u. Phänomenologie des Geistes (1807), in: Sämtl. Werke, Krit. Gesamtausg., hrsg. v. O. Weiß, Bd. II, Leipzig 1909, S. 158. Die folg. Zitate S. 159 f.
115, 14 DLD 23, S. 339 f.
115, 8 v. u. ebd., S. 13
115, 6 v. u. ebd., S. 16
115, 3 v. u. ebd., S. 61
115, 1 v. u. Zauberwerk etc. / ebd., S. 169 f.
116, 2 ebd., S. 174
116, 10 ebd., S. 182
116, 15 ebd., S. 223
116, 15 v. u. ebd., S. 429 f.
116, 3 v. u. ebd., S. 339
116, 2 v. u. ebd., S. 430
117, 20 ebd., S. 30
117, 17 v. u. ebd., S. 429
117, 12 v. u. Werther-Zitate nach Hamburger Goethe-Ausg., Bd. 6, S. 13 f.
118, 7 DLD 23, S. 327
118, 20 z. B. DLD 23, S. 54
118, 4 v. u. ebd., S. 341 f., 344
119, 7 ebd., S. 344
119, 20 v. u. z. B. DLD 23, S. 213
120, 19 v. u. ebd., S. 31
120, 17 v. u. ebd., S. 231
121, 2 ebd., S. 27; ähnlich auch: Beiträge, Berlin 1780, S. 141

Seite
121, 9 DLD 23, S. 32
122, 6 Andreas Hartknopf, Berlin 1786, S. 138 f.
122, 18 v. u. DLD 23, S. 198
123, 7 ebd., S. 232
123, 10 Auflösung etc. / ebd., S. 376; im Hartknopf, S. 100, gebraucht Moritz auch die Wendung: „der wollustreiche Gedanke des Aufhörens".
123, 21 DLD 23, S. 232
124, 4 ebd., S. 378
124, 10 ebd., S. 194
124, 12 ebd., S. 352
124, 14 ebd.
124, 18 ebd., S. 388
124, 21 z. B. DLD 23, S. 55, 173, 178, 219 f., 242
124, 16 v. u. ehrwürdige / ebd., S. 256
124, 13 v. u. ebd., S. 243; vgl. auch S. 173
125, 16 z. B. DLD 23, S. 96 (=„Wonne der Thränen"), auch „qualenvolle Wonne" (ebd., S. 289)
126, 14 v. u. ebd., S. 428
127, 4 ebd., S. 368
127, 17 Weimarer Ausg., I, Bd. 47, S. 314
127, 21 ebd., S. 316
128, 6 DLD 23, S. 234
129, 4 ebd., S. 385
129, 13 DLD 31, S. 15
129, 17 ebd., S. 34
129, 14 v. u. ebd., S. 33
130, 4 Säk.-Ausg., Bd. 12, S. 107
130, 12 DLD 23, S. 351
130, 17 ebd., S. 340
130, 21 Götterlehre (1790/91), Neudruck: Schauenburg-Lahr 1948, S. 1
130, 15 v. u. ebd., S. 180
131, 17 Hamburger Goethe-Ausg., Bd. 8, S. 536, 541

## ANMERKUNGEN

A: Der Aufsatz wurde im Juni 1961 abgeschlossen. Die jüngste Abhandlung von August Langen, s. L., konnte folglich nicht mehr berücksichtigt werden. Im übrigen verweise ich auf mein Buch: K. Ph. Moritz, Studien zum Wirklichkeits- und Kunstbegriff der dt. Frühklassik, s. L., in dessen Reiser-Kapitel der vorliegende Beitrag eingearbeitet ist.

1) S. 96, 20. Vgl. den Brief an Frau v. Stein vom 9. 12. 1785.
2) S. 98, 13 v. u. Charles *Dénina*, La Prusse littéraire sous Frédéric II, Berlin 1791, Bd. 3, S. 65–76. Der eifernde Hamburger Pastor Anton Reiser, geb. 1628, gest. 1686, ist Verfasser der Schrift: Theatromania oder die Werke der Finsterniß in den öffentlichen Schauspielen, von den alten Kirchen-Lehrern und etlichen heidnischen Scribenten verdammt, Ratzeburg 1681. Vgl. DLD 23, S. XV.
3) S. 99, 8. In seinem „Magazin zur Erfahrungsseelenkunde" schildert Moritz noch weitere zeitgenössische Beispiele pathologischer Theatromanie und belegt, wie die „unglückliche Theatergrille" ebenso wie die häufige Unzufriedenheit der kleinbürgerlichen Geistlichen Ausdruck einer zeitsymptomatischen „Hypochondrie" ist. Im 1. Stück des vierten Bandes (1786) kommentiert er ein Briefdokument: „Nichts ist sonderbarer in diesen Briefen, als der immerwährende schnelle Übergang von *Komödie* zu *Predigt* und von *Predigt* zu *Komödie*, gerade in dem Punkte, wo beide in der Phantasie des Schreibenden immer zusammen trafen" (S. 99). Vgl. auch DLD 23, S. 365.
4) S. 99, 9 v. u. Leipzig und Liegnitz 1774. Blankenburg und Moritz sind die beiden einzigen unmittelbaren Zeitgenossen, die den „Werther" angemessen zu würdigen verstanden, nämlich nicht vom Inhalt her, sondern als Artefakt, als Gebilde besonnener künstlerischer Komposition. Blankenburgs Rezension erschien 1775 in: Neue Bibl. d. schönen Wissenschaften u. d. freien Künste, Bd. 18, 1. Stück; Moritz' kongeniale Analyse des Wertherbriefes vom 10. Mai 1771, schon 1789 entstanden, in: Dt. Monatsschr., Berlin 1792, Bd. 1, S. 243–250, u. d. Titel „Über ein Gemählde von Goethe". Vgl. unten S. 117 und S. 127 f.
5) S. 100, 18 v. u. Blankenburg überträgt hier, wie in anderen Bestimmungen, die Kategorien von Lessings Dramaturgie auf den Roman. Für Moritz läßt sich der gleiche Lessing-Einfluß, auch im „Anton Reiser" selbst bezeugt, belegen.
6) S. 104, 7. Hierher gehören die Untersuchungen von Unger und Minder, s. L. Zum folgenden besonders Stemme, s. L.
7) S. 105, 22 v. u. Vgl. Goethes Bibliothek, Katalog, Weimar 1958, S. 461.
8) S. 106, 10. DLD 23, S. 155 u. S. 334. Vgl. auch ebd., S. 213 u. S. 324.
9) S. 106, 8 v. u. Einzelne noch vor Erscheinen des Romans, s. T.
10) S. 107, 11. Vgl. Minder, s. L., bes. S. 32 f.
11) S. 108, 10. Diesen soziologischen Aspekt verkennt Neumann völlig, s. L., wenn er glaubt, Moritz' „milieutheoretische" Erklärungen korrigieren und tiefenpsychologisch auf ihre „biopsychische" Grundlage zurückführen zu müssen.

12) S. 109, 1 v.u. H. Heines Sämtl. Werke in zehn Bänden, hrsg. v. O. Walzel, Leipzig 1911–1915, Bd. 7, S. 282; Bd. 4, S. 97. Siehe besonders Bd. 7, S. 281 f.

13) S. 110, 21 v.u. Vertreten durch Johanna Rudolph im Nachwort ihrer Reiser-Ausgabe (Berlin 1952), die von einer revolutionären „plebejisch-demokratischen Grundtendenz" des „Reiser" spricht, in der Bekundung einer klassenkämpferischen Gesinnung seinen „sozialkritischen Wesenskern" erblickt und bündig behauptet, daß „für metaphysische Interpretationen kein Raum" bleibe. Teilweise im Wortlaut wiederabgedruckt: Erläuterungen zur dt. Literatur, Sturm und Drang, Berlin 1958, S. 374–385. Im übrigen sind ihre Thesen z. T. wörtlich aus Lukács' Werther-Analyse (1936) ausgeschrieben.

14) S. 112, 21 v.u. So noch bis zu Catholy, s. L., und Ghisler, s. L., die den „Reiser" als „Roman der Theaterleidenschaft" bezeichnen. Granzow, s. L., betont zwar das Nichtkünstlertum Reisers, behandelt dessen psychische Erfahrungen aber doch als typisches Beispiel der Künstlerproblematik und bleibt darin näher bei Marcuse, s. L., als er selbst glaubt.

15) S. 113, 2. Vgl. dazu J. K. *Wezel*, Herrmann und Ulrike, München 1919, bes. Bd. 1, S. 74; J. T. *Hermes*, Sophiens Reise, Worms 1776, bes. Bd. 1, S. 131; F. *Nicolai*, Sebaldus Nothanker, Berlin–Stettin 1773–76, bes. Bd. 2, S. 69.

16) S. 113, 20. Dies Versäumnis wirkt sich aus bis zu Ghisler, s. L., der darum der „Reiser" ein „monströses Werk", S. 113, bleibt. Folgerichtig sieht sie in Reisers Utopismus (der nicht von Moritz unterschieden wird!) eine Vorbereitung moderner totalitärer Ideologien, S. 51.

17) S. 114, 11. Identisch mit dem Artikel im achten Band des Magazins, s. oben S. 105.

18) S. 115, 18. Vgl. etwa Herder im „Journal meiner Reise im Jahr 1769": „Die Sphäre war für mich zu enge, zu fremde, zu unpassend, und ich für meine Sphäre zu weit, zu fremde, zu beschäftigt" (Werke, Bibl. Inst. Leipzig-Wien, Bd. 1, S. 287). Siehe dazu auch die Beispiele Anm. 15.

19) S. 116, 20. Es ist bezeichnend, daß kein Begriff Reiser allgemein und weit genug ist: „Die Begriffe *Alles* und *Seyn* ... gnügten ihm nicht ... die Scheidewand sollte gleichsam durchgebrochen werden – *Alles* und *Daseyn* mußten wieder untergeordnete Begriffe von einem noch höhern, vielumfassendern Begriffe werden" (DLD 23, S. 287). Ein ambivalentes Motiv ist auch Reisers Verhältnis zur Sprache. Einmal ist sie seinem transzendierenden Überschwang im Wege: ein unzulängliches Mittel, „nur ein künstlicher Behelf". Demgegenüber steht die Freude, „durch die Sprache" gestalten, sich dem Freunde mitteilen, also in der Wirklichkeit einen festen Ort gewinnen zu können, eine „Stütze, woran sich seine Lebenslust wieder festhielt" (DLD 23, S. 239, 245).

20) S. 117, 10. Vgl. Erich *Trunz*, in: Hamburger Goethe-Ausg., Bd. 6, S. 540 ff., 564 f.
21) S. 117, 20. In einem kleinen Aufsatz des Jahres 1786 „Häußliche Glückseeligkeit – Genuß der schönen Natur" schreibt Moritz: „Das wahre Glück ist in der Einschränkung, nicht in der Ausbreitung zu suchen"; das höchste Ziel des Weisen sei: „Häußliche Zufriedenheit, verbunden mit dem ungestörten Genuß der schönen Natur" (Denkwürdigkeiten, I, S. 151 u. 153). In den „Reisen eines Deutschen in England im Jahr 1782" (1783) hieß es: „Wie ist doch dem Menschen nach der Ausbreitung die Einschränkung so lieb! Wie wohl und sicher ist's dem Wandrer in der kleinen Herberge" (DLD 126, S. 5).
22) S. 117, 1 v.u. Inhaltliche Wirkung des „Werther" auf Reiser und Würdigung des Kunstwerks durch Moritz sind zu unterscheiden. Darin kommt besonders der überlegene Standpunkt des Autors zur Geltung. Moritz interpretierte den „Werther" als die pathologische Wirklichkeit überwindende, zur „Erscheinung" hinaufhebende Kunstgestalt. Vgl. Anm. 4 und unten S. 127 f. u. 129. Dazu die ergebnisreiche Untersuchung von Blumenthal, s. L.
23) S. 118, 17. Ein gutes Beispiel für das letztere ist der reale Neubeginn nach dem Scheitern der „theatralischen Scene" mit dem Pastor Marquard (DLD 23, S. 212).
24) S. 118, 20 v.u. Vgl. Herder, a. a. O.: „Mut und Kräfte genug hatte ich nicht, alle diese Mißsituationen zu zerstören und mich ganz in eine andre Laufbahn hineinzuschwingen. Ich mußte also reisen; und da ich an der Möglichkeit hiezu verzweifelte, so schleunig, übertäubend und fast abentheuerlich reisen, als ich konnte. So war's."
25) S. 119, 17. Davon unterscheidet sich grundsätzlich das italienische Palingenesieerlebnis Goethes, der an sich nach Motiv und Sprachgebrauch aus den gleichen religiösen Quellen schöpft. Sein Wiedergeburtserlebnis ist nicht eschatologisch und iterativisch an der Zukunftshoffnung orientiert, sondern auf Gegenwart und Wirklichkeit gerichtet: „Ich zähle einen zweiten Geburtstag, eine wahre Wiedergeburt, von dem Tage, da ich Rom betrat." „Die Wiedergeburt, die mich von innen heraus umarbeitet, wirkt immer fort" (Hamburger Goethe-Ausg., Bd. 11, S. 147, 150). Dazu Fritz Blättner, Goethes Italienische Reise als Dokument seiner Bildung, in: Dt. Vjschr. 1949.
26) S. 119, 12 v.u. Noch Ghisler z. B. vermerkt kritisch, daß Moritz „trotz alledem ... praktisch keine Sukzession in den Roman gebracht" habe, s. L., S. 114. Vgl. auch die Bemerkung von Unger, s. L., daß der Anton Reiser „doch eben als ein unorganisches Ineinander von mehr oder minder wissenschaftlicher Analyse und dichterischer Gestaltung, von subjektiver Konfession noch halb pietistischer Herkunft und peinlich exakter Selbstbelauschung und Wirklichkeitsschilderung damals modernster Aufklärung wirkt" (S. 325 f.).
27) S. 120, 18 v.u. Wenige Seiten vorher dagegen berichtet Moritz von der „wollüstigen Empfindung", die Reiser der Gedanke an seine

eigne Zerstörung verursacht habe, wenn er sich „die Auflösung und das Auseinanderfallen seines Körpers lebhaft dachte" (DLD 23, S. 24).
28) S. 121, 4. Egoismus: im Sprachgebrauch des 18. Jahrh. gleichbedeutend mit subjektiv-idealistischer Verneinung der Außenwelt-Realität. Hier am besten wiederzugeben mit: Egotismus, Autismus oder Egozentrismus.
29) S. 121, 16. Moritz' Mittelpunktsbegriff hat nicht nur eine pietistisch-mystische Quelle. Er weist daneben unmittelbar über Wolff auf Leibniz zurück. Außerdem geht Moritz von der Mathematik und Perspektivenlehre aus; er spricht immer wieder vom zentralen „Gesichtspunkt" = objektiven Mittelpunkt eines Sachgebiets, den es methodisch aufzusuchen gilt. Vgl. den Abschnitt „Gesichtspunkt" im vierten Band des Magazins (1786), 2. Stück, S. 16–19, und die Einleitung in die „Götterlehre" (1791; erschienen 1790).
30) S. 121, 21. Catholy, Ein Beitrag zur Theatromanie der Goethezeit, s. L., S. 108 ff.
31) S. 121, 9 v.u. Andreas Hartknopf. Eine Allegorie, Berlin 1786, erschienen jedoch bereits zur Herbstmesse 1785. „Andreas Hartknopf" wurde seit seinem Erscheinen nicht wieder gedruckt. Ein veränderter Abdruck, den Hannes Schwenger, Würzburg 1961, im Selbstverlag herausgab, ist wissenschaftlich unbrauchbar. – Vom folgenden ist keine Rede bei Catholy und Ghisler.
32) S. 122, 4 v.u. Vgl. bes. DLD 23, S. 316 f.
33) S. 125, 5. Siehe Reisers Klostergedicht DLD 23, S. 404 ff. Die Kritik an der Klosterromantik schon klar ausgesprochen im fünf Jahre vorhergehenden „Andreas Hartknopf. Eine Allegorie", S. 142 ff.: Das Karthäuserkloster.
34) S. 126, 7. Es gibt Stellen in Moritzens Schriften, nach denen die Wirklichkeit der Welt nur noch als ästhetisches Phänomen ganz und heil erscheint, als schönes „Schauspiel": „Denn da allein kann es noch überblickt, und mit Wohlgefallen betrachtet werden" (Die Unschuldswelt = Die große Loge, Berlin 1793, S. 243).
35) S. 127, 4. Noch nicht in der „Theatralischen Sendung", sondern erst in den „Lehrjahren" steht die Stelle, an der Wilhelm bei der Verbrennung seiner Jugenddichtungen versichert, daß „ein Gedicht entweder vortrefflich sein, oder gar nicht existieren soll". Auch die folgenden, zugefügten Bemerkungen über das Mißverhältnis zwischen Bildungstrieb und Bildungskraft erinnern an Moritzens Gedankengänge und an seinen ästhetischen Rigorismus (Hamburger Goethe-Ausg., Bd. 7, S. 81 f.). Auf eine mögliche Einwirkung des „Anton Reiser" auf die erst in den „Lehrjahren" hervortretende pädagogische Tendenz hat mit Recht schon Lehmann, s. L., hingewiesen. Die Maximen des Lehrbriefs in den beiden letzten Büchern der „Lehrjahre" bilden ferner eine vergleichbare Entsprechung zu den in den vierten Teil des „Reiser" eingestreuten kunstpädagogischen Bemerkungen. Auch sie haben zusammenfassenden, abschließenden Charakter. Frei-

lich sind sie bei Goethe ganz in den Erzählvorgang integriert, während Moritz seine Reflexionen als verbindliche Maßstäbe setzender Autor von außen herzuträgt.

36) S. 128, 10 v. u. Vgl. DLD 23, S. 198.
37) S. 129, 5. Man begegnet hier den gleichen Konsequenzen, die auch im „Werther" in wechselseitiger Spiegelung durchgespielt werden: Verbrechen, Wahnsinn, Selbstmord.
38) S. 131, 9 v. u. Vgl. Weimarer Ausg., IV, Bd. 8, S. 91.    H. J. Sch.

## JOHANN WOLFGANG GOETHE S. 132

T: „Wilhelm Meisters Lehrjahre" nach: Werke, hrsg. im Auftr. d. Großherzogin Sophie von Sachsen (Weimarer Ausgabe), Abt. I, Bd. 21–23. Orthographie und Interpunktion sind dem heute üblichen Gebrauch angeglichen.

L: Hermann *Hettner*, Goethe und der Sozialismus, 1852, wiederabgedr. in: Schriften zur Literatur, Berlin 1959, S. 340–353; Robert *Riemann*, Goethes Romantechnik, Leipzig 1902; Ferdinand Josef *Schneider*, Die Freimaurerei und ihr Einfluß auf die geistige Kultur in Deutschland am Ende des 18. Jahrh., Leipzig 1909; Friedrich *Gundolf*, Shakespeare und der dt. Geist, Berlin 1911, S. 314–320; Max *Wundt*, Goethes Wilhelm Meister und die Entwicklung des modernen Lebensideals, Berlin–Leipzig 1913; Friedrich *Gundolf*, Goethe, Berlin 1916, S. 513–521; Melitta *Gerhard*, Der Entwicklungsroman bis zu Goethes Wilhelm Meister, Halle 1926, S. 123–133; Kurt *May*, Weltbild und innere Form der Klassik und Romantik im „Wilhelm Meister" und „Heinrich von Ofterdingen", in: Romantik-Forschungen, Halle 1929, wiederabgedr. in: Form und Bedeutung, Stuttgart 1957, S. 161–177; Hermann August *Korff*, Geist der Goethezeit, Bd. 2, Leipzig 1930, S. 341–361; W. H. *Bruford*, Goethe's Wilhelm Meister as a picture and a criticism of society, in: Publ. Engl. Goethe Society, N. S. 9, 1933, S. 20–45; Jürgen *Rausch*, Lebensstufen in Goethes Wilhelm Meister, in: Dt. Vjschr. 20, 1942, S. 65–114; Hans Heinrich *Borcherdt*, Der Roman der Goethezeit, Urach 1949, S. 265–303; Georg *Lukács*, Goethe und seine Zeit, Bern 1947, S. 31–47; Eva *Alexander-Meyer*, Goethes Wilhelm Meister, München 1947; Günther *Müller*, Gestaltung-Umgestaltung in Wilhelm Meisters Lehrjahren, Halle 1949; Hans Siegb. *Reiss*, On some images in „Wilhelm Meisters Lehrjahre", in: Publ. Engl. Goethe Society, N. S. 20, 1951, S. 111–138; Wolfgang *Baumgart*, Wachstum und Idee. Schillers Anteil an Goethes Wilhelm Meister, in: Zeitschr. f. dt. Phil. 71, 1951/52, S. 2–22; Robert *Hering*, Wilhelm Meister und Faust, Frankfurt/M. 1952; Franz *Schultz*, Klassik und Romantik der Deutschen, 2. Aufl. Stuttgart 1952, Bd. 2, S. 274–293; Gerhard *Storz*, Schiller als Kritiker. Zu seinen Briefen über den Wilhelm Meister, in: Der Deutschunterricht 1952, H. 5, S. 76–96; Dennis Jos. *Enright*, Wilhelm Meister and the Ambiguity of Goethe, in: Cambridge Journal 1952/53, S. 664–678; Karl *Schlechta*,

Goethes Wilhelm Meister, Frankfurt/M. 1953; Gerhard *Storz*, Goethe-Vigilien, Stuttgart 1953, S. 61–103; Guy *Stern*, Fielding, Wieland and Goethe. A study in the development of the novel, Columbia University 1954; Hanno *Beriger*, Goethe und der Roman. Studien zu Wilhelm Meisters Lehrjahre, Zürich 1955; Roy *Pascal*, The German Novel, Manchester 1956, S. 3–29; Emil *Staiger*, Goethe, Bd. 2, Zürich 1956, S. 128–174; Raymond *Immerwahr*, Friedrich Schlegels Essay „On Goethe's Meister", in: Monatshefte f. d. dt. Unterricht, 1957, S. 1–21; Kurt *May*, Wilhelm Meisters Lehrjahre, ein Bildungsroman?, in: Dt. Vjschr. 31, 1957, S. 1–37; Heinz *Baumhof*, Die Funktion des Erzählers in Goethes „Wilhelm Meisters Lehrjahre", Phil. Diss. Heidelberg 1959, ungedr.; Jacob *Steiner*, Sprache und Stilwandel in Goethes Wilhelm Meister, Zürich 1959; Henry *Hatfield*, Wilhelm Meisters Lehrjahre and „Progressive Universalpoesie", in: The Germanic Rev. 36, 1961, S. 221–229; Arthur *Henkel*, Versuch über den Wilhelm Meister, in: Ruperto-Carola, Mitteilungen der Vereinigung der Freunde der Studentenschaft der Universität Heidelberg, Bd. 31, 1962, S. 59–67.

| | Seite | | Seite |
|---|---|---|---|
| N: | 132, 6 v. u. WA I, 47, 101 | | 137, 5 An Ch. v. Stein, 24. 6. 1782, WA IV, 5, 352 |
| | 134, 7 Friedrich Schlegel, Seine prosaischen Jugendschriften, hrsg. v. J. Minor, Bd. 2, Wien 1882, S. 175 | | 139, 4 v. u. Zwecke / WA I, 35, 8 |
| | | | 180, 14 v. u. Sören Kierkegaard, Über den Begriff der Ironie, München–Berlin 1929, S. 212 |
| | 136,7 v. u. WA III, 4, 120 | | |

H.-E.H.

JEAN PAUL S. 211

T: „Flegeljahre" nach: Jean Paul, Werke, Bd. 2, München 1959. Die Textgestaltung dieses von Gustav Lohmann hrsg. Bandes fußt auf der hist.-krit. Gesamtausg. der Preußischen Akademie der Wissenschaften, hrsg. v. Eduard Berend, Weimar 1927 ff., Abt. 1, Bd. 10, Weimar 1934. Erstausgabe Tübingen 1804/5.

L: Karl *Freye*, Jean Pauls Flegeljahre, Berlin 1907 (Palaestra 61); Hajo *Jappe*, Jean Pauls Flegeljahre, Diss. Köln 1930; Eduard *Berend*, Einleitung in Bd. 10 der 1. Abt. der Akademie-Ausg., s. T., (ausgezeichnete Darstellung der Entstehungsgeschichte des Romans an Hand des vielschichtigen handschriftlichen Materials); Eva *Winkel*, Die epische Charaktergestaltung bei Jean Paul, Der Held der Flegeljahre, Diss. Hamburg 1940; Eduard *Berend*, Die Namengebung bei Jean Paul, in: Publ. Mod. Lang. Assoc. of America, Vol 57, 1942, S. 820–850; Ders., Jean Pauls Gedichte, ebd. S. 182–188; Anna *Krüger*, Der humoristische Roman mit gegensätzlich verschränkter Bauform, Limburg/Lahn 1952; Eduard *Berend*, Wie Jean Paul zu seinen Gleichnissen kam, in: Neue Schweizer Rundschau, N. F. 20, 1952/53, S. 28–33; Friedhelm *Henrich*, Jean Pauls Hesperus und Flegeljahre, Versuch einer morphologischen

## ANMERKUNGEN

Einordnung auf dem Wege einer vergleichenden Zeitgestaltuntersuchung, Diss. Bonn 1955; Eduard *Berend*, Die Personen- und Ortsnamen in Jean Pauls Werken, in: Hesperus, Blätter der Jean-Paul-Gesellsch. Nr. 14, 1957, S. 21–31; Paul *Requadt*, Nachwort zu der Ausg. der Flegeljahre in Reclams Univ. Bibl., Stuttgart 1957; Max *Kommerell*, Jean Paul, 1. Aufl., Frankfurt/M. 1933, 3. Aufl. 1957.

Seite

N: 211, 11 v.u. Rudolf Alexander Schröder, Ges. Werke, Frankfurt/M. 1952, Bd. II, S. 696
212, 2 ebd., S. 697
212, 10 v.u. Vorschule der Ästhetik, Par. 74
212, 8 v.u. Robert Petsch, Wesen und Formen der Erzählkunst, 2. Aufl. Halle/Saale 1942, passim u. bes. S. 91 ff.
213, 14 v.u. 1058
214, 5 Berend, s. L., Einl. S. XLI
214, 15 580
214, 6 v.u. 965
215, 19 v.u. Freye, s. L., S. 130
215, 16 v.u. ebd., S. 25
216, 1 v.u. ebd., S. 86
217, 5 Vorschule der Ästhetik, Par. 56
217, 8 Akad.-Ausg. I, 5, S. 185–195
217, 9 v.u. ebd., S. 187
217, 4 v.u. ebd.
218, 5 scharren könne / 651
218, 6 790
218, 15 v.u. 634
218, 6 v.u. 895
218, 3 v.u. Akad.-Ausg. I, 5, S. 187
219, 8 673
219, 18 822
219, 5 v.u. 763
220, 2 920
220, 11 826
220, 20 827
221, 2 709
221, 20 603
221, 18 v.u. 643
221, 14 v.u. Freye, s. L., S. 87

Seite

221, 7 v.u. 979
222, 9 v.u. 606
223, 10 Eduard Berend, Jean Pauls Persönlichkeit, München 1913, S. 68
223, 19 Lebens-Spießbürgerei / 756
223, 17 v.u. 757
223, 10 v.u. 758
224, 4 775
224, 7 991
224, 2 v.u. 656
225, 14 v.u. 850
225, 11 v.u. 609
225, 2 v.u. August Langen, Dt. Sprachgeschichte vom Barock bis zur Gegenwart, in: Wolfgang Stammler, Dt. Philologie im Aufriß, 2. Aufl. Berlin–Bielefeld–München 1957, Bd. 1, Sp. 1225
226, 5 645
226, 11 656
226, 21 673
226, 7 v.u. 847
227, 5 849
227, 17 Vorschule der Ästhetik, Par. 7
227, 21 849
227, 13 v.u. 852
228, 13 669
228, 21 728
228, 12 v.u. 615
229, 4 Berend, Wie Jean Paul zu seinen Gleichnissen kam, s. L., S. 28–33
229, 15 828
229, 13 v.u. 828
230, 11 594
230, 21 v.u. 639

Seite
230, 2 v. u. Vorschule der Ästhetik, Par. 35
231, 14 853
231, 17 661
231, 18 641
231, 20 715
231, 21 829
231, 22 897
231, 19 v. u. 718
231, 12 v. u. 740
231, 10 v. u. 891
231, 6 v. u. 754
233, 2 vervielfachen / Friedrich Schlegels prosaische Jugendschriften, hrsg. v. Jakob Minor, Wien 1882, Bd. 2, S. 220
233, 12 verliebt / 711
233, 12 Heimweh / Freye, s. L., S. 133
233, 18 641
233, 20 641
233, 14 v. u. 657
233, 8 v. u. 655
233, 1 v. u. 689
234, 2 Freye, s. L., S. 138
234, 3 747
234, 7 Justinus Kerner, Bilderbuch aus meiner Knabenzeit, neu hrsg. v. Gerhard Fischer, Leipzig 1857, S. 100–103
234, 21 972
234, 16 v. u. 657

Seite
235, 6 824 f.
235, 16 680
235, 1 v. u. 701, 969, 975
237, 2 743
237, 11 744
237, 21 746
237, 19 v. u. 747
237, 9 v. u. 750
237, 4 v. u. 751
239, 2 Vorschule der Ästhetik, Par. 32
239, 11 v. u. 583
239, 7 v. u. 583
239, 4 v. u. 586
240, 6 Berend, s. L., Einl., S. LIV
241, 19 v. u. 614
241, 5 v. u. 625
242, 1 627
244, 18 Akad.-Ausg. I, 1, S. 486–493
244, 14 v. u. ebd., II, 3, S. 269 ff.
244, 2 v. u. ebd., I, 3, S. 120
245, 6 ebd., I, 8, S. 181
245, 18 981
245, 19 v. u. 572
246, 8 Berend, s. L., Einl., S. XIV, XIX
247, 19 Christian Morgenstern, Alle Galgenlieder, Berlin 1932, S. 29
249, 14 v. u. Nesselsucht / 671
249, 5 v. u. Plagegeist / 700
251, 9 v. u. 756

A: 1) S. 216, 6 v. u. Der Intention nach berührt sich unsere Untersuchung mit dem Kapitel über die „Flegeljahre" in dem Buch von A. Krüger, s. L., S. 31–58, dessen Titel ziemlich genau ausdrückt, worauf auch unser Bemühen gerichtet ist. Leider hält das Buch nicht ganz, was sein Titel verspricht. Die an und für sich wertvollen Erörterungen über die gegensätzlichen „Welten" im Roman, über die Antithese von „Endlichkeit" und „Unendlichkeit" usw. bleiben ganz im Bereich des gedanklichen Gehalts und dringen nicht zur sprachlich-stilistischen Struktur und zum Aufbau des Werkes durch. So bleibt es unklar, was hier unter „Bauform" eigentlich verstanden wird. Dasselbe gilt für den etwas kürzer gefaßten Beitrag der Verfasserin: Die humoristische Bauweise der „Flegeljahre", in: Hesperus 7, 1954, S. 18–23.

2) S. 217, 2 v. u. Über die Zeitdimensionen und ihr Verhältnis zur dichterischen Phantasie vgl. die erhellenden Ausführungen Emil *Staigers* über den „Titan", in: Meisterwerke deutscher Sprache, 2. Aufl., Zürich 1948, S. 56 ff.

3) S. 222, 18 v. u. Vgl. Kommerell, s. L., S. 358: „ Vult ist kein Charakter: sondern eigentlich die Hälfte eines solchen ..."

4) S. 228, 10 v. u. Auf zeitgenössischen Abbildungen, z. B. auf dem damals und jetzt sehr bekannten Stich von Berthault, wird das Tabakrauchen der Tribunalsmitglieder als ein offenbar auffälliger und wohl chokierender Zug stark betont.

5) S. 229, 18. John Brown übte bekanntlich starken Einfluß besonders auf Novalis' und Schellings Naturphilosophie aus.

6) S. 233, 18. Vermutlich hat Jean Paul sich hier verschrieben und soll „Wirtshaus" statt „Wirtshausschild" gelesen werden. Jedenfalls ist die Vorstellung dann deutlicher.

7) S. 233, 17 v. u. Vgl. das Grimmsche Wörterbuch Bd. 4, 2. Abt., bearb. v. Moriz Heyne, 1877, unter „Hoppelpoppel": „Eine reimende, zunächst an die Verben hoppeln und poppeln (bobbeln, bubbeln) sich anschließende Wortverbindung, die allgemein etwas Bewegliches, Unruhiges bezeichnet. Jean Paul hat sie auf das Herz angewendet, doch in der Rede eines gespreizten Menschen." (Es folgt eine Belegstelle aus den „Flegeljahren".) „Sonst bezeichnet man mit Hoppelpoppel ein gewisses Getränk, dessen Bereitung durch anhaltendes Schlagen und Rühren geschieht." (Es folgen Belegstellen.)

8) S. 235, 4 v. u. Mit schroffer Konsequenz haben Stefan George und Karl Wolfskehl diesen einseitig seraphischen Gesichtspunkt durchgeführt in dem Jean Paul gewidmeten ersten Bande ihrer Anthologie „Deutsche Dichtung" (Erstausg. 1900 in den Blättern für die Kunst). Die Einleitung macht diese Einseitigkeit mit überdeutlichen Worten zum Programm: „In diesem bande gedachten wir von Jean Paul das zu sammeln was ihm heute seine neue und hohe bedeutung verleiht: nicht seine thatsachen-schilderung über die er selber zu spotten pflegte – nicht das erfinden und entwickeln seiner fabeln worin andre ihn leicht übertreffen konnten – noch weniger seine launigen und derbscherzhaften anfügsel ‚für die seine gestalt und fast seine gesinnung zu groß erschienen' – sondern die unvergängliche schönheit seiner gedichte die er selbständig oder lose angewoben seinen bunten erzählungen mitgegeben der unvergängliche zauber seiner träume gesichte und abschlüsse in denen unsre sprache den erhabensten flug genommen hat dessen sie bis zu diesen tagen fähig war. Der kommenden zeit wird es obliegen dem vergessenen meister der fränkischen hügellande den platz anzuerkennen den die falsch überblickenden geschichtschreiber nie für ihn finden konnten. Zu einer solchen teilung des werkes aber wird man sich bei ihm immer leichter entschließen je deutlicher man wahrnimmt wie sie ihn erst recht erhebe und wie tief sie durch eine spaltung seines ganzen wesens bedingt sei." Der Band wurde von

Melchior Lechter in üppigstem Jugendstil ausgestattet. Aber auch inhaltlich wird Jean Paul hier ganz deutlich auf den Jugendstil hin eingeengt. Diese merkwürdige Vereinseitigung und somit Verzeichnung des Bildes unseres Dichters hat in der Situation um die Jahrhundertwende sicher eine historische Aufgabe erfüllt und Wesentliches zur Jean-Paul-Renaissance beigetragen, aber heutzutage ist sie gänzlich überholt.

9) S. 239, 7. Vgl. zum Begriff der Erzählphase: Eberhard *Lämmert*, Bauformen des Erzählens, Stuttgart 1955, S. 73 ff.

10) S. 242, 18 v.u. Vgl. E. Berends Einleitung, S. XIV und XLVII. Ein handschriftlicher Entwurf zum Eingang des Romans ist überschrieben „Erster Gesang" (Berend ebd., S. XX).

11) S. 244, 5. Vorzügliche Gelegenheit hierzu bot mir die reichhaltige historische Bibliothek des Zoologischen Museums in Amsterdam, dessen Direktor Prof. Dr. H. Engel, ein vorzüglicher Kenner der Geschichte der Naturalienkabinette, mir freundliche Hilfe bot.

12) S. 245, 9. Die makaber-groteske Note fehlte auch in den wirklichen Kabinetten keineswegs. So konnte man im Kabinett des Amsterdamer Professors Ruysch (1638–1731) Kinder- und Embryonenskelette sehen, die Geige spielten oder die eine Darmhaut als Taschentuch benutzten, was den Zaren Peter den Großen bis zum Weinen gerührt haben soll. Er kaufte denn auch das ganze Kabinett. H. *Engel*, Oude naturalien-kabinetten en dierverzamelingen, in: De Natuur 12, 1940, S. 201–212.

13) S. 245, 7 v.u. Holland zählte viele Hunderte von Naturalienkabinetten. Vgl. H. *Engel*, Alphabetical List of Dutch Zoological Cabinets and Menageries, in: Bijdragen tot de Dierkunde, 27. Lieferung, 1939, S. 247–346. Die Liste umfaßt mehr als tausend Nummern!

14) S. 245, 3 v.u. Wir verfügen über eine große Anzahl von gedruckten Reiseberichten deutscher Reisenden aus dem 17. und 18. Jahrhundert. Fräulein J. Bientjes, die mit einer Arbeit über diese Reiseberichte beschäftigt ist, verschaffte mir freundlicherweise Auszüge aus dem von ihr gesammelten reichhaltigen Material. Es zeigt sich, daß die allgemein verbreitete Sammlertätigkeit als ein spezifisch niederländischer Zug verstanden wurde und daß der Besuch der öffentlichen und privaten Kabinette ebensosehr zum festen Bestand der Reiseprogramme gehörte wie etwa der Besuch der niederländischen Kunstmuseen heutzutage! Aus dem vielstimmigen Chor dieser Berichte nur einige Stimmen. „Unter allen Wissenschaften scheint die Naturhistorie von je her eine Lieblingswissenschaft der Holländer gewesen zu seyn. Sie können sich nicht nur heutigen Tages vieler gelehrter Männer in diesem Fache rühmen, sondern die Menge ihrer zahlreichen und kostbaren Sammlungen ist auch ein redender Beweis davon. Man trifft deren in allen beträchtlichen Städten an, nur daß Fremden der Zutritt dazu nicht so leicht ist, und daß man die Besitzer nicht allemal erfährt, weil sie von ihren Schätzen nicht viel Wesens machen. Der große Handel nach

andern Welttheilen erleichtert den Holländern das Sammlen sehr" (Joh. Jac. *Volkmann,* Neueste Reisen durch die Vereinigten Niederlande etc., Leipzig 1783, S. 116). „Bei aller übrigen Oekonomie hat indessen keine Nation mehr wie diese, sogenannte Liebhabereien, welche oft mit großen Kosten befriedigt werden. Nirgends giebt es mehr Sammler von Seltenheiten aller Art. Sammlungen von Gemälden, Kupferstichen, Handzeichnungen, Münzen, Conchylien und naturhistorischen Merkwürdigkeiten sind die Liebhabereien der Reichen, während die übrigen sich mit Siegel-Abgüssen, Tabakspfeifen, japanischem Porzellan und allerlei Spielkram begnügen" (Johanna *Schopenhauer,* Erinnerungen von einer Reise in den Jahren 1803, 1804, 1805, Bd. 1, 1813, S. 40). Ein Dritter weiß sogar zu berichten, daß das Wort „Liefhebberijen" (Liebhabereien) in Holland in engerem Sinne soviel bedeutet wie „Sammlungen von Seltenheiten, die so verschieden sind, als der Geschmack der Besitzer" (J. *Grabner,* Über die Vereinigten Niederlande, 1792, S. 338).

15) S. 246, 4. Vgl. etwa Goethe in einer Rückschau v. J. 1820 auf die Entstehung der naturhistorischen Sammlung der Weimarischen Kunstkammer im Laufe des 18. Jahrhunderts: „Und so drangen dergleichen Gegenstände gar bald in das Mittelland, da man kaum fünfzig Jahre vorher erst in den Küstenländern, nachdem man sich mit Gold, Gewürz und Elfenbein überfüllt hatte, auch in naturhistorischem Sinne anfing, obgleich noch sehr verworren und unvollständig, fremde Naturprodukte zu sammeln und aufzubewahren" (Jub. Ausg. 39, S. 184).

16) S. 246, 15. Vgl. W. S. S. *van Benthem Jutting,* A Brief History of the Conchological Collections at the Zoological Museum of Amsterdam, with Some Reflections on 18th Century Shell Cabinets and Their Proprietors, in: Bijdragen tot de Dierkunde, 27. Lieferung, 1939, S. 167–246, ebd. S. 223: „For the vernacular names the designations of the early Dutch authors Rumphius and Valentijn were in current use. So great even was the influence exercised by these pioneers that their nomenclature figured in many contemporary French and German treatises, either literally translated or freely adopted." Es handelt sich hier um folgende Werke: G. E. *Rumphius,* D'Amboinsche Rariteitkamer, 1. Aufl. 1705, F. *Valentijn,* Oud en Nieuw Oost Indien, 5 Bde., die Mollusken in Bd. 3, 1726.

17) S. 246, 13 v.u. Vgl. hierzu G. E. Rumphs Amboinische Raritätenkammer von Schnecken und Muscheln, Aus dem Holländischen übersetzt von P. C. Statius Müller, vermehrt von J. H. Chemnitz, Wien 1766. Auch G. W. *Knorr,* Vergnügen der Augen und des Gemüths, 1757–1772 (frz. Ausg. Les délices des yeux et de l'esprit, 6 Bde., Nürnberg 1764–1783) greift in diesem gesuchten Werk überall auf Rumphius' Namengebung zurück.

18) S. 246, 5 v.u. E. Berend erwähnt dieses Verzeichnis in seiner Einleitung, S. XL. Mein herzlicher Dank gebührt Dr. H. W. Seiffert von der Deutschen Akademie der Wissenschaften zu Berlin, der mir dieses

Verzeichnis durch Photokopien zugänglich machte, und Prof. Eduard Berend, der das schwer lesbare Manuskript für mich entzifferte. Es handelt sich offenbar durchaus um von Jean Paul zusammengetragene, nicht um von ihm erfundene Namen. Wahrscheinlich hat er aus mehreren Quellen geschöpft. Eine seiner Quellen ist vielleicht der Index Musaei (sic) Linckiani, Verzeichnis der Linckischen Naturaliensammlung zu Leipzig, 2 Bde., Leipzig 1783 u. 1786. Der Besitzer war ein Leipziger Kommerzienrat. Der Katalog enthält folgende mit den Nummern des van der Kabelschen Kabinetts fast oder ganz übereinstimmende Namen: Papiernautilus, falsche Wendeltreppe, Steine aus der Blase eines Hundes, Mergelstein, Mißpickel oder Arsenkies, Kupfernickel, Smaragdfluß, Bleiglanz, Kobalthblüthe, grobwürfligter oder grobspeisigter Bleyglanz, Kreuzstein, Zeder vom Libanon, Sassafras, Moluckisches stinkendes Holz, Rosenholz. Auch der Prachtkatalog des Museum Richterianum, Leipzig 1753, dürfte etliche Namen beigesteuert haben: Katzensilber, Mißpickel, Bleiglanz, grobspeisiger Bleiglanz, Koboldblüte. Johann Christoph Richter war Großkaufmann. Beide Male handelt es sich wie beim van der Kabelschen Kabinett um Sammlungen reicher Privatleute.

19) S. 248, 9. Mit Recht warnt E. Berend in seiner Einleitung: „Es ist ein vergebliches Bemühen, in diesen kuriosen Überschriften überall Hindeutungen auf den Inhalt finden zu wollen" (S. LV). Er nennt als evidente Fälle Nr. 14 und 17. Der Versuch, den Kreis doch etwas weiter zu ziehen, scheint mir nicht notwendig mit dieser behutsamen Haltung in Widerspruch zu geraten.

20) S. 248, 20. Dies gilt besonders für Holland; aber die Hochkonjunktur wird auch andere Länder nicht unberührt gelassen haben. Gerade vom Cedo nulli sind uns Auktionspreise und die Schicksale einzelner Exemplare gut bekannt. Ein bekannter Sammler im Haag, Mr. de la Faille, weigerte sich, ein Exemplar für 6000 livres zu verkaufen. Nach seinem Tode wurde es für 1600 livres verkauft. Ein anderes Exemplar seiner Sammlung wurde für 1020 livres verkauft und kam schließlich in die Sammlung des Königs von Portugal (van Benthem Jutting, a. a. O. S. 200 f.).

Für das Kapitel „Cedo nulli" erhielt der Biograph J. P. F. R. also ein königliches Honorar!

21) S. 248, 13 v.u. Vorschule der Ästhetik, Par. 74. E. Berend, Die Personen- und Ortsnamen in Jean Pauls Werken, s. L., S. 21–31, hat feinsinnig dargetan, wie Jean Paul diese Maxime in seiner Namengebung praktisch verwirklicht hat. Jean Paul will weder die nichtssagenden Namen noch die zuvielsagenden, die den Charakter direkt bezeichnen. Viele Namen sind trotz ihrer eigentlichen Bedeutung um ihres Klanges willen gewählt, und zwar so, „daß sie gewisse *Assoziationen* wecken, die in der Richtung des betreffenden Charakters liegen" (S. 30). Genau dieses gilt mutatis mutandis für unsere Kapitelüberschriften.

22) S. 251, 14. Friedrich Schlegels bekannteste Formulierung findet sich im 238. Athenäumsfragment: Eine Poesie, „deren Eins und Alles das Verhältnis des Idealen und des Realen ist". Ähnlich wie die Transzendentalphilosophie kritisch das Produzierende mit dem Produkt darstellt, soll die „Transzendentalpoesie ... in jeder ihrer Darstellungen sich selbst mit darstellen, und überall zugleich Poesie und Poesie der Poesie seyn" (Friedrich Schlegels prosaische Jugendschriften, hrsg. v. J. Minor, Bd. 2, S. 242). H. M.

## NOVALIS (FRIEDRICH VON HARDENBERG) S. 252

T: „Heinrich von Ofterdingen" nach: Novalis Schriften, Die Werke Friedrich von Hardenbergs, hrsg. v. Paul Kluckhohn u. Richard Samuel, 2. Aufl. Stuttgart 1960, Bd. I, S. 193–369 u. S. 603–616 (= I). Für die philosophischen Werke und die Briefe wird die 1. Aufl. von Novalis Schriften, Leipzig 1929, Bde. II–IV zitiert (= II, III, IV).

L: G. *Gloege*, Novalis' H. v. Ofterdingen als Ausdruck seiner Persönlichkeit, in: Teutonia, Heft 20, Leipzig 1911; Paul *Riesenfeld*, H. v. Ofterdingen in der dt. Literatur, Berlin 1912; Oskar *Walzel*, Die Formkunst von Hardenbergs H. v. Ofterdingen, in: Germ.-Rom. Monschr. VII, Heft 8–12, 1919; Richard *Samuel*, Die poetische Staats- und Geschichtsauffassung F. v. Hardenbergs, Frankfurt/M. 1925, S. 204 ff. u. S. 262–289; Karl Justus *Obenauer*, Das Märchen von Eros und Fabel in: Hölderlin / Novalis, Jena 1925, S. 251–290; Kurt *May*, Weltbild und innere Form der Klassik und Romantik in Wilhelm Meister und H. v. Ofterdingen, in: Romantik-Forschungen, (Buchreihe d. Dt. Vjschr., Bd. 16), Halle 1929, S. 185–203; Jutta *Hecker*, Das Symbol der Blauen Blume in Zusammenhang mit der Blumensymbolik der Romantik, in: Jenaer Germanistische Forschungen, Heft 11, Jena 1931, Kap. III; Max *Diez*, Metapher und Märchengestalt, III: Novalis und das allegorische Märchen, in: Public. Mod. Lang. Assoc. of America, Vol. 48, 1933, S. 488–507; Albert *Reble*, Märchen und Wirklichkeit bei Novalis, in: Buchreihe d. Dt. Vjschr., Bd. 19, Halle 1941, S. 70–110; W. *Korff*, Das Märchen als Urform der Poesie, Studien zum Klingsohrmärchen, Diss. Erlangen 1941; Luitgard *Albrecht*, Der magische Idealismus in Novalis' Märchentheorie und Märchendichtung, Hamburg 1948; Armand *Nivelle*, Der symbolische Gehalt des H. v. Ofterdingen, in: Tijdschrift voor de levende talen, Bd. 16, 1950, S. 404–427; Walther *Rehm*, Orpheus. Der Dichter und die Toten, Düsseldorf 1950, S. 65–98; Friedrich *Hiebel*, Novalis. Der Dichter der blauen Blume, Bern 1951, S. 115–145; Werner J. *Fries*, Ginnistan und Eros. Ein Beitrag zur Symbolik im Ofterdingen, in: Neophilologus 38, 1954, S. 23–36; Hans Joachim *Schrimpf*, Novalis. Das Lied der Toten, in: Die dt. Lyrik, hrsg. v. Benno von Wiese, Düsseldorf 1956, Bd. I, S. 414–429; Gerhard *Schulz*, Die Berufstätigkeit F. v. Hardenbergs und ihre Bedeutung für seine Dichtung und seine Gedankenwelt, Diss. Leipzig 1958, bes.

II. Teil, 2. Kap. – Auszüge gedr. in: Der Anschnitt, II, Heft 1–4, Bochum 1959; Bruce *Haywood*, Novalis, The Veil of Imagery, in: Harvard Germ. Studies, Bd. I, 's-Gravenhage 1959, S. 91–152; H. J. *Mähl*, Die Idee des goldenen Zeitalters im Werk des Novalis, Diss. Hamburg 1959; Peter *Küpper*, Die Zeit als Erlebnis des Novalis, in: Lit. u. Leben, N. F. Bd. 5, Köln 1959, S. 62–120; Amos Leslie *Willson*, The Blaue Blume, A New Dimension, in: Germ. Rev., Vol. 34, 1959, S. 50–58; Heinz *Ritter*, Die Entstehung des Heinrich von Ofterdingen, in: Euphorion 55, 1961, S. 163–195.

Seite

N: 252, 3 v. u. III, 174
253, 20 II, 352
253, 20 v. u. III, 120
254, 6 IV 331
254, 11 II, 351
254, 10 v. u. IV, 331 f. u. III, 313 f.
255, 3 II 406
255, 4 v. u. An Karoline Schlegel, 20. 1. 1799, IV, 263
256, 19 IV 274–278
257, 1 An den Amtmann Just, 28. 12. 1798, IV, 257
261, 1 v. u. I, 236
262, 5 v. u. I, 211
262, 3 v. u. I, 251 ff.
263, 8 I, 213
264, 12 I, 255
264, 20 v. u. I, 255
264, 18 v. u. I, 244
264, 7 v. u. I, 270
265, 5 I, 271
266, 4 IV, 375 f.
266, 18 III, 351
266, 13 v. u. II, 382
266, 6 v. u. III, 286
267, 2 III, 317 f.
270, 10 III, 250
270, 12 III, 98
270, 18 III, 97
271, 12 v. u. Märchens/III, 253
272, 4 Vgl. I, 341
272, 16 Vgl. I, 337 f.
272, 21 v. u. II, 327
272, 16 v. u. III, 253
276, 17 v. u. Vgl. I, 385–396
277, 10 Vgl. I, 347

Seite

278, 21 Vgl. I, 606 f.
279, 3 v. u. I, 211
280, 21 v. u. I, 282 f., 286 f.
280, 8 v. u. III, 298
281, 5 I, 270 ff.
281, 21 v. u. I, 230
281, 18 v. u. I, 265
281, 15 v. u. I, 323
281, 3 v. u. I, 230
282, 17 v. u. III, 292
282, 13 v. u. II, 334
283, 3 v. u. I, 307
284, 2 v. u. I, 346
285, 9 IV, 342 f.
285, 16 v. u. I, 317–355
285, 14 v. u. I, 359–369
286, 3 I, 356
286, 10 I, 341
286, 12 v. u. I, 344
286, 10 v. u. I, 341
286, 3 v. u. I, 342 f.
288, 7 Welt / I, 322
288, 18 v. u. I, 333 f.
288, 1 v. u. Vgl. I, 327
289, 1, I, 347
289, 3 Vgl. I, 265
289, 6 I, 343
289, 9 I, 349
289, 11 I, 346
289, 12 I, 340
289, 17 I, 347
289, 18 I, 342
289, 21 I, 343
289, 20 v. u. I, 346
289, 12 v. u. I, 346
289, 8 v. u. des Krieges / I, 346

## ANMERKUNGEN 435

Seite
289, 7 v.u. I, 341
289, 5 v.u. I, 346
290, 1 I, 348
290, 2 I, 343
290, 5 I, 288
290, 12 I, 341
290, 14 I, 347
290, 17 I, 366
290, 20 I, 341
290, 21 I, 347
290, 20 v.u. I, 342, 348
290, 19 v.u. I, 342
290, 15 v.u. I, 366
290, 11 v.u. I, 265
290, 7 v.u. I, 341
290, 6 v.u. I, 366
291, 3 I, 340
291, 5 I, 343
291, 10 durchaus / I, 340
291, 14 v.u. I, 345
291, 9 v.u. I, 347
291, 6 v.u. I, 347
292, 5 I, 205
292, 8 I, 265
292, 13 I, 341
292, 15 I, 341
292, 18 v.u. I, 344
293, 3 I, 344
293, 10 I, 343
293, 12 I, 344
293, 20 v.u. I, 341
293, 12 v.u. I, 341
293, 7 v.u. I, 342
293, 6 v.u. I, 342
293, 4 v.u. I, 341
293, 3 v.u. I, 342
293, 2 v.u. I, 342
293, 1 v.u. I, 341
294, 4 I, 342
294, 5 I, 341
294, 6 I, 342
294, 7 I, 345

Seite
294, 14 I, 342
294, 16 I, 341
294, 19 I, 343
294, 20 v.u. I, 344
294, 17 v.u. I, 323 f.
294, 14 v.u. I, 201
294, 12 v.u. I, 348
294, 10 v.u. I, 348
294, 5 v.u. I, 348
294, 3 v.u. I, 347
294, 2 v.u. I, 202
294, 2 v.u. Tieck / I, 368
295, 9 I, 348
295, 13 I, 342
295, 15 Metempsychose / I, 342
295, 22 v.u. I, 347
295, 18 v.u. I, 339
295, 8 v.u. I, 342
295, 7 v.u. I, 341
296, 10 I, 355
296, 13 I, 341
296, 19 I, 344
296, 20 v.u. I, 345
296, 19 v.u. I, 345
296, 18 v.u. Mythologie / I, 345
296, 16 v.u. I, 345
296, 13 v.u. I, 347
296, 11 v.u. I, 347
296, 7 v.u. I, 347
296, 6 v.u. I, 347
297, 15 I, 345
297, 19 I, 346
297, 19 v.u. I, 345
292, 11 v.u. des Buchs / I, 341
297, 3 v.u. I, 413
298, 7 Freuden / I, 321
298, 11 Vgl. I, 347
298, 14 Vgl. I, 345
298, 16 I, 346
298, 19 I, 337
298, 22 v.u. I, 337
298, 20 v.u. Vgl. I, 342, 344, 348

A: 1) S. 258, 5 v.u. Novalis las die Chroniken Rothes in Joh. Burckhardt *Menckes* Scriptores rerum Germanicarum praecipue saxonicarum, 3 Bde., Leipzig 1728–30. – Das chronicon thuringiae findet sich in Bd. II,

S. 1634 ff., die vita rhythmica St. Elisabethae ebd. S. 2035 ff. Der im Text übersetzte Satz im Kapitel „Von der senger krige zcu Warpurg" lautet bei Mencke S. 1697: „... unde der sehste hiez Henrich von Aftirdingen, der waz eyn burger uz der stad Ysenache, von eime fromen geslehte, dessir krieg alleyne mit syme gesange wedir dy andirn alle gefueret ward." Nach Rothe trug sich der Sängerkrieg 1207 zu.
2) S. 268, 2. Eine rein historische Festlegung könnte durch die Angabe des Kreuzritters vorgenommen werden, daß ein neuer Kreuzzug bevorstehe, an dem der Kaiser selbst teilnehmen werde. Da im Kreuzlied der vierte oder Kinderkreuzzug von 1212 als vergangen erwähnt wird, kann es sich nur um den fünften von 1229 handeln, in dem Friedrich II. Jerusalem eroberte. Die Beziehungen zum Mittelalter in Novalis' Roman sind eingehend von Samuel, s. L., S. 230–285, dargelegt.
3) S. 271, 6. Schlegel hatte die Arion-Sage in einer Ballade in Schillers Musenalmanach, 1798, L. Tieck in einem Lied in den „Phantasien über die Kunst", 1799, behandelt.
4) S. 272, 15. Besonders Hiebel (vgl. S. 114–127), der auch das Arion- und das Atlantis-Märchen in die Freiberger Zeit verlegt.
5) S. 273, 21 v. u. Arctur ist der Hauptstern im Sternbild des Bären unter dem der Krone, ist also König des nördlichen Sternhimmels.
6) S. 273, 15 v. u. Vgl. Brief an F. Schlegel vom 18. 6. 1801.
7) S. 275, 4 v. u. Zu Sophia, als Ewige Weisheit der Mystiker, vgl. Samuel, s. L., S. 205 ff.
8) S. 276, 4. Für die Deutung der Bergmannslieder Schulz, s. L.
9) S. 278, 3. Vgl. Brief an Friedrich Schleiermacher vom Mai 1800.
10) S. 285, 8 v. u. An A. W. Schlegel in: Oskar *Walzel*, F. Schlegels Briefe an seinen Bruder A. W. Schlegel, Berlin 1890, S. 447. — Novalis nennt im Briefe an F. Schlegel vom 25. 5. 1797 (IV, 205) den „Sommernachtstraum" eine „ächte Groteske" und weist auf Theseus' Bestimmung der Dichtkunst hin (5. Akt, 1. Szene, Z. 25–30). Diese Verse:
Des Dichters Aug', in schönem Wahnsinn rollend,
Blitzt auf zum Himmel, blitzt zur Erd' hinab,
Und wie die schwangre Phantasie Gebilde
Von unbekannten Dingen ausgebiert,
Gestaltet sie des Dichters Kiel, benennt
Das luft'ge Nichts und gibt ihm festen Wohnsitz.,
klingen auffallend an die Zeilen 75–78 des „Astralis"-Gedichtes an.
12) S. 287, 11 v. u. Vgl. III, 185 u. 266 und die Anspielung auf die Erdgeistszene im „Lied der Toten", I, 354 f.
13) S. 288, 21. Über die Bedeutung des Namens Zyane s. S. 284.
14) S. 289, 16. Vgl. die eingehende Interpretation des „Liedes der Toten" von H. J. Schrimpf, dem allerdings die Urfassung des Liedes (I, 350–355, Lesarten und Anmerkungen 614 ff.) noch nicht zur Verfügung stand.
15) S. 291, 10. Diese vollständige Lesung des durch Rasuren ver-

der oten bedeutsamen Fragments ist erst jetzt möglich geworden. Allerdings ist das erste Wort „Friedrich" nicht ganz sicher.

16) S. 291, 14. „De tribus impostoribus": der 1. Druck nach einer verlorenen Handschrift ist von 1598. Papst Gregor IX. schrieb 1229 Friedrich II. die Äußerung in seiner Bannbulle gegen den Kreuzzug zu. Vgl. zu Friedrich II. als „Messiaskönig" und „Antichrist" Alois *Dempf*, Sacrum Imperium, 2. Aufl. Darmstadt (W. B. G.) 1954, S. 317–325.

17) S. 292, 3 v. u. *Holtei*, Briefe an Ludwig Tieck, 1864, Bd. III, S. 259.

18) S. 294, 13 v. u. Im „Wartburgkrieg" führte Klingsohr Heinrich auf seinem Zaubermantel von Ungarn nach Eisenach. – Vgl. zu Klingsohr als Zentralgestalt des zweiten Teiles des „Wartburgkrieges" und Übereinstimmung mit Gedanken des Romans Samuel, s. L., S. 281 ff.

19) S. 295, 9. Die Karfunkelgeschichte (I 337, Nr. 6) war zunächst als selbständige Erzählung konzipiert worden, wurde aber dann in die Ofterdingen-Handlung eingefügt. Novalis machte sich eingehende Gedanken darüber, wie die vielen Ausstreichungen in den Berliner Papieren und Änderungen (vgl. I, 348) zeigen.

20) S. 295, 21. Die Verwandlungen Heinrichs und ihre zeitliche Beziehung zum Pflücken der blauen Blume ist in den verschiedenen Handschriften recht dunkel. Zunächst heißt es (I, 341, Z. 7 v. u.): „Heinrich von Afterd[ingen] wird Blume – Tier – Stein – Stern." Dann wieder (342, Z. 14): „Heinrich wird im Wahnsinn Stein-klingender Baum – goldner Widder." Endlich (348, Z. 9 ff. v. u. unter Auslassung von Ausstreichungen): „Er pflückt die blaue Blume – und wird ein Stein ... ein klingender Baum ... ein goldner Widder ... ein Mensch." Dies würde auf das Pflücken der Blume vor den Verwandlungen deuten, während die angeführte Aufzeichnung, daß Heinrich erst durch „geheimnisvolle Verwandl[ung] für die blaue Blume empfänglich" gemacht werden müsse (342, Z. 11 v. u.) darauf deutet, daß Heinrich diese erst pflückt, nachdem er wieder Mensch geworden ist.

21) S. 296, 14 v. u. Gozzis Märchenstücke („Fiabe dramatiche") erschienen 1795 in der Übersetzung von F. A. G. Werther. Novalis plante auch „Gozzische Schauspiele" (III, 327).

22) S. 297, 14 v. u. Die Stichworte, die auf das Gedicht „Die Vermählung der Jahreszeiten" in der Handschrift folgen (I, 355, Z. 2 v. u. muß „Winter" statt „Weiter" gelesen werden) beziehen sich nicht auf die Fortsetzung des Gedichtes, sondern auf die Fortsetzung der Handlung. R. S.

## LUDWIG TIECK S. 329

T: „Vittorio Accorombona" nach: Ludwig Tiecks ausgew. Werke in 8 Bdn., Bd. 7, Stuttgart 1885.

L: Marianne *Thalmann*, L. Tieck, Der Heilige von Dresden, Berlin 1960.

438 ANMERKUNGEN

Seite

N: 333, 14 V.A., S. 254
335, 9 v.u. ebd., S. 278
338, 17 ebd., S. 11
338, 19 v.u. ebd., S. 10
338, 15 v.u. ebd., S. 19
338, 2 v.u. ebd., S. 13
339, 6 ebd., S. 89
339, 11 ebd., S. 111
339, 17 v.u. ebd., S. 133
339, 8 v.u. ebd., S. 120
339, 6 v.u. ebd., vgl. bes. S. 124 u. S. 132
340, 9 ebd., S. 261
340, 13 v.u. ebd., S. 263
340, 10 v.u. ebd., S. 265
341, 4 haben konnte / ebd., S. 266
341, 17 ebd., S. 270
341, 21 v.u. ebd., S. 271
341, 15 v.u. ebd., S. 271
342, 6 Thalmann, s. L., S. 159
342, 16 V.A., vgl. bes. S. 173 ff.
342, 20 ebd., S. 158
342, 19 v.u. Thalmann, s. L., S. 159

Seite

342, 14 v.u. V.A., S. 160
342, 9 v.u. ebd., S. 159
343, 1 v.u. ebd., S. 187
343, 1 v.u. ebd., S. 206
344, 19 v.u. ebd., S. 206–207
345, 13 ebd., S. 208
346, 3 ebd., S. 210–211
346, 8 ebd., S. 211
347, 17 Thalmann, s. L., S. 159
347, 16 v.u. V.A., S. 197
347, 5 v.u. ebd., S. 197
348, 7 ebd., S. 228
348, 17 ebd., S. 237
348, 12 v.u. ebd., S. 239
349, 3 ebd., S. 240
349, 9 Thalmann, s. L., S. 149 ff.
350, 8 Thalmann, s. L., S. 145
350, 11 V.A., S. 262
350, 13 ebd., S. 264
350, 21 v.u. ebd., S. 124
350, 10 v.u. ebd., S. 174
351, 1 ebd., vgl. bes. S. 120–121
351, 20 v.u. ebd., S. 91

A: 1) S. 329, 3. Aus der wissenschaftlichen Beschäftigung mit Ludwig Tieck sei vor allem auf M. Thalmanns feinsinniges Buch, s. L., hingewiesen. Dort findet sich auch eine weitere kritische Auseinandersetzung mit der Sekundärliteratur.
2) S. 334, 7 v.u. Die Bemerkung im Text bezieht sich auf die Methode, die Jost *Hermand* anwendet in seinem Buch, Die literarische Formenwelt des Biedermeiers, in: Beiträge zur dt. Philologie, XXVII, Gießen 1958. Vgl. dazu meine Besprechung in: Modern Philology, LVI, 2, 1958.
3) S. 335, 8. Vgl. dazu Will *Durants* Werk, The Renaissance, A History of Civilization in Italy from 1304–1576 A. D., New York 1953.
4) S. 350, 2. Vgl. Wolfgang *Taraba*, Die Rolle der „Zeit" und des „Schicksals" in Eduard Mörikes Maler Nolten, in: Euphorion 50, 1956.
5) S. 351, 17 v.u. Vgl. hierzu bes. Benno *von Wieses* Interpretation, in: Die dt. Novelle I, Düsseldorf 1956 u. ö., S. 117 ff.       W. T.


ERNST THEODOR AMADEUS HOFFMANN                               S. 301

T: „Lebensansichten des Kater Murr nebst fragmentarischer Biographie des Kapellmeisters Johannes Kreisler in zufälligen Makulaturblättern" nach: Dichtungen und Schriften, hrsg. v. Walther Harich, Bd. V,

Weimar 1924. Zwar ist der Text reich an ärgerlichen Druckfehlern, doch ist Harichs Ausgabe die einzige vollständige, während die sorgfältige Edition von Carl Georg von Maassen (Bd. 9/10, München 1928) ein Torso geblieben ist.

L: Georg *Ellinger*, E. T. A. Hoffmann, Hamburg–Leipzig 1894; Paula *Scheidweiler*, Der Roman der dt. Romantik, Leipzig–Berlin 1916; Walther *Harich*, E. T. A. Hoffmann. Das Leben eines Künstlers, 2 Bde., Berlin 1920; Richard von *Schaukal*, E. T. A. Hoffmann. Sein Werk aus seinem Leben dargestellt, Zürich–Leipzig–Wien 1923; Gustav *Egli*, E. T. A. Hoffmann. Ewigkeit und Endlichkeit in seinem Werk, Zürich 1927; Wolfgang *Pfeiffer-Belli*, Mythos und Religion bei E. T. A. Hoffmann, in: Euphorion 33, 1933, S. 305–340; Ernst von *Schenck*, E. T. A. Hoffmann. Ein Kampf um das Bild des Menschen, Berlin 1939; Kurt *Willimczik*, E. T. A. Hoffmann. Die drei Reiche seiner Gestaltenwelt, Diss. Berlin 1939; Jean F.-A. *Ricci*, E. T. A. Hoffmann, L'homme et l'oeuvre, Paris 1947; Harvey W. *Hewett-Thayer*, Hoffmann, Author of the Tales, Princeton 1948; Hermann August *Korff*, Geist der Goethezeit, Bd. IV, Leipzig 1953; Hans *Mayer*, Die Wirklichkeit E. T. A. Hoffmanns, in: Von Lessing bis Thomas Mann, Pfullingen 1959, S. 198–246; Herman *Meyer*, Das Zitat in der Erzählkunst, Stuttgart 1961, S. 114–135.

Seite

N: 301, 19 S. 4
302, 19 24. 6. 1820 an Hippel, in: E. T. A. Hoffmann im persönlichen und brieflichen Verkehr, hrsg. v. Hans v. Müller, Berlin 1912, Bd. I, S. 270
302, 16 v. u. S. 3
303, 3 Franz Leppmann, Kater Murr und seine Sippe, München 1908, S. 11
303, 16 v. u. S. 14
305, 14 Jean Paul, Vorschule der Ästhetik, § 38, WA I, Bd. 11, S. 141
305, 14 v. u. ebd., § 37, S. 137
306, 7 ebd., § 32, S. 112
306, 22 S. 332
306, 19 v. u. S. 16
307, 20 S. 71
307, 13 v. u. S. 10
308, 10 S. 35
308, 12 ebd.
308, 20 v. u. S. 299
309, 12 S. 494

Seite

310, 4 Jean Paul, a. a. O., § 32, S. 112
310, 11 1. 5. 1820 an Speyer, Briefe, a. a. O., Bd. II, S. 402
312, 10 v. u. S. 384
312, 7 v. u. S. 281
313, 12 S. 286
313, 17 S. 290
313, 4 v. u. S. 488
314, 11 v. u. S. 292 f.
315, 20 S. 352
315, 8 v. u. S. 87
315, 1 v. u. S. 86
316, 4 S. 87
316, 19 v. u. S. 193 f.; vgl. S. 195
316, 16 v. u. S. 195
316, 9 v. u. Herman Meyer, Der Typus des Sonderlings in der dt. Literatur, Amsterdam 1943, S. 97
316, 6 v. u. Korff, s. L., S. 559
316, 3 v. u. S. 80
316, 2 v. u. S. 241
317, 16 S. 188

| Seite | Seite |
|---|---|
| 317, 20 v. u. S. 14 | 323, 18 Ricci, s. L., p. 463 |
| 317, 9 v. u. S. 169 | 323, 15 v. u. Willimczik, s. L., |
| 318, 3 S. 170 | S. 246, 268 |
| 318, 4 Egli, s. L., S. 117 | 324, 7 S. 194 |
| 318, 11 S. 66 f. | 324, 1 v. u. S. 89 |
| 318, 12 S. 172 | 325, 4 v. u. S. 81 |
| 318, 15 S. 359 | 326, 12 S. 527 |
| 318, 20 Jean Paul, a. a. O., § 32, S. 113 | 326, 14 Jean Paul, a. a. O., § 74, S. 246 |
| 318, 21–23 S. 162, 64, 70, 82 f. | 326, 17 S. 16 |
| 318, 8 v. u. S. 192 | 326, 1 v. u. S. 29 |
| 318, 1 v. u. S. 91 f. | 327, 1 S. 28 |
| 319, 6 S. 79 f., vgl. S. 290 | 327, 15 S. 33 |
| 319, 11 v. u. S. 202, vgl. S. 189 ff., 245 | 327, 11 v. u. Pfeiffer-Belli, s. L., S. 305–340, bes. S. 329. Vgl. |
| 321, 20 Jean Paul, a. a. O., § 74, S. 245 | auch Mayer, s. L., S. 198–246 |
| 321, 17 v. u. S. 259 | 327, 7 v. u. Jean Paul, a. a. O., § 35, S. 126 |
| 322, 16 Harich, s. T., S. XI, und s. L., Bd. II, S. 233 | |

A: 1) S. 301, 8. Noch 1804 erschien Johann Ernst Wagners Roman „Wilibalds Ansichten des Lebens".

2) S. 302, 15. Das Kreislerbuch, Leipzig 1903; Lebens-Ansichten des Kater Murr, Leipzig 1916.

3) S. 302, 22. S. 34. Die Formel spielt zweifellos auf Jean Pauls „Biographische Belustigungen unter der Gehirnschale eine Riesin" an.

4) S. 308, 8 v. u. Vgl. Arnold *Hirsch*, Die Leiden des jungen Werthers. Ein bürgerliches Schicksal im absolutistischen Staat, in: Etudes Germaniques 13, 1958, p. 229–250.

5) S. 311, 11 v. u. Im ganzen Buch fehlt als soziale Schicht nur das gehobene, ehrgeizige Bürgertum, das in den „Kreisleriana", vor allem in den „Musikalischen Leiden", satirisch geschildert wird.   H. S.


## KARL IMMERMANN                               S. 353

T: „Münchhausen": Zugrunde gelegt ist die Ausgabe von Immermanns Werken durch Harry Maync, Leipzig–Wien, Bibliographisches Institut, 5 Bde. Münchhausen Bd. I und II.

L: Harry *Maync*, Immermann. Der Mann und sein Werk im Rahmen der Zeit und Literaturgeschichte, München 1920; Hans *Fehrlin*, Die Paralipomena zu Immermanns Münchhausen, Bern 1923; Norbert *Göke*, Untersuchung der literarischen und stofflichen Quellen von Immermanns Münchhausen, Münster 1925; Konrad *Hecker*, Mensch und Masse, Situation und Handeln der Epigonen gezeigt an Immermann und den Jungdeutschen, Berlin 1933; Friedrich *Gundolf*, Immermann, in: Romantiker, N. F., Berlin 1931; Elisabeth *Guzinski*, Immermann als Zeitkritiker, Berlin 1937; Benno von *Wiese*, Zeitkrisis und Biedermeier in Laubes Das junge Europa und in Immermanns Epigonen, in: Dichtung und Volkstum, Bd. 36, 1935; ferner: Karl Immermann als Kritiker seiner Zeit, in: Der Mensch in der Dichtung, Düsseldorf 1958; Werner *Kohlschmidt*, Die Welt der Bauern im Spiegel von Immermanns Münchhausen und Gotthelfs Uli, in: Dichtung und Volkstum, Bd. 39, Stuttgart 1938; Manfred *Windfuhr*, Immermanns erzählerisches Werk. Zur Situation des Romans in der Restaurationszeit, Gießen 1957; Walter *Höllerer*, Zwischen Klassik und Moderne, Stuttgart 1958, S. 212-239; Herman *Meyer*, Karl Leberecht Immermann „Münchhausen", in: Das Zitat in der Erzählkunst, Stuttgart 1961, S. 135-154 (konnte leider nicht mehr herangezogen werden).

Seite

N: 355, 5 I, S. 181
357, 14 I, S. 68 f.
358, 21 I, S. 35
358, 17 v.u. I, S. 37
358, 14 v.u. Geschichten/I, S. 348
358, 14 v.u. Faxen / I, S. 399
361, 16 II, S. 222
361, 9 v.u. I, S. 315
362, 4 II, S. 165
362, 14 II, S. 367
362, 7 v.u. II, S. 177
363, 13 II, S. 160
364, 16 II, S. 160 f.
365, 12 v.u. I, S. 262
366, 3 v.u. II, S. 412
366, 2 v.u. II, S. 218
371, 13 II, S. 73
372, 18 II, S. 300
374, 2 II, S. 48
374, 18 II, S. 347
374, 21 I, S. 467
375, 5 II, S. 339
375, 9 v.u. II, S. 409
377, 18 II, S. 412
377, 7 v.u. I, S. 89
379, 18 v.u. I, S. 403
379, 10 v.u. I, S. 156
380, 1 v.u. I, S. 262
381, 5 I, S. 196
382, 14 I, S. 203 f.
382, 19 Daseins / I, S. 204

Seite

382, 21 I, S. 203
383, 21 v.u. II, S. 195
383, 12 v.u. II, S. 191
383, 8 v.u. II, S. 220
384, 13 II, S. 190
385, 14 v.u. II, S. 60
385, 9 v.u. II, S. 159
386, 3 II, S. 160
386, 16 v.u. II, S. 211 f.
386, 9 v.u. II, S. 162
386, 7 v.u. II, S. 209
387, 16 v.u. II, S. 411
387, 7 v.u. II, S. 411
388, 15 v.u. I, S. 238 f.
389, 11 I, S. 241
389, 20 I, S. 242
389, 16 v.u. I, S. 243
389, 9 v.u. I, S. 204
390, 12 I, S. 270
390, 20 v.u. I, S. 208
390, 13 v.u. I, S. 208
390, 4 v.u. I, S. 208
391, 2 II, S. 374
391, 15 II, S. 377 ff.
392, 18 II, S. 382 f.
392, 14 v.u. II, S. 66
392, 2 v.u. II, S. 66
393, 21 I, S. 237 f.
394, 8 V, S. 236 f.
395, 5 I, S. 257
395, 9 I, S. 248

| Seite | Seite |
|---|---|
| 395, 1 v.u. II, S. 356 | 401, 1 I, S. 366 |
| 396, 12 v.u. II, S. 413 | 401, 5 v.u. I, S. 200 |
| 396, 1 v.u. II, S. 415 | 402, 5 II, S. 83 ff. |
| 397, 10 II, S. 416 | 402, 10 v.u. II, S. 88 |
| 397, 18 v.u. II, S. 415 | 403, 4 v.u. II, S. 108 |
| 398, 21 v.u. I, S. 108 | 404, 10 v.u. II, S. 224 f. |
| 399, 7 I, S. 335 ff. | 405, 6 II, S. 225 f. |
| 400, 6 I, S. 344 | 405, 4 v.u. II, S. 250 |
| 400, 21 v.u. I, S. 361 | 406, 1 v.u. II, S. 417 |
| 400, 9 v.u. I, S. 363 | |

A: 1) S. 354, 20. Vgl. M. Windfuhr, s. L., S. 201 ff.

2) S. 357, 1. Vgl. Wolfgang *Kayser*, Das sprachliche Kunstwerk, Bern 1948, S. 149–152 und Windfuhrs Kritik, s. L., S. 190 f.

3) S. 359, 1 v.u. Zur Unterscheidung von Autor und Erzähler vgl. auch W. *Kayser*, Wer erzählt den Roman?, in: Die Vortragsreise, Bern 1958.

4) S. 360, 3 v.u. Vgl. dazu Immermann, Über den rasenden Ajax des Sophokles: „Die Ironie gehört zu den Mitteln, wodurch die Darstellung von dem Dargestellten gesondert und die Form als Kunstform ausgeprägt wird", Ausgabe von Boxberger (Hempel-Klassiker), 17. Teil, S. 441. Zur Ironie überhaupt: Ingrid *Strohschneider-Kohrs*, Die romantische Ironie in Theorie und Gestaltung, Tübingen 1960.

5) S. 366, 20. Immermann, Über den rasenden Ajax des Sophokles, 17. Teil, S. 441.

6) S. 378, 4. Vgl. Immermann, Der im Irrgarten der Metrik umhertaumelnde Cavalier, 17. Teil, S. 478.

7) S. 381, 15. Vgl. ebd. S. 478.

8) S. 393, 13. Diese Wendung nach dem Brief Immermanns an Dr. Deycks vom 29. Juni 1836, vgl. Karl Immermann. Sein Leben und seine Werke, aus Tagebüchern und Briefen an seine Familie zusammengestellt, hrsg. v. G. zu Putlitz, Berlin 1870, Bd. II, S. 153.

9) S. 398, 17. Vgl. Immermann, Der im Irrgarten der Metrik umhertaumelnde Cavalier, 17. Teil, S. 478.

10) S. 399, 18. Über die literarischen, von Immermann verwandten Quellen unterrichtet Richard M. *Meyer*, Die Ziegen auf dem Helikon, in: Euphorion, 3, 1896.

11) S. 406, 3. Vgl. dafür H. G. *Gadamer*, Karl Immermanns Chiliastische Sonette, in: Die Neue Rundschau 60, 1949, S. 487–502.  B. v. W.

DER DEUTSCHE ROMAN II

# DER DEUTSCHE ROMAN

Vom Barock bis zur Gegenwart

Struktur und Geschichte

II

Herausgegeben von

Benno von Wiese

August Bagel Verlag Düsseldorf

Neuntes bis vierzehntes Tausend
Alle Rechte vorbehalten. Printed in Germany 1965
Herstellung A. Bagel, Düsseldorf

# INHALT

## Vom Realismus bis zur Gegenwart

JEREMIAS GOTTHELF
  Geld und Geist · Von Werner Kohlschmidt .. .. ..    9

ADALBERT STIFTER
  Der Nachsommer · Von Victor Lange .. .. .. ..   34

GOTTFRIED KELLER
  Der grüne Heinrich · Von Wolfgang Preisendanz ..   76

WILHELM RAABE
  Das Odfeld · Von Walther Killy .. .. .. .. ..  128

THEODOR FONTANE
  Der Stechlin · Von Walter Müller-Seidel .. .. ..  146

THOMAS MANN
  Buddenbrooks · Von Eberhard Lämmert .. .. ..  190

FRANZ KAFKA
  Der Prozeß · Von Beda Allemann .. .. .. ..  234

ALFRED DÖBLIN
  Berlin Alexanderplatz · Von Albrecht Schöne ... ..  291

HERMANN BROCH
  Der Tod des Vergil · Von Albert Fuchs .. .. ..  326

ROBERT MUSIL
  Der Mann ohne Eigenschaften
    Von Wolfdietrich Rasch .. .. .. .. ..  361

Anmerkungen .. .. .. .. .. .. .. .. ..  421

# VOM REALISMUS
# BIS ZUR GEGENWART

WERNER KOHLSCHMIDT

## Gotthelf · Geld und Geist

Voraussetzungen

„Geld und Geist" erschien 1843 in seiner ursprünglich beabsichtigten Form als zweites Bändchen einer von Gotthelf bei einem bescheidenen Solothurner Verleger veröffentlichten Werkreihe „Bilder und Sagen aus der Schweiz". Es war der spätere erste Teil. Die Ausweitung um zwei weitere Teile erfolgte im vierten und fünften Bändchen der gleichen Reihe 1844. Es handelt sich also um einen der bei Gotthelf mehrfach auftretenden Fälle der Ergänzung und Abrundung einer ursprünglich begrenzter angesetzten Konzeption um weitere „Teile". „Uli"- und „Anne Bäbi Jowäger"-Roman sind die bekanntesten Analogien. Wie beim „Uli" folgt auch die Ausweitung von „Geld und Geist" erst nach einer zeitlichen Unterbrechung. Die in diesem Verfahren beschlossene Formproblematik wird später zur Sprache kommen. Die Handschrift von „Geld und Geist" ist nicht erhalten. In den in der Kritischen Ausgabe mitgeteilten Briefen findet sich nicht eine einzige ergiebige Stelle zur Entstehungsgeschichte gerade dieses Werkes, das eines der zentralsten Gotthelfs wird. Erst die ganz neu aufgetauchten, 1961 veröffentlichten Briefe an K. R. Hagenbach geben an einer Stelle eine freilich äußerst wichtige Selbstaussage zur Frage des Übergangs von der Novellen- zur Romanform: „Ich sehe wohl, daß eine Fortsetzung folgen muß, indessen bin ich darüber noch nicht im klaren, jedenfalls ist es schwer, sie im gleichen Geiste zu halten, sie nicht in einfache Hochzeitgeschichte verflüchtigen zu lassen" (6. II. 43). Diese einzige wesentliche Briefstelle enthält den Kern des im folgenden dargestellten Form-Problems von „Geld und Geist".

„Geld und Geist" entstammt der fruchtbarsten Schaffensperiode Gotthelfs. Von den spät ansetzenden Jahren dichterischer Produktivität, die dem zu ihrem Beginn fast Vierzigjährigen noch gegönnt waren, brauchte er etwa das erste Jahrfünft, um seiner Sache und seines Stiles sicher zu werden, was 1840 mit „Uli der Knecht" erreicht ist. 1842 und 1843 entstehen nicht nur die beiden meisterhaftesten seiner Novellen: „Die schwarze Spinne" und „Elsi die seltsame Magd", sondern auch, zeitlich in- und nebeneinander, „Anne Bäbi Jowäger" und „Geld und Geist". Man kann darüber streiten, ob Gotthelf je zeitbedingte und überzeitliche Menschlichkeit wieder so rein als Einheit zu gestalten vermochte wie hier. Den Rang von Höhepunkten seines damals gerade seiner selbst bewußt gewordenen Könnens und des ihm eigentümlichen Stils kann man beim „Jowäger"-Roman und „Geld und Geist" nicht in Frage stellen. An den Anfängen, dem „Bauernspiegel" und dem „Schulmeister", gemessen, zeigen sie eine unabhängig gewordene bildende Kraft und eine verfeinerte Menschen- und Seelenkenntnis.

Gotthelfs Entwicklung bis hierher war zugleich langsam und spät und jäh und plötzlich. Achtunddreißigjährig entwirft er sein erstes dichterisches Werk, den „Bauernspiegel". Was an literarischen Versuchen vorhergeht, erwächst, direkt oder indirekt, aus seinem Pfarrberuf, in dem er es, gleichfalls recht verspätet, zu der Landpfarre im Emmental gebracht hat, von der er niemals in ein anspruchsvolleres Amt berufen wird. Seine Wirkung als Prediger war mäßig, wie denn auch seine handschriftlich erhaltenen Predigten nicht überragend sind. Die Reiseberichte des einstigen Göttinger Studenten hatten eher literarisch eine andere Richtung versprochen. Freilich standen sie partienweise noch stärker im Bann spätromantischer Sehweise und der Bildungswelt der ausgehenden Goethezeit, zu der Gotthelf später den Kontakt nahezu völlig abbrach. Wo sich romantische Sentimentalität im Werk noch niederschlägt, vor allem in historischen Novellen, wird es nirgends zu ihrem Vorteil sein. Ein Zeichen, daß der Weg dieses Dichters nicht vom Standort der Goethezeit denkbar gewesen wäre, obwohl im Zentrum seiner eigentlichen Theologie Herder bestimmend bleibt, mit dem man auf der Berner Hochschule zu seiner Zeit die jungen Theologen aufzog. Die fast anderthalb Jahrzehnte während Vikariatszeit läßt unbemerkt eine Persönlichkeit ausreifen, die der intellektuellen, vor allem der literarischen Weiterbildung entbehrt, die sich zudem in ihrem Amt keineswegs auszeichnet, auch als Seelsorger nicht, die aber ganz im stillen einen Schatz von Menschenkenntnis in sich angesammelt haben muß, der dann elementar eine Form des Ausbruchs sucht. Da er sie nicht im Amte findet, da er sie nicht in der literarischen Tradition finden kann, muß der „Ausbruch des Bergsees", den Gotthelf selber als Bild seiner Entwicklung verwendet, sich sein eigenes Bett suchen. Das lange, und zwar in einer Natur von äußerster erzieherischer Vitalität Angestaute führt dann zu dem in der Literaturgeschichte kaum mit Analogem vergleichbaren Phänomen einer spät, aber dann schnell und anhaltend fruchtbaren Schaffenszeit, in der schon anfangs die volle Eigenart und die ganze Menschlichkeit des Dichters sich bezeugt. Es gibt hier kaum noch Entwicklungsstufen, von dem späteren Abstreifen gewisser Künstlichkeiten abgesehen, die den beiden großen Erstlingswerken anhaften. Vom „Uli" an gibt es nur ein mehr oder weniger reines Gelingen, ein Aneignen neuer Wirklichkeitsbereiche und mit ihnen eine Erweiterung des Menschenbildes, jedoch keine Brüche, Umschläge, Stilwechsel mehr. Die Sprache zeigt dasselbe Bild. „Geld und Geist" fällt, zeitlich zu Beginn des zweiten Drittels der dichterischen Produktivität, in eine solche Periode besonderen Gelingens.

Die erste Konzeption

Nur für den ersten Teil, wie er 1843 vorliegt, gilt der Doppeltitel „Geld und Geist oder die Versöhnung" im eigentlichen Sinne. Zwar schließt auch die Erweiterung mit einer Versöhnung, aber ein Schlußmotiv duldet im Grunde keine Wiederholung, während die weltanschauliche Allgemeinheit der ersten Titelhälfte sehr wohl auch die später erweiterte Konzeption zu treffen vermag. Im ersten Teil hingegen zielt die ganze Handlung auf die Aufhebung von Zwietracht und auf Versöhnung nicht in einem symbolischen, sondern konkret menschlichen Sinne.

Die erste Konzeption ist nicht eigentlich die eines Romans. Denn es gibt z. B. den „Helden" nur sehr cum grano salis. Den Mittelpunkt bildet vielmehr die Gemeinschaft einer Familie, deren Glieder, so geflissentlich individuell Gotthelf sie auch darstellt, nicht ohne einander oder in Zwietracht miteinander existieren können. Unter ihnen freilich ist eine überragende Gestalt: die der Mutter, in der die Entscheidung über das Schicksal aller sich vollzieht. Ob das ein „Falke" im Sinne der Heyseschen Novellenform ist, mag man vielleicht diskutieren. Die innere Entscheidungsdynamik weist das Werk am ehesten dieser Gattung zu. Mit der „Dorfgeschichte" im Sinne Auerbachs teilt sie nur das Stoffliche, den Schauplatz, aber weder die Technik noch den Geist. Diese Erzählform steht nicht nur in der Prosaepik der vierziger Jahre, sondern noch für lange als eigentümlicher Typus da, dem die Spannung ganz von innen her zuwächst. Die äußeren Geschehnisse sind, vergegenwärtigt man sich im Vergleich Meyersche oder selbst Kellersche Novellen, ohne jedes Dramatische, ja fast herb prosaisch.

Zum Verständnis der Verwicklung, die zur Katastrophe führt, muß man auch die politische Voraussetzung klären, die hier so zart wie selten bei Gotthelf in menschliche Grundproblematik sublimiert ist. Gotthelf, ursprünglich wie als Theologe so auch als Politiker

Liberaler, sieht sich zunehmend in den Wirren der Parteikämpfe seiner Heimat nach der konservativen Seite hinübergedrängt, da sein religiöses Weltbild theozentrisch bleibt, und zwar im Sinne einer die Geschichte stets dynamisch bestimmenden Gottheit, für deren unmittelbare Wirkungsmacht Gotthelf äußerst empfindlich war. Die führende Partei der Radikalen in Bern und Zürich, den beiden mächtigsten Kantonen, tastete aber gerade dieses religiöse Weltbild an, zum Teil auch unter den frischen Einflüssen des deutschen Linkshegelianismus und Frühmaterialismus.

Ein Charakter wie Gotthelf konnte hier nichts als die Auflösung aller von der christlichen Lebensordnung überlieferten Werte sehen: Zerstörung nicht nur der Kirche und der Schule, sondern auch der Familie, der intakten bäuerlichen Gemeinschaft und jeder sauberen Sittlichkeit. Symptome im politischen und sozialen Leben von der Hauptstadt bis ins kleinste Dorf hinunter ergab das Zeitbild zur Genüge. Ein neues skrupelloses und egoistisches Menschenwesen sah er das Haupt erheben. Ihm galt zunehmend sein Kampf, den er in den direkt politisch gemünzten Erzählungen wie „Zeitgeist und Bernergeist", im von ihm nicht publizierten „Der Herr Esau" oder in „Jakob der Handwerksgeselle" ausfocht. Und von dieser Welt geht auch der Anlaß zum Konflikt unserer Geschichte aus.

Die Erzählung führt in die Welt der jahrhundertealten reichen und stolzen Bauernhöfe des Emmentals. Liebiwyl nennt Gotthelf symbolisch, wie er es auch sonst drastisch zu tun pflegt, den Hof, auf dem das im ganzen Land in hohem Ansehen stehende Elternpaar Christen und Aenneli mit seinen drei Kindern Christen, Annelisi und Resli in „adelicher Ehrbarkeit" hausen. Die Grundlage dieser Ehrbarkeit aber ist die Frömmigkeit der Eltern und das christliche Vorbild, das sie in der Zucht der Kinder einsetzen, so daß diese, jedes in seiner von den andern respektierten Eigenart, alle wohl geraten. So stellen sie zusammen das Vorbild einer durch und durch rechten Familie dar, die in sich in Frieden lebt, mit ihrem Reichtum häuslich schaltet, dabei aber auch den Armen reichlich mitteilt und, mit der Person des Vaters, der Ehrbarkeit angemessen, auch in der Gemeindepolitik ihre natürliche Rolle spielt. Ausdruck und Sinnbild der frommen Rechtlichkeit, die hier waltet, ist das abendliche gemeinsame Gebet der Eltern, in dem alle Schatten und Menschlichkeiten jedes Tages aufgehoben werden. Die ganze Exposition dient Gotthelf zur Entfaltung dieser christlichen Existenz einer ganzen Familie, die von ihrem ererbten und erarbeiteten irdischen Reichtum nur als „Verwalter Gottes" Gebrauch macht. So wie sie sind, könnten sie zeitlos leben, im 17. so gut wie im 19. Jahrhundert. Auch in der Individualität der Kinder zeigt sich kaum Zeitgeist an.

Diesen Frieden stört „die Welt". Es ist nicht das Raabesche „saeculum", das im Grunde eine romantische Antithese zu einer romantischen Stille ist. Die „Welt" ist bei Gotthelf vielmehr der von Gott emanzipierte materialistische und egoistische Bereich des Menschlichen. In diesem Falle konkret in einer seiner Ausdrucksformen: der Gemeindepolitik, und zwar der Gemeindepolitik unter dem „Zeitgeist". Der von Grund auf ehrliche Christen gerät in die Fänge eines gewissen- und skrupellosen Ratgebers. Dieser nützt die biedere Unkenntnis des großen Bauern in Geldgeschäften für seine Zwecke aus und veranlaßt Christen, eine bedeutende Summe ihm anvertrauter Mündel- und Vogtpapiere in Bargeld umzusetzen, das dann unbemerkt sich in die Taschen des unredlichen Beraters und seiner Freunde verflüchtigt. Christen hat sich dabei, seiner gutmütigen Natur gemäß, vertrauensselig wie ein Kind benommen, entgegen allen Warnungen Aennelis, die ihm intellektuell überlegen ist. Als er der Gemeinde die 5000 Pfund, die verlorengingen, aus eigener Tasche ersetzen muß, ist die Katastrophe der Familie da. Nicht etwa weil der Verlust, am Reichtum des Hofes gemessen, objektiv ins Gewicht fiele. Aber subjektiv zerstört er in einem psychologisch von Gotthelf meisterhaft dargestellten inneren Prozeß zuerst den Frieden und dann auch den Ruf der Familie fast völlig.

Das Titelmotiv „Geld und Geist" wird in diesen Partien mit einer erbarmungslosen Logik herausgearbeitet. Es ist bezeichnend, daß das in keiner Weise mit der objektiven Gefahr der Verarmung verknüpft ist. Der Geist des Geldes, der hier den vorbildlichen echten Geist einer bisher in sich ruhenden menschlichen Gemeinschaft ergreift und aufzulösen droht, ist eine Macht der Seele, die latent im Menschen liegt und jederzeit wieder hervorbrechen kann, wenn die ihn bändigenden sittlichen und religiösen Kräfte versagen. Genau das aber läßt Gotthelf hier eintreten. Theologisch ausgedrückt wäre es das Problem des reichen Jünglings aus dem Evangelium, dem denn auch später des Pfarrers zweite Predigt gilt.

Wie läßt er den Prozeß der Auflösung scheinbar so fest gegründeter Bindungen sich vollziehen? Der Anlaß liegt auch hier im Zeitgeist. Der in seiner Art wundervoll sichere Bauer sieht sich überfordert durch den öffentlichen Anspruch, den die Gemeinde an seine Mitwirkung stellt. Er, der kaum lesen und schreiben kann und dabei doch die volle Würde des Erben und Vertreters fast großartiger bäuerlicher Verhältnisse zu repräsentieren vermag, scheitert sofort an den Problemen einer Gemeindeverwaltung, in und an der sich bereits Vertreter des skrupellosen Zeitgeistes festgenistet haben. (Der untreue Ratgeber, der Gemeindeschreiber.) Christen muß die Erfahrung machen, daß diese Welt nicht sittlich ist in dem Sinne, wie er es ihr selbstverständlich zutraut. Dabei gerät nicht nur seine natürliche Würde in Gefahr, sondern er sieht sich durch die List geradezu zum Dummkopf degradiert, der er keineswegs ist. Denn die Hauptschuld liegt nicht bei ihm, der mit der ihm zugewachsenen Welt stets vollkommen fertig wurde, sondern in dem System, das sittlich nur funktionieren kann, wenn es auch eine Gemeinschaft der wirklich Sittlichen darstellt. Das aber muß für Gotthelfs religiöses Menschenbild eo ipso eine Utopie sein. Genau dies trennt ihn von den Fortschrittstendenzen seiner Zeit, die in ihrem Menschenbild von eben dieser Utopie ausgehen und daraus die Berechtigung der öffentlichen Ansprüche an den einzelnen in Staat und Gemeinde herleiten. Gotthelfs tiefes Mißtrauen gegen den sich nach dem Zeitgeist modernisierenden Staat beruht auf dem utopisch optimistischen Charakter des Menschenbildes, auf das er sich gründet. Sein eigenes christlich realistisches Menschenbild muß also, wie es im Falle Christens deutlich ist, in einer (Gemeinde-)Demokratie, deren Träger nicht sittlich sind, zum Opfer der in der Politik entbundenen Skrupellosigkeit werden. Nicht daß Gotthelf sich jemals nicht mit Stolz als Republikaner gefühlt hätte. Briefstellen und andere Selbstäußerungen beweisen es zur Genüge. Jedoch die Verwirklichung der Demokratie ist ihm durch keine noch so moderne Verfassung gewährleistet. Sie liegt vielmehr in der Intaktheit ihrer Träger. Da er diese mit dem scharfen Blick des christlichen Realisten, der niemals von dem Prinzip „Der Mensch ist gut" ausgehen kann, in der politischen Wirklichkeit seiner Zeit vermißt, und zwar je länger, je mehr, wird ihm auch die Ideologie des Liberalismus zur verdächtigen Phrase. Daher wirkt er den fortschrittlichen Zeitgenossen, zum Beispiel auch einem Gottfried Keller, als reaktionär, während er in Wirklichkeit dem festen Gefüge der liberalen Weltanschauung der dreißiger und vierziger Jahre gegenüber revolutionär war; freilich revolutionär aus christlicher Gesinnung, jedoch keinen Augenblick verzagt, das Bild des Menschen in seiner biblischen Unbedingtheit statt in seiner aufklärerischen Beschränktheit anzusetzen. Das ist der politische Aspekt von „Geld und Geist", der Aspekt von Gotthelfs „saeculum", von dem aus geschichtlich die Bedrohung von Liebiwyl einsetzt, die Bedrohung des Geistes durch das Geld, das „politisches" Geld ist, nicht durch persönliche Schuld der Familie verlorenes Geld. Die Friedensstörung kommt von außen. Zur Schuld im religiösen, persönlichen Sinne wird sie erst durch die Antwort von Liebiwyl auf die Anfechtung durch das politische Saeculum. In diesem Konflikt, aber auch nur hier, bekommt die Versuchung indirekt auch ein Recht. Es ist die Versuchung der Geschichtlichkeit schlechthin, der menschliche Existenz grundsätzlich ausgesetzt ist, wo sie nicht klösterlich abgeschieden ihren Frieden allein mit sich selbst sucht. Dies konnte Gotthelfs Lösung nicht sein.

Von nun an geht es um die Folgen des materiellen Verlustes. Die Familie, von der Gotthelf aussagt, sie sei der eigentliche Träger menschlicher Gemeinschaft, weder Staat noch Schule seien es, zerfällt nun in Zwietracht, da der Geist nicht stark genug ist, das Geld zu verschmerzen. Gotthelf zeigt in einer Psychologie, der gegenüber viele psychologische Studien des späteren Naturalismus grob erscheinen, wie der Friede Stufe um Stufe zerstört wird, nicht weil man in Not wäre, sondern weil man nicht vergessen kann. Die Symptome sind zunächst noch durch die ererbte gute Form verdeckt. Aber Christen rechnet Aenneli nun das Geld für die Armen nach, um wieder einzubringen, während sie dagegen dem Manne seine durch nichts zu beschleunigende Schwerfälligkeit in der Arbeit und seine Verschwendung im Stall vorhält, die sichere Verkaufsverdienste verschmäht um der bäuerlichen Repräsentation willen. Was sich zwischen die Eheleute schiebt, ist zunächst kaum mehr als dieser Eigensinn von beiden Seiten. Die Frau, unschuldig am verlorenen Geld, ist dabei mehr im Recht als der Bauer. Ihre Schuld liegt nicht in der Großzügigkeit gegenüber den Armen, sondern darin, daß sie, die Gescheitere und Überlegenere, die Empfindlichkeit des am Geldverlust schuldigen Mannes nicht respektiert. Daher kann es nicht besser, sondern nur schlimmer werden. Die Kinder werden unmerklich mit hineingezogen, eins nach dem andern, obwohl gerade sie es sind, die gerne für den Schutz des Geistes sorgen würden, der auch ihr eigenes Lebensgesetz ist. Alle Rücksichten fallen (nicht gewollt und zunächst nach außen kaum spürbar). Christen und Aenneli, mit sich selbst gequält und beschäftigt, verlieren den Sinn für die im Frieden immer respektierte Individualität der drei Kinder. Noch fallen zunächst keine häßlichen Worte. Die „adeliche Ehrbarkeit" weiß noch ihre Form nach außen zu wahren. Grobes oder Gemeines kommt nicht vor. Aber ein Augenblick entscheidet.

Gotthelf hat den Weg zu diesem Augenblick in einer eingeschalteten Meditation über den Teufel, wie er den Schelm macht unter den Menschen, genau ausgedrückt: „... so schleicht er noch viel herum in Gestalt von flüchtigen Gedanken, luftigen Nebeln gleich; und diese Gedanken streifen zuerst nur über eine Seele, dann schlagen sie sich allmählich nieder darin, haften, setzen sich fest. Dann steigen sie herauf in unsere Blicke, in unsere Gebärden, brechen endlich als Worte zum Munde heraus, und während wir glauben, wir reden aus dem göttlichsten Recht, ists der Teufel ..." Die Meditation mag stellvertretend gerade für die Neigung und Fähigkeit Gotthelfs sein, ein theologisch Vorgedachtes ins Menschliche zu transponieren, und zwar in ein sehr realistisch psychologisch durchschautes Menschliches. Der Augenblick ist dann da, als eine trotzig unbedachte Äußerung Christens, in der Aenneli einen endgültigen Vertrauensentzug sieht, ihr Rechtsgefühl, auf dem auch ihre Liebe beruht, tödlich verletzt. Am Abend ist daraufhin sie es, die die Gemeinschaft des Gebetes aufhebt, so daß beide sich zum erstenmal im Leben grußlos schlafen legen. Psychologisch ist der Ausdruck des Bruches, daß keiner dem andern ein Wort gönnt: „Und als Wunsch und Segen noch ausblieben, da war es ihr, als sei zwischen ihr und Christen ein weiter und tiefer Graben, über den keines Menschen Fuß kommen könne, zu keinen Zeiten mehr." Erst hierdurch wird Aenneli, ursprünglich innerlich und äußerlich im Recht, entscheidend in die Schuld mitverstrickt, die nichts anderes als die Selbstgerechtigkeit des formal zuerst Gekränkten ist, die sich nicht zum Vergeben durchringen kann. Denn Gotthelf läßt sie, die Klügere, in ihrem Gekränktsein übersehen, daß nur die Schwerfälligkeit des längst windelweich gewordenen Christen ihnen die versöhnliche Aussprache versagt. So verhärten sich beide, und von nun an liegt der verlorene Frieden der Familie bald auch für alle Welt offen. Sitte und Form, zunächst noch immer krampfhaft festgehalten, fallen immer mehr dahin, zunächst den Kindern gegenüber, die nun auch untereinander, nicht mehr von der selbstverständlichen Liebe der Eltern gehalten, zänkisch und bitter werden. Danach fallen auch die Rücksichten gegenüber der Welt. Die Dienstboten werden hineingezogen, die Freundinnen der Tochter, ja selbst die Bettler, die Aenneli nun erst recht versorgt. Damit ist nun auch der Ruf der Familie in ihrem Dorfe dahin. Wie mit einem Schlage ist er weggeweht, als das Sichgehenlassen der Streitenden schließlich die Männer des Dorfes für Aenneli, die Weiber für Christen Partei nehmen läßt. Resli, der Jüngste und Hoferbe, nach den Eltern die wichtigste Figur, empfindet das am schmerzlichsten: „Er wußte wohl, daß ein Name, welcher durch mehrere Geschlechter während einem ganzen Jahrhundert erworben worden war, in wenig Jahren ganz dahingeht ..." Hier verknüpft sich das, was war und was ist, bereits mit der Zukunft der Familie. Und hier, im Leiden des Erben am Zerfall der Gemeinschaft, in die er nur eine ebenso ehrbare Frau — er kennt sie schon — einzubringen gedenkt, liegt der eigentliche Keim der zweiten, erweiterten Konzeption, in der die Novelle zum Roman wird.

Es ist die Begegnung mit Annemareili, der Tochter eines reichen Bauern, bei einem sonntäglichen Tanzvergnügen. Gotthelf schaltet die Szene hier noch ganz in seine Haupthandlung ein; Resli sieht nicht nach Mädchen aus; aber er weiß, daß er über kurz oder lang als Hoferbe ein Söhnisweib ins Elternhaus bringen muß. Er findet am Eingang des Tanzsaales das unbekannte Mädchen, in dem er sofort die Ebenbürtige herausspürt: „Der Glanz der Züchtigkeit und Reinlichkeit, in welchen das Mädchen so gleichsam gebadet war, gab ihm fast etwas Stolzes, daß keiner der Bursche, die da waren, sich an ihns wagte." Beide geben dann auch gleich ein wunderbar passendes Paar beim Tanz ab. Resli erfährt erst nach dem baldigen Aufbruch des Mädchens ihren Namen. Es ist alles angelegt auf eine eigene Liebeshandlung in der jüngeren Generation, aber nichts ausgesponnen, das vom Thema der Geschichte ablenkte. Vorerst dient die Episode Gotthelf nur zur psychologischen Begründung, wodurch der Familienzwist Resli eigentümlich und besonders schmerzlich trifft. Kanzelt doch die Mutter ihren früheren Liebling, als er ihr in aller Offenheit berichtet, grämlich und bitter als Egoisten ab. Gotthelf will aber an diesem Beispiel gerade Aennelis Unfreiheit und Egoismus besonders bloßstellen als den kläglichen Irrweg eines ursprünglich so ganz auf Liebe eingestellten Charakters. Der Vater aber glaubt gar, der Sohn wolle ihn vorzeitig aufs Altenteil setzen.

So läßt Gotthelf denn alles einer Katastrophe zutreiben, so sorgsam, so zart er sie sich aus fast unscheinbaren Anfängen entwickeln läßt. Diese Katastrophe ist der Ausbruch eines fast zu Tätlichkeiten ausartenden Familienzankes am Sonntag vor Pfingsten. Er versinnbildlicht den zerstörten Familienfrieden, da hier jeder gegen jeden steht, und den Verlust nun auch aller Formen der Ehrbarkeit, vor dem sogar die Dienstboten Reißaus nehmen.

Aber der offene Ausbruch dessen, was Gotthelf erst nur verborgen und dann halb offen schwelen ließ, ist zugleich die Peripetie. Aennelis einsamer Kirchgang unmittelbar nach dem Streit führt sie schon herbei. Ihre Einsamkeit wird schon vor Beginn der Predigt zur Herzensangst. „Das Elend, das nicht aus mißratenen Ernten kommt ..., sondern das andere, das aus übelberatenen Seelen stammt und dauert ..." kommt ihr nun zum vollen Bewußtsein. Die Predigt über das Abendmahl trifft sie dann mitten ins Herz, in dem Todesahnungen und Todeswehmut sich regen. Denn der Pfarrer bezieht die Abschiedsworte Christi ganz realistisch auf die Vergänglichkeit des Menschenlebens und auf die Rechnung des Friedens, die jeden Augenblick abgeschlossen sein sollte, ehe ein jäher Tod in Unfrieden eintritt. Die Hörerin weiß sich selber angesprochen und getroffen, ohne Ausfluchtsmöglichkeit. Sie kehrt verwandelt nach Hause zurück.

Zu gleicher Zeit meditiert Christen am Waldsaum auf seine Weise über den zerstörten Frieden, sehr nüchtern übrigens, und seiner einfachen Art gemäß, in größter Nähe am Dialekt. Nahe an seiner Sprache läßt Gotthelf ihn auch denken. Daß er ebenso reif ist zur Umkehr wie Aenneli, ist deutlich. Zwar er bleibt ratlos, aber immer stärker ergreift die Wehmut nach dem alten Zustand von ihm Besitz. Dennoch findet niemand zunächst das lösende Wort. Aennelis Getroffenheit durch die Predigt mißdeutet der Mann als Schmollen. Und obwohl sie inbrünstig im Herzen wünscht, er möge daheim bleiben, dann wolle sie „das Herz in beide Hände nehmen", bleibt sie doch noch einmal einsam auf dem öden Hof zurück. In dieser Zeit läßt Gotthelf die Wirkung der Predigt in ihr zum Durchbruch kommen. Es ist der entscheidende Augenblick der Peripetie, so wie der entscheidende Augenblick, der die Katastrophe einleitete (die Verweigerung des gemeinsamen Gebetes) auch bei Aenneli lag. Die Wendung setzt ein, als Aenneli in ihrer Verzweiflung beim Blick über das Land den Frieden von Himmel und Erde erkennt. Jetzt erinnert sie sich des Bruchs der Gebetsgemeinschaft durch sie selbst. Und das ist der Augenblick, in dem jäh der Geist in ihr siegt: „So ging ihr auf ihre Schuld, und ihres Elends Anfang suchte sie nicht mehr im Verlust der fünftausend Pfund, welche mehr dem Manne als ihr zur Last fielen, sondern im Zerreißen des geistigen Bandes, welches so lange ihre Seelen in Treue und Liebe zusammengehalten hatte, und dieses Zerreißen war ihre Schuld. Diese Erkenntnis, die fast wie ein Blitz durch ihre Seele fuhr, erschütterte Aenneli tief." In diesem Augenblick ist die Entscheidung beschlossen. Gotthelf läßt ihn paulinisch „fast wie ein Blitz" an seiner „Heldin" geschehen. Und nicht umsonst folgt auf ihn der für Gotthelfs Kunst vielleicht bezeichnendste Exkurs über den heroischen Helden und Märtyrer, dem er den realistischen Helden des Alltags ohne Pathos, den Helden der Demut und Stille, als ebenbürtig entgegenstellt. Es geht dem Dichter um einen absolut „inwendigen" Sieg.

Und mit ihm sind auch Leben und Freude wieder da: „Als Aenneli so auf dem Berge gerungen und gesieget hatte und sie die Augen aufhob, da schien ihr alles noch viel schöner als sonst..." Es ist eine Wiedergeburt (auch diese Bezeichnung findet sich). Aber man würde sich in Gotthelfs Darstellungsart täuschen, wenn man glaubte, die „Versöhnung" würde sich nun in irgendeiner pathetischen Form vollziehen. Als die andern sich zögernd und hastig, keiner mit leichtem Herzen, wieder einfinden, spielt sich alles so prosaisch wie möglich ab. Aenneli hat nun für jeden ein gutes Wort, für Christen schöpft sie zum erstenmal wieder die Nidle ab. Damit ist das Eis gebrochen. Christen wird gesprächig, die andern auch: „Ein freundlich Wort gab das andere freundliche Wort, man wußte nicht wie, und hoch am Himmel stand der Mond, als eins nach dem andern seine stille Kammer suchte."

Der Leser weiß nun genau, wie danach die Versöhnung — eigentlich und sinnbildlich — sich verwirklichen muß. Denn das Wort ist noch nicht gesprochen. Das Heldentum der Demut kann sich aber für Gotthelf erst mit ihm vollenden. Noch einmal läßt er Aenneli in ihrem beschränkt menschlichen Raum mit sich ringen, den Aufschub abweisen, nach dem ihr Allzumenschliches verlangt. Aber der beschränkt menschliche Raum weitet sich zum unendlichen, indem der Dichter auf Christi Ringen mit dem Tode selber anspielt: „Da wandte ihre Seele sich mit einem unaussprechlichen Seufzer zu Gott empor: Vater, hast du mich verlassen? Da wars, als versinke ein finsteres Unwesen, das drohend vor ihrer Seele gestanden, als sprängen Ketten, die um ihre Brust geschlungen, frei ward das Wort in ihrem Munde, und langsam und bebend, aber inbrünstig und deutlich begann sie zu beten Unser Vater . . ." „Beim ersten Ton aus Aennelis Munde fuhr Christen zweg, als hätte der Klang der Feuerglocke sein Ohr getroffen, dann saß er auf, dann rangen sich auch Töne aus seiner Brust, er betete mit . . ." Damit ist, nach Christens anderem Maße, der „Blitz" auch über ihn gekommen. Der zweite Teil des Titels, wie Gotthelf ihn für die erste Konzeption gemeint hatte, ist besiegelt. Die Verhärtung des Schweigens ist gebrochen. Denn zur Versöhnung gehört die wiedergewonnene Freiheit des Wortes: „So war es auch ihnen; lange trauten sie ihren Ohren kaum, konnten ihr wiedergefundenes Glück nicht fassen, fürchteten bei jedem Wort, es möchte in eine wunde Spalte des Herzens fallen und aus dem Abgrunde der Streit wieder sein struppicht Haupt erheben. Sie wählten mit der rührenden Sorgfalt, mit welcher eine zärtliche Mutter ihres Lieblings eiternde Wunde verbindet, die Worte aus, und in neuer Redeweise erkannten sie die Macht ihrer Liebe." In dieser Nacht (so wie in ihrer Voraussetzung, der Predigt) hat sich an dem so unpathetischen und unheroischen „Helden" dennoch das Außerordentliche vollzogen, in beiden Fällen und keineswegs zufällig durch das Wort. Die einfachen Menschen in ihren einfachen Formen werden dabei ohne jede Sentimentalität

Teilhaber des Unendlichen. Es gehört zu Gotthelfs innerem Raumbild, daß sich diese Erfahrung auch am Einfachsten vollziehen kann. Der ihnen gemäßeste Weg nach dem wiedergefundenen Frieden ist die Familie und das Wiedererwachen aller Liebe für die Kinder. Ihr Glück wird erst vollständig, als sie erkennen, was sie diesen nun wieder sein können, nachdem die „Angst ums Geld" ihre Herzen ihnen so lange verschlossen hat.

Aber die schlaflose Nacht des Außerordentlichen vergeht. Das Glück, das aus ihr erwächst, kündigt sich den andern wieder realistisch ohne alle Sentimentalität: „Sie verkündeten ihre Freude nicht laut, gaben ihr keine besonderen Worte, das Hauswesen ging seinen gewohnten Gang ..." Den Kindern wird die Versöhnung wieder ganz nüchtern klar. Der Vater gibt Resli Auftrag und Freiheit zu Änderungen im Stall. Die Mutter macht Annelisi, ihrer Jüngsten, Vorschläge zur Verbesserung von deren Garderobe. Etwas Weiteren bedarf es nicht für diese nun wieder in ihre adelige Form zurückfindenden Menschen. Aber es genügt, um Gotthelf über Resli sagen zu lassen: „Resli stund fast auf dem Kopf" und über die Tochter: „Diese Reden der Mutter machten Annelisi fast wunderlich."

Gotthelf läßt zum Schluß dennoch das Außerordentliche auch der ganzen Familie geschehen, nämlich in der Pfingstpredigt, deren Inhalt der Dichter wiederum dem Leser nicht erspart. Sie handelt vom reichen Jüngling, aber so realistisch menschlich, daß es der versöhnten Familie ist, als „hörten sie ... vor der ganzen Gemeinde ihrer Herzens Geschichte und Zustände". Für Gotthelf ist hiermit die Wiedereinsetzung des Geistes in den Herzen der Liebiwyler noch einmal ausdrücklich in aller Öffentlichkeit besiegelt. Denn die vom Geld noch besessenen reichen Bauern in der Kirche läßt er nicht mitgetroffen sein, sondern ungerührt Kritik üben an der Predigt. Die Wirkung kann nur eine „inwendige" sein, worüber der Dichter im Anschluß auch meditiert.

Mit dem vollen Frieden in der Familie schließt Gotthelf, wieder ohne große Worte, die Konzeption. Christen spricht selber offen vom Altenteil und von den künftigen Heiraten der Kinder. Dabei wird nun unter dem neuen Vorzeichen am Schluß auch die Begegnung Reslis mit des Dorngrütbauern Tochter Annemareili offen angesprochen. Reslis Erröten zeigt die von Gotthelf beabsichtigte Anlage des Motivs, die nun allen erwünschte Lösung in einem den Eltern ebenbürtigen Paare der jungen Generation. Christeli, der ältere Bruder, erbietet sich selbst, den Vermittler zu machen. Liebe und Friede der Familie sind auf ihrem Höhepunkt. Da läßt Gotthelf mit einemmal die Feuerglocke durch die Nacht schallen. Resli muß ihrem Aufgebot folgen: „Und verschwunden war das schöne Bild der innigen Familie, verschlungen vom Wirbel der Welt.

Aber sei auch das Bild verschwunden, ist nur der Geist geblieben; der lebendige Geist sprüht neue Bilder immer wieder auf, schöne Kinder, Zeugen seines Lebens."

Daß Gotthelf die erste Konzeption (die der Novelle) so abschließt, wurde ihm sofort als ein übereilter Abbruch angekreidet. Eine moralistische Novelle von so glasklarer Tendenz mit der Wiederherstellung des vollen Friedens, der zugleich Rehabilitierung des Geistes ist, zu schließen, das hätte niemanden vor den Kopf gestoßen. Aber das jähe Motiv der Feuerglocke — was sollte es hier? Es scheint eine neue Handlung einzuleiten, die wiederum nicht ausgeführt ist. Und doch würde auch ohne den später folgenden zweiten und dritten Teil für den, dem Gotthelfs Form und Weltanschauung vertraut sind, nichts Anstößiges übrigbleiben. Man braucht nicht einmal die (dokumentarisch nicht beweisbare) Unterstellung, daß der Autor hier bereits die erweiterte, die Romankonzeption in sich getragen habe. Denn der Schlüssel für den scheinbar abrupten Abschluß der Novelle liegt in den Worten, daß das innige Bild der Familie mit dem Ertönen der Feuerglocke „verschlungen vom Wirbel der Welt" sei. Das ist aber gar kein unorganischer Schluß, sondern einer, der Gotthelfs Weltbild nach jeder Richtung entsprechen muß. Denn dies theologisch begründete Weltbild kann gar nicht zulassen, daß die Wiederherstellung des Geistes auf Kosten der Geschichtlichkeit des Menschen erfolge. Das ist so wenig für den Paten Herder wie für den Erben Gotthelf theologisch denkbar. Eine klösterliche Familienzelle, abgeschieden von der Welt, vom „saeculum", kommt niemals für Gotthelf in Frage. Das Motiv der Feuerglocke, die in die Versöhnungsszene hineingellt, ist der natürliche Anspruch des „Wirbels der Welt" an die Kinder des Geistes, die gar nicht Kinder des Geistes wären, wenn sie ihn nicht als geschichtliche Menschen im „Wirbel" zu bewähren hätten. Die Novellenkonzeption hätte objektiv, für den Leser, auch mit diesem gleichsam offenen Schluß ihre volle Rundung gehabt.

Die zweite Konzeption

Was wir bisher zweite Konzeption nannten, begriffen wir als identisch mit einem Ausweitungsprozeß, in dessen Folge auch der Gattungswechsel von der Novelle zum Roman liegt. Selbstverständlich liegt dies nicht in der Konsequenz der Fortsetzung an sich. Die Kontinuationen zu Grimmelshausens „Simplicissimus" oder Schnabels „Insel Felsenburg" sind anderer, sozusagen additiver Natur. In

Gotthelfs Erzählweise aber beruht geradezu charakteristisch die innere Kapazität zum Gattungswechsel durch organisches Ausspinnen anfänglich begrenzter Motive. So entwickelt er aus dem „Uli", dessen Konzeption ursprünglich auf den Weg vom Knecht zum Meister zielte, einen vollkommenen Erziehungsroman, dessen zweiten Teil man nicht als Continuatio empfinden würde, wenn man über die Entstehungsgeschichte nicht historisch Bescheid wüßte. Ähnlich wird aus der ursprünglich als moralistische Tendenzgeschichte angesetzten „Anne Bäbi Jowäger" mit dem vorher von Gotthelf nicht beabsichtigten zweiten Teil ein Lebens-, ja ein Weltanschauungsroman großen Stils. „Der Herr Esau" wird aus einer „Schützennovelle", „Zeitgeist und Bernergeist" aus einer ganz zeitgebundenen politischen Parteinovelle entwickelt. Es gibt zahlreiche Briefstellen, die zeigen, daß Gotthelf sich dieses seines eigentümlichen Werkstattproblems vollkommen bewußt war. Es war ihm klar, daß die Gestalten, die er anfangs auf ein begrenzteres Ziel hin konzipierte, mit dem ihnen alsbald eingehauchten Eigenleben die ursprünglichen Absichten des Dichters überwuchsen, daß sie ein „eigenes Leben" gewannen, das den Dichter innerlich zu größeren und weiteren Konzeptionen geradezu zwang. Daß Gotthelf, ohne jede Routine wie er war, niemals im Grimmelshausenschen Sinne addierte, wenn er fortsetzte, sondern aus innerer Nötigung subsummierte, ist das Geheimnis seiner Fähigkeit, epische Kleinformen zu epischen Großformen organisch auszugestalten. Dieser Impetus, man darf vielleicht sogar von einer Art Besessenheit von der Vitalität seiner eigenen Phantasiegeschöpfe reden, reißt ihn auch in „Geld und Geist" über die ursprüngliche Konzeption hinaus.

Die Hand des großen Epikers spürt man schon daran, wo er ansetzt. Gotthelf spinnt genau die beiden Motive der ersten Konzeption aus, die in ihrem menschlichen Gehalt im ersten Teile unausgeschöpft blieben. Es ist dies zunächst die Begegnung zwischen Resli und Annemareili vom Dorngrüthof, deren Funktion innerhalb des ersten Teiles wir klarlegten. Das Motiv enthält alles für eine eigene Schicksalshandlung Nötige, wurde aber nur als Reslis Individualität eigene Konflikthandlung ausgenützt und blieb als alle Möglichkeiten enthaltendes Ferment des Versöhnungsmotivs am Schlusse vollständig offen. Es versinnbildlichte hier die Zukunft, jedoch ohne sie episch mehr als anzudeuten.

Das zweite nur atmosphärisch gebliebene Motiv des ersten Teils ist das von Aennelis Todesahnung, die sie während der ersten Predigt, die alle an ihr mögliches Ende mahnt, ganz persönlich überfällt und ihre Umkehr bewirkt. Gotthelf hat hier das Motiv des Insichgehens des für alle entscheidenden Charaktere existentiell mit der Todesreife verbunden. Aber so bleibt es gleichsam in der Luft hängen, wird nicht ausgewertet. Es wird durch Christen beiseite geschoben, von der liebend besorgten Familie nicht akzeptiert. Es kann nach dem ersten Teil auf Selbsttäuschung beruhen und wird damit im letzten nicht ernst genommen. Seine Funktion ist die des treibenden Argumentes für Aennelis Umkehr zur Versöhnung und damit zu sich selber zurück. Aber offen bleibt neben diesem Subjektiven die Möglichkeit, daß es objektiv ernst damit sei.

Auf eine instinktiv meisterliche Weise hat der Autor nun diese Motive zur Grundlage der erweiterten, der Romankonzeption gemacht, unter Ausnutzung der Offenheit, die er dem Schluß des ersten Teils, ob mit oder ohne Bedacht, gelassen hatte. Dieser Schluß wurde vorher als ein organischer und die Novelle in echtem Sinne abrundender interpretiert. Es konnte dabei bleiben. Aber das Motiv der Feuerglocke, das die in sich selbst wieder glücklich versöhnte Familie in den Wirbel der Geschichte zurückrief, enthielt in sich Fragen und Spannungen, die auch nach einer Beantwortung und Lösung rufen konnten, obschon sie es nicht unbedingt mußten. Gotthelfs neue, die alte subordinierende Konzeption setzt an diesen beiden Motiven an und fort.

Zunächst wird das Motiv der Liebe zwischen Resli und Annemareili zum eigentlich tragenden der beiden späteren Teile. Das Problem der Zwietracht und Versöhnung aus der ersten Konzeption war erledigt und bleibt erledigt. Aus ihm ist, wie gezeigt wurde, nur das offene Motiv von Aennelis Todesahnung noch weiter zu spinnen, alles andere nicht. Nun sollte und mußte ja aber der Titel der Novellenkonzeption erhalten bleiben. Die Erweiterung indessen sprengte — nicht etwa nur quantitativ — die ursprüngliche Novellenform. Eine Novelle mit mehreren „Falken" ist nicht denkbar, so kritisch man sonst auch zu Heyses Theorie stehen mag. Man stelle sich die Ringparabelnovelle aus Boccaccio, die bekannte Vorlage Lessings, auf ähnliche Weise erweitert vor: das sinnbildliche Motiv ist in der Kurzform abgespielt. Man könnte nun der Parabel Schicksale folgen lassen, die ihren Sinngehalt in menschliche Wirklichkeit überführen, ohne die Grundthematik zu verändern. Aber das ergibt keine Novelle in zwei oder mehr Teilen, sondern den Weltanschauungsroman oder wie bei Lessing das Weltanschauungsdrama. Darstellungsgesetz und Darstellungsziel müssen sich wandeln und in jedem Fall über das Novellistische hinausgehen. Diesem Formproblem sieht sich Gotthelf gegenüber jedesmal, wenn er die Feder zum Ausspinnen ansetzt. Soll eine Einheit der „fortgesetzten" Erzählung bleiben, so muß es eine neue Einheit sein. Sonst gäbe es einen unglücklichen Zwitter von Bild und Spiegelbild nebeneinander. Oder man müßte wie Keller zum kunstvollen Novellenzyklus mit Rahmenmotiv kommen. Hierauf ist Gotthelf nie verfallen, sowenig wie auf die andere Continuatio-Möglichkeit des Neben- und Nacheinander: das zyklische Abenteurermotiv. Wenn also Gotthelf seiner epischen Freude am Aus- und Weitergestalten die Zügel schießen läßt, wenn er dabei innerhalb seiner Möglichkeiten, über die er sehr genau Bescheid wußte, bleiben will, dann kann es nicht in der Richtung auf zyklisches Nebeneinander erfolgen, sondern nur in der Richtung zur aus einem Novellenkern entwickelten Romanform, mag die Novelle nun den Anfang bilden wie in „Geld und Geist" und „Anne Bäbi Jowäger" oder beiseite gelegt werden und in allem über sich hinaus entwickelt werden wie in „Herr Esau" und „Zeitgeist und Bernergeist".

Für die Romankonzeption muß also bei Gotthelf die Novellenthematik von „Geld und Geist" im vollen Umfang bestehen bleiben, ohne daß das nun Hinzuerzählte nur koordinativen Charakter hat, ohne Wiederholung also. Denn nur so ist ein Konglomerat zu vermeiden. Das kann nur dadurch geschehen, daß der Schauplatz (etwa in Analogie zur mittelalterlichen und Barockbühne) erweitert wird. Das Titelmotiv gibt nicht nur die Möglichkeit, sondern fordert geradezu heraus, auf mehr als einer Ebene dargestellt, in unserem Falle erzählt zu werden. Die Familiennovelle ist abgeschlossen. Aber damit ist für Gotthelf und die in ihr konzipierten Figuren seiner Einbildungskraft das Motiv noch nicht zu seinem ganzen Recht gekommen, ist seiner Bedeutung und Dynamik episch noch nicht genügt. Wir bemerkten bereits ein Symptom dafür im Motiv der Feuerglocke, das in sich schon die Erweiterung des Gesichtspunktes von der privaten und persönlichen Ordnungsproblematik zu deren Bewährung in der geschichtlichen Realität enthält. Die Personen der Novelle haben sich vor Gott und damit auch voreinander im engsten zugeordneten Geschichtsbereich, der Familie, entschieden. Die Bewährung der Entscheidung der „Welt" gegenüber steht noch aus. Damit ist der epischen Entfaltung zwar kein neues Thema und Problem gestellt, wohl aber ein weiteres künstlerisches Ziel gesteckt, umfassender und differenzierter zugleich gegenüber der Novellenkonzeption.

Das muß man sich deutlich machen, wenn man zur Kenntnis nimmt, daß Gotthelf zunächst nur einfach das Feuerglockenmotiv weiterzuerzählen scheint. Und zwar im Grunde ohne jede Zäsur, da die kurze Meditation über den Glockenklang im Menschenleben dem ihm eigentümlichen und gewöhnlichen Erzählstil entspricht. Der

Autor breitet sich auch zunächst nur situationsrealistisch aus, freilich nicht ohne den Charakter des Resli sogleich im Zusammenhang des Brandes um eine Dimension zu erweitern, die für die neue Romankonzeption wichtig ist. Gotthelf muß gespürt haben, daß er diese Figur allzu friedlich und wohlgeartet angelegt hatte, daß sie als entschiedener Träger der erweiterten Handlung aber auch über die Intimität hinaus erweitert werden mußte. Denn genau das tut er. Resli bekommt in der Funktion eines Führers der „Feuerläufer" mit einem Schlage eine unerhörte Vitalität: „Leicht wie ein Vogel und kühn wie ein Löwe war er zum Brande gekommen, hatte sich in denselben gestürzt. Es war ihm gar wunderbar zumute gewesen, fast als ob er Flügel hätte und Kraft in sich, die Welt zu bezwingen; er hätte während dem Laufe jauchzen und singen mögen, wenn es schicklich gewesen wäre, und weil ers nicht durfte, rissen seine Beine um so schneller aus, daß die hinter ihm alle Augenblicke rufen mußten, er solle doch nicht so laufen, es möge ihm ja niemand nach.

In fast freudiger Erregung hatte er sich in den Wirrwarr gestürzt; aber wer weiß nicht, wie jede Erregung so leicht in verschiedene Töne übergeht, die freudige in eine wilde, die wilde in eine zornige?" Diese Note der Wildheit mit fast dionysischen Zügen liegt Gotthelfs Menschenbild nicht etwa fern, sondern überaus nahe. Man weiß aus seinen Briefen, daß er als ganz junger Akademiker die Wildheit einer Knabenklasse, die er zu unterrichten hatte, mit ausgesprochener Freude daran nicht bändigte, sondern eher provozierte. Die spätere Briefstelle des Pfarrherren und Schriftstellers, in der er vorgibt, daß der Drang in ihm, sich auszuleben, ebensowohl in wilden Ritten wie „in Schrift" sich hätte Luft machen können, ist bekannt. Die Gestalt des Michel aus der Brautschau-Novelle oder des Felix aus der „Käserei in der Vehfreude" verraten Gotthelfs Bedürfnis, die äußerste Natürlichkeit in der Form überschäumender Kraftfülle als ganz positive Mitgift der Jugend auch seinem dichterischen Menschenbild einzubeziehen. Ja, er braucht diese Seite des Menschlichen sogar, weil sein christlicher Aspekt der Zucht sonst ohne ebenbürtigen Gegenstand wäre. Gottfried Keller hat ganz mit Recht gerade hier seine positive Stellung zu Gotthelf gefunden, dessen politischen und theologischen Standort er so entschieden ablehnte. Man vergegenwärtige sich auch die übermenschliche Wohlerzogenheit der jungen Menschen bei Stifter, die das Motiv der Zucht bei ihm oft um seine innere Glaubwürdigkeit bringt, weil der menschliche Charakter damit in die Nähe des Utopischen rückt. Für Gotthelf aber gibt es eine dionysische Seite der jugendlichen Menschennatur, die ihr erlaubt, ja zugeordnet ist.

Für die Gestalt Reslis bedeutet das, daß sie erst jetzt Tragfähigkeit erhält für eine eigene Schicksalshandlung, mit der ihre Nebenfunktion in der Novelle gesprengt wird. Den „Wirbel der Welt", das Motiv des gegenmönchischen Ausklangs der Novelle mit seinem Hinweis auf die Bewährung der Familie in der Geschichtlichkeit, hat Resli zuerst und zutiefst auszustehen. Das ist seine neue Funktion im Roman. In ihr begründet Gotthelf nun auch die konzentrische Erweiterung des ganzen Motivs: nämlich die Verlegung des Konflikts Geld und Geist auf die räumliche Zwei-Welten-Ebene, die des Ringens der Welt von Liebiwyl mit der des Dorngrüthofes. Dieses Ringen hat er psychologisch meisterhaft aufgebaut auf der Liebeshandlung zwischen Resli und Annemareili.

Mitten im turbulenten Getriebe des Brandes führt Gotthelf die beiden wieder zusammen, nüchtern, wie der Augenblick es ergibt. „Mach nit dr Lümmel", ist das erboste Wort des in der Hitze des Gefechts von Resli unsanft beiseite gewiesenen Mädchens. Unsentimentaler kann die neue Handlung nicht beginnen. Doch wird sie alsbald dramatisch im „homerischen" Sinne Kellers. Nachts auf dem Heimwege, als alle außer Rand und Band sind, kommt es zur Schlägerei. „Wie Trojaner und Griechen um die Helena zankten sich allerdings die Burschen um ein Mädchen oder zwei, und zwar handgreiflich nach der Väter Sitte." Resli stürzt hinzu, weil er Annemareili zu erkennen glaubt, und wird mit dem Feuerhaken niedergeschlagen. Alles flieht nach dem vermeintlichen Mord auseinander, und das Gerücht von Reslis Tode dringt bis ins angstvoll wartende Elternhaus. Aber Annemareili hat den Bewußtlosen auf den Dorngrüthof tragen lassen, und dort erwacht er wieder zum Leben. Auch hier beugt Gotthelf zunächst jedem Ausdruck des Gefühls vor, durch die ironische Beschreibung des reichen, aber finsteren Hofes, des geizigen und unmenschlichen Bauern, der gedrückten und hässig gewordenen Mutter. Die Gegenwelt zu Liebiwyl ist da, als Handlung, nicht als Beschreibung. Und jetzt erst findet der Dichter es richtig, die entscheidende Handlung aufzudecken, durch Worte auch der Empfindung zu verraten, daß das Mädchen den unbekannten „schlanken Tänzer" heimlich immer im Herzen getragen hat. Nun sind die beiden Seiten des Dorngrütmotivs ins volle Licht gestellt. Der Plan des Romans und sein notwendiger Gang liegen offen.

In eben dem Maße, wie die beiden sich ihrer Liebe bewußt werden und das auch zeigen, muß die tyrannische und materialistische Macht von Annemareilis Vaterwelt, zu der auch die wüsten Brüder gehören, in ihrer ganzen Unbarmherzigkeit hervortreten. Der Kampf von Geld und Geist ist nun in die Welt verlegt, in der sinnbildlich die beiden Reiche einander gegenübertreten. Gotthelf hat diese Linie bis zum Schlusse in überlegener Konsequenz durchgehalten; in der durch die neue Form gewährten epischen Breite wie in seiner durch die menschliche Grundkonzeption von vornherein möglichen Tiefe. Das Bild von Liebiwyl darf er vom ersten Teil der Novelle her voraussetzen. Es braucht nur der ganz neuen Versuchung durch die „Welt" standzuhalten. Die eigentliche epische Aufgabe liegt nunmehr darin, die ganze Bösartigkeit der Geldseite des Daseins in ihrer Aggressivität leibhaft werden zu lassen. Und doch darf er sie nicht zur Karikatur treiben, wenn es nicht zum Stilbruch kommen soll. Was die frühere Konzeption als innere Versuchung schließlich überwand, das darf nun als Versuchung von außen nicht Spottgeburt werden, wenn es auch, Gotthelfs Stil gemäß, dämonische Züge gewinnen darf. Und das läßt Gotthelf auch geschehen. Mit Dostojewskischer Großartigkeit und Feinheit zugleich läßt er den Dorngrüthof in von Mal zu Mal bedacht sich steigernder Weise und allmählich von allen Seiten her sich kompromittieren. Die volle menschliche Wirklichkeit des egoistischen Gelddämons ist präludierend schon dargestellt an dem Benehmen des Dorngrütbauern vor Reslis Krankenbett. Er hadert, daß die Tochter ihm die Schererei ins Haus gebracht hat. Das Menschenleben gilt ihm nichts. Die Steigerung dieser Handlung liegt darin, daß sich im folgenden erweist, wie die Besessenheit vom Besitz auch mit den nächsten, nicht nur mit fremden Menschenleben spielt. Die eigene Tochter betrachtet er als Schacherware und Spekulationsobjekt. Der Kellerjoggi, der Greis mit den Triefaugen, der erbenlos sicher bald das Zeitliche segnen wird, ist der ihr bestimmte Bräutigam. Ist man ihn möglichst bald los, fällt sein reicher Hof an Annemareilis Brüder und verdoppelt deren Besitztum. Die behutsam, weise und überlegen einsetzende Werbung des Liebiwyler Hauses für den Hoferben Resli nützt der Dorngrütbauer zynisch zunächst, um den pfiffigen Alten zu dem entscheidenden Testament zu drängen, dann aber auch, um ebenso zynisch zu erkunden, wieweit man durch Benachteiligung der Liebiwyler Geschwister und Eltern zu einem ähnlichen Resultat mit dem dortigen Reichtum gelangen könne.

Hier nun liegt die zarteste und profundeste seelische Motivation der neuen Romanhandlung. Sie liegt zunächst in dem bestimmten, wenn auch nicht aggressiven Gegenspiel, das dieser Gesinnungslumperei von Liebiwyl aus entgegengesetzt wird. Gewiß, Resli und seine Familie sind die Werbenden. Dreimal läßt Gotthelf sie nach ihrer Wesensart anhalten: bei den beiden Besuchen auf dem Dorngrüthof, deren letzter zu Reslis wildem Aufbruch aus der wüsten

Welt führt und zum Verzicht auf Annemareili, der ihm und ihr fast das Herz bricht. In der Mitte zwischen den beiden Werbungsversuchen liegt das Treffen der beiden Liebenden im Badwirtshaus und das Verlöbnis dort, mit dem beide ihren Lebensplan endgültig festlegen; Annemareili, weil in ihrer Liebe das einzige Gegengewicht gegen ein Übergewicht von Hoffnungslosigkeit liegt; Resli, weil Innigkeit und Treue die Mitte seines Wesens und seiner Welt sind. Aber diese Treue gilt auch gegenüber seiner Familie. Geschwister und Eltern um das Ihre zu bringen, wie der Ehevertrag des Dorngrütbauern von ihm fordern würde, vermag er noch weniger, als Annemareili aufzugeben. Sie wäre die Erfüllung, aber sie ist nicht die Mitte seines Lebens. Er kann noch er selber sein, wenn auch freudlos, ohne sie. Für sie aber ist ihre Liebe zu Resli der einzige Daseinssinn. Darum verzeiht sie, als die Verhandlung zusammenbricht, Resli seine Festigkeit nicht, die sie als Härte deutet, deuten muß. Es ist wieder eine überlegene Psychologie, mit der Gotthelf, der doch die Strenge von Reslis Ethos der Familientreue vertreten muß, das Mädchen subjektiv in seinem Rechte (der Verzweiflung) beläßt. Und es ist ebenso von äußerster Zartheit, wie er den Knoten entwirrt. Es muß die Heldin der Novelle, Aenneli, sein, die Mutter, die Annemareilis Trotz versteht und auf ihrem Totenbette die beiden geliebten Kinder endgültig miteinander verbindet.

Das seelisch Komplizierte am Motiv der Liebenden ist ja die ungleiche Verteilung der Lasten. Für Resli ist der Verlust Annemareilis schmerzlich aus der Treue und Innigkeit seiner Natur heraus, durch die gleiche Eigenschaft aber — Geschwistern und Eltern gegenüber — wieder zum Teil aufgehoben. Ihn stützen seine gute Art und der gute Geist seines Hauses. Annemareili aber ist ganz auf sich selbst gestellt als das erstaunlich schöne und reine Gewächs inmitten einer Einöde. Für sie bedeuten Herkunft und Haus nicht Hilfe, sondern die Gefahr und die Gewalt. So ist ihr Kampf um ihre Hoffnung auf die Zukunft mit Resli ein verzweifelter und einsamer. Berücksichtigt man dies, so erkennt man in der Zuspitzung und in dem vorläufigen Bruche nichts, was die Reinheit ihrer Gestalt antastete. Allerdings: sie hält Resli verzweifelt an, wenigstens zum Scheine den Forderungen ihres Vaters nachzugeben, die Reslis Geschwister zur Hälfte enterben würden. Und als er das nach seiner Natur nicht kann, vermag sie ihm das nicht zu vergeben. Der genaue Leser des Romans wird das wieder nur natürlich finden an dem Mädchen, das sich allen Gewalten zum Trotz rein und stolz zu erhalten wußte inmitten niedriger und kümmerlicher Gesinnung. Annemareilis Charakter leidet nicht durch ihren Antrag an Resli und den verzweifelten Trotz, mit dem sie auf seine Ablehnung reagiert. Er gewinnt aus seinem Schicksal die Tragik, die des Mädchens Gestalt über die Lieblichkeit und Reinheit hinaus erreicht.

Gerade hier nun findet die Erzählung vom Motiv her die Vollendung ihres Romancharakters. Aus der Art der Liebenden erwächst folgerichtig Notwendigkeit und Tiefe ihrer zuletzt tragischen Beziehung. Keins der beiden kann nach Artung und Schicksal nachgeben. Sich selbst treu, müßten sie scheitern in ihrer Liebe, wobei, wie schon klargestellt wurde, dem Mädchen das weitaus größere Opfer zufiele. Der Knoten scheint nicht lösbar, ohne daß beider Charakter gebrochen würde.

Hier nun läßt Gotthelf mit dem feinsten künstlerischen Instinkt die Lösung von der einzigen Seite her eintreten, von der sie möglich ist: von der überragenden Gestalt der Novelle her, Aenneli, der Mutter. Indem er dies Motiv wieder zum Schlußmotiv des Romans werden läßt, stellt er auch dichterisch die Einheit mit dem Novellenansatz wieder her. Einmal stofflich: der in eine neue Richtung gelenkte Blick wird zurückgeführt auf die vertraute Gestalt, die früher schon die Ordnung und den Frieden wiederherstellte. Sie tut es diesmal wirklich im Angesicht des Todes und damit auch in der Form einer letzten Glaubwürdigkeit. Sie tut es ferner nach dem Gesetz, nach dem sie angetreten: nach dem Gesetz der Liebe, die alles überwindet, auch das Selbstmißverständnis der beiden Kinder. Endlich greift Gotthelf damit das letzte der offengebliebenen Motive aus der Novelle wieder auf: die Todesahnungen Aennelis läßt er jetzt in Erfüllung gehen und gestaltet sie zu dem großartigen Schlußmotiv der Romanfassung. Was in der Novelle noch einen Hauch von ehrenwertem Eigensinn hatte: Aennelis Sorge für die Armen, das läßt er sie jetzt existentiell verwirklichen. Bei einem gegen den Willen Christens und der Kinder geübten Werk der Nächstenliebe, der Krankenpflege, holt sie sich die tödliche Krankheit, die aus der in der Novelle noch beiseite geschobenen Todesahnung nun die Todeswirklichkeit macht.

Mit dieser Wendung hat Gotthelf nicht nur organisch weiter und zu Ende entwickelt, was in dem liegengebliebenen Motiv der Novelle nach Bearbeitung drängte, er hat auch dem Titelmotiv sein für die Romanform noch ausstehendes Recht gegeben. Der Geist, den sich die Familie in der Novelle zurückgewann, erweist jetzt erst seine größte Kraft, da er als Liebe auch nach außen ausstrahlt und Versöhnung stiftet nicht nur als Wirkung auf sich selbst zurück wie früher, sondern als Wirkung in die geschichtliche Welt hinein, deren Opfer Annemareili und Resli zu werden drohen; beide nach dem

Gesetz ihres Wesens und einer so verschieden gearteten Herkunft. Dabei wäre nicht nur Annemareili als Opfer der materialistischen „Welt" gefallen, sondern auch Reslis Schicksal unerfüllt geblieben. Das heißt: folgerichtig gut und treu im Geiste, aber um seine menschlich geschichtliche Erfüllung, die eigene Familiengründung, gebracht. Gotthelf hat mit dem Schluß des Romans die einzig verbliebene glaubwürdige Lösung gefunden, die zugleich auch die allein dichterisch mögliche ist. Das bedeutet auf höherer Ebene die Wiederaufnahme des Novellenschlusses, ohne daß eine Wiederholung herauskommt, bei der das Versöhnungsmotiv sich hätte abnützen müssen. Zweierlei Motive ergeben die neue geschichtliche Ebene des Romanschlusses, die die räumlich weniger umfassende des Novellenschlusses gleichwohl unmittelbar voraussetzt. Einmal ist Aennelis Muttergestalt durch die Energie ihrer Wirkung stark genug, um das Kind aus der anderen Welt an ihr letztes Lager zu ziehen, ohne daß es der Worte oder Taten dazu bedürfte. Ihre Ausstrahlung in das Saeculum, die geschichtliche Welt, rein als Person, ist unüberwindlich. Das von ihr repräsentierte Haus bringt ohne eigenes Handeln Annemareili zum Bruch mit den Ihren. Es überwindet die Welt; genau das, was der Novellenschluß von der versöhnten Familie forderte, aber, seiner Funktion entsprechend, nicht geben durfte.

Sodann: Aennelis Überlegenheit erweist sich dem anderen Partner der Romanhandlung, dem Lieblingssohn Resli gegenüber, als die einzig mit innerem Recht seine Resignation lösende Kraft. Sie zwingt ihn damit nicht, seine Rechtlichkeit, die Ursache seines Verzichtes, aufzugeben. Aber in der wundervollen Interpretation, die sie dem Sohn von Annemareilis Verhalten aus seiner inneren und äußeren Not gibt, bewährt sich wohl am höchsten der Geist, unter dem Gotthelf die Liebe versteht: „Da ists mir aufgegangen auf einmal, es het mi düecht, sein Mänteli sei ein Fenster, und was dahinter sei, könne ich sehen, so deutlich, wie wenn es mir vor Augen wäre, und doch ist der Spiegel eigentlich in meinem Herzen gewesen, und was ich in dem des Meitschis erkannte, las ich eigentlich ab in mir." Gotthelf läßt sie hier schlichte und innige Worte der Erkenntnis und des Selbstbekenntnisses zugleich finden, die eine unerhört konzentrierte Stauung des Erzählungsflusses bedeuten, einen Höhepunkt des Ausdruckes menschlicher Reife schlechthin, wie es dem Anspruch der nun zu Ende geführten Romankonzeption gemäß ist. Die Stauung kommt von der Steigerung der Dringlichkeit, die durch Reslis Widerspruch bewirkt wird. Denn auch hier versagt sich Gotthelfs Realismus jedes sentimental gerührte Nachgeben des Sohnes, das doppelt peinlich wirken müßte, da man ja weiß, daß es sein letztes Gespräch mit der Mutter sein wird. Aber daß Annemareili in diesem Augenblick selbst hinfindet zu der Welt, in die sie gehört und für die sie mit der ihr angestammten brechen mußte: das erst läßt Gotthelf den Ausschlag geben. Es ist der Beweis für Aennelis richtige Deutung von Annemareilis innerer Not und ihrer Zugehörigkeit zu ihnen. So kann sie als letztes noch die Hände der Kinder zusammenlegen und mit wenigen Worten von ergreifender Schlichtheit enden.

Es gehört eine tüchtige Portion von Banausentum dazu, wie es noch zu Gotthelfs Lebzeiten geschehen ist, auch diesen Abschluß als Abbruch zu interpretieren, die Hochzeit Reslis und Annemareilis als Ergänzung zu fordern, die Einzelheiten von Annemareilis Bruch mit ihrem Elternhause zu vermissen. Wenn etwas den Romanschluß um seine großartige Wirkung gebracht hätte, so wäre es ein solcher Auerbachscher Schluß gewesen. Die Größe der atemberaubenden Spannung, die, wie gezeigt wurde, in ihrem Mangel an Pathos liegt, aber ebenso im fast brüsken Weglassen alles Unwesentlichen, duldete weder das Idyll noch die entwirrende Logik der Kriminalgeschichte in sich. Sie duldete nur die innere Notwendigkeit.

### Grundsätzliches

Die Interpretation, die hier vorgelegt wurde, war darauf gerichtet, den in Handlung und Motivation von Gotthelf vorgenommenen Formwechsel von der Novelle zum Roman aufzuzeigen. Einen Formwechsel, der die Ausgangsnovelle nicht aufhob, sondern unverändert bestehen ließ als ersten Teil des späteren Romans, der nunmehr nur der neuen Konzeption untergeordnet wurde. Es war dies ein höchst individuelles Verfahren, das nur aus der Gotthelf eigentümlichen Schaffensart und den ihr innewohnenden Formmöglichkeiten ganz verständlich werden kann. Wenn die Zeitgenossen wie auch spätere Gotthelf-Biographen das Gotthelfsche Formgesetz so mißverstehen konnten, daß sie ihm die angeblich fehlenden Schlüsse ankreideten, so ist charakteristisch dafür, wie zäh sich das Modell der Dorfgeschichte und die Gewohnheit ihrer Sentimentalität auch an den Erzähltypus, den Gotthelf verkörperte, heftete. Dabei hatte Gotthelf zu dieser Zeit — außer in den Erstlingswerken, dem „Bauernspiegel" und dem „Schulmeister" —, in den gleichen Jahren, in denen er „Geld und Geist" ausarbeitete, auch im „Uli" und in „Anne Bäbi Jowäger" hinreichend ausgeprägte Proben seiner Form gegeben, die mit der Pseudonaivität der Dorfgeschichte nichts zu tun hatte, noch weniger mit deren Sentimentalität. Abgesehen von den Empfängern freilich wußte man nicht von den brieflichen Selbstaussagen, die belegten, wieweit er sich selber der formalen Konsequenzen seiner Arbeitsweise und des ihr zugrunde liegenden Eros des religiösen Erziehers bewußt war. Dieser stets auf das Gesamtmenschliche zielende Aspekt, der sich auf einer theonomen und dynamischen Geschichtsanschauung gründete, ist die Voraussetzung für „Geld und Geist" wie für jede andere seiner großen Prosadichtungen.

Es ist daher wohl Absicht, daß Gotthelf gerade in „Geld und Geist" auf zwei wichtige Probleme seiner Prosaepik grundsätzlich zu sprechen kommt. Sie sind beide bezeichnend für sein Menschenbild wie für seine Erzählweise.

Die eine grundsätzliche Erwägung schließt Gotthelf, worauf schon hingedeutet wurde, an das Motiv von Aennelis Umkehr im ersten Teil. Es ist nicht zufällig der innere Vorgang, Aennelis Ringen auf dem Berge mit sich selbst, an den Gotthelf seine Meditation über das Heldentum anschließt. Ausgehend von der Figur des literarischen heroischen Helden klassisch-romantischer Prägung, bettet er dieses Stück seiner Poetik zugleich in eine Analyse der Zeit. Der „Held" im überlieferten Sinne bewirkt im Leser, daß er sich von seiner Zeit distanziert, die alten Heldentage wieder heraufwünscht, die eigene Zeitsituation versteht als „den Kampf mit der Langeweile in diesen geschliffenen Zeiten und bei den durch sie geschliffenen Menschen". Er vergleicht ein solches Bedürfnis nach Heldentum mit dem Sensationsbericht des Zeitungsschreibers. Dem setzt er den eigenen realistischen Heldenbegriff entgegen: „Nun aber gibt es Helden und Märtyrer immerfort, und die Gelegenheiten dazu kommen jeden Tag. Wo göttliche Kraft im Menschen ist, da sprudelt sie hervor, und wo ist auf Erden die Quelle, welche nicht ihr Bett gefunden? Die ächte Kraft weiß im Kleinen groß zu sein ... Ächte Heldenherrlichkeit, großen Märtyrersinn findet und sieht man heute wie immer, man muß ihn nur zu erkennen wissen in jedem Lebensverhältnis und nicht meinen, er blühe nur auf Schlachtfeldern oder Blutgerüsten." Man wird eine gewisse Verwandtschaft im Standpunkt mit Stifters Vorrede zu den „Bunten Steinen" erkennen. Doch unterscheidet Gotthelfs Heldentum der Größe „im Kleinen", in der Demut, sich von Stifters Polemik gegen Hebbel dadurch, daß es bei ihm im engeren Sinne um die Unpathetik des menschlichen Geistes und nicht um pathetische oder unpathetische Naturerscheinungen geht wie bei Stifter. Das Problem ist bei Gotthelf ein anthropologisches. Es ist zugleich eine Äußerung seines Realismus, der die menschliche Größe „in jedem Lebensverhältnis" sucht und erkennt, gerade auch im seelisch Unscheinbaren, das seine eigene Größe der Wirklichkeit hat. „Geld und Geist" ist für den Dichter der Modellfall der ihm eigenen Beziehung zur menschlichen Wirklichkeit, Aenneli seine dichterische Repräsentation. Eine Linie führt übrigens — wenn auch theologisch säkularisiert — von hier zum „heldenlosen" Drama und zum Gesellschaftsroman des späteren Naturalismus weiter.

Die zweite grundsätzliche Äußerung Gotthelfs über seine eigene Schaffensweise findet sich im Nachwort („Schluß") zum Roman. Unwirsch fertigt Gotthelf hier sogleich die ihm zuteil gewordenen Leserkritiken ab: „Meine günstigen Leser werfen mir so oft vor, meinen Erzählungen fehle der Schluß, daß ich genötigt bin, die Schlüsse förmlich herzusetzen." Sodann rechtfertigt er den gewählten Schluß von „Geld und Geist". Was man hier vermißt hätte, das sei nur Sache nicht genügend gestillter „Neugierde". Aber der Sensationslust fühlt er sich nicht verpflichtet. Ihr setzt er die Autonomie des Dichters entgegen: „Aber er ist untertan einem eigenen Geiste, der in jeder Erzählung lebendig wird, sie leitet und schließt. Der Verfasser kann eine Erzählung beginnen, aber dieser Geist ist es, der sich ihrer bemächtigt und sie gestaltet nach seinem Willen." Der Dichter nimmt also das Recht für seine Arbeit in Anspruch, sich frei von jeder Bindung durch den Stoffhunger und das Spannungsbedürfnis des Lesers zu halten, dafür aber einer Eigengesetzlichkeit zu folgen, die der epischen Konzeption selber immanent ist. Von ihr nimmt er das Diktat an, das er dem Publikum verweigert. Indem er das tut, findet er nebenher Zeit, sich ausdrücklich von der (klassischen) Erzählform des „Ebenmaßes" zu distanzieren. Wenn er den Akt der dichterischen Konzeption mit dem physischen Zeugungsakt vergleicht, behält er sich ausdrücklich die Freiheit von der klassischen Norm des Gleichgewichtes vor. Die Romanstruktur, die Gotthelf anerkennt, ist daher nicht eine vorentworfene und dann nach dem Gesetz des Gleichgewichtes ausgestaltete, sondern sie folgt dem Leben selber, wie es nach eigenem Gesetz sich entwickelt: nicht ideal, sondern real. Der epische Gegentyp läge etwa bei Stifters „Nachsommer" oder Meyers „Jürg Jenatsch". Dagegen würde hier eine merkwürdige Formverwandtschaft sichtbar, nämlich die mit Thomas Mann und verwandten Typen des modernen Romans, zum Beispiel mit Musil, bei denen „die Länge der Glieder" auch nicht „mit dem Metermaß" gemessen werden dürfte, wie Gotthelf es für seine Erzählform in Anspruch nimmt. Freilich: Musils und Kafkas Vorherbestimmung zu Fragmentisten eignet dem Berner keineswegs. Es gibt — abgesehen von dem Torso wider Willen „Der Herr Esau" — keine Torsi bei Gotthelf. Wie Thomas Mann behält er, auch „ohne klassisches Ebenmaß", die Fähigkeit, ja die Bestimmung des Abrundens nach dem Maß seiner Wirklichkeit.

# VICTOR LANGE

## Stifter · Der Nachsommer

> Die Männer gefielen mir, welche die Dinge und die Begebenheiten mit klaren Augen angeschaut hatten und sie in einem sicheren Maße in dem Rahmen ihrer eigenen inneren Größe vorführten. Andere gaben Gefühle in schöner Sittenkraft, die tief auf mich wirkten. Es ist unglaublich, welche Gewalt Worte üben können; ich liebte die Worte und liebte die Männer und sehnte mich oft nach einer unbestimmten, unbekannten, glücklichen Zukunft hinaus.
>
> Der Nachsommer: Die Erweiterung

### Voraussetzungen

Der dichterische Ruhm und die vorbildliche Kraft von Stifters „Nachsommer" haben sich im Verlaufe des Jahrhunderts seit seinem Erscheinen immer eindeutiger und fragloser behauptet. Das große Werk gehört zu den Zeugnissen einer seelisch-geistigen Haltung, die jenseits ihrer historischen Grenzen als platonisches Sinnbild immer wieder berufen wird und deren eigentümliche Kunstgestalt den Kanon der deutschen Romantradition bedeutsam bestimmt hat. In seinen Grundtendenzen stellt sich der „Nachsommer" in aller Entschiedenheit gegen die Impulse des Fühlens und der Darstellung, die die Zeit seiner Entstehung bestimmen; und gerade die an ihm seit je als unzeitgemäß empfundenen Züge sowohl der Weltsicht als auch der Mitteilungsform haben dem Roman in der Geschichte des deutschen Selbstbewußtseins einen hohen Rang verliehen.

Glanz und Wirkung eines bedeutenden Werkes zu begreifen, heißt aber nicht nur die sittlichen Energien zu bestimmen, die sich in ihm aufweisen lassen, sondern vor allem diejenigen spezifisch dichterischen Leistungen zu verfolgen, die uns, auch über die historisch-moralischen Voraussetzungen hinaus, zu gültigen Einsichten in das Verhalten des dichterischen Bewußtseins überhaupt führen. Gerade Stifters „Nachsommer", der in aller ausdrücklichen Absicht polemisch gegen die geistige Situation seiner Zeit gerichtet ist, zwingt uns dazu, zunächst nach den Folgen zu fragen, die ein so radikaler

Versuch, die historische Aktualität zu transzendieren, für die Struktur des Erzählens überhaupt haben muß. Die Formen, in denen sich Stifters Leben als Künstler darstellt, lassen sich aus jener vieldeutigen geschichtlichen Situation Österreichs zu Beginn des neunzehnten Jahrhunderts ableiten, in der sich das politisch-gesellschaftliche Modell der Josephinischen Aufklärung auflöst und seine religiös-humanistischen Impulse ihre Bildungskraft verlieren. Stifters Weg aus dem Zentrum der böhmischen Provinz an die Peripherie der adligen Hofgesellschaft entsprach seinem Erziehungsgang, der ihn von der benediktinischen Klosterschule Kremsmünster nach Wien in die bewegten Kreise der deutschromantischen Dichter und der nazarenischen Maler führte. Winckelmann und Herder, Goethe, Schiller und Humboldt formten seine ästhetischen Empfindungen; die sittliche Voraussetzung alles Handelns lag für ihn in jenem Glauben an die Vernunft der göttlichen Schöpfung, die sich als „sanftes Gesetz" offenbart und begreifen läßt; in den Erscheinungen der Natur, der Geschichte, des Glaubens, den Werken des Wissens und der Kunstgestaltung stellt sich ihm die Beziehung zwischen übernatürlicher Ordnung und menschlicher Teilnahme dar. Die religiöse Erfahrung in ihrer Spannung von Aktualität und Transzendenz bietet Stifter die Voraussetzung für jedes Bewußtseinsverständnis; in den Zeugnissen der klassischen Kulturtradition gewinnt für ihn die christlich-ethische Forderung ihre höchste sinnliche Evidenz.

Stifters schon früh entwickelter Sinn für die gegenständliche Welt wird von vornherein in Bedeutungszusammenhängen erlebt, deren religiös-klassizistische Züge sich seit der Kremsmünsterer Zeit unveränderlich behaupten. Es erscheint charakteristisch für die Entwicklung seines geistigen Verhaltens, daß die benediktinischen Erlebnisse seiner Jugend nicht nur den Ausgangsbereich seines aufgeklärten christlichen Idealismus bilden, sondern vor allem auch die Formen seines Wirkens bestimmen: die *oboedientia* gegenüber der hierarchischen Autorität und jene *stabilitas loci*, die die Benediktinerregel im engeren Sinne fordert, werden zu wesentlichen Voraussetzungen seines soziologischen Denkens. Die Evidenz der sinnlichgeistigen Ordnung in der Fülle ihrer historischen Gestaltung aufzuweisen, bleibt der umgreifende didaktische Impuls seines Schaffens. Dieser kulturpädagogischen Aufgabe widmet sich Stifter zeit seines Lebens, zunächst als Lehrer und später — dem Sinn der Ordensregel noch näher — als Schulverwalter; er erfüllt sie aber am eindrucksvollsten als Künstler, einmal in der Darstellung bestimmter thematischer Überzeugungen, dann aber vor allem in der eigentümlichen Bindung seiner dichterischen Sprechform an die visionären und gemeinschaftsbildenden Absichten und Mittel der kirchlichen Liturgie.

„Ich bin seit meiner Jugend dem Hohen nachgegangen", schreibt er einmal, „und habe es zu verwirklichen gestrebt. Ob es mehr oder minder gelungen, oder ob nur ein fantastisches Ding gekommen ist, wußte ich nie völlig sicher." Das „Hohe" in der immer unzureichenden Welt zu verwirklichen, gilt Stifter als die eigentliche menschliche Forderung; das Werk des Künstlers führt ausdrücklich zu den Möglichkeiten einer solchen Verwirklichung in den sinnbildlichen Formen des Schönen. Schon in Kremsmünster gewinnt für den jungen Stifter jener aufklärerische Satz seines Lehrers Pater Ignaz Reischl: „Die Kunst ist das Göttliche im Kleide des Reizes" seine kategorische Gültigkeit. Die Kunst bleibt für ihn „ein Zweig der Religion", in der „Erhebung zu dem Göttlichen" besteht ihre eigentliche Absicht: „Darum ist auch die Kunst so groß, weil es noch unzählige Erhebungen zum Göttlichen gibt, ohne daß sie den Kunstausdruck finden, Ergebung, Pflichttreue, das Gebet, Reinheit des Wandels, woran wir uns auch erfreuen, ja woran die Freude den höchsten Gipfel erreichen kann, ohne daß sie doch Kunstgefühl wird. Sie kann etwas Höheres sein, sie wird als Höchstes dem Unendlichen gegenüber sogar Anbetung und ist daher ernster und strenger, als das Kunstgefühl, hat aber nicht das Holde des Reizes desselben."

Es entspricht der aufklärerischen Grundstimmung von Stifters Religiosität, wenn er das Göttliche nicht als das Überwältigende und Unerhörte empfindet, sondern als die klare und bis zur Abstraktion vereinfachte Selbstverständlichkeit. Der Nachweis des Großen und Hohen wird deshalb mit aller Absicht und einer geradezu pedantischen Scheu vor dem Exorbitanten am Kleinen und Unscheinbaren geliefert. Die berühmte Vorrede zu den „Bunten Steinen" enthält Stifters entschiedene Verteidigung des benediktinisch-stoischen Lebensgefühls: „Das Wehen der Luft", heißt es hier, „das Rieseln des Wassers, das Wachsen der Getreide, das Wogen des Meeres, das Grünen der Erde, das Glänzen des Himmels, das Schimmern der Gestirne halte ich für groß: das prächtig einherziehende Gewitter, den Blitz, welcher Häuser spaltet, den Sturm, der die Brandung treibt, den feuerspeienden Berg, das Erdbeben, welches Länder verschüttet, halte ich nicht für größer als obige Erscheinungen, ja, ich halte sie für kleiner, weil sie nur Wirkungen viel höherer Gesetze sind." Die Fülle der Erscheinungen, so fährt Stifter fort, wird im „Geisteszug des Forschers vorzüglich auf das Ganze und Allgemeine" ausgerichtet. In der unverzüglichen „Freude und Glückseligkeit des Forschens" wird der Blick immer mehr auf den Zusammenhang gerichtet, und wo die Geschichte des Großen in der Natur dargestellt wurde, da „sanken die einzelnen Erscheinungen immer tiefer, und es erhob sich das Gesetz immer höher, die Wunderbarkeiten hörten auf, das Wunder nahm zu".

„So wie es in der äußeren Natur ist, so ist es auch in der inneren, in der des menschlichen Geschlechtes. Ein ganzes Leben voll Gerechtigkeit, Einfachheit, Bezwingung seiner selbst, Verstandesgemäßheit, Wirksamkeit in seinem Kreise, Bewunderung des Schönen, verbunden mit einem heiteren, gelassenen Sterben halte ich für groß: mächtige Bewegungen des Gemütes, furchtbar einherrollenden Zorn, die Begier nach Rache, den entzündeten Geist, der nach Tätigkeit strebt, umreißt, ändert, zerstört und in der Erregung oft das eigene Leben hinwirft, halte ich nicht für größer, sondern für kleiner, da diese Dinge so gut nur Hervorbringungen einzelner und einseitiger Kräfte sind wie Stürme, feuerspeiende Berge, Erdbeben. Wir wollen das sanfte Gesetz zu erblicken suchen, wodurch das menschliche Geschlecht geleitet wird."

Die Spannung zwischen dem Leidenschaftlichen als Unruhe, Unsitte, Unform und Unsinn und dem geduldigen Erfahren und Aufweisen des vernünftig-schöpferischen Gesetzes wird von Stifter als das große existentielle Kräftespiel verstanden. „Es gibt daher Kräfte, die nach dem Bestehen der gesamten Menschheit hinwirken, die durch die Einzelkräfte nicht beschränkt werden dürfen, ja im Gegenteil beschränkend auf sie selber einwirken. Es ist das Gesetz dieser Kräfte, das Gesetz der Gerechtigkeit, das Gesetz der Sitte, das Gesetz, das will, daß jeder geachtet, geehrt, ungefährdet neben dem andern bestehe, daß er seine höhere menschliche Laufbahn gehen könne, sich Liebe und Bewunderung seiner Mitmenschen erwerbe, daß er als Kleinod gehütet werde, wie jeder Mensch ein Kleinod für alle andern Menschen ist. Dieses Gesetz liegt überall, wo Menschen neben Menschen wohnen, und es zeigt sich, wenn Menschen gegen Menschen wirken. Es liegt in der Liebe der Ehegatten zueinander, in der Liebe der Eltern zu den Kindern, der Kinder zu den Eltern, in der Liebe der Geschwister, der Freunde zueinander, in der süßen Neigung beider Geschlechter, in der Arbeitsamkeit, wodurch wir erhalten werden, in der Tätigkeit, wodurch man für seinen Kreis, für die Ferne, für die Menschheit wirkt, und endlich in der Ordnung und Gestalt, womit ganze Gesellschaften und Staaten ihr Dasein umgeben und zum Abschluß bringen. Darum haben alte und neue Dichter vielfach diese Gegenstände benützt, um ihre Dichtungen

dem Mitgefühle naher und ferner Geschlechter anheimzugeben."
  Im Verlaufe seiner allmählichen Abwendung vom romantischen Pathos der Leidenschaft klärt sich auch Stifters Bild von der Gesinnung und der Funktion des Dichters. „Der Stand des Schriftstellers", heißt es in einem Aufsatz aus dem Jahre 1848, „ist einer der ehrwürdigsten des menschlichen Geschlechtes. Er ist der Lehrer, Führer, Freund seiner Mitbrüder, er kann ihnen ein Dolmetsch und Priester des Höchsten werden, wenn er in ihre Seelen als Dichter das Ideal des Schönen bringt ..." Die rhetorische Gestik dieser Zeilen deutet auf den einen Zug der Stifterischen Einschätzung des Dichters als eines Bürgers von ganz besonderer moralischer Zuverlässigkeit, der sich nicht nur durch „Männlichkeit und Maßhalten" auszeichnet, sondern die mögliche Überwindung aller „furchtbaren Geister der Menschheit" in sich vollzieht. Da die Leidenschaft „das Anmaßendste ist, was es auf Erden gibt", so ist „eine nicht unergiebige Quelle schlechter Schriftsteller (eigentlich der unwürdigen) die Charakterlosigkeit oder gar unsittlicher Charakter, d. h. ohnmächtiger Hingabe an Leidenschaften." Diese von der charakterlichen Integrität her unmittelbar bestimmte Vorstellung des Dichters entspricht Stifters eigenem frühen Verhältnis zum Schreiben, das ja zunächst, ohne alle „artistischen" Ambitionen, eher auf das Verfassen von lehrhaften Stücken ausging als auf die Darstellung seiner künstlerischen Existenz.
  Die Problematik des dichterischen Schaffens wird Stifter erst nach 1848 bewußt, d. h. in einer gesellschaftlich-geistigen Situation, die er nicht länger als „Dolmetsch" dessen, was ist, glaubt darstellen zu dürfen, sondern der er „als Dichter das Ideal der Schönheit" entgegenstellen will. „Die Verhältnisse sehen", schreibt er im September 1849, „und doch die Verwirrung und Schlechtigkeit geschehen lassen zu müssen, ist ein Schmerz, der sich kaum beschreiben läßt. Ich habe in diesem Jahre Gefühle kennen gelernt, von denen ich früher keine Ahnung hatte. Alles Schöne Große Menschliche war dahin, das Gemüth war zerrüttet, die Poesie gewichen." Der für so viele Dichter des neunzehnten Jahrhunderts symptomatische Konflikt zwischen Beruf und Berufung wird von Stifter seither um so bedränglicher empfunden, je deutlicher ihn seine Verwaltungstätigkeit als Schulrat und Konservator der Kunstdenkmäler die Grenzen des „politischen" Wirkens gegenüber dem dichterischen Vorbilden spüren ließ. Nicht allein das Klagen um die fehlende Zeit, sondern die Entscheidung für das Schreiben als Hauptanliegen wird in den Briefen seit 1850 immer spürbarer. „Meine Bücher", heißt es noch 1850, „sind nicht Dichtungen allein

(als solche mögen sie von sehr vorübergehendem Werthe sein), sondern als sittliche Offenbarungen, als mit strengem Ernste bewahrte menschliche Würde haben sie einen Werth, der bei unserer elenden, frivolen Literatur länger bleiben wird als der poetische." Stifters Wendung von der anekdotischen Erzählform der Novellen zum breit komponierten Gewebe der zwei großen Romane hat deshalb durchaus nicht nur stoffliche Gründe: Dichten als absolute Gestaltung der Erfahrung — „dieses höllische Handwerk" — stellt ihn vor Aufgaben, denen er sich immer weniger gewachsen fühlt: „Sie müssen erwarten", schreibt er 1861 an eine Freundin, „daß das Dichten Sie viel unruhiger und schmerzlicher bewegt, als das von Andern Gedichtete zu lesen... Es hat das Schaffen an und für sich, wenn es auch gar keine Lesewelt gäbe, oder man an sie gar nicht denkt, auch Leid und Elend genug. Ich kann die Sünde des Dichtens nicht lassen, und bringe immer nicht zu Stande, was ich will, und ringe mich kläglich ab."

Stifters Vorstellungen vom Wirken des Dichters sind anfänglich wie später moralisch-apodiktisch: „Ich lege nur einen sittlichen keineswegs aber künstlerischen Werth auf meine Arbeiten..." Indem er sich aber den „literarischen" Tendenzen der Zeit fordernd entgegenstellt, vertieft sich das Bewußtsein einer spezifisch ästhetischen Verantwortlichkeit. „Das Reich des Reinen Einfachen Schönen, das nicht nur häufig aus der Litteratur sondern auch aus dem Leben zu verschwinden droht, auszubreiten und in einer nicht ganz unschönen Gestalt vor die Leser zu treten, das war und ist das Streben meiner Schriften."

Über technische und kompositorische Fragen spricht Stifter freilich nur selten und auch dann in ganz allgemeinen Begriffen: „Was dem Leser das Einfachste und Natürlichste scheint, ist das Werk der größten Kunst und Sorgfalt, wer es anders meint, der versteht von Kunst und ihren Hervorbringungen nichts." Wenn sich gelegentlich Anlaß bietet, eine ablehnende oder unzureichende Besprechung zurückzuweisen, so geschieht es eher aus schriftstellerischem Selbstgefühl als in der Absicht, die dichterische Strategie zu rechtfertigen. „Der gute Rezensent meint", so schreibt er an seinen Verleger anläßlich einer Kritik der „Bunten Steine", „ich mache meine Dinge naiv und bewußtlos, und sagt dann wieder, daß außerordentlich viel Natürlichkeit darinnen sei, er meint, diese Dichtart verliere sich ins Blaue und doch hält er den Inhalt (der componiert ist) für ‚real wirklich' (beiläufig närrisch gesagt, als ob es ein real Unwirkliches gäbe) und nur mit Fantasie umkleidet, was ein Widerspruch ist. Er ahnt also gar nicht, daß diese Dinge mit Bewußtsein (freilich nicht auch ohne Gefühl) hervor gebracht sind, wie sie sind, daß sie vollkommen abgeschlossen sind, aber innerlich, nicht, was bei ihm etwa Abschluß sein könnte, durch einen äußeren Rahmen."

In Stifters dichterischer Schaffensweise verbindet sich jene erstaunliche, ja kleinliche Genauigkeit der Materialdisposition, die in vielen Dokumenten seiner Verwaltungstätigkeit bezeugt ist, mit einer zur äußersten Zurückhaltung disziplinierten Geduld des langsamen Abschreitens eines gegenständlich gefüllten, aber in sich nur in großen Umrissen gegliederten epischen Raumes. Die Kunstleistung des „Nachsommer" steht in ihrer konstruktiven Absicht in einer fast nebensächlichen Beziehung zur Erzählkunst der Zeit und verwandelt die von Stifter als urbildlich empfundenen Erzählformen Goethes und Jean Pauls in ein „Bildungswerk" von eigentümlicher formaler Unabhängigkeit. Denn zur zeitgenössischen Literatur hatte Stifter ein durchaus polemisches und nicht ästhetisches Verhältnis: den experimentellen Roman des aktualistischen Realismus lehnt er ebenso entschieden ab wie die analytische Dramatik Hebbels, — für ihn der „groteskeste und sittlich verkröpfteste und widernatürlichste Poet". Seine Urteile über Grillparzer bleiben sentimental-patriotisch; „Heine mit der Haltlosigkeit seines Gewissens und dem Prunk seines Talentes hat unendlich geschadet"; Friedrich Halms attitudenreicher und tönerner „Fechter von Ravenna" gilt ihm als „eines der größten deutschen Werke"; Mundts „Matadore" scheinen ihm ein „Gebräu von Unwahrheit Unnothwendigkeit Zerfallenheit". Zu Freytags „Soll und Haben", das ihm durch Zufall in die Hände fiel, äußert er sich zwar ausführlicher, aber nicht weniger befangen: er empfindet es als eine zwar technisch außerordentliche Leistung, die aber im Episodischen steckenbleibt. „Freitag macht Theile äußerst geschickt, ohne daß ein Hauch von Poesie vorhanden ist..., er hat lauter Theile, die nie ein Bild machen, man muß in den drei Bänden ewig neu anfangen, keine Begebenheit bleibt sie selber, kein Karakter bleibt er selber, und immer hat man an den Erlebnissen keine Freude." Was ihm an Freytags Kunst fehlt, ist „Empfindung für Totalität... alles ist nur erdacht und gemacht, daher nichts entwikelt und organisch".

So führt Stifter in Urteilen über Dichter seiner Zeit die Klage um mangelnden sittlichen Ernst zur Forderung nach einer dichterischen Darstellungsweise, in der die „Empfindung für Totalität" ihren zureichenden Ausdruck finden soll. „Ein Mann, der mit mir die Einfachheit und das sittliche Bewußtsein gemein hätte", heißt es noch während der Arbeit am „Nachsommer", „mir aber an Dichterbegabung weit überlegen wäre, sollte aufstehen. Er würde der Erneuerer unserer gesunkenen Kunst sein."

Man wird erwägen müssen, ob Stifters geforderte „Empfindung für Totalität" als ästhetische Gegenposition gegen die unbefriedigende Welt von ihm in ihrer ganzen historischen Problematik durchdacht ist oder ob sich hier nicht das humanistische Vokabular Herders und Humboldts zur Rechtfertigung einer tiefen epigonalen Melancholie anbietet. Denn entscheidend für das Abschätzen von Stifters dichterischer Leistung ist die Frage, ob in einer Zeit der intensiven analytischen Gesellschafts- und Kulturkritik eine so summarische Form des sittlichen Bewußtseins, wie er sie behauptet, eine adäquate Voraussetzung des echten Erzählens sein kann. Große Dichtung kann niemals aus einem unzulänglichen Situationsbewußtsein entstehen. Stifters oft geäußertes Mißtrauen gegenüber seiner eigenen Begabung ist deshalb gewiß mehr als eine liebenswürdige Geste, mit der er im Gegensatz zum „Wesentlichen" den Rang des bloßen Könnens herabsetzen möchte; es läßt darauf schließen, daß er sich der polemischen Einseitigkeit seiner klassizistischen Position durchaus bewußt war: anders als Gotthelf oder Keller hat Stifter weder zur sozialen noch zur ästhetischen Auseinandersetzung seiner Zeit ein zureichend kritisches Verhältnis.

Wie undeutlich und konventionell aber auch Stifters Reflexionen über das dichterische Verfahren sein mögen, er hat seine Aufgabe als Dichter mit immer größerer Energie und immer intensiverem Suchen nach spezifischen Ausdrucksmitteln zu erfüllen versucht. Die Briefe der fünfziger Jahre lassen keinen Zweifel, daß ihm mehr und mehr daran lag, im Gegensatz zum „literarischen" Zeitroman und über seine eigenen, im bisherigen didaktischen Zusammenhang zureichenden episodischen und „realistisch" gemeinten „Studien" hinaus eine eigenartige epische Form zu finden und zu entwickeln. Diese Form sollte es ihm ermöglichen, die für ihn allein authentische Welt von der Aktualität zu distanzieren und ihre „Totalität" als Modell im Bewußtseinsbereich des Erzählers zu projizieren.

Das Experiment dieses „visionären" und bewußt bis zum Mythisieren vorgetriebenen dichterischen Sprechens wird im „Nachsommer", zwar oft mit eigentümlichen Mitteln, aber mit überraschender formaler Konsequenz durchgeführt.

Die Gestalt des Romans

Über das Verhältnis der fragmentarisch erhaltenen Anfangsskizzen zum ausgearbeiteten Roman lassen sich nur Vermutungen anstellen: auf wenig mehr als einem Blatt begann Stifter wohl schon zehn Jahre vor dem Erscheinen des „Nachsommer" eine genrehafte Schilderung, in der berichtet wird, wie der jugendliche Erzähler auf einer Gebirgswanderung in einem „weißen Häuschen" vor einem drohenden Gewitter Schutz sucht.

„Es hatte hinter sich einen großen Garten, und war vorne mit einem Gitter umgeben, das hochroth angestrichen war. Die grünen Fensterläden, alle geöffnet, und so frisch, als wären sie gestern erst angestrichen worden, standen recht freundlich zu der schneeweißen Mauer. Als ich an dem Thürlein des Gitters versuchte, ob ich es öffnen könnte, kam aus dem Gartenbusche plötzlich jemand gegen mich zu, der das kleine schneeweiße Männchen war, von dem ich oben sagte.

‚Was steht Euch in meinem Hause zu Diensten?' fragte der Mann.

‚Ich bin ein Wanderer', antwortete ich, ‚und möchte gerne einen Unterstand suchen, in dem ich so lange verweilen könnte, bis das heranziehende Gewitter vorüber wäre.'

‚So geht herein', sagte der Mann, indem er seine Hände an das Schloß des Türleins legte, es öffnete, und mich zu sich hinein ließ.

In dem Augenblike kam von dem Gartengange ein blühend schöner junger Mann von etwa vierzehn Jahren zu uns herzu. Er warf die dunkelbraunen Locken seitwärts, und schaute mich mit den dunkeln sanften Augen an.

Ich kann es nicht sagen, welch liebliches Gefühl mich überkam, als ich in die wunderschönen Züge dieses Jünglings schaute."

Der durchaus romantische Ansatz dieses „Die Beherbergung" überschriebenen Stückes, mit seinen dramatischen, aber klischeehaften Farbtönen und der ganz malerischen Sicht auf Gegenstände und Figuren, wird später im Anfang des dritten „Nachsommer"-Kapitels aufgehen; hier fehlen zunächst noch entscheidende Motive, aus denen sich im Roman die Tiefendimensionen erst ergeben sollen: in dem unscheinbaren „kleinen schneeweißen Männchen" läßt sich von der menschlichen Resonanz Risachs noch nichts vermuten, und die Ich-Form des Erzählens soll, wie auch in anderen Frühnovellen Stifters, nur die abenteuerlichen Aspekte der Begegnung begründen, ohne auf die selbstreflektierenden Absichten bezogen zu sein. Inwiefern von einer solchen zusammenhängend geplanten und dichterisch durchkomponierten Bildungsdynamik zwischen dem Betrachter und der gegenständlichen Welt hier schon die Rede sein kann, läßt sich auch aus einem zweiten kurzen Fragment der früheren Novelle kaum erkennen, in dem ein Aufenthalt der ursprünglich Magdalena genannten Freundin des Hofmeisters im Rosenhäuschen und der gemeinsame Gegenbesuch auf Magdalenas Besitztum geschildert werden. Unter dem veränderten Titel „Der alte Vogelfreund" sollte die Erzählung in die Novellensammlung der „Bunten Steine" eingereiht, dann (1854—55) zu einem Roman von zwei oder gar drei Bänden erweitert werden.

Das Werk, das schließlich am 12. September 1857 als „Der Nachsommer" abgeschlossen wird und in drei Bänden erscheint, stellt die schon früh skizzierten Gestalten in einen vielseitigen Sinnbezug, den Stifter erst im langsamen Prozeß künstlerischen Reifens verwirklichen konnte. Daß der „Nachsommer" ausdrücklich nicht etwa als Roman bezeichnet wurde — obwohl Stifter ihn am Anfang der Arbeit einmal einen „sozialen Roman" nennt —, läßt darauf schließen, daß sich das Werk gerade in seiner Kunstform von den geläufigen Vorstellungen sowohl des spätromantischen als auch des zeitkritischen Erzählens distanzieren sollte, jenem „gemachten fantastischen Firlefanz, ... den Schriftsteller und albernes Publikum leider heutzutage so lieben". In dem Maße, in dem der deutsche Roman der Zeit ein Bild der „prosaischen" Welt zu gewinnen versuchte und das Ziel seiner Wirkung im Verständnis der gegenwärtigen gesellschaftlichen Konflikte sah, mußten sich einem so apodiktisch humanistisch gestimmten Dichter wie Stifter die großen Vorbilder der klassisch-romantischen Tradition anbieten. Die Romane Jean Pauls und Goethes, möglicherweise auch Novalis' „Heinrich von Ofterdingen", sind für Stifter die schlechthin exemplarischen Großformen der modernen Bildungserzählung. Anklänge an Jean Paul sind in den Gestalten und Empfindungstönen der früheren Erzählungen unverkennbar; im „Nachsommer" sind sie nur in Momenten verklärender und verinnerlichter Natursicht einer neuen, völlig unsentimentalen und unpathetischen Erzählweise untergeordnet. Die innere Nähe zu Goethe hat Stifter gerade während der Arbeit oft betont; er sei, schreibt er 1854 in einem oft zitierten Satz, „zwar kein Goethe, aber einer aus seiner Verwandtschaft". „Mein Werk", so heißt es nach dem Abschluß des „Nachsommer", „ist weit entfernt von einem Götheschen, von der Großartigkeit des Inhaltes und der schönen klaren Fassung: aber mit Göthescher Liebe zur Kunst ist es geschrieben, mit inniger Hingabe an stille reine Schönheit ist es empfangen und gedacht worden."

Es liegt nahe, über Stifters Neigung zur humanen Lebenskunst Goethes hinaus den „Nachsommer" entscheidend auch in gewissen formalen Aspekten in die Nähe des „Wilhelm Meister" zu stellen; in manchen Einzelheiten mag das zutreffen. Wenn wir aber Stifters Erzählweise, seinen eigentümlich unspontanen Sprachstil und vor allem die Substanz und die dichterischen Darstellungsformen seines Bildungsideals prüfen, so scheinen sich doch im „Nachsommer" poetische Absichten zu verwirklichen, die einer durchaus anderen

Bewußtseinslage entsprechen als der des „Wilhelm Meister". Wichtiger ist es vielleicht, an Stifters Lektüre von Goethes „Novelle" zu erinnern und deren Absicht eines äußerst kunstbewußten Erzählens zum ähnlichen Ziel des „Nachsommer" in Beziehung zu setzen. Über Stifters Einschätzung der „Wahlverwandtschaften" läßt sich weniger Bestimmtes sagen, als man erwarten sollte; denn gerade dieser formal höchst disziplinierte Roman Goethes führt diejenige dichterische Aufgabe durch, die sich Stifters Roman in seiner Weise noch einmal stellt: gegenüber der Welt der Natur, des unmittelbaren Daseins, des Unheimlichen und der Leidenschaft, im Vollzug des absolut verhaltenen Erzählens die nur im Kunstwerk abstrahierbaren reinen Möglichkeiten des Daseins zu verwirklichen.

„Ich habe ein tieferes und reicheres Leben, als es gewöhnlich vorkömmt, in dem Werke zeichnen wollen und zwar in seiner Vollendung und zum Überblike entfaltet daliegend..." Zu diesem wichtigen, rückschauenden Satz, in dem Stifter 1858, nach dem Erscheinen der ersten, durchaus kritischen Besprechungen, noch einmal seine dichterischen Absichten zusammenfaßt, führt über drei Jahre fast täglicher, mühsamer Arbeit die Durchführung des großen epischen Experimentes. „Ich hoffe", so schrieb er nach Abschluß des ersten der drei Bände im Februar 1856, „hiemit etwas zu ‚dichten', nicht zu ‚machen'. Die ganze Lage, so wie die Karaktere der Menschen sollen nach meiner Meinung etwas Höheres sein, das den Leser über das gewöhnliche Leben hinaushebt, und ihm einen Ton gibt, in dem er sich als Mensch reiner und größer empfindet, daher das Buch öfter gelesen werden kann, und immer dieselbe Empfindung erfolgt, ja, wenn man den Zusammenhang bereits weiß, in noch höherem Maße erfolgen soll, weil man durch das Stoffliche nicht mehr beirrt wird."

Wir stoßen uns zunächst nicht an die seltsam anmutende Vorstellung Stifters, daß „das Stoffliche" den reinen Ton der Dichtung beeinträchtigen könne, und versuchen das erzählte Material des Romanes zu überschauen.

In siebzehn Kapiteln, deren zuständliche Titel die diskrete und stetige Wellenbewegung der Erzählung umschreiben, läßt Stifter einen noch jungen Mann bürgerlicher Herkunft sich in einer Rückschau auf die Jahre vor seiner Ehe der Elemente des sinngefügten Erlebens erinnern. Aus der Erwerbswelt seines väterlichen Hauses führt ihn sein naturwissenschaftliches Interesse in den Kreis des Freiherrn von Risach, eines ehemaligen kaiserlichen Staatsmannes von vorbildlicher menschlich-geistiger Haltung, auf dessen Landbesitz, dem Rosenhaus, der junge Heinrich Drendorf in alljährlichen

Besuchen eine Welt von höchstem Kulturbewußtsein erfährt. Die bis zur klassizistischen Abstraktion transparent gemachte Organisation der natürlichen Umwelt von Risachs Besitztum, die „Mitteilung" seiner souveränen Lebensführung und der „Rückblick" vor allem auf seine einstige leidenschaftliche Zuneigung zu Mathilde, die schmerzliche Trennung von ihr, das Wiederfinden der gealterten und gereiften Liebenden und ihre stille Gemeinschaft auf nachbarlichen Gütern, dieses sind die Erlebnisbilder, denen sich Heinrich gegenüber findet und von denen er, mehr und mehr ergriffen und doch gefaßt, erzählt. Mit Mathildes Tochter Natalie schließt er den „Bund" für ein gemeinsames Leben, an dessen Schwelle er sich, eben in der Erzählung des „Nachsommer", über den Sinn der Erweiterung und Entfaltung seines bisherigen Lebens Rechenschaft abzulegen versucht. Auf einer Reise „in die höheren Lande" muß er sich vor seiner Eheschließung die Frage stellen, „ob ein Umgang mit lieben Freunden, ob die Kunst, die Dichtung, die Wissenschaft das Leben umschreibe und vollende, oder ob es noch ein Ferneres gäbe, das es umschließe und es mit weit größerem Glück erfülle. Dieses größere Glück, ein Glück, das unerschöpflich scheint, ist mir nun von einer ganz anderen Seite gekommen, als ich damals ahnte. Ob ich es nun in der Wissenschaft, der ich nie abtrünnig werden wollte, weit werde bringen können, ob mir Gott die Gnade geben wird, unter den Großen derselben zu sein, Das weiß ich nicht; aber Eines ist gewiß, das reine Familienleben, wie es Risach verlangt, ist gegründet, es wird, wie unsre Neigung und unsre Herzen verbürgen, in ungeminderter Fülle dauern, ich werde meine Habe verwalten, werde sonst noch nützen und jedes, selbst das wissenschaftliche Bestreben hat nun Einfachheit, Halt und Bedeutung."

Das „reine Familienleben" ist die Metapher, in der der Erzähler jenes geschlossene menschlich-gesellschaftliche Gefüge erfaßt, innerhalb dessen sich die Verhältnisse von Eltern zu Kindern, von Geschwistern, Liebenden, Freunden und Helfern, von Herrschaft zu Gehorsam, von Hochgestellten zu ihren Bediensteten, von Lehrenden zu Schülern, von Wissenden zu Fragenden sinnfällig gestalten. Denn alle diese Beziehungen werden in einem behutsam gefügten Kreis von Modellfiguren dargestellt. Sie werden nicht etwa in ihrer Komplexität oder Fragwürdigkeit durchleuchtet, sondern als Leistung und Erfüllung in das nachsommerliche Licht Risachs erhoben und im Bericht des schauenden und mitgehenden Jünglings bezeugt.

Inwiefern der Charakter dieser Erzählung im Begriff des Bildungsromanes zureichend bestimmt ist, bleibt eine Frage; um sie zu beantworten, muß man davon ausgehen, daß der eigentliche thematische Vorwurf und Gegenstand nicht so sehr Heinrichs „Bildung" ist als vielmehr die alles umgreifende Geschichte Risachs und Mathildes. „Die zwei jungen Leute" (Heinrich und Natalie), schreibt Stifter kurz vor Abschluß des Werkes an seinen Verleger Heckenast, „sind weitaus nicht die Hauptsache, sind eine heitere Ausschmückung des Werkes, sein Ernst und sein Schwerpunkt muß irgendwo anders liegen." Es ist vielmehr der „innere Lebensgang" des in Leidenschaft und Irrtum, in Verständnis, Liebe und handelndem Entsagen gereiften Risach, dessen zum Bild, ja zum Spiegelbild gewordene Erscheinung der jugendliche Erzähler in seiner fast absoluten Gegenwärtigkeit bezeugt. Die allgemeinen ideellen Voraussetzungen, nach denen Stifter den Roman entworfen hatte, sind in einem späteren Brief an seinen Freund und Verleger aufgezeichnet. Es heißt dort: „Ich habe ein tieferes und reicheres Leben, als es gewöhnlich vorkömmt, in dem Werke zeichnen wollen und zwar in seiner Vollendung und zum Überblike entfaltet da liegend in Risach und Mathilden, zum Theile auch und zwar in einseitigeren Richtungen, im Kaufmanne [Heinrichs Vater] und seiner Frau, selbst etwas auch in Eustach und sogar dem Gärtner: in seiner Entwicklung begriffen und an jenem vollendeten Leben reifend in dem jungen Naturforscher [Heinrich], an Natalie Roland Klotilde Gustav. Dieses tiefere Leben soll getragen sein durch die irdischen Grundlagen bürgerlicher Geschäfte der Landwirthschaft des Gemeinnuzens und der Wissenschaft und dann der überirdischen der Kunst der Sitte und eines Blikes, der von reiner Menschlichkeit geleitet, oder wenn Sie wollen, von Religion geführt höher geht als bloß nach eigentlichen Geschäften (welche ihm allerdings Mittel sind) Staatsumwälzungen und anderen Kräften, welche das mechanische Leben treiben. Das gewöhnliche Leben, und zwar nicht gerade ein gemeines, ist im Inghofe, in den Gesellschaften der Stadt, (in der Fürstin nicht), und im Besuche im Sternenhofe angedeutet. Risach hatte sich empor kämpfen müssen, dort, wo er und Mathilde fehlten, wo sie Schwäche hatten, mußten sie sühnen, und zwar gerade, weil sie bessere Menschen waren, tiefer, fast mit ihrem irdischen Lebensglüke, sühnen als andere, wofür aber auch der Lohn ihres Lebens im Alter höher war als bei andern, bei denen es wie bei Steinen nicht Sühne und nicht Lohn gibt. Wer das Buch von diesem Punkte nimmt, der wird den Gang, wenn er mir menschliche Schwächen verzeihт, ziemlich strenge und durchdacht finden."

An dieser geistigen Topographie des Romans wird uns allerlei auffallen. Das „tiefere" Leben soll in einer Reihe von Menschenschicksalen „in seiner Vollendung" „zum Überblicke entfaltet" und in seinen tragenden „irdischen" und „überirdischen" Bereichen aufgewiesen werden; das „gewöhnliche", nicht das „gemeine" Leben werden angedeutet; die Erfahrung von Sünde und Sühne rechtfertigt die echte menschliche Existenz und findet sich im „Lohn" eines verklärten Alters bestätigt. Diese dualistischen Gedanken sind in Stifters aufgeklärtem religiösen Idealismus begründet und in seinen früheren Werken immer wieder anekdotisch exemplifiziert worden. Sie gewinnen im „Nachsommer" nicht etwa dadurch an Gültigkeit oder Ernst, daß sie noch bewegender oder ergreifender mitgeteilt werden als in den Erzählungen der „Studien" und „Bunten Steine", sondern dadurch, daß ihre immanente Antithetik aus der dramatischen Spannungsform der Novelle entfernt und in der Nacherzählung des epischen Erinnerns umkreist wird. Das bedeutet, daß die Konflikte und Unruhemotive des Romans nicht als Ereignisse unmittelbar dargestellt, sondern im Beobachteten des „Naturforschers" als Phänomene in ihrer Allgemeingültigkeit, ja Wiederholbarkeit bezeichnet werden sollen. Der „Gang" der Handlung des „Nachsommer"-Romans darf deshalb nicht aus der Dynamik der erzählten Ereignisse an sich, die Verhältnisse der Menschen für sich und zueinander können nicht aus ihren individuellen Zügen verstanden werden. Die Wirklichkeit wird in der distanzierenden Erzählweise nicht in ihrer Struktur, wie im analytischen Roman, sondern als geschlossenes, sichtbares Ergebnis einer beispielhaften menschlichen Leistung aufgewiesen. „Das Reich des Reinen Einfachen Schönen, das nicht nur häufig aus der Literatur sondern auch aus dem Leben zu verschwinden droht, auszubreiten, und in einer nicht ganz unschönen Gestalt vor die Leser zu treten, das war und ist das Streben meiner Schriften."

Es ist gelegentlich nach den historischen und autobiographischen Bestandteilen gefragt worden, die in den Roman eingegangen sind. Stifter war — wie Goethe — kein Erfinder, sondern ein Gestalter; aber er fügt die beobachtete und erlebte Welt so in die Erzählung ein, daß sie den konstruktiven Zwecken des Kunstwerkes völlig untergeordnet erscheint. Wenn Risach unverkennbare Züge sowohl des Freiherrn Andreas von Baumgartner als auch Wilhelm von Humboldts trägt, wenn die Fürstin Schwarzenberg und ihre Gesellschafterin, die Dichterin Betty Paoli, im Roman in einzelnen Zügen nachweisbar sind, wenn Mathilde an die Gräfin Esterhazy erinnert und Heinrich selbst von der Erscheinung des Naturwissenschaftlers Friedrich Simony her skizziert ist, so bedeutet das nichts anderes, als daß Stifter in diesen Menschen die Elemente der Wirklichkeit, um die es ihm ging, schon modellhaft vorgebildet fand. In ganz ähnlicher Weise fügt er Gegenstände und Züge seiner eigenen Umgebung in die Erzählung ein: „drei Geräte, welche sehr schön sind, und im Buche vorkommen, befinden sich in meinem Besitze. Für den Schreibkasten (herrliche eingelegte Arbeit) sind mir schon 2000 fl CM geboten worden"; der Kefermarkter Schnitzaltar, dessen Wiederherstellung Stifter veranlaßte, wird im Roman zum Kerberger Altar, der Hallstädter See erscheint als „Lautersee", sein Heimatort Oberplan als „Dorf Dallkreuz" und Wien als „die große Stadt mit dem schlanken Turm". Stifter spricht gelegentlich von seiner eigenen Liebhaberei als „Restaurateur alter Bilder und Geräte nebst Gerumpel" und von der „Cactusnarrheit", die ihn im Sommer 1854 überfallen hatte.

Alle diese Bestandteile der eigenen Welt gewinnen im Roman ihre eigentümliche Funktion und Bedeutung. Vor allem ist es aber wohl Stifters leidenschaftliche Jugendliebe zu Fanny Greipl, die in den Beziehungen zwischen Risach und Mathilde ihre verklärte dichterische Erfüllung und Überhöhung findet. Denn der Vorwurf der seelischen Unsicherheit und der Unreife des Urteils und der Liebe, den sich Stifter in der lange schmerzvoll durchlebten Zeit nach seiner Trennung von Fanny immer wieder selbst machte, wurde zum eigentlichen Thema der „Nachsommer"-Erzählung. Das Zufällige, die Willkür, die sinnbedrohende Leidenschaft in der Möglichkeit ihrer Überwindung durch Wissen, Gestalten und Vertrauen zu neutralisieren und das Verhältnis von Natur, Mensch und Gott als reines Gesetz zu demonstrieren, darauf sollte es im Erzählen des jungen Naturwissenschaftlers ankommen.

### Die Kunstform des Erzählens

Man könnte es als die zentrale geistige Aufgabe des „Nachsommer" bezeichnen, vier Bedeutungssphären zu umkreisen und ihre gegenseitige Beziehung dichterisch darzustellen: die Sphären der Beobachtung, des Urteilens, des Gestaltens und der Einsicht. Jeder dieser Bedeutungskreise findet sein Ereignisäquivalent in der objektiven Welt des Romans; jedem wird aber vor allem „entsprochen" in der Haltung des Erzählers, dessen Funktion zu erkennen für ein Verständnis des Romans von entscheidender Wichtigkeit ist. Daß der „Nachsommer" aus der Perspektive eines „Ich" erzählt wird, daß in ihm der junge Heinrich Drendorf die Erinnerungen seiner Jugend zu berichten scheint, darf uns nicht darüber täuschen, daß hier von einem psychologischen Roman keine Rede sein kann. Denn es wird weder — wie im „Grünen Heinrich" — das langsame Heranwachsen eines jungen Menschen in seinen inneren Zuständen zureichend auf gezeichnet und entwickelt noch die Welt in ihrer geistigen Problematik perspektivisch entdeckt. Man hat sich gefragt, warum der jugendliche Heinrich gerade zu dem Zeitpunkt, an dem er tatsächlich über seine Vergangenheit berichtet, zu einem persönlich so wenig profilierten Rückblick auf seine Umwelt ansetzt: auf der Schwelle zwischen Wissen und Handeln müßte ihm — wenn man Stifters Darstellung als psychologische Erzählung begreift — das echte Verständnis der geschilderten Schicksale noch fehlen. Auch daß Stifters gelegentlich so eckige und spröde Erzählweise der noch weitgehend naiven Vorstellungswelt des jungen Heinrich entsprechen soll, ist — lobend oder bemängelnd — bemerkt worden.

In Wirklichkeit widerspricht diese Vorstellung von einem psychologischen Erzählen gerade Stifters wichtigstem Anliegen. Denn im Gegensatz zu seinen früheren Erzählungen sollte im „Nachsommer" das Seelische in seiner individuellen Äußerung nicht etwa dargestellt, sondern abstrahiert werden; es sollte nicht in seiner Komplexität und Tiefendimension erforscht, erwogen und verstanden, sondern als Gestalt in seiner vorbildlich gewordenen Verallgemeinerung, Überwindung, ja Erlösung gezeigt werden.

Es war Stifters Aufgabe, für diesen Vorgang des Zeigens eine Stimme zu finden, deren Zuverlässigkeit nicht durch individuelle Problematik belastet und entwertet ist oder die etwa erst durch den Nachweis des eigenen Reifens hergestellt werden müßte; sie ließ sich innerhalb der geistigen Zielsetzung und mit den Mitteln des zeitgenössischen analytischen Romans kaum lösen. Es mußte Stifter deshalb darauf ankommen, eine dichterische Redeweise zu finden, deren Gültigkeit und Aussagekraft nicht aus der individuellen, psychologischen Struktur des Erzählers, sondern aus der mehr formalen Gestik des ursprünglichen epischen Sprechens abgeleitet werden kann.

Zu dieser Kunstform des Erzählens führt gerade das Thema der „Nachsommer"-Situation; denn der Gegenstand des Erzählens ist ja nicht etwa die Entwicklung Heinrichs, sondern die Verwandlung eines leidenschaftlichen Verhältnisses in ein im höchsten Sinne verständiges und deshalb beispielhaftes. Dieser Vorgang des Sublimierens soll nicht als solcher deutlich gemacht, sondern im verhaltenen epischen Sprechen als Gegenstand des gemeinsamen Betrachtens verallgemeinert werden. Durch Heinrichs Erzählung soll also nicht so sehr ein Bewußtsein *dargestellt* als vielmehr, mit der distanzierenden Geste des dichterischen Sprechens, im Leser *hergestellt* werden. Heinrich ist nicht der Gegenstand, sondern das Mittel des Erzählens; nur in Heinrichs weder subjektiver noch eigentlich objektiver, sondern durchaus vor-urteilsvoller, „gebildeter" Art des Sprechens kann Stifter versuchen, die darzustellende Wirklichkeit in ihren geistigen Bezügen als menschlich-religiöse Forderung zu behaupten. Es sollte sich deshalb von selbst verstehen, daß die Redeweise Heinrichs als in sich zusammenhängende und abgestimmte Kunstabsicht gedeutet werden muß und daß die „natürliche" Schreibweise Stifters zu seiner dichterischen Leistung in einem Verhältnis steht, das hier ohne kritische Bedeutung ist.

Drendorfs „Ich" ist, als Erzählstimme, merkwürdig unpersönlich und ohne unmittelbares psychologisches Interesse. Er spricht völlig ernst, oft gespreizt, in einer künstlichen Manier, die sich nur selten zum echten Pathos, oft dagegen zur pathetischen Rhetorik erhebt und der es nicht nur an Komik, sondern vor allem an jeder Ironie fehlt. Gerade diesen Mangel an Ironie hat die zeitgenössische Kritik — etwa Julian Schmidts berühmte Rezension des „Nachsommer" in den „Grenzboten" von 1858 — beklagt; freilich ohne erkennen zu wollen, daß es sich Stifter ja gerade zur Aufgabe gemacht hatte, die darzustellende Welt nicht in ihrer Fremdheit skeptisch-ironisch zu konfrontieren, sondern sie in ihrer sinnlich-sittlichen Gestalt begreifbar zu machen. Heinrichs Sprechen darf deshalb ebensowenig ironisch wie bewegend oder erschütternd sein; es ist hinweisend, mitteilend, bedeutend und setzt von der ersten Zeile des Romans an eine Urteilsfähigkeit voraus, deren Zuverlässigkeit, ja Reife von Anfang bis zu Ende, auch da wo sie sich als vorläufig ausgibt und sich selbst mit einer leicht melancholischen Geste in Frage zu stellen scheint, nicht ernstlich in Zweifel steht.

Wenn sich sagen läßt, daß Stifter — wie später Kafka — in der Sprachgeste das Bewußtsein zur Betrachtung aufrufen will, so müßte zugleich gefragt werden, wer denn von dem erzählenden Ich angesprochen werden soll. Stifter wendet sich offensichtlich in seinem bis zum Zeremoniellen stilisierten Sprechen nicht an einen geselligen, beweglichen und weltoffenen Leserkreis, sondern an eine in ihrem geistigen Habitus und ihrer inneren Geschlossenheit disziplinierte christlich-humanistische Gemeinde. Dieser die Sinnbilder einer Wirklichkeit vorzuweisen, deren Charakter nicht so sehr verstanden als nachvollzogen werden will, ist das Ziel von Stifters rituellem Erzählen. „Sollte der Künstler", heißt es in jenem großen Gespräch über die Kunst im Kapitel „Das Vertrauen", „das wirklich Schöne nicht für die Geweihten schön halten?" Und: „Der wahre Künstler stellt sich die Frage gar nicht, ob sein Werk verstanden werden wird oder nicht. Ihm ist klar und schön vor Augen, was er bildet; wie sollte er meinen, daß reine unbeschädigte Augen es nicht sehen?"

Das dichterische Sprechen des erzählenden Ich ist also in einem fast liturgischen Sinne vorbildlich; es sind die größten Künstler, die „auf einer Höhe der Gefühle und Gedanken stehen, zu der sie ihre Welt erst durch ihre Werke führen müssen. Nach Jahrzehenden denkt und fühlt man, wie jene Künstler, und man begreift nicht, wie sie konnten mißverstanden werden. Aber man hat durch diese Künstler erst so denken und fühlen gelernt." Der Dichter, heißt das, präfiguriert die Wirklichkeit, nicht etwa so, daß er sie in ihrem Dasein oder auch ihrer spezifischen Struktur aufweist, sondern indem er sie im Sprechen als eine reine, das heißt virtuell sinnvolle bezeichnet.

Wenn, wie wir noch im einzelnen sehen werden, der rituelle und hinweisende Charakter des erzählenden Ich alle Formaspekte des „Nachsommer" bestimmt, so müßte zunächst gefragt werden, wieweit denn in der offensichtlich und bewußt vorurteilsvollen Darstellungs- und Redeweise des Erzählers Heinrich Drendorf der Aktualitätscharakter der Wirklichkeit zuverlässig respektiert oder etwa verzeichnet und entstellt wird. Gerade in Hinsicht auf Stifters skeptische Haltung gegenüber der wertblinden eigenen Zeit ist es wichtig, an seine benediktinische Grundüberzeugung von der immanenten Sinnhaftigkeit der Wirklichkeit zu erinnern: die Wirklichkeit wird deshalb in Stifters Erzählen nicht etwa mit einem idealen oder gar ideologischen Schema konfrontiert und ironisch oder sentimental versachlicht, sondern im Gegenteil so angesprochen und bezeichnet, daß ihr vorausgesetzter Sinn evident wird. Gewisse Dichter scheinen Heinrich aus dieser Perspektive unzureichend und „schwülstig": „Sie gaben die Natur in und außer dem Menschen nicht so wie sie ist, sondern sie suchten sie schöner zu machen und suchten besondere Wirkungen hervor zu bringen."

Die erzählerische Fiktion von Heinrichs naturwissenschaftlichem Bildungsgang muß also von einem Wirklichkeitsverständnis ausgehen, das Stifter mit Goethe teilt und das vielschichtig etwa in Heinrichs Äußerung formuliert wird: „In der Naturwissenschaft war ich gewohnt geworden, auf die Merkmale der Dinge zu achten, diese Merkmale zu lieben und die Wesenheit der Dinge zu verehren." Die „Merkmale" der Dinge, das, was an ihnen „merkwürdig" ist, zu bezeichnen wird damit eine der Voraussetzungen des dichterischen Verhaltens, das sich den „Dingen und Begebenheiten" der Wirklichkeit anschauend und zugleich urteilend gegenüber weiß. „Die Männer gefielen mir", kann Risach konsequent sagen, „welche die Dinge und Begebenheiten mit klaren Augen angeschaut hatten und sie in einem sicheren Maße in dem Rahmen ihrer eigenen inneren Größe vorführten."

Die Ordnung der Dinge

Die Dinge in ihrer virtuellen Sinnhaftigkeit darzustellen, sie gewissenhaft nach ihrem Bezug aufeinander und auf die menschliche Verwirklichung hin zu „benennen", dieser Wunsch wird uns vom Knaben Heinrich als Begründung seiner „Sehnsucht nach Mitteilung" berichtet. „Ich war schon als Knabe ein großer Freund der Wirklichkeit der Dinge gewesen, wie sie sich so in der Schöpfung oder in dem geregelten Gange des menschlichen Lebens darstellte . . . Ich fragte unaufhörlich um die Namen der Dinge, um ihr Herkommen und ihren Gebrauch und konnte mich nicht beruhigen, wenn die Antwort eine hinausschiebende war."

Heinrichs Empfinden für die Aussagekraft der Dinge wird wiederum in Risachs Lebensrückblick gespiegelt, in dem er von seiner Ehrfurcht vor den Dingen spricht, „wie sie an sich sind", und von seinem Bemühen, auf das zu sehen, „was die Dinge nur für sich forderten, und was ihrer Wesenheit gemäß war".

Die Forderung der Dinge, das, was ihnen „gemäß" ist, zu entdecken, trägt wesentlich zum erzählerischen Schema des „Nachsommer" bei: was zunächst nur als beiläufiger Gegestand zur Kenntnis genommen wird, wird in einer zweiten oder mehrfachen Betrachtung in seinen sinngefügten Einheiten beschrieben und erfahren. „Ich ging auch noch einmal in das Gewächshaus", heißt es einmal. „Ich konnte nun Manches genauer ansehen, als es mir früher möglich gewesen war, da ich mit meinem Begleiter das Haus gleichsam nur durchschritten hatte." Die scheinbar mechanische und pedantische Aufreihung von Dingen und ihren zunächst nur offensichtlichen, schließlich aber verständlichen Attributen und Funktionen gehört zu Stifters höchst bewußten stilistischen Mitteln. Die Dinge, die in ihrer Fülle als bloße gegenständliche Aspekte einer Szene erscheinen, werden in einem planvollen Beobachten und dem Erkennen ihres Bedeutungscharakters zu den zentralen Bildungssymbolen des Erzählens. Im Hinweisen auf sie entsteht Stifters Handlungsvorgang: sie werden vom Menschen sinnlich erfahren, vom Naturwissenschaftler kategorisch geordnet, vom gesellschaftspolitischen Handeln her „gefaßt", im schaffenden Kunstvorgang „gestaltet" und im sittlichen und religiösen Ordnungserleben in ihrer reinen Gesetzmäßigkeit symbolisch wirksam. In ihrem erkannten Zusammenhang sind die Dinge nicht eigentlich mehr Gegenstände, sondern Zustände, Bilder von Geistigem.

Die Problematik einer Dingwelt, deren Kohärenz im Bewußtsein der rein pragmatischen Funktionalität immer mehr in Frage gestellt werden muß, gehört zu den großen Themen der Dichtung des neunzehnten Jahrhunderts: zwischen den zwei Extremen einer beziehungslosen Mannigfaltigkeit der ungebundenen Gegenstände (etwa in Flauberts „Education Sentimentale") und des Kellerschen Idealrealismus versucht Stifter durch eine Erzählweise des mythischen Hinweisens zu vermitteln, die den Ordnungszusammenhang im Glauben voraussetzt und die im ehrfürchtigen, gestaltenden, liebenden Verhalten beispielhafte Möglichkeit des Lebens vorzustellen versucht.

Die virtuelle gegenständliche Ordnung wird aber zunächst in ihrer bedingenden Gebundenheit an die Umwelt geprüft: das bedeutsamste Erzählschema Stifters ist deshalb das Abschreiten bestimmter deutlich und kunstvoll abgegrenzter Räume. Die Gliederung der Landschaftsbereiche, von Stadt und Gebirge, von Landbesitz, Garten und Häuslichkeit wird bis ins einzelne durchgeführt und begründet; in der Beschreibung von Zimmern wird von Heinrich immer wieder das Gefühl für die begründenden Voraussetzungen eines tätig-ordnenden Lebens „ausgesprochen". Mit der Aufgliederung des väterlichen Hauses setzt der Roman ein: die Mitglieder der Familie bewegen sich in einer geschlossenen Ordnung sinnreicher Funktionen, die in einzelnen „aufgeräumten" Zimmern symbolisch abgegrenzt erscheinen: „Überhaupt durfte bei dem Vater kein Zimmer die Spuren des unmittelbaren Gebrauches zeigen, sondern mußte immer aufgeräumt sein, als wäre es ein Prunkzimmer. Es sollte dafür aber aussprechen, zu was es besonders bestimmt sei. Die gemischten Zimmer, wie er sich ausdrückte, die Mehreres zugleich sein können, Schlafzimmer, Spielzimmer und dergleichen, konnte er nicht leiden. Jedes Ding und jeder Mensch, pflegte er zu sagen, könne nur Eines sein, dieses aber muß er ganz sein."

Die Erlebnisse nicht nur im frühen und späteren Bereich der Stadt, sondern vor allem im Gebirge und in der Welt des Rosenhauses sind im Grunde Erfahrung des menschlichen Verhaltens innerhalb immer wieder durchschrittener und in ihrer geistigen Aussagekraft äußerst durchsichtig gemachter Räume. Die bis zur geweihten Feierlichkeit erhöhte Abschätzung der Sinnbedeutung des Asperhofs erfolgt in einer oft wiederholten Bewegung durch die Innenräume ebenso wie durch die gegliederten Bereiche der Gartenanlagen. Das für die Handlungsstruktur des „Nachsommer" entscheidende Verbum ist sicherlich das Wort „gehen"; und in der Metapher des „Weges" läßt sich der eigentümliche Bewegungsvorgang der Erzählung in seiner Struktur erfassen. Sätze wie die folgenden sind bezeichnend:

„Eines Tages, da ich selber einen weiten Weg gemacht hatte und gegen Abend in das Rosenhaus zurück kehrte, sah ich, da ich von dem Erlenbache hinauf eine kürzere Richtung eingeschlagen hatte, auf bloßem Rasen zwischen den Feldern gegangen, auf der Höhe angekommen war und nun gegen die Felderrast zuging, auf dem Bänklein, das unter der Esche derselben steht, eine Gestalt sitzen. Ich kümmerte mich nicht viel um sie und ging meines Weges, welcher gerade auf den Baum zuführte, weiter. Ich konnte, wie nahe ich auch kam, die Gestalt nicht erkennen; denn sie hatte nicht nur den Rücken gegen mich gekehrt, sondern war auch durch den größten Theil des Baumstammes gedeckt. Ihr Angesicht blickte nach Süden. Sie regte sich nicht und wendete sich nicht."

Die Erfahrung der Räumlichkeit wird von Stifter mit der für ihn so charakteristischen Neigung zur epischen Aufzählung und Wiederholung einzelner Dinge vollzogen, für die in der Umwelt des Rosenhauses vor allem die vorsichtig gesetzten Bäume bezeichnend sind. Zu den Bäumen führen die entscheidenden Wege der Erzählung; sie bestimmen den Ort im größeren Raum, an dem Denken und Empfinden, Erinnern und Planen ihre Gestalt finden: unter der schönsten Linde des Gartens, dem „Baum der Wohnlichkeit", finden die Gespräche zwischen Risach und dem Erzähler statt („Ich saß noch eine geraume Zeit unter dem Baume und legte mir zurecht, was ich gesehen und vernommen."). Auf dem Bänklein unter der Esche findet Heinrich Natalie; zum großen Kirschbaum kehren sie oft zurück, er war „bei weitem der schönste Platz zu einem Abendsitze"; von ihm aus führt Heinrich schließlich den Vater durch die vertraute Landschaft: „Wir gingen von dem großen Kirschbaume auf den Getreidehügel hinaus und auf ihm fort bis zu der Felderrast. Wir gingen genau den Weg, welchen ich an jenem Abende mit meinem Gastfreunde gegangen war, als ich mich zum ersten Male in dem Asperhof befunden hatte."

Auf die sinnbildliche Ordnungskraft des Raumes sind im Nachsommer alle Dinge und alle Bewegungen, alle Bilder, alle Gewächse, und alle Entwürfe ausgerichtet; im Raum wird die Natur mit der Kunst zu einem geschichtsbewußten Handeln verbunden, in ihm fügt sich die menschliche Gemeinschaft und bildet sich vor allem die Liebe. Von der menschlichen Aufgabe, „die Wege" zu erfahren und ihre Vielfalt zu übersehen, spricht Risach am Ende des gemeinsamen Ganges zu Heinrich: „Du hast einmal, da du zum ersten Male in diesem Hause warst, in der Schreinerei gesagt, daß der Wege sehr verschiedene sind, und daß man nicht wissen könne, ob der, der dich eines Gewitters wegen zu mir herauf geführt hat, nicht ein sehr guter Weg gewesen ist, worauf ich antwortete, daß du ein wahres Wort gesprochen habest, und daß du es recht einsehen werdest, wenn du älter bist; denn in dem Alter, dachte ich mir damals, übersieht man erst die Wege, wie ich die meinigen übersehen habe."

Den Weg nicht als Unruhe und Zielstrebigkeit über die Dinge hinaus, sondern eher als zuständlich und einförmig erkennbar zu machen, ihm alles Dynamische — oder Leidenschaftliche — zu entziehen und die Ruhe als Gesetz der Bewegung spürbar zu machen, führt Stifter gelegentlich zu Darstellungsmotiven, die sich bewußt an mythische Formen anschließen. Am bezeichnendsten für diese in einen mythischen Bildraum erhobene Sprechweise ist die Schilderung des „geweihten Unternehmens", zu dem Heinrich in die Eisfelder der Echern hinaufsteigt. Die Naturkenntnis des jungen Forschers verbindet sich für die Expedition mit der getreuen Hilfsbereitschaft des alten Kaspar; im winterlichen Zwielicht werden die ungeheuerlichen Felsenbildungen des Gebirgs durchklettert; an einem großen Stein, „der beinahe ganz schwarz ist", erquicken sie sich mit Wein und Brot und steigen schließlich weiter, bis sie die Täler nicht mehr sehen können und „ein einfaches, waagrechtes, weißlichgraues Nebelmeer" zu ihren Füßen ausgespannt ist. „Es schien riesig groß zu sein, und ich über ihm in der Luft zu schweben. Einzelne schwarze Knollen von Felsen ragten über dasselbe empor, dann dehnte es sich weithin, ein trübblauer Strich entfernter Gebirge zog an seinem Rande, und dann war der gesättigte, goldgelbe, ganz reine Himmel, an dem eine grelle, fast strahlenlose Sonne stand, zu ihrem Untergang bereitet. Das Bild war von unbeschreiblicher Größe."

Noch einmal gehen die zwei Wanderer „zwischen Felsen empor, die unsere Richtung von beiden Seiten begrenzten". Der Nebel hat zugenommen „und begrenzte unsere Höhe als Insel". „Während wir standen und sprachen, fing sich an einer Stelle der Nebel im Osten zu lichten an, die Schneefelder verfärbten sich zu einer schöneren und anmuthigeren Farbe, als das Bleigrau war, mit dem sie bisher bedeckt gewesen waren, und in der lichten Stelle des Nebels begann ein Punkt zu glühen, der immer größer wurde und endlich in der Größe eines Tellers schweben blieb, zwar trübroth, aber so innig glimmend wie der feurigste Rubin. Die Sonne war es, die die niederen Berge überwunden hatte und den Nebel durchbrannte. Immer röthlicher wurde der Schnee, immer deutlicher, fast grünlich seine Schatten, die hohen Felsen zu unserer Rechten, die im Westen standen, spürten auch die sich nähernde Leuchte und röteten sich. Sonst war nichts zu sehen als der ungeheure dunkle, ganz heitere

Himmel über uns, und in der einfachen großen Fläche, die die Natur hieher gelegt hatte, standen nur die zwei Menschen, die da winzig genug sein mußten. Der Nebel fing endlich an seiner äußersten Grenze zu leuchten an wie geschmolzenes Metall, der Himmel lichtete sich, und die Sonne quoll, wie blitzendes Erz, aus ihrer Umhüllung empor. Die Lichter schossen plötzlich über den Schnee zu unsern Füßen und fingen sich an den Felsen. Der freudige Tag war da."

Der Rückweg führt die Bergsteiger vorbei am schwarzen Steine, „die steile Senkung der Berge hinunter", zu den Menschen zurück. „Ich aber war von dem, was ich oben gesehen und gefunden hatte, vollkommen erfüllt. Die tiefe Empfindung, welche jetzt immer in meinem Herzen war, und welche mich angetrieben hatte, im Winter die Höhen der Berge zu suchen, hatte mich nicht getäuscht. Ein erhabenes Gefühl war in meine Seele gekommen, fast so erhaben, wie meine Liebe zu Natalien."

Der entscheidende Impuls dieser charakteristischen Handlungsfolge ist die romantische Mythisierung des Raumerlebnisses, deren Herkunft von Jean Paul zwar offensichtlich ist, deren abgeschlossene Bildhaftigkeit die „tiefe Empfindung" aber nicht in ihrer unmittelbaren lyrischen Intensität, sondern formelhaft, als epische Erinnerung, vermitteln soll. Die Raumerfahrung, das Durchschreiten der Innen- und Außenbereiche des Rosenhauses, der Stadt oder der umgebenden Kulturlandschaft ist eines der wesentlichen Stilmittel, mit denen Stifter die Isolierung und damit die Sublimierung des gestaltlosen Gefühls zu vermitteln sucht. Der faustisch-mythische Rückzug in „die Gebirge" führt jedesmal zum „erhabenen" Gefühl einer bedeutsamen inneren Klarheit. „Oft, wenn ich von dem Arbeiten ermüdet war, oder wenn ich glaubte, in dem Einsammeln meiner Gegenstände genug gethan zu haben, saß ich auf der Spitze eines Felsens und schaute sehnsüchtig in die Landschaftsgebilde, welche mich umgaben, oder blickte in einen der Seen nieder, wie sie unser Gebirge mehrere hat, oder betrachtete die dunkle Tiefe einer Schlucht oder suchte mir in den Moränen eines Gletschers einen Steinbock aus und saß in der Einsamkeit und schaute auf die blaue oder grüne oder schillernde Farbe des Eises. Wenn ich wieder thalwärts kam und unter meinen Leuten war, die sich zusammenfanden, war es mir, als sei mir Alles wieder klarer und natürlicher."

Der Mensch in der Umwelt

In Szenenbildern von absichtlicher Geschlossenheit wird das Verhältnis des Menschen zur Umwelt zugleich als raumbedingt aufgewiesen und aus seiner Zeitgebundenheit in einen Bereich der mythischen Geschichtlichkeit transponiert. Raum und Zeit sind in Stifters Erzählung so aufeinander bezogen, daß eines das andere aufzuheben scheint, in Wirklichkeit aber eines erst durch das andere darstellbar wird. Die Zeit soll in ihrer überschaubaren Potenz abgegrenzt, der Raum in seiner durchschreitbaren Fülle als Nacheinander von Gegenstand zu Gegenstand erlebt werden. Anders als im Zeiterlebnis der modernen Kunst soll in Stifters Roman die Zeit nicht als eine sich entziehende und jedenfalls verlierbare Dimension des Bewußtseins gesucht und gebunden, sondern vielmehr in ihrem fraglosen Dasein und ihrer überschaubaren Ausdehnung als schöpferischer Erlebnisrahmen nachgewiesen werden. Sie soll deshalb, wie der Raum, in ihrer Ausdehnung begrenzt erscheinen; ihre chronologische Abfolge wird pedantisch, aber ohne wesentliche strukturelle Bedeutung für den Prozeß des Reifens beobachtet. Jahreszeiten und Jahresfolgen werden weniger als geistige Voraussetzungen symbolisch geordnet, sie werden zu einem selbstverständlichen Element der erzählerischen Bewegung. Was „die Zeit" lehrt, heilt oder an Ehrfurcht und Liebe schafft, wird nicht als innerer Vorgang, sondern als sichtbares Ergebnis vorgeführt. Risachs Entsagung wird als Vorgang nicht geschildert; die große Bildungsreise, die Heinrich „um einen und einen halben Monat weniger als zwei Jahre" von Schottland bis nach Spanien führt, wird nur in ihren Resultaten in allgemeinen und offensichtlich formelhaften Sätzen — „unendlich viel Anmuthiges und Merkwürdiges umringte mich" — umrissen.

Wenn also auf der einen Seite die Nachsommer-Welt in all ihrer dinglichen Fülle geordnet erscheinen soll, so bewegt sich die Erinnerung des Erzählers in einer einfachen und konsequenten Linie vom Einsetzen der Handlung bis zu ihrem vorläufigen Abschluß. Denn auch das Bewußtsein der Zeit, von deren tiefen und bedeutsamen Folgen immer wieder gesprochen wird, soll in beherrschtem und formelhaftem Sprechen gebändigt werden. „‚Er wird gewiß bleiben, wie er heute ist', sagte [Mathilde], wahrscheinlich auf einen Wunsch für die Zukunft antwortend. ‚Nein, mein theures Kind', sagte meine Mutter, ‚er wird nicht so bleiben, Das weißt du jetzt noch nicht: er wird mehr werden, und Du wirst mehr werden. Die Liebe wird eine andere, in vielen Jahren ist sie eine ganz andere; aber in jedem Jahre ist sie eine größere, und wenn Du sagst, jetzt lieben wir uns am meisten, so ist es in Kurzem nicht mehr wahr, und wenn Du statt des blühenden Jünglings einst einen welken Greis vor Dir hast, so liebst Du ihn anders, als Du den Jüngling geliebt hast; aber Du liebst ihn unsäglich mehr, Du liebst ihn treuer ernster und unzerreißbarer.'"

In der festen Beziehung zu den Dingen und ihrem Zusammenhang wird so der Ablauf der Zeit als Erwartung, Begegnung, Annäherung, Entfaltung, Rückblick bis zum Abschluß hin registriert: „Ich harrte nun der Dinge, die kommen sollten", „so verging die Zeit, und so kam ich bereichert nach Hause". Das Wachsen der Rosen als Ereignis von Natur und Kultur, das Blühen des Kaktus am Hochzeitstage, das Vollenden der handwerklichen Aufgaben, das Suchen und Finden von Gegenständen und Menschen — etwa des Zitherspielers oder, auf der symbolischen Ebene der höchsten Erfüllung, des Vaters und der geliebten Mathilde, der Kreis von Risachs Lebensweg —, an allen diesen metaphorischen Ereignissen erfüllt sich das Wissen des Erzählers um die Zeit als Vollendung. An ihnen bestätigt sich zugleich der Sinn des geschichtlichen Daseins als Form jenes Ewigkeitsbewußtseins, dessen Gegenwärtigkeit Dauer schafft. Geschichte ist Aufgabe: „Es haben sehr tiefsinnige Menschen vor uns gelebt", sagt Risach einmal bei der Betrachtung von Zeichnungen altertümlicher Bauwerke, „man hat es nicht immer erkannt und fängt erst jetzt an, es wieder ein wenig einzusehen. Ich weiß nicht, ob ich es Rührung oder Schwermuth nennen soll, was ich empfinde, wenn ich daran denke, daß unsere Voreltern ihre größten und umfassendsten Werke nicht vollendet haben. Sie mußten auf eine solche Ewigkeit des Schönheitsgefühles gerechnet haben, daß sie überzeugt waren, die Nachwelt werde an dem weiter bauen, was sie angefangen haben."

Vergangenheit und Zukunft treffen sich im Moment der gegenwärtigen Erfüllung; gerade am Ende des Lebens zielt Risachs Denken über den Augenblick hinaus, denn er weiß, „daß mit dem zunehmenden Alter die Weitaussichtigkeit der Pläne wächs't, man denkt an Dinge, die unabsehliche Strecken jenseits alles Lebenszieles liegen, was man in der Jugend nicht thut, und das Alter setzt mehr Bäume und baut mehr Häuser, als die Jugend". In Heinrichs Gesprächen erscheint freilich die Geschichte des Menschen eher als der unendlich bewegte Fortgang, dessen immanente Zukünftigkeit den ruhigen Gang der Vollendung von je gefährden muß. In einem Moment der skeptischen Ablehnung des städtischen Lebens erinnert Risach an dessen ewigen, rastlosen Wechsel von einem „Einerlei" zum anderen. „Aber es gibt auch ein Einerlei, welches so erhaben ist, daß es als Fülle die ganze Seele ergreift, und als Einfachheit das All umschließt." In der großen weltgeschichtlichen Tat, so fährt er fort, mag sich diese erhabene Einfachheit gestalten; und in der Naturwissenschaft liegt im eigentlichen Sinne „ein großartiges Feld höchstens Erringens vor dem Menschen". Stifters Menschenbild wird im Bewußtsein seiner Geschichtlichkeit nirgends kategorischer definiert als in Risachs Betrachtungen über das Verhältnis der Naturwissenschaft zu den „Wissenschaften vom Menschen". „Die Naturwissenschaften sind uns aber viel greifbarer, als die Wissenschaften der Menschen, wenn ich ja Natur und Menschen gegenüber stellen soll, weil man die Gegenstände der Natur außer sich hinstellen und betrachten kann, die Gegenstände der Menschheit aber uns durch uns selber verhüllt sind."

In dieser Äußerung liegt der Schlüssel nicht nur zu Stifters Versuch, im „Nachsommer" die Erlebniswelt als Gegenstand im epischen Sprechen greifbar zu machen, sondern auch zu der Verstehensfunktion, die er der Naturwissenschaft zuordnen möchte. „Wir arbeiten an einem besonderen Gewichte der Weltuhr ..., an den Naturwissenschaften"; „die Sätze dieser Wissenschaft" werden zu einer so ungeheuerlichen Umgestaltung des Lebens führen müssen, daß die eigene Welt als eine Übergangszeit erscheint, von einer klassischen Kultur der Politik und Kunst zu einer „Zeit der Größe, die in der Geschichte noch nicht dagewesen ist". „Ich glaube, daß so Stufen nach Stufen in Jahrtausenden erstiegen werden. Wie weit das geht, wie es werden, wie es enden wird, vermag ein irdischer Verstand nicht zu ergründen. Nur Das scheint mir sicher, andere Zeiten und andere Fassungen des Lebens werden kommen, wie sehr auch das, was dem Geiste und Körper des Menschen als letzter Grund innewohnt, beharren mag."

Man pflegt von Stifters Flucht aus der zeitgenössischen Gegenwart zu sprechen und an die scheinbar biedermeierlichen Züge seines Werkes zu erinnern. Daß eine distanzierte Haltung gegenüber der eigenen Welt zu Stifters Wesen gehört, steht außer Frage. Nur ist es wichtig, zwischen einem biedermeierlichen Ausweichen vor der Wirklichkeit und ihrer ausdrücklichen Erhöhung im beherrschten und stilisierenden Bewußtsein zu unterscheiden. Die Lust des Bewahrens, die Risach bestimmt, Dinge, die in Verfall geraten sind, wiederherzustellen, ist kein biedermeierlicher Impuls des Rückzugs vor der Wirklichkeit, sondern eben das nachsommerliche Wissen um echte Geschichtlichkeit, in dem sich die melancholische Einsicht des Entsagenmüssens mit dem Willen zur lebendigen Vergegenwärtigung verbindet. In den verfallenen Dingen wohnt ein „Reiz des Vergangenen und Abgeblühten"; „darum haben wir hier eine Anstalt für Geräte des Alterthums gegründet, die wir dem Untergange entreißen, zusammen stellen, reinigen, glätten und wieder in die Wohnlichkeit einzuführen suchen".

Die Dinge des Lebens dem Untergang zu entreißen, dies ist Stifters Formel für eine Haltung, die den Tod besonnen, aber keineswegs in elegischer Resignation durch ein geschichtsbewußtes Gestalten in den Bedeutungszusammenhang des Lebens rückt. Vom Sterben als einer menschlichen Leistung wird im „Nachsommer" zwar gelegentlich in jener für den Roman so bezeichnenden stoischen Vernunfthelle gesprochen; aber die Erscheinung des Todes vollzieht sich nur in der künstlichen Projektion des Tableaus. Auf einer seiner frühen Wanderungen im Gebirge — dem reinen Bereich der inneren Sammlung — stößt Heinrich einmal auf einen toten Hirsch, dessen Schilderung in einem malerisch komponierten Rahmenbild durch das epische Sprechen eine Stilisierung und Vergeistigung des Todeserlebnisses erzielen soll.

„In einem Thale an einem sehr klaren Wasser sah ich einmal einen todten Hirsch. Er war gejagt worden, eine Kugel hatte seine Seite getroffen, und er mochte das frische Wasser gesucht haben, um seinen Schmerz zu kühlen. Er war aber an dem Wasser gestorben. Jetzt lag er an demselben so, daß sein Haupt in den Sand gebettet war und seine Vorderfüße in die reine Flut ragten. Ringsum war kein lebendiges Wesen zu sehen. Das Tier gefiel mir so, daß ich seine Schönheit bewunderte und mit ihm großes Mitleid empfand. Sein Auge war noch kaum gebrochen, es glänzte noch in einem schmerzlichen Glanze, und dasselbe, so wie das Antlitz, das mir fast sprechend erschien, war gleichsam ein Vorwurf gegen seine Mörder. Ich griff den Hirsch an, er war noch nicht kalt. Als ich eine Weile bei dem todten Thiere gestanden war, hörte ich Laute in den Wäldern des Gebirges, die, wie Jauchzen und wie Heulen von Hunden, klangen. Diese Laute kamen näher, waren deutlich zu erkennen, und bald sprang ein paar schöner Hunde über den Bach, denen noch einige folgten. Sie näherten sich mir. Als sie aber den fremden Mann bei dem Wilde sahen, blieben einige in der Entfernung stehen und bellten heftig gegen mich, während andere heulend weite Kreise um mich zogen, in ihnen dahinflogen und in Eilfertigkeit sich an Steinen überschlugen und überstürzten. Nach geraumer Zeit kamen auch Männer mit Schießgewehren. Als sich diese dem Hirsche genähert hatten und neben mir standen, kamen auch die Hunde herzu, hatten vor mir keine Scheu mehr, beschnupperten mich und bewegten sich und zitterten um das Wild herum. Ich entfernte mich, nachdem die Jäger auf dem Schauplatze erschienen waren, sehr bald von ihm ... Ich schlug jetzt einen andern Weg ein. Der Hirsch, den ich gesehen hatte, schwebte mir immer vor den Augen. Er war ein edler, gefallner Held und war ein reines Wesen. Auch die Hunde, seine Feinde, erschienen mir berechtigt, wie in ihrem Berufe. Die schlanken, springenden und gleichsam geschnellten Gestalten blieben mir ebenfalls vor den Augen. Nur die Menschen, welche das Thier geschossen hatten, waren mir widerwärtig, da sie daraus gleichsam ein Fest gemacht hatten."

Der Raum des Geschehens, der „Schauplatz" der Begegnung, entspricht in seinem dramatischen Umriß wie in seiner Stimmungslage der heroisch-balladesken Absicht der Erzählung. Der tote Hirsch wird mit sparsamen, aber pittoresken Zügen als Opfer eines abscheulichen Spieles gezeichnet, seine Schönheit weckt Heinrichs Bewunderung, sein Antlitz scheint einen Vorwurf gegen seine Mörder auszusprechen. Die innere Bewegung wird in stummer Andacht als beherrschtes geistiges Verhältnis zum Tode eines reinen Wesens gespiegelt. Verworrene Laute kündigen die Ankunft „schöner" Hunde an, die sich selbst teils kämpferisch, teils in ihrer charakteristischen Beweglichkeit („wie in ihrem Berufe") verhalten. „Männer mit Schießgewehren" brechen „widerwärtig" in den Bereich der Betrachtung ein; Heinrich schlägt, in Gedanken versunken, einen anderen Weg ein.

Der Tod wird hier offensichtlich vom Leben her bedeutungsvoll erfüllt und von der Kunst her zum schönen Objekt der gemeinsamen Reflexion gemacht. Sein Sinn enthüllt sich im Bild des edlen Helden, dessen Mord durch verächtliche Feinde uns den mythischen Rang des Tieres nur um so deutlicher empfinden lassen soll.

In Szenen dieser Art kommt es Stifter durchaus nicht auf eine Vermittlung der psychologischen Zustände und Einsichten Heinrichs an, sondern auf die symbolische Fixierung eines geistigen Vorganges im dichterischen Bild. Indem Heinrich vom Todeserlebnis in einer kunstbewußten Bildhaftigkeit spricht — die übrigens wie oft in Stifters Sprache evidente literarische Reminiszenzen enthält —, wandelt sich die Wirklichkeit des Zeitempfindens aus einer leidenschaftlichen Bewegung zu einem Gegenstand der Erkenntnis.

Das dichterische Sprechen

Stifters Bemühen, Raum und Zeit im epischen Schildern übersehbar und durchsichtig zu machen und ihre Bezüge auf den Menschen nicht im unmittelbaren und leidenschaftlichen Erleben, sondern im gefaßten und urteilenden Überschauen und Durchschreiten formelhaft zu definieren, führt uns zu der Frage, wie sich denn diese Absichten auf gewisse Formen des Erzählens auswirken. Von der Handlung des „Nachsommer" ist oft gesagt worden, es fehle ihr sowohl die Ereignisfülle als auch die Spannung, ohne die der moderne Roman seine Aufgabe als Abbild einer unvergleichlich reichen, komplexen und faszinierenden Welt nicht zureichend erfüllen könne. Obgleich Stifter selbst glaubte, der „Nachsommer" stehe auf einer viel breiteren Lebensgrundlage als die „Studien", bietet der Roman tatsächlich nicht jene bunte und bedrängende Vielfalt des Erlebens in ihrer beunruhigenden Wirkung auf ein subjektives Bewußtsein; seine Handlung will vielmehr in wenigen, aber in ihren Grundzügen oft wiederholten Zustandsschilderungen eine begrenzte Zahl von fast archetypischen geistigen Verhaltensweisen umschreiben. Die Gliederung der Erzählung, sagte Stifter einmal, „soll organisch sein, nicht daß Handlungen im Buche nebeneinander liegen, deren einmal eins die letzte ist". „Der Haushalt des Buches" verlange es, daß erst „das schlanke Blättergerüste" aufgebaut werde, „ehe die Blüthe und ihre Frucht erfolgen kann". Mit diesem — an Goethes Charakterisierung der „Novelle" anklingenden Satz — ist freilich über die Struktur der Handlung wenig gesagt. Wenn der Bereich des Erlebens und Handelns außerordentlich eng bestimmt und die gegenständliche Welt in ihrer Aktualität begrenzt erscheint, so entspricht das Stifters Absicht, nicht so sehr einen Reifeprozeß vorzuführen, als die wesentlichen Grundformen menschlichen Wissens und Gestaltens in ihren Zuständen, das heißt als Resultate, darzustellen. Die Gegenstände des Wissens enthüllen sich im Bericht des Erzählers in ihrer Folge und in ihrem Zusammenhang; aus seiner Perspektive werden deshalb bestimmte Resultate der Erfahrung in ihrer Ordnungskraft schon von vornherein vorausgesetzt. Zu ihnen führt die Erzählung immer wieder hin, sie werden nicht als Alternativen des Handelns, sondern in ihrer Vollendbarkeit demonstriert.

Wissen und Nichtwissen, Kennen und Nichtkennen, Vermögen und Unvermögen stehen sich deshalb im Handlungsgefüge nicht als Antithesen gegenüber, sondern werden als graduelle Stufen einer allmählichen Erfüllung der immanenten Ordnung gezeigt. So wird das Ideal der Kalokagathie immer wieder umschritten und umschrieben. Es ist also die Kreisbewegung, nicht aber die zielstrebige Linie, die den Handlungsverlauf im ganzen wie im einzelnen bestimmt: der „Weg" des Romans führt von einem Bild der festgefügten Familiengemeinschaft über die Darstellung ihrer Voraussetzungen in einer Reihe von sinnbezogenen Spiegelungen zur vertieften Bestätigung ihrer Wirklichkeit. Die Bewegung der Gestalten zueinander ist eine „Annäherung", wie der Fortgang der Handlung überhaupt nicht so sehr Fortschritt als „Einblick" und „Rückblick" sein soll. Die Kapiteleinheiten werden von diesem Vorgang der Ausrundung her benannt; ihre weitschauenden Formeln gliedern die oft monotone Folge von Detailaufreihungen als große

Modellkreise des menschlichen Verhaltens. Wenn Josef Hofmiller einmal sagt, die Handlung des „Nachsommer" sei die eines Märchens, so meint er damit wohl, daß die überhöhte geistige Dingwirklichkeit in einem alltäglichen Ereignisschema wieder verallgemeinert werden muß.

Als märchenhaft mögen wir es auch empfinden, daß in Stifters Roman jedes innere Verhalten und jede Bedeutungserfahrung völlig als Szene stilisiert und daß alle Bewegung in einem sinnbildlichen Sprechen abgeblendet wird. Wir kennen Stifters Überzeugung, daß „Ruhe in Bewegung die Bedingung eines jeden Kunstwerkes" sei; auf die Problematik des erzählerischen Vorganges übertragen, bedeutet diese klassizistische Forderung die Verwandlung alles seelischen Erlebens in die formelhafte Beschreibung eines lebenden Bildes. Die Rosen stehen vor der Blüte; Mathildes Besuch auf dem Asperhof leitet die Wendung der Erzählung nach innen ein:

„Wir gingen bei dem grünen Gitter hinaus und gingen auf den Sandplatz vor dem Hause. Die Leute mußten von diesem Vorgange schon unterrichtet sein; denn ihrer zwei brachten einen geräumigen Lehnsessel und stellten ihn in einer gewissen Entfernung mit seiner Vorderseite gegen die Rosen.

Die Frau setzte sich in den Sessel, legte die Hände in den Schoß und betrachtete die Rosen.

Wir standen um sie. Natalie stand zu ihrer Linken, neben dieser Gustav, mein Gastfreund stand hinter dem Stuhle, und ich stellte mich, um nicht zu nahe an Natalie zu sein, an die rechte Seite und etwas weiter zurück.

Nachdem die Frau eine ziemliche Zeit gesessen war, stand sie schweigend auf, und wir verließen den Platz."

Die Fassung in einer Bildszene, Handlungsszene, Sinnszene — wie etwa die ausführliche und völlig als Tableau organisierte Schilderung und Deutung der Ökologie der Vögel — oder vor allem in einem als Struktur und nicht als dynamisch-unmittelbares Mitteilen gemeinten Sprechszene gehört zu Stifters ganz eigentümlichen stilistischen Mitteln. Denn sein Erzählen will ja in Spiegelbildern oder Echovorgängen die Wirklichkeit weder als bare Aktualität noch etwa als Schein, sondern als sinnfälliges Analogon der göttlichen Ordnung greifbar machen. Wenn alle Bewegung, alle Leidenschaft, alle Schwere auf ihren Sinnzusammenhang hin geprüft werden sollen, dann kann und darf es nicht im „Ausdruck" der Dinge selbst, in ihrer momentanen Individualität, sondern nur in der bereinigenden Form der betrachtenden und sentenzenreichen Reflexion, der Zeichnung oder vor allem im dichterischen Sprechen auf das

Erhabene hin geschehen. Im Sprechen soll die Bewegung — als Zeit wie als Gefühl, als Form wie als Substanz — aufgehoben werden; nur dem zur Geste verwandelten Sprechen könnte es gelingen, die Form des Erlebens zu kristallisieren.

Betrachten wir die Eigentümlichkeiten von Stifters Sprache, so muß uns zunächst ihre oft einfältige, pedantische, unsinnliche Gestik auffallen: es ist mit Recht bemerkt worden, daß man den „Nachsommer" nicht laut lesen kann. Der umständliche Satzbau, die gespreizten Ausführlichkeiten — „dieser ging um den Tisch, denn eine Ecke desselben trennte sie" — „Ihre Fußspitzen ragten in den Staub der vor uns befindlichen offenen Stelle hinaus ..."; der rhetorische Leerlauf — „so erfüllte es mich mit einer Gattung Freude" — und die schülerhafte Klügelei mancher Abschnitte sind gewiß nicht zu verteidigen: „,... sprechen wir von dem Geruche, so dürfte keiner sein, der dem Rosengeruche an Lieblichkeit gleich kömmt.' ‚Darüber könnte nach einzelner Vorliebe gestritten werden', antwortete ich, ‚aber gewiß wird die Rose weit mehr Freunde als Gegner haben. Sie wird sowohl jetzt geehrt, als sie in der Vergangenheit geehrt wurde. Ihr Bild ist zu Vergleichen das gebräuchlichste, mit ihrer Farbe wird die Jugend und Schönheit geschmückt, man umringt Wohnungen mit ihr, ihr Geruch wird für ein Kleinod gehalten und als etwas Köstliches versendet, und es hat Völker gegeben, die die Rosenpflege besonders schützten, wie ja die waffenkundigen Römer sich mit Rosen kränzten. Besonders liebenswerth ist sie, wenn sie so zur Anschauung gebracht wird, wie hier, wenn sie durch eigenthümliche Mannigfaltigkeit und Zusammenstellung erhöht, und ihr gleichsam geschmeichelt wird ...'"

Aber Stifters sprachliche Leistung liegt eher in der diszipliniert durchgeführten Gestik des Sprechens als in der Kraft des im einzelnen bezeichnenden Ausdrucks. Wenn Risach einmal seine Vorliebe für sinnlich vorstellende Worte gesteht — „... so traf es mich viel mächtiger, wenn jemand sagte: der Graf reitet auf dem Schecken, als: er reitet auf einem Pferde" —, so wird sonst im „Nachsommer" gerade durch das Sprechen die sinnliche Gegenständlichkeit auf seine geistige Funktion abgestimmt. Zwar werden die Dinge im Sprechen „genannt" und ihrem Sinne nach identifiziert; da aber, wo der Sinn in seiner ganzen Tiefe empfunden wird, schafft nicht die Sprache, sondern das Schweigen den eigentlichen Ausdruck. Das dichterische Sprechen stellt die äußerste Grenze der Mitteilbarkeit dar; über sie hinaus führt nur das Schweigen. Bei der ersten Betrachtung des Rosenzimmerchens wird „nicht ein Wort gesprochen". Zwischen Heinrich und Natalie entsteht das tiefe Verstehen der Liebe: „ein Weilchen standen wir stumm einander gegenüber"; sie sprechen in vorsichtigen Formeln von ihrer Welt, die Dämmerung tritt ein, sie schreiten gemeinsam durch die abendliche Landschaft: „Wir sprachen nun gar nicht mehr. Ihr Kleid fühlte ich sich neben mir regen, ihren Tritt fühlte ich im Gehen. Ein Wässerlein, das untertags nicht zu vernehmen war, hörte man rauschen, und der Abendhimmel, der immer goldener wurde, flammte über uns und über den Hügeln der Getreide und um manchen Baum, der beinahe schwarz dastand."

Wenn nun im dichterischen Sprechen der Erlebnisinhalt nach Möglichkeit formalisiert werden soll, so geschieht das gelegentlich in einer scheinbar diskursiven Weise, deren Zweck erst im Zusammenhang zu begreifen ist: die ausführliche und scheinbar unmotivierte Inhaltsangabe des „König Lear", zum Beispiel ist nicht als bloßes theatralisches Resümee, sondern als eine streng epische Erzählung gemeint, die eine tiefe innere Bewegung verdecken soll. Erst am Ende der Schilderung erfahren wir, wie sehr Heinrich vom Geschick des Königs erschüttert ist: „Mein Herz war in dem Augenblicke gleichsam zermalmt, ich wußte mich vor Schmerz kaum mehr zu fassen. Das hatte ich nicht geahnt, von einem Schauspiele war schon längst keine Rede mehr, das war die wirklichste Wirklichkeit vor mir."

Als das charakteristischste Mittel der verhaltenen epischen Sprechweise erscheinen im „Nachsommer" jene rituellen Wiederholungen stereotyper Gesten, die oft bis zur mythisierenden Tautologie getrieben werden; sie sind Äußerungsformen der Echo- oder Spiegeltechnik, die den objektivierenden Stil des späten Stifter bestimmen. In genauem Parallelismus beschreiben beispielsweise Heinrich und Natalie die „Wege", die sie am Nachmittage ihrer entscheidenden Begegnung zusammenführen. Oder Heinrich fragt Natalie bei späterer Gelegenheit:

„,Wie habt Ihr denn die Nacht zugebracht, Natalie?', fragte ich. ,Ich habe sehr lange den Schlummer nicht gefunden', antwortete sie, ,dann kam er doch in sehr leichter, flüchtiger Gestalt. Ich erwachte bald und stand auf. Am Morgen wollte ich auf diesen Weg herausgehen und ihn bis über die Felderanhöhe fort setzen; aber ich hatte ein Kleid angezogen, welches zu einem Gange außer dem Hause nicht tauglich war. Ich mußte mich daher später umkleiden und ging jetzt heraus, um die Morgenluft zu genießen.'"

Eine Seite später fragt Natalie:

„,Und habt Ihr die Nacht in Ruhe und Wohlsein zugebracht?' ,Ich habe sehr wenig Schlaf gefunden; aber ich habe es nicht unangenehm empfunden. Die Fenster meiner Wohnung ... gehen in das Freie, ein großer Theil des Sternenhimmels sah zu mir herein. Ich habe sehr lange die Sterne betrachtet. Am Morgen stand ich frühe auf, und da ich glaubte, daß ich Niemand in dem Schlosse mehr stören würde, ging ich in das Freie, um die milde Luft zu genießen.'"

In ähnlicher ritueller Echobeziehung werden die förmlichen Liebeserklärungen Heinrichs und Natalies in den leidenschaftlichen Formeln des jungen Risach und Mathildes wiederholt.

Noch eigentümlicher aber ist ein anderes Stilmittel Stifters, mit dem er vor allem an einer zentralen Stelle des „Nachsommer" versucht, die leidenschaftliche Bewegung und ihre unmittelbare Ausdruckskraft aufzufangen: der Ausbruch tiefster seelischer Wirklichkeit in Mathildens Erwiderung auf Risachs resignierten Entschluß zur Trennung verlangt eine Darstellungsform, in der die äußerste und bedenklichste Intensität des Gefühls zugleich im Selbstbewußtsein des Erzählens gespiegelt werden soll. Stifter entwickelt deshalb diese Szene in einem geradezu opernhaften Vorgang, auf dessen Höhepunkt Mathildes Empfindungen, die sie zutiefst allein bewegen, vom Erzähler in der Form einer großen Arie mitgeteilt werden:

„Sie ging einige Schritte von mir weg, kniete gegen die Rosen die an dem Gartenhause blühten, gewendet in das Gras nieder, schlug die beiden Hände zusammen und rief unter strömenden Tränen: ‚Hört es, ihr tausend Blumen, die herabschauten, als er diese Lippen küßte, höre es du, Weinlaub, das den flüsternden Schwur der ewigen Treue vernommen hat, ich habe ihn geliebt, wie es mit keiner Zunge in keiner Sprache ausgesprochen werden kann.'"

Solche Szenen, in denen Stifter den Erzähler die Momente kaum aussagbarer innerer Bewegung in den Formen einer neutralisierenden theatralischen Gestik darstellen läßt, sind im „Nachsommer" häufig genug; noch ist hier die strenge epische Nüchternheit des „Witiko" nicht erreicht, das malerische und szenische Pathos will deshalb als wirkungsvolles Mittel der Verallgemeinerung und Distanzierung des Gefühls empfunden werden.

Epische Spannung

Bei einer Handlungsstruktur, die sich aus dem Umkreisen von wenigen symbolischen Vorgängen herleitet, ist die Frage nach den Mitteln berechtigt, mit denen Stifter gerade im streng epischen Erzählen Spannung herzustellen versucht. Wenn auch das Modell der Handlung die immer wiederholte Durchführung des „Weges" ist, der entweder physisch oder im benennenden Gespräch dargestellt wird, so fehlt es dem Roman doch völlig an jener Form der Spannung, die aus dem Ineinander von rätselhaften Ereignissen hergeleitet werden könnte. Was Heinrich auf seinen sukzessiven Wegen erfährt, ist für den Leser in keiner Weise überraschend; die Identifizierung der Hauptgestalten erfolgt in einer Weise, die es im Gegenteil gerade vermeidet, auch das zunächst noch nicht Bestimmte als fragwürdig oder beunruhigend darzustellen. Die Fragen nach den Hintergründen von Risachs Welt und danach, in welcher Form sich Heinrich den Menschen des Asperhofes nähern könne, stellen sich nicht eigentlich im Bereiche der Aktualität, sondern des geistigseelischen Verstehens. Es sollen also nicht etwa versteckte Handlungsbezüge allmählich aufgedeckt werden, es werden keine falschen Fährten erfunden: alles Abenteuerliche — etwa die Gletscherwanderung Heinrichs — ist von vornherein, in seinem Verlauf wie seinem Ausgang, nicht als Wagnis, sondern als Bestätigung gemeint. Allein die Frage nach der Identität einzelner Gestalten scheint dem Geschehen ein Spannungsmoment zu verleihen. Aber auch diese Fragen — wer sind Risach und Mathilde? wer ist das schöne Mädchen im Theater? — führen nicht so sehr zu einer Entdeckung unerwarteter Zusammenhänge als zum Begreifen einer menschlichen Potenz oder Situation, deren Äußerungsformen Erzähler wie Leser im Grunde bekannt sind und allmählich mehr und mehr verständlich werden. Wir sind kaum darüber erstaunt, daß die ergänzenden Wandvertäfelungen Heinrichs Vater schließlich doch überreicht werden können und daß sich die dritte Zither noch findet; es überrascht den Leser nicht, daß sich der Zitherspieler, dessen Identität zwar bekannt ist, der aber in seiner naturverbundenen Beweglichkeit nirgend aufzufinden ist, zur Hochzeit der jungen Leute einstellt.

Die Spannung, die im Leser erweckt werden soll, ist intellektuell und formal, zielt auf die allmähliche Erfüllung und Abrundung von Grundpositionen und Haltungen, die als solche im Wissen und Verstehen des Erzählers schon deutlich sind, deren Wesen und Ordnungsfunktion aber im Erzählen immer einsichtiger gestaltet werden soll. Gelegentlich stellt Stifter eine bedeutsame Situation in betont geringfügige Spannungsklammern: vor Beginn der Lear-Aufführung steckt Heinrich seine Kappe in die Tasche seines Überrockes und gibt diesen in das Kleiderzimmer; am Ende des bewegenden Erlebnisses holt er den Überrock, zieht seine Kappe aus der Tasche, setzt sie auf „und blieb noch einen Augenblick stehen, und sah den abfahrenden Wägen nach, die ihre rothen Laternenlichter in die trübe Nacht hinaus trugen". Noch wichtiger als Element der zusammenraffenden und aufschließenden Spannung ist jene Geste Heinrichs, mit der er vor dem entscheidenden Treffen mit Natalie „eine Weile in die Zeilen des alten Homer blickt" und schließlich „die Worte Homers" auf den Tisch legt. Der Abschluß des „Bundes" mit Natalie erfüllt ihn mit tiefem Glücksgefühl. „Wie war es gut, Natalie, daß ich die Worte Homers, die ich heute Nachmittag las, nicht in mein Herz aufnehmen konnte, daß ich das Buch weg legte" und „in den Garten ging". Mit seiner Rückkehr in das Haus wird die Szene abgeschlossen: „Da lag das Buch, in welchem die Worte Homers waren, die heute Gewalt über mein Herz verloren hatten — es lag, wie ich es auf den Tisch gelegt hatte."

Außerordentlich bezeichnend für Stifters Art, Spannung zu schaffen, ist der Aufbau der ersten Begegnung zwischen Heinrich und Risach, deren Verlauf völlig von der Auseinandersetzung über das drohende Gewitter und einer ersten Darstellung von Risachs Denk- und Lebensweise bestimmt ist. Das Gewitter, das Heinrich in spätestens einer Stunde erwartet, kommt nicht; Risach kann ihm schon von vornherein versichern, daß es vorüberziehen wird. Aber erst in der Mitte des dritten Kapitels, fast siebzig Seiten später, darf Heinrich seinem Gastfreund das „Anliegen" vorbringen, „daß Ihr mir endlich sagt, wie Ihr zu einer entschiedenen Gewißheit in Hinsicht des Wetters gekommen seid".

„Das Wetter an dem Himmel", heißt es einmal während dieser ersten Gespräche, „war mir aber endlich besonders merkwürdig geworden." Mit dieser Spannungsformel weist Stifter auf jenes allmähliche Eröffnen der geistigen Wirklichkeit, das das wichtigste Anliegen des Romans ist.

Es ist im höchsten Maße bezeichnend, daß das Wissen um die echte und wahre Substanz von Dingen, Menschen und Verhältnissen nicht etwa im einfachen Gegeneinander von Frage und Antwort, sondern in einem subtilen geistigen Spannungsvorgang gewonnen wird. Heinrich vermittelt dem Leser seine allmähliche Einsicht nur in zurückhaltenden Vermutungen: „mir fiel bei diesen Worten auf ...", „ich konnte nicht errathen ...", „ich konnte bei dem ersten Anblicke nicht erkennen ..." „Ihr werdet Euch wundern, daß ...", „ich habe mir das beinahe gedacht ...", „ich begreife zwar den Grund nicht, aber...". Nach dem Unverständlichen zu fragen hieße nicht nur vorschnell handeln, sondern die „Darstellung", die „Gestaltung", den „Einblick" als den eigentlichen Gegenstand des Erzählens unmöglich machen. Es mag vielleicht zu weit gehen, wenn man den Gang des „Nachsommers" in manchen überraschenden Einzelheiten und Aspekten mit der Parzival-Struktur in Verbindung setzt: tatsächlich aber sieht sich Heinrich immer wieder vor Fragen, die zu stellen er sich versagt. „‚Warum habt Ihr denn nicht gefragt?' ‚Ich nahm es mir vor und habe wieder darauf vergessen', antwortete ich." „Daß ich nicht um den Gebrauch dieser Zimmer fragte, begreift sich." „Als ich schon zum Entschlummern war, kam mir der Gedanke, ich wolle nach Mathilden und ihren Verhältnissen eben so wenig eine Frage thun, als ich sie nach meinem Gastfreunde gethan habe." Es ist nicht nur eine höfliche Diskretion, wenn nach den Namen der Figuren durchaus nicht gefragt werden soll. Wenn auch der Knabe Heinrich „unaufhörlich um die Namen der Dinge" fragte, so werden in seinem späteren Betrachten die Gestalten, die ihm begegnen, nicht durch ihre Namen, sondern durch die Formen ihrer Existenz identifiziert. Bis zu seiner Selbstdarstellung, nur wenig mehr als hundert Seiten vor dem Ende des Romans, bleibt Risach der „Gastfreund"; wenn er schließlich seinen Namen nennt, so darf er voraussetzen, daß er als Gestalt bekannt ist: „Ihr werdet wohl wissen, daß ich der Freiherr von Risach bin." Im Rosenhause und im Sternenhof „ist die Sitte des gegenseitigen Vorstellens von Personen nicht streng gebräuchlich". „Man überließ es eher den Bemühungen des Einzelnen, sich die Kenntniß über eine Person zu verschaffen, an der ihm gelegen war."

Die Figuren

In der Welt der Dinge, die sich in ihrem Raum als Gegenstände und in ihrer Zeit als Zustände darstellen, erfüllen sich schließlich Stifters Menschen als Gestalten des Erzählers. Von den Figuren des Romanes sei deshalb noch einmal in ihrem Zusammenhang gesprochen. Sie sind durchaus weder als autobiographische Abbilder noch auch als psychologische Modelle gemeint: das Verhältnis ihrer individuellen menschlichen Natur zu dem formelhaften Bild, das der Erzähler uns mitteilt, ist nicht leicht zu bestimmen. Immerhin dürfen sie nicht im Spielraum ihrer eigenen seelischen Potenz verstanden werden, sondern allein im Rahmen der erzählerischen Absicht, der sie dienen sollen. In den Figuren erscheint deshalb nur, was im Blicke des Erzählers ergriffen wird. Es mag dies der Grund sein, weshalb die Gestalten schon von vornherein bestimmt und geschlossen in die Handlung eintreten: ihr „Selbst" ist — auch im Falle des labilen Künstlercharakters Rolands — als solches nicht problematisch, es soll nicht in seiner Entwicklung, sondern eher in seiner Erfüllung beurteilt werden. Dies trifft nicht zuletzt auf Heinrich selbst zu, dessen Weg konsequent und in immer engeren Kreisen auf die einsichtige Besinnung hingeführt wird, aus der sein Erzählen sich überhaupt motiviert. Wenn sich ihm das Verständnis der Ordnungsformen allmählich erschließt, so verändert er sich doch im Innersten durchaus nicht; der Vorgang des Erkennens wird als solcher im Erzählen verständlich, seine Gegenstände, eben die menschlichen Verhaltensweisen, werden in ihrer Objektivität und ihrem absoluten Anspruch bestätigt.

Risach rückt als Hauptgestalt des Romans immer klarer und eindrucksvoller in Heinrichs Blickfeld. Seine Erscheinung, seine Worte, seine Leistungen werden vom Erzähler in ihrer ganzen Konsequenz verständlich gemacht; aber auch sein Eigensinn, seine Ungeduld, seine Leidenschaft werden in Heinrichs Darstellung — die ja ihrerseits Risachs Rückschau in der Brechung des eigenen Wiedererzählens stilisiert — bedenklich und zugleich sinnvoll. Stifter wollte ihn als bedeutenden Staatsmann sehen, dessen Kräfte ursprünglich schaffende waren, „er mußte sie unterdrücken, und erst nach seiner Staatslaufbahn in seiner Muße machen sie sich gelten, und umblühen den Herbst dieses Menschen, und zeigen, welch ein Sommer hätte sein können, wenn einer gewesen wäre. Auch sein Herz findet die schönsten Blüthen erst im Alter, und an diesen Blumen entzünden sich andere, die jung ins Unbestimmte und Regellose gewachsen wären, und die, ohne selber groß zu sein, durch seine Größe, die sich erst wie in einem Nachsommer zeigt, doch groß werden."

Risachs Gestalt wird deshalb im Ordnungsfeld der benediktinischen Frömmigkeit in seiner Erfüllung gezeigt; seine staatsmännischen Handlungen sind in dieser Menschenform als Erinnerung und Verehrung aufgehoben. „Er suche", sagt Mathilde von ihm, „sein Dasein mit jener Ruhe der Anbetung der höchsten Macht zu erfüllen, die alles Bestehende ordnet." Heinrich zeichnet ihn deshalb von Anfang an als „ein Ganzes mit seiner Umgebung", denn an ihm soll ja die menschliche Gestalt nicht wie sie für sich ist, sondern allein in ihren Bezügen auf die immanenten Ordnungsformen der Umwelt demonstriert werden. Die Art, wie Stifter in Heinrichs Sprechen nicht nur Risachs, sondern alle Gestalten entstehen läßt, ist daher auch weniger das Resultat von spezifischen Beobachtungen als von verallgemeinernden und symbolisierenden Urteilen. Risachs weiße Haare, die dunklen Augen Natalies, die eigentümliche Kleidung der Männer — es sind ebensosehr charakterisierende wie neutralisierende Attribute. Selbst Heinrichs nächste Familienmitglieder bleiben in ihren individuellen Zügen völlig unausgeprägt: ihre im wesentlichen spiegelbildliche Funktion gegenüber Risach, Mathilde und Natalie soll nicht verwischt werden. Auch im Sprechen der Figuren wird durch den ausgleichenden dichterischen Sprechton des Erzählers jeder persönliche Zug ausgelöscht. Die Gestalten sollen aus ihrem Verhalten zu den Dingen der Umwelt bestimmt und am Grad ihrer Annäherung an die reinen Formen nicht nur des Wissens, Kennenlernens und Schaffens, sondern vor allem der Zuneigung, des Vernunftglückes und der Liebe gemessen werden.

Allein in der Figur Rolands wird die Gefahr der Unruhe und der noch unzureichenden geistigen Disziplin angedeutet; nur hier scheint so etwas wie ein Zeichen des leidenschaftlichen Bösen tatsächlich in Erscheinung zu treten. Sein „merkwürdiges" Landschaftsbild fasziniert Heinrich: „Auf diesem wüsten Raume waren nicht Berge oder Wasserfluthen oder Ebenen oder Wälder oder die glatte See mit schönen Schiffen dargestellt, sondern es waren starre Felsen da, die nicht als geordnete Gebilde emporstanden, sondern wie zufällig als Blöcke und selbst hie und da schief in der Erde staken, gleichsam als Fremdlinge, die, wie jene Normannen, auf dem Boden der Insel, die ihnen nicht gehörte, sich seßhaft gemacht hatten. Aber der Boden war nicht, wie der jener Insel, oder vielmehr er war so, wo er nicht von den im Alterthume berühmten Kornfeldern bekleidet oder von den dunkeln, fruchtbringenden Bäumen bedeckt ist, sondern wo er zerrissen und vielgestaltig ohne Baum und Strauch mit den dürren Gräsern, den weiß leuchtenden Furchen, in denen ein aus unzähligen Steinen bestehender Quarz angehäuft ist ... der dörrenden Sonne entgegenschaut."

Dieses Bild ist der Spiegel eines ungegenständlichen Schaffens — ähnlich jener „kolossalen Kritzelei", mit der im „Grünen Heinrich" „alles Gegenständliche, schnöd Inhaltliche" aus der Kunst verbannt werden soll. Was aber bei Keller mit überlegener Ironie ins Absurde gezogen wird, ist im „Nachsommer" Symptom und Symbol der Unreife und Unsicherheit. Einige Seiten vor dem Ende wendet sich deshalb Risach noch einmal zu diesem unruhigen Menschen: „Er kann ein bedeutender Künstler werden oder auch ein unglücklicher Mensch, wenn sich nämlich sein Feuer, das der Kunst entgegenwallt, von seinem Gegenstande abwendet und sich gegen das Innere des jungen Mannes richtet."

Aber auch diese Gestalt wird, positiv oder negativ, nicht durch ihre individuell-psychologischen Züge bestimmt, sondern, im Sprechen Heinrichs, durch ihre ideal-typischen Attribute. An einer anderen Figur, der des Zitherspielers Joseph, läßt sich jene von Stifter so häufig versuchte Einbeziehung des Mythischen in die poetische Schilderung nachweisen. Ein Jägersmann, der aber ruhelos durch die Gebirge schweift, ist zugleich der berühmteste Zitherspieler im Gebirge; seine Kunst ist so bezaubernd, daß Heinrich meint, „nie einen süßeren Ton auf einem menschlichen Geräte gehört zu haben". Als Naturwesen wird er Heinrichs Lehrer, verschwindet immer wieder in der Anonymität des Gebirges, nur wenige Menschen sehen ihn; schließlich taucht er bei der Hochzeit Natalies und Heinrichs auf und spielt, völlig in sich versunken, eine „eigenthümliche Weise". Offensichtlich klingen in dieser seltsamen Gestalt Erinnerungen aus „Wilhelm Meister", aus dem „Ofterdingen" und aus dem „Parzival" an.

Die Erfüllung

Es ist immer wieder jenes für den späten Stifter charakteristische Spiegelverhältnis, in dem nicht nur die Dinge, sondern auch die Gestalten im Roman zueinander in Beziehung gesetzt werden; denn gerade in der Erfüllung der „Verhältnisse" zwischen den Menschen, im Entdecken nicht nur der Geliebten, sondern des eigenen Vaters, der geschwisterlichen wie der freundschaftlichen Verbindung bestätigt sich für Heinrich die Möglichkeit, das Leben in seinen großen Ordnungsformen zu begreifen. Aus der patriarchalischen Häuslichkeit seiner städtischen Familie steigt der Gang seiner Erfahrung und Besinnung zum sinnbildlichen, bis ins Visionäre gesteigerten Erleben des reinen Lebens in den Gebirgen und der Entsagung in Risachs kunst- und vernunftbewußter Welt zur „Weihe" des eigenen Liebesbundes auf. Sein Bildungsweg — so fern von der skeptischen Bildungskritik der Zeit zwischen 1830 und Nietzsche er auch verlaufen mag — kann ihn zwar nicht zu letzten Einsichten oder gar zur eigenen Vollendung führen, aber doch an jenen Wissensbereich zwischen Erleben und Verstehen, zwischen Handeln und Transzendenz, in dem die symbolische Gestalt das Maß der menschlichen Möglichkeiten ist. In den großen Symboleinheiten des Romans, seinen Räumen und Dingen, Gestalten und Geschöpfen, den Wegen, Begegnungen und Mitteilungen verdichtet sich deshalb für ihn die schöpferische und heroische Forderung Stifters nach Ruhe in der Bewegung. In der Welt des Rosenhauses sind alle Aspekte dieses seines tiefsten Wunsches symbolisch zusammengefaßt; im Marmorbild und der Nausikaa-Erzählung wird er, Natalie überhöhend, zur reinen Kunstgestalt des sittlich-schönen, des klassischen Wollens.

Denn wenn auch Stifter selber gelegentlich einmal sagt, die Kunst sei im „Nachsommer" „als Schmuck des Lebens, nicht als dessen Ziel geschildert", so heißt es an anderer Stelle, daß gerade die Kunstgebilde uns mit Bewunderung und Liebe erfüllen, und in dem bedeutenden Gespräch über Kunst und Künstler, durch das sich zwischen Risach und Heinrich das „Vertrauen" herstellt, wird die

Liebe zur Kunst eine jener unbedingten Formen der Anbetung des Göttlichen genannt. Die Kunst ist „der Freiheit des Menschen anheimgegeben"; ja, nur der Mensch allein besitzt Kunst; sie ist nicht Mittel zum Leben, sondern eine höchste Form des Lebens selbst. In ihren Formen, heißt das, kann das Leben rituell begriffen werden. Als Spiegel, Echo, Erinnerung, Anruf, Gestalt vollzieht sie die alles umfassende Aufgabe des menschlichen Daseins, das Gesetz jenseits aller Willkür und Leidenschaft auszusprechen und es als schönes Bild beispielhaft zu erheben. Die Dichter sind darum vor allen anderen „die Priester des Schönen und vermitteln als solche bei dem steten Wechsel der Ansichten über Welt, über Menschenbestimmung, über Menschenschicksal und selbst über göttliche Dinge das ewig Dauernde in uns und das allzeit Beglückende. Sie geben es uns im Gewande des Reizes, der nicht altert, der sich einfach hinstellt und nicht richten und verurteilen will. Und wenn auch alle Künste dieses Göttliche in der holden Gestalt bringen, so sind sie an einen Stoff gebunden, der diese Gestalt vermitteln muß . . .; nur die Dichtkunst hat beinahe gar keinen Stoff mehr, ihr Stoff ist der Gedanke in seiner weitesten Bedeutung, das Wort ist nicht der Stoff, es ist nur der Träger des Gedankens, wie etwa die Luft den Klang an unser Ohr führt. Die Dichtkunst ist daher die reinste und höchste unter den Künsten."

Genau in der Mitte des Romans, am Ende der ihn tief bewegenden Kunstfahrt zum Kerberger Altar, stellt sich Heinrich zum ersten Male die Frage: „ob nun ein solches Vorgehen, ob die Kunst, die Dichtung, die Wissenschaft das Leben umschreibe und vollende, oder ob es noch ein Ferneres gäbe, das es umschließe und es mit weit größerem Glück erfülle". Das „Fernere" aufzuzeigen, es in seiner Problematik wie seiner Vollendbarkeit erscheinen zu lassen, ist schließlich der Vorgang, der in den letzten Kapiteln des Romans erhellt wird. Denn das Fernere, das das Leben umschließt, ist die Liebe. In einer unzureichenden Welt steht ihre bindende Kraft am höchsten:

„Die Welt ist gefüllt", schreibt Stifter einmal, „mit der Schaar der Gleichgültigen oder gar Rohen in Bezug auf alles Große, mit den sogenannten guten Menschen, die niemanden weh und niemanden wohl thun, mit einigen Geschäftsmännern, mit einigen, die mit Krieg und Frieden spielen, mit Künstlern, die in hohen Schwärmereien leben, mit Gelehrten, mit Karaktermenschen, mit Weisen und mit Thoren — und da ist das Beste die Erquickung an einzeln stehenden großen und guten Menschen, die Liebe zu ihnen, das Aufschauen zu diesen Säulen und das Empfinden, daß der Mensch etwas Erhabenes ist — und nach diesem ist das Beste die Neigung und Liebe der Menschen zu einander, die gut sind ohne Gründe." Die Liebe Risachs und Mathildes, deren Geschichte Heinrich im erinnernden Wiedererzählen bis in die äußersten Pole ihrer Verirrung wie ihrer Verklärung ausbreitet, ist der unerschöpfliche Gegenstand des sanften Gesetzes. „Aeußeres, Inneres", ruft die verzweifelte Mathilde aus, „das ist alles eins, und alles ist die Liebe. Du hast nie geliebt, weil du es nicht weißt." Wenn sie hier noch in aller Impulsivität urteilt, so kann sie nach Jahren Risach um Vergebung bitten. „In der Liebe liegt alles", darf nun Risach aus tiefem Erkennen bestätigen und ergänzen: „Dein schmerzhaftes Zürnen war die Liebe, und mein schmerzhaftes Zurückhalten war auch die Liebe. In ihr liegt unser Fehler, und in ihr liegt unser Lohn." „Ja, in der Liebe", erwiderte sie, „die wir nicht ausrotten konnten."

Im Zustand des nachsommerlichen Bewußtseins, in der Rosenblütenzeit, erleben die Liebenden in Glück und Stetigkeit „das Spiegelklarste..., was menschliche Verhältnisse aufzuweisen haben", eine traumhafte Möglichkeit zu leben. Gleich den Vögeln, von deren Lebenszuständen Risach schon bei Heinrichs ersten Besuchen mit metaphorisch-symbolischer Absicht erzählt, eröffnet sich auch den Liebenden im Herbst des Lebens eine „freie Zeit", „da haben sie gleichsam einen Nachsommer und spielen eine Weile, ehe sie fortgehen". Und vorsichtig abgetönt und mit einem Anflug von milder Ironie wird auch von Heinrichs Vater schließlich berichtet, er wolle künftig nur seinen „kleineren Spielereien leben, daß ich auch einen Nachsommer habe wie dein Risach".

Frei von irgendwelchem utopischen Blick in die Zukunft — denn was vor Heinrich liegt, wird auf der letzten Seite des Romans in den allerbürgerlichsten Sätzen abgeschätzt —, ist es vielmehr die erinnerte Vision in den Formen des mythischen Erzählens, mit denen Stifter in Heinrichs Rückschau ein unsterbliches, ein glückseliges Leben schafft, „das keine Verwirrung mehr zu sehr sichtbar ist". Der Roman ist ein unerschöpflich bedeutendes Werk, dessen geistig-dichterischer Anspruch an den Betrachter absolut sein muß; denn, so schreibt Stifter einmal, „das Merkmal eines Kunstwerkes aber ist einzig das, daß es im Leser jede Stimmung aufhebt, und *seine* hervorbringt". In diesem Kunstbewußtsein zeigt sich zugleich der hohe, ja heroische Geist eines Dichters, dessen reine Sprache Nietzsche zu den seltensten Ereignissen der deutschen Dichtungsgeschichte zählte und dessen Grundhaltung Hofmannsthal wahrhaft großartig nennen darf:

„Durch sein ganzes Lebenswerk nämlich will er mit einer Geisteskraft, die fast unvergleichlich zu nennen ist, unablässig und unbeirrbar hindeuten auf ein höchstes Dichterisches, das zugleich unmittelbare Lebensmacht wäre — und alles, was er in der Hingabe eines ganzen Lebens zu leisten vermag, sieht er an als eine Wegbereitung für dieses Höchste. Dieses nun freilich ahnt er riesenhaft: so in der Bestimmung als in den Maßen des Geistes, dem eine solche Bestimmung könnte auferlegt werden; denn er erblickt den Dichter der kommenden Generation als einen, gegen den die vereinigten Gaben von Goethe und Schiller — und man bedenke, wie Stifter diese beiden Geister erkannte, ehrfürchtig, liebevoll und wahrhaft das Große groß sehend! — als die geringeren erscheinen müssen. Gewaltig ist diese Glaubensfassung, und von einem solchen inneren Kern aus wirkt durch die Zartheit und Behutsamkeit des Dargestellten hindurch eine große und im reinsten Sinne leidenschaftliche Seele auf viele Geschlechter."

WOLFGANG PREISENDANZ

## Keller · Der grüne Heinrich

Den Bildungsroman des poetischen Realismus pflegt man gemeinhin Kellers „Schicksalsbuch" zu nennen. Das erscheint auf den ersten Blick als eine handliche Formel, wenn es gilt, Erzählthema und Erzählstruktur ins Enge zu bringen und den Ort des Romans innerhalb der Gattung wie innerhalb der Dichtungsgeschichte zu bestimmen. Freilich besteht diese Formel aus zwei besonders fragwürdigen und heute vielfach angefochtenen Begriffen, wobei zunächst offenbleiben mag, wieweit diese Abneigung auf mangelhaftem Verständnis der Begriffe beruht oder wieweit sie vom Ressentiment gegen die vermeintliche Bürgerlichkeit der Begriffe Bildungsroman und poetischer Realismus kommt. Aber die Formel ist ein guter Ansatzpunkt, wenn das Wechselverhältnis von Thema und Struktur, von Stil und Geschichtlichkeit erörtert werden soll.

Kellers aphoristische, meist in Briefe verstreute Poetik beweist immer wieder, wie klar ihm die geschichtliche Bedingtheit des dichterischen Formen-, Struktur- und Stilwandels war. „... mit einem Worte: es gibt keine individuelle souveräne Originalität und Neuheit im Sinne der Willkürgenies und eingebildeten Subjektivisten... Neu in einem guten Sinne ist nur, was aus der Dialektik der Kulturbewegung hervorgeht." So heißt es in dem bekannten Brief vom 26. Juni 1854 an Hettner. Und schon am 4. März 1851 schrieb er demselben Empfänger:

„Bei aller inneren Wahrheit reichen für unser jetziges Bedürfnis, für den heutigen Gesichtskreis, unsere alten klassischen Dokumente nicht mehr aus... Es ist der wunderliche Fall eingetreten, wo wir jene klassischen Muster noch nicht annähernd erreicht oder glücklich nachgeahmt haben und doch nicht mehr nach ihnen zurück, sondern nach dem unbekannten Neuen streben müssen... Und alsdann werden veränderte Sitten und Völkerverhältnisse viele Kunstregeln und Motive bedingen, welche nicht in dem Lebens- und Denkkreise unserer Klassiker lagen, und ebenso einige ausschließen, welche in demselben seinerzeit ihr Gedeihen fanden... Was ewig gleichbleiben muß, ist das Streben nach Humanität, in welchem uns jene Sterne wie diejenigen früherer Zeiten vorleuchteten. Was aber diese Humanität jederzeit umfassen solle: dieses zu bestimmen hängt nicht von dem Talente und dem Streben ab, sondern von der Zeit und der Geschichte." Dieses Streben nach Humanität meint natürlich nicht ein ethisches Verhalten, eine sittliche Tendenz, sondern die ursprüngliche und dauernde Aufgabe der Dichtung, die ein Satz aus dem Anfang der Gotthelf-Aufsätze lapidar ausspricht: „Ewig sich gleich bleibt nur das, was rein menschlich ist, und dies zur Geltung zu bringen, ist bekanntlich die Aufgabe aller Poesie..." Aber dieses ursprüngliche und immer identische Humane, das die Dichtung dem Menschen erschließen soll, erscheint nie als ein An-sich, es ist untrennbar von den durch Zeit und Geschichte bedingten Erscheinungsweisen des „konkreten Menschentums"; das wesenhaft Menschliche kann sich nur in der beständigen Verschränkung mit einer bestimmten kulturellen Situation bezeugen. Dichtung bedeutet somit, dieses Wechselverhältnis von ursprünglich und elementar Menschlichem und Kulturbewegung sichtbar zu machen, das rein Menschliche als eine Dimension jedes konkreten Menschentums nachzuweisen. Aber das kann, so sehen wir ferner, nie heißen, daß die Kulturbewegung nur als Stoff einbezogen wird; Keller hat sich mehrmals über solche Tendenz zum „äußerlich Zeitgemäßen" mokiert. Vielmehr ist ja die dichterische Welterfahrung selbst ein Moment in der Dialektik der Kulturbewegung. Ein neuer Erfahrungshorizont bewirkt auch den Wandel der Auffassungs- und Darstellungsweisen, neue Motive können nur durch neue Kunstregeln ihren „prägnanten Ausdruck" finden.

Ein neuer Erfahrungshorizont — neue Kunstregeln: wir wollen diese noch ganz leeren Begriffe mit der Anschauung einer Stelle aus dem Roman verbinden. In dem Kapitel „Das spielende Kind" sieht der grüne Heinrich andere Knaben, angeleitet von Vätern und Lehrern, kleine Naturaliensammlungen anlegen:

„Ich ahmte dieses nun auf eigene Faust nach und begann gewagte Reisen längs der Bach- und Flußbette zu unternehmen, wo ein buntes Geschiebe an der Sonne lag. Bald hatte ich eine gewichtige Sammlung glänzender und farbiger Mineralien beisammen, Glimmer, Quarze und solche Steine, welche mir durch ihre abweichende Form auffielen. Glänzende Schlacken, aus Hüttenwerken in den Strom geworfen, hielt ich ebenfalls für wertvolle Stücke, Glasflüsse für Edelsteine, und der Trödelkram der Frau Margret lieferte mir einigen Abfall an polierten Marmorscherben und halb durchsichtigen Alabasterschnörkeln, welche überdies noch eine antiquarische Glorie durchdrang. Für diese Dinge verfertigte ich Fächer und Behälter und legte ihnen wunderlich beschriebene Zettel bei. Wenn die Sonne in unser Höfchen schien, so schleppte ich den ganzen Schatz hinunter, wusch Stück für Stück in dem kleinen Brünnlein und breitete sie nachher an der Sonne aus, um sie zu trocknen, mich an ihrem Glanze erfreuend. Dann ordnete ich sie wieder in die Schachteln und hüllte die glänzendsten Dinge sorglich in Baumwolle, welche ich aus den großen Ballen am Hafenplatze und beim Kaufhause gezupft hatte. So trieb ich es lange Zeit; allein es war nur der äußere Schein, der mich erbaute . . ."

Läßt diese herausgegriffene Stelle schon eine Kunstregel, ein poetisches Darstellen erkennen? Auf den ersten Blick scheint es sich nur um eine rein berichtende und durchaus prosaische Darstellung des kindlichen Treibens zu handeln. Hören wir aber genauer hin, so zeigt sich schnell, daß doch Erzählkunst am Werke ist. Wir entdecken, daß in Wendungen wie „gewagte Reisen" oder „antiquarische Glorie" oder „Schatz" der Erzähler sich für einen Augenblick mit dem kindlichen Erleben identifiziert und seine Perspektive in der des kleinen Jungen verschwinden läßt, daß aber das erzählende Ich die Distanz auch wieder betont, so etwa in der Wendung „wunderlich beschriebene Zettel". Nur vom Kind aus sind die Reisen gewagt, nur für den Erzähler die Zettel wunderlich beschrieben, nur für das Kind durchdringt die Alabasterschnörkel eine Glorie, nur dem Erzähler ist das Wort antiquarisch angemessen. Die Sprache berichtet oder schildert nicht nur, sondern sie bringt ständig das Schwanken zwischen Abstand und Innigkeit zum Ausdruck, so daß der Gegenstand des Erzählens immer zusammen mit einer subjektiven Resonanz zur Geltung kommt. Eine humoristische Innigkeit — so wollen wir es zunächst einmal ohne Kommentar nennen — vermittelt dauernd zwischen erzählendem und erlebendem Ich; dies scheint hier die Kunstregel zu sein, und wir müssen späterhin fragen, welche neuen „Momente in Leben und Kultur" durch diese Erzählweise „ihren prägnanten Ausdruck" finden.

Aber was macht einen so unscheinbaren und gewöhnlichen Vorgang überhaupt erzählenswert? Ist er bloße Reminiszenz, ist er psychologisch interessant? Dies wohl kaum; aber was kann er dann bedeuten? Nun, an sieben Stellen ist vom Bunten, Glänzenden die Rede, das dann doch nur als äußerer Schein erbauen kann. Die Freude am Glanz der Dinge schlägt um in Enttäuschung, weil der Glanz nichtssagend bleibt, weil er dem einsamen Kind nichts weiter bedeutet. Dieser Zusammenhang profiliert das Erzählte; aber ist er, für sich genommen, etwa als Einblick in die Kinderseele oder in das kindliche Spiel, nicht doch banal? Wir können die Antwort Keller selbst zuschieben, denn in der Urfassung ist folgender Hinweis in die Jugendgeschichte des grünen Heinrich eingefügt worden: „Wenn ich nicht überzeugt wäre, daß die Kindheit schon ein Vorspiel des ganzen Lebens ist und bis zu ihrem Abschlusse schon die Hauptzüge der menschlichen Zerwürfnisse im kleinen abspiegele, so daß später nur wenige Erlebnisse vorkommen mögen, deren Umriß nicht wie ein Traum schon in unserm Wissen vorhanden, wie ein Schema, welches, wenn es Gutes bedeutet, froh zu erfüllen ist, wenn aber Übles, als frühe Warnung gelten kann, so würde ich mich nicht so weitläufig mit den Dingen jener Zeit beschäftigen."

Kindheit und Jugend als Vorspiel, das die wesentlichen Motive und Themen des ganzen Lebens und Erlebens schon gedrängt enthält: das mag uns eine Binsenweisheit sein; es zwingt uns doch zu fragen, ob sich in der Jugendgeschichte des grünen Heinrich ein solches Schema ausmachen läßt und ob es tatsächlich in Zusammenhang steht mit den unaufhörlichen späteren Zerwürfnissen. Und damit ist natürlich die Frage verbunden, ob sich dieser frühe Umriß des Ganzen mehr in charakterologischer, psychologischer, soziologischer Hinsicht ergibt, oder ob er überhaupt ganz anders gemeint ist, was uns wieder auf die Frage nach dem Wechselverhältnis von dichterischem Erfahrungshorizont und Dialektik der Kulturbewegung zurückführen muß.

### Die Thematik der Kindheitsepisoden

Die Stelle, wo der grüne Heinrich sein „erstes deutliches Bewußtsein" findet, ist zugleich die früheste, entfernteste Situation, in der dem Erzähler sein ursprüngliches Ich konkret gegenwärtig wird. Der Fünfjährige durchforscht das Haus der eben verwitweten Mutter, und sein stundenlanges Ausschauen vom Wohnstubenfenster im obersten Stock stellt die erste feste Verbindung zwischen Welt und Bewußtsein her.

„Gegen Sonnenuntergang jedoch stieg meine Aufmerksamkeit an den Häusern in die Höhe und immer höher, je mehr sich die Welt von Dächern, die ich von unserm Fenster aus übersah, rötete und von dem schönsten Farbenglanze belebt wurde. Hinter diesen Dächern war für einmal meine Welt zu Ende; denn den duftigen Kranz von Schneegebirgen, welcher hinter den letzten Dachfirsten halb sichtbar ist, hielt ich, da ich ihn nicht mit der festen Erde verbunden sah, lange Zeit für eins mit den Wolken." Die Mutter mochte lange sagen, es seien Berge: „ich vermochte sie darum nicht von den Wolken zu unterscheiden, deren Ziehen und Wechseln mich am Abend fast ausschließlich beschäftigte, deren Namen aber ebenso ein leerer Schall für mich war wie das Wort Berg. Da die fernen Schneekuppen bald verhüllt, bald heller oder dunkler, weiß oder rot sichtbar waren, so hielt ich sie wohl für etwas Lebendiges, Wunderbares und Mächtiges wie die Wolken und pflegte auch andere Dinge mit dem Namen Wolke oder Berg zu beleben, wenn sie mir Achtung und Neugierde einflößten. So nannte ich ... die erste weibliche Gestalt, welche mir wohlgefiel und ein Mädchen aus der Nachbarschaft war, die weiße Wolke, von dem ersten Eindrucke, den sie in einem weißen Kleide auf mich gemacht hatte."

Alles dreht sich um das Wörtchen „halten für", um den Kontrast zwischen Vorstellung und dem, was Hegel „die Positivität des für sich Notwendigen und Gesetzlichen" nannte. Gleich in der frühesten deutlichen Welterfahrung verfehlt die Auslegung das Wesen der Phänomene, treten Geltung und Wirklichkeit der Erscheinungen auseinander. Gewiß sind es hier noch die natürliche Naivität des kindlichen Verständnisses und der im wörtlichen Sinn begrenzte Horizont, die über die „innere Notwendigkeit, Identität und Selbständigkeit der natürlichen Dinge" hinwegsehen und den Zusammenhang von Erscheinung und Wesen nicht einsehen lassen. Aber der beiläufige Nebensatz „da ich ihn (den Kranz der Schneegebirge) nicht mit der festen Erde verbunden sah" ist doppelsinnig. Er scheint sich nur auf die lokalen und optischen Bedingungen zu beziehen und zeigt doch den Umriß künftiger Zerwürfnisse, wenn wir vorgreifend daran denken, wie spät sich Heinrich dem Anspruch öffnen wird, „nicht nur die Form, sondern auch den Inhalt, das Wesen und die Geschichte der Dinge zu sehen und zu lieben". Das Kind am Fenster kann den Grund, die Basis der Schneekuppen im wörtlichen Verstand nicht einsehen; aber diese verwehrte Einsicht in „Faser und Textur der Wirklichkeit" ist schon das Vorspiel jener „Unverantwortlichkeit der Einbildungskraft", die bereits in den Vorarbeiten zum Roman als Grundzug des grünen Heinrich festgehalten wird.

Mustern wir die einzelnen Episoden der Kindheitsgeschichte, so füllt sich mit jeder das aus, was Keller ein „Schema" nannte. Das allererste Schulerlebnis wird peinlich durch den Kontrast von innerer Vorstellung und Eigentlichem:

„Ich hatte schon seit geraumer Zeit einmal das Wort Pumpernickel gehört, und es gefiel mir ungemein, nur wußte ich durchaus keine leibliche Form dafür zu finden, und niemand konnte mir eine Auskunft geben, weil die Sache, welche diesen Namen führt, einige hundert Stunden weit zuhause war. Nun sollte ich plötzlich das große P benennen, welches mir in seinem ganzen Wesen äußerst wunderlich und humoristisch vorkam, und es ward in meiner Seele klar und ich sprach mit Entschiedenheit: Dieses ist der Pumpernickel! Ich hegte keinen Zweifel weder an der Welt noch an mir, noch am Pumpernickel, und war froh in meinem Herzen ..."

Er nennt hier, wenn auch in leichtem Ton, die Dreiheit, die alle weiteren Erzählmotive bestimmt: die Welt als Gesamtzusammenhang, als nie gegenständliches Umgreifendes, das Ich, das dieser Welt gerecht und in ihr heimisch werden muß, und das einzelne Seiende, an dem sich das Weltverhältnis bewähren muß, weil es durch seinen doppelten Bezug zum Ich und zur Welt problematisch, fragwürdig, deutbar ist. Der ganze Vorfall aber bezeugt wie die Sache mit der weißen Wolke, wie die als „innerliche Anschauung" gegebene Identität von Gott und dem funkelnden Turmhahn, dann dem prächtigen Bilderbuchtiger, das Bedürfnis und das Vermögen, allem Vorhandenen oder Vernommenen eine tiefere, eine poetische Bedeutung zu geben; denn kann man die von dem Kinde vollzogene Vermittlung von Leibhaftigkeit und Wesensfülle anders nennen als poetisch? So entspricht einer ausgeprägten Beschaulichkeit von vornherein eine gesteigerte Einbildungskraft als Vermittlerin zwischen innerem Bedürfnis und äußerer Welt. Die karge Nüchternheit und hausbackene Einfachheit der Mutter tut ihm kein Genüge, und so muß die Frau Margret der „suchenden Phantasie" zu Hilfe kommen und für Heinrich das werden, „was sonst sagenreiche Großmütter und Ammen für die stoffbedürftigen Kinder sind". Denn die Trödlerin hat selbst die „lebendigste Einbildungskraft" und eine „überfüllte Phantasie"; „mit neugieriger Liebe erfaßte sie alles und nahm es als bare Münze, was ihrer wogenden Phantasie dargeboten wurde, und sie umkleidete es alsbald mit den sinnlich greifbaren Formen der Volkstümlichkeit, welche massiven metallenen Gefäßen gleichen, die trotz ihres hohen Alters durch den steten Gebrauch immer glänzend geblieben sind". Im Bereich dieser Trödelhexe begegnet dem grünen Heinrich eine Welt von gleichsam mythischer Sinnenfälligkeit und Totalität; als wahrhafter Kosmos entsteht hier aus Erzählungen, Gesprächen, Begebenheiten und aus dem abenteuerlichen Sammelsurium des Trödelkrams ein absonderliches, aber geschlossenes und konkretes Bild der Welt und des menschlichen Handels und Wandels, ein Weltbild, in dem alles in einem für das Kind sicht- und greifbaren Zusammenhang steht, mögen auch weithin phantastische Imagination und Aberglaube diesen Zusammenhang und diese Totalität stiften. Frau Margret ist die Verkörperung einer archaisch-poetischen Weltauffassung und Weltdeutung, „die ganze Welt in allen ihren Spiegelungen, das fernste sowohl wie ihr eigenes Leben, waren ihr gleich wunderbar und bedeutungsvoll ..." Aber für die suchende Phantasie des Kindes ist das Verhältnis zwischen den phantastisch verzerrten Formen dieser Welt und ihrem Gehalt an menschlicher Wahrheit nicht erkennbar, und so verstärkt gerade der Umgang mit dem Trödlerpaar den Umriß der künftigen Zerwürfnisse: „Mit all diesen Eindrücken beladen, zog ich dann über die Gasse wieder nach Hause und spann in der Stille unserer Stube den Stoff zu großen träumerischen Geweben aus, wozu die erregte Phantasie den Einschlag gab. Sie verflochten sich mit dem wirklichen Leben, daß ich sie kaum von demselben unterscheiden konnte."

Eines dieser Gewebe wird zum „Kinderverbrechen". Ohne Verständnis ihrer Bedeutung gebraucht der Siebenjährige einige besonders unanständige Worte; zur Rede gestellt, woher er sie habe, erdichtet er eine so schlüssige und stimmige Erzählung, daß den Verhörenden kein Zweifel an ihrer Wahrheit möglich scheint und die belasteten Schüler schwer bestraft werden. Wieder zeigt sich die Macht der „innerlichen Anschauungen", wenn der Autor sein Märchen selbst glauben muß, da er sich sonst „auf keine Weise den wirklichen Bestand der gegenwärtigen Szene erklären" kann; aber diesmal läßt ihn die Autonomie der Einbildungskraft schuldig werden: „Soviel ich mich dunkel erinnere, war mir das angerichtete Unheil nicht nur gleichgültig, sondern ich fühlte eher noch eine Befriedigung in mir, daß die poetische Gerechtigkeit meine Erfindung so schön und sichtbarlich abrundete, daß etwas Auffallendes geschah, gehandelt und gelitten wurde, und das infolge meines schöpferischen Wortes. Ich begriff gar nicht, wie die mißhandelten Jungen so lamentieren und erbost sein konnten gegen mich, da der treffliche Verlauf der Geschichte sich von selbst verstand und ich hieran so wenig etwas ändern konnte, als die alten Götter am Fatum."

In einer späteren Stelle der Urfassung wird das Kinderverbrechen nochmals erläutert: dem Kinde sei der Unterschied zwischen Gut und Böse, zwischen wahrer und falscher Sachlage nicht bewußt und völlig gleichgültig gewesen, und weil ihm die wirkliche Gerechtigkeit verborgen geblieben sei, habe es eine poetische Gerechtigkeit herstellen und dazu erst einen ordentlichen faktischen Stoff schaffen müssen. Aber mag Heinrichs Schuld in diesem Falle ihren Grund mehr in der Unvernunft der Erwachsenen haben: die Unverantwortlichkeit der Einbildungskraft, die Vergewaltigung der wirklichen durch eine poetische Gerechtigkeit bleiben ein Grundzug seines Wesens und Werdens, der auch das religiöse Weltverständnis und die künstlerische Welterfahrung bestimmen wird.

Zunächst aber bringt es die Erkenntnis der schöpferischen Macht des Wortes mit sich, daß sich die Phantasie des Kindes nicht mehr nur in ganz innerlichen Anschauungen verhaust, sondern daß sie sich entäußert, daß sie eine „Gestaltungslust" entbindet, die Heinrich aus der Beschaulichkeit oder „chorartigen Teilnahme an allem" heraustreibt. Daß in der Schule die älteren Schüler die jüngeren unterrichten dürfen, beglückt ihn, weil er, „ausgerüstet mit der Macht zu lohnen und zu strafen, kleine Schicksale kombinieren, Lächeln und Tränen, Freund- und Feindschaft hervorzaubern" kann. Dieselbe Lust, Schicksale zu kombinieren und für poetische Gerechtigkeit zu sorgen, beherrscht das spielende Kind: den Entwurf eines von der Theosophie inspirierten phantastischen Weltschemas, in das er dann eine „tabellarische Schicksalsordnung" aller ihm bekannten Leute einträgt; weiter die Sammlung von „Schicksalsträgern", von grotesken Wachsfiguren, die er in Flaschen setzt, mit Namen begabt, mit kurzen Lebensbeschreibungen versieht und wieder je nach Aufführung und Schicksal in ein theosophisches Sphärensystem einordnet; schließlich seinen Beitrag zu dem kindlichen Theaterspiel im Faß, zu dem er die Stücke liefert. Was sich in diesen Spielen ankündigt, wird sich freilich erst nach der Erkenntnis des „Irrtums im Künstlerberufe" herausstellen; in der Urfassung wird dieser weitgespannte Bogen noch ausdrücklich deutlich gemacht, der von der ersten Entdeckung der Macht des schöpferischen Wortes und vom ersten Erwachen der poetischen Gestaltungslust bis zu dem Entschluß reicht, „im lebendigen Menschenverkehr zu wirken und zu hantieren und seinerseits dazu beizutragen, daß alle Dinge, an denen er beteiligt, einen ordentlichen Verlauf nähmen". Die „Malefizgeschichte", mit der er die Kenntnis der unanständigen Worte rechtfertigt und begründet, ist dem Zurückschauenden der erste Hinweis auf diesen eigentlichen Beruf: „Gedachte er nun noch, wie er um die gleiche Zeit sich Bilder von Wachs gemacht und eine tabellarische Schicksals- und Gerechtigkeitsordnung über sie geführt, so schien es ihm jetzt beinahe gewiß, daß in ihm mehr als alles andere eigentlich eine Lust läge, im lebendigen Wechselverkehr der Menschen ... das Leben selbst zum Gegenstande des Lebens zu machen."

Im Fortgang der Jugendgeschichte indessen tritt das problematische Verhältnis von Phantasie und Wirklichkeit vollends in den Mittelpunkt, wenn Heinrich in der Faustaufführung und im Kontakt mit der Leserfamilie zwei antithetische Möglichkeiten dieses Verhältnisses entgegentreten. Als Meerkatze an der Faustaufführung mitwirkend, kann Heinrich das Spiel und zugleich das Treiben hinter den Kulissen beobachten; er gewahrt „mit hoher Freude, wie aus dem unkenntlichen, unterdrückt lärmenden und streitenden Chaos sich still und unmerklich geordnete Bilder und Handlungen ausschieden und auf dem freien, hellen Raume erschienen, wie in einer jenseitigen Welt, um wieder ebenso unbegreiflich in das dunkle Gebiet zurückzutauchen". Zum ersten Male tritt dem Kind die Gewalt der Dichtung von außen entgegen, begegnet es einer poetischen Wirklichkeit als einem Jenseits im Diesseits, gestiftet durch dieselbe Macht des schöpferischen Wortes, die das Kind in sich selbst erfahren hat: „Der Text des Stückes war die Musik, welche das Leben in Schwung brachte." Die Menschen aber, die diesen Text als Spiel realisieren, gewinnen durch ihren ständigen Wechsel zwischen Bühne und Kulissen ein doppeltes Leben, wovon eines ein Traum sein muß, ohne daß der beschauliche kleine Statist entscheiden kann, welcher Teil dieses Doppellebens Traum und welcher Wirklichkeit ist. „Lust und Leid schienen mir in beiden Teilen gleich gemischt vorhanden zu sein; doch im innern Raume der Bühne, wenn der Vorhang geöffnet war, schien Vernunft und Würde und ein heller Tag zu herrschen und somit das wirkliche Leben zu bilden, während, sobald der Vorhang sank, alles in trübe, traumhafte Verwirrung zerfiel." Was dem Kind hier leise dämmert, was der Erzähler in den Gegensätzen von streitendem Chaos und geordneten Bildern, von trüber, traumhafter Verwirrung und Vernunft und Würde, von dunklem Gebiet und freiem, hellem Raum evoziert, läßt sich ganz gut begreifen mit Hegels Worten über das Wesen des „Scheins", durch welchen die Kunst dem an sich selbst Wahrhaftigen Wirklichkeit gibt, und über die Haltlosigkeit des Vorwurfs, dieser Schein sei Täuschung:

„In der gewöhnlichen äußeren und inneren Welt erscheint die Wesenheit wohl auch, jedoch in der Gestalt eines Chaos von Zufälligkeiten, verkümmert durch die Unmittelbarkeit des Sinnlichen und durch die Willkür in Zuständen, Begebenheiten, Charakteren usf. Den Schein und die Täuschung dieser schlechten, vergänglichen Welt nimmt die Kunst von jenem wahrhaften Gehalt der Erscheinungen fort und gibt ihnen eine höhere, geistgeborene Wirklichkeit. Weit entfernt also, bloßer Schein zu sein, ist den Erscheinungen der Kunst der gewöhnlichen Wirklichkeit gegenüber die höhere Realität und das wahrhaftigere Dasein zuzuschreiben."

Ganz in diesem Sinne erfaßt Heinrich die Kerkerszene Gretchens, das „Bild des im grenzenlosesten Unglück versunkenen Weibes" als das wahrhaftigere Dasein der schönen Frau, die er kurz zuvor hinter den Kulissen die Spuren von Tränen tilgen sah.

Voraussetzung einer solchen höheren Wirklichkeit ist freilich jene „Phantasie für die Wahrheit des Realen", von der Goethe einmal zu Eckermann sprach und deren Wesen Heinrich später eben im Laufe seiner Goethelektüre dämmern wird. Dies ist der Gesichtspunkt, der dem Faust-Erlebnis den Umgang in der „Leserfamilie" antithetisch zuordnet. Eine Unzahl schlechter Romane füllt die Wohnung dieser vielköpfigen Familie und wird an den Sonntagen verschlungen. Auch diese „unpoetischen Machwerke", Ritterromane und Sittenschilderungen aus der Epoche der Galanterie, sind ein Jenseits im Diesseits; auch die Mitglieder der Leserfamilie suchen, indem sie ihre Vorstellungskraft an den Produkten gemeiner oder verwahrloster Phantasie erhitzen, „die bessere Welt, welche die Wirklichkeit ihnen nicht zeigte". Und wie bei dem Kreis um Frau Margret die schwärmerisch-religiöse Sektiererei, so ist hier die Lesewut „die Spur derselben Herzensbedürfnisse und das Suchen nach einer besseren Wirklichkeit". Aber diese vermeintliche bessere Wirklichkeit der Ritter- und galanten Romane ist doch nur das Machwerk einer Art von Traumfabrik, Verführung zum Uneigentlichen, zu substanzloser und unverbindlicher Romantik. Denn anstatt den Menschen wahrhaft mit seinen Möglichkeiten vertraut zu machen, anstatt ihm die eigentliche Not und Würde seiner Existenz zu erschließen, anstatt also das Poetische als eine Dimension des faktischen Lebens nachzuweisen, entrücken die Schundromane ihren Leser in eine völlig scheinhafte, illusionäre Wirklichkeit. Diese mag wohl für die Dauer des Aufenthalts in ihr Zank, Not und Sorge vergessen lassen; aber sowie diese zweite Wirklichkeit das eigene Leben bestimmen will, kommt es zu dem bösen Kontrast, den die Schilderung der Wohnung der Leserfamilie anschaulich macht: eine Herde unehelicher kleiner Kinder spielt mit den zerlesenen, übelriechenden Büchern und zerreißt sie, um doch nur neuem Nachschub Platz zu schaffen, „so daß man in der Behausung nichts sah als Bücher, aufgehängte Windeln und die vielfältigen Erinnerungen an die Galanterie der ungetreuen Ritter ..."

So begegnet dem Kind der „Faust" wie die Welt der Schundromane als ein Jenseits im Diesseits, beide Male steht er vor der Frage einer höheren Wirklichkeit, in beiden Episoden geht es um das Verhältnis von imaginativer und faktischer Welt und damit um Heinrichs Grundproblem. Aber dem unberatenen und einsamen Kind kann nicht deutlich werden, was Goethes Dichtung von der Nahrung der Leserfamilie unterscheidet. Denn wie gut auch das Kind die körperlichen Erscheinungen auf der Bühne erfassen konnte, so sehr bleibt der Text, der diese Erscheinungen bedingt, „als die

Zeichensprache eines gereiften und großen männlichen Geistes dem unwissenden Kinde vollkommen unverständlich; der kleine Eindringling fand sich bescheidentlich wieder vor die Türe einer höheren Welt gestellt..." Die Ritterromane dagegen können zu Bausteinen der kindlichen Gestaltungslust werden; aus dem anfänglichen Nachspielen gehen „nach und nach selbsterfundene, fortlaufende Geschichten und Abenteuer hervor", bis sich die beiden Knaben „in ein ungeheures Lügennetz verwoben und verstrickt" sehen. Das träumerische Ungenügen an einer farblos und banal erscheinenden Wirklichkeit wird nach der Lektüre der Rittergeschichten abgelöst von einem Leben „in einer ersonnenen Welt", die doch ihre „trügliche Wahrhaftigkeit" hat, weil auch in dieses kleinen Don Quijote ersonnener Welt alles scheinhaft und imaginär ist, nur die Beteiligung des Herzens nicht.

Diese aus der Wechselwirkung von unbefriedigender Wirklichkeit und poetischer Gestaltungslust entspringende Bereitschaft, in einer ersonnenen Welt zu leben, führt dann auch den Ausschluß aus der Schule herbei, der Heinrichs Kindheit so fatal beendet. Wie ein Bumerang fällt auf ihn zurück, was er einst mit dem „Kinderverbrechen" anderen zugefügt hat. Es ist nicht einfach Geltungsdrang, was ihn an die Spitze des Demonstrationszugs gegen den verhaßten Lehrer treibt; er lehnt die Veranstaltung zunächst ab, er folgt aus Neugier von weitem, er schließt sich an und schiebt sich dann wie berauscht von der Akklamation der Erwachsenen und der dynamischen Bildhaftigkeit des Vorgangs immer weiter vor, bis der Zuruf „Der grüne Heinrich ist doch noch gekommen!" zum Signal wird, das die Phantasie vollends entbindet: „Mir schwebten sogleich gelesene Volksbewegungen und Revolutionsszenen vor." Genau wie bei der Geschichte von der Herkunft der unanständigen Redensarten emanzipiert sich das Trachten nach poetischer Gerechtigkeit, es wird autonom und verdeckt jede Rücksicht auf die wirkliche Gerechtigkeit; das Ende ist dann noch viel verhängnisvoller als die Strafen, die damals die durch solche poetische Gerechtigkeit ganz ungerecht belasteten Schüler betroffen hatten.

Die integrierende und strukturierende Bedeutung des Konflikts zwischen Vorstellung und Wirklichkeit für Heinrichs Kindheitsgeschichte zeigt sich vollends, wenn wir erkennen, daß auch die religiöse Entwicklung des Kindes als eine Dimension dieses Konflikts dargestellt ist. Darüber dürfen wir nicht hinwegsehen, mögen auch noch so viele Stellen des Romans eine grundsätzliche Kritik der christlichen Glaubensgehalte und Lebensnormen enthalten. Bedeutsamerweise stellt sich die Problematik dieser Entwicklung in einem Zuge mit dem Beginn der Inkongruenz von Vorstellung und Wirklichkeit ein, sie entspringt an derselben Stelle, wo erstmals das Verhältnis von Erscheinung und Wesen verkannt wird, an der Stelle, wo dem Kleinen am Fenster die Schneekuppen, weil er sie nicht mit der festen Erde verbunden sieht, Wolken zu sein scheinen:

„Mit mehr Richtigkeit nannte ich vorzugsweise ein langes hohes Kirchendach, das mächtig über alle Giebel emporragte, den Berg. Seine gegen Westen gekehrte große Fläche war für meine Augen ein unermeßliches Feld, auf welchem sie mit immer neuer Lust ruhten, wenn die letzten Strahlen der Sonne es beschienen, und diese schiefe, rotglühende Ebene über der dunklen Stadt war für mich recht eigentlich das, was die Phantasie sonst unter seligen Auen oder Gefilden versteht. Auf diesem Dache stand ein schlankes, nadelspitzes Türmchen, in welchem eine kleine Glocke hing und auf dessen Spitze sich ein glänzender goldener Hahn drehte. Wenn in der Dämmerung das Glöckchen läutete, so sprach meine Mutter von Gott und lehrte mich beten; ich fragte: Was ist Gott? ist es ein Mann? und sie antwortete: Nein, Gott ist ein Geist! Das Kirchendach versank nach und nach in grauen Schatten, das Licht klomm an dem Türmchen hinauf, bis es zuletzt nur noch auf dem goldenen Wetterhahne funkelte, und eines Abends fand ich mich plötzlich des bestimmten Glaubens, daß dieser Hahn Gott sei. Er spielte auch eine unbestimmte Rolle der Anwesenheit in den kleinen Kindergebeten, welche ich mit vielem Vergnügen herzusagen wußte. Als ich aber einst ein Bilderbuch bekam, in dem ein prächtig gefärbter Tiger ansehnlich dasitzend abgebildet war, ging meine Vorstellung von Gott allmählich auf diesen über, ohne daß ich jedoch, so wenig wie vom Hahne, je eine Meinung darüber äußerte. Es waren ganz innerliche Anschauungen, und nur wenn der Name Gottes genannt wurde, so schwebte mir erst der glänzende Vogel und nachher der schöne Tiger vor."

Das Kind verlangt nach einem Bild Gottes, es will im Schauen und nicht nur im Glauben wandeln, es muß auf leibhaftige Erscheinung dessen, was die Mutter „Geist" nennt, dringen. Alle Glaubensmühen und Glaubensnöte des grünen Heinrich entstehen aus diesem Bedürfnis. Gewiß löst bald „ein edlerer Begriff" die innerliche Anschauung Gottes als Turmhahn und Tiger ab, stellt sich die Ahnung ein, „daß Gott ein Wesen sein müsse, mit welchem sich allenfalls ein vernünftiges Wort sprechen ließe, eher als mit jenen Tiergestalten". Aber auch diese Zwiesprache steht ganz im Zeichen des Bedürfnisses der Phantasie, die unmittelbare Sicht- und Greifbarkeit nun nicht mehr der Gestalt, aber der Allgegenwart und Allmacht

Gottes zu erleben. So fühlt sich das Kind zu seiner nicht geringen Qual eine Zeitlang genötigt, Gott mit vollem Bewußtsein der Blasphemie Spottnamen und Schimpfwörter anzuhängen, freilich mit der sofortigen Bitte um Verzeihung; als ein unbewußtes Experiment mit der Allgegenwart Gottes interpretiert der Erzähler diese peinigende und krankhafte Versuchung. Und ebenso handelt es sich um das Bedürfnis nach unmittelbarer und leibhaftiger Erscheinung der Allmacht Gottes, wenn Heinrich gesteht, daß er in seinen Gebeten „immer entweder das Unmögliche oder das Ungerechte verlangte": die gelungene Probe eines schwierigen Rechenexempels oder den Stillstand der Sonne bei drohender Verspätung, daß der Lehrer für einen Tintenklecks mit Blindheit geschlagen werde oder daß das Mädchen „weiße Wolke" sich zu einem Kuß entschlösse.

Das alles könnte man als bloße Reminiszenz oder als typische kindliche Naivität verstehen, wenn es nicht so deutlich mit der Neigung zusammenfiele, die poetische Gerechtigkeit mit der wirklichen zu verwechseln, wenn der Erzähler nicht selbst so klar die Parallele zwischen religiösem Verhalten und dem Konflikt zwischen Vorstellungswelt und Wirklichkeit betont hätte mit der Bemerkung, für lange Jahre sei ihm der Gedanke Gottes zu einer prosaischen Vorstellung geworden, „in dem Sinne, wie die schlechten Poeten das wirkliche Leben für prosaisch halten im Gegensatze zu dem erfundenen und fabelhaften", wenn schließlich nicht die Unangemessenheit der Gottesvorstellung genau an der Stelle begönne, an der sich auch der erste Zwiespalt zwischen Einbildungskraft und Realität zeigt. Denn der Satz, er habe die Berge für Wolken gehalten, weil er sie nicht mit der festen Erde verbunden sah, enthält implizite auch den Grund, warum Heinrich so lange fortfährt, auf „unberechtigte und willkürliche Weise" an Gott zu glauben. Auch in der Dimension der religiösen Welterfahrung verschleiert oder verfälscht die Imagination die „innere Notwendigkeit, Identität und Selbständigkeit der natürlichen Dinge".

Die Bibel ist „ein Buch der Sage"; Heinrichs Auseinandersetzung mit den christlichen Lehren beginnt mit dem Vorwurf, daß „das Fabelhafte", daß „die wunderlichsten Ausgeburten menschlicher Phantasie ... als das gegenwärtigste und festeste Fundament unseres ganzen Daseins angesehen werden" sollen. Aber in dem grünen Heinrich selbst widerstrebt die Phantasie noch lange der „Achtung vor der ordentlichen Folgerichtigkeit der Dinge". Am deutlichsten wird dieser Zwiespalt zwischen poetischer Auslegung und „notwendigem Weltlauf" in dem „Flötenwunder". Den vom Hungertod bedrohten Kunstbeflissenen läßt die Erinnerung an den „Oberproviantmeister" der Mutter so etwas wie ein Gebet zustande bringen; und wie der Halbohnmächtige die Augen wieder öffnet, sieht er die Metallklappe seiner im Zimmerwinkel verschollenen Flöte und damit die Möglichkeit aufleuchten, zu einigem Geld zu kommen.

„Ein einziger Sonnenstrahl traf das Stückchen Metall durch die schmale Ritze, welche zwischen den verschlossenen Fenstervorhängen offen gelassen war; allein woher, da das Fenster nach Westen ging und um diese Zeit dort keine Sonne stand? Es zeigte sich, daß der Strahl von der goldenen Spitze eines Blitzableiters zurückgeworfen war, die auf einem ziemlich entfernten Hausdache in der Sonne funkelte, und so seinen Weg gerade durch die Vorhangspalte fand. Indessen hob ich die Flöte empor und beschaute sie. ‚Die brauchst du auch nicht mehr!' dachte ich, ‚wenn du sie verkaufst, so kannst du wieder einmal essen!' Diese Erleuchtung kam wie vom Himmel, gleich dem Sonnenstrahl."

Die seltsame Verwickeltheit der kausalen Bedingungen, die endlich das Metall aufleuchten lassen, verleihen dem Vorgang eine Ambivalenz, die an die Struktur der Wirklichkeit in Hoffmanns Erzählungen erinnert. Heinrichs letzter Satz hält sie ausdrücklich fest, und sie macht ihm noch geraume Zeit zu schaffen, trotz allem, was er inzwischen in den Hörsälen einzusehen gelernt hat. Der Einbildungskraft scheint der Sonnenblitz auf der vergessenen Flöte doch ein transzendentes Ereignis zu sein; dem Gedanken, es werde schon „mit rechten Dingen" zugehen, gesellt sich die Überzeugung, „daß der liebe Gott doch unmittelbar geholfen habe", und sie läßt ihn dem ersten Gebet ein Dankgebet nachschicken, „schon der Symmetrie wegen". Der Wiedergekräftigte freilich fragt sich „in ganz verändertem Seelentenor", ob denn der Glaube an ein solches „stilles Privatwunder" besser sei als der phantastische Wunderglaube der Bildanbeter. Zögernd, sich „der wohltuenden Empfindung einer unmittelbaren Vorsorge und Erhörung, eines persönlichen Zusammenhanges mit der Weltsicherheit zu entledigen", und doch entschlossen, „das Vernunftgesetz zu retten", führt Heinrich den Vorgang schließlich auf eine natürliche Magie des Gebets zurück; die „pedantische Abrechnung" will ergründen, wie das, was der Phantasie als Wunder erschien, gleichwohl mit der festen Erde verbunden ist.

Auch in der religiösen Entwicklung des grünen Heinrich zeigt sich also das Schema, das fast alle künftigen Zerwürfnisse schon enthält. Die Lehren der Mutter wie die öffentliche Unterweisung machen den Gedanken Gottes zu „einer prosaischen Vorstellung", weil dabei die vermittelnde Phantasie nicht zu ihrem Recht kommt. Der Mutter, deren Existenz im schlichtesten Sinne Sorge ist, ist Gott die Vorsehung schlechthin; die Bitte um das tägliche Brot ist der Kern ihrer Religiosität. Dem Kind aber ist das tägliche Brot eben durch Dasein und Sorge der Mutter selbstverständlich; solange deren Hand den Tisch sicht- und greifbar bestellt, bleibt die göttliche Providenz, die sie immer vor Augen stellen will, etwas allzu Abstraktes. Das Auswendiglernen und Wiederkäuen „hölzerner, blutloser Fragen und Antworten" im Katechismusunterricht aber macht Lehre und Vorstellungskraft vollends unvereinbar; eine imaginative Vermittlung zwischen den Glaubensgehalten und Lebensnormen einerseits, der kindlichen Selbst- und Welterfahrung andererseits ist ganz unmöglich, und so bleibt der „silbenstecherische Patron" im Katechismus eine „nüchterne, schulmeisterliche Wirklichkeit", die in keinerlei Zusammenhang mit dem eigentlichen Leben des Kindes steht.

Gespaltenheit der Liebe und Irrtum im Künstlerberuf

Im § 38 der Farbenlehre spricht Goethe von dem „stillen Widerspruch, den jedes Lebendige zu äußern gedrungen ist, wenn ihm irgend ein bestimmter Zustand dargeboten wird", und anschließend prägt er die berühmten Sätze: „So setzt jedes Einatmen das Ausatmen voraus und umgekehrt, so jede Systole ihre Diastole. Es ist die ewige Formel des Lebens, die sich hier äußert." An diese Worte gemahnt der Wendepunkt, die Kehre, die der Schulausschluß innerhalb der Jugendgeschichte bedeutet. Er bleibt verhängnisvoll; aber die beklemmende Lage nach der Ausweisung bedingt doch die „Flucht zur Mutter Natur, und diese Kapitelüberschrift deutet auf Entfaltungsmöglichkeiten, die sich wahrhaftig ins Bild der Diastole fassen lassen. In welch weitem Sinne die Naturerfahrung den zweiten Teil der Jugendgeschichte bestimmen wird, das deuten die folgenden Kapitelüberschriften an: Die Sippschaft — Neues Leben — Berufsahnungen.

Mutter Natur: sie begegnet schon in dem „natürlichen Zusammenhang" der Sippschaft, der den Ausgestoßenen bergend aufnimmt. In ihren Generationen und Erbschaften, ihren Liebschaften und Begräbnissen erlebt Heinrich, wie die „goldene Lebensschnur" gewirkt ist durch den natürlichen Kreislauf des menschlichen Daseins, von dem gleich zu Beginn des Romans, im „Lob des Herkommens", die Rede ist: „Aus der unergründlichen Tiefe der Zeiten an das Tageslicht gestiegen, sonnen sich die Menschen darin, so gut es gehen will, rühren und wehren sich ihrer Haut, um wohl oder wehe wieder in der Dunkelheit zu verschwinden, wenn ihre Zeit gekommen ist." Ein „aufblitzendes und verschwindendes Tanzen im Weltlichte" nennt später Dortchen das Dasein des Menschen; die Schilderung des Friedhofs, über den am ersten Tag Heinrichs Weg zur Großmutter führt, zu der Frau, hinter der sich die goldene Lebensschnur im Dunkel verliert, wird ganz zum Bilde dieses Tanzens im Weltlichte. Auch das Haus der Großmutter, „welches in tief grünen schweigenden Schatten lag", verweist auf das Dunkel des Ursprungs, und die Begegnung zwischen Ahne und Enkel vergegenwärtigt noch einmal den natürlichen Kreislauf: „... wie in ihrer Person das meinem Dasein Vorhergegangene groß und unvermittelt vor mir stand, mochte ich als die Fortsetzung ihres Lebens, als ihre Zukunft dunkel und rätselhaft vor ihr stehen ..." Der Rückweg aber führt ihn erstmals zu Judith, an deren Seite ihm bald „Weben und Leben der Liebe" spürbar wird; auch das Erwachen des „Gattungsmäßigen" in Heinrich entspringt der Flucht zur Mutter Natur. Und wenn ihm Judith „wie eine reizende Pomona" entgegentritt, so deutet dieses Bild auf die Grunderfahrung des neuen Lebens, auf die ungeahnte Fülle, Mannigfaltigkeit und Dynamik, die dreimal panoramatisch geschildert wird und schließlich in die Worte gefaßt ist: „... mein Herz jubelte, als ich alles entdeckte und übersah ... Hier war überall Farbe und Glanz, Bewegung, Leben und Glück, reichlich, ungemessen, dazu Freiheit und Überfluß, Scherz und Wohlwollen." Mit diesem Jubel verbindet sich die alte Gestaltungslust, ohne daß die Öde und Dürftigkeit der äußeren Welt durch die träumerische Willkür der Einbildungskraft kompensiert werden müßte: „In diesem Augenblicke wandelte sich der bisherige Spieltrieb in eine ganz neuartige Lust zu Schaffen und Arbeit, zu bewußtem Gestalten und Hervorbringen um." Die Flucht zur Mutter Natur bringt die „Berufsahnungen".

Alles scheint eine mächtige Diastole anzukündigen, aber das Schmollen, die „schiefe Lage" zur Wirklichkeit macht sich rasch genug wieder geltend: im Verhältnis zur Sippschaft, zur erwachenden Geschlechtsliebe und erst recht zur Natur, soweit sie Gegenstand seiner gestaltenden Auslegung wird. Und wieder ist der Grund nicht einfach ein generelles Entwicklungsproblem.

Man hat Heinrichs Doppelliebe zu Anna und zu Judith ziemlich einhellig als Zwiespalt zwischen spiritueller und sexueller Sphäre aufgefaßt, man deutete sie als Analogie der Hegelschen Dialektik und konnte dann in der Liebe zu Dortchen die Synthese des Widerspruchs von Trieb und Geist sehen; und endlich man wollte diese Versöhnung von Sinnlichkeit und Geist mit der Philosophie Feuerbachs in Verbindung bringen. Aber ist der Dualismus von sexueller und spiritueller Liebe nicht eine zu einfache und abstrakte Formel, die dann die erotischen Beziehungen Heinrichs wieder als eine generelle Pubertätserscheinung verstehen läßt? Gewiß, es gelingt ihm nicht, zu fühlen oder gar einzusehen, daß die scheinbar so gegensätzlichen Weisen erotischer Beziehung nur zwei Dimensionen einer einzigen Wirklichkeit, eben der geschlechtlichen Liebe, sind. Dieses Unvermögen führt zur Zwiespältigkeit seiner Liebeserfahrung, die der Siebzehnjährige am Abend des Fastnachtsspiels gegenüber Judith nur umschreibend andeuten kann:

„Siehst du! für die Anna möchte ich alles Mögliche ertragen und jedem Winke gehorchen; ich möchte für sie ein braver und ehrenwerter Mann werden, an welchem alles durch und durch rein und klar ist; nichts tun, ohne ihrer zu gedenken und in aller Ewigkeit mit ihrer Seele leben, auch wenn ich von heute an sie nicht mehr sehen würde! Dies alles könnte ich für dich nicht tun! Und doch liebe ich dich von ganzem Herzen, und wenn du zum Beweis dafür verlangtest, ich sollte mir von dir ein Messer in die Brust stoßen lassen, so würde ich in diesem Augenblicke ganz still dazu halten und mein Blut ruhig auf deinen Schoß fließen lassen!"

Der „Lebenszuschauer" stellt dieses Dilemma am Ende desselben Kapitels klar: „Ich fühlte mein Wesen in zwei Teile gespalten und hätte mich vor Anna bei der Judith und vor Judith bei der Anna verbergen mögen." Aber enthüllen nicht schon die an Judith gerichteten Worte, daß für diesen Zwiespalt die Formel Sinnlichkeit–Geistigkeit viel zu grobschlächtig ist?

Aufschluß über Grund und Eigentümlichkeit der Doppelliebe erhalten wir vor allem in dem Kapitel, das nicht von ungefähr die Überschrift „Judith und Anna" trägt. Da wird von den immer häufigeren Besuchen des grünen Heinrich bei Judith erzählt:

„Durch diesen Verkehr war ich heimisch und vertraut bei ihr geworden und, indem ich immer an die junge Anna dachte, hielt ich mich gern bei der schönen Judith auf, weil ich in jener unbewußten Zeit ein Weib für das andere nahm und nicht im mindesten eine Untreue zu begehen glaubte, wenn ich im Anblicke der entfalteten vollen Frauengestalt behaglicher an die abwesende zarte Knospe dachte, als anderswo, ja als in Gegenwart dieser selbst. Manchmal traf ich sie am Morgen, wie sie ihr üppiges Haar kämmte, welches geöffnet bis auf ihre Hüften fiel. Mit dieser wallenden Seidenflut fing ich neckend an zu spielen und Judith pflegte bald, ihre Hände in den Schoß legend, den meinigen ihr schönes Haupt zu überlassen und lächelnd die Liebkosungen zu erdulden, in welche

das Spiel allmählich überging. Das stille Glück, welches ich dabei empfand, nicht fragend, wie es entstanden und wohin es führen könne, wurde mir Gewohnheit und Bedürfnis, so daß ich bald täglich in das Haus huschte . . ." Denn zu solcher zwischen Spiel und Liebkosung fluktuierenden Zweisamkeit kommt es nur, wenn Judith allein und keine Störung zu befürchten ist, „und diese stillschweigende Übereinkunft der Heimlichkeit lieh dem ganzen Verkehr einen süßen Reiz".
All das steht in genauem Gegensatz zum Umgang mit Anna. Der geschieht vor aller Augen und unter allseitiger Anteilnahme der Sippschaft; wo der Tanz die beiden in enge Berührung bringt, da trennen sie sich „nach der Tour so schleunig wie Feuer und Wasser"; wie sie sich zum ersten Male küssen, da liegen nur die Lippen regungslos aufeinander: „wir küßten uns nicht und dachten gar nicht daran, nur unser Hauch vermischte sich auf der neuen, noch ungebrauchten Brücke . . ." Entscheidend aber ist, daß der grüne Heinrich von dem stillen Glück bei Judith nicht weiß, wie es entstanden ist und wohin es führt, während er sein Verhältnis zu Anna vom ersten Tag an Liebe nennt, und weiter, daß ihm mehrfach an der Seite Judiths das Bild Annas vorschwebt, daß aber nie das Umgekehrte geschieht. Von Judith kann er sich außerhalb ihres Bannkreises kein Bild machen. Was das bedeutet, zeigt sich noch im selben Kapitel, das die Namen beider Frauen trägt. Wieder ist es zu einem aus Neckerei und Liebkosung gemischten Kampf gekommen, außer Atem lassen sie ab, Judith mit wogender Brust, Heinrich noch immer die Arme um die weißen Schultern schlingend:

„Meine Augen gingen den ihrigen nach in den roten Abend hinaus, dessen Stille uns umfächelte; Judith saß in tiefen Gedanken versunken und verschloß, die Wallung ihres aufgejagten Blutes bändigend, in ihrer Brust innere Wünsche und Regungen fest vor meiner Jugend, während ich, unbewußt des brennenden Abgrundes, an dem ich ruhte, mich arglos der stillen Seligkeit hingab und in der durchsichtigen Rosenglut des Himmels das feine, schlanke Bild Annas auftauchen sah. Denn nur an sie dachte ich in diesem Augenblicke; ich ahnte das Leben und Weben der Liebe, und es war mir, als müßte ich nun das gute Mädchen gleich sehen."

Im Fluidum der begehrenden, wenngleich an sich haltenden Frau ahnt Heinrich Leben und Weben der Liebe; aber diese gestaltlose Ahnung bezieht er auf ein Bild der Liebe, das sich um die rein freundschaftliche Beziehung zu Anna kristallisiert. Ursprung und Bild der Liebe treten auseinander, unmittelbare Erfahrung und innerliche Anschauung geraten in Widerspruch; wir sind wieder an das Schema erinnert, an die Stelle, wo er die Schneeberge Wolken nannte, weil er sie nicht mit der festen Erde verbunden sah. Die Bestätigung bringt der Satz über seine Beziehung zu Anna: „... ich war am Ende der einzige, welcher heimlich ihr den Namen Liebe gab, weil mir einmal alles sich zum Romane gestaltete."

Daß Heinrichs Liebe zu Anna allein dem Namen nach Liebe ist, daß sie am Bilde genug hat, daß sie mehr als Einbildung wirklich ist denn als faktisches Verhältnis, dies wird auf mancherlei Art deutlich. Was ihn an Judith bindet, bleibt bildlos; und so bezieht sich, abgesehen von dem ersten Vergleich mit einer reizenden Pomona, keine Metapher, kein Vergleich auf diese Frau, während Anna durch eine Fülle dieser poetischen Mittel vergegenwärtigt wird. Sie begegnet Heinrich zuerst „schlank und zart wie eine Narzisse", sie sieht ein andermal aus „wie eine junge Engländerin aus den neunziger Jahren", dann wieder „wie eine Art Stiftsfräulein", dann, an der Hausorgel, „wie eine heilige Cäcilie"; die Wendungen „verklärte Gestalt" oder „verklärtes Bild" sind Topos, und aus dem Wasser schaut ihr Spiegelbild „gleich einem holdseligen Märchen". Am Essen nippt sie so zierlich und mäßig „wie eine Elfe, und als ob sie keine irdischen Bedürfnisse hätte", und das Bild schließlich, das er selbst malt, nimmt sich aus „wie das Bild einer märchenhaften Kirchenheiligen". Gewiß verweisen all diese Vergleiche und eine Unzahl von Metaphern auch auf die Todesnähe, auf die seltsame Entrücktheit Annas; aber in erster Linie haben sie den Sinn, zu zeigen, wie Heinrichs Verhältnis zu ihr viel mehr ein Bild als die Wirklichkeit der Liebe ist. Gleich am Ende des ersten gemeinsam verbrachten Sonntags, am Ende der „Sonntagsidylle", wagt Heinrich „ein zartes Frauenbildchen" in seinem Herzen aufzustellen, und im Umgang mit diesem inneren Bilde erschöpft sich, was er Liebe nennt. Ein einziges Mal gewinnt das Imaginäre dieser Liebe solche Macht, daß es den „Traum im Traum" gebiert, der dann plötzlich mit der Wirklichkeit identisch ist. Das ist dort, wo die beiden als Rudenz und Berta vom Tellspiel nach Hause reiten. Deutlich verweisen die wechselnden Bilder der „Abendlandschaft" auf alle Nuancen eines wechselseitigen, noch von Rolle und Kostüm stimulierten Sichnäherns bis zu dem Punkte, wo sich die beiden leidenschaftlich umfangen. Aber: „Die Küsse erloschen wie von selbst, es war mir, als ob ich einen urfremden, wesenlosen Gegenstand im Arme hielte, wir sahen uns fremd und erschreckt ins Gesicht ..." Und dann sieht Heinrich aus dem Wasser „ihr Spiegelbild mit dem Krönchen heraufleuchten wie aus einer anderen Welt", und als sie sich versöhnt erheben, lächelt Anna flüchtig gegen Heinrichs „verschwindendes

Bild im Wasser". Was anders bedeuten nach dem erschreckenden Blick von Angesicht in Angesicht die Spiegelbilder als die reine Bildhaftigkeit dessen, was Heinrich Liebe nennt? Vollends offenbart sich diese Kluft zwischen Imagination und Wirklichkeit dadurch, daß sich die Liebe zu Anna im Getrenntsein am mächtigsten entfaltet. Annas Abwesenheit macht ihn „insgeheim immer kecker und vertraulicher mit ihrem Bilde", und diese kecke Vertraulichkeit mit dem Bilde läßt ihn den Liebesbrief schreiben, den er den Wellen anvertraut und der an derselben Wasserstelle, da er zweimal Annas verklärtes Spiegelbild heraufleuchten sah, von der badenden Judith aufgefangen wird. Dieser Zufall ist voller Sinn. Denn daß Judith das an Annas Bild gerichtete Liebesgeständnis empfängt, steht in bedeutsamer Beziehung damit, daß Heinrich an der Brust Judiths Leben und Weben der Liebe ahnt, daß ihm dabei aber das Bild Annas vorschwebt. Der Weg des Briefes ist wie eine Berichtigung, sofern er gleichsam hinter dem Rücken Heinrichs offenbart, wen das Erwachen des Gattungsmäßigen eigentlich meint, wem seine Liebe eigentlich gilt und wem er sie entfremdet, indem er sie durch die Einbildungskraft von ihrem Ursprung abzieht. Den letzten, endgültigen Beweis für den Zwiespalt zwischen Bild und Wesen der Liebe bringt dann Heinrichs Gefühl vor der Leiche Annas: „Ich sah alles wohl und empfand beinahe eine Art glücklichen Stolzes, in einer so traurigen Lage zu sein und eine so poetisch schöne Jugendgeliebte vor mir zu sehen." Was mit der Aufstellung eines zarten Frauenbildchens im Herzen begann, ist am Ende zu einem rein ästhetischen Wert geworden. Man hat in Heinrichs Haltung beim Tod Annas eine Unwahrscheinlichkeit sehen wollen; davon kann keine Rede sein, wenn man nicht unangemessen psychologisiert, sondern einsieht, wie auch die Doppelliebe auf das ursprüngliche Schema seines Wesens und Werdens zurückzubeziehen ist.

Denn erst aus dieser Voraussetzung, aus dem Zwiespalt zwischen Wesen und poetischer Auslegung der Wirklichkeit, erklärt sich der seelische Konflikt, erklärt sich, daß Heinrich die gestaltlose, ursprüngliche Gewalt, die ihn an Judith bindet, zu verdrängen und zu verdächtigen sucht. Ein einziges Wort, „hinüberschielen", verrät, warum er auch in der Liebe der Natur aus der schiefen Lage des Schmollens begegnet und dadurch die Sicherheit — das nie auf ihn bezogene Leitwort des Romans — verliert. In der Föhnnacht nach dem Fastnachtsspiel geleitet er Judith nach Hause, nach dem Nimbus des Schwerenöters trachtend. Und dennoch heißt es: „... ich hielt mich spröde zurück, während mein Ohr keinen Ton ihres festen und doch leichten Schrittes verlor und begierig das leise Rauschen ihres Kleides vernahm. Die Nacht war dunkel, aber das Frauenhafte, Sichere und die Fülle ihres Wesens wirkte aus allen Umrissen ihrer Gestalt wie berauschend auf mich, daß ich alle Augenblicke hinüberschielen mußte, gleich einem angstvollen Wanderer, dem ein Feldgespenst zur Seite geht." Und wie sich ihm im Herdfeuerschein die blendende Schönheit der entblößten Schultern zeigt, braucht es lange, bis sich sein „flimmernder Blick an der ruhigen Klarheit dieser Formen" entwirrt, bis er die „Vorwurfslosigkeit" wahrnimmt, die auf diesem Schnee ruht. Der Augenblick scheint gekommen, da dem grünen Heinrich aufgeht, daß Seelisches, Geistiges und Leibliches in der Liebe nur Dimensionen einer und derselben Wirklichkeit sind. Aber wieder geht mitten im Leben und Weben der Liebe Annas Stern auf, wieder treten Bild und Wirklichkeit der Liebe für ihn auseinander. Ein maßloser Treueschwur soll Anna schließlich seiner ewigen Liebe versichern. Freilich zeigt ihm Judith den Widerspruch zwischen ursprünglicher Erfahrung und poetischem Idol: „Fühlst du denn gar nicht", ruft sie ihm zu, „daß ein Herz seine wahre Ehre nur darin finden kann, zu lieben, wo es geliebt wird, wenn es dies kann? Du kannst es und tust es heimlich doch ... zwinge dich nicht, mich zu verlassen." Aber für Heinrich gestaltet sich auch das Verhältnis zur toten Anna zum Roman; erst viel später, in der Kunststadt, wird ihm im Augenblick der Besinnung der Zwiespalt zwischen Bild und Wirklichkeit seiner Liebe klar. Er gedenkt Annas als einer Erscheinung verschollener Tage: „Unversehens aber verlor sich und verblich das Bild vor der Gestalt der Judith ... Im hellsten Tageslicht sah ich sie vor mir stehen und gehen, aber es war keine Erde unter ihren lieben Füßen, und es war mir, als ob ich das Beste, was ich je gehabt und noch haben könnte, gewaltsam und unwiederbringlich mit ihr verloren hätte."

Und doch gerät er im Laufe der flüchtigen Affäre mit dem Arbeitermädchen Hulda noch einmal in die Gefahr, sich an ein „Liebesbild" — so heißt es ausdrücklich — zu verlieren. Schon aus seinem Befremden über die ihm unheimliche Lebensform, die ganz in täglich kündbarer Arbeit und Liebe aufgeht, rettet er sich in eine poetische Vorstellung vom Ursprünglichen und Elementaren dieser Lebensform, die doch ganz aus den „Kulturwandlungen" durch den Frühkapitalismus abzuleiten ist: „Und doch war es wiederum wie eine Erscheinung aus der alten Fabelwelt, die ihr eigenes Sittengesetz einer fremden Blume gleich in der Hand trug. Es wurde mir zu Mut, als ob eine wirkliche Huldin sich aus der Luft verdichtet hätte und mit warmem Blute in meinen Armen läge." Und schon beginnt die Einbildungskraft am Bilde einer tieferen, verborgenen Wirklichkeit zu schaffen: „Ich traute meinen Sinnen kaum, mitten in der Not und Bedrängnis, in die ich geraten war, auf der vermeintlich dunkelsten Tiefe des Daseins so urplötzlich vor einem Quell klarster Lebenswonne, einem reichen Schatze goldenen Reizes zu stehen, der wie unter Schutt und dürrem Moose verborgen hervorblinkte und schimmerte! Der Teufel auch! dachte ich, das Völklein hat ja wahre Hörselberge unter sich eingerichtet, wo der prächtigste Ritter keine Vorstellung davon hat..." Erst angesichts seiner im Kindbett gestorbenen Wirtin, ihrer schon verwahrlosenden Familie und des toten Mädchens in der Leichenhalle, in der „Wachtstube des Todes", dämmert ihm, wie wenig er bei seinem Liebesbild die Verwitterung durch Sorge, Not und Tod einbezogen hat, beginnen ihm „Mut und Lust zur Verwirklichung der tannhäuserlichen Glückspläne" zu vergehen. Auch in der Hulda-Episode droht ein Zerwürfnis, weil die Wirklichkeit in ein poetisches Bild umgesetzt wird, das dieser Wirklichkeit nicht gerecht werden kann.

Erst wenn Heinrichs Verhältnis zu Anna und Judith nicht einfach als Dualismus von Geistigkeit und Sinnlichkeit aufgefaßt wird, sondern als eine Gespaltenheit, die von dem Auseinandertreten des Bildes und der Wirklichkeit der Liebe bedingt ist, erst dann wird deutlich, wie genau ergänzend diesem Erfahrungskomplex des „neuen Lebens" die Kunstbeflissenheit des grünen Heinrich zugeordnet ist. Es liegt auf der Hand, daß es Keller nicht um das Wesen der Kunst oder um die eigentümliche Problematik der Künstlerexistenz geht; er hat den Künstlerroman gleichsam mediatisiert, so daß Heinrichs „Irrtum im Künstlerberufe" das, was er einmal das ständige Mißlingen seines Zusammentreffens mit der übrigen Welt nennt, in einem Aspekt jenseits der zwischenmenschlichen Beziehungen erzählbar machen kann. Darauf weist die erste Fassung noch ausdrücklich hin:

„Der Verfasser dieser Geschichte fühlt sich hier veranlaßt, sich gewissermaßen zu entschuldigen, daß er so oft und so lange bei diesen Künstlersachen und Entwickelungen verweilt, und sogar eine kleine Rechtfertigung zu versuchen. Es ist nicht seine Absicht, einen sogenannten Künstlerroman zu schreiben und diese oder jene Kunstanschauungen durchzuführen, sondern die vorliegenden Kunstbegebenheiten sind als reine Facta zu betrachten, und was das Verweilen bei denselben betrifft, so hat es allein den Zweck, das menschliche Verhalten, das moralische Geschick des grünen Heinrich und somit das Allgemeine in diesen scheinbar zu absonderlichen und berufsmäßigen Dingen zu schildern."

Gleich beim ersten Versuch Heinrichs, die neuartige Gestaltungslust zu bewähren, erweist sich dieser erzählfunktionale Sinn der Kunstbegebenheiten: „Mit einer Mappe und Zubehör versehen, schritt ich bereits unter den grünen Hallen des Bergwaldes hin, jeden Baum betrachtend, aber nirgends eigentlich einen Gegenstand sehend, weil der stolze Wald eng verschlungen, Arm in Arm stand und mir keinen seiner Söhne einzeln preisgab; die Sträucher und Steine, die Kräuter und Blumen, die Formen des Bodens schmiegten und duckten sich unter dem Schutz der Bäume und verbanden sich überall mit dem großen Ganzen, welches mir lächelnd nachsah und meiner Ratlosigkeit zu spotten schien. Endlich trat ein gewaltiger Buchbaum mit reichem Stamme und prächtigem Mantel und Krone herausfordernd vor die verschränkten Reihen, wie ein König aus alter Zeit, der den Feind zum Einzelkampfe aufruft. Dieser Recke war in jedem Aste und jeder Laubmasse so fest und klar, so lebens- und gottesfreudig, daß seine Sicherheit mich blendete und ich mit leichter Mühe seine Gestalt bezwingen zu können wähnte." Wieder, wie schon so oft, das Lächeln des großen Ganzen, des „Weltangesichts", und die Ratlosigkeit des grünen Heinrich; wieder der Wahn, die Verblendung auf seiner und die feste, klare Sicherheit auf der anderen Seite! Denn jeder Ansatz, jeder Strich vergrößert die Unnahbarkeit des Vorwurfs; das Spiel der Reflexe, der Wechsel von Licht und Schatten gibt in jedem Augenblick neuen Erscheinungen Raum, zeitigt immer andere Aspekte, die sich in derselben Bewegung preisgeben und entziehen, und alles, was der Stift dennoch festhält, bezeugt nur das Unvermögen, das Einzelne in seinem Verhältnis zum Ganzen zu erfassen. Am Ende grinst ihn ein „lächerliches Zerrbild" an, er fühlt sich abgewiesen: „... der tröstende Inhalt des Lebens, den ich gefunden zu haben wähnte, entschwand meinem innern Blicke..."

Gewiß kommt diese plötzliche Ohnmacht der Gestaltungskraft auch von der technischen Unbeholfenheit, vom Mangel elementarer zeichnerischer Fertigkeit, aber darüber hinaus versagt er aus dem gleichen Grunde wie später gegenüber dem borghesischen Fechter. Dort fehlt ihm „jeder bestimmte Einblick in den Zusammenhang dessen, was unter der Haut ist und vor sich geht". Auch die Buche kann er nicht bewältigen, weil ihm die Einsicht in die Bedingungen, in den Zusammenhang der Erscheinungen fehlt. Als „ein Spielwerk für die nachahmende Hand" schien ihm am Morgen die Erscheinungsfülle der Natur zum Fenster hereinzuleuchten; der erste Versuch aber zeigt das Zerrbildhafte jeder Mimesis, die nicht das Verhältnis von Mannigfaltigkeit und Einheit, von Wesen und Erscheinung mit in den Blick bekommt, die nicht, um Kellers Lieblingsausdruck zu verwenden, Faser und Textur der Wirklichkeit in der Nachahmung einer bestimmten Wirklichkeit zur Geltung bringen kann. Ein Gegenstand kann erst zum wahren Bilde werden, die dem Bilde eigene Totalität haben, wenn die nachahmende Hand der realisierenden Kraft und Ordnung des großen Ganzen gerecht wird, aus dem heraus der Gegenstand begegnet. Aber alles in Heinrichs Wesen und in seiner Ausbildung wirkt nun dahin, diesem Anspruch auszuweichen. Alles, was er bei Herrn Habersaat, der eine auf arbeitsteilende Zerlegung der Produktion abgestellte Fabrikation von Gebrauchsgraphik betreibt, lernen kann, ist „ein fixer Jargon", eine „geläufige freche Manier" fern von allem Wesen und Verständnis. Freilich ist Heinrichs Gestaltungslust zu ursprünglich, als daß ihm über der „bald erworbenen leeren Äußerlichkeit" seines Könnens die Ahnung eines Besseren erlöschen könnte. Aber wie ihn einst die mangelnde Einsicht in die wirkliche Gerechtigkeit verleitete, eine poetische Gerechtigkeit zu schaffen, so schlägt nun sein Verdruß über die Öde seiner geläufigen „Pinselei" um in „die alte voreilige Erfindungslust"; wie einst die Macht seines schöpferischen Wortes, so zeugen nun die „marktschreierischen Produkte" seines Pinsels von der Unverantwortlichkeit der Phantasie. Hinzu tritt in dieser Phase die Faszination durch das Werk Jean Pauls; am Ende ist er „von einem Geiste träumerischer Willkür und Schrankenlosigkeit besessen, der noch bedenklicher war, als die früheren Auflehnungen".

Warum bedenklicher? Weil nun die trügliche Wahrhaftigkeit einer ersonnenen Welt, das fundamentale Zerwürfnis zwischen Vorstellung und „Bestehendem" in ganz anderem Maß als in der Kindheit ein Moment der Selbstbestimmung wird, weil das Schmollen oder die Auflehnung gegen die Natur, gegen das Gewachsene und Gewordene, nun in ganz anderen Erfahrungsdimensionen wirksam wird. Zunächst aber geht die Wechselwirkung von Jean Paul und Habersaat als „Schwindelhaber" auf, und schon das Vokabular dieses Kapitels zeigt, wieso die Kunstbegebenheiten das menschliche Verhalten und das moralische Geschick des grünen Heinrich vergegenwärtigen. Die Art etwa, wie er die nach alten Niederländern gestochenen Kupferstiche kopiert, nennt er „Lasterhaftigkeit", und wo er die Natur selbst an die Stelle solcher Vorbilder setzt, geht er „nicht mehr mit der unverschämten, aber gut gemeinten Zutraulichkeit des letzten Sommers vor die runden, körperlichen und sonnebeleuchteten Gegenstände der Natur, sondern mit einer weit gefährlicheren und selbstgefälligeren Borniertheit". Einerseits verweist also das Mißverhältnis zwischen Natur und Widerspiegelung auf ein verdunkeltes künstlerisches Gewissen, ist die Unverantwortlichkeit der Einbildungskraft eine sittliche Kategorie; andererseits aber ist es zugleich Ausdruck eines uneigentlichen Weltbezugs, einer abgeleiteten und substanzlosen Romantik. Denn Heinrichs „ungebundener und willkürlicher Geist" fügt sich vollkommen in die einzige Tradition, die Herr Habersaat „zu überliefern für angemessen hielt, nämlich die des Sonderbaren und Krankhaften, was mit dem Malerischen verwechselt wurde". Heinrich verhudelt, verfehlt, umgeht das Bedeutende, das Eigentümliche, er sucht oder erfindet das Abenteuerliche, Sonderbare, Ausgefallene, Seltsame, Verzerrte, Fratzenhafte; und schon diese Begriffspolarität läßt erkennen, wie sich die Dimensionen des Ethischen und Noetischen, des Persönlichen und Epochalen in dem Grundzug einen, den Keller die „Unverantwortlichkeit der Einbildungskraft" nannte. Denn all diese Begriffe deuten bereits auf das Gegenbild einer „Phantasie für die Wahrheit des Realen", die dem grünen Heinrich im Laufe seiner Goethelektüre entgegentritt.

Man kann mit dieser Formel Goethes vollkommen klarmachen, was Heinrich dämmert, nachdem er sich in vierzig Tagen durch Goethes sämtliche Werke hindurchgelesen hat. Er ahnt „die hingebende Liebe an alles Gewordene und Bestehende, welche das Recht und die Bedeutung jeglichen Dinges ehrt und den Zusammenhang und die Tiefe der Welt empfindet", er vernimmt den Anspruch, „nicht nur die Form, sondern auch den Inhalt, das Wesen und die Geschichte der Dinge zu sehen und zu lieben"; er lernt, „daß das Unbegreifliche und Unmögliche, das Abenteuerliche und Überschwängliche nicht poetisch ist", sondern daß allein das Wesentliche und Bedeutende „die Dinge poetisch oder der Widerspiegelung ihres Daseins wert macht". Der Satz, der all das zusammenfaßt, mag uns heute banal oder allzu vag vorkommen: „Denn wie mir scheint, geht alles richtige Bestreben auf Vereinfachung, Zurückführung und Vereinigung des scheinbar Getrennten und Verschiedenen auf einen Lebensgrund, und in diesem Bestreben das Notwendige und Einfache mit Kraft und Fülle und in seinem ganzen Wesen darzustellen, ist Kunst..." Aber wir brauchen bei dem „scheinbar Getrennten" nur an Heinrichs durch Anna und Judith „gespaltenes Wesen" zu denken, um zu erkennen, wie genau die Kunstbegebenheiten mit seiner Liebeserfahrung zusammenhängen; und wir können weiter entdecken, daß hier ganz klar eine der wichtigsten Äußerungen Goethes selbst paraphrasiert wird, nämlich bis in den Wortlaut hinein der Aufsatz „Einfache Nachahmung der Natur, Manier, Stil". Dessen Schluß lautet: „Wie die einfache Nachahmung auf dem ruhigen Dasein einer liebevollen Gegenwart beruht, die Manier eine Erscheinung mit einem leichten fähigen Gemüt ergreift, so ruht der Stil auf den tiefsten Grundfesten der Erkenntnis, auf dem Wesen der Dinge, insofern es uns erlaubt ist, es in sichtbaren und greiflichen Gestalten zu erkennen." Es bedarf keines Hinweises, wie präzis der Stilbegriff Goethes, der Phantasie und Wesen der Dinge vermittelt, das Gegenbild des Zwiespaltes zwischen Bild und Lebensgrund ist, der aus Heinrichs unverantwortlicher Einbildungskraft entsteht. Und so vermögen weder die Goethelektüre noch die Lehre des wirklichen Meisters Römer den „anmaßenden Spiritualismus" auszuschalten; denn so wie seine religiösen Vorstellungen ist auch sein Verhalten als Maler nur eine Funktion seines Weltbezugs überhaupt.

Der Widerstreit von Selbstverwirklichung und Selbsterhaltung

Vielleicht hat der Versuch, das Schema zu verdeutlichen, das nach den Worten des Autors schon in der Kindheit sichtbar wird und das fast alle späteren Zerwürfnisse wiedererkennen lassen, zu einer Schematisierung geführt, und gewiß sind wir der Komplexität und Mannigfaltigkeit dessen, was den frühen Umriß ausfüllt, nicht gerecht geworden. Dennoch war ein solcher Durchblick wohl angebracht, um sehen zu lassen, in welchem Sinne die einzelnen Begebenheiten trotz ihrer scheinbar ganz episodischen Struktur sich zum einheitlichen Geschehen verbinden. Die Jugendgeschichte stellt nicht einen Entwicklungsprozeß, nicht die Manifestationen eines problematischen Charakters, nicht die Auseinandersetzung zwischen Anlage und Umwelt, zwischen Natur und Erziehung dar, man darf sie nicht von den orphischen Urworten her verstehen wollen. Der wesentliche Aspekt ist vielmehr das Verhältnis von innerer und äußerer Wirklichkeit und genauer die Bedeutung und Problematik der Einbildungskraft als Vermittlerin zwischen innen und außen. Denn von allen möglichen Relationen zwischen Ich und Welt ist die Phantasie die vollständigste und in dieser Hinsicht vollkommenste, am wenigsten ausschließliche; als universale Funktion des menschlichen Weltbezugs ist sie in allen anderen Relationen zwischen Ich und Welt mit im Spiel. Die „Unverantwortlichkeit der Einbildungskraft" gibt der Jugendgeschichte in der Tat das Profil.

Aber inwiefern erweist sich nun der zweite Teil des Romans, die Erzählung von dem Jahr zwischen der Fastnacht in der Kunststadt und Heinrichs Heimkehr, als Entfaltung der Themen und Motive, die schon das frühe Vorspiel enthält? „Der vierte Band als Schluß enthält die Antwort oder Auflösung der Frage, welche in der Jugendgeschichte liegt", schreibt Keller am 5. Januar 1854 an Hermann

Hettner, und diese Auflösung hat er ja in einigen brieflichen Exposés darzulegen versucht. Doch die sind fragwürdig und ein Beispiel mehr, wie selten es für den Autor einen archimedischen Punkt außerhalb der Produktion gibt, von dem aus er kompetent und zulänglich formulieren könnte, was im Werk „herauskommt".

Skizzieren wir ganz grob, was wir erzählt bekommen von dem Zeitpunkt an, da Heinrich anderthalb Jahre nach seinem Einzug in den Musenort wieder auftaucht. Der „Irrtum im Künstlerberufe" beginnt, gespiegelt durch den Rückzug der Freunde von der Kunst, schon leise zu dämmern. An Heinrichs Malerei wird fast nur noch der ökonomische Aspekt hervorgekehrt; die Bilder finden keinen Käufer, und schließlich landet die Kollektion, nachdem der Erlös des Pergamentleins und die Ersparnisse der Mutter verzehrt sind, beim Trödler. Den Grund für sein Scheitern erfahren wir, wenn ihm Lys Spiritualismus vorwirft, das „Herausspinnen einer fingierten, künstlichen, allegorischen Welt aus der Erfindungskraft, mit Umgehung der guten Natur". Beim Abzeichnen des borghesischen Fechters entdeckt Heinrich selbst, daß ihm „jeder bestimmte Einblick in den Zusammenhang dessen, was unter der Haut ist und vor sich geht", fehlt. Er beginnt Anatomie, Anthropologie und schließlich all die Fächer zu studieren, die den Einblick in die Struktur der menschlichen Erscheinungen im weitesten Sinne, vom Körper bis zum gesellschaftlichen Leben, eröffnen, er bemüht sich, Faser und Textur der menschlichen Wirklichkeit zu erkennen und zugleich die Grenzen menschlicher Erkenntnis zu erfahren. Aber was Grundlage der Produktion werden soll, entfernt ihn vollends von der Kunst, und für den Rest des Aufenthalts am Musenort ist sein Leben ein qualvoller Antagonismus von Selbstverwirklichung und Selbsterhaltung. Der innere Anspruch, sein Pfund nicht zu vergraben, den schöpferischen Möglichkeiten ihre Chance zu wahren, sich den Weg zu einem Leben offenzuhalten, in dem auch Arbeit und Erwerb „nichts anderes als die Erfüllung seines innersten Wesens" sein sollen, dieser innere Anspruch gerät in Widerstreit mit dem drükkendsten Gebot der Selbsterhaltung. Er verstrickt sich in ein Schuldennetz, beutet die Mutter aus und landet schließlich doch in dem „Finsterloch", wo er als Gelegenheitsarbeiter Fahnenstangen anstreicht: „Es war die unterste Ordnung von Arbeit, wo dieselbe ohne Nachdenken und Berufsehre und ohne jeglichen andern Anspruch, als denjenigen auf augenblickliche Lebensfristung, vor sich geht ..."
Die „tannhäuserlichen Glückspläne", die sich um die flüchtige Liebesbeziehung zu dem Arbeitermädchen Hulda kristallisieren, zergehen in der Erkenntnis ihrer Unangemessenheit, in der Empfindung der

„Gefahr, die darin liegt, sich gegen Natur und Gewohnheit mit dem völlig Geistlosen beschäftigen und nähren zu wollen". Als Ausweg aus dem Dilemma bleibt nur die Flucht zurück zur Mutter. Doch der Glückswandel auf dem Grafenschloß hält ihn Monate auf. Der Liebhaberwert, den Heinrichs Bilder für den Grafen haben, verschafft ihm ein kleines Vermögen und läßt ihn aus freier Wahl, versöhnt, der Kunst als einer Halbheit entsagen. Denn Heinrich glaubt nun zu verstehen, worauf seine frühe Gestaltungslust eigentlich hinauswollte und worauf ihn der borghesische Fechter, jenes Bild, „in welchem das Leben im goldenen Zirkel von Verteidigung und Angriff sich selbst erhielt", hinweisen wollte: er gedenkt, des Menschen „lebendiges Wesen und Zusammensein zum Berufe zu wählen", er will sich dem öffentlichen Dienste widmen. Die anscheinend hoffnungslose und entsagende Liebe zur Adoptivtochter macht den Glückswandel zwielichtig; wie er endlich aufbricht, hat er dennoch ein Zeichen der Neigung, des Rechtes auf Hoffnung in der Hand. Aber die Mutter, die er mit dieser Schicksalswende überraschen will, findet er in der Urfassung tot, in der endgültigen Fassung sterbend vor. Sein beharrlicher Anspruch auf die Erfüllung des innersten Wesens hat ihr Leben zerstört. In der ersten Fassung läßt ihn die unselige Verschlungenheit von Schuld und ehrlichem Wollen physisch dahinsiechen und der Mutter rasch nachsterben; das Leben erscheint ihm „wie eine abscheuliche, tückische Hintergehung, wie eine niederträchtige und tödliche Narretei und Vexation", an der er zerbricht. In der endgültigen Fassung tritt Heinrich ein unscheinbares und anspruchsloses Amt an; aber nichts vermag die Schatten aufzuhellen, die seine „ausgeplünderte Seele" erfüllen, die öffentliche Wirksamkeit wird zum stillen und pünktlichen Funktionieren, das Leben verödet zu tristem Zeitverbringen.

Wir stellen diese grobschlächtige Nacherzählung nur deshalb an, weil nochmals die Frage gestellt werden soll: Wie hängt dies alles mit der Jugendgeschichte zusammen? Ist es nicht doch allein der schwierige, vertrackte, „irrgängliche" Charakter des grünen Heinrich, der die Einheit herstellt? An Stelle der „Unverantwortlichkeit der Einbildungskraft" scheint nun die eigentümliche Ambivalenz der „Selbstsucht" der rote Faden zu sein. Denn diese Selbstsucht ist nicht niederträchtig, sie trachtet nur nach der Erfüllung des innersten Wesens, aber dieses Festhalten an der Gewißheit einer inneren Bestimmung trotz allen Widerwärtigkeiten gründet doch auf dem Opfer, auf der Selbstverleugnung des Nächsten. Dies ist doch der innere Nexus: vom selben Augenblick an, da Heinrich wieder auf den Weg gerät, der von dem kindlichen Bemühen um poetische

Gerechtigkeit über die „Studien am borghesischen Fechter" bis zu dem Entschluß führt, „sich der produktiven Behandlung des öffentlichen Lebens zu widmen", vom selben Augenblick an wächst und gedeiht die Schuld am tristen Ende der Mutter. Sie wird zunächst als lebende Sparbüchse behandelt und geleert und dann um die letzte Sicherheit, Geborgenheit und Hoffnung gebracht. In den Heimatträumen mischen sich seltsam Bilder, die auf das Wirken im politischen Leben der Heimat deuten, mit solchen, die auf Opfer und Elend der Mutter verweisen; der Glückswandel auf dem Grafenschloß läßt dann Heinrich seine wahre Bestimmung deutlich sehen, aber eben dieser Durchbruch macht unmerklich das Maß der Schuld voll. Wie will man nun diesen Nexus als eine Entwicklung zu männlicher Reife und geistiger Mündigkeit, zur Einsicht in die Verantwortung für die Gesellschaft auffassen? Wie will man ein neues Humanitätsideal statuieren, zu dem Heinrich unterwegs ist und das sich am Ende in ihm ausgebildet hat? Sicher, wenn man einseitig den ideologischen Fortschritt ins Auge faßt, die Korrektur des Weltbildes im Verlauf der Universitätsstudien und unter dem Einfluß des Grafen und Dortchens, dann mag man den Sinn des Geschehens so auffassen. Aber diese Entwicklung bleibt eben nur die eine Seite des Geschehens. Und wie steht es, wenn man in der sittlichen Selbsterziehung das Thema des Romans sehen will? Gewiß lernt Heinrich im zweiten Teil des Werkes, den Wert der Dinge gegen die Not des Augenblicks abzuwägen, lernt er sich fast ohne Schmollen dem Zwang der peinlichsten und widrigsten Umstände fügen und sich doch über alle Zwangslagen emporzuheben, „wenn auch nur eines Daumens hoch". Aber all diesem läuft doch die wachsende Schuld gegenüber der Mutter parallel, die am Ende beider Fassungen jeden Aspekt seiner Entwicklung in Frage stellt. Was bedeutet also diese Verschränkung von menschlicher Reife und alles vermauernder Schuld? In seiner knappen Selbstdarstellung von 1876 berichtet Keller über die Konzeption des „Grünen Heinrich", er habe nach der Rückkehr aus München den Vorsatz gefaßt, „einen traurigen kleinen Roman zu schreiben über den tragischen Abbruch einer jungen Künstlerlaufbahn, an welcher Mutter und Sohn zugrunde gingen". Was anders kann mit tragisch gemeint sein als die Verkettung von Reife und Schuld? Heinrichs beharrliches und bei aller Irrgänglichkeit unentwegtes Bestehen auf der Entfaltung seiner schöpferischen Möglichkeiten führt so weit, daß er seine „unmittelbare Lebensquelle" vernichtet und jedes Recht auf Selbstverwirklichung preisgibt: auf diesen Zusammenhang verweist Kellers Bericht über die Konzeption des Romans, und dieser Zusammenhang hat sich erhalten. Die Gefährdung des Weltbezugs durch den Konflikt zwischen Phantasie und „innerer Notwendigkeit, Identität und Selbständigkeit der natürlichen Dinge" ergab den Umriß der Jugendgeschichte; den roten Faden des zweiten Teils bildet die Ambivalenz der Selbstsucht, in der sich moralischer Selbsterhaltungstrieb und Verschuldung wechselseitig zu bedingen scheinen. Wir müssen nochmals fragen: in welchem Sinne kann die Jugendgeschichte Vorspiel dieser Zerwürfnisse sein?

Den wesentlichen Aspekt erfassen wir wohl, wenn wir uns auf die Bedeutung der Selbstbestimmung besinnen, die so früh das eigentliche Los des grünen Heinrich wird. Gleich zu Beginn des vierten Buches, das ja die Antwort und Auflösung der in der Jugendgeschichte liegenden Frage sein soll, meditiert Heinrich im Banne des borghesischen Fechters über dieses Los: „Ich war noch nicht über die Jugendidee hinaus, daß eine solche Selbstbestimmung im zartesten Alter das Rühmlichste sei, was es geben könne; allein es begann mir jetzt doch unerwartet die Einsicht aufzugehen, das Ringen mit einem streng bedächtigen Vater, der über die Schwelle des Hauses hinauszublicken vermag, sei ein besseres Stahlbad für die jugendliche Werdekraft als unbewehrte Mutterliebe. Zum ersten Male meines Erinnerns ward ich dieses Gefühles der Vaterlosigkeit deutlicher inne, und es wallte mir augenblicklich heiß bis unter die Haarwurzeln hinauf, als ich mir rasch vergegenwärtigte, wie ich durch das Leben des Vaters der frühen Freiheit beraubt, vielleicht gewaltsamer Zucht unterworfen, aber dafür auch auf gesicherte Wege geführt worden wäre."

Entsprechend beklagt die Mutter in dem hinterlassenen Brieffragment, daß sie „das Kind einer zu schrankenlosen Freiheit und Willkür anheimgestellt habe". Sie verwendet dieselben Begriffe, die sonst immer wieder in Verbindung mit Heinrichs unverantwortlicher Einbildungskraft auftauchen. Und mit Grund, denn zur Selbstbestimmung gehört ja nicht nur die Freiheit der Entscheidung, sondern zunächst ein Entwurf, an dem sich die Entscheidung orientiert; erst der Raum zwischen Gegebenem und Entwurf eröffnet die Möglichkeit der Selbstbestimmung. Mit einem solchen Entwurf aber kommt die Einbildungskraft ins Spiel; beides, die Freiheit der Entscheidung und die entwerfende Imagination, unterscheiden die Selbstbestimmung vom Instinkt des Tieres, vom „Bereich des blinden Naturgesetzes", das die unermüdliche Spinne repräsentiert, die Heinrich bei seinen Reflexionen über die Willensfreiheit beobachtet. Die entfremdende Willkür der Phantasie bestimmt nicht nur Heinrichs Weltbezug, sie bestimmt auch den Bezug zum eigenen Ich;

sie bewirkt den ständigen Zwiespalt zwischen Selbstverständnis und Situation, jenes „Schmollen", das Kellers früheste Novelle in unmittelbare Beziehung zum „Grünen Heinrich" bringt. Gleich dort, wo im Hinblick auf den Schulausschluß zum ersten Male von der Notwendigkeit der Selbstbestimmung ausdrücklich die Rede ist, zeigt sich dieser Zusammenhang. Hier beginnt der „Irrtum im Künstlerberufe", und es wird deutlich, daß es sich da nicht um eine Begabungsfrage handelt, sondern um einen tiefen Zwiespalt zwischen subjektiver und objektiver Vernünftigkeit der Selbstbestimmung. „Ich erfand eigene Landschaften, worin ich alle poetischen Motive reichlich zusammenhäufte, und ging von diesen auf solche über, in denen ein einzelnes vorherrschte, zu welchem ich immer den gleichen Wanderer in Beziehung brachte, mit welchem ich, halb bewußt, mein eigenes Wesen ausdrückte. Denn nach dem immerwährenden Mißlingen meines Zusammentreffens mit der übrigen Welt hatte eine ungebührliche Selbstbeschauung und Eigenliebe angefangen, mich zu beschleichen; ich fühlte ein weichliches Mitleid mit mir selbst und liebte es, meine Person symbolisch in die interessantesten Szenen zu versetzen, die ich erfand." Damit steht Heinrichs Selbstbestimmung von vornherein im Zeichen des Konfliktes zwischen dem äußeren Anspruch und dem inneren Bild seiner Situation. Was hier Eigenliebe genannt wird, die Art, wie Heinrich sich sein ursprüngliches eigenes Wesen jenseits jeder konkreten Situation zu vergegenwärtigen sucht, dies ist das Vorspiel der Selbstsucht, die ihn in der Kunststadt die Selbstbestimmung immer nur am Bilde des eigenen Wesens orientieren läßt und die nicht statuieren will, daß allein das unaufhörliche Zusammentreffen mit der übrigen Welt der Ort ist, wo sich der Mensch des eigenen Wesens versichern kann. Dadurch kommt es aber zu dem Zwiespalt zwischen subjektiver und objektiver Vernünftigkeit der Selbstbestimmung; die Verwirklichung des eigenen Wesens und die Bewältigung der konkreten von außen aufgedrungenen Situation werden unvereinbar. Weil Heinrich die Selbstbestimmung lediglich als Verwirklichung des ursprünglichen eigenen Wesens versteht, gerät er in das Schuldengewebe, in das Netz banalster äußerer Umstände und schließlich in die völlige Abhängigkeit von Bedürfnis und Selbsterhaltung; es ist nicht ohne Bedeutung, daß der notgedrungen zur Mutter heimfliehende Wanderer die ganze Nacht die vom reinen Instinkt geleiteten Zugvögel über sich rauschen und lärmen hört. Und es ist genauso bezeichnend, daß ihm der teure Einband der Jugendgeschichte, durch die er sich sein eigenes Wesen und Werden klarmachen will, die allerletzten Mittel verschlingt. Der „Seufzer nach

Aufschub", den er einmal ausstößt, ist wie eine Formel dieser abstrakten Selbstbestimmung, die alles von außen Andringende als vorläufig, unangemessen, uneigentlich ansehen muß und die dabei doch immer mehr in die Gefangenschaft durch dieses vermeintlich Uneigentliche führt. Das Dasein wird zum „dumpfen Traum", weil Bild und Situation des Ich unversöhnbar auseinanderfallen, weil die Selbstbestimmung den Anspruch des „Wirklichen und Geschehenden" und den Anspruch des eigenen Wesens nicht zu vermitteln bereit ist, trotz allen theoretischen, ideologischen „Fortschritten": „So drehte ich mich gleich einem Schatten umher, der durch zwei verschiedene Lichtquellen doppelte Umrisse und einen verfließenden Kern erhält."

Aber wird das nicht anders, wenn er auf dem Grafenschloß der Kunst als einer Halbheit entsagt, wenn er seiner wahren Bestimmung auf die Spur kommt und seine Gestaltungslust im gesellschaftlichen Raum zu bewähren gedenkt? Wenn ihn angesichts der Heimatlandschaft die begeisterte Lust anwandelt, sich „als einzelner Mann und widerspiegelnder Teil des Ganzen zum Kampfe zu gesellen", wenn er sich begeistert vornimmt, sein schöpferisches Wirken solle hinfort ein Selbstgespräch sein, das die Nation in ihm mit sich selber führt? „So griffen denn meine Schritte immer kecker und unternehmungslustiger aus, bis ich plötzlich das Pflaster der Stadt unter den Füßen fühlte und ich doch mit klopfendem Herzen ausschließlicher der Mutter gedachte, die darin lebte." Schon dieser eine Satz deutet in schweigsamer Prägnanz darauf hin, daß auch diesmal wieder die Selbstbestimmung im Zeichen des Konfliktes zwischen der Erfüllung des innersten Wesens und der konkreten Situation steht.

In der Urfassung zerbricht der grüne Heinrich seelisch und leiblich an diesem Konflikt; die Verschränkung seines „ehrlichen Wollens, wie es jetzt war", mit der Schuld am Tod der Mutter scheint ihm eine Absurdität, die ihn aufreibt. In der endgültigen Fassung läßt Keller „den Hering leben" und Judith zu ihm zurückkehren. Wie ist dieser neue Schluß zu verstehen? Schon die äußeren Umstände des Wiedersehens sprechen aus, was Judiths Rückkehr bedeutet. Zwischen zwei grünen Berglehnen hat sich der grüne Heinrich an eine begrünte Erdwelle geworfen und eben von dem grünen Zettel Dortchens, von dem „falschen Wechselchen", getrennt, als Judith, wie aus dem Berg hervorgewachsen, vor einem gegenüberliegenden Felsband von grauer Nagelfluhe erscheint, eine Gestalt von grauer Farbe, in einem Kleid von grauem Stoff, mit einem grauen Schleier. So wie das vielfache Grün auf die Erinnerung an alles, was er „gehofft und verloren, geirrt und gefehlt" hat, verweist, so muß man das Grau auf die „verdüsterte Seele" dessen beziehen, der immer so leicht bereit war, nach dem Glänzenden zu greifen, der aber auch weiterhin im Lauf der Jahre zu erwägen hat, „wie mit der Schönheit der Dinge doch nicht alles getan und der einseitige Dienst derselben eine Heuchelei sei, wie jede andere". Es ist, als seien die graue Farbe und der nackte Stein der seelische Hintergrund, aus dem sich plötzlich die Wiederkehr der Judith ereignet. Meint dieses Hervortreten der grauen Gestalt aus dem grauen Hintergrund das Glück der Entsagung? Aber es ist doch vor allem Judith, die entsagt, sie will ihr Leben mit ihm teilen, ohne ihn zu binden, sie will ihm liebend alle Freiheit lassen, weil er ihr im Blute liegt und weil sie doch sein Leben nicht zu ihrem Glücke mißbrauchen will. Für Heinrich aber ist sie vor allem eine „Naturmanifestation"; so hat es Keller außerhalb des Romans formuliert, und so steht es ja auch im Text: „Und wenn ich in Zweifel und Zwiespalt geriet, brauchte ich nur ihre Stimme zu hören, um die Stimme der Natur selbst zu vernehmen." Natur ist im „Grünen Heinrich" weder sentimentalisch gemeint als Gegensatz einer zivilisatorischen zweiten Natur, noch ist sie bloße Auffassungsform von Erscheinungen, noch hat sie in irgendeinem Sinn Verweisungscharakter. Sie ist die Ganzheit des „Gewordenen und Bestehenden"; als das „unabänderliche Leben des Gesetzes", als ein jenseits des Bewußtseins Bestehendes ist sie vor allem in der ersten Fassung immer wieder gekennzeichnet, die Begriffe Unerbittlichkeit, Folgerichtigkeit, Notwendigkeit, Identität und Selbständigkeit formulieren das Abständige und Fremde der „natürlichen Wirklichkeiten". Das Einvernehmen mit dieser Eigengesetzlichkeit manifestiert sich in Judith, in der sich Selbsterhaltungstrieb und Opferfähigkeit so glücklich mischen; und in diesem Sinne kann sie zur Stimme der Natur werden, kann sie Heinrich erlösen aus der Selbstversenkung des Ich in seinen eigenen Gehalt, vermittelt sie den Anspruch auf Selbstbestimmung mit dem Anspruch einer abständigen Wirklichkeit. Was mit Judiths grauer Gestalt aus der starren grauen Nagelfluh herauswuchs, ist Heinrichs Einsicht, daß allein die Erfahrung der vom Ich abgesetzten Gesetzlichkeit und Notwendigkeit die Entfremdung zwischen innerer und äußerer Wirklichkeit aufheben und den Menschen zu sich selbst kommen lassen kann.

Poetischer Realismus

Wir sind ausgegangen von der Frage, in welchem Sinne der „Grüne Heinrich" als Bildungsroman gelten könne; es hat sich gezeigt, wie entschieden das Spannungsverhältnis zwischen innerer und äußerer Welt das eigentliche Erzählthema abgibt. Darin bezeugt sich in starkem Maße das Prinzip der Verinnerlichung, der subjektiven Brechung und Spiegelung aller Begebenheiten und „Abenteuer", das seit dem „Don Quijote" den modernen Roman bestimmt und das diesen Ahnherrn um 1800 geradezu als das Modell einer „neuen Mythologie" gelten ließ. Und besonders im Bildungsroman zeigt sich, wie die erzählbaren Begebenheiten sich nicht mehr wie im Epos innerhalb eines in sich einheitlichen objektiven Geschehens begegnen, sondern sich erst durch ihren Bezug auf ein problematisches subjektives Weltverhältnis zur Einheit eines Erfahrungszusammenhangs zueinanderfügen. Wie sehr das Spannungsverhältnis zwischen innerer und äußerer Wirklichkeit die Geschichte des deutschen Romans bestimmt, mag an den Beispielen des „Anton Reiser", des „Wilhelm Meister", der „Flegeljahre", des „Heinrich von Ofterdingen" und des „Kater Murr" deutlich geworden sein.

Dieses Spannungsverhältnis erscheint nun im „Grünen Heinrich" in einem bestimmten Aspekt. Das problematische Verhältnis zwischen Einbildungskraft und „innerer Notwendigkeit, Identität und Selbständigkeit der natürlichen Dinge", das Mißverhältnis zwischen Phantasie und „Faser und Textur der Wirklichkeit" ist die Wurzel aller Zerwürfnisse des Helden mit der Welt und mit sich selbst; das Komplexe und Perspektivenreiche des Romans kommt daher, daß fast jedes Zusammentreffen des grünen Heinrich mit der Welt in das Feld dieser Spannung zwischen Phantasie und Eigengesetzlichkeit, Eigensinn des „Bestehenden" gerät. Auch für die romantischen Erzähler ist das Verhältnis von innerer und äußerer Wirklichkeit immer wieder in diesem bestimmten Aspekt wichtig geworden, aber gerade im Blick auf diesen gemeinsamen Ansatzpunkt wird die epochale Wende deutlich, die sich im „Grünen Heinrich" vollzieht.

Sind wir aber mit alldem der eigentlich poetischen Substanz des Romans auf die Spur gekommen? Wurden wir dem Faktum gerecht, daß es sich doch um das Gebilde einer spezifisch dichterischen Welterfahrung handelt? Dem „Grünen Heinrich" widerfuhr seit je, lediglich als autobiographisches oder weltanschauliches Bekenntnis, als Manifest einer Humanitätsidee, als psychologische Selbstanalyse oder als geistesgeschichtliches Dokument gelesen und entsprechend ausgelegt zu werden. Haben wir beachtet, daß wir es nicht mit einer historischen Darstellung, mit einer faktischen Autobiographie zu tun haben, sondern mit einem freien poetischen Kunstwerk?

Damit geraten wir zu dem zweiten der fragwürdigen Begriffe, von denen wir ausgingen, zum poetischen Realismus. Die Diskussion darüber setzte schon um 1800 ein; ihren Ansatzpunkt erhellt am besten der beständige Hinweis Friedrich Schlegels auf das Dilemma der modernen, mehr nachahmenden als schöpferischen Dichtung, sich entweder ins Unbestimmte oder Allgemeine zu verflüchtigen oder sich in einen prosaischen Empirismus zu verlieren. Vor allem die Erzählkunst scheint immer mehr Gefahr zu laufen, der Eigenbewegung, Eigengesetzlichkeit des Vorhandenen, Positiven zu verfallen oder zum Vehikel anderweitiger Intentionen zu werden. Sie wird bloße Reproduktion und Bestandsaufnahme, oder sie illustriert nur noch Probleme, die sie von Psychologie und Soziologie, Geschichts- oder Naturwissenschaft, politischem oder religiösem Leben empfängt, deren Bewältigung aber durchaus nicht auf eine spezifisch dichterische Welterfahrung angewiesen ist. Aber in all diesen Fällen löst sich die Kunst als solche auf, sinkt sie nach Schlegels Worten in „empirischen Materialismus" ab. Wir können uns weder auf die geistes- und dichtungsgeschichtlichen Voraussetzungen noch auf den Verlauf dieser Diskussion eines poetischen Realismus einlassen. Aber ihre Quintessenz erscheint vielleicht, wenn wir die zentrale Frage stellen und variieren, die von Schlegel wie von Jean Paul, von Solger wie von Hegel, von Otto Ludwig wie von Fr. Th. Vischer, die aber auch in den Briefen Kellers, Fontanes und Raabes immer wieder aufgeworfen wurde: Wie kann die Autonomie dichterischer Imagination bestehen gegenüber der Eigenbewegung, Eigengesetzlichkeit des Wirklichen, das ihr Realitätsvokabular ist? Wie kann sich die Erzählkunst den konkreten geschichtlichen und faktischen Gehalten öffnen, ohne das Spezifische dichterischer Welterfahrung preiszugeben, ohne identisch zu werden mit dem, was Hegel „das alltägliche Bewußtsein im prosaischen Leben" nennt? Wie kann sich die Welthaltigkeit des Erzählens vereinen mit jener „Geschlossenheit gegen das Wirkliche zu", die Otto Ludwig für die Werke der Dichtkunst fordert? Wie kann die Eigengesetzlichkeit eines für sich freien Gegenständlichen — sei es der Natur, der Geschichte, der Gesellschaft — zur Geltung kommen und doch unter ein spezifisch poetisches Strukturgesetz treten? Wenn schließlich Keller selbst in dem Brief vom 27. Juli 1881 an Heyse sich auf die „Reichsunmittelbarkeit der Poesie" auch im Zeitalter des Fracks und der Eisenbahnen beruft, „ein Recht, das man sich nach meiner Meinung durch keine Kulturwandlungen nehmen lassen soll", so steht auch das in unmittelbarem Zusammenhang mit dieser Kernfrage.

Wir können uns diese Frage noch einmal von Hegel verdeutlichen lassen; seine Ästhetik gewinnt für das Problem des poetischen Realismus höchste Bedeutung, weil sie die geschichtliche Rechtfertigung des Romantischen als eines unwiderruflichen Prinzips der modernen Dichtung mit der Prognose verbindet, wie dieses Prinzip dialektisch aufgehoben werden könne. Hegel fordert auf der einen Seite, daß sich die Poesie vor jedem außerhalb der Kunst liegenden Zweck bewahren müsse, denn sonst entstehe „entweder ein Bruch zwischen dem, was die Kunst verlangt, und demjenigen, was die anderweitigen Intentionen fordern, oder die Kunst wird, ihrem Begriffe zuwider, nur als ein Mittel verbraucht und damit zur Zweckdienlichkeit herabgesetzt". Auf der anderen Seite aber mahnt er energisch, die Poesie müsse „mitten ins Leben hineintreten", fordert er den Mut zur Entäußerung und, eben gegenüber der Romantik, die lebendige Beziehung zur konkreten geschichtlichen Wirklichkeit. „Es fragt sich daher, wodurch die Poesie in diesem Konflikte noch ihre Selbständigkeit zu bewahren imstande sei. Ganz einfach dadurch, daß sie die äußere vorgefundene Gelegenheit nicht als den wesentlichen Zweck und *sich* dagegen nur als ein Mittel betrachtet und hinstellt, sondern umgekehrt den Stoff jener Wirklichkeit in sich hineinzieht und mit dem Recht und der Freiheit der Phantasie gestaltet und ausbildet. Dann nämlich ist nicht die Poesie das Gelegentliche und Beiherlaufende, sondern jener Stoff ist die äußere Gelegenheit, auf deren Anstoß der Dichter sich seinem tieferen Eindringen und reineren Ausgestalten überläßt und dadurch das erst aus *sich* erschafft, was ohne ihn in dem unmittelbar wirklichen Falle nicht in dieser freien Weise zum Bewußtsein gekommen wäre." Auch dafür hat Keller eine eigene knappe Formel geprägt, wenn er eine Erzählung Storms rühmt als „schönes aber seltenes Beispiel, daß ein Faktisches so leicht und harmonisch in ein so rein Poetisches aufgelöst wird". Aber wie geschieht dies in seiner eigenen Erzählkunst? Und inwiefern vermochte die Freiheit der Phantasie im „Grünen Heinrich" etwas zu erschaffen, was in einem unmittelbar wirklichen Falle nicht so zum Bewußtsein gekommen wäre?

Im letzten der Gotthelf-Aufsätze — ihre Bedeutung für den gleichzeitig entstehenden Roman hat W. Muschg erwiesen — will Keller durch „ein paar empirische Aphorismen" klarmachen, was er eigentlich unter epischem Talent oder Genie verstehe: „Zu den ersten äußeren Kennzeichen des wahren Epos gehört, daß wir alles Sinnliche, Sicht- und Greifbare in vollkommen gesättigter Empfindung mitgenießen, ohne zwischen der registrierten Schilderung und der Geschichte hin- und hergerissen zu werden, das heißt, daß die Erscheinung und das Geschehende ineinander aufgehen." Dies findet er bei Gotthelf, vermißt er bei Stifter, dessen Erzählstruktur er dabei gewiß verkennt. Aber vor allem kann uns dieser Aphorismus auf die Spur seiner eigenen Weise, das Faktische in das Poetische aufzulösen, bringen.

Wir haben Heinrichs gebrochenes Verhältnis zu Judith angedeutet, sein hochmütiges und sprödes Festhalten an einem Bild der Liebe, in das nur Anna paßt, und sein Hinüberschielen auf das Frauenhafte, Sichere Judiths, auf die Fülle ihres Wesens. Wie er sie in der Nacht nach dem Tellspiel heimgeleitet, sind noch Leute auf der Dorfstraße. „Judith wünschte ihnen aus dem Wege zu gehen, und obgleich ich nun füglich meine Straße hätte ziehen können, leistete ich doch keinen Widerstand und folgte ihr unwillkürlich, als sie mich bei der Hand nahm und zwischen Hecken und Mauern durch ein dunkles Wirrsal führte, um ungesehen in ihr Haus zu gelangen." Der Wunsch, ungesehen zu bleiben, und Heinrichs Bereitschaft gehören zum Geschehen, aber die Lage des Hauses und die Beschaffenheit des Weges dorthin haben mit Heinrichs Verhältnis zu Judith überhaupt und zur gegenwärtigen Situation gar nichts zu tun. Und doch wird das Labyrinthische dieses Weges, wird seine Umschlossenheit von Mauern und Hecken, werden Nacht und Nebel beständig zur sicht- und greifbaren Erscheinung dieses Verhältnisses, des menschlichen Geschehens, obwohl sie „eigentlich" nichts damit zu tun haben. Denn wie könnte es einen objektiven Zusammenhang zwischen einem topographischen Faktum und Heinrichs innerer „Irrgänglichkeit" geben? Trotzdem wird ein solcher Zusammenhang noch viel offenkundiger als an dieser Stelle. Wie es mit Anna zu Ende geht, will Heinrich nach seiner Nachtwache rasch ins Dorf und dabei auf keinen Fall mit Judith zusammentreffen.

„Als ich in den dichten Nebel hinausging, war ich sehr guter Dinge und mußte lachen über meine seltsame List, zumal das verborgene Wandeln in der grau verhüllten Natur meinen Gang einem Schleichwege noch völlig ähnlich machte. Ich ging über den Berg und gelangte bald zum Dorfe; doch verfehlte ich hier des Nebels wegen die Richtung und sah mich in ein Netz von schmalen Garten- und Wiesenpfaden versetzt, welche bald zu einem entlegenen Hause, bald wieder gänzlich zum Dorfe hinausführten. Ich konnte nicht vier Schritte weit sehen; Leute hörte ich immer, ohne sie zu erblicken, aber zufälliger Weise traf ich niemanden auf meinen Wegen. Da kam ich zu einem offenstehenden Pförtchen und entschloß mich hindurchzugehen und alle Gehöfte gerade zu durchkreuzen, um endlich wieder auf die Hauptstraße zu kommen. Ich geriet in einen prächtigen großen Baumgarten, dessen Bäume alle voll der schönsten reifen Früchte hingen. Man sah aber immer nur einen Baum ganz deutlich, die nächsten standen schon halb verschleiert im Kreise umher, und dahinter schloß sich wieder die weiße Wand des Nebels. Plötzlich sah ich Judith mir entgegenkommen, welche einen großen Korb mit

Äpfeln gefüllt in beiden Händen vor sich her trug, daß von der kräftigen Last die Korbweiden leise knarrten." Erinnern wir uns des Liebesbriefes an Anna, der an der Brust der badenden Judith landet, so entdecken wir die völlige Korrespondenz der beiden Begebenheiten. Der Schleichweg um Judith herum führt genau auf sie zu, das Wort vom Verfehlen der Richtung wird tief zweideutig. Wie früher der Weg des Briefes, so widerlegt hier der Weg Heinrichs sein Verhältnis zu Judith, soweit er es übersieht und unter Kontrolle hat, und offenbart darunter eine tiefere Bestimmung, einen tieferen und verborgenen Willen, indem er ihn durch das „Pförtchen" in einen Garten „voll der schönsten reifen Früchte" bringt. Und zugleich verweist der Nebel, der nur das Nächste sehen läßt und der sich hinter jedem Gegenstand sofort wieder zur dichten Wand schließt, verweist das „Netz von schmalen Garten- und Wiesenpfaden" auf die Verstricktheit und Irrgänglichkeit seiner Beziehungen zu Judith, auf das Verschleiert- und Verhängtsein des inneren Horizontes. Aber weder der Nebelmorgen noch das Verfehlen des Weges noch die Einzelheiten von Weg und Ort haben objektiv etwas mit der Gebrochenheit und Mehrschichtigkeit dieser Beziehungen zu tun. Wetter und örtliche Verhältnisse bewirken lediglich kausal das ungewollte Zusammentreffen, aber sie stehen nach keiner „vernünftigen Maxime" (Jean Paul) in irgendwelchem inneren Zusammenhang mit dem menschlichen Geschehen, das gleichwohl an ihnen sicht- und greifbar ist; und sie werden auch von dem erlebenden Heinrich keineswegs als irgendwie bedeutsam aufgefaßt. Dem kommt erst viel später in den Sinn, wovon wir schon hier verständigt sind; erst in der Kunststadt erkennt er, daß das vermeintliche Verfehlen der Richtung genau an den rechten Ort führte: „... ich sah sie in ihrem Baumgarten aus dem Herbstdufte hervortreten ... und es war mir, als ob ich das Beste, was ich je gehabt und noch haben könnte, gewaltsam und unwiederbringlich mit ihr verloren hätte." So ruft der „Lebenszuschauer" im Faktischen eine Wirklichkeit auf, die in gar keinem wesentlichen Bezug zu diesem Faktischen zu stehen scheint; Geschehendes und Erscheinung fallen für jede Richtung des prosaischen Verständnisses auseinander und sind doch auf eine eigentümliche Weise miteinander vermittelt.

Ein anderes Beispiel, wie Keller ein Faktisches ins Poetische auflöst, ist etwa das Bildnis Annas, das Heinrich aus dem Gedächtnis in Wasserfarben malt. „Es war in ganzer Figur und stand in einem Blumenbeete, dessen hohe Stengel und Kronen mit Annas Haupt in den tiefblauen Himmel ragten; der obere Teil der Zeichnung war bogenförmig abgerundet und mit Rankenwerk eingefaßt, in welchem glänzende Vögel und Schmetterlinge saßen, deren Farben ich noch mit Goldlichtern erhöhte." Komposition und dekorative Elemente des Bildnisses spiegeln Heinrichs Verhältnis zu der „verklärten Gestalt", und insofern stehen Geschehendes und Erscheinung noch in einem durchaus objektiv greifbaren Zusammenhang. Aber diesen übersteigt nun weit, was sonst noch von dem Bilde gesagt wird. „Ich konnte nicht erheblich zeichnen, daher fiel das Ganze etwas byzantinisch aus, was ihm bei der Fertigkeit und dem Glanz der Farben ein eigenes Ansehen gab ... Das Gesicht war fast gar nicht modelliert und ganz licht, und dies gefiel ihnen nur um so mehr, obgleich dieser vermeintliche Vorzug in meinem Nichtkönnen seinen einzigen Grund hatte." Das „Byzantinische" und die geringe Modellierung des Gesichts resultieren also faktisch aus der mangelhaften Schulung; aber erscheint in beidem nicht wieder sein Verhältnis zu Anna, freilich auf ganz unvergleichbare Weise? Macht die kaum angedeutete Physiognomie das Bildnis nicht zu einem lichten Schemen und damit zum Sicht- und Greifbaren dessen, was vielleicht er allein Liebe nennt? Wir müssen ja nur daran denken, wie nach dem Tellspiel der einzige Augenblick leidenschaftlichen Anspruchs endet: „... es war mir, als ob ich einen urfremden, wesenlosen Gegenstand im Arme hielte, wir sahen uns fremd und erschreckt ins Gesicht ..." Und weiter: „enthält" die faktisch allein vom Nichtkönnen bedingte Eigenart des Bildnisses nicht sogar etwas von der halben Entrücktheit und Jenseitigkeit der von jung auf vom Tod Gezeichneten, die nicht so sehr für Heinrich als für ihre übrige Umgebung eine Art Fremdling auf Erden ist, so daß die Leute den Gedanken an Annas Tod lange in sich großgezogen und sich „ein rechtes Fest der Klage und des Bedauerns aufgespart" haben? Dies alles wird ja nur noch unterstrichen, wenn Heinrich das Werk zu Anna schleppt, als ob er eine Altartafel über den Berg trüge, und wenn es sich dann über dem Sofa im Orgelsaal ausnimmt „wie das Bild einer märchenhaften Kirchenheiligen". Gewiß ergeben sich die Hauptmerkmale des Bildes allein aus Heinrichs zeichnerischer Unbeholfenheit; aber dennoch werden wir gleichsam hinter dem Rücken dieses Zusammenhangs verständigt über das Schemenhafte seiner Liebe, über die verklärenden Reflexe seines phantastischen Spiritualismus, über Annas Todesnähe und über ihre Sonderstellung unter den Leuten des Heimatdorfes. Die Spannung zwischen Eigengesetzlichkeit und poetischer Bedeutung des Erzählten ist so groß und deutlich, daß man auch dann nicht von Sinnbildlichkeit reden dürfte, wenn dieser Begriff nicht so schon überstrapaziert wäre. Wie aber sollen wir diejenige Form der Phantasie nennen, die die Spannung zwischen dem ganz selbständigen und abständigen „Eigensinn" eines Erzählgegenstandes und zwischen seiner menschlichen Bedeutsamkeit zugleich sichtbar macht und aufhebt? 

Im vierten Buch finden wir den gänzlich abgebrannten Helden als Gelegenheitsarbeiter in einem dunklen „Verließ, das ... sein Licht nur durch eine schmale Schießscharte empfing, die in der feuchten schimmligen Mauer sich auftat". Er bemalt anläßlich der bevorstehenden Prinzenhochzeit weißgrundierte Fahnenstangen mit der anderen Landesfarbe. „Draußen glänzte anhaltend der lieblichste Spätsommer; Sonnenschein lag auf der Stadt und dem ganzen Lande und das Volk trieb sich bewegter als sonst im Freien herum. Der Laden ... war fortwährend angefüllt mit Leuten ... der Alte regierte und lärmte in bester Laune dazwischen herum ... und ab und zu kam er in das Finsterloch, wo ich mutterseelenallein in dem blassen Lichtstrahl der Mauerritze stand, den weißen Stab drehte und die ewige Spirale zog." Ist die seltsame Innigkeit der Wortreihe „Finsterloch — im blassen Licht der Mauerritze — die ewige Spirale" zu überhören? Gewiß, sie bezieht sich auf ganz äußerliche und zufällige Umstände. Niemand wird eine Kritik an den sozialen Verhältnissen herauslesen, in Heinrich den Ausgebeuteten und in dem Trödler den Ausbeuter sehen wollen, dazu sind Art und Anlaß der Arbeit und die Beschaffenheit des Arbeitsplatzes viel zu ausgefallen und punktuell. Die Schilderung scheint sich im rein Illustrativen zu erschöpfen, was dann immer wieder vag von der „Wirklichkeitsnähe" realistischen Erzählens sprechen läßt. Und doch empfinden wir im scheinbar ganz Peripheren ein menschliches Geschehen mit, sehen wir in der ewigen Spirale die endlose Wiederkehr des immer Gleichen, die Unabsehbarkeit eines mechanischen Tuns, das der Steigerung und Vollendung weder bedürftig noch fähig ist, das dem Ausübenden nichts als Broterwerb bedeutet, weil der Sinn des Produkts, die Ehrung des Prinzenpaares, dem Schweizer Republikaner völlig gleichgültig ist. Aber zu dieser Spirale, dieser gleichgültigen und entfremdeten Arbeit gehört nun auch die menschliche Gesamtsituation, die das Finsterloch und der blasse Lichtstrahl der Mauerritze evozieren: die Enge, Dumpfheit und Dunkelheit einer Existenz, die beim ewigen Spiraledrehen abgeschlossen bleibt von allem, was sich „draußen", „im Freien" bewegt, deren Anteil am Weltlicht, deren Welterfahrung reduziert ist auf den schmalen Ausschnitt einer Scharte; einer Existenz, die im Kreislauf von Bedürfnis und gleichgültiger Arbeit aufgeht, ohne daß die Tätigkeit je ein Moment der Welterfahrung wäre und einen Blick in die Welt eröffnete. Messen wir damit dem Finsterloch zuviel Bedeutung zu? Wir brauchen nur an den Anfang des „Sinngedichts" zu denken. Dort ist es zwar kein Akkordarbeiter, sondern ein ins Moderne übersetzter Doktor Faust, und er sitzt nicht mehr in einem verfluchten dumpfen Mauerloch, sondern in einem Laboratorium des 19. Jahrhunderts. Aber ihn, der als Forscher „den unendlichen Reichtum der Erscheinungen unaufhaltsam auf eine einfachste Formel zurückzuführen" gewohnt ist, überfällt die Sehnsucht nach der „Welt" dieser Erscheinungen, und diese Sehnsucht ist zunächst wieder in der Schilderung der Arbeit in einem Finsterloch enthalten: „Als die Sonne einige Spannen hoch gestiegen, verschloß er wieder die Fenster vor der schönen Welt mit allem, was draußen lebte und webte, und ließ nur einen einzigen Lichtstrahl in den verdunkelten Raum, durch ein kleines Löchlein, das er in den Laden gebohrt hatte. Als dieser Strahl sorgfältig auf die Tortur gespannt war, wollte Reinhart ungesäumt sein Tagewerk beginnen, nahm Papier und Bleistift zur Hand und guckte hinein, um da fortzufahren, wo er gestern stehen geblieben. — Da fühlte er einen leise stechenden Schmerz im Auge ... denn er hatte allbereits angefangen, durch das anhaltende Treiben sich die Augen zu verderben ..."

Von Theodor Fontane bis zu Benno von Wiese hat man immer wieder vom Märchenton, von der Märchenstimmung in Kellers Erzählkunst gesprochen, Thomas Mann nannte ihn einen Erzähler moderner Märchen. Hatten sie nicht alle diese poetische Vergleichbarkeit des an sich Unvergleichbaren, nicht diese keineswegs romantische, aber genausowenig veristische, „wirklichkeitsnahe" Stimmigkeit zwischen Geschehendem und Erscheinung im Auge gehabt? Meinten sie nicht die Heiterkeit dieses Erzählens, die durchaus nicht auf einem ironischen Verhältnis zur Sache oder auf deren komischer Beschaffenheit beruhen muß, sondern in der eigentümlichen Doppelsinnigkeit des Erzählten, in einem beständigen Spannungsverhältnis zwischen Bezeichnetem und Gemeintem? Wir bekommen immer wieder in einem Zug zwei Perspektiven angeboten, wir fassen die Vorgänge und Situationen und Umstände in ihrer Eigengesetzlichkeit auf, nehmen sie innerhalb der Ordnung wahr, die für das prosaische Weltverständnis maßgeblich und gültig ist, und wir werden doch gleichzeitig über eine Bedeutsamkeit verständigt, die sich nicht innerhalb der prosaischen Ordnung herstellt. Wir sehen, mit Solger zu sprechen, „zwar die zeitliche Welt ganz auf die gewöhnliche Art, aber zugleich aus einem ganz anderen Lichte, ... weshalb uns denn die Gegenstände überall ganz bekannt und gewohnt, aber zugleich durchaus verschoben, seltsam und schief gegeneinander gerückt erscheinen, wenn wir sie nach dem Maße der gemeinen Sinnlichkeit betrachten". Dieses ganz andere Licht nennt Solger den Humor, und zwar den Humor als ein Prinzip der Einbildungskraft und nicht als ethische oder weltanschauliche Haltung oder als Schutz gegen die Tyrannei der sogenannten Werte. Als „angewandte Phantasie", als Mittler zwischen poetischer Innerlichkeit und prosaischer Realität hat schon Friedrich Schlegel den Humor aufgefaßt, den er deshalb den dichterischen nennt. Denn alle Erörterungen des Humors in der romantischen Poetik und Ästhetik berühren sich in der einen Frage, ob nicht der Humor die als Bestimmung der Moderne empfundene Entfremdung zwischen dichterischer und gewöhnlicher Welterfahrung aufheben könne oder müsse. Vor allem dem Roman in seinem Drang nach Welthaltigkeit und empirischer Fülle stellte sich das Problem, wieweit sich denn die Wirklichkeit des modernen Menschen überhaupt noch durch die dichterische Imagination erschließen lasse, ohne daß diese dabei zum Vehikel anderweitiger Intentionen würde. Und da wurde der Humor wesentlich, denn als angewandte Phantasie wurde ihm sein eigenes Prinzip zum wahrhaften Wirklichkeitsbezug, die Brechungsverhältnisse zwischen Phantasie und Wirklichkeit, die Spannung zwischen subjektivem und objektivem Pol der dichterischen Mimesis wurden zum eigentlichen Spielraum der Poesie, indem der dichterische Humor die Fragwürdigkeit jedes absoluten Bezuges zur Wirklichkeit, die Bedingtheit jeder Welterfahrung, die Labilität jedes Standpunktes zum Vorschein brachte; dies aber war der Triumph der humoristischen Phantasie über jede „starre äußere Satzung", die sich dem prosaischen Bewußtsein gegenüber als Letztwirklichkeit aufspreizen wollte. In diesem Sinne ist wohl das zunächst rätselhafte Wort des Tragikers Hebbel zu verstehen, der Humor sei die einzige absolute Geburt des Lebens.

Gewiß, Kellers beharrliches Bestreben, die „Reichsunmittelbarkeit der Poesie" geltend zu machen, hat kaum etwas mit diesem romantischen Humor zu schaffen. Schon das, was im Erfahrungszusammenhang des „Grünen Heinrich" als Dialektik der Kulturbewegung verstanden werden muß, die Abkehr vom „Geiste träumerischer Willkür und Schrankenlosigkeit", schließt es aus. Auch für Hegel repräsentiert Jean Paul am deutlichsten das Prinzip des romantischen Humors, „alles, was sich objektiv machen und eine feste Gestalt der Wirklichkeit gewinnen will oder in der Außenwelt zu haben scheint, durch die Macht der subjektiven Einfälle, Gedankenblitze, frappanter Auffassungsweisen zerfallen zu lassen und aufzulösen". Diesem subjektiven Humor, dem Gipfel der mit der „äußeren Satzung" unversöhnten Subjektivität, stellt Hegel nun prognostisch einen „objektiven Humor" entgegen. Denn ähnlich wie die romantische Ästhetik selbst sieht Hegel das Dilemma der Dichtung, entweder in die bloße subjektive Nachahmung des Vorhandenen, in einen „empirischen Materialismus" zu verfallen oder den Weg der Verinnerlichung bis zu dem Punkt zu gehen, wo allein noch die „blanke Subjektivität" des Künstlers erscheint und es „deshalb nicht auf die Darstellung eines für sich fertigen und auf sich selbst beruhenden Werkes ankommt". Beides aber schließt die wahrhafte Vermittlung von freier Phantasie und Engagement aus, die Hegel dringlich ist. Die „Nachbildung des äußerlich Objektiven in der Zufälligkeit seiner Gestalt auf der einen Seite, auf der anderen dagegen im Humor das Freiwerden der Subjektivität ihrer inneren Zufälligkeit nach", ein stoffunmittelbarer Verismus und ein humoristischer Manierismus, dies sind für Hegel die Richtungen der Dichtung am Ausgang der Romantik; seine Auflösung dieses Gegensatzes aber ist mehr als ein spekulatives Kunststück unter der Peitsche des dialektischen Systemzwangs:

„Wenn sich nun aber diese Befriedigung an der Äußerlichkeit wie an der subjektiven Darstellung dem Prinzip des Romantischen gemäß zu einem Vertiefen des Gemüts in den Gegenstand steigert und es dem Humor anderseits auch auf das Objekt und dessen Gestaltung innerhalb seines subjektiven Reflexes ankommt, so erhalten wir dadurch eine Verinnigung in dem Gegenstande, einen gleichsam objektiven Humor." Damit sind wir nun wohl doch wieder bei der Erzählweise des „Grünen Heinrich", bei Kellers Art, das Faktische ins Poetische aufzulösen, bei der eigentümlichen Heiterkeit und Doppelsinnigkeit, bei der fast unmerklichen, aber doch unaufhörlichen Reflektiertheit alles Objektiven, die Fontane von einem monotonen, durchgängigen „Keller-Ton" sprechen ließ. Was Hegel meint und was wir im „Grünen Heinrich" finden, ist dies, daß die Phantasie ihren Spielraum auch dort noch erhält, wo es ihr ganz auf das „für sich Gesetzliche und Notwendige" ankommt, daß sie die Möglichkeit gewinnt, innerhalb des subjektiven Reflexes eine für sich freie gegenständliche Wirklichkeit zu gestalten, die doch, weil das Wesen dieses Reflexes der Humor ist, ihre prosaische Bewandtnis beständig in einer poetischen Bewandtnis spiegelt. Das offenbare Brechungsverhältnis zwischen dem Gegenständlichen und der dichterischen Subjektivität, das den subjektiven Humor kennzeichnet, tritt zurück oder verschwindet gänzlich; die subjektive Reflektiertheit des Objektiven wird gleichsam zu einer Dimension des Objektiven selbst.

Dies alles mag abstrakt und zu fernliegend erscheinen. Aber es mußte doch wohl zur Sprache kommen, wenn begriffen werden soll, daß der Humor im „Grünen Heinrich" nicht nur sporadisch dort zu entdecken ist, wo komische Dinge erzählt werden, sondern daß der Humor das Wesenselement dieses Romans ausmacht. Vor der Waffenübung der Züricher Buben braucht Heinrich weiße Handschuhe, weil am Ende des Manövers getanzt werden soll: „Zwar war ich einer der ersten, der die Handschuhe aufzuweisen hatte, indem die Mutter auf meine Klage aus den begrabenen Vorräten ihrer Jugend ein Paar lange Handschuhe von feinem weißem Leder hervorzog und unbedenklich die Hände vorn abschnitt, welche mir vortrefflich paßten." Scheinbar erfahren wir nur, wie der Junge zu seinen Handschuhen kam. Wenn wir aber genau hinhören, dann vergegenwärtigt das feine weiße Leder zusammen mit der Wendung „aus den begrabenen Vorräten ihrer Jugend" recht deutlich die Wandlung, die das Leben der Frau Lee durch den frühen Witwenstand erfuhr; der unbedenkliche Schnitt der Schere impliziert ihr klagloses und unsentimentales Verzichten; die befriedigte Feststellung „welche mir vortrefflich paßten" aber verkehrt sich in die Betroffenheit über die ganz andersgeartete Unbedenklichkeit dessen, dem die Mutter lange genug in erster Linie brauchbar war. Der banalste und beiläufigste Vorgang gewinnt durch die Gestaltung innerhalb des subjektiven Reflexes eine andere Bewandtnis, aber die Sprache hält sich so in der Schwebe zwischen Bezeichnetem und Gemeintem, daß die humoristische Vermittlung von Erscheinung und Sinn unverkennbar ist. Und genauso verhält es sich dort, wo es nach Abschluß der Übung zum Tanzen kommen soll: „Unsere tapfere Schar näherte sich in dichtem Haufen dem flüsternden Kreise der Schönen, keiner wollte recht der vorderste sein; unsere Sprödigkeit ließ uns fast feindlich düster aussehen, während das Anziehen der weißen Handschuhe ein weitgehendes Flimmern und Schimmern verursachte." Ist dieses „während" noch temporal oder schon adversativ? Das optische Phänomen scheint mit der inneren Verfassung der Tanzaspiranten in gar keinem Verhältnis zu stehen, das „düster" im Vordersatz und das „Flimmern und Schimmern" scheinen auf ganz verschiedenen, unvereinbaren Ebenen zu liegen. Aber macht das doppelsinnige „während" das optische Phänomen nicht doch zur Erscheinung der keineswegs düsteren Erwartung und der fiebernden Bereitschaft, die sich hinter der gleichsam kommentmäßigen Zurückhaltung verbergen?

## Die autobiographische Form als Spielraum des Humors

Vielleicht ist schon bis dahin spürbar geworden, in welch hohem Maße die autobiographische Erzählstruktur, das Spannungsverhältnis zwischen erlebendem und erzählendem Ich zum Spielraum des

Humors wird. Der poetische Reiz dieser Erzählstruktur liegt in unserem Roman nicht dort, wo das erzählende Ich die Erlebnisse, Begegnungen und Erfahrungen des erlebenden Ich analysiert, kommentiert, glossiert, deutet oder wo es sie zum Anlaß von Betrachtungen und Exkursen über Gott, Mensch und Welt macht, also dort, wo die Perspektive des erlebenden Ich streckenweise gänzlich in der des erzählenden Ich verschwindet. Diese Stellen mögen an sich lehrreich oder für das Verständnis des dargestellten Erfahrungszusammenhangs wichtig und notwendig sein, sie mögen vor allem den vielen, die den Roman als phantasievoll ausgestaltete Ideologie nahmen und nehmen, das Substantielle sein. Aber gerade dort, wo der Erzähler seine Gedankenfracht unmittelbar ausbreitet, kommt es selten zu der „Durchdringung des Erzählerischen und Dichterischen", die für Walter Benjamin die wesentliche dichtungsgeschichtliche Leistung Kellers war. Der hohe Reiz des ganz unverwechselbaren „Keller-Tons" stellt sich aber sofort ein, wo wir die Dinge in doppelter Beleuchtung sehen müssen, wo die beiden Perspektiven, die des erzählenden und die des erlebenden Ich, nebeneinander in Kraft bleiben, wo dieser Dualismus der Perspektiven Spielraum humoristischer Vermittlung wird, wo das erzählende Ich durch die humoristische Verinnigung im erlebenden Ich zu fühlen gibt, wie es eins und doppelt sei.

Allerdings läßt sich ebendieses Phänomen nur schwer und umständlich analysieren. Im Kapitel „Das spielende Kind" kommt Heinrich beim Besuch einer großen Menagerie auf den Gedanken, eine eigene anzulegen und eine Menge von Käfigen und Zellen zu bauen. „Der erste Insasse war eine Maus, welche mit eben der Umständlichkeit, mit welcher ein Bär installiert wird, aus der Mausefalle in ihren Kerker hinübergeleitet wurde. Dann folgte ein junges Kaninchen; einige Sperlinge, eine Blindschleiche, eine größere Schlange, mehrere Eidechsen verschiedener Farbe und Größe; ein mächtiger Hirschkäfer mit vielen andern Käfern schmachteten bald in den Behältern, welche ordentlich aufeinandergetürmt waren. Mehrere große Spinnen versahen in Wahrheit die Stelle der wilden Tiger für mich, da ich sie entsetzlich fürchtete und nur mit großem Umschweife gefangen hatte. Mit schauerlichem Behagen betrachtete ich die Wehrlosen, bis eines Tages eine Kreuzspinne aus ihrem Käfig brach und mir rasend über Hand und Kleid lief. Der Schrecken vermehrte jedoch mein Interesse an der kleinen Menagerie und ich fütterte sie sehr regelmäßig, führte auch andere Kinder herbei und erklärte ihnen die Bestien mit großem Pomp. Ein junger Weih, welchen ich erwarb, war der große Königsadler, die Eidechsen, Krokodile und die

Schlangen wurden sorgsam aus ihren Tüchern hervorgehoben und einer Puppe um die Glieder gelegt. Dann saß ich wieder stundenlang allein vor den trauernden Tieren." Alles steht hier im Schnittpunkt zweier Perspektiven, eine ungemein subtile Diktion hält uns in der Schwebe zwischen erlebendem und erzählendem Ich. Wir werden in das Verhältnis des Kindes zu seiner Menagerie hineingezogen und doch zugleich davon distanziert; der Humor bewirkt ein beständiges Fluktuieren zwischen Mitvollzug des kindlichen Erlebens und Vorstellens und zwischen der nunmehrigen Ansicht der Dinge. Daß die Maus in den „Kerker" geleitet wird, daß die Käfer „schmachten", das deckt sich nicht mit der Erfahrung des Kindes; dem gilt das Behältnis als Raubtierkäfig. Wenn dagegen die Spinnen „die Wehrlosen" genannt werden, so stimmt dieser Begriff nur aus der Perspektive des Kindes, denn nur wo die Spinnen als Tiger und deshalb für gefährlich gelten, können die Harmlosen unter dem Aspekt der Wehrlosigkeit gesehen werden; und ebenso sind allein innerhalb des kindlichen Horizontes die gefangenen Tiere überhaupt „Bestien". Bei der Wendung „mit großem Pomp" aber ist gar nicht mehr zu unterscheiden, wo die Grenze verläuft zwischen Identifikation und Distanz. Daß es aber genau um diese Schwebelage geht, zeigt der Satz: „Mehrere große Spinnen versahen in Wahrheit die Stelle der wilden Tiger für mich . . ." Aus der einen Perspektive gilt das Als-ob, sind die Spinnen nur Stellvertreter der Tiger; aber für die entsetzliche Furcht des Kindes sind sie es in Wahrheit. Was von außen gesehen Schein ist, verkehrt sich in der inneren Erfahrung zur Wirklichkeit. Die humoristische Vermittlung läßt beides gelten: die Wahrheit des erlebenden und die des erzählenden Ich. Es liegt auf der Hand, daß dieser Humor nicht durch einen komischen Kontrast oder Konflikt bestimmt und nicht auf etwas Unangemessenes bezogen ist. Schon der letzte zitierte Satz beweist es. Belustigt sich Keller etwa über die komische Unangemessenheit, Unzulänglichkeit der kindlichen Menagerie im Hinblick auf eine richtige? Oder über die rührend-komische kindliche Befriedigung am Surrogat des Spiels? Hat er gar das Wesen, die Norm, die Idee „Menagerie" im inneren Blick und mißt nun mit „goldenem Humor" das Verhältnis zwischen Wesen und Erscheinung, Norm und Verwirklichung, Idee und Wirklichkeit aus? In diese Schablone paßt die Stelle einfach nicht. Was bleibt, ist wieder die Beweglichkeit des Standpunktes, der Verzicht auf einen einsinnigen Gegenstandsbezug, eine humoristische Innigkeit, die doch das Spannungsverhältnis zwischen subjektivem und objektivem Pol des Erzählens nie vermindert oder ausschaltet.

Wir sehen auch an diesem Beispiel, wie der Humor als Wesenselement des Erzählens die Freiheit der Phantasie und das Bewußtsein einer für sich freien gegenständlichen Wirklichkeit zu vermitteln vermag. Reduzieren wir die Menagerie-Episode auf den nackten unmittelbaren Sachverhalt, so bleibt nur Banales übrig. Weder als reine Begebenheit noch als Beitrag zum Problem der kindlichen Spielwelt fesselt uns das Erzählte. Zur Erzählkunst aber wird die Darbietung eines an sich banalen Sachverhalts durch die Spiegelung des Faktischen im „Lebenszuschauer", durch die Gestaltung innerhalb des subjektiven Reflexes; diese wiederum gewinnt ihren besonderen Reiz durch die Art, wie der Dualismus zweier Perspektiven vergegenwärtigt ist, wie die Sprache zwischen der Identifikation mit dem kindlichen Erleben und zwischen der relativierenden Abständigkeit fluktuiert. Nicht der psychologische Aspekt und nicht das Eigengewicht des Faktischen allein machen also die Episode bedeutsam, sondern erst der freilich nur in der Diktion offenbare Bezug des Erzählers zur dargestellten Wirklichkeit. Er erweitert das erzählend Objektivierte gleichsam um eine Dimension, die außerhalb der dichterischen Welterfahrung nicht so zur Geltung kommen könnte. Zum humoristischen Erzählen gehört, daß der Bezug des Erzählers zu den erzählbaren Werten, aber auch zum Leser als ein erschließendes Moment wahrnehmbar bleibt; darin liegt das Dichterische des „Grünen Heinrich", das es uns verwehrt, den Roman wie die historische Mitteilung eines Erfahrungszusammenhangs zu lesen.

Wie entscheidend das Spannungsverhältnis zwischen erzählendem und erlebendem Ich für die Erzählweise dieses Romans ist, das geht schon daraus hervor, daß die Unvermeidlichkeit der Ich-Form zum Hauptaspekt der Umarbeitung wurde. Schon Hettner sah als erster Leser in dem von Keller selbst eingestandenen Mißverhältnis zwischen „Jugendgeschichte" und „eigentlichem Roman" weniger einen Kompositionsmangel als ein Verfehlen der angemessenen Erzählstruktur im „eigentlichen Roman"; das Ganze trage doch einmal die Haltung autobiographischer Bekenntnisse, so schreibt er am 19. Februar 1854 dem Autor. Das heißt aber: auch nach der Jugendgeschichte kommt in der Erzählstruktur ein Brechungsverhältnis zum Vorschein; aber es ist in der Er-Form seinem eigentlichen Sinn entfremdet, es kommt nicht so zur Geltung, wie es gemeint ist. Denn Hettner betont ja ausdrücklich, daß die einheitliche Erzählhaltung und nicht primär die Einheit des Themas den anonymen Erzähler der Er-Form nicht zulasse. Inwiefern er damit recht hatte, zeigt sich an jeder beliebigen Stelle, an der bei der Umarbeitung lediglich das Personalpronomen verändert wurde. Wie Heinrich Dortchen seine entsagende Liebe gestehen will, erfährt er, daß das Mädchen für Wochen verreist ist. „Damit war alle meine Hoffnung zunichte und der blaue Himmel in meinen Augen schwarz wie die Nacht. Das erste, was ich tat, war, daß ich wohl zwanzigmal den Weg vom Gartenhaus nach dem Kirchhof hin und zurück ging und mich dabei auf die Seite drückte, an welcher Dortchen mit dem Saume ihrer Gewänder hinzustreifen pflegte. Aber auf diesen Stationen brachte ich nichts heraus, als daß das alte Elend mit verstärkter Gewalt wieder da war und die Vernunft wie weggeblasen. Das Gewicht im Herzen war auch wieder da und drückte fleißig darauf los." Vom ersten Satz und von der Vertauschung der Personalpronomen abgesehen, ist hier der Wortlaut der Urfassung unverändert geblieben. Aber man stelle die Er-Form wieder her, und man wird einsehen, daß das Erzählte in der Tat auf das Spannungsverhältnis zwischen erlebendem und erzählendem Ich angelegt und angewiesen ist. Zu der fetischistischen Promenade gehört gleichsam die Resonanz dessen, den es einst so arg umgetrieben hat, dann erst gewinnt sie den rechten Abstand von Sentimentalität oder Albernheit. Auch die Metapher „Stationen" gewinnt erst aus der Perspektive der Erinnerung an eine Via dolorosa das rechte Verhältnis von Melancholie und Heiterkeit; die Wendungen „das alte Elend" und „drückte fleißig darauf los" haben einen Stich ins Spöttische, der erst in der Ich-Form legitim ist. Solange der Erzähler nicht zugleich der dazumal Betroffene selbst ist, solange ist die Spannung zwischen Sachverhalt und Diktion ihrem eigentlichen Ursprung entfremdet, stehen Vorgang und Vortrag nicht in der eigentlichen Relation.

Aber oft begnügt sich Keller bei der Umarbeitung nicht damit, die der Urfassung schon verborgen innewohnende Ich-Form einfach herzustellen, sondern er profiliert diese spezifische Weise der Gestaltung innerhalb des subjektiven Reflexes besonders scharf. So etwa an dem Punkt des Romans, wo der schon halbverhungerte Held seiner Mutter gedenkt und jenes Gebet verrichtet, das das „Flötenwunder" im Gefolge hat:

„Wie er aber an die Geberin seines Lebens dachte, fiel ihm auch der höchste Schutzpatron und Oberviktualienmeister seiner Mutter, der liebe Gott ein, und da die Not beten lehrt, so betete er ohne weiteres Zögern, und zwar zum ersten Mal sozusagen in seinem Leben um das tägliche Brot. Denn bisher hatte er nur um Aushilfe in moralischen Dingen oder um Gerechtigkeit und gute Weltordnung gebeten in allerhand Angelegenheiten für andere Leute... Jetzt aber widersetzte er sich nicht mehr, um seine Lebensnahrung zu beten; doch benahm er sich noch höchst manierlich und anständig dabei, indem er trotz seines bedenklichen Zustandes erst bei der Bitte für die Mutter anfing, dann einige andere edlere Punkte vorbrachte und dann erst mit der Eßfrage hervorrückte ... Jedoch betete er nicht etwa laut, sondern es war mehr ein stilles Zusammenfassen seiner Gedanken und er dachte das Gebet nur, und trotzdem war es ihm ganz seltsam zumute, sich wieder einmal persönlich an Gott zu wenden, welchen er zwar nicht vergessen oder aufgegeben, aber etwas auf sich beruhen gelassen und unter ihm einstweilen alle ewige Weltordnung und Vorsehung gedacht hatte."

Nach der Umarbeitung lautet der entsprechende Passus so: „Wie ich aber dieser Geberin meines Lebens gedachte, fiel mir auch ihr höchster Schutzpatron und Oberproviantmeister, der liebe Gott wieder ein, der mir zwar immer gegenwärtig war, jedoch nicht als Kleinverwalter. Und da in der Christenheit das objektive Gebet damals noch nicht eingeführt war, so hatte ich mich auf der glatten See des Lebens aller solcher Anrufungen längst entwöhnt ... In diesem Augenblicke der Not aber sammelten sich meine paar Lebensgeister und hielten Ratsversammlung, gleich den Bürgern einer belagerten Stadt, deren Anführer darniederliegt. Sie beschlossen, zu einer außerordentlichen verjährten Maßregel zurückzukehren und sich unmittelbar an die göttliche Vorsehung zu wenden. Ich hörte aufmerksam zu und störte sie nicht, und so sah ich denn auf dem dämmernden Grunde meiner Seele etwas wie ein Gebet sich entwickeln, wovon ich nicht erkennen konnte, ob es ein Krebslein oder ein Fröschlein werden wollte. Mögen sies in Gottes Namen probieren, dachte ich, es wird jedenfalls nicht schaden, etwas Böses ist es nie gewesen! Also ließ ich das zustande gekommene Seufzerwesen unbehindert gen Himmel fahren, ohne daß ich mich seiner Gestalt genauer zu erinnern vermöchte."

Was ist anders geworden? Zunächst einmal dies, daß sich der damals vor Hunger Halbohnmächtige nicht mehr an die Gestalt des Seufzerwesens erinnern kann, während der allwissende Erzähler der Urfassung die genaue Disposition des Gebets geben kann. Man mag in dieser Änderung ein Bemühen um psychologische Wahrscheinlichkeit sehen, im ganzen liegt sie noch ganz bei den erzähltechnischen Erfordernissen, die mit der Veränderung des Erzählerstandpunkts gegeben waren. Wesentlicher ist es, zu beobachten, worin sich die beiden Fassungen dort unterscheiden, wo die sachliche Substanz dieselbe blieb. Denn in beiden Fassungen ist die Situation Heinrichs bestimmt durch den Zwiespalt zwischen aufgeklärter Vernunft und vitalem Selbsterhaltungstrieb; in beiden Fassungen kommt es zur Emanzipation des Selbsterhaltungstriebs in einer Form, die dem zuschauenden Bewußtsein atavistisch erscheint und die es gleichwohl geschehen läßt. Und wieder ist es das Spannungsverhältnis zwischen erzählendem und erlebendem Ich, zwischen subjektivem und objektivem Pol des Erzählens, was die Neufassung viel stärker zur Geltung bringt. Denn obwohl doch der Erzähler in der Ich-Form viel enger und unmittelbarer mit der dargestellten Situation verbunden ist, offenbart die Sprache hier ein bedeutend distanzierteres Verhältnis zu dieser Situation als schon in der Urfassung. Der einfach konstatierende Satz „Jetzt aber widersetzte er sich nicht mehr, um seine Lebensnahrung zu beten" wird ersetzt durch die militärische Metaphorik, die mehr absichtlich verfremdender als erhellender Art ist. Ebenso distanzbetonend ist die Redensart vom Krebslein oder Fröschlein und das Wort „Seufzerwesen", das an Stelle der Wendung „und er dachte das Gebet nur" getreten ist. Und auch der Satz „Ich hörte aufmerksam zu und störte sie nicht, und so sah ich denn auf dem dämmernden Grunde meiner Seele etwas wie ein Gebet sich entwickeln" ist zwar viel näher am Vorgang, rückt diesen aber doch in eine viel größere Distanz vom Erzähler als das „war es ihm ganz seltsam zu Mute" der Urfassung. So entsteht gerade durch die Ich-Form nicht eine größere Unmittelbarkeit, sondern im Gegenteil eine noch größere Spannung zwischen Erzähler und Erzähltem. Keller bemüht sich, dieses Spannungsverhältnis als eine wesentliche Dimension der dargestellten Wirklichkeit sichtbar zu machen. „... der Seher ist erst das ganze Leben des Gesehenen...", heißt es einmal anläßlich der Goethe-Lektüre Heinrichs; das Verhältnis des „Lebenszuschauers" Heinrich zum grünen Heinrich ist eine Dimension der dargestellten Wirklichkeit, die diese erst vollkommen macht. Wir sollen in einem Zuge wahrnehmen, wie es gewesen ist und wie es sich nun ausnimmt, und diese Vermittlung leistet der Humor. Er verhindert, daß eine der beiden Perspektiven die andere ganz verdeckt, er ist die „angewandte Phantasie", die eine möglichst lebendige Dialektik zwischen erlebendem und erzählendem Ich zur Entfaltung kommen lassen kann. Deshalb imprägniert er noch die einzelne Faser der Sprache. In der ersten Fassung hieß es noch, Heinrich habe immer „nur um Aushilfe in moralischen Dingen oder um Gerechtigkeit und gute Weltordnung gebetet"; nun heißt es, Gott sei ihm zwar immer gegenwärtig gewesen, „jedoch nicht als Kleinverwalter". Das ist nicht satirisch, nicht ironisch, in keiner Weise komisch gemeint, denn es unterstreicht einen noblen Zug. Sondern was in der Urfassung nur konstatiert wurde, das wird nun durch die Metapher verfremdet; die Metapher bezieht sich auf den grünen Heinrich, aber sie verweist auf den distanzierten Lebenszuschauer zurück.

Es geht bei der doppelten Beleuchtung nicht nur darum, daß wir die erzählten Begebenheiten und Umstände deutlicher sehen, sondern darum, daß wir sie anders, daß wir sie komplexer sehen, als es bei jeder Art rein sachlichen Bezugs möglich wäre. Deshalb erschöpft sich die Darstellung des Gebets vor dem Flötenwunder nicht im Psychologischen. Der „Lebenszuschauer" entfaltet erzählend einen durchaus in sich bestehenden Erfahrungszusammenhang, eine in sich gegründete menschliche Wirklichkeit; aber die humoristische Verinnigung im Gegenstande verhindert doch, daß das Erzählen mit den Auffassungs- und Darstellungsweisen identisch wird, die das „Bewußtsein im prosaischen Leben" bestimmen. Wenn der grüne Heinrich auf dem Gipfel seines Liebeskummers um Dortchen in der dämmerigen Krypta der Gutskirche einem schwarzen Kalksteinsarkophag gegenübersitzt, auf dem ein burgundischer Ritter mit gefalteten Händen ausgestreckt liegt, wenn an dessen Harnisch mittels einer Bronzekette eine fest verschlossene und verlötete Bronzebüchse befestigt ist, die nach der Überlieferung das einbalsamierte und vertrocknete Herz des steinernen Mannes enthält, so hat all das mit Heinrichs Verfassung gar nichts zu tun. Aber „das Gefäß wie die Kette war gänzlich oxydiert und schillerte grünlich im Zwielicht": schon verweisen das grünliche Schillern und das Zwielicht, verweisen ganz okkasionelle und „eigensinnige" Umstände auf Heinrichs hoffendes Bangen im Chagrin d'amour. Und wenn dann, ohne an Heinrich zu denken und ohne seine Anwesenheit zu ahnen, Dortchen mit ihrer Zofe in die Dämmerung der Krypta getrippelt kommt, um den verliebten Ritter wieder einmal zu besehen, wenn sie das erzene Gefäß in die Hand nimmt und bedächtig wiegt, wenn sie es plötzlich so stark schüttelt, „daß das eingetrocknete Etwas, das seit vierhundert Jahren darin verschlossen lag, deutlich zu hören war und die Kette dazu klang", dann enthält der eigentlich beziehungslose Vorgang zusammen mit den nebensächlichen Umständen auf einmal alles, was über das Verhältnis zwischen Heinrich und Dortchen zu sagen ist.

Dennoch fallen die faktische Struktur des Erzählten und die poetische Bedeutsamkeit völlig auseinander, denn eigentlich hat die Krypta und hat Dortchens Auftritt nichts zu tun mit den mutwilligen Versuchen des Mädchens, den „gefrorenen Christen" nicht nur ideologisch aufzuwecken. Und genauso steht es mit der Episode vom Theaterspiel im alten Faß. Es wird „David und Goliath" gegeben, und die beiden Protagonisten geraten sich ernstlich in die Haare. „Die Zuschauer und die beiden Chöre klatschten Beifall und nahmen Partei; ich selbst saß rittlings oben auf dem Fasse, ein Lichtstümpfchen in der einen und eine tönerne Pfeife mit Kolophonium in der andern Hand, und blies als Zeus gewaltige ununterbrochene Blitze durch das Spundloch hinein, daß die Flammen durch das grüne Laub züngelten und das Silberpapier auf Goliaths Helm magisch erglänzte. Dann und wann guckte ich schnell durch das Loch hinunter, um dann die tapfer Kämpfenden ferner wieder mit Blitzen anzufeuern, und hatte kein Arges, als die Welt, welche ich zu beherrschen wähnte, plötzlich auf ihrem Lager wankte, überschlug und mich aus meinem Himmel schleuderte; denn Goliath hatte endlich den David überwunden und mit Gewalt an die Wand geworfen." Die Welt, die der grüne Heinrich zu beherrschen wähnt, wankt und überschlägt sich viel zu oft, als daß es eines Hinweises auf die sich im subjektiven Reflex herstellende Bedeutung der Szene bedürfte.

„Es kommt nun alles darauf an, ob es mir mehr oder weniger gelungen sei, das Gewöhnliche und jedem Naheliegende darzustellen, ohne gewöhnlich und platt oder langweilig zu sein..." So stellt Keller am 4. März 1851 Hettner das Hauptproblem seines Romans dar. Und in der Tat, wenn wir den „Grünen Heinrich" den „klassischen Dokumenten", von denen Keller spricht, entgegenhalten, so zeichnet er sich vor allem dadurch aus, daß sich der dargestellte Erfahrungszusammenhang aus den Elementen des Gewöhnlichen und jedem Naheliegenden kristallisiert, daß die unscheinbarsten, alltäglichsten, simpelsten Begebenheiten, Situationen und Umstände der menschlichen Wirklichkeit maßgebend und entscheidend werden. Ganz anders als etwa im „Wilhelm Meister" ist hier das scheinbar Unbedeutende und Unerhebliche, das Banale und Kommune, das Beiläufige und Geringfügige als die eigentliche Struktur der menschlichen Wirklichkeit aufgefaßt und dargestellt. Aber sollte nicht gerade dies das „Neue" sein, ist nicht dies der neue Erfahrungshorizont, der darüber entscheidet, was das dichterische Streben nach Humanität umfassen sollte und was die klassischen Werke nicht umfassen konnten?

WALTHER KILLY

## Raabe · Das Odfeld

Der Plan des Herzogs Ferdinand von Braunschweig, den gegen Friedrich II. alliierten Armeen am 5. November 1761 rechts der Weser eine empfindliche Schlappe zu bereiten, erwies sich am Abend dieses Tages als mißlungen. Die im Herbstwetter grundlosen Wege hielten den General von Hardenberg auf, welcher die Einschließung der Franzosen vollenden sollte. Als die Nacht kam, galt es Quartiere zu beziehen, und der getreue Biograph und Sekretär Ferdinands, Westphalen, überliefert sogar den Wortlaut der Meldung des Generaladjutanten, die den Standort der englischen Verbündeten anzeigte: „Monseigneur! C'est à Scharf-Oldendorf, où Mssrs. les Généraux Anglois se trouvent en Quartier. Wickensen ce 5. de Nov. 1761. D. Reden. Gen. Adj." Westphalen hat der Nachwelt eine ganze Reihe anderer Details berichtet, den mühsamen Marsch des Generals von Hardenberg betreffend; und aus des Hauptmann von Archenholz' Geschichte des Siebenjährigen Krieges wissen wir, daß das dennoch auf dem Odfeld in der Nähe des Klosters Amelungsborn zustande gekommene Treffen eine Menge Tote gefordert hat, „mit deren Beerdigung 2000 Bauern drei Tage lang zu thun hatten". Es war eine unruhige Zeit im Weserlande; das verlassene französische Biwak bei Stadtoldendorf brannte so lichterloh, daß man anfänglich „weder das Lager, noch das Defilee, in welchem dasselbe angelegt, passiren konnte" (so erzählt der Herr von dem Knesebeck), und die Bevölkerung hatte alle Unbill zu erdulden, die das Zivil zwischen den kämpfenden Truppen zu treffen pflegt. Sie war es seit Jahren gewohnt. Schon bei der Plünderung Halberstadts, so weiß wieder Herr von Westphalen, blieb „kein Löffel ... in den Haushaltungen, und keine Dienstmagd ist sicher geblieben, ihre Schuhschnallen auf den Füßen zu behalten". Das Heer der Verbündeten Friedrichs unter dem General Luckner, dem Erbprinzen von Hildesheim, Lord Granby und dem verspäteten Hardenberg verfuhr kaum sanfter als seine Gegner unter dem Herzog von Broglio und dem Herrn von Poyanne. Der Ausruf traf gewiß die Wahrheit, der sich den Lippen des Herzogs Ferdinand in Raabes „Odfeld" entrang: „Quelle guerre! welch ein Krieg! welch ein Krieg, welch eine Schlächterei ohne Ende!"

Dieser Ausruf ist Raabes Erfindung; aber die Einzelheiten, welche die Historiker des Siebenjährigen Krieges über den 5. November 1761 festhalten, sind in diesem Buch (wie andere Einzelheiten in anderen Büchern Raabes) so getreulich benutzt, daß die Literaturwissenschaftler eine beliebte These unterstützt finden könnten: „Seine Stärke lag in der Gestaltung der Charaktere, nicht der Handlung"; so schreibt etwa F. Martini in seiner Literaturgeschichte, und dem flüchtigen Blick könnte es scheinen, daß er recht hat. „C'est à Scharfoldendorf, où messieurs les généraux anglais se trouveront en quartier. Wollen Sie die Dispositionen treffen, Westphalen ..." befiehlt der Herzog im „Odfeld", ganz dem Adjutantentext folgend, den der hier in der Fiktion Angeredete später berichtet hat. Daß die Franzosen ihr „Lager bei Stadtoldendorf in Brand gesteckt haben, um uns die hohlen Wege durch Feuer und Qualm zu sperren", entspricht so wörtlich der Überlieferung, wie die Erinnerung der wackeren Magd Wieschen an den Marquis le Voyer d'Argenson, der „keinen Silberlöffel im Schrank" gelassen hat: „... ich habe ihm mit aller andern Mädchen in unserm Dorfe und in der Stadt Halberstadt meine Halsspange und Schuhschnallen hergeben müssen in seinen Raubsack." Sogar der Name des Mannes, der der eigentliche Held im „Odfeld" zu sein scheint, ist nicht erfunden. Der „überzählige Kollaborator" und ausgediente Schulmeister Noah Buchius führt sich auf den zweiten protestantischen Abt des ehrwürdigen Klosters Amelungsborn zurück, der wiederum auf bemerkenswerte Weise mit dem ersten, Andreas Steinhauerius, verknüpft ist: „Sein Ururgroßvater Veit Buchius folgte dem alten Andreas nicht nur auf den Abtstuhl, sondern auch im Ehebett." Raabes Quelle meldet das so: „Vit Buchius, der im J. 1608 starb, war Steinhauers Nachfolger in der Würde, wie in der Ehe, denn er heiratete dessen Wittwe."

Eine historische Erzählung also, wie sie das 19. Jahrhundert gerade zur Entstehungszeit des „Odfeld" (1886/87) in großen Mengen hervorbrachte? Raabe selbst spricht von seinem gründlichen Studium, „von den Folianten, Quartanten, Pergamenten und Aktenbündeln", und es ist deutlich, daß die Geschichte des 5. November 1761, wie sie das „Odfeld" beschreibt, sich auf solide Fakten gründet. Mehr als das: auf überkommene Einzelheiten aus dem großen Gewebe des Tatsächlichen, welche für dessen Zusammenhang an sich gleichgültig sind. Der Wortlaut einer Meldung, der Feuerqualm in einem Hohlweg, die Schuhschnallen einer armen Magd sind für den Gang der großen Historie unerheblich. Der Name Buchius ist es auch; aber Raabe hat es für nötig gehalten, seinen Magister Buchius zum Abkömmling eines Mannes zu machen, der das Kloster Amelungsborn in Wirklichkeit während böser Zeitläufte verwaltet hat. Der Ururenkel ist Fiktion und hat „nicht einmal den Namen mit dem seligen Ahnherrn gemein"; aber was der Enkel in der Erzählung erlebt, hätte den Ahnherrn wenig verwundert „im Elend der Zeit". Von vornherein verankert Raabe seine Erfindung in der Geschichte, so, als ob er sie durch deren einzelne Züge bewahrheitet wissen wollte. Aber es ist nicht allein die Geschichte des im November 1761 gegenwärtigen Augenblicks, der sich mit Hilfe der chronikalisch gesicherten Schuhschnallen einer armen Magd verifizieren ließe; der Augenblick selbst wird auf vergangene Geschichte zurückgeführt, der alte, aus dem Schuldienst gestoßene Magister leitet sich ab vom letzten katholischen, dann übergetretenen Abt von Amelungsborn. Seine Genealogie, wiewohl nicht die leibliche, reicht noch weiter zurück: „Methusala zeugete Lamech; und Lamech zeugete einen Sohn und hieß ihn Noah und sprach: Der wird uns trösten in unserer Mühe und Arbeit auf Erden, die der Herr verflucht hat." Raabe fährt fort: „Möge der Trost, den wir persönlich aus dem alten Schulmeister, dem Magister *Noah* Buchius gezogen haben, vielen anderen zuteil werden."

Es ist dies viel Anciennität für einen armen Teufel, den die praktische Behörde zum Schuldienst untauglich befand, und viel Geschichte für die Schilderung der vierundzwanzig Stunden, die das Buch darstellt. Am Abend des 4. November, so berichtet Raabe selbst ohne jede Bezüglichkeit auf historische Quellen, sahen der Klosteramtmann von Amelungsborn und der emeritierte Lehrer ein so seltenes wie gewaltiges Zeichen am Himmel, die „Schlacht der Raben, der Vögel Wodans über Wodans Felde". Die Anwendung des Zeichens auf „den eben vorhandenen Tag" liegt nahe und bestätigt sich schnell. Am nächsten Morgen haben die Franzosen das Kloster besetzt und bringen es in böse Gefahr. Heimlich in der Nacht war des Magisters vormaliger Lieblingsschüler Thedel von Münchhausen an seinem alten Schulort eingetroffen, nachdem man ihn von seinem neuen relegiert hat. Er rettet die von ihm angebetete Amtmannstochter Selinde, vielleicht gar nicht erwünschtermaßen, vor dem Zugriff der Soldaten, die ihr Mütchen an Magister und Amtmann kühlen wollen. Dieser, jähzornig und erschreckt, läßt den friedfertigen Lehrer die überstandene Angst entgelten und weist ihn aus dem Hause. Über das Odfeld, auf dem der Zusammenstoß der kriegführenden Völker bevorsteht, zieht ein Zug von Heimatlosen in den trüben Novembertag: der dimittierte Magister, sein froher, relegierter Schüler Thedel, der zu den Soldaten strebende Knecht Schelze, der sich vom Amtmann gekränkt fühlt, mit seiner treuen

Braut Wieschen, und nolens volens die Mamsell Selinde, verehrt von dem Primaner Münchhausen. Der Magister führt den seltsamen Zug aus der Unsicherheit des Schlachtfeldes in die Geborgenheit einer Berghöhle. Aber auch diese Zuflucht erweist sich als unsicher: die den Franzosen Entronnenen werden von den Schotten als Verdächtige aufgegriffen und gerieten in neue Lebensgefahr, wenn nicht der gute Herzog Ferdinand von Braunschweig, bei einem zufälligen Zusammentreffen von der Not Wieschens gerührt und vom alten Magister beeindruckt, für die Rückkehr sorgte. Am Abend sind alle bis auf einen wieder im Kloster. Der junge Münchhausen liegt unter den zahllosen Toten des Schlachtfeldes, weil er den Truppen des Herzogs durch seine Kenntnis des Ortes hatte nützen wollen. Im Kloster aber ist alles wie am Abend zuvor; sogar der verwundete Rabe, den der Magister von der wunderbaren Rabenschlacht heimgebracht, hockt noch in der Zelle und wird nun ins Weite gelassen, wie Noah einst die Taube entließ: „O Kreatur, ach Rab, Rab, wohl ist dein Zeichen Wahrheit geworden! Sie liegen bei deinen Kameraden in Campo Odini und weit rundum verstreuet, meine Brüder und unter ihnen meiner Seele Sohn im jammerhaften Säkulo."

Wer das Buch kennt, wird bei solcher Zusammenfassung das Gefühl nicht unterdrücken können, daß sich das Eigentliche zwischen den festen Daten der Handlung verflüchtigt hat. So gleichgültig wie das von Raabe aufgegriffene historische Detail für den Verlauf der Geschichte, so inkommensurabel scheint der bloße Stoff im Verhältnis zum Ganzen des Buches. Das viele Reden über Raabes „Realismus" erweist seine ganze Fragwürdigkeit angesichts der Bemerkung, daß das Tatsächliche hier an sich nichts ist. Der Schauplatz ist dem Autor enge vertraut als heimatliche Landschaft und überdies genau bestimmt nach den topographischen Daten des Blatts Nr. 60 im „Topographischen Atlas des Königreichs Hannover und des Herzogthums Braunschweig". Aber selbst diese überdies an einem ganz bestimmten Tage vorgeführte Lokalität läßt die bestimmte Anschaulichkeit vermissen, die etwa Kellers oder Storms Landschaften haben, welche die Atmosphäre Niederdeutschlands oder das kräftige Leben der Schweiz wiedergeben. Wenn man vom „Odfeld" sagt, es bringe mit Raabes übrigen historischen Erzählungen „Menschen, Landschaft und Atmosphäre zu sinnenhafter und hintergründig bedeutsamer Anschaulichkeit", so läßt man sich von den Merkmalen literarhistorischer Periodisierung leiten, nicht aber von der Absicht des Autors. Sie ist den Tendenzen der Zeit genau entgegengesetzt und will weder „Atmosphäre" noch Realität, und wenn sie Geschichte zeigt, so nicht, um vorzuführen, wie es am 5. November 1761 eigentlich gewesen sei, sondern um bewußt zu machen, wie es immer war. Eben deshalb nimmt das „Odfeld" in der Geschichte der deutschen Literatur einen bedeutenden Platz ein: es ist gegen das positive geschichtliche Bewußtsein der eigenen Zeit und gegen den herrschenden, auf „Realität" gerichteten „Kammerjungfer- und Ladenschwengel-Geschmack" geschrieben.

Man begreift das am besten, wenn man sich die Behandlung des Lokals und der Geschichte genauer vergegenwärtigt. Der Autor vermag das eine kaum zu nennen, ohne das andre zu bedenken, Wenn die kleine Fluchtgesellschaft durch den „kalten, nassen. magenleeren, frostigen, bellonaumdonnerten Novembermorgen" zieht, so hat sie wenig Sinn für anschauendes Verweilen, und auch das Gespräch bleibt nicht bei einem Gegenstande. Die vermutliche Absicht der Soldaten, der Hunger des müden Gauls, welcher die Mamsell Selinde trägt, und die Frage nach dem Wege kommen zur Sprache. Dabei läuft auch der Vers unter „Morgen woll'n wir Hafer dreschen, / Den soll unser Schimmel fressen" und zieht auf dem Wege der Assoziation andre alte Verse nach sich: „Seinen Reim, Herr von Münchhausen, haben sie schon zu andrer, früherer Zeit gesungen. In meiner Stube steht auf einer Fensterscheibe eingegraben:

> Fleuch, Tylli, fleuch,
> Aus Untersachsen nach Halle zu,
> Zum neuen Krieg kauf neue Schuh!
> Fleuch, Tylli, fleuch."

Die gegenwärtige Flucht wird in ein Verhältnis gesetzt — durch das bloße Zitat — zur vergangenen, der gegenwärtige Krieg zum Dreißigjährigen. Und das erste Wort über den schützenden Berg verzichtet auf jede „sinnenhafte Anschaulichkeit"; es stellt die Landschaft durch die bloßen Flurnamen in den Zusammenhang der Geschichte, den die Kinderverse vorbereitet haben. „Und da sind wir am Berg! Und da im Ost guckt der Till heraus aus dem Gewölk. Hinter ihm ist der Pikkolominigrund. Da soll der Herr Feldmarschall Tilly ja wohl auch vordem eine große Bataille gewonnen und dem Berg seinen Namen gegeben haben!" Allein der Blick auf den Berg hält nicht an bei der noch naheliegenden Zeit des dreißigjährigen Elends, auch nicht bei dem lange toten Vorgänger in des Magisters Zelle, dem Bruder Philemon, der „vielleicht auch gewandert auf der Flucht, grade auf diesem Pfade der Wildnis". Dem Magister kommt ein Vers aus dem Evangelium des Markus in den Sinn: „Alsdann, wer in Judäa ist, der fliehe auf das Gebirge;

und wer mitten darinnen ist, der weiche heraus; und wer auf dem Lande ist, der komme nicht hinein." Thedel von Münchhausen hat eine kecke plattdeutsche Fassung, die den gleichen Sachverhalt trifft: „Krup unner, krup unner, / De Welt is di gram!"
Ununterbrochen bezieht Raabe die gegenwärtige Stunde auf vergangene Zeiten; die Einmaligkeit des Augenblicks wird relativiert, indem sie sich als bloße Wiederholung vergangener Augenblicke enthüllt. Vielleicht war schon der Bruder Philemon auf diesem Wege, den die verfolgten Juden hatten gehen müssen; gewiß war der Magister nicht der erste, der die schützende Höhle entdeckte und gebrauchte, „so des Herrn Hand in der Wildnis zum Unterschlupf für seine gejagte Kreatur wundervoll ausgehöhlet hat". An Anschaulichem erfahren wir fast nichts über den „Stein- und Waldwinkel". Um so mehr erhält die Zuflucht geschichtlichen Ort, die der Magister sich schon vordem zunutze gemacht, wenn ihm das Kloster zu unruhig war: „Heute — jetzt seid ihr alle — auch Er, lieber von Münchhausen, hier willkommen, wo ich mir bei den Tieren der Wildnis als Einsiedler ein Unterkommen ausgemachet hatte." Der Magister hat nicht mehr seine „thebaische Wüste ganz für sich allein" und hat sie, strenggenommen, nie für sich allein gehabt. Denn vorher hat schon der „Troglodyt" den „heimeligen Ort für sich eingerichtet", wie die Funde lehren, welche der geschichtskundige Buchius seinem Museo einverleibt. Der Name des Aeneas und der Dido fällt, und „mitten in dem wilden Wald des achtzehnten Säkulums" erinnert die Weisheit des Konversationslexikons an Zeiten vor aller Historie: „Dolomit-Rautenspat, Braunbitterspat, Bitterkalk, Mineral, farblos oder gefärbt ... ist als Braunspat eisenhaltig und bildet als Gestein groteske Felsbildungen und ist *höhlenreich.*" Dem Leser wird an keiner Stelle dieses Buches gestattet, ganz bei der Gegenwart zu verweilen. Jeder Moment, jeder Ort ist mit Vergangenheit verbunden, Historie und Augenblick, mythische und gar geschichtslose Zeiten gehen ineinander auf. In der Höhle hatten sich schon die Cherusker, schon der „arme Sünder und diluvii testis, der Sündflut Zeuge", das Lager bereitet; indem der Magister das gleiche tut, erweist er sich als ein enger Verwandter, die Zeit als eine einzige Zeit. Wie sein Namensvetter Noah in die Arche, so steigt er in den Erdenschoß bei währender Sintflut.

Raabe behandelt also die Realität keineswegs um ihrer selbst willen. Sie erscheint ihm — wie jedem Erzähler von Rang — erwähnenswert nur, insofern sie mit dem Fortgang seiner Erzählung in unmittelbarem Zusammenhang steht. Auch dieser Fortgang ist nicht darauf angelegt, den Leser allein in Anspruch zu nehmen. Die Handlung eröffnet Einsichten, welche über sie hinausweisen, die Erscheinungen der Wirklichkeit haben einen uneigentlichen, den vom Dichter ermöglichten Kunstcharakter. Er ist allerdings nur im Hinblick auf die vereinzelte Erscheinung uneigentlich; insofern diese im Ganzen der Erzählung ihren Platz hat und aufgeht, macht der Kunstcharakter das eigentliche Wesen des Ganzen aus. Raabe ist an keinem anderen als solchem Kunstcharakter interessiert. Die Schilderung der Wirklichkeit erschien ihm „höchstens nur ein interessantes Lesewerk", und er war überzeugt, „es veraltet nichts leichter als die empirische Prosa". Mit solchen Überzeugungen stand er gegen seine Zeit, und wenn man den sehr vagen Begriff vom Realismus in herkömmlicher Weise als den einer Kunstrichtung versteht, die in der Wiedergabe empirisch-anschaulicher Wirklichkeit ihren Sinn findet, so war er ein entschiedener Antirealist. Es gibt wenig deutsche Dichter, welche die Wirkungen einer sinnfälligen Imagination weniger nützen; aber es gibt auch nicht viele, die mit größerem Kunstverstand vorgehen als der alte Raabe.

Allein die Behandlung der Höhle im Ith sollte das deutlich machen. Ihre Funktion im Ablauf der Handlung ist einfach: sie ist das Versteck, das dem Magister und seiner Schar schließlich keinen hinlänglichen Schutz zu bieten vermag. Ihr „empirischer Charakter" erfüllt eine Bedingung, auf welche die neuere Epik ungern verzichtet: er ist wahrscheinlich. Wahrscheinlich ist, daß der Magister die Höhle kennt (wie auch der waldkundige Knecht Schelze), wahrscheinlich ist, daß die Geologie des Ith solche Höhlen zuläßt: „... *höhlenreich*, sagt heute die Wissenschaft oder das Konversationslexikon." Aber schon am Anfang des Buchs, angesichts des ungeheuren Portentum am Himmel, zeigt sich, daß mit „den exakten, den empirischen Wissenschaften ... des neunzehnten Jahrhunderts" kein Verstand der Sache zu gewinnen sei. Die „ornithologische Aufklärung" vermöchte den „Kampf des Gevögels" wohl wahrscheinlich zu machen oder zu erklären, aber sie begreift nichts von dem Charakter, den der Kampf zumindest im Ganzen der Erzählung erhalten hat: „*wir lassen uns heute noch gern da an den Zeichen in der Welt genügen, wo besser Unterrichtete ganz genau das — Genauere wissen.*"

Das Genauere erweist sich als weniger genau. Die Funktion der Höhle, auf die es Raabe vorzüglich ankommt, wird erst ermöglicht, indem der Ort seine einmalige Position verliert. Aus der Höhle am 5. November 1761 wird eine Fluchtstätte zu aller Zeit; der Dolomit des Ith unweit der Weser wird zum Gebirge Judäas, der deutsche Wald zur thebaischen Wüste: überall und immer hat der Mensch sich eine Zuflucht suchen und dem Rat des Magisters folgen müssen: „... stehet oder sitzet und gewöhnet eure Augen an die Finsternis." Raabe schafft sich diese Möglichkeit keineswegs mit den Mitteln eines traditionellen Symbolismus. Auch hier unterscheidet er sich von seinen Zeitgenossen wie von seinen Vorgängern, welche in der immer äußerlicheren Nachfolge Goethes sich darauf beschränken, den Sinngehalt an die Wahrscheinlichkeit der Erscheinung zu binden. Das Gebirg in Stifters „Nachsommer" ist sehr genau geschildert, und im Zusammenhang von Heinrich Drendorfs Bildungsgang die Stufe der höchsten Einweihung in die sinnvolle Größe der Natur. Die Wasserrose in „Immensee" lebt von der traditionellen Funktionsweise des lyrischen Natursymbols, welches seine Glaubhaftigkeit noch durch „Stimmung" zu erhöhen sucht: „... das Ufer lag, wenn er sich umblickte, in immer ungewisserem Dufte hinter ihm." — „Mir saß er schon lange", so schrieb Raabe in einem Brief über Storm, „‚in lauter Duft;' aber bloß in seinem eigenen." Der spätere Raabe verschmähte einen Symbolismus, der von der bloßen Erscheinung ausgeht, vielleicht, weil er der Erscheinung nicht mehr gewiß genug, vielleicht auch, weil ihm die Abnutzung dieses Mittels bewußt war. An die Stelle des überlieferten Natursymbols tritt bei ihm — außer der Metapher — das Kunstsymbol, welches seinen Sinngehalt nicht an sich durch die bloße Erscheinung hat, sondern durch die dem Kunstganzen eigentümlichen inneren Relationen erhält. Die topographischen Orte im „Odfeld" sind in dem Maße symbolische Orte, wie sie geschichtliche Orte sind. Das ewig Gültige wird als in der Geschichte Dauerhaftes sichtbar und relativiert eben dadurch die einmalige Besonderheit, ohne sie aufzuheben. Um das möglich zu machen, zitiert Raabe, und zwar nicht nur überlieferte Texte, sondern auch die Fakten der Historie selbst.

Herman Meyer hat in einem schönen Buch Raabes außerordentliche Zitierkunst mit derjenigen von Autoren der Weltliteratur auf eine Stufe gestellt. Dem poeta doctus — der freilich, um begriffen zu werden, auch eines gebildeten Publikums bedarf — ist mit dem Zitat ein wirksames Kunstinstrument gegeben. Der ganze Wirkungskreis der vorgefundenen Formulierung steht ihm zur Verfügung, und mit ihr der Zusammenhang, dem sie entstammt. Fast nach Belieben kann er sich ihrer bedienen und sie als Abbreviatur, als Kommentar, als Zeichen benutzen. Er kann das Zitat wiederkehren lassen oder verwandeln und so im eigenen Werke Hinweise setzen, Vor- und Rückbeziehungen schaffen und Winke geben, wie es die mit Notwendigkeit gebrauchten Realien in den Werken des ersten Ranges besser vermögen als etwa Storms Wasserrose. Das Zitat erschließt, sei es, daß es die Einsicht erweitert, oder sei es, daß es eine Folie abgibt, auf deren Grund das Gegenwärtige wesentlich erkennbarer wird, sei es, daß es als bloßer Hinweis dem Leser zu Hilfe kommt. Wie anders ist die Lage der Flüchtlinge in ihrer Höhle als in derjenigen des „frommen Aeneas und der schönen Frau Dido", mag auch der junge Herr von Münchhausen sich in die Rolle des Helden und die schöne Selinde in die der Königin träumen. Wieviel besser begreift man die einmalige, nun nicht mehr einmalige Situation beim Eintritt in das Dunkel der Erde, wenn der Magister seinen wohlvertrauten Propheten Jesaja zitiert: „Es sollen wohl Berge weichen und Hügel einfallen; aber meine Gnade soll nicht von dir weichen." Das ganze Elend der wechselnden Geschichte wird mit dem „Fleuch, Tylli, fleuch" in seiner Beharrlichkeit hervorgerufen, und das „Alsdann, wer in Judäa ist, der fliehe auf das Gebirge" weist auf noch ältere Not, noch ältere Verheißung.

Aber das literarische Zitat ist nicht Raabes einzige, obwohl sehr beliebte Zitatform, welche die Gegenwart mit vergangener Erfahrung verbindet, ja manchmal schon die Wiederkehr in der Zukunft mit Versen vorwegnimmt, die zu Buchius' Zeiten noch gar nicht geschrieben waren. Raabe zitiert außer der Bibel, Vergil, Horaz, Hofmannswaldau, Lessing, Bürger, Boethius, Martial, Goethe und Gleim auch die Geschichte selbst. Die gegenwärtige Person und das gegenwärtige Faktum werden multipliziert mit vergangenen Personen und historischen Fakten. Als der Junker von Münchhausen aus der Ithhöhle wieder ans Tageslicht steigt, wird ihm beiläufig der Beiname eines „umgekehrten jungen Curtius" zuteil. Die Wendung, über die man leicht hinwegliest, setzt den noch harmlosen Augenblick in eine schicksalsschwere Verbindung. Die Erdkluft, welche sich nach der Sage auf dem römischen Forum erst schloß, nachdem der edle junge Marcus Curtius zu Roß und im Schmuck der Waffen als Opfer sich hineingestürzt, gibt hier den Junker frei, der sich bald zu Roß und im jugendlich ersehnten Waffenschmuck zu Tode opfern wird auf dem Odfeld. Mit einem einzigen Namen wird so Vor- und Rückdeutung gegeben. Thedels Schicksal, so hart es den Magister trifft, ist nicht mehr nur Thedels Schicksal — die Geschichte hat es vorgebildet, wie fast alles, das sich im Augenblick als Besonderes darstellt. „Wie ein richtiger alter Römer beim Einbruch der Gallier", so heißt es vom Magister, „wollte er auf alles gerüstet und gefaßt sein. Es war auch nur ein Unterschied in der Zeitenfolge und im Kostüm ..."

Durch das Zitat der sagenhaften oder historischen Vorgänge bringt Raabe die consecutio temporum wohlunterschiedener und in ihrem eigenen Werte begründeter Zeiten durcheinander. Im Getümmel des Morgens, als die Franzosen das Kloster besetzen, entwischt Thedel dem Magister: „Der gute Junge hatte schon sein möglichstes getan, daß er sich zuerst und so lange dem Vater Anchises gewidmet hatte; jetzt hörte er Crëusen schreien, und krachend schlug die Tür der Zelle des Bruders Philemon hinter ihm ins Schloß." Die Anspielung auf Vergil ist nicht nur ironisch, die Parallele nicht vollkommen; aber doch brennt Troja in Amelungsborn, das „vos agitate fugam" ist der gleiche Ratschlag wie das „Fleuch, Tylli", wie das „fliehe auf das Gebirge". Und wenn die Jungfer Selinde auch nie wie Crëusa entrückt wird, so vermag sie doch „vociferans gemitu tectum omne" zu erfüllen, und der römische Thedel eilt, ein zweiter Aeneas, herzu. Der Übergang aus dem gegenwärtigen in den sagenhaften Zeitraum geschieht ganz unvermittelt und bedarf für Raabe keiner Begründung. Sie liegt im Wesen der menschlichen Verhältnisse überhaupt und macht den Unterschied der Zeitenfolge zu einer bloßen Kostümfrage. Deshalb können im gleichen Satz drei historische Zeiten durcheinandergehen: der Aeneas Thedel, den Magister Anchises verlassend, schlägt die Türe „der Zelle des Bruders Philemon ... ins Schloß". Ob Philemon, ob Buchius — die Stätte stiller Betrachtung bleibt die gleiche und gewährt, wie das ganze Kloster, ehe eine aufgeklärte Behörde in der Stadt den Weltereignissen näher zu sein glaubte, einen nun gefährdeten Frieden.

Man würde sich irren, wollte man nur eine stilistische Eigentümlichkeit in der anhaltenden, oft witzigen Konfrontation der Zeiten erblicken. Sie entspringt keinem metaphorischen Spieltrieb und ist als Konfrontation bemerkenswert, insofern sie die Unterschiede der konfrontierten Erscheinungen aufhebt. Der „Herr von Belsunce" zieht zu Felde im Thiliti-Gau; der Abt von Amelungsborn Theodorus Berkelmann regt sich auf Patmos; der Magister blickt auf zu Zeus, dem Wolkenversammler; jeden Weg und Steg des heiligen Bernhard kennt Thedel; die Einsiedelei des Buchius liegt in der thebaischen Wüste; der Leser mag sich die zahlreichen Beispiele Raabescher Geschichtsmischung um weitere vermehren. Er wird finden, daß hier keineswegs nur ein „Humor" am Werke ist, der „im stillen wissenden Lächeln die Zwiespälte versöhnen will"; und schon gar nicht „geht es ihm in der Geschichte um ein dauerndes deutsches Schicksal und Wesen". Es geht um die Geschichte selbst, die das Bewußtsein des ausgehenden neunzehnten Jahrhunderts so mächtig beherrscht wie die neuentdeckte Natur dasjenige des späten achtzehnten. Raabe desillusioniert das historische Bewußtsein, so wie

Werther das Naturbewußtsein seiner idyllischen Züge radikal entkleidete: „... der Schauplatz des unendlichen Lebens verwandelt sich vor mir in den Abgrund des ewig offnen Grabs. Kannst du sagen: *Das ist!* da alles vorüber geht? ... Ich sehe nichts, als ein ewig verschlingendes, ewig wiederkäuendes Ungeheuer." Am Himmel des Odfelds ziehen die Raben, „wohlgeatzet von den westfälischen und landgräflich hessischen Champs de bataille ... Aber jetzt ist ihre Kost dorten minder geworden und nun ziehen sie auf neuen Raub nordwärts, voran den assyrischen Feldobersten, den Herren von Soubise und Broglio!" Wenig später, angesichts des gewaltigen Portentum und Prodigium „wie bei Châlons sur Marne — über den Katalaunischen Feldern", sagt der vom Wolfenbütteler Konsistorium für überflüssig erachtete Magister: „... ist es nicht, als ob die, so am Idistaviso schlugen, die, so dem Kaiser Karolus Magnus und dem Herzog Wittekindus in die Bataille folgten, auf dem alten Blutort wieder lebendig worden wären?"

Raabe hat über den „alten Blutort" gesagt, „daß der eigentliche ‚Held' des Buches das *Odfeld* selber und nicht der Mag. Buchius, der Junker von Münchhausen oder der Herzog Ferdinand von Braunschweig usw. ist". Es ist ein objektivierter „Held", ein bloßer Schauplatz der Zeit von „Anbeginn", ein historischer τόπος. Als solcher macht er den Zusammenhang der geschichtlichen Zeit als einer einzigen darstellbar und konstituiert zugleich die Einheit der Erzählung, deren strenge Form bewundernswert ist. Von vornherein ist das Odfeld als „Odins Kriegs-, Jagd- und Opferfeld", als „Götter-, Geister- und Blutfeld" nicht nur die Stätte, wo soeben die Völker des Herzogs Ferdinand mit denen der Herren von Broglio, Poyanne und Rohan Chabot zusammenstoßen. Es ist immer auch der Platz, wo Germanicus mit dem Cherusker Hermann zusammenstieß. Die von Raabe dem Holzmindischen Wochenblatt entnommene Identifikation wird nicht von der Wissenschaft, wohl aber von der Schilderung des Ortes ermöglicht, welche Tacitus gibt; „er liegt zwischen der Weser und den Anhöhen und wird bald weiter, bald enger, so wie die Ufer sich abkrümmen oder die hochragenden Berge sich einwärts sträuben. Zur Seiten erhebt sich ein Wald von hochstämmigem Holz und — nacktem Boden zwischen Baumstümpfen." Wie auf diesem „bösen Gehäge" Römer und Germanen aufeinandertreffen, so treffen Karl und Widukind, Franzosen und Deutsche, Liga und Schwede aufeinander im Thiliti-Gau. Warum nicht auch die „assyrischen Feldobersten", wenn schon jede Schlacht eine „Rabenschlacht" ist? Der „alte Blutort" versammelt Zeiten und Völker und wächst in Dimensionen, welche sich dem nationalen Provinzialismus gänzlich entziehen, auf den man bis heute Raabe so gern festzulegen sucht. Die geschichtliche Welt selbst steht immer wieder auf dem Odfeld auf dem Spiel: „... wo gestern die schwarzen Vögel gestritten hatten, sammelten sich die luftigen, lustigen Geschwader in Gold und Rot und Blau, in Silber und Weiß und Grün und Gelb: Champagne und Limousin, Dragoner von Ferronays und du Roy, Freiwillige von Austrasien, Grenadiers von Beaufremont... Tote, Sterbende und Verwundete aus allen Völkerschaften vom Löwengolf bis zum Cap Wrath, von der Bai von Biscaya bis zum Steinhuder Meer und in die Lüneburger Heide." Und wenn Raabe in seinem Motto vom Schicksal Deutschlands spricht, daß, „wenn über die Grenzen am Oronoco Zwist entstand, er in Deutschland mußte ausgemacht, Kanada auf unserm Boden erobert werden", so tritt erst recht das Odfeld hervor als ein „Zeichen des großen Krieges aller gegen alle in Europa und Amerika" — ein Zeichen der Weltgeschichte. Mit der sorgfältig-kunstvollen Form der Entsprechung, welche die Erzählung auszeichnet, greift Raabe am Ende auf dem Odfeld nochmals die lebensvollbunten Farben auf, die er anfangs den lustigen Franzosen zugeschrieben hatte. Jetzt werden sie von allen getragen, „übereinander gestürzt Frankreich und England und — Deutschland dazwischen; Rot und Blau, Grün, Gelb und Weiß, silberne Litzen und goldene, Bajonett und Reitersäbel durcheinander geworfen: vieles dermaleinst des Ausgrabens und Aufbewahrens in Provinzialmuseen wert". Aus dem bunten Leben ist vergangene Geschichte geworden, über die das Gras des Odfelds wächst. Ein künftiger Buchius wird auch Thedels Waffen unter die historische Sammlung in seiner Zelle einreihen und mit einem Zettel von den anderen „risiblen Allotriis" unterscheiden: „... auf der Mäusebreite, Stadtoldendorfer Feldmark aufgegraben. Wie mir däucht, eines teutschen Offiziers Kaisers Karoli Magni Gewaffen. Doch lasse ich dieses besseren Gelehrten anheimgestellt sein."

Die so vom Schauplatz begründete innere Einheit der Erzählung stellt sich als Einheit der Form dar. Die Unendlichkeit zeitlichen und geschichtlichen Wesens wird für Raabe in der Beschränkung aussprechlich, welche Ort und Zeit der Handlung bedingen. In einem einzigen Tageslauf ist der Lauf der Welt sichtbar, ein einziger Schauplatz zeigt den Lauf der Zeit auf dem Odfeld, auf „dem alten Geschichts-, Geister- und Zauberboden". Er ist die Mitte der Geschichte, im übertragenen wie im wörtlichen Sinne. Das Buch hat mit 25 Kapiteln einen sehr symmetrischen Aufbau, der nicht ausgeklügelt sein, vielmehr die Imagination in ein einleuchtendes

Verhältnis zum Gegenstande setzen will. Zwei einleitende Kapitel geben in einer ersten Verschlingung der Zeiten die Vorgeschichte des Klosters; das dritte schildert mit unabweislicher Eindringlichkeit das große Portentum über dem Odfeld, vom Magister und dem Amtmann erlebt. Das drittletzte Kapitel zeigt die — diesmalige — Erfüllung des Vorzeichens: wieder auf dem Odfeld findet der Magister das frische Leben Thedels ausgelöscht, sinnlos für alle, nur nicht für das Opfer selbst. Die zwei Schlußkapitel leiten zum Ausgang zurück. Ein versöhnter Amtmann empfängt den ins Kloster heimkehrenden Magister, der seine Zelle geschunden, aber nicht zerstört antrifft. Der Kreis hat sich geschlossen, das Ganze scheint zurückgekehrt in seinen eigenen Anfang, und die mit der Entsprechung von Beginn und Ende von jeher verbundene ästhetische Befriedigung wäre ungetrübt, wenn ein solcher Zirkel nicht auch auf die Möglichkeit der Wiederholung deutete, die sich so mächtig auf diesem Schauplatz erwiesen hat. Der Rabe fliegt aus Noah Buchius' Zelle, keine Friedenstaube, sondern ein dunkler Gast, welcher ferner ausrichten wird, wozu er „mit uns andern in die Angst der Welt hineingerufen worden". In der Mitte des Zirkels liegt wieder das Odfeld: auch das dreizehnte, das zentrale Kapitel hat es zum allerdings undurchdringlichen Schauplatz. In tiefstem Nebel treffen die Exilierten auf dem Odfeld zusammen; der Magister, der arme Knecht, die treue Magd, und der muntere Junker mit seiner Selinde wird sogleich noch dazustoßen: „... und wir kennen unter unseren lebenden Bekannten nicht viele, mit denen wir lieber betäubt, verwirrt, unfähig zu begreifen, uns zu fassen im Kreise taumelten und — wieder fest auf die Füße gelangten."

Eine so greifbare Proportionierung ist alles andre als Spielerei. Sie hat innerhalb des Buches zahlreiche Entsprechungen, wie sie dem bedeutenden epischen Kunstwerk stets eigen sind. Abwandelnde Wiederkehr, die Grundlage eines jeden Stils, ist auch hier am Werke und mit großem Kunstverstand verwirklicht. Diese Verhältnisse sind nicht mit Zahlen zu fassen, alle entspringen einem ordnenden Bewußtsein und vermögen, erkennt man sie, dem Bewußtsein des Lesers angesichts eines so bedrängenden Ganzen zur Ordnung zu helfen. Das Netz der Entsprechungen, die Spiegelungen und Widerspiegelungen rechtfertigen Raabes stolzes Wort an seinen Verleger: „Es ist vom Titel bis zum Schlußwort keine Zeile in dem Werk, die nicht dreimal im Feuer und auf dem Ambos gewesen ist und — dies wird auch herausgefunden werden." Fast unerschöpflich ist das Werk, wenn man erst einmal zu finden beginnt: da sind die Gegenbilder, das Odfeld selbst an der alten Köln-Berliner Landstraße, der "nächste Weg in das blutige Elend"; das Kloster an seinem Rande, mit seiner durch den Nebel klingenden Uhr, "die allein richtig ging am hiesigen Ort in diesen Zeiten der Unrichtigkeit"; die stille Zelle und die stille Höhle, Arche und Berg, Taube und Rabe; der kleine Magister und der große Heerführer, die "im Strudel dessen, was man die Menschheit nennt", im Vorüberreiten einander erkennen: "Durchlauchtiger Herr und Herzog von Braunschweig, Lüneburg und Bevern, ich bin auch aus Bevern."

Neben solchen offenbaren Entsprechungen der Erscheinung ist das Buch durchzogen von Motiven, die, zunächst beiläufig gebraucht, durch ihre Wiederkehr Sinn erhalten und am Zusammenhang des Kunstganzen mitwirken. Sie erscheinen als Metaphern, die erst im Fortgang der Handlung sich mit ihrer eigentlichen Absicht erklären. "Dreißig Jahre Schuldienst als der Sündenbock und Komikus der Schule" ist nur eine Anfangsbetrachtung über des Magisters mühsames Leben. "Du bist freilich jetzt zu Hause, mein wilder, guter Sohn, und brauchst nicht mehr auf der Welt Schulbänken auf und ab zu rücken" — die traurigen Worte bei Thedels Tod bringen mit der Metapher vita schola die ganze Klosterschule zu Amelungsborn in ein bedeutenderes Licht. "Nun denn, signa canunt! Wir können leider keine speculatores voraufschicken. Gradaus!" Die schulmeisterlichen Zitate aus dem kriegerischen Vokabular der lateinischen Grammatik — "Wer sein Testamente noch in procinctu machen will, der tue es" — rücken die vita bellum vor Augen, nur zu angemessen auf dem Blutfeld: "... wir treiben uns alle — einer den andern in den Krieg." Musjeh Thedels heimliche Wilderei in den Weserwäldern, sein kecker Ausruf "Die ganze Welt ein einzig lustig Jagdrevier" und das erstarrte lustige Lachen auf dem Knabengesicht bei der letzten "Franzosenjagd" machen die vita venatio deutlich. Das Netz solcher Hinweise ist sehr dicht über das ganze Buch gespannt, dem überhaupt mehr ein metaphorischer Charakter als ein symbolischer eigentümlich ist. Die Raabesche Technik der Übertragung eines Zeitraums in den andern (der Magister Anchises) und die Verwendung sich zeichenhaft erklärender Motive haben mit der Notwendigkeit des ursprünglichen Symbols nichts zu tun. Raabes Technik entspringt der freien Verfügungskraft des Dichters und wird nicht so sehr der allem Symbolischen zugrunde liegenden Anschauung, sondern weitgehend der Tradition und der Bildung verdankt. Zeichen und Metapher herrschen vor und stellen wiederum die häufige Phrase vom Realisten Raabe in Frage. Man kann sich kaum eine unangemessenere Wendung denken als die, mit welcher Pongs ein mit so viel verantwortlichem Kunstbewußtsein entstandenes Werk einführt: „Erst jetzt drängt zur Gestalt, was der nach innen gewendete Symboliker seit langem mit dem inneren Traumsinn über dem Geschichtsgrund halb schlafend und doch ganz beteiligt herausgehört hat."

Aber das ist Raabes Geschick von jeher, daß er der deutschen Literaturmisere zum Opfer fällt. „Das Volk ist ja völlig befriedigt mit dem mir abgestandenen Jugendquark: Chronik und Hungerpastor und läßt mich mit allem Übrigen sitzen." Das bittere Wort aus dem Jahr 1902 hat lange Geltung behalten und mußte es wohl; je mehr Raabe seinen eigenen späteren Stil entwickelte, um so mehr setzte er sich der Tendenz nicht nur der eigenen Zeit entgegen. Das gemütvolle Gefühlswesen war ihm zuwider, welches jenen Jugendwerken anhaftet und sie einem breiteren Publikum genießbar machte. Nicht minder zuwider war ihm die Absicht des Realismus, die getreue Abbildung zum vorzüglichen Zweck der Erzählung zu machen. „... was die Welt heute will: Panoramen und Photographien. Das Genie widmet sich im letzten Viertel des neunzehnten Jahrhunderts den ersteren, das bescheidene Talent legt sich auf die letzteren." Solche Diagnose entstammt der Einsicht des Leichenphotographen Bogislaus Blech, welcher in der sogleich nach dem „Odfeld" begonnenen Erzählung „Der Lar" an die Stelle einst gehegter künstlerischen Illusionen die Realitäten gesetzt hat. Nach seinem eigenen Zeugnis brachte er dazu nicht bloß „Hand- und Handwerksfertigkeit, sondern auch Geist, Gemüt — Herz" mit. „... ich kam nur einem längst gefühlten Bedürfnis nach, und was das ethische Moment anbetraf, nun, so legte ich in meinem Schaukasten nur einen nackten Schädel neben das nackte Fleisch."

Die derart boshaft bezeichnete Richtung (die allerdings nicht boshafter als diejenige Storms beurteilt wird) lenkte ihr Augenmerk ja nicht allein auf die Gegenwart, sondern auch auf die Historie. In beiden Fällen ging es ihr um die „Treue und Wahrheit", die etwa W. Scherer an Gustav Freytags historischen Romanen lobte: „Aber allerdings, der Culturhistoriker liefert ihm ein Material, so exact, so zuverlässig und fein präpariert, wie es bisher vom historischen Romane noch kaum verwerthet worden ist. Hierin waltet dasselbe Streben nach Treue und Wahrheit, wie es von den Costümen unserer Theater und von den historischen Genrebildern unserer Galerien verlangt wird." Raabe hat einen vollkommen anderen Begriff von Treue und Wahrheit und hätte wohl Scherers Lob für Freytag, daß sein Roman die Historiker beschäme, nicht für sich in Anspruch genommen. Er will kein Panorama, und er stellt die Geschichte nicht dar, um zu zeigen, wie es eigentlich, sondern wie es immer gewesen ist. Seine Erzählung ist ein Kunstwerk, kein Geschichtswerk. Sein Zweck ist nicht die Vergegenwärtigung der Zeiten des Siebenjährigen Krieges in Niedersachsen; vielmehr dient ihm das wenige, was daraus mit Gewißheit überliefert ist, zur Vergegenwärtigung eines an sich unaussprechlichen, alle jeweilige Geschichte übersteigenden Zusammenhangs. Von den silbernen Schuhschnallen der armen Magd und vom brennenden Lager kann er mit Gewißheit sprechen — aber welche Art von Gewißheit ist das: ein kleines Detail aus unergründlichen Kombinationen, ein bißchen erreichbare Wirklichkeit in einem unerreichbaren Zeitraum. Die Wahrheit der Geschichte offenbart sich in den Träumen des Magisters und der dummen Selinde; am Ende des Traumes stürzt der Träumende „aus dem Sonnenschein, dem lichten Tage, hinab ins Dunkel und in die Wirklichkeit hinunter und zurück".

Die Wirklichkeit ist das Dunkle („... stehet oder sitzet und gewöhnet eure Augen an die Finsternis"), erfüllt vom „Getöse des Tages, der immer morgen auch schon hinter uns liegt, als ob er vor hunderttausend Jahren gewesen wäre". Es gibt kein „Material, so exact, so zuverlässig und fein präpariert", daß es diese Kluft zu überbrücken vermöchte. Der Optimismus historischen Erkennens, welcher den üblichen historischen Roman begründet, ist Raabes Betrachtungsweise vollkommen entgegengesetzt. Die Vergangenheit des Odfelds ist nicht abgeschlossen und präpariert, sondern enthält alle Rätsel der Vergangenheit und alle Ungewißheit der Zukunft. Auch diese kommt zur Sprache, wiederum mit Hilfe des Zitats; die betrübliche Gegenwart, die man mit Augen sehen kann, hat der Magister „so deutlich vor sich, als — ob er's beim Iburgischen Schloßprediger Kampf gedruckt gelesen habe". In der Vergangenheit schon hat der wackere Theologe die Gegenwart als eine Zukunft gesehen, indem er den Wegen nachging, „durch welche Menschen zu einer Wissenschaft der Stunde ihres Todes zu gelangen pflegen". Die barocke Lektüre des Magisters, „Der wunderbare Todes-Bote / oder / Schrift- und Vernunftsmäßige Untersuchung / Was von den / Leichen-Erscheinungen / Sarg-Zuklopfen, Hunde-Heulen / Eulen- und Leichhüner-Schreyen, Lichter- / Sehen, und anderen Anzeigungen des / Todes zu halten / Aus Anlaß / Einer sonderbaren Begebenheit / angestellet / und ans Licht gegeben / Von / Theodoro Kampf / Schloß-Predigern zu Iburg / Lemgo, in der Meyerischen Buchhandlung / 1756" — solche barocke Lektüre ist kein antiquarisches Kuriosum. Vielmehr rückt die gläubig-abergläubische Betrachtung die Vergangenheit so vor Augen, als ob sie noch Zukunft wäre, eine Zukunft zum Tode. Indem Raabe das alte Buch zitiert, zitiert er die Geschichte als noch nicht geschehen und doch schon gewiß; des Magisters Wort bei der Lektüre erhält merkwürdigen Tiefsinn: „Wie doch das Studium dem Menschen über die Zeit hinweghilft — von Ewigkeit zu Ewigkeit, Amen." Die Zeichen, welche der Hofprediger berichtet, sind dem großen Praesagium über dem Odfeld verwandt. Zitat und Bericht, Gegenwart, Vergangenheit und Zukunft sind ineinandergefügt und lassen schließlich ein Faktum vor allen andern stehen: „Herr, lehre uns bedenken, daß wir sterben müssen, auf daß wir klug werden." Am Ende zerreißt der hungrige Rabe, dem in der versperrten Zelle der Fraß fehlt, das Büchlein des Hofpredigers Kampf. Die Omina des verflossenen Tages sind erfüllt, der „wilde schwarze Bote" fliegt aufs neue auf das Odfeld. „O Kreatur, ach Rab, Rab, wohl ist dein Zeichen Wahrheit geworden!"

Nicht die Wahrheit der Realien wird von Raabe vorgeführt, sondern die Wahrheit der Zeichen, als welche die Realien sich erweisen. Deshalb ist das „Odfeld" ganz anderer Natur als die historische Fiktion des späteren 19. Jahrhunderts. Das Studium der Geschichte legt die Zeichen bloß. Nur insofern das Gegenwärtige und das Vergangene den Charakter des Zeichens zu haben vermögen, werden sie von Raabe aufgenommen. Die Verspätung Hardenbergs und der silberne Knopf der Magd sind „Tatsachen", welche sich im Zusammenhang des Kunstganzen der Erzählung zu solchen Zeichen verwandeln. Eben das ist die Leistung der Kunst, eben dies unterscheidet die in der Erfindung des Dichters aufgegangenen Fakten von den bloßen Fakten der besser Unterrichteten, die ganz genau das Genauere wissen. „Wir aber halten uns mit dem letzten gelehrten Erben der Cistercienser von Amelungsborn einzig an das Prodigium, das Wunderzeichen, und danken für alle fachwissenschaftliche Belehrung..." Die Kargheit der späten Raabeschen Prosa mag mit ihrem zeichenhaften Charakter verbunden sein, der eine Art von Abstraktion erfordert. Erst wenn man vom Interesse am Gegenstand selbst abzusehen und ihn im Kunstzusammenhang wahrzunehmen vermag, erst wenn dieser Zusammenhang selbst bedeutend hervortritt, hat man die Eigentümlichkeit des „Odfelds" verstanden. Es enthält nur so viel „Wirklichkeit", als nötig ist, das Netz von Beziehungen auszuwerfen, in welchem eine Ahnung unbegreiflicher Zusammenhänge eingeholt werden kann. Die scheinbare Einfachheit der Mittel, mit welchen Raabe seinen Kunstzweck erreicht, ist den letzten Werken des Dichters vor allem eigen. Nicht im „Hungerpastor", nicht in „Schüdderump" und „Abu Telfan" ist der Gipfel seines Werkes zu sehen, sondern in den herben, späten Erzählungen: im „Odfeld", der „herzoglich braunschweigischen Ilias", in „Hasten-

beck", der „herzoglich braunschweigischen Odyssee", und im „Stopfkuchen", den Raabe am höchsten schätzte. Freilich wußte er, daß das Publikum noch für geraume Zeit anders denken werde: „Dem Publikum im Großen und Ganzen gegenüber bleibt natürlich das Wort bestehen:
   Sie sagen: das muthet mich nicht an!
   Und meinen, sie hätten's abgethan."

WALTER MÜLLER-SEIDEL

## Fontane · Der Stechlin

Probleme des Romans

Von einer „Regression des Menschlichen" im letzten Halbjahrhundert hat Thomas Mann in seiner Rede über Schiller gesprochen. Der Historiker hat Anlaß, den Anfängen dieser Regression nachzugehen. Sie führen zweifellos ins neunzehnte Jahrhundert zurück. Wenigstens im letzten Drittel ist die Entwicklung deutlich, in Deutschland vor allem. Das Reich Bismarcks war von seinem Gründer sicher nicht als reines Machtgebilde gemeint. Doch wurden Geist und Menschlichkeit von der rücksichtslosen Repräsentanz dieser Macht zunehmend bedroht. Entwicklungen dieser Art müssen sich notwendigerweise in der Literatur einer Epoche spiegeln; sie sind auch an den literarischen Gattungen abzulesen, die das Zeitalter bevorzugt. Das ist nicht erst in der modernen Romantheorie bei Georg Lukácz, Robert Musil oder Thomas Mann so verstanden worden. Schon gegen Ende des 18. Jahrhunderts hat Christian Friedrich von Blankenburg in seinem „Versuch über den Roman" diesen Zusammenhang betont. Der Romandichter solle die möglichen Menschen der wirklichen Welt darstellen; er solle uns die Menschen, der Wahrheit nach, zeigen, führt er aus. Wenn sich der Dichter dieser Aufgaben bewußt werde, so könne der Roman noch durchaus „klassisch" werden[1]. Die Romantiker, Friedrich Schlegel oder Novalis, haben diese Hoffnung, wie alles, ins Unendliche gesteigert. Aber erfüllt haben sich im Grunde die Erwartungen nicht, die man sich erträumte. Der deutsche Roman des 19. Jahrhunderts stellt sich oft als ein recht umstrittenes Gebilde dar, wenn man über die Grenzen unserer Literatur hinausblickt. Weil sich indes die Bewahrung des Menschlichen so eng mit der Entwicklung dieser Gattung verbunden hat, konnte es geschehen, daß der deutsche Roman in jüngster Zeit mit Vorwürfen weitreichender Art belastet worden ist. Man hat ihm die weltgültige menschliche Bedeutung bestritten. Er bezeuge, wie gesagt worden ist, einen Mangel an Liebe zur Menschlichkeit. Das ist fraglos ein schwerer Vorwurf, der, mit Max Rychner zu sprechen, „wohl eher in Hitler und seinem Kriege den Grund hat als in der künstlerischen Erkenntnis der Romankunst"[2]. Er ist gleichwohl geeignet, die Diskussion zu beleben und uns zu vergegenwärtigen, daß die Frage des deutschen Romans auf eine nicht bloß akademische Erörterung hinausläuft, die vorzüglich von Gelehrten und für Gelehrte geführt wird. Die Schicksale dieser Kunstform gehen alle an, die sich mit unserer Geschichte beschäftigen. Romangeschichte ist Weltgeschichte[3]. Wenigstens seit dem Beginn des vergangenen Jahrhunderts ist es so.

Mangel an Liebe zur Menschlichkeit! Wenn wir uns in der Geschichte des deutschen Romans nach einer Gestalt umsehen, die geeignet sein könnte, solche Vorwürfe zu entkräften oder zu widerlegen, so fällt der Blick vermutlich sehr rasch auf Dubslav von Stechlin, den „Helden" in Fontanes letztem Roman. Manches mag diesem altmärkischen Junker vorzuwerfen sein — Mangel an Liebe zur Menschlichkeit gewiß nicht! Daß am Ausgang des an Problemen und Konflikten so reichen Jahrhunderts eine Gestalt vom Range dieses Edelmanns sich in den Reigen der Romangestalten mischt, stimmt versöhnlich gegenüber aller kritischen Schärfe, wo immer sie geübt wird. Es gibt darüber hinaus wenig Romane, die derart eindringlich wie Fontanes „Stechlin" die Probleme verdeutlichen, die in Deutschland die Geschichte dieser Gattung begleiten.

In Westeuropa und Rußland ist der Roman ohne Zweifel die beherrschende Kunstform des 19. Jahrhunderts. Bei uns gibt noch lange die Lyrik den Ton an, die im Traditionsraum der Romantik verweilt. Die ihr verwandte Ballade steht um die Mitte des Jahrhunderts als die allseits bevorzugte Form nachgerade im Zentrum unserer Literatur. Sie wird im Vorwort einer voluminösen Anthologie als „die beliebteste und nationalste Dichtungsart der Deutschen" bezeichnet[4]. Auch das Drama behauptet wenigstens bis zu Hebbel hin seine führende Stellung, und der deutsche Naturalismus knüpft vor allem auf diesem Gebiet wieder an. Im Epischen erweist sich die Novelle als eine der beliebtesten Gattungen der Zeit. Gewiß gibt es in diesem Jahrhundert auch den deutschen Roman. Doch nimmt die Geschichte seiner Spielarten einen sehr bezeichnenden Verlauf. Weder bei Arnim, Stifter oder Alexis, noch weniger bei Freytag, Dahn oder Meinhold erreicht der historische Roman den Rang von Flauberts „Salammbo", Tolstois „Krieg und Frieden" oder de Costers „Uilenspiegel". Im Zeitroman sind bei Immermann glückliche Ansätze erkennbar. Aber zu überragenden Leistungen dringen in dieser Richtung weder die Jungdeutschen noch die Naturalisten vor. Was sich als Leistung eindrucksvoll darbietet, bleibt mittelbar oder unmittelbar der Romanform des Goetheschen „Wilhelm Meister" verpflichtet. Das gilt vom „Heinrich von Ofterdingen" des Novalis wie von Kellers „Grünem Heinrich" wie dem „Nachsommer"

Stifters. Die Geschichte des deutschen Romans ist weithin identisch mit derjenigen des deutschen Bildungsromans — bis Theodor Fontane am entschiedensten neue Wege erprobt. Fontanes schriftstellerische Laufbahn bis zu seinem letzten Werk ist eines der aufschlußreichsten Kapitel in der Geschichte dieser Gattung. Daß einer der bedeutendsten Romanciers deutscher Sprache jahrzehntelang gänzlich andere Formen bevorzugt, ist offensichtlich kein Zufall.

Fontanes Weg zu seinem Altersroman

Es entspricht im Grunde der deutschen Tradition, wenn der angehende Schriftsteller sein Glück auf dem Felde der Lyrik sucht. Er muß dabei sehr bald die Grenzen seiner Begabung erfahren: „Das Lyrische hab' ich aufgegeben, ich möchte sagen blutenden Herzens. Ich liebe eigentlich nichts so sehr und innig wie ein schönes Lied und doch ward mir gerade die Gabe für das Lied versagt", schreibt er 1847 an den Freund Wilhelm Wolfsohn. Der junge Fontane wendet sich statt dessen der Ballade zu und gilt rasch als einer der Angesehensten im „Tunnel über der Spree". So weit verläuft die Entwicklung durchaus in den traditionellen Bahnen, die im 19. Jahrhundert unsere Literatur einschlägt. Auch die Anfänge seines epischen Schaffens stehen in mehrfacher Hinsicht im Zeichen dieser Tradition. „Grete Minde", „Ellernklipp" und der meisterhafte „Schach von Wuthenow" sind als Novellen gemeint, auch wenn man sie in der Geschichte der deutschen Novelle gern zu übersehen pflegt. Deutlicher weicht die Hinwendung zum Roman von den vorgezeichneten Wegen ab. Der Bildungsroman wird umgangen, und die Rudimente dieser Gattung, die man in sein Werk hineingedeutet hat, behalten das Zeichen der Spekulation. Die Tradition des „Wilhelm Meister" setzt Fontane nicht fort. Weder Lewin in „Vor dem Sturm" noch Woldemar im „Stechlin" sind von dorther zu deuten. Allenfalls eine späte Tradition der „Wahlverwandtschaften" Goethes wird aufgenommen, in „L'Adultera" zum Beispiel[5]. Mit „Vor dem Sturm" beginnt Fontane als Romanschriftsteller seinen Weg. Das mag von Scott und Alexis her vorgezeichnet erscheinen. Aber es ist mit Deutlichkeit zu sagen, daß sein erstes episches Werk alles hinter sich läßt, was im Bereich des historischen Romans bis dahin in Deutschland erschienen war. Fontane war sich darüber nicht im Zweifel, und mit einigem Selbstbewußtsein spricht er es aus: „Ich darf sagen ... daß ich etwas in diesem Buche niedergelegt habe, das sich weit über das herkömmliche Romanblech, und nicht bloß in Deutschland, erhebt ..." Der historische Roman „Vor dem Sturm", obgleich ohne fühlbare Resonanz in der deutschen Bildungsgeschichte, ist eine

Ausnahme unter den historischen Romanen unserer Literatur. Aber etwas Ausnahmehaftes ist überhaupt dem Roman Fontanes eigen. Ihm vor allem gelingt der Anschluß an die europäische Entwicklung; denn als die beherrschende Form hatte sich längst der Gesellschaftsroman durchgesetzt, wie er bei Balzac oder Flaubert, bei Thackeray oder Meredith, Tolstoi oder Dostojewski begegnet. Aber erst spät vollzieht Fontane den Anschluß an diese Entwicklung. Er ist nahezu sechzig Jahre alt, als es geschieht. Im Jahre 1896 erscheinen die ersten Erzählungen von Marcel Proust. Im Erscheinungsjahr des „Stechlin" beginnt Thomas Mann seinen schriftstellerischen Weg. Das Geburtsjahr des modernen Romans fällt mit dem Todesjahr Fontanes fast zusammen. Man muß sich die Entwicklung vergegenwärtigen, um zu ermessen, was seine Romankunst am Ende eines Zeitalters bedeutet. Der schon fast alt gewordene Roman mit seiner Vorliebe für gesellschaftskritische Akzente wird von Theodor Fontane erneuert. Aber dem neuen, dem modernen Roman des 20. Jahrhunderts, steht sein „Stechlin" nicht völlig fern. Dieses bedeutende Buch darf nicht nur als Abschluß einer Epoche verstanden werden, wie es gern oder ausschließlich getan wird. Vielmehr weisen bemerkenswerte Züge des „Stechlin" durchaus in die Zukunft. Altes versinkt, und Neues kündigt sich an. Das ist zugleich eines der zentralen Themen in Fontanes Roman „Der Stechlin". Wir haben Anlaß, das Thema zugleich auf die Geschichte des deutschen Romans zu beziehen.

Die Andeutungen mögen genügen, um der Redensart von der Alterskunst des „Stechlin" zu mißtrauen. Daß der Roman von einem alt gewordenen Schriftsteller verfaßt wurde, ist sinnlos zu bestreiten. Aber das trifft für alle erzählerischen Werke Fontanes zu; es gilt für den ersten Roman wie für den letzten. Sinnvollerweise meint man mit Alterskunst bestimmte Züge im Stil der Darstellung, die man erst in zweiter Linie mit dem Lebensalter in Verbindung bringt. An die eigene Stilform der Spätzeit ist gedacht, wenn vom Altersstil bei Rembrandt oder Tizian, bei Goethe oder Beethoven gesprochen wird. Vor allem die Kunstgeschichte hat Probleme dieser Art aufgegriffen[6]. Man wird sie nicht unbesehen auf die Wortkunst übertragen dürfen. Ist Goethes „West-östlicher Divan" der deutliche Ausdruck seiner Alterslyrik? Oder ist nicht vielmehr das zentrale Thema dieser Lyrik die Verjüngung, die uns zugleich von einer Verjüngung der deutschen Lyrik sprechen läßt? Es könnte, so betrachtet, wohl leicht geschehen, daß uns die romantische Lyrik des jungen Uhland älter erscheint als die sich kräftig erneuernden Divan-Verse des alten Goethe, so wie es denkbar wäre, daß uns am Ende des

19. Jahrhunderts der Roman des alten Fontane eigentümlich jugendlich berührt. So haben es die Jüngeren seiner Zeitgenossen empfunden und bei Gelegenheit begeistert zum Ausdruck gebracht. Daß man es vorzüglich dem Lebensalter zuschreibt, wenn man sich, wie im Falle Fontanes, am Glück seiner Lebensweisheit freut, ist verständlich, und was Thomas Mann in diesem Zusammenhang über den alten Fontane bemerkt hat, behält seine Richtigkeit: „daß er alt, sehr alt werden mußte, um ganz er selbst zu werden". Doch hat man zumeist bestimmte Wertungen im Auge, wenn von der Alterskunst des „Stechlin" die Rede ist. Von verschwimmenden Konturen und von der mangelnden Plastik des Gegenständlichen wird da gesprochen — als wäre das Gegenständliche ein fragloser Wert, eine conditio sine qua non. Solche und andere Symptome werden für das Versagen der Gestaltungskraft geltend gemacht. Aber die Stichhaltigkeit der Beweisführung läßt viel zu wünschen übrig.

Man spricht vom Fehlen einer fortschreitenden Wandlung und meint damit mehr oder weniger deutlich — etwas Mangelhaftes, einen Defekt, ein Symptom. Fontane selbst bestätigt den Sachverhalt in dem oft zitierten Brief an Paul von Szczepanski vom Spätsommer 1897: „Der Stoff, soweit von einem solchen die Rede sein kann — denn es ist eigentlich blos eine Idee, die sich einkleidet — dieser Stoff wird sehr wahrscheinlich mit einer Art Sicherheit Ihre Zustimmung erfahren. Aber die Geschichte, das was erzählt wird. Die Mache! Zum Schluß stirbt ein Alter und zwei Junge heiraten sich; — das ist so ziemlich alles, was auf 500 Seiten geschieht. Von Verwicklungen und Lösungen, von Herzenskonflikten oder Konflikten überhaupt, von Spannungen und Überraschungen findet sich nichts." So wenig also der Mangel an fortschreitender Handlung zu leugnen ist, so sehr sind zwei Gesichtspunkte unterschiedlicher Art demgegenüber geltend zu machen. Der erste betrifft den modernen Roman und die Handlungsarmut, die fast zu seinem Wesen zu gehören scheint. Der Romancier und Kritiker E. M. Forster hat den Sachverhalt zum reizvollen Aperçu zugespitzt: „Ich weiß, mein Lieber, der Roman muß eine Handlung haben. Aber ich wünschte, es wäre nicht so. Ich wünschte, er wäre Musik, oder Erkenntnis der Wahrheit — alles, nur nicht diese atavistische Form." Den zweiten Gesichtspunkt, der uns berechtigt, den Mangel an fortschreitender Handlung als Symptom einer Alterskunst zurückzuweisen, entnehmen wir dem „Jugendwerk" Fontanes, seinem ersten Roman „Vor dem Sturm". Auch hier kommt uns der Dichter mit einer eigenen Äußerung zu Hilfe, wenn er an seinen Verleger, noch vor der Veröffentlichung, schreibt: „Ohne Mord und Brand und große Leidenschaftsgeschichten, hab ich mir einfach vorgesetzt, eine große Anzahl märkischer ... Figuren aus dem Winter 1812 auf 1813 vorzuführen, Figuren, wie sie sich damals fanden und im wesentlichen auch jetzt noch finden. Es war mir nicht um Konflikte zu tun, sondern um Schilderung davon, wie das große Fühlen, das damals geboren wurde, die verschiedenartigsten Menschen vorfand, und wie es auf sie wirkte ..." Die Nebensächlichkeit des Konflikts ist für den ersten Roman ebenso bezeugt wie für den letzten. Sie ist nicht ausschließlich ein Charakteristikum des „Stechlin", sondern gehört als ein Darstellungselement untrennbar zur Erzählweise Fontanes. Auch für den kleinen Roman „Die Poggenpuhls", der dem „Stechlin" unmittelbar vorausgeht, trifft sie zu, wie Fontane wiederum selbst bestätigt: „Das Buch ist kein Roman und hat keinen Inhalt. Das ‚Wie' muß für das ‚Was' eintreten ..." Im Zurücktreten des Konflikts gewahrt man Gemeinsamkeiten zwischen Fontanes erstem Roman und seinen letzten Werken. Und Gemeinsamkeiten dieser Art, solche der Erzählweise also, sind möglicherweise wichtiger als die Verwandtschaft der Figuren untereinander, die öfters betont worden ist. Die Beobachtung führt auf ein wesentliches Problem, das uns noch beschäftigen muß. Nicht so sehr der „Stechlin" in seiner Handlungsarmut erregt Erstaunen. Ein Roman wie „Effi Briest" kennt den Konflikt, den Ehekonflikt, den Fontane auch sonst gestaltet. Welche Bedeutung aber kommt dem Wechsel von Konfliktlosigkeit und Konflikt zu? Vor allem: welche Stellung im Verhältnis der Romane gebührt den Konflikten, wenn sie nicht nur im „Stechlin" derart nebensächlich werden? Die Fragen sind nicht schon hier zu beantworten. Aber sie beleuchten zugleich die Entstehungsgeschichte des „Stechlin", die bezüglich der konfliktlosen Welt, die hier gestaltet ist, nur an Interesse gewinnt.

Die Entstehung des „Stechlin"

Fontane hatte im Mai 1894 „Effi Briest" zur Veröffentlichung an Rodenberg übersandt, im Juli die „Poggenpuhls" überarbeitet und sich im Dezember desselben Jahres dem zweiten Band seiner Lebenserinnerungen zugewandt. Seit Ende 1894 beschäftigt ihn erneut der Stoff eines historischen Romans. Der Plan nimmt ihn für einige Wochen ganz in Anspruch[7]. Er berichtet darüber in einem Brief vom 16. März 1895: „Der Stoff in seiner alten mittelalterlichen Seeromantik und seiner sozialdemokratischen Modernität — ‚alles schon dagewesen.' — reizt mich ganz ungeheuer ..." Wir sprechen von dem Fragment „Die Likedeeler", von dem Thomas Mann gesagt hat, daß wir in ihm den historischen Roman von höchstem poetischem Rang besäßen, wenn er geschrieben worden wäre. Nach des Dichters eigenen Worten war an eine phantastische und groteske Tragödie gedacht, in deren Mittelpunkt Klaus Störtebeker und die Vitalienbrüder stehen sollten. Die Entwürfe sind von erregender Aktualität. Fast lassen die Beziehungen dieser Seeräuber zur Kirche und zur christlichen Lehre das Seeräuberhafte vergessen: „Die Likedeeler in der Marienhafner Kirche. Die Predigt des Bischofs. Über die Likedeeler, das richtige und falsche Evangelium, die richtige Bergpredigt und die falsche." Und sie lassen, wie es echter Dichtung eigen ist, das bloß Historische vergessen, wenn es mit Beziehung auf die Gegenwart des Erzählers in einer der Notizen heißt: „In der Kirche geht das Gespenst Störtebekers um, aber das Gespenst der Likedeeler geht durch die ganze Welt." Noch im Juli 1895 ist Fontane mit seinem Kommunistenroman beschäftigt. Aber schon im Frühjahr war Ernst von Wolzogens Broschüre „Linksum kehrt, schwenkt — Trab!" als ernstes „Mahnwort an die herrschenden Klassen und den deutschen Adel insbesondere" im Verlage von Friedrich Fontane, dem Sohn des Dichters, erschienen. Die Schrift ist polemischer Natur und gegen die vom Bundestag im Dezember 1894 eingebrachte Umsturzvorlage gerichtet, die eine Verschärfung im Kampf gegen alle umstürzlerischen Bestrebungen verlangt hatte. Fontane hatte sich an einer Petition beteiligt, die zur Ablehnung aufforderte. Wolzogens Schrift und die darin ausgesprochenen Warnungen an den Adel, das Alte nicht um jeden Preis zu verteidigen, fanden seine uneingeschränkte Zustimmung. Die Gesellschaftskritik in Wolzogens Roman „Ecce ego" zielt in dieselbe Richtung. Fontane hat ihn im Herbst 1895 gelesen und schreibt an den Verfasser: „Als Roman in seinem letzten Drittel hier und da vielleicht anfechtbar, als berlinisch-priegnitzische Gesellschaftsschilderung aus dem Jahre 1895 wundervoll. Das Ganze ist wie der Beleg zu Ihrer Broschüre: ‚Linksum kehrt, schwenkt usw.' "

Ob die Anregungen von hier oder das rege Interesse am politischen Geschehen der Zeit die Arbeit am historischen Roman der „Likedeeler" überschattete und verdrängte, ist nicht verbürgt, aber wahrscheinlich. Jedenfalls werden die „Likedeeler" beiseite gelegt, und Fontane wendet sich dem „Stechlin" zu. Er bezeichnet ihn als politischen Roman: „Ich bin bei zwei letzten Kapiteln eines kleinen politischen Romans, den ich noch vor Weihnachten beenden möchte", heißt es in einem Brief vom 21. Dezember 1895. Auch im Brief an Heilborn vom 12. Mai 1897 findet sich die Wendung vom „politischen Roman": „Ich stecke so drin im Abschluß eines großen, noch dazu politischen (!!) und natürlich märkischen Romans." Vom Oktober bis Dezember 1897 erfolgt der Abdruck in der Zeitschrift

„Über Land und Meer". Die Buchfassung vom Ende des Jahres 1898 hat Fontane nicht mehr erlebt. Seine letzte Dichtung ist in mehrfacher Hinsicht eine Dichtung des Todes geworden. Die verwandten Züge zwischen dem „Stechlin" und dem ersten seiner Romane, die eigentümlich konfliktlose Welt hier wie dort ist eines der entstehungsgeschichtlichen „Stechlin"-Probleme; die zeitliche Nähe zum Fragment der „Likedeeler" und die Verwandtschaft des politischen und religiösen, des gleichsam christlich-sozialen Ideengehalts deutet auf ein anderes. In der Erzählung vom Schicksal der Vitalienbrüder hätte es, nach den Entwürfen zu urteilen, an fortschreitender Handlung nicht gefehlt. In diesem Punkt entfernt sich der „Stechlin" von dem Fragment und erinnert an den ersten seiner Romane. Andererseits wird der Zeitroman des „Stechlin" abgeschlossen, und der Stoff des historischen Romans bleibt Fragment. In diesem Punkt weisen eher „Die Likedeeler" auf die Anfänge der Fontaneschen Erzählkunst zurück. Was sie alle verbindet, ist die Bedeutung der politischen Ideen und Motive. Was aber macht den „Stechlin" zum politischen Roman?

## Der politische Roman

Wir greifen die Bezeichnung nicht auf, um einer thematischen Ordnung zu huldigen, über die E. M. Forster überlegen spottet: „Thematische Ordnung — noch alberner! Die Literatur der Kneipen, beginnend mit Tom Jones, die Literatur der Frauenbewegung ..." usw. Dennoch hat das Wort vom politischen Roman seinen Sinn, zumal im Blick auf die deutschen Verhältnisse und ihre Spiegelung im Roman des 19. Jahrhunderts. Nun ist das Politische gewiß kein fragloser Wert. Die Weltgültigkeit des deutschen Romans ist nicht schon durch das Attribut des Politischen verbürgt. Dennoch drängt die dichterische Bewältigung der Wirklichkeit, die jedem Künstler aufgegeben ist, notwendigerweise in eine Richtung, die den Roman mehr und mehr zum politischen Roman machen muß. Diese Aufgabe wird von den Jungdeutschen erkannt, aber künstlerisch nur unvollkommen erfüllt. Im Grunde ist die künstlerische Bewältigung erst Fontane gelungen. Alle seine Romane sind zugleich auch politische Romane. Historischer Roman, Zeitroman, Gesellschaftsroman, politischer Roman — das sind zuletzt nur Varianten desselben Phänomens, dem wir uns gegenüber sehen: daß sich die Darstellung weniger um eine individuelle Gestalt gruppiert, deren Entwicklung, Bildung und Lebensweg erzählt wird; daß vielmehr und zumeist überindividuelle Zusammenhänge im Mittelpunkt stehen. Das trifft für den deutschen Bildungsroman in gleichem Maße nicht zu. Er berührt das Überindividuelle, das politische und gesellschaftliche

Leben, immer nur in Beziehung auf die Entwicklung seines Helden. Der Bildungsroman ist seinem Wesen und seiner Herkunft nach unpolitisch. Die Umschichtung des gesellschaftlichen Lebens, die sich im 19. Jahrhundert vollzieht, drängt ihn daher mehr und mehr ins Abseitige, Unzeitgemäße und Provinzielle. Aber die Wendung vom politischen Roman fällt nicht sonderlich ins Gewicht, wenn wir dabei nur an die Gesprächsinhalte denken, an die Themen und Motive, die das Handlungsgeflecht bilden. Wir werden mit Berechtigung einen Roman erst politisch nennen dürfen, wenn die Bezeichnung nicht in erster Linie einer thematischen Ordnung dient, sondern die Romanform betrifft. Es müßte sich dann zugleich um Darstellungsmittel handeln, die so etwas wie einen politischen Roman konstituieren. Und da der Gesellschaftsroman des 19. Jahrhunderts in seiner unmittelbaren Bezogenheit auf die Gesellschaft und ihre Ordnungen es in jedem Fall auch mit politischen Themen und Motiven zu tun hat, stellt sich die Frage nach der Romanform des Gesellschaftsromans, der immer zugleich als ein politischer zu bezeichnen ist. Sie stellt sich für den Roman Fontanes im ganzen. Wenden wir uns den Darstellungsformen des Gesellschaftsromans zu, so werden wir vorab Art und Umfang der Gesellschaftskritik zu bestimmen haben. Sie ist ein wesentliches Element seiner Briefkunst und gewinnt zumal in den Briefen an Georg Friedlaender an Schärfe. Im ersten Roman, in „Vor dem Sturm", ist sie verhältnismäßig schwach entwickelt; in keiner seiner Erzählungen aber fehlt sie ganz. Vor allem die Konfliktsromane sind von ihr geprägt. Konflikt und Gesellschaftskritik sind aufeinander bezogen, und zwar so, daß die Kritik auf eine Gesellschaftsordnung zielt, die menschliche Konflikte aus sich entläßt. Die Kritik an der Gesellschaft enthüllt die jederzeit möglichen Konflikte in der Gesellschaft. Aber auch Gesellschaftskritik hat noch nicht unmittelbar mit Kunst zu tun. Sie regt sich im Gegenteil oft außerhalb der Kunst und entfaltet sich dort. Im Roman geht es um ihre künstlerische Integration, um ihre Übersetzung in die Sprache der Kunst. Die Verwandlung der Gesellschaftskritik in die Formen der Kunst hat Fontane geleistet. Die menschliche Komik, in den Figuren wie in den Situationen, ist das bevorzugte Stilelement seines Erzählens; und menschliche Komik treffen wir in jeder seiner Erzählungen an. Wir erinnern uns der etwas gemischten Gesellschaft in „Vor dem Sturm", die sich dort bei Frau Hulen versammelt. Schon ein Name wie Nuntius Schimmelpenning ist dabei um seiner Komik willen gewählt. Auch die Berufe haben etwas Komisches, wie im Falle des Pfandverleihers Ziebold. Der Erzähler Fontane unterläßt es nicht, die Personen mit Witz, Esprit und Pointen vorzustellen, um den Eindruck des Komischen zu erhöhen. Die Demoiselle Laacke tritt ein. Sie wird wie folgt beschrieben: „Die jetzt Erscheinende war Demoiselle Laacke, Musik- und Gesanglehrerin ... ein Mädchen von vierzig, groß, hager, mit langem Hals und dünnem rotblonden Haar. Ihre wasserblauen Augen, beinahe wimperlos, hatten keine selbständige Bewegung, folgten vielmehr immer nur den Bewegungen ihres Kopfes und lächelten dabei horizontal in die Welt hinein, als ob sie sagen wollten: ‚Ich bin die Laacke; ihr wißt schon, die Laacke, mit reinem Ruf und unbescholtener Stimme.'" Alles an dieser sonderbaren Gesellschaft wirkt komisch, und vorzüglich von dieser Komik her erhält das Kapitel seine Funktion im Aufbau des Ganzen. In den Erzählungen aus kleinbürgerlichem Hause wie „Irrungen, Wirrungen" ergibt sich die Komik aus dem Kontrast der verschiedenen Gesellschaftskreise, vorzüglich wenn sie aufeinandertreffen, wenn man im Kleinbürgertum große Gesellschaft imitiert. Die Gärtnersleute tragen nicht wenig zur Komik der Situation bei. Man unterhält sich darüber, wie man in Gesellschaft ein Gespräch beginnt, und verliert sich dabei ins Fiktive der Gesellschaft. Lene Nimptsch wird zur Komtesse Lene und die Gärtnersfrau zur Baronin Dörr. Das erheitert sie über die Maßen; sie „schlug vor Entzücken mit der Hand aufs Knie, daß es einen lauten Puff gab..." Später ergeht die Aufforderung zum Tanz, wobei Vater Dörr zum Takt mit dem Knöchel ans Kaffeebrett schlägt. In „Frau Jenny Treibel" wird die Komik der „Hamburgerei" aufs köstlichste charakterisiert und karikiert. Die kleine Lizzi der vornehmen Munks „hätte sofort als symbolische Figur auf den Wäscheschrank ihrer Mutter gestellt werden können, so sehr war sie der Ausdruck von Weißzeug mit einem roten Bändchen drum... Die Wäsche, die sie trug, führte durch den Monat hin die genau korrespondierende Tageszahl, so daß man ihr, wie der Großvater sagte, das jedesmalige Datum vom Strumpf lesen konnte." Die verlogene Bourgeoisie wird der Lächerlichkeit preisgegeben; wiederholt geht dabei die Darstellung des Komischen ins Satirische über, wie es ähnlich in dem Fragment „Allerlei Glück" geschieht. In einem höchst reizvollen Kapitel, das an Musil erinnern könnte, werden die regierenden Klassen geschildert: „Sie sind alle gebildet, und ihre Bildung wird nur noch von ihrer Einbildung übertroffen... Diese Leute machen alles. Das Linienblatt kuckt überall heraus. Sie thuen liberal; sind aber die unreifsten Menschen von der Welt. Bourgeois. Sie kommen zur rechten Zeit auf das Gymnasium und gehen zur rechten Zeit vom Gymnasium ab, sie studiren die richtige Zeit und sind mit $28^1/_4$ bis $28^3/_4$ Assessor. Höchstens daß ihnen ein Spielraum von sechs

Monaten gestattet wird. Ein Monat früher ist Anmaßung, ein Monat später ist Lodderei. Sie sind Reserve-Offizier. Sie heirathen immer ein wohlhabendes Mädchen und stellen bei Ministers die lebenden Bilder. Sie erhalten zu bestimmter Zeit einen Adlerorden und zu noch bestimmterer Zeit den zweiten und dritten, sie sind immer in Sitzungen und sitzen immer am Webstuhl der Zeit."

Auch im „Stechlin" versagt sich Fontane die Darstellung menschlicher Komik nicht. Doch bleibt sie, gemäß der Anlage des Romans, weithin auf die Nebenpersonen beschränkt. Im Lichte der Komik erscheinen die Stiftsdamen einschließlich der Domina allesamt, aber Czakos Tischdame, das Fräulein von Schmargendorf, doch in besonderer Weise. Sie war klein und rundlich — „von kurzem Hals und wenig Taille". Ihre vornehm verhaltene Verliebtheit ungeachtet ihrer wenig vorteilhaften Figur macht die Schmargendorf vollends zur komischen Figur; und als schließlich der Kaffee unterm Holunderbaum eingenommen wird, liegt für den Hauptmann von Czako nichts näher, als sich „die Schmargendorf auf einen kurzen, aber großen Augenblick als ‚Käthchen' vorstellen zu können". Der Offizier selbst, der sich darüber amüsiert, ist nicht komisch gemeint, aber einen „Beigeschmack, einen Stich ins Komische" hat sein Name. Die Komik des Regierungsassessors von Rex hängt mit seinem Konventiklertum zusammen. Seine Beschäftigung mit sozialen Fragen ist dafür bezeichnend: wenn er beispielsweise mit Vorliebe an das Zahlenverhältnis der in und außer der Ehe geborenen Kinder seine Betrachtungen knüpft, von denen nicht ohne Ironie gesagt wird, daß sie teils dem Gemeinwohl und teils der Sittlichkeit zugute kamen. Unter den Parteifreunden, die Dubslav von Stechlin auf den Schild ihres konservativen Glaubens erheben, ist der Freiherr von der Nonne die komische Figur par excellence. Die Beschreibung seiner Person fällt nicht sonderlich schmeichelhaft aus: „Er trug eine hohe schwarze Krawatte, darauf ein kleiner vermickerter Kopf saß, und wenn er sprach, war es, wie wenn die Mäuse pfeifen. Er war die komische Figur des Kreises..." Eine mildere Form liegt in der Personenbeschreibung des Gendarmen Uncke vor. Wir erhalten sie in der Perspektive seines Kollegen Pyterke: „Uncke war ihm der Inbegriff des Komischen, und wenn ihn schon das rote, verkupferte Gesicht an und für sich amüsierte, so doch viel, viel mehr noch der gefärbte Schuhbürstenbackenbart, vor allem aber das Augenspiel, mit dem er den Verhandlungen zu folgen pflegte. Pyterke hatte recht: Uncke war wirklich eine komische Figur..." Selbst Major von Stechlin ist zeitweise im Begriff, in den Bannkreis der Komik zu geraten. Sein Sohn Woldemar macht sich darüber seine Gedanken: „Der Alte war durchaus kein Politiker, er konnte sich also stark in die Nesseln setzen, ja vielleicht zur komischen Figur werden ..."

Die Gesellschaftskritik Fontanes in der Form solcher Komik ist zumeist der Ausdruck einer widersprüchlichen Lage, in der sich seine Figuren befinden. Im Widerspiel des Natürlichen und des Gesellschaftlichen entsteht die Komik des Widerspruchs, die immer zugleich eine konflikthafte Lage impliziert. In dem historischen Roman „Vor dem Sturm" ist die französisierende Tante Amelie dem Widerspruch verhaftet. Sie ist auf Grund ihres wachen Intellekts zur Gesellschaftskritik prädestiniert. Aber die Standesvorurteile hat sie darum nicht überwunden. Sie hat sich, wie von ihr gesagt wird, „zu dem Widerspruchsvollen, das in ihrer Haltung liegt, bekannt". Aber vom Widerspruch des Lebens sind nahezu alle Mitglieder ihres Zirkels gezeichnet, am auffälligsten der schöngeistige Doktor Faulstich, der für die neue Richtung der Romantik schwärmt. Er ist sich gelegentlich der Daseinslüge bewußt, die sich in solchen Widersprüchen verbirgt; er spricht es gegenüber seinem Besucher unverhüllt aus: „Die Bücher sind nicht das Leben, und Dichtung und Muße, wieviel glückliche Stunden sie schaffen mögen, sie schaffen nicht das Glück. Das Glück ist der Frieden, und Frieden ist nur da, wo Gleichklang ist. In dieser meiner Einsamkeit aber, deren friedlicher Schein Sie bestrickt, ist alles Widerspruch und Gegensatz. Was Ihnen Freiheit dünkt, ist Abhängigkeit; wohin ich blicke, Disharmonie: gesucht und nur geduldet, ein Klippschullehrer und ein Champion der Romantik, Frau Griepe und Novalis ... Beneiden Sie mich nicht ... und vor allem hüten Sie sich vor jener Lüge des Daseins, die überall da, wo unser Leben mit unserem Glauben in Widerspruch steht, stumm und laut zum Himmel schreit ..."

Im „Stechlin" ist der neureiche, aber erzkonservative Mühlenbesitzer Gundermann eine beispielhafte Verkörperung der Widersprüchlichkeit des Lebens, die zur Daseinslüge entartet. Man spricht über die Errungenschaften der Technik, über die Telegraphie. Dubslav, der sich daran gewöhnt hat, das Für und Wider gegeneinander abzuwägen, bemerkt in diesem Zusammenhang, daß manches besser wird, aber manches auch schlechter. „Kürze soll eine Tugend sein, aber sich kurz fassen, heißt meistens auch, sich grob fassen. Jede Spur von Verbindlichkeit fällt fort, und das Wort ‚Herr' ist beispielsweise gar nicht mehr anzutreffen." Das sind nachdenkliche Plaudereien eines wirklichen Edelmannes, der sich einige Verfallserscheinungen vornimmt, ohne das Lied von der guten alten Zeit ins Sentimentale zu verfälschen. Alles ist ein wenig schwebend gesagt, wie es im Plauderstil geschieht. Die Bereitschaft schwingt mit, es halb und halb wieder zurückzunehmen. Der Inhalt dieser leichten und lässigen Causerie darf nicht festgelegt, nicht weltanschaulich verfestigt werden. Das tut auch Gundermann nicht, wenn er darauf antwortet, aber seine Antwort kleidet sich ins Gewand der Phrase, in die Redensart von den „Zeichen der Zeit". Die Diskrepanz von Rede und Person ist unverkennbar. Gundermann führt Klage über den Verfall echten Herrentums, aber diese Klage kommt ihm am wenigsten zu. Sie wird vollends durch ihn selbst widerlegt, wenn er nun, trotz anfänglicher Zustimmung, zu bedenken gibt, daß es denn ohne Telegraphie nicht mehr recht geht — „Und dabei das beständige Schwanken der Kurse. Namentlich auch in der Mühlen- und Brettschneidebranche . . ." Damit ist Gundermann unversehens bei sich selbst und seinen Geschäften angelangt. Und Geschäfte, an die Dubslav nicht dachte, sind nicht ein Zeichen alten Adels. Der Adel Gundermanns — wie er ist — ist der Audsruck des Widerspruchs, der gesellschaftlichen Lüge des Daseins; und der echte Adel — wie er sein sollte — kann sich kaum überzeugender äußern als in dieser gänzlich unpretenziösen Plauderei des alten Stechlin[8].

Alle diese von Komik und Widerspruch gezeichneten Figuren bewegen sich im Umkreis möglicher Konflikte, und die Konflikte ihrerseits haben die Richtung zum tragischen Ende, zur Katastrophe. Die Konfliktsmöglichkeiten bleiben bezeichnenderweise auf die Nebenpersonen beschränkt — sei es, daß sie mühelos in einen Konflikt geraten könnten oder daß sie jederzeit in der Lage wären, andere in Konflikte zu treiben. Die Rücksichtslosigkeit, die dabei vorauszusetzen wäre, würden wir dem neureichen Mühlenbesitzer Gundermann ohne weiteres zutrauen. Aber wir sprechen im Konjunktiv; denn Konflikte zeichnen sich hier nur als Möglichkeit ab. Die Komik der Figuren wirkt in die Handlung nicht hinein. Was die Personen tun, wenn sie etwas tun, hat keine Folgen. In den Konfliktsromanen stellt sich indessen die Komik des Menschlichen anders dar. Innstetten fürchtet die Lächerlichkeit; er wird von der Angst vor dem Ridikülen verfolgt — einer Angst, an der Schach von Wuthenow zerbricht. Aber derselbe Innstetten, der dem Lächerlichen entgehen möchte, verfällt ihm gerade deshalb. Er wird sich der eigenen Komik bewußt: „Treibt man etwas auf die Spitze, so übertreibt man und hat die Lächerlichkeit... So aber war alles einer Vorstellung, einem Begriff zuliebe, war eine gemachte Geschichte, halbe Komödie. Und diese Komödie muß ich nun fortsetzen und muß Effi wegschicken und sie ruinieren und mich mit..." Aber von Komik kann im Zusammenhang solcher Konflikte nur noch mit Vorbehalt gesprochen werden. Innstettens Übertreibung, ein Prinzip der Komik, hat tragische Folgen. Nicht nur eine Ehe findet ihr Ende, sondern mit ihr ein Menschenleben. Der Eheroman wird zum tragischen Roman, ungeachtet aller komischen Züge oder gerade ihretwegen. Und hier sind es die Hauptpersonen, die in den Umkreis des Konflikts geraten: Effi, indem sie von ihm erfaßt wird, und Innstetten, indem er ihn vertieft.

Aber zur Komik gehört das Bewußtsein von ihr. In der Komödie wird es im Zuschauer rege; im Roman teilt es sich dem Leser mit. Die Figuren, die der Darstellung des Komischen dienen, haben dieses Bewußtsein nicht. Sie handeln im Gesellschaftsroman so, wie es die Konvention vorschreibt, und sie tun es, dem Gesellschaftsgötzen zuliebe, bis zur Übertreibung. Immer wird die Komik erhöht in dem Maße, in dem sich das Bewußtsein verdunkelt. Wird es zeitweise oder gradweise lebendig, dann gilt die Komik nicht mehr unbedingt. Die Abstufungen deuten auf unterschiedliche Bewußtseinsstufen hin. Eine höhere Bewußtseinsstufe — jenseits der Komik — liegt vor, wenn dem Konflikt die Einsicht folgt. Innstetten wird einer solchen Einsicht teilhaftig: „im Zusammenleben mit den Menschen hat sich ein Etwas ausgebildet, das nun mal da ist ... jenes, wenn Sie wollen, uns tyrannisierende Gesellschafts-Etwas, das fragt nicht nach Charme und nicht nach Liebe und nicht nach Verjährung ..." Der Gesellschaftsgötze, dem wir uns willig unterwerfen, wird von Innstetten erkannt. Aber der Verfügungsgewalt dieses Götzen entzieht er sich trotzdem nicht. Dennoch bedeutet die Einsicht einen Schritt über die Komik hinaus; sie ist ein erster Schritt des Menschen auf dem Wege zu sich selbst. Die Abhängigkeit gilt nicht mehr unbedingt. Sie gilt, wie hier, mit schlechtem Gewissen. Daß wir es im Zusammenhang menschlicher Komik mit bestimmten Bewußtseinsstufen zu tun haben, bestätigt in „Vor dem Sturm" die vom Widerspruch des Lebens gezeichnete Tante Amelie, die sich zu dem Widerspruchsvollen, das in ihrer Haltung liegt, bekennt. Ähnlich geht es aus einer gelegentlichen Äußerung Czakos hervor. Er erwähnt die Komik seines Namens und fügt hinzu: „Ich werde wohl an der Majorsecke scheitern, wegen verschiedener Mankos. Aber sehn Sie, daß ich das einsehe, das könnte das Schicksal doch auch wieder mit mir versöhnen." Die Art, nicht eben tragisch von sich selbst und seinem Scheitern zu sprechen, erinnert an die Selbstironie des Majors außer Diensten von Stechlin; und auch die Selbstironie deutet auf Bewußtseinsstufen jenseits von Komik und Lächerlichkeit hin. Die Fähigkeit zur Einsicht, Distanz und Selbstironie rückt Woldemars Freund in die Nähe seines Vaters, während es dem Mühlenbesitzer Gundermann an solchen Fähigkeiten gebricht. Er erkennt nur die Notwendigkeit der Telegraphie für seine Börsengeschäfte, ohne darum des Widerspruchs zwischen Börsengeschäft und echtem Adel inne zu werden. Von solchen Überlegungen her erhält auch der Kritiker Wrschowitz seinen festen Ort im Gefüge des Romans. Zum Kreis der Geschäftemacher gehört er nicht. Er darf daher eine höhere „Einstufung" beanspruchen, wie es auch dadurch zum Ausdruck kommt, daß er im Salon Armgards aus- und eingeht. Sein Eintreten für Kritik — fast um jeden Preis — gibt seiner Existenz im Ganzen der Gesellschaft etwas schlechterdings Notwendiges; denn unbestritten wäre es um die Gesellschaft geschehen, die sich der Kritik verschließt, erst recht aber um eine solche, in der Personen von der Art der Tante Adelheid noch ein Wort mitreden. Von der bornierten Stiftsdame, die dafür hält, daß es echten Adel nur in der Mark geben könne, von dieser altmodischen und petrefakten Welt unterscheidet sich unser Musikus durch sein Eintreten für das Neue. Auch vor dem Revolutionären schreckt er nicht zurück. Aber in welch positivem Lichte Kritik und Revolution in diesem Roman gelegentlich auch erscheinen mögen — im Munde dieses Slawen, der die deutsche Sprache nicht vollkommen beherrscht, hört sich alles etwas komisch an. Das sonst Positive wird fragwürdig durch die Einseitigkeit, mit der es vertreten wird. Das Prinzip der Übertreibung hat die Richtung zur Komik und Lächerlichkeit auch hier; und auf eine Übertreibung läuft es hinaus, wenn Wrschowitz alle Menschen nach ihrer Fähigkeit zur Kritik beurteilt. Sein Tun wird zum Tic. Abermals läßt sich Fontane die Möglichkeit nicht entgehen, die Komik schon mit dem Namen zu verbinden. Sie beruht im vorliegenden Fall in der Diskrepanz zwischen dem Skandinavischen und dem Slawischen, zwischen dem sanft klingenden Niels und dem schwer aussprechbaren Wrschowitz. Das unfreundliche Urteil über die Musik Niels Gades durch unseren Musiker ist geeignet, den Eindruck des Komischen noch zu erhöhen; denn die Ablehnung hat in erster Linie in der Gemeinsamkeit des verhaßten Vornamens ihren Grund. Sie führt zu gelegentlichen Wutausbrüchen, wo immer sich das Skandinavische in Erinnerung bringt. So wird denn Woldemar sogleich ermahnt, in diesem Punkte vorsichtig zu sein und die Reizbarkeit des Doktors nicht auf die Probe zu stellen: „Wenn irgend möglich, vermeiden Sie Beziehungen auf die ganze skandinavische Welt, besonders aber auf Dänemark direkt. Er wittert überall Verrat..." Dieser durchaus einseitig geratenen Menschengestalt, die Fontane so und nicht anders gemeint hat, sind gewisse Vorzüge nicht abzusprechen. Verglichen mit den prähistorischen Vorstellungen der Tante Adelheid, wirkt er wie ein belebendes Element. Aber er begegnet dem Veralteten und Überlebten nicht mit der Menschlichkeit des alten Dubslav, sondern mit einem Zug ins Unmenschliche, den man ungeachtet der Komik seines Redeflusses nicht völlig überhören darf: „Frondeur ist Krittikk, und wo Guttes sein will, muß sein Krittikk. Deutsche Kunst viel Krittikk. Erst muß sein Kunst, gewiß, gewiß, aber gleich danach muß sein Krittikk. Krittikk ist wie große Revolution. Kopf ab aus Prinzipp. Kunst muß haben ein Prinzipp." Die Diskrepanz des Namens hat Wrschowitz mit Dubslav gemeinsam, wie Woldemar beiläufig bemerkt: „Das kenn ich von meinem Vater her, der Dubslav heißt, was ihm auch immer höchst unbequem war . . ." Aber weiter reicht die Gemeinsamkeit doch kaum; und wichtiger ist überdies, was beide Figuren voneinander trennt. Dubslav von Stechlin hat die Fähigkeit zur Selbstironie. Er kann von sich absehen und Distanz gewinnen. Dazu ist der Musiker Wrschowitz nicht in der Lage. Ihm fehlt die Überlegenheit, die nötig wäre, um die Banalität in der Widersprüchlichkeit des Namens auf sich beruhen zu lassen. „Er litt, glaub ich, unter diesem Gegensatz", wird ausdrücklich gesagt. Sein Leiden ist keine Einbildung; er leidet wirklich. Gleichwohl fehlen die Züge des Komischen in diesen Leiden nicht ganz. Dieser auf Kritik versessene Intellekt, der schon auf Grund seines Eintretens für das Prinzip der Kritik eine höhere Bewußtseinsstufe repräsentiert als beispielsweise die geistig weniger ergiebigen Damen im Stift der Tante Adelheid, ist dennoch unvermögend, sich selbst in diese Kritik einzubeziehen. Er hat Geist, um andere zu kritisieren. Aber das Bewußtsein der eigenen Komik infolge der Übertreibung eines Prinzips fehlt ihm durchaus. So ermangelt er auch des Abstands zu den Gegensätzen, die ihn beherrschen. Die gewisse Komik seiner Leiden enthüllt aber zugleich die Möglichkeiten des Konflikts, in den er mühelos geraten könnte, wenn es der Erzähler des „Stechlin" darauf abgesehen hätte; und der Kritiker Wrschowitz wäre als einer, der überall Verrat wittert, sicher auch in der Lage, andere in Konflikte zu stürzen. Er ist ein notwendiges Prinzip, aber nur im Zusammenhang anderer Geisteskräfte. In der Isolierung, die mit Einseitigkeit und Übertreibung verbunden ist, wird er notwendigerweise zu der komischen Figur, die er ist.

Der grimmige Kritiker mit dem sanften skandinavischen Vornamen gehört im „Stechlin" zu den weniger beachteten Figuren. Man nimmt nur flüchtig von ihnen Kenntnis und vergißt sie leicht über den Gestalten, die uns näher stehen und in ihrer Menschlichkeit ansprechen. Ob Personen wie diese vorhanden sind oder nicht, erscheint belanglos. Für den Fortgang der Handlung, für die man sie in erster Linie benötigt, sind sie entbehrlich, weil der Erzähler die

Handlung selbst für weithin entbehrlich erachtet. So ist man womöglich abermals geneigt, für die vermeintliche Überflüssigkeit solcher Figuren die „Alterskunst", will sagen: den Verfall der Gestaltungskräfte verantwortlich zu machen. Aber die Komposition des Romans ist sorgfältig durchdacht. Auch die Nebenfiguren haben ihren festen Ort im Zusammenspiel des Ganzen. Der Musiker Wrschowitz bleibt Nebenfigur in jeder Hinsicht. Er bringt uns damit zugleich die Nebensächlichkeit des Konflikts zum Bewußtsein. Aber er macht nicht minder deutlich, daß das Individuelle in diesem Roman nicht ausschließlich gilt, daß der psychologische Realismus der „Charaktere" offensichtlich nicht oberstes Gestaltungsprinzip ist; denn die Komik ihrerseits ist im Roman wie in der Komödie nicht zuerst als Ausdruck individuellen Seelentums gemeint. Die Psychologie der Verschrobenheit behält etwas Zufälliges, wenn sie selbstgenügsam verstanden wird, statt von sich ein Allgemein-Menschliches sichtbar zu machen. In der Tat ist die Komik in den Formen der Dichtung vorzüglich der Ausdruck eines gesellschaftlichen Seins. Es wird verständlich, warum Fontane — wie ähnlich die englischen Erzähler des 19. Jahrhunderts — die Stilelemente des Komischen bevorzugt. Die Richtung zum Allgemeinen ist damit gegeben. Die dichterische Umsetzung gesellschaftskritischer Faktoren in die Formen der Komik, der Satire und der Karikatur macht jeden Roman zum politischen Roman. Es ist aber kaum zweifelhaft, daß Fontane mit der Bezeichnung des „Stechlin" als eines politischen Romans besondere Vorstellungen verbindet. Er würde das Politische so deutlich nicht apostrophieren, wenn es sich für alle seine Romane und damit von selbst verstünde. Es hat damit im „Stechlin" vermutlich eine besondere Bewandtnis. Auch das wird an einer scheinbar so entbehrlichen Figur wie diesem Kritiker sichtbar. Das Politische bezieht sich hier, über die gesellschaftskritischen Momente hinaus, auf bestimmte Themen und Motive, die nunmehr um vieles unmittelbarer angeschlagen werden und die Erzählung selbst wie Leitmotive begleiten. Es handelt sich in erster Linie um die Thematik des Alten und Neuen. Das Prinzip der Kritik, dem Wrschowitz so einseitig das Wort redet, ist nur eine Variation dieser Thematik.

Die Thematik des Alten und Neuen

Altes und Neues begegnet uns im Roman Fontanes in vielerlei Gestalt. Vor allem auf die Ordnungen des gesellschaftlichen Lebens beziehen sich die damit zusammenhängenden Motive. Die Berührung mit der gesellschaftskritischen Darstellungsweise liegt auf der Hand. Die Thematik des Alten und Neuen steht in Frage, weil sich die politischen und gesellschaftlichen Ordnungen fortwährend abnutzen und erstarren. Alles Unlebendige, Veraltete und Überlebte bedarf der Erneuerung und gelegentlich wohl der revolutionären Tat. Erneuerung dessen, was veraltete, ist im Grunde schon das zentrale Thema des ersten Romans. Es ist zugleich, wie in Arnims „Kronenwächtern", ein zentrales Thema des historischen Romans überhaupt. Das Thema wird in „Vor dem Sturm" im Motiv des Heimischen, des Märkischen und von alters her Überlieferten angeschlagen. Aber die Treue zur märkischen Heimat kann in unfruchtbare Enge und Intoleranz führen. Die Beschränkung im Heimatlichen stimmt bedenklich, wenn damit ein Sich-Abschließen gegenüber dem Fremden verbunden ist. Dagegen bewahrt die Offenheit für das Fremde und Andere die eigenen Ordnungen des Lebens immer wieder vor Enge und Tod, und die Erneuerung geht mit der Aufnahme des Fremden einher. Die Gestalt der Marie in „Vor dem Sturm" ist das Symbol einer fast märchenhaft fremden Welt, in der sich die Erneuerung des gesellschaftlichen Lebens andeutet. Erneuerung des staatlich-politischen Lebens nach dem Zusammenbruch Preußens um 1806 also ist das große Thema dieses bedeutenden Romans. Aber die Erneuerung überindividueller Ordnungen muß scheitern, wenn sie nicht zuerst im Individuum versucht wird. Der Fehlschlag des von Berndt angeführten Unternehmens ist der deutliche Beweis dafür, daß es am rechten Sinn für das Ganze noch fehlt. Selbstsucht, Ruhmbegierde oder persönliche Eitelkeit mögen diesem Sinn im Wege stehen; und was es mit solchen Regungen auf sich hat, ist Berndt in jenem eindrucksvollen Selbstgericht zu erforschen im Begriff, das dem gescheiterten Unternehmen folgt:

„‚Dies ist keine Welt der Glattheiten. Alles hat seinen Preis, und wir müssen ihn freudig zahlen, wenn er für die rechte Sache gefordert wird.' So sprach er zu sich selbst. Aber inmitten dieses Zuspruchs, an dem er sich aufzurichten gedachte, ergriff es ihn mit neuer und immer tieferer Herzensangst, und sich vor die Stirn schlagend, rief er jetzt: ‚Berndt, täusche dich nicht, belüge dich nicht selbst. Was war es? War es Vaterland und heilige Rache, oder war es Ehrgeiz und Eitelkeit? Lag bei *dir* die Entscheidung? Oder wolltest du glänzen? Wolltest du der erste sein? Stehe mir Rede, ich will es wissen; ich will die Wahrheit wissen.' Er schwieg eine Weile; dann ließ er den Zweig los, an dem er sich gehalten hatte, und sagte: ‚Ich weiß es nicht. Bah, es wird gewesen sein, wie es immer war und immer ist, ein bißchen gut, ein bißchen böse. Arme, kleine Menschennatur!'"

Die Erneuerung auch im staatlich-politischen Bereich setzt die Erkenntnis der eigenen Schwäche voraus. Wie der erste Roman spielt auch die Novelle „Schach von Wuthenow" in der Epoche des preußischen Zusammenbruchs. Die Erzählung selbst entwickelt das Symptomatische des Falles, der den Niedergang des Staates am Beispiel dieses Offiziers demonstriert. Der Prozeß der Erstarrung in Staat und Gesellschaft korrespondiert mit der Erstarrung der lutherischen Kirche. Sie hat sich in dürren Dogmen verengt. Die Gestalt Luthers erhält von dieser Thematik her ihre Bedeutung. Wie er ehedem eine religiöse Erneuerung einleitete, so bedarf der reformierte Glaube seinerseits der Erneuerung, weil auch die Formen des Glaubens dem Prozeß der Abnutzung ausgesetzt sind. Die zahlreichen Konventikler, Tante Schorlemmer, Gideon Franke oder der Regierungsassessor von Rex, sind im Grunde nur Variationen dieses Prozesses. Aber Altes und Neues bleibt im Roman Fontanes auf die Vorgänge im geschichtlichen und politischen Leben nicht beschränkt. Auch die scheinbar ganz individuellen Daseinsformen im persönlichen Bereich wie im Eheroman werden davon berührt. Der Altersunterschied zwischen Effi und Innstetten deutet in einem tieferen Sinne auf einen Unterschied zwischen dem Natürlich-Jugendlichen und den Prinzipien einer Gesellschaftsordnung hin, die Innstetten selbst als veraltet erkennt. Nur sofern dieser Altersunterschied für die Motivation des Konflikts eine derart allgemeine Bedeutung erlangt, weitet sich der individuelle Konflikt ins Menschlich-Allgemeine, wird der Eheroman zum Gesellschaftsroman, den Fontane erstrebt. Das geschieht in „Cécile", „Graf Petöfy", „Unwiederbringlich" oder „Effi Briest" zumeist in der Weise, daß die bezeichneten Motive den Gang der Handlung begleiten. Aber sie treten deutlich zurück. So sind wir denn geneigt, weit mehr auf die „fortschreitende Handlung" zu achten als auf die sie begleitenden Motive. Im „Stechlin" ist das anders. Eine Umkehrung der gewohnten Verhältnisse hat stattgefunden. Nicht die fortschreitende Handlung steht im Mittelpunkt, sondern das begleitende Thema. Was in den voraufgegangenen Erzählungen als eine Art von Begleitmusik verstanden werden konnte, stellt sich jetzt als die eigentliche Mitte dar. Die Zunahme an Gesprächen, die eine Handlung gar nicht aufkommen lassen, hängt damit zusammen.

Das Thema selbst bringt sich im „Stechlin" von sehr unterschiedlichen Figuren her in Erinnerung. Da ist der Mühlenbesitzer Gundermann, der innerhalb des Adels ein Neuling ist, aber vom Alten erwartet er sich besseren Profit. Die Kritik am Alten, die Wrschowitz übt, haben wir erwähnt. Neulinge in der Gesellschaft sind auch die Teilhaber der Firma Hirschfeld. Der Sohn ist ein leidenschaftlicher Verfechter des Neuen, aber der Vater äußert auf liebenswürdige

Weise seine Bedenken: „Gott, Isidor, ich weiß, du bist fürs Neue. Aber was ist das Neue? Das Neue versammelt sich immer auf unserm Markt, und mal stürmt es uns den Laden und nimmt uns die Hüte, Stück für Stück ... Ich bin fürs Alte und für den guten, alten Herrn von Stechlin." Eine ähnlich liebenswürdige Vertreterin des Alten ist Dubslavs Schwester nicht. Sie verkörpert im Gegenteil das Überlebte und Erstarrte bis zur Karikatur. Sie hat sich mit den gutbürgerlichen Sprüchen ihres Jahrhunderts behängt, und sie lebt in der längst veränderten Welt noch immer in der Vorstellung, die Mark sei die Mitte. Alles an ihr ist Enge, Unduldsamkeit, ist abgelebter Adel. Als petrefakt bezeichnet sie der eigene Bruder. Auch die Parteifreunde Dubslavs verteidigen die alte Welt, aber zumeist verteidigen sie dabei nur die alten Privilegien, wann und wie immer sie erworben wurden. Jede der Figuren erhält ihren Ort im Ganzen des Romans durch die Zugehörigkeit zum Alten oder zum Neuen. Aber nur in der Gedankenwelt der Nebenpersonen erfolgt die Zuordnung in eindeutiger Weise: bei Wrschowitz, dem jungen Hirschfeld oder dem Feilenhauer Torgelow zugunsten des Neuen; bei dem Regierungsassessor von Rex, bei Gundermann oder Adelheid zugunsten des Alten. Die Menschen um Dubslav von Stechlin versagen sich in bezeichnender Weise der eindeutigen Zuordnung. Sie hängen am Alten wie Dubslav, der dem Neuen hin und wieder völlig absichtslos das Wort redet; oder wie Lorenzen, der das Feuer für das Neue in seinem Schüler Woldemar ein wenig dämpft: „,Also mit dem Neuen', sagte Woldemar und reichte seinem alten Lehrer die Hand. Aber dieser antwortete: ‚Nicht so ganz unbedingt mit dem Neuen. Lieber mit dem Alten, soweit es irgend geht, und mit dem Neuen nur, soweit es muß.'" Oder sie neigen wie Melusine in stärkerem Maße dem Neuen zu, ohne dem Alten gegenüber ungerecht zu sein: „Ich respektiere das Gegebene. Daneben aber freilich auch das Werdende, denn eben dies Werdende wird über kurz oder lang abermals ein Gegebenes sein. Alles Alte, soweit es Anspruch darauf hat, sollen wir lieben, aber für das Neue sollen wir recht eigentlich leben." Auch Woldemars Freund Czako — „ein ganz moderner, politisch stark angekränkelter Mensch" — ist vorzüglich dem Neuen zugetan, ohne darum das Alte zu hassen, wenn es ihm gar in einer Gestalt wie dem alten Stechlin begegnet.

Solche Äußerungen, die scheinbar beiläufig in die nie abreißenden Gespräche einfließen, variieren das leitmotivische Thema im Allgemeinen geschichtlichen Wandels. Es erfährt seine konkrete Gestaltung im Zeitbild der gesellschaftlichen Verhältnisse und mehr noch in der Konstellation der politischen Parteien. Dadurch erneut und in besonderer Weise wird der Zeitroman zum politischen Roman, von dem Fontane mehrfach spricht. Die wichtigste Erscheinungsform des Neuen innerhalb der politischen Ideenwelt des Romans ist die Sozialdemokratie. Fontane hat Entwicklung, Kampf und Aufstieg dieser Partei wie des vierten Standes überhaupt mit regem Interesse verfolgt. Solche Aufmerksamkeit ist früh bezeugt: „Ich kann es weniger beweisen, als ich es fühle, daß in breiten Volksschichten, berechtigt und unberechtigt, eine tiefe Unzufriedenheit gärt. Das Sozialdemokratentum wächst, reiht sich bereits in die standesgemäßen politischen Parteien ein." Der Brief an Mathilde von Rohr, der diese Sätze enthält, stammt aus dem Jahre 1872. Das Interesse am vierten Stand und der ihn repräsentierenden Partei ist von seinem Weg als Romanschriftsteller nicht zu trennen. Dieser Weg beginnt nicht zufällig im neuen Reich. Auch Bismarck gehört ebenso wie die aufstrebende Sozialdemokratie zu den Gegenständen unablässiger Beobachtung. Gelegentlich werden sie auf höchst überraschende Weise zusammengebracht — wie stilistische Hyperbeln, die benutzt werden, um den Ärger über die regierenden Klassen zum Ausdruck zu bringen: „dieser beschränkte, selbstsüchtige, rappschige Adel, diese verlogene oder bornierte Kirchlichkeit, dieser ewige Reserve-Offizier, dieser greuliche Byzantinismus. Ein bestimmtes Maß von Genugtuung verschafft einem nur Bismarck und die Sozialdemokratie, die beide auch nichts taugen, aber wenigstens nicht kriechen." Solche Äußerungen bestätigen zugleich, daß sich der Beobachter, der Fontane ist, nach keiner Seite hin festlegt, ungeachtet so mancher Äußerungen, die rückhaltlos die Bestrebungen der neuen Partei anerkennen, wie es in einem Brief vom 5. Juni 1878 deutlich geschieht: „Millionen von Arbeitern sind gerade so gescheit, so gebildet, so ehrenhaft wie Adel und Bürgerstand; vielfach sind sie ihnen überlegen ... Alle diese Leute sind uns vollkommen ebenbürtig, und deshalb ist ihnen weder der Beweis zu führen, ‚daß es mit ihnen nichts sei', noch ist ihnen mit der Waffe in der Hand beizukommen. Sie vertreten nicht bloß Unordnung und Aufstand, sie vertreten auch *Ideen*, die zum Teil ihre Berechtigung haben und die man nicht totschlagen oder durch Einkerkerung aus der Welt schaffen kann." Vor allem in den letzten Lebensjahren Fontanes verstärkt sich die Beschäftigung mit der politischen Linken und mit dem Schicksal des vierten Standes. Im März 1884 arbeitete Fontane im Zusammenhang seines Buches über Christian Friedrich Scherenberg an einem Lassalle-Kapitel, das ihn mit der Ideenwelt der damaligen Sozialistischen Partei in Berührung brachte. Im September 1894 findet die Aufführung von Hauptmanns Drama „Die Weber" statt, der Fontane beiwohnt. Er ist tief beeindruckt von diesem Stück. Ende desselben Jahres nimmt er sich den Stoff der „Likedeeler" erneut vor, und die Arbeit an diesem Kommunistenroman wird in den folgenden Monaten unablässig gefördert. Er beteiligt sich im Frühjahr 1895 an der Petition, die zur Ablehnung der Umsturzvorlage auffordert. Mit der Aufgabe des historischen Romans zugunsten des „Stechlin" wird daher das Gespenst der Likedeeler nicht völlig verdrängt; und wenn die Sozialdemokratie erst in den späteren Entwürfen deutlichere Konturen gewinnt, so handelt es sich, was die Konzeption seines politischen Romans angeht, gewiß nicht um eine neue „Problemstellung". Nur die Thematik des Alten und Neuen wird auf diese Weise schärfer akzentuiert.

Die „sozialdemokratische Modernität" darf indessen nicht mißverstanden werden. Es handelt sich dabei nicht um die naturalistische Wiedergabe zeitgenössischer Wirklichkeit. Sie lag Fontane fern. Die Umwandlung der Sozialistischen in die Sozialdemokratische Partei, Bismarcks Gesetzgebung einschließlich der umstrittenen Umsturzvorlage nach seiner Entlassung, die Frage des allgemeinen Wahlrechts und Bebels 1895 erschienene Schrift hierzu, dessen Person und Wirksamkeit überhaupt — all das bleibt unbestimmt im Hintergrund. „Ein Gespenst geht um in Europa — das Gespenst des Kommunismus", so wurde 1848 das Manifest der Kommunistischen Partei eingeleitet. Vom Gespenst der Likedeeler hätte der historische Roman gehandelt, der überraschend beiseite gelegt wird. Im „Stechlin" ist die neue Bewegung der Arbeiterpartei als Gespenst, als welches es vom Adel wie vom Bürgertum gefürchtet war, auffällig verblaßt. Nur gelegentlich werden wir daran erinnert, wenn Schulze Kluckhuhn das Ungetüm des schwarzen Schiffes Rolf Krake mit ebendiesem Gespenst vergleicht. Vom vierten Stand ist in den Briefen der letzten Lebensjahre wiederholt die Rede, im „Stechlin" nur am Rande. Nur als gelegentlicher Gesprächsgegenstand spielen die wirklichen Verhältnisse der kleinen Leute hinein. Für den Fortgang der „Handlung" ist völlig belanglos, was über die Schlafstellen der Dienstboten gesagt wird. Realistisch ist dabei am wenigsten die Darstellung, die uns unmittelbar zeigt, wie es ist, wie es hier und dort noch zugeht; realistisch ist die Rede, die Redeweise, das Mundartliche. Von den Schlafstätten der Dienstboten plaudert eine der Nebenpersonen des Romans. Aber ihre Sprache ist nicht die Sprache Dubslavs: „Immer sind sie in der Küche, mitunter dicht am Herd oder auch gerade gegenüber. Und nun steigt man auf eine Leiter, und wenn man müde is, kann man auch runterfallen. Aber meistens geht es ... Das is, was sie ne Schlafgelegenheit nennen. Und ich kann Ihnen bloß sagen: auf einem Heuboden is es besser, auch wenn Mäuse da sind ..." Fontane ging über derartige Nuancen des „poetischen Realismus" in der Redeweise nicht ganz hinweg. Die Spiegelung dieser und anderer Fragen der zeitgenössischen Wirklichkeit vorwiegend im Gespräch gibt seinem Roman etwas eigentümlich Geistiges, Symbolisches, in mancher Hinsicht Abstraktes.

Fontane geht es im Zeitbild der Sozialdemokratischen Partei nicht um diese selbst, sondern um Grundformen des Menschlichen. Die Aufzeichnung des geschichtlich Faktischen ist nicht sein Ziel. So werden wir denn auch von weltanschaulichen Traktaten und ideologischen Exkursen zum Vorteil der Dichtung verschont. Die soziale Frage und die „sozialdemokratische Modernität" verlagern sich ins Gespräch. Gewiß sind wir durch den modernen Roman darauf vorbereitet, selbst wissenschaftliche Abhandlungen und Diskussionen sachlicher Probleme in der Form des Essays integriert zu sehen. Fontane geht so weit nicht. Er stellt die Probleme nicht zur Erörterung, sondern deutet sie an. Der Kunst des Andeutens und Anspielens aber kommt das Gespräch entgegen. Da unterhält sich Dubslav von Stechlin mit dem ihm gleichgesinnten Pastor über die Globsower, die da gemütlich die Werkzeuge für die große Weltanbrennung liefern. Das ist nicht im Sinne des märkischen Edelmanns. Dennoch ist ihm die Lage dieser Kleinbürger nicht gleichgültig. Er macht sich seine Gedanken über ihr Ergehen, er nimmt Anteil an ihrer Lage und will, daß sie ein menschenwürdiges Dasein führen: „Und ich muß Ihnen sagen, ich wollte, jeder kriegte lieber einen halben Morgen Land von Staats wegen und kaufte sich zu Ostern ein Ferkelchen, und zu Martini schlachteten sie ein Schwein und hätten den Winter über zwei Speckseiten, jeden Sonntag eine ordentliche Scheibe, und alltags Kartoffeln und Grieben." Worauf Lorenzen repliziert: „Aber Herr von Stechlin ... das ist ja die reinste Neulandtheorie. Das wollen ja die Sozialdemokraten auch." Das letzte Wort in diesem unversehens eingeleiteten Gespräch über das „Problem" der Neulandtheorie hat der Humor, derjenige des alten Dubslav: „Ach was, Lorenzen, mit Ihnen ist nicht zu reden ...", und er weiß genau, daß es sich mit keinem besser redet als mit dieser prachtvollen Theologengestalt. Die „sozialdemokratische Modernität" erweist sich dabei als etwas nicht durchaus nur Modernes. Es ist nicht nur Neues in dieser Neulandtheorie enthalten, sondern etwas, das nicht veralten kann: die Sorge des Menschen für den Menschen. Das Sozialdemokratische wird dem Geist der Humanität angenähert, so daß uns Aussagen wie die folgenden nicht überraschen: „Und der alte Dubslav, nun, der hat dafür das im Leibe, was die richtigen

Junker alle haben: ein Stück Sozialdemokratie. Wenn sie gereizt werden, bekennen sie sich selber dazu." Die Kunst der Darstellung beruht in der Kunst der Anspielung, darin, das in der Schwebe zu lassen, was nicht festgelegt werden darf — wie der Plauderstil, dessen Verbindlichkeit in einer gewissen Unverbindlichkeit liegt. Die Hörer solcher Plaudereien bleiben im Zweifel, ob es ernsthaft oder scherzhaft gemeint war, wie es wiederum der Art des alten Stechlin entspricht. Auch Lorenzen wird gelegentlich von Woldemar mit der Sozialdemokratie zusammengebracht. Auch hier geschieht es im Stil der Plauderei, in der Kunst der Anspielung, die sich der Festlegung versagt. Woldemar spricht von der Bescheidenheit des Stechliner Erdenwinkels, in dem es nicht viel Sehenswürdigkeiten gibt — „von einem Pastor abgesehen, der beinahe ein Sozialdemokrat ist". Wo immer in der Stechlin-Welt von der Sozialdemokratie die Rede ist, geht es um dieses „Beinahe", um Richtungen, nicht um Identitäten. Die eindeutige Parteinahme des Erzählers und seiner Hauptfiguren bleibt aus — zum Ärger derer, die sie fordern. Das sei ein Ausdruck des Schwankens und der politischen Unsicherheit, sagen diejenigen, die mit solchen Unbestimmtheiten aus weltanschaulichen Gründen nicht einverstanden sind, die mit anderen Worten die mangelnde Eindeutigkeit für eine Partei aus der eigenen Parteilichkeit heraus verwerfen [9]. Es gehört zum Wesen dieses Menschentums, wie es sich im Stechlin-Kreis bezeugt, daß man jeder eindeutigen Stellungnahme aus dem Wege geht. Auch das Bekenntnis zu einer bestimmten Gesellschaftsordnung unterbleibt; denn wo Eindeutigkeit ist, da ist auch Einseitigkeit im Spiel; und die einseitig Neuen, wie Doktor Wrschowitz, haben mit den einseitig Alten, wie Tante Adelheid, den Stich ins Komische, aber auch ins Unmenschliche gemeinsam. Für Dubslav dagegen und für die, welche ihm nahestehen, hat alles zwei Seiten. Es ist nur folgerichtig, daß er als Parteigänger der Konservativen unterliegt, aber in seiner Niederlage menschlich gewinnt. Der Sieg kommt andererseits den Siegern nicht auch menschlich zustatten. Es ist überhaupt im Kreis der „Neuen" nicht alles Gold, was glänzt. Der betrunkene Tuxen, der für den Feilenhauer Torgelow optiert hat, bringt es in Erinnerung; und die eindeutige Entscheidung des jungen Hirschfeld für das Neue der Sozialdemokratie wird gerade deshalb eigentümlich zweideutig, weil sie unverkennbar von den Interessen des eigenen Ich mitbestimmt worden ist. Dahin deuten Dubslavs Fragen an den alten Baruch: „Und nun sagen Sie mir vor allem, was macht Ihr Isidor, der große Volksfreund? Ist er mit Torgelow noch zufrieden? Oder sieht er, daß sie auch da mit Wasser kochen? Ich wundere mich bloß, daß ein Sohn von Baruch Hirschfeld, Sohn und Firmateilhaber, so sehr für den Umsturz ist." Es sind die mannigfachen Ambivalenzen, die hier der „sozialdemokratischen Modernität" das Gepräge geben. Bebels revolutionäre Partei enthält das Menschliche als Möglichkeit ebenso wie die Entartung zum bloß Materiellen, zum Geschäftlichen und zum Profit. Die dichterische Überhöhung dieser Ambivalenz findet ihren Ausdruck im Großen Stechlin, dem See, der den Zusammenhang herstellt, den sonst die fortschreitende Handlung knüpfen würde. Er wird zum bestimmenden Symbol. Das eindeutig nicht Bestimmbare der Phänomene wird an ihm transparent. Der Stechlin wird zum Sinnbild der Gegensätze, die sich in ihm vereinen. Er ist ein Bild der Natur, das zugleich als Ausdruck geschichtlichen Wandels dient. Das Werdende wird von ihm als einem Sinnbild des Seins umgriffen.

Die Symbolik des Großen Stechlin

Vom Stechlin als einem der Seen, die in der Grafschaft Ruppin eine lange Seenkette bilden, handelt das erste Kapitel des Romans. Derselbe See, der sagenumwobene, wird auch in den „Wanderungen durch die Mark Brandenburg" erwähnt. Die ausführlichen Schilderungen sind erst in den späteren Auflagen des ersten Bandes enthalten; dort heißt es: „Da lag er vor uns, der buchtenreiche See, geheimnisvoll, einem Stummen gleich, den es zu sprechen drängt. Aber die ungelöste Zunge weigert ihm den Dienst ... Und nun setzten wir uns an den Rand eines Vorsprunges und horchten auf die Stille. Die blieb, wie sie war: kein Boot, kein Vogel; auch kein Gewölk. Nur Grün und Blau und Sonne." Die Beschreibung erinnert im Wortlaut an das Eingangskapitel des Romans: „Hie und da wächst ein weniges von Schilf und Binsen auf, aber kein Kahn zieht seine Furchen, kein Vogel singt, und nur selten, daß ein Habicht drüber hinfliegt und seinen Schatten auf die Spiegelfläche wirft. Alles still hier." Beide Schilderungen betonen die Stille. Beide heben sie das Abseits der großen Welt hervor, das den Großen Stechlin auszeichnet. Aber der ruhende See ist doch nur die eine Seite im Bild der Natur. Das sonst so ruhige Gewässer gerät von Zeit zu Zeit in Bewegung. Auch davon berichten bereits die „Wanderungen", wenn es heißt: „Als das Lissaboner Erdbeben war, waren hier Strudel und Trichter, und stäubende Wasserhosen tanzten zwischen den Ufern hin." Entsprechend lesen wir es im Eingangskapitel des Romans: „Und doch, von Zeit zu Zeit wird es an eben diesem See lebendig. Das ist, wenn es weit draußen in der Welt, sei's auf Island, sei's auf Java, zu rollen und zu grollen beginnt oder gar der Aschenregen der hawaiischen Vulkane bis weit auf die Südsee hinausgetrieben wird. Dann regt sich's auch hier ..." Auch das Erdbeben von Lissabon wird in diesem Zusammenhang genannt, und zwar in Verbindung mit dem roten Hahn der Sage: „Wenn's draußen aber was Großes gibt, wie vor hundert Jahren in Lissabon, dann brodelt's hier nicht bloß und sprudelt und strudelt, dann steigt statt des Wasserstrahls ein roter Hahn auf und kräht laut in die Lande hinein." Es sind die großen Beziehungen, es sind die Weltbeziehungen dieses „Vornehmen", die aus der Sage ins Symbol übernommen werden. Daß große Erderschütterungen sich in die entlegenen Weltgegenden fortpflanzen und sich durch ungewöhnliche Bewegung auch im Großen Stechlin bemerkbar machen, fand Fontane vor allem in der naturwissenschaftlichen Literatur seiner Zeit bestätigt. Auf die Verbindung mit dem Erdbeben von Lissabon verweist schon eine Schrift über die Grafschaft Ruppin vom Ende des 18. Jahrhunderts[10]. Das ist der geologisch-naturwissenschaftliche Befund, wie er sich Fontane darstellt. Seine Erhöhung zum Symbol, das auch geschichtliche Vorgänge umfaßt, war von den Sagen- und Märchenmotiven her geboten. Die Beziehungen, die der Stechlin unterhält, bleiben daher im Roman nicht mehr auf die Geologie beschränkt; sie gelten nunmehr auch im geschichtlichen Bereich. In der Symbolik des Romans steht der See nicht nur mit den von Naturgewalten hervorgerufenen Erschütterungen im Bunde; er zeigt gleichermaßen die Unruhen an, für die der Mensch verantwortlich ist. Erschütterungen dieser Art sind Revolutionen in jeder Gestalt, und die Revolution ist zugleich ein Ziel der Sozialdemokratischen Partei. Der Zusammenhang des Stechlin mit der revolutionären Bewegung klingt mehrfach an, wie in dem rasch sich entwickelnden Gespräch zwischen Dubslav und Czako: „Dieser merkwürdige See, dieser Stechlin! ... welche Revolutionen sind an diesem hervorragenden Exemplar seiner Gattung wohl schon vorübergegangen?" Vom aufsteigenden Hahn wird in diesem Zusammenhang gesprochen, und Czako fragt, wie sich denn der Stechlinkarpfen ihm gegenüber „bei dem Anpochen derartiger Wetterereignisse" verhalte. Pastor Lorenzen seinerseits erklärt ihn für einen richtigen Revolutionär, „der gleich mitrumort, wenn irgendwo was los ist". Der See wird dergestalt zum Leitmotiv, zur bestimmenden Mitte, indem er das Kernthema des Alten und Neuen im Symbol vereint. Es entspricht völlig der Bedeutung dieses zentralen Symbols, wenn vorzüglich die Angehörigen des Stechlinkreises ihm gegenüber ihre uneingeschränkte Verehrung bezeugen. Woldemar bereitet die Gräfin Melusine auf die große Sehenswürdigkeit des Ruppiner Winkels vor. Er spricht von den vornehmen, geheimnisvollen Beziehungen und erwähnt den aufspringenden Wasserstrahl,

„wenn es in Java oder auf Island rumort". Später präsentiert Dubslav seinen Gästen den See. Aber Melusine wehrt sich, die Eisdecke aufzubrechen. Die undinenhafte Gestalt ist dem Elementaren zugeneigt und will die Elemente des Revolutionären nicht unnötig heraufbeschwören. Sie verehrt, was still in sich beruht, und will die gewaltsamen Störungen vermeiden. Die geschichtliche Seite im Bild der Revolution ist dem Neuen zugekehrt. Der geologische Aspekt, das Naturhafte gilt dem unveränderlich Seienden, dem Alten, das von Ewigkeit zu Ewigkeit ist. Derselbe See, dessen Stille betont wird, zeigt zugleich die revolutionären Erschütterungen an. Altes und Neues werden eins im Symbol. Dieser See ist ambivalent wie die Sozialdemokratie in der Möglichkeit des Menschlichen oder des Materiellen. Der Stechlin ist ein Bewahrer und ein Revolutionär zugleich. Im Grunde bewahrt er, indem er von Zeit zu Zeit revolutioniert. Zu bewahren ist das Menschliche, das, was unveränderlich ist und sich dennoch in immer neuen Veränderungen darbietet. Damit sind die Grundformen des Menschlichen bezeichnet, um deren dichterische Darstellung es geht.

Aber die Deutung geschichtlicher Vorgänge im Symbol des Stechlin bezieht sich nicht nur auf das Politische im engeren Sinn. Sie umfaßt gleichermaßen die religiösen Themen und Motive. Die christlich-soziale Bewegung ist der sichtbare Ausdruck dieser Thematik. In ihr treffen zugleich die religiösen und politischen Ideen aufeinander. Repräsentant dieser Motive ist der ganz aus Fontaneschem Geist erschaffene Pastor Lorenzen, Woldemars Erzieher. Mit Dubslav von Stechlin steht er auf vertrautestem Fuß, aber ungetrübt in jeder Hinsicht ist auch sein Verhältnis zu den Töchtern des Botschaftsrats, besonders zur Gräfin Melusine. Den Freunden Woldemars, die sich über ihn unterhalten, erscheint er als einer der allerjüngsten. Zu den streng Kirchlichen gehört er keinesfalls. Ebendeshalb ist ihm der konventikelhafte Regierungsassessor nicht recht gewogen. Er hält mit seinen Befürchtungen nicht zurück und bemerkt mit Beziehung auf den alten Stechlin: „Und zu verwundern bleibt nur, daß der Alte so gut mit ihm steht ... Der Alte liebt ihn und sieht nicht, daß ihm sein geliebter Pastor den Ast absägt, auf dem er sitzt. Ja, diese von der neuesten Schule, das sind die allerschlimmsten. Immer Volk und wieder Volk, und mal auch etwas Christus dazwischen." Mit dieser Charakteristik ist sein Gesprächspartner, der Hauptmann von Czako, nicht einverstanden. Er hält entschieden zu Lorenzen und verteidigt ihn im Burschikosen seiner Ausdrucksweise: „Das Überlieferte, was einem da so vor die Klinge kommt, namentlich wenn Sie sich die Menschen ansehen, wie sie nun mal sind, ist doch sehr reparaturbedürftig, und auf solche Reparatur ist ein Mann wie dieser Lorenzen eben aus . . ." Wegen seiner sozialen Gesinnung wird der Pastor von Woldemar gelegentlich mit den Sozialdemokraten verglichen. Aber Lorenzens politische Heimat ist das Christlich-Soziale — weniger als organisierte Partei, sondern als Gesinnung. Er war es gewohnt, „sich mit dem ebenso gefeierten wie befehdeten Hofprediger in Parallele gestellt zu sehen", und damit ist Stöcker gemeint, der Berliner Hofprediger, Agitator und Antisemit. Fontane selbst war von gewissen Seiten seiner Wirksamkeit berührt. Der Person gegenüber hatte er seine Reserven. Und sie sind auch weithin diejenigen unseres Theologen. Lorenzen empfand „regelmäßig den tiefen Unterschied, der zwischen dem großen Agitator und seiner stillen Weise lag". Agitation wie eindeutige Parteinahme ist auch seine Sache nicht. Die christlich-soziale Bewegung Stöckers wird in der Person Lorenzens ebensowenig zum allseits gültigen Ideal erhoben wie die Sozialdemokratische Partei Bebels. Beide Parteien sind nicht als unbestrittene Vorbilder gemeint; noch weniger trifft das für deren Führer zu. Was Fontane in diesem Punkt der Wirklichkeit entnimmt, ist weit mehr die Idee der wirklichen Verhältnisse als diese selbst. Er hat das Veredelte dieser Parteien im Auge, wie es ein Brief an Friedrich Paulsen bezeugt: „In Jahresfrist hoffe ich Ihnen einen Roman von beinah gleicher Dicke . . . überreichen zu können. Er ist auch patriotisch, aber schneidet die Wurst von der andern Seite her an und neigt sich mehr einem veredelten Bebel- und Stöckertum, als einem alten Zieten- und Blüchertum zu . . ." Weder Stöcker noch Bebel sind Lorenzens Ideal — das ist der portugiesische Dichter João de Deus, dem seine Liebe und Verehrung gehört.

Über den 1830 geborenen Lyriker João de Deus Nogeira de Ramos war gegen Ende des Jahrhunderts mancherlei zu lesen[11]. Eine Sammlung seiner Poesien war 1893 auch in deutscher Sprache erschienen. Fontane hat sie vermutlich nicht gekannt. Doch ist ihm eine Lebensbeschreibung im „Magazin für Litteratur" offenbar nicht entgangen. Sie erschien kurz nach dem Tode des Portugiesen, der am 11. Januar 1896 verstorben war; und sie vermittelt ein Bild seiner Wirksamkeit, das sich mühelos in die christlich-soziale Gedankenwelt einfügt, wie sie im Roman vorzüglich Lorenzen vertritt. In dem Gedenkartikel heißt es: „Arm ist er gestorben, wie er gelebt hat, und eine Begräbnisfeier ist ihm zuteil geworden, die nicht nur den Dichter, sondern auch das Volk ehrte, das er durch sein Leben und sein Schaffen so hoch geehrt hat. An dem Tage der Beisetzung . . . waren alle Schulen des Landes, alle Fabriken und Läden Lissabons geschlossen. Der Minister, der Staatsmann, der Gelehrte, der Handwerker und der

Arbeiter gingen schmerzerfüllt hinter dem Sarg her. Schluchzend suchte die arme Fabrikarbeiterin ihrem Kinde zu erklären, daß es dem Toten alles zu verdanken habe." Aus dem Abschnitt erhellt, daß die Ehrung nicht in erster Linie dem Dichter gilt. Wichtiger als der Poet ist der Pädagoge, der Menschenfreund, der tätige Nächstenliebe übt. Dieser Mensch, der von seinen Zeitgenossen fast zur Heiligengestalt verklärt wurde, ist gerade um seiner sozialen Ideen willen ein Geistesverwandter unseres Stechliner Theologen. Daß sein Bild an die Ufer der märkischen Seen gelangen konnte, fügt sich sehr reizvoll in die Erzählung von den Weltbeziehungen dieses „Vornehmen" ein. Auch hier reichen die Verbindungslinien bis nach Portugal hin, wie ähnlich im Falle des Erdbebens von Lissabon. Von diesem João de Deus also, von dem Vorbild Lorenzens, erzählt Woldemar im Kreis der Barbys und verweilt eingehender bei einer Schrift des Portugiesen, die Lorenzen besonders wichtig sei. Die Grundgedanken dieser Schrift gibt Woldemar sinngemäß wieder: daß unsere Gesellschaft auf dem Ich aufgebaut sei und sie daran zugrunde gehen müsse: „Die zehn Gebote, das war der Alte Bund, der Neue Bund aber hat ein andres, ein einziges Gebot, und das klingt aus in: Und du hättest der Liebe nicht . . ." Woldemar fügt hinzu: „In dieser Geschichte haben Sie nicht bloß den João de Deus, sondern auch meinen Freund Lorenzen. Er ist vielleicht nicht ganz wie sein Ideal. Aber Liebe gibt Ebenbürtigkeit." Die Erneuerung tätiger Nächstenliebe im Sinne der Bergpredigt und im Sinne des portugiesischen Dichters, der „für die Armen gelebt hatte und nicht für sich", bestimmt die Wirksamkeit und das Denken des Stechliner Theologen. Die Angehörigen des Stechlin-Kreises nehmen seine Gedanken auf. Melusine versteht sie im Sinne eines Bundes, von dem sie weiß, daß er ohne Pastor Lorenzen nicht existiert. Die alte Wahrheit der christlichen Demut wird dabei zum Leitbild des Neuen, von dem Melusine spricht: „Wer demütig ist, der ist duldsam, weil er weiß, wie er selbst der Duldsamkeit bedarf; wer demütig ist, der sieht die Scheidewände fallen und erblickt den Menschen im Menschen." In solchen Auffassungen unterscheidet sich Armgard nicht im geringsten von ihrer Schwester. Wie Dubslav und Barby gelegentlich fast Zwillingsbrüder genannt werden, so muten Melusine und Armgard in diesem Punkt wie Zwillingsschwestern an. Auf Woldemars Entscheidung für die eine oder die andere verwendet der Erzähler deshalb nicht viel Zeit. Vor allem in ihrem Denken sind sie beide den Ideen Lorenzens verpflichtet. Melusines Bekenntnis zur Demut wird von Armgard im Grunde nur in anderen Worten zum Ausdruck gebracht: „Elisabeth von Thüringen ist mir lieber als Elisabeth von England. Andern leben und der

Armut das Brot geben — darin allein ruht das Glück. Ich möchte, daß ich mir *das* erringen könnte. Aber man erringt sich nichts. Alles ist Gnade."
Fast bekenntnishaft werden die alten Wahrheiten formuliert, die sich so unmittelbar mit der Wendung zum Neuen verbinden: „Ich respektiere das Gegebene, daneben aber freilich auch das Werdende... Alles Alte, soweit es Anspruch darauf hat, sollen wir lieben, aber für das Neue sollen wir recht eigentlich leben", so sagt Melusine. Das Bekenntnis zur Demut in Verbindung mit dem Neuen ist bezeichnend für die Ambivalenz auch im religiösen Bereich. Der Geist der Menschlichkeit soll in diesem Bund anwesend sein, der in Lorenzen seine geistige Mitte erhält. Aber der Geist dieses Bundes, der sich in Demut und tätiger Nächstenliebe bezeugt, existiert von altersher wie die Natur selbst. Er mag sich im Wandel geschichtlichen Lebens verbrauchen; daher bleibt er wie alles Geschichtliche auf Erneuerung angewiesen. Auch das Christentum unterliegt als Institution dem bezeichneten Prozeß. Aber das echte Neue ist in gewisser Weise das unvergänglich Alte. Davon handelt eines der letzten Gespräche zwischen Dubslav und seinem Pastor. Man unterhält sich über Woldemar, und Lorenzen vermutet, daß ihn sehr bald die Lust anwandeln werde, so halb und halb wieder ins Alte einzulenken. Dubslav nimmt an, daß Lorenzen diese Neigung zu verhindern gedenkt, weil er seinem Sohn nun einmal in den Kopf gesetzt habe, „daß etwas durchaus Neues kommen müsse. Sogar im Christentum". Aber Lorenzen bestätigt nur abermals die Ambivalenz im Thema des Alten und des Neuen, wenn er entgegnet: „Ich weiß nicht, ob ich so gesprochen habe; aber wenn ich so sprach, dies neue Christentum ist gerade das alte..." Dies ist immer wieder — am Beispiel der Sozialdemokratie im Politischen und der christlich-sozialen Bewegung nach der religiösen Seite hin — das zentrale Thema des Romans, und zwar gebunden an die Gestalt des Pastors. Was sich an Zweifel regen könnte, richtet sich notwendigerweise auch gegen sie; und von theologischer Seite mag manches gegenüber diesem Pastor einzuwenden sein. Er ist nicht übermäßig kirchlich gesinnt, und das Dogma ist nicht das oberste Leitbild seines religiösen Verhaltens. Eine unter den Entwürfen überlieferte Notiz besagt ausdrücklich, daß ihm solche Strenggläubigkeit nicht zugedacht war: „Gespräch über Lorenzen. Sein Sozialismus. Bergpredigt. Dogma ist nichts." Auch die Äußerungen Dubslavs im Roman bestätigen das Unkonventionelle und Undogmatische seiner Denkweise: „Ich bin ja, wie du weißt, eigentlich kirchlich, wenigstens kirchlicher als mein guter Pastor (es wird immer schlimmer mit ihm)..." Lorenzen ist in der Tat ein

sehr liberaler Geist und hat mancherlei von der Theologie seiner Zeit in sich aufgenommen.

Vom theologischen, nicht vom künstlerischen Standpunkt ist es wohl denkbar, daß man Fontane die „Weltfrömmigkeit" seines Theologen verdenkt in der Überzeugung, daß das Christliche noch anderes meint als Humanität. Aber gerade dieses andere darzustellen war niemals Fontanes Absicht. Die weltlichen Erscheinungen im Christentum seiner Zeit waren ihm wichtig, nicht die Erläuterung des geistlichen Gehalts. Nicht von außen her und nicht mit fremden Maßstäben ist diese wohl interessanteste Pastorenpersönlichkeit Theodor Fontanes zu beurteilen. Was Lorenzen literarisch, im Blick auf den Roman, und was er geschichtlich, im Blick auf die zeitgenössische Wirklichkeit des Romans, bedeutet, wird sichtbar, wenn man ihn mit seinem Kollegen, dem Superintendenten Koseleger, vergleicht, den die traurige Gegenwart wenig angeht, weil ihn vornehmlich die Zukunft beschäftigt; und wenn Lorenzen in sie hineinsah, „so sah er einen langen, langen Korridor mit Oberlicht und am Ausgang ein Klingelschild mit der Aufschrift: Doktor Koseleger, Generalsuperintendent". Es ist der gesellschaftliche Ehrgeiz, der diesen Theologen beherrscht. Seine Strenggläubigkeit im „Bekehrungsversuch" an Dubslavs Krankenbett enthüllt sich aus diesem Grunde um so deutlicher als Lüge. Von der Halbheit dieses Ehrgeizigen aus ist das in sich wahre Christentum Lorenzens zu beurteilen, wie es in der Predigt am Sarge Dubslavs noch einmal zum Ausdruck kommt: „Alles, was einst unser Herr und Heiland gepredigt und gerühmt und an das er die Segensverheißung geknüpft hat, all das war sein: Friedfertigkeit, Barmherzigkeit und die Lauterkeit des Herzens." Daß Fontane in einer Zeit der Lippenbekenntnisse und der unlebendig gewordenen Strenggläubigkeiten mit seinem Pastor Lorenzen die alte Wahrheit des Christentums eher unter den Außenseitern der Gesellschaft entdeckt, bestätigt die künstlerische Wahrheit seines Romans; denn die Aufgabe des Künstlers ist es zu jeder Zeit, der Regression des Menschlichen zu wehren und dort zu sein, wo sich — in diesem Punkt — das „Fortschrittliche" regt. Aus diesem Grunde ist im „Stechlin" von Bebel und Göhre, dem portugiesischen Dichter und dem Wörishofener Pfarrer die Rede.

Religiöse Themen und Motive klingen in allen Erzählungen Fontanes an. Im „Stechlin" haben sie eine Bedeutung erlangt, die dem Werk den Charakter eines weltanschaulichen Romans zu geben scheint — dann vor allem, wenn man das Ethos der Demut und der Nächstenliebe isoliert und in ihnen die Quintessenz des Romans erkennen möchte. Solche Betrachtungen verdecken indes gerade das, was den Roman als Kunstwerk auszeichnet. Gegen jede Überschätzung der Gesprächsinhalte, nach der politischen oder nach der religiösen Seite hin, spricht ihre Form. Was Fontane von seinen „Poggenpuhls" gesagt hat, gilt auch hier: Das Wie muß für das Was eintreten. Das Wie der Gespräche ist von dem Sprechenden nicht zu trennen. Vor allem aber sind die religiösen Themen und Motive von der Gestalt des alten Stechlin nicht zu lösen. Er am wenigsten kann sich für irgendeine Form der Strenggläubigkeit erwärmen und hält mit seiner Skepsis auch in Glaubensdingen nicht zurück. Dieser märkische Edelmann mit der Neigung zum Original gibt den Plauderton nicht auf, auch wenn es sich um letzte Dinge des Glaubens handelt. Er sagt von sich selbst: „Aber ich bin so im Ausdruck mitunter ungenierter, als man vielleicht sein soll, und bei ‚niedergefahren zur Hölle' kann mir's passieren, daß ich nolens volens ein bißchen tolles Zeug rede." Unanfechtbare Wahrheiten gibt es für ihn nicht. Hinter alles pflegt er ein Fragezeichen zu setzen. Das ist der Ausdruck seiner im Grunde allseitigen Skepsis. Sie wird unmittelbar einer anderen Seite seines Wesens zugeordnet. Dubslavs Skepsis ist nur eine andere Form seiner Humanität, wie sogleich aus der Beschreibung seiner Person hervorgeht: „Er hatte noch ganz das eigentümlich sympathisch berührende Selbstgefühl all derer, die ‚schon vor den Hohenzollern da waren', aber er hegte dieses Selbstgefühl nur ganz im stillen, und wenn es dennoch zum Ausdruck kam, so kleidete sich's in Humor, auch wohl in Selbstironie, weil er seinem ganzen Wesen nach überhaupt hinter alles ein Fragezeichen machte. Sein schönster Zug war eine tiefe, so recht aus dem Herzen kommende Humanität..." Auch das Christentum, wie es Lorenzen versteht, wird vom Geist der Humanität bestimmt. Aber sofern es sich dabei um lehrbare Inhalte handelt, muß Dubslav von Stechlin, „seinem ganzen Wesen nach", auch hier sein Fragezeichen anbringen. Keine Weltanschauung wird von der humanen Skepsis des alten Stechlin verschont. Seine aus dem Herzen kommende Humanität ist nicht faßbar als formulierbare Lehre, sie ist nicht vergleichbar mit irgendeinem Humanismus als Programm. Humanität, die aus dem Herzen kommt: damit sind in erster Linie die Äußerungsformen des Geistes gemeint. Sie heißen: Distanz und Skepsis, Selbstironie und Humor. So ist es durchaus denkbar, daß im Verständnis des Romans aus der humanen Gesinnung der Hauptgestalt heraus auch die „Philosophie der Nächstenliebe" mit einem Fragezeichen versehen wird, wenn sie nicht mehr der Ausdruck des lebendigen Geistes ist, sondern im Gewohnten verflacht. Die vorwiegend an die Gestalt Stechlins gebundene Skepsis behält ihren Wert über seinen Tod hinaus. Sie gehört nicht zum sterbenden Adel. Es wäre andernfalls wenig sinnvoll, innerhalb des Romans sein Andenken mit der Predigt zu ehren, die ihm Lorenzen hält. Er habe vom Bekenntnis weniger das Wort als das Tun gehabt, wird ihm nachgerühmt. So wird denn durch die Vermittlung des Pastors neben anderen Eigenschaften auch die humane Skepsis des alten Stechlin in der jüngeren Generation fortleben.

Die relativierende Skepsis

Demut, Nächstenliebe, soziale Wirksamkeit: das alles sind große und edle Dinge. Aber sie sind nicht eigentlich der letzte Aspekt der Dichtung. Sie enthalten noch nicht die Summe der Weisheit, die der Roman birgt. Es geht um das spezifisch Dichterische dieser Skepsis und damit noch einmal um die Vorzüge dieses altmärkischen Junkers. Daß Stechlin hinter alles ein Fragezeichen zu setzen pflegte, daß er nicht geneigt war, unanfechtbare Wahrheiten anzuerkennen, entnehmen wir nicht allein der Beschreibung seiner Person, wie sie im Eingangskapitel gegeben wird. Die Formen seiner Skepsis sind durch den ganzen Roman hin zu verfolgen. Sie ist vor allem der Redeweise, dem Ton der Gespräche immanent. Dubslav ist es gewohnt, die Dinge nicht ins Absolute zu erhöhen. Er achtet auf ihre mannigfaltigen Bedingtheiten. Das je und je Relative ist sein Fall. Das bewahrt vor Einseitigkeiten, die zumeist der Komik anheimfallen. Vom Standpunkt einer derart allgemeinen Relativität erscheint jede Form der Feierlichkeit ein wenig deplaciert. Ein vorwiegend unfeierlicher Ton wird daher bevorzugt, und die Übertreibungen werden nicht eben geschätzt. Mit der Sprache pflegt Dubslav etwas leicht umzugehen, ohne sie darum zu vernachlässigen. Er ist im Gegenteil skeptisch, wo die Redeweise im Redensartlichen verflacht, wo die Phrase regiert und ein Ausdruck die Sache nicht mehr trifft, sondern allenfalls die Gedankenlosigkeit des Sprechenden enthüllt. Da kommt der heiratsfähige Sohn nach Hause, und der Vater erkundigt sich unauffällig nach seiner Zukunft. Aber er tut es in einem Ton, der verrät, daß die Dinge wiederum nicht zu wichtig genommen werden. Er fragt: „Liegst du mit was im Anschlag, hast du was auf dem Korn?" Worauf Woldemar in einer etwas steifen und konventionellen Gesellschaftssprache erwidert: „Mich beschäftigen diese Dinge." Solchen Redensarten gegenüber ist Dubslav empfindlich: „Wenn es sich um Dinge wie Liebe handelt, so darf man nicht sagen, ‚ich habe mich damit beschäftigt!' Liebe ist doch schließlich immer was Forsches, sonst kann sie sich ganz und gar begraben lassen..." Eine gewisse Sprachskepsis sich selbst und anderen gegenüber gehört zu seiner Wesensart. Sie ist mit derjenigen Hans Karls in Hofmannsthals

„Schwierigem" nicht zu verwechseln, wiewohl nicht völlig verschieden von ihr. Zum Plauderton steht sie scheinbar im Widerspruch. Aber Plauderei ist hier noch anders gemeint als die Konversationen dort, die „alles Wirkliche verflachen und im Geschwätz beruhigen", wie Helene sagt. Auch die Causerie ist wohl, wie die Konversation, dem Unverbindlichen zugeneigt, aber sie ist es aus einem gleichsam anderen Aggregatzustand des Menschlichen heraus. Die Humanität der Causerie beruht im Fließenden, in den Nuancen des Übergangs, die Trennungen vergessen lassen; sie liegt abermals in dem, was man nicht fixieren darf. Insofern eignet dem Plauderton ein Wahrheitsgehalt eigentümlicher Art, eine Verbindlichkeit im scheinbar Unverbindlichen. Dieser Wahrheitsgehalt ist auch in der Skepsis Stechlins gemeint, wenn er bestimmten Redensarten mißtraut. Skepsis in Dingen des Glaubens und der Ideologie, vor allem die Skepsis gegenüber der Sprache bei gleichzeitig vorhandener Hochschätzung der Sprache, sind wohl überhaupt ein Zeichen des Übergangs, ein Zeichen spätzeitlichen Daseins, in dem Altes versinkt und Neues sich bildet. Man denkt an Jakob Burckhardt. Auch er ist auf seine Weise der Skepsis verhaftet, und um so mehr, als er den Gang der Weltgeschichte mit den Augen des Geschichtskundigen überblickt. Mit irgendeiner Form des Nihilismus hat solche Skepsis nicht das mindeste zu tun: weder im Falle Stechlins noch im Falle jenes Hans Karl in Hofmannsthals Lustspiel. In Zeiten des Übergangs ist die Skepsis im Gegenteil eine Voraussetzung des Humanen — dann vor allem, wenn sich das Neue durch seine Unfehlbarkeit empfiehlt, wenn es sich als unanfechtbare Wahrheit gibt und ebendeshalb leicht ins Unmenschliche entartet.

Wie sehr man die Skepsis Stechlins verkennt, wenn man sie in die Nähe eines weltanschaulichen Nihilismus verweist, bezeugt die Redeweise in ihrer Richtung zum Humor. Zur Skepsis Stechlins aber gehört der Humor so gut wie das Humane. Eine spezifisch Fontanesche Erscheinungsform dieses Humors, oder wenigstens eine seiner Vorstufen, ist die geistreiche Rede. Sie bezeugt sich immer wieder in der Art und Weise des Zitierens. Für Festreden sind Zitate oft begehrt, um die Wirkung des Abgangs zu erhöhen. Von den Dichtern erfunden und zumeist unschuldig gemeint, werden sie im Munde der Rhetoren bisweilen in Münzen der Eitelkeit umgeprägt. Bei Fontane sind Zitate der Ausdruck einer geistreich-geselligen Redekunst. Aber sie sind nicht Zeugnisse philologischer Genauigkeit. Im Ungenauen der geistreichen Veränderung beruht ihr Reiz. Wenn sich Dubslav daher eines Zitats bedient, so fließt es zumeist unauffällig ein. Es wird nicht umständlich vorbereitet, damit es sich wirkungsvoll präsentiert, sondern lässig eingestreut; daher die humorvolle Wirkung: „Sehen Sie meine Herren verhaßt sind mir alle langen Hälse; das hier aber, das nenn ich eine gefällige Form. Heißt es nicht irgendwo: ‚Laßt mich dicke Leute sehn', oder so ähnlich ..." In Fontane selbst wie in Dubslav von Stechlin ist der Hang zum Geistreich-Aphoristischen ausgeprägt. Aber unanfechtbare Wahrheiten sollen damit nicht formuliert werden. Daher vermißt man denn auch hier jeden Hang zum Pathos der Rede. Der Aphorismus Stechlins, wenn man ihn so bezeichnen darf, ist humorvoll getönt. Man spricht über die Krammetsvögel, die sich die Jungen des Ortes merkwürdigerweise nicht angeeignet haben. Dubslav meint, das müsse doch seine Gründe haben: „Der natürliche Zug ist doch, daß die Jungens nehmen, was sie kriegen können. Der Mensch stiehlt wie'n Rabe." Solche Kernsprüche enthüllen eine gleichsam doppelte Skepsis: der Sache nach wie im Ton. Daß der Diebstahl zur Natur des Menschen gehört, das ist eine pessimistische, eine menschenfeindliche Auffassung. Aber so ist es nicht gemeint. Auch eine unanfechtbare Wahrheit wird nicht prätendiert. Der scheinbar feierliche Ton „der Mensch..." wird durch die Banalität des Diebstahls humorvoll gebrochen; und der umgangssprachliche Vergleich „wie'n Rabe" vermittelt erst recht den Eindruck des humorvoll Hingesagten. Das Böse wird nicht zum Kern des Menschen gemacht. Gegen solche Verallgemeinerung spricht der humorvolle Ton. Aber die Behauptung „Der Mensch ist gut" ist ebensowenig gemeint; dagegen spricht trotz der humoristischen Redeweise der sachliche Gehalt in der Form der Anspielung auf den stehlenden Menschen. Solche Ungeniertheiten finden sich selbst dort, wo es um ernste Dinge geht. Von Dubslavs verstorbener Frau ist die Rede und von seinem Widerstreben, sich eine neue zu nehmen: „Wir glauben doch alle mehr oder weniger an eine Auferstehung ... und wenn ich dann oben ankomme mit einer rechts und einer links, so ist es doch immer eine genierliche Sache." Daran Anstoß zu nehmen liefe auf eine Mißachtung des Humors hinaus; denn was dergleichen Wendungen nun auszeichnet, ist das Indirekte der Rede, ist die Art, das Gemeinte gerade dadurch besser zum Ausdruck zu bringen, als es je in der Direktheit des „Korrekten" geschehen kann. Vom Ewigen wird dabei in Bildern des Endlichen gesprochen, aber es wird deshalb nicht erniedrigt. Mehr aber noch wird das Endliche im Bild des Ewigen betrachtet; und das bevorzugte Bild solcher Betrachtungen ist der Tod.

„Der Inhalt des Romans wird zu einer Apotheose des Sterbens", so hat man die Bedeutung dieses Motivs umschrieben[12]. Aber das ist eine Redeweise, die sich mit Bezug auf Fontane ein wenig im Ton vergreift. Nirgends wird die Unfeierlichkeit aufgegeben; nirgends gibt es, selbst im Zusammenhang solcher Dinge, das Pathos der Rede. Die leichten Wendungen werden auch hier bevorzugt; an ihnen liegt es, Distanz zu schaffen, wie sie erstrebt wird: Distanz zu den Eitelkeiten des Lebens, aber Distanz auch gegenüber dem Tod. Als Hippenmann wird er gelegentlich bezeichnet, und es ist die humoristische Umspielung, auf die es Fontane ankommt. Ausführlich wird vom Sterben und vom Tod des Hagelversicherungssekretärs Schickedanz erzählt — einer Figur, die der Leser lebend gar nicht mehr kennengelernt hat. Nur als Verstorbener agiert er unter den Figuren des Romans. Die nötigen Kenntnisse über die Vorbildlichkeit seines Daseins vermittelt seine Witwe. Frau Schickedanz spricht unaufhörlich vom Prachtexemplar ihres verstorbenen Mannes — so eindringlich, daß der Eindruck des Komischen entsteht. Das Endliche gerät mit dem Unendlichen in Konflikt, aber der Konflikt ist ein solcher des Humors. Es geht um den Zeitpunkt des Todes — drei Tage vor Weihnachten, und damit angesichts des Ewigen um die Endlichkeit der irdisch verstandenen Feste. Über diesen Zeitpunkt ist die Witwe Schickedanz nie recht hinweggekommen; es war dies auch der Umstand, „auf den der Hilfsprediger, ein junger Kandidat, in seiner Leichenrede beständig hingewiesen und die gewollte Wirkung auch richtig erzielt hatte". Der Portier Hartwig, von dem gesagt wird, daß er humoristisch angeflogen war, hat für diese Hervorhebung kein Verständnis. Er quittiert solche Reden gern mit der Bemerkung: „Ich weiß nicht, Mutter, was du dir eigentlich denkst? Ein Tag ist wie der andre; mal muß man ran..." Er steht schon in dieser Ausdrucksweise dem Herrn von Stechlin und seinem Kreis näher als beispielsweise die Witwe Schickedanz, die es ehrlich meint, ohne die Klippen der Komik und der Sentimentalität zu vermeiden.

Aber in der Spiegelung Dubslavs erscheint das Bild des Todes doch vor allem. Wie er sich vorbereitet, wie er sich mit ihm zu stellen sucht, wie er ihm mit etwas Aberglauben vielleicht doch noch beizukommen glaubt: das alles wird in den letzten Kapiteln ausführlich beschrieben. Eines dieser Kapitel erzählt den Besuch der Domina von Kloster Wutz. Die ältere Schwester weilt am Krankenbett des Bruders, dessen Leben sich dem Ende deutlich zuneigt. Anfangs scheint es, als würde alles gut verlaufen. Aber die Nörgeleien, Vorwürfe und Rechthabereien der Schwester lassen nicht lange auf sich warten. Vor allem hält sie mit ihrer Rechtgläubigkeit nicht zurück. Der Unglaube Dubslavs, seine abergläubischen Anwandlungen sind ihr ein Dorn im Auge. So verwendet sie allen Eifer darauf, ihn auf den Weg des rechten Glaubens zurückzubringen — bis Dubslav sich zu einer köstlichen Intrige entschließt. Er bestellt sich die Enkelin der alten Buschen als Nachtwache ins Haus und erreicht damit, was beabsichtigt war: daß die rechtgläubige und standesbewußte Domina unverzüglich das Feld räumt. Sie wird vom eigenen Bruder, kurz vor dessen Tode, überlistet, der sich auf eine denkbar humorvolle Art von ihr befreit, um sich den bescheidenen Rest seiner Erdentage nicht durch ihre Anwesenheit zu verderben. Wenn der Erzähler eines Romans an das Lebensende seines Helden gelangt, so wird er sich gern die heiteren Töne versagen. Wie leicht, wenn die epische Distanz unbekümmert vertan wird, kann die Schilderung ins Sentimentale absinken. Fontane scheut sich nicht, mit einem humoristisch erzählten Kapitel auf den Tod seines „Helden" vorzubereiten. Er selbst als Erzähler ist fähig, den Tod humoristisch zu nehmen — ohne dabei leichtfertig mit Dingen umzugehen, die jeden Spott verbieten. Und mit Humor nehmen wir vor allem die Bemühung der Rechtgläubigen auf, eine schon fast verlorene Seele vielleicht doch noch der Hölle zu entreißen.

Der „Stechlin" ist nicht der Roman vom sterbenden Adel. Er zeichnet nicht das Bild einer sterbenden Welt, weil er ausführlich den Tod des alten Dubslav schildert. Der Tod ist, recht verstanden, eine Möglichkeit des Lebens, sofern es jederzeit der Distanz bedarf, um sich die Dinge erträglich vom Leibe zu halten, die uns zu überwältigen drohen. Die Erinnerung an den Tod relativiert die Werte, wo immer sie absolut gesetzt werden. Auch der Tod setzt seine Fragezeichen; er setzt sie hinter alles — wie Dubslav von Stechlin. Auch er ist eine Form der humanen Skepsis, die so untrennbar zu Stechlin gehört. Die Gestalt Dubslavs gewinnt durch den vertrauten Umgang mit dem Hippenmann an Bedeutung im Ganzen des Romans. Wir hüten uns dennoch, Fontanes letzte Dichtung ausschließlich von dieser Figur her zu deuten; erst von der Ganzheit des Romans her ist eine genauere Erläuterung der Romanform möglich.

Dubslav von Stechlin, Sproß eines alten Adelsgeschlechtes, ist keine schlechterdings ideale Figur. Er hat seine Schwächen, die wir von ihm nicht wegdenken möchten, und die Sympathie, deren er sich bei seinen Lesern erfreut, hängt unter anderem auch damit zusammen. Im Politischen ist er aufgeschlossen. Alles Borniertermine, Überhebliche, Überlebte liegt ihm fern. Aber er vor anderen seines Kreises ist dem Alten zugetan. Er hält noch immer an der Überzeugung fest, daß Adel und Armee die Werkzeuge der Regierung sind, und am liebsten wäre ihm, wenn die ganze Geschichte noch vom Verstand des Alten Fritzen reguliert werden könnte. Das sind überlebte Vorstellungen, die einen modernen Menschen wie Czako ein wenig in Verlegenheit setzen. Gewiß unterscheidet sich Dubslav von der petrefakten Erscheinung der Schwester beträchtlich. Aber der „Sinn" des Romans erschöpft sich nicht im Verständnis dieser Figur. Nicht alle Sinnbezüge laufen in ihr zusammen. Die märkische Welt soll sein; aber sie soll sich nicht überheben. Sie soll nicht ausschließlich gelten. Im Roman wird sie deshalb durch das Haus des Botschaftsrates ergänzt. Enge und Weite, der stille Erdenwinkel und die Weltläufigkeit der europäischen Hauptstädte stehen sich gegenüber — aber nicht als Gegensätze, die sich ausschließen, sondern ergänzen. Mit Dubslav hat der Botschaftsrat überdies vieles gemeinsam. Die Beschreibung seiner Person, die Woldemar gibt, fällt ähnlich aus wie diejenige Stechlins: „Und dazu der alte Graf! Wie ein Zwillingsbruder von Papa; derselbe Bismarckkopf, dasselbe humane Wesen..." Als ehemaliger Botschftsrat im Politischen erfahrener als der Major außer Dienste, neigt er stärker dem Neuen zu als jener. Nicht zufällig wird ihm die hellsichtige Beurteilung der Weltlage in den Mund gelegt: „Das moderne Leben räumt erbarmungslos mit all dem Überkommenen auf. Ob es glückt, ein Nilreich aufzurichten, ob Japan ein England im Stillen Ozean wird, ob China mit seinen vierhundert Millionen aus dem Schlaf aufwacht und, seine Hand erhebend, uns und der Welt zuruft: ‚Hier bin ich', allem vorauf aber, ob sich der vierte Stand etabliert und stabilisiert... das alles fällt ganz anders ins Gewicht als die Frage ‚Quirinal oder Vatikan'."

Aber auch der Botschaftsrat von Barby ist um solcher Auffassungen willen nicht aus dem Zusammenhang herauszulösen. Erst innerhalb des ganzen Kreises realisiert sich die Gesinnung, deren erzählerische Darstellung Fontane erstrebt. Der Zusammenhalt und Zusammenhang dieses Kreises ist aber für die Erkenntnis der Romanform von entscheidender Bedeutung. Ein oft erhobener Vorwurf ist von hier aus zu entkräften[13]. Wir meinen die Sprache der Personen und den „Realismus" ihrer Nuancen. Fontane selbst hatte an Gottfried Keller die mangelhafte Differenzierung in der Sprache seiner Figuren beanstandet und ausgeführt: „Er gibt eben all und jedem einen ganz bestimmten, allerpersönlichsten Ton, der mal paßt und mal nicht paßt, je nachdem... Erbarmungslos überliefert er die ganze Gotteswelt seinem Keller-Ton." Aber der Vorwurf Fontanes scheint sich gegen ihn selbst zu kehren, wie Thomas Mann seinerzeit zu bedenken gab; denn auch Fontane habe doch wohl die ganze Gotteswelt seinem Fontane-Ton überliefert. Andere haben für den durchgängigen Fontane-Ton den Altersstil verantwortlich gemacht und ihre kritischen Wertungen damit verbunden. Die charakterisierende Abtönung der individuellen Redeweise sei in den früheren

Romanen meisterhaft gehandhabt worden, aber im „Stechlin" sei es damit vorbei. Ist es wirklich so? Wer sich durch die geläufig gewordenen Urteile nicht den Blick verstellen läßt, wird gewahren, daß die charakterisierende Abtönung nicht völlig fehlt. Personen wie der Kritiker Wrschowitz sprechen ein charakteristisches Deutsch, nämlich ein gebrochenes. Die Kutscher der Adelsfamilien reden anders als ihre Herrschaften. Engelke spricht, wie Diener sprechen, auch der Lehrer Krippenstapel fällt nicht eigentlich in den Dubslav-Ton, der weithin der Fontane-Ton ist. Der Regierungsassessor von Rex gehört zu den aufgesteiften Individuen und kann es in seiner Redeweise nicht völlig verbergen. Dagegen nähert sich der Hauptmann von Czako schon eher dem Stechlin-Ton an, wiewohl mit einer Neigung zum Burschikosen, gelegentlich auch zum Sarkasmus. Zwar herrscht der Fontane-Ton im Roman weithin vor; er ist nicht auf eine individuelle Gestalt beschränkt. So wie Dubslav spricht, so sprechen ähnlich der Botschaftsrat und seine Töchter, so sprechen im Grunde auch Woldemar und Lorenzen. Aber diese Gemeinsamkeit ist von der Romanform her bedingt. Es ist die Sprache eines bestimmten Menschenkreises, des Stechlinkreises, der als Ganzes die beherrschende Mitte bildet. Das bestätigt das sorgsam erwogene und mehrfach veränderte Schlußwort: „Es ist nicht nötig, daß die Stechline weiterleben, aber es lebe der Stechlin." Erst aus der Einsicht in diese Ganzheit werden die Einzelheiten verständlich: daß Stechlin und Barby sich nicht ausschließen, sondern ergänzen; daß das Humane im deutlich ausgesprochenen Ideengehalt der Demut und Nächstenliebe ebenso da ist wie als nicht fixierbare Gesinnung. Wir beobachten, wie das Neue ununterscheidbar in das Alte übergeht, und erkennen, daß solche Übergänge nur dem Stechlinkreis vorbehalten sind. Woldemar ist eingangs bereit, bedingungslos für das Neue einzutreten. Zum Schluß kehrt er in die alte Heimat zurück und übernimmt das Alte in der Form des Schlosses Stechlin. Anders verhält es sich mit den Nebenfiguren. Hier geht das Alte nicht gleichermaßen ohne Unterscheidung in das Neue über. Es wird im Gegenteil deutlich unterschieden. Die Domina ist ohne weiteres eine veraltete Erscheinung und von jeder Verbindung mit dem Neuen abgeschnitten, Wrschowitz vertritt das Neue bis zur Übertreibung; daher das Licht der Komik, das auf seine Person fällt. Der unbedingte Kritiker des Alten hat nicht die Einsicht des Stechlinkreises. Ihm fehlt die Überschau derer, die hierhin und dorthin blicken, daher alles von zwei Seiten betrachten. Sein Bewußtsein ist getrübt. Darauf beruht seine Komik und jede Komik überhaupt. Keine bestimmte Figur des Stechlinkreises besitzt das gleichsam ideale Bewußtsein, das vor Komik bewahrt. Auch Dubslav ist zeitweise nahe daran, in den Umkreis des Komischen zu geraten. Er hat nicht die Überschau über die Weltverhältnisse von der Art des Botschaftsrates. Keine der Figuren kann das für sich beanspruchen. Keine ist um ihrer selbst willen da. Das Ganze ist wichtiger als die Glieder. Der Stechlinkreis als dieser Kreis ist die Idee, die sich nach einer Äußerung Fontanes „einkleidet". Erst in ihm vereint sich alles Fontanesche zu jener Gesinnung, die sich in der Perspektive des Romans als die höchste Bewußtseinsstufe versteht. Und Gesinnung ist in der Optik dieses Romans nicht nur das Höchste, sondern auch das Beste, wie es Lorenzen am Sarge Dubslavs bekräftigt: „Er war kein Programmedelmann, kein Edelmann nach der Schablone, wohl aber ein Edelmann nach jenem alles Beste umschließenden Etwas, das Gesinnung heißt."

Die Gesinnung und der Zusammenhang des Ganzen

Die Frage der Gesinnung ist in besonderer Weise eine Frage des Romans. Davon handelt Goethe im „Wilhelm Meister": „Im Roman sollen vorzüglich Gesinnungen und Begebenheiten vorgestellt werden. Der Roman muß langsam gehen, und die Gesinnungen der Hauptfiguren müssen... das Vordringen des Ganzen zur Entwicklung aufhalten." Aber Goethe bezieht in der Praxis seines Erzählens die Gesinnung doch in erster Linie auf die Hauptgestalt, auf den Helden seines Bildungsromans. Das tut Fontane nicht oder nicht mehr. Schon in „Vor dem Sturm" geht es nicht in erster Linie um die Entwicklung einer Hauptperson. Schon dort geht es um die Gesinnung im ganzen, wie es ein Brief Fontanes erläutert: „Der Schwerpunkt des Buches liegt nicht im ‚Landschaftlichen'... der Schwerpunkt liegt vielmehr in der *Gesinnung*, aus der das Buch erwuchs." Nicht mehr die erzählte Figur, sondern der Erzähler selbst wird zum eigentlichen Brennpunkt, in dem alles zusammenläuft. Aus seiner Gesinnung geht die Erzählung hervor. Das ist in Fontanes letztem Roman im gesteigerten Maße der Fall. Auch von hier aus ist es angezeigt, die stark autobiographischen Züge zu betonen; und weil sich die Gesinnung von der erzählten Figur so auffällig auf den Erzähler verlagert, wird die altmodische Frage wieder wichtig, wer denn dieser Erzähler sei. Die Darstellung des Humanen bei Fontane weist auf Fontanes Humanität zurück; denn menschliche Wahrheit vermag zuletzt überzeugend nur darzustellen, wer selbst als Mensch etwas bedeutet. Aber sowenig diese autobiographischen Züge zu leugnen sind, sosehr ist vor jeder voreiligen Identität des Erzählers mit einer seiner Figuren zu warnen. Dubslav von Stechlin ist nicht das Selbstporträt Theodor Fontanes. Wesenszüge des Dichters sind in Dubslav und Lorenzen ebenso zu finden wie im Botschaftsrat und seinen Töchtern. Deren Gesinnung ist als die Gesinnung zu verstehen, aus der Fontanes „Stechlin" entstand. Sie ist das gleichsam epische Bewußtsein, das sich dem Leser mitteilt, der das Ganze des Kreises überblickt. Nicht ausschließlich durch Stechlin oder Barby, durch Lorenzen oder Melusine werden Altes und Neues im Wesen ihrer Ambivalenz dargestellt. Nicht Dubslav allein vertritt die „Philosophie der zwei Seiten". Nicht von einer Person wird die Unentschiedenheit verkörpert, die das Ja so wichtig oder unwichtig nimmt wie das Nein. Im Blick auf das Ganze des Romans bleibt der stille Erdenwinkel im Recht, aber die weltläufige Weite nicht minder. Der ruhende See verwandelt sich in Zeiten der Revolution ins bewegte Gewässer. Das Eindringen des Gegensätzlichen im Stechlinkreis, für den der See zum bestimmenden Symbol wird, macht das Ja und Nein verständlich. Das höhere Bewußtsein vom Ganzen her steht in Frage, das sich nicht festlegt, weil in gewisser Weise beides gilt. Daher die Hinnahme des Gegebenen bei gleichzeitiger Schärfe in der Gesellschaftskritik. Wer das weltanschaulich nimmt, wer es ins Ideologische übersetzt, ist blind für das Poetische dieser Ambivalenz. Die Entscheidung für eine Sache behält ihr gutes Recht, besonders im Drama. Aber die Unentschiedenheit — nicht als „Weltanschauung", sondern als Idee! — fordert ihr Recht nicht minder. Sie ist vorzüglich eine Sache der epischen Kunst, der größeren Distanz. Auch aus der so beglückenden Distanz des „Stechlin" versteht sich das eigentümlich Schwebende, das Geistige und Ungegenständliche einer Welt, die der Roman sich erschafft. Sein Eigenstes ist die Atmosphäre. Nicht daß wir uns vornehmlich an einprägsamen und unverwechselbaren Gestalten erfreuen — Woldemar wie Armgard sind durchaus schemenhaft gezeichnet — nicht daß sie wirken und handeln: daß sie irren und leiden, macht den Roman zum Roman. Ohne die Atmosphäre des Stechlinkreises wäre er indessen nicht das, was er ist.

Von der Ganzheit des Stechlinkreises erscheint die Wendung vom politischen Roman in einem neuen Licht. Dabei ist nicht das Thema der Parteien entscheidend. Das Politische in solcher Gestalt ist ähnlich in den gesellschaftskritischen Romanen dargestellt, wenngleich mit anderen Akzenten. Romane wie „Irrungen, Wirrungen", „Stine" oder „Effi Briest" sind in ihrem Inhalt womöglich „politischer" als der „Stechlin", weil der Konflikt die Brüchigkeit der Verhältnisse nur noch deutlicher demonstriert. Im „Stechlin" verliert das Inhaltlich-Konkrete, in der Konstellation der politischen Parteien zum Beispiel, in dem Maße an Bedeutung, in dem es in die Romanwelt einbezogen wird. Nicht die Festlegung auf eine der neuen Parteien wird vom Ganzen dieser Gesinnung her vorgenommen, nur die Formen der Annäherung werden beschrieben — eine Annäherung, die von sich aus auf Abstand hält. Daß Dubslav als Kandidat der Konservativen unterliegt, wird vom Ganzen dieser Gesinnung her völlig verständlich. Wer sich so wenig engagiert, muß als Politiker scheitern. Aber Fontanes Thema im „Stechlin" ist nicht die erfolgreiche Politik. Weit eher ist es diese zum Scheitern verurteilte Gesinnung. Die Bewahrung des Menschlichen ist in bestimmten Zeiten bei den Unterliegenden besser verbürgt. Aus diesem Grunde ist auch die Gesinnung wichtiger als die Agitation, die Bewußtseinswelt des Stechlinkreises wichtiger als das, was draußen in der Welt geschieht. Dort wird es weiterhin Konflikte geben. Sie werden nicht aus der Welt zu schaffen sein, weil bestimmte Eigenschaften des Menschen nicht zu ändern sind. „Die Menschen waren damals so wie heut", weiß die alte Nimptsch. Auch im Stechlinkreis ist das Bewußtsein solcher Wiederkehr vorhanden. Weil sich die Konflikte aus der unveränderlichen Natur des Menschen ergeben, werden die Gesinnungen, die ihnen antworten, wichtiger als diese selbst. Weil es sich so verhält, verlagert sich das Interesse des Erzählers Fontane zunehmend von den Konfliktromanen auf die Darstellung fast konfliktloser Welten. Dabei kann von einer Entwicklung des Erzählers nicht einmal die Rede sein; denn auch der erste Roman ist, wie der letzte, in jener eigentümlich konfliktlosen Welt angesiedelt, die freilich nicht als Darstellung einer Utopie verstanden sein will. Nicht die Konflikte der Wirklichkeit, nicht die Utopie einer konfliktlosen Welt, sondern die Wirklichkeit der Gesinnung wird im „Stechlin" thematisch. Aber die Bedeutung des Politischen wird dadurch nicht gemindert, sondern erhöht. Das Politische bezeugt sich in den Themen und Motiven, vor allem aber ist es anwesend als Gegenstand des Bewußtseins. Die Erweiterung des Bewußtseins zur Bewußtseinswelt dieses Kreises rückt Fontanes letztes Werk an die Entwicklung des modernen Romans heran. Das wird deutlich auch in dem, was hier Zusammenhang bedeutet.

Er betrifft in jedem Fall das Wesen der Dichtung. Aber er stellt sich für jede Dichtungsart anders dar: dem Zusammenhang der Handlung im episch-dramatischen Bereich entspricht der Zusammenhang der Bilder und Klänge im Gedicht. In geordneten Zeiten wird die Dichtung zum Spiegel einer geordneten Welt. Mit der Auflösung gewohnter Ordnungen geraten auch Dichtung und Kunst in die Gefahrenzone der Auflösung hinein. Der Zusammenhang, der die Dichtung zur Dichtung macht, versteht sich nicht mehr von selbst. Es spricht für Fontane, daß ihn das Problem auf seine Weise beschäftigt, schon im ersten Roman; hier bereits ist die Frage der Einheit nicht mehr selbstverständlich im bisher vertrauten Handlungsgefüge gegeben: sie wird zum begleitenden Thema des Romans. In scherzhaften Plaudereien klingt es an, wenn Lewin bemerkt: „Ihr wollt Guckkastenbilder: Brand in Moskau, Rostopschin, Kreml, Übergang über die Beresina, alles in drei Minuten. Die Erzählung, die euch und euer Interesse tragen soll, soll bequem wie eine gepolsterte Staatsbarke, aber doch auch handlich wie eine Nußschale sein. Ich weiß wohl, wo die Wurzel des Übels steckt: der Zusammenhang ist euch gleichgültig ..." Wie das Große mit dem Kleinen verknüpft erscheint, das Individuelle mit dem Allgemeinen, wie das eine ins andere hineinwirkt; wie sich das Geschichtliche im Alltäglichen bezeugt und das Alltägliche zum Geschichtlichen erweitert, dies und anderes ist der Gegenstand des Romans. Genauer gesagt, ist es der Zusammenhang dieser Dinge, wie es noch einmal am Ende des Romans bestätigt wird: „Eine Welt von Dingen: Krieg und Frieden und zuletzt auch Hochzeit ..." Das Handlungsgefüge tritt zurück zugunsten einer epischen Form, die das Ganze bewußt macht. Bewußtsein ist wichtiger als Geschehen. Im „Stechlin" ist die höchste Stufe mit dem Bewußtsein des Zusammenhangs gegeben. Melusine spricht es aus: „Alles Alte, soweit es Anspruch darauf hat, sollen wir lieben, aber für das Neue sollen wir recht eigentlich leben. Und vor allem sollen wir, wie der Stechlin uns lehrt, den großen Zusammenhang der Dinge nie vergessen. Sich abschließen heißt sich einmauern, und einmauern ist der Tod."

Im Bewußtmachen dessen, was in unserer auseinanderfallenden Menschenwelt zusammengehört, bezeugt sich zuletzt das Selbstbewußtsein des Romans, der es schon auf Grund seiner Geschichte am schwersten hatte, zur Dichtung und damit zur Einheit zu gelangen. Das Thema der Einheit und Ganzheit ist ein zentrales schon in Goethes „Wilhelm Meister". Aber dort ist es bezogen in erster Linie auf die individuelle Gestalt. Fontanes Idee des Ganzen, im Symbol des Großen Stechlin sich repräsentierend, meint vorzüglich die überindividuellen, die geschichtlichen und politischen Bezüge, die von einem höheren Standort her ein Ganzes werden sollen. Indem er nicht mehr die um Handlungen, Konflikte und Charaktere gruppierten Zusammenhänge zum Zielpunkt der Dichtung macht, sondern im Großen Stechlin das Ganze selbst, läßt er den uns vertrauten Roman des 19. Jahrhunderts hinter sich. Gemessen an der Höhe des künstlerischen Bewußtseins, ist die „Alterskunst" des

„Stechlin" die reinste Neulandtheorie, um mit Pastor Lorenzen zu sprechen. Mit diesem Werk leitet der Neunundsiebzigjährige eine Verjüngung der Romanform in Deutschland ein, die weiterzuführen ihm der Tod verwehrte.

EBERHARD LÄMMERT

## Thomas Mann · Buddenbrooks

Eingangsfragen

„Anfang
‚Was ist das. — Was — ist das ...'
‚Je, den Düwel ook, c'est la question,
ma très chère demoiselle!' "

Diese Notiz findet sich unter den ersten Stichworten und Charakteristiken, die Thomas Mann seit dem Sommer 1897 zu einer Erzählung über Hanno Buddenbrook in einem Merkheft sammelte. Schon nach wenigen Monaten begann er mit diesen Sätzen die Niederschrift einer auf zweihundertfünfzig Seiten veranschlagten „Kaufmannsgeschichte". Vier Jahre später forderte ein Roman von elfhundert Seiten mit jener hartnäckigen Eingangsfrage seine Leser zur Teilnahme am generationenlangen „Verfall einer Familie" heraus.

Der Erzähler, der mit rhetorisch durchtriebenem Dreitakt den einfachsten aller Fragesätze zu einer Kernfrage erhebt und dabei ihren Ernst in einem Atem mit einer saloppen Redewendung durchkreuzt, läßt den Leser über die konkrete Bewandtnis der Frage nur einige Augenblicke lang im ungewissen. Es ist eine Katechismusfrage, und sie gilt, wie alsbald deutlich wird, dem ersten Satz des Glaubensbekenntnisses. Die Sprecherin, die gleich bei dieser ersten Frage zu stocken beginnt, ist die achtjährige Tony Buddenbrook, und der Zuhörer, der mit seinem bündigen „c'est la question" einfällt, ist ihr Großvater Johann Buddenbrook, der Älteste in der Reihe der Familienhäupter, die der Roman vorführt.

Nachdem Tony mit behutsamer Hilfe und einigem Nachdenken den Faden gefunden hat, schnurrt sie die Erklärung herunter, die der Katechismus vorschreibt; einmal im Gange, „war es ein Gefühl, wie wenn man im Winter auf dem kleinen Handschlitten mit den Brüdern den Jerusalemsberg hinunterfuhr: es vergingen einem geradezu die Gedanken dabei, und man konnte nicht einhalten, wenn man auch wollte." Die Szenerie gewinnt Farbe, die Figuren erhalten Leben. Im Gleichlauf mit dem Katechismustext ist unversehens der Faden der Erzählung angesponnen.

Die letzte Frage des Romans wird zweiundvierzig Jahre später

wiederum von Tony Buddenbrook gestellt: „Hanno, kleiner Hanno
... Tom, Vater, Großvater und die anderen alle! Wo sind sie hin?
Man sieht sie nicht mehr ..."; und einen Einwurf ihrer Cousine
aufnehmend, setzt sie stockend hinzu: „... Das Leben, wißt ihr,
zerbricht so manches in uns, es läßt so manchen Glauben zuschanden
werden ... Ein Wiedersehen ... Wenn es so wäre ..."
Auch die Schlußsätze des Romans halten eine Antwort bereit,
und diese letzte Antwort ist ebenfalls schon in jenem frühen Notizbuch als „Schlußwort" vorgesehen. Die winzige, verwachsene
Lehrerin Sesemi Weichbrodt, deren Prophetien jahrzehntelang mit
tödlicher Sicherheit *nicht* eintrafen, reckt sich zu möglicher Höhe
auf und verkündet „bebend vor Überzeugung": „Es ist so!"[1]
Woher diese Antwort, und was besagt sie? Sie gründet auf dem
letzten Satz des Glaubensbekenntnisses, der die Auferstehung und
das ewige Leben verheißt, und variiert die Schlußversicherung des
Katechismus: „Das ist gewißlich wahr." Der Roman, der mit der
Erläuterungsfrage zum ersten Satz des Glaubensbekenntnisses einsetzt, mündet aus in eine Affirmation, wie sie der Katechismus für
den letzten Satz des Bekenntnisses bereithält.

Wie am Anfang, so hat auch hier der Erzähler alles getan, um die
ernsthafte katechetische Formel durch Situationskomik in ironischer
Schwebe zu halten. Aber zu feinsinnig sind die Situationen aufeinander abgestimmt, und zu schlüssig korrespondieren die Eckpfeiler
der Bekenntnislehre als erstes und letztes im Roman gesprochenes
Wort, als daß sie vom Erzähler nur um des szenischen Effektes
willen gewählt sein könnten. Was ist das für ein Roman, der elfhundert Seiten „Verfall einer Familie", kulminierend in dem abscheulichen Tod des Thomas und dem verzehrenden Hinsterben
Hannos, einfaßt in zwei Sätze, die das ehrwürdigste aller Bekenntnisse paraphrasieren? Vermißt sich der Erzähler, durch den Gang
seiner Geschichte der Verbindlichkeit jener Bekenntnisformel zu
spotten? Oder trägt sich, aller ironischen Verhüllung zum Trotz,
diese Familienchronik ihren Lesern an als ein Unterweisungsbuch,
als eine literarisch ausgebreitete Konfession ihres Autors?

Thomas Mann sah den Eintritt des deutschen Romans in den
Kreis geachteter Literaturgattungen und seine Etablierung als
„moderne Epopöe" im späten 18. Jahrhundert eng verknüpft mit
seinem Aufschwung zum „Bildungs-, Erziehungs- und Entwicklungsroman"[2]. Diese „geistige und hochmenschliche Kunstgattung",
zu deren Kennzeichen es gehört, daß sie „immer zugleich auch
Autobiographie, Bekenntnis ist", hält er überdies für den haupt-

sächlichen und nahezu einzigen Beitrag der deutschen Literatur zur europäischen Romankunst. Als früh erreichter Gipfel dieser Romanform, ja als „der Urtyp des deutschen Bildungs- und Entwicklungsromans", erscheint ihm der „Wilhelm Meister", als größte spätere Leistung der „Grüne Heinrich", und er wird nicht müde, an diesen beiden Werken vor allem anderen die „organische und unfehlbare Zusammengehörigkeit von Bekenntnis und Erziehung, von Selbst- und Menschenbildung" zu rühmen.

Größe und Niedergang der deutschen Romankunst im 19. Jahrhundert liegen für Thomas Mann in dieser Verbindung von Erziehungsidee und Bekenntnisfreude beschlossen, und folgerichtig sieht er einen direkten Zusammenhang zwischen der Wirkungsgeschichte der deutschen Romanliteratur und der Weltläufigkeit ihrer Bildungsideale. Während ihm der „Wilhelm Meister" mit seinem Fortschreiten „von der Innerlichkeit zum Objektiven, zum Politischen, zum Republikanertum" als ein Werk von umfassender abendländischer Humanität erscheint, findet er in der zunehmenden Abschnürung des deutschen „Bildungs-, Kultur- und Humanitätsbegriffs" von der politisch-sozialen Sphäre den Grund für den Abstieg der deutschen Romanliteratur: ihre Provinzialisierung und ihr Resonanzverlust jenseits der deutschen Grenzen seien die notwendige Folge dieser fehlgeleiteten Verinnerlichung des deutschen Humanitätsideals. Nicht ein spezifisch künstlerisches Versagen also, sondern die Verengung eines ehemals umfassenderen Bildungsbegriffs habe den deutschen Romancier daran gehindert, der Entwicklung der französischen, englischen und russischen Romankunst zum großen Gesellschaftsroman zu folgen[3].

Man muß die Hochschätzung, die Thomas Mann der deutschen Romantradition entgegenbringt, und seine Kritik an ihrer Entwicklung mit gleicher Aufmerksamkeit verfolgen, um die verschiedenen, einander widerstreitenden Bezeichnungen, mit denen er seine „Buddenbrooks" charakterisiert, richtig einzuschätzen. Mit derselben Hartnäckigkeit nämlich, mit der er seinen Jugendroman als Bekenntniswerk und als „deutsches Hausbuch" bezeichnet, das, aus persönlichen Erinnerungen schöpfend, „ein Stück Seelengeschichte des europäischen Bürgertums" habe geben können, nennt er ihn den für Deutschland „vielleicht ersten und einzigen naturalistischen Roman", der dem gesellschaftskritischen und politisch-satirischen Erzählstil der angrenzenden Literaturen weit mehr verpflichtet sei als dem deutschen Erbe. Deutlich genug enthüllt diese Kombination traditioneller und zeitgenössischer Bestimmungen seine Zuversicht, mit diesem Roman sei der Brückenschlag vom individuellen Bekenntnis- und Bildungsroman zum Zeitroman und zur politischen Satire vollzogen und damit eine ferngerückte deutsche Tradition in Einklang mit der europäischen Entwicklung gebracht worden. Tatsächlich ist dieser „als Familien-Saga verkleidete Gesellschaftsroman" der erste deutsche Roman des Jahrhunderts nach dem „Wilhelm Meister", der in Goethes Sinne Weltliteratur wurde. In einer Millionenauflage verbreitet und in mehr als zwanzig Kultursprachen übersetzt, ist er als „sehr deutsches Buch" im wörtlichen Sinne weltläufig geworden. Es liegt nahe, mit dem Autor selbst den Erfolg seines Jugendwerkes darin zu sehen, daß es ihm wie dem jungen Goethe mit seinem „Werther" gelang, persönliche Erfahrungen „zur günstigen Stunde öffentlich aufzustellen". Die Prägnanz, mit der Thomas Mann seine eigenen Umwelterfahrungen literarisch ausmünzte, hat man ihm schon bald nach dem Erscheinen des Romans gerichtlich bescheinigt. Beginnt man indes mit der Prüfung des Bekenntnischarakters und des Bildungsgehaltes der Familienchronik, die jene Berufung auf die große deutsche Tradition rechtfertigen sollen, so scheint auf den ersten Blick der Gedanke an eine Erneuerung dieser Tradition absurd. Schlägt der Anfang des Romans mit seiner frommen Frage ein Leitthema des persönlichen Bildungsganges an wie die „Lehrjahre" mit ihrem ersten Satz „Das Schauspiel dauerte sehr lange"? Eröffnet er mit einem persönlichen „Lob des Herkommens" wie der „Grüne Heinrich"? Bekennt der Autor sich zum Reifeprozeß seiner Helden und gibt er zugleich Zeugnis von *seinem* inneren Lebensgang? „Je, den Düwel ook, c'est la question..."

Der alte Buddenbrook, der mit diesem mokanten Einwurf in das angestrengte Nachdenken des Schulmädchens hineinplatzt, ist „kein beschränkter Kopf" und hält wenig von „idées". Der Verächter erbaulicher Gefühle und moralischer Skrupel ist jedoch keineswegs der Gegenspieler, sondern eine der vier Hauptpersonen der Familienchronik. Sein Wort wiegt in Familienangelegenheiten, seine Urteile sind treffend, seine Maßnahmen achtbar. Gleichwohl spielt schon sein erstes Wort im Roman die ernsthafte Bekenntnisformel hart an den Rand der Blasphemie, und alsbald unterbricht er seine Enkelin zum zweitenmal an der Stelle, da im Katechismus von „Acker und Vieh" die Rede ist, um sich nach Tonys Acker und Vieh zu erkundigen und zu fragen, wieviel sie für den Sack Weizen nähme, und er „hatte wahrscheinlich nur zu diesem Zwecke das kleine Examen vorgenommen". Überhebt sich der Erzähler mit seiner Hauptfigur gleich zu Anfang über den Ernst der Bekenntnisfrage? Oder überträgt er *Tony* den Part des Selbstbekenntnisses? Tony, das Organ des Erzählers für die Rahmenfragen des Buches, ist *keine* Hauptfigur des Romans, obwohl sie als einzige Person vom Anfang bis zum Ende der Geschichte dabei ist und selbst mannigfache, persönliche Schicksale hat. Sie ist vielmehr, soviel ist hier vorwegzunehmen, eine der perfektesten Chargenfiguren, die ein deutscher Romanautor ersonnen hat. Diese *Charge* nun belastet der Erzähler mit der gewichtigen Eingangs- und Schlußkatechese. Aber er läßt sie diese Last leicht tragen. Die achtjährige Tony beherrscht ihren Katechismus, wenn man ihr nur einhilft; sie schnurrt ihn daher, getreu nach der eben revidierten Fassung von Anno 1835, und sie schießt über das Ende hinaus mit der eilfertigen Versicherung: „Amen, ... ich weiß was, Großvater!" Aber sie weiß wenig, wenig vom Himmel und wenig vom Leben, und das wenige scheint trotz aller Lebenserfahrungen nicht gemehrt, als die alte, bucklige Lehrerin ihr — im Gegensatz zu ihrem Großvater — eine ernsthafte Antwort gibt. Eines jedoch hat sie von früh auf gelehrig aufgenommen und verstanden — in zunehmendem Gegensatz zu den späteren Hauptpersonen des Romans: sie weiß, daß sie eine „Buddenbrook" ist, und sie wahrt, im buchstäblichen Sinne, die Tradition der Firma. Ist sie damit im Sinne des Erzählers am Ende die verkappte Lehrmeisterin dieser Familiengeschichte, und ist ihre Katechese am Eingang auf diese Weise doch erster Vorklang eines Kernmotivs, dargeboten auf die unschuldig-anspruchsvollste Weise?

Immerhin ist dieses kindliche Geschöpf, das sich über die eigenen verunglückten Ehen und über den Verfall der Familie hinweg so bewahrt wie „Gott sie geschaffen hat", vom Erzähler dazu ausersehen, als einzige die Familientradition in die Zukunft hinüberzuretten: Sie wird zeitlebens den Kopf hoch tragen können, weil sie trotz ihrer anderen Namen eine wirkliche Buddenbrook geblieben ist. Aber ist angesichts der Wandlung aller Verhältnisse binnen vier Jahrzehnten ihr unbeirrter Familiensinn nicht ein blanker Anachronismus, ein Zeugnis ihrer Ahnungslosigkeit, und rückt nicht der Erzähler, indem er ausgerechnet ihr den ausgiebigsten Part in der Anfangs- und Schlußkatechese zuweist, diese selbst in ein höchst zweideutiges Licht?

Ernst und gradsinnig erscheint die Schlußantwort Sesemi Weichbrodts, ein persönliches Bekenntnis, das sie als „Siegerin in dem guten Streite" wider alle Anfechtungen ihres Lebens vorbringt. Sesemi, die unentwegte Prophetin, die den Verfall der Familie mit ihren Glückwünschen begleitete, ist ausersehen, das letzte Fazit des

Romans zu verkünden. Aber widerstreben nicht alle erzählten Fakten, widerstreitet nicht der gesamte Auflösungsprozeß und das bösartig-unerbittliche Auslöschen einer zur geistigen und seelischen Sublimierung tendierenden Generationenreihe der Tröstung, die die unerschrockene Sesemi Weichbrodt bereithält? Vollendet das letzte Bekenntnis des Romans die Charakteristik der stets irrenden Lehrerin? Läßt der Autor durchblicken, daß eindeutig vorgebrachte Lehren stets irrig sind? Das ist die Frage, auf die alle einander aufhebenden Fragen, die der katechetische Rahmen der „Buddenbrooks" aufwirft, schließlich hinauslaufen, eine Frage, die kaum geeignet ist, den Roman der Tradition des deutschen Bekenntnis- und Bildungsromans näherzurücken.

Löst sich der Versuch einer sachlichen Auslegung des Romananfangs und des Schlusses in vorerst unlösbare Widersprüche auf, so sind andere, eindeutige Feststellungen möglich. Der Roman beginnt und endet mit einer Familienzusammenkunft. Am ersten und am letzten Tage sind selbst die Nichtanwesenden durch Briefe (Gottholds Familie I, 3) oder durch die Familienpapiere (Schlußszene) dokumentarisch gegenwärtig und werden ausdrücklich zitiert. Das erste Buddenbrook-Haus wird eingangs eingeweiht, das letzte ausgangs aufgegeben. Von der Rolle Tonys als Klammerfigur war schon die Rede. Vor allem aber zahnen jene beiden dreisilbigen Formeln „Was ist das?" — „Es ist so!" unabhängig vom Gesprächsgegenstand und unabhängig selbst vom Anfangs- und Schlußwort des lutherschen Katechismus als rhetorische Figuren so exakt ineinander, daß sich ein Ringschluß von nahezu mathematischer Präzision ergibt. Das Ende der Erzählung antwortet — bei aller sachlichen Offenheit — mit einem Akkord von Motiven *einhellig* auf den Anfang. Nimmt man die beiden dreisilbigen Sätze isoliert als Frage und Antwort, so tritt diese sachunabhängige und doch ästhetisch strenge Bezogenheit schier überdeutlich zutage. Ihr situationsübergreifendes Widerspiel aber wird dadurch noch besonders akzentuiert, daß die Anfangsfrage ausgesprochen wird, ohne daß die Sprecher schon identifiziert sind[4], während am Ende nicht ein Mitglied der Familie, sondern die immer schon alte und nie alternde Lehrerin die Formel findet.

So vieldeutig also die sachlichen Auskünfte am Eingang und am Ausgang des Romans sind — als ästhetische Gebilde sind sie von durchsichtiger Bestimmung. Wie aber verhält sich diese ästhetische Ökonomie zur fragwürdigen Unbestimmtheit der belehrenden Aussage? Die Interpretation muß auf diese Frage eine Antwort finden.

Erst im Besitze dieser Frage aber ist sie zur Analyse der „Kaufmannsgeschichte" gerüstet[5].

## Die Familienchronik

Als der zweiundzwanzigjährige Autor sein Unternehmen vorbereitete, hatte er sich dieser Frage noch ebensowenig vergewissert wie der Tradition deutscher Romanliteratur. Beschäftigt mit kleinen Erzählungen, die ziemlich unverhüllt die eigenen Künstlerprobleme variieren, schwebte ihm der Leidensweg des kleinen Hanno als Vorwurf für eine psychologisch-musikalische „Knabennovelle" vor. Für die Vorgeschichte entwarf er Stammbäume, denen die eigene Familienchronik zur Vorlage diente, stellte chronikalische Tabellen auf, erweiterte sein Material unablässig durch mündlich und brieflich erfragte Einzelheiten lübeckischer Lebensverhältnisse und entschied sich dann, geleitet von einem vorerst unbestimmten epischen Instinkt, die Familiengeschichte „ab ovo" zu erzählen.

Die Kunst der detaillierten Beschreibung und des chronikalischen Erzählstils zog er als ein im besten Sinne verarbeitender Leser ohne falsche Skrupel aus der Modeliteratur des späten 19. Jahrhunderts. Handlungsschemata, die sich seinen Entwürfen leicht einverleibten, fand er etwa in dem Familienroman „Garman & Worse" des Norwegers Alexander Kielland, in dem der Aufstieg und Niedergang einer Handelsfirma in einer Hafenstadt, die kaufmännische Umsicht eines alten und eines jungen Konsuls, das Problem abirrender Geschwister den Kernstrang innerhalb eines ausgebreiteten Gesellschaftspanoramas bilden. Die nach Selbstzeugnissen entscheidende Lektüre des Romans „Renée Mauperin" der Brüder Goncourt schärfte sein Interesse für die psychologische Motivierung des Gesamtverlaufs wie der einzelnen Handlungsschritte und ließ ihn zur Technik der sorgfältig verschlüsselten Eingänge und der kurztaktigen Kapitelfügung finden. Von der Aufmunterung, die ihm bei der differenzierten Darstellung der Seelengeschichte der beiden letzten Buddenbrooks die Beschäftigung mit Tolstois „Anna Karenina" bereitete, zeugt nicht zuletzt der sonderbare Einfall, dem anschwellenden Manuskript einen altarähnlichen Aufbewahrungsort unter einem Bilde Tolstois zu bereiten[6].

Schon früh zeigt Thomas Mann ein bemerkenswertes Geschick, Selbsterfahrenes in literarisch vorgegebene Motive so eingehen zu lassen, daß der fremde Gegenstand die eigenen Erfahrungen zu bestätigen scheint. Diese besondere Fähigkeit entwickelt er später als Essayist in gleich hohem Maße, wenn er in Goethe und in Tolstoi, in Wagner und selbst in „Bruder Hitler" die ihm zugewandten Züge als die Eigentümlichkeit der Geschilderten beschreibt. Gewiß ist diese Fähigkeit auch eine der Vorbedingungen für die Übereinkunft persönlicher Erfahrungen mit der allgemeinen Bewußtseinslage der Zeit, die den Erfolg des Romans tatsächlich mit dem des „Werther" in manchem Sinne vergleichen läßt.

Jedenfalls bestimmen die im persönlichen Umkreis gesammelten Fakten bei aller Einvernahme und Anverwandlung literarischen Gemeingutes weithin das Gerüst der Romanhandlung. Nirgends greift diese Geschichte des europäischen Bürgertums über den Familienhorizont ernstlich hinaus. Wollte man die äußeren Ereignisse aufzählen, die das Geschick von vier Generationen gliedern, so würde man wenig mehr als Taufen und Todesfälle, Hauseinweihungen und Jubiläen, Hochzeiten und Vermögensbilanzen nennen können. Von den großen politischen Ereignissen jener Zeit zwischen 1835 und 1877 treten einzig die Revolutionswirren von 1848 in ihrer wohlanständig reduzierten hanseatischen Form ins Blickfeld des Lesers; diese Szenen aber geben den Anlaß zum Tode des alten Leberecht Kröger und zur öffentlichen Bewährung seines Schwiegersohnes Jean Buddenbrook. Dem Kriegsgeschehen von 1864—66 ist das kürzeste Kapitel des ganzen Romans gewidmet; diese eine Buchseite aber gibt Gelegenheit zur ersten intensiven Charakteristik Hannos. Die Ereignisse von 1870/71 erfahren in wenigen Sätzen ihre Würdigung, in denen gesprächsweise der erfreuliche Aufschwung des Getreidehandels mit Rußland und die Steigerung des „Haferimports zum Zwecke der Armeelieferung" mitgeteilt werden. Die Kriegszeit selbst bleibt im übrigen unerwähnt; denn die einzigen bedeutsamen Familienereignisse dieser Jahre, Weinschenks Verurteilung und der Tod der Konsulin, fallen in den Januar 1870[7] und den Herbst 1871. Von den innerstädtischen Entwicklungen politischer Art wird lediglich der Ablauf einer Senatorwahl einlässiger dargeboten; aber es ist die Wahl des Thomas Buddenbrook. Wo ansonsten Zeitereignisse zur Sprache kommen, da haben sie anekdotischen Zuschnitt und dienen der Konversation bei Tische oder der Kontaktnahme zu Friseur- und Liebesgesprächen.

Daß die zeitliche Gliederung der Chronik trotz dieser geringen Bindung an historische Ereignisse gleichwohl exakt und durchsichtig bleibt, liegt an der stets genauen Datierung wichtiger Familienereignisse und der häufigen Information des Lesers über das Alter der einzelnen Familienangehörigen. Der Erzähler tut ein übriges, den Charakter der Chronik zu unterstreichen, indem er streng sukzessiv erzählt und diese Anordnung auch dort wahrt, wo räumlich auseinanderliegende Ereignisse zu einer alternierenden Berichterstattung zwingen. Um die Abfolge nicht zu stören, werden auch Fakten aus der Vorvergangenheit der Erzählung an Hand von Familienpapieren oder im Dialog beigebracht — ein durchaus konventionelles Verfahren, das die realistischen Erzähler des 19. Jahrhunderts mit besonderer Erfindungsgabe variiert haben und das gerade in den späten Fontane-Romanen mit unübertrefflicher Leichtigkeit gehandhabt wird. Zu dieser Praxis gehört es auch, daß die gründliche Fundierung der Chronik durch den Familienstammbaum nach dem „In medias res"-Einsatz des Ersten Teils korrekt am Anfang des Zweiten Teils vorgenommen wird, wiederum allerdings bei einer psychologisch sorgfältig motivierten Gelegenheit: Die Geburt eines Kindes läßt den Konsul Johann Buddenbrook an Hand des Familienbuches unter frommen Zukunftsgedanken die Vergangenheit memorieren. In wohlgeordneter Folge entwickelt der Zweite Teil dann die Geschichte der Familienmitglieder während des folgenden Jahrzehnts.

Der junge Erzähler achtet die Regeln, und so scheint Edwin Muirs Definition des „Chronicle"-Romans, dessen „pattern" lediglich von einem „cycle of birth and growth, death and birth again" bestimmt wird und dessen Begebenheiten im übrigen „a loose concatenation of episodes bound within a rigid external progression" darstellen, auf die „Buddenbrooks" genau zuzutreffen.

Um so erstaunlicher ist es, daß diesem Autor das konventionellchronikalische Erzählen unter der Hand zu einer Arithmetik höchst eigentümlicher Art gedeiht. Mit einer Folgerichtigkeit, die für den Betrachter ebenso etwas Abenteuerliches hat, wie sie für den Autor hier und später unverhofft eintritt, wächst die gradsinnig und knapp begonnene Erzählung in zugleich ausladende und künstlich geregelte Proportionen. Am Ende des Zweiten Teils steht der Erzähler vor Ereignissen, die sich ein Jahrzehnt nach dem Einsatz der Geschichte abspielen. Das bisher Berichtete macht ein Zehntel vom Gesamtumfang des Romans aus. Am Ende des Vierten Teils, mit dem Tode des zweiten Familienhauptes, ist das zweite Jahrzehnt beschlossen, und für diesen Abschnitt zwischen 1845 und 1855 hat der Erzähler etwa den doppelten Anteil des Gesamtumfangs aufgewandt. Dem dritten Jahrzehnt — es reicht bis zu jenem unscheinbaren Kapitel um 1865/66, da Hanno zum erstenmal selbständig in Szene tritt — sind dreißig Prozent des Textes gewidmet, und die Darstellung der letzten Spanne bis 1877 erreicht vierzig Prozent des Gesamtumfangs[8].

Der Befund ist um so sprechender, als der Gesellschaftsroman, ganz besonders bei Fontane, durchweg zur umgekehrten Form breiter Einlässigkeit am Anfang und allmählicher Ausdünnung der Ereignisfolge gegen das Ende zu neigt. Die konsequente Verlagerung auf die „Spätzeit" der Geschichte hat jedoch in den „Buddenbrooks" — wie später im „Zauberberg", wo sich dieses Prinzip in einer weit komplizierteren Verschränkung von gegenläufigen, äußeren und inneren Zeitmaßen wiederholt — ihren Grund keineswegs in einer größeren Ereignisdichte der Schlußpartien. Die äußeren Wendungen der Familiengeschicke sind bemerkenswert regelmäßig über alle vier Jahrzehnte verteilt; nicht einmal die von uns herausgehobenen Gelenkstellen sind durch eine Konzentration entscheidender Vorgänge markiert. Um den Beweggründen zu jener viertaktigen und gleichzeitig progressiven Erzählextensität auf die Spur zu kommen, muß man vielmehr aus der Fülle der großen und kleinen Begebenheiten, ja selbst aus der reich verzweigten Sippe der Buddenbrooks die eine, zentrale Achse isolieren, die die Gliederung des Romans bestimmt: die Geschichte der vier Erstgeborenen des Hauses — Johann, Jean, Thomas und Hanno Buddenbrook.

Die beiden ersten Teile des Romans beschreiben das Familienleben unter der Ära des alten Johann Buddenbrook, und sie legen mit der Geschäftsübernahme des Sohnes und dem frühen Geschäftseintritt des Enkels die Richtung der Entwicklung fest. Das zweite Jahrzehnt der Handlung und damit der Vierte Teil endet mit dem Tod des Konsuls Jean Buddenbrook. Das dritte Jahrzehnt ist das Jahrzehnt des Thomas Buddenbrook. Nicht ein äußeres Ereignis, sondern ein Abschnitt, in dem der Erzähler das Spiel des kleinen Hanno in den Blick rückt, beschließt am Ende des Siebenten Teils die äußerliche Vorherrschaft des Thomas Buddenbrook in der Geschichte. Auf die innere Entwicklung der beiden letzten Namensträger der Familie konzentriert sich zunehmend der umfangreiche, letzte Abschnitt der Erzählung, und schon das vierte Kapitel des Achten Teils stellt die Gelenkfrage für die endgültige Richtungnahme des „Kaufmannsromans":

„War Thomas Buddenbrook ein Geschäftsmann, ein Mann der unbefangenen Tat oder ein skrupulöser Nachdenker?

O ja, das war die Frage; das war von jeher, solange er denken konnte, seine Frage gewesen!"

Die ernstere Wiederaufnahme jenes zu Anfang des Romans hingeworfenen „c'est la question" bildet den Auftakt zu der nun immer eingehender und eindringlicher ausgebreiteten Seelengeschichte der beiden letzten Buddenbrooks. Sie gipfelt im vorletzten Teil in der Darstellung der Schopenhauer-Lektüre des Thomas und im letzten

Teil in der minutiösen Beschreibung der musikalischen Phantasie Hannos. Das eine Kapitel, das mit dieser Phantasie die Schilderung eines Tages aus dem Leben des jüngsten Buddenbrook abschließt, überschreitet an Umfang allein den ganzen Ersten Teil des Romans mit seiner umfassenden Familienrevue.

Die Geschichte also, die sich zunächst als eine Gesellschaftschronik im Stile ihrer Zeit anließ, entwächst nicht nur formal, sondern auch thematisch dem vorgesetzten Rahmen. Ließ schon der geringe Anteil des öffentlichen Zeitgeschehens an der Ordnung der erzählten Begebenheiten erkennen, daß der Erzähler bei aller Breite der Umweltdarstellung nicht so sehr auf eine Wiedererweckung Lübecks, „wie es gewesen ist", hinaus will, so zeigt sich nun, daß auch innerhalb der breit angelegten „Familien-Saga" eine Kernzone existiert, die den Roman in die Nähe des traditionellen deutschen Entwicklungsromans rückt, ohne daß er darum im geringsten seine Zeit verleugnete. Die Stufen und Einzelphasen der seelischen Entwicklung seiner Helden gewinnen im Laufe des Romans zunehmend das Interesse des Erzählers und drängen ihn zu immer detaillierterer psychologischer Analyse. Alle Einzelschilderungen sind jedoch darauf angelegt, die überpersönliche Folgerichtigkeit dieser Entwicklungsstufen ins Licht zu rücken und sie zu *einem* die Generationen übergreifenden Reifeprozeß zu verbinden. Deszendenztheorie, Soziologie und Psychologie des 19. Jahrhunderts haben vermocht, den Persönlichkeitsroman weitgehend zu paralysieren: Hier entsteht er in einer gebrochenen und zugleich potenzierten Form am Beginn des 20. Jahrhunderts durch einen Autor aufs neue, der sich zehn Jahre später rühmen kann, die perfekte Parodie des Entwicklungsromans mit seinem „Felix Krull' entworfen zu haben, und der in allen seinen späteren Romanen bis zum „Erwählten" hin die möglichen Höhen und Abgründe dieser Erzählform auszuschreiten unternimmt.

Die Zentralfigur dieses ersten Entwicklungsromans ist nicht ein ausgezeichneter Einzelner; der „Held" des individuellen Entwicklungsganges, den der Roman beschreibt, ist die Generationenreihe selbst. In ihrem letzten Sproß, Hanno, gelangen nur jene Anlagen zur Reife, die schon früh der Geschichte des Hauses Buddenbrook die Richtung geben und ihren besonderen Ausgang bestimmen. Der Chronologie dieses überpersönlichen Reifeprozesses gilt es nachzugehen.

### Der Aufbau des Verfalls

Monsieur Johann Buddenbrook versteht zu leben. Er ist der erste Nachfolger des Firmengründers, und er nutzt den Niedergang des ehemals reputierlichen Handelshauses Ratenkamp & Comp., um Firma und Familie in einem weitläufigen festen Hause zu etablieren. Er selbst verkörpert innerhalb der erkannten und gehüteten Grenzen seinen Kaufmannsstand in vollkommener Weise. Als besonnener Praktiker wehrt er Erwägungen metaphysischer oder auch nur gefühlsbetonter Art mit einem raschen „assez" ab. Er versteht sich auf gesellige Konversation wie aufs gefällige Flötenspiel und weiß seine eigenen Angelegenheiten mit den Erfordernissen des Tages in Einklang zu bringen. Zu gegebener Zeit übergibt er in gelassener Korrektheit die Geschäfte an seinen Sohn, legt sich nieder und stirbt — ein einziges Wort: „Kurios!" auf den Lippen, das er in seinem letzten, siebenundsiebzigsten Lebensjahr sich zugelegt hatte. Er hinterläßt der Firma neben dem Grundbesitz 900 000 Mark Kurant.

Gemessen an seinem Vater ist der Konsul Johann Buddenbrook der umsichtigere Kopf. Für seine Handlungen macht er Gründe geltend, Rechtfertigungen religiöser und moralischer Art, und die Sorge für Firma und Familie, die seinem Vater eingewurzelte Natur war, wird ihm zur aufgegebenen Pflicht. Dabei ist er feinspürig genug, bei wichtigen Entscheidungen die Divergenz zwischen persönlicher Neigung und geschäftlicher Notwendigkeit wahrzunehmen. Unversehens überfallen ihn „Träume und Gefühle", Gedanken an Musik oder an die freie Natur, religiöse Besinnung gleitet ihm aus zu frommer Schwärmerei, geschäftswidriges Mitleid erfaßt ihn angesichts des betrüblichen Ehedebakels seiner Tochter Tony und selbst während der Bankerotterklärung seines betrügerischen Schwiegersohnes Grünlich. Der Rührung nachzugeben, hieße jedoch der Firma Verluste beibringen — und der Konsul wendet die Kraft auf, sich zu fassen. Solch stetiger Kraftaufwand kostet Nerven, und Nervosität und schwankende Gesundheit prägen sein letztes Lebensjahrzehnt, in dem er gleichwohl den Ruhm davonträgt, durch seine feste und gelassene Haltung die Stadt vor den Umtrieben der Revolution bewahrt zu haben. Es gelingt ihm, finanzielle Rückschläge einzudämmen; doch Sorge und Wachsamkeit zeichnen um seine kleinen, runden tiefliegenden Augen rote Ränder, und Schwindelanfälle kündigen an, was der arbeitsbesessene Mittfünfziger nicht wahrhaben will: daß der Scheitelpunkt einer spätsommerlichen Gewitterschwüle genügen wird, sein pflichtbeladenes Leben zu enden. Er hinterläßt der Firma neben dem Grundbesitz 750 000 Mark Kurant.

Thomas Buddenbrook übertrifft seinen Vater an Unternehmungsgeist und an öffentlicher Wirksamkeit. Während die bedenklichen

Symptome momentaner Abirrung und Willensschwäche sich auf seinen Bruder Christian vererbt zu haben scheinen, der dem Vater wie aus dem Gesicht geschnitten ist, ähnelt er seinem Großvater in Aussehen und Haltung, und was dieser in zwei Ehen unternahm — eine Liebes- und eine Geschäftsheirat —, verbindet er kurzerhand in der Wahl der fremdartig schönen, holländischen Millionärstochter Gerda Arolsen. Er übertrifft den Vater auch an Eleganz des Auftretens und Geschmeidigkeit der Rede, und er übertrifft ihn an Rang: er baut ein prächtigeres Haus, er wird Senator. Zöge nicht die ins Krasse sich steigernde, abartige Entwicklung seines Bruders Christian Risse in den Zusammenhalt der Familie, so könnte die Zeit seines Regiments bis zum Familienjubiläum der würdigste Abschnitt der Familiengeschichte genannt werden.

Aber längst vor den finanziellen Rückschlägen, deren heftigster sich im Augenblick des Jubiläums ereignet, hat sich in Thomas selbst das Bewußtsein eingewurzelt, daß er Fassaden baut — die glänzenden Fassaden seines Hauses, die peinliche Akkuratesse seiner Kleidung, den gesellschaftlichen Rang —, nur um die „dehors zu wahren". Früh kündigen sich körperliche Unbilden an: Zahnleiden befallen den Knaben, Lungenblutungen den Jüngling. Was der Vater als Pflicht empfand und trug, ist ihm zur Last geworden, die es verbissen auszuhalten gilt. Stimmungen lenken und hemmen sein Handeln, mangelnder Glaube an den Erfolg setzt sich in äußere Mißhelligkeiten um und befördert die Unlust an den Geschäften. Während der Vater mit zunehmendem Alter seinen „unalltäglichen, unbürgerlichen und differenzierten Gefühlen" immer williger folgte, drängt Thomas die ihn anwandelnde Empfindsamkeit mit wachsender Anstrengung zurück. Sein überwach auf die eigene Besonderheit gerichtetes Bewußtsein warnt und hindert ihn, jenen „unbürgerlichen" Anlagen nachzugeben, deren hemmungslose Entfaltung er im Bruder Christian zu nichtswürdigen Exzessen treiben sieht. Aber weit ist seine krampfhafte Haltung von jenem Gleichgewicht entfernt, das er dem Bruder selbst anempfiehlt und das sein Großvater tatsächlich besaß.

Thomas leidet unter dem Bewußtsein seiner Besonderheit und befördert gleichwohl die Umstände, die die Mauern um sein Ich befestigen. Seine unverwandelt kindliche Schwester Tony bleibt schließlich die einzige, die offenen Zugang zu ihm behält. Von seiner fremdartigen Frau trennen ihn in dem prächtigen neuen Hause alsbald quälendes Mißtrauen und die unüberwindliche Hemmung, sich über ihre musikalische Liaison mit einem Fremden Klarheit zu verschaffen. Seiner Mutter tritt er bei einer von ihrer Tochterliebe diktierten Testamentsverfügung schroff entgegen. Allen Zwang und alle kalte Entschlossenheit, die er gegen sich selbst richtet, forciert er in seinem letzten Jahrzehnt bei den Versuchen, seinen Sohn zu dem Leben zu ertüchtigen, dem er zu erliegen droht.

Des Senators Leben, das längst nicht mehr das Leben eines Geschäftsmannes war, endet vor dem neunundvierzigsten Geburtstag durch einen jähen, dumpfen und unreinlichen Tod. Ein halbes Jahr zuvor aber wird ihm ein literarisches Erlebnis zuteil, das diesem Tod den Charakter eines nachträglichen Satyrspiels gibt. Im Gartenpavillon findet er ein Buch, durch dessen Lektüre „sein ganzes Wesen auf eine ungeheuerliche Art geweitet und von einer schweren, dunklen Trunkenheit erfüllt" wird. Er liest „Über den Tod und sein Verhältnis zur Unzerstörbarkeit des Wesens an sich" und fühlt die Einsamkeit seines bürgerlichen Ich aufgelöst in ein Ewigkeitsgefühl, das alle Formen und Gehäuse der Individuation ephemer und armselig erscheinen läßt. Und stammelnd, weinend flüstert er für sich die Antwort voraus, die der Roman noch einmal als überpersönliche Sentenz am Schluß formulieren wird: „Ich werde leben!"

Thomas Buddenbrook hinterläßt der Familie neben den verbliebenen Grundstücken ein Kapital von 650 000 Mark Kurant; aber die Höhe der Summe legt dem Nachfolger keine Verpflichtung mehr auf, denn er verfügt gleichzeitig die Liquidation der Firma.

Die Züge des kleinen Hanno Buddenbrook haben auffallende Ähnlichkeit mit denen seines Urgroßvaters. Allein die großen, goldbraunen, umschatteten Augen verraten die Herkunft von jener fremdartig-zauberischen Frau, die Thomas zur „Mutter zukünftiger Buddenbrooks" erwählte. Er bleibt ihr einziges Kind. Eine schwere Zahnentzündung gefährdet sein Leben schon in den ersten Monaten, Krankheiten begleiten ihn. Seine Spiele sind voller Phantasie, und er spielt von vornherein allein, später einzig mit einem abenteuerlich verwahrlosten Freunde. Obwohl die früh erlittenen und anhaltenden körperlichen Unbilden ihm das „ernsthafte Gefühl einer vorzeitigen Erfahrenheit" verleihen, das nur von „einer überwiegenden Begabung mit gutem Geschmack niedergehalten" wird, beweist er vor öffentlichen Auftritten eine bemerkenswerte Scheu. Aus jeder Berührung mit der Umwelt erwächst ihm Leiden. Im Gegensatz zu seinem Vater leidet er aber nicht am *Bewußtsein* seiner Besonderheit; sein Leiden hat stets objektive Anlässe. In dieser ungesuchten Übereinstimmung seines Lebensgefühls mit seinen konkreten Lebensverhältnissen nähert er sich tatsächlich der Ausgewogenheit seines Urgroßvaters. Und wie sich dessen intaktes Verhältnis zur Umwelt in einer fraglos-zielstrebigen Geschäftstätigkeit äußerte, so schafft sich auch die Leidensfähigkeit des kleinen Hanno frühzeitig ein Organ freizügiger Äußerung: er musiziert mit Geschick und mit Passion. Anfangs mit einem Lehrer und mit seiner Mutter, zunehmend aber auch für sich allein und in steigendem Maße nach eigenen Einfällen und selbstgegebenen Motiven.

Schon früh hat er Träume, die der vorzeitigen Todeseuphorie seines Vaters ähneln. Erwachend stammelt er, und seine weitgeöffneten Augen blicken, „ohne etwas von der Wirklichkeit wahrzunehmen, starr in eine gänzlich andere Welt hinein". Aber es ist keine Welt der Glückseligkeit, er erschaut nur intensiver jenes Leiden und Grauen, das ihm das Leben am Tage bereitet. Euphorisch äußert sich dieses Daseinsgefühl nur am Musikinstrument, und dort allein geraten ihm Lösungen, Auflösungen, Erfüllungen, „die vollkommene Befriedigung". Hanno kann „die beseligende Kehrseite des Leides" erleben, weil seine Wünsche und Sehnsüchte dem Tode zugewandt sind. Auf ein dreißig- oder vierzigjähres Leben hegt er schon als Knabe „keine Hoffnung".

Die letzte Beschreibung, die der Roman von ihm gibt, zeigt ihn am Klavier, bei der ausschweifenden Variation eines „ganz einfachen Motivs", deren Schlußfigur, ein leises Arpeggio, „in Moll hinrieselte, um einen Ton emporstieg, sich in Dur auflöste und mit einem wehmütigen Zögern erstarb".

Hanno stirbt fünfzehnjährig am Typhus.

Man ist versucht zu sagen, daß das Gebäude dieser Deszendenz von vier Generationen in Sichtbeton aufgeführt ist. Mit schier zudringlichen Fingerzeigen macht der Autor auf die tragenden Fundamente, auf die Verstrebungen und die Fluchtlinien der Entwicklung aufmerksam. Richtet man den Blick auf die Geschichte der Firma, so wird der geradezu rechnerisch stetige Abstieg kenntlich. Lenkt man ihn auf das erreichte Lebensalter der vier Namensträger, so spiegeln die Zahlen eine analoge Reihe. Die Disposition zu Krankheit und seelischer Sensibilität nimmt in abgemessener Stufung zu. Die Wandlung von gesellschaftlicher Umgänglichkeit zu ichbezogener Absonderung macht stetige Fortschritte. Von dem „Kurios!" des alten Buddenbrook über die religiöse Schwärmerei des Konsuls und den metaphysischen Rausch des Senators bis zur ästhetischen Selbstentäußerung des kleinen Hanno steigert sich die Todeserfahrung der Helden ins Ungemessene, während die Art ihres Sterbens in gleichem Rhythmus ungeheuerlicher und quälender wird. Vom „assez!" des Urgroßvaters über die Bedächtigkeit des Großvaters und die differenzierte Nachdenklichkeit des Vaters bis zur beseligenden Kunstausübung führt ein schier unabsehbarer Weg, und doch wird zu diesem Weg schon mit jenem harmlosen Flötenspiel des Alten die Richtung genommen. Der Name der Buddenbrooks hingegen wird auf kunstvoll natürliche Weise dem Aussterben entgegengeführt.

Man könnte so fortfahren. Der Gesamtvorgang ist von zwingender Folgerichtigkeit. Jeder Handlungsschritt ergibt sich notwendig und ist vorbereitet durch Symptome, deren vorausweisender Charakter im Weiterschreiten offenkundig wird. Die Erzählabfolge scheint von einem allwaltenden kausalen Nexus beherrscht, wie ihn ein professioneller Deszendenztheoretiker kaum schlüssiger ersinnen könnte.
— Aber es scheint nur so.

Sucht man für irgendeinen jener Entwicklungsstränge die auslösende Ursache, so gerät man alsbald in Verlegenheit. Sie alle bedingen einander, aber keines der unzähligen Einzelereignisse besitzt wirklich initiatorischen Charakter und begründet den Fortgang des Geschehens. Erste Anzeichen möglicher Richtungnahme erscheinen, und dann tritt alsbald an die Stelle ursächlicher Wirkung eine Wechselwirkung, die nurmehr komplex faßbar ist. So gehen körperliche Anfälligkeit und Vergeistigung, äußeres Ansehen und innere Entbürgerlichung, abnehmender Geschäftssinn und erhöhte Empfindsamkeit, schwindende Sicherheit des Handelns und gesteigertes Ausdrucksvermögen in eins, ohne daß sich der Vorrang eines Motivstranges ausmachen ließe.

Wer den Roman auf *ein* Leitthema festlegen möchte — und an solchen Interpretationsversuchen herrscht kein Mangel —, verflacht seinen Gehalt und mißachtet die Ausgewogenheit dieses Zusammenspiels. Freilich scheint der Autor selbst solcher Interpretation mit dem Untertitel seiner Chronik Vorschub zu leisten. Es gereicht der Thomas-Mann-Forschung immerhin zur Ehre, daß von früh an die Zwiespältigkeit dieser Themenangabe aufgefaßt und die ihr innewohnende Ironie berücksichtigt wurde. Von Bertrams psychologischer Studie (1907) bis zu Petriconis motivgeschichtlicher Untersuchung (1957) ist das Phänomen des Verfalls in den „Buddenbrooks" immer wieder als die eine Seite eines dialektischen Vorgangs gewürdigt worden, bei dem die Unerbittlichkeit des sozialen und biologischen Abstiegs der Familie durch die seelische Differenzierung und die ästhetische Verfeinerung ihrer Namensträger auf jeder Generationsstufe aufgewogen wird. Tatsächlich braucht man nur die zuvor gegebene Charakteristik der vier Buddenbrooks Satz für Satz durchzugehen, um festzustellen, daß jede noch so unscheinbare

Einzelheit mit dem entsprechenden Detail auf früherer oder späterer Stufe korrespondiert und daß jeder dieser Einzelzüge in der gegenläufigen Entwicklung des Gesamtvorgangs selbst eine wohlbemessene Stufe darstellt. Zieht man indes die Summe aus allen Einzelsymptomen, so zeigt sich, daß eine einhellige thematische Bezeichnung dieses Gesamtvorgangs ebenso unzulänglich bleibt wie eine einsinnige Auslegung der Eingangsfrage und der Schlußsentenz des Romans. Ob man das Thema der Entbürgerlichung oder das Verhältnis von Lebenstüchtigkeit und Dekadenz oder den Widerstreit von Tradition und Individualität als den Grundtenor des Vorgangs bezeichnet, stets ist man im Recht und hat doch nur ein verkürztes und zurechtgestutztes Resultat. Verfällt man gar auf den Ausweg, im äußeren Niedergang das vordergründige, in der geistigen Sublimierung das eigentliche, positive Thema des Romans zu sehen — ein Einfall, der wegen seiner Erbaulichkeit manchem Interpreten willkommen ist —, so setzt man sich nicht nur über die peinlich genaue Ausgewogenheit der Romankomposition kurzerhand hinweg, sondern verfehlt auch den pädagogischen Kern des Werkes gründlich.

Bleibt aber überhaupt eine Möglichkeit, die Bekenntnis- und Belehrungsabsicht des Autors auszumachen, wenn er nicht nur die Rahmenformeln, sondern den Roman im ganzen kunstvoll so arrangiert hat, daß seine Einzelthemen und Motive sich gegenseitig einschränken?

Die Fülle der Parallel- und Kontrastbeziehungen, die der aufmerksame Leser in der Abfolge der äußerlich streng chronikalischen Ereignis- und Charakterschilderungen auf Schritt und Tritt entdecken kann, verdient in diesem Zusammenhang besondere Aufmerksamkeit. Wo immer ein ernstes Ereignis unheilvolle Zukunftserwartungen erweckt, fängt der Erzähler alsbald solche Erwartungen mit einer heiteren Szene oder einer verheißungsvollen Nachricht ab. Wie sorgfältig sind bereits die Kapitelübergänge mit Rücksicht auf diesen Ausgleich abgestimmt! Man vergleiche etwa die Herbststimmung im letzten Satz des Ersten mit der Frühlingsnachricht im Eingangssatz des Zweiten Teils, die fatalistische Schlußbemerkung über Tonys zweite Ehe am Ende des Sechsten mit der frohen Verkündigung der Taufe Hannos im ersten Satz des Siebenten Teils! Das betuliche „Geht es dir gut?", mit dem die Konsulin Buddenbrook ihren Bruder Justus eingangs des Fünften Teils empfängt, korrespondiert der lapidaren Mitteilung vom Tode ihres Mannes, die den Vierten Teil beschließt. Wenige Sätze später mündet dann die behäbige Charakteristik des lebenslustigen Konsuls aus in die ironisch ausgewogene Bemerkung: „Ein breiter Trauerflor saß an dem Ärmel seines eleganten Leibrockes." Aber noch auf derselben Seite ist von ersten Häuserverkäufen die Rede, die den Grundbesitz der Familie schmälern, bevor man zur Musterung der doch erfreulich umfangreichen Hinterlassenschaft des Verstorbenen schreitet. — Noch das letzte Kapitel des Buches leitet aus der ins einzelne gehenden Umschreibung von Hannos trostlosem Ende in eine melancholisch-befriedete Stimmung über. Nicht weniger sorgfältig werden glückliche Ereignisse durch unmittelbare Gegenzüge kontrapunktiert. Ein paar Hagelkörner auf das „einfallende Licht" des neuen Hauses künden just auf dem Höhepunkt der Einweihungsfeierlichkeiten den Ruin des Pöppenrader Geschäftes an (Kap. VIII, 5). Auf das Kapitel, das die Senatorwahl des Thomas schildert, folgt sogleich die trüb vorauskündende Betrachtung über den Niedergang seiner körperlichen wie seelischen Spannkraft (Kap. VII, 4/5). Ein Bündel von Nebenhandlungen dient schließlich dazu, die Gesamtentwicklung des Hauses Buddenbrook fortwährender Gegenbeleuchtung auszusetzen: der Aufstieg der unbekümmerten Hagenströms, die sich nach und nach in allen Ehrenämtern und Geschäftsverbindungen der Buddenbrooks und schließlich in deren Haus einnisten; das redliche Avancement des Morton Schwarzkopf, der einer Ehe mit Tony nicht würdig schien; das von Kindersegen schier überschwemmte Eheglück des Blumenmädchens Anna, der Thomas den Abschied gegeben hatte.

Selbst unscheinbare Details erhalten auf diese Weise ihren genau berechneten Stellenwert. Erfüllt von Zukunftssorgen, denkt Thomas darüber nach, daß er einen zweiten Sohn studieren lassen könnte; Hanno — wenn auch schwach und ungeeignet — müsse der Firma vorbehalten bleiben. Schon zwei Seiten später werden die *beiden* Söhne des Hermann Hagenström vorgeführt, „dick, stark und übermütig" und „die besten Turner der Schule", und sofort danach die *beiden* Söhne des Moritz Hagenström, „Musterschüler, ehrgeizig ... und bienenfleißig" — ein gezielter Doppelkontrast zur Situation des Thomas, auf dessen Schultern allein die Buddenbrooksche Familienreputation ruht und dessen einziger Erbe zur Wahrung dieser Reputation in jeder Hinsicht ungeeignet ist. Zwei gesunde Kinder hat übrigens auch Aline Puvogel, die bedenkliche Geliebte von Thomas' intimstem Widerpart Christian.

So läßt sich auch die Ökonomie der Teil- und Kapitelgliederung vom äußeren Vorgang her überhaupt nicht ausmachen. Allein der Erste Teil faßt *eine* Ereignisfolge zusammen; aber er inszeniert dabei zwischen Nachmittag und Abend eine komplette Familienrevue.

Nur der letzte hat *eine* Person zum Hauptgegenstand; aber in Hannos Leidensweg erfüllt sich schließlich die gesamte Familiengeschichte. Alle anderen Teile und großenteils auch die Kapitel sind durch die Variation und Kontrastierung verschiedener Begebenheiten und Schicksale in Umfang und Anordnung bestimmt. Am ehesten wahrt noch der Dritte Teil die Einheit der Hauptfiguren und den Zusammenhang der Ereignisse. Er bietet die Werbung Grünlichs um Tony, freilich auch als Gegenspiel ihr einziges Liebeserlebnis mit Morton Schwarzkopf. Anstatt aber diesen Teil mit der Hochzeit von Grünlich und Tony wirkungsvoll zu runden, heftet der Autor den vierzehn Kapiteln ein fünfzehntes an, in dem die Trennung des jungen Thomas von Anna beschrieben wird. Thomas gebraucht dabei wortgetreu jenes Vernunftargument, mit dem er Tony nach ihrem Erlebnis mit Morton zur Familienraison angehalten hatte, und später werden beide Erlebnisse von ihm noch ausdrücklich miteinander verglichen. Solcherart erscheint der Appendix des Dritten Teils als vollgültige Variante zu dessen Hauptthema, eine Variante, die zugleich Tonys Erlebnisse relativiert und verallgemeinert.

Selbst auf kleinstem Raum bestimmen solche Gegenzüge den Modus procedendi des Erzählens. Das kurze Kapitel, in dem Hanno zum ersten Male vorgestellt wird (Kap. VII, 8), beginnt mit einer bewegten Schilderung der Kriegsereignisse in den sechziger Jahren: „Krieg und Kriegsgeschrei, Einquartierung und Geschäftigkeit!" Mit dem Ausruf: „Friede. Der kurze, ereignisschwangere Friede von 65" schließt diese Satzperiode ab.

Den Mittelteil des Kapitels bildet sodann, eingeleitet mit der Ankündigung: „Und zwischen zwei Kriegen...", die Beschreibung des „unberührt und ruhevoll" im Garten spielenden Kindes. Der Erzähler akzentuiert Absonderung und Übergänglichkeit dieses Kinderglücks allein durch die Anordnung innerhalb des Kapitels in aller möglichen Schärfe. Den Rahmen um die Schilderung des friedvollen Kinderspiels schließen zwei Abschnitte über den zweiten Krieg und die Kriegsfolgen, soweit sie die Vaterstadt und die Firma der Buddenbrooks selbst betreffen.

In diesen beiden Schlußabschnitten ist nun, abgesehen von ihrer wohlberechneten Stellung in der Gesamtanlage des Kapitels, noch einmal jeder einzelne Satz so eingerichtet, daß er den voraufgehenden oder folgenden kontrapunktiert. Das beginnt schon mit der ironisch-satirischen Überleitung und setzt sich bis in den Schlußsatz fort, der obendrein noch das Zahlenspiel in den letzten Sätzen des voraufgegangenen Kapitels VII, 7 wieder aufnimmt:

„Große Dinge geschahen, während Hanno spielte. Der Krieg

entbrannte, der Sieg schwankte und entschied sich, und Hanno
Buddenbrooks Vaterstadt, die klug zu Preußen gestanden hatte,
blickte nicht ohne Genugtuung auf das reiche Frankfurt, das seinen
Glauben an Österreich bezahlen mußte, indem es aufhörte, eine freie
Stadt zu sein.
    Bei dem Fallissement einer Frankfurter Großfirma aber, im Juli,
unmittelbar vor Eintritt des Waffenstillstandes, verlor das Haus
‚Johann Buddenbrook' mit einem Schlage die runde Summe von
zwanzigtausend Talern Kurant."
    Jede Einzelmitteilung ist von unverdächtiger Sachlichkeit. Daß
aber ausgerechnet eine Frankfurter Firma den Buddenbrooks ernsten
Schaden zufügt, wiegt für den teilnehmenden Leser die Genugtuung
über das günstige Abschneiden ihrer Vaterstadt gegenüber der
konkurrierenden Reichsstadt sofort wieder auf. Die Geschichte läßt
eine einsinnige Bewertung der Ereignisse nicht zu. Zugleich deutet
die unmittelbare Gegenüberstellung der unterschiedlichen Kriegsfolgen voraus auf die zunehmende Entzweiung zwischen der allgemeinen Prosperität Lübecks und der wirtschaftlichen Entwicklung
des Hauses Buddenbrook. Wie aber die Schlußsätze das Geschick
des Hauses Buddenbrook von dem Gesamtgeschick der Stadt ab-
sondern, so hat das ganze Kapitel durch sein klügliches Arrangement
die frühzeitige Trennung des letzten Buddenbrook von den „großen"
Ereignissen seiner Umwelt, ja sogar das Hinweggehen der Geschichte über sein kurzes, dem Spiele hingegebenes Leben vorwegnehmend in Szene gesetzt. Und dennoch läßt der Erzähler jene
großen und zwingenden Ereignisse insgesamt gering erscheinen vor
dem kostbaren Geschenk einer kurzen Spanne unverstörter Spiel-
seligkeit, die das Leben einem Kinde einräumt, ehe es sich anschickt,
„mit plumper Übermacht ... uns (!) zu vergewaltigen, zu exerzieren,
zu strecken, zu kürzen, zu verderben".
    An dieser Stelle scheint der Erzähler tatsächlich aus seiner Reserve
herauszutreten: seine wertende Stellungnahme ist offenkundig, und
wer stilistische Besonderheiten zu würdigen weiß, wird es nicht für
zufällig halten, daß dieser Abschnitt über das selbstvergessene Spiel
des kleinen Hanno der erste des ganzen Buches ist, der eine Kette
von zeitlos-sententiösen Reflexionen bietet — nach Spielhagens
Theorie das Kapitalvergehen des Erzählers gegen die Objektivität
der Darstellung. Wo aber nimmt der Autor diesen Ton wieder auf
und erhebt ihn zum beherrschenden Redestil? Ausgerechnet in dem
Kapitel, das Hannos Versagen gegenüber dem Leben besiegelt, im
Typhustraktat hart vor dem Ende des ganzen Romans. Und dort
vollzieht er, wie noch zu erläutern ist, die schärfste Abrechnung mit

der Lebensabgewandtheit und Lebensuntüchtigkeit seines „Lieblingsgeschöpfes". Auch jene erste, offenkundige Parteinahme bei der Vorstellung Hannos verliert also durch die nicht minder teilnahmsvolle Reflexion bei seiner Verabschiedung ihren Anspruch auf Allgemeingültigkeit. Sein Leben hat in der Geschichte an „Tiefsinn und Reiz" nicht seinesgleichen; darum ist seine Lebensart zu verteidigen. Seine Spiele und Träume, seine Fähigkeiten und Neigungen sind dem Leben abgewandt; darum ist er dem Tode billigerweise verfallen.

Ob man den gesamten Roman überblickt oder kleinste Erzählschritte und Satzgefüge ins Auge faßt, stets rücken vermeintlich einhellige Vorgänge alsbald in gegenteilige Beleuchtung. Dabei vermeidet der Autor dieses „Bekenntnis- und Bildungsromans" nicht schlechthin eine richtungweisende Bewertung von Ereignissen und Charakteren. Er wartet vielmehr — im Gegensatz zu einer Reihe von poetischen Doktrinen des späten 19. Jahrhunderts — mit einer Fülle versteckter Fingerzeige und in einzelnen wichtigen Fällen sogar mit offener Stellungnahme auf. Aber er verwehrt es dem Leser immer wieder, eine einmal getroffene Bewertung für die schlechthin gültige zu halten.

So sehr diese Befunde eine einhellige Deutung des Erzählten in Frage stellen, so eröffnen sie doch die Möglichkeit, auf die schon eingangs gestellte Frage nach der so augenfällig bekundeten katechetischen Absicht des Romans eine positive Antwort zu finden — eine Antwort, die zugleich die Schwierigkeiten bei der Bezeichnung seines Grundthemas verständlich macht. Die Mühe, die der Autor darauf verwendet, die in sich konsequenten Motivstränge des Romans in ein Beziehungsnetz zu bringen, in dem sie nach verschiedenen Richtungen verknüpfbar sind und einander stellvertretend ablösen können, die Beflissenheit, mit der er Einzelthemen kontrapunktiert, seine Sorge, zwischen Verfalls- und Sublimierungserscheinungen in jedem Stadium seiner Geschichte Balance zu halten — die ganze Equilibristik dieser Kunstgriffe entspringt dem Wunsche, den Leser zu derselben kritischen Distanz gegenüber jeder Einzelwahrnehmung zu erziehen, die er sich selbst von früh an auferlegt hat, weil er in ihr die vornehmste Tugend des objektiven Weltbetrachters erkannt zu haben glaubt.

Bereits als Achtzehnjähriger redet er anläßlich einer Heine-Würdigung forsch von seinem „sonstigen philosophischen Standpunkt", der ihn dazu anhält, Begriffen wie „gut" und „schlecht" oder „wahr" und „unwahr" jeglichen absoluten Rang abzusprechen, und er wartet gleich mit einer Reihe von Argumenten auf, die den Schriftsteller Heine vor Mißdeutungen schützen sollen. Scharf polemisiert er gegen die Festlegung Heines auf einzelne, in seinen Schriften vorgebrachte Bekenntnisse. „Weil Heine mit Begeisterung von Martin Luther spricht, ist er Protestant! Mit demselben Rechte könnte Dr. S. sagen: Weil Heine ... so eifrig die Bibel las und dies Buch sehr schön fand, war er ein Pietist! — Heinrich Heine, mein lieber Herr Doktor, bewunderte Napoleon, trotzdem er ein geborener Deutscher war, und er bewunderte Luther, trotzdem er *kein* Protestant war."

Der kleine Schüleraufsatz ist nicht nur eine Verteidigung des „großen" gegen den „guten" Heine, er ist zugleich eine Proklamation des eigenen Rechtes auf Unabhängigkeit von allen vorgeprägten Ideologien und Wertmaßstäben.

Mit dieser steten Neigung zu kritischem Vorbehalt begegnet der angehende Literat von früh an auch jenen großen Lehrmeistern, die nach seiner eigenen wiederholten Versicherung den Charakter seiner Erzählkunst mitbestimmt haben. In den Berichten über seine passionierte Beschäftigung mit Wagnerscher Musik, von deren suggestiver Sinnenhaftigkeit seine Prosa ebenso Nutzen zog wie von der Artistik ihrer Motivverschränkungen, halten hingegebene Begeisterung und analytische Kritik einander die Waage. Er zeigt tiefes Verständnis für Nietzsches antithetische Beurteilung Wagners. Die „doppelte Optik", mit der Nietzsche dem Phänomen des Wagnerschen Klangzaubers beizukommen suchte, macht er sich ausdrücklich zu eigen; zugleich aber überträgt er sie auf die Bestimmung seines eigenen Verhältnisses zu Nietzsche: „... ich nahm nichts wörtlich bei ihm, ich *glaubte* ihm fast nichts, und gerade dies gab meiner Liebe zu ihm das Doppelschichtig-Passionierte, gab ihr die Tiefe." Schopenhauers Todesmetaphysik, die ihm gerade zurecht kam, als sein Roman „bis zu dem Punkte gediehen war, daß es galt, Thomas Buddenbrook zu Tode zu bringen", scheint in der großen Schopenhauer-Szene des Zehnten Teils in emphatischer Unmittelbarkeit wiedererstanden zu sein; und doch versichert der Autor bei der Würdigung dieser Abhängigkeit, was der aufmerksame Leser des Romans bestätigen wird: „daß man im Sinn eines Philosophen denken kann, ohne im geringsten *nach* seinem Sinn zu denken, will sagen: daß man sich seiner Gedanken bedienen — und dabei denken kann, wie er durchaus nicht gedacht haben will"[9].

Deutlicher noch als die jugendliche Selbstrechtfertigung offenbart der Umgang des angehenden Schriftstellers mit seinen bewunderten Vorbildern, daß seinen eigenen Versuchen, der Wirklichkeit durch

Relativierung und gegenseitige Aufhebung der Einzelwahrheiten Herr zu werden, ein prinzipieller Denkzwang zugrunde liegt — ein Denkzwang, der seinerseits allerdings in einem leidenschaftlichen Drang zu intellektueller Redlichkeit seinen Antrieb hat. Henry Hatfield hat in seiner Thomas-Mann-Studie für diese erkenntnistheoretische wie ethische Haltung die glückliche Formel des „divided mind" geprägt, der „the universe into a glittering series of polar opposites" zerlegt. So erscheint für Hatfield selbst jener Gegensatz, den so gut wie keine Abhandlung über Thomas Mann als das Leitthema seines Frühwerks anzuführen unterläßt, der Gegensatz „artist-Bürger", lediglich als „a corollary" — eine Folgeerscheinung jenes allgemeinen Dualismus, der die Denkweise und den Darstellungsstil des Autors beherrscht[10]. Er gesteht in diesem Zusammenhang allein der Entgegensetzung von Geist und Leben, die allerdings schon bei Nietzsche die allgemeinste Basis für alle antithetischen Auffächerungen bildet, eine initiatorische Bedeutung zu, und tatsächlich hat Thomas Mann gerade im Rückblick auf die „Buddenbrooks" von diesem Grundgegensatz als seinem wichtigsten Nietzsche-Erbe gesprochen.

Schon im „Tonio Kröger" aber, jenem „Lied ... gespielt auf dem selbstgebauten Instrumente des großen Romans", wird offenbar, daß es sich mit der Entgegensetzung von Geist und Leben im Werke Thomas Manns anders verhält als mit den übrigen, beliebig aufzureihenden Antagonismen: In der schriftstellerischen „Vergeistigung" des Lebens findet der allwaltende Antagonismus selbst seine Grenze.

Bezahlten die Buddenbrooks oder zumindest ihr Spätling Hanno ihre „Vergeistigung" noch mit einer Abnahme an Lebenswillen und einem gemeinen leiblichen Tode, so besteht der Literat Tonio Kröger in einer ironisch zurückgewandten Wehmut, aber gefaßt und schaffenswillig seine Lebenskrise. In dieser selbstbekennerischen Novelle ist der *Schriftsteller* dazu ausersehen, als *Mittler* zwischen Geist und Leben die Gegensätze zur Versöhnung zu zwingen. Das wird ihm möglich, weil der zum Künstlertum befähigende Geist nicht allein dem Leben Widerpart bieten, sondern sich zugleich kritisch — und das heißt ironisch — gegen sich selbst richten kann. Die Bereitschaft zu Kritik und Ironie, zur Selbsteinschränkung also, ist es letzten Endes, die den zum Schriftsteller herangereiften Tonio zum Leben geeignet und zum Schreiben tauglich macht. Freilich fordert eben diese Selbstkritik vom Künstler das äußerste Maß an Wachsamkeit gegenüber vorschneller Parteinahme und eindeutiger Festlegung.

Damit liefert der achtundzwanzigjährige Autor selbst für seine zweideutig-ironische Erzählart die moralische Begründung. Und indem er den Literaten Tonio jenseits der Gegensätze Fuß fassen und sich ihre Versöhnung zur Lebensaufgabe setzen läßt, enthüllt er zugleich den didaktischen Impuls, der seinem eigenen Drang zur „Mittelstellung zwischen Gesundheit und Raffinement, Anständigkeit und Abenteurertum, Gemüt und Artistik" innewohnt. Gerade kraft dieser Mittelstellung wird der Erzähler zur einzigen festen Instanz, die über die Antagonismen des Daseins frei und unverblendet richten kann. Unter diesem Gesichtspunkt ist es schließlich zu verstehen, daß Ironie und Objektivität für Thomas Mann schlechthin dasselbe bedeuten, und daß er dem ironischen Künstler die Fähigkeit zuspricht, der „Menschheit und Gesellschaft" die wichtigsten Dienste zu leisten.

Es muß hier nicht dargelegt werden, wieviel Abhängigkeit von Nietzsche selbst noch in dieser kritischen Wendung gegen dessen unversöhnliche Entgegensetzung von Geist und gewöhnlichem Leben erkennbar bleibt. Jedenfalls hindert diese Wendung den Nietzsche-Erben jetzt und später daran, sich dessen selbstzerstörerisches Postulat einer puren Lebensgerechtigkeit zu eigen zu machen. Von größerem Interesse ist es für uns, daß Thomas Mann in seinen späteren Jahren den Gewinn dieses positiv-kritischen Standortes bereits als „Erfahrung des kleinen Verfallsprinzen Hanno" beschreibt. Während die „Betrachtungen eines Unpolitischen" gerade in diesem für die Interpretation des Romans entscheidenden Punkte den „Tonio Kröger" von den „Buddenbrooks" absetzen, stellt sich dem Vierundsiebzigjährigen Hannos Leiden an seiner Umwelt dar als „Kritik des Lebens, der Wirklichkeit und auch der menschlichen Gesellschaft durch die Kunst". Und schon diese passive Form der Daseinskritik, die doch wesentlich in einer selbstzugewandten Sublimierung der künstlerischen Ausdrucksmöglichkeiten besteht und die Hannos eigene Lebensbereitschaft nicht erhöht, nennt er einen Dienst am Leben und an der menschlichen Gesellschaft, die ohne solche Revolten des einzelnen „seit diluvialen Zeiten um keinen Schritt vorwärts gekommen" wäre. Hannos Dasein spiegele also nicht etwa den unabänderlichen Riß zwischen Geist und Leben, in seiner Bereitschaft zur Lebenskritik verberge sich vielmehr bereits „die Quelle aller Ironie, die der Geist gegen sich selber richtet".

Danach wäre die Figur Hannos im Roman jener durchwaltenden Dialektik von Vergeistigung und Lebenskraft enthoben und hätte ihren Ort nicht am Ende, sondern schon jenseits des Prozesses von Verfall und Steigerung: Hanno wäre, wie später der Schriftsteller

Tonio Kröger, zum *Mittler* ausersehen, der kraft seines Künstlertums die Gegensätze zur Versöhnung zwingt.

Dürfen wir dem Autor trauen, wenn er sich mit der „zarten Menschlichkeit" Hannos so identifiziert, daß er ihm die Rolle des Lehrmeisters zumißt, an den sich der Leser als „festen Punkt" halten kann? Und lehrt dieser kleine Künstler tatsächlich, wie die Flucht widerstreitender Erscheinungen, wie das ganze Gewoge von Verfall und Steigerung kritisch zu meistern sei?

Es wird sich zeigen, daß die Rechnung mit der festen Instanz im Roman selbst so glatt nicht aufgeht, wie sie sich dem Vierundsiebzigjährigen darstellte, dem die Lieblingsgeschöpfe seiner Jugendwerke, Hanno und Tonio, im Fernblick zusammenrückten. Die Mittleraufgabe, zu der der Held der Novelle heranreift, wahrt im Roman allein der *Erzähler*, und zwar, wie bei der Erörterung seiner Reflexionen über Hanno schon angedeutet wurde, sogar über den Kopf seines letzten Helden hinweg. Zwar ist seine weitgehende Selbstbespiegelung in der Gestalt des Hanno nicht wegzudiskutieren. Nicht weniger ernsthaft aber betreibt er seine Selbstidentifizierung mit dem skrupulösen „Leistungsethiker" Thomas Buddenbrook. Gerade diesen „Moralisten und ‚Militaristen'", der den Neigungen Hannos tiefes Mißtrauen entgegenbringt, nennt er eine als „Vater, Sprößling, Doppelgänger" ihm selbst „mystisch-dreifach verwandte Gestalt". Wieviel Sympathiebekundung und welches Maß an versteckter Selbstbezichtigung enthält seine Charakteristik des ausschweifend-vagierenden Abenteurers Christian? Und wie weit reicht seine humorvoll-warmherzige Parteinahme für die alle Widerfahrnisse traditionsbewußt überdauernde Tony?

Die einzige Instanz, in der alle diese vielverzweigten und widerstreitenden Teilidentifikationen ihren Fluchtpunkt haben, ist tatsächlich die Person des Erzählers. Indem er alle diese Einzelbekenntnisse in steter Selbstkritik gegeneinander ausspielt, setzt er sich in den Stand, die rauschhafte Seligkeit höchster Daseinssteigerung und die trostlose Unabänderlichkeit des Verfalls als Fazit *eines* Entwicklungsromans zu vermitteln. Er lehrt darüber hinaus, daß der Geist, der sich selbstkritisch im Zaume hält, nicht zwangsläufig den Eigenschaften und Neigungen verfallen muß, zu denen er sich bekennt.

Diese Bereitschaft zur Selbstkritik, von deren Auswirkung auf die Romanform insbesondere die Analyse der Schlußkapitel noch Aufschluß geben soll, hat es schließlich vermocht, daß der Autor selbst, der in seinen todverfallenen Helden Thomas und Hanno so offenkundig den eigenen, jugendlichen Bildungsgang spiegelte, nachmals „in der Welt weiter ausgegriffen, dem Leben mehr geschenkt" hat, als seinen „biederen Vorvätern in ihren Mauern je gegönnt war".

Das treffende Wort
  Der Widerhall, den der Roman in den Mauern Lübecks hervorrief, ließ zunächst nicht erhoffen, daß die letztgenannte, zuversichtliche Behauptung des Autors sich erfüllen würde. Die Diskussion entzündete sich keineswegs an der vergleichsweise esoterischen Problematik des bürgerlichen Verfalls und der geistigen Sublimierung einer Generationenreihe. Protest erhob sich vielmehr, weil man in den sachlichen Beschreibungen und Charakteristiken des Romans die realen Lübecker Verhältnisse allzu unverhüllt ins Wort gefaßt sah. Wir sind heute, da die Zeit und die Gegenstände dieser Abschilderung ferngerückt sind, geneigt, über jene entrüsteten Reaktionen nachsichtig hinwegzusehen. Der tiefwurzelnde moralische Grimm aber und der jahrzehntelange Mißmut, den die Familienchronik ihrem Autor von seiten seiner Mitbürger eintrug, geben triftigen Anlaß zu der Frage, ob nicht der ätzende *Naturalismus* des Romans am Ende seine didaktischen Tendenzen gründlicher überdeckt als die vermeintliche Unverbindlichkeit seiner thematischen Aussagen. Thomas Mann selbst hat nie ein Hehl daraus gemacht, daß der Roman seine eigene Familie aller Welt unter die Augen brachte. Tatsächlich lassen sich nicht nur für die vier Hauptpersonen, sondern auch für die übrigen Familienmitglieder und ihren Umkreis bis hinab zur Dienstmagd Ida und zur alten Lehrerin Weichbrodt die realen Vorbilder benennen. Äußerlichkeiten und Redewendungen, ja so bedenkliche Charaktereigenschaften wie die hypochondrische Arbeitsscheu des „schwarzen Schafes" Christian sind unmittelbar von der Wirklichkeit „abgeschrieben", und bereits die Zeugnisse über den Vortrag fertiger Passagen im Familienkreise bestätigen, daß die Akribie der Wirklichkeitsabschilderung bei den Seinen ihre Wirkung tat. Man faßte Vorlesung und Lektüre als eine Art Gesellschaftsspiel auf, bei dem man Verstorbene wie Lebende unter notdürftiger literarischer Verkleidung lachend und schadenfroh wiedererkannte. Viktor Mann quittiert noch die Sorge des Verlegers S. Fischer über den ungebührlichen und verkaufswidrigen Umfang, den das Manuskript angenommen habe, mit der ganz „historienbewußten" Bemerkung: „... wenn wir eben eine so dicke Vergangenheit hatten, dann durfte er auch nichts von ihr wegnehmen."
„Wir Buddenbrooks", so nennt Thomas Mann selbst noch spät und nicht ohne Stolz seine eigene Sippe.
  Der junge Autor aber zog mit der Veröffentlichung der eigenen

Familienangelegenheiten seinem Mitteilungseifer noch keineswegs eine Grenze. Was an eigener Erinnerung, an Dokumenten, Berichten und Auskünften vom Leben seiner Vaterstadt irgend erreichbar war, ging über Motivlisten und Stichwortsammlungen abbildgetreu in den Roman ein, und so erfuhren Lübecks Senatoren und Suitiers, seine Krämer und Kontoristen und vor allem jene aufstrebenden Familien, die den Stand allgemeiner Achtbarkeit noch nicht lange genug erreicht hatten, um gegenüber ihrer eigenen Geschichte unempfindlich zu sein, im „Mummenschanz" einer epischen Fabel ihre literarische Wiederbelebung.

Wer die Wirkung solcher Porträtzeichnung auf die Familie Mann im Auge hält, wird es verständlich finden, daß die Lübecker Gesellschaft mit gleicher Anteilnahme, wenn auch weniger heiter reagierte, als sie ihr höchst unverblümtes Konterfei im Roman wiederentdeckte. Thomas Mann hat ihre Entrüstung in streitbaren Artikeln zurückgewiesen und mit rhetorischen Peitschenhieben die „Dummheit" und „Philisterei" solcher Identifikation gegeißelt. „Wenn ich aus einer Sache einen Satz gemacht habe — was hat die Sache noch mit dem Satz zu tun?"

Man könnte den Verdacht hegen, daß erst die leidige Verquickung des Romans mit dem Bilse-Prozeß den Autor zu solch schroffen Unterscheidungen provoziert hätte. Bereits das „Urmanuskript" des Romans trägt jedoch ein vorgesetztes und erst später getilgtes Geleitwort, das diese Grenzlinie entschieden markieren soll. Die Strophe aus August von Platens „Vision", die dort notiert ist, schließt mit den Versen, die das „Herz" des Dichters apostrophieren:

> Ihm werde die gewaltige Natur
> Zum Mittel nur,
> Aus eigner Kraft sich eine Welt zu baun.[11]

Dem Biographen mag dieses frühe Bekenntnis eine willkommene Handhabe bieten, um die wahren künstlerischen Absichten des Autors gegen die Kritik seines Publikums in Schutz zu nehmen. Für den Interpreten des Romans wiegt jedoch die historische Evidenz einer unmittelbar realistischen Wirkung nicht leichter als der nachweisliche Wunsch des Autors, die Fakten der nachgezeichneten Wirklichkeit möglichst restlos in artistisch gehandhabte Materie zu verwandeln. Und taten etwa die Leute unrecht, als sie die „Welt der Realität", die der Dichter „seinen Zwecken dienstbar" gemacht hatte, als ihr Eigentum reklamierten, weil sie auch im Buch aufs Haar die ihre geblieben war? Der pedantische Kalligraph, der ein Festgedicht des Familienpoeten Hoffstede eigenhändig auf ein

Gratulationskärtchen schnörkelt, um zu sehen, wie es wirkt; der Skrupulant, der um der getreulichen Darstellung einer Mahlzeit willen seiner Mutter die Kochrezepte abfordert, der Erznachahmer, der sich ein Simplicissimus-Bild ausschneidet, um danach seinen Münchner Rentier Permaneder zu entwerfen — trifft und verhöhnt er nicht zugleich mit der „kalten und unerbittlichen Genauigkeit der Bezeichnung" die Objekte seiner Darstellung in unzweideutiger Weise? Ändern sich die Sachen dadurch, daß der Erzähler einen Satz aus ihnen macht? Prüfen wir an konkreten Beispielen, wie der Erzähler mit den Details der realen Umwelt verfährt, wenn er sie seiner Geschichte einverleibt.

Die zweite Ehe Tony Buddenbrooks zerbricht an einem Wort. „Geh zum Deifi, Saulud'r dreckats!" lautet der nicht sehr bös gemeinte Gutenachtgruß ihres Gatten, und dieser bajuwarische Ratschlag treibt sie unverzüglich in den Schoß ihrer Lübecker Familie zurück. Über die Herkunft des Wortes hat sich ein kleines Geplänkel zwischen Thomas Mann und seinem Bruder Viktor angesponnen. Der kaum zehnjährige Viktor will es aus seiner intimen Kenntnis des Schwabinger Umgangsdeutsch dem Bruder zur Verfügung gestellt haben, als dieser ihn nach dem passenden Ausdruck zur Entzweigung eines Ehezwistes ausgefragt habe. Mit Rücksicht auf die damalige Jugend des Befragten hat Thomas Mann diese Darstellung dementiert; aber er führt zu seiner Rechtfertigung ausdrücklich die eigene Vertrautheit mit dem Münchner Dialekt an. Gleichviel, von wo es ihm zukam: aus dem Leben gegriffen — das leuchtet auch dem Nichtmünchner ein — ist das Wort auf jeden Fall.

Wir erfahren von der etwas heiklen Szene, die zu jenem Kraftausdruck führte, nur durch die erregte Schilderung Tonys bei ihrer Heimkehr (Kap. IX, 6). Aber eine Buddenbrook wird dieses Wort niemals über ihre Lippen bringen, und so verschweigt auch der Erzähler das Wort, getreu der naturalistischen Maxime, daß dem Leser die Vorgänge so dargeboten werden sollen, wie er sie unmittelbar wahrnehmen würde, wenn er ihnen nicht in der Literatur, sondern im Leben begegnete. Dennoch weiß der Erzähler sein Spiel mit dem unaussprechlichen Wort zu treiben. Er kostet das Faktum des Verschweigens voll aus, indem er selbst auf das „Wort" hartnäckig zurückkommt, die Vokabel vielfach repetiert[12], und zwar geschickterweise so, daß ihre Verwendung im Erzählerbericht stets als Zitat der Rede Tonys gelten kann.

Wie aber erfährt der Leser das Wort, und vor allem, wann erfährt er es? Über mehrere Kapitel hin ist der Vorfall Tonys ständig wiederkehrendes Hauptargument bei der Verteidigung ihres Entschlusses, in Lübeck zu bleiben und die Scheidung in die Wege zu leiten. Begreiflich, daß der Leser das Wort auch *hören* möchte. Er ist jedoch in keiner besseren Lage als Tonys Gesprächspartner, denen selbst bei der Diskussion der Ehescheidung die Substanz des „Wortes" aus Gründen der Etikette verborgen bleibt. Der Erzähler steigert ohne andere als rein naturalistische Mittel die Spannung des Lesers bis zu dem Punkte, da er selbst den Bericht von der Ehe Tonys mit Herrn Permaneder abzuschließen gedenkt. Noch seine pointierte Eröffnung — sie erfolgt als Schlußwort des Sechsten Teiles — ist sorgfältig als Tatsachenbericht kaschiert: „Später, auf eine niemals geklärte Weise, ist einzelnen Familienmitgliedern das ‚Wort' bekanntgeworden ..."

Die nahezu metrisch regelmäßigen Abstände, in denen der Erzähler das „Wort" in Erinnerung bringt, der wohlberechnete Ort der Mitteilung, nicht zuletzt auch die suggestive Verdoppelung oder Verdreifachung der Vokabel bei jeder Wiederaufnahme schließen den Verdacht aus, daß dieser Realiensammler sich von den gegebenen Fakten leiten ließe. Er veranstaltet ein förmliches Rondo mit einem einsilbigen Thema, dessen Auflösung zugleich den kecken Schlußakkord der ganzen Erzählung von Tonys Ehe bildet. Aber — und darin liegt die abgefeimte Mimesis der Wirklichkeit — er verhält sich damit als Erzähler nicht anders als Herr Permaneder, der mit diesem Wort seiner Gattin tatsächlich den Abschied gab.

Den gleichen „Exaktheitshang" verrät die psychologische Motivierung, mit der das erzählerische Kabinettstück in die Wege geleitet wird: Nur weil Tony ein ausgeprägtes Standesbewußtsein besitzt, hat dieses einzige Wort überhaupt solche Wirkung zeitigen können. Nur weil sie — und zwar aus dem gleichen Grunde — nicht imstande ist, das Wort zu wiederholen, kann das Spiel fortgesetzt werden. Das „Wort" ist das eindeutige und psychologisch-glaubhafte Agens der Handlung, und noch sein Verschweigen wird zum psychologischen Indiz für das unbeirrt „Buddenbrooksche" im Charakter Tonys. Dies dokumentiert der Erzähler ohne jede subjektive Einrede, und noch bei der schließlichen Enthüllung des Wortes ist er um die empirische „Richtigkeit" der nachträglichen Bekanntgabe peinlich bemüht. Der Sachverhalt ist sprechend genug: Der Autor heckt mit einer Silbe über drei Kapitel hin ein raffiniertes Wortspiel aus. Aber kein noch so verführerischer formalästhetischer Einfall kann ihn davon abbringen, der Wirklichkeit hörig zu bleiben und die Regeln sachgetreuer Berichterstattung zu wahren. Noch der Schlußrapport des Erzählers gibt das Idiom des Alois Permaneder lautgetreu wieder.

Eine Reihe wichtiger und für den gesamten Roman bestimmender Eigentümlichkeiten des Mannschen Erzählstils treten bereits in diesem übermütig-präzisen Wortspiel zutage. Die Genauigkeit, mit der jeder einzelne Satz die empirische Wirklichkeit nachbilden will, zugleich aber die Arithmetik in der Wiederholung und Variation symptomatischer Einzelmotive, die wohlberechnete Steigerung und Pointierung der dargebotenen Vorgänge und zugleich die sorgfältige psychologische Begründung jedes Handlungsschrittes — die allenthalben hervorstechende *Mehr*zweckhaftigkeit jedes einzelnen Erzählelements läßt sich bei nahezu beliebigem Zugriff neuerlich unter Beweis stellen.

Man hat viel Mühe darauf verwandt, nachzuweisen, daß Thomas Manns Erzählstil zwar vordergründig realistisch oder naturalistisch erscheine, daß er aber „eigentlich" symbolisch-musikalisch sei, und man kann sich dabei für die „Buddenbrooks" unmittelbar auf die erwähnte Bilse-Polemik und auf zahlreiche spätere Äußerungen berufen[13]. Aber solche Versuche, die Symbolik des Erzählstils gegen seinen Realismus auszuspielen, erinnern an die interpretatorischen Versuche, den Verfallsprozeß der Generationenfolge zugunsten ihrer geistigen und seelischen Sublimierung als bloße Folie des Geschehens zu werten. Der junge Autor — und nicht nur der junge! — *will* in der Darbietung der empirischen Außenwelt so genau, so naturalistisch wie möglich verfahren, und es wird sich, gerade auch unter Beziehung der Bilse-Polemik, zeigen, daß sich in der ätzenden Zudringlichkeit seiner Naturalistik und schließlich auch in der bohrend-ausschweifenden Verfallspsychologie das schriftstellerische Ethos dieses Bekenntnisromans nicht weniger ausspricht als in der lichten und mathematischen Kompositionsstrenge seines Erzählstils. Vorerst aber müssen die Eigentümlichkeiten dieser Naturalistik selbst gekennzeichnet werden.

In der Neigung, die Redeweise der abgeschilderten Figuren bis ins idiomatische Detail genau zu reproduzieren, wetteifert Thomas Mann mit den besten wie mit den durchschnittlichen Erzählern seiner Zeit. Aber schon indem er die idiomatischen Besonderheiten als Erzähler repetierend unterstreicht oder sie gar erst hinzufügt, während die gesprochenen Sätze zunächst hochsprachlich formuliert werden, überbietet er seine Zeitgenossen auf eigensinnige Weise. Nicht von ungefähr wendet der Erzähler von Anfang an auf die exakte Nachahmung *sprachlicher* Eigentümlichkeiten sein besonderes Augenmerk: Hier übt er seine Fähigkeit, mit dem Worte genau „ins Schwarze" zu treffen, gewissermaßen am lebenden

Objekt. Gleich auf den ersten vierzig Seiten des Romans finden sich zehn Fälle solcher Erzähler-Einhilfe, die dem Leser in naturalistischer Enthaltsamkeit nichts anderes als das schon Dargestellte mitteilen, aber zugleich kenntlich machen, daß man ihm, dem Erzähler, die Genauigkeit der Mitteilung dankt und daß ihm an dieser Genauigkeit ausdrücklich gelegen ist.

Nicht weniger eigenwillig verfährt er bei der Milieubeschreibung, der Domäne der „situationsgetreu" darstellenden Naturalisten. Man konnte sich bis zum zweiten Weltkrieg davon überzeugen, daß die Häuser und Straßen Lübecks, der Markt und die Getreideschuppen von einem Lokalhistoriker kaum treffender beschrieben werden könnten, als der Roman sie vergegenwärtigt, und man kann die dargestellten Partien des Travemünder Strandes noch heute nach der Anleitung des Romans wiederfinden. Aber der Erzähler verfährt bei seiner Reproduktion nicht nur peinlich genau, sondern treibt mit dieser Genauigkeit auch ein höchst artistisches Spiel.

Rund dreißig Jahre nach Tony besucht Hanno den Travemünder Strand. Er sieht die See, die sich vor Tony „in grünlichen und blauen Streifen" erstreckte, „in flaschengrünen und blauen, glatten und gekrausten Streifen" vor sich liegen, und ihr Wogengang, der frische Salzwind und später der strömende Regen, der die Fensterscheiben undurchsichtig macht, werden nicht nur als jeweilige Beobachtung des einen und des anderen, sondern über lange Sätze hin auch im gleichen Wortlaut wiedergegeben. In den Abschiedsszenen und bei der Beschreibung der Heimfahrt sind schließlich ganze Abschnitte so identisch, daß lediglich ein Name den anderen ersetzt.

Natürlich ist die gleiche Grundstimmung beider Travemünder Episoden, insbesondere ihres Endes, für das Gesamtgeschehen bedeutsam. Doch muß man einrechnen, daß jene gleichlautenden Sätze kein zusammenhängendes Erlebnis, sondern in beiden Fällen über viele Tage hin verteilte Einzelbeobachtungen beschreiben und daß sie sich überdies — in ganz unterschiedlicher Reihenfolge — im Kapitel X, 3 auf sieben Seiten, im Dritten Teil dagegen auf acht Kapitel verteilen. Ihre stückweise Wiederaufnahme nach vielen hundert Seiten bezeugt vorab das hartnäckige Festhalten des Erzählers an selbstbeobachteten Tatbeständen, über die hinauszugehen er seiner Schriftstellerphantasie nicht erlaubt. Souverän ist diese Phantasie nicht im *Erfinden* neuer Fakten, sondern in der zweckmäßigen *Anordnung* des Gegebenen.

Um so mehr aber kommt es dem Erzähler darauf an, daß die so gehandhabten Erzählelemente dem einmal beobachteten Sachverhalt Genüge tun. So sind in zahlreichen Fällen die episch-musikalischen

Reprisen von Versuchen begleitet, dasselbe nicht verändert — das wäre Verfehlung —, wohl aber noch präziser und differenzierter vorzubringen. Innerhalb eines vierzeiligen, sonst völlig wortgleichen Satzes, der das Ausrollen der Meereswogen beschreibt, stürzen die Wellen an der früheren Stelle „lärmend", an der späteren „tosend, krachend, zischend, donnernd" über den Sand. Über das ganze Buch hin ziehen sich solche Bemühungen, das schon Beschriebene noch exakter und zugleich einlässiger zu sagen, Bemühungen, die nicht zuletzt auch das Anschwellen des Romans gegen das Ende zu mit bewirken. Zugleich aber ist diese auffallende Wiederholung von Fakten und Begebenheiten doch nur ein anderer Modus jenes Erläuterungseifers, der den Erzähler schon zu Beginn dazu anhielt, die Redeweise seiner Figuren durch eigene Einreden noch zu verdeutlichen. Und so weicht er auch mit allen Praktiken der Motivwiederholung um kein Haar breit von der Tendenz ab, im einzelnen so genau, so wirklichkeitsgerecht wie möglich zu sein.

Diese Feststellung setzt in den Stand, auch die vielberufenen, stehenden Redewendungen und Charakteristiken, mit denen der Erzähler seine Figuren auf ihrem ganzen Wege durch den Roman begleitet, richtig zu beurteilen. Man hat — im Verein mit dem rückschauenden Autor selbst — die stereotype Wiederkehr äußerer Merkzeichen bei der Personen- und Sachschilderung in den „Buddenbrooks" gerügt und von einer noch allzu groben Imitation Wagnerscher Leitmotivik gesprochen. Die Gepflogenheit, Nebenpersonen mit wenigen, unverwechselbaren Eigenschaften auszustatten, die ihnen wie Etiketten anhaften, ist mindestens seit Dickens in der westeuropäischen Romanliteratur so ausgebildet, daß man noch nicht das Wagnersche Vorbild zitieren muß, um Thomas Manns ausgiebigen Gebrauch solch stereotyper Formeln verständlich zu machen. Allerdings heftet er nicht nur seinen „flat charakters", sondern auch den Hauptpersonen seines Romans solche stehenden Merkmale an, und er versäumt selbst bei Thomas und Hanno Buddenbrook kaum eine Gelegenheit, die längst bekannten Eigenheiten ihrer äußeren Erscheinung neu und mit den gleichen Formeln zu zitieren. Aber nur weil man den Blick allzu willfährig auf das formalästhetische Phänomen der Leitmotivik und Symbolik gerichtet hielt, hat man übersehen können, daß auch diese Erzählformen zu den Waffen gehören, mit denen der Erzähler die außerliterarische Wirklichkeit treffen und bannen will[14].

Auf die Spitze getrieben scheint die Typisierung der äußeren Erscheinung bei einer Figur, die zwischen Haupt- und Nebenpersonen die Mitte hält, bei Gerda Buddenbrook. Gerda tritt etwa zwölfmal szenisch in Erscheinung, und jedesmal — mit Ausnahme des Schlußkapitels, wo es lakonisch von ihr heißt, daß sie fortging, wie sie gekommen war — stellt der Erzähler sie vor mit ihrer Blässe, ihrem schweren roten Haar, den weißen breiten Zähnen und vor allem den fremdartigen, nahe beieinanderliegenden und bläulich umschatteten Augen. Fast immer wird ihr Auftritt begleitet von Anspielungen auf die Musik, und es wiederholen sich die Hinweise auf ihren Kopfschmerz und auf ihre kühle Aversion gegen familiären und geselligen Umgang. Das ist aber — außer ihrer Herkunft — auch schon beinahe alles, was wir überhaupt von ihr erfahren.

Auch in dieser nachgerade monotonen Motivaufreihung liegt indessen eine raffiniert naturalistische Darstellungstendenz: Sie ahmt genau das Vorstellungsbild nach, das sich den übrigen Personen des Romans von Gerda einprägt. Wenn Thomas über Gerda reflektiert — und das geschieht zweimal an wichtigen Stellen, bei den inneren Auseinandersetzungen mit Hanno und mit seiner Ehe —, sind ihm eben nur diese Eindrücke verfügbar: ihr fremdartiges Äußeres, Haare, Augen, Zähne, ihre Musik und ihre unbezwingbare Distanz. Und gerade die Kargheit seiner Beziehung zu Gerda ist mitbestimmend für sein Schicksal. Die gleichen wenigen Äußerlichkeiten und Charaktersymptome genügen andererseits, um Gerda für Christian, für den Makler Gosch und für den Leutnant Throta zu einer faszinierenden Erscheinung zu machen.

Dem Leser wird also die Person Gerdas mit peinlicher Akkuratesse so vorgestellt, wie sie im Roman selbst als „Fremde" den sie umgebenden Personen und der gesamten Lübecker Gesellschaft erscheint. Das entspricht der naturalistischen Theorie, die den Erzähler dazu verpflichtet, bei seinen Charakteristiken keinen Schritt über die Empfindungswirklichkeit seiner Figuren hinauszugehen.

Für Thomas Mann gehört überdies die Formelhaftigkeit der Wahrnehmung durchaus zur Erlebniswirklichkeit „nicht nur des Künstlers, sondern des Menschen überhaupt". Wenn also der Erzähler mit der komisch verzweifelten Rekapitulation des Permaneder-Wortes, mit der genauen Wiederaufnahme der Eindrücke vom Travemünder Strand oder mit der monotonen Wiederholung charakteristischer Körpermerkmale — die übrigens im Falle Gerdas so abgestimmt sind, daß sie mit entsprechenden Merkmalen des Thomas und Hanno exakt korrespondieren — ein anscheinend souverän artistisches Spiel treibt, so faßt er mit diesen Spielfiguren doch gleichzeitig menschliche Verhaltensweisen, auf deren Bedeutung in den gleichen Jahren die empirische Psychologie ihr Augenmerk gerichtet hatte, in angemessene epische Darbietungsform.

Dieser Sachverhalt ist für die spätere Hinneigung Thomas Manns zu mythologischem Erzählen von hoher Bedeutung. In den ersten Jahren seiner Beschäftigung mit dem Joseph-Roman beschreibt er den Mythos als die Vergegenwärtigung des sich Wiederholenden, Immerwahren, das unbewußt auch in das individuelle Leben „bildend" eingeht, es „beziehungsreich" und damit allein über seine Subjektivität hinaus „bedeutend", das heißt *erzählenswert*, macht. „Denn dem Menschen ist am Wiedererkennen gelegen; er möchte das Alte im Neuen wiederfinden und das Typische im Individuellen." Ohne dieses Wiedererkennen böte das Leben nur Erschreckendes und Verwirrendes. Eine „mythische Kunstoptik auf das Leben" erlaubt es dem Erzähler indessen, in heiterer Gelassenheit mit feststehenden Zügen und Vorgängen, mit biographischem Formelgut aufzuwarten, um dem Leser das Wiedererkennen zu erleichtern. Gleichzeitig beglaubigt er die Geschichte seiner Helden eben durch die Zitathaftigkeit ihrer Einzelzüge „als echt, als richtig ... als richtig im Sinne des ‚Wie es immer war' und ‚Wie es geschrieben steht' ".

Diese Äußerungen finden sich ausgerechnet in einem Vortrag über Freud, und sie sollen dazu beitragen, die spät erkannte Geistesverwandtschaft des Schriftstellers mit den psychoanalytischen Bestrebungen Freuds und seiner Schule zu belegen. Sie haben für uns ihr besonderes Interesse, weil sie die Hinwendung zum mythischen Erzählen mit der frühen Neigung zu exakter Analyse in Einklang bringen. Die Kennzeichnung des Typischen im Leben des Individuums nämlich wird als der Punkt bezeichnet, an dem für den Erzähler „das psychologische Interesse ins mythische Interesse übergeht". Das beginnt mit der formelhaften Wahrnehmung von Äußerlichkeiten und Charakterzügen und endet bei der Darstellung lebensbestimmender Bindungen des einzelnen an generationenübergreifende, ja menschheitsgeschichtliche Daseinsregeln. So werden schon solche penetrant wiederkehrenden Anspielungen wie die Beschreibung der Zähne und der Zahnleiden der Buddenbrooks nicht nur zu exemplarischen Symptomen der Generationendeszendenz, sondern darüber hinaus zu Formeln, in die sich die gesamte Lebensbefindlichkeit der einzelnen Familienmitglieder bildlich fassen läßt. Der Leser, der Sinn für das Typische im exakt analysierten menschlichen Verhalten hat, der das Musterhafte im vermeintlich ganz Individuellen erkennt, gewinnt freien Blick für „die höhere Wahrheit, die sich im Wirklichen darstellt". Der Erzähler aber, der gleichzeitig kenntlich macht, daß „diese Optik in die Subjektivität der handelnden Personnagen selbst eingeht" und sie veranlaßt — wie im geschilderten Verhältnis des Thomas zu Gerda —, ihre Umwelteindrücke selbst auf zitathafte Formeln zu bringen, vermittelt diese höhere Wahrheit nicht auf dem Wege theoretischer Erörterung, sondern stellt sie unvermittelt als *Erlebniswirklichkeit* dar. So hat also der „Realismus" der „Buddenbrooks" zwei verschiedene Ebenen, die nur scheinbar durch das Widerspiel photographischer Faktentreue und artistischer Motivkombination voneinander abgetrennt sind. Auch die artistische Erhebung der Einzelheiten zum wiederholbaren und variierbaren Zitat spiegelt eine Form der Erlebniswirklichkeit, an deren Mimesis dem Erzähler gelegen ist. Und für beide Ebenen gilt: Die Möglichkeit zum „Wiedererkennen", die der Erzähler seinen Lübecker Lesern so gut wie dem Lesepublikum des bürgerlichen Abendlandes eröffnet, kann genutzt werden zur Selbstbespiegelung wie zur Erkenntnis der geheimen „Vorgeschriebenheit" des Dargestellten. Ohne daß man darum den Jugendroman schon als eine mythische Erzählung bezeichnen müßte, läßt sich an seinen Ansätzen zur Typisierung der so peinlich genau geschilderten Vorgänge und Charaktere doch die Richtung erkennen, die Thomas Manns Erzählkunst nimmt: die Richtung auf den Ausgleich und die heitere Durchdringung von Psychologie und Mythos. Und ist nicht schon das ironisch-sichere „Es ist so!" am Ende des Romans eine Antwort, die bekräftigen soll, daß in dieser einmalig-ungeheuerlichen Geschichte alles so vor sich ging, „wie es geschrieben steht"?

Der eindeutige Erzähler

Der Autor des Bilse-Aufsatzes ist also doppelt im Recht, wenn er seinen Willen zur genauen Wirklichkeitsabschilderung hervorkehrt. Aber sein jugendlicher Ästhetizismus läßt ihn dabei noch eine Kluft zwischen Wirklichkeit und Kunst konstruieren, die der Erzähler selbst schon zu widerlegen begonnen hat. Wenn er sich darauf versteift, daß „die Welt der Realität von derjenigen der Kunst auf immer" geschieden sei, und wenn er beteuert, daß „alle Objektivität, alle Aneignung und Kolportage" sich allein auf dargestellte Äußerlichkeiten beziehe, während es im Reiche der Kunst nicht objektive, sondern nur intuitive Erkenntnis gebe, so ist er in seinem Roman doch bereits *intuitiv* auf dem Wege, mit der ästhetischen Stilisierung der kolportierten Fakten situationsunabhängige Musterbilder menschlichen Verhaltens „objektiv" nachzubilden. Schon die beigebrachten Einzelbeispiele, insbesondere die erzählerisch unscheinbare Typisierung der Travemünde-Eindrücke Tonys und Hannos, ließen diese Tendenz erkennen. Der feste Vorsatz des Autors, nicht zu erfinden, sondern nur Vorgegebenes nachzubilden, erfüllt sich auch bei der ästhetischen Umwandlung der Sachen in Sätze und „reine" Erzählfiguren. Seine „Sätze" über das wirkliche Lübeck und über seine eigenen Jugenderfahrungen haben, entgegen seiner unmutigen Verwahrung, sehr wohl noch mit der Wirklichkeit zu tun. Das zeigt sich vollends, wenn wir die speziellen Lebensbereiche ins Auge fassen, von denen im Roman zunehmend und am Schluß nahezu ausschließlich die Rede ist. Das umfangreichste Kapitel des Romans, das drittletzte, gipfelt in einer bravourösen Darstellung des einsam musizierenden Hanno. Die Klavierphantasie, zu der er ansetzt, nachdem er mit einem Vorhang das Tageslicht abgeschirmt hat, beginnt mit einem „ganz einfachen Motiv", dem „Bruchstück einer noch nicht vorhandenen Melodie", und entfaltet sich in vortastenden Anläufen, gewichtigen Verzögerungen und jähen Umkehrungen, in schweifenden Modulationen und überraschend reinen Reprisen zu einem bizarr-schockierenden Stimmengewirr peinigender und zugleich wollüstig in eins schmelzender Dissonanzen, denen sich schließlich in überwältigendem Wohlklang die Auflösung entbindet: das erste Motiv. In einer triumphalen und schließlich erschöpfend-unersättlichen Orgie der Rhythmen und Klangfarben wird das Motiv „genossen und ausgekostet", bis es „nach allen Ausschweifungen" matt in sich zurücksinkt. Hanno schließt den Flügel.

Die Beschreibung ist eine infam-groteske Wortimitation Wagnerscher Musik. An Präzision und Einfallsreichtum läßt sie alle Kolportage der Lübecker Gesellschaft noch hinter sich. Aber sie treibt auch die Charakteristik Hannos auf den Gipfelpunkt, spiegelt seinen Lebensgang vom ersten kindlichen Spiel im Gartengehege bis zur virtuosen und schließlich leidenschaftlichen Hingegebenheit an seine Kunst, und sie nimmt die Erschöpfung seines Lebenswillens durch die Ausschweifungen dieser Leidenschaft vorweg.

Schreitet man Hannos Weg rückwärts ab, so findet man an den Gelenkstellen dieser Entwicklung musikalische Auftritte, Exerzitien und schließlich unschuldige Fingerübungen, bei denen sich schon früh die Neigung zeigt, „gewisse Klangverbindungen ... zu wiederholen" und jenes „einfache Motiv" zu variieren. Blickt man über sein Leben hinaus nach vorn, so findet man im Fünften Teil die exzentrisch-virtuose Klavierparodie Christians und schon in den ersten Kapiteln das einfache Motiv, das von fern her den Anstoß zu Hannos strahlender und verzehrender Entwicklung gab: eine „kleine, helle, graziöse Melodie, die sinnig durch die weiten Räume schwebte". Mit dem Anwachsen der Geschichte aber nehmen nicht nur die Anlässe des Musizierens an Zahl und an Bedeutung zu, auch ihre Schilderung wird immer umschweifiger und andringlicher in der Ausmalung der Details und der Kühnheit des Sprachbaus. Das „einfache Motiv" entfaltet sich über den ganzen Roman hin in abgemessener Steigerung zu eben dem erzählerischen Exzeß, der schließlich die Überwältigung des letzten Buddenbrook durch den Geist der Musik in Sprache faßt.

Dieser letzte, peinlich abbildtreue Erzählakt ist jedoch nur scheinbar eine konkrete Situationsbeschreibung. Das Kapitel, das mit chronikalisch-sukzessiven Handlungsschritten einen Tagesablauf darstellt, hebt mit seinem letzten Satz alles Geschilderte ins Iterativ-Typische: „Dies war ein Tag aus dem Leben des kleinen Johann." Aus dem Schlußstück des Motivgewölbes, in das der Erzähler das Leben Hannos faßte, wird so ein erzählerisches Paradigma, das den regelhaften und für ein solches Dasein gültigen Ablauf der Dinge dokumentiert. —

Hat man sich einmal des werkübergreifenden Motivgebäudes vergewissert, das den Verfall Hannos an die Musik „verbindlich" macht, so entdeckt man eine Fülle analoger Verhältnisse. Mit einem ganz einfachen Satz wird beispielsweise im zweiten Kapitel die erste Charakteristik Christians gegeben: „'n Aap is hei!" wiederholt der alte Buddenbrook zweimal, und die Konversation gleitet sogleich über die harmlose Bemerkung hinweg. Aber der winzige Satz präludiert jene Eigenschaften Christians, von denen wir bei jedem seiner Auftritte neue und kunstvollere Demonstrationen erhalten: Seine Arbeitsscheu, sein Nachahmungstalent, seine hypochondrische Selbstbeobachtung werden im Laufe der Erzählung nicht nur wiederholt aufgetischt, sondern immer drastischer und in immer aufdringlicheren Erzählfiguren entfaltet.

Der ganze Erzählvorgang beruht schließlich auf der Intensivierung eines Themas von der einfachen Formel bis zum Exzeß der rationalen Aussagemöglichkeiten. Die „Komplizierung der Griffe" durch Variation, Kontrastierung und Wiederkehr entspricht der zunehmenden seelischen Differenzierung der vier Helden des Romans, die mähliche Verlagerung des erzählerischen Schwerpunktes auf die Innensicht-Darstellung der Helden entspricht ihrer wachsenden Introversion, die immer reichere Instrumentierung des chronikalischen Erzählerberichtes durch die Mit- und Gegenläufigkeit anderer Familiengeschichten entspricht der immer offenkundigeren Anfälligkeit der letzten Buddenbrooks gegenüber den Zumutungen des sozialen Lebens und gibt gleichzeitig den Blick frei für die zeitgeschichtlich-exemplarische Bedeutung ihres Einzelschicksals, die der Erzähler überdies durch die Erzählweise der letzten Hanno-Kapitel noch eigens hervorkehrt. Die ästhetische Form selbst ist Mimesis der abzuschildernden Sache. Selbst die abenteuerliche Wucherung des äußeren Romanumfangs spiegelt noch die historische Entwicklung des Vorwurfs selbst, der sich binnen zweier Jahre von einer „musikalischen Knabennovelle" zur generationenlangen und vielverzweigten Gesellschaftsrevue ausfächerte. Jenes Ursprungsmotiv aber, das todessüchtige Musizieren des kleinen Hanno, dringt wie die immer neuen und zudringlicheren Gestaltungen von geistiger Verfeinerung und Todesverfallenheit in die späteren Novellen und Romane Thomas Manns als situationsunabhängige Großfigur des Erzählens ein bis hin zur grandiosen Vereinigung von Musik, Krankheit und Tod in der „Apokalipsis cum figuris" des Adrian Leverkühn.

Das letzte Kapitel vor dem Ausklang des Jugendromans handelt ausschließlich von Krankheit und Tod. Ohne von einer bestimmten Person zu berichten — das voraufgehende Kapitel endete noch mit dem Namen des kleinen Johann —, verzeichnet es nach der Art eines medizinischen Rapports den Verlauf von Typhuserkrankungen durch alle Einzelstadien des psychischen und biologischen Verfalls bis zur Krisis der dritten Woche, die über Genesung oder Exitus entscheidet. Die krasse Unmittelbarkeit, mit der die körperlichen und seelischen Vorboten der Agonie registriert werden, steht der phonetisch-rhythmischen Mimesis der Klavierphantasie nicht nach. Aber der Erzähler verzichtet hier auf jegliche Illusionierung eines einmalig-besonderen Geschehens: Er traktiert, in eigener Person zum Leser gewandt, einen *Musterfall des Lebens*. Nur noch vom „Menschen" als Spezies ist die Rede, und am Ende auch nicht einmal mehr vom Typhus, der „in diesem Fall ein im Grunde belangloses Unglück bedeutet", sondern vom Tode selbst, „der ebensogut in einer anderen Maske erscheinen könnte und gegen den kein Kraut gewachsen ist".

Wie die musikalischen, so haben auch die Krankheits- und Todesszenen im Laufe des Romans an Ausdehnung und Gewicht stetig zugenommen. Die Übelkeit, die den kleinen Christian beim ersten Familienschmaus inmitten allgemeiner Munterkeit befällt, ist „eine kleine Indigestion ... nichts von Bedeutung". Aber schon mit der ersten Krankheit im Hause kündigt sich das Bedeutende an, das nun die Geschichte begleiten und schließlich durchsetzen wird bis zur ihrer Auflösung: „Etwas Neues, Fremdes, Außerordentliches schien eingekehrt, ein Geheimnis, das einer in des anderen Augen las; der Gedanke an den Tod hatte sich Einlaß geschafft und herrschte stumm in den weiten Räumen."

Die aufrechte Madame Buddenbrook stirbt mit einem „ganz kurzen und kampflosen Seufzer", aber das „Kurios, kurios", das ihr Sterben dem alten Johann entlockt und das ihn in den eigenen Tod begleitet, kündigt Krankheits- und Todeserfahrungen an, die im Laufe der Geschichte immer bedrohlichere und zugleich nichtswürdigere Formen annehmen. Schwer stirbt schon der erste Einzelgänger der Familie, Gotthold (Kap. V, 4). Ein häßliches Intermezzo ist der Tod des Diabetikers James Möllendorpff (Kap. VII, 3); aber gerade die „widerlichen Einzelheiten dieses Todesfalles ... verbreiteten sich rasch in der Stadt und bildeten den Gesprächsstoff an der Börse, im Klub, in der „Harmonie", in den Comptoirs, in der Bürgerschaft und auf den Bällen, Diners und Abendgesellschaften..." Am schwersten stirbt die gottesfürchtige Konsulin — ein langes Kapitel (IX, 1) schildert ihre Todeskämpfe; am unreinlichsten stirbt ihr Sohn Thomas, dessen Leben ein einziges Ringen um die Wahrung bürgerlicher Wohlanständigkeit war. Der Tod erscheint ihm nicht, wie er zuvor erträumt hatte, als ein Erlöser aus beengter Individuation, er verhöhnt mit der Stunde und dem Ort seines Zutritts die miserable Gebundenheit des Träumers an die Unbilden seines Körperzustandes.

Das Sterben der Konsulin veranlaßt den Erzähler erstmals zu einer direkten Bemerkung über die geheimnisvolle Entrückung des Kranken aus dem Leben; dem Sterben des Senators geht ein Erzählerbericht voraus, der die nackte und kreatürliche Todesqual auf offenem Markte, an den Fischständen unter den Rathausarkaden, zur Schau stellt. Das Todesthema zieht seine Kreise vom persönlichen Schicksal, dem der Erzähler immer näher auf den Leib rückt, zum allgemeinen Gesetz, das er als Bildner wie als Redner ansichtig macht.

Sein Lieblingsgeschöpf Hanno aber umgibt der Autor von Anfang an mit Todeszeichen. Die Vorboten, die er später im „Tod in Venedig" personifizieren wird, sind in Hannos Lebensgang die zur Leichenrede ausartende Glückwunschansprache bei seiner Taufe, der Strich unter die letzte Eintragung der Familienchronik, ein schleichender Moderduft, ein geschlossener Vorhang. Früh ist der Leser darauf vorbereitet, daß der Tod auf Hanno wartet und daß die Geschichte der Familie mit seinem Tode enden wird.

Das Typhuskapitel krönt mit seiner Beschreibung einer Seuchenkrankheit, die alle menschlichen Besonderheiten einebnet, die Reihe der individuellen Krankheits- und Todeserscheinungen, die der Roman in abgemessener Steigerung darbot. Schon im Laufe der Geschichte ließ der Erzähler es sich angelegen sein, die wachsende Todessehnsucht seiner Helden mit der unverhofften Widrigkeit und

Banalität ihres tatsächlichen Todes zu kontrastrieren. Der Tod, wie er realiter erscheint, ist nicht der Läuterer und Erlöser, er ist gerade dort, wo er schon im Leben Macht gewann, zuletzt der gemeine und niedrige Zerstörer; dem vom Geiste Ausgezeichneten schneidet er am Ende die gröbste Fratze. Thomas stirbt in einer Pfütze ohne jede Gelegenheit, sein erträumtes Todeserlebnis auszukosten. Von Hannos letzter Krankheit hört man nurmehr, daß sie „in außerordentlich schrecklicher Weise vor sich gegangen sein mußte"; dabei erlitt er nur einen Tod, wie ihn tausend Typhusbefallene sterben. Der Erzähler verschont den Leser mit einer Darstellung von Hannos Sterben. Mit seinem Traktat über den Typhus stellt er vielmehr der Sache wie der Form nach die Erkenntnis von der abscheulichen Macht des Todes zur allgemeinen Diskussion. Daß dabei auch die besondere Todesart Hannos zur Rede steht, läßt erst das Schlußkapitel des Romans durchblicken. Die höchste Kunstbeseligung zu demonstrieren hatte der Erzähler noch seinem Geschöpf, Hanno, überlassen. Das Geschäft, den gräßlichsten Verfall zu erzählen, übernimmt er in eigener Person — *redend*, ohne jegliche Verkleidung in eines seiner Geschöpfe.

Im letzten Abschnitt des Kapitels gibt der Redner den referierenden Ton auf. Scheute er als Erzähler der Geschichte keine Mühe, seine Meinung zu verbergen und nur die widerstreitenden Fakten sprechen zu lassen, so stellt er sich hier dem Leser mit der unzweideutigen Behauptung: Wer in der Krisis zwischen Tod und Leben, sei es aus Scham vor der Pflichtversäumnis, sei es aus Liebe zu dem „spöttischen, bunten und brutalen Getriebe" des Lebens den Willen zur Rückkehr faßt, der wird dem Rufe des Todes widerstehen; wer den Weg, der sich ihm zum Entrinnen aus dem Leiden geöffnet hat, der Mahnung zur Umkehr vorzieht — der ist des Todes.

Mit dieser Stellungnahme hat der Chronist nicht nur seinen Beobachterstand verlassen, er hat sich auch ausdrücklich von seiner Geschichte und von seinem letzten Helden distanziert. Als räsonierender Moralist spricht er plötzlich sein Urteil über den Vollzug dieses Einzelschicksals und leugnet die Zwangsläufigkeit des Gesamtprozesses, den er zuvor hingegeben und mit stets wachsender Anteilnahme geschildert hat: Dem einzelnen bleibt noch unter dem Andringen des Todes bis zuletzt eine Möglichkeit, sich dem Leben zu versöhnen, und dann wird er leben.

Man wird nicht die Zwiespältigkeiten in dieser Apostrophierung des Lebens verkennen. In ihr schießen das Bekenntnis zu dem spöttisch herabgeminderten biologischen Dasein und zu einem aktiven geistigen Behauptungswillen gegenüber der Todeseuphorie bis zur Unkenntlichkeit zusammen. Gleichwohl nimmt der Roman mit diesem Bekenntnis zu einer Lebenskraft, die möglicherweise dem Tode wehren kann, noch zuletzt eine unverhoffte Wendung.

Wenn die Lübecker Familiengeschichte und wenn insbesondere die Lebensumstände des kleinen Hanno in fast jedem Punkte ein Stück kaum verhüllter Selbstdarstellung enthielten, wenn das Ethos der Genauigkeit dem Erzähler solche strikte Beschränkung auf den eigenen Lebensbereich geradezu auferlegte, dann ist diese in der Sache wie im Erzählstil gleich eindeutige Abstandnahme von seiner Geschichte die schärfste Form der Selbstkritik, die der Autor eines Bekenntnisromans im Werk selbst anzubringen imstande ist. An der Schwelle des 20. Jahrhunderts ist es dem Romanautor verwehrt, in direktem Umgang mit dem Leser, sei es in Vorrede oder unverblümter Einrede, über die wünschenswerte Einschätzung der Geschichte und ihrer Hauptpersonen zu befinden. Der Autor des „Werther" konnte, eineinviertel Jahrhunderte zuvor, seinen Lesern noch eine Selbstmordgeschichte zum Trost in eigenem Leiden anempfehlen, und er konnte dem Schlußteil in der zweiten Auflage — nach mancherlei Erfahrungen mit der Aufnahme des Buches — die Aufforderung beifügen: „Sei ein Mann und folge mir nicht nach." Der junge Schriftsteller, der um 1900 mit der Darstellung der Musikverfallenheit und der Todeseuphorie seines Lieblingsgeschöpfes Hanno der eigenen Werther-Versuchung den Abschied gab, mußte die Geschichte für sich sprechen lassen. Aber er unternahm es, mit der nüchternen Analyse eines allgemeinen Sachverhalts im Werk selbst unter den Augen des Lesers für sich die Lebenslehre zu ziehen, die, getreu der großen deutschen Tradition, aus einem autobiographischen Entwicklungs- und Bildungsroman zu ziehen war. Und schon hier, um 1900, ist es in der Hülle reiner Deskription die gleiche Lehre, die der Zauberberg-Roman fünfundzwanzig Jahre später im Sperrdruck als Sentenz verkünden wird: „Der Mensch soll um der Güte und Liebe willen dem Tode keine Herrschaft einräumen über seine Gedanken." —

Ist es ein ungebührlicher Übergriff, den Fünfzigjährigen mit einem Satze, den jener Roman wiederum mit irisierenden Lichtern umspielt, als Kronzeugen für seine eigene, jugendliche Moralisation aufzubieten? „Noch jedes gute Buch, das gegen das Leben geschrieben wird, ist eine Verführung zum Leben ...", so läßt sich der Dreißigjährige in einem Brief an seinen Freund Kurt Martens über die „Buddenbrooks" vernehmen, um dem Kritiker des „zersetzenden Buches" vorzustellen, daß die Sache „weniger simpel" sei, als er sie sehe. Und im Februar 1901, noch vor der Drucklegung des

Romans, erklärt er geradezu leidenschaftlich dem älteren Bruder: „Ach, die Litteratur ist der Tod! Ich werde niemals begreifen, wie man von ihr beherrscht sein kann, *ohne* sie bitterlich zu hassen! Das Letzte und Beste, was sie mich zu lehren vermag, ist dies: den Tod als eine Möglichkeit aufzufassen, zu ihrem Gegentheil, zum *Leben* zu gelangen."

Die Macht, die in dieser frühen Äußerung der Literatur zugemessen wird, gleicht genau der Macht, die die Musik im Roman über Hanno gewinnt. Hanno liebt die Musik und die Todessehnsucht, die sie ihm eingibt. Die Lehre hingegen, die der junge Schriftsteller aus seiner Verzweiflung zu ziehen versucht, hat er in seinem erzählerischen Abschied von Hanno bereits an seine künftigen Leser weitergegeben.

Thomas Manns Bericht über die Entstehung des Doktor Faustus wie auch der Rapport des Erzählers Zeitblom im Roman selbst geben darüber Auskunft, welche Mühsal und innere Bedrängnis es den schon greisen Autor kostete, den zärtlich geliebten Knaben Echo dem Tod zu überantworten. Noch beim Vorlesen jenes Kapitels teilt sich seine Bewegung dem Familien- und Freundeskreise mit. Man wird danach den Grad der Selbstüberwindung ermessen, die es für den jungen Autor bedeutete, sich nach aller liebenden Identifizierung mit der Kunstseligkeit und der sensiblen Lebenskritik des kleinen Hanno als Erzähler von ihm zu distanzieren, und man wird den Weg nicht geringachten, den er einschlug, um seinen Lesern den Abschied von Hanno zu erleichtern.

Eine letzte Frage bleibt angesichts der fünfundneunzig Kapitel, die diesem Traktat vorauf gehen, erlaubt. Ist nicht der Weg zu diesem Schlußbekenntnis ungebührlich ausschweifend? Verweilt der Cicerone nicht mit verdächtiger Gemächlichkeit, ja mit anstößigem Eifer bei der Entfaltung der Künstlereuphorie und des Todesrausches; und enthüllt sich sein eigentliches Erzählinteresse nicht in der karikierenden und verhöhnenden Überschärfe seiner Porträtzeichnungen von den Honoratioren seiner Heimatstadt, von Lehrern, Freunden und Angehörigen, und in der passionierten Abschilderung banaler und nichtswürdiger Details des täglichen Lebens?

Die Antwort darauf erteilt im Roman nicht der Erzähler selbst, wohl aber eine seiner Figuren, die — wie der Erzähler — von Hanno zuletzt in tiefer Liebe Abschied nimmt, um ihn zu überdauern. Es ist der kleine Märchenerzähler Kai Graf Mölln, der beste und einzig ebenbürtige Freund Hannos, in seiner Lebensführung als „verirrter Aristokrat" eine jugendlich-romantische Vorwegnahme des verirrten Bürgers Tonio Kröger. Kai versucht zuweilen, „es dem Buche gleichzutun" und eigene Geschichten zu erzählen. „Kais Geschichten waren anfangs kurz und einfach, wurden dann aber kühner und komplizierter und gewannen an Interesse dadurch, daß sie nicht gänzlich in der Luft standen, sondern von der Wirklichkeit ausgingen und diese in ein seltsames und geheimnisvolles Licht rückten..." Er weiß Zaubergeschichten, in denen Armeen von vielerlei Getier und zuletzt ein von fern herziehender „Auserwählter" die Erlösung herbeiführen und ein verzauberter Prinz „Josephus" sein Königreich wiedergewinnt. Kais wuchernde Erzählweise, ebenso aber der Zaubercharakter seiner Geschichten sind nicht von ungefähr erwähnt. Die Armeen von elementaren Details und auch die erlösende Zauberkraft des Erzählerwortes bietet der Autor der „Buddenbrooks" selbst auf, um die Verwirrungen und Unerlöstheiten der realen Welt herauszufordern und durch ihre Besprechung zu tilgen.

Schon der Autor des Bilse-Aufsatzes bekennt sich ausdrücklich zu diesem Besprechungseifer, weil er „von dem Glauben nicht lassen mag, daß böse und stumme Dinge erlöst und gut gemacht werden, indem man sie ausspricht". Und Tonio Kröger erfährt nach manchen Anfechtungen und Leiden zuletzt, daß die Welt, wie sie ist, voll unentwirrbarer Gegensätze und Widersprüche, vom Künstler „geordnet und gebildet sein will". Vor seinem inneren Auge erscheint „ein Gewimmel von Schatten menschlicher Gestalten, die mir winken, daß ich sie banne und erlöse..." Die Häufung und wiederholte Besprechung zahlloser Details, die zu einer fortwährenden Aufschwellung der Geschichte führt, erfährt in der Spiegelung durch die Zaubergeschichte Kais ihre früheste Deutung. Noch ist, freilich, die Erlösung des „Josephus" fern. Aber ein „ganz einfaches Motiv" ist erstmals erzählerisch vorgeführt. Es kündigt an, daß dieser Schriftsteller sich unterfangen wird, die bizarre Widersprüchlichkeit der Welt Zug um Zug ins Wort zu fassen, damit sie — vom Geiste der Erzählung gelichtet — dem Zuhörer nach allen ausgestandenen Wirrnissen bereinigt überantwortet werden kann. Dann werden — so schließt Kais Zaubermärchen — „Hanno sowohl wie Kai zu sehr hohen Würden emporsteigen".

Dasselbe ist durch einen jugendlich-satirischen Gesellschaftsroman nicht nur dem Chronisten selbst, sondern, nach mancherlei Wirrnissen, auch seinen Lübecker Mitbürgern widerfahren. In aller Welt und auch dort, wo man von Hannos Musik kaum etwas und von Schopenhauer weniger als Thomas verstand, hat man sich oder die Nachbarn im Porträt der hanseatischen Bürgerfamilien wiederentdeckt. Das Haus der Familie Mann in der Mengstraße zählte wenige Jahrzehnte später als „Buddenbrook-Haus" zu den Sehenswürdigkeiten Lübecks. Indem die Hansestadt dem Autor der „Buddenbrooks" den Professortitel verlieh und ihn zu ihrem Ehrenbürger machte, hat sie ihm schließlich zuerkannt, daß er in ihren Mauern einiges mehr fürs Leben gelernt hat, als seine Schulzeugnisse erhoffen ließen — unter anderem mit ziemlicher Sicherheit auch den Katechismus nach einer vom hohen und wohlweisen Senat genehmigten Fassung. Wenn er, wie die familientreue Tony, über diesen Katechismus mit einem vorwitzigen „Ich weiß was" ein wenig hinausschoß, so mögen heute gewiß auch die Lübecker Leser an dieser unbotmäßig-ernsthaften Ausschweifung ihr Vergnügen haben.

BEDA ALLEMANN

## Kafka · Der Prozeß

> Wäre nur einer imstande, ein Wort vor der
> Wahrheit zurückzubleiben, jeder (auch in
> diesem Spruch) überrennt sie mit hunderten.

Franz Kafkas Roman „Der Prozeß" beginnt mit dem an sich nicht ungewöhnlichen Satz: „Jemand mußte Josef K. verleumdet haben, denn ohne daß er etwas Böses getan hätte, wurde er eines Morgens verhaftet." Ungewöhnlich wird dieser Satz erst, wenn man ihn vor den Hintergrund des Romangeschehens hält, das er einleitet. Es stellt sich dann nämlich heraus, daß das in diesem Satz Erzählte so gut wie völlig aus unbewiesenen Hypothesen besteht. Es stimmt zwar, daß Josef K. verhaftet wurde, aber die „Verhaftung" hat einen ganz andern Sinn als den gewöhnlichen, den ihr auch Josef K. zunächst beilegte. Sie bedeutet keine polizeiliche Beschränkung in Josef K.s Bewegungsfreiheit. Es ist denn auch unwahrscheinlich, daß eine Verleumdung die Ursache dieser Verhaftung war. Die genaue Ursache wird auch am Ende des Romans niemand kennen, und ebenso ungewiß bleibt, ob Josef K. „etwas Böses getan" hat oder nicht. Eine Anklage wird nicht erhoben, ein Urteil wird nicht gefällt. Der „Prozeß", der als Prozeß im üblichen Sinn gar nicht erst in Gang kommt, spielt sich vor einem unsichtbaren Gericht ab.

Schon unter dem Datum des 20. Dezember 1910 findet sich in Kafkas Tagebüchern die Aufzeichnung, die als eine ihn verfolgende Anrufung bezeichnet wird: „Kämest du, unsichtbares Gericht!" Man darf in dieser Notiz einen ersten unmittelbaren Hinweis auf das Grundthema des Prozeß-Romans sehen. Zwar vergehen noch beinahe vier Jahre bis zum Beginn der Niederschrift des „Prozeß"-Manuskriptes, und Kafka wird sich inzwischen durch die Arbeit am „Verschollenen" (bekannter unter dem nicht vom Autor stammenden Titel „Amerika") erst über seine spezifischen Forderungen an sich selbst im Bereich des Romans klarwerden müssen.

Immerhin lassen Kafkas Aufzeichnungen aus dieser Periode, in der er seine eigene Erzählersprache findet und die reich an knappen, fragmentarischen Erzählansätzen ist, mit zunehmender Deutlichkeit mehrfache Vorausgriffe in Richtung auf den „Prozeß" erkennen.

Der Gedanke eines unsichtbaren, außerhalb des bekannten Justizapparates wirkenden Gerichtes erfährt eine erste, noch sehr stark autobiographisch eingefärbte Durchgestaltung in der Erzählung „Das Urteil" (Herbst 1912). Gleichzeitig mit dem eigentlichen Arbeitsbeginn am „Prozeß", in den letzten Monaten des Jahres 1914, ist Kafka mit dem Fragment „Unterstaatsanwalt" beschäftigt, in welchem das Thema eines unsichtbaren Gerichtes wieder auf ganz andere Weise variiert wird — es handelt sich hier um ein scheinbar ordentliches Gericht, aber die Richterbank bleibt leer, die Richter selbst sind zu Angeklagten geworden. Gültige künstlerische Form gewinnt der Gedanke des unsichtbaren Gerichtes mit der Erzählung „In der Strafkolonie", die in denselben, für Kafka ungemein fruchtbaren Monaten entsteht, und natürlich mit dem Prozeß-Roman selbst.

Dieser Roman zeichnet sich durch den paradoxen Sachverhalt aus, daß in ihm unablässig vom Gericht die Rede ist und dieses Gericht dennoch in der ihm wesentlichen Unsichtbarkeit verharrt, so daß die Hauptperson Josef K. bei ihren fortgesetzten Versuchen, das Gericht zur Stellungnahme zu zwingen und seinem geheimnisvollen Apparat einen festen Angriffspunkt abzugewinnen, auf eigentümliche Weise ins Leere stößt.

Es läßt sich auf Grund der heute zugänglichen Materialien nicht feststellen, wann die Arbeit am Prozeß-Roman abgebrochen wurde. Nichts weist darauf hin, daß sich Kafka nach dem Jahre 1915 noch mit dem Roman beschäftigt hätte. Aber diese Möglichkeit läßt sich nicht ausschließen; sogar die Erzählung „In der Strafkolonie", die einzige fertig gewordene Arbeit des Herbstes 1914, wird noch drei Jahre später, in den Aufzeichnungen von 1917, unversehens wieder zum Ausgangspunkt neuer Varianten gewählt.

Im Juni 1920 hat Max Brod, dem Kafka das erste Kapitel schon gleich nach der Entstehung im September 1914 vorgelesen hatte, die Handschriftenmasse an sich genommen und 1925, im Jahre nach Kafkas Tod, den Roman zum erstenmal und unter dem Titel „Der Prozeß" veröffentlicht. Im Jahre 1933 erschienen die ersten Übersetzungen. Seither ist der Prozeß-Roman zu einem Hauptpfeiler von Kafkas Weltruhm geworden. Eine Ausgabe, die den philologischen Ansprüchen genügt, fehlt indes heute noch. Die Interpretation wird dadurch behindert, zumal die Kapitelfolge des Romans nicht mit Sicherheit feststeht und eine Reihe von unvollendeten Kapiteln vorliegt, über deren handschriftliche Situation man Bescheid wissen müßte. Außerdem weist der heute zugängliche Text Retuschen von der Hand des Herausgebers auf, die als solche nicht kenntlich gemacht sind.

Neben diesen Unzulänglichkeiten editionstechnischer Natur ist jede Kafka-Interpretation gewissen Versuchungen ausgesetzt, die sich aus der Thematik dieses Werkes ergeben. Es hat deshalb seinen guten Sinn, eine Interpretation des Prozeß-Romans mit dem Hinweis auf die wesentliche Unsichtbarkeit des Gerichtes zu eröffnen. Es wird dadurch der Anspruch abgewehrt, die Interpretation habe aufzudecken, was dieses Gericht nun „in Wirklichkeit" sei. Die spezifische Unfaßlichkeit des Gerichtes und der mit ihm verbundenen begrifflichen Komplexe wie Schuld, Anklage, Verhaftung, Prozeß, Urteil und Strafe ist kein künstlerischer Mangel, dem durch Ausdeutung abgeholfen werden müßte, sondern ein Wesenszug der Prozeßwelt, von dem aus ihre künstlerische Gestalt erst in den Blick kommen kann. Die resignierte Feststellung des Mannes aus dem Prosastück „Von den Gleichnissen", wonach eben „das Unfaßbare unfaßbar ist, und das haben wir gewußt", bildet keinen stichhaltigen Einwand gegen einen solchen Interpretationsansatz. Es gilt vielmehr, die von der Unfaßbarkeit des Unfaßlichen dem Roman aufgezwungenen Strukturgesetze zu erkennen.

Diese Gesetze leiten sich ab aus dem erzählerischen Versuch, das unsichtbare Gericht zu vergegenwärtigen, ohne es durch eine romanhafte Beschreibung der vertrauten Art darzustellen, was ja die Vernichtung seiner Unsichtbarkeit zur Folge hätte. Dieses für den naiven Realismus paradoxe Vorhaben Kafkas gilt es nach den Bedingungen seiner Möglichkeit zu befragen.

### Die Erzählweise

Die erste und umfassendste dieser Bedingungen besteht in dem, was man Kafkas hypothetischen Erzählstil nennen könnte. Mit diesem Terminus soll nicht gesagt sein, daß Kafka sich damit begnügte, Hypothesen zu erzählen. Der Sachverhalt ist wesentlicher komplexer, geht aber aus dem angeführten Einleitungssatz des Prozeß-Romans bereits mit hinreichender Deutlichkeit hervor. „Jemand mußte Josef K. verleumdet haben...": das „mußte" dieses Satzes ist, wörtlich genommen, Ausdruck einer absoluten Notwendigkeit. Sie ergibt sich aus dem Faktum der Verhaftung bei gleichzeitiger Schuldlosigkeit des Verhafteten. Allerdings macht uns gerade die ausdrückliche Begründung darauf aufmerksam, daß es sich bei dieser Verleumdung eben doch nur um eine, sei es auch streng logisch begründete, Annahme handelt. Das geradezu überaffirmative „mußte" enthält in Wirklichkeit die formale Anzeige einer Ungewißheit. Mit rein grammatischen Kategorien sind solche stilistischen Nuancen, die den Wortsinn in sein Gegenteil zu wenden vermögen, schwer eindeutig festzulegen. Man könnte hier allenfalls, mit einem entsprechend umgedeuteten grammatikalischen Ausdruck, von einem hypothetischen Indikativ sprechen. Damit stehen wir bereits mitten in der wesentlichen Ambivalenz der Kafkaschen Stilmittel. Sie geht keineswegs aus einer verschwommenen oder vagen Ausdrucksweise hervor, sondern vielmehr aus einer raffinierten Ausnützung der Mehrdeutigkeiten, die in der Sprache selber liegen. Die scheinbare Notwendigkeit der Verleumdung zerfällt in nichts, ohne daß Kafka noch einmal darauf zurückzukommen braucht, sobald sichtbar wird, daß die Verhaftung einen andern als den unterstellten Charakter aufweist. Damit wird aber von selbst auch die andere Voraussetzung des Einleitungssatzes ins Wanken gebracht: daß Josef K. nichts Böses getan habe. Das mag wieder in einem ganz wörtlichen Sinne stimmen, insofern K. nicht ein Bösewicht im geläufigen Sinne ist, aber es heißt bei näherem Zusehen noch lange nicht, daß er schuldlos sei. Gerade in jenem hintergründigen Sinn, in welchem auch die Verhaftung des Josef K. verstanden sein will, könnte er schuldig sein, ohne „etwas Böses getan" zu haben.

Mit diesem kleinen Modellfall, der sich gleich schon am Beginn des Romans findet, soll lediglich darauf hingewiesen werden, daß das Erzählen Kafkas hier die ständige Tendenz hat, die eigenen „Aussagen" ihrer als selbstverständlich erscheinenden Grundlagen zu berauben. Durch einen fortschreitenden Verfremdungsprozeß wird das zunächst scheinbar Eindeutige auf seine Bodenlosigkeit hin enthüllt. Es bedarf dazu keiner ausdrücklichen „Enthüllungen", sondern lediglich des Abbaus der Voraussetzungen.

Es gibt denn auch im ganzen Roman bei genauer Betrachtung nur sehr wenige wirklich unumstößliche Voraussetzungen, und die sind relativ belanglos: während alle zentralen Motive, vor allem das Hohe Gericht selbst, in einem rein hypothetischen Zustand beharren. Dieses eigentümliche Beharren in der Hypothese ist die erzählerische Bedingung für die Präsenz des Unsichtbaren im Roman. Am Schluß dieses Romanes ist die Natur des Prozesses selbst ungewisser denn je. Das gilt nicht nur subjektiv für die Hauptfigur Josef K., sondern auch für den Leser, sofern er nicht bereits seine eigene Deutung, sei sie psychologischer, metaphysischer, theologischer oder sozialkritischer Art, in den erzählten Vorgang hineingetragen hat.

Aus einer bloßen Inhaltsangabe des Romans würde jemand, der den Text selbst nicht kennte, vermutlich ableiten, daß es sich beim Ganzen um eine Art geschickt arrangierter Mystifikation durch den Autor handle, um einen höhern Kriminalroman, dessen Knoten am Schluß aufzulösen versäumt wurde. Daß eine solche Kennzeichnung zwar auf die meisten Kafka-Nachahmungen zutrifft, nicht aber auf den Prozeß-Roman selbst, läßt sich aus dem Handlungsverlauf im bloß inhaltlichen Sinne nicht begründen. Es kann nur aus künstlerischen und stilistischen Gründen erklärt werden, daß das unsichtbare Gericht bei Kafka mehr ist als ein bloß ungelöstes Rätsel.

Die Analyse dieser Gründe führt zunächst naturgemäß auf eine erzähltechnische Frage. Wie gelingt es Kafka, die strukturelle Spannung auf die leere Hypothetik seines erzählerischen Gegenstandes hin aufrechtzuerhalten? Um eine rein inhaltliche Spannung kann es sich von vornherein nicht handeln: die würde unter der fehlenden Entschlüsselung des Geschehens ohne weiteres in sich zusammenbrechen. Die Spannung, die den Roman zusammenhält, muß von anderer Art sein. Sie muß ein erzählerisches Ausharren vor der inhaltlichen Unbestimmtheit des Gegenstandes möglich machen.

Ein mit Recht schon oft hervorgehobenes Mittel zu diesem Zwecke ist bei Kafka die strenge Beschränkung der Erzählperspektive auf den Gesichtskreis der Hauptfigur. Nur will diese Beschränkung richtig verstanden sein. Sie läßt sich nicht psychologisch begründen, als ob der nirgends thematisch hervortretende Erzähler sich einfach in die Hauptfigur „hineinversetzte" und gleichsam aus ihrem Innern spräche. Der Leser erfährt zwar in der Regel nur, was Josef K. selber hört, sieht, wahrnimmt, selber behauptet oder denkt, und er wird dadurch in eine Identifizierung mit dieser Hauptfigur gezwungen, die sonst nur schwer erklärbar wäre. Mit dieser Feststellung über die Blickbahn des Erzählens wird indes keine definitive Antwort auf die Erzählperspektive gegeben, sondern lediglich eine neue Frage aufgeworfen. Es ist die Frage, weshalb sich der Erzähler selber nicht eindeutiger mit Josef K. identifiziert, als es der Fall ist. Warum läßt er nicht deutlicher seine Vertrautheit mit dem Innenleben seines Helden durchblicken? Warum verliert er kein Wort über den Gemütszustand oder die Stimmung des Josef K., wenn man von den fast stereotypen Hinweisen auf K.s zunehmende Ermüdung absieht? Der Leser erfährt so gut wie nichts über das Innenleben einer Figur, mit deren Augen und Ohren er doch scheinbar die Welt dieses Romanes wahrnimmt. Der unbefangene Leser wird gar nicht bemerken, wie sehr er diese Figur ständig mit seinen eigenen Empfindungen und Regungen „auffüllt". Er muß so verfahren, weil der Text selbst zwar die sachbezogenen Argumentationen und Reaktionen des Josef K. erzählt, aber gerade dadurch nie *über* Josef K. spricht, es sei denn in der ganz indirekten und unsicheren Form dessen, was Josef K. über sich selbst aus dem Munde anderer Personen zu hören bekommt.

Josef K. ist nicht mehr als eine Hohlform, vielleicht buchstäblich ein Perspektiv, durch das hindurch der Leser immer sehr eng begrenzte, fast stur auf das gerade Vorliegende konzentrierte Blicke werfen darf. Der eigentümliche Scheuklappenblick des Josef K. kommt diesem selbst gelegentlich, aber natürlich immer erst nachträglich, zum Bewußtsein (besonders auffallend: sein Nichterkennen der drei Bankbeamten während der Verhaftungsszene oder der Umstand, daß er nicht bemerkt, wie Fräulein Montag und Hauptmann Lanz seine Nachforschung im Zimmer Fräulein Bürstners beobachten). Diese charakteristische Verengung des Gesichtsfeldes ist konstitutiv für die Erzählperspektive.

Man hat wohl versucht, den Sachverhalt zu verdeutlichen, indem man als die charakteristische Erzählhaltung im „Prozeß" und „Schloß" die sogenannte erlebte Rede hervorhob. Die Stilform der erlebten Rede (style indirect libre) läßt sich tatsächlich schon im angeführten Einleitungssatz nachweisen. Es ist bereits die Perspektive der Hauptperson selbst, aus der in diesem Satz argumentiert wird, auch wenn Josef K. in der dritten Person erscheint. Ein bekanntes und noch deutlicheres Beispiel dafür ist die Stelle am Schluß des Prozeß-Romans: „Wer war es? Ein Freund? Ein guter Mensch? Einer, der teilnahm? Einer, der helfen wollte? War es ein einzelner? Waren es alle? War noch Hilfe? Gab es Einwände, die man vergessen hatte?"

Hier spricht der Erzähler zweifellos nichts anderes aus als die Gedanken der Hauptperson. Im Entwurf zu dieser Stelle ließ Kafka sogar schließlich die erlebte Rede in die reine Ichform umspringen: „... gab es Einwände, die man vergessen hatte? Gewiß gab es solche. Die Logik ist zwar unerschütterlich, aber einem Menschen, der leben will, widersteht sie nicht. Wo war der Richter? Wo war das Hohe Gericht? Ich habe zu reden. Ich hebe die Hände."

Hier zeigt sich, wie klein der Schritt von der erlebten zur direkten Rede ist und wie zwanglos der Übergang stattfinden kann. Aber es ist auch kein Zufall, daß Kafka später dieses „Ich" wieder getilgt hat, das die Identifizierung des Erzählers mit der Hauptfigur besiegeln würde. Die Kunst der erlebten Rede ist es ja gerade, die Mitte zwischen dem objektiven Erzählen und der persönlichen Perspektive der erzählten Figur zu halten.

Auf die Wahrung dieser schwebenden Mitte versteht sich Kafka wie kein anderer Schriftsteller, und insofern hat man ihn mit Recht als den Meister der erlebten Rede bezeichnet. Dem läßt sich freilich die Tatsache entgegensetzen, daß die erlebte Rede in ihrer reinen Form bei Kafka eben doch nur sporadisch nachgewiesen werden kann und keineswegs die durchgehende Stilform seiner Romane bildet, in denen vielmehr das Gespräch, der Bericht und andere Formen der erzählerischen Darstellung eine ebenso große Rolle spielen. Man wird aus diesem Dilemma der Interpretation schließen dürfen, daß das eigentümliche Schweben der Darstellungsweise in den Romanen Kafkas zwischen objektiver Vorgangsschilderung und subjektiver Perspektive sich nicht auf eine der konventionellen Erzählformen festlegen läßt, sondern einer umfassenderen Erklärung bedarf.

Vorderhand läßt sich festhalten, was durch das eben zitierte Beispiel bestätigt wird: der Erzähler versetzt sich nicht bedingungslos in die Hauptperson, und die Folge davon ist, daß der Leser nur sehr selten wirklich direkte und eindeutige Aufschlüsse über ein Innenleben des Josef K. erhält. Die zitierte Stelle enthält bereits ein Maximum von Anteilnahme des Erzählers an der Hauptfigur; nicht zufällig gestattet sich Kafka dieses relative Maximum erst am Schluß des Romans.

Die Perspektive des Erzählens selbst ist bei Kafka im Grunde rein funktional bestimmt, durch die eigentümliche Sehweise des verborgenen Erzählers. Diese Sehweise besitzt die Eigenschaft, daß aus ihr gleichsam alles Primäre ausgefiltert ist. Sie ist punktuell-gegenwärtig, die „Voraussetzungen" des Gesehenen vermag sie gerade nicht zu erfassen, weshalb diese Voraussetzungen, wie im Einleitungssatz, ausdrücklich nachkonstruiert werden müssen, wobei dann in der Regel eine Täuschung mit unterläuft. Dieses voraussetzungs- und zusammenhangsfremde Sehen schließt von vornherein jeden erzählerischen „Überblick" im konventionellen Sinne aus.

Es führt nicht weiter, wenn man erklärt, daß diese eigentümliche Sehweise durch die Bindung der Perspektive an die Hauptfigur zustande komme. Eher läßt sich sagen, daß diese Hauptfigur ihrerseits durch das punktuell-gegenwärtige Sehen in ihrer Erscheinungsweise bestimmt ist. Ihre Subjektivität wird nicht in der Art eines Persönlichkeitsbildes von außen oder innen sichtbar, sondern lediglich durch die jeweils einzelne von ihr vollzogene Wahrnehmung, Handlung, Argumentation oder Reaktion. Das erzählerisch Gesagte erfaßt weder das Gericht „an sich" noch die Hauptfigur als in sich selbst gegründete und volle Persönlichkeit, sondern stets nur sekundäre und in ihrem Kausalnexus undurchsichtige Aktionen des Gerichts, genauer: seiner durch nichts legitimierten Ausläufer, und demgegenüber ebenso sekundäre Reaktionen des Josef K., der als Figur auf ein Funktionenbündel von Argumenten und Gestikulationen reduziert ist. Dieser Vorrang des für das naiv-realistische Weltverständnis

Sekundären bringt jenen oft als „labyrinthisch" bezeichneten Gesamtaspekt von Kafkas Werkwelt zustande. Aber das gemeinhin Sekundäre gewinnt hier auch seine eigene Unmittelbarkeit, seinen eigenen Realismus, es ist der Realismus, die Eindringlichkeit, ja manchmal Kraßheit des präzis gezeigten Details, der einzelnen Gestikulation, der punktuell fixierten Situation, von denen eine Faszinationskraft ausgeht, die nur durch die strenge und innere Konsequenz der Sehweise zu erklären ist, also durch ein stilistisches, kein inhaltliches Prinzip.

Die erzählerische Sehweise Kafkas bringt das scheinbar Unmögliche zustande, das Unsichtbare dichterisch zu vergegenwärtigen, indem sie es affirmativ-hypothetisch als unbewiesene Voraussetzung handhabt, über welcher das Sekundäre, das Augenblickliche und die eindringlich gesehene Situation in um so schärferer Ausprägung erzählt werden können.

Schon rein handlungsmäßig läßt sich sagen, daß der Prozeß-Roman mit einem absoluten Anfang einsetzt. Es gibt keine nennenswerte Vorgeschichte, weder auf der Seite des Helden noch der des Gerichtes, das „eines Morgens" — es ist der Morgen von Josef K.s dreißigstem Geburtstag — einfach und in seiner ganzen Befremdlichkeit unvermittelt da ist, wobei dieses unvermittelte Da-Sein eigentlich ein Immer-schon-dagewesen-Sein voraussetzt. Es besteht zwar, wie der Einleitungssatz zeigt, durchaus die erzählerische Tendenz, die Voraussetzungen abzuklären, unter denen das Gericht unversehens aufgetaucht ist — aber eben diese Tendenz, die auch der natürlichen Erwartung des Lesers entspricht und die der Leser deshalb nur zu gern übernimmt, führt unter den skizzierten stilistischen Bedingungen zwangsläufig auf eine Täuschung hinaus. Diese Täuschung ist im ersten Satz noch relativ harmlos, insofern sie lediglich eine unbegründeterweise vorausgesetzte „Verleumdung" durch „jemand" betrifft. Aber aus solchen Mosaiksteinchen setzt sich schließlich die fundamentale Täuschung über die Natur des Gerichtes zusammen, in der Josef K. bis in die Domszene hinein befangen bleibt, ja in die er sich immer nur tiefer verstrickt.

Sein ganzes Verhalten gegenüber dem Gericht ist bestimmt durch Voreiligkeit und nachträgliche Einsicht in die Unangemessenheit seiner Handlungsweise. Am deutlichsten tritt das bei seinem ersten, noch in voller Vehemenz geführten Angriff auf das Gericht zutage, wo er mit seiner juridisch einwandfreien Argumentation gegen die Zuständigkeit des Gerichtes auf besonders auffallende Weise ins Leere stößt und überhaupt nichts erreicht, als daß später die Wächter bestraft werden für ihr unkorrektes Benehmen während der Verhaftung; und gerade dies für ihn Nebensächliche hat er eigentlich nicht gewollt; es erschreckt ihn, als er es wahrnimmt. Das Gericht aber bleibt unangreifbar, weil es sich gar nicht erst zum Kampf stellt und sich auch für Rechtfertigungsversuche des Angeklagten nicht interessiert, vielmehr seine Schuld voraussetzt, wie es der Geistliche im Dom dann erläutern wird.

Andererseits scheinen aber auch die Hypothesen des Josef K. die Wirklichkeit des Gerichtes, soweit sie überhaupt sichtbar wird, mitbestimmen zu können. In einer ganz unmittelbaren und verblüffenden Weise wird dieser Sachverhalt thematisiert durch den ersten Besuch beim Gericht. Eine genaue Zeitangabe wurde bei der telefonischen Aufforderung, die Josef K. erhielt, unterlassen. Er vermutet, man werde ihn um neun Uhr erwarten. Beim Suchen in den Treppenhäusern verspätet er sich, aber schließlich wird im fünften Stockwerk seine aus der Luft gegriffene Frage nach einem „Tischler Lanz" (der Name ist derselbe wie der des Neffen der Frau Grubach in der Pension) unerwarteterweise positiv beantwortet und öffnet sich der Zugang zum Versammlungssaal. Es ist inzwischen zehn Uhr geworden; und nun wird ihm seine Verspätung auch bereits vorgeworfen, die ja eigentlich nur in seinen Gedanken existieren konnte. Das Gegenstück zu diesem Vorgang findet sich im Schlußkapitel, wo Josef K. im schwarzen Anzug die Exekutoren erwartet und wo diese Erwartung wirklich genügt, um das Auftreten der beiden Abgesandten des Gerichtes herbeizuführen.

Man wäre versucht, hier von einer reinen Traumlogik des Geschehens zu sprechen, durch welche jeder Gedanke und jede Erwartung des Josef K. auch schon gleich eine reale Entsprechung finde — wenn nicht diese Entsprechung dann eben doch wieder anders aussehen würde, als Josef K. es sich vorgestellt hat. So enttäuscht ihn auch die Erscheinung der beiden Abgesandten, sie kommen ihm wie alte, untergeordnete Schauspieler vor, und er sagt: „Man sucht auf billige Weise mit mir fertig zu werden."

So sind die Hypothesen des Josef K. über das Gericht stark genug, um die Realität des Gerichtes im Roman zu prägen; die auf solche Weise zur Romanwirklichkeit gewordene Hypothese kann sich dann aber auf überraschende Weise gegen Josef K. wenden und ihn enttäuschen oder gar ins Unrecht versetzen. Josef K. gerät mit seinen Mutmaßungen über das Gericht in ein eigentümliches Spannungsfeld zwischen überraschender Bestätigung und zugleich Widerlegung durch die Wirklichkeit. Das gilt nicht nur für die begrenzte Einzelszene von der Art der beiden Beispiele, sondern auch für die größeren Zusammenhänge innerhalb des Romans. Es spiegelt sich darin die hypothetisch-affirmative Ambivalenz der Erzählweise als solcher.

Wie sehr Kafka die Kunst beherrscht, zwischen Affirmation und reiner Hypothese die Mitte zu halten, geht nicht nur aus dem Gebrauch des hypothetischen Indikativs und der erlebten Rede hervor, sondern läßt sich ebenso unmittelbar an der Art ablesen, wie der Bericht über die Gespräche mit dem Advokaten (am Beginn des siebten Kapitels) ständig und über ein Dutzend Druckseiten hinweg zwischen Indikativ und Konjunktiv wechselt, oft mitten im Satz, ohne daß der Wechsel als solcher dem nicht gerade stilkritisch orientierten Leser überhaupt aufzufallen braucht. Das einzige Ergebnis dieser Gespräche mit dem Advokaten besteht denn auch darin, daß Josef K. am Schluß, trotz aller scheinbar positiven Aussagen des Advokaten über das Gerichtswesen, mehr denn je im ungewissen tappt und nicht einmal über die Absichten des Advokaten selbst ins klare kommt. Dennoch sind nicht einfach leeres Geschwätz und eine Reihe von Selbstwidersprüchen referiert worden, sondern eine Sequenz von Hypothesen, deren jede zunächst einen Zugang zum Gericht zu öffnen scheint. Auch hier werden nicht die Schlußfolgerungen, deren Stichhaltigkeit an sich unberührt bleibt, sondern die Voraussetzungen zurückgenommen, auf denen sie aufgebaut waren.

Die Täuschung auf Grund falscher Voraussetzungen kommt im Prozeß-Roman oft in einem ganz einfachen gestischen Ablauf zum Vorschein und hat dann eine besonders stark verfremdende Wirkung. K. „vergreift" sich buchstäblich in den Mitteln und sieht das immer zu spät ein.

Mit dem „Aufseher", der ihm die Verhaftung bekanntgibt, versucht er in geschäftstüchtiger Manier zu einer raschen Übereinstimmung zu kommen und streckt ihm zur Bekräftigung die Hand hin — aber der Aufseher ergreift sie nicht. Am Abend wiederholt sich dieselbe Szene mit Frau Grubach, auch sie glaubt er zu einer oberflächlichen Anerkennung ihrer Übereinstimmung mit seinem Bagatellisierungsversuch zu bringen, indem er sie zum Handschlag auffordert, aber sie reagiert ganz anders als erwartet: „‚Nehmen Sie es doch nicht so schwer, Herr K.', sagte sie, hatte Tränen in der Stimme und vergaß natürlich auch den Handschlag." Die Umkehrung des Motivs stellt sich ein, als K. in den Kanzleien die Bekanntschaft des Gerichtsdieners macht, der ihm, obwohl er es gar nicht erwartet hat, die Hand reicht. Kafka hat keinerlei „Gesellschaftskritik" nötig, um das Befremdliche und Brüchige in der Welt der Konventionen, wo man sich ohne weiteres die Hände reicht, aufzuzeigen. Aus dem fast unscheinbaren Detail des zwischenmenschlichen Verkehrs heraus weiß er die zwingende Atmosphäre des Unvertrauten und Unheimlichen zu schaffen, das zugleich ein bißchen grotesk ist. Die Täuschungen, denen K. auf Schritt und Tritt verfällt, scheinen einzeln genommen nie sehr schwer zu wiegen. In ihrer Gesamtheit ergeben sie, gerade weil K. selber alles immer so rasch als möglich „in Ordnung" bringen möchte, das Bild des vollkommen aus den Fugen geratenen Daseins.

Die Notwendigkeit der Täuschung ist ein Grundgesetz der Prozeßwelt. Josef K. selber wird auf diesen Umstand beim Anhören der Türhütergeschichte im Dom aufmerksam, die ja nach den Worten des Geistlichen, der sie erzählt, von nichts anderem handelt als von der „Täuschung". Der abschließende Kommentar des Geistlichen über die Geschichte lautet: „man muß nicht alles für wahr halten, man muß es nur für notwendig halten." Josef K. antwortet darauf in seiner voreiligen Art: „Die Lüge wird zur Weltordnung gemacht." Er selbst sieht sogleich ein, daß das nicht sein Endurteil über die Geschichte sein kann; aber er ist nun schon „zu müde, um alle Folgerungen der Geschichte übersehen zu können".

Auf die Erzählform des Romans bezogen, kann es scheinen, die Täuschung werde zum Erzählprinzip erhoben; aber damit ist auch hier kein Endurteil über den unsichtbaren Kern des Erzählten ausgesprochen, weil die Notwendigkeit der Täuschung, wenn es eine wirkliche Notwendigkeit ist, auf die Existenz einer verborgenen Wahrheit vorausweist.

Aufgabe der Interpretation ist es, den Mechanismus und die Struktur der Täuschungen in ihrer Notwendigkeit darzulegen. Nur so kann sie hoffen, der immanenten Wahrheit von Kafkas Werk gerecht zu werden.

Anfang und Schluß des Romans

Zu den Bedingungen der punktuell gegenwärtigen Erzählweise gehört es, daß der Erzähler sich vom ersten Satz an eines Kommentars enthält, der von irgendeinem verborgenen „Überblick" über das Geschehen zeugen würde.

So ist denn auch die einzige Stelle, die einen allgemeinern und vom faktischen Einzelfall gelösten Blick auf die Ereignisse am Morgen der Verhaftung erkennen läßt, aus dem Manuskript gestrichen. Es handelt sich um die Erinnerung K.s an den Ausspruch eines Mannes, dessen Person er sich nicht mehr zu vergegenwärtigen vermag, dessen Bemerkung über die Gefährlichkeit des Augenblicks des Erwachens nun aber durch die aktuellen Ereignisse wieder in sein Bewußtsein gerufen wird. Danach ist man „im Schlaf und im Traum wenigstens scheinbar in einem vom Wachen wesentlich verschiedenen Zustand gewesen", weshalb denn auch „eine unendliche Geistesgegenwart oder besser Schlagfertigkeit" dazugehört, um beim Erwachen alles „an der gleichen Stelle zu fassen, an der man es am Abend losgelassen hat". Hier glaubt man tatsächlich die kommentierende Stimme Kafkas selber zu hören; dieser Eindruck wird dadurch befestigt, daß Jahre später eine ganz ähnliche Reflexion in den Briefen an Milena auftaucht. Aber so aufschlußreich diese Aussage über den riskantesten Augenblick des Tages ist, noch bezeichnender ist, daß Kafka sie gerade wegen ihrer Allgemeinheit und ihres Kommentarcharakters im Romanmanuskript wieder unterdrückt hat.

Um so sorgfältiger werden wir den Romantext daraufhin zu befragen haben, was hier eigentlich geschieht.

Es ließe sich freilich ein anderer Verlauf der ersten Szene denken. Josef K. selbst äußert sich am Abend nach der Verhaftung gegenüber Frau Grubach in diesem Sinn. „Ich wurde überrumpelt, das war es. Wäre ich gleich nach dem Erwachen, ohne mich durch das Ausbleiben der Anna beirren zu lassen, aufgestanden und ohne Rücksicht auf irgend jemand, der mir in den Weg getreten wäre, zu Ihnen gegangen, hätte ich diesmal ausnahmsweise etwa in der Küche gefrühstückt, hätte mir von Ihnen die Kleidungsstücke aus meinem Zimmer bringen lassen, kurz, hätte ich vernünftig gehandelt, so wäre nichts weiter geschehen, es wäre alles, was werden wollte, erstickt worden. Man ist aber so wenig vorbereitet." In der Bank, inmitten seines vertrauten Arbeitsapparates, hätte ihm dergleichen unmöglich geschehen können, denn dort ist er stets geistesgegenwärtig. Weil Josef K. beim Erwachen aber unvorbereitet war, kann die plötzliche Präsenz der Gerichtswelt in ihrer Unmittelbarkeit zur Geltung kommen, unbehelligt durch die Zusammenhänge und das dichte, abschirmende Geflecht der vertrauten täglichen Verhaltensweisen. Auf dieses ganz unvermittelte und uneingeleitete Da-Sein des Prozesses aber kommt es dem Erzähler offenbar an, so wenig sich das aus den Gepflogenheiten des neueren europäischen Romans erklären läßt. Zwar konstruiert sich Josef K., wie wir bereits sahen, selber sogleich seine kleine Vorgeschichte zur Erklärung der Verhaftung, indem er an eine vorausgegangene Verleumdung denkt — aber gerade das ist eine hypothetische Konstruktion, durch die nur die absolute Ungewißheit der Vorgeschichte belegt wird. Das unvermittelte Dastehen der Abgesandten aus der Gerichtswelt ist ebenso unerklärlich wie unwiderlegbar.

Indes darf nicht übersehen werden, daß auch K. in seiner Weise unwiderlegbar ist. Ein Aphorismus Kafkas läßt sich auf ihn beziehen: „... alle Gegner besiegen ihn sofort, aber nicht dadurch, daß sie ihn widerlegen (er ist unwiderlegbar), sondern dadurch, daß sie sich beweisen." „Sich beweisen" heißt dabei nicht etwa, die stärkeren Argumente besitzen, sondern ganz elementar soviel wie: mehr Standkraft besitzen, und in der letzten, für Kafka entscheidenden Reduktion einfach noch: dasein und sich nicht wegdiskutieren lassen. Dadurch ist die Form der Auseinandersetzung zwischen K. und dem Gericht exakt bestimmt.

Die Gerichtsorgane können es sich leisten, auf das Klingelzeichen K.s zu warten, bevor sie eingreifen. Sie schieben damit auf ihre sophistische Weise die Verantwortung für ihr Erscheinen auf K. selbst ab. Indem der wegen des Ausbleibens des Frühstücks ungeduldig gewordene K. klingelt, läutet er vermutlich selbst den Prozeß ein, gemäß jenem Ritus, den später der Advokat beschreibt. (Daß das bedeutsame Glockenzeichen ein stehendes Motiv Kafkas weit über den „Prozeß" hinaus ist, können wir hier nur eben vermerken.) Dann allerdings tritt der fremdartig gekleidete Wächter sogleich ein und fragt: „Was wünschen Sie?" Die ganze Verfahrensweise des Gerichtes ist durch diese kurze Szene unübertrefflich dargelegt. Und hier setzt nun auch gleich der stumme, diesseits der Argumente geführte Kampf ein.

Nach den Regeln dieses Kampfes ist es nur folgerichtig, daß K. auf seine naheliegende Frage an den Wächter „Wer sind Sie?" keine Antwort erhält. Der Wächter richtet vielmehr die Gegenfrage an K.: „Sie haben geläutet?", als wäre er immer schon hier gewesen und als „müsse man seine Erscheinung hinnehmen". Und nun geschieht das eigentlich Unwiderrufliche, daß K. tatsächlich auf die Frage eingeht und nach seinem Frühstück verlangt. Er redet sich ein, daß er damit nur Zeit gewinnen will, um „zunächst stillschweigend, durch Aufmerksamkeit und Überlegung festzustellen, wer der Mann eigentlich" ist. Aber inzwischen läßt er das Dasein des Wächters auf sich beruhen, das heißt, in einem elementareren Sinn als dem der Zustimmung oder Ablehnung hat er seine Erscheinung tatsächlich schon hingenommen. Daran werden alle Verbalproteste wegen unerhörter Behandlung, die K. erheben wird, nichts mehr ändern können.

Der Wunsch K.s, endlich sein Frühstück zu bekommen, wird weder abgelehnt noch erfüllt, sondern ins Nebenzimmer weitergegeben, aber offensichtlich nicht als Befehl, sondern als Kuriosum, das mit Gelächter quittiert wird. Und dann erst, auf diesem für K.

unverständlichen Umweg, kommt die Rückmeldung: „Es ist unmöglich." Der Umweg besagt nichts anderes, als daß der Wächter aus einem fremden, aber feststehenden Horizont spricht, in welchem das Verhalten K.s lächerlich erscheint.

Später versucht K., den Wächter zu ignorieren, als dieser ihn fragt, ob er nicht lieber hierbleiben wolle: „Ich will weder hierbleiben, noch von Ihnen angesprochen werden, solange Sie sich mir nicht vorstellen." Das ist ein schon etwas verzweifelter Versuch, mit Hilfe der gesellschaftlichen Konvention die Existenz des Wächters aus dem eigenen Gesichtsfeld wieder wegzuschieben.

Weshalb das unmöglich ist, geht aus einem Fragment Kafkas hervor, das von der Begegnung mit dem „Prüfer" handelt und auch die Situation K.s genau umschreibt. Es findet sich in ihm folgender Dialog: ‚„Sie wollen mich prüfen, haben aber noch keine Berechtigung hiezu nachgewiesen.' Nun lachte er laut: ‚Meine Berechtigung ist meine Existenz, meine Berechtigung ist mein Dasitzen, meine Berechtigung ist meine Frage, meine Berechtigung ist, daß Sie mich verstehn.'" Tatsächlich bedarf auch im Prozeß-Roman das Gericht als Ganzes keiner andern Rechtfertigung. Seine Instanzen beziehen ihr Selbstbewußtsein aus dem Umstand ihrer bloßen Existenz und aus dem Wissen, daß der Angeklagte sie besser versteht, als er wahrhaben will. Im angeführten Fragment fügt der Prüfer bei: „Vielleicht ist es mir wichtiger, Sie zu sehn, als Ihre Antworten zu hören." In genauer Entsprechung dazu sagt der Aufseher am Schluß der Verhaftungsszene zu Josef K., er habe ihm lediglich die Tatsache der Verhaftung mitzuteilen gehabt, und er „habe auch gesehen, wie Sie es aufgenommen haben". Das Gericht nimmt, zum großen Erstaunen K.s, gar keine Verhaftung im üblichen Sinne vor, sondern es begnügt sich damit, von einer Verhaftung zu sprechen und die Reaktion des auf diese seltsame Weise „Verhafteten" abzuwarten. Es kann sich darauf verlassen, daß es durch diese gewaltlose Methode sein Opfer nur um so unfehlbarer in seine Gewalt bekommt. Der hintergründige Sinn des Wortes „Verhaftung" wird sichtbar. Josef K. ist dem Gericht verhaftet allein auf Grund des Sachverhalts, daß es sich ihm gezeigt hat. Er selbst unterschätzt ein solches Verhaftetsein zunächst und findet es „nicht sehr schlimm". Der Fortgang des Prozesses wird lehren, daß er sich in Wirklichkeit aus dieser Verhaftung nicht mehr lösen kann. Zwar waren es nur ganz untergeordnete Gerichtsorgane, die sich ihm gezeigt haben — aber gerade, indem das Gericht in seiner Ganzheit und seinem Kern unsichtbar bleibt, wird es für Josef K. zu einem Faszinosum, das ihn nicht mehr freiläßt.

Wie rasch der „Prozeß" in der einmal eingeschlagenen Richtung weitertreibt, zeigt sich, wenn K. schon bald nach der ersten Konfrontation, noch bevor die Verhaftung ausgesprochen ist, „sich irgendwie in die Gedanken der Wächter einschleichen, sie zu seinen Gunsten wenden oder sich dort einbürgern" will, was ihm denn auch gelingt, so daß er sich „aus dem Gedankengang der Wächter" heraus darüber wundern kann, daß sie ihn eine Weile allein lassen. Ja, er treibt die magische Identifikation so weit, es seinem eignen Einfluß zuzuschreiben, wenn die Wächter vergessen, ihn zum Bad zu zwingen. Das ist ein ziemlich verwickelter Bewußtseinsakt, der zudem auf einer Täuschung über die Absicht der Wächter beruht. Aber er zeigt, bis zu welchem Grade Josef K. bereits das Dasein der Gerichtsinstanzen als eine nicht mehr auf ihre Gründe hin zu befragende Tatsache akzeptiert hat.

Zwar behauptet einer der Wächter, daß das Gericht von der Schuld angezogen werde und die Wächter ausschicken müsse, aber das kann ebensogut eine freche Lüge sein wie die vorausgehende Behauptung, sie müßten täglich zehn Stunden bei K. Wache halten. Im übrigen geben die Wächter ihre Inkompetenz ja ohne weiteres zu, so daß K. geradezu erleichtert ist, als der Aufseher eingreift, der dann auch seinen Erklärungen über den Charakter der Verhaftung den Satz beifügt: „Vielleicht haben die Wächter etwas anderes geschwätzt, dann ist es eben nur Geschwätz gewesen."

Deshalb besteht die Behauptung des Geistlichen im Domkapitel zu Recht: „Das Gericht will nichts von dir." Es ist in paradoxer Umkehrung tatsächlich Josef K., der etwas vom Gericht will, nachdem es sich ihm nur erst überhaupt einmal gezeigt hat.

In diesem Sich-gezeigt-Haben liegt die fundamentale Veränderung begründet, die sich im Lauf der halbstündigen Verhaftungsszene vollzieht. Es ist leicht nachzuweisen, daß zahlreiche Prosastücke Kafkas mit diesem plötzlichen Anderssein der Welt einsetzen. Die deutlichste Parallele zum „Prozeß"-Beginn bildet der Anfang der „Verwandlung", wo die Hauptfigur, Gregor Samsa, ebenfalls beim Erwachen und ohne weitere Begründung mit einer entscheidenden Veränderung seiner Existenz konfrontiert wird. An andern Stellen sind es nur harmlose Fehlleistungen, die den Umschlag zutage fördern. All diesen Ereignissen aber, so unscheinbar sie an sich sein mögen, ist das eine gemeinsam, daß sie etwas Unwiderrufliches einleiten, dessen Vorgeschichte ungewiß bleibt.

K.s eigenes Denken ist bereits in einen andern Horizont geraten, unbeschadet der Tatsache, daß er vor den Gerichtsinstanzen aus den gewohnten Bezügen heraus argumentiert. Diese Verschiebung ist der eigentliche Sinn der Verfremdung, die mit dem Erwachen K.s eintritt und die durch sein eignes „Befremden" über die ungewohnten Umstände nur sichtbar gemacht, keineswegs aber ergründet wird. K.s spontane Reaktion ist das Anklammern an die gewohnte Ordnung, aber sein uneingestandenes Ziel ist die Erkenntnis des Gerichtes. „Wer sind Sie" — diese ersten Worte K.s bilden seine Schicksalsfrage, und er wird auch am Schluß des Romans noch keine Antwort darauf erhalten haben.

Inzwischen versucht er, die gewohnte Welt und die Prozeßwelt wenigstens säuberlich auseinanderzuhalten, aber das gelingt ihm ebensowenig wie die Einordnung der Prozeßwelt ins Alltägliche. Die Verzahnung ist nicht zu erkennen, und das hat seinen tiefern Sinn. Der Prozeß ist etwas, das schon immer im Hintergrund des Alltäglichen auf K. gewartet hat. Weder durch Einbezug noch durch scharfe Gegenüberstellung ist dieses Verhältnis adäquat zu erfassen.

Das Gericht selbst erklärt ausdrücklich, K.s Alltag nicht stören zu wollen, und es hält sich äußerlich an diese Zusicherung. Die halbstündige Verspätung, mit der K. am Morgen seiner Verhaftung in die Bank kommt, hat nichts zu besagen; um alles unauffälliger zu machen, sind sogar die drei Beamten mitgekommen. Sie repräsentieren von vornherein die Untrennbarkeit von Prozeß- und Arbeitswelt. Später wird Titorelli sagen: „Es gehört ja alles zum Gericht"; und der Onkel vom Land weiß zu K.s uneingestandenem Erstaunen ein Sprichwort, als sei das Gericht jedem bekannt: „Einen solchen Prozeß haben, heißt ihn schon verloren haben." Daß K. selber sich zunächst an der Unterscheidung festklammert, ist kein Einwand; denn er täuscht sich offensichtlich, wenn er versucht, das Unerhörte als eine bloße Unordnung, als ein Nichts abzutun, das rasch vergessen sein wird.

Wir wenden uns dem andern Eckpfeiler der Romankonstruktion, dem Schlußkapitel zu. Seine konstruktive Bedeutung ergibt sich nicht nur daraus, daß es, wie das erste Kapitel, chronologisch genau fixiert ist, nämlich auf den Vorabend von K.s einunddreißigstem Geburtstag; seine Besonderheit gewinnt dieses Kapitel dadurch, daß an seinem Ende zum erstenmal im Handlungsablauf des Romans etwas wirklich ganz Eindeutiges geschieht. Dieses Eindeutige ist Josef K.s Tod.

Als latente Möglichkeit schwebt dieser Tod von Anfang an im Hintergrund, wenn auch überdeckt durch K.s Gegenmaßnahmen und Unschuldsbeteuerungen. Kennzeichnend dafür ist eine Episode der Anfangsszene, jene paar Augenblicke, da K. von den Wächtern allein gelassen wird und wo er sogleich „aus dem Gedankengang der Wächter" an die „zehnfache Möglichkeit" eines Selbstmordes denkt, allerdings nur, um diesen Einfall sogleich als sinnlos zu verwerfen. Der Todesgedanke läßt sich in Wirklichkeit von da an nicht mehr verdrängen, auch wenn er kein einziges Mal mehr ausgesprochen wird. Am Beginn des Schlußkapitels ist der Punkt erreicht, wo der Tod ohne weitere Begründung oder gar Gegenargumentation als das Selbstverständliche erwartet wird.

Nun ist K. nicht mehr überrascht oder befremdet. Er hat auch keinen Anlaß dazu, denn in diesem Schlußkapitel zeigt sich besonders deutlich, daß das Gericht nichts gegen den Willen K.s unternimmt, gerade weil er ihm völlig verhaftet ist. Die Exekutoren, die seiner Erwartung gemäß auftauchen, sind höflicher als die Wächter ein Jahr zuvor, aber die Präsenz der Gerichtsorgane hat sich nun zu dem Klammergriff verdichtet, mit dem sie K. in ihre Mitte nehmen und der so stark ist, „daß, wenn man einen von ihnen zerschlagen hätte, alle zerschlagen gewesen wären". Der Versuch K.s vom Beginn, sich mit den Gerichtsorganen zu identifizieren, hat Erfolg gehabt.

Es zeigt sich jetzt auch, inwiefern K. sich getäuscht hat, wenn er am Anfang „aus dem Gedankengang der Wächter" sich darüber wunderte, daß ihm Gelegenheit zum Selbstmord gegeben wurde. Denn als er nun beim Gang über die Brücke sich gegen das Geländer wendet, folgen die Exekutoren dieser Wendung mit übertriebener Bereitwilligkeit. Aber K. hat die Kraft zu dem von ihm erwarteten Freitod nicht und bleibt auf die Exekutoren angewiesen. Deshalb zieht er sie selbst so schnell wie möglich aus dem Bereich der patrouillierenden Polizisten, die einzugreifen drohen. Aber noch zuletzt, als alle Vorbereitungen zur Exekution im Steinbruch bereits getroffen sind, wird K. Gelegenheit gegeben, seinen nun schon ein Jahr alten Selbstmordgedanken zu verwirklichen. „K. wußte jetzt genau, daß es seine Pflicht gewesen wäre, das Messer, als es von Hand zu Hand über ihm schwebte, selbst zu fassen und sich einzubohren." Er ist dazu nicht imstande und muß sich in einen unvollkommenen Tod schicken, für den er allerdings in einer letzten Trotzaufwallung die Verantwortung ablehnt: „Vollständig konnte er sich nicht bewähren, alle Arbeit den Behörden nicht abnehmen, die Verantwortung für diesen letzten Fehler trug der, der ihm den Rest der dazu nötigen Kraft versagt hatte."

Muß man deshalb das Ende K.s als ein Unglück, seinen Tod als mißlungen bezeichnen? Der Schlußsatz des Romans scheint tatsächlich in diese Richtung zu weisen: „‚Wie ein Hund!' sagte er, es war als sollte die Scham ihn überleben."

Die Scham ist das Bewußtsein, seine Pflicht nicht getan zu haben. Im berühmten Brief an den Vater vom November 1919 sagt Kafka: „Ich hatte vor Dir das Selbstvertrauen verloren, dafür ein grenzenloses Schuldbewußtsein eingetauscht. (In Erinnerung an diese Grenzenlosigkeit schrieb ich von jemandem einmal richtig: „Er fürchtet, die Scham werde ihn noch überleben.")"

Andererseits darf man die Negativität dieses Endes nicht überschätzen. Der Tod ist nicht nur schrecklich, sondern zugleich auch der einzige Weg in die Freiheit. Die Vorstellung des eindringenden Messers taucht im Tagebuch Kafkas mehrfach auf. Am 2. November 1911, also bereits drei Jahre vor dem Beginn der Niederschrift des Prozeß-Romans, notiert er sich: „Heute früh zum erstenmal seit langer Zeit wieder die Freude an der Vorstellung eines in meinem Herzen gedrehten Messers." Man wird auch, um den Prozeß-Schluß richtig zu verstehen, die auf den ersten Blick überraschende Interpretation beiziehen müssen, die Kafka selbst dem vergleichbaren Schluß der Erzählung „Das Urteil" gegeben hat. Diese Erzählung schließt, nachdem Georg Bendemann das Todesurteil aus dem Munde seines Vaters vollzogen hat und in den Fluß gesprungen ist, mit dem Satz: „In diesem Augenblick ging über die Brücke ein geradezu unendlicher Verkehr." Nach Brods Bericht gab Kafka dazu mündlich die Erklärung: „Weißt du, was der Schlußsatz bedeutet? — Ich habe dabei an eine starke Ejakulation gedacht." Auch aus der Erzählung „In der Strafkolonie" läßt sich der wollüstige und befreiende Aspekt des Todes ablesen, wenn dort auch als milderndes Medium die Präsenz des „Reisenden" zwischen das Geschehen und den Leser geschoben ist, wobei der Reisende keine andere Funktion hat, als das Kopfschütteln zu personifizieren über die Theorien und Handlungen des Offiziers. Ein solches Distanzhalten ist wohl nötig, um innerhalb der Voraussetzungen Kafkas eine Tötung überhaupt noch erträglich und, von der andern Seite, darstellbar zu machen.

Die ausdrückliche Distanzierung vor dem, was geschieht, fehlt auch, trotz der großen atmosphärischen Dichte der Todesszene, im „Prozeß" nicht. Sie setzt schon damit ein, daß K. selbst die Exekutoren als schlechte Schauspieler taxiert, mit denen er vorliebzunehmen hat. Er fragt sie geradezu: „An welchem Theater spielen Sie?" Damit ist von vornherein jede unmittelbar pathetische Auffassung dieses Todes unterbunden. Die großartige Gebärdensprache, die das endgültige Verstummen im Angesicht des Todes begleitet, wird auf eine sublime Weise in der Schwebe gehalten. Sie kann nicht theatralisch wirken, gerade weil von vornherein der Verdacht des bloßen

Theaters in der Luft liegt. Die beiden Exekutoren verstummen ratlos vor diesem Gedanken: „‚‚Theater?' fragte der eine Herr mit zuckenden Mundwinkeln den anderen um Rat. Der andere gebärdete sich wie ein Stummer, der mit dem widerspenstigsten Organismus kämpft."

Damit ist nur K.s eigenes Schweigen und die unheimliche Stummheit der ganzen letzten Szene vorweggenommen. Ihre Lautlosigkeit beruht darauf, daß jeder mögliche Einwand bereits vorgebracht ist. Dennoch wirkt sie wie ein Schrei, aber eben wie ein Schrei, der in der Kehle erstickt ist. Ihre Intensität wird noch gesteigert dadurch, daß im letzten Augenblick über dem Steinbruch ein Gegenbild „aufzuckt", „ein Mensch, schwach und dünn in der Ferne und Höhe", dessen weitausgestreckten Armen K. mit erhobenen Händen und dem Spreizen seiner Finger antwortet. Jene schon angeführte Reihe von Fragen durchstürmt ihn, aber sie sind sinnlos geworden, sie zeigen nur den endgültigen Zusammenbruch seiner ganzen Argumentation und seiner eitlen Hoffnungen auf fremde Hilfe an.

Dieser Zusammenbruch der logischen Argumentation wird sogar mitten in der Fragesequenz angezeigt: „Die Logik ist zwar unerschütterlich, aber einem Menschen, der leben will, widersteht sie nicht." Nun hat sich aber K. die ganze Zeit über ja auf die Seite der Logik und des Versuches, seine Unschuld zu beweisen, nicht auf die Seite des alogischen und unbeweisbaren Lebens gestellt. Der Lebenswille, von dem hier die Rede ist, war in K. von seinem ersten Todesgedanken an untergraben, und seine Unfähigkeit zum Selbstmord ist nur ein letzter Reflex dieser Schwäche.

Es geht von der Gestikulation der Schlußszene eine zugleich befreiende und beklemmende Wirkung aus. Befreiend nicht, weil irgendeine der Hoffnungen, die K. daran knüpft, gerechtfertigt wäre, sondern aus dem künstlerischen Grund, daß hier die ganze Auswegslosigkeit des Prozesses nochmals vollendete Gestalt annimmt — und zugleich auch beklemmend in Entsprechung zur Grundstimmung des Romans.

Darüber hinaus ist mit der Schlußszene eine absolute Situation Kafkas getroffen. Noch 1921 wird ein vergleichbares Traumgeschehen im Tagebuch notiert: „Ein Traum, kurz, in einem krampfhaften, kurzen Schlaf, krampfhaft mich festgehalten, in maßlosem Glück." In diesen Satz ist die ganze Spannung, aus der Kafkas Werk hervorgeht, ausgesprochen. Auch in dieser Traumszene versagt die Sprache, nur noch Ausrufe sind möglich, „ich mußte die Wangen aufblasen und dabei den Mund verdrehen, wie unter Zahnschmerzen, ehe ich ein Wort hervorbekam. Das Glück bestand darin, daß die Strafe kam und ich sie so frei, überzeugt und glücklich willkommen hieß, ein Anblick, der die Götter rühren mußte, auch diese Rührung der Götter empfand ich fast bis zu Tränen."

Es wird durch die Schlußszene des Prozeß-Romans hindurch eine Grundstruktur der Kafkaschen Dichtung sichtbar, die er selbst schon 1911 klar erkannt hat: „daß ich ebenso schreiben muß, wie man sich bei äußerer, durch Äußeres erzwungener Aufregung nur durch Fuchteln mit den Armen helfen kann". So gesehen, ist die Schlußszene des Prozeß-Romans die Thematisierung seiner stilistischen Verfassung. Der Stummheit des Fuchtelns entspricht das Verschweigen der grundlegenden Bezüge von Schuld und Sühne, von denen man angesichts der Gerichts- und Prozeßthematik des Romans doch erwarten möchte, daß sie ausführlich dargelegt würden. Die durch die Stummheit nur gesteigerte Expressivität des Fuchtelns findet ihre Entsprechung in der unübertrefflichen Dichte einer auf die elementarsten Vorgänge reduzierten Welt, die durch keine metaphysische Reflexion durchbrochen wird und dadurch an Tiefe nur gewinnt.

Kafkas Kunst der stummen Szene, die allein durch das scharf gesehene Detail, die zwischenmenschliche Konstellation, das Ungesagte in ihr und die zwanghafte, aus großer Tiefe steigende Richtigkeit der Gestik aufgebaut wird, hat im Prozeßschluß ihren Höhepunkt erreicht. Was wir schon an der Eröffnungsszene beobachten konnten, daß die eigentliche Auseinandersetzung vor und unter den Worten des Dialogs stattfindet, weil sie durch die reine Gegenwart der Gestalten und ihre Bewegungen bestimmt ist, wird durch die Schlußszene bestätigt. Es ist im ganzen Schlußkapitel kein Wortwechsel mehr nötig, die Argumentation ist erschöpft, aber um so eindrücklicher kommt das eigentliche Geschehen in den Vordergrund, das K. selbst so lange mit seinen Protesten und Beteuerungen zu verdecken suchte.

Dieselbe Stummheit kennzeichnet schon die Episode auf K.s letztem Gang, die wir bisher außer acht gelassen haben: das Auftauchen Fräulein Bürstners in seinem Blickfeld (oder nur in seiner Einbildung?) in dem entscheidenden Moment, da K. zu einem letzten Widerstandsversuch ansetzt.

Dieses Auftauchen genügt, um ihm die Wertlosigkeit seines Widerstandes gleich zum Bewußtsein zu bringen. Wertlos ist dieser Widerstand nicht aus äußeren Gründen, sondern auf Grund besserer Einsicht: „Ich wollte immer mit zwanzig Händen in die Welt hineinfahren und überdies zu einem nicht zu billigenden Zweck. Das war unrichtig. Soll ich nun zeigen, daß nicht einmal der einjährige

Prozeß mich belehren konnte? Soll ich als begriffsstütziger Mensch abgehen? Soll man mir nachsagen dürfen, daß ich am Anfang des Prozesses ihn beenden wollte und jetzt, an seinem Ende, ihn wieder beginnen will? Ich will nicht, daß man das sagt." Zwar kann K. nicht erreichen, was ihm hier offenbar vorschwebt, nämlich sozusagen unbescholten in den Tod zu gehen, denn mindestens die eigene Scham wird ihn überleben. Aber die Überlegung zeigt doch an, daß sich der Blick K.s auf den Prozeß wesentlich verändert hat. Es geht ihm jetzt nicht mehr um den Beweis seiner Unschuld. Andrerseits kann aus der Andeutung über den „nicht zu billigenden Zweck" auch keine fundamentale Schuld, die ein Todesurteil rechtfertigen würde, konstruiert werden. Aber gerade um diese „Rechtfertigung" des Todes geht es jetzt, um das Problem des richtigen und dem Prozeß-Stand gemäßen Todes. Das Problem Schuld-Unschuld ist damit überholt und offenbar stillschweigend im Sinn eines Schuldspruchs entschieden.

So wird denn auch in einer Tagebuchnotiz K. ohne weiteres „der Schuldige" genannt. Und im selben Zusammenhang heißt es, daß er „strafweise umgebracht" wird. Damit ist aber wohlverstanden kein Kausalzusammenhang zwischen Schuld und Strafe postuliert, denn „der Schuldlose" (Karl Roßmann im „Verschollenen") wird nach derselben Notiz genauso „umgebracht", nur „mit leichterer Hand". Das Adverb „strafweise" ist wörtlich zu nehmen, auch vom Offizier in der „Strafkolonie" könnte man sagen, daß er „strafweise" umgebracht wird, nach einem Modus, der dem der Todesstrafe entspricht, ohne daß es dazu einer Schuld und eines Todesurteils im üblichen Sinn bedarf.

Der Zusammenhang von Schuld und Strafe, so wichtig er sein mag, wird im Prozeß-Roman nicht erörtert, obwohl K. am Beginn selber nur darauf wartet, endlich eine juridisch saubere Darlegung dieses Verhältnisses zu erreichen, die nach seiner anfänglichen Überzeugung zur Erkenntnis seiner Unschuld und zum Freispruch führen müßte. Aber gerade dazu kommt es nicht[1].

Um so mehr Bedeutung kommt dem Motiv der Rechtfertigung zu. K.s bessere Einsicht, die mit der Erinnerung an Fräulein Bürstner in ihm aufsteigt, daß er nämlich wenigstens seinen Tod auf eine zu rechtfertigende Weise durchzustehen habe, ist nur eine Facette dieser gesamten Thematik. Gelingt es K., richtig zu sterben, so ist auch sein Leben gerechtfertigt. Aber diese Möglichkeit kann sich erst jetzt eröffnen, am Schluß, wo der Tod angenommen ist; jetzt kann sie aber auch an die Stelle der alten und unzulänglichen Versuche treten, K.s Unschuld zu beweisen.

## Die Rechtfertigung als Grundthema

Es gilt also genau zu unterscheiden zwischen Unschuldsbeteuerung und Rechtfertigung oder, wenn man so will, zwischen zwei Formen der „Rechtfertigung", einer sozusagen juridischen, die auf den Beweis der Unschuld aus ist, und einer ganz andern, für den Prozeß aber entscheidenden Rechtfertigung, von der aus gesehen jener Versuch unzulänglich, ja lächerlich ist. Der zweiten und eigentlichen Form der Rechtfertigung nähert sich K. erst am Ende des Romans. Vorher versucht er um so erfolgloser und trotz seiner Ungewißheit über Anklage und zuständige Instanz, sich juridisch zu rechtfertigen. Im Dom sagt der Geistliche zu K., daß sein Prozeß schlecht stehe, und er fügt bei, daß er vielleicht über ein „niedriges Gericht" gar nicht hinauskommen werde. Es deutet sich hier schon die Möglichkeit an, daß K.s Schuld darin bestehen könnte, daß er sich nicht auf die richtige Weise zu rechtfertigen weiß. Das klingt sophistisch, aber es entspricht der Struktur der Prozeßwelt. Auf K.s erneute Unschuldsbeteuerung erwidert der Geistliche: „So pflegen die Schuldigen zu sprechen." Das ist zwar eine diabolische Argumentation, weil sie von vornherein die Möglichkeit der Unschuld ausschließt; aber sie weist zugleich darauf hin, daß K., solange er sich im Zirkel der juridischen Schuldfrage dreht, gar nicht zu den höheren Instanzen durchdringen kann.

Er sucht sich zu „rechtfertigen", so gut er es eben versteht, und er tut es zuerst nach dem allzu klugen Rezept, daß die beste Verteidigung im Angriff liegt. Er richtet seinen Angriff, juridisch einwandfrei, zunächst gegen die Zuständigkeit des Gerichtes. Das ist der Inhalt des zweiten Kapitels. Es zeigt sich dabei, daß das Gericht nicht widerlegbar ist, mindestens nicht durch juridische Argumentation, weshalb K. mit seiner Anklage ins Leere stoßen muß. Das Publikum, das er schon auf seiner Seite zu haben glaubte, besteht aus Gerichtsbeamten, und seine Argumentation wird nicht einmal einer Replik gewürdigt.

Nachdem K. am folgenden Sonntag (drittes Kapitel) seine „Neugier" befriedigt, auch das vermeintliche Gesetzbuch des Untersuchungsrichters und die Kanzleien kennengelernt und das alles mit einem Schwindelanfall bezahlt hat, greift er wieder auf eine seiner ersten Aushilfen zurück und versucht, das Gericht zu ignorieren. Er kann ja ohnehin, und der weitere Romanverlauf bestätigt es, nicht aus eigener Kraft tiefer in das Gerichtswesen eindringen, fremde Hilfe lehnt er vorläufig noch ab. Die letzte Etappe hat ihn bis zum „Auskunftgeber" des Gerichtes geführt, der ihm mit den Worten vorgestellt wird: „Er gibt den wartenden Parteien alle Auskunft, die sie brauchen, und da unser Gerichtswesen in der Bevölkerung nicht sehr bekannt ist, werden viele Auskünfte verlangt. Er weiß auf alle Fragen eine Antwort, Sie können ihn, wenn Sie einmal Lust dazu haben, daraufhin erproben." Aber gerade hier, wo er vielleicht unmittelbar vor der Erfüllung seiner Wünsche steht, versagen die Kräfte K.s, und er hat nur noch das Bedürfnis, so rasch als möglich die Kanzleien zu verlassen. Die Parallele mit der breiter ausgeführten Szene im Schloß-Roman ist nicht zu übersehen, wo K. im Augenblick, da er von Bürgel alles erlangen kann, wonach er strebt, vom Schlaf übermannt wird. Auf der andern Seite erinnert die Gestalt des Auskunftgebers an jene ebenfalls breiter ausgeführte, groteske Szene aus dem „Verschollenen", in der die Auskunftstelle des großen Hotels vorgeführt wird und sich als ein überdimensionierter Leerlauf enthüllt.

Wie steht es aber unter solchen Umständen mit K.s Rechtfertigung? Sie scheitert nicht daran, daß es K. am Willen zur Rechtfertigung fehlen würde, etwa aus Mangel an Schuldgefühl, sondern daran, daß er die Kraft nicht hat und vielleicht nicht haben kann, dorthin durchzudringen, wo diese Rechtfertigung die ihr gemäße Form annehmen und auf Gehör stoßen würde. Mit diesem Versagen ist sein Fall indes noch keineswegs erledigt. In einem der Oktavhefte findet sich der Satz Kafkas: „Allerdings muß jeder Mensch sein Leben rechtfertigen können (oder seinen Tod, was dasselbe ist), dieser Aufgabe kann er nicht ausweichen." Und unmittelbar davor: „Es hat den Anschein, als unterbaue er seine Existenz mit nachträglichen Rechtfertigungen, das ist aber nur psychologische Spiegelschrift, tatsächlich errichtet er sein Leben auf seinen Rechtfertigungen." Nun trägt gewiß auch alles, was K. im „Prozeß" (und im „Schloß") unternimmt, den Charakter der „nachträglichen Rechtfertigung" oder, mit Nietzsche und Ibsen zu sprechen, der „Lebenslüge"[2]. Das geht im „Prozeß" so weit, daß K. lange gar nicht wahrzunehmen scheint oder es nicht wahrhaben will, daß seine Existenz als Ganzes auf dem Spiel steht. Er glaubt durch ein paar einfache und „nachträgliche" Maßnahmen alles wieder in Ordnung bringen, den Stein des Anstoßes aus dem Wege räumen zu können.

Diese fundamentale Täuschung über das Wesen des Gerichtes ist die Folge davon, daß er seine eigne Existenz nur von den nachträglichen Rechtfertigungen her, also in „Spiegelschrift", begreift. Das Gericht muß durch sein bloßes Dasein vor K. als befremdende Übermacht erscheinen, weil es sich nicht vereinen läßt mit dem, was er unter einem Gericht zu verstehen gewohnt ist, und weil seine nachträglichen Rechtfertigungen vor ihm nicht verfangen. Der

Charakter seiner Täuschungen geht sehr klar aus der Darstellung hervor, mit welcher der Kaufmann Block im achten Kapitel K.s Besuch in den Kanzleien rekapituliert. Es stellt sich dabei heraus, daß beispielsweise die Verwirrung, die K. damals an einem Angeklagten bemerkte (und die er darauf zurückführte, daß er ihn unvermittelt angesprochen hatte), im Grunde dem Entsetzen vor den Zeichen einer nahen Verurteilung entsprang, die dieser Angeklagte an K. wahrzunehmen glaubte. Die Täuschungen ergeben sich daraus, daß K. die Bedrohung nicht fundamental genug versteht. Auch seine Entrüstung über die obszöne Darstellung in dem vermeintlichen Gesetzbuch ist eine Täuschung dieser Art; den Hinweis auf die „nackte" Existenz und die elementaren zwischenmenschlichen Situationen mißversteht K. als bloße Ungehörigkeit. Alle Täuschungen beruhen darauf, daß er seine Lage und seine Aufgabe noch nicht erkannt hat.

Damit soll freilich nicht gesagt sein, daß es in der Macht K.s stünde, seine Argumentation, die bloß nachträgliche Rechtfertigung ist, fahrenzulassen und sich jener eigentlichen Rechtfertigung zuzuwenden, welche nach Kafkas Bemerkung die unausweichliche Aufgabe des Menschen ist. Es ist nicht einmal gesagt, daß es eine vom Menschen überhaupt durchführbare Aufgabe ist. Im Schlußkapitel erst findet sich der Hinweis, daß K. sich hat „belehren" lassen und nun einsieht, daß es die ganze Zeit über schon um eine Rechtfertigung seines Daseins im ganzen (seines Lebens wie seines Todes) gegangen ist. Um zu dieser Einsicht zu gelangen, war das Prozeß-Jahr erforderlich.

Aber in Wirklichkeit ist es nicht anders denkbar, als daß auch K.s Leben und Tod von vornherein auf seinen Rechtfertigungen errichtet war, obwohl es ihm selbst nicht gelang, zu ihnen durchzudringen. Auf ihn trifft der Satz zu: „Nicht jeder kann die Wahrheit sehn, aber sein." Dieser Satz hat um so mehr Gewicht, als er im dritten Oktavheft unmittelbar auf die grundlegende Bestimmung des Kunstwerks folgt: „Unsere Kunst ist ein von der Wahrheit Geblendet-Sein: Das Licht auf dem zurückweichenden Fratzengesicht ist wahr, sonst nichts." Auch K. weicht gleichsam geblendet zurück bis in die tiefste Nacht, die ihn am Mittag im Dom überfällt; er kann das Licht auf seinem eigenen Fratzengesicht so wenig sehen wie auf dem der niedern Gerichtsinstanzen. Aber der alte Mann vom Land in der Türhütergeschichte sieht den Lichtschimmer, nachdem er schon fast erblindet ist; und vermutlich hat es seine Bedeutung, wenn von der letzten Gestikulation, die K. vor dem Tod wahrnimmt, gesagt wird, daß sie wie „ein Licht aufzuckt". Bis dahin kann K. das Licht nicht sehen; aber er *ist*, und so lang er ist, muß er auf der Suche nach der Rechtfertigung sein, die dem Sein-Können schon vorausliegt und die, wenn auch auf eine noch zu explizierende Weise, nirgends anders gefunden werden kann als in diesem Sein-Können selbst.

Das Ringen um die Rechtfertigung des eigenen Daseins ist der thematische Grundzug der Prozeßwelt. Auch die formalen und erzähltechnischen Strukturen und die Eigentümlichkeiten des Romanaufbaus sind aus diesem Grundzug abzuleiten. Ihre Spannung gewinnt die Rechtfertigungsthematik aus dem existenziellen Widerspruch, daß die Aufgabe der Rechtfertigung nach Kafkas eigner Einsicht unausweichlich ist und daß diese Rechtfertigung, wie das Beispiel des Josef K. zeigt, zugleich nie völlig und fundamental genug geleistet werden kann; so verliert sich das Dasein ins Labyrinth der bloß nachträglichen Rechtfertigungen, bis es auf sich selber zurückgeworfen wird. Die Dinge liegen nicht so einfach, daß die Existenz des Josef K. schlechthin ungerechtfertigt wäre. Ungerechtfertigt ist nach seiner eignen Einsicht im Schlußkapitel bloß das In-die-Welt-Hineinfahren zu einem nicht zu billigenden Zweck. Diese falsche Richtung führt das Dasein von der eigentlichen Aufgabe weg, die darin besteht, jenen Grund zu erreichen, aus dem es immer schon gerechtfertigt ist, unabhängig von den nachträglichen Rechtfertigungen, die es erfindet, ja im Widerspruch zu ihnen. Der Rechtfertigungsgrund des Daseins, ohne den es gar nicht sein könnte, ist kein so oder anders geartetes Argument, er ist vielmehr ein Grund in der eigentlichen Bedeutung des Wortes, ein Boden, auf dem das Dasein steht, ohne ihn aber als solchen erfassen zu können. Deshalb die scheinbar und in mehrfacher Hinsicht paradoxe Forderung, die Kafka im Tagebuch erhebt: „Standfestigkeit. Ich will mich nicht auf bestimmte Weise entwickeln, ich will auf einen andern Platz, ... es würde mir genügen, knapp neben mir zu stehn, es würde mir genügen, den Platz auf dem ich stehe, als einen andern erfassen zu können." Darin dürfen wir, bei allen Unterschieden, die zwischen Kafka und Josef K. bestehen, auch die Lebensproblematik der Hauptfigur der beiden großen Romane erblicken. Sie ist dazu herausgefordert, die Standfestigkeit, die sie verloren hat, wiederzugewinnen, und zwar nicht durch eine Ortsveränderung oder gar durch ein unkontrolliertes In-die-Welt-Hineinfahren, sondern durch die Erfassung ihres Standpunktes als eines gerechtfertigten, das heißt durch die Erkenntnis des Rechtfertigungsgrundes, auf dem sie existierend immer schon steht.

Innerhalb der Thematik des Prozeß-Romans läßt sich überdies

sagen, daß der Rechtfertigungsgrund identisch ist mit dem unsichtbaren Gericht. Von ihm erwartet Josef K. mit Recht in letzter Instanz den Freispruch, wenn er sich auch in den Mitteln, die dahin führen, ständig vergreift. Wenn Titorelli ihm suggeriert, daß der Freispruch schlechthin unerreichbar sei, so heißt das nur, daß die höchste Instanz unerreichbar ist, die ihn aussprechen könnte, und daß es deshalb nach den Regeln des gesunden Menschenverstandes besser ist, sich mit den niedrigen Instanzen zu arrangieren und die Verschleppung des Verfahrens zu erstreben.

Das Paradoxon, dem Josef K. wie jeder Angeklagte der Prozeßwelt sich preisgegeben sieht, ist die Unerreichbarkeit dessen, was zu seiner Rettung offensteht. In der Türhütergeschichte ist dieses Paradoxon auf seine nicht mehr weiter reduzierbare Formel gebracht.

Durch die Unerreichbarkeit der Voraussetzungen, aus denen er lebt, wird Josef K. in jene Folge von Hypothesen über die Natur des Gerichtes getrieben, die den Roman bis in die Erzählweise hinein bestimmt. Jede erzählerische Verfestigung des Gerichtes von einem „objektiven" Erzählerstandpunkt aus zu einer ebenso „objektiven" Gegebenheit, die lediglich das beschränkte Subjekt Josef K. nicht in ihrem Wesen zu erkennen vermöchte und deshalb verfehlen müßte, würde die Prozeßwelt um ihre wesentliche Dimension bringen. Josef K. verfehlt das Gericht und damit seine eigne Rechtfertigung, aber dies auf Grund nicht einer persönlichen Schwäche, sondern einer existenziellen Bedingung, die stilistisch und erzähltechnisch unmittelbar im Fehlen eines Überblicks über die Hintergründe des Geschehens ausgeprägt ist. Die übrigen Figuren des Romans dürfen nicht nur keinen prinzipiell weitergehenden Überblick über das Gericht haben als Josef K. selbst — was eine noch rein inhaltliche Bestimmung ist —, sondern auch das Erzählen selbst darf diesen Überblick nicht beanspruchen, wenn die grundlegende Problematik der Rechtfertigung des Daseins in ihrer vollen Schärfe zur Darstellung kommen soll. Erst indem das Erzählen selbst sich in den auf das „Sekundäre" begrenzten Gesichtskreis der Prozeßwelt hineingibt, kann diese Welt in dichterischer Autonomie zur Entfaltung kommen. Als von „außen" beschriebene würde sie nicht über den Rang eines Raritätenkabinetts hinausgelangen. Die Beschränkung auf das „Sekundäre" im einleitend bestimmten Sinn ist die genaue formale Entsprechung zu einem Existenzentwurf, der seiner eignen Grundlage und Voraussetzung nicht habhaft zu werden und die Rechtfertigung, auf der er errichtet ist, nicht zu erkennen vermag, weil ihm jeder Versuch dazu in „nachträgliche" Rechtfertigung und Spiegelschrift umschlägt.

Weil Josef K. seinen eignen Standort nicht als gerechtfertigten erfassen kann, kommt er dazu, auf ungerechtfertigte Weise in die Prozeßwelt „hineinzufahren", wofür das deutlichste Beispiel eben seine Anklagerede bei der ersten Untersuchung ist. Aber auch die Scheinerfolge K.s bei den Frauen, die er in Zusammenhang mit seinem Prozeß bringt, veranschaulichen denselben Mechanismus. Josef K. glaubt, ohne auf Widerstand rechnen zu müssen, vorprellen zu können, und in einem vordergründigen Sinn bekommt er sogar recht, aber hinterher erweisen sich die Voraussetzungen des Hineinfahrens als mangelhaft, so daß die eigentliche Instanz unzugänglich bleibt. Mit einem Ausdruck aus Kafkas Tagebüchern könnte man dieses erfolgreich-erfolglose Hineinfahren als „stehenden Sturmlauf" bezeichnen. Josef K. agiert vehement in einer Weise, die ihn keinen Schritt weiterbringt, trotz aller Anstrengung. Nur manchmal im Zustand der Erschöpfung scheint er der Wahrheit etwas näher zu kommen.

Ein von Anfang an auffallender Zug der Prozeßwelt, der eng mit dem Zwang zur Rechtfertigung zusammenhängt, ist das ständige Beobachtetsein. K.s erste optische Wahrnehmung beim Erwachen ist es, daß die alte Frau, die gegenüber wohnt, „ihn mit einer an ihr ganz ungewöhnlichen Neugierde" beobachtet. Das Motiv durchzieht die ganze Verhaftungsszene. „Durch das offene Fenster erblickte man wieder die alte Frau, die mit wahrhaft greisenhafter Neugierde zu dem jetzt gegenüberliegenden Fenster getreten war, um auch weiterhin alles zu sehen." „... drüben sah er die alte Frau, die einen noch viel ältern Greis zum Fenster gezerrt hatte, den sie umschlungen hielt." „Im gegenüberliegenden Fenster lagen wieder die zwei Alten, doch hatte sich ihre Gesellschaft vergrößert, denn hinter ihnen, sie weit überragend, stand ein Mann mit einem auf der Brust offenen Hemd, der seinen rötlichen Spitzbart mit den Fingern drückte und drehte." Dieser dritte Zuschauer scheint vom Gericht abgeordnet. Die beiden Alten verbergen sich hinter ihm, als K. sie schließlich durch einen Zuruf vertreibt. Er zeigt sich, wenn K. mit den drei Bankbeamten das Haus verläßt, unter der gegenüberliegenden Haustür. Die Reaktion K.s darauf ist: „Schauen Sie nicht hin!"

Es wäre eine Reihe analoger Szenen aus dem ganzen Roman anzuführen, bis hin zu den halbwüchsigen Mädchen, die K.s Gespräch mit Titorelli belauschen und kommentieren, und zu der Tatsache, daß das Motiv am Schluß und in unverkennbarer Symmetrie mit dem Beginn des Romans noch einmal auftaucht: „Mit brechenden Augen sah noch K., wie die Herren, nahe vor seinem Gesicht,

Wange an Wange aneinandergelehnt, die Entscheidung beobachteten."

Der Zwang zur Rechtfertigung führt aber auch zur extremen Selbstbeobachtung. Im Tagebuch notiert Kafka: „Unentrinnbare Verpflichtung zur Selbstbeobachtung: Werde ich von jemandem andern beobachtet, muß ich mich natürlich auch beobachten, werde ich von niemandem sonst beobachtet, muß ich mich um so genauer beobachten." Auch über K. läßt sich sagen, daß das Beobachtetwerden nur Gegenstück seiner Selbstbeobachtung ist, wobei es allerdings Kafkas Erzählprinzip entspricht, daß diese Selbstbeobachtung der Hauptfigur eben nicht als Reflexion im „Innern" der Hauptfigur thematisiert wird, sondern nur in der eigentümlichen Projektion als Beobachtetsein durch die andern erscheint. Das ist für Kafka als Erzähler so selbstverständlich, daß es ihm, wie aus einer Äußerung gegen Milena hervorgeht, sofort auffällt, wenn ein Schriftsteller so erzählt, als habe eine Szene sich im Verborgenen abgespielt. In Kafkas Erzählweise ist der Zuschauer immer schon präsent; und wenn dann Nebenfiguren eigens die Aufgabe des Beobachtens übernehmen, so verdeutlicht das nur diesen Grundzug.

Nach Janouchs Bericht hat sich ihm Kafka schon bei der ersten Begegnung als „Gerichteter und Zuschauer" vorgestellt. Diese Doppelung kann nicht fundamental genug aufgefaßt werden. Sie ist entscheidend für die Konzeption der Rechtfertigung im tiefern Sinn. Von ihr aus wird auch das Verhältnis zwischen dem Türhüter und dem Mann vom Land begreiflich. Das bloße Dastehen und Zuschauen des Türhüters genügt tatsächlich, um dem Mann vom Land den Eingang zu verlegen. Daß der Mann selbst während all der Jahre den Türhüter „fast ununterbrochen" beobachtet und sich schließlich an die Flöhe in seinem Pelzkragen wendet, ist nur die dialektische Umkehrung des Beobachtetseins ins Beobachten, wie sie aus der angeführten Notiz über die Selbstbeobachtung hervorgeht. Und auf Grund dieser Notiz dürfen wir sogar sagen, daß der Mann, gerade wenn er vom Türhüter abzusehen, sich über ihn hinwegzusetzen suchte, nur um so tiefer in der Haltung des Beobachterseins und des Zögerns vor der Schwelle getrieben würde. Erst indem er erblindet, geht das Licht des Gesetzes ihm auf.

Nach dem Inhalt der Türhütergeschichte könnte es scheinen, als bedeute das Beobachtetsein lediglich eine Hemmung. In Wirklichkeit begründet es Kafkas Erzähltechnik. Mindestens seit dem Durchbruch, der 1912 mit dem „Urteil" gelingt, ist das Zuschauen eine Funktion der Rechtfertigung vor dem unsichtbaren Gericht; das Beobachten unter dem Druck eines radikalen Beobachtetseins zeitigt die für Kafka so kennzeichnende Kompaktheit des Stils. Kafka hat schon verhältnismäßig früh als sein stilistisches Ideal die Lückenlosigkeit des Erzählens bezeichnet und sich gegen die bloßen Konstruktionen im Roman erklärt. Aufschlußreich dafür ist seine Kritik an Dickens. Was wir am realistischen Roman bewundern, das souveräne Disponieren über große Erzählmassen, die Kunst der raschen und zielsicheren Charakterisierung, die einer Fülle von Nebenfiguren zum Leben verhilft, mußte Kafka verdächtig sein. Sein Erzählwille strebt nach Intensität der überscharf beobachteten Einzelszene, nicht nach dem extensiv-flächigen Historien- oder Zeitgemälde. Er bedient sich kaum der zur Zeit der Entstehung des Prozeß-Romans immerhin schon reich ausgebildeten Kunstgriffe der Rückblendung und der andern erzähltechnischen Montagemittel. Wenn Kafka vom realistischen Roman etwas übernehmen konnte, so war es die Schärfe der Beobachtung, und hier kann man tatsächlich von einem fast naturalistischen Zug seines Erzählens sprechen. Aber die naturalistische Schärfe der Beobachtung dient nicht, wie noch bei Thomas Mann, der Charakterisierung der Figuren und des Milieus, sondern kann nur aus dem Zwang zur Rechtfertigung hinlänglich verstanden werden.

Nun hat dieser Zwang natürlich noch eine ganz andere Seite. Er führt, zumal wo er sich mit jener „Scham" darüber verbindet, die Rechtfertigung doch nicht leisten zu können, auf geradem Weg in die Kafkasche Grundstimmung der Angst. Der Zuschauer steigert sich unversehens zum „Prüfer", zum „Aufseher"; und umgekehrt ist die Funktion des Gerichtsapparates im Prozeß-Roman, soweit sie überhaupt in Erscheinung tritt — gerade am Beispiel des „Aufsehers" bei der Verhaftung konnten wir sie feststellen —, im wesentlichen darauf beschränkt, die Reaktionen des Verhafteten zu beobachten. Das genügt, um ihn zur Rechtfertigung zu zwingen. Von diesem Motiv her muß die Grundstimmung der Angst in der Prozeßwelt begriffen werden. Die Angst ist hier, dem ursprünglichen Wortsinn gemäß, die Stimmung des in die Enge getriebenen Daseins.

Diese Beengung in einem geradezu physischen Sinn erfährt Josef K. bei seinem Besuch auf den Dachböden, und hier wird man auch am ehesten von einer unmittelbar beängstigenden Atmosphäre innerhalb des Romans sprechen können. Aber man würde Kafka unterschätzen, wenn man die Angst als Grundzug der Prozeßwelt ausschließlich auf diese Requisiten zurückführen wollte; sie können ja nur so beklemmend auf den Leser wirken, weil die Erzählweise des Romans im ganzen, durch die Fixierung auf das peinlich genau beobachtete Detail und das Streben nach Lückenlosigkeit bei voller

Ungesichertheit aller Voraussetzungen, mit der Grundstimmung der Verfremdung und der Angst von vornherein verbunden ist. Ihre schärfste stilistische Konsequenz erreicht diese Grundstimmung in jenem Fuchteln mit gleichsam zugeschnürter Kehle, das Kafka selbst als zutreffende Umschreibung seiner Darstellungsweise empfunden hat.

Aber dieses Fuchteln, das die Schreibweise Kafkas metaphorisch vergegenwärtigt, kann nicht nur beklemmend und beängstigend, sondern zugleich grotesk wirken. Der groteske Humor Kafkas geht unmittelbar aus der Grundstimmung der Angst hervor. Diese Nachbarschaft ergibt sich schon daraus, daß das Groteske dem überraschend und überscharf gesehenen Detail entspringt, auch dem sinnlos gewordenen Detail, und deshalb dem angstvoll (aber nicht ängstlich) auf Lückenlosigkeit bedachten Blick als latente Möglichkeit immer schon innewohnt. Ein gutes Beispiel dafür bietet jene Erzählung des Advokaten vom Kampf seiner Standesgenossen gegen einen Dachbodenbeamten, der in gereizter Stimmung einen Advokaten die Treppe hinunterwarf, worauf sich seine Kollegen der Reihe nach hinunterwerfen ließen, bis der Beamte endlich ermüdete. Diese Episode ist zugleich ein Beleg dafür, daß die Advokaten längst eingesehen haben, daß mit Argumenten beim Gericht nichts zu erreichen ist.

### Probleme des Romanaufbaus

Das Ideal des lückenlosen Erzählens ist in einem Gebilde vom Ausmaß des Prozeß-Romans nur in Annäherung zu erreichen. Hier ist wohl auch der eigentliche Grund für Kafkas Verurteilung der drei Romane zu suchen. Lückenlosigkeit ist unter dem Zwang zur Rechtfertigung um so unerläßlicher, je weniger „Überblick" prätendiert wird; zugleich löste der Verzicht auf die konventionelle Fiktion des allwissenden Erzählers und die damit verbundene neue Erzählperspektive notwendigerweise eine Revolution der Romanform aus, die auch Kafka nur schrittweise vollziehen konnte. Der fragmentarische Charakter der drei Romane ist das Opfer, das er dieser Revolution gebracht hat. Im „Prozeß" wird die Lückenlosigkeit der sich folgenden Details innerhalb der einzelnen Episoden in bewundernswerter Weise realisiert, und zugleich dichtet der absolute Anfang, den Kafka setzt, den Roman genügend ab, um diese Lückenlosigkeit zu gewährleisten. Aber das eigentliche Gestaltproblem bleibt gerade von diesem absoluten Anfang her gesehen die Frage des Fortgangs, der Entwicklung der Romanhandlung, des Wegs von diesem Anfang zu dem in seiner Weise ebenso absoluten Ende.

Für den konventionellen Roman ist dergleichen gar kein Problem, vielmehr eine reizvolle Aufgabe, und wir sind ohne weiteres versucht, auch in den „Prozeß" eine fortlaufende Entwicklung des Helden vom Anfang zum Ende hineinzulesen oder für den Romanverlauf das Bild einer sinkenden und einer steigenden Waagschale zu gebrauchen.

Wer sich auf diese selbstverständlich scheinende Annahme einläßt, übersieht aber, daß der Prozeßwelt die Begriffe „Weg" und „Entwicklung" fremd sind, in dem genauen Sinn, daß sie in ihr eine ganz andere Bedeutung erhalten. „Es gibt ein Ziel, aber keinen Weg; was wir Weg nennen, ist Zögern." „Der wahre Weg geht über ein Seil, das nicht in der Höhe gespannt ist, sondern knapp über dem Boden. Es scheint mehr bestimmt stolpern zu machen, als begangen zu werden." Auf das Problem des Romanaufbaus übertragen, heißt das: es kommt nicht darauf an, eine Entwicklung zu zeigen, sondern das „Zögern" und „Stolpern" auf die angemessene Weise zu formalisieren.

Der eigentliche Sinn des „absoluten Anfangs" wird durch den Aphorismus erläutert: „Zwei Aufgaben des Lebensanfangs: Deinen Kreis immer mehr einschränken und immer wieder nachprüfen, ob du dich nicht irgendwo außerhalb deines Kreises versteckt hältst." Es ist leicht einzusehen, daß damit nicht nur Aufgaben des Anfangs bezeichnet sind oder daß, anders gewendet, dieser Anfang eigentlich nie überschritten werden kann. So kann denn auch Kafka im Tagebuch sagen, und er beschreibt damit nicht nur die Folgen des Rechtfertigungszwanges, sondern zugleich auch den von hier aus allein möglichen Romanaufbau: „Es war so, als wäre mir wie jedem andern Menschen der Kreismittelpunkt gegeben, als hätte ich dann wie jeder andere Mensch den entscheidenden Radius zu gehn und dann den schönen Kreis zu ziehn. Statt dessen habe ich immerfort einen Anlauf zum Radius genommen, aber immer wieder gleich ihn abbrechen müssen ... Es starrt im Mittelpunkt des imaginären Kreises von beginnenden Radien ... Habe ich einmal den Radius ein Stückchen weitergeführt als sonst ..., war alles eben um dieses Stück ärger statt besser." Man darf sich auch hier durch den scheinbar rein negativen Sinn der Aussage nicht über den konstruktiven Aspekt von Kafkas Position hinwegtäuschen lassen.

Allerdings hat es beim Blick auf den Romanaufbau zunächst den Anschein, als habe der Rechtfertigungszwang nur negative Folgen. Die wichtigste davon ist die Unangemessenheit der „fortschreitenden" Handlung. Jedes Kapitel hat die Tendenz, wieder vorne anzufangen. Nur selten werden thematische Bezüge hergestellt. Die

Titorelli-Handlung ist eine Repetition der Advokat-Handlung bis in die Aufbaueigentümlichkeit hinein, daß es eines eigenen Vermittlers bedarf, um die Verbindung zu diesen Fürsprechern herzustellen, und daß beide Vermittler nur gerade zu diesem Zweck im Roman aufzutauchen scheinen, was doch immerhin gegen alle Regeln eines durchkomponierten Romans im konventionellen Sinn verstoßen würde.

Welche Entwicklungsmöglichkeiten hätte die Dachboden-Folge (zweites und drittes Kapitel) für eine konsequent fortschreitende Romanhandlung geboten! Sie scheint ja dazu vorausbestimmt, immer tiefer in die Prozeßwelt hineinzuführen, und wie „überzeugend" hätte sich K.s allmähliche Verwandlung in einen Stammgast der Dachböden darstellen lassen! Es geschieht nicht; sondern dieser Handlungsstrang bricht mit dem Schwindelanfall K.s ab; von einer zunächst so wichtig erscheinenden Nebenfigur wie der Gerichtsdienerfrau hören wir kein Wort mehr.

Das nach Brods Anordnung vierte Kapitel („Die Freundin des Fräulein Bürstner") schließt mit seinen Zeitangaben („nächsten Sonntag", „zum erstenmal seit fünf Tagen") unmittelbar ans erste Kapitel an. Wenn man in diesem einen Punkt dem Umgruppierungsvorschlag Uyttersprots folgen darf, indem man das bisherige vierte zwischen das erste und zweite Kapitel einschiebt[3], so rückt noch deutlicher als bisher auch der in der Pension der Frau Grubach angesiedelte und in der Werbung um Fräulein Bürstner zentrierte Handlungsstrang zu einer geschlossenen Einheit zusammen. Sein Personal ist an den übrigen Handlungssträngen nicht beteiligt, die einzige Ausnahme bildet das halluzinatorische Wiederauftauchen Fräulein Bürstners im Schlußkapitel. Aber diese Reminiszenz hat lediglich die Aufgabe, Josef K. an einen erlittenen Mißerfolg beim In-die-Welt-Hineinfahren zu erinnern. Auch die Handlung um Fräulein Bürstner erweist sich somit deutlich als ein „abgebrochener Radius", der sich per definitionem nicht mit den andern Radien des Handlungsgefüges überschneiden oder verflechten kann.

Solche abgebrochenen Radien sind aber ihrer Struktur nach auch alle jene im wörtlichen Sinn abgebrochenen, von Kafka selber nicht vollendeten Kapitel, die sich (soweit es sich nicht einfach um Varianten vollendeter Kapitel handelt) an keiner bestimmten Stelle in den vermeintlichen „Verlauf" des Romans einfügen lassen. Sie führen jedesmal mit einem Neuansatz in eine neue Richtung (zur bisherigen Geliebten, zur Mutter, zur Stammtischrunde des Staatsanwalts, zum angeblichen Ausgangspunkt des Prozesses).

Der „schöne Kreis", den Josef K. sucht mit seinen radialen

Vorstößen, ist ein normales, freigesprochenes, vom Rechtfertigungszwang befreites Leben. Aber er stößt dabei stets auf eine charakteristische Weise ins Leere oder bestenfalls in eine bloß traumhafte Vision der Erlösung, und fällt damit von selbst in den „Mittelpunkt" zurück, von dem er ausging, in die reine Faktizität seines Daseins, dessen Rechtfertigungsgrund er erst noch finden muß.

Das notwendige Abbrechen aller Vorstöße ist kein formaler Mangel im Aufbau des Prozeß-Romans, sondern lediglich ein ungewohntes und allerdings in sich selbst „fragmentarisches" Aufbauprinzip. „Es starrt im Mittelpunkt des imaginären Kreises von beginnenden Radien." Der imaginäre Kreis selbst ist im allgemeinsten Sinn, wie wir eben darlegten, das Leben in Freiheit. Innerhalb des Prozeßhorizontes ist diese Feststellung aber sogleich einzuschränken. Hier ist der imaginäre Kreis zur Idee des unsichtbaren Gerichtes thematisiert, von dem der Freispruch auszugehen hätte. Dieses unsichtbare Gericht ist seinerseits dann allerdings so umfassend angelegt, daß es — und hier versagt die geometrische Metapher — nicht nur die unerreichbare Peripherie, sondern auch den Mittelpunkt bildet, auf den K. zurückgeworfen wird. Das Gericht ist tatsächlich, wie Titorelli sagt, „überall". Diese Allgegenwart des an sich Unsichtbaren hält die divergierenden Handlungsradien zusammen in einer Einheit, die ihrem Wesen nach inhaltlich-gegenständlich nicht zu fassen ist.

Diese verborgene Einheit der Prozeßwelt läßt sich naturgemäß dort am ehesten nachweisen, wo die inhaltlich-handlungsmäßige Einheit des Romans am stärksten gefährdet zu sein scheint — in der Episode mit Fräulein Bürstner. Josef K. selbst hält noch am Anfang des sechsten Kapitels daran fest, daß Fräulein Bürstner „mit dem Prozeß in keiner Verbindung" stehe. Schon am Ende desselben Kapitels kommt er dann allerdings auf den Gedanken, daß auch Fräulein Bürstner zu seinen Helferinnen gegen das Gericht gehöre; und im nächsten Kapitel sagt er sich, daß dasVerhältnis zu ihr „entsprechend dem Prozeß zu schwanken" scheine.

Solche Bemerkungen gehören in den Bereich jener beiläufig geäußerten Hypothesen über die Grundlagen und Voraussetzungen des Prozesses, die nicht als positive Aussagen über seine wahre Natur, sondern als Hinweise auf seine selbst vollkommen hypothetische Verfassung zu interpretieren sind. Als „objektive", aus dem bloßen Inhalt des Romans hervorgehende Einheit ist der Prozeß unergründlich. Begrenzt und dadurch zu einer Einheit gebracht wird die Prozeßwelt lediglich durch das absolute Dunkel, in das alle ihre Handlungslinien führen. Das Dunkel des unsichtbaren

Gerichtes als die gemeinsame Richtung, in welche alle Bewegungen der Hauptfigur ausmünden, hält die verschiedenen Handlungskomplexe trotz ihrer inhaltlichen Unverbundenheit zusammen. Dieser Zusammenhalt, der inhaltlich gesehen rein negativer Art ist, insofern das Dunkel des unsichtbaren Gerichtes im Fehlen jedes objektiv erzählbaren Inhaltes besteht, kann nur deshalb zu einer legitimen künstlerischen Einheit werden, weil das Dunkel bis in die letzte Einzelheit des Romans hinein gegenwärtig ist, und zwar gerade nicht in der simplen Form bloß inhaltlicher Hinweise auf die Ungewißheit, in der Josef K. schwebt, sondern in der raffinierteren und stilistisch durchintegrierten Form eines hypothetischen Erzählens, das sich geradezu realistisch und keineswegs vage oder schummerig anhört, weil das hypothetische Element in die beiläufigen oder unausgesprochenen Voraussetzungen verlegt ist, die sich immer erst nachträglich und meistens auch nur unausdrücklich als unhaltbar erweisen.

Auf Grund dieser verborgenen Einheit, die mit der Erzählperspektive verbunden ist, gewinnen selbst die erotischen Exkursionen der Hauptfigur einen hintergründigen Zusammenhang mit der Gerichtsthematik. Aus dem unvollendeten Kapitel „Zu Elsa" könnte man den Eindruck gewinnen, daß Josef K. bei einer Frau lediglich Zerstreuung sucht, um den Prozeß so rasch als möglich zu vergessen. Noch die Beziehung zu Leni, der Pflegerin des Advokaten, scheint unter diesem Vorzeichen zu stehen; denn handlungsmäßig gesehen läßt sich Josef K. durch sie ja zweifellos von den für seine Prozeßführung wichtigen Gesprächen mit dem Advokaten und mit dem beim Advokaten anwesenden Kanzleidirektor ablenken, was ihm sein Onkel denn auch hinterher mit entsprechendem Nachdruck vorwirft. Aber Josef K. scheint es besser zu wissen. Gerade in der Unterhaltung mit Leni kommt ihm zum Bewußtsein, daß er die eigentliche Hilfe in seinem Prozeß von den Frauen erwartet, nicht nur von Leni selbst, sondern zuvor schon von Fräulein Bürstner und der Gerichtsdienerfrau. Diese Erwartung ist rein hypothetischer Natur, aber dadurch bestätigt sich nur an einem Einzelzug, was wir soeben schon feststellten: daß es das hypothetische Dunkel der Voraussetzungen ist, das die scheinbar divergierenden Handlungskomplexe zusammenhält.

Diesen hintergründigen Zusammenhang gilt es im Auge zu behalten, wenn die Prozeßwelt in ihrer inneren Struktur erkannt werden soll. In ihr ist alles und jedes auf eine nie voll explizierte Weise miteinander verbunden. Die Art dieser Verbindung läßt sich nicht aus einem „Handlungsablauf" im konventionellen Sinn erschließen. Unter diesem auf den Prozeß-Roman nicht anwendbaren Gesichtspunkt müßte etwa der „Kampf mit dem Direktor-Stellvertreter" als eine bloße Nebenhandlung erscheinen, die mit dem Gerichtswesen unmittelbar nichts zu tun hat, da sie sich ja in der altvertrauten Geschäftssphäre der Bank abwickelt, so daß sie lediglich eine Folge des Prozesses, nämlich das allmähliche Ermatten der Hauptfigur auch in seinem Beruf, zur Darstellung bringen könnte. In Wirklichkeit lassen sich Bank- und Prozeßsphäre von vornherein nicht prinzipiell trennen, wie das Prügler-Kapitel und die Vorbereitungen zur Domszene, die von der Bank ausgehen, deutlich genug zeigen. So kann denn auch der Direktor-Stellvertreter unversehens in einer wichtigen Szene, auf die wir noch eingehen werden, das Hohe Gericht selbst symbolisieren, dem Josef K. seine Eingabe einreicht. Das ist ein weiteres Beispiel dafür, wie in diesem Roman, was handlungsmäßig auf ganz verschiedenen „Radien" zu liegen scheint, übergangslos zu einer auch thematischen Verbindung gelangt durch den allgegenwärtigen Bezug auf das unsichtbare Gericht.

Das Zwischenreich der Helfer

Auf Grund der Feststellungen über das Aufbauprinzip des Prozeß-Romans läßt sich, was in diesem Roman sichtbar vor sich geht, besser verstehen. Unbeschadet der grundsätzlichen Unsichtbarkeit des Hauptthemas entfaltet sich eine Fülle von durchaus sichtbaren Vorgängen und Motiven vor dem Leser. Die wichtigsten unter ihnen sollen im folgenden analysiert werden. Sie stehen von vornherein im Spannungsfeld zwischen der Notwendigkeit und der Unmöglichkeit einer Rechtfertigung des Daseins. Von der Prozeßthematik her gesehen heißt das, daß sie alle auf das unsichtbare Gericht verweisen, an sich aber in seinem Vorfeld stehenbleiben. Es eröffnet sich ein eigentümliches Zwischenreich, bedrohlich durch seinen verfremdeten Charakter, noch bedrohlicher aber im Grunde durch den Sachverhalt, daß es selber undurchdringlich ist und keinen beschreibbaren Ausweg in Richtung auf die zuständige Instanz, das unsichtbare Gericht kennt, auf das doch sein ganzes Wesen sich bezieht. Diese paradoxe Verfassung der Gerichtswelt im engern Sinn, des sichtbar werdenden Gerichtsapparates, schlägt sich nieder in der streng hierarchischen Gliederung dieses Apparates, auf die immer wieder verwiesen wird, ohne daß sich eine Möglichkeit zeigt, zu den höhern Stufen aufzusteigen. Wer sich wie Josef K. mit dem Gericht einläßt, stößt immer nur auf Vermittler und Zwischenpersonen. Die angeblichen Vermittler und Fürsprecher ihrerseits werden nur über Zwischenpersonen zugänglich, der Armenadvokat

Huld über den Onkel, der Gerichtsmaler Titorelli über den Fabrikanten. Das Prinzip der Vermittlung ist so tief in der Prozeßwelt verwurzelt, daß sich sogar Fräulein Bürstner, nach einem scheinbaren Anfangserfolg Josef K.s, hinter einer Vermittlerin, dem Fräulein Montag, dem Zugriff wieder entzieht.

Um K. mit dem Geistlichen im Dom in Kontakt zu bringen, bedarf es eines ganzen undurchsichtigen Apparates, an dem der Direktor der Bank, ein fremder Besucher, Leni und ein Sakristan beteiligt sind.

Indes erfährt K. in der mit dem Besuch des Onkels einsetzenden geschlossenen Handlungsfolge, die vom Advokaten über den Fabrikanten zum Maler Titorelli führt und die dem äußeren Umfang nach fast die Hälfte des Romans einnimmt, doch eine Menge von Einzelheiten über den Gerichtsapparat, an dem er zuerst nur die Verbesserungsbedürftigkeit erkannt hatte. Freilich sind alle diese Aufschlüsse aus der Perspektive niedriger Instanzen geschöpft, die an eine Verbesserung des Gerichtsapparates schon deshalb gar nicht denken können, weil sie sich mit seiner Undurchdringlichkeit längst abgefunden haben und mit der Vorspiegelung geheimer Beziehungen und Kenntnisse lediglich ihre Unwissenheit zu kaschieren suchen. Was sie wirklich zu geben vermögen, sind denn auch nicht eigentliche Aufschlüsse, wie K. sie sucht, sondern praktische Anweisungen für das Verhalten eines Angeklagten, und diese Anweisungen lassen sich in Kürze so zusammenfassen: man soll nicht den Freispruch zu erzwingen trachten, sondern den Prozeß solange wie möglich hinauszuzögern suchen. Am deutlichsten spricht das Titorelli mit seiner Theorie des absoluten und des relativen Freispruchs und der Verschleppung aus. Aber auch der Advokat, der immer seine erste Eingabe noch nicht eingereicht hat und welchem K. deshalb das Mandat entziehen will, handelt nach keinem andern Prinzip.

Was alle diese Vermittler von Josef K. wollen, ist nicht, daß er mit ihrer Hilfe den Prozeß gewinnt — denn das halten sie, gemäß dem Sprichwort des Onkels, für ausgeschlossen —, sondern daß er sich in ihre eigne beschränkte Welt einordne und ein folgsamer Angeklagter werde, dessen einziges Ziel es sein kann, den Prozeß zu verzögern. Wenn man Josef K.s eigne Anstrengung, vor die zuständigen Instanzen zu gelangen, als einen stehenden Sturmlauf bezeichnen kann, der sich allmählich in sich selber erschöpft, so darf man die Verfahrensweise der Vermittler bestenfalls noch, mit einer wiederum den Tagebüchern Kafkas entnommenen Formel, ein „stehendes Marschieren" nennen. Die Vermittler sind die längst Erschöpften, die vor der Unzulänglichkeit des Gerichtes resigniert haben und nun aus dieser Resignation ihren Beruf machen. Der Advokat liegt scheinbar todkrank im Bett, der Maler Titorelli bekennt, daß vor dem Gericht der „künstlerische Schwung" verlorengeht. Der Advokat spricht ständig von den Eingaben, die auszuarbeiten sind, aber auf das Drängen seines Klienten setzt er diesem schließlich auseinander, wie vorteilhaft es ist, daß noch nichts dergleichen unternommen wurde. Titorelli malt die Richter, aber nicht wie sie sind, sondern wie es eine von jeher bestehende Konvention von ihm verlangt. Die ganze Sphäre der Vermittler kann sich nur hemmend auf Josef K.s Absicht auswirken. Diese Leute haben längst ihren Modus vivendi gefunden und ihren Frieden mit der Unsichtbarkeit der höhern Instanzen gemacht. Ihr einziges Streben ist, auch den Verhafteten dem Leerlauf ihrer Existenz zu unterwerfen.

Nirgends wird das deutlicher als in der Szene mit dem Kaufmann Block, die der Advokat zur Belehrung seinem neuen Klienten vorführt. „K. hatte das Gefühl, als höre er ein einstudiertes Gespräch, das sich schon oft wiederholt hatte, das sich noch oft wiederholen würde und das nur für Block seine Neuheit nicht verlieren konnte." Diese eigenartige Reaktion Blocks kann nur daraus erklärt werden, daß er selbst dem Prinzip der in sich selber kreisenden Verschleppung und der Hoffnung, die sich auf eben diese Verschleppung des Prozesses gründet, bedingungslos verfallen ist. Josef K. indes begreift nicht, wie der Advokat ihn durch die Dressurvorführung eines Angeklagten hatte gewinnen wollen. „Hätte er ihn nicht schon früher verjagt, er hätte es durch diese Szene erreicht."

Nun hängt die tiefere Wahrheit einer solchen Szene gewiß nicht davon ab, wie sie auf K. wirkt. Was diesen so abstößt, daß der Kaufmann Block sich nämlich zum „Hund des Advokaten" erniedrigt, findet seine Parallelen im Verhalten Josef K.s selbst in jener Traumvision von der Erlösung durch Titorelli, von der noch zu sprechen sein wird, und vor allem in dem Umstand, daß er selbst schließlich „wie ein Hund" stirbt. Man kann daraus schließen, daß seine Weigerung, sich dem Armenadvokaten zu unterwerfen, letztlich auf eine noch viel peinlichere Unterwerfung unter die an sich ebenso untergeordneten Exekutoren hinausläuft. Es wird damit sichtbar, daß diese Unterwerfung unter die Zwischenpersonen eine Zwangsläufigkeit der Prozeßwelt darstellt, der niemand entgeht. Ihre gültige parabolische Gestaltung findet sie in dem Verhalten des Mannes vom Lande gegenüber dem Türhüter. Diese Unterwerfung entspricht unmittelbar der Unerreichbarkeit des eigentlichen Gerichtes und damit der Wahrheit, die aus dem großen Gesetz hervorbricht. Deshalb ist der Wiederholungszwang, der im Tun des Advokaten und Titorellis sichtbar wird, mehr als eine Eigentümlichkeit der Vermittler. Er spiegelt die Grundverfassung des Daseins „vor dem Gesetz", der Existenz im Zwischenreich der untergeordneten Instanzen, an denen der Weg zum unsichtbaren Gericht vorbeigeht und die diesen Weg durch ihr stehendes Marschieren verlegen.

Im Hinblick auf die dichterische Vertiefung, die dieses Verhalten in den beiden letzten Kapiteln erfährt, ist es allerdings wesentlich, daß Josef K. die Vermittler abschüttelt oder, anders gewendet, daß Kafka auch diesen umfangreichen Handlungskomplex, der durch die Namen Huld und Titorelli bezeichnet ist, als einen abgebrochenen Radius im Sinn der beschriebenen Aufbaustruktur stehenläßt.

Nach der immanenten Vermittlerlogik gibt es keine Befreiung aus diesem paradoxen Zustand des zielgerichteten Innehaltens an der Schwelle. Das in sich unwiderlegbare Argument der Vermittler ist, daß nichts „unterlassen" werden dürfe. Mit dieser Begründung wird Josef K. bereits vom Onkel zum Advokaten gebracht, obwohl er selbst offenbar schon im Begriff war, den Prozeß zu vergessen. Der Fabrikant, der später Josef K. auf den Maler Titorelli hinweist, ist bereits großzügiger; er überläßt es Josef K., zu entscheiden, ob er von dem Hinweis Gebrauch machen will. Aber Josef K. ist nun bereits in die falsche Richtung gewiesen. Genau wie der Mann vom Lande seinen Blick nicht mehr auf das Ziel richtet, sondern auf den Türhüter und zuletzt auf die Flöhe in dessen Pelzkragen, die er um Hilfe anfleht, beginnt auch Josef K. im Verlauf der Advokat-Titorelli-Handlung immer intensiver nach „Hilfen" Ausschau zu halten. Aber diese Hilfen können ihm zuletzt nur sagen, was Titorelli ausspricht: „Der Prozeß muß eben immerfort in dem kleinen Kreis, auf den er künstlich eingeschränkt worden ist, gedreht werden." Dieser Rat ist aus dem Gesichtspunkt des Vermittlers völlig zutreffend; er hat nur den Fehler, daß der Begriff der Hilfe selbst, durch die der Prozeß eingeschränkt werden soll, den Begriff der immer besseren Hilfe nach sich zieht, oder nach der Auskunft des Kaufmanns Block: hinter den gewöhnlichen Advokaten stehen die „großen" und völlig unerreichbaren Advokaten, von denen die Angeklagten träumen. Aus dieser diabolischen Mechanik gibt es kein Entrinnen; in ihrem Horizont ist, wie Josef K. am Schluß des Gesprächs mit Titorelli einsieht, jeder Gedanke an „wirkliche Freisprechung" illusorisch. Die Prozeßwelt ist das reine und mit großer Konsequenz ausgebaute Modell der Ausweglosigkeit. Seine Grundform ist der Circulus vitiosus.

Die Vermittlerwelt selbst ist so beschaffen, daß Josef K., gerade wenn er „vernünftig" handelt, sich nur immer tiefer in sie hineinverlieren kann. Diesen Zwang hat Kafka in dem Prosastück „Fürsprecher" beschrieben, das nicht unmittelbar zum Prozeß-Roman gehört, aber ihm thematisch eng verwandt ist. Danach ist es unbedingt nötig, einen Fürsprecher zu finden, welcher der Anklage gewachsen ist; aber der wahre Fürsprecher ist unauffindbar. So bleibt nur das Suchen selbst übrig; denn solange gesucht wird, geschieht nichts Schlimmeres. „Hast du also einen Weg begonnen, setze ihn fort, unter allen Umständen, du kannst nur gewinnen, du läufst keine Gefahr, vielleicht wirst du am Ende abstürzen, hättest du aber schon nach den ersten Schritten dich zurückgewendet und wärest die Treppe hinuntergelaufen, wärst du gleich am Anfang abgestürzt und nicht vielleicht, sondern ganz gewiß." Kafka läßt zwar im achten Kapitel seinen Helden dazu ansetzen, dem Advokaten zu kündigen; aber dieses Kapitel bricht ab, bevor Josef K. seine Absicht verwirklichen kann. Das ist gewiß kein Zufall. Die innere Problematik des Aufbauprinzips der abgebrochenen Radien kommt hier sehr deutlich zum Vorschein. In bezug auf die Fräulein-Bürstner-Handlung und den Besuch auf den Dachböden war es gelungen, das Abbrechen wenigstens vorläufig zu motivieren. Die Suche nach dem wahren Advokaten aber unterliegt einem in der ganzen Prozeßwelt so tief verwurzelten Zwang, daß ihr offenbar keine Gegenmotivierung mehr gewachsen ist. Man könnte geradezu sagen, daß das Strukturgesetz der Prozeßwelt als einer Romanwelt sich gegen sich selbst kehrt, indem es einen Umschwung der Handlung in der Richtung auf einen motivierten Abschluß vereitelt.

Immerhin gibt es einen interessanten Versuch Kafkas, die Sphäre der Vermittler und Helfer unmittelbar zu transzendieren durch den Übergang ins Traumhafte.

Im Halbschlaf gaukelt der völlig erschöpfte Josef K. in dem unvollendeten Kapitel „Das Haus" sich eine Szene vor, in der es ihm gelingt, den „Durchbruch" zu erzwingen oder eher zu erschleichen, indem er vor Titorelli kniet und ihn umschmeichelt — genauso wie der Kaufmann Block vor dem Advokaten gekniet hatte im achten Kapitel, was K. dort mit Abscheu erfüllte. Und Titorelli erhört ihn, „als gehorche er einem Naturgesetz". Die nun folgende Traumvision ist aufschlußreich als Gegenstück zum eben zitierten „Fürsprecher"-Text: „Titorelli ... umfaßte K. und zog ihn im Laufe mit sich fort. Gleich waren sie im Gerichtsgebäude und eilten über die Treppen, aber nicht nur aufwärts, sondern auf und ab, ohne jeden Aufwand von Mühe, leicht wie ein leichtes Boot im

Wasser. Und gerade, als K. seine Füße beobachtete und zu dem Schlusse kam, daß diese schöne Art der Bewegung seinem bisherigen niedrigen Leben nicht mehr angehören könne, gerade jetzt, über seinem gesenkten Kopf, erfolgte die Verwandlung. Das Licht, das bisher von hinten eingefallen war, wechselte und strömte plötzlich blendend von vorn." Die Gerichtswelt ist eine andere geworden, „alles war ruhiger und einfacher". Der Überblick ist möglich, keine auffallenden Einzelheiten springen mehr ins Auge, mit andern Worten: der Rechtfertigungszwang ist durchbrochen, das Licht der absoluten Wahrheit ist aufgegangen. K. braucht keinen Helfer mehr und löst sich von Titorelli.

Kafka hat diese Vision im Manuskript gestrichen. Das läßt sich verstehen. Denn sie erscheint zwar als traumhaftes Aufbrechen der Wahrheit; in Wirklichkeit hebt aber die Traumerlösung das Prinzip der notwendig-unmöglichen Rechtfertigung und damit die thematische Grundlage des Romans auf.

Ein weiterer Traum Josef K.s ist wohl aus dem gleichen Zusammenhang hervorgegangen. Kafka hat ihn unter dem Titel „Ein Traum" in die Landarzt-Sammlung von 1919 aufgenommen. Auch dieser Traum ist ein Erlösungstraum, der zudem mit der Prozeßthematik dadurch eng verbunden ist, daß Josef K. hier erlöst wird, indem er freiwillig in sein Grab steigt, also im Traum vorwegnehmend jene Pflicht erfüllt, der er im Schlußkapitel des Romans nur unvollkommen gerecht wird, weil seine Kräfte nicht ausreichen. Im Traum gelingt es ihm, den entscheidenden Umschwung zu vollziehen und sich gleichsam selbst das Todesurteil zu sprechen: in einem für Kafkas Gestaltungsweise höchst charakteristischen stummen Dialog mit dem „Künstler", dessen Absicht K. zunächst nicht versteht, bis er, durch die eigentümliche Hemmung des Schriftkünstlers und den zögernd begonnenen Buchstaben „J" aufmerksam geworden, erkennt, was von ihm erwartet wird, und sich ins Grab stürzt, während oben „sein Name mit mächtigen Zieraten über den Stein" jagt. „Entzückt von diesem Anblick erwachte er."

Auch dieser Traum konnte, trotz seiner innern Verwandtschaft mit dem Schlußkapitel, keinen angemessenen Abschluß für den Roman ergeben, weil ihm das entscheidende Moment jener Schwäche fehlt, die Josef K. verhindert, das zu tun, was man von ihm erwartet und was er selbst tun möchte. So aufschlußreich die beiden Träume für die heimliche Sehnsucht des Josef K. sind, gerade als Träume überspringen sie die Unmöglichkeit der Rechtfertigung des Todes, durch die auch das Leben gerechtfertigt wäre. (Es gilt zu beachten, daß auch der Traum mit Titorelli vermutlich eine geheime Todesvision ist, was sich der anders nicht erklärbaren Zwischenbemerkung entnehmen läßt: „Er wußte, was mit ihm geschehen war, aber er war so glücklich darüber, daß er es sich noch nicht eingestehen wollte.")

Man darf in diesem Zusammenhang an die bekannte Bemerkung Kafkas erinnern: „Unsere Rettung ist der Tod, aber nicht dieser." Die beiden Träume nehmen den rettenden Tod vorweg, aber sie weichen dadurch gerade der Problematik des faktischen Todes, der immer nur „dieser Tod" ist, aus. Dieser faktische Tod in seiner ganzen Ambivalenz zwischen Rettung und Mißlingen ist, wie wir bereits gesehen haben, im Schlußkapitel des Romans mit voller Schärfe durchgeführt.

Aber das Thema der vermeintlichen Hilfen, die K. sucht, ist durch die Begegnungen mit dem Advokaten und Titorelli keineswegs erschöpft. Scheinbar instinktiv hat K. von Anfang an, lange bevor er einen Advokaten akzeptiert hätte, nach der Hilfe der Frauen gesucht. Zwar glaubt K. in diesem frühen Stadium, den Kampf allein führen zu können; ja er ist in diesem Punkt so skrupulös, daß er für seinen ersten Gang zum Gericht nicht einmal die Straßenbahn benutzen will. Man kann sich aber fragen, ob er nicht schon am Abend nach der Verhaftung von diesem Prinzip abgewichen ist, als er den Vorfall mit Frau Grubach und Fräulein Bürstner besprach, ja eigentlich schon unmittelbar nach der Verhaftung selbst, als er sich eingestand, daß „er gerade jetzt Zuspruch nötig gehabt" hätte. In der Domszene wird ihm dann der Geistliche vorhalten: „Du suchst zuviel fremde Hilfe ... und besonders bei Frauen. Merkst du denn nicht, daß es nicht die wahre Hilfe ist?" Aber K. besteht darauf: „Die Frauen haben eine große Macht. Wenn ich einige Frauen, die ich kenne, dazu bewegen könnte, gemeinschaftlich für mich zu arbeiten, müßte ich durchdringen. Besonders bei diesem Gericht, das fast nur aus Frauenjägern besteht."

Von Frau Grubach und Fräulein Bürstner verlangt K. zunächst allerdings keine Hilfe, er will ausdrücklich nur ihr „Urteil" über die Verhaftung hören. Aber läßt sich das in Wirklichkeit unterscheiden? Gerade zu einem abschließenden Urteil über das Gericht kommt ja K. nie, sowenig er umgekehrt vom Gericht einen Urteilsspruch über sich selbst erlangen kann. Zu beidem aber scheinen die Frauen, die er kennt, tatsächlich den Weg zu weisen. Ihnen „folgt" er in einem ganz wörtlichen Sinn: der Frau des Gerichtsdieners, als sie vom Studenten zum Untersuchungsrichter getragen wird, und im Schlußkapitel dann der Erscheinung Fräulein Bürstners. Die eine führt ihn tiefer in den Gerichtsapparat, die andere auf den

Richtplatz. In beiden Szenen setzt diese Führung an einem bestimmten Punkt aus: „Die zwei waren schon verschwunden, K. aber stand noch immer in der Tür", und: „Das Fräulein war inzwischen in eine Seitengasse eingebogen, aber K. konnte sie schon entbehren und überließ sich seinen Begleitern." Dennoch waren es die Frauen, welche die Richtung angegeben haben; es ist, als ob sie den unsichtbaren Weg von der Verhaftung zum Urteil für K. jalonierten, und das nicht nur in dem unmittelbar evidenten Sinn der beiden Szenen.

Der Gedanke K.s, daß er sie „gemeinsam" zu seinen Gunsten wirken lassen könnte, ist natürlich utopisch. Das Mißtrauen Frau Grubachs gegen Fräulein Bürstner (worüber K. sich so ereifert, daß er ihr tagelang böse ist), die besorgt-resignierte Frage Lenis, ob er keine andere Geliebte habe, sprechen für sich. Diese Eifersucht entspringt offenbar dem Umstand, daß auch die Frauen auf K. eine geheime Hoffnung setzen. Dies Motiv ist im „Prozeß" noch nicht so deutlich entfaltet wie dann im „Schloß", aber es ist bereits vorhanden, so im Gespräch mit der Frau des Gerichtsdieners: ‚„Es ist ja so widerlich hier', sagte sie nach einer Pause und faßte K.s Hand. ‚Glauben Sie, daß es Ihnen gelingen wird, eine Besserung zu erreichen?'" Die erotischen Kontakte ergeben sich rasch und nach der geläufigen Auffassung widerstandslos (daher der „obszöne" Aspekt der Gerichts- wie der Schloßwelt), aber sie stehen auch unter einer tiefern Bedrohung. Die Gerichtsdienerfrau weiß das und zögert erst, bevor sie sich auf K. einläßt: „‚Sie wollen hier wohl einiges verbessern?', fragte die Frau langsam und prüfend, als sage sie etwas, was sowohl für sie als für K. gefährlich war."

Die Drohung besteht darin, daß jede Hoffnung, welche der erotische Kontakt erweckt, sogleich tiefer in die Verstrickung führt. Das will nicht besagen, daß sich eine unauflösbare Bindung an den Mitmenschen ergibt, K. wird die Gerichtsdienerfrau ja sehr rasch wieder los, sie wird einfach davongetragen und verschwindet. Dieser Entzug ist das erotische Grundphänomen der Prozeßwelt. Er bezeichnet die Unerreichbarkeit des im erotischen Kontakt eigentlich Gesuchten. Auch Fräulein Bürstner ist nach der ersten Umarmung einfach nicht mehr da, und ihr Auftreten im Schlußkapitel wiederholt lediglich dieses Schema des flüchtigen, aber an die Grenze führenden Kontakts und Entzugs. In der Leere hinter der verschwundenen Frau aber öffnet sich das Gericht, die unausweichliche Aufgabe der Rechtfertigung, und zwar nicht etwa der moralischen Rechtfertigung des eben Geschehenen, sondern der fundamentaleren Rechtfertigung des eigenen Daseins als solchen.

Dem Advokaten, zu dem Josef K. durch seinen Onkel geführt

wird, mißtraut er von vornherein; instinktiv erwartet er auch hier mehr Hilfe von einer Frau, von Leni. Im Grundsätzlichen hat auch diese dritte intime Begegnung dieselbe Struktur wie die vorausgegangenen. Höchstens, daß Leni mehr Einblick in das Wesen des Gerichtes zu haben scheint und K. Ratschläge gibt: „seien Sie nicht mehr so unnachgiebig, gegen dieses Gericht kann man sich ja nicht wehren, man muß das Geständnis machen. Machen Sie doch bei nächster Gelegenheit das Geständnis. Erst dann ist die Möglichkeit zu entschlüpfen gegeben, erst dann."

Die Aufforderung hat einen erotisch-juridischen Doppelsinn, und vor allem ist das Geständnis, wie Kafka in einem wichtigen Aphorismus sagt, nur mit Hilfe einer Lüge möglich. Was Leni als Möglichkeit des Entschlüpfens bezeichnet, bedeutet den Verzicht auf die wahre Rechtfertigung und ist identisch mit der Möglichkeit der Verschleppung und des Im-Kreise-Drehens, die Titorelli vorträgt.

Dennoch darf die Hilfe, die von den Frauen kommt, nicht ohne weiteres der Hilfe an die Seite gestellt werden, welche der Advokat und Titorelli zu bieten haben und deren Wesenszug die Vermittlung ist. Was Josef K. von den Frauen erwartet, ist offenbar ein ganz unmittelbarer Zugang zum Gericht und zu seiner Rechtfertigung, auch wenn er das nur mit dem vordergründigen Argument plausibel machen kann, das Gericht bestünde aus Frauenjägern — wozu mindestens anzumerken wäre, daß Josef K. selbst ein Frauenjäger ist. Tatsächlich scheint — ganz deutlich im „Schloß", so auch schon im „Prozeß" — eine Art Brücke zwischen Josef K. und der unzugänglichen Behörde durch das Phänomen der Frau, die sich preisgibt, geschaffen zu sein. Nur ist gleich hinzuzufügen, daß diese Preisgabe eine andere Form des Entzugs ist. Strukturell entsprechen deshalb die erotischen Kontakte des Josef K. genau seinen Beziehungen zum unsichtbaren Gericht. Wie das Gericht selbst bieten die Frauen keinen eigentlichen Widerstand; aber was K. im Grunde sucht, die „Hilfe" und letztlich die Rechtfertigung seiner Existenz, wird dadurch nicht greifbarer. Es ist aufschlußreich, unter diesem Aspekt die erste Begegnung mit Fräulein Bürstner genauer zu betrachten. Josef K. hat diese Mitbewohnerin seiner Pension früher so wenig wahrgenommen, wie er das Gericht zu sehen vermochte.

Die Begegnung selbst ist auf wenige Elemente reduziert: zuerst ein mehr oder minder konventionelles Gespräch (wenn auch mit Hintergründen: „... und gerade Gerichtssachen interessieren mich ungemein. Das Gericht hat eine eigentümliche Anziehungskraft, nicht?"), dann plötzlich ein Schrei, den K. im Eifer seiner anschaulichen Rekonstruktion der Verhaftungsszene ausstößt, dann eine lange Erörterung über den Hauptmann nebenan, der aufmerksam geworden ist, und schließlich eine wilde Umarmung. Auch hier scheint das Eigentliche unerzählt zu bleiben. Sichtbar werden nur die Hemmung, weil auch diese Szene ihren „Beobachter" hat, und unmittelbar daneben, übergangslos, die reine Gier der Umarmung: „‚Nun kommen Sie doch, bitte. Sehen Sie' — sie zeigte auf die Tür des Hauptmanns, unter der ein Lichtschein hervorkam —‚ er hat angezündet und unterhält sich über uns.' ‚Ich komme schon', sagte K., lief vor, faßte sie, küßte sie auf den Mund und dann über das ganze Gesicht, wie ein durstiges Tier mit der Zunge über das endlich gefundene Quellwasser hinjagt. Schließlich küßte er sie auf den Hals, wo die Gurgel ist, und dort ließ er die Lippen lange liegen." Ein Mißverständnis schließt das Unvereinbare aneinander: K. versteht (absichtlich oder nicht) Fräulein Bürstners Aufforderung zum „Kommen" falsch. Aber auch die Umarmung selber ist gegensätzlich strukturiert; in ihr ist die Erfahrung des unersättlichen Hinjagens und zugleich der absoluten Ruhe mit einem geradezu tödlichen Aspekt. Schon im frühern Verlauf des Besuches bei Fräulein Bürstner will K. einmal „Bewegung machen und doch nicht weggehen". Das erste Mittel dazu ist die szenische Darstellung der Verhaftung, wobei er selber die Rolle des Aufsehers spielt und „Josef K." ruft. Aber das eigentliche Ziel dieses Bedürfnisses nach ruhender Bewegung ist die Liebesszene. Auch in ihr ist eine Art von „stehendem Sturmlauf" wahrzunehmen, die charakteristische Bewegungsform dieser Werkwelt. So lakonisch, wie die Szene eingesetzt hat („Ich komme schon"), schließt sie auch wieder: „Jetzt werde ich gehen", den Vornamen Fräulein Bürstners weiß K. nicht.

Es gibt im Werk Kafkas keine Liebesszene, die wesentlich anders verliefe. Im „Schloß" finden sich wörtliche Anklänge an dies Modell, das seinerseits durch die so eindrücklich knapp erzählte Verführungsszene im „Heizer" schon vorbereitet ist. Der Vergleich mit den Szenen zwischen Frieda und K. im „Schloß" kann aufschlußreich sein. „Sie suchte etwas und er suchte etwas, wütend, Grimassen schneidend, sich mit dem Kopf einbohrend in der Brust des anderen, suchten sie, und ihre Umarmungen und ihre sich aufwerfenden Körper machten sie nicht vergessen, sondern erinnerten sie an die Pflicht, zu suchen; wie Hunde verzweifelt im Boden scharren, so scharrten sie an ihren Körpern; und hilflos, enttäuscht, um noch letztes Glück zu holen, fuhren manchmal ihre Zungen breit über des anderen Gesicht." In der ersten Vereinigung zwischen K. und Frieda wird dieses Suchen als ein Sichverirren in die absolute Fremdheit beschrieben.

Auch in der Umarmung mit Fräulein Bürstner geht die innere Richtung über das zufällige Opfer hinaus in jene Leere, in der die nicht zu leistende Rechtfertigung des eigenen Daseins und das unsichtbare Gericht stehen. Die Parallele zwischen dem Gericht und der Frau ist überaus eng; beide, Fräulein Bürstner und die Abgesandten des Gerichts am Morgen der Verhaftung üben die gleiche Faszination auf Josef K. aus. Am Beginn der Begegnung erkundigt Fräulein Bürstner sich lachend und ganz allgemein nach dem Hergang der Verhaftung: „‚Wie war es denn?' fragte sie. ‚Schrecklich', sagte K., aber er dachte jetzt gar nicht daran, sondern war ganz vom Anblick des Fräulein Bürstner ergriffen . . ." Entsprechend hatte K. sich schon in der Verhaftungsszene vergessen und deshalb die drei Beamten aus seiner Bank gar nicht erkannt: „Wie hatte er doch hingenommen sein müssen von dem Aufseher und den Wächtern, um diese drei nicht zu erkennen!" Die Faszination geht vom bloßen Anblick aus, wie wir schon bei der Analyse des Erwachens K.s feststellten, aber dabei bleibt es auch. Es tut sich nichts Konkretes „hinter" dem bloßen Dasein der Figuren auf; sie haben, um es aus dem Horizont der üblichen Erwartungen eines Romanlesers zu formulieren, keine „seelische Dimension". Aber das ist natürlich kein Mangel der Erzählkunst Kafkas, sondern beruht darauf, daß in seinem Werk nur eine einzige Frage, diese aber so fundamental wie möglich gestellt wird: die Existenzfrage, die sich thematisch im Problem der Rechtfertigung des Daseins niederschlägt.

Josef K. ist den Frauen genauso „verhaftet" wie dem Gericht und vermag von ihnen so wenig seine Rechtfertigung zu erreichen wie von diesem den Freispruch.

„Menschliche Vereinigungen beruhen darauf, daß einer durch sein starkes Dasein andere an sich unwiderlegbare Einzelne widerlegt zu haben scheint. Das ist für diese Einzelnen süß und trostreich, aber es fehlt an Wahrheit und daher immer an Dauer." Dieser Aphorismus Kafkas aus den Aufzeichnungen „Er" von 1920 bezeichnet genau den Kernpunkt. Das fremde Dasein kann wohl durch seine bloße Gegenwart faszinieren und Vergessen schenken, aber die Grundfrage bleibt ungelöst. Es ist die Frage nach der dauerhaften Rechtfertigung.

Wir sind auf den Zwang aufmerksam geworden, der die Welt der Vermittler beherrscht; er geht auf die Anweisung hinaus, den Prozeß solang wie möglich im Kreise zu drehen, um Schlimmeres zu verhüten. Daneben steht die Flüchtigkeit, der Mangel an Dauer in den erotischen Beziehungen Josef K.s, von denen er sich gerade Hilfe verspricht. Nun ist das vermutlich kein absoluter Gegensatz. Leere

Wiederholung und Mangel an Dauer sind lediglich polare Entsprechungen innerhalb einer Welt, die ohne wirklichen Bezug zu Vergangenheit und Zukunft ist und in einer eigentümlichen Zeitlosigkeit befangen bleibt.

Die Temporalstruktur der Prozeßwelt
Unter diesem Aspekt erhält es einen besondern Sinn, daß wir aus Josef K.s Vorgeschichte so gut wie nichts erfahren und daß der Roman mit einem „absoluten Anfang" einsetzt. Das kann nicht lediglich daraus erklärt werden, daß die Dauer der Romanhandlung eben streng auf ein Jahr, Josef K.s einunddreißigstes Lebensjahr, beschränkt ist. Es gibt andere Romane mit prägnant abgegrenztem Handlungszeitraum — „Der Zauberberg", „Der Mann ohne Eigenschaften" —, in deren Romangeschehen dennoch oder eben deswegen eine reiche Vergangenheit hineinragt, vermittelt durch Herkunft und Bildungserlebnis der Hauptfigur. Davon findet sich nichts im Prozeß-Roman, der die ganze Vorgeschichte in hypothetischem Dunkel beläßt.

Es ist kein persönliches Versagen des Josef K., wenn er nicht zum unsichtbaren Gericht durchzudringen vermag; ebensowenig ist es lediglich seiner Ermüdung zuzuschreiben, daß er selbst die Eingabe, die sein bisheriges Leben darstellen soll, nie zustande bringt. Die sichtbaren Gerichtsorgane und das sichtbare Leben der Hauptfigur sind im selben in sich geschlossenen Leerlauf befangen, aus dem es einen Ausweg weder in die Vergangenheit noch in eine wirkliche Zukunft gibt. Auch Josef K. gründet sein Weltverständnis von vornherein auf den gewohnten Gang der Dinge und steht damit geradezu unter einem Wiederholungszwang, der sich in seiner auf wenige feste Gewohnheiten reduzierten Lebensweise äußert. Unter diesem Gesichtspunkt ist der Leerlauf des Gerichtsapparates nur eine verfremdete Spiegelung von Josef K.s eigner Existenzweise.

Die eigentümliche temporale Verfassung, in der die ganze Prozeßwelt sich befindet, erhält ihre besonders anschauliche, geradezu modellhafte Darstellung im Kapitel „Der Prügler", das in seiner auffallendsten Einzelheit, der puren Fortsetzung des in ihm gezeigten Vorgangs, nur durch den Grundzug der Prozeßwelt, den Wiederholungszwang, zu erklären ist.

Das Prügler-Kapitel bildet die einzige Episode des Romans, in der das Gericht einen deutlich terroristischen Anblick bietet. Aber nicht K. selber ist der Strafmaßnahme ausgesetzt, sondern die beiden Wächter, die er unerlaubter Übergriffe bezichtigt hat. Allerdings ist er nun selber betroffen angesichts der Folgen, die das für die Wächter hat. Er hatte die Beschuldigung nur allgemein als Beispiel für die Mißstände beim Gericht gemeint. Die Bestrafung der Wächter muß für ihn um so peinlicher sein, als das Gericht damit gerade die Allgemeingültigkeit seiner Anklage widerlegt und ihm den universellen Angriffspunkt, den er zu haben glaubte, wieder entzieht. Deshalb ist es nur konsequent, daß er die Bestrafung zu verhindern sucht, allerdings erfolglos: indem er die Anklage gegen die Wächter ausgesprochen hat, ist sie seinem Einfluß auch schon entrückt.

Ihre wirkliche Tragweite enthüllt die Szene indes erst, als K. am folgenden Tag nochmals den zur Folterkammer gewordenen Abstellraum aufsucht und zu seinem Entsetzen feststellt, daß sich überhaupt nichts verändert hat, weil die Auspeitschung der Wächter offenbar die temporale Form eines reinen Fortsetzungsvorgangs aufweist. Das ist der einzige Moment im Verlauf des Romans, da K. seine Fassung völlig verliert, die Tür zuschmettert und von außen mit den Fäusten gegen sie schlägt, „als sei sie dann fester verschlossen".

Man ist versucht, das eigentliche Erschrecken des Josef K. auf die Folterung als solche zurückzuführen. Aber das in einem tieferen Sinn Unheimliche an der Folterszene ist ihre unaufhörliche, nie mehr abbrechende Wiederholung. Sie ist die eigentliche „Folter", der man in der Prozeßwelt ausgesetzt ist. So kann Josef K. in dieser Strafe eine unmittelbare Spiegelung seines eignen Zustandes sehen; das verrät sich in seinem merkwürdigen und, aus dem bloßen Handlungsverlauf betrachtet, höchst unvernünftigen Gedanken, es wäre fast einfacher gewesen, er „hätte sich selbst ausgezogen und dem Prügler als Ersatz für die Wächter angeboten".

Josef K. selbst ist längst im Zirkel der sinnlosen Wiederholung gefangen. Seinen thematischen Grund findet dieser allesbeherrschende Zwang in der notwendigen, aber unmöglichen Rechtfertigung. Vor diesem Paradoxon des Daseins ist das In-sich-selber-Kreisen, wie es im Prügler-Kapitel eindrücklich dargestellt ist, die einzige noch mögliche Bewegungsform. Im unvollendeten Kapitel „Kampf mit dem Direktor-Stellvertreter" wird von K. gesagt: „die unglücklichsten Erfahrungen belehrten ihn nicht; was ihm bei zehn Versuchen nicht gelungen war, glaubte er mit dem elften durchsetzen zu können, obwohl alles immer ganz einförmig zu seinen Ungunsten abgelaufen war."

Unter den Wiederholungsmotiven des Prozeß-Romans, die seine temporale Verfassung unmittelbar wiedergeben, finden sich so unscheinbare Einzelzüge wie die Art der Übersiedlung des Fräulein Montag in das Zimmer ihrer Freundin oder die Weise, in der Josef K.

im unvollendeten Kapitel „Das Haus" den Ausländer immerfort umkreist, in einer kennzeichnenden Mischung aus unersättlicher Neugier und Überdruß.

Aufschlußreich sind die Bilder, die Titorelli von den Richtern malt. In ihnen wird die eigentümliche Temporalstruktur der Prozeßwelt nochmals auf andere Weise anschaulich. Die Gerechtigkeit ist hier als Göttin der Jagd dargestellt, und der Richter selbst sitzt „nicht in Ruhe und Würde" auf dem angemaßten Thronsessel, sondern so, „als wolle er im nächsten Augenblick mit einer heftigen und vielleicht empörten Wendung aufspringen, um etwas Entscheidendes zu sagen oder gar das Urteil zu verkünden". Das letzte ist natürlich eine Täuschung, das Urteil wird nie verkündet werden. Nicht das Dargestellte, sondern das Bild selbst in seiner die höchste Bewegung vortäuschenden Unbewegtheit weist die Temporalstruktur des Gerichtes auf. Das ist noch einmal und sehr anschaulich „stehender Sturmlauf" als Grundprinzip der Prozeßwelt. Ähnliches gilt für die immer gleiche Heidelandschaft, die Titorelli malt. Nicht die Heidelandschaft ist charakteristisch für das Gericht, wohl aber der Leerlauf ihrer immerwährenden Wiederholung.

Im Dom, beim Warten auf den Italiener, fällt K. an einem Altargemälde, das er mit der Taschenlampe ableuchtet, die Gestalt eines Ritters auf: „Er schien aufmerksam einen Vorgang zu beobachten, der sich vor ihm abspielte. Es war erstaunlich, daß er so stehenblieb und sich nicht näherte." Das wäre eine ziemlich merkwürdige Feststellung, wenn sie nicht ihren Hintergrund hätte. „Erstaunlich" ist die Temporalverfassung der Prozeßwelt, in welcher sich tatsächlich, wie in den Richterbildern, stärkste Intentionalität und Stillstand unmittelbar vereinigen. Vom Ritter wird dann vermutet: „Vielleicht war er dazu bestimmt, Wache zu stehen." Es zeigt sich, daß das Gemälde als Ganzes eine Grablegung darstellt „in gewöhnlicher Auffassung, es war übrigens ein neueres Bild".

Trotz dieser beruhigenden Erklärung läßt uns die Gestalt des wachehaltenden Ritters bereits an die Türhütergeschichte denken. Ist auch sie ein „Bild", in dem die Unendlichkeit der Aufgabe und zugleich der absolute Stillstand in der Ausführung dargestellt werden? Diese Bilder geben nur wirkliche Hinweise auf das Wesen des Gerichtes, wenn man sie nicht als „Bild", nicht als Darstellung von etwas anderem nimmt. Solange man das tut, kann man sich wie K. höchstens darüber entrüsten, daß die Gerechtigkeit in höchster Bewegung dargestellt ist und ihre Aufgabe des gerechten Abwägens nicht erfüllen kann, oder man kann das „Bild" kunsthistorisch einordnen und beiseite schieben wie das Altarbild. Es wird die ungewohnte Anstrengung von uns gefordert, das Bild als das zu sehen, was es ist, nicht was es inhaltlich oder formal darstellt.

Genauso verhält es sich mit dem Türhütergleichnis selbst. Um seine Struktur, die wieder aus dem Wesen der Rechtfertigung hervorgeht, ganz zu verstehen, müßten wir uns ausführlicher mit dem Prosastück „Von den Gleichnissen" auseinandersetzen. Die Meinung dieses kurzen, aber rätselvollen Textes scheint, vorsichtig formuliert, zu sein: Lästigerweise müssen wir uns mit Gleichnissen zufriedengeben, und alle diese Gleichnisse „wollen eigentlich nur sagen, daß das Unfaßbare unfaßbar ist, und das haben wir gewußt". Wirklich „gewinnen" aber kann im Umgang mit Gleichnissen nur, wer sie nicht als Gleichnisse nimmt. Kafka spricht im „Prozeß" denn auch von einer „Geschichte", obwohl die Erzählung des Geistlichen schon dadurch als Gleichnis gekennzeichnet zu sein scheint, daß sie einer endlosen Exegese bedarf, die ihren Gehalt doch nicht zu erschöpfen vermag. Zweifellos hat der Bericht, den der Geistliche selbst über die hauptsächlichsten der bisherigen Interpretationen gibt, keinen andern Sinn, als die Unzulänglichkeit jeder Exegese darzulegen. Das „Gleichnis" selbst scheint geradezu mit der Absicht erfunden worden zu sein, es der schlüssigen Ausdeutung zu entziehen.

In Wirklichkeit ist die „Geschichte" die auch von Kafka nie übertroffene Gestaltung seines Rechtfertigungsschemas, die der Auslegung spottet, nicht weil sie „unfaßbar" ist, sondern weil sie aus einem ganz andern Horizont als dem der Ausdeutbarkeit geschöpft ist. K. selbst scheint dies einzusehen, wenn er auf eine endgültige Meinung „über" die Geschichte verzichtet. Was ihre Auswirkung auf K. ist, wird uns nicht gesagt; aber wenn wir ihm wieder begegnen, am Beginn des letzten Kapitels, ist er zum Tod bereit. Der Prozeß, der mit der Verhaftung eingesetzt hat, ist an sein Ende gelangt, in der „Geschichte" hat er die größte Tiefe erreicht. Die Geschichte selbst ist die reinste Ausbildung des „stehenden Marschierens". Sie hat die Temporalstruktur der Prozeßwelt, und zugleich ist sie das „Bild" von K.s eigner temporaler Verfassung.

Sie ist die absolute Metapher, in die sich das Romangeschehen als Ganzes aufhebt. Sie setzt wie der Roman selbst einen absoluten Anfang, und sie zeigt, daß dieser Anfang nicht überschreitbar ist. Zugleich aber trägt die Geschichte als solche die Zeichen sehr alter Herkunft, eines fast mythischen Ursprungs, der schon aus den zahlreichen Kommentaren hervorgeht, die der Geistliche zitiert. Es ist eine „jener alten, doch eigentlich einfältigen Geschichten", deren Faszinationskraft in den „Forschungen eines Hundes" beschrieben wird. Ihre Ursprünglichkeit hat unmittelbaren Zusammenhang mit der stilistischen Struktur von Kafkas Werk, die aus der Anstrengung hervorgeht, das richtige Wort zu finden; denn „das wahre Wort hätte damals noch eingreifen, den Bau bestimmen, umstimmen, nach jedem Wunsche ändern, in sein Gegenteil verkehren können und jenes Wort war da, war zumindest nahe, schwebte auf der Zungenspitze, jeder konnte es erfahren ...". Die Türhütergeschichte trägt tiefe Spuren dieser einstigen Entscheidungsgewalt des Wortes. Deshalb hat sie die Macht, den Umschwung in K. zu provozieren. In ihr wird Vergangenheit aufgerissen, das Schicksal eines Menschen vor dem Gesetz geschichtlich begriffen und das bloße Immerschongewesensein des Gerichtes ebenso durchbrochen wie die Jagd K.s nach dem Freispruch.

Unter diesem Aspekt muß eine genauere Analyse von K.s eigenen Bemühungen, seine Vergangenheit zu begreifen, besonders aufschlußreich sein. Ein solcher Versuch wird geschildert in dem unvollendeten Kapitel „Das Haus", wenn hier auch zunächst nur der Ursprung des Prozesses aufgedeckt werden soll. Das Haus, nach dem K. sucht, ist nämlich der Sitz des Amtes, „von welchem aus die erste Anzeige in seiner Sache erfolgt war". Titorelli versichert sogleich, „gerade dieses Amt habe nicht die geringste Bedeutung". Im weitern Verlauf entwickelt dann K. den wichtigen Plan, selber unter die Leute in der Umgebung des Gerichtes einzurücken, in ihre Reihen zu schlüpfen; hatten sie ihm „nicht helfen können, so konnten sie ihn doch aufnehmen und verstecken". Damit ist der Weg bereits angedeutet, den Josef K. im Schloß-Roman nehmen wird; denn dort entspricht der „Verhaftung" des Prozeß-Romans ja die „Aufnahme" in die Dorfgemeinschaft. Im Prozeß-Roman spielt diese Möglichkeit nach dem Abbruch der Advokat-Titorelli-Handlung keine Rolle mehr, aber sie wirft ein weiteres Licht auf den Charakter und die innere Tendenz der „Verhaftung": die Aufnahme in die Gerichtswelt und schließlich die Identifizierung mit dem Prozeß. Aus dem Horizont dieser Welt selbst nach dem „Anfang" zu suchen ist sinnlos; darin hat Titorelli gewiß recht. Ihrer Temporalstruktur nach ist ihr der Begriff Anfang und Ursprung wesentlich fremd. Es ist kein Zufall, daß beim Gericht selbst, wie der Advokat erläutert, Meinungsverschiedenheiten darüber bestehen, ob ein Prozeß überhaupt schon begonnen habe oder nicht.

Einen aussichtsreicheren Versuch, in die Dimension der Vergangenheit zu gelangen, scheint K. im ebenfalls unvollendeten Kapitel „Fahrt zur Mutter" unternehmen zu wollen. Aber dieses Kapitel bricht ab, bevor seine Thematik nur einigermaßen entfaltet ist. Die Vermutung drängt sich auf, daß die Schwierigkeiten, auf die Kafka bei der Niederschrift dieses Kapitels gestoßen ist, engen Zusammenhang mit der Temporalstruktur der Prozeßwelt überhaupt haben, die einen Rückgriff ins Vergangene tatsächlich zu einem fast unmöglichen Abenteuer machen. Das stehende Motiv jenes „Vergessens", das K. befällt, weist bereits darauf hin. Damit ist natürlich nicht gesagt, daß Kafkas Werk „geschichtslos" konzipiert ist, sondern nur, daß Kafka die Problematik der menschlichen Geschichtlichkeit tiefer eingesehen hat. Im Tagebuch sagt er darüber: „ein wie unbegreifliches Genie wird hier verlangt, das neu seine Wurzeln in die alten Jahrhunderte treibt oder die alten Jahrhunderte neu erschafft und mit all dem sich nicht ausgibt, sondern jetzt erst sich auszugeben beginnt." Was hier über die Jahrhunderte gesagt wird, gilt auf K. bezogen offenbar schon für den kleinsten Schritt in die Vergangenheit.

Immerhin ist aus dem unvollendeten Mutterkapitel doch einiges deutlich geworden, vor allem daß K. seiner Mutter versprochen hat, sie immer an seinem Geburtstag zu besuchen, und daß er dies Versprechen jetzt schon zweimal (zum zweitenmal am Tag seiner Verhaftung) nicht gehalten hat. Obwohl Kafka selbst mit keinem Wort darauf hinweist, läge die Kombination nahe, hier einen sehr konkreten Anhaltspunkt für K.s „Schuld" zu sehen. Auch die neugierige alte Frau gegenüber, die K. beim Erwachen wahrnimmt, rückte dann in ein neues Licht, und dasselbe gilt für die beiläufige Äußerung K.s zu Frau Grubach am Abend, daß man über die Verhaftung „nur mit einer alten Frau" sprechen könne. K.s Mutter erblindet langsam, das Augenübel ist seit seinem letzten Besuch weiter fortgeschritten. Die Welt der Vergangenheit, welche die Mutter repräsentiert (vom Vater ist nicht die Rede), versinkt in der Dunkelheit.

Nun wissen wir aber aus der Türhütergeschichte, daß gerade in dieser Dunkelheit die eigentliche Erleuchtung aufgehen kann. Doch K. sucht die Rechtfertigung seines Daseins — wie der Mann vom Land die Rechtfertigung zum Eintritt in das Gesetz — an der falschen Stelle.

Wie sehr K.s „Schuld" tatsächlich im Verfehlen der angemessenen Rechtfertigung liegt, geht aus dem umfassenden Versuch hervor, seine Vergangenheit zu heben, nämlich dem Plan einer „Eingabe", deren Schwierigkeit K. zunächst unterschätzt und der er dann nicht gewachsen ist. Diese Eingabe, die K. ganz ohne Hilfe eines Advokaten ausarbeiten will, soll nichts anderes enthalten als seine kurzgefaßte Lebensgeschichte. „Er wollte ... bei jedem irgendwie wichtigeren Ereignis erklären, aus welchen Gründen er so gehandelt hatte, ob diese Handlungsweise nach seinem gegenwärtigen Urteil zu verwerfen oder zu billigen war und welche Gründe er für dieses oder jedes anführen konnte." Das ist also die restlose „Rechtfertigung" der gesamten Vergangenheit, aber als solche eben immer noch eine „nachträgliche" Rechtfertigung. Bald muß K. einsehen, daß „die Schwierigkeit der Abfassung der Eingabe ... überwältigend" ist. Nur mit „einem Gefühl der Scham" kann er überhaupt an die Eingabe denken, und wenn er diese Scham dann auch überwindet, so fällt uns doch gleich der Schlußsatz des Romans ein: „... es war, als sollte die Scham ihn überleben." Tatsächlich vermag er seine Vergangenheit nicht zu bewältigen, seine Eingabe nicht fertigzustellen, mindestens hören wir nichts mehr von ihr. Aber die groteske Szene, in der er sie sozusagen probeweise einreicht, sagt genug. Der Direktor-Stellvertreter und der Fabrikant besprechen in der Bank, buchstäblich über K.s Kopf hinweg, ein Geschäft, dem K. nicht mehr gewachsen ist. Es kommt ihm vor, als werde über ihn selbst verhandelt. „Langsam suchte er mit vorsichtig aufwärts gedrehten Augen zu erfahren, was sich oben ereignete, nahm vom Schreibtisch, ohne hinzusehen, eines der Papiere, legte es auf die flache Hand und hob es allmählich, während er selbst aufstand, zu den Herren hinauf. Er dachte hierbei an nichts Bestimmtes, sondern handelte nur in dem Gefühl, daß er sich so verhalten müßte, wenn er einmal die große Eingabe fertiggestellt hätte, die ihn gänzlich entlasten sollte. Der Direktor-Stellvertreter, der sich an dem Gespräch mit aller Aufmerksamkeit beteiligte, sah nur flüchtig auf das Papier, überlas gar nicht, was dort stand, denn was dem Prokuristen wichtig war, war ihm unwichtig, nahm es aus K.s Hand, sagte: ‚Danke, ich weiß schon alles' und legte es ruhig wieder auf den Tisch zurück." Womit indirekt angedeutet ist, daß das Gericht selbst sich für die Eingabe, so wie K. sie versteht, überhaupt nicht interessiert. Es „weiß schon alles", weil die geplante Eingabe K.s, auch wenn sie zustande käme, nur eine nachträgliche Rechtfertigung enthielte, nicht jene fundamentale, aber unzugängliche Rechtfertigung, die seinem Dasein zugrunde liegen muß.

Damit wird nochmals die temporale Verfassung des Gerichtes verdeutlicht. Es war immer schon da und hat alles registriert, wie später im „Schloß" die Behörden alles aufnehmen und speichern. Es liegt darin die letzte Konsequenz der „Beobachtung", welche die Prozeßwelt erfüllt. Aber dies Beobachten und Registrieren ergibt noch keine Geschichte, weil es kein wirkliches Geschehen zum Gegenstand hat. Es stellen sich nur die chaotischen Aktenstapel ein, die im „Prozeß" angedeutet und im „Schloß" dann eigens vorgeführt werden. Um so verbissener wartet die Prozeßwelt auf ein wirkliches Geschehen, um so größer ist ihre Neugier und Hoffnung gegenüber einem neuen „Angeklagten".

K. darf schließlich Hilfe weder von den Frauen noch von seiner „Eingabe" erwarten, die ja lediglich auf Selbstbeobachtung und nachträglicher Rechtfertigung aufgebaut sein sollte. Auch mit dieser Maßnahme also verstrickt sich K. nur tiefer in den „stehenden Sturmlauf", in den Zirkel von Frauenjagd, Beobachtetsein, auswegloser Wiederholung und Unmöglichkeit der Rechtfertigung, dessen höchste Weisheit die der Verschleppung und des Im-Kreise-Drehens ist.

Was ihn aus diesem Hexenkreis erlösen kann, ist allein die Einsicht in seine Struktur, wie sie ihm durch die Türhütergeschichte vermittelt wird.

Erst wenn uns die Aporie der Rechtfertigung durch Rückgriff ins Vergangene — das heißt durch den Versuch, die Ganzheit des Daseins in seinem historischen Ablauf zu erfassen — klargeworden ist, können wir die Türhütergeschichte voll erschließen.

Ihre Bedeutung liegt darin, daß hier — trotz des rätselhaften Aspektes, den sie für den räsonierenden Verstand hat — erstmals ein Dasein als Ganzes aus der Perspektive der Sammlung vor dem Tod und der zusammengefaßten Lebenserfahrung gesehen wird, wie sie in der letzten Frage des Mannes vom Lande zutagetritt. Deshalb kann die „Geschichte" ohne weiteres die „Eingabe" K.s ersetzen, ja sie überbietet sie. Nicht weil sie etwas Neues bringt — auch von ihr ließe sich sagen, daß wir das alles im Prinzip schon wußten —, aber weil sie in einer aufs äußerste verkürzten Metapher das Wesen der Prozeßwelt zusammenfaßt. Die Erfahrung des Mannes vom Lande kann nur in diesem einen Augenblick vor dem Tode gemacht werden. Nur als letzte Frage gewinnt die Frage nach der Bestimmung des Eingangs ihren Sinn; denn nur so wird sichtbar, daß sie die Verfassung des Daseins als Ganzes betrifft und sie dem Rückschlag aus der Antwort des Türhüters in dieser Ganzheit preisgibt.

Hier ist dieses Dasein endlich gerechtfertigt, wenn auch in einer ganz andern als der von K. angestrebten Weise. Es ist gerechtfertigt durch die fundamentale Einsicht in seine eigene Verfassung, gegen die K. solange gekämpft hat. Die hier gewonnene Erkenntnis ist von nichts abzuleiten (deshalb auch nicht „auslegbar"); denn sie bildet die Prozeßwelt nicht nur ab, sondern verkörpert sie selbst in ihrem stehenden Ansturm gegen die Schwelle zum Unsichtbaren und Unsehbaren. Hat der Mann vom Land sich täuschen lassen?

Ist der Betrug zur Weltordnung erhoben? Erst wenn diese Fragen schweigen und K. selber einsieht, daß sein eigener Kampf stehender Sturmlauf vor einem für ihn bestimmten, aber von ihm nicht durchschreitbaren Eingang war, ist das Gleichnis nicht mehr als Gleichnis genommen und entfaltet es seine Wirksamkeit.

Diese scheint freilich tödlicher Art zu sein. Doch hat das nichts Negatives an sich. „Ein erstes Zeichen beginnender Erkenntnis ist der Wunsch zu sterben." Diese Bemerkung ist zu verstehen aus Kafkas Reflexion über den Sündenfall, durch den ja Erkenntnisvermögen und Tod ein für allemal miteinander verbunden wurden. Ob man in dem Umstand, daß Josef K. bei der Verhaftung einen Apfel ißt, eine bewußte mythologische Anspielung sehen will oder nicht, fest steht, daß seine „Erkenntnis" der Prozeßwelt nur tödliche Folgen haben kann. Aber in der entscheidenden Dimension der grundlegenden, nicht bloß nachträglichen Rechtfertigung stimmen Leben und Tod, wie wir gesehen haben, überein. Der Tod erscheint hier nicht als Strafe für ein ungerechtfertigtes Leben, sondern als seine innere Bestimmung und Rechtfertigung.

Daß K. schließlich die Kraft zu einem wirklich eigenen Tod nicht hat, beeinträchtigt diesen Zusammenhang und die Tiefe der Erkenntnis nicht. In den Aphorismen über den Sündenfall heißt es: „Niemand kann sich mit der Erkenntnis allein begnügen, sondern muß sich bestreben, ihr gemäß zu handeln. Dazu aber ist ihm die Kraft nicht mitgegeben, er muß daher sich zerstören, selbst auf die Gefahr hin, sogar dadurch die notwendige Kraft nicht zu erhalten, aber es bleibt ihm nichts anderes übrig, als dieser letzte Versuch." Der letzte Versuch K.s wird im Schlußkapitel vorgeführt. Vor diesem Versuch aber fürchtet er sich, wie es weiter in derselben Notiz heißt, und um ihm zu entgehen, probiert er „die Tatsache der Erkenntnis zu fälschen, die Erkenntnis erst zum Ziel zu machen".

Genauso hat auch K. gehandelt, hat an die „Peripherie" der Prozeßwelt vorzudringen versucht, um sie in den Griff zu bekommen und seinen Freispruch zu erzwingen. Jeder Kampf muß sich auf diese Weise sein Ziel vorauswerfen. Aber mit der Türhütergeschichte ist K. die Möglichkeit endgültig abgeschnitten, die Erkenntnis als Ziel vorzustellen und sich ihr zu nähern, indem er „mit zwanzig Händen in die Welt" hineinfährt und kämpft. „Siehst du denn nicht zwei Schritte weit?" schreit der Geistliche, als K. ihm von der Unfaßbarkeit des Gerichtes und der Hilfe der Frauen spricht. Tatsächlich liegt die Erkenntnis zu seinen Füßen und nicht dort, wo K. sie immer aus geheimer Furcht vor ihr hinprojiziert hat und von wo sie ihm notwendigerweise ein labyrinthisches Antlitz zeigen mußte.

Den Prozeß kann K. nur zu Ende führen, indem er ihn dem Gericht aus der Hand nimmt oder, noch pointierter formuliert, indem er auf die Fiktion verzichtet, das Gericht habe ihn je in der Hand gehabt. Aus der Gerichtswelt heraus ist weder der Ursprung zu erfahren noch eine Ende des Prozesses zu gewinnen. Wenn K. in seiner letzten, den Tod besiegelnden Reflexion sich entschließt, dem Prozeßstand entsprechend zu handeln, so kommen die Begriffe von Anfang und Ende des Prozesses nicht aus der zeitlosen Gerichtswelt, sondern aus der tiefern Einsicht in die Geschichtlichkeit des Daseins, die K. aus der Türhütergeschichte entgegengetreten ist. Geschichtlich wird das Dasein, indem es seine Lage erkennt, die Bedingung der Möglichkeit dieser Erkenntnis ist seine Endlichkeit und der Tod.

Die im Bereich der Romanliteratur fast einzigartige Dichte von Kafkas Erzählen bringt es mit sich, daß jeder Nebensatz unvermutet ganz neue Perspektiven eröffnen kann, wenn er aus bestimmten Zusammenhängen gesehen wird. Wir haben lediglich jene Motive und Stellen herausgehoben, die von besondrer struktureller Bedeutung für den Romanaufbau und die Prozeßwelt im ganzen sind.

Das Gesamtwerk Kafkas konnten wir hier nur heranziehen, soweit es ganz unmittelbare und aufschlußreiche Parallelen betraf. Über das besonders wichtige Verhältnis zum „Schloß" sei nur noch angemerkt, daß dieser letzte Romantorso Kafkas, wenn möglich, noch radikaler nach einem absoluten Anfang strebt und manche Motive, die im Prozeß angelegt sind, reicher und deutlicher ausarbeitet, so daß von da ein Licht auf den „Prozeß" zurückfällt. Auch ist die Handlung im „Schloß" nicht nur kapitelweise, sondern als Ganzes dem Gesetz der Lückenlosigkeit unterworfen und der Aufbau deshalb geschlossener. Schon die Äußerlichkeit, daß die Handlung im „Prozeß" ein Jahr, im umfangreicheren „Schloß" nur eine Woche dauert, weist darauf hin. Dem steht aber gegenüber, daß das „Schloß" im Gegensatz zum „Prozeß", der nicht nur auf einen absoluten Anfang, sondern auch auf ein absolutes Ende hin angelegt ist, aus innern Gründen an kein Ende kommen kann. Der Roman löst sich in drei Endvarianten auf und bricht ab. Im „Prozeß" dagegen ist das Fragmentarische ins Romaninnere verlegt, und das macht diesen Roman in struktureller Hinsicht so aufschlußreich. Es gibt im „Schloß" auch keinen so kühnen Versuch, die Romanhandlung über sich selbst hinauszuheben und zu potenzieren, wie er mit der Türhütergeschichte im „Prozeß" gelingt.

Es bleibt die Aufgabe einer historischen Einordnung. Aus den gelegentlichen Bemerkungen darüber mußte schon, negativ und positiv, die eigentliche Unvergleichbarkeit von Kafkas Romanunternehmen hervorgehen. Es ist tatsächlich aus der historischen Kontinuität des Romans nicht zu begründen und enthält sogar ein ausgesprochen romanfeindliches Element, durch das es in den komplexen Bereich des modernen Antiromans[4] gerät, der sich seinerseits allerdings eines Tages als die konsequente „Weiterentwicklung" der konventionellen Romanform erweisen mag. Daß Kafka seine eignen Versuche als fehlgeschlagen betrachtete, ändert an ihrer historischen Bedeutung nichts.

Gewiß lassen sich unmittelbare Einflüsse auf Kafka nachweisen. Die naturalistische Komponente wurde erwähnt. Unter den eigentlichen Zeitgenossen ist vor allem Robert Walser für Kafka wichtig geworden. (Darauf hat schon Musil unmittelbar nach Erscheinen der „Betrachtung" und des „Heizer" aufmerksam gemacht.) Wenn sich einige Spuren auch bis in den „Prozeß" hinein verfolgen lassen, so ist doch zu sagen, daß die mit dem „Urteil" von 1912 durchbrechende Rechtfertigungsthematik alles Spaziergängerische und leicht Verkauzte Walsers für Kafka fernerhin ausschließt.

Wichtiger ist für Kafkas Erzählen das Vorbild von Goethe, Kleist und Hebel geworden, von denen jeder mit gewissen Zügen in Kafkas Stil aufgenommen ist. Aber hinter dem klassischen Zug von Kafkas Erzählstil verbirgt sich ein um so grundsätzlicherer Positionswechsel, der nicht nur etwa inhaltliche Folgen hat, sondern, wie wir zu zeigen suchten, das Werk Kafkas in Struktur und Stil völlig beherrscht.

Gerade durch den Versuch einer radikalen Neubegründung der Romanform rückt Kafkas Werk immer deutlicher in den großen Zusammenhang, der durch den Umschwung auf allen künstlerischen Gebieten am Beginn des 20. Jahrhunderts gegeben ist. Eine Äußerung Kafkas über den zwei Jahre älteren Picasso könnte hier als Fingerzeig dienen: „Er notiert bloß die Verunstaltungen, die noch nicht in unser Bewußtsein eingedrungen sind." Obwohl uns die methodischen Mittel kaum schon zur Verfügung stehen, um solche Parallelen zu verfolgen, und die Kategorie der Beeinflussung hier natürlich versagt, ist deutlich, daß die Prozeßwelt-Struktur, die wir beschrieben haben, ihre tiefen Verbindungen mit der gesamten Kunst- und Geistesgeschichte des Zeitalters hat.

Die Faszination, die von Kafkas Romanen ausgeht, wird zwar heute noch meist auf die Tatsache zurückgeführt, daß in ihnen rein inhaltlich Neuland erschlossen wurde, daß das Schicksal und die Ängste des modernen Menschen in ihnen vorausgenommen sind.

Die so verstandene Aktualität Kafkas hat ihre literarhistorischen Auswirkungen gehabt, aber eine wirkliche Auseinandersetzung mit seinen künstlerischen Errungenschaften wird tiefer gehen und sich auf die Strukturprobleme richten müssen, die ein Roman wie der „Prozeß" stellt. Diese Fragen haben wenig oder nichts zu tun mit den überreichen Montagemitteln, die dem Roman heute zur Verfügung stehen und die oft als das eigentliche Kennzeichen des modernen Romans angesehen werden. Sie werden vielmehr dort fruchtbar, wo der Roman sich auf einen strengen und sparsamen Gebrauch seiner formal fast unbeschränkten Freiheit zurückzieht. Das ist heute am ehesten im „Nouveau roman" Frankreichs der Fall, der denn auch starke Anstöße von Kafka empfangen hat. Es bestätigt sich damit nur, daß Kafka eine der unerbittlichsten „Expeditionen nach der Wahrheit" — so umschrieb er gesprächsweise das Wesen der Dichtung — unternommen hat, welche die Geschichte des Romans kennt.

Diese Wahrheit ist so radikal aufgefaßt, daß sie von den geläufigen metaphysischen Wahrheitsbegriffen her gar nicht mehr erkannt werden kann. Auf sie selbst läßt sich das geheimnisvolle letzte Wort des Geistlichen über die Türhütergeschichte anwenden: „Man muß nicht alles für wahr halten, man muß es nur für notwendig halten." Es ist geboten, sich an Hegels Satz zu erinnern, daß das Vernünftige das Wirkliche und das Wirkliche das Vernünftige sei, damit die Tragweite der Verschiebung erkennbar wird. Im Werke Kafkas geht es nicht mehr um eine idealistische Synthese von Wahrheit und Wirklichkeit. Es wird auch nicht „die Lüge zur Weltordnung" gemacht, sondern was auf dem Gipfel der Metaphysik „Wahrheit" hieß und zugänglich war, wird bei Kafka auf eine abgründige Notwendigkeit zurückgeführt, der das menschliche Dasein unterworfen ist, weil sie in seiner Endlichkeit gründet.

ALBRECHT SCHÖNE

## Döblin · Berlin Alexanderplatz

Als am 10. 5. 1933 mit der Bücherverbrennung der Nationalsozialisten jene Exekution vollzogen wurde, durch die die Werke der dem Regime unerwünschten Autoren aus dem Bestand unserer Literatur getilgt und ihre Einwirkungen auf die Fortentwicklung der deutschen Poesie ausgeschlossen werden sollten, da gingen auch die Bücher Alfred Döblins, des 1878 in Stettin geborenen Sohns eines jüdischen Schneiders, des in Berlin aufgewachsenen und dort als Kassenarzt praktizierenden Sozialisten, in Flammen auf: „Die Ermordung einer Butterblume" (1913), „Die drei Sprünge des Wang-lun" (1915), „Wallenstein" (1920), „Berge, Meere und Giganten" (1924), „Manas" (1927). Da verbrannte vor allem das Buch, das unter seinen Werken am würdigsten schien, dem Scheiterhaufen überantwortet zu werden, ein Musterstück entarteter Kunst und wurzelloser Asphaltliteratur[1], das 1929 erschienen war und inzwischen, Döblins erster großer Bucherfolg, in 45 000 Exemplaren den Namen seines Autors verbreitet hatte, der Roman „Berlin Alexanderplatz".

1924 hatte Döblin erklärt: „Es gehört eine gewisse innere Verdunkelung (sagt einer Verblödung) dazu, Kunstwerke in die Welt zu setzen. Nur so ist es verständlich, daß Deutschland schon 1890 ein stark industrialisiertes Land war, die Künstler aber, Maler und Literaten, noch immer bei Sonnenaufgängen und Gänsehirten verweilten." Als er 1945, aus der Emigration zurückgekehrt, noch einmal den Bestand der deutschen Literatur im Jahr der Bücherverbrennung musterte, ordnete er die Autoren in eine „feudalistische", eine „humanistisch-bürgerliche" und eine „progressive Gruppe", der er selber sich zurechnete. Sie „ist eine große Gruppe", schrieb er, „welche rabiat entschlossen ist, ihre eigene Sprache zu reden und zu eigenen Formen zu gelangen. Sie versucht. Sie experimentiert. Es kommt ihr nicht darauf an, Fertiges und Gebilligtes hinzustellen, denn das Heute ist nicht fertig. Sie will traditionslos echt, und zwar ich- und zeitgerecht sein. Sie meidet alle vorbereiteten Themen, aber wenn sie welche anfaßt, nähert sie sich ihnen mit rigoros moderner Fragestellung. Sie vermeidet oder persifliert den

Schreibstil. Sie imitiert in keinem Fall. Geistige Revolution steckt ihr im Leib ... So ist die progressive Gruppe stadt-, ja großstadtgeboren. Sie ist der Technik und Industrie verbunden und leidenschaftlich an sozialen Fragen interessiert." — Wirklich hatte ja schon Döblins große Utopie der „Berge, Meere und Giganten" in ihren Schreckensvisionen die Industrialisierung und Technisierung und ihre Todesentelechie dargestellt, hatte er im Konzept für diesen Roman notiert: „Die große Stadt. Aufbau ihrer Industrie und Technik. Sie ist gewaltig. Gewaltiger als die Natur. Zuerst kamen die Könige. Gesang von den Rittern. Die Geschichte dieser Erde. Die Kriege. Die Wissenschaften. Dann kamen die Arbeiter. Die Große Stadt. Berlin. Was in ihnen lebt. Der Kampf der Natur mit der Technik. Die erotischen Typen. Wie zum Schluß ein Vulkan sich öffnet." So wurde schon im Dritten und Vierten Buch der Utopie ein visionär überformtes und verschlüsseltes Bild der Stadt entworfen, die dann in „Berlin Alexanderplatz" erscheint. Und dieser Großstadt-, dieser Weltstadtroman vollends, dieses deutsche Gegenstück zu den großen Erzählexperimenten der James Joyce, Dos Passos, Jules Romains läßt jene „Verdunklung", die bei den provinziellen „Sonnenaufgängen" verweilte, entschlossen hinter sich. Es trägt den Untertitel „Die Geschichte vom Franz Biberkopf", und sein Held ist durchaus kein „Gänsehirt" mehr, sondern ein Mörder und Einbrecher, Hehler und Zuhälter aus der Berliner Unterwelt, ein früherer Möbeltransportarbeiter, der wegen Körperverletzung mit tödlichem Ausgang vier Jahre lang in Tegel gesessen hat.

Seine „Geschichte", die man hier wenigstens stichwortweise wird rekapitulieren müssen, um die Orientierung für weitergehende Beobachtungen zu sichern, setzt ein, als Biberkopf das Gefängnis verläßt, zurückkehrt nach Berlin und wieder Fuß zu fassen sucht in der großen Stadt. Jetzt erst beginnt eigentlich seine Strafe: der Freigelassene, Ausgesetzte irrt durch den wilden Lärm und Trubel der Straßen, von der Furcht gepeinigt, daß die Dächer abrutschen könnten von den „irrsinnigen Häusern", von einer Entlassungspsychose heimgesucht, die ihm die Wahrnehmungswelt ins schreckensvoll Groteske entfremdet. An das Geborgenheit und Verläßlichkeit gebende Reglement der Gefängnishaft gewöhnt, nach ihm zurückverlangend, verkriecht er sich in die Gänge dunkler Straßen, die Zellen enger Hausflure und brüllt in einem finsteren Hof: „Es braust ein Ruf wie Donnerhall", um sich selber Mut zuzusingen. Juden nehmen sich des Haftentlassenen an und richten ihn auf. Zu der verheirateten Schwester jenes Mädchens Ida, das er umgebracht hatte in seiner wütenden Eifersucht, geht Biberkopf — mit der gleichen Absicht, derentwegen er zuvor mit einem Straßenmädchen sich einläßt. Jetzt gewinnt er in der Bestätigung männlicher Potenz triumphierend sein primitives Selbstvertrauen zurück und schwört sich, „anständig zu bleiben in Berlin, mit Geld und ohne". Wie er als ambulanter Gewerbetreibender sich durchbringt, wird dann im Zweiten Buch erzählt. Schlipshalter schreit er aus am Rosenthaler Platz. Später beginnt er, völkische Zeitungen zu vertreiben, gerät in die Politik, so wie sie in den Kneipen des Berliner Ostens gemacht wird, zwischen Faschisten, Kommunisten, Anarchisten und in entsprechende Schlägereien. Das Dritte Buch dann berichtet, wie er zusammen mit dem kleinen Lüders an den Haustüren Schnürsenkel verkauft. Von einer jungen Witwe hat Biberkopf dabei 20 Mark bekommen (hat bei ihr „Kaffee getrunken, sie mit. Und dann noch 'n bißchen mehr"), und Lüders, vor dem er mit dieser Geschichte prahlte, benutzt sie, um die Frau zu erpressen. Er holt sich das Schnürsenkelpaket, das Biberkopf bei ihr hatte liegenlassen, nimmt ihr Geld, rafft zusammen, was er an Brauchbarem sonst noch erwischen kann, und macht sich davon. Als der ahnungslose Biberkopf mit einem Blumenstrauß bei seiner Gönnerin erscheint, läßt sie ihn nicht herein. Als er schriftlich die Rückgabe seines Schnürsenkelpaketes erbittet, klärt ein Brief von ihr ihn auf. Der Schlag trifft ihn schwer. Der Gutwillige, der auf die Anständigkeit baute, begegnet der Gemeinheit, der menschlichen Boshaftigkeit. Er zieht sich zurück, verläßt sein Zimmer und wechselt den Standort, er rührt — das wird im Vierten Buch erzählt — keinen Finger mehr, liegt auf seiner neuen Bude herum und versäuft, was er hat, bis er sich langsam wieder fängt. Noch einmal, wie im Wiederholungszwang, geht er den Weg, den er ging, als er aus Tegel kam, zu Idas Schwester. Diesmal setzt ihr Mann ihn auf die Straße.

Aber das Fünfte Buch berichtet von rascher Erholung des Angeschlagenen, der jetzt in einer Kneipe dem Obsthändler Pums und seinen „Angestellten" begegnet und in ihrem Kreis auf Reinhold trifft, seinen eigentlichen Gegenspieler. Was die beiden zusammenbringt, nennt die Kapitelüberschrift einen „schwunghaften Mädchenhandel". Reinhold nämlich pflegt seiner jeweiligen Freundin nach jeweils vierwöchiger Bekanntschaft überdrüssig zu werden und für eine neue sich zu begeistern, ohne daß er doch imstande wäre, die alte fortzuschicken. Dafür nun springt Biberkopf ein. Er nimmt sie ihm ab, um sie an einen Dritten weiterzugeben, sobald er die nächste Freundin von Reinhold übernehmen muß. Eines Tages ist ihm dieser Kettenhandel leid. Aber dem Reinhold will er zu geordneten Verhältnissen helfen, deshalb nimmt er ihm das nächste Mädchen nicht mehr ab, sondern weiht es ein in die Praxis dieses Mädchenhandels und redet ihm zu, bei Reinhold auszuhalten. Auch die Neue, auf die der gerade sein Auge geworfen hat, wird durch Biberkopf aufgeklärt und veranlaßt, dem Bewerber Widerstand zu leisten. Pums und seine Angestellten versuchen inzwischen, den Zeitungshändler anzuwerben für ihre undurchsichtigen Geschäfte, und am Ende verspricht Biberkopf, sich die Sache zu überlegen. Halb gegen seinen Willen noch, unter dem Vorwand, er müsse einspringen für einen anderen, nehmen die Obsthändler ihn mit auf ihre nächtliche Geschäftsreise, die als handfeste Einbruchstour sich entpuppt. Sie zwingen ihn, „Schmiere zu stehen". Aber als sie dann auf ihrem Wagen mit dem Einbruchsgut das Weite suchen und ein Auto in rasender Fahrt sie verfolgt, sieht Reinhold, wie der geprellte Biberkopf mit lachendem Gesicht neben ihm sitzt. „Und plötzlich blitzt es durch Reinhold, woran er die ganze Fahrt nicht gedacht hatte: das ist der Biberkopf, der ihn hat sitzenlassen, der ihm die Weiber abtreibt, das ist ja bewiesen, dieses freche, dicke Schwein". Reinhold stößt die Tür auf, aus dem fahrenden Wagen wirft man Biberkopf, das verfolgende Auto rast über ihn hinweg.

Sein alter Freund, der Zuhälter Herbert Wischow, und dessen Freundin Eva bringen, das wird im Sechsten Buch erzählt, den Schwerverletzten in eine Magdeburger Klinik, wo ihm der rechte Arm im Schulterknochen abgenommen wird. Einen Verkehrsunfall gibt man vor. Auch die Freunde erfahren nicht, wer es gewesen war, der ihn aus dem Wagen stieß. Biberkopf klammert sich ans Leben; den Ausgeheilten nehmen Herbert und Eva in ihrer Berliner Wohnung auf — „So ist zum drittenmal Franz Biberkopf nach Berlin gekommen. Das erstemal wollten die Dächer abrutschen, die Juden kamen, er wurde gerettet. Das zweitemal betrog ihn Lüders, er soff sich durch. Jetzt, das drittemal, der Arm ist ihm ab, aber er wagt sich kühn in die Stadt." Anständig zu sein, das freilich hat er aufgegeben nach diesen Erlebnissen. Schwindel und Betrug, so meint er, regieren die Welt — er gleicht sich an. Mit Diebstahls- und Einbruchsgut betreibt er jetzt sein Geschäft; dann zieht ein Straßenmädchen zu ihm, Emilie Parsunke aus Bernau, „sein Miezeken". Und unwiderstehlich angezogen von Reinhold, seinem Widerpart, sucht der Hehler und Zuhälter Biberkopf wieder die Verbindung mit den Pums-Leuten. Allmählich überwindet er ihren Verdacht, daß er Eingang in die Bande nur suche, um sie anzuzeigen oder einfach dazwischenzuschießen und sich zu rächen; man nimmt ihn auf.

Als im Siebenten Buch die Kolonne zu neuen Einbrüchen startet, ist Biberkopf dabei. Reinhold aber denkt: „Der setzt sich uff die Hinterbeene. Dem muß man die Knochen knacken. Der eene Arm genügt noch nicht bei dem. Und sie fangen von Weibern an und Franz erzählt von Mieze, die hieß früher Sonja, die verdient gut und ist ein braves Mädel. Da denkt Reinhold: Das ist schön, die nehme ick ihm weg und dann schmeiß ick ihn ganz und gar in den Dreck." Biberkopf selbst stellt die Verbindung her zwischen Reinhold und dem Mädchen. Mieze, die auf Evas Zureden ihren Franz überwachen und beschützen will, nachdem er sich der Pums-Kolonne wieder angeschlossen hat, läßt sich auf gemeinsame Ausflüge mit Reinhold ein, um dabei auszukundschaften, was damals geschah, als Biberkopf seinen Arm verlor, und was er jetzt vorhat. Sie merkt, daß sie doch nichts von ihm erfahren kann, was ihrem Freunde nützlich wäre, leistet ihm, als er sie nehmen will auf einem Waldspaziergang in Freienwalde, verzweifelten Widerstand, und Reinhold erwürgt sie, verscharrt sie mit Hilfe eines Dritten in einer Waldkuhle.

Biberkopf, das wird im Achten Buch erzählt, glaubt zunächst, seine Mieze sei mit ihrem „Gönner" verreist, fürchtet dann, sie habe ihn verlassen. Am Ende gibt es Streit in der Pums-Bande. Der Mitwisser führt die Polizei zur Mordstelle. Aus der Zeitung erfährt Biberkopf, was in Wahrheit geschehen ist: „Mord an einer Prostituierten bei Freienwalde", daneben Biberkopfs und Reinholds Photographie, beide werden verdächtigt und gesucht. Herbert und Biberkopf, der sich mit künstlichem Arm und einer Perücke unkenntlich macht, durchstreifen die Stadt nach dem flüchtigen Mörder. Sie finden ihn nicht. Und immer tiefer sinkt Biberkopf in die Abgründe der Verzweiflung. Bei der polizeilichen Aushebung eines anrüchigen Lokals leistet er Widerstand mit der Schußwaffe, wird verhaftet, identifiziert und eingeliefert in das feste Haus der Irrenanstalt Buch.

Reinhold, das wird im Neunten Buch zunächst berichtet, hat einen Handtaschenraub unternommen, um auf diese Weise ins Gefängnis zu kommen; dort glaubt er sich sicher. Einem Mitgefangenen aber erzählt er seine Geschichte, der wird entlassen und gibt einem Dritten weiter, was er weiß. Den lockt die Belohnung, die man ausgesetzt hat für die Ergreifung des Prostituiertenmörders. Für Totschlag im Affekt wird Reinhold am Ende zu zehnjähriger Zuchthausstrafe verurteilt. Franz Biberkopf, in einen Stupor, ein psychisches Trauma verkrampft, halb bewußtlos und alle Nahrungsaufnahme verweigernd, geht in der Irrenanstalt langsam zugrunde. Er will sterben. Aber als der Grund erreicht ist, da kehrt sein Lebenswille zurück. Am Ende wird er freigesprochen und entlassen. Nach

dem Prozeß gegen Reinhold („Der einarmige Mann erweckt allgemein Interesse, großes Aufsehen, Mord an seiner Geliebten, das Liebesleben in der Unterwelt, er war nach ihrem Tode geistig erkrankt, stand im Verdacht der Mittäterschaft, tragisches Schicksal") wird ihm „eine Stelle als Hilfsportier in einer mittleren Fabrik angeboten. Er nimmt an. Weiter ist hier von seinem Leben nichts zu berichten. Wir sind am Ende dieser Geschichte."
Aber Döblin hat mehr erzählt, als es nach solchen aus dem Roman herausgelesenen äußeren Daten der Biberkopfschen Lebensgeschichte scheinen muß, mehr und im Grunde etwas ganz anderes als jenen milieutheoretisch interessierten, sozial engagierten Bericht aus der Unterwelt des Großstadtproletariats, dessen anrüchiges Sujet „allgemein Interesse, großes Aufsehen" erregte im breiten Lesepublikum der Zeit. Von diesem „Einbrecher, Ludewig, Totschläger" wird nicht um seiner selbst willen erzählt, sondern des Beispiels wegen, das er gibt. „Dies zu betrachten und zu hören", schließt die Vorrede des Romans, „wird sich für viele lohnen, die wie Franz Biberkopf in einer Menschenhaut wohnen und denen es passiert wie diesem Franz Biberkopf, nämlich vom Leben mehr zu verlangen als das Butterbrot." Nun hat Döblin hier gewiß nicht für Einbrecher und Zuhälter geschrieben. Daß die beispielgebende Romanfigur so tief unter dem Niveau jenes Lesers rangiert, den der Roman voraussetzt, den er in direkten Anreden apostrophiert, den er praktisch erreicht hat, gerade das hängt offenbar zusammen mit dem Willen des Autors, ihr jene Beispielkraft und Stellvertretungsfähigkeit zu geben, die es erst lohnend macht für viele, Biberkopfs Geschichte zu hören und zu betrachten. Für ein Lesepublikum, das aus der modernen, pluralistischen Gesellschaft sich rekrutiert, das durch soziale und ideologische Gegensätze zerspalten ist, dem keinerlei Übereinstimmung von Bildungsstand und Wertordnung geblieben ist und also keinerlei Vorbildverbindlichkeit mehr, hat jeder vereinzelte, private Fall, hat vor allem der eines übergeordneten und außerordentlichen Individuums an stellvertretender Überzeugungskraft und Orientierungswert verloren. Das vielerorts bemerkbare Einrücken der gewöhnlichen Figur, der uninteressanten, unprofilierten und also austauschbaren, insofern denn kaum mehr einen Privatfall vorstellenden Figur in die Rolle einer Mittelpunktsgestalt des modernen Romans trägt diesem Tatbestand offensichtlich Rechnung. Döblin freilich erklärt zu Beginn des Sechsten Buches ganz zu Recht, sein Romanheld sei „kein gewöhnlicher Mann" — was sich nun aber vom abfallenden Niveauunterschied her versteht zwischen dem Bürgersteig, auf dem die Leser ihren Weg nehmen,

und der Gosse, in der Biberkopf sich bewegt. Der Generalnenner für die „Vielen" wird im niedrigsten Wert gefunden, Verbindlichkeit wiedergewonnen mit der Reduktion auf die primitivsten Gemeinsamkeiten: in einer Menschenhaut zu wohnen und vom Leben mehr zu verlangen als das Butterbrot. So kann Döblin denn fortfahren, sein Held sei „aber doch insofern ein gewöhnlicher Mann, als wir ihn genau verstehen und manchmal sagen: Wir könnten Schritt um Schritt dasselbe getan haben wie er und dasselbe erlebt haben wie er". So kann er für seinen Roman, in seinem Roman einen Erzähler dichten, der verspricht, „obwohl es nicht üblich ist, zu dieser Geschichte nicht stille zu sein", der die große Moritat vom Biberkopf nicht nur vorführt, sondern sie für den Zuschauer auch kommentiert und ihr jene Moral gibt, die sie zur Parabel erhebt. Vorliebe für deiktische Adverbien („Ihr werdet den Mann hier saufen sehen und sich fast verloren geben") und die Neigung zum Reim zeichnen diesen Bänkelsänger aus. Ohne das im Druckbild kenntlich zu machen, überführt er an zahllosen Stellen seine Prosa in primitive, oft ganz ungehobelte Versformationen („... fünf Kinder, die könnens auch bezeugen: ‚Finke ist er, Fischhändler'. Otto Finke, das weiß ja jeder im Dorf. Das weiß ja nu ein jeder, Herr Finke heißt der Mann, der andere, der gestorben ist, der heißet Bornemann.") Häufig zielt das auf einprägsame Zusammenfassung. Und vor allem die Vorreden des Erzählers zu den einzelnen Büchern werden auf solche Weise zu holzschnitthaft groben Merkversen geformt. Sie nehmen die Fabel der Biberkopf-Geschichte, den Inhalt des Geschehens voraus. Wenn am Ende gesagt wird: „Es war ein Enthüllungsprozeß besonderer Art", dann meint das keineswegs, daß es um Verhüllung, Spannung, Rätselstellung und um Enthüllung, Aufklärung, Rätsellösung ginge in Biberkopfs Geschichte. Soviel Kriminelles sie enthält, ein Kriminalroman wird hier nicht erzählt. Nicht im äußeren Geschehen vollzieht sich der Enthüllungsprozeß, er betrifft die innere Absicht dessen, was dem Helden geschieht, und den tieferen Sinn der Parabel. Mit der Einsicht in diese Hintergründe ist der Erzähler seinem Helden wie seinem Leser voraus („es war noch nicht so hart, Franz Biberkopf ist für schlimmere Dinge aufbewahrt"); schon in der Vorrede zum Roman bemerkt er, daß Biberkopf „in einen regelrechten Kampf verwickelt" werde „mit etwas, das von außen kommt, das unberechenbar ist und wie ein Schicksal aussieht". Und gegen Ende: „Eben werden die Würfel über ihn geworfen. Er weiß, wie sie fallen werden. Alles wird seinen Sinn bekommen, einen unerwarteten schrecklichen Sinn. Das Versteckspiel dauert nicht mehr lange, lieber Junge."

Erst am Ende seines Weges freilich und mit einem Schlage wird auch Biberkopf wissend. Was vorangeht, ist angstvolle Ahnung mitunter, nicht aber zunehmende Einsicht. Den Enthüllungsprozeß begleitet kein Erkenntnisprozeß; erst als die Enthüllung vollzogen ist, schlägt sie in Erkenntnis um. Insofern ist Döblins Biberkopf-Geschichte keineswegs eine Variante des großen alten Erziehungs- und Entwicklungsromans, sondern Geschichte dessen, der sich gerade nicht erziehen läßt, der sein Ziel gerade nicht auf dem Weg organischer Entfaltung erreicht, sondern im Zusammenbruch. Denn allen Erziehungsmaßnahmen und Entwicklungshilfen dessen, der an ihm handelt, leistet er Widerstand: er verschließt sich der Stimme, die zu ihm spricht.

Schon auf den ersten Seiten des Romans beginnt diese Stimme zu sprechen. Uneingeführte, in Klammern gesetzte Texte werden eingeschoben in den Bericht des Erzählers; unklar bleibt, aus wessen Mund sie kommen. Ein Glück sei es doch, im Gefängnis zu wohnen, denkt etwa der Entlassene, der sich nicht zurechtfindet in der großen Stadt, und dem folgt, unvermittelt: „[Franz, du möchtest dich doch nicht verstecken, du hast dich schon die vier Jahre versteckt, habe Mut, blick um dich, einmal hat das Verstecken doch ein Ende.]" Man könnte meinen, es sei die Stimme des eignen Gewissens, der verdrängten besseren Einsicht Biberkopfs selbst, die solche Gegenposition zu seinem Denken und Handeln vertritt. Aber rasch zeigt sich, das es weit hinausgeht über seine eigenen Einsichtsmöglichkeiten, was sie ihm zuspricht: „[Bereuen sollst du; erkennen, was geschehen ist; erkennen, was nottut!]" Diese merkwürdigen Texte in den Klammern sind Signaturen nicht eines psychologisierenden, sondern eines heilsgeschichtlichen Romans. Das wird deutlich an dem im Vierten Buche eingeschobenen Gespräch, welches Hiob führt mit einer „Stimme", deren Sprecher ihm unerkannt bleibt: „,Wer fragt?' ,Ich bin nur eine Stimme.' ,Eine Stimme kommt aus einem Hals.' ,Du meinst, ich muß ein Mensch sein.' ,Ja, und darum will ich dich nicht sehen. Geh weg.' ,Ich bin nur eine Stimme, Hiob, mach die Augen auf, so weit du kannst, du wirst mich nicht sehen.' ,Ach, ich phantasiere. Mein Kopf, mein Gehirn, jetzt werde ich noch verrückt gemacht, jetzt nehmen sie mir noch meine Gedanken.'" Am Ende aber: „Er suchte die Stimme zu ersticken, sie steigerte sich, steigerte sich immer mehr, sie war ihm immer um einen Grad voraus. Die ganze Nacht. Gegen Morgen fiel Hiob auf das Gesicht. Stumm lag Hiob. An diesem Tag heilten seine ersten Geschwüre." Wenig später, als der Schlag ihn getroffen hat, den die Begegnung mit dem Betrug und der Gemeinheit des kleinen Lüders bedeutet für den, der auf Anständigkeit baute, führt die „Stimme" auch mit Biberkopf ein solches Gespräch. Auch er entgegnet: ‚‚Wer spricht?' ‚Ich sag es nicht. Du wirst es sehen. Du wirst es fühlen. Wappne dein Herz. Zu dir spreche ich dann. Du wirst mich dann sehen. Deine Augen werden nichts hergeben als Tränen.' ‚Du kannst noch hundert Jahre so sprechen. Ich lach ja nur drüber.' ‚Lach nicht. Lach nicht.'" Erst als der Lachende, der Widerstandleistende zerbrochen ist, als er in der Irrenanstalt liegt, im Dämmerzustand, und sein Leben erlischt, ist der Augenblick gekommen, wo er zu hören willig wird, wo die „Stimme" sich offenbart. Und jetzt heißt es: „Der Tod singt sein langsames, langsames Lied." „Wir sind am Ende dieser Geschichte", bemerkt der Erzähler. „Sie ist lang geworden, aber sie mußte sich dehnen und immer mehr dehnen, bis sie jenen Höhepunkt erreichte, den Umschlagspunkt, von dem erst Licht auf das Ganze fällt." Es war vom Anfang an die Stimme des Todes, die zu dem Tauben gesprochen hat („Als Lüders dich betrog, hab ich zum erstenmal mit dir gesprochen..."); es waren seine Abgesandten, seine Werkzeuge („Als ick dir Lüders schickte..."), die den Widerstrebenden und sich Behauptenden am Ende zerbrachen. Denn indem er versagt in diesen Bewährungsproben, die ihm auferlegt werden, wirkt jede von ihnen als ein Schlag, der ihn zu fällen trachtet, bis er dem letzten, furchtbarsten erliegt. Jetzt, als er endlich das langsame Lied vernimmt, das der Tod ihm singt, wird ihm Einsicht zuteil. Er erkennt seine Schuld, er bereut sein Leben. Jetzt endlich schmilzt im Todesschmerz sein Widerstand dahin; „Franz hält nicht stand, er gibt sich hin, er wirft sich zum Opfer hin an den Schmerz. In die brennende Flamme legt er sich hinein, damit er getötet, vernichtet und eingeäschert wird."

Als der Tod noch einmal die Reihe der Abgesandten vor dem Auge des Sterbenden vorüberführt, da erkennt Biberkopf, wie er sich richtig hätte verhalten müssen. Lüders kommt zuerst, der kleine, erbärmliche Betrüger, und jetzt weiß Biberkopf, wie er mit dem hätte umgehen sollen: „Muß ihn mal fragen, muß ihn mal anreden. Hör mal, Lüders, guten Morgen, Lüders, wie gehts dir, nich gut, mir ooch nich, komm doch mal her, setz dir mal auf den Stuhl, nu geh doch nich, wat hab ich dir denn groß getan, nu geh doch nich." Und Reinhold dann, der Gegenspieler, an dem er seine Kraft zu messen und zu beweisen suchte, der Unheimliche, Kalte, Böse, zu dem es Biberkopf in jener abgründigen Haßliebe hinzog, die beinahe schon dem geheimen Willen nach Selbstvernichtung zu entspringen scheint: „Ich hätte mit ihm nichts machen sollen, ich hätte nicht kämpfen sollen mit dem. Warum hab ick mir in den verbissen ... Er triezt mir, er reizt mir noch immer, oh, das ist ein Verfluchter, ich hätt es nicht gesollt. Gegen den komm ich nicht auf, ich hätt es nicht gesollt ... Ich hätte keine Kraft haben müssen, gegen den nicht. Ick seh es, es war ja falsch." Ida steht vor den Augen des Sterbenden, das Mädchen, das er in seiner rasenden Eifersucht schlug und tödlich verletzte: „Als ob sie einer haut, in die Seite. Hau doch nicht, Mensch, das ist ja unmenschlich, nicht doch, Mensch, laß doch das sein, laß doch das Mädel, oh zu, oh ja, wer haut denn die, die kann ja nicht stehen, steh doch grade, Mädel, dreh dir um, kuck mir doch an, wer haut dir denn so furchtbar." Und Mieze am Ende: „Wat hab ich gemacht. Warum hab ich sie nicht mehr. Hätt ich sie nicht Reinholden gezeigt, hätt ich mich nicht mit dem eingelassen. Wat hab ich gemacht." So gibt der endlich Erkennende und Bereuende alle Rechtfertigungsversuche, Vorbehalte, Widerstände auf, er läßt sein Leben fahren, liefert dem Tode sich aus. „Gestorben ist in dieser Abendstunde Franz Biberkopf, ehemals Transportarbeiter, Einbrecher, Ludewig, Totschläger."

Aber der Sterbende ist in eine Dimension getreten, in der nicht mehr nur das Personal aus dem Milieu der Berliner Unterwelt ihn umgibt, Händler, Dirnen, Zuhälter, Verbrecher. Schon als er mit seinem künstlichen Arm und der Perücke auf die Suche geht nach dem Mörder seines Mädchens, da begleiten ihn als einen zweiten, freilich sehr veränderten Tobias die beiden Engel, die den Blick von ihm ablenken im Gedränge der Stadt und, während er die Auslagen im Warenhaus Tietz betrachtet, darüber sprechen, daß sie hoffen, er werde nicht nur einsichtig werden, sondern dieser Einsicht auch standhalten können. Als er im Irrenhaus liegt, da kommen in der Nacht die „Gewaltigen des Sturms" zusammen, halten Ratschlag, wie man es anstelle, daß dem Mann, der da im Krampf- und Dämmerzustand liegt, das Herz aufgehe und das Gewissen erwache. Da reitet auf dem scharlachfarbenen Tier leibhaftig die große Hure Babylon heran, die trunken ist vom Blute der Heiligen; „sie lauert auf Franz" und schreit: „Ich hab auch schon sein Blut" — bis im Kampf um ihn am Ende jener „Tod" den Sieg behält, der von sich sagt: „Ich bin das Leben und die wahre Kraft." So hat Döblin mit seiner Geschichte vom Franz Biberkopf, dem Berliner Proletarier, dem ganz „gewöhnlichen Mann", noch einmal die alte Parabel vom Jedermann erzählt, vom Weg des schuldbeladenen, sündigen Menschen durch die Welt, der aus dem Dunkel ins Licht der Erkenntnis tritt. „Wir sind eine dunkle Allee gegangen, keine Laterne brannte zuerst, man wußte nur, hier geht es lang, allmählich wird es heller und heller, zuletzt hängt da die Laterne, und dann liest man endlich unter ihr das Straßenschild." Und dann stehen um sein Sterbelager die himmlischen und die höllischen Mächte, die um seine Seele ringen, und in der Todesstunde fällt die Entscheidung über Leben und Tod. Biberkopf erweist sich als der Läuterungsfähige. Wenn von Reinhold, der Gegenfigur, gesagt wird, daß er „die kalte Gewalt ist, an der sich nichts in diesem Dasein verändert", hart und steinern bis zuletzt, so heißt es von ihm, daß er sich „beugt und zuletzt wie ein Element, das von gewissen Strahlen getroffen wird, in ein anderes Element übergeht". Döblin setzt ein Gleichnis aus der modernen Naturwissenschaft für das, was die christliche Parabel mit den Begriffen der Gnade, der Erlösung faßte, was sie das Absterben des alten und die Geburt eines neuen Menschen nannte. Er formuliert noch immer: „Gestorben ist in dieser Abendstunde Franz Biberkopf, ehemals Transportarbeiter, Einbrecher, Ludewig, Totschläger. Ein anderer ist in dem Bett gelegen. Der andere hat dieselben Papiere wie Franz, sieht aus wie Franz, aber in einer anderen Welt trägt er einen neuen Namen." So offensichtlich in der Geschichte vom Franz Biberkopf die Züge der alten heilsgeschichtlichen Konzeption durchschlagen, so spürbar ist freilich der Schwund der christlichen Substanz. An die Stelle Gottes und seines Handelns am Menschen tritt die Figur eines aus eigener Machtvollkommenheit in Biberkopfs Leben eingreifenden Todes („ich schickte dir alles, aber du erkanntest mich nicht"), dessen „Zuständigkeit" doch zumindest in jenen Schickungen zweifelhaft erscheinen muß, die wie die Lüders-Episode mit dem Tode an sich durchaus keinen Zusammenhang zeigen. An die Stelle einer Wendung des gewandelten Menschen zum Glauben, die ihn der Gnade und Erlösung teilhaftig macht, tritt eine innerweltliche Läuterung, ein Entschluß zu einsichtsvollerem Verhalten. Und ob der Hilfsportier in einer mittleren Fabrik, der aus dem Fegefeuer des Biberkopfschen Zusammenbruchs hervorgegangen ist, im Grunde noch immer das alte Stehaufmännchen, „in einer anderen Welt" tatsächlich „einen neuen Namen" trägt, das könnte man in Frage stellen.

Aus der Sphäre der Zuhälter, Einbrecher und Hehler hat der neue Biberkopf sich gelöst. Aber der Erzähler hatte über diese Welt berichtet ohne jeden Bezug auf die Ebene bürgerlicher Moral, ohne daß er den ersten Stein aufhöbe. Was er verurteilt, ist im Gegenteil gerade die selbstgerechte oder die selbstbemitleidende Isolierung dieses gutwillig naiven Mannes, der sich geschworen hat, „anständig" zu bleiben in einer Welt des Betrugs, des Schwindels und der Brutalität, ist sein prahlerisches Beharren auf der eigenen Stärke, sein sich versteifender Selbstbehauptungswille. Nicht zu widerstreben und sich zu bewahren, lehrt ihn sein Ende, sich aufzugeben, sich hinzuwerfen, sich zu fügen; „herankommen lassen" lautet der leitmotivisch wiederholte kategorische Imperativ in dem Kapitel, in dem „Franz das langsame Lied des Todes" hört. Aber nicht nur dem über ihn Verhängten sich zu fügen, dem Schmerz sich hinzugeben, ins Sterben einzuwilligen, lernt er so. Die Lehre östlicher Weisheit vom wahrhaften Schwachsein, von der willenlosen Ergebung und Einfügung, die Döblins „Wang-lun" verkündete, die noch der Kaiser Ferdinand in seinem „Wallenstein"-Roman, der große Nichtwiderstrebende, verkörpert hatte, schlägt im „Berlin Alexanderplatz" am Ende um in das Programm, das Postulat einer kämpferischen Solidarität des einzelnen mit der sozialen Gemeinschaft. „Es geht in die Freiheit, die Freiheit hinein, die alte Welt muß stürzen, wach auf, die Morgenluft", so lautet der Schlußabsatz des Romans. „Und Schritt gefaßt und rechts und links und rechts und links, marschieren, marschieren, wir ziehen in den Krieg, es ziehen mit uns hundert Spielleute mit, sie trommeln und pfeifen, widebum widebum, dem einen gehts grade, dem andern gehts krumm, der eine bleibt stehen, der andere fällt um, der eine rennt weiter, der andere liegt stumm, widebum widebum."

Biberkopfs Erfahrungen freilich lassen mit solchem Programm sich schwerlich vereinbaren. „Was ist denn das Schicksal?" heißt es im Schlußkapitel. „Eins ist stärker als ich. Wenn wir zwei sind, ist es schon schwerer, stärker zu sein als ich." Aber als er mit Lüders auf den Schnürsenkelhandel ging, da waren sie ja zu zweit, und der Schlag, den das „Schicksal" gegen ihn führte, ging eben von diesem Nebenmann aus. „Viel Unglück kommt davon, wenn man allein geht. Wenn mehrere sind, ist es schon anders. Man muß sich gewöhnen, auf andere zu hören, denn was andere sagen, geht mich auch an. Da merke ich, wer ich bin und was ich mir vornehmen kann." Aber als er mit den Pums-Leuten auf die Einbruchstour zog, da war man doch eben zu mehreren, und da hatte er auf das gehört, was die anderen sagten. Widersprüchlich bleiben die Maximen des „neuen Lebens"; auf der einen Seite: „Man muß sich gewöhnen, auf andere zu hören", auf der anderen das Zitat aus dem 17. Kapitel des Propheten Jeremia: „Verflucht ist der Mann, der sich auf Menschen verläßt". Zwiespältige, doppelzüngige Losungen gibt der Romanschluß aus. Denn im Grunde haben Leben und Tod dem Helden ganz unterschiedliche Lehren erteilt. Neben dem Tod, dem Erzieher und Belehrer Biberkopfs, diesem „Opferer, Trommler und Beilschwinger", hinter dem die Massen einherziehen zum blutigen

Opfer der Kriege und Revolutionen, neben dem Trommelwirbel der hundert Spielleute, dem Rausch des großen Kollektivs, Massenaufgebot der marschierenden Kolonnen und Aufbruch in Freiheit und Morgenrot stehen da merkwürdig unvereinbar die Überlegungen eines aus Erfahrung klug gewordenen Mannes, der sich heraushält, sich vorsieht, dem es keineswegs liegt, sich anzugleichen, zu fügen und sich hinzuwerfen: „Ich bin schon einmal auf ein Wort reingefallen, ich habe es bitter bezahlen müssen, nochmal passiert das dem Biberkopf nicht. Da rollen die Worte auf einen an, man muß sich vorsehen, daß man nicht überfahren wird ... Ich schwör sobald auf nichts in der Welt. Lieb Vaterland, kannst ruhig sein, ich hab die Augen auf und fall so bald nicht rein. Sie marschieren oft mit Fahnen und Gesang an seinem Fenster vorbei, Biberkopf sieht kühl zu seiner Türe raus und bleibt noch lange ruhig zu Haus. Halt das Maul und fasse Schritt, marschiere mit uns andern mit. Wenn ich marschieren soll, muß ich das nachher mit dem Kopf bezahlen, was andere sich ausgedacht haben. Darum rechne ich erst alles nach, und wenn es so weit ist und mir paßt, werde ich mich danach richten. Dem Menschen ist gegeben die Vernunft, die Ochsen bilden statt dessen eine Zunft." Diese Widersprüche werden nicht gelöst, und das rauschhafte, brausende Finale des Romans wird für hellhörige Ohren von den schneidenden Untertönen einer dämonischen Ironie durchzogen. „Schritt gefaßt" — wohin sollte es gehen? Die „Geschichte vom Franz Biberkopf" gibt keine Antwort, weil sie wie alle Erzählungen Döblins im Bereich des Lehrhaften ein Versuch eigener Richtungssuche war, ein „Test", wie er es nannte, und dieser Moralist, der es sich auch im Roman verbot, eine Lehre zu geben, die für ihn selbst nicht verbindlich war, für sich selber eben noch nicht wußte, wohin es gehen könnte und müßte[2].

Freilich ist die „Geschichte vom Franz Biberkopf" nicht das einzige, was hier erzählt wird. Ich habe sie gleichsam herauspräpariert aus dem sie umgebenden Erzählstoff, in den sie eingebettet ist und der sie trägt. Möglicherweise hängt das Gewicht der Tatsache, daß diese Biberkopf-Fabel und ihre Moral den Leser am Ende doch mit unentschiedener Widersprüchlichkeit entläßt, gerade mit der eigentlich unstatthaften Reduzierung des Romans auf den bloßen Verlauf des Handlungsgeschehens zusammen. „Der Roman hat mit Handlung nichts zu tun", erklärte Döblin ausdrücklich in einer seiner Schriften zur Theorie der Erzählkunst, und aus der zunehmenden Leseunfähigkeit des Publikums leitete er die Neigung ab, den Roman gleichzusetzen mit einer fortschreitenden, einsträhnigen Handlung. Was die bloße Biberkopf-Handlung offenläßt, findet es Antwort durch den Roman als Ganzes? Vieles wird da erzählt neben und außer der Fabel. Eingeschoben in diese Haupterzählung beispielsweise und auf sie bezogen ist eine Reihe kleiner, eigenbündiger Gleichniserzählungen. Als etwa der von Lüders Betrogene, der von Reinhold unter das Auto Geworfene von neuem Fuß zu fassen sucht, wird das Gleichnis von der in einen Blumentopf gesetzten, mit Sand überpusteten Fliege eingerückt, das zudem die Überschrift gibt für dieses Kapitel der Biberkopf-Geschichte: „Die Fliege krabbelt hoch, der Sand fällt von ihr ab, bald wird sie wieder brummen." Im ersten Kapitel des Achten Buches wird aus einem botanischen Lehrbuch zitiert, wie Pflanzen durch „Umwandlung der in den Zellen enthaltenen Stärke in Zucker" gegen die Kälte sich schützen und wie in manchen Fällen „der durch die Frostwirkung hervorgerufene Zuckergehalt einer Pflanze oder Frucht diese erst verwendungsfähig macht, wie zum Beispiel die Wildfrüchte. Läßt man diese Früchte solange am Strauch, bis leichte Fröste eintreten, so bilden sie alsbald so viel Zucker, daß ihr Geschmack verändert und wesentlich verbessert wird." Fast allzu deutlich springt hier die Analogie, der gleichnishafte Bezug zur Läuterung Biberkopfs ins Auge. Als der Zusammengebrochene dann im sturmumtobten Irrenhaus, im Fegefeuer der Todesnacht zu einem neuen Menschen gewandelt wird, erscheint dreimal hintereinander das Gleichnis vom Brotbacken; im Futurum der Verheißung steht es zu Anfang (in die glühende Hitze des Ofens schiebt man das Brot, „das Wasser wird verdunsten, der Teig wird sich bräunen"), im Präsens des Vollzuges am Ende („In der Hitze liegt der Teig, der Teig geht auf, die Hefe treibt ihn, Blasen bilden sich, das Brot geht hoch, es bräunt sich"). Wie die Fliege im Sand, die Pflanze im Frost, das Brot im Feuerofen, so verhält sich Biberkopf, so geschieht es an ihm, bedeuten diese Gleichnisse — wobei die harte Fügung der verbindungslos aneinandergereihten Texte das verbindende „wie" freilich der Einsicht des Lesers anheimstellt, ihm die Gleichsetzung der parabolischen Elementarsituationen mit Biberkopfs Privatgeschichte überläßt, die auf solche Weise selber etwas gewinnt von jener dem bloß Beliebigen und Vereinzelten mangelnden Beispiel- und Gleichniskraft des Immer-wieder-so-Geschehenden, die es lohnend macht, „dies zu betrachten und zu hören" für die vielen, „die wie Franz Biberkopf in einer Menschenhaut wohnen".

Zahlreiche Nebenerzählungen dann begleiten die Hauptgeschichte, geben Warnungen und Vorausdeutungen, zeigen Entsprechungen und Spiegelungen, stellen um sie eine Fülle anderer Gestalten und fremder Schicksale. Dem aus Tegel Entlassenen, der sich angstvoll auf den Hinterhöfen verkriecht, erzählen die Juden, die seiner sich annehmen, die Geschichte vom Stefan Zannowich, der sich zu helfen wußte und sein Glück machte („seht, er hat so wenig Angst vor der Welt gehabt"): „Belehrung durch das Beispiel des Zannowich." Freilich, die Warnung, die in dieser Erzählung vom Hochstapler, Schwindler, Betrüger liegt, mit dem es dann ein böses Ende nahm, schlägt Biberkopf in den Wind, und die „dadurch erzielte Kräftigung des Haftentlassenen" ist nicht unbedenklich. Als er später noch einmal zu den Juden kommt, um sich zu bedanken, selbstsicher und wieder voll prahlerischen Vertrauens in die eigene Kraft, da wird ihm die Fabel erzählt vom Mann, der den Ball warf. Ihre an Biberkopf gerichtete Moral aber lautet: „Der Ball, seht, der fliegt nicht, wie Ihr ihn werft und wie man will, er fliegt ungefähr so, aber er fliegt noch ein Stückchen weiter und vielleicht ein großes Stück, weiß man, und ein bißchen beiseite." Biberkopf lacht, aber der Leser ahnt, daß hier gewarnt und — vorausgedeutet wird.

Wie anfangs von den Juden und für Biberkopf erzählt wird, so werden solche Begleitgeschichten später vom Erzähler selbst für den Leser des Romans vorgetragen. Als der Schnürsenkelhändler die Lüders-Episode hinter sich hat, wird die Geschichte vom Zimmermann Gerner eingerückt, der gemeinsame Sache machte mit den Einbrechern, die ein Großhandelsgeschäft ausräuberten. Biberkopf hört die Geschichte nicht; über seinen Kopf hinweg berichtet der Erzähler sie dem Leser. Aber er steht dabei, als der Zimmermann abgeführt wird, und lernt doch für sich selber nichts aus dieser Sache. Wenig später wird er mit den Pums-Leuten auf Einbruchstour ziehen. Nicht nur die warnende, auch die den Maßstab eines vorbildlichen Verhaltens aufrichtende Nebenerzählung findet hier ihren Platz: die Geschichte vom Mann, dem sein Kind starb, weil der überbeschäftigte Arzt nicht rechtzeitig kam („Der Mann ist auch nicht der Jüngste und hat zu tun und muß sich schuften. Weiß ich alleine ... Er hat selbst zugegeben: Sagen muß ihm einer das. Er ist kein schlechter Kerl, aber muß ihm einer sagen.") Biberkopf, der erst in seiner Sterbestunde begreift, daß er selbst auf die Lüders-Episode in solcher Art hätte antworten müssen, hört diese Geschichte nicht. Wieder wird sie nur dem Leser mitgeteilt, der die Verbindung herstellen soll zwischen den verbindungslos nebeneinandergestellten Erzählungen. Später, im Siebenten Buch, erscheint „die Schicksalstragödie des Fliegers Beese-Arnim", der „auf die Bahn des Verbrechens geriet", früher im Zuchthaus gesessen und jetzt ein Straßenmädchen umgebracht hat, mit dem er befreundet war — wobei noch ein zweiter Mann eine etwas undurchsichtige Rolle spielte. Aus einem Polizeibericht entnimmt der Erzähler das, Biberkopf ist gänzlich unbeteiligt. Aber die Entsprechungen zu diesem ehemaligen Zuchthäusler und seinem Verhältnis zu Mieze und Reinhold deuten sich dunkel an. Auch als er dem Reinhold, mit dem er früher jenen „schwunghaften Mädchenhandel" betrieben hatte, jetzt die Bekanntschaft mit seinem eigenen Mädchen, der Mieze, vermittelt und so das Unheil heraufbeschwört, werden in den Bericht des Erzählers Abschnitte aus einer anderen Geschichte eingeschoben. Vom Zuchthäusler Bornemann erzählt sie („War auch solche Nummer"), der aus der Strafanstalt ausgebrochen war, unter fremdem Namen in Ruhe und Frieden lebte, bis er dann doch erkannt und zurückgebracht wurde ins Zuchthaus. Ineinandergeschachtelt laufen die Geschichten Biberkopfs und Bornemanns ein Stück weit nebeneinanderher. Diese beiden Männer wissen nichts voneinander, nur geringfügige inhaltliche Parallelen zeigen sich zwischen den parallel geführten Erzählabläufen. Aber Bornemanns Geschichte gibt der vom Biberkopf dennoch eine Art Vervollständigung. Sie zeigt Entsprechendes, Verwandtes, sie macht deutlich, daß hier nichts Einzigartiges und Isoliertes berichtet wird.

Deutlicher werden solche Entsprechungen zwischen Biberkopf, der nach dem Lüders-Erlebnis in einer elenden Kammer liegt, die Spinnweben anstarrt und sich mit aller Kraft gegen sein Schicksal stemmt, Widerstand leistet, sich zu behaupten sucht, und dem Hiob, der im Hundeschuppen liegt, die Regenwürmer beobachtet und mit der „Stimme" redet, die ihm sagt: „Du möchtest nicht schwach sein, du möchtest widerstreben können." Döblin hat den Akzent der alttestamentlichen Geschichte in seiner Nacherzählung auf diese Entsprechung zur Biberkopf-Fabel hin verschoben, hat die Geschwüre Hiobs heilen lassen an dem Tag, wo der Geschlagene seinen Widerstand aufgab, sich seine Hilflosigkeit eingestand und sich fügte. In gleicher Weise wird die Erzählung von Isaak überformt, der mit seinem Vater Abraham den weiten Weg ins Gebirge geht, „hinein, hinauf, hinunter, Berge, Täler. Wie lange gehts noch, Vater?", so wie jetzt eben Biberkopf den weiten Weg marschierte bis nach Tegel, wo sein Gefängnis steht. Auf einer Bank schläft er ein, der Schlaf aber „reißt ihm die Augen auf und Franz weiß alles." Was weiß er, was erfährt er im Schlaf? Er hört das große Hallelujah, das durch die Berge und Täler brach, als der widerstrebende Isaak zum Einverständnis gelangte, sich fügte und zu dem Opfer sich hingab, das der Herr befahl. Um des Bezuges auf Biberkopf willen steht hier nicht mehr Abrahams Gehorsam, sondern Isaaks Einwilligung im Vordergrund. Und eine andere Überformung des biblischen Textes noch fällt ins Auge. Vom „Schlachtmesser" ist da die Rede, „es ist ganz scharf, es soll an deinen Hals. Soll es durch meine Kehle? Ja. Dann sprudelt das Blut? Ja." Das deutet zurück auf die beiden Kapitel des Vierten Buches, die in einer Art Lokalreportage vom Berliner Viehhof, Schlachthof und Fleischmarkt berichtet hatten, von der Lage und Einrichtung der Gebäude, von der Technik des Schlachtens, von Auftrieb und Marktverlauf. Kurze Absätze aus diesem Zusammenhang drängen von hier aus auch in die späteren Biberkopf-Kapitel. Zu Beginn des Fünften Buches, in dem „der erste schwere Streich auf ihn" fällt, und wieder im Sechsten Buch, als Biberkopf in der Magdeburger Klinik liegt, steht mitten im erzählenden Text ein Stück aus dem Schlachthofbericht. Zweimal wird dort, wo von Miezes Ermordung erzählt wird, ein Absatz eingeschoben, der beschreibt, wie man ein Kälbchen schlachtet. Unvermittelt geschieht das, aber der jeweilige Augenblick, in dem die Romanhandlung plötzlich den Blick freigibt auf den Schlachthof, der Stellenwert dieser eingesprengten Passagen also ist aussagekräftig genug, um überleitende und verbindende Texte entbehrlich zu machen. Hier wird am Exempel vorgeführt, was die Zitate aus dem 3. Kapitel des Predigers Salomo zuvor behauptet hatten, die Döblin als Kapitelüberschriften über seine Schlachthofreportagen setzte: „Denn es geht dem Menschen wie dem Vieh; wie dies stirbt, so stirbt er auch" — „Und haben alle einerlei Odem, und der Mensch hat nichts mehr denn das Vieh". Freilich, die Parallelführung der Biberkopf-Erzählung mit den Schlachthofberichten will mehr geben als die alte Vergänglichkeitspredigt. Ein Stier wird da in den Schlachthof getrieben; „Das Tier steht, gibt nach, sonderbar leicht gibt es nach, als wäre es einverstanden und willige nun ein, nachdem es alles gesehn hat und weiß: das ist sein Schicksal, und es kann doch nichts machen" — so wie Hiob nachgibt und einwilligt in jener Erzählung, die Döblin übergangslos zwischen die beiden Schlachthofkapitel schiebt. Dem Kälbchen, das auf die Schlachtbank gelegt wird, spricht ein „alter einfacher Mann" mit sanfter Stimme zu: „Ganz ruhig, wie er das Tier hergeführt hat und gesagt hat: nun lieg still, legt er ihm den Schlag in den Nacken, ohne Zorn, ohne große Aufregung, auch ohne Wehmut, nein so ist es, du bist ein gutes Tier, du weißt ja, das muß so geschehen" — so wie der alte Abraham dem Schlachtopfer zuspricht, das vor ihm liegt, es müsse geschehen, was der Herr will, und Isaak antwortet: „Ich weiß." Das alles aber weist auf Biberkopf, der sterbend lernt, nicht mehr zu widerstreben, sondern sich zu fügen[3]. Weit mehr als Milieubestimmung und Hintergrundzeichnung also gibt die Schilderung des Berliner Viehhofs, Schlachthofs, Fleischmarkts für Biberkopfs Geschichte. Das große Thema der Einwilligung dient einer Korrespondenz der Bereiche, die ohne jeden Erzählerkommentar aus der bloßen Anordnung der korrespondierenden Teile vernehmbar wird. Indem Franz Biberkopf am Ende so wie das Schlachtvieh, wie Isaak und Hiob einzuwilligen lernt, wird sein Einzelschicksal aufgenommen in einen weiteren Zusammenhang, geht seine Stimme auf in einem größeren Chor.

Was hier geschieht, hängt offenbar zusammen mit Döblins Begriff der Resonanz. Dieses physikalische Phänomen schien ihm universalen Geltungsbereich zu besitzen. Ähnlichkeiten, Analogien, partielle Identitäten zwischen Ich und Welt, meinte er, seien seine Voraussetzungen, zugleich aber stifteten seine Bewirkungen neue Bindung und verknüpften das Einzelne mit dem Kollektiven. Ebenso die menschlichen Aktionen, das Erkennen etwa und Nachahmen, die Gruppenbildung und das Kollektivleben, wie die Passionen der Impulsempfängnis, Beeinflussung, Formung des Individuums durch das Umgebende führte er so auf das Urphänomen der Resonanz zurück. Alles Handeln des Menschen, erklärte er, reiche „in die sichtbare und in die unsichtbare Welt, wie seine Kraft auch daher kam. Es gibt eine Resonanzwirkung, der wir folgen, es gibt aber auch eine Rückresonanz, die von unserm Dasein und Erleben ausgeht und in die große Tiefe reicht. Wir können davon nichts Einzelnes wissen, aber das Faktum ist sicher und selbstverständlich." „Rumm rumm", so schlägt am Alexanderplatz die große Dampframme auf die Stange nieder, die in den Boden soll; „wumm", fährt im Schlachthaus der Hammer auf den Stier herab, und mit dem gleichen „Wumm-wumm" rast dann der Wind in die Bäume, unter denen Mieze erschlagen wurde; mit „wumm wumm" hört Biberkopf die Gewaltigen des Sturms um das Irrenhaus toben, die sein Gewissen wachrufen wollen, und mit „wumm" und „rumm" spürt er am Ende den Tod nahen, der ihn niederwirft und zerbricht. Da wird die Resonanz selbst dem Ohr vernehmlich. Aber solche Lautidentität ist für das Phänomen ebensowenig konstitutiv wie etwa die thematische Analogie zwischen dem Schlachtvieh, Isaak und Biberkopf; „das meiste", schrieb Döblin, „klingt als dunkle Resonanz in uns an, bewegt uns, aber wir wissen nicht, was es ist". Eben diese Vorstellung vom Verhältnis des Menschen zur wirklichen Welt bestimmt die Erzählprinzipien seines Romans. Eben darauf beruht es, daß im „Berlin Alexanderplatz" das einander Zugeordnete, aufeinander Bezogene häufig doch ohne logischen Sinnzusammenhang bleibt, als bloß formale Koordinierung und sinnlose Assoziation erscheint: dunkle Resonanz, die der Einsicht sich entzieht und mit dem Reiz des Verborgenen wirkt.

Als Biberkopf im Zimmer des alten Rebbe sitzt, wo er die „Belehrung durch das Beispiel des Zannowich" erfährt, zieht ein einziger, in die Schilderung des alten Juden unvermittelt eingeschobener Satz den Blick des Lesers in die Ferne der biblischen Erzählung von der Esther zurück: „In der Stadt Susan lebte einmal ein Mann namens Mordechai, der erzog die Esther, die Tochter seines Oheims, das Mädchen aber war schön von Gestalt und schön von Ansehn." Über das Kapitel, in dem es dem Haftentlassenen mißlingt, seine männliche Potenz zu beweisen und so sein Selbstvertrauen zurückzugewinnen, rückt eine auf die Vorgänge an den Börsen verweisende Überschrift: „,Tendenz lustlos, später starke Kursrückgänge, Hamburg verstimmt, London schwächer." Als dann die Schwester der Ida sich ihm hingibt, heißt es: „Zauber, Zucken. Der Goldfisch im Becken blitzt. Das Zimmer blinkt, es ist nicht Ackerstraße, kein Haus, keine Schwerkraft, Zentrifugalkraft. Es ist verschwunden, versunken, ausgelöscht die Rotablenkung der Strahlungen im Kraftfeld der Sonne, die kinetische Gastheorie, die Verwandlung von Wärme in Arbeit, die elektrischen Schwingungen, die Induktionserscheinungen, die Dichtigkeit der Metalle, Flüssigkeiten, der nichtmetallischen festen Körper." Oder am Beginn des Zweiten Buches („Franz Biberkopf betritt Berlin") erscheint eine Schilderung des Paradieses, in dem Adam und Eva in Herrlichkeit und Freuden leben. Sie wiederholt sich, ein Gegenbild, an dem die Wirklichkeit gemessen und verworfen wird, als später das Stichwort fällt: „Es ist etwas nicht in Ordnung in der Welt", wird, jetzt setzt die Analogieführung ein, um die Schlangenepisode ergänzt, als die Lüders-Geschichte beginnt, und schließt mit ihr, als Biberkopf diesen ersten Schlag empfangen hat: „Die Schlange war vom Baum geraschelt. Verflucht sollst du sein mit allem Vieh, auf dem Bauch sollst du kriechen, Staub fressen zeitlebens." „Seist du verflucht *vor* allem Vieh", heißt es in Luthers Übersetzung; Döblin schreibt „*mit* allem Vieh" und lenkt so den Fluch, der der Schlange gilt, auf den Menschen. Die Gleichung will er. Wenn der Zimmermann Gerner nach der Flasche greift, die ihm nicht gehört, die die Einbrecher haben stehenlassen und die ihn verlocken wird zur Teilnahme an ihren Unternehmungen, heißt es ausdrücklich: „so hat Eva dem Adam den Apfel gegeben." Biberkopfs Freundin Lina „besorgt es den schwulen Buben": sie macht „einen selbständigen Vorstoß à la Prinz von Homburg: Mein edler Oheim Friedrich von der Mark!

Natalie! Laß, laß! O Gott der Welt, jetzt ists um ihn geschehn, gleichviel, gleichviel!" Und wenn in die Berliner Kneipe, die Biberkopf besucht, der Sonnenschein fällt, dann kommt er „über x Meilen her, am Stern y ist er vorbeigeschossen, die Sonne scheint seit Jahrmillionen, lange vor Nebukadnezar, vor Adam und Eva, vor dem Ichthyosaurus, und jetzt scheint sie in das kleine Bierlokal durch das Fensterglas".

Im Einzelfalle, dort vor allem, wo auf diese Weise das Bedeutungsvolle mit Belanglosem oder Banalem kombiniert wird, ergeben sich aus solcher Stilmischung nicht selten die Reizwirkungen einer schnoddrigen, spaßig frechen, mitunter ironisch gefärbten Diktion (Reinhold liest in der Zeitung „von den Olympischen Spielen, eins zwei, und daß Kürbiskerne ein Bandwurmmittel sind"). Darüber hinaus aber, das ist entscheidend, legt die Fülle solcher Koordinationen um die Privatgeschichte Biberkopfs ein Netz von Korrespondenzen, umgibt sie die Einzelfigur mit einer Fülle von Vergleichspersonen, den Einzelvorgang mit einer Fülle von Parallelgeschehnissen: löst die isolierende Kontur des Individuums und stellt es in eine universale Kommunikation. Was auf solche Weise im „Berlin Alexanderplatz" Gestalt gewinnt, hat Döblin zwei Jahre zuvor in dem Buch „Das Ich über der Natur", hat er vier Jahre danach in der Schrift „Unser Dasein" theoretisch zu bestimmen versucht als „die ständige Durchtränkung der ‚Person' mit ‚Welt'". Durch seinen Aufbau aus den Elementen der Natur, durch Nahrungsaufnahme und Atmung, durch seine Sinnesorgane, erklärte er da, ist der menschliche Organismus auf das Umgebende angewiesen und ihm unlösbar verbunden, ist der Mensch zugleich Tier, Pflanze, Mineral, hat er Anteil an der Natur der Gestirne. „Was in ihm Tier war", heißt es denn auch vom sterbenden Biberkopf, „läuft auf dem Felde. Jetzt schleicht etwas aus ihm fort und tastet und sucht und macht sich frei, was er sonst nur selten und dämmernd in sich gefühlt hat . . . Franzens Seele gibt ihre Pflanzenkeime zurück." Das aus wogendem, flutendem Gewimmel einzelner Elemente, Zellen, Teile bestehende Einzelwesen Mensch wird als „Massenwesen" bestimmt, das seinerseits nun darauf angelegt ist, Element und Teil eines ihn Umgebenden und Umgreifenden zu werden, Glied einer größeren Gemeinschaft, die keineswegs als bloßes Additionsergebnis erscheint, sondern als lebendiger Organismus. „Das Kollektivwesen Mensch, die Gruppe Mensch bewegt sich, reagiert und produziert in vieler Hinsicht wie ein mächtiger Einzelmensch", zugleich aber ist sie ihm überlegen — an Kraft und Lebensdauer, an Wahrheit. „Das Wahre kommt nur massenhaft vor . . . Wenn ich nach dem Wahren suche, gehe ich in den Sonnenschein, auf die Kinderspielplätze, an einen Tümpel, in die Gebärsäle, in Warenhäuser, Krankenhäuser." Denn das Vereinzelte ist unwahr. Das gilt für den menschlichen Bereich nicht weniger als für die Natur, für das Wasser vor allem, die „Völkermassen" der Meere, die Döblin in den theoretischen Schriften ebenso wie in seinen Erzählungen als riesenhafte, ziellos flutende und wogende, lebendig-beseelte Organismen dargestellt hat. Menschen wie Wellen „sind keine Einzelwesen. Ich treffe im Wasser nie auf Einzelwesen. Es ist so biegsam, ineinander geschmolzen, ineinandergehend. Ich komme auf keinen Teil, den ich isolieren kann." Wie die Welle aber der Flut sich hingibt und aufgeht in der „Völkermasse" des Meeres, so ist deshalb auch dem Menschen die Kommunikation mit dem Umgebenden aufgegeben und die Einfügung ins Kollektive. Was den Lehrgehalt der Romanfabel bestimmt, erweist sich zugleich als beherrschendes Erzählprinzip; und die universale Kommunikation, in die der Erzähler seinen Helden bringt, folgt den Maximen jenes „neuen Lebens", zu denen der sterbende Biberkopf bekehrt wird, führt in der Bauform des Romans eben das vor, was im Bereich bewußten menschlichen Verhaltens als Solidarität mit der sozialen Gemeinschaft, als Ergebung ins Kollektiv erscheint.

Auch die Zwiespältigkeit jener Losungen freilich, die der Romanschluß ausgibt, äußert sich in den Theorien Döblins, die das menschliche Dasein und die Position des Ich im Ganzen der Natur zu bestimmen suchen. Auch hier läuft es keineswegs auf die völlige Auflösung des Individuums ins Umgebende der Natur, auf sein gleichsam bedingungsloses Aufgehen im Kollektiven hinaus. Das Prinzip der „Kommunion" tritt in dialektische Spannung zu dem der „Individuation", der Mensch erscheint gleichermaßen als „Stück der Natur und ihr Gegenstück". Döblin konstatiert, „daß die Verschlingung uns nicht völlig erfaßt. Was als Beseeltheit in der Natur erscheint, wirkt sich allgemein lebendig mit Ordnung, Zahl, mathematischen Gesetzen, mit Zweck, Gliederung aus und erweist so seine Herkunft von einem Ur-sinn, Ur-geist, seine Lagerung in solchem Geist. Der aber ist auch in uns fühlenden, planenden Wesen tätig. Mit dieser Bindung sind wir vor dem Aufgehen in der Natur bewahrt." Den Forderungen eines strengen, systematischen Denkens zwar genügen diese Thesen nicht, es charakterisiert den Autor, wenn er die Antinomie von Selbstbewahrung und Auflösung des Ich im Weltganzen nicht einer philosophischen Klärung zuführt, sondern sie selbst hier, im Zusammenhang theoretischer Erörterung, im Bilde faßt: „Das Ich ist darin. Es wiegt sich darin!" oder: „Es ist ein Strom mit riesigen Wellen da, und da sind Schwimmer drin, sie werden geworfen, aber es kann nichts ertrinken, der Strom trägt alle." Nicht diskursive Bestimmung, sondern dichterische Gestaltung ist Döblins Sache; so hebt er den logisch unbewältigten Widerspruch auf im Bildhaften und Anschaulichen, in der Erzählweise und Bauform seines Romans.

„Das Wahre kommt nur massenhaft vor." Wie der Mückenschwarm im Sonnenschein, die Herde der Wassertierchen im Tümpel, so sammelt die Masse der Menschen sich auf den Spielplätzen, in Krankenanstalten, in Warenhäusern, drängt sie in den großen Städten sich zusammen. Die Stadt, dieser „Korallenstock für das Kollektivwesen Mensch", wird für Döblin zum lebendigen Organismus, sie „schickt Eisenbahnschienen nach allen Seiten aus und läßt Züge, Menschen und Waren von allen Seiten in ihren weiten Körper eintreten. Es arbeiten, um den Stoffwechsel in ihr zu unterhalten, in der Reichseisenbahndirektion Berlin 20 Fernbahnhöfe, 121 Vorortbahnhöfe, 27 Ringbahnhöfe, 14 Stadtbahnhöfe, 7 Rangierbahnhöfe, 7 Werkstätten." Wohl hatte er noch 1924 erklärt: „Ich bin ein Feind des Persönlichen. Es ist nichts als Schwindel und Lyrik damit. Zum Epischen taugen Einzelpersonen und ihre sogenannten Schicksale nicht. Hier werden sie Stimmen der Masse, die die eigentliche wie natürliche so epische Person ist." Aber mit dem „Wanglun", dem „Wallenstein", dem „Giganten"-Roman, so meinte er später, sei er „den Weg der Massen und großen Kollektivkräfte zu Ende gegangen", danach habe er dem Einzelmenschen sich zugewandt und Bücher geschrieben, „welche sich drehen um den Menschen und die Art seiner Existenz". Nur ist die Frage nach der Existenz des Menschen, nach dem rechten Leben des einzelnen nach wie vor für Döblin nicht im Bereich des isolierten Einzelschicksals, sondern allein im Hinblick auf sein Verhältnis zum umgebenden Ganzen zu beantworten. Noch von dem 1937 begonnenen Erzählwerk „November 1918" sagte er später: „Ich dachte an Berlin ... Die alte Landschaft wollte ich hinstellen und einen Menschen, eine Art Manas und Franz Biberkopf (die Sonde) in diese Landschaft ziehen lassen, damit er sich (mich) prüfe und erfahre."

So ist das Umgebende, das kollektive Ganze, die große Stadt auch für das Biberkopf-Drama keineswegs bloße Kulisse und weit mehr auch als ein naturalistisch gefaßtes Milieu, das den Charakter und die Verhaltensweise des Helden bestimmte und erklärte. „Franz Biberkopf betritt Berlin" steht über dem ersten Kapitel des Zweiten Buches. Doch nicht etwa vom Einzelschicksal des Helden wird da berichtet, sondern ein bebildertes Schild, auf dem die verschiedenen öffentlichen Ressorts angegeben sind („Handel & Gewerbe", „Stadtreinigungs- und Fuhrwesen", „Gesundheitswesen" usf.), wird ganz so wiedergegeben, wie es am Eingang eines Stadtverwaltungsgebäudes hängen könnte; Mitteilungen des Gemeindebezirksamtes, des Oberbürgermeisters, der Wohlfahrtspflege werden so abgedruckt, wie sie in den Fluren dieses Gebäudes zu lesen sein könnten; Wettervoraussage, Anschläge der Straßenbahnverwaltung, Reklametexte folgen; dann wird aus der wogenden Menschenmasse wie wahllos eine Reihe von Einzelfiguren erfaßt, deren im Grunde gleichgültigalltägliches Schicksal jeweils für die Dauer einer kurzen Szene im Blick des Erzählers steht, bis sie wieder zurückfallen ins wogende Kollektiv. Erst als das alles vorgegeben ist, wird „die Sonde", das Untersuchungsinstrument und Prüfungsgerät eingeführt, wird, mit dem folgenden Kapitel, Biberkopf in diese „Landschaft" gestellt. Erst „Berlin Alexanderplatz", dann „Die Geschichte vom Franz Biberkopf"; bezeichnenderweise hat Döblin die Biberkopf-Geschichte ursprünglich nicht einmal in den Romantitel aufnehmen wollen, aber „Berlin Alexanderplatz", so erinnerte er sich später, war „ein Titel, den mein Verleger absolut nicht akzeptieren wollte, es sei doch einfach eine Bahnstation, und ich mußte als Untertitel dazusetzen ‚Die Geschichte vom Franz Biberkopf'".

Döblin hat die Landschaft der großen Stadt, in die er seinen Biberkopf ziehen ließ, „damit er sich (mich) prüfe und erfahre", nicht mit abstandhaltender, breit überschauender Beschreibung aufgebaut, sondern mit Vorliebe durch direkte Erfassung szenischer Vorgänge zwischen den Romanfiguren, die den Leser dicht heranzieht an das Geschehen und ihm die Illusion gibt, gleichsam aus erster Hand zu erleben. Mit der Heftigkeit des Unvermittelten schlagen aus dem dunkel brodelnden Meer des kollektiven Lebens dieser Stadt solche Szenen, solche Kurzkapitel herauf. Wellenartig folgen sie einander in parataktischer Reihung; keine scheint um ihrer selbst willen da, jede um des Ganzen willen, dessen Teil sie ist, aus dem sie kommt und in das sie zurückfällt. „Man nehme ein Stück dieser Natur, und man hat die ganze Natur."

Breiten Raum aber nehmen auch die Texte ein, die vom Leben des Massenwesens Großstadt selber berichten, in dem die Menschen nur noch als Statistenherden agieren: seitenlange Lokalreportagen vom Rosenthaler Platz oder von der Hasenheide, dem Schlachthof und Fleischmarkt, vom Alexanderplatz vor allem. „Berlin Alexanderplatz" — das ist „doch einfach eine Bahnstation". Der Erzähler zitiert, wie hier im Titel, so überall im Text des Romans, und die

Stadt selber nimmt er so beim Wort. Von der Straßenbahn berichtet er — und zitiert die Benutzungsordnung, den Fahrplan, die Angaben, die auf den Billets gedruckt sind. Eine Straße beschreibt er — Firmenschilder, Preisangaben, Plakataufschriften und Anschläge werden mitgeteilt, Ausrufe der Zeitungsverkäufer und fliegenden Händler. Die Welt der großen Stadt strömt als eine Flut von Texten in den Roman. Das Zitat, das tatsächliche wie das fiktive, das wörtliche wie das entstellte, ist sein Erkennungszeichen. Kaum übersehbar sind seine Quellen: Soldatenlieder und Kinderreime werden zitiert, Heilsarmeegesänge und Schlager, Telephonbücher und Bibeltexte, sexualwissenschaftliche Literatur und erbauliche Gedichte, Briefe von Häftlingen und Reisebeilagen, Volkslieder und Wettervoraussagen, Wahlreden und die Gefängnisordnung, Moritaten und Gerichtsakten, amtliche Bekanntmachungen und Brehms Tierleben, Marktberichte und Bevölkerungsstatistiken, Zeitungsartikel, Reklametexte in unendlicher Zahl. Döblin zeichnet seine Gegenstände nicht ab. Sprache ist ihm hier nicht mehr Mittel, die Welt darzustellen, Gegenstände wiederzugeben, die durch sie erst darstellungsfähig, zugleich aber doch schon überformt und also entstellt würden. Sprache ist hier vielmehr durchaus identisch mit dem von ihr Gemeinten, sie selbst ist die Welt. Und so reißt er das vorgeformte Sprachmaterial, das die Realität ihm anbot, das noch das zudringlichgrelle Lokalkolorit primärer Wirklichkeit an sich trägt, als einen brüllenden Katarakt von Gegenständlichkeit in den Roman hinein. Die Reize des charakteristisch vorgeformten Textes, seine unmittelbare Welthaltigkeit und seine Resonanzkraft entzücken, ja begeistern ihn. Auf Schritt und Tritt noch spürt das der Leser seines Romans, teilt er diese Lust. „Marktverlauf: Rinder in guter Ware glatt, sonst ruhig. Kälber glatt, Schafe ruhig, Schweine anfangs fest, nachher schwach, fette vernachlässigt" (und selbst hier, „Schweine anfangs fest, nachher schwach", scheint eine dunkle Resonanz zur Biberkopf-Fabel zu führen). Immer hat für den Anstoß zum Schreiben, für die Auslösung des Produktionsprozesses Döblins Faszination durch den vorgegebenen Text eine entscheidende Rolle gespielt. „Ich gebe zu", erklärte er 1929, „daß mich noch heute Mitteilungen von Fakta, Dokumente beglücken, aber Dokumente, Fakta, wissen Sie, warum? Da spricht der große Epiker, die Natur, zu mir, und ich, der kleine, stehe davor und freue mich, wie mein großer Bruder das kann. Und es ist mir so gegangen, als ich dies oder jenes historische Buch schrieb, daß ich mich kaum enthalten konnte, ganze Aktenstücke glatt abzuschreiben, ja ich sank manchmal zwischen den Akten bewundernd zusammen und sagte mir: besser kann ich es ja doch nicht machen ... das ist alles so herrlich und seine Mitteilung so episch, daß ich gänzlich überflüssig dabei bin." Ganz so überflüssig bleibt freilich auch hier der Autor nicht. Was er auswählt aus dem angebotenen Rohmaterial, wie er es überformt und integriert, was er ihm zusetzt, wohin er es rückt, das Arrangement der vorgegebenen Daten, das assoziierende Spiel der dichterischen Einbildungskraft mit diesen Bällen, die „der große Bruder" ihr zuwirft, das alles entfremdet das Zitat nicht nur der Wirklichkeit, aus der es stammt, sondern bestimmt zugleich erst über die Wirkungen, die es entfaltet im Zusammenhang des Romans. Wohl aber erscheint der Roman so über weite Strecken hin als eine Komposition aus vorfabrizierten Fertigteilen. Er führt im sprachlichen Bereich mit diesen Montagen genau das vor, was schon ein Jahrzehnt zuvor im Bereich der bildenden Kunst die in Berlin ausgestellten, im „Sturm" abgebildeten dadaistischen Collagen und Schwitters'schen MERZbilder ihm gezeigt hatten, diese Kleb- und Nagelarbeiten, die die Realität als vorgebildetes Material unmittelbar ins Bild nehmen und Kinderwagenräder, Spielkarten, Bindfäden, Streichholzschachteln, Zeitungsausschnitte, Straßenbahnbillets, Bruchstücke der wirklichen Welt durch Zerteilung, Übermalung, bestimmte Anordnung auf der Bildfläche zu einem neuen, der Wirklichkeit entfremdeten Gebilde arrangieren — so wie dann Döblin die fremden Texte gleichsam ausgeschnitten hat aus der Zeitung, dem Gesetzbuch, der Gefängnisordnung, wie er sie aufgesammelt hat in den Straßenbahnen, den Kneipen, auf dem Alexanderplatz und eingeklebt in sein Romanmanuskript. Auf diese Anregung durch die Dadaisten hat Döblin später selbst hingewiesen[4].

Vom Einsetzen, Aufmontieren, vom Collage-Charakter seiner Zitattexte zu sprechen heißt freilich einen Eindruck des Statischen wecken, der dem Tatbestand durchaus zuwiderläuft. Denn die „Fakta" verwandeln sich im „Alexanderplatz" in wirbelnde Partikel, in Energien, Potenzen, Stimulantien eines rauschhaft flutenden Prozesses[5]. Das Einzelzitat verliert sich selbst und findet zum Ganzen, indem es einstimmt in einen vielhundertstimmigen Chor. Daran wirken ganz wesentlich die kaleidoskopische Faszettierung der Textteile und der blitzhafte Wechsel von Sprecher und Perspektive mit, die vier Jahre vor Döblins Roman schon John Dos Passos in „Manhattan Transfer", dem Roman der Stadt New York, vorgeführt hat. Daran ist entscheidend beteiligt, daß fast keines dieser Zitate als „Einzelwesen" gefaßt, also durch Anführungszeichen isoliert wird. Kaum einmal geben Absätze, Gedankenstriche, Abstand schaffende Überleitungen und Einführungen eine Spur von individueller Kontur, selbst die Begrenzung durch Punkt und Satzschluß fehlt mitunter („Damenstrümpfe, echt Kunstseide, Sie haben hier einen Füllfederhalter mit prima Goldfeder"), und so schmelzen die Texte gleichsam ineinander.

Entsprechendes läßt in allen Schichten des Romans sich beobachten. In die Biberkopf-Fabel dringt die Fülle der Nebenerzählungen und schieben die Lokalreportagen sich ein, die heterogensten Inhalte und unterschiedlichsten Beobachtungsstandpunkte mischen, lyrische, dramatische, reflektierende Passagen verbinden sich, äußere und innere Vorgänge und verschiedenartige Temporalbezüge gleiten ineinander, die Ordines successivorum und simultaneorum durchdringen sich: alles Vereinzelte taucht ins Kollektiv eines brodelnden Sprachmeeres, in dessen Wogen selbst die regelrecht gebauten Sätze sich auflösen in Satzfetzen und Wortgüsse und ihre syntaktische Regelform widerstandslos den Impulsen der rhythmischen Artikulation nachgibt, die das Ganze durchziehen. Indem sie so auf alles Beharren in der Isolierung, alles Abkapseln, Sich-sperren und Widerstreben verzichten, weich und nachgiebig werden statt dessen, sich auflösen und einstimmen ins umgebende Ganze, gehorchen die sprachlichen Bauformen des Romans ganz den gleichen Maximen, zu denen im Bereich der Fabel der Mensch, dieser Franz Biberkopf erzogen wird, erzogen werden muß.

Döblins Erzähltechnik zielt insofern keineswegs auf Zerstückelung und Zusammenhanglosigkeit der Sprache und der durch sie und mit ihr erfaßten Welt[6], sondern im Gegenteil auf universale Entsprechung, Korrespondenz und Resonanz. Zerbrochen wird gerade das nur Vereinzelte (der in sich geschlossene Satz etwa, das Textstück, die Biberkopf-Fabel), das in seiner starren Isolierung gegen das Umgebende sich sperrte und nun durch die Auflösung seiner individuellen Kontur dem Kollektiv sich hingibt. „Für den, der bloß anschaut, erscheint das Ganze leicht als ein Nebeneinander. Unter den Dingen, im Handeln und in den Reaktionen aber tritt die Verflochtenheit hervor", notierte Döblin. Denn: „Nichts auf der Welt hat einen wirren, zusammenhangslosen Charakter. Aber daß dies alles, das von verschiedenen Seiten hergewachsen ist, diese Millionen Sonderschicksale und Begebenheiten, die sich im Jetzt treffen, daß sie zusammengehören, man kann es kaum ausdenken. Denn es zwingt, an die Verbindung aller zu denken. Ein Dasein eint dies alles. Das aber heißt: sie sind miteinander verbunden, sie haben einen Kampf auszufechten und berühren sich darum. Das, was hier und da in das Becken des Jetzt einsteigt, bald näher zu mir, bald ferner von mir, steht in Beziehung zueinander. Diese Gleichzeitigkeit im Jetzt ist eine einzige Wahrheit, eine sinnvolle Begebenheit." Zitate setzen den Zitierenden voraus. In dieser Hinsicht nun scheint die Aufnahme vorgeformter Sprachstücke in den Sprechtext der Romanfiguren und den Eigenbericht des Erzählers auf sehr unterschiedliche Weise legitimiert. Vielfach werden sie gesungen, gesprochen, gedacht von den handelnden Personen. Immer wieder drängen sich so die jahrelang eingepaukten Sätze aus der Gefängnisordnung in die Erinnerung des haftentlassenen, ausgesetzten Biberkopf, die den Schutz der dunklen Zelle und das Geborgenheit und Verläßlichkeit zusichernde Zuchthausreglement zurückbeschwören: „Er dachte, diese Straße ist dunkler, wo es dunkel ist, wird es besser sein. Die Gefangenen werden in Einzelhaft, Zellenhaft und Gemeinschaftshaft untergebracht. Bei Einzelhaft wird der Gefangene bei Tag und Nacht unausgesetzt von andern Gefangenen gesondert gehalten. Bei Zellenhaft wird der Gefangene in einer Zelle untergebracht, jedoch bei Bewegung im Freien, beim Unterricht, Gottesdienst mit andern zusammengebracht. Die Wagen tobten und klingelten weiter, es rann Häuserfront neben Häuserfront ohne Aufhören hin." Mitunter wird das Zitat zwar tatsächlich gesprochen von der Romanfigur: „plötzlich irrt durch seinen Kopf ein Satz, eine Zeile, das ist ein Gedicht, das hat er im Gefängnis gelernt, die haben es öfter aufgesagt, es lief durch alle Zellen", und dann sagt Biberkopf diese Verse auf in Henschkes Kneipe. Aber wie mühsam sie zum sprachlichen Ausdruck finden, wird auch hier sehr deutlich. Zumeist verbleibt der Zitattext im stimmungshaft Gefühlten, dunkel Assoziierten, im Unartikulierten des Halbbewußtseins, und erst der Erzähler kommt ihm gleichsam zu Hilfe, zieht ihn herauf und spricht ihn aus. „Das schwammige Weib lachte aus vollem Hals. Sie knöpfte sich oben die Bluse auf. Es waren zwei Königskinder, die hatten einander so lieb. Wenn der Hund mit der Wurst übern Rinnstein springt. Sie griff ihn, drückte ihn an sich. Putt, putt, putt, mein Hühnchen, putt, putt, putt, mein Hahn." Oder: „so sitzt Franz da dick vor seiner Molle, sitzt im Fett. Lobt froh, ihr Kehlen, ihr jugendlichen Chöre, es geht ein Rundgesang an unserm Tisch herum..." Doch gesungen wird hier wie dort keineswegs, und welchen Anteil an diesen Zitaten Biberkopf, welchen der ihm zu Hilfe kommende Erzähler hat, bleibt unbestimmt.

Die mangelnde Fähigkeit zu eigener, unabhängiger sprachlicher Formulierung, und das heißt zugleich: zu bewußtem, eigenständigem Denken, die hier zutage tritt, charakterisiert den Helden des Romans, der weit eher von dumpfen, triebhaften Impulsen sich lenken läßt als von klaren und formulierungsfähigen Einsichten. Weithin erscheint sein Sprechtext als „erlebte Rede", in jener Ausdrucksform also, die ihn gleichsam in Gemeinschaft mit dem Erzähler zu Wort kommen läßt, oder als „innerer Monolog", den doch der Erzähler erst zur Sprache bringt. Aber diese Techniken der modernen Erzählkunst stehen hier keineswegs im Dienste jener psychologisierenden Menschendarstellung, jener Erfassung des Stream of conciousness, für die der oft als Döblins Anreger genannte James Joyce 1924 im „Ulysses" den Monologue intérieur verwandt hat. Sie erscheinen bei Döblin als Formen kollektiven Sprechens, verwischen die der Einzelfigur charakteristische Diktion, die sie unterscheidet von anderen Sprechern, und dienen so der Einbeziehung des Einzelwesens in die umgebende Sprachgemeinschaft, an der Erzähler und Romanfiguren, Zeitungsschreiber und Verfasser von Reklametexten, ja Plakate und Telephonbücher selbst in gleicher Weise und weithin ununterscheidbar beteiligt sind. Gerade die im Zusammenhang des inneren Monologes auftauchenden Zitate geben dieser Darstellungsform eine solche Wirkung, nicht nur durch ihre effektive Mehrstimmigkeit, sondern ebenso durch die potentielle Beteiligung aller Stimmen an diesen Schlager- und Reklametexten, die durch jeden Kopf gehen, aus jedem Munde kommen können, die ein gemeinsames Sprachgut des Großstadtkollektivs sind. Fast immer erscheint das Zitat hier als eine Art frei verfügbaren Gebrauchsartikels, und seinen Benutzungscharakter macht Döblin denn auch an vielen Stellen, auf vielerlei Weise sichtbar. Etwa wenn er ein amtliches Schreiben zitiert, mitsamt dem Kopfbogen, wie sich versteht, so nimmt er nicht die Ziffern des Geschäftszeichens auf, die der Leser doch überliest, sondern nur den tatsächlichen Leseeffekt und Benutzungswert „Geschäftszeichen" selbst („Der Polizeipräsident, Abteilung 5, Geschäftszeichen, es wird ersucht ..."). Wenn er aus einem Kitschroman zitiert, so fügt er die Benutzerspuren mitgelesener Satzzeichen oder, in Klammern, beim Lesen rückerinnerter vorangegangener Textteile und am Ende eine freie Assoziationsreihe dem Zitat hinzu: „Schauer der Kälte durchbebten sie. Ihre Zähne schlugen wie in tiefem Frost aufeinander, Punkt. Sie aber rührte sich nicht, Komma, zog nicht die Decke fester über sich, Punkt. Regungslos lagen ihre schlanken, eiskalten Hände [wie in tiefem Frost, Schauer der Kälte, schlankes Weib mit geöffneten Augen, berühmte Seidenbetten] darauf, Punkt. Ihre glänzenden Augen irrten flackernd im Dunkeln umher, und ihre Lippen bebten, Doppelpunkt, Gänsefüßchen, Lore, Gedankenstrich, Gedankenstrich, Lore, Gedankenstrich, Gänsefüßchen, Gänsebeinchen, Gänseleber mit Zwiebel." Texte aus dem Bereich der großen Poesie werden mit den

Gebrauchsspuren rücksichtsloser Zerstückelung und Entstellung, trivialisierender Verwendungsweise und radikaler Sinnentleerung versehen, die nirgends mehr den Eindruck einer an der literarischen Bildungswelt teilhabenden Zitierkunst aufkommen lassen, sondern das abgesunkene Kulturgut dieser Schiller-, Goethe- oder Kleist-Zitate als einen Massenartikel unter tausend anderen vorstellen. Biberkopf singt das Lied vom guten Kameraden, und nicht wie er gedruckt, sondern wie er wirklich gesungen wird, erscheint der Text, im Schriftbild ausgewiesen als ein Gegenstand des Gebrauchs: „Kann dir die Hand nicht geheben, bleib du im ewgen Leheben mein guter Kameherad, mein — guter Kameherad." Gleiches geschieht, wenn nicht Newtons, sondern „Njutens" Bewegungsgesetz genannt wird. Und selbst die in einen von ihr gesungenen Text eingeschobenen, durch den Wortlaut des Liedes sichtlich angeregten Gedanken der Emilie Parsunke vervollständigen das Zitat ja um seinen Gebrauchseffekt: „Ich hab mein Herz in Heidelberg verloren [det is eine falsche Gesellschaft, der hat recht, daß er die ausräuchert] in einer lauen Sommernacht [wann kommt er denn nach Hause, ich geh ihm entgegen über die Treppe]. Ich war verliebt bis über beide Ohren [ich sag ihm keen Wort, mit sone Schlechtigkeiten werd ich nicht kommen, keen Wort, keen Wort. Ich hab ihn so lieb. Na, meine Bluse werd ick mir anziehen]. Und wie ein Röslein hat ihr Mund gelacht. Und als wir Abschied nahmen vor den Toren, beim letzten Kuß, da hab ichs klar erkannt [Und det stimmt, wat Herbert und Eva sagt: die merken jetzt wat ...]."

Ob die Romanfigur auf solche Weise den früher einmal ins Gedächtnis genommenen Text reproduziert oder ob sie im Augenblick ihn zur Kenntnis nimmt, immer stiftet das Zitat Verbindungen, ja, erscheint es selbst als Zeugnis für die Kommunikation des Zitierenden mit anderen Sprechern, mit der Sprachwelt der Großstadt überhaupt, die durch ihre von Zeitungsausrufern, Anschlägen, Plakaten oder Geschäftsauslagen gleichsam zur Übernahme, zum Zitat angebotenen Texte den einzelnen zum Eintritt in das große Sprachkollektiv lockt, als das sie im Roman erscheint. Höchst aufschlußreich dafür zeigt sich im ersten Kapitel des achten Buches die Angabe: „Das Kaufhaus Hahn ist ganz runter, sonst stecken alle Häuser voll Geschäfte, sieht aber bloß aus, als ob es Geschäfte sind, tatsächlich sind es lauter Rufe, Lockrufe, Gezwitscher, knick knack, Zwitschern ohne Wald." Von solchen Lockrufen umschwirrt, zieht der Romanheld durch die große Stadt, und ihre in der Fülle der Zitate sich äußernde Kollektivstimme korrespondiert der Stimme des Todes in der Biberkopf-Fabel, die den Widerstrebenden, in der

Isolierung sich Versteifenden zur Selbstaufgabe läutert und ihn die Solidarität mit der Gemeinschaft lehrt. Ja, was Biberkopf dort erst am Ende seines Weges, im Läuterungsfeuer der Sterbestunde als bewußte und in ihrer Bewußtheit zugleich schon fragwürdige, zwiespältige Maxime eines „neuen Lebens" erfaßt, wird von ihm, dem unaufhörlich Zitierenden, im Bereich der sprachlichen Formung des Romans auf unreflektierte und gleichsam naturwüchsige Weise schon von Anfang an praktiziert. In dieser Hinsicht erweist die Erziehung durch den Tod sich als ein Akt der Bewußtmachung.

Neben dieser bedeutungsvollsten Funktion erfüllen die Zitate mannigfaltige Nebenaufgaben im Wirkungsverband der Erzählmittel. Sie assoziieren sich etwa bestimmten Vorgängen im Handlungsverlauf, rufen daher bei ihrer Wiederholung im Gedächtnis der Romanfiguren ebenso wie in dem des Lesers Erinnerungen an Früheres auf und wirken so an der Verbindung des zeitlich Getrennten in der Gleichzeitigkeit des erlebten Augenblicks. Solch rückweisend und vorausdeutend koordinierende Leistung wiederholt zitierter Texte zeigt sich beispielsweise in der Verwendung der vom Erzähler leicht überformten und gebrauchsfähig gemachten Verse aus dem 3. Kapitel des Predigers Salomo. Sie erscheinen am Ende des Siebenten Buches, wenn Mieze mit Reinhold nach Freienwalde gefahren ist, als eine dunkle Vorbedeutung, von der man nicht weiß, wer eigentlich sie spricht, als eine Unheilsverkündigung, von der es fast scheint, als raunten die Bäume sie: „Sie lachen, sie gehen Arm in Arm, erster September. Die Bäume hören nicht auf zu singen. Es ist ein langes Predigen. Ein jegliches, ein jegliches hat seine Zeit und alles Vornehmen unter dem Himmel hat seine Stunde, ein jegliches hat sein Jahr, geboren werden und sterben, pflanzen und ausrotten, das gepflanzt ist . . ." Von hier an ziehen die Predigerworte durch das ganze Kapitel. Alles Geschehen zwischen dem Mädchen und dem Mann begleiten sie und bestimmen es als ein Beispiel dessen, was sie verkündigen. Mit zunehmender Heftigkeit und Beschleunigung des Handlungsverlaufs verändern sie selbst ihre Form und ihr Sprechtempo, werden zu kurzen Fetzen, zu abgewürgten Schreien, als stieße das Opfer selber sie hervor, das unter dem Griff des Mörders sich windet: „Sie ist blau, zerrt an seiner Hand: ‚Mörder, Hilfe, Franz, Franzeken, komme.' Seine Zeit! Seine Zeit! Jegliches seine Zeit. Würgen und heilen, brechen und bauen, zerreißen und zunähen, seine Zeit. Sie wirft sich hin, um zu entweichen. Sie ringen in der Kute." Und als alles vorüber ist, weht von den schwankenden Bäumen her, die zuerst sie predigten, noch einmal ein letzter Nachklang der Verse, die ihre schreckliche Wahr-

heit bewiesen haben. „Die Bäume schaukeln, schwanken. Jegliches, jegliches."
Das augenfälligste und durchgeformteste Beispiel für solche Leistungen leitmotivisch wiederholter Zitate gibt das Lied vom Schnitter Tod, das von lang her den figürlich-leibhaftigen Auftritt des Todes im letzten Buche vorbereitet (so wie die Apokalypse-Zitate sich am Ende in der Gestalt der Hure Babylon selber gleichsam materialisieren), das zugleich aber als heimlich-unheimlicher Unterton die Erscheinung Reinholds begleitet, des Mannes mit dem gelbhäutigen Gesicht, mit den klaffenden Falten, die von der kurzen, stumpfen Nase zum Munde laufen, der stammelt und stottert, wenn er redet — wie es später von seinem Meister und Auftraggeber, vom Tode selber heißt: „Er singt wie ein Stammler." Als Biberkopf sich einläßt in die Verbindung mit diesem Abgesandten des Todes, auf ihren „schwunghaften Mädchenhandel", da schiebt zum erstenmal auch das Liedzitat sich in den berichtenden Text: „Franz beobachtet immer den Reinhold. Es ist ein Schnitter, der heißt Tod, hat Gewalt vom großen Gott. Heut wetzt er das Messer, es schneidt schon viel besser, bald wird er drein schneiden, wir müssens erleiden. Ein merkwürdiger Junge. Franz lächelt. Reinhold lächelt gar nicht. Es ist ein Schnitter...". An Biberkopfs Bett in der Magdeburger Klinik sitzen Herbert und Eva, und er erzählt, wie die Pums-Leute ihn aus dem fahrenden Auto geworfen hätten. Daß Reinhold es tat, verschweigt er ihnen, aber das Zitat, das jetzt plötzlich eingerückt wird, vertritt ihn gleichsam, und der Anhauch des Todes geht von ihm aus. „Es ist eine Mauer um sie eingerissen, eine andere Luft, eine Finsternis ist eingeströmt. Sie sitzen noch am Bette von Franz. Es geht ein Schauer von ihnen zum Bett von Franz. Es ist ein Schnitter, der heißt Tod...". Nun verstummt das Lied nicht mehr. Seine im Strom des Romantextes jäh auftauchenden Bruchstücke halten die Todesdrohung gegenwärtig, und als Mieze mit Reinhold durch den Wald geht, als der Mörder sich auf sie wirft, als Biberkopf dann den Mordbericht in der Zeitung liest, steigen sie herauf. Als er am Ende für den Prozeß gegen Reinhold vernommen wird von den Kriminalbeamten, da hat das Zitat seine Todesprophezeiung zwar erfüllt und seine Drohung verloren, aber als Mahnung bleibt es auch jetzt noch im Spiel, und so wird hier zum erstenmal nun auch der letzte Vers zitiert: „Hüt dich, blau Blümelein", der vorher nur verharmlosend hätte wirken können.
Wer hat ihn da zitiert, wer hat diese Zitate eigentlich gesprochen? In vielen Fällen ist es gewiß die Romanfigur, der dann mitunter die Stimme des Erzählers zu Hilfe kommt. Doch für eine Fülle von

Zitaten in Döblins Roman gilt diese Auskunft keineswegs, da scheint auch der Erzähler selbst und allein durchaus nicht mehr verantwortlich für den zitierten Text. Der Autor hat dieser im „Berlin Alexanderplatz" gleichsam mitgedichteten Figur dort, wo die Biberkopf-Fabel und ihre Moral zur Rede steht, den Anschein vorauswissender und ganz überlegen führender, uneingeschränkter Erzählervollmacht gegeben; „es ist die Frage", läßt er sie im Vorwort zum Zweiten Buche sagen, „ob wir nicht einfach aufhören sollen. Der Schluß scheint freundlich und ohne Verfänglichkeit, es scheint schon ein Ende, und das Ganze hat den großen Vorteil der Kürze. Aber es ist kein beliebiger Mann, dieser Franz Biberkopf. Ich habe ihn hergerufen zu keinem Spiel, sondern zum Erleben seines schweren, wahren und aufhellenden Daseins." Solch souveräne Verfügungskraft und Selbstsicherheit täuscht. Der Erzähler ist eine Figur, die allein durch ihr Erzählen sich aufbaut, kraft ihrer Sprache personale Kontur gewinnt. Wenn man daraufhin ihn beobachtet, so zeigt sich doch, daß er vor dem Gegenstande seines Erzählens, vor der herandrängenden Fülle von Figuren und Geschehnissen eine Abschweifungsbereitschaft erweist, in der nicht mehr die Souveränität des alten Epikers, sondern Nachgiebigkeit und Schwäche sich äußern. So zeigt sich, daß er auch auf die Sprache des Kollektivwesens Großstadt in einer Weise sich einläßt, die seinen Eigencharakter, seine Überlegenheit sehr in Frage stellt. Mit der sprachlich-formalen aber geht eine ideelle Angleichung Hand in Hand. Wie er auf ihren Jargon sich einläßt, so teilt der Erzähler im Grunde hier auch die moralische Ordnung mit der Diebes- und Dirnenwelt. Und Döblin hat sich diesen Vorgang in seinen theoretischen Schriften zu vollem Bewußtsein gebracht. Betritt der Autor die Ebene eines bestimmten Sprachstils, hat er erklärt, „so muß er sich den Gesetzen dieses Landes anpassen. Er wird geführt und gefangen. Er hat sich diesem Land verschrieben. Mit der Sprache und dem Tonfall muß er nun viele Vorstellungen und Urteile akzeptieren und sie in Kauf nehmen." Denn: „jedem Sprachstil wohnt eine Produktivkraft und ein Zwangscharakter inne, und zwar ein formaler und ein ideeller."

Lautstand und Formenbildung, Wortschatz und Redewendungen des Berliner Dialekts, ja des Gossen-Argots, des Verbrecherjargons bestimmen die Rede des agierenden Personals, und der szenisch gestaltende Erzähler gibt dem breiten Entfaltungsraum. Seine eigene Diktion zwar steht auf weit gehobenerer Stufe, unterscheidet sich an vielen Stellen ganz eindeutig von aller direkten Rede der Figuren. Aber schon in der erlebten Rede, im inneren Monolog zeigt er ein Entgegenkommen, das die distanzierenden Spezifika seiner Sprache verwischt. Auch im Eigenbericht läßt er sich häufig auf den Primitivstil und die Dialektsprache seiner Figuren ein, und bis in die ihm ganz allein vorbehaltenen Kapitelüberschriften schlägt schließlich der Zuchthausjargon herauf: „Es kommt zum Klappen, Klempnerkarl geht verschütt und packt aus" — so reden sie alle, und die gesonderte Einzelstimme des Erzählers verliert sich im Chor der Masse.

In seiner Theorie vom „Bau des epischen Werkes" hatte Döblin gesagt, daß in bestimmten Stadien des Produktionsprozesses das Ich des Autors durch die entstehende Dichtung so fasziniert und bezaubert werden könne, daß es die eigentliche Führung verliere; „es erleidet sein Werk, es tanzt um sein Werk herum. Das Ich ist in die Spielsituation des entstehenden Werkes einbezogen und hat wenigstens zum Teil die Kontrolle verloren." In diesem Zusammenhang gehört ohne Zweifel die begeisterte Überwältigung des Autors durch die vorgeformte Sprache, die ihn sich selber überflüssig erscheinen läßt: „Ich plantschte in Fakten. Ich war verliebt, begeistert von diesen Akten und Berichten. Am liebsten wollte ich sie roh verwenden." Wie der Produktionsprozeß im Lesevorgang sich spiegelt und wiederholt, so bestimmt auch diese Haltung des Autors die Rolle des fiktiven Erzählers im Roman. Wenn aber der Autor Döblin angesichts der „Fakten", die ihn überwältigten, zurückfindet in die Überlegenheit dessen, der sie auswählt, überformt und montiert, der „die Daten arrangiert", so gilt diese Auskunft doch für seinen Erzähler nicht. Die Schwäche, die Nachgiebigkeit, mit der er im stilistischen Bereich reagiert, auf den kollektiven Dialekt und Jargon sich einläßt, zeigt sich deutlicher noch angesichts der Zitate. Eben noch hat er selber gesprochen oder für eine Weile seinen Romanfiguren das Wort erteilt, da schneidet mit den Montagen jäh und übergangslos ein anderer, autark gewordener Sprecher das Wort ihm ab, ein anonym bleibender Für-Sprecher des großen Kollektivs. Statistiker und Aktenschreiber, Reklametexter und Schlagerdichter drängen sich an den Platz des Erzählers, und der läßt sie „herankommen", läßt sich beiseite schieben, widerstrebt nicht, gibt nach. Mit brutaler Gewalt bricht die Welt, die Wirklichkeit als Sprache über ihn hinweg, eine vom Erzähler nicht mehr gemeisterte Fremd-Sprache überflutet ihn, reißt ihm die Erzählführung aus der Hand, bis die Woge zurückfällt und er wieder zu Worte kommt. Über weite Strecken hin will es scheinen, als erzähle die große Stadt sich selbst, als träten die Texte in den Roman, ohne daß sie noch des aufnehmenden und erzählend wiedergebenden Vermittlers bedürften.

Von einem als Figur gefaßten, persönlichen Erzähler zu sprechen ist dennoch unerläßlich. Nicht nur weil er in der Moritat vom Biberkopf als zeigende und bewertende, mit aller Vollmacht des Erzählens und Verschweigens ausgestattete Person deutlich wird, sondern auch deshalb, weil erst unter der Voraussetzung eines persönlichen Erzählers der Einbruch vorgeprägter und vermittlungsfreier, autonomer Texte in den Roman erkennbar wird als Folge einer Verhaltensweise eben dieses Erzählers, die wiederum in das Zentrum des Erzählwerks weist. Wie das Schlachtvieh oder wie Isaak und Hiob nicht widerstreben, sich fügen und sich überwältigen lassen, so praktiziert auch dieser Erzähler im Verhältnis zu den herandrängenden Stimmen aus dem Kollektiv die Lehre vom Einverständnis, führt auch er die Haltung vor, zu der Biberkopf am Ende seines Weges gelangt. Wie das Prinzip der Ergebung, der Einfügung in ein umgebendes, kollektives Ganzes, das am Ende die Moral seiner Privatgeschichte verkündet, schon von Anbeginn den Bau der syntaktischen Formen und den Aufbau des ganzen Romans bestimmt, die Einbettung der „Geschichte vom Franz Biberkopf" in die Fülle der Gleichnisse und Nebenerzählungen, umgebenden Figuren und Geschehnisse, der Resonanzen und Korrespondenzen, wie es die Eigenarten der Sprachbehandlung prägt und die der Menschengestaltung, so regiert es das Verhältnis der Erzählerstimme zur Stimme des Sprachkollektivs, die weder isoliert sich behauptet noch sich gänzlich aufgibt und verliert im Sprachmeer der Großstadt: „Das Ich ist darin. Es wiegt sich darin!" In all seinen Zügen weist Döblins Roman so auf das gleiche, das strukturbestimmende Prinzip; und dieser gemeinsame Grundbezug der Gestaltungsformen und Darstellungsweisen stellt seinerseits eine Resonanz, eine Korrespondenz der Bereiche vor Augen, die das letzte, äußerste Beispiel universaler Kommunikation gibt und gleichsam den Schlußstein setzt in das großartig geschlossene Gefüge dieser Dichtung. Sie entläßt zwar mit Widersprüchlichkeit dort, wo — dem Modellzwang der christlichen Jedermann-Parabel folgend — ihre Lehre von der Einwilligung Anwendung finden soll auf das Verhalten des „neuen", geläuterten Menschen in der Wirklichkeit unserer Welt; wo Biberkopf, „(die Sonde)", in die Welt dieses Romans geführt wird, „damit er sich (mich) prüfe und erfahre", und sich nun in die Alternative von kriegsopferbereitem Gemeinschaftsaufbruch oder skeptischer Abkapselung des einzelnen verirrt. Das stellt freilich die Brauchbarkeit des Biberkopfschen Lehrbeispiels als einer praktikablen Verhaltensvorschrift in Frage — nicht aber den ästhetischen Rang des Romans. In ihm lebt jener experimentelle, revolutionäre Geist, den Döblin der „progressiven Gruppe" deutscher Autoren zusprach. Mit brutaler Rücksichtslosigkeit, unbekümmert um alle Verluste, dem Zeitalter der großen Industrien, der riesigen Städte, der anonymen Kollektive leidenschaftlich zugewandt, werden hier die überlieferten Wertvorstellungen aufgegeben, die mit der Behauptung einer individuellen Persönlichkeit gegenüber der Masse und ihren Nivellierungstendenzen zusammenhängen, werden die „vorbereiteten Themen", die gängigen Erzählweisen, die traditionellen Stilbegriffe beiseite geschoben. Kaum weniger als ein Kompendium moderner Erzähltechniken ist der „Alexanderplatz". Was aber seinen Rang bestimmt, ist eben dies: daß die Auflösung der Figur eines persönlichen Erzählers, wie er seit Rabelais und Cervantes, Fielding, Sterne und Wieland den Roman bestimmt hat —, daß die Reduktion der Mittelpunktsfigur auf die Verkörperung jenes niedrigsten Wertes, der ihre Verbindlichkeit für eine pluralistische Leserschaft verbürgt —, daß die Einbeziehung ihres Privatfalls, die Einbettung des Handlungsstranges in ein breitflächiges Erzählgewebe —, daß die expressionistischen, dadaistischen Formzüge, die Satzauflösung, die Perspektivenverwischung, das Ineinanderschieben heterogener Handlungs- und Textteile, die Auflösung zeitlicher Kontinuität, diese Montagetechnik und Simultaneitätsdarstellung, die Bevorzugung der erlebten Rede und des inneren Monologs —, daß dies alles nicht um seiner selbst willen, als ein bloß erzähltechnisches, formalistisches Experiment erscheint, sondern dem zentralen Vorwurf der Erzählung dienstbar gemacht, ja aus ihm abgeleitet und von ihm her als notwendig erwiesen wird.

In den vulkanischen, den zerstörerischen Ausbrüchen, die hier, den Impulsen eines außerordentlichen Kunstverstandes folgend, zu einem Werk von bewundernswerter Geschlossenheit sich türmen, kommt etwas von erzählerischer Urkraft, von barbarischer Sprachgewalt zu Worte. Ihr aber gelingt ein wilder Durchbruch zu jenem wahrhaft epischen Reichtum der Sprache, der Bilder und Formen, der Figuren, Räume und Geschehnisse, zu jener epischen Weltfülle, die zu beschränken, gegen die sich abzukapseln der Roman um so gefährdeter erscheint, je mehr er in veredelten, hochgezüchteten Formen erstarrt; ihr gelingt ein Durchbruch zu dem, was Döblin den „frischen Urkern des epischen Kunstwerks" nannte, und von dem her diese welthaltigste unter den poetischen Gattungen ihre lebendig sich wandelnden Erscheinungsformen bildet.

ALBERT FUCHS

## Broch · Der Tod des Vergil

„Der Tod des Vergil" — „kein dokumentierter historischer Roman, (sondern) aus sich selbst und in seiner eigenen Autonomie geboren" — stellt sich als der Bericht über die letzten achtzehn Stunden des „Aeneis"-Dichters dar, der mit der tödlichen Krankheit ringt. Der Sterbende hat das Erlebnis einer großartigen Meditation, die, oberflächlich betrachtet, der Erhaltung oder Vernichtung seines Epos gilt. Aber die Wahl, die getroffen werden muß, ist nur der Kristallisationspunkt für weittragende Fragen, wie sie sich in einer Welt der Zersetzung der Persönlichkeit und des „Zerfalls der Werte"[1] erheben; sie münden ein in das Problem der Größe und der Knechtschaft des Menschen auf Erden und im Universum.

Zu den Schwierigkeiten, die in diesem Gehalt und in der Verschränktheit seiner Komposition liegen, kommen andere hinzu. Sie liegen in der vom Inhalt ablenkenden Diktion, die auf jener Grenzlinie steht, welche die Sprache in ihrer Bestimmtheit von der Musik als dem Ausdruck des Schwebenden, Fließenden trennt. Man kann sich darum diesem Werk nur nahen — um Hölderlins Begriffsbestimmung aufzunehmen — durch das „kalte, kühne, unbestechbare" Forschen, das geduldigen Ohres oder Auges eine große Partitur oder einen großen Text Element nach Element ergründet und begreift.

### Das Ringen mit der Lebensangst

Im Gefolge des Augustus landet Vergil, aus Griechenland kommend, in Brundisium. Während der Seefahrt hat er sich gefragt, was er in seiner dreifachen Eigenschaft als Mensch, Dichter und Erkenntnissucher erreicht hat, und antworten müssen, daß er unter dem Druck einer übermächtigen Gewalt stets versagt hat. „Den Tod fliehend, den Tod suchend, das Werk suchend, das Werk fliehend", ist er zu „einem Ruhelosen" geworden, der sein Inneres nicht zu beherrschen weiß. In seinem Inneren waltet eine Antinomie, die ihn bis zum Gefühl der Spaltung seines Ich führt. Dann: als Mensch unter Menschen war er zu Einsamkeit und Unvermögen gezwungen, hat er den Kontakt mit seinesgleichen nicht gefunden. Ferner: als

Dichter, und das heißt als Berater und Führer, hat er nichts erreicht, wie gerade sein Erfolg erkennen läßt; denn „der Dichter wird nur dann gehört, wenn er die Welt verherrlicht, nicht jedoch, wenn er sie darstellt, wie sie ist". Ruhm ist die Frucht der Lüge, nicht der Erkenntnis, und — letzte, schwerste Bedrückung — die Erkenntnis ist ihm nicht zuteil geworden; er hat versucht, den Sinn des Daseins der Einzelwesen, der Menschheit, der Schöpfung als eines Ganzen zu erfassen — es war vergeblich. So kam zur Unstimmigkeit des Innen die Unstimmigkeit im Verhältnis zum Außen hinzu. Die Lebensbilanz eines Besiegten inmitten eines zusammenhanglos erscheinenden Universums rückt einen psychologischen, ethischen, ästhetischen, intellektuellen, metaphysischen Bankrott ins Licht. „In das tiefsinkende westliche Gestirn blinzelnd", heißt es, „zog Vergil den Mantel bis unters Kinn; er fror."

Diese Grübelei ist jedoch nur ein Vorspiel, das Anschlagen von Motiven, die sich alsbald erweitern werden, wobei es sich zeigt, daß es Vergil nicht allein um sich selbst geht. Nachdem er erschüttert und entsetzt die Fahrtgenossen, von den Spitzen der Gesellschaft bis zu den erbarmungslos Entrechteten, beobachtet hat, sieht er, die Stadt durchquerend, die Menge, die ihn in ihrem „Absinken zum Großstadtpöbel" in gleicher Weise entmutigt. Überall „schwelt Begehrlichkeit", überall herrscht das „Gierleben der Oberfläche". Mann und Weib sind lediglich durch die „Geilheit in der Zufallsbrunst" verbunden. Auch außerhalb der Geschlechtlichkeit hat der Mensch für den Mitmenschen nichts als ausbeutende Roheit oder bestenfalls Gleichgültigkeit. Sogar Augustus, sagt sich Vergil rückblickend, kennt keine Freundschaft, sondern bloß „Freundlichkeit zu selbstischen Zwecken"; seine soziale Ordnung, der Augusteische Frieden, ist „gebändigt und mißbraucht zum Ehrgeiz, zum Nutzen, zur Hetzjagd, zur Außenweltlichkeit, zur Verknechtung, zum Unfrieden". Der Mensch hat die „Sehnsucht des Herzens und des Denkens" verlernt, ist nur noch „bewegte und gehetzte Kreatürlichkeit ... Das Unheil lärmte, und die Qual lärmte, und der Tod lärmte." Doch den ganzen grauenhaften Sinn dieser Feststellung ermißt Vergil erst in der „Elendsgasse", dem schauerlichen Proletarierviertel Brundisiums. Hier zeugen, vegetieren, verenden Wesen der Nurgeschöpflichkeit als menschliches „Ungeziefer", das neben dem Kampf um das bare physische Dasein von nichts weiß. Brutalste Beschimpfungen überfallen, überschütten den vornehmen Unbekannten, den „Sänftenlümmel", den „Geldsack auf dem Thron". Der Klassenhaß der Enterbten gegen den Bevorrechteten gellt auf. Aber noch etwas anderes wird herausgeschrien, herausgespien: das

Urteil über den Menschen, der das, was not tut — das Absolute als Rettendes — noch nicht erblickt und erfaßt hat. Die Speienden wissen nicht, was ihre Unflätigkeiten besagen. Der Fiebernde aber, der hellhöriger Gewordene, begreift. „Jede Schmähung riß ein Stück Überheblichkeit von Vergils Seele, so daß sie nackt wurde, so nackt wie die Säuglinge, so nackt wie die Greise auf ihren Lumpen, nackt vor Finsternis, nackt vor Erinnerungslosigkeit, nackt vor Schuld, eingegangen in die flutende Nacktheit des Ununterscheidbaren." ... „Finsternis": verworfen ist alle bloß intellektuelle Bildung, für die das Licht der wahren Erkenntnis noch nicht geleuchtet hat. „Erinnerungslosigkeit": die Erfahrungen, die auf diese Weise im Leben gemacht worden sind, versinken als bedeutungslos im Abgrund der Vergessenheit. Sie haben versäumt, das Wesentliche ins Auge zu fassen: daher „Schuld"; führten sie doch nicht dahin, die wahre Verbindung mit den Menschen auch nur zu suchen; und die Feindseligkeit, die ihn umgibt, schleudert dem Fremden, dem Eindringling den Vorwurf ins Gesicht. Aber noch anderes erfährt Vergil durch das Wort vom „Ununterscheidbaren" — dies: der Mensch solchen Zustandes ist ein namenloses Element des universalen Lebensdranges, dazu bestimmt, in der ungeheuren gestaltlosen Masse des Lebensmagmas zu verschwinden; das eröffnen ihm auch die Weiber, die ihm zuschreien: „Wenn du verreckt bist, stinkst du, wie jeder andere." Es ist noch nicht alles. Die Individuation, selber eine Täuschung, enthält und unterhält eine zweite Täuschung des Menschen über sein Wesen; denn der Mensch irrt, wenn er meint, in seiner autonomen Substanz erhalten zu bleiben, der Zersetzung zu entgehen, mit seiner Seele zur „Zeitlosigkeit" berufen zu sein. So kann nur ein verstockter Sünder oder ein Kind denken. Und: „‚Bist schlimm gewesen, mußt heimgetragen werden ... Kriegst eine Spritze, aufs Töpfchen gesetzt', regnete das Lachen allenthalben aus den Fenstern." Weiter: wie das Symbol des Schiffs, das Vergil aus Griechenland nach Brundisium brachte, es besagt, ist der freie Willen des Menschen auch nur Trug inmitten einer Welt, aus der irreführende, die Helligkeit des Wesentlichen verbergende Schatten aufsteigen — die „Zeitdunkelheit". Eines allein ist für den nurgeschöpflichen Menschen wirklich: der Determinismus der Ereignisse, das „Unabänderliche", dem er in Ohnmacht ausgeliefert ist. So gleichen denn auch die Weiber der „Elendsgasse" immer mehr den Schicksalsgöttinnen, den Parzen, wenn sie drohen: „Wir holen dich schon, du Schwanz, du Hängeschwanz."

Mit marterndernder Klarheit als zuvor fühlt Vergil sich in eine Schöpfung gestellt, die er nicht versteht. „Aus unerschließbaren

Tiefen", so sinnt er qualvoll, „sprießt das Leben empor, durch das
Gestein zich zwängend, sterbend schon auf diesem Wege; ... aus
unerschließbaren Höhen sinkt das Unabänderliche steinkühl herab
... erstarrend zum Gestein der Tiefe, oben wie unten das Steinerne."
Aber nicht nur zwischen Erde und Himmel, im Kosmos, hat Vergil
dieses „Unabänderliche" verspürt. „Zwangsläufig", hat er gesehen,
bewegt sich auch die Menge wie er selbst. Wer er auch sei, wo er
auch sei, hat der Mensch „die Unentrinnbarkeit und ... die unent-
rinnbaren Fänge des Schicksals" über sich. „Eine Sünde wird bestraft, ... die der Mensch nicht begangen hatte, ... und die ihm
ewig auferlegt ist, damit er seine Aufgabe, damit er die Erfüllung
nicht sehe." Der Mensch ist bindungslos, wehr- und hoffnungslos
in eine zeitliche und räumliche Unendlichkeit geworfen, die von
keiner sinn- und damit einheitgebenden Idee gelenkt wird. Wie
dürfte er hoffen, anders als geschöpflich zu leben?

Vor dem Eintritt in das Kranken-, das Sterbezimmer wird einem
doppelt und dreifach Aufnahmefähigen noch einmal zum Bewußtsein
gebracht, was ihn seit eh und je bedrängt hat, um ihn jetzt antwort-
heischend mit letzter Gewalt zu bestürmen. Ein Drama setzt ein mit
nihilistischem Auftakt.

Doch ein Stern bricht durch die Finsternis der Geschöpflichkeit
und damit durch die Nacht Vergils. Auch die Furien der „Elendsgasse" kennen den Mutterinstinkt und wissen damit um Liebe; sie
fühlen dunkel, daß eine Erkenntnis errungen werden muß. Die
Menge, die vor dem Cäsarenpalast auf Freiwein und Geldspenden
wartet, diese „Flut zusammengeballter Geschöpflichkeit", hat einen
wenn auch niedrigen Begriff von Richtung und Ziel und erlaubt,
auf „Rettung des Bewußtseins, ... der Seele" zu hoffen. Ihr Zorn
über den Vergil gewährten sofortigen Eintritt in das Gebäude ist
Zeichen eines „Bangens um Würde". In jedem Menschen lebt eine
„unaustilgbare Sehnsucht" nach Aufstieg, die „sich niemals vernichten, höchstens ins Bösartige und Feindliche abbiegen" läßt.
„Gottesverborgenheit ist, aufdeckungs- und erweckungsbereit, allüberall und selbst noch in der verworfensten Seele."

So besteht das Recht, zu fragen, ob das menschliche Los nicht
auch eine „Herrlichkeit" bedeutet, die „furchtbare Herrlichkeit, ...
in die irdische Verkerkerung, ins Böse, ins Sündige" geworfen zu
sein, um danach zu Wahrheit, Freiheit, Dauer und allumfassender
Gemeinschaft zu gelangen. Die Geburt dem Fleische nach, Ursprung
alles Irrtums und aller Schuld, sollte sie nicht auf eine zweite Geburt
im Geist hinzielen, die „Wiedergeburt" in der Vereinigung mit
Gott, jenseits der irreführenden Zeitwelt und des zerstörerischen

Zeitablaufs? Sollte dafür „die Größe der Menschenvielfalt, die Weite der Menschensehnsucht" nicht Beweis sein?
Die inneren Kräfte können, von außen unterstützt, erhöht werden. Es gibt Lebensformen, die dem Menschen nicht allen tieferen Bezug zum Mitmenschen, nicht alle Entfaltung versagen. Das Beispiel gewisser Menschen, die dem Gebote tätiger Liebe gehorchen, hilft leben. Jeder Mensch ist umfangen von den Kräften des Lichts und ihrem Aufruf zum Suchen nach der Klarheit. Die Erde ist da und auf ihr, in ihr das „Sprießende" und seine „Wurzeldunkelheit"; sie gemahnen an ein Leben, wie es die Nacht kennt, die, in ihrem Schlaf dem Trug des irrtümlich als wahr erachteten Lebens entrückt, Aufforderung zur sündenlosen Allverbundenheit ist.

Trotz des Chaos, das jeder in sich trägt, kann der dunkle gute Auftrieb bei gewissen Persönlichkeiten zu klarem, festem Wollen werden.

Das unbestimmt erahnte, in verdämmernden Umrissen erschaute Ziel genau zu erkennen und den Weg dorthin zu finden ist die Aufgabe der Menschheit: „Der Mensch als Mensch existiert durch die Frage." Dieses Streben verkörpert sich in Gestalten, als deren eine Vergil sich erweist. Obgleich auch ihm „Brunst, ... Gier, ... Fleischlichkeit, ... habsüchtige Kälte, ... tierhaft körperliches Sein, ... als der chaotische Urhumus seines eigenen Seins ... einverleibt" sind, obgleich auch er sein Teil Geschöpflichkeit in sich trägt, ist er doch ein höherer Mensch und wird er ein hoher Mensch. Seine Richtungnahmen, Gaben und Erfahrungen sind ebensoviel Verheißungen und werden von ihm inmitten allen Zweifelns als Befehle zum Versuch des Aufstiegs, als Aussichten auf die Möglichkeit des Aufstiegs empfunden. —

Bis in die Knaben-, wenn nicht Kinderzeit verfolgbar lebt in Vergil die beängstigende und treibende Frage nach „Bestand und Nichtbestand des eigenen Selbst", nach der Stellung des Menschen in der Unendlichkeit von Raum und Zeit, nach dem Sinn des Todes. Seinem tiefsten Wesen nach ist er ein Mensch, der die Probleme vom horizontweitesten, die bloßen Erscheinungen überragenden, vom metaphysischen Standpunkt aus erfassen und durchdringen will und „wohl seit jeher" ahnt, daß dieses Forschen, „dieses Lauschen bereits einer Erkenntnis galt, für die sein ganzes Leben gelebt werden sollte".

Als ein Besessener des Erkenntnisdranges sucht er das erhellende, die Einheit und Ordnung offenbarende Gesetz, begehrt er — andere Grundtendenz — in dessen Geist nach Einfügung. Darum als Wunschbild seiner Lebensform das schlichte und gefestigte Dasein in länd-

licher Gemeinschaft; darum, auftauchend aus den fiebernd sich
kreuzenden Gesichten und Gedanken des Todgeweihten, die Sehnsucht nach einer „Heimstatt". Vergil, der metaphysische Mensch,
sucht in der Weite und Verflechtung der Existenz und der Schöpfung
den sichern, den sichernden Punkt, sucht Erkenntnis als Heil.
Solches Mühen könnte reiner Egoismus sein, ist es aber nicht bei
Vergil; denn Vergil ist der Mensch der „Gemeinschaft". Wo er
einen verwandten Geist, eine verwandte Seele entdeckt, muß er
sorgende Hingabe betätigen. Aber sogar der fürchterlichen untermenschlichen Menge steht er nicht bindungslos fern. Mitleid und
Verantwortungsgefühl treiben ihn immer wieder zu allmenschlicher
brüderlicher Annäherung und Hilfeleistung. Der Erkenntnis- und
Heilsuchende ist ein Liebender. Die Liebe soll bleiben „in der Verheißung ihrer Endgültigkeit".

So ist es keineswegs Geltungs- oder Herrschsucht, die bei ihm
den Wunsch bestimmt, Führer zu sein, d. h. dem „Übel abzuhelfen".
Dieser Zug reicht noch tiefer in Vergils Wesen als das Dichtertum
des Schöpfers der „Eklogen" und der „Aeneis". Dichtung ist nur
der „Weg"; das „Ziel ist jenseits der Dichtung". Auch als Dichter
ist Vergil, seinem wahren Verlangen nach, der Wegeweisende, der
Psychagog. Sogar der Künstler, dieser ichbesessene Menschentyp,
ist, in Vergil verkörpert, nicht egozentrisch.

Dunkel spürt Vergil, daß eine Beziehung zwischen der Lösung
des metaphysischen Rätsels und der Liebe besteht, daß die Liebe als
das Absolute das „immer gewußte, trotzdem nie bewußte Ziel"
gewesen ist, um dessentwillen er in seinem Leben, „von jeder Laufbahn unbefriedigt, jede vorzeitig abgebrochen hat".

Der Erkenntniswillen, der Vergil zum metaphysischen Problem
hindrängt, ist der Ausdruck der Lebensangst und der Angst vor der
sittlichen Verfehlung. Jene Beklemmung hat Teil an der Macht des
Biologischen, diese an der des Gewissens. Beide sind primitiver,
ungehemmter, fordernder als der reine Intellektualismus. Daher ist
Vergil nicht nur der Suchende und Liebende, sondern auch der
„Gehetzte". Er ist der Verdammte in der Gewalt seiner beherrschenden Grundtriebe.

Es fragt sich, ob er auch deren Gesegneter werden kann. Das
Sinnenhafte wird von ihm mit Auge, Ohr, Geruchssinn, Gesamtkörpergefühl genau und in gedrängter Fülle erfaßt. Vergil ist feinnervig genug, Verborgenes zu erfühlen, im Leben des Menschenleibes, in der „Wurzeldunkelheit" der Pflanzenwelt, in geheimnisvollen Tönungen des Lichtes. Er erlebt Momente, in denen die
Außenwelt ihm „aufgetan" erscheint und ihn an liebende Erwartung

glauben läßt. Er kennt die Empfindung, das Atembare sei „fließend aus dem Diesseitigen ins Jenseitige, aus dem Jenseitigen ins Diesseitige", als „Ahnung um den Eingang, Ahnung um den Weg". Er weiß auch, daß er bereit sein muß, noch Höheres aufzunehmen. „Atmen, ruhen, warten, schweigen", heißt es einmal in solchem Zusammenhang. ... Atmen ist Systole und Diastole, Symbol des Zustandes des Menschen, der sich auf sich selbst zurückzieht, auf sich selbst besinnt, aber auch nach dem strebt, was um ihn, über ihm ist; Ruhen bedeutet Entspanntheit, Zurückweisung des Bedeutungslosen, damit das Bedeutungsvolle Raum finde; Warten, Wartenkönnen ist das Zeichen starker Seelen; im Schweigen wohnt die Ehrfurcht. Vergils Möglichkeiten steigern sich zur Gabe der „ewig erneuten Bereitschaft" angesichts des Absoluten, zum Offenstehen für das Absolute.

Ein derartiges „Aufgetan"sein ist für Vergil der Beweis, daß alles von außen Empfangene ihm selbst schon eingeboren ist; er hat die Überzeugung, „nichts sei dem Menschen erfaßbar, das ihm nicht von Anfang an beigegeben wäre". Er erlebt sich als integrierenden Bestandteil der Schöpfung, als Abbreviatur der Schöpfung, als Fragment des Schöpfungsrätsels und als vielleicht nicht ganz unbegründete Hoffnung auf die Lösung des Rätsels. Anders gesagt: Vergil fühlt sein eigenes Leben auf das engste mit dem Leben um ihn verknüpft und erahnt damit „die ... Ganzheit des unendlichen Innen und Außen".

Vergils Urtrieben gemäß kann eine derartige Verflochtenheit die Sehnsucht nach dem „Wissen um das All" nur verstärken. Dem Suchenden bieten sich zwei Wege, zwei Methoden, die er beide benutzt: einerseits das analytische, logische, deduktive Denken, die Fähigkeit zum intellektuellen Vorgehen, wie sie unter den Mitteln des Dichters der „Aeneis" nicht fehlen darf; anderseits die intuitive Schau, die Offenbarung mystischer Natur — „seltenste Augenblicke der Gnade, seltenste Augenblicke der vollkommenen Freiheit, den meisten unbekannt, von manchen angestrebt, von sehr wenigen erreicht". Dabei besagt der mystische, irrationale Einschlag keineswegs, daß Vergil sich in geistigen Dämmerungen gefällt, welcher Art sie auch seien; denn er ist der Mensch der Bewußtheit. Schon der Knabe beobachtete sich selbst; der reife Mann und der schaffende Künstler stand seinem Leben und Werk offenen Auges gegenüber; der Schwerkranke, Sterbende ist aufmerksam auf seine Umgebung wie auf seine Person.

Das stete Wachsein rührt von seinem Willen her; er verbietet Vergil, die entsetzlichsten Verzweiflungen als endgültig hinzunehmen. Mag ihm auch der Raum nur noch als „Unraum" voll „Hohlgedränge der Gestaltlosigkeit" erscheinen, das eigene Tun „tierhaft" sein, er selbst „hineingedemütigt werden in die Zerknirschung des leeren, des schieren Nicht-mehr-Bestehens", so bleibt doch „das titanische Trotzdem des Menschentums" in Vergil lebendig. Der Wille ist nicht die geringste unter den Begabungen, die ihm zu hoffen erlauben, die ihn hoffen heißen. — Von solchen Trieben gedrängt, von solchen Gaben unterstützt, begegnet Vergil, der hohe, aber auch geschöpfliche Mensch, den Erfahrungen der Existenz. Er hat die verschiedensten Lebensformen gesehen. Er weiß, was ein Sklave und wer Octavianus Augustus ist. Er hat politische Wirren kennengelernt, Bürgerkrieg, wirtschaftliche Krisen, soziale Umschichtungen und, über die griechisch-römische hinaus, eine orientalisch-okzidentale Kulturosmose. Als Summe ergab sich das Gefühl einer Zeitwende, die nichts unberührt ließ.

Mit dieser Last von innen und außen tritt Vergil in seine letzten Stunden ein. Er ist krank, er fiebert, „und das Zeichen des Todes steht auf seiner Stirn geschrieben". Aber er hört nicht auf, der Träger des menschlichen Verbundenheits- und Verantwortungsgefühls, der „unaustilgbaren Sehnsucht des Menschen" zu sein. An seiner Seite steht, in geistiger Verwandtschaft, Lysanias[2], der sich unterwegs zu ihm gesellt hat, „der Knabe" zu dem Gealterten, Erschöpften. In dem Unverbrauchten, zuversichtlich Lebensfrohen und Lebensstarken, Hilfsbereiten lebt das Beste der dem Menschen gewordenen Gaben. So ist in einem hohen Sinne Vergil nicht allein; denn der Bauernjunge mit den „hellen Augen", dem „Sommersprossenband an der Wurzel" der Nase und den „weiß-regelmäßigen, sehr starken Zähnen" ist der Genius der Menschheit in seiner stets erneuten Kraft. Er steht Vergil in der Selbst- und Weltbefragung bei. So wird sich der Sterbende in quälendem, immer wieder aufgenommenem Ringen auf den Weg der Erkenntnis tasten können. Das rettende Absolute offenbart sich ihm, und in dessen tröstendem Lichte vermag er alles neu zu beurteilen. Die erkenntnistreue Tat schenkt ihm die „Wiedergeburt" im Geiste, der Tod die bestätigende volle Weltschau und das Aufgehen im Absoluten. —

Das ringende Tasten geht zunächst um die Frage nach der Möglichkeit der Erkenntnis, um Erkenntnistheorie. Vergil vertraut den Sinnen und dem Verstand. Die Gegebenheiten, die sie ihm liefern, sind an sich unbezweifelbar; doch können sie lediglich die Objekte jener rettenden Deutung sein, wie der Sensualismus und der Rationalismus sie innerhalb ihrer unüberschreitbaren Grenzen nicht zu leisten vermögen. Zum Versuch, der Spaltung des Individuums, der Zerfallenheit der Gesellschaft, der Trennung zwischen Mensch und All, dem Rätsel des Schicksals zu begegnen und den heilbringenden Zusammenhang zu erfassen, bedarf es anderer Organe und anderer Wege.

Der Mensch darf sich zu dem großen Wagnis nicht nur deshalb berechtigt glauben, weil er sich als „zu ewig erneuter Bereitschaft aufgetan empfindet" oder weil ihm durch die Wirkung der Dichtung ein einziger Lebensaugenblick „als geweitet zur Ganzheit" erscheinen kann. Er darf es auch kraft einiger Tatsachen, die unabhängiger oder ganz unabhängig von ihm sind und am Wesen der Offenbarungen teilhaben. So die Sprache, die, den Wortausdruck verlassend, für aufzuckende Momente die „fließende Gleichzeitigkeit, in der das Ewige ruht", enthüllt. Der Tod faßt alles „zu einer einzigen Sekunde des Seins zusammen, zu jener Sekunde, die bereits die des Nicht-Seins ist"; er verwandelt „den Zeitenablauf zur Einheit des Gedächtnisses". . . . Es ist dem Menschen gestattet, anzunehmen, daß die Allverbundenheit kein Wahntraum ist.

Doch allzusehr von der „kreatürlichen Angst" und Beschränktheit beherrscht und deshalb unfähig zur Tat, ist er außerstande, solche Hinweise fruchtbar zu benutzen. Solange er in der Geschöpflichkeit steht, ist die Allverbundenheit ihm versagt.

Sie ist für die Seele „die innerste irdische *Notwendigkeit* ... von Anbeginn an". Der Mensch erfährt es, wenn er die in ihn einströmende Zeit als ewig sich gleichbleibend, als „ablaufsentbunden" empfindet, als bloße Denkkategorie erkennt und damit die metaphysische Souveränität der menschlichen Seele gewahr wird, die in einer Gesamtschau das Ganze der Schöpfung zu erahnen vermag. Nach dem Gebot ihrer eigenen, nicht etwa einer äußeren Notwendigkeit hat die Seele, alles Sein in sich versammelnd, dieses vom geistigen Auge erblickte Universum zur „Wohnstatt" zu erwählen, zum Gegenstand ihres Forschens, zum Feld ihres Wirkens zu machen. Hier, in dieser Autonomie innerhalb des weitesten Horizontes, liegen die Wurzeln ihres Vertrauens zu sich selbst. Hier darf sie glauben, daß sie einem Weltgesetz gehorcht, wenn sie Verbundenheit sucht. Gegenüber der „menschenentrückten Notwendigkeit", der die Gestirne gehorchen, spürt der Mensch doch auch das gemäß menschheitseigenem Gesetz „in ihm webende Erkennen" und empfindet es als gottgewollt.

Auf diesem Wege wird er sich eines der ewigen Aspekte seines Zustandes, und zwar jenseits der Kreatürlichkeit bewußt. Er weiß um die Existenz eines Absoluten über den Erscheinungen, um die

Unmöglichkeit, die Frage nach diesem Absoluten zu beantworten, und um den nie zu stillenden metaphysischen Trieb, dennoch die Antwort zu suchen. Was ihn vorwärts drängt, ist das großartige Dennoch des „Eingekerkerten". Gerät er dabei in Irrtümer, so zeigen diese nur, daß er als ewig Fragender in die Schöpfung eingefügt ist. Die Fähigkeit zu irren ist ein Beweis mehr, daß der Mensch die Erkenntnisfrage zu stellen hat; denn diese ist mehr als ein Vorrecht, sie ist Pflicht des Menschen.

Die erkenntnistheoretische Forderung mündet schon nach der ersten kurzen Strecke in die Ethik ein.

Zum Gegenstand des Erkenntniswillens, zum Absoluten wird der Mensch durch Selbstbeobachtung geführt. (Der ganze Roman ist ja ein πρὸς ἑαυτόν.) Da ein metaphysisches Grundgesetz auch im Menschen beschlossen liegt, ist Selbstbeobachtung Weltbeobachtung und wird Selbsterkenntnis Welterkenntnis. Sich selbst erforschend und prüfend, sieht Vergil, daß er den Folgen gewisser Handlungen, den Auswirkungen gewisser Tatsachen nur ablehnend gegenüberstehen kann. Hierher gehört die Geschlechtlichkeit, insofern sie nur dunkle Lebensgier, ichbezogene Selbstsucht ist und damit der Schöpfung jeden geistigen Sinn nimmt; hierher gehört die Schönheit, ihrem Wesen nach zerstörende Grausamkeit als Frucht ihres Verzichtes auf die „Unterscheidung von Gut und Böse"; hierher auch das Lachen höhnisch triumphierender Verantwortungs- und Bindungslosigkeit, anarchistischer Selbstisolierung. All dies ruft in Vergil das Gefühl völliger Vernichtung hervor: ein Sittengesetz ist mißachtet worden. Vergils Reaktion ist ethischer Natur. Das Erkenntnisorgan letzter Instanz ist das Gewissen. Zum Objekt aber hat es den „Schöpfungseid",

„den Eid, mit dem Gott und Mensch sich gegenseitig verpflichtet haben,
verpflichtet zur Erkenntnis und wirklichkeitsschaffenden Ordnung,
verpflichtet zur Hilfe, welche die Pflicht zur Pflicht ist".

Das Ziel ist die Erkenntnis und Betätigung der Liebe, „jener menschlichsten aller Aufgaben, die allzeit und ausschließlich Schicksal-auf-sich-Nehmen heißt".

Das Gewissen hat seinen Feind im Intellektualismus; er läßt alles mit einer Klarheit sehen, die zum „Tode der lichtumflossenen Vereinzelung" wird. Im Menschlichen heißt das, daß die Kenntnis des Nächsten dessen Fehler aufdeckt und die Bindung mit ihm zerstört. Es bleibt nur die Wahl zwischen erkenntnisloser Bindung oder bindungsloser Erkenntnis. Auf der ethischen Ebene der Menschenliebe ist Erkenntnis vernichtend. Die Weltordnung, die doch will, daß der Mensch erkenne und diesem zur „Sehnsucht des Herzens" die „Sehnsucht des Denkens" als Erkenntnisorgan verliehen hat, erscheint sinnlos. „Angst" ist alles, was dem Menschen bleibt. Wo ist der Ausweg? Es gilt, das Gewissen derart zu erziehen und zu verfeinern, daß es nur noch auf die ethische Forderung mit ihrem Anspruch hört. Dazu muß der Mensch „seine eigene Gruft zerstören", indem er alles, „was dem Scheinleben gedient und es ausgemacht hatte", beseitigt, sich zur „Auslöschung und Selbstauslöschung um des Lebens willen" bezwingt. (Das wird für Vergil die Vernichtung der „Aeneis" bedeuten.) Es geht um den Sieg über alle Versuchungen aus der früheren Welt, um Zurückweisung des Geschöpflichen mit seinen Verfinsterungen und Begrenztheiten, um geistige Neuorientierung, um „Wiedergeburt". Wenn der Mensch auf diese Weise Schale um Schale von seinem innersten Kern abgestreift hat, stößt er im „Abstieg" unter die „Oberfläche" auf das Absolute, wie es sich im Irdischen erfassen läßt, entdeckt er die reinste Form des unzerstörbaren Göttlichen im Menschen, begegnet er dem Gebot der Liebe, vor der alles zu verstummen hat — auch der Intellekt. In einer Offenbarung, der plötzlich gereiften Frucht des „selbsterkennenden Wissens um die eigene Seele", der Erlösungsangst, der Willensstraffung und einer fast übermenschlich angespannten ethischen Meditation, hört Vergil aus Engelsmund die Botschaft: „Öffne die Augen zur Liebe!"

### Die sinngebende Erkenntnis und heilbringende Tat

Im Lichte der Erkenntnis nimmt Vergil die Neubeurteilung der Probleme seiner Existenz vor.

Das Naheliegendste und Bedrückendste für ihn, den Dichter, ist die Dichtung. Daß Dichtung, wie er sie gepflegt hat, nicht der Erkenntnis entsprungen ist und keine Erkenntnis vermitteln kann, weiß er seit langem. Sonst hätte er nicht in den letzten Jahren „die Hoffnung auf ein kunstabgewandtes, dichtungsfreies Leben der Philosophie und der Wissenschaft" gehegt; aber er fühlte auch, daß Dichtung auf ein zu Erkennendes hinweist, weil jedes wahre Lied, „ruhend in sich selbst", mit Selbstgewißheit die Welt als ein Ganzes darstellt und Ausdruck einer gesetzmäßigen Ordnung ist; weil es einen Augenblick zur „zeitlosen Dauer" werden lassen kann; weil es Versuch ist, eine Beziehung zu den fruchtbaren Kräften zu gewinnen und auf diese Weise im Menschen das Gefühl der Vereinsamung mildert. Darum ist Dichtung „das Ziel unserer Flucht", Ausdruck des Wunsches, die Geschöpflichkeit zu überwinden, ist „wartendes Schauen an der Schwelle, ... noch nicht Aufbruch, aber immerwährender Abschied". Abschied wovon? Von einem nicht vollwertigen Zustand der Vereinzelung, der Zusammenhanglosigkeit, in dem man den Tod als Erlösung denkt; denn nur der Tod schenkt dem Menschen das sonst versagte Gefühl der Lebenstotalität, und „nur wer im Zwischenreich des Abschiedes lebt, ... nur der ahnt den Tod". So wird Dichtung zur „seltsamsten aller menschlichen Tätigkeiten, der einzigen, die der Todeserkenntnis dient"; so ist der Dichter der Mensch, der „vorwärts träumend", „dem Tod zuträumend", um „Augenblicke der klanggewordenen Todlosigkeit" — des Gefühls besiegter Vergänglichkeit — weiß. Doch sie klingen nur im „Ungesagten" auf, dort, wo die Sprache „den atembeklemmenden, atemraubenden Sekundenabgrund zwischen den Worten aufreißt, um todesahnend und lebensumspannend, ... stummgeworden, die Ganzheit des Alls zu zeigen". „O Ziel aller Dichtung", stöhnt Vergil, „über alle Mitteilung und über alles Beschreiben hinweg." Der Dichtung in diesem Sinne, „der Schöpfung aus der Stärke des todeserkennenden Wortes" hat er sein gesamtes Leben gewidmet. Es war vergebens. Die Aufgabe, sagt er sich, war „für seine schwachen Kräfte eine übergroße gewesen"; „vielleicht eigneten sich die Mittel der Dichtkunst hierfür überhaupt nicht". In diesen marternden Gedankengängen, die vor seiner Erleuchtung liegen, nennt er seine Existenz ein „Leben, das ohne Widerstand gegen das Sterben, wohl aber voller Widerstand gegen Gemeinschaft und Liebe gewesen war". Zur Zeit weiß er noch nicht, daß er damit an die Wurzel seines Versagens gerührt hat, daß sein „Lebensaufgebot zu keiner Hoffnungserfüllung geführt hat", weil seine Dichtung, die seiner „Seele Freiheit gewinnen" sollte, im letzten Grunde Egozentrik, Hedonismus bedeutet hat. Darum sind in ihm auch Wunsch und Wille zur Führerschaft des Dichters fruchtlos geblieben.

Der Grund dieses Bankrotts des Dichters liegt auch darin, daß die Dichtung an der Schönheit teilhat. Diese kann, in dem nun allein entscheidenden metaphysisch-ethischen Sinn, als Folge ihres Amoralismus keine Wirkung ausüben. Finden sich doch in ihr alle Werte „in Gleichrangigkeit und Bedeutungslosigkeit aufgelöst". Eine Einheit erscheint, die aber nur Trug dieses „Vor-Göttlichen göttlichen Anscheins" ist. Mit ihrem Verzicht auf die heilsuchende Fragestellung weist sie den Menschen in die Grenzen zurück, deren Überschreiten sein höchstes Bemühen sein sollte und ihm Würde und Größe sichern könnte. Die Schönheit ist „die Grenze des Menschlichen, das noch nicht über sich hinausgelangt ist", „irdische Scheinunendlichkeit und darum Spiel ... um der Einsamkeitsangst" — der Angst vor der Unverbundenheit, der Zusammenhanglosigkeit, der Verlorenheit im All — zu entgehen. Mag auch die Schönheit, bei all ihrem Trug ein Abbild der Welteinheit, ihren Wert als solche behalten, mag auch die Harmonie der Schönheit einem Gesetze entsprechen, mag auch unangetastet bleiben „die Notwendigkeit ihres letzten Ebenmaßes" — das Endergebnis des aufgedeckten „Schönheitsrausches" heißt „Trauer, Verzweiflung, Erkenntnislosigkeit". Wer sich als Dichter, wie Vergil es getan hat, der Schönheit hingibt, ist „Rauschbringer", nicht „Heilsbringer". Darum muß die „Aeneis" verbrannt werden.

„Der heilsbringende Führer nämlich hat die Sprache der Schönheit abgestreift, er ist unter ihre kalte Oberfläche, unter die Oberfläche der Dichtung gelangt, er ist zu den schlichten Worten vorgedrungen, die kraft ihrer Todesnähe und Todeserkenntnis die Fähigkeit gewonnen haben, an die Versperrtheit des Nebenmenschen zu pochen, seine Angst und seine Grausamkeit zu beruhigen und ihn der echten Hilfe zugänglich zu machen, er ist vorgedrungen zu der schlichten Sprache unmittelbarer Güte, zur Sprache der unmittelbaren menschlichen Tugend, zur Sprache der Erweckung" aus dem geschöpflichen Leben. Weil Vergil das nicht gewußt hat, ist er zum Literaten herabgesunken.

Was waren ihm die Menschen gewesen? „Nichts ..., Fabelwesen ..., schönheitsumhüllte Schönheitsschauspieler, ... an deren unwirklicher Gottähnlichkeit er selber gern teilgenommen hätte." Denn so wenig wie der Dichter hat der Mensch Vergil den Anschluß an die Gemeinschaft der Menschen gefunden. Auf dem Schiff, unter der Menge, in der „Elendsgasse", Augustus gegenüber hatte er den Abgrund aufgetan gefühlt. Ferne war auch zwischen ihm und Hieria Plotia geblieben, obgleich in ihren Haaren die Nacht wohnte, „sternübersät, sehnsuchterahnend, lichtverheißend". Er hatte nicht gewußt, „daß Liebe, obwohl zur Schönheitserschaffung begnadet, nimmermehr auf Schönheit, sondern einzig und allein auf ihre ureigenste Aufgabe gerichtet" ist, die Lebenhelfen heißt. Denn eine Lebensführung ist nur dann fruchtbar, leitet nur dann zum Mitmenschen, wenn sie „Eid und Erkenntnis enthält, ... Menschenschicksal ist und Seinsbewältigung".

In seinen Meditationen ist Vergil mehr als einmal auf die Wirkungen des Schicksals, auf den Begriff Schicksal gestoßen. Anfangs erblickte er nur sinnlosen Determinismus. Aber er hat sich zu sehr von der Souveränität des sittlich sinnvollen Strebens und Lebens durchdringen lassen, um eine derartig mechanistische Welterklärung als endgültig hinnehmen zu können. Nun aber weiß er: die Macht, die das „zufallsenthobene Wunder" der schicksalsbefreiten Welt bewirken wird, ist die Liebe; denn sie handelt auf Grund der dem Determinismus unbekannten Unterscheidung von Gut und Böse. Sie allein ist fähig, eine Welt umzugestalten, die sonst eine Bühne für das Spiel blinder Kräfte bliebe, ist fähig zur Schöpfung einer neuen Welt. Sie, nicht mehr der Determinismus, ist das, „was die Welt im Innersten zusammenhält". Sie gibt dem Menschen einen unerschütterlichen Mittelpunkt, dem er alle Kräfte zuordnen kann: die Zerspaltenheit des Individuums ist beschworen. Da die Liebe eine einigende Kraft ist, muß die Zerfallenheit der Gesellschaft nicht mehr als unheilbar betrachtet werden. Ein Zusammenhang zwischen Mensch und All, eine sinnvolle Einfügung in das All ist insofern gegeben, als der Mensch in sich ein metaphysisches Prinzip erfaßt hat, das er dem Prinzip der außermenschlichen Schöpfung entgegensetzen soll, um zu vergleichen, zu messen, einen Bezug herzustellen. Und da alle Widrigkeiten, die dem Menschen zustoßen und ihn aus seiner gesollten und schließlich von ihm selbst gewollten Bahn werfen können, für ihn eine Aufforderung, eine Möglichkeit werden, das Gesetz der Liebe zu befolgen, ist der Determinismus des äußeren Weltganges durchbrochen. Nicht nur entthront ist das Schicksal; es ist zur helfenden Macht geworden. Dank der Liebe mit dem Göttlichen vereinigt, erringt der Mensch über die kalte Form des Schicksals hinaus die Allverbundenheit.

Meditationen werden in ihrem Gewicht und ihrer Bedeutsamkeit erst durch die Tat bestätigt. Erst durch die Tat wird das Denken fruchtbar. Nur durch die erkenntnistreue Tat wird die Vollendung erreicht.

Das Liebesgesetz, bis hierher Gegenstand einer Spekulation und dann der Erkenntnis, hat der Gespaltenheit des Individuums ein Ende gesetzt. Es muß nunmehr Prinzip eines Handelns, Inhalt von Handlungen werden. Aus dem Abstrakten hat Vergil in das Konkrete zu gelangen. Probleme müssen durch Menschen abgelöst werden, damit man erfährt, ob die Tat die erfolggekrönte Erprobung des Liebesgesetzes, ein Beweis für dessen Wahrheit ist. Wird es stärker als das Trennende zwischen den Menschen sein? Wird es das Gefühl der Ohnmacht des Dichters aufheben? Wird es dem Schicksal obsiegen? Wird die „Liebestat reiner Gesinnung" von Vergil als Ausdruck des Absoluten erkannt werden? Wird Vergil die eigene „Wiedergeburt" erfahren und wenigstens den Beginn der Wiedergeburt der Welt erleben?

Plotius Tucca und Lucius Varius, langjährige Freunde, die den Kranken besuchen, bleiben verständnislos, wenn Vergil vom „Gesetz des Herzens" als der „letzten Wirklichkeit" spricht. Auch beurteilen sie alles anders als er, und es ist symbolisch, daß sie Vergil im Entschluß, sein Werk zu verbrennen, nicht folgen können. Über einen solchen Abgrund führt die Brücke der Beziehungen nicht, wie sie zwischen dem Dichter Lucius Varius und dem Schöpfer der „Aeneis", zwischen Plotius Tucca, dem Landedelmann, und dem landliebenden Autor der „Georgica" bestehen. Intellektuelle Kultur, verwandte Lebensformen, gesellschaftliche Ebenbürtigkeit, nationale Zusammengehörigkeit sind kein wahres Band von Mensch zu Mensch. Doch über die Trennung, die im Spekulativen, im Theoretischen das Nichtwissen um das Liebesgesetz hervorruft, hilft die praktische Befolgung des Liebesgesetzes hinweg. Die echte Freundschaft, die Plotius für Vergil an den Tag legt, schafft eine Bindung.

Entsprechend muß auch die Figur des Charondas betrachtet werden. Er ist ein großer Arzt, Haupt einer medizinischen Schule, wissenschaftliche Autorität höchsten Ranges — anachronistisch gesprochen, ein Nobelpreisträger in seiner Disziplin. Menschlich gesehen, ist er jedoch nur ein zwar glänzender, aber eitler Techniker seines Faches — „ich, Charondas aus Kos" — und ein Weltmann der glatten Formen. Der Zugang zu Vergil ist ihm versagt; schließlich hält er ihn für nicht mehr ganz zurechnungsfähig. Vergil aber findet wenigstens ein gewisses Verhältnis zu ihm; denn die Behandlung, die Charondas ihm angedeihen läßt, ist „ein Abglanz der liebend dienenden Tat".

Dem Kranken ist als hilfeleistende Maschine in Menschengestalt ein Syrer zugewiesen. „Waise an Waise gefesselt", sagt er von sich und seinen Mitsklaven, „sind wir die Schar aller Knechte, und geschmiedet zu endloser Reihe hat uns, die wir schicksalsentblößt sind, das Schicksal zur Gnade erkoren, den Bruder im Bruder zu wissen." Und dann: „Jener ist erst ein Held, der die Entwaffnung erträgt ... Waffen freilich besangst du, Vergil, doch nicht dem grimmen Achill, dem frommen Äneas galt deine Liebe." Vergil nimmt die zur Bruderschaft auffordernden Worte hin, da aus ihnen der Geist der Wahrheit spricht; und er liebt dieses Wesen, das für das Empfinden seiner Epoche nur Ungeziefer und Gewürm ist. Er, der Civis Romanus, der Freund und Günstling des Cäsar, sagt ja zu Prinzipien, die eine Leugnung der Gesellschaft und des Staates, wie Rom sie erdacht und erbaut hat, darstellen. Er vollbringt eine Liebestat jener reinen Gesinnung, vor welcher intellektuelle Bildung, sozialer Rang, nationale Zugehörigkeit, Rasse nichtig werden.

Wert und Würde des Liebesgesetzes geben auch der Begegnung zwischen Vergil und Augustus den geistigen Richtpunkt. Zu Beginn scheint das Gespräch nur um die „Aeneis" zu gehen, die der Dichter vernichten, der Herrscher aber, berechnend und entschlossen, als Propagandamittel seiner Politik an sich bringen will. In schärferem Kontrast als im Gedankenaustausch mit Tucca und Varius und im Mittelpunkt eines unendlich erweiterten Horizontes treten sich zwei Menschentypen und mit ihnen zwei Welten gegenüber, um sich zu messen. Vergil ist durch die Erkenntnis des Absoluten befreit worden; Augustus bleibt der Gefangene der Empirie. Jener ist der Diener einer edel- und großmütigen Geistigkeit, in der die höchste Sittlichkeit den Rang des metaphysischen Prinzips hat und das Gesetz gibt, das Gesetz ist; dieser ist der Mann, Herr und Nutznießer der irdisch verhafteten politischen Gewalt. Der eine spricht kraft „ahnender Liebe, der es manchmal vergönnt ist, die Grenzen zu sprengen"; der andere im Namen des Staates, „der des Menschen oberste Pflicht ist von Anbeginn an". Vergil sagt zu Augustus: „Das Reich der Erkenntnis, zu dem dein Staat erblühen wird, das Reich der wahren Wirklichkeit, wird nicht ein Reich der Volksmassen sein, ja, nicht einmal ein Reich der Völker, sondern ein Reich der Menschengemeinschaft, getragen vom Menschen, der sich im Wissen befindet, getragen von der menschlichen Einzelseele, von ihrer Würde und von ihrer Freiheit, getragen von der göttlichen Ebenbildlichkeit." Sein Gesprächspartner, sein Gesprächsgegner ist der Ideologe der totalitären staatlichen Organisation, die das Recht beansprucht, das durch ihre Macht geschützte Einzelleben wieder zurückzunehmen und zu vernichten, sobald die Sicherheit und der Schutz der Gesamtheit es erheischt. „Unnachgiebig war der Augustus, und er wußte nichts von dem Eidesbefehl des unbekannten Gottes." Zuletzt sieht er in Vergil nur noch einen Neider und Sophisten, der selber die Rolle des Retters einer Welt spielen möchte, die er nur in dieser Absicht für unvollkommen erklärt. Er überhäuft ihn häßlich mit Vorwürfen: „Kein Zweifel, der Geheiligte zeterte." Eine langjährige Freundschaft droht zu zerfallen. Da spricht Vergil, „und da kam das Schwerste: ‚Nimm das Manuskript'". Aus Liebe zu Augustus verzichtet Vergil auf das, was für ihn das Wesentliche gewesen: das büßende, ihn rettende Opfer. Es ist eine Tat, die nur und ausschließlich den liebenden Bezug zum Nächsten, zum Mitmenschen im Auge hat, ist der Sieg der Liebe. Denn „wer liebt, ist jenseits seiner Grenze". Die Versöhnung ist so tief, daß sie den Cäsar, den Herrn Roms und der Welt, die Überlegenheit Vergils als des wahren Wissenden empfinden läßt, so daß er sich wenigstens für eine Zeit zu der Höhe des Wissenden erhebt. „An der Tür angelangt, wandte der Augustus sich nochmals um; noch einmal suchte der Freundesblick den Freundesblick, noch einmal trafen sich ihrer beider Blicke: ‚Mögen deine Augen stets auf mir ruhen, mein Vergil', sagte Octavian, zwischen den breitaufgerissenen Türflügeln stehend, hier noch Octavian, um sodann, schmal, stolz und gebieterisch zu entweichen." Die Liebe hat ein Samenkorn in das Herz der Macht geworfen. Die Liebestat ist fruchtbar geworden. Vergil hat die Seele des Augustus mit einer Klarheit erfüllt, die aus seiner, Vergils, eigener Seele kam. Damit hat er das Gebiet der Spekulation, der mehr oder weniger lebensfernen Abstraktion verlassen; er hat dem Eid gehorcht, der dazu verpflichtet, die wirklichkeitschaffende Ordnung zu stärken, dem Eid, der zur Hilfe verpflichtet. Die Begegnung mit dem Cäsar ist zu einer Begegnung im hohen, starken Sinne des Wortes geworden; hat sie doch die Erkenntnis des tiefsten Wesenskerns eines Menschen und die Liebestat möglich gemacht. Und „allein in der Begegnung ruht ... die Sinnerfüllung der Welt". Sie stellt ein Versprechen dar, „das Künftige anmeldend, Mühelosigkeit, die nicht Eidbruch sein wird, Teilhaftigwerden, das im echten Wissen sein soll, Schönheit, die wieder im Gesetz leben darf, im Gesetz des eidhütenden, unbekannten Gottes". Die Liebe, welche Tat wird, erweitert die Erkenntnisse, die nur aus der Meditation hervorgingen.

Doch darf der Liebende nie ermatten, nie aufhören zu wachen, soll der Mensch nicht wieder den Gefahren des geschöpflichen Seins ausgesetzt werden. Sie darf sich nie über sich selbst täuschen. So muß der Mensch die Augen besonders dann öffnen, wenn es sich um die Liebe der Geschlechter handelt. Diese kann von allem Schimmer der Gefühle, von allen Beschwingungen der Seele, von aller Glut der Selbsthingabe durchdrungen sein, welche die bloße Geschlechtlichkeit über sich hinausheben — sie bleibt Egoismus. In einem Wachtraum fühlt Vergil Plotia, wie sie in seinen Armen ruht, und hört sie sprechen: „Heimat bist du mir, Heimat ist mir dein Schatten, der mich zur Ruhe umfängt." Vergil antwortet: „Heimat bist du mir Plotia, und fühl' ich in dir mein Ruhen, ruh' ich für immer in dir." Es sind Worte des tiefsten Ineinanderaufgehens, des Sichaufgebens. Und doch: nur auf sich selbst bedacht, werden die Liebenden allen Blicken ausgeliefert, dem Hohne preisgegeben, sind sie „prostituiert". Sie kannten nur die Selbstsucht zu zweien.

Die Kraft, diesen Makel zu tilgen, findet der Mensch in seiner eigenen Substanz, vorausgesetzt, daß er deren selbstloses Verlangen erkennt und als Unterstützung herbeifleht. „Nur wer die Hilfe beim Namen anruft", sagt der syrische Sklave, „wird ihrer teilhaftig." Das Ziel, dem Vergil nunmehr zustrebt, ist jene Haltung, die er einst in seinem Vater — „gütig stark noch im letzten Lächeln" —

verkörpert gesehen hat. „Vater", ruft er, „komme zu mir." Er macht damit einen Schritt mehr auf das Absolute zu, soweit es auf Erden sichtbar werden kann. Aber sogar diese Hingabe an das Göttliche darf den Menschen das Irdische, die Pflicht im Irdischen nicht vergessen lassen. Vergil dämmt den Überschwang auf das Jenseitige hin, die Freude, sich auf dem Weg des Heils zu befinden, zurück und flüstert fast ekstatisch: „Zur Pflicht gezähmt, ... noch einmal zur irdischen Pflicht." Auch die Liebe zum Göttlichen darf nicht mit Selbstsucht belastet sein. Vergil weiß, daß sein Gedicht, trotz der Mängel, doch Führung bedeutet; so unterdrückt er die Stimmen, die ihn auf die ethischen Gesetze seiner Künstlerschaft hinweisen — „zu strenge Forderung ist verborgner Stolz" — und ringt sich zu der Erkenntnis durch: „Ich darf die Aeneis nicht vernichten." Die Fürsorge um den Nächsten lehrt ihn, das Irdische mit seinen Unvollkommenheiten nicht mehr zu hassen. Indem er den Mitmenschen dient, dient er jener wirklichkeitschaffenden Ordnung, wie das Göttliche sie will. Der Mensch Vergil erhebt sich zu jenem Ziel, das dem Künstler, dem Dichter Vergil unerreichbar geblieben ist.

Von hier aus gelangt er noch weiter. Die Unvollkommenheiten in seinem Epos, so erkennt er, sind nicht nur Zeichen der menschlichen Schwäche. Daß sie als „Unstimmigkeiten" empfunden werden, weist auf eine Aufgabe und auf die emportragende Kraft im Menschen: „Erst in der Unstimmigkeit enthüllt sich die fruchtbare Herrlichkeit des menschlichen Loses, das ein Hinausgreifen ist über sich selbst." Die Schwächen des Menschen stellen sich nicht mehr als die bitteren Früchte eines blinden Determinismus dar, sie rufen ihn auf, die Kräfte des Guten zu üben. Das Fatum vernichtet die Menschheit nicht länger. „Die Götter", sagt Vergil, „Gnade wie Unwillen habe ich von ihnen erfahren, Gutes und Schweres habe ich empfangen ... für beides bin ich dankbar ... das Leben war reich."

Vergil war vor die Aufgabe gestellt, zu entdecken, wie durch das Gesetz der Liebe die irdische Existenz bereichert und sinnvoll gestaltet wird; er sollte damit ein Band zwischen dem Irdischen und dem Absoluten erkennen und es als das Symbol der Allverbundenheit begreifen; schließlich hatte er daraus das Prinzip für die tätige Führung des Lebens abzuleiten und ihm zu gehorchen. Er hat seine Sendung erfüllt. „Auf seiner Bettdecke, der Hand erreichbar, schimmerte es golden: der Lorbeerschößling", Symbol der erkämpften und zum Gesetz erhobenen Erkenntnis, der er nachlebte.

Nach diesem Gesetz handelt sein Testament; die „Aeneis" soll mit ihren Mängeln erhalten bleiben; die Sklaven werden freigelassen und reich bedacht. Aber noch ein schwieriger Punkt bleibt zu regeln.

Endlich findet Vergil die Lösung, er vermacht seinen Siegelring dem Lysanias. Die Geste faßt alle Einsichten zusammen, die er vor dem Angesicht des Todes gewonnen hat. Es ist Vergils Vermächtnis Vermächtnis und ein Aufruf, auf jede Selbstsucht zu verzichten, Diener der Hingabe und Liebe zu sein, nie das große Gesetz zu vergessen und immer jene Kraft zu üben, deren Symbol der „Vater" ist und mit der Vergil eins zu sein verlangt. Er sagt es mit seinem allerletzten Wort; denn er vermacht seinen Ring nicht Lysanias als dem „Knaben", der dieser bis jetzt gewesen ist, sondern „Lysanias ... dem Kinde".

Die Vaterschaft ist der reinste Abglanz des göttlichen Gesetzes; denn sie ist Ausdruck der Selbstverleugnung, welche die Beziehungen der Menschen untereinander regeln soll und die — zum Zustand geworden — die völlige innere Verwandlung des Menschen bezeichnet; sie ist Neugeburt im Geiste, ist die heilbringende „Wiedergeburt". Vaterschaft drückt symbolisch die Kräfte aus, welche, die Knechtschaft des Menschen beendend, die Größe des Menschen schaffen und sichern. —

Was im Irdischen, der „ersten Unendlichkeit", der Welt der Erscheinungen, nur als getrübtes Symbol erfaßt werden konnte, das erscheint rein nach dem Tode, in der „zweiten Unendlichkeit", der zeitenthobenen Gegenwart aller Wesenheiten. Zu den Gestorbenen gehören heißt Läuterung und Steigerung erfahren. Darauf beruht die Art des Weiterlebens des toten Vergil.

So fällt von ihm sein Name ab, unter dem er ein irrtumbefangenes Leben geführt hat. Aber Lysanias geht des seinen nicht verlustig; denn der „Knabe" war auf Erden reine Liebe und leitete Vergil zur höchsten menschlichen Liebe, der des Vaters für das Kind. Die Erinnerung daran bleibt „hergehaucht wie beglückende Erinnerung aus dem innersten Inneren des irdischen Vergessenheitsraumes", aber auch das nur für eine Zeit. Denn auch Lysanias war das verengende Ziel eines umgrenzten Liebeswillens.

Die Knabengestalt verschwindet und verdämmert immer mehr, um „Grundwesenheit" zu werden, „Eigenschaft des funkelnden Alls", „Eigenschaftsgrund aller Wesenheit", Liebe. Überall gegenwärtig als Ursprung alles echten, d. h. vor dem Absoluten standhaltenden Wesens, ermöglicht es die Liebe, daß alles „aneinandergebunden, miteinanderverwoben, ineinanderverspiegelt" ist, macht sie die Allverbundenheit zur Wirklichkeit. Darum kann Lysanias in Plotia übergehen, „einsgeworden" mit ihr in einer „verschimmernd schwebenden Weisegeste": „die Geniengestalt, ursprünglich hergesandt aus der ersten Unendlichkeit als tröstende Erinnerung, nun in der zweiten gewandelt zur weisenden Hoffnung". Wenn auch verfälschter Ausdruck des Strebens über die Geschöpflichkeit hinaus, war Vergils Liebe zu Plotia doch Hoffnung auf eine Möglichkeit der Erlösung. Darum kann Plotia hier erscheinen. Aber Vergil hat auch zu erfahren, was an dieser Hoffnung Makel und Schlacke gewesen ist. Im Ewigen soll ihm ein zweites Mal bestätigt werden, wie der blinde geschöpfliche Trieb des Menschen in echtes Teilnehmen und Teilhaben zu verwandeln ist.

Die Gefährdung, die für ihn in Plotia Gestalt gewonnen hatte, hieß Geschlechtlichkeit und Schönheit. Nun sieht er die Frau hier, im Reiche der Wesenheiten, „nackt in lieblich selbstverständlicher Nacktheit"; aber nichts Verwirrendes löst sie aus. Das Wesentliche offenbart sich „als das Lächeln, das alles Menschliche belebt, als das zum Lächeln geöffnete Menschenantlitz", als „ins Überklare der fernsten Sphäre hinaufgesandte Sehnsucht". Geschlechtlichkeit ist lediglich ein ins Unklare strebender Teil der Sehnsucht nach der nichts ausschließenden Allvereinigung; darum sind im Reich des Absoluten Mann und Weib „begnadigt mit unschuldiger Nacktheit". Die Schönheit aber ist wieder als etwas Erlaubtes ermöglicht, da im All der Wesenheiten jede Scheinharmonie aufgehört hat. Selbstschau, Selbsterkenntnis, wie sie im Reiche der zweiten Unendlichkeit möglich ist, zeigt Vergil, daß er, seinem tiefsten Wesen nach, im Verhältnis zu den Menschen nur dem Gesetze der Liebe gehorchen möchte. Er weiß: wie Plotia, in deren „Mutterlächeln" er sich geflüchtet hat, Mutter „eines ungeborenen Sohnes" ist, ist er „Vater".

Aber ihm wird noch die Offenbarung zuteil, daß die Erhöhungen des leiblichen und geistigen Wesens im Schöpfungsplan vorgesehen sind, den Absichten des leitenden Weltprinzips, dem Willen Gottes entsprechen. Vergil sieht, wie die Schöpfung vom „gebärenden Nichts" ausgegangen ist, um über die „willenlose Ungezügeltheit", das „Allwachstum" hinaus, über Pflanzen und Tiere hinaus das menschliche Antlitz zu gestalten. Alles Geschaffene drängt auf dieses letzte Ziel hin. Und es ward „erblickbar in unendlichster Tiefe, dort ward es erblickbar inmitten unendlich menschlichen Seins und Hausens, erblickbar zum letzten und doch auch zum ersten Male: der kampflose Friede, das menschliche Antlitz in kampflosem Frieden, erblickbar als das Bild des Knaben im Arme der Mutter, vereint mit ihr zu trauernd lächelnder Liebe ... Und es schien, als sei in diesem Lächeln bereits der ganze *Sinn* des unendlichen Geschehens enthalten, als werde das sinnvolle Gesetz in diesem Lächeln angekündigt — die mild-furchtbare Herrlichkeit des menschlichen Loses."

So hat es das „Wort" gewollt, der Logos, die souveräne Intelligenz, der absolute Geist als schaffende Kraft. Zwar ist der Mensch unzulänglich und nicht imstande, das Wort voll auszudrücken; aber er ist „doch allein noch zulänglich"; denn nur der Mensch mit seiner „Sehnsucht des Herzens und des Denkens" ist gleichen Wesens mit dem Wort und kann vom Wort „zu großer Gemeinschaft" in sich aufgenommen werden, auf daß der, welcher nur „Gast" auf der Erde war, „zum Sohne werde" dessen, der Erde und Himmel erschaffen hat — auf daß er ein Teil der göttlichen Erkenntnis und der göttlichen Liebe sei. (Den Sinn mancher Aspekte von Vergils Jenseitsfahrt dürfte wohl nur ein — wie Broch selbst — mit den Theorien der heutigen Mathematik und Physik vertrauter Interpret erfassen.) —

Mit dem „Tod des Vergil" liegt ein Werk vor, das das Motiv des geistigen Abenteuers aufnimmt, zu dem den Menschen der Adel seiner Beunruhigung treibt. Einmal mehr wird die Geschichte eines Ringens um das Heil dargestellt. Broch ist sich bewußt, daß er dabei einer Linie folgt, auf der er den griechischen Tragikern und Vergil begegnet, den Evangelien, dem Römerbrief, Dante, Goethe, Dostojewski und, unter seinen Zeitgenossen, Hofmannsthal, Thomas Mann, Kafka, Musil, vielleicht auch Karl Jaspers[3]. Was die Romantik anbelangt, so bestehen, wie Jean-Jacques Anstett es in gediegener Paralleluntersuchung feststellt, bedeutsame Analogien; ob Broch sich darüber klar gewesen ist, kann auch nach der Veröffentlichung der Briefe und Essays nicht entschieden werden, dürfte aber wahrscheinlich sein ... Antike Weltbefragung, Christlichkeit (im Ethischen[4], das hier allein in Betracht kommt), Geist Goethes, Humanismus in moderner Prägung, Jasperssche Existenzphilosophie — was ist ihnen gemeinsam? Dies: überall geht es um den Kampf gegen die geschöpfliche Verfallenheit, gegen die Knechtschaft des Menschen, um das Ringen für die Größe des Menschen im Geiste. Diese Größe ist dem Menschen schon gesichert durch das Ringen selbst. Hier liegt die Würde des Menschen, und diese Würde ist letzten Endes Brochs einziges Thema.

Die Gestaltungsprinzipien

Was der Psychologe und Philosoph Broch aussagt, gliedert der Künstler Broch in vier Bücher:

„Wasser — die Ankunft." Nach seiner Seefahrt landet Vergil, krank, dem Ende nahe. Die weite, bewegte Fläche seiner Lebenserfahrungen hat ihn an die Steilküste seiner Problemstellungen geführt. Wasser ist wogend ruhelos, wie die unsteten Gefühle und

Gedanken eines Fiebernden, der vergebens nach Halt sucht; es kann Annäherung, Zugang erlauben, bietet jedoch keinen Ort für festes Bauen.

„Feuer — der Abstieg." Über Vergils Ringen mit seinen Fragen steht symbolisch das vielgestaltigste Element; ist dieses doch nun breites Flammen aus der Hölle des Zweifels, die den Grabenden bedroht, nun schmaler Streif einer neuen Hoffnung, nun weites Licht der beseligenden Erkenntnis — wechselweise marternd und zerstörend, reinigend und erleuchtend.

„Erde — die Erwartung." Nach der Erleuchtung und durch sie findet das Handeln die Basis, die nicht mehr schwankt; sie gestattet, dem Kommen des Reiches entgegenzusehen, und verwandelt sich in einen „Luginsland, um ins Unendliche zu schauen".

„Äther — die Heimkehr." Über alle Fragestellungen, über alle Ängste hinaus erfolgt der Aufstieg in die Region des reinen Geistes und das Zurückfinden zu jenem höchsten Prinzip, das, die Welt und ihr Gefüge schaffend, einen Teil seiner selbst in den Menschen gelegt hat, damit er den Weg zum Ursprung suche und finde.

Als Broch sein Werk begann, dachte er an ein Buch „ohne Zwischentitel". Die dann doch vorgenommene Vierteilung hat einerseits musikalische Bedeutung und soll zeigen, „daß das ganze Buch durchaus nach dem Prinzip eines Quartettsatzes oder . . . einer Symphonie gebaut ist", und dadurch dazu beitragen, das Geschehen im Roman als „Einheitserlebnis" empfinden zu lassen. Anderseits gewährt die „wesentlich rationalere" Vierteilung dem Leser Klarheit und Sicherheit. Die Doppelbezeichnung der vier Teile gemahnt an Stationen auf einem Weg und verspricht einen geistig überzeugenden Zusammenhang der Darstellung; außerdem weist sie auf ein Formgesetz anderer als musikalischer Natur hin — die, trotz des Titels des zweiten Teiles, aufsteigende Spirale; und sie deutet durch die Nennung der vier Elemente auf Sinnenhaftigkeit der Lebensäußerungen. Ein musikalisch, ein logisch und ein metaphysisch bedingtes Gestaltungsprinzip bestimmt den Aufbau eines Werkes, in dem die Handhabung der Sprache Meditation und Spekulation nicht zu Blut- und Farblosigkeit werden läßt, sondern, die ordnenden Grundsätze ergänzend, zum Kunstwerk erhebt.

Broch folgt dem einfachsten der Kompositionsgesetze, chronologischer Sachlichkeit. Durch die Ereignisse vor dem Eintritt Vergils in sein Sterbezimmer führt er dem Grübelnden die ganze Thematik seiner Existenz vor Augen und gibt ihm Lysanias zum Begleiter, breitet alles zum Verständnis Nötige aus und kann den Dingen ihren Lauf lassen. Zunächst versagen dem reise- und problemerschöpften Kranken die Kräfte. „Das unmittelbar Irdische meldet sich mit dem Bedürfnis nach Schlaf und Eindämmern, mit der Sehnsucht, ins Bewußtlose versinken zu dürfen." Doch ein „würgender Krampf am Rande des Abgrundes" stellte sich ein. Danach wurde es „langsam besser — langsam zwar und sehr mühselig und sehr bedrängt — es wurde wieder zu Atmen, zu Ruhen, zu Schweigen". Der Bericht schildert Vergils Körperlichkeit und Zustand sowie das rein Sachliche. Analoges zeigt sich im zweiten Buch, wenn Vergil, von der Außenwelt abgeschnitten, sich seinen ganz persönlichen Fragen erkenntnissuchend stellt, sich überall von Antwortlosigkeit umgeben findet; er ist nun nicht mehr, wie zuvor, ein physisch todmüder, kräfteraubter Mensch, sondern wird in seinem Geistigen geschwächt, weil in dessen Wurzeln getroffen — „tierhaft in seinem Tun" —, und fühlt sich in das Reich des Urschreckens, einen „Unraum", gestürzt. Doch wiederum kämpft sich sein Geist empor, nur wissentlicher, willentlicher; denn gerade aus der Tiefe des Falls erwächst ihm die Gegenkraft des „Trotzdem". Die grausame Begegnung mit der Nurgeschöpflichkeit gewährt ihm den Aufschwung über die Geburt im Fleische zur Wiedergeburt im Geist. „Machtvoll vor Auslöschung" spürt er in sich „die Kraft unendlichen Neubeginns". So will es das Gesetz der Persönlichkeit Vergils. Im dritten Buch ist das Heraustreten aus der Innerlichkeit und das Hineinwirken in die Welt ebenfalls nach seiner Zeitgebundenheit geschildert, mit dem Auftreten der Gesprächspartner und zwei Zwischenspielen selbstprüferischer Meditation. Zweimal weicht, wenn auch nur um ein geringes, Vergil vom gefundenen rechten Wege ab. Das vierte und letzte Buch schildert Vergils Annäherung an die Reine und Weite des Absoluten und schließlich die Vereinigung mit dem Absoluten. Brochs sachlich-objektive Darstellungsweise eines fiebernden, vorwärts-, todwärtsgehetzten Lebens bot die einzige Möglichkeit, die komplexe Materie, dies Verschmelzen von Physiologie und Psychologie, die Verschränkung von Gedanken und Trieben, diese Verbindung von Meditation und Halluzination, das Aufsaugen der Außenwelt durch eine Seele und einen Intellekt wirklich durchsichtig werden zu lassen.

Das zweite, das Werk von den Grundelementen bis in seine Gesamtheit beherrschende Kompositionsgesetz ist in der Formel: „Ein Gedanke, ein Moment, ein Satz" enthalten. Jeder Satz hat den Gedanken in seiner oft außerordentlichen Komplexheit, ja Disparatheit vollständig zu entwickeln, und jeder Gedanke hat Anspruch auf nur einen Satz. Das ist der Ausdruck des Willens, die Inhaltsfülle einer „einzigen flüchtigen Sekunde" spürbar zu machen. (Daher die oft überraschend langen Perioden des „Vergil".) Das hierin liegende Gebot, ein Problem immer bis zu seinem Abschluß zu führen, gilt für alle die Gebilde, die der Autor „stilistische Einheiten" nennt, die Sätze, Absätze, Kapitel, Bücher, das Ganze des Romans. Jede derartige Einheit entspricht einer „Situation" — Handlung oder Meditation —, für welche die vom Denken geforderte Entscheidung zu finden ist. Anders gesagt, die Linie, die die stilistische Einheit umschließt, kehrt mit ihrem Endpunkt zum Ausgang zurück, jedoch, da sie eine Entscheidung bringt, auf einer höheren Ebene. Sie bildet einen „stilistischen Zirkel". Ein solcher ist aber „nicht nur ein ununterbrochener Bogen, er enthält in sich auch noch stilistische Bewegungen und Verdichtungen, kurz, er umfaßt Anstieg und Abstieg. Die Länge des Ansatzes ist nur eines der Mittel, das zum Entstehen dieser inneren Bewegung beiträgt. Ohne den langen Anstieg und den langen Abstieg würde der Übergang vom lyrischen inneren Monolog in wirkliches Gedicht, wie etwa die Elegien (die den stilistischen Kern des ganzen Buches bilden), nicht folgerichtig durchgeführt sein."

Der erste Absatz des Romans, achtzehn Zeilen, gibt ein einfaches, doch gutes Beispiel dieses Verfahrens. Eine einzige Periode bildend, enthält er eine einzige Idee, die der eintretenden Stille, der sich ausbreitenden Befriedung. Man bemerke die Wörter „leicht, leisen, kaum merklichen, mählich sich ... ins friedvoll Freudige ... wandelte, sanft überglänzt, Schutzmolen, perlmuttern war ... geöffnet, es wurde Abend". Aus der Gesamtheit des Textes ergibt sich, daß die Idee der Befriedung am Anfang nur in der unbelebten Natur, dem Meer, ihren Ausdruck findet, am Ende in der Menschenwelt, wie sie unter dem Himmel lebt. Der Schluß kehrt zum Beginn zurück, aber auf einem anderen, geistige Möglichkeiten einschließenden Niveau. Die „Verdichtungen" finden sich an folgenden Stellen: „und jetzt, da die sonnige, dennoch so todesahnende Einsamkeit der See sich ins friedlich Freudige menschlicher Tätigkeit wandelte" und: „da war das Meer beinahe spiegelglatt geworden". — Der Vergleich der vier Buchanfänge und -schlüsse zeigt die gleiche Technik. Hier und dort kehren jedesmal die prinzipiell gleichen Situationen wieder: Vergils Ansetzen zur Heilsuche durch die rettende Verbundenheit einerseits, anderseits das Resultat solchen Ansetzens. Gleich zu Beginn des ersten Buches sieht man Vergil angesichts der untergehenden Sonne grübeln: „In das tiefsinkende westliche Gestirn blinzelnd, zog er den Mantel bis unters Kinn; er fror." Danach folgt als Verdichtung das beinahe vernichtende Erlebnis der „Elendsgasse". Am Ende heißt es nach Vergils Meditationen:

„Lautlos, raumlos, zeitlos, ... so klaffte die Nacht auf, zerbarst der Schlaf des Seins ... schuldbeladen und hoffnungsgebrochen ... versank des Lebens übergroßes Aufgebot zum schieren Nichts ... Es gab keine Zeit, keine Hoffnung mehr, weder für das Leben noch für das Sterben." Anfangs geht es um Empirie und Menschenwelt, am Schlusse um Metaphysik und Universum. Die Ursprungssituation ist gesteigert. Ein Forschen hat seine wenn auch vernichtende Antwort gefunden, damit einen Kreis beschrieben und dabei an Sinnschwere gewonnen. Erneut wird der gleiche Prozeß aufgenommen; aber nach unsäglichem Tasten, Zweifeln, nach der Versuchung aufzugeben ist die Erkenntnis erreicht, von der aus das Chaos sich zum Kosmos ordnet. Die zirkelförmige Bewegung vom Problem zur Lösung hat sich wiederholt mit dem Ergebnis, daß eine rettende Antwort erfolgt; denn wenn am Anfang dieses Buches das Motiv des Verlangens nach dem Absoluten steht — „Nichts war dringlicher als allein zu bleiben, um nochmals alles Sein in sich zu versammeln, um lauschen zu können" —, so leuchtet am Ende das Wort des Engels: „Tritt ein zur Schöpfung, die einstmals war und wieder ist; du aber sei Vergil geheißen, deine Zeit ist da." Verdichtungen sind die Elegien mit den fundamentalen Motiven Suche, Schönheit, Schöpfungseid, Schicksal und Schicksalsüberwindung. Im dritten Buch, in dem es sich nicht mehr darum handelt, zu entdecken, sondern durch den Kontakt mit den Menschen das Gefundene in die Tat umzusetzen, wird menschliche Gegenwart von Vergil zunächst als „Fremdheit" empfunden; dann erfolgt Annäherung in weiten und weiteren Bezügen, in immer größerer Vertiefung. Sie wird gewonnen durch das Verhältnis zum syrischen Sklaven, dem Boten des Liebesgesetzes, zu Octavian, dem absoluten Herrscher, dessen Machtregeln dereinst hinfällig sein werden, zu Lysanias, d. h. zur Vaterschaft, in der das Liebesgesetz Gestalt gewinnt; und sie zeigt, daß höchste menschliche Verbundenheit schon jetzt unangreifbare, unzerstörbare Wirklichkeit zu werden vermag. „Fremdheit" hat aufgehört, das Kennzeichen der Beziehung von Mensch zu Mensch zu sein. Wieder ist Antwort gegeben, wieder ein Kreis durchlaufen, wieder ein höherer Standpunkt erreicht. Obgleich nicht zu Elegien ausgestaltet, wirken auch in ihrer erhöhten Sprachform die Bekenntnis- und Offenbarungsworte des syrischen Sklaven, die „Bloßstellung" Vergils und der geliebten Frau, der Moment des „Freundesblicks" beim Abschied des Augustus und das letzte Wort des Sterbenden als Verdichtung. Ein „stilistischer Zirkel" liegt schließlich im vierten Buche vor, wenn die Frage nach dem Tode die Antwort erhält, er sei kein Ende, wenn die Scheinbarkeiten den Wesenheiten weichen, wenn die menschliche Verbundenheit durch die Vereinigung mit dem Kosmischen, dem Metaphysischen, dem Absoluten ersetzt wird.

Überblickt man von hier aus die Gesamtheit der vier Bücher, so erkennt man, daß die Innenbewegung von deren jedem auch für das Ganze gilt. Drei Motive mögen es belegen. Die Einfahrt in den Hafen von Brundisium als Zeichen des Beginns der angstvollen Selbst- und Weltbefragung hat ihr positives Gegenstück in der „mächtigen Stärke ruhetragenden Fließens" beim Eintritt des gestorbenen Vergil in die helle Welt der „zweiten Unendlichkeit". Die Geschöpflichkeit findet sich in der Vision des Schöpfungsvorganges wieder. Der Begriff Vaterschaft, wie er sich für Vergil von Anfang an im Erinnerungsbild des eigenen Vaters darstellt, wird für ihn Trost und Mahnung und schließlich zum Inbild einer Liebe, die sich als das Absolute offenbart. Suchen, Ringen und Finden in immer erneutem Ansatz und Aufstieg — die Spirale —, das ist die wahre Sendung des Menschen.

Mit den musikalischen, logisch-intellektuellen und symbolisch-metaphysischen Aufbauprinzipien sind formale Faktoren gegeben, die bereits für den Künstler Broch zeugen. Auch tragen sie, als „Architektonik", zur „Plausibilität und Überzeugungskraft des Kunstwerks" und zu dessen „architektonischer Vielstimmigkeit" bei. Doch erst die Sprache verleiht dem Werk jene Fülle des Lebens, ohne die es Traktat bliebe.

Wenn der Dichter der „Aeneis" ruht, steht, keucht, zusammenbricht, sich aufrafft oder entrückt wird, so geschieht es mit einer Körperlichkeit, die für den Leser sichtbar, hörbar, beinahe betastbar und greifbar wirkt. Die Individuen, die Vergil tatsächlich, im Rückblick der Erinnerung oder in Fiebergesichten umgeben, haben die gleiche volle Gegenwart, seien sie etwa wie Mutter, Vater, Großvater, der Bauernjunge Lysanias, der Landedelmann Plotius, der Cäsar Octavian ausführlicher gezeichnet oder nur knapp charakterisiert: an der Spitze der Dienerschaft auf dem Schiffe der „ewig lächelnde Vorsteher mit dem kalten Blick in den Augenwinkeln", eine „Hure" und ihr „Gänserich", der syrische Sklave, Hieria Plotia, die „Sehnsuchtbegnadete". Menschentypen sind ebenso eindringlich gegenwärtig: „Freßbäuche, die Leute des Hofstaates"; „großartig, wild, viehisch, untermenschlich die gebändigte Rudermasse" der kaiserlichen Flotte; das „menschliche Ungeziefer" in der „Elendsgasse"; „das dumpfbrütende Massentier" vor dem Palast des Augustus. Anderes dann: „Stahlblau und leicht" breitet sich das abendliche Meer aus, „perlmuttern ... darüber die Muschel des

Himmels". Man hört selber „das gleitende Schäumen des Kielwassers", „den klatschenden Wasserschnitt" der Ruder, spürt deren „dumpfdonnernden, silberumsprühten Rucktakt", ist mit dem eigenen Atem, mit allen Sinnen bei den „angeketteten stummen Knechtsleibern im stickig-zugigen, stinkenden, donnernden Schiffsrumpf". Brundisium und das ganze Reichsgebiet mit seiner Wirtschaft, seinen Arbeitenden und Genießenden werden „durch die Nase zugemittelt", bisweilen mit einer Synästhesien feststellenden und schaffenden Intensität wie bei dem „glatten, glitzernd-fauligen Gestank der Fischmarktstände". Dagegen spürt man gleichsam das ätherisch Reine, wenn der Mittagswind sich erhebt, „der inbrünstige Atemkuß des Lebens, ... ein leise hinflutendes Gewoge, das Atemmeer der Welt". Von Vergil und Plotia, den Liebenden, gesprochen, wirken zwei kurze Sätze als Gesang aus den Sphären. Subjektive Visionen der Auflösung, die Vergil heimsuchen, erscheinen als eigenes Erleben, als „Erinnerung des versprengten Herdentieres", „Fahrt durch den Unraum der stillstehenden Verirrtheit", wo das Zimmer mitschwebt, „unverändert und dabei fahrtartig verformt, zeiterstarrt und dabei fortwährend sich verändernd ... im Hohlgedränge der Gestaltlosigkeit". Das Gehetzte, Verkrampfte, Sichaufbäumende, Zerfließende der Psychologie Vergils teilt sich durch das Medium der Sprache dem Leser spürbar mit. Unlösbar sind in diesem Werk Gedanken und Gefühl mit Sichtbarkeit, Hörbarkeit, Greifbarkeit, psychologische Analyse und philosophische Gedanken verwoben. Die Gottheit ist da, aber auch, von der Sprache geschaffen, „der Gottheit lebendiges Kleid".

Und doch ist bei erster, oft auch bei wiederholter Begegnung das Deutsch des „Vergil" für manche derer, die Broch selbst seine „unglücklichen Leser" genannt hat, ein Rätsel, ja ein Ärgernis. Mehr als einer unter ihnen wird skeptisch bleiben, wenn Broch äußert, „daß im ‚Vergil', trotz seiner scheinbaren Überladung, nicht ein Wort steht, das nicht vom Erlebnis bestimmt ist". Aber ihre Größe schließt sich dem auf, der ihr Gesetz begreift. Ein Vorwärts und ein Zusammenhalt treten sehr schnell als zwei Merkmale des geschmeidigfesten Sprachgefüges hervor. Die Spannweite des Wortschatzes reicht von der kruden Vulgarität der Dirnenrede bis zur Hymnik des Gebets und deutet damit auf eine Sphäre reinen Geistes. Die Richtigkeit in diesem Vokabular, die, als Durchsichtigkeit wirkend, zum Ausblick nach anderem, höherem einlädt, und ihre Einfügung in die Bewegung eines Drangs und Aufschwungs schaffen eine eigentümliche Ambivalenz zwischen Empirie und Idee.

Zunächst entsteht der Eindruck, die Sprache beruhe nur auf der

Psychologie Vergils, des von Fieber und Krankheit und Todesnähe Gehetzten, der in seiner Verlorenheit sich keinem Zuhörer anzupassen braucht, dabei aber intellektuell klar und Herr seines Ausdrucks bleibt. Der Grübelnde darf allem Bohren und Schweifen seiner Phantasie folgen und längste, genauer und immer genauer definierende Perioden bauen, und er vermag sie richtig zu bauen. Doch ist damit die „Vergil"-Prosa noch nicht in ihrem eigentlichen Wesen erfaßt. Ihre nie ermattende, drängende Dynamik, für die ebensosehr die Unflätigkeiten der „Elendsgasse" wie der reine Atem des Mittagswindes zeugen, gibt einen weiteren Hinweis. Wie der Denker im Dichter der „Aeneis" — und des „Vergil" — dem Wesentlichen des Lebensgehaltes zudrängt — „denn unverloren und unverlierbar bleibt die platonische Idee" —, so der Dichter in diesem Denker dem Wesentlichen des Materials der Gestalt, dem „Sprachlichen an sich", der platonischen Idee der Sprache. Diese ersehnt den Augenblick, „wo sie über ihre eigenen irdisch-sterblichen Grenzen schlägt und ins Unaussprechliche dringt", den Wortausdruck verläßt, um Abbild des Denkens und damit „Abbreviatur für die Vieldimensionalität des Geschehens" zu sein.

Broch schuf eine Sprache, die trotz Reichtum und Glanz sich als „erweckend" herzenswarm erweist. Dieser Leistung hoher Künstlerkraft bleibt, wie den Kompositionsprinzipien, alle Künstlichkeit fern. Sie drückt die Echtheit eines Willens zum Helfen aus, der die rettenden Zugänge zu ebnen strebt.

Wie in jedem Kunstwerk ist auch im „Tod des Vergil" die äußere Form der Ausdruck der inneren. So ist der Zusammenhalt in der Sprachfügung das Zeichen einer fast verzweifelten Reaktion Vergils gegen eine Menschheit und eine Welt, die der Zerfall bedroht. In seinen wechselnden Aspekten ist der dynamische Drang natürlicher Ausdruck des geistigen Zustandes eines Menschen, der, dem Tode nahe, keine Zeit mehr zwischen dem „Nicht mehr" und dem „Noch nicht" der Kultur seiner Epoche verlieren darf und mit allen Kräften nach dem rettenden transzendentalen Prinzip sucht, „jenem neuen geistigen Zusammenschluß, von dem aus erst eindeutig und rational wieder bestimmt werden kann, was Wert und was Unwert ist". Die wissenschaftliche Genauigkeit und der Platonismus, die Logik und die Musik der Sprache fließen aus der Persönlichkeit Vergils, des Intellektuellen und Mystikers, des Darstellers der Wirklichkeit und des Dichters, d. h. Sehers. Die zyklische Struktur, die mit ihrem Kreis, ihrem Kreisen ein Problem einschließt, entspringt dem Bedürfnis nach klarer Schau und der Besessenheit durch ein Problem, der Introversion. Der in der dritten Person erzählte Bericht ist in Wirklichkeit, wie Broch es in einem Kommentar sagt, „ein innerer Monolog", entspricht damit einer künstlerischen Forderung, aber auch der Sprechweise eines Sterbenden, der auf sich selbst zurückgeworfen und -verwiesen ist. Wenn, wiederum nach Broch, hinter dem Gehalt des Werkes der Tod steht, so auch hinter dessen Formgebung — und hinter dessen Entstehung.

Das offenbart sich in einer Einzelheit des Tatsachenkomplexes, der den „Vergil" weitgehend zu einer Autobiographie seines Schöpfers macht. Hermann Broch kannte, gleich seinem Vergil, die Beängstigung durch eine Kultur der zerfallenden Werte, wie Vergil suchte er den neuen, sinngebenden Wert, glaubte er an das Heil durch die Verwandlung seines Künstlertums in die (nach Hannah Arendt vielleicht allzu quietistisch charakterisierte) „einzig wahre Aktivität, ... die kontemplative Aktivität des Philosophierens", war er von der Sorge des Nichtfertigwerdens und des Zuspätkommens verfolgt, verzichtete er auf die vollendete ästhetische Leistung um der möglichen ethischen Wirkung willen, nahm er *dankbar* die Zeitkrise hin (wie sein Vergil den Göttern für „Gutes und Schweres" dankt), „denn Krise bedeutet Aufbruch, auch wenn es ein Abgrund ist, der aufbricht" — er sah sich auch als Opfer des Nationalsozialismus, der ihn einkerkerte, dem Tode gegenüber und konnte später schreiben: „Es war nicht mehr das Sterben des Vergil, es wurde die Imagination des eigenen Sterbens." Die bildenden Kräfte, die im Gegenstand des Werkes lagen, begegnen sich mit den Kräften des Dichters. So wird die innere Form des Romans gewonnen, die von einer drängenden, vom Todesgedanken eingegebenen metaphysischen Fragestellung bestimmt wird, anders gesagt, vom Bedürfnis, das Leben in seiner Komplexität zu erhellen.

Die Einsichten, die der „Vergil" als autonomes, nur in sich selbst ruhendes Kunstwerk darbietet, werden durch die Briefe und Essays des Theoretikers Broch bestätigt und erweitert. Man erlebt darin Brochs „Besessenheit" durch den „Begriff der Erkenntnis". Weder positive Religion noch Philosophie, „soweit sie nicht mathematisiert", können diese vermitteln. „Unverbindlich" im Subjektivismus „ihrer ,ausdeutenden' Funktion" bekannter Gegebenheiten — z. B. der Geschichte — sind sie „überflüssig", weil sie nicht die Grundwahrheiten erfassen, deren die Not der Zeit bedarf. „,Die Wissenschaft' " ihrerseits „ist kein Weltinhalt, kein Weltsymbol wie Gott es ist, sondern sie ist bloß eine bestimmte Denkmethode, unter deren Ägide niemals ein ethisch-metaphysisches Weltorganon nach der Art der christlich-platonischen Scholastik entstehen kann." Die „Einsicht in diesen Sachverhalt", schreibt Broch 1936, „hat mich aus der Ratio in die Irratio der Dichtung getrieben, die Hoffnung hier — wenigstens für mich — eine neue Fundierung zu finden." Der Künstler, „der die Welt in jedem Augenblick ‚zum ersten Mal' als fluktuierendes Chaos erlebt", versucht — muß versuchen —, „mit einem Schlag zu neuen Wahrheitseinheiten zu gelangen", die ihn aus dem Chaos erretten. Geleitet wird er dabei von dem „außerwissenschaftlichen Weltwissen, das jedem von uns innewohnt", von den „Urideen alles Religiösen, der Opferung, der Selbstopferung zur Wiedererlangung des Standes der Unschuld in der Welt — diese religiöse Grundtendenz, die eigentlich das Philosophische an sich ist". Der Roman soll diese „sozusagen erkenntnistheoretischen Gründe aufzeigen, die aus dem Boden des Irrationalen (und in zweiter Linie erst Unbewußten) herauswachsen". Das Ziel ist „der *erkenntnistheoretische Roman* statt des psychologischen, d. h. der Roman, in dem hinter die psychologische Motivation auf erkenntnistheoretische Grundhaltungen und auf die eigentliche Wertlogik und Wertplausibilität zurückgegangen wird".

In einer Zeit des „Zerfalls der Werte", des Verlustes eines höchsten, sinngebenden Wertes infolge der „unbedingtesten Radikalisierung aller Werte" geht es Broch um das Ethische als oberstes Prinzip, das die gültigen Beziehungen und Bindungen schafft. Die „erste Ahnung" von einem solchen Absoluten ist zwar „geradezu lyrisch vor Irrationalität", aber die „Ausarbeitung ... sucht ein Maximum an Rationalität zu erreichen". Die Darstellung des „Metaphysischen in seinem Durchbruch aus dem Alltag (ist) das stärkste Element der Kunst überhaupt". Die Prävalenz des Metaphysischen besagt aber, daß der Roman eine „Totalitätsaufgabe" hat und nur dann ein Kunstwerk ist, wenn er „in sich die Welttotalität produziert (nicht als naturalistischer Weltabklatsch, sondern kraft seiner eigenen Weltautonomie)". Er muß Bildungs- und Kulturelemente in sich aufnehmen, muß „polyhistorisch" werden; da er aber Dichtung ist, also mit den „Ur-Moventien des Seins" zu tun hat, darf eine „gebildete" Gesellschaft nicht zum Handlungs- oder Gedankenträger erhoben werden. Vor allem aber hat er auf den Uranfang der Welt und die uranfänglichen und ewigen Probleme des Menschseins zu zielen, hat er Mythos zu sein. „Mythos nämlich ist Kosmogonie, ist Beschreibung der den Menschen bedrohenden Urkräfte und setzt deren Symbolfiguren nicht minder große, prometheische Heldensymbole entgegen, welche dartun, wie der Mensch das scheinbar Unüberwindliche überwindet und auf Erden zu wohnen vermag ...

Im Mythischen enthüllt sich der Menschenseele Grundbestand." Der Mythos verbürgt damit „die Einheit des über die Zeiten hinauserstreckten Menschengeschlechtes ... Es wird damit dem Menschen auch das ahnende Wissen um die Zeitlosigkeit seines Ich ... gewährleistet, jenes Gefühl zeitenthobener Sicherheit, wovon Kant bewegt wird, wenn er ‚vom gestirnten Himmel über mir und dem sittlichen Gesetz in mir' spricht." Und da außerdem „der Mythos ... immer noch die engste Annäherung des Menschen an die Todeserkenntnis gewesen" ist, wird der Roman auf jenen Stoff verwiesen, „um den sich *alle* Kunst seit jeher bemüht hat, nämlich auf den *Tod an sich*, den großen Pacemaker aller metaphysischen Erkenntnis".

Trotz solcher auf das Letzte zielenden Problemstellungen fragt sich Broch, ob nicht über der Erkenntnis die „schlicht-menschliche Haltung und Gesinnung steht", die für sein persönliches Leben das „eigentlich Positive" sei. Das Resultat ist die Überzeugung, daß „alles Dichten, das nicht über das Dichten hinausgeht, heute keine Geltung mehr haben kann, keine mehr haben darf". „Das Erkenntnisziel der Dichtung, ihr Wahrheitsziel ist nicht allein mehr das Schöne in seiner Mitleidslosigkeit, ist nicht allein mehr die Realität des Schicksals, nein, es ist darüber hinaus auch die Realität der Seele und ihres Kampfes gegen das Schicksal, den sie zu führen hat, wenn sie menschlich bleiben will." Vom Zentralwert des Ethischen ausgehend, das in der Unendlichkeit seines Wollens als das Religiöse zu verstehen ist, fordert der Roman, „wie alle Schriftstellerei, ... vor allem menschliche Festigung und Festigkeit, d. h. eine unerschütterliche Gesinnung zur Herzensreinheit und sonst gar nichts". Einzig gilt noch die „didaktisch-pädagogische Aufgabe des Dichterischen". Das heißt aber, wie Hannah Arendt unterstreicht, „daß es Broch in all seinen wert- und erkenntnistheoretischen Bemühungen letztlich um eine Theorie des Tuns, nicht der Kontemplation ging".

Glücklicherweise muß aber der Ethiker des metaphysischen und sittlichen Verantwortungsbewußtseins zugeben, daß er „unablässig ... die Verführung zum Geschichten-Erzählen", anders gesagt, zur sinnenhaften Darstellung konkreter Lebensfälle und -fülle, eines naturalistischen „Untergrunds" verspürt und daß das „sogenannt Künstlerische" ihn „einfach überwältigt". So geschieht es, daß er oft „tagelang" sich um „architektonische Vielstimmigkeit" bemüht, sie auch, wie er sagt, „zum Teil immerhin verwirklicht" hat und daß er danach strebt, den Roman zur „Gesamtform aller dichterischen Ausdrucksmittel" zu erheben. Auch in seiner Gestaltung soll der Roman „Totalität" sein. Es gilt, eine „Einheit von rationaler Erkenntnis, Epik, Lyrik und noch vieler anderer Elemente des Ausdrucks zu schaffen". So ist „der Brochsche Stil ... von folgenden Elementen bestimmt: er trachtet in jedem Darstellungsmoment das Kontradiktorische der Seele zur Einheit zu bringen, ... die gesamte (musikalische) Motivenfülle in Bewegung zu erhalten" und „eben hiedurch die Simultaneität des Geschehens allüberall festzuhalten". Dabei steht das Lyrische an erster Stelle; denn es „erfaßt die tiefsten seelischen Realitäten", in denen „die irrationalen Sphären des Gefühls und die rationalen des Verstandes gleichrangig eingeschlossen" sind; „nur das Lyrische vermag die Einheit der antinomischen Gegensätze herzustellen". Doch noch in anderer Weise muß der Roman Gehaltselemente formal verarbeiten und in sich aufnehmen. Um fühlen zu lassen, daß sie „gemeinsam innerhalb einer einzigen flüchtigen Sekunde durch das Bewußtsein huschen", werden „die verschiedensten emotionalen und auch philosophischen Inhalte, oftmals sogar höchst disparater Natur", in einem Satze zusammengefaßt. Dann die Eingliederung des „Polyhistorischen": es darf nicht als „Gesprächsfüllsel" verwendet werden, sondern soll als „oberste rationale Schicht" mitschwimmen und mitschwingen. Ein erster Versuch dazu lag in den theoretisierenden „Exkursen" des „Huguenau" vor, wie sie, reinlich geschieden vom epischen Bericht, dastehen. Aber Broch wurde sich „klar, daß dies ein einmaliger Weg war"; und schon 1935 erscheint der Gedanke an die Form des „inneren Monologs", die sich im „Vergil" verwirklichen wird. Sie erlaubt, die Gespräche zu vermeiden, durch die etwa der „Zauberberg" das Problem des „Polyhistorischen" zu bewältigen sucht, und entspricht der Forderung, „daß die vollkommene Erzählung ihren Sinn ausschließlich in den Gestalten und Situationen zu offenbaren hat"; sie schafft dem so bedeutsamen Lyrischen Raum und trägt dazu bei, daß der „Vergil", nach Brochs gewollt unpathetischer Formulierung, „ein ausgewalztes lyrisches Gedicht" werden kann. Der beste Beleg für Brochs Kunstwillen ist die Anfälligkeit gegenüber den Möglichkeiten der Sprache; denn sein Ziel ist jene absolut autonome Ausdrucksweise, die „das große Glück jedes Künstlertums" ist und die zuletzt in ihrer Größe zum Esoterismus, zur „Unverständlichkeit" führt. Die Versuchung wird prinzipiell abgelehnt im Namen des Kampfes gegen das Unheil der Zeit, im Dienste der „Pestbekämpfung", der „Dschungellichtung", in Befolgung des ethischen, sozialen Gesetzes, wie es auch für die Gehaltstheorie des Romans maßgebend ist: „Die ästhetische Forderung (muß) nach dem ethischen Wertziel orientiert (sein)" — was nicht heißt, daß Broch „Popularkunst" vertritt oder daß ihm „gute demokratische Gesinnung" genügt.

Die gattungsgeschichtliche Stellung des „Vergil"

Damit ist der Ort des „Vergil" in der Geschichte der Gattung näher bestimmt. Er liegt auf der von Goethe, dem Dichter der „Wanderjahre", dieses „Grundsteins" des neuen Romans, und des „Faust", ausgehenden Linie der Formsprengung und -erneuerung mit einer „Gesamtform" als Ziel, einem „Dichtwerk", das „die Entwicklung des Supranaturalen aus dem irrationalen Seelengrund beispielhaft an wirklichen Menschen" darstellt und „in seiner Einheit die gesamte Welt zu umfassen, ... die Kosmogonie der Welt zu spiegeln, ... in dem Wunschbild, das es gibt, die Unendlichkeit des ethischen Willens aufleuchten zu lassen" hat. Die Dichtung soll auch hierin Goethe folgen, dem Menschen der „Gesamterkenntnis", der in verantwortungsbewußtem, in religiösem Sinne „diese Aufgabe auf sich genommen". Aus einer solchen ethisch-erkenntnistheoretischen, durch das „tiefe Elend" unserer Epoche geforderten Sicht erklärt es sich, daß für Broch Stendhal, Flaubert, George weniger Gewicht haben als Zola, Dostojewski, Hofmannsthal und daß Joyce und Thomas Mann, insofern sie „künstlerische Schreiber" sind, ihm als „Atavismen" erscheinen. Musil, dessen „Mann ohne Eigenschaften" zu sehr „ins präzis Rationale gehoben" ist, weckt ebenfalls Vorbehalte. Nur Kafka ist der restlos Anerkannte und Gepriesene, weil er der einzige ist, der, im Gegensatz auch zu Joyce, „sich einen Pfifferling um das Ästhetisch-Technische kümmert, sondern das Ethische unmittelbar an der Wurzel anpackt"; seine „großartige, wahrhaft mythische Naivität" hat die Kraft, bis zum Mythos vorzudringen. Aber „in einer einzigen Generation gibt es keine zwei Kafkas". Doch „als Zeichen des Umbruchs im Dichterischen", als „Ahnung von der neuen Aufgabe, die eben in einer beinahe religiösen Totalität liegt", werden die „Geschichten Jaakobs" von den Möglichkeiten ihres Autors her als „absolut genial" begrüßt, wie ja Thomas Mann[5] und Broch auch in der Forderung einer „langsam infiltrierenden moralischen Wirkung" der Dichtung übereinstimmen. Musils letztlich ethische Einstellung[6] wird ebenfalls nicht verkannt.

Aufschlußreich ist das Verhältnis zu James Joyce. Es ist positiv insofern, als für beide Autoren die schöpferische und gestaltende Grundhaltung identisch ist. Man lese Carl J. Burckhardts am 10. September 1923 an Hofmannsthal gerichteten, den „Ulysses" und, zwanzig Jahre im voraus, auch den „Vergil" charakterisierenden Brief: „... ‚Ulysses' ... Sucht, alles gleichzeitig zu sehn, Orte und Zeiten. Das Erinnern und wieder Heraufbeschwören, das Grundphänomen aller großen dichterischen Leistung seit Homer, wird hier hineingerissen in einen Wirbel von Gegenwart und Zerstörungsvision, der ganze Inhalt eines denkenden, fühlenden Geistes wird, wie in einer einzigen, unheimlichen Eruption ausgeschüttet ... Äquinoctialstürme der menschlichen Denktragödie (brechen) ein ... bei Joyce, ... dem Prototyp des von allen gesellschaftlichen Bindungen freien Intellektuellen ... und dabei hofft er doch, ... auf Zusammenfluß, Zusammenfluß von Strömen, Flüssen, Bächen, er hofft letzten Endes auf Vereinigung." Eine Verwandtschaft zwischen Broch und Joyce besteht weiterhin insofern, als Joyce den „inneren Monolog" anwendet, nichts mit dem „Bildungsunwesen" im Roman zu tun hat, „architektonische Vielstimmigkeit" sucht, im Psychologischen die Wiedergabe der „Simultaneität" der verschiedenen geistig-seelisch-physischen Reaktionen erstrebt, dazu die Einheit von Darstellungsobjekt, -subjekt und -mittel will und infolgedessen im Sprachlichen „einer neuen Ausdrucksmöglichkeit für das Unbewußte, Unterbewußte" nachgeht. Trotz solcher Analogien zeigen sich bei Joyce Aspekte, die ihn von Broch scheiden: ein teilweiser „psychologischer Pointillismus", bei dem „die Seelenwirklichkeit tatsächlich aus lauter unzusammenhängenden Einzelpunkten aufgebaut" wird; das Fehlen des Lyrischen und des Mythos; die psychologische statt der erkenntnistheoretischen Orientierung; schließlich und entscheidend die Stellungnahme „im extrem Platonischen und Subjektiven", d. h. eine ins Unverständliche, in „radikale Asoziabilität" mündende Verabsolutierung des Willens zum Kunstwerk ... Broch hat Joyce bewundert: 1930 nennt er ihn sein „schriftstellerisches Über-Ich"; er hat bei ihm manche Bestätigung gefunden und darf sich „in gebührendem Abstand ... und mit ehrlicher Bescheidenheit" eine Stelle in der Nachfolge Joyces anweisen; die auf den ersten Blick befremdende, weil zunächst als spielerisch empfundene Äußerung, die Ähnlichkeiten zwischen dem „Vergil" und dem „Ulysses" seien „beiläufig so groß wie die zwischen einem Dackel und einem Krokodil", lehnt nur für einen oberflächlichen Blick alle Verwandtschaft ab.

In seiner metaphysisch-ethischen Grundhaltung ist der „Vergil" das Zeugnis eines Suchens nach einem rettenden Weg, der Ausdruck einer auch von anderen gefühlten Problematik. Hofmannsthal, Kafka und Broch haben sie in unserer Zeit wohl am schmerzlichsten erlebt in jenem goetheschen Sinn, auf den Broch hinweist. Wurde hier das Judentum[7] einmal mehr zum Quell leidvoll tragischer Größe und eines Leuchtens aus Umwölktheit? Wenn so „Der Tod des Vergil" seinem Gehalt nach nicht ganz als erratischer Block in der gattungsgeschichtlichen Landschaft steht, so ist er im Formalen für das deutsche Sprachgebiet ein ἅπαξ λεγόμενον. Die Form ist nicht zu wiederholen. Jede Nachahmung wäre Künstlichkeit — Negierung der Kunst. So mag die Begriffs- und Ortsbestimmung gelten, die Egon Vietta gegeben hat: „‚Der Tod des Vergil‘ ... ist weder ein Roman noch hat das Buch mit der Technik unserer Historienschreiber und Romanciers zu tun. Es ist, künstlerisch gesehen, die Einbürgerung des rhapsodischen Monologs, die Verdeutschung der Joyceschen Stilmittel, die Selbstentleibung des Romans im Roman. Über Brochs ‚Tod des Vergil‘ gibt es keinen Weg hinaus, die Gattung Roman ist damit zu Ende geführt und zugleich durch ein Novum überwunden."

Brochs Urteil über den „Ulysses" dürfte auch für den „Tod des Vergil" gültig sein. Hier ist „kein Spiel ..., das sich verflüchtigt, sondern eine Wirklichkeit, bestehend und fest wie alle Wirklichkeiten, die eine Epoche hervorbringt, zeitgerecht gekommen und in ihr verwurzelt, eine Realität, eingesenkt und einsinkend vor eigenem Gewicht in die Fluten der Zeiten, von keiner mehr wegzuschwemmen und immer wieder aus ihrer Tiefe leuchtend".

WOLFDIETRICH RASCH

# Musil · Der Mann ohne Eigenschaften

## Das Erzählen des Unerzählbaren

Im vorletzten Kapitel des ersten Buches von Musils „Mann ohne Eigenschaften" geht Ulrich, die zentrale Figur des Romans, durch die nächtlichen Straßen der winterlichen Stadt und kommt sich „nur noch wie ein durch die Galerie des Lebens irrendes Gespenst vor, das voll Bestürzung den Rahmen nicht finden kann, in den es hineinschlüpfen soll". Er hat nicht das Bewußtsein „eines mit sich selbst einverstandenen Lebens", fühlt sich nicht imstande, Widersprüche „verschwinden zu machen, wie sich in einer langen Allee die Lücken schließen". Schließlich fällt ihm ein, „daß das Gesetz dieses Lebens, nach dem man sich, überlastet und von Einfalt träumend, sehnt, kein anderes sei als das der erzählerischen Ordnung! Jener einfachen Ordnung, die darin besteht, daß man sagen kann: ‚Als das geschehen war, hat sich jenes ereignet!' Es ist die einfache Reihenfolge, die Abbildung der überwältigenden Mannigfaltigkeit des Lebens in einer eindimensionalen, wie ein Mathematiker sagen würde, was uns beruhigt; die Aufreihung alles dessen, was im Raum und Zeit geschehen ist, auf einen Faden, eben jenen berühmten ‚Faden der Erzählung', aus dem nun also auch der Lebensfaden besteht. Wohl dem, der sagen kann ‚als', ‚ehe' und ‚nachdem'! Es mag ihm Schlechtes widerfahren sein, oder er mag sich in Schmerzen gewunden haben: sobald er imstande ist, die Ereignisse in der Reihenfolge ihres zeitlichen Ablaufes wiederzugeben, wird ihm so wohl, als schiene ihm die Sonne auf den Magen. Das ist es, was sich der Roman künstlich zunutze gemacht hat: der Wanderer mag bei strömendem Regen die Landstraße reiten oder bei zwanzig Grad Kälte mit den Füßen im Schnee knirschen, dem Leser wird behaglich zumute, und das wäre schwer zu begreifen, wenn dieser ewige Kunstgriff der Epik, mit dem schon die Kinderfrauen ihre Kleinen beruhigen, diese bewährteste ‚perspektivische Verkürzung des Verstandes' nicht schon zum Leben selbst gehörte. Die meisten Menschen sind im Grundverhältnis zu sich selbst Erzähler. Sie lieben nicht die Lyrik, oder nur für Augenblicke, und wenn in den Faden des Lebens auch ein wenig ‚weil' und ‚damit' hineingeknüpft wird, so verabscheuen sie doch alle Besinnung, die darüber hinausgreift:

sie lieben das ordentliche Nacheinander von Tatsachen, weil es einer Notwendigkeit gleichsieht, und fühlen sich durch den Eindruck, daß ihr Leben einen ‚Lauf' habe, irgendwie im Chaos geborgen. Und Ulrich bemerkte nun, daß ihm dieses primitiv Epische abhanden gekommen sei, woran das private Leben noch festhält, obgleich öffentlich alles schon unerzählerisch geworden ist und nicht einem ‚Faden' mehr folgt, sondern sich in einer unendlich verwobenen Fläche ausbreitet."

Die Absage an die traditionelle Erzählform ist hier begründet mit der zeitbestimmten Verfassung des Lebens selbst, das nicht mehr erzählbar ist. Seine Darstellung im „ordentlichen Nacheinander" würde eine bloße Scheinordnung erzeugen, die das Chaotische, Diffuse, Zwiespältige der Existenz verdecken und weglügen müßte. Die Dichtung wäre damit um ihre Wahrheit gebracht. Das Existenzproblem Ulrichs wird unmittelbar zum Formproblem des Romans. Gegenüber jener epischen Form, die in der Darstellung einer verknüpften Folge von Begebenheiten das zu sagen vermag, was gesagt werden soll, besteht im Bewußtsein des Romanciers Musil ein unbesiegbares Mißtrauen. Man muß fragen, ob und auf welche Weise dann ein Roman zustande kommen kann. Musil hat diese Frage überlegt und teilt nach dem Erscheinen des ersten Bandes (1930) in einem wichtigen Brief an G. mit, er habe in der Zeit „vor, spätestens bei Beginn der letzten Fassung des Manuskripts" eine zeitauflösende Anordnung geplant, eine experimentierende Form, die in einer Notiz aus dieser Zeit angedeutet wird: „So erzählen, wie sich die Probleme in Ulrich gradweise bilden: vor und zurück." Eine solche Durcheinanderschichtung der Zeitphasen hätte, schreibt Musil, „einen neuen Erzählungsstil gegeben, worin das äußerlich Kausale zu Gunsten phänomenaler und motivischer Zusammenhänge ganz aufgelöst worden wäre". Damit wäre er „irgendwie ein Erzvater der neuen Erzählungskunst geworden". Doch er gab diese Absichten auf. „Aber ich bin in Stilfragen konservativ ..." In Musils Roman bleibt der erzählerische Gestus bewahrt: ein Erzähler, der alles überblickt, spricht ständig, färbt den Bericht, kommentiert zuweilen die Vorgänge, reflektiert. Die Form der „erlebten Rede" wird nur maßvoll verwendet. Wenn Musil so die Grundstruktur der überlieferten Erzählweise festhält, so bildet er um so entschiedener die Feinstruktur des Romans nach seinen künstlerischen Absichten um. Die Erzählung bewegt sich am Rande des Erzählbaren; es wird erzählt mit dem Bewußtsein, daß die Daseinssituation Ulrichs und seiner Zeitwelt eigentlich nicht mehr erzählt werden kann. In dieser Paradoxie steht der Roman. Hier liegt die eine Wurzel jener Ironie,

die für den Stil des „Mann ohne Eigenschaften" konstitutiv ist.
Ein deutliches Kennzeichen für die Veränderung der überlieferten
Erzählform ist das Zurücktreten der Zeitdimension. Das zeitliche
Nacheinander wird nicht akzentuiert, nicht als gliederndes und ordnendes Moment verwendet, wie es im naiven Erzählen geschieht.
„Der Inhalt breitet sich auf eine zeitlose Weise aus, es ist eigentlich
immer alles auf ein Mal da" (Brief an G.). Das bedeutet, daß sich
der Roman „nicht nur vom Epos entfernt, sondern sogar schon vom
Epischen", wie Musil in einer Besprechung von Döblins Epos
„Manas" sagt. „Das Eigentliche" des zeitgenössischen Romans, so
heißt es dort, „die größere und zeitgemäßere geistige Begabtheit,
welche den Roman vor den anderen Formen der Dichtung auszeichnet, ist in diesem Sinn unepisch."

Musils nicht naive, unepische Erzählweise, die sich im Verkümmern der Zeitdimension und noch anderen wichtigen Momenten
zeigt, hat bei manchen Kritikern zu dem Fehlschluß geführt, es fehle
Musil an erzählerischer Begabung. In Wahrheit liegt es jedoch so,
daß dieses unepische, ironisch gebrochene Erzählen gerade eine sehr
große und sichere Erzählbegabung voraussetzt. Sie wird bei Musil
an manchen Stellen unmittelbar sichtbar. Wenn er z. B. Ulrich eine
Geschichte aus dem 17. Jahrhundert vortragen läßt, die ihm im
Gespräch mit Agathe als Exemplum für ein moralisches Phänomen
dient, so entsteht ein ganz dichtes und starkes erzählerisches Gefüge
etwa von der Art der Geschichten Hebels. „Es ist mir einmal vor
Augen gekommen und wirklich soll es sich auch in der Zeit des
Dreißigjährigen Kriegs zugetragen haben, als ohnegleichen Menschen und Völker durcheinander geworfen worden sind, begann er.
Aus einer Gruppe einsam liegender Bauernhöfe waren die meisten
Männer von den Kriegsdiensten entführt worden, keiner von ihnen
kam wieder, und die Frauen führten allein die Wirtschaft, was ihnen
mühevoll und verdrießlich war. Da geschah es, daß einer von den
verschollenen Männern in die Heimat zurückkehrte und sich nach
vielen Abenteuern bei seinem Weib meldete. Ich will aber lieber
gleich sagen, daß es nicht der rechte Mann gewesen ist, sondern
ein Landstreicher und Betrüger, der einige Monate lang mit dem
Verschollenen und vielleicht Zugrundegegangenen Marsch und
Lager geteilt und sich dessen Erzählungen, wenn ihm das Heimweh
die Zunge lockerte, so gut eingeprägt hatte, daß er sich für ihn
auszugeben vermochte. Er kannte den Kosenamen des Weibs und
der Kuh und die Namen und Gewohnheiten der Nachbarn, die
überdies nicht nahe wohnten[1]..."

In solcher Weise, als epische Reihung von Begebenheiten im sinnerfüllten Nacheinander, läßt sich Ulrichs Dasein in der sich auflösenden Welt des frühen 20. Jahrhunderts nicht mehr erzählen. „Das Problem: wie komme ich zum Erzählen, ist sowohl mein stilistisches wie das Lebensproblem der Hauptfigur" (Brief an G.). Musil hat in einer Notiz von 1932 diese Problematik in einer mit der Paradoxie spielenden Formulierung festgehalten. „Die Geschichte dieses Romans kommt darauf hinaus, daß die Geschichte, die in ihm erzählt werden sollte, nicht erzählt wird." Der Kontext dieses Satzes verbietet es, den Terminus „Geschichte dieses Romans" als Entstehungsgeschichte zu deuten, und gar die Geschichte, die erzählt werden sollte, als die Geschichte der Geschwister[2]. Vielmehr ist von der Fabel des Gesamtromans die Rede. Musil nennt z. B. im Entwurf einer Vorrede seinen Roman „diese Geschichte". Die Geschichte wird nicht im naiven, epischen Sinne erzählt und gerade dies, daß die intendierte Erzählung nicht als solche verwirklicht werden kann, ist die wahre Geschichte, der eigentliche Roman selbst.

Die Krise der Romanform, die sich darin andeutet, ist nicht völlig neu, sondern sie reicht ins 18. Jahrhundert zurück. Jene Formulierung würde auf Lawrence Sternes „Tristram Shandy" fast noch besser passen als auf Musils Roman. Schon in dessen Titel deutet sich die Problematik an. Ein Mann ohne Eigenschaften ist im traditionellen Sinne keine Romanfigur, er kann keine episch erzählbare Geschichte haben. Ulrich wird denn auch nicht in einer aktiven, tätigen oder doch in Tätigkeit sich versuchenden Lebensphase geschildert, sondern in einer genau entgegengesetzten Situation. Er hat es mit drei Berufen probiert, war Offizier, Ingenieur, zuletzt mit beträchtlichem Erfolg Mathematiker. Aber er hat auch die wissenschaftliche Tätigkeit verlassen, „mitten in einer großen und aussichtsreichen Arbeit". „In wundervoller Schärfe sah er, mit Ausnahme des Geldverdienens, das er nicht nötig hatte, alle von seiner Zeit begünstigten Fähigkeiten und Eigenschaften in sich, aber die Möglichkeit ihrer Anwendung war ihm abhandengekommen." So beschließt er, „sich ein Jahr Urlaub von seinem Leben zu nehmen, um eine angemessene Anwendung seiner Fähigkeiten zu suchen".

### Passivität und Möglichkeitssinn

Ulrich bleibt in diesem Urlaubsjahr, das zugleich das Jahr vor dem Ausbruch des ersten Weltkrieges ist, in völliger Passivität. Mit der gesellschaftlichen Umwelt ist er ohne inneren Anteil und nur gerade so weit verknüpft, daß ihm Menschen und Vorgänge Anstöße zu seinen Reflexionen geben. Er wird zwar, ohne es im geringsten zu wollen, Sekretär einer Unternehmung, in der ein Kreis von Menschen der maßgeblichen Gesellschaftsschicht eine repräsentative Kundgebung zum 70. Regierungsjubiläum des österreichischen Kaisers vorbereiten soll. Aber diese ganze „Parallelaktion", das zentrale ironische Motiv des ersten Buches, bleibt für Ulrich „Gespenst", ein Leerlauf, „der ihn nichts angeht, wenn er ihn auch mitmacht" (Brief an G.). In unaufhebbarer Distanz benützt er die Kontakte, die ihm diese Scheintätigkeit vermittelt, nur als Beobachtungsmöglichkeiten. Ulrich führt ein radikal reflektierendes Dasein, seine Existenz besteht in Reflexion, in unaufhörlichen gedanklichen Experimenten. Die Darstellung eines solchen Menschen verändert sozusagen „von selbst" die Form des Romans, auch wenn seine erzählende Rahmenstruktur gewahrt bleibt. Die eigentümliche Form entsteht im Vollzug eines Experiments, das von der Frage ausgeht: Was wird aus dem Roman, wenn seine Hauptfigur ein passiver, nur in Denkspielen lebender Mann ist? Robert Musil, der selbst Ingenieur war und später durch das Studium der experimentellen Psychologie geschult wurde, ehe er zu schreiben begann, entwickelt als Romancier im ganzen wie in vielen Einzelheiten Formen, die sich — wie man oft gesehen hat — in Analogie zum Experiment verstehen lassen[3]. Dem entspricht es, daß Ulrich ein experimentierender Denker etwa im Bereich des Moralischen ist. Die Analogie der Romanstruktur zum Experiment ist zuletzt begründet in einer spezifischen Art der Verbindung von Phantasie und Kalkül.

Daß die passive, nur reflektierende Existenz Ulrichs die Romanform „von selbst" verändert, ist natürlich nicht wörtlich zu verstehen. Es ist in Wahrheit so, daß der Autor die formalen Konsequenzen dieser thematischen Situation begreift und gestaltend verwirklicht. „Ich darf also sagen", schreibt Musil im Brief an G., „daß ich auch im 1. Band die erzählerische Dimension Zeit nicht vergesse, sondern sie bewußt, durch den Kunstgriff der geschaffenen Situation, bloß ausschalte." Indem die Zeitdimension schrumpft, tritt — das ist die weitere Konsequenz — eine andere Dimension, die des gedanklichen Experiments, hervor und bestimmt die — vom Epischen sich entfernende — Struktur des Romans. Es ist der Roman des denkenden Menschen, der aber nicht bloß Sprachrohr von Ideen ist, sondern in der Formung seiner Denkspiele zur Figur wird. Dieses Denken hat zwar durch Gehalt und Bedeutsamkeit des Gedachten ein Eigengewicht[4], löst sich jedoch nicht von der Figur des reflektierenden Ulrich ab, sondern gestaltet, strukturiert die Figur. Es ist kein isoliertes, zum ausgrenzbaren Essay geformtes Denken, sondern erzähltes Denkexperiment.

Die Gedanken, sagt Musil in seinen Notizen zu einem Nachwort für den zweiten Fortsetzungsband, können im Roman, „was eine besondere Schwierigkeit ist, auch nicht so ausgeführt werden, wie es ein Denker täte; sie sind ‚Teile' einer Gestalt. Und wenn dieses Buch gelingt, wird es Gestalt sein ...". In den vollendeten Teilen des Romans gelingt der Sprachkraft Musils in einer Prosa höchsten Ranges eine einheitliche Formung, bei der die Frage unwichtig wird, ob jeweils Begebenheiten, Zustände, seelische Vorgänge oder Gedankenbewegungen dargestellt werden. Die Reflexion ist so an die Figur Ulrichs gebunden, daß sie Moment seines Schicksals wird. Auch die anfangs zitierte Stelle über den Verlust der „erzählerischen Ordnung" zeigt diese Verknüpfung. Die Stelle erscheint nicht als eingesprengter Aphorismus, sondern es heißt: „Und als einer jener scheinbar abseitigen und abstrakten Gedanken, die in seinem Leben oft so unmittelbare Bedeutung gewannen, fiel ihm ein, daß das Gesetz dieses Lebens ... kein anderes sei als das der erzählerischen Ordnung!"

Es ist für den inneren Aufbau der Figur Ulrichs entscheidend, daß seine Passivität, sein im ersten Band totaler Verzicht auf jegliches Engagement und jede verpflichtende menschliche Bindung nicht aus einer ursprünglich passiven Anlage stammt, sondern daß sie aus der bewußt angehaltenen und zurückgestellten Aktivität eines Menschen entsteht, der auf eine bedeutende Tätigkeit hin angelegt ist. Er sieht im gegenwärtigen Weltzustand keine sinnvolle Verwendungsmöglichkeit für seine Fähigkeiten. Seine Tatkraft stößt ins Leere. „Man kann tun, was man will; sagte sich der Mann ohne Eigenschaften achselzuckend, es kommt in diesem Gefilz von Kräften nicht im geringsten darauf an!" Ulrich sieht sich in einer Welt, in der sich das Gegebene fruchtlos reproduziert, in der nur „Seinesgleichen geschieht" — das ist die Überschrift des zweiten Teils, der nach dem kurzen Einleitungsteil „Eine Art Anfang" den ersten Band füllt. „Es ist so einfach, Tatkraft zu haben, und so schwierig, einen Tatsinn zu suchen!" Mit dieser einfachen Formel erklärt Ulrich seiner Schwester Agathe sein Verhältnis zur Wirklichkeit.

Ein Mann ohne Eigenschaften ist Ulrich, weil er seine sehr ausgesprochenen Fähigkeiten und Anlagen nicht „anwendet", nicht innerhalb der Wirklichkeit ins Spiel bringt. Als Eigenschaften gelten für Musil nur jene Anlagen und inneren Möglichkeiten, die sich in der Teilhabe am außerpersönlich-wirklichen Dasein realisieren. Ulrich hat keinen „Wirklichkeitssinn", auch sich selbst gegenüber nicht, und „da der Besitz von Eigenschaften eine gewisse Freude an ihrer Wirklichkeit voraussetzt", so widerfährt es diesem Ulrich,

„daß er sich eines Tages als ein Mann ohne Eigenschaften vorkommt".

Zuweilen mag Ulrich an jenen spezifisch österreichischen Typus des mißmutigen und skeptischen Nörglers, dem „nichts dafürsteht", erinnern, wie er sich in den Endphasen der Monarchie ausgebildet und nach ihrem Ende, das seine Skepsis bestätigte, erhalten hat. Musil ist auf den geistigen Gehalt seines Romans bedacht und hat ihn in unvergleichlicher Spannweite ausgeformt, aber er ist Romancier genug, um seine Hauptfigur ans Konkrete zu binden und in der Konstitution Ulrichs jenen Typus durchschimmern zu lassen. Diese Komponente verschwindet freilich in der reichen und großlinigen Entfaltung der Figur, die repräsentativ für die Epoche wird als ein Mann, der den Leerlauf der Zeitwelt durchschaut, ohne doch seine Zeitgenossenschaft zu verleugnen. Er transponiert seine Aktivität nicht in eine resignierte, sondern eine innerlich gespannte Passivität, um in ihr einen geistigen Aktivismus zu entwickeln.

In jedem Menschen der Umwelt, die das erste Buch schildert, ist etwas von Ulrich enthalten, ein verwandter Zug, der zuweilen fast identisch wirkt und doch unterschieden wird. Die Konfrontation mit diesen Menschen dient Musil dazu, die Besonderheit Ulrichs herauszumodellieren. An die Stelle des epischen Kontinuums tritt ein breites, verzweigtes System vielfältiger Spiegelungen und Variationen[5]. Gerade die manchmal bis zum Anschein der Identität gesteigerte Ähnlichkeit bestimmter Züge in Ulrich und den Umweltfiguren macht es möglich, zarte und genaue Linien der Unterscheidung freizulegen und der Gestalt Ulrichs die eigene unverwechselbare Kontur zu geben. Auch Ulrichs Jugendfreund Walter zum Beispiel, der mit ihm in der gleichen geistigen Atmosphäre der Jahrhundertwende aufgewachsen ist, fühlt sich „zu Besonderem berufen", ebenso wie Ulrich selbst und wie Walters Frau Clarisse, die in der Jugend überzeugt war, „daß sie berufen sei, etwas auszurichten ...". Auch Walter wechselt die Berufe, er arbeitet als Maler, dann als Musiker, als Schriftsteller. Auch er steht in den Jahren des Reifens der gegenwärtigen Welt mit scharfer Kritik gegenüber und behauptet, „in einer derart in ihren geistigen Wurzeln vergifteten Zeit ... müsse sich eine reine Begabung der Schöpfung überhaupt enthalten". Die Parallelität zu Ulrichs Passivität ist deutlich. Aber sie ist nur die Basis zur Erhellung des Unterschiedes. Walter ist nach Anfangserfolgen auf vielen Gebieten nie zu einem bedeutenden Werk gelangt, er ist mit 34 Jahren bereits verbraucht, hat sich in eine „bequeme Beamtenstellung" geflüchtet, seine Produktivität ist völlig gelähmt, und seine Verurteilung der Zeit dient ihm als Rechtfertigung des eigenen Versagens. Er findet „eine wunderbare Hilfe" in dem Gedanken, „daß das Europa, in dem er zu leben gezwungen war, rettungslos entartet sei". „War bis dahin *er* arbeitsunfähig gewesen und hatte sich schlecht gefühlt, so war jetzt die *Zeit* unfähig und er gesund." Die Gefahren solcher Selbsttäuschung und eines müden Ausweichens sind auch in Ulrichs Anlage mitgegeben. Er benützt den Jugendfreund zur Selbstkorrektur, beide leisten sich gegenseitig „den Dienst unbestechlicher Zerrspiegel". Clarisse, die zur Tat drängende Schülerin Nietzsches, findet Ulrich zuweilen „ebenso passiv wie Walter", und sie läßt seine Formulierung eines „aktiven Passivismus" nicht gelten. Ulrich selbst sieht darin das „Warten eines Gefangenen auf die Gelegenheit des Ausbruchs". Was Ulrich unterscheidet, ist die latente Energie, die nur zurückgestellte Aktivität, die schon durch das tägliche sportliche Training für Elastizität des Körpers sorgt. Die Mathematik betrachtet Ulrich als eine Vorbereitung, Abhärtung und eine „Art von Training", und er versucht durch unermüdliches Denkspiel die Voraussetzungen für Taten zu schaffen. Auch Clarisse spürt schließlich die verborgene, heimlich gespeicherte Energie, die Ulrich für alle Frauen überaus anziehend macht und der sie immer wieder erliegen. Clarisse, die vom Wahn umsponnen einen Erlöser gebären möchte, verweigert Walter ein Kind, begehrt es aber von Ulrich (Kap. I, 123). Durch Motive dieser Art konturiert sich die geistige Physiognomie Ulrichs. Clarisse weiß: „Ein Mann ohne Eigenschaften sagt nicht Nein zum Leben, er sagt Noch nicht! und spart sich auf; das hatte sie mit dem ganzen Körper verstanden."

Ulrichs latente Aktivität bekundet sich in der Festigkeit und Substanzialität seines „Möglichkeitssinnes". Der Mangel an Wirklichkeitssinn, der ihn kennzeichnet, ist nur die Kehrseite des höchst positiven Sinnes für das Mögliche. Das Kapitel, das diese Denkweise beschreibt (I, 4), ist grundlegend für den ganzen Roman. Der Mensch mit Möglichkeitssinn ist gleichgültig gegenüber dem bloß Vorhandenen, Gegebenen, „und wenn man ihm von irgend etwas erklärt, daß es so sei, wie es sei, dann denkt er: Nun, es könnte wahrscheinlich auch anders sein. So ließe sich der Möglichkeitssinn geradezu als die Fähigkeit definieren, alles, was ebensogut sein könnte, zu denken und das, was ist, nicht wichtiger zu nehmen als das, was nicht ist." Diese Menschen leben „in einem Gespinst von Dunst, Einbildung, Träumerei und Konjunktiven". Es geht Musil darum, diese Sinnesart in ihrer positiven, produktiven Ausprägung scharf zu unterscheiden von ihrer „schwachen Spielart", welche „die Wirklichkeit nicht begreifen kann oder ihr wehleidig ausweicht..." —

„Das Mögliche umfaßt jedoch nicht nur die Träume nervenschwacher Personen, sondern auch die noch nicht erwachten Absichten Gottes." Die möglichen Wahrheiten „haben . . . etwas sehr Göttliches in sich, ein Feuer, einen Flug, einen Bauwillen und bewußten Utopismus, der die Wirklichkeit nicht scheut, wohl aber als Aufgabe und Erfindung behandelt".

Musils Roman gestaltet den Weltaspekt des Möglichkeitssinnes, unter dem alle Wirklichkeit als solche Verfestigung, Erstarrung, zufälliges Manifestwerden einer unter vielen anderen Möglichkeiten bedeutet. Schon in einem Schulaufsatz hatte Ulrich geschrieben, „daß wahrscheinlich auch Gott von seiner Welt am liebsten im Conjunctivus potentialis spreche . . ., denn Gott macht die Welt und denkt dabei, es könnte ebensogut anders sein". Der Potentialis ist der entscheidende Modus des Romans[6]. Das Wirkliche wird von Ulrich nicht verachtet, bloß weil es wirklich ist, sondern nur dort, wo es den Anspruch erhebt, in seinem Sosein das allein Vorhandene, unausweichlich Aufgenötigte und total zu Akzeptierende zu sein, und wo es in solcher starren Verfestigung nur sich selbst ständig wiederholen möchte — so wie es nach Ulrichs Meinung in der gegenwärtigen Welt geschieht. Ulrichs eigene Zielsetzung „verbietet ihm, an das Vollendete zu glauben; aber alles, was ihm entgegentritt, tut so, als ob es vollendet wäre". Dieser Anspruch des Bestehenden ist Ulrich verhaßt. „Er haßt heimlich wie den Tod alles, was so tut, als stünde es ein für allemal fest, die großen Ideale und Gesetze und ihren kleinen versteinten Abdruck, den gefriedeten Charakter. Er hält kein Ding für fest, kein Ich, keine Ordnung . . ." Doch Ulrich will nicht die Realität überspringen oder amputieren. Schon im vierten Kapitel heißt es: „Es ist die Wirklichkeit, welche die Möglichkeiten weckt, und nichts wäre so verkehrt, wie das zu leugnen."

Es ist Ulrichs Überzeugung, „daß die Welt, wie sie ist, allenthalben eine Welt durchscheinen läßt, die sein hätte können oder werden hätte sollen; so daß alles aus ihrem Treiben Hervorgehende mit Forderungen vermischt ist, die nur in einer anderen Welt verständlich wären". Dieser Möglichkeitssinn ist die Konstante in Ulrichs Weltverhältnis, ein immer wiederkehrendes geistiges Grundmotiv des Romans. Im Zusammenhang eines mit Agathe geführten Gesprächs über Moral formuliert es Ulrich als Glaubensbekenntnis. Die vorhandenen Vorschriften der Moral erscheinen ihm als bloße „Zugeständnisse an eine Gesellschaft von Wilden", sie scheinen ihm nicht „richtig". „Ein anderer Sinn schimmert dahinter. Ein Feuer, das sie umschmelzen sollte. Ich glaube, daß nichts zu Ende ist. Ich glaube, daß nichts im Gleichgewicht steht, sondern daß alles sich aneinander erst heben möchte. Das glaube ich; das ist mit mir geboren worden oder ich mit ihm."

Utopismus

„Gott meint die Welt keineswegs wörtlich; sie ist ein Bild, eine Analogie, eine Redewendung, deren er sich aus irgendwelchen Gründen bedienen muß, und natürlich immer unzureichend; wir dürfen ihn nicht beim Wort nehmen, wir selbst müssen die Lösung herausbekommen, die er uns aufgibt." Von dieser Überlegung aus wird eine Aufzeichnung Musils verständlich, die besagt: „Dieses Buch ist religiös unter den Voraussetzungen der Ungläubigen." An die Stelle des Glaubens ist die Utopie getreten. Sie trägt den Weltentwurf des Romans, und zwar als Prinzip, nicht als eine bestimmt umrissene, beschriebene oder beschreibbare Lebensordnung. Bilder dieser Art werden in einigen Zügen angedeutet, utopische Forderungen werden von Ulrich erwogen, aber auch widerrufen, sie verfestigen sich nirgends zu einer durchgebildeten Gesamtvorstellung. Utopie ist in diesem Roman das tragende Element als „bewußter Utopismus", als Prinzip des offenen Horizonts. Sie ist das lebendige Bewußtsein der Möglichkeiten, die sich an Stelle der vorhandenen, zufällig gegebenen Wirklichkeit realisieren können. „Utopien bedeuten ungefähr so viel wie Möglichkeiten; darin, daß eine Möglichkeit nicht Wirklichkeit ist, drückt sich nichts anderes aus, als daß die Umstände, mit denen sie gegenwärtig verflochten ist, sie daran hindern, denn andernfalls wäre sie ja nur eine Unmöglichkeit; löst man sie nun aus ihrer Bindung und gewährt ihr Entwicklung, so entsteht die Utopie." Die gegebene Wirklichkeit ist eine Verfestigung der virtuellen Kräfte und Potenzen nach dem „Prinzip des unzureichenden Grundes". Veränderung ist also jederzeit möglich. „Eine Utopie ist aber kein Ziel, sondern eine Richtung."

Die Zuversicht, die dieser Utopismus voraussetzt, das „Prinzip Hoffnung", das er einschließt, ist in zwei verschiedenen Bereichen begründet. Ulrich findet ein Fundament dafür in der mathematisch-naturwissenschaftlichen Denkform, die ihn geistig geprägt hat, in der Methodik des Experimentes. Diese Erfahrung steht als Modell hinter den utopischen Denkspielen. Die Entstehung von Utopie, so heißt es, „ist ein ähnlicher Vorgang, wie wenn ein Forscher die Veränderung eines Elements in einer zusammengesetzten Erscheinung betrachtet und daraus seine Folgerungen zieht...". Der Satz: „Es ist die Wirklichkeit, welche die Möglichkeiten weckt", enthält gleichfalls die Erfahrung des naturwissenschaftlichen Experiments in sich. Denn bei ihm geht man stets vom Gegebenen aus und erkennt oder erzeugt durch neue Kombination, Veränderung der Bedingungen und Mischungen, durch Freilegen ungenützter Kräfte und Prozesse das Neue, vorher Unbekannte, nur Mögliche. Der Erfolg dieses Verfahrens, das unsere gesamte Wirklichkeit verändert hat, stützt die Zuversicht der Utopien Ulrichs. Er steht der Wirklichkeit insgesamt gegenüber wie der Naturwissenschaftler den Phänomenen. „Er ahnt: diese Ordnung ist nicht so fest, wie sie sich gibt; kein Ding, kein Ich, keine Form, kein Grundsatz sind sicher, alles ist in einer unsichtbaren, aber niemals ruhenden Wandlung begriffen, im Unfesten liegt mehr von der Zukunft als im Festen, und die Gegenwart ist nichts als eine Hypothese, über die man noch nicht hinausgekommen ist. Was sollte er da Besseres tun können, als sich von der Welt freizuhalten, in jenem guten Sinn, den ein Forscher Tatsachen gegenüber bewahrt, die ihn verführen wollen, voreilig an sie zu glauben?!"

Die „Utopie des exakten Lebens", als die Ulrich diese Gesinnung formuliert, und das in ihr gegebene Verhalten „würde an der Heiligkeit des Augenblickszustandes der Welt zweifeln, aber nicht aus Skepsis, sondern in der Gesinnung des Steigens, wo der Fuß, der fest steht, jederzeit auch der tiefere ist." In diesem Bild vom Steigen ist das Spannungsverhältnis von fest Gegebenem und neu Entdecktem, von Wirklichkeit und Möglichkeit enthalten, zugleich auch die Vorstellung der Progression, die eine mathematisch-naturwissenschaftliche Forschungsarbeit impliziert. Die mathematische Denkschulung ist für Ulrich nur Vorbereitung, es geht ihm nicht um wissenschaftliche Erkenntnisse, sondern um „Lebensgestaltung", um das Auffinden der „richtigen" Lebensmöglichkeit auf jenen Wegen des Denkens, die er in der Wissenschaft zu gehen gelernt hat. „Wann immer man ihn bei der Abfassung mathematischer und mathematisch-logischer Abhandlungen oder bei der Beschäftigung mit den Naturwissenschaften gefragt hätte, welches Ziel ihm vorschwebe, so würde er geantwortet haben, daß nur eine Frage das Denken wirklich lohne, und das sei die des rechten Lebens." Es ist die Grundfrage des Romans, das offene oder verborgene Thema aller Reflexionen, der Richtpunkt der Utopien. Nach einem Gespräch mit Clarisse (I, 82) fällt Ulrich auf dem Heimweg ein, daß er noch etwas „auf der Zunge gehabt" hatte, „etwas von mathematischen Aufgaben, die keine allgemeine Lösung zulassen, wohl aber Einzellösungen, durch deren Kombination man sich der allgemeinen Lösung nähert. Er hätte hinzufügen können, daß er die Aufgabe des menschlichen Lebens für eine solche ansah." Ulrichs Meditation knüpft daran den Gedanken, daß alle diese von verschiedenen Menschen unternommenen „ungenügenden und einzeln genommen falschen Lösungsversuche" zusammengefaßt und kombiniert werden müßten, weil aus ihnen „erst wenn die Menschheit sie zusammenzufassen verstünde, die richtige und totale Lösung hervorgehen könnte". Ulrich plädiert des öfteren für eine solche Organisation, die als weltumspannende Instanz die Bestandsaufnahme und Verwertung der erdachten Möglichkeiten und sinnvollen Ansprüche realisieren sollte. Er spricht von diesem „Generalsekretariat der Genauigkeit und Seele" gern in scherzendem Ton, wegen seines utopischen Charakters, aber er meint es im Grunde ganz ernst, so wie Musil selbst im Gespräch diese meist mit fast entschuldigendem Lächeln von ihm erwähnte Idee des „Erdensekretariats" ernst meinte. Die Welt ist für Ulrich in einem „fahrlässigen Bewußtseinszustand", solange dieses Zusammenwirken einer geordneten Arbeitsgemeinschaft nicht realisiert ist.

In einem bedeutenden Essay von 1913, „Der mathematische Mensch", hat Musil die fundamentale Bedeutung der Mathematik, durch deren Mittel „unsere ganze Zivilisation" entstanden ist, als geistige Form und Verfahrensweise dargelegt. Er weist den Einwand zurück, daß Mathematiker „außerhalb ihres Fachs" oft hilflos sind. „Dort ist es nicht ihre Sache und sie tun auf ihrem Gebiet das, was wir auf unserem tun sollten. Darin besteht die beträchtliche Lehre und Vorbildlichkeit ihrer Existenz; eine Analogie sind sie für den geistigen Menschen, der kommen wird." Zu diesem „vorausgearteten Menschen" gehört z. B. auch eine Gegnerschaft gegen den Patriotismus, die Neigung, europäisch zu denken statt vaterländisch, die allgemein werden sollte. „Ulrich kann nicht das alles machen; das zum Beispiel allein wäre der Inhalt einer Lebensarbeit; es scheint ihm aber für eine bestimmte Art Mensch einfach eine Selbstverständlichkeit zu sein: so sind diese Menschen, die als Geistesrasse unter den Zeitgenossen herumgehen, ohne irgendwo Hand anzulegen." Dank der geistigen Prägung durch Mathematik und naturwissenschaftliche Denkform gehört Ulrich zu dieser zukunftsvollen „Geistesrasse".

Dies alles jedoch ist nur das eine der beiden geistigen Fundamente für Ulrichs Utopismus. Das zweite, von entgegengesetzter Natur, aber dem ersten gleichwertig zugeordnet, ist jene unbegriffliche, unmittelbare Seinserfahrung, die in einem Augenblick der Entrückung, im „anderen Zustand", wie Musil sagt, vor sich geht und die er wegen ihrer Verwandtschaft „mit verlorengegangenen Erlebnissen, die den Mystikern aller Religionen bekannt gewesen seien" (so Ulrich), mit einigem Zögern und Vorbehalt als „mystisch" bezeichnet. Diese Bezeichnung ist problematisch, weil sich die moderne Erfahrung der unmittelbaren Seinsverbundenheit vom Religiösen, von der Gottesliebe entfernt hat. Das ist Musil sehr genau bewußt. Es ist eine säkularisierte Mystik „unter den Voraussetzungen der Ungläubigen" — so könnte man Musils bereits zitierte Formulierung des religiösen Gehalts seines Romans abwandeln. Zum erstenmal spricht Ulrich von dieser Erfahrung, als er seiner neugewonnenen Freundin Bonadea erläutert, in welcher inneren Verfassung er seinen Kampf gegen „drei Strolche", die ihn auf nächtlicher Straße überfielen, geführt hat (Kap. I, 7). Er befand sich da in einem bewußtseinsfernen, instinktbestimmten Kampfzustand. Er erklärt, „dieses Erlebnis der fast völligen Entrückung oder Durchbrechung der bewußten Person sei im Grunde verwandt mit verlorengegangenen Erlebnissen, die den Mystikern aller Religionen bekannt gewesen seien ..." Doch dieser ironisch gefärbte Hinweis ist nur ein Vorklang der ersten gültigen Beschreibung des „anderen Zustandes", den Ulrich bei einem frühen, als Erinnerung mitgeteilten Liebeserlebnis zum erstenmal erfährt. Er liebte als junger Leutnant die Frau eines Majors, und diese Leidenschaft war heftiger und reichte in tiefere Bezirke als die üblichen Garnisonsliebeleien. Aber noch bevor sie zur Entfaltung gelangte, brach Ulrich die Beziehung plötzlich ab und floh zu einem „langen Urlaub" auf eine einsame Insel, wo er mit den Fischern und in der „Gesellschaft von Meer, Fels und Himmel" ein einsames Leben führte. Die persönliche Liebesbindung löste sich auf in ein liebendes Einschwingen in den Allzusammenhang.

Es ist sehr charakteristisch für Ulrichs „mystisches" Erlebnis, das als erstes wesentliches Moment in ihm das Schwinden der Trennungen und Unterscheidungen hervorgehoben wird, die Verflüchtigung des Unterschiedes „zwischen Geist, tierischer und toter Natur", so wie „jede Art Unterschied zwischen den Dingen geringer wurde". Wenn das nicht faktisch in der Außenwelt geschah, so war es doch eine seelische Wirklichkeit, die „Bedeutung" der Unterschiede fiel von ihnen ab, man war „keinen Scheidungen des Menschentums mehr untertan, genau so wie es die von der Mystik der Liebe ergriffenen Gottgläubigen beschrieben haben ..." Charakteristisch ist auch das Mystiker-Zitat, das von Meister Eckhart stammt; fast immer lehnt sich Musil bei der Darstellung des „anderen Zustandes" an sprachliche Wendungen der alten Mystik an. Ulrichs Versinken in die Landschaft, so wird weiterhin berichtet, war ein Getragenwerden. „Er war ins Herz der Welt geraten; von ihm zu der weit entfernten Geliebten war es ebenso weit wie zum nächsten Baum; Ingefühl verband die Wesen ohne Raum, ähnlich wie im Traum zwei Wesen einander durchschreiten können, ohne sich zu vermischen, und änderte alle ihre Beziehungen. Der Zustand hatte aber sonst nichts mit Traum gemeinsam. Er war klar und übervoll von klaren Gedanken; bloß bewegte sich nichts in ihm nach Ursache, Zweck und körperlichem Begehren, sondern alles breitete sich in immer erneuten Kreisen aus ... Es war eine völlig veränderte Gestalt des Lebens; nicht in den Brennpunkt der gewöhnlichen Aufmerksamkeit gestellt, von der Schärfe befreit und so gesehen, eher ein wenig zerstreut und verschwommen war alles, was zu ihr gehörte ..." Alle „Fragen und Vorkommnisse des Lebens" erhielten „eine gänzlich veränderte Bedeutung". „Lief da zum Beispiel ein Käfer an der Hand des Denkenden vorbei, so war das nicht ein Näherkommen, Vorbeigehn und Entfernen, und es war nicht Käfer und Mensch, sondern es war ein unbeschreiblich das Herz rührendes Geschehen, ja nicht einmal ein Geschehen, sondern obgleich es geschah, ein Zustand." So erhielt „alles, was sonst das gewöhnliche Leben ausmacht, eine umstürzende Bedeutung ..."

Indem die Grenzen zwischen den Dingen, die Trennungen schwinden und ein universaler Zusammenhang bewußt wird, Raum und Zeit als Formen der Anschauung sich auflösen, wird auch Ich und Welt als ungeschiedene Einheit erfahren. Das Principium individuationis verliert seine Geltung, die Dinge der gegenständlichen Welt werden nicht mehr als isolierte Einzeldinge erlebt, sondern als Träger des großen Zusammenhanges, als Manifestationen des ewigen Seins, in das der betrachtende Mensch eingeschlossen ist. Deshalb haben sie „eine gänzlich veränderte Bedeutung". Nicht „Käfer und Mensch" befinden sich im Gegenüber, sondern ein Geschehen, das zugleich zeitenthobener Zustand ist, umgreift sie beide. „Ingefühl verband die Wesen ohne Raum."

Ähnliches erlebt Ulrich während des Urlaubsjahres in einem Zustand der „Umkehrung" beim Gang durch die Straßen der Stadt (Kap. I, 40). „Der kleine Zweig am Baum und die blasse Fensterscheibe im Abendlicht wurden zu einem tief ins eigene Wesen versenkten Erlebnis, das sich kaum mit Worten aussprechen ließ. Die Dinge schienen nicht aus Holz und Stein, sondern aus einer grandiosen und unendlich zarten Immoralität zu bestehen ..." Später, als Ulrich sich in theoretischen Überlegungen über den „anderen Zustand" im Tagebuch Rechenschaft ablegt, sagt er: „Es gibt einen Zustand in der Welt, dessen Anblick uns verstellt ist, den aber die Dinge manches Mal da oder dort freigeben, wenn wir uns selbst in einem auf besondere Art erregten Zustand befinden. Und nur in ihm erblicken wir, daß die Dinge ‚aus Liebe' sind. Und nur in ihm erfassen wir auch, was es bedeutet. Und nur er ist dann wirklich, und wir wären dann wahr." Ulrich knüpft daran die Spekulation, daß Gott, wie der Künstler, sich vom fertigen Teil seiner Schöpfung abwende. „Was über uns waltet, liebt, was es schafft; aber dem fertigen Teil der Schöpfung entzieht und nähert sich seine Liebe in langem Abfließen und kurzem Wiederanschwellen." Man könnte auch sagen: „Die fertige Welt Sünde! Die mögliche: Liebe!"

Hier wird klar, daß die mystische Erfahrung die andere mächtige Quelle des Utopismus für Ulrich ist. Zuweilen scheint es sogar, als sei sie die Urquelle jenes Möglichkeitssinnes, der auch die rationalen, denkerischen Veränderungsversuche Ulrichs nährt und lenkt. Doch die Interpretation geht fehl, wenn sie übersieht, daß für Ulrich dieses mathematisch bestimmte Denken schon in sich selbst die Gewähr einer über das Vorhandene hinausführenden Kraft trägt und daß die tatsächliche Umgestaltung der Wirklichkeit, die es hervorgebracht hat, ihm als Bürgschaft dafür gilt. Doch ist die Verwandlung der Welt im ekstatischen Zustand eine überwältigende Bestätigung des Möglichkeitssinnes, der utopistischen Gesinnung. Ulrich erlebt zusammen mit seiner Schwester Agathe, mit der er sich — im zweiten Band — zu einer innigen Gemeinschaft vereinigt, solche Augenblicke, von denen beide fühlten, „daß sie nicht bloß einer Einbildung, sondern einem nicht abzusehenden Geschehen ausgesetzt waren. In der überflutenden Stimmung schwebte Wahrheit, unter dem Schein war Wirklichkeit, Weltveränderung blickte schattenhaft aus der Welt!" Aus solchen Erfahrungen nährt sich immer aufs neue die Grundüberzeugung Ulrichs: „Es ist vieles der Wirklichkeit fähig und weltfähig, was in einer bestimmten Wirklichkeit und Welt nicht vorkommt." Eine solche in der Wirklichkeit nicht vorkommende Welt ist heimlich bereits immer vorhanden. „In solchen Augenblicken erkennt man, daß außer der Welt für alle, jener festen, mit dem Verstand erforschbaren und behandelbaren, noch eine zweite, bewegliche, singuläre, visionäre, irrationale vorhanden ist, die sich mit ihr nur scheinbar deckt, die wir aber nicht, wie die Leute glauben, bloß im Herzen tragen oder im Kopf, sondern die genau so wirklich draußen steht wie die geltende."

Daß gerade der mathematisch geschulte, rational denkende Ulrich, der sich bewußt aus der idealistischen Tradition löst, ein Mystiker ist und sich auf die Erfahrung einer anderen Wirklichkeit beruft, scheint ein Widerspruch zu sein. Bei Musil ist es aber, ohne daß das Gegensätzliche beider Haltungen verleugnet oder verwischt würde, eine im lebendigen Spannungsverhältnis stehende Verbindung, die auch bei Musils Zeitgenossen begegnet, etwa bei Alfred Döblin[7] oder bei dem so stark naturwissenschaftlich orientierten Gottfried Benn, der „das Unaufhörliche" der großen Strömung des Seins preist und „die Stunde, die eint", besingt. Mathematik wie Mystik sind ungeschichtlich. Kennzeichnend für die geistige Struktur, in der sich beide verbinden, ist das Mißtrauen gegen die Geschichte, die sich bei Benn wie bei Musil findet: eine entschiedene Absage an jede Geschichtsmetaphysik. In der Geschichte erweist sich für Ulrich nur „die Vergeblichkeit der Jahrhunderte", und er sieht keinen übergreifenden Sinn in ihr, der sich in notwendiger Folge verwirklicht. „Dieses Der Geschichte zum Stoff Dienen war etwas, das Ulrich empörte." Das „planlos ergebene, eigentlich menschenunwürdige Mitmachen der Jahrhunderte" möchte er ersetzt sehen durch „eine planmäßige Lösung". Beziehungsreich ist das Kapitel, das dieser Frage gilt (I, 83), betitelt: „Seinesgleichen geschieht oder warum erfindet man nicht Geschichte?" Ulrich, der radikale Verfechter der „Möglichkeiten", stellt nicht die Frage, die im „Ulysses" von James Joyce Stephan Dädalus erwägt bei dem Gedanken, der Tod Cäsars hänge mit dem Tod des Pyrrhus zusammen. „Sie können nicht weggedacht werden. Zeit hat sie gebrandmarkt, und gefesselt liegen sie im Raume der unendlichen Möglichkeiten, die sie evinciert haben. Aber können diese denn möglich gewesen sein, die nie waren? Oder war nur das allein möglich, was war?"[8]. Für Ulrich ist jederzeit Verschiedenes möglich, stets könnte „alles auch anders sein". „Denn Gott hat der Breite und Länge der Zeit nach nicht nur dieses eine Leben geschaffen, das wir gerade führen, es ist in keiner Weise das wahre, es ist einer von seinen vielen hoffentlich planvollen Versuchen, er hat für uns vom Augenblick nicht Verblendete keine Notwendigkeit hineingelegt ..."

Ratio und Mystik

Musil durchbricht den vulgären Determinismus der Zeit um 1900, aber er verläßt auch ihr Geschichtsdenken. So bildet sich die geistige Grundstruktur einer Verbindung von Ratio und Mystik. „Denn Rationalität und Mystik, das sind die Pole der Zeit." Der rationalistisch fundierte Möglichkeitssinn und seine utopische Zuversicht weisen zurück auf das 18. Jahrhundert, die Zeit der Aufklärung[9]. Die Mystik reicht weit zurück in ihre weltweite Tradition. Es gibt schon früher Kombinationen beider Geistesformen, etwa bei Swedenborg, für den Ulrich nicht von ungefähr eine Vorliebe hat; er nennt ihn „diesen alten Metaphysikus und gelehrten Ingenieur". Um die letzte Jahrhundertwende bildete sich die rationalistische Strömung um in den Fortschrittsoptimismus der Wissenschaftsgläubigkeit, die mystische in jene säkularisierte Lebensmystik, die das Weltverhältnis der Menschen überall mitbestimmte und die gesamte Literatur durchdrang. Der reife Musil ist bereits Erbe dieser beiden um 1900 hervortretenden Bewegungen; sein Werk, dessen erster Band 1930 erschien, erhellt wie ein schon weitergerücktes Licht die geistige und dichterische Landschaft des Jahrhundertbeginns.

In Ulrich ist die mystische Seinserfahrung als Unterströmung immer wirksam; sie bleibt mitbestimmend in seinem Verhältnis zur Welt und tritt in manchen Augenblicken hervor, so gegen Ende des Kapitels I, 120. Da geht in Ulrich, als er im Palais des Grafen Leinsdorf am Fenster steht und auf die demonstrierende Volksmenge blickt, „eine seltsame Veränderung" vor, eine „räumliche Inversion", ein Schwinden der Raumgrenzen. Ganz am Ende des ersten Buches (I, 123) hat er wieder ein Entrückungserlebnis, und bei seinem Abklingen erkennt er, „daß er wieder dort stand, wo er sich schon einmal vor vielen Jahren befunden hatte ... Einen ‚Anfall der Frau Major' nannte er sein Befinden spöttisch". Im zweiten Band gewinnt dann zunächst in der nahen Verbundenheit Ulrichs mit seiner Schwester dieser „andere Zustand" eine größere Bedeutung, er dringt in Ulrichs Bewußtsein und wird zum Gegenstand seiner Reflexion. Davon wird noch zu sprechen sein. Wenn auch die rationale Komponente in Ulrichs geistigem Verhalten zeitweilig zurücktritt, so wird sie doch niemals negiert oder definitiv abgeschwächt. Noch auf dem Höhepunkt der mystischen Kontemplation in den Gesprächen der Geschwister, z. B. im Nachlaßkapitel II, 46, heißt es: „Ulrich lachte über die Bereitwilligkeit seiner Schwester, dem Wissen gleich die Ehre ganz abzuschneiden; er meinte beiweitem nicht, daß Begriffe keinen Wert hätten, und wußte wohl, was sie leisten, auch wenn er nicht gerade so tat."

Das Verhältnis von Ratio und Mystik, eines der geistigen Grundmotive des Romans, ist nicht starr fixiert. Es hat einen gewissen Spielraum der Variabilität, bleibt aber in der Grundkonzeption immer ein Ergänzungsverhältnis. Beide Erfahrungsweisen sind bei aller Gegensätzlichkeit aufeinander bezogen, und sie modifizieren sich gegenseitig. Ulrichs mathematisch inspirierte Denkweise ist immer die eines Mannes, der auch der mystischen Seinserfahrung zugänglich ist, und seine ekstatische Weltteilhabe ist immer die eines Mathematikers. Beide Positionen stehen in einem komplementären Verhältnis, das nicht auf eine Alternative, sondern auf eine Synthese gerichtet ist. Eine gedankliche Lösung dieser als Aufgabe begriffenen

Synthese wird nicht gegeben; sie geht, wie Musil im Gespräch sagte, „über die Fähigkeiten Ulrichs und somit über die seines Urhebers hinaus"[10]. Aber Ulrich lebt den Versuch der Vereinigung „beider Wege". Für ihn ist der eine nicht ohne den anderen. Das Komplementäre wird deutlich in der Akzentuierung der Wesenszüge, die sich in den beiden Verhaltensweisen finden. Das mathematisch bestimmte Denken ist ein teilendes, trennendes Verfahren, eine analytische Methodik, die bestimmte Momente eines Sachverhalts vorübergehend herauslöst, mit anderen neu kombiniert, zu Teillösungen vordringt und Schritt vor Schritt sich der Totalität zu nähern sucht. In der mystischen Erfahrung hebt sich gerade das Trennende auf, die Unterscheidungen werden wesenlos, das ungeschiedene Ganze des Seins, seine Einheit wird in unmittelbarer Partizipation erlebbar. Wenn Ulrich sich später (II, 60) an seine Entrücktheit auf der Zufluchtsinsel erinnert, so denkt er vor allem an das „Gleichweit", das „auf das beglückendste zwischen ihm und der ganzen Welt, die um ihn war, bestanden hatte; scheinbar oder wirklich, eine Aufhebung des Geistes der Trennung, ja beinahe des Raums ... Es schien, daß alle Dinge von ihm wüßten, und er von ihnen ..." In der Gemeinschaft mit der Schwester erfährt Ulrich aufs neue den „anderen Zustand", in dem — so drückt er es jetzt aus — „Liebe als das Leben selbst" erscheint. Er fragt sich, ob dabei Selbsttäuschung mitwirkt, die natürliche Folge eines „allzu lebhaft beteiligten Gefühls". „Trotzdem war es unbezweifelbar ein allgemeiner Gehalt, ein Teilhaben an Sein und Wahrheit, was die Liebe als ‚das Leben selbst' von der Liebe als Erlebnis der Person unterschied."

Daß Ulrich immer wieder mit kritischem Bewußtsein nach dem Wahrheitsgehalt der im „anderen Zustand" erfahrenen Wirklichkeit fragt, hängt damit zusammen, daß er in seiner Umwelt überall eine übermäßige Bereitschaft zum mystischen Alleinheitserlebnis wahrnimmt. Es ist durch die Dichtung um 1900 so vielfältig literarisch vermittelt, ist so gängig geworden, daß gerade hier, in der vom „Normalzustand" abweichenden Erlebnisweise, sich eine Konvention, eine Schematisierung nach vorgeformten Modellen gebildet hat. Auch Diotima z. B., die ironisch gezeichnete ehrgeizige Dame mit ihrem Salon, kennt Stunden, wo „eine leise Lebensberauschung und Lebensfülle sie ergriff", ist vertraut mit „Ahnungen und Andeutungen eines besonderen Zustands". Auch Arnheim, der große Finanzmann und Schriftsteller, beruft sich auf mystische Erfahrungen ebenso wie sein Wirklichkeitsvorbild Walter Rathenau, dessen Schrift eine in der Rezension Musils hervorgehobene Beschreibung dieser

Erfahrung enthält[11]. Mißtrauen in diese Pseudomystik oder „Schleudermystik", die in vielen Ableitungen und Verdünnungen zu finden ist, veranlaßt Ulrichs kritische Überprüfung der eigenen Erfahrungen und ist — nach dem gleichen künstlerischen Prinzip, wie es sich bei Ulrichs Passivität zeigen ließ — von ähnlichen Gefühlserlebnissen oder -ansprüchen der Umwelt abgehoben. Es ist kennzeichnend, daß im Kap. I, 32 noch vor der Darstellung der ekstatischen Erfahrung, die von Ulrichs Liebe zur Majorin ausgelöst wird, jene Pseudomystik erscheint. Ulrich erinnert sich da an den von Diotima zitierten Satz eines modischen Schriftstellers, „den Ulrich in jungen Jahren geliebt, aber seither für einen Salonphilosophen halten gelernt hatte". Es ist Maeterlinck[12]. „Und wie es sich zeigte, gehörte ein Raum zu diesem Satz, ein Zimmer mit gelben französischen Broschüren auf den Tischen, mit Vorhängen aus geknüpften Glasstäbchen anstelle der Türen ..."

Die Kenntnis der konventionellen, als Erlebnisschema bereitliegenden „Mystik" veranlaßt Ulrich zu immer neuer kritischer Überprüfung dieser Erfahrungsweise und ihres Wahrheitsgehaltes. Er tut das auch in den späteren Gesprächen mit der Schwester. Sicherheit und Zweifel mischen sich, wenn Ulrich z. B. die Momente der Entrückung angesichts der gefühlvoll erlebten Natur beschreibt. „Man kann auch auf einem umgestürzten Baum oder einer Bank im Gebirge sitzen und einer weidenden Rinderherde zusehn und schon dabei nichts Geringeres mitmachen, als wäre man mit einemmal in ein anderes Leben versetzt!" Ulrich erklärt das so, daß dabei „irgendeine gewohnheitsmäßige Verwebung in uns zerreißt". Die einzelnen Wahrnehmungen haben keine Geltung mehr. „Ich möchte sagen: die Einzelheiten besitzen nicht mehr ihren Egoismus, durch den sie unsere Aufmerksamkeit in Anspruch nehmen, sondern sie sind geschwisterlich und im wörtlichen Sinn ‚innig' untereinander verbunden." Aber eine solche Erfahrung ist, wie Ulrich im Verlauf dieses Gesprächs (II, 12) hervorhebt, auch ein Sonntags- oder Urlaubserlebnis des Philisters, eine „Ferialstimmung", wie Agathe sagt. „Mystik dagegen wäre verbunden mit der Absicht auf Dauerferien." Ulrichs kritisches Bewußtsein sagt ihm: „In diesen Fragen wird viel zu viel Schwindel getrieben!" Er spottet über die modische Vorliebe für Mystik, die sich auf van Gogh oder Rilke beruft, oder über das pathetische Naturgefühl bei den deutschen Philistern. „Für sie sind Einsamkeit, Blümelein und rauschende Wässerchen der Inbegriff menschlicher Erhebung." Aber auch hierin sieht Ulrich noch einen entstellten Rest der großen Seinserfahrung älterer Zeiten. „‚Und auch noch in diesem Edelochsentum des ungekochten Naturgenusses liegt die mißverstandene letzte Auswirkung eines geheimnisvollen zweiten Lebens, und alles in allem muß es dieses also doch wohl geben oder gegeben haben!' ‚Dann solltest du lieber nicht darüber spotten', wandte Agathe ein, finster vor Wißbegierde und strahlend vor Ungeduld. ‚Ich spotte nur, weil ich es liebe', entgegnete Ulrich kurz."

Agathe fühlt sich zuweilen gequält durch Ulrichs Vorbehalte und kritische Zweifel, die er nicht unterdrücken kann und will. „Nach seiner Überzeugung war nichts dadurch zu gewinnen, daß man Einbildungen nachgab, die einer überlegten Nachprüfung nicht standhielten." Dieses Nachprüfen führt nicht zur Auflösung der mystischen Erfahrung, vielmehr wird sie gerade gerettet durch diesen Zweifel, durch die geistige Provokation, der sie standhalten muß. Nur so kann Ulrich den geläufigen Verfälschungen und Selbsttäuschungen der modisch-ästhetisierten und der Vulgärmystik entgehen. In der zweifelnden Erprobung befestigt sich eine Gewißheit, die schließlich doch immer das Ergebnis seines kritischen Nachdenkens bleibt. „Wir dürfen also einen bestimmten zweiten und ungewöhnlichen Zustand von großer Wichtigkeit voraussetzen, dessen der Mensch fähig ist und der ursprünglicher ist als die Religionen."

Wenn Musil 1932, als er die Korrekturen zum zweiten Band las, sich gesprächsweise über diesen „anderen Zustand" äußerte, sprach er meistens von der „*Frage* des anderen Zustands". In einer späten Aufzeichnung[13] nannte er das abkürzend die „aZ-Frage". Natürlich ist der Terminus „Frage" nicht in einem allgemeinen, verwaschenen Sinne zu verstehen (wie „Frauenfrage" oder „soziale Frage"), sondern präzis als „Frage". Sie galt zunächst dem Wahrheitsgehalt der mystischen Erfahrung, der im Roman immer wieder in Zweifel gezogen, aber zuletzt bejaht wird. Weiterhin aber stellt der Roman die Frage nach der Dauerhaftigkeit des anderen Zustandes, nach der Möglichkeit, beständig in ihm zu leben. Diese Frage wird, wie die Aufzeichnungen des Nachlasses in Übereinstimmung mit den fertigen Teilen des Romans zeigen, verneint. Davon wird noch zu sprechen sein.

Die mystische Seinserfahrung des anderen Zustandes verbürgt für Ulrich die Möglichkeit einer Änderung der Realität. Nachdem so, in der mathematischen Methodik und in der mystischen Erfahrung, die Fundamente des Utopismus verdeutlicht sind, läßt sich die Frage nach der Umbildung der Romanstruktur, die mit dem Zurücktreten der „erzählerischen Ordnung", des zeitlichen Kontinuums entsteht, präziser beantworten. Wenn, wie sich zeigte, zugleich mit der Abschwächung der Zeitfolge die Dimension des Denkens, der Reflexion sich entfaltet, so bedeutet das: die Dimension der Utopie, die im Denken Ulrichs sich öffnet. Sie erscheint in Ulrichs Überlegungen; und Musil hat, wenn er auch zuweilen im Tagebuch selbstkritisch die Gefahr, ins Abstrakte zu geraten, beklagt und dem drohenden Übermaß des Theoretischen zu steuern sucht, doch im Grunde das Recht auf diese Gedanklichkeit verteidigt. Im Roman selbst geschieht das in dem tief ironischen Kapitel I, 28. „Es ist leider in der schönen Literatur nichts so schwer wiederzugeben wie ein denkender Mensch." Wenn das Denken fertig ist, so hat es bereits die Form „des Gedachten", die unpersönlich geworden ist. Doch es läßt sich nicht vermeiden, bei der Darstellung eines denkenden Menschen Gedachtes mitzuteilen. „Der Mann ohne Eigenschaften dachte aber nun einmal nach." Gedanken werden vom Leser meist nicht „erlebnishaft" aufgenommen. „Die beiläufige Erwähnung eines Haares auf einer Nase wiegt mehr als der bedeutendste Gedanke, und Taten, Gefühle und Empfindungen vermitteln bei ihrer Wiederholung den Eindruck, einem Vorgang, einem mehr oder weniger großen persönlichen Geschehnis beigewohnt zu haben, mögen sie noch so gewöhnlich und unpersönlich sein." Ulrich nennt das „dumm". Musil schreibt mit dem Anspruch, daß auch Gedanken das Erregende eines persönlichen Geschehnisses haben können und daß sie den Menschen genauso kennzeichnen wie Handlungen. Das „Mögliche", das in ihnen erscheint, ist so bedeutsam wie das wirklich Geschehende. Die Inhalte von Ulrichs Denken, das seine Anstöße aus den in großer Vielfalt und Fülle aufgenommenen Erkenntnissen, Thesen und Positionen des zeitgenössischen Denkens empfängt, können hier nicht dargelegt werden[14].

Ironie und Utopie

Die Grundstruktur des Romans wird erkennbar, wenn Art und Ziel dieses Denkens bestimmt sind. Es versucht überall die Loslösung vom Gegebenen, von den Zuständen und Verhältnissen sowohl wie von den gängigen Interpretationen, den festen, allenthalben beschrittenen Bahnen des Denkens. Es zielt auf Utopie, au einen verwandelten Daseinszustand des Menschen. Ulrich „besaß Bruchstücke einer neuen Art zu denken wie zu fühlen . . ." Sie sind es, die mitgeteilt werden. Musils Erzählen transzendiert ständig sich selbst, weil Ulrich „eine wirkliche Sache nicht mehr bedeutet als eine gedachte". Beides gilt gleich. Nur in der engen Verwebung mit dem Möglichen ist das Wirkliche darstellenswert. Die glatten Flächen der Wirklichkeit werden aufgebrochen, ihre Verkrustungen aufgeschmolzen. Alles, was ist, wird mit dem Bewußtsein gegeben, „es könnte auch anders sein". Das begründet den großen Stil der Ironie, den Musil in seinem Roman verwirklicht. Sie ist ein umfassendes Prinzip, das bei Musil mehrere Aspekte hat. Nur einer davon ist die ironische Entlarvung und manchmal zur Satire verschärfte Bloßstellung der Wirklichkeit, ihrer Daseinsformen, Menschen und Denkweisen. Musil notiert im Tagebuch: „Während der rund 10 Manuskripte zu den ersten 200 Seiten des Mann ohne Eigenschaften: die bedeutungsvolle Selbsterkenntnis, daß die mir gemäße Schreibweise die der Ironie sei." Die Ironie trifft die gesamte Wirklichkeit der Zeit, nicht nur Einzelerscheinungen, auch nicht nur repräsentative, zeitgemäße Gesinnungen, Einrichtungen, Verhaltensweisen, sondern gerade auch die Opposition gegen die herrschenden Gewalten, die Reformer und Sucher, die Rebellen und die protestierenden Gruppen. Dem Erzähler wie Ulrich erscheint die Umwelt in der Perspektive einer totalen Ironie, in der jede Einzelheit mit Vorbehalt gegeben ist. In dieser Sehweise wie überhaupt in der persönlichen geistigen Struktur ist Ulrich sehr weitgehend mit Musil selbst gleichzusetzen. Dennoch ist Ulrich als Gesamtfigur nicht ohne weiteres und nicht in jedem Zug ein Bild Musils selbst. Er ist Musil und ist es auch nicht. Musil schrieb nicht, um sein eigenes Ich darzustellen, soviel Ulrich auch von diesem Ich enthält. In der Romanfigur gibt er ein Bild seines eigenen Denkens und Verhaltens, und gleichzeitig ist sie ein Mittel, sich selbst im Werk verschwinden zu machen. Indem das Ich im Werk sich auflöst, löst sich das Werk vom Ich ab. Ulrich wird Figur, vom Autor distanziert. Er könnte z. B. sein Dasein nicht in einem Roman darstellen, er ist kein Dichter, sondern zielt mit seinen utopischen Spekulationen auf die Realität. Er weiß natürlich nicht mehr als Musil, sieht nicht weiter — aber Musil sieht etwas weiter als Ulrich. Auch dieser wird oft in die ironisierende Weltsicht einbezogen.

Auf versteckte Weise deutet Musil seine eigene Nähe zu Ulrich an. Im Anfang des Kapitels I, 5 heißt es von Ulrich: „Es ist nicht angenehm, jemand immerzu beim Taufnamen zu nennen, den man erst so flüchtig kennt! aber sein Familienname soll aus Rücksicht auf seinen Vater verschwiegen werden . . ." Ulrichs leiblicher Vater, ein Professor der Jurisprudenz, ist eine Romanfigur wie alle anderen und bedarf keiner besonderen Rücksicht. Musil meint Ulrichs geistigen Vater, den Autor, sich selbst. Er müßte eigentlich Musil heißen, denselben „Familiennamen" tragen. Darum verschweigt er den Namen und verrät ihn doch durch den Gleichklang der Vokale Ulrich — Musil.

Die Ironie dieses Romans ist dadurch entscheidend charakterisiert, daß ihr Gegenspiel die Utopie ist. Wenn Ulrich alle Wirklichkeit ironisch in Frage stellt, so geschieht das nicht von einer festen Position, von einer sicheren Gewißheit bestimmter Werte und Ordnungsformen aus, sondern er sucht ja selbst erst nach einer solchen Position, er hat sie nur als Ziel und Richtung unermüdlicher „Versuche", als Utopismus. Da eine feste, unbedingt bejahte Position, von der aus die Wirklichkeit nach eindeutigen Forderungen und Maßstäben abgewertet würde, nicht gegeben ist, so ist der Roman als Ganzes nicht als Satire geformt[15], sondern nur in einzelnen Partien zu satirisch-aggressiver Bloßstellung zeitgenössischer Realitäten gesteigert. Man wird in dieser Frage Beda Allemann zustimmen: „Denn das Stilprinzip dieses Romans ist eben doch keineswegs die reine Satire, sondern vielmehr ihre Milderung und Überführung in die verhaltenere Form der Ironie[16]."

Die Ironie als umfassendes Prinzip trifft auch Ulrich selbst. Wenn er seine ursprüngliche Aktivität in eine abwartende Passivität verwandelt, so geschieht das aus ironischer Distanz zur Wirklichkeit, wird aber auch selbst Gegenstand der Ironie des Erzählers. Ulrichs eigene Ratlosigkeit und Zwiespältigkeit sind einbezogen in den ironischen Weltentwurf, der in der zerfallenden Welt des Vorkriegsösterreich die Überständigkeit der gesellschaftlichen Verhältnisse und Lebensformen mit der Vergeblichkeit und Unzulänglichkeit aller Reformversuche, aller Bemühungen um einen „neuen Menschen" zum Bilde eines insgesamt fragwürdigen Weltzustandes verbindet. Was Ulrich dem entgegensetzt, sind nur kritische Reflexionen und gedankliche Experimente, eine „Gesinnung auf Versuch und Widerruf". Er sieht die Welt im Verfall, aber er weiß es, genaugenommen, auch nicht besser als die anderen. Er hat nicht die sokratische Ironie des Pädagogen, der im Grunde weiß. Musil notiert: „Sokratisch ist: Sich unwissend stellen. Modern: Unwissend sein!" Ironie ist für Ulrich — wie für Musil — das Gegenteil einer Flucht ins Unverbindliche: die Maske eines äußersten Ernstes. „Ironie muß etwas Leidendes enthalten (sonst ist sie Besserwisserei). Feindschaft und Mitgefühl." Musil weiß, daß er mit dem „Ernst" seiner ersten Bücher nicht durchdrang. „Ich benötige dazu ein Pathos, eine Überzeugtheit, die meiner ‚induktiven Bescheidenheit' nicht entspricht ..." So heißt es in einer Notiz der letzten Jahre.

Ironie und Utopie sind die grundlegenden Kategorien zur Deutung des Romans[17]. Das „und" hat dabei nicht einen additiven oder adversativen, sondern einen funktionalen Sinn. Ironie und Utopie bedingen sich gegenseitig, fordern und durchdringen einander.

Nirgends erscheint in diesem Roman ein „realistisches" Bild der Wirklichkeit, einer gegebenen Tatsächlichkeit. Sie ist stets ironisch gebrochen und mit Utopie durchsetzt. Daß dabei ein einheitlicher romanhafter Weltentwurf entsteht, ist die außerordentliche Leistung des Musilschen Sprachvermögens. Es ist vor allem eine Kunst der Integration, die das Disparate zusammenzwingt, viele Schichten und Tonlagen in eine Einheit bindet: die ironische und die eines unbedingten Ernstes, die satirische und die expressiv-lyrische, die rationale und die ekstatische, die reflektierende und die zeichnende. Für Musil ist die letzte Stufe des künstlerischen Tuns „die formale Bindung zu einer Einheit". Dazu kommt die leidenschaftliche Forderung nach „Genauigkeit", die diesen Stil bestimmt. Zu ihr gehört die Absicht, die Nuance zu fassen, die subtilste Schattierung, die seelischen Ober- und Untertöne. Genauigkeit ist nicht als bloße zeichnerische Schärfe des Gegenständlichen zu verstehen, auch nicht im Sinne von Eindeutigkeit, eher als Bewußtsein dafür, daß das Eindeutige zuweilen gerade ungenau ist; daß genau sein heißt, die Ambivalenzen, die verwirrend mitklingenden Gegentöne, die verborgenen Beziehungen eines Phänomens zu fassen. In diesem Sinne sind Metapher oder Vergleich oft genauer als die bildlose Rede. Musils dichterischer Stil lebt zum guten Teil aus einer Metaphorik, die nirgends ornamentalen Sinn hat. „Man soll Vergleiche immer nur um der Sache willen, nie zur Verschönerung ziehen." Metapher und Vergleich heben die in der Darstellung oft unausweichliche Isolierung der Dinge auf und geben sie in dem Zusammenhang, in dem sie „genau" genommen stehen. Die Analogie erhellt und präzisiert; denn sie belichtet neben dem Gleichartigen auch die Unterschiede von der verglichenen Sache und läßt damit diese selbst schärfer hervortreten. Ein Beispiel. „Es graute der Tag und mischte seine Fahlheit in die rasch abwelkende Helligkeit des künstlichen Lichts." Die Metapher „abwelkende Helligkeit", dem organischen Bereich entnommen, bezeichnet genauer, als es etwa das Wort „abnehmend" könnte, das Phänomen, wie Lampenlicht bei Tagesanbruch eigentümlich schwächlich, matt und wesenlos wird.

Die paradoxe Forderung, das nicht Erzählbare dennoch zu erzählen, hat zur Folge, daß kein einziger Satz mehr naiv gebildet werden kann. Der Text des „Mann ohne Eigenschaften" ist das Ergebnis einer äußerst angespannten formenden Arbeit, die für jedes Kapitel eine große Zahl von Fassungen und Überarbeitungen benötigt; einige Kapitel sind zwanzigmal umgearbeitet worden. Musil stellte an jede Seite eine maximale Forderung, die er unnachgiebig erfüllte. Er stand einer geschriebenen Seite mit jenem „Möglichkeitssinn" gegenüber, der „immer um eine Möglichkeit mehr kennt". Wie ihm jedes Ding „ein erstarrter Einzelfall seiner Möglichkeiten" ist, so auch eine geschriebene Seite. Daher die Variationen, die abwandelnden Formulierungen der gleichen Grundintention in den fertigen Romanteilen, und daher auch die vielen Überarbeitungen, die oft die Motive und Zusammenhänge eines Kapitels weitgehend beibehalten, aber die sprachliche Formung und Nuancierung verändern. Diese Arbeitsweise erklärt das sehr langsame Schaffenstempo, die überdehnte Entstehungszeit des Romans, den Musil nach der Lähmung seiner Kräfte durch einen Schlaganfall 1936 noch langsamer als früher weiterführte und in der Lebensfrist, die ihm gesetzt war, nicht mehr beenden konnte. Nur das maximal Durchgeformte, nicht das Entfalten der Motive als solches, zählte für ihn. „Es kommt auf die Struktur einer Dichtung heute mehr an als auf ihren Gang. Man muß die Seite wieder verstehen lernen, dann wird man Bücher haben."

Was über Utopie und Ironie als Kategorien der Romandeutung, über die geistige Struktur Ulrichs gesagt wurde, hat nur Bedeutung, insofern es in Ulrich Figur, im Ganzen des Romans Gestalt und Sprache geworden ist. Ironie ist gleichzeitig ein Weltverhältnis und ein Stilprinzip. Das wird schon im Eingangskapitel des Romans deutlich. Die fiktive Wirklichkeit der Dichtung wird von Anfang an in einen Schwebezustand gebracht, der dem Möglichkeitssinn entspricht, also jenem Sinn, der das Vorhandene nicht als fest und unverrückbar, als notwendig in seinem Sosein nimmt, sondern es mit dem Bewußtsein ansieht: „es könnte wahrscheinlich auch anders sein". Die Welt erscheint im Modus des Potentialis, im Modus einer Ironie, die Realität als solche mit Vorbehalt ansieht und gleichsam dicht an ihrem Schmelzpunkt ergreift, dort, wo sie sich verwandeln und andere Formen annehmen kann.

Der traditionelle Romananfang, der gern Zeit und Ort des Geschehens angibt, wird auf eigentümliche Weise bewahrt und zugleich aufgehoben. In den ersten Sätzen steht nicht die einfache Zeitangabe, sondern ein Wetterbericht in der parodierten Sprache der Meteorologen. „Über dem Atlantik befand sich ein barometrisches Minimum; es wanderte ostwärts, einem über Rußland lagernden Maximum zu, und verriet noch nicht die Neigung, diesem nördlich auszuweichen. Die Isothermen und Isotheren taten ihre Schuldigkeit ..." Am Ende des ersten Abschnitts heißt es dann: „Mit einem Wort, das das Tatsächliche recht gut bezeichnet, wenn es auch etwas altmodisch ist: Es war ein schöner Augusttag des Jahres 1913." Die ersten Sätze scheinen zu zeigen, wie ein Roman im wissenschaftlichen Zeitalter beginnen müßte. Der Übergang zur herkömmlichen Zeitangabe ironisiert dieses Eindringen der wissenschaftlichen Terminologie in alltägliche Mitteilungen. Aber die Dinge liegen nicht so einfach. Musil scheint den Eindruck hervorzurufen, daß das zuletzt einfach bezeichnete „Tatsächliche" vorher in der meteorologischen Fachsprache verklausuliert, aber exakt mitgeteilt wurde. Doch das trifft nicht zu. Es wird der Anschein eines Resümees erzeugt, das in Wahrheit nicht vorliegt. Der Gesamttatbestand „schöner Augusttag 1913" läßt sich gar nicht meteorologisch ausdrücken; und das schöne Wetter, das den minder wichtigen Teil dieses Tatbestandes ausmacht, wäre zwar im Wetterbericht formulierbar, wird aber hier nicht exakt beschrieben, sondern die Beschreibung gleitet in ein parodistisches Spiel mit den Vokabeln der Fachsprache hinüber. Nicht das Hochdruckgebiet über Rußland, das schönes Wetter bringt, wird akzentuiert, sondern gerade das ostwärts wandernde Tief. Danach wird nur festgestellt, daß die Temperaturmessungen usw. „ihrer Voraussage" entsprechen. Daß meteorologisch alles in Ordnung ist, hat keine Beziehung zu einem bestimmten, exakten Datum. Die Fachsprache wird teils mißbraucht, teils tritt sie in einem Zusammenhang auf, in den sie gar nicht gehört. Verspottet wird also nicht nur die Vorliebe für wissenschaftliche Bestimmung einfacher Tatbestände, sondern der verständnislose Mißbrauch der Wissenschaftlichkeit und ihre schiefe Anwendung auf ihr nicht gemäße Sachverhalte. Musils Kenntnis und Bejahung der naturwissenschaftlichen Methodik machen ihn empfindlich für deren Mißbrauch, für die Vermischung der Geltungsgebiete.

Zugleich aber bringt dieser schiefe Versuch einer pseudowissenschaftlichen Datierung die Zeitangabe selbst ins Schwanken, macht sie irreal. Zwar scheint sie in der schlichten Formulierung eindeutig. Aber diese Eindeutigkeit wird am Schluß des Kapitels aufgehoben. Da nämlich sagt jemand, daß „nach den amerikanischen Statistiken" dort „jährlich durch Autos 190 000 Personen getötet und 450 000 verletzt" werden. Diese hohe Unfallziffer kann für das Jahr 1913 noch nicht zutreffen. In der Tat entnahm Musil diese Angabe einer Statistik von 1924; sie ist im Tagebuch vermerkt. Durch diesen Anachronismus, zu dem sich später manche andere gesellen — z. B. wird der 1913 noch nicht existierende Rundfunk als Mittel der Massensuggestion erwähnt —, wird die anfangs fixierte Jahreszahl 1913 wieder aufgehoben, die Zeitangabe gerät ins Gleiten, wird unfest.

Im zweiten Abschnitt des ersten Kapitels wird als Ort des Geschehens Wien angegeben. Der Erzähler beschreibt sehr exakt den Straßenverkehr einer Großstadt und sein Geräusch. An diesem

Geräusch, so heißt es dann, „würde ein Mensch nach jahrelanger Abwesenheit mit geschlossenen Augen erkannt haben, daß er sich in der Reichshaupt- und Residenzstadt Wien befinde". Auch dies scheint eindeutig. Aber die Bestimmtheit des Ortes wird gleich darauf, wie die der Zeit, wieder aufgehoben. Der zurückgekehrte Besucher, heißt es, würde auch an der Gesamtbewegung in den Straßen die Stadt identifizieren können. „Und wenn er sich, das zu können, nur einbilden sollte, schadet es auch nichts. Die Überschätzung der Frage, wo man sich befinde, stammt aus der Hordenzeit..." Genau wissen zu wollen, in welcher Stadt man sich aufhält, ist überflüssig. „Es lenkt von Wichtigerem ab." Das Phänomen der Großstadt selbst ist das Bedeutsame, nicht das Lokalkolorit. „Es soll also auf den Namen der Stadt kein besonderer Wert gelegt werden." Die Stadt ist Wien, und auch nicht Wien. Die Ortsangabe meint, wie die Datierung, nicht unmittelbar die Realitäten, die sonst mit diesen Worten bezeichnet werden. Sie sind hier aus ihrer starren Bestimmtheit gelöst, sind vertauschbar: 1913 mit 1924, Wien mit einer anderen Großstadt. Die Benennungen sind gleichsam nur Anhaltspunkte, ähnlich wie etwa die Unterschriften zu den Bildern von Paul Klee; Vorschläge des Autors, so wie die wirkliche Welt nur ein Vorschlag ihres Schöpfers ist.

Diese Unfestigkeit zeigt, daß das Werk nicht als historischer Roman zu verstehen ist. „Aber dieses groteske Österreich ist nichts anderes als ein besonders deutlicher Fall der modernen Welt." Was die Zeit betrifft, so wollte Musil nicht die spezifische Vorkriegswelt als solche darstellen, sondern eine Situation, die auch in der Gegenwart noch gilt. Fakten wie Ort und Zeit haben das Vorzeichen der Ironie, das Zeichen des Vorbehaltes. Ebenso verhält es sich mit der Identität der Personen. Im dritten Abschnitt des Anfangskapitels werden zwei Menschen geschildert, die eine belebte Straße entlanggehen. Es könnten vielleicht, wie der Erzähler andeutet, Arnheim und Frau Tuzzi sein, zwei später eingeführte Figuren des Romans, die hier zum erstenmal genannt werden. Aber sie sind es nicht, so wird versichert. Wieder ergibt sich ein ironisch schwebendes Spiel mit der Bestimmtheit konkreter Erscheinungen. „Angenommen, sie würden Arnheim und Ermelinda Tuzzi heißen, was aber nicht stimmt, denn Frau Tuzzi befand sich im August in Begleitung ihres Gatten in Bad Aussee und Dr. Arnheim noch in Konstantinopel, so steht man vor dem Rätsel, wer sie seien." Die Konklusion im letzten Satz dieses Satzgefüges bezieht sich grammatisch auf den konditionalen Anfangssatz, scheint sich aber inhaltlich nicht auf diesen, sondern auf den parenthetisch eingeschobenen Relativsatz zu beziehen. Man würde erwarten, daß der Satz etwa lautete: Da es nicht Arnheim und Frau Tuzzi sein können, so steht man vor dem Rätsel, wer sie seien. Aber nicht das ist gesagt. Die Beziehung zwischen den Gliedern der Aussage scheint hier auf ähnliche Weise schief wie im ersten Abschnitt die Beziehung zwischen Wetterbericht und Datum. Man muß den Text genau nehmen, er sagt etwas anderes, als man erwartet. Arnheim und Tuzzi können die beiden nicht heißen, denn die Personen dieses Namens sind im August nicht in der Stadt. Aber selbst angenommen, die beiden Spaziergänger hießen so, so stünde man — gerade dann — vor dem Rätsel, wer sie seien. Denn der Name besagt noch nicht viel in der unübersichtlichen Gesellschaftswelt der Großstadt; der Name fixiert nicht sicher die Identität der Person, die für Musil nur eine durch viele Ausprägungen und Möglichkeiten gleitende, sich wandelnde Wesenheit ist. Gerade der Mensch, der aus der anonymen Menge durch den Namen herausgelöst wird, erweckt die Frage nach dem, was er in Wahrheit ist.

Nachdem so nacheinander bestimmte Momente der Wirklichkeit, nämlich Zeit, Ort, Personen, in den Roman eingetreten und aus ihrer Verfestigung in den Zustand der Auflösung, der schwebenden Vieldeutigkeit transponiert sind, erscheint als vierte Realität ein Geschehnis und damit der Bereich der Kausalität. Mit ihm geschieht die gleiche Verwandlung. Es ist ein alltägliches Vorkommnis, ein Verkehrsunfall. Ein Lastwagen steht quer, ein Mann liegt verletzt, „wie tot", auf der Straße. Die Ursache wird mitgeteilt. „Er war durch seine eigene Unachtsamkeit zu Schaden gekommen, wie allgemein zugegeben wurde." Aber trotz der bestimmten Form dieser Mitteilung ist das nur die Meinung der Umstehenden. Der unbekannte elegante Herr gibt im Gespräch mit der Dame eine andere Ursache an. „Diese schweren Kraftwagen, wie sie hier verwendet werden, haben einen zu langen Bremsweg." Damit ist die Kausalität aus dem menschlichen in den technischen Bereich hinübergespielt. „Die Dame fühlte sich dadurch erleichtert und dankte mit einem aufmerksamen Blick. Sie hatte dieses Wort wohl schon manchmal gehört, aber sie wußte nicht, was ein Bremsweg sei, und wollte es auch nicht wissen; es genügte ihr, daß damit dieser gräßliche Vorfall in irgend eine Ordnung zu bringen war und zu einem technischen Problem wurde, das sie nicht mehr unmittelbar anging." Das erspart die genaue Feststellung der Ursache, die ebenso ungewiß bleibt wie die Gefühlsreaktion der Dame. Ihre Regung ist nicht einfach Mitleid, sondern ein nicht ganz eindeutiges, physiologisch fundiertes Unbehagen. Sie fühlte „etwas Unangenehmes in der Herz-Magengrube, das sie berechtigt war für Mitleid zu halten."

Am Beginn des Romans werden also Zeit, Ort, personale Identität und Kausalität nicht geradezu aufgehoben, aber in Frage gestellt, ins Schwanken gebracht, in den Zustand der Auflösung gesetzt. Zugleich wird klar, daß das nicht ein müßiges, willkürliches Spiel des Erzählers ist, sondern ein Spiel, das dem gegenwärtigen Weltzustand entspricht und den Roman befähigt, ihn zu spiegeln. Die Gebrochenheit dieses Spiegelbildes vermag die innere Auflösung hinter der anscheinend intakten Fassade aufzufangen. Ein alltäglicher, beliebiger Vorgang enthüllt diesen Zustand. Der Unfall, den die Passanten sich möglichst einfach erklären, ruft ihre Hilfsbereitschaft hervor. Aber die Hilfeleistung wird zur leeren Geste: „man öffnete seinen Rock und schloß ihn wieder, . . . eigentlich wollte niemand etwas anderes damit, als die Zeit ausfüllen, bis mit der Rettungsgesellschaft sachkundige und befugte Hilfe käme." Auch das Mitleid ist kein rechtes, eindeutiges Mitleid mehr, sondern ein „unentschlossenes, lähmendes Gefühl", und der Unglücksfall ist eigentlich auch kein Unglücksfall, sondern er ist durch harte Versachlichung zu etwas anderem geworden. Als der Krankenwagen mit seinen uniformierten Männern prompt eintrifft und sein Inneres, „sauber und regelmäßig", den Verletzten aufnimmt, heißt es: „Man ging fast mit dem berechtigten Eindruck davon, daß sich ein gesetzliches und ordnungsmäßiges Ereignis vollzogen habe." Das menschliche Schicksal bleibt stillschweigend ausgeklammert, der Verletzte ist bloßes Objekt des technischen Versagens und der vorgesehenen Hilfsmaßnahmen, die Frage nach der Ursache wird durch die gleichgültige technische Formel abgefangen. Die Entwirklichung und Versachlichung werden perfekt, wenn der Herr schließlich die riesigen Unfallziffern der Statistik zitiert. Das Unglück ist zu einem vorausberechneten Fall, zu einer Komponente der Unfallziffer geworden. Die Dame kann freilich diese Versachlichung nicht ganz mitvollziehen, sie empfindet noch etwas von dem wirklichen Unglück. Aber der Erzähler, der den Eindruck der Gesetzmäßigkeit „berechtigt" nannte, kennzeichnet mit einem einzigen Wort diese Reaktion der Dame als unzeitgemäß und unangepaßt: sie hatte „noch immer das unberechtigte Gefühl, etwas Besonderes erlebt zu haben".

Es ist bemerkenswert, daß der Erzähler kein Wort der Klage, des Unwillens oder gar der pathetischen Anklage in die Darstellung mischt. Nichts liegt ihm ferner, und auch Ulrich, der im folgenden Kapitel erscheint, würde das fernliegen. Der Erzähler gibt einen kühlen Bericht; der Ton der Ironie, in dem der Protest sich verbirgt, wird nirgends verlassen. Aber diese Ironie enthält schon in sich selbst das befreiende Moment. Denn sie entlarvt nicht nur, nüchtern und unbeirrt, den gegebenen Weltzustand, sondern sie vermittelt zugleich das Bewußtsein, daß diese Gegebenheit nicht endgültig, fest und unentrinnbar ist, sondern nur eine von vielen Möglichkeiten, an deren Stelle eine andere, bessere treten könnte. Jener Unglücksfall und seine unmenschliche Versachlichung in der Scheinordnung eines glatt funktionierenden Mechanismus gehören zu einer Wirklichkeitswelt, die nur dem Anschein nach fest und starr ist, in Wahrheit aber sich in einem Schwebezustand befindet, in dem Zeit, Ort, Individualität fließend und wandlungsfähig sind. Die Ironie Musils ist nach seinem eigenen Wort eine „konstruktive Ironie". — „Es ist der Zusammenhang der Dinge, aus dem sie nackt hervorgeht." Auch die Ironie wurzelt im Möglichkeitssinn, sie impliziert den Utopismus.

Auf knapp drei Seiten gibt das Eingangskapitel eine unübertreffliche Introduktion zu der komplexen Thematik des Romans. Dank der Loslösung vom nur historischen Detail in künstlerischer Abstraktion vermag ein solches Kapitel, das auf 1913 datiert ist und 1930 veröffentlicht wurde, heute eine unverminderte Geltung zu bewahren, nicht nur durch seinen dichterischen Rang, sondern als Darstellung des Weltzustandes im 20. Jahrhundert.

Musils konstruktive Ironie berührt sich hier mit dem Ironiebegriff Kierkegaards, für den bereits „die Kategorie des Möglichen", das „Konjunktivische" entscheidend werden[18]. „Für das ironische Subjekt hat die gegebene Wirklichkeit ihre Gültigkeit völlig verloren. Sie ist ihm eine unvollkommene Form geworden, die überall geniert . . . Der Ironiker ist wohl in einem gewissen Sinne prophetisch, denn er deutet beständig auf etwas Zukünftiges hin, aber was dies ist, weiß er nicht[19]." Auch für Ulrich ist, nach Kierkegaards Formulierung, „die Möglichkeit für das Selbst, was der Sauerstoff für das Atmen ist"[20]. In der veränderten geistigen Situation des frühen 20. Jahrhunderts, an der Musil teilhat, gewinnt durch die Geltung der naturwissenschaftlichen Methodik und durch die Erfahrung des „andern Zustands" diese Ironie als Korrelat des Utopismus einen positiven Sinn. Sie ist nicht mehr Flucht, Zuflucht, Ausflucht, sondern Bedingung einer Erneuerung, einer echten Positivität.

### Ironie und Variation

Ein anderer Aspekt der Musilschen Ironie erschließt sich von folgendem Satz aus: „Es steckt ja in allem etwas Richtiges." Dieses Bewußtsein nimmt der „wohlwollenden Ironie" die satirisch-aggressive Schärfe. Die Einsicht, daß in allem etwas Richtiges stecke, äußert im Roman auch der General Stumm von Bordwehr. Das bezeugt, daß auch in diesem komisch gezeichneten General und seinem konservativ-militärischen Denken, dem vieles verborgen bleibt und das doch zuweilen die Dinge überraschend hell durchschaut, ein Stück von Ulrich selbst enthalten ist (vgl. z. B. Kapitel I, 85). Das gleiche gilt von allen wichtigen Figuren des Romans. „Ironie ist: einen Klerikalen so darstellen, daß neben ihm auch ein Bolschewik getroffen ist. Einen Trottel so darstellen, daß der Autor plötzlich fühlt: das bin ich ja zum Teil selbst." Damit ist ein wichtiges Strukturprinzip des Romans angedeutet. Alle Personen verkörpern Gesinnungen oder Bestrebungen, die in den benachbarten Personen verwandelt wiederkehren, und vor allem erscheinen in ihnen bestimmte Möglichkeiten und Anlagen Ulrichs vereinseitigt und ins Extrem gebracht. Einige repräsentieren auch frühere, halb überwundene Entwicklungsstufen seines Wesens. Durch die Vereinseitigung bestimmter Gesinnungen, durch die Beimengung von anderen Zügen werden es Kontrastfiguren. Aber auch die Verwandtschaft besteht. Die innere Beziehung zu Ulrich, als Spiegelung oder Kontrastierung, begründet die primäre Funktion dieser Figuren im Roman. Von hier aus sind sie zu verstehn, erst in zweiter Linie von ihrer Rolle in den romanhaften Vorgängen aus, die stets sekundär ist, so wie die Vorgänge überhaupt eine sekundäre Schicht des Romans bilden. Ein geschlossener, alle Einzelmomente strikt verknüpfender Gesamtvorgang wird nicht gegeben, sondern es erscheint eine Reihe von Vorgangskomplexen. Dominierend ist die Parallelaktion mit ihren zentralen und peripheren Figuren: Diotima, Leinsdorf, Arnheim, Stumm, dazu auf der Diener-Ebene Diotimas Zofe Rachel und Arnheims Negerdiener Soliman. Dazu kommt der Komplex Clarisse-Walter, zu denen sich der Prophet Meingast gesellt und der Lustmörder Moosbrugger, dem Clarisses leidenschaftliches Interesse gilt; weiterhin die Gruppe um den Bankdirektor Fischel mit seiner Tochter Gerda und deren Freund Hans Sepp, einem Vertreter der völkischen Ideologie. Eine weitere Gruppe bildet Agathe mit ihrem Ehemann und ihrem Freund Lindner[21].

Die Gruppen sind meist nur lose miteinander verbunden; z. B. befreundet sich Stumm mit Clarisse, Hans Sepp erscheint bei der großen Sitzung der Parallelaktion. Einige Einzelfiguren werden mit diesen Gruppen in eine lockere Beziehung gestellt: Ulrichs Geliebte Bonadea mit Diotima, der Sozialist Schmeißer mit Clarisse und Meingast. Der gemeinsame Bezugspunkt all dieser Figuren ist stets Ulrich. Sie verkörpern Variationen jener Zeitproblematik, die in Ulrich sich zentral repräsentiert.

In der Darstellung dieser Umwelt Ulrichs wird die Zeit auf ähnliche Weise neutralisiert wie im Laboratorium des Experimentators. Die erzählte Welt ist immer aus der Perspektive Ulrichs gesehen, der die gesellschaftliche Wirklichkeit als Beobachtungs- und Experimentierfeld betrachtet. Fast alle Figuren treten durch Ulrichs Vermittlung ins Blickfeld des Lesers. Aber Ulrich nimmt an keiner Person und an keinem Vorgang echten menschlichen Anteil. Das gilt z. B. auch für sein Liebesverhältnis zu Bonadea. Es ist ein zeitweise leidenschaftliches erotisches Spiel, in dem Ulrichs innere Distanz niemals aufgehoben wird, das gleichsam durch ihn hindurchgeht, ohne irgendeine Spur zu hinterlassen.

Die Gleichgültigkeit aller Menschen und Vorgänge für den nirgendwo engagierten Ulrich gibt ihre Spiegelfunktion frei. Daß der deutsche „Wirtschaftsheld" Arnheim sich von der verliebten Diotima in den führenden Gesellschaftskreis der Parallelaktion einschleusen läßt, um seinem Konzern die galizischen Ölfelder zu sichern, könnte das zentrale Motiv eines Handlungsromans abgeben. Hier bleibt es ein ironisch pointiertes, erzählerisch nicht ausgewertetes Randmotiv. Wirklich bedeutsam ist Arnheim nur als Gegenfigur Ulrichs, in der Verwandtschaft der Intentionen und in den tiefen Unterschieden bei der Beantwortung der gleichen Fragen. Arnheim glaubt eine Synthese zwischen Ratio und Seele gefunden zu haben, die auch Ulrich sucht. Aber für Ulrich ist das eine vorschnelle, falsche Synthese des „schreibenden Eisenkönigs"; und es ist reine Ironie, wenn Ulrich feststellt: „... was wir alle getrennt sind, das ist er in einer Person". Arnheim ist als intimer Feind der wichtigste Gegenspieler Ulrichs. An der Auseinandersetzung mit ihm, die in dem großen Gespräch des Kapitels I, 121 gipfelt, gewinnt seine eigene Position schärfere Konturen. Auch der Jugendfreund Walter ist Ulrich verwandt in dem Bewußtsein, „zu Besonderem berufen" zu sein, in der Kulturkritik und Zeitkritik. Doch er ist noch in jungen Jahren ein durchschnittlicher Anti-Intellektualist mit einer Neigung für das „Pseudototale" geworden. Er repräsentiert eine frühere Stufe Ulrichs, ähnlich wie seine Frau Clarisse, die Nietzsche-Jüngerin, die Stufe der Nietzsche-Nachfolge Ulrichs darstellt. Sie ist besessen von Erlösungssehnsucht und hält sich, von Ulrichs Passivität enttäuscht, an den Propheten Meingast, der ebenfalls von Nietzsche ausgeht und die erlösende Tat aus der Kraft eines gespannten Willens herbeiführen möchte. Auch in ihm erkennt man Komponenten der Denkweise Ulrichs, etwa wenn er den Leerlauf der zeitgenössischen Wirklichkeit mit einer ähnlichen Formel wie Ulrich bezeichnet: „Tun, was geschieht!" Selbst noch eine Nebenfigur wie Fräulein Strastil, die Assistentin am astronomischen Institut (II, 22), bezeichnet eine frühere Stufe der Geistigkeit Ulrichs, die der Mathematik, deren Denkform er nie ganz aufgibt.

Der Mädchenmörder Moosbrugger, der freilich nicht in direktem Kontakt mit Ulrich gezeigt wird, erregt ihn als extremer Fall, in dem die aus aller Ordnung geratene Situation der Zeit sich grell und verzerrt spiegelt. Seine innere Verfassung wird genau nachgezeichnet (I, 59), und die Hilflosigkeit der Medizin und Jurisprudenz beleuchtet die Symptomatik dieses Grenzfalls, der im Bewußtsein Clarisses, Leinsdorfs und anderer Personen in immer anderen Spiegelungen erscheint. Für Ulrich ist er „wie ein dunkles Gedicht, worin alles ein wenig verzerrt und verschoben ist und einen zerstückt in der Tiefe des Gemüts treibenden Sinn offenbart". Der andere Weltzustand, der in Moosbruggers wahnhafter Vorstellung lebt, hat Ähnlichkeit mit Ulrichs Erfahrungen des „anderen Zustandes". Auch für Moosbrugger sind die Trennungen und „Schranken der Realität weggehoben". „Nach Moosbruggers Erfahrung und Überzeugung konnte man kein Ding für sich herausgreifen, weil eins am anderen hing." Nach der Gerichtsverhandlung gegen Moosbrugger stellt Ulrich fest: „Das war deutlich Irrsinn, und ebenso deutlich bloß ein verzerrter Zusammenhang unsrer eignen Elemente des Seins[22]." Clarisse ist von Moosbrugger fasziniert und sieht in ihm, selber an der Klarheit des Bewußtseins leidend, eine Erlöserfigur. Ihr eigener Wahn ist ein Gegenstück zu dem Moosbruggers. Hier verdoppelt sich also das Wahnmotiv, die Variationen spiegeln und deuten sich gegenseitig, wie überall in diesem Roman. „Man darf nicht glauben, daß der Wahnsinn sinnlos ist; er hat bloß die trübe, verschwimmende, vervielfältigende Optik der Luft über diesem Bad, und zuweilen war es Clarisse ganz klar, daß sie zwischen den Gesetzen einer andern, aber durchaus nicht gesetzlosen Welt lebte." So heißt es bei Clarisses Aufenthalt im Irrenhaus. Auch der Wahnsinn kann für Ulrich eine Vorform künftiger, noch unverstandener Möglichkeiten sein. Ulrichs Beschäftigung mit Moosbrugger fügt sich ein in seine Konzeption dessen, was Geist ist: „Er anerkennt nichts Unerlaubtes und nichts Erlaubtes, denn alles kann eine Eigenschaft haben, durch die es eines Tags teil hat an einem großen, neuen Zusammenhang."

Doppelung der Motive, wechselseitige Spiegelung bestimmt die Komposition des Romans. Arnheims Synthese von Seele und Wirtschaft kehrt abgewandelt wieder bei Leinsdorf, von dem es heißt, daß er „eine Verbindung zwischen den ewigen Wahrheiten und den Geschäften" als wichtig erkannte. Diotimas Wünsche und Vorstellungen scheinen zuweilen in fast verwirrendem Maße mit denen Ulrichs gleichzulaufen. Sie hat „Groll gegen alles", und von Ulrich heißt es, daß „eine universale Abneigung" sein gesamtes Verhalten mitbestimmt. Die Beschreibung der „unbezeichenbaren Stunden", in denen sie sich „nah einer Ursprungstiefe" fühlte, der Bericht von Diotimas „Ahnungen und Andeutungen eines besonderen Zustands" erinnert an Erfahrungen Ulrichs. Beide haben teil am geistigen Schicksal des Jahrhunderts, das auch bei der Darstellung Diotimas stets im Blick bleibt. Sie entdeckt „das bekannte Leiden des zeitgenössischen Menschen . . ., das man Zivilisation nennt", und möchte mit der Parallelaktion „die Erlösung der Seele von der Zivilisation" verwirklichen: eine ironische Formel für das, was auf diese oder jene Weise alle wollen, Walter so gut wie Clarisse, Meingast wie Hans Sepp. Was Diotima „Seele" nannte, fand sie wieder „in der gebatikten Metaphysik Maeterlincks", auch „in Novalis, vor allem aber in der namenlosen Welle von Dünnromantik und Gottessehnsucht, die das Maschinenzeitalter als Äußerung des geistigen und künstlerischen Protestes gegen sich selbst eine Weile lang ausgespritzt hat".

Sich zu unterscheiden, dort genau zu sein, wo die andern sich mit einem Ungefähr, einem Kompromiß begnügen und Selbsttäuschungen erliegen, das ist Ulrichs ständiges Bemühen. Wenn in Diotimas Mystik seine eigene parodiert wird oder im Ordnungswillen Hagauers und Lindners sein eigener ironisch verfärbt erscheint, so enthält eine solche Parodie auch immer ein Moment der Verneinung seiner selbst. Als Diotima einmal wie Ulrich redet und sich auf die „immer vorhandene andere Art von Wirklichkeit" beruft, ist Ulrich „tief erschrocken": „So weit ist es also gekommen, daß dieses Riesenhuhn genau so redet wie ich? fragte er sich." Es wurde schon früher gezeigt, wie genau es Ulrich bewußt ist, daß gerade die mystische Seinserfahrung, wiewohl im Grunde unaussprechbar, in der zeitgenössischen Welt in eine geläufige Phraseologie umgesetzt worden ist.

„Das Prinzip der Kunst ist unaufhörliche Variation." Doppelung der Motive, der gedanklichen wie der vorgangshaften, Wiederholung mit Abwandlung, Variationen, die sich gegenseitig belichten, strukturieren Musils Roman. In prismatischer Brechung wird die thematische Substanz in einem breiten Spektrum entfaltet und in zahllosen Facetten aufgefangen[23]. Was Musil selbst als Körper des Romans anspricht, formuliert er nicht als Geschehenszusammenhang, sondern als Bedeutungszusammenhang: „Immanente Schilderung der Zeit, die zur Katastrophe geführt hat, muß den eigentlichen Körper der Erzählung bilden, den Zusammenhang, auf den sie sich immer zurückziehen kann, ebensowohl wie den Gedanken, der bei allem mitzudenken ist."

Auch der einzige Mensch, zu dem Ulrich eine echte innere Beziehung gewinnt, seine Schwester Agathe, ist eine Verdopplung Ulrichs, seine weibliche Variante. Agathe freilich wird niemals kritisch abgewertet oder ironisch relativiert wie die anderen partiellen Varianten der eigenen Person, sondern sie ist eine vollkommene und beglückt bejahte Wiederholung des eigenen Wesens. „Was jeder von uns empfindet", sagt Ulrich, „ist die schattenhafte Verdopplung seiner selbst in der entgegengesetzten Natur." — „Dieses Verlangen nach einem Doppelgänger im anderen Geschlecht ist uralt. Es will die Liebe eines Wesens, das uns völlig gleichen, aber doch ein anderes als wir sein soll ..." Tatsächlich gleicht Agathe in ihrer persönlichen Anlage in entscheidenden Zügen Ulrich genau, nur daß alles ins Weibliche übersetzt ist. Ihr reflektierendes Bewußtsein ist weit geringer entfaltet. Musil hat die Geschwister auf eine genaue Symmetrie hin angelegt. Wie Ulrich sich zu einer besonderen Wirksamkeit berufen glaubt, so ist Agathe überzeugt, „daß sie ausersehen sei, etwas Ungewöhnliches und Andersgeartetes zu erleben". Auch ihr fehlt der Wirklichkeitssinn, das Ernstnehmen der vorhandenen Realität, und sie trägt „die ganze Verachtung des zum Aufruhr geborenen Menschen gegen diese schlichte Einfachheit in sich" — die Einfachheit des bürgerlichen Normaldaseins und seiner „Gefälligkeit". Sie erfährt lebhaft die „überschwänglichen Augenblicke" eines mystischen Einsgefühls mit der Welt. Wenn Ulrich für seine hochgespannte Aktivität keinen Ansatzpunkt in der Zeitwirklichkeit findet, so lebt Agathe — in passivischer Entsprechung — „gegen ihre innigsten Neigungen", nämlich die Neigungen der Hingabe und des Vertrauens. Denn für die Mächtigkeit dieser Neigungen gibt es keinen Gegenstand; „aber wenn es ihr bisher unmöglich gewesen war, sich einem Menschen oder einer Sache mit ganzer Seele hinzugeben, so kam es dennoch davon, daß sie die Möglichkeit einer größeren Hingabe in sich trug, mochte diese nun die Arme nach der Welt oder nach Gott ausstrecken!"

Agathe und die Vita contemplativa

Die Begegnung der Geschwister eröffnet den zweiten Band des Romans. Sie wird als bedeutsames Ereignis in den beiden letzten Kapiteln des ersten Bandes vorbereitet. Als Ulrich (I, 122) nach der großen Aussprache mit Arnheim durch die nächtlichen Straßen der winterlichen Stadt heimgeht, wird ihm sein innerer Zwiespalt hell bewußt. Er denkt an den Frauenmörder Moosbrugger. „Er hatte offenbar so lange an einem Leben ohne innere Einheit festgehalten, daß er nun sogar einen Geisteskranken um seine Zwangsvorstellungen und den Glauben an seine Rolle beneidete!" Er begreift, daß seine unklare innere Bewegtheit ihn zu „Unmöglichkeiten" führt. „Und Ulrich fühlte, daß er nun endlich entweder für ein erreichbares Ziel wie jeder andere leben oder mit diesen ‚Unmöglichkeiten' Ernst machen müsse . . ." Überdies hat er die Empfindung, „daß ihm etwas nahe bevorstehe". Diese Vorahnung betrifft nicht nur den Tod des Vaters, den ihm ein Telegramm mitteilt, sondern die Begegnung mit der Schwester, die eine Wendung herbeiführt. Im Kapitel I, 123 wird auf diese Wendung wiederum vorgedeutet mit einer der seltenen Zeitangaben. „Von dem Jahr, das er sich vorgesetzt hatte, war die eine Hälfte fast schon verstrichen, ohne daß er mit irgendeiner Frage in Ordnung gekommen wäre." Ulrich gleitet dann in einen Zustand der Entrückung, den er ableugnen oder relativieren möchte und der ihn doch, an die früheste dieser Erfahrungen erinnernd, mit eigentümlicher Macht umfängt. Das deutet vor auf die Erlebnisse, die sich in der Gemeinsamkeit mit der Schwester ereignen werden.

Im zweiten Buch des Romans rücken diese Erlebnisse zunächst und für eine große Strecke in den Vordergrund, und die anderen, im ersten Buch vorherrschenden Motive treten deutlich zurück. Musils Notizen erweisen, daß dies in seiner Absicht lag und daß er den Roman bewußt auf diesen Wechsel der dominierenden Thematik hin komponierte. Auch im Gespräch akzentuierte er diese Absicht, und der Wechsel schien ihm strukturell völlig gerechtfertigt, weil er ja den Roman Ulrichs, nicht den der Parallelaktion schrieb. Die Umweltfiguren haben ihre Spiegelungs- und Kontrastfunktion im ersten Band weitgehend erfüllt und treten jetzt in eine Randzone zurück. Ulrich verliert sein Interesse an ihnen, reduziert den Umgang mit den alten Freunden. Der Erzähler berichtet dementsprechend jetzt seltener und flüchtiger von ihnen. Die Entwürfe und Aufzeichnungen zeigen jedoch, daß Musil plante, Ulrich nach der Beendigung des großen „Abenteuers" mit der Schwester, das ihn lange Zeit ganz erfüllt, in seine alte Umwelt gleichsam zurückkehren zu lassen und dabei die Romanmotive, die zu dieser Umwelt gehören, zu Ende zu führen.

Daß zunächst ganz einseitig die Geschwisterliebe im Vordergrund steht, ist nur das kompositorische Äquivalent für die innere Bedeutung dieser Liebe. Es ist die substanziellste Erfahrung, die Ulrich während seines Urlaubsjahres zuteil wird. Im „Brief an G." (vom 26. 1. 31, aber vor der Reinschrift des zweiten Bandes) legt Musil dar, daß Ulrich im zweiten Band den Versuch macht, einen „Ausweg" aus der Welt der schematischen Abläufe zu finden, an die ihn nichts bindet. „Vorher gibt es kein Geschehen für ihn. Was so aussieht, ist Gespenst", d. h. schematische Wiederholung, in der „Seinesgleichen geschieht". Musil begründet hier die Ausschaltung der Zeit im ersten Band des Romans und sagt vorblickend, der zweite Band würde den Zeitablauf wieder in den Roman hineinnehmen und „erzählerisch" werden. „... in dem Augenblick, wo das Geschehen für Ulrich Sinn gewinnt, kommt auch das erzählerische Rinnen in den Roman, und der 2. Band wird eine beinahe regelrechte Erzählung ..." Die Äußerung zeigt, daß Musil seinen Roman ganz von der Gestalt Ulrichs her sieht und aufbaut, nicht etwa von den Handlungsmomenten her. Der erste Band gilt ihm als unerzählerisch, weil Ulrich in keinen Geschehniszusammenhang gestellt ist und sich nichts in seiner Position und seinem Verhalten ändert. Im zweiten Band dagegen geschieht wirklich etwas mit ihm, er läßt sich mit seiner ganzen Existenz auf die engste Bindung an die Schwester ein und verändert sich dadurch. Die Zeitfolge hat hier in der Tat eine stärkere strukturierende Bedeutung als im stagnierenden ersten Band. Diese Zeitfunktion hat Musil im Auge, wenn er den zweiten Band, von dem damals erst eine Reihe von Entwürfen vorlag, als „beinahe regelrechte Erzählung" bezeichnet. Die ausgeführten Teile zeigen, daß die Erzählweise mit der Integration einer breiten Schicht von Reflexionen sich der des ersten Bandes stark angleicht. Der Utopismus ist auch im zweiten Band vorhanden, und auch er ist, wie die Ironie, ein Formprinzip; er bewirkt, daß die in Form von Gedanken erscheinenden Möglichkeiten genauso behandelt werden und auf derselben Ebene stehen wie die mitgeteilten Wirklichkeiten. Auch konzentriert sich die Erzählung auf das innere Geschehen zwischen den Geschwistern, das sich in feinsten Stufungen und zartesten Übergängen vollzieht. Doch es ist in der Tat erzählerischer geformt als der erste Band, im Sinne der zeitlichen Entfaltung eines Vorgangs, der persönliche Entwicklung und Wandlung bewirkt, der einen klaren Anfang hat und ein klares Ende haben sollte.

Bevor der genaue, weitreichende Sinn der Geschwisterliebe für Ulrich dargelegt werden kann, gilt es, die Bedeutung dieses Themas im Gesamtgefüge des Romans zu klären. Wenn auch die mystisch inspirierte Gemeinschaft mit Agathe Ulrichs entscheidendes Erlebnis ist, so bleibt es dennoch im Ganzen seines Lebens ein „Abenteuer", romantechnisch gesprochen eine Episode. Der episodische Charakter der Geschwisterliebe wird nicht dadurch aufgehoben, daß ihre Darstellung einen sehr breiten Raum einnimmt und etwa die Hälfte des unvollendeten zweiten Bandes füllen sollte. Gegen Ende des ersten

Bandes (I, 116) deutet sich Ulrich die ungelöste Zwiespältigkeit seines Wesens in dem Bilde zweier Bäume, deren einer seine Aktivität, seine Neigung zur Gewalt, zu einem „ungläubigen, sachlichen und wachen Verhalten" symbolisiert, während der andere die scheinbar entgegengesetzten Kräfte verkörpert: Liebe, in dem umfassenden Sinne eines veränderten, das ganze Dasein ergreifenden Zustands, Ruhe, Weltfeindlichkeit, Kontemplation. „In diesen beiden Bäumen wuchs getrennt sein Leben." Von früh an hatte er stärker im Zeichen des ersten Baumes gelebt, dem sich auch die Mathematik zuordnet, ebenso der Möglichkeitssinn, die Ablehnung bestehender Ordnung, der Wille, sich des Unwirklichen zu bemächtigen. „... alle diese, in ihrer ungewöhnlichen Zuspitzung wirklichkeitsfeindlichen Fassungen, die seine Gedanken angenommen hatten, besaßen das Gemeinsame, daß sie auf die Wirklichkeit mit einer unverkennbaren schonungslosen Leidenschaftlichkeit einwirken wollten."

Der andere Baum (den man schematisch ungefähr als den der Vita contemplativa bezeichnen könnte) wurzelt im „kindhaften Verhältnis zur Welt", im Verhältnis von Vertrauen und Hingabe, und er zieht seine Kräfte aus der seltenen Erfahrung ekstatischer Seinsnähe. Der Erzähler hebt hervor, daß sich dieser zweite Baum in Ulrichs Leben bisher nur wenig entfaltet hat. Das Erlebnis mit der Frau Major bildete „den einzigen Versuch zu voller Ausbildung, der auf der sanften Schattenseite seines Wesens entstanden war, und bezeichnete zugleich den Beginn eines Rückschlags, der nicht mehr endete. Blätter und Zweige des Baums trieben seither auf der Oberfläche umher, aber dieser selbst blieb verschwunden, und es ließ sich nur an solchen Zeichen erkennen, daß er doch noch vorhanden war." Diese verborgene Wesensschicht ist zwar insofern sehr wirksam, als aus ihr die Impulse zur Abwertung der puren Aktivität, der „tätigen und rührigen Hälfte" kommen, also wohl auch der Entschluß zum Urlaub vom Leben, die Suche nach dem „Tatsinn". Aber als selbständige Kraft war diese kontemplative Hälfte in Ulrich verkümmert. „Seine Entwicklung hatte sich offenbar in zwei Bahnen zerlegt, eine am Tag liegende und eine dunkel abgesperrte ..." Ein Ausgleich war ihm nach der ersten Hälfte des Urlaubsjahres noch nicht gelungen. Er befand sich noch immer in einem „moralischen Stillstand", und dieser „konnte von nichts anderem als davon kommen, daß es ihm niemals gelungen war, diese beiden Bahnen zu vereinen."

Diese Stagnation, die, durch Ulrichs völlig ironisch gehandhabte Scheintätigkeit als Sekretär der Parallelaktion nicht im geringsten vermindert, im ersten Band umfassend dargestellt wird, sucht Ulrich im zweiten Band zu überwinden. Es ist die ungelöste Spannung dieser Situation, die Ulrich in der liebenden Gemeinschaft mit Agathe zu lösen versucht. Hier versenkt er sich in die Schriften der alten Mystiker und lebt mit der Schwester in stetiger Nähe zu jenem „anderen Zustand", der dem zweiten Lebensbaum zugehört. Damit wird also der einst abgebrochene „Versuch zu voller Ausbildung" dieser Wesenshälfte erneuert und gleichsam nachgeholt, der verkümmerte zweite Lebensbaum zum Blühen gebracht.

Das vollkommene Einverständnis mit der Schwester erregt in Ulrich die verwegene Hoffnung, daß sich mit ihr der „andere Zustand" verwirklichen ließe. Noch ehe das Zusammenleben in Wien beginnt, befestigt sich diese Hoffnung. Ulrich „fühlte die Bedeutung seiner Schwester. Ihr hatte er jenen wunderlichen und uneingeschränkten, unglaubwürdigen und unvergeßlichen Zustand gezeigt, worin alles ein Ja ist ... Und Agathe tat doch nichts, als daß sie die Hand danach ausstreckte." Die Geschwister leben den Versuch, diesen Zustand zu stabilisieren. In einigen Kapiteln, die allerdings nur in nichtgedruckten Entwürfen überliefert sind (II, 64—66), stehen Auszüge aus einem Tagebuch Ulrichs, die zeigen, daß dieser Versuch nach seinem Gefühl gelingt. „Unser Zustand ist das andere Leben, das mir immer vorgeschwebt ist. Agathe wirkt dahin und ich frage mich: ist es als wirkliches Leben ausführbar?" Das also ist die „aZ-Frage", die Frage nach der Tragfähigkeit und Dauerhaftigkeit des anderen Zustandes. Ulrich bekennt, daß er ihn „aus tiefer (d. h. auch: gut verborgener) Seele liebe". Hier dringt also die „dunkel abgesperrte" Tiefenschicht in sein Bewußtsein und wird bestimmend für sein waches Daseinsgefühl, wird in sein Weltverhalten eingeformt. Das ist der langsam sich vollziehende innere Vorgang im zweiten Band. So vielfältig auch hier Ulrichs Reflexionen die mystische Seelenverfassung klärend zu durchdringen versuchen und in ihrem Wechselverhältnis zu dem Gegenzustand analysieren, so vollzieht sich doch dieses Wechselspiel nicht nur in der Theorie, sondern es wird gelebt, wird in Ulrich Gestalt und Schicksal. Das macht den Roman zum Roman.

Ulrich fährt an jener Stelle seines Tagebuchs fort: „Und es bleibt Wirklichkeit, daß ich mich jetzt in diesem Zustand fast dauernd befinde, und Agathe auch! Vielleicht ist das ein großer Versuch, den das Schicksal mit mir vorhat. Vielleicht ist alles, was ich versucht habe, nur dazu dagewesen, daß ich dieses erlebe." Die Liebe zu Agathe ist nicht ein bloßes Experiment, das Ulrich mit bewußter Kalkulation unternimmt, sondern ein Versuch des Schicksals mit ihm. Es ist wirkliche Liebe, die ihn erfaßt hat; er treibt jetzt selbst in der Strömung, statt ihr, wie früher, nur vom Ufer aus beobachtend zuzusehen, obwohl er natürlich auch jetzt derjenige bleibt, der sich bei seinem Erleben selbst beobachtet und sich Rechenschaft gibt. Auch die Tagebuchnotizen Ulrichs zeigen das, und sie setzen neben die Bejahung auch den Zweifel und die kritische Prüfung. An der eben zitierten Stelle fährt Ulrich fort: „Aber ich fürchte auch, daß sich in allem, was ich bis jetzt zu sehen vermeine, ein Zirkelschluß verbirgt." Die Eintragungen gehen jedoch in der Bejahung sehr weit. „Wir werden von dem Gefühl begleitet, daß wir die Mitte unseres Wesens erreicht haben ..., wo die Bewegung Ruhe ist ..." Er sucht nach einem gültigen Ausdruck und findet als den angemessensten: „die Erregung, in der wir leben, ist die der Richtigkeit". Der Kapitelentwurf II, 65 schließt mit den Sätzen: „Auch besteht zwischen Agathe und mir nicht die geringste Verschiedenheit in der Meinung, daß die Frage: ‚Wie soll ich leben?', die wir uns beide aufgegeben hatten, beantwortet ist: So soll man leben! Und manchmal erscheint es mir verrückt."

Es ist nicht zu übersehen, daß sich auch hier das niemals ganz schweigende Bedenken Ulrichs regt. Trotzdem scheint Ulrich die Grundfrage des Romans, die Frage nach dem rechten Leben, hier zu beantworten. Es ist unsicher, ob Musil eine so weitgehende Bejahung in den endgültigen Text aufgenommen hätte. Doch auch die gedruckten und die vollendeten oder die fast vollendeten nachgelassenen Kapitel zeigen, wenn auch weniger extrem, Ulrichs Hoffnung, im gemeinschaftlichen Leben mit Agathe eine endgültige Lösung seines Lebensproblems zu finden. Doch es war nicht Musils Absicht, ihn hier diese Lösung erreichen zu lassen. Es gehört zur Grundkonzeption des Romans, Ulrich aus seinem „moralischen Stillstand" durch Entfaltung seiner „untätigen" Wesenshälfte, die in der mystischen Erfahrung zu sich selber findet, zu lösen und ihn dabei in eine Phase der utopischen Hoffnung zu führen, dann aber diese Hoffnung scheitern zu lassen, die Notwendigkeit der Trennung der Geschwister darzustellen. Die geplante Komposition ist gut ausgewogen. Wie in Ulrich vor dem Urlaubsjahr die aktive, zur Gewaltsamkeit neigende Wesenskomponente einseitig überwog, so dominiert jetzt, ebenso einseitig, die „untätige Hälfte", die verkümmert war und eben deshalb jetzt übermäßig emporwächst. Gleichzeitig aber war in der aktivistischen Phase doch die Stimme der anderen Wesenshälfte dunkel vernehmbar, indem sie gegen die Sinnleere des puren Aktivismus sprach. Das hat seine Entsprechung, wenn jetzt in der kontemplativen Phase der Einspruch der aktivistisch gerichteten Ratio mit ihrer kritischen Überprüfung sich geltend macht. Der bloße Aktivismus entbehrt des Sinnes, die bloße

Sinnfülle der mystischen Kontemplation bleibt — dieses Wort stellt sich dafür immer wieder ein — „schattenhaft", ohne Wirklichkeit. Die wahre Aufgabe ist der Ausgleich, der Versuch, „die beiden Bahnen zu vereinen".

Daß die Geschwisterliebe scheitern müsse, die mystische Kontemplation nicht für die Dauer die Alleinherrschaft in Ulrich haben könnte, stand für Musil fest. Die „aZ-Frage" war vorentschieden. Sie wird außerhalb des Romans am bündigsten erörtert in dem großen Essay „Ansätze zu neuer Ästhetik" (1925). Dieser Essay und der aus dem Jahre 1913 stammende Aufsatz „Der mathematische Mensch" sind die bedeutendsten, die fundamentalen Stücke der Musilschen Essayistik. Hier, in den „Ansätzen", wird der andere Zustand in einigen prägnanten Sätzen beschrieben, und es wird von ihm gesagt, man könnte vielleicht „nur einen Tagtraum" in ihm sehen, „wenn er nicht seine Spuren in unzähligen Einzelheiten unseres gewöhnlichen Lebens hinterlassen hätte und das Mark unsrer Moral und Idealität bilden würde ..." Gleichwohl steht das unmittelbare Innewerden der Welt, das „Zusammenfließen unseres Wesens mit dem der Dinge", nicht in einem feindlichen Gegensatz zum Denken. Es ist „der entscheidende Irrtum", daß man „als das, was es zu verdrängen gilt, das ‚Denken' ansah ..." Notwendig ist die Synthese der „zwei Geisteszustände, die einander zwar mannigfach beeinflußt haben und Kompromisse eingegangen sind, sich jedoch nie recht gemischt haben". Die einseitige Vorherrschaft, das Absolutsetzen des anderen Zustandes, ist nicht möglich und bringt keine Lösung; denn „dieser Zustand läßt sich nicht zur Totalität ‚strecken'. So wenig wie das mystische Erlebnis ohne das rationale Gerüst einer religiösen Dogmatik, und die Musik ohne Lehrgerüst. Damit ist das Wesen allzu optimistischer ‚Befreiungsversuche' gerichtet." Etwas später heißt es: „Bekanntlich ist dieser Zustand, außer in krankhafter Form, niemals von Dauer; ein hypothetischer Grenzfall, dem man sich annähert, um immer wieder in den Normalzustand zurückzufallen ..."

Was Ulrich im zweiten Band unternimmt, ist ein solcher „allzu optimistischer Befreiungsversuch". Es scheint ihm zuweilen, daß er gelingt — aber Musil wollte ihn scheitern lassen, und dieses Scheitern sollte kombiniert werden mit einer problematischen Erotisierung der Geschwisterliebe. Um den Leser von vornherein diesen Verlauf ahnen zu lassen, fügt Musil im Kapitel II, 12 eine Vorausdeutung des Erzählers ein, ein bei ihm ganz ungewöhnliches und so kaum wiederkehrendes erzähltechnisches Mittel. „Aber wer das, was zwischen diesen Geschwistern vorging, nicht schon an Spuren erkannt hat, lege den Bericht fort, denn es wird darin ein Abenteuer beschrieben, daß er niemals wird billigen können: eine Reise an den Rand des Möglichen, die an den Gefahren des Unmöglichen und Unnatürlichen, ja des Abstoßenden vorbei, und vielleicht nicht immer vorbei führte; ein ‚Grenzfall', wie das Ulrich später nannte, von eingeschränkter und besonderer Gültigkeit, an die Freiheit erinnernd, mit der sich die Mathematik zuweilen des Absurden bedient, um zur Wahrheit zu gelangen." Der Erzähler spricht hier in der Fiktion, eine schon vergangene Geschichte zu berichten (daher das Imperfekt), er kennt schon ihr Ende und weiß, was Ulrich nachher davon hielt. Damit ist die Geschwisterliebe und die mit ihr versuchte Verfestigung des anderen Zustandes unmißverständlich als „Abenteuer", als Episode gekennzeichnet, und der Roman ist auf diese Entwicklung festgelegt. Auch wird hier wenigstens angedeutet, daß besonders eine säkularisierte Mystik, die nicht in der Hinwendung zu Gott ihre Mitte hat, der Beständigkeit widerstrebt. „Er und Agathe gerieten auf einen Weg, der mit dem Geschäfte der Gottergriffenen manches zu tun hatte, aber sie gingen ihn, ohne fromm zu sein, ohne an Gott oder Seele, ja ohne auch nur an ein Jenseits und Nocheinmal zu glauben; sie waren als Menschen dieser Welt auf ihn geraten und gingen ihn als solche: und gerade das war das Beachtenswerte."

Es gibt in den späteren Entwürfen und Notizen Musils viele Bestätigungen für das Festhalten an dieser Konzeption. Insbesondere ist das Beibehalten des geplanten Kapitels „Reise ins Paradies", worin zugleich der Höhepunkt und das Scheitern der mystisch inspirierten Geschwisterliebe sich ereignen sollte, sehr gut bis in die spätesten Jahre belegt. In den frühen, zum Teil nur skizzierten Entwurf, der wohl als Grundlage zu mehreren Kapiteln bestimmt war, hat Musil später Ergänzungen eingetragen, die zeigen, daß er diesen Entwurf, der natürlich überarbeitet werden sollte, als Grundlage gelten ließ [24]. Es gibt keine Stelle in Musils Entwürfen und Notizen, die sich von diesem Motiv des Zusammenbruchs der Geschwisterliebe distanzierte. Auch aus den Texten kann nirgends eine Abänderung der Pläne in diesem Zusammenhang erschlossen werden.

### Die Entstehung des Romans

Da die Fortsetzung des zweiten Buches, von dem Musil selbst im ersten Fortsetzungsband von 1933 nur 38 Kapitel veröffentlicht hatte, lediglich in nachgelassenen Manuskripten überliefert ist, so ist ein kurzer Blick auf die Entstehung des Romans und besonders des Nachlaßteils notwendig. Die ersten Keime finden sich 1902 und

1903 in den Tagebüchern[25]. Musil übernahm Personen und Motive aus seiner eigenen Erfahrungswelt, Beziehungen zu seinem Jugendfreund Gustl (Walter) und dessen Verlobter Alice (Clarisse). Etwas später unternahm Musil einen ersten Versuch der Formung. „Ich hatte aber damals das richtige Gefühl, ich könne es noch nicht fertigbringen. Ein Versuch, den ich machte, die Geschichte dreier Personen zu schreiben, in denen Walter, Clarisse und Ulrich deutlich vorgebildet sind, endete nach einigen hundert Seiten in nichts." Wenn sich in der folgenden Zeit andere Motivkomplexe anschichten, so geschieht das im organischen Prozeß der sich weitenden Erfahrung Musils, seiner breiteren Weltaufnahme. In den Jahren nach dem ersten Weltkrieg verdichtet sich die von anderen Plänen begleitete Romankonzeption, für die wechselnde Titel wie „Der Spion", „Der Erlöser" genannt werden. Die Hauptfigur heißt zeitweilig Achilles, zeitweilig Anders. Sie verändert sich, so wie die Motive sich umbilden, bleibt aber in der Grundstruktur die gleiche. Wenn Musil 1931 im „Brief an G." Stellen aus frühen Notizen zitiert, so setzt er ohne weiteres den Namen Ulrich für Anders ein und bemerkt dazu: „Ulrich hieß damals noch Anders." Das bedeutet also: die Figur *ist* bereits Ulrich, nur heißt sie noch Anders.

In den zwanziger Jahren sind große Teile des Romans entstanden. Im Tagebuch von 1920 heißt es in Notizen zum „Spion": „In gewissem Grade ist das Problem des Spions das der Generation seit 1880. Mit welchem Elan setzte der Naturalismus ein und welche positive Aktivität steckte auch in der Décadencestimmung fin de siècle. Wieviel Hoffnung war das! Der geschlossene Zug löste sich dann auf und mit einemmal stand jeder allein den nicht gelösten Problemen gegenüber. Das war dann die geistige Situation vor dem Krieg; sie war ohne innere Direktion. Menschen, die das auf den verschiedenen Linien mitgemacht haben, gehören in den Roman..." Damit ist ein entscheidender thematischer Bereich des Romans umschrieben. Die enttäuschte Hoffnung der Generation Musils, die in der Tat in den Jahren unmittelbar vor und nach 1900 in einer Atmosphäre starker Impulse der Hoffnung auf Veränderung, Reform, Erneuerung des Lebens aufwuchs, tritt hier hervor. Die Enttäuschung regte sich etwa um 1910 und wurde außerordentlich verschärft durch die Erfahrung des ersten Weltkrieges, der die Nichtigkeit aller hochgespannten Erwartungen, die Untauglichkeit aller Erneuerungsversuche grausam bewies.

Gleichwohl darf man den „Mann ohne Eigenschaften" nicht als historischen Roman im Sinne des Deskriptiven, der Schilderung einer vergangenen Epoche verstehen. Dagegen hat sich Musil gewehrt. „Die reale Erklärung des realen Geschehens interessiert mich nicht ... Die Tatsachen sind überdies immer vertauschbar[26]." Es war seine Absicht, in der geistigen Lage von 1913 die gegenwärtige Situation, die der Nachkriegsjahre, zu zeichnen. Deren Problematik war die gleiche, die Fragen der Vorkriegsgeneration waren nicht gelöst. Der Roman gibt ein wahres Kompendium der geistigen Strömungen der Zeit, eine umfassende Bilanz. Doch sind die geistigen Bewegungen nicht in ihrer geschichtlichen Konkretheit dargestellt, sondern ihre Essenz wird vermittelt, so wie sie sich in Ulrichs reflektierendem Geist ironisch spiegelt. Nichts ist erfunden, doch alles umgesetzt. Repräsentative Denker und Autoren der Zeit werden hinter manchen Romanfiguren erkennbar (hinter Arnheim Rathenau, hinter Meingast Klages; die Pädagogen Kerschensteiner und F. W. Foerster erscheinen als Hagauer und Lindner, Franz Werfel als der Dichter Feuermaul). Doch diese Figuren sind nicht mit der Absicht der Porträtierung gezeichnet, sondern als Repräsentanten geistiger Positionen. Nicht immer sind die ihnen zugeschriebenen Gedanken vollständig bei den Autoren zu finden, als deren Vertreter sie gelten können. Doch ist erstaunlich vieles, was als Gedanke der Zeit im Roman genannt wird, tatsächlich in den Schriften des Jahrhunderts nachweisbar[27].

1926 besteht bereits eine Gesamtkonzeption, die über den ersten, 1930 gedruckten Band hinausgreift und das Ganze des Romans umspannt. In einem Gespräch mit Oskar Maurus Fontana hat sie Musil genau umrissen[28]. Der Roman sollte damals „Die Zwillingsschwester" heißen. Abgesehen von kleinen Abweichungen und kompositionellen Verschiebungen sind hier die wesentlichen Motive des Romans und die Linien ihrer Entfaltung aufgezeichnet. Sie münden in den Ausbruch des Krieges. Auch das Scheitern der Geschwisterliebe ist klar festgelegt. Nachher aber sollte Ulrich (der Name wird hier noch nicht genannt) „aus Opposition" gegen die entartete Ordnung der Zeitwelt Spion werden und mit der Schwester in Galizien verkommen. Die absichtlich zurückgedrängte, später in der Geschwisterliebe noch mehr gedämpfte Aktivität Ulrichs sollte also in einer pervertierten Spielart noch einmal hervortreten. Dieses ironische Motiv aber, das wohl den Abschluß des Romans, einen „romanhaften" Abschluß, erleichtert hätte, ließ Musil später fallen.

Nachdem der erste Band, dessen Reinschrift im Januar 1929 begann, 1930 erschienen war, ist die Veränderung des Schlußmotivs in den Aufzeichnungen ab 1932 deutlich erkennbar. Musil wollte Ulrich nach dem Zusammenbruch seiner „Reserveidee", der Utopie des anderen Zustandes, in eine geistige Endposition führen, die

nicht rein negativ war, wie vermutlich die Spion-Episode, sondern
wenigstens den Ansatz zu einer Lösungsmöglichkeit, den Ausblick
auf eine positive Wendung erkennen ließ und damit über den Krieg
hinauswies [29]. Der große Hauptteil des zweiten Buches („Das
Tausendjährige Reich. Die Verbrecher") sollte, wie Musil in Gesprächen 1932 andeutete, mit der Mobilisation enden, und der kurze
vierte Teil, „Eine Art Ende", sollte jene Endposition Ulrichs darstellen, über deren Art Musil damals keinerlei Mitteilungen machte [30].
Der Zusammenbruch der Utopie des andern Zustandes, die Ulrich
erprobt hatte, stellt ihn erneut vor die Probleme des ersten Bandes,
da die erhoffte Lösung nicht gefunden war. Diese veränderte Konzeption des Schlusses erscheint in Aufzeichnungen von 1932, die
zwischen einem „ersten Teil" von Band II (mit dem Thema der Geschwisterliebe) und der „zweiten Hälfte" (was nicht als genaue
Angabe des Umfangs zu verstehen ist) unterscheiden. „Es hat sich
herausgestellt, daß der erste Teil zu sehr belastet würde, wenn auch
noch auf die in Band I aufgeworfenen Probleme Rücksicht genommen
werden müßte. Anderseits lassen sich diese nicht umgehen. Das
Zerlegte muß irgendwie zusammengefaßt werden — — Das trifft nun
damit zusammen, daß Ulrich ohnedies nach der Reise mit Agathe,
wo die ‚Reserveidee' seines Lebens zusammengebrochen ist, sein
Leben neu aufbauen muß. Auch von ihm aus ist also die Anknüpfung
an die Ideen von Band I und ihre neue Zusammenfassung geboten.
Das ist, was immer dazwischen auch geschieht, der Hauptinhalt der
zweiten Hälfte." Die in Ulrichs Umwelt gegebenen Personen und
Vorgänge, deren Schicksal und Verlauf zu Ende zu führen war
(„Rest des über die Nebenfiguren zu Erfahrenden"), sollten wohl,
wie im ersten Band, Ulrich Impulse zur geistigen Auseinandersetzung geben. Das ist in Skizzen zum Schlußteil angedeutet. Danach
wäre die Endposition im Epilog zu skizzieren gewesen.

Die Komposition des zweiten Bandes ist damit völlig klar erkennbar. Ihr Angelpunkt ist die „Reise ins Paradies", das Scheitern
der Geschwisterliebe. „Im Großen Teilung vor und nach der Reise."
Diese Anordnung ist wiederzufinden in einem Dispositionsentwurf
von 1936, der die Verwendung der vorhandenen, zum Teil lange
zurückliegenden Entwürfe vorsieht [31]. Einen Gesamtplan für den
restlichen Teil von Band II, dessen erster Teil 1933 erschienen war,
entwarf Musil bereits, als er im Frühjahr 1934, nach einem Jahr
schwerster Existenzsorgen und verzweifelter Erwerbsversuche, die
Arbeit an der Fortsetzung in Wien wiederaufnahm. Musil schreibt
am 15. März 1934 an Klaus Pinkus: „Vor einigen Tagen habe ich
endlich den Durchstoß bis zum Ende ausführen können, so daß nun

die Reihung und das Ineinandergreifen der Kapitel und ihres Inhalts entworfen ist und für das Szenische und Dialogische die mehr oder minder entwickelten Niederschriften und Skizzen da sind." Dies bedeute „den Sprung zur Reinschrift". Bei den „Niederschriften und Skizzen" handelt es sich ohne Zweifel um die alten, im wesentlichen schon vor 1930 vorhandenen Entwürfe, deren noch ungeordnete und lückenhafte Reihe von Musil schon 1931 als „der Roman" bezeichnet wird[32]. Denn in dem unruhigen und unproduktiven Jahr 1933 waren keine neuen Entwürfe entstanden, die eine Grundlage für etwa 700 Seiten Romantext (so berechnete Musil den Umfang des Restes) hätte bilden können[33]. Musil hoffte, mit der Reinschrift in einem Jahr fertig zu sein, wobei er sich, wie stets, erheblich verrechnete. 1936 war er noch bei weitem nicht fertig, seine neue Zeitdisposition sah den Abschluß für Frühjahr 1937 voraus. Auch das gelang nicht, zumal ein Schlaganfall 1936 seine Kräfte stark reduzierte. Im Winter 1937 waren nur zwanzig Kapitel der Fortsetzung druckfertig, die der Verlag Bermann-Fischer Mitte Januar 1938 in Satz gab[34]. Die Besetzung Österreichs durch Hitler verhinderte die Edition, und Musil zog auch seinerseits die Druckfahnen zurück, um sie im Schweizer Exil zu überarbeiten. Er kam damit, von Not und Kränklichkeit belastet, nur sehr langsam weiter und hatte, neben ergänzenden Entwürfen und vielen Studienblättern, bei seinem Tode nur sechs Kapitel endgültig umgearbeitet; acht weitere Kapitel galten „bis auf kleine Änderungen"[35] als fertig. Der Tod hinderte ihn, die weiteren Entwürfe zu überarbeiten. Doch er hat nirgends das Festhalten an diesen Entwürfen widerrufen. Vermutlich wäre manches weggefallen, und sicher wären bei der Überarbeitung die Entwürfe verändert und ergänzt worden. Aber sie ergeben doch ein — freilich ungenaues, im einzelnen unsicheres und lückenhaftes — Bild des letzten Teils, so wie ihn sich Musil dachte, als er seinem Freunde Johannes v. Allesch 1930 „den ganzen zweiten Band erzählen" wollte[36], und wie er ihm in der Disposition von 1936 vorschwebte. Eine wesentliche Änderung der Grundkonzeption seit dieser Zeit ist nicht zu erkennen[37].

Die Interpretation des Romans wird dadurch erschwert, daß sie für den letzten Teil auf unfertige Entwürfe und Skizzen angewiesen ist, die zudem unzulänglich ediert sind[38], und daß sie aus Aufzeichnungen und Bemerkungen Musils seine Intention erschließen muß. Skizzen und Notizen sind nicht so verbindlich wie fertige Texte, und die Intentionen sind nicht das Werk. Selbstverständlich ist der Anteil des Unbewußten beim produktiven Prozeß des Schreibens groß, und er steht oft im Spannungsverhältnis zur bewußten Intention. Doch auch der notierte Einfall, die planende Fixierung eines Motivs, einer Darstellungsaufgabe oder -richtung ist schon vom Unbewußten mitbestimmt. Ohne Zweifel zeichnet Musil in Ulrich einen Menschen, der, wie er selbst, eine oft „gut verborgene" Neigung zur Versenkung in die mystische Erfahrung hat und vom anderen Zustand fasziniert ist. Aber es wäre falsch, die Figur Ulrichs so zu deuten, als erstrebte er „eigentlich" nur den andern Zustand und als sei die rationale Gegensteuerung bloß eine Art Störung durch den Intellekt, als sei die Rationalität weniger „tief" in ihm verwurzelt. Die Abwehr gegenüber dem Totalitätsanspruch, den der andere Zustand seinem Wesen nach stellt, ist in Ulrich — auch darin entspricht er Musil — in der gleichen Tiefe begründet, stammt aus dem gleichen vorrationalen Instinkt, der sich des Denkens als Mittel bedient. Auch diese Abwehr wird ins dichterisch Bildhafte umgeformt, etwa in die Figur der Clarisse, die die Gefahr einer Absolutierung des andern Zustandes verkörpert: sie führt in den Wahn.

Beide Verhaltensweisen Ulrichs treten zuweilen hart nebeneinander. Im Kapitel II, 38 weist er im Kreise der Parallelaktion auf die Möglichkeit eines künftigen Krieges hin. „Ulrich sagte das Schicksal vorher und hatte davon keine Ahnung. Es lag ihm auch gar nichts am wirklichen Geschehen, sondern er kämpfte um seine Seligkeit. Er versuchte alles dazwischenzuschieben, was sie hindern könnte." Er kämpft *um* und gleichzeitig auch *gegen* diese Seligkeit, die ihn von der Wirklichkeit abwendet. Im Spannungsverhältnis dieser beiden Sätze ist Musils Kritik am Totalitätsanspruch des anderen Zustands enthalten. Auf einem Studienblatt heißt es: „Ulrich-Agathe ist eigentlich ein Versuch des Anarchismus in der Liebe. Der selbst da negativ endet. Das ist die tiefe Beziehung der Liebesgeschichte zum Krieg." Auch dieser Anarchismus führt zum Krieg, wie alle chaotischen Bewegungen der Zeit. Das ist für Musil der einheitliche Aspekt des Jahres 1913, der den Aufbau des Romans bestimmt. „Oberster Gedanke von Anfang Band II an: Krieg; ‚anderer Zustand'-Ulrich dem untergeordnet als Nebenversuch der Lösung des ‚Irrationalen'" (Schweizer Zeit). Der episodische Charakter der Geschwisterliebe wird hier sehr deutlich. Etwa bei Beginn der Reinschrift des zweiten Bandes notiert sich Musil als Richtlinie: „. . . die Problematik des ‚anderer Zustand'-Kreises muß in stärkere Beziehung zu der Zeit gesetzt werden, damit man sie versteht und nicht bloß für eine Extravaganz hält." Diese Beziehung war auch realiter in der Zeit gegeben, die im Bereich ihrer kompakten Realitäten den leidenschaftlich fordernden Geistern keine Ansatzpunkte für ein sinnvolles Handeln zu bieten schien. Die Versenkung in mystische Kontemplation, die Erfahrung der großen, Ich und Welt verschmelzenden Einheit war in vielen Graden und Abstufungen das erfüllende Erlebnis und die große Verführung des frühen 20. Jahrhunderts. Schon in Thomas Manns „Buddenbrooks" (X, 5) findet der wirklichkeitsmüde Senator Thomas seine Zuflucht und entgrenzende Erlösung „in diesem Zustande eines schweren, dunklen, trunkenen und gedankenlosen Überwältigtseins". So spiegelt sich in der Tat im Schicksal der Geschwister ein Stück vom geistigen Schicksal der Zeit.

Wenn Musil 1932 Ulrichs Situation nach dem Scheitern der Geschwisterliebe als Notwendigkeit, sein Leben neu aufzubauen, formuliert und dabei die „Anknüpfung an die Ideen von Band I und ihre neue Zusammenfassung" für geboten hält, so hat er 1941 nicht lange vor seinem Tode dieselbe Notwendigkeit ganz ähnlich ausgedrückt. Ein im Juli 1941 erschienener Aufsatz von W. Röpke gab ihm Anregungen zur „Weiterführung des I. Bandes", zur „Neuauffassung von Band I". Auch jetzt noch sucht Musil nach einer gültigen Bestimmung der Endposition Ulrichs, die er oft erwogen hatte und für die ihm zeitweise die Idee der „induktiven Gesinnung" vorschwebte[39]. Aber endgültig bejaht hat er diesen Gedanken nicht. In den letzten Jahren sah er weniger als je eine endgültige Lösung. Er fand schließlich, daß „die Problemstellung" über seine geistige Kraft hinausgehe. Die Absicht, in Ulrichs Endposition wenigstens die Richtung einer möglichen Lösung, einer Antwort auf die Frage nach dem rechten Leben anzudeuten, hat sicherlich den Abschluß des Romans erschwert. Hier aber ist auch gleichsam eine Rechtfertigung des unvollendeten Zustandes des Romans zu sehen. Sie läge in seiner Unvollendbarkeit, in einem inneren Fragmentarismus, der den offenen Schluß zu einer Notwendigkeit machte. Das Fragmentarische ließe sich beinahe als ein Ausdrucksmittel deuten. In der höchsten Verantwortung läßt sich eine abschließende Antwort auf die Frage nach dem rechten Leben in diesem Zeitalter nicht geben, nicht einmal andeuten. Aber gerade das Nichtwissen dieser Antwort macht es möglich, die Frage so radikal und kompromißlos zu stellen, wie es in diesem Roman geschieht. Der späte Musil war sich dessen bewußt, daß er selbst nicht weiter sah, daß seine innere Vorstellung nicht weiter reichte als, wie schon 1932, bis zur Antwort auf die Frage nach der Absolutierungsfähigkeit des anderen Zustandes, die Ulrich als unmöglich erkennen sollte. Musil arbeitete in der Zeit vor seinem Tode an dieser Phase seines Romans, in der die Utopie des andern Zustandes „der Erledigung zugeführt" wird. Er näherte sich diesem Punkt. Im Kapitel II, 55, an dem er am Todestag schrieb, scheint der Umschlag schon nahe. Was jedoch danach folgen konnte, war ungewiß. So schrieb er, rot umrandet, auf ein Korrekturblatt: „Bedenke: mit der Erschöpfung der aZ-Frage hat der Motor der schriftstellerischen Existenz RM keine Essenz mehr[40]."

Die Liebe der Geschwister

Im gedruckten Teil des zweiten Bandes bereits wird die Bedeutung und — wenn auch zunächst als leiseres Begleitthema — die Problematik der Geschwisterliebe in Ulrichs Begegnung und Zusammenleben mit Agathe dargestellt. „Die Geschwisterliebe muß sehr verteidigt werden. Als etwas ganz Tiefes mit seiner Ablehnung der Welt Zusammenhängendes empfindet sie Ulrich. Die autistische Komponente seines Wesens schmilzt hier mit der Liebe zusammen. Es ist eine der wenigen Möglichkeiten von Einheit, die ihm gegeben sind — —". Ulrich trifft seine um fünf Jahre jüngere Schwester[41], die er zuletzt bei ihrer zweiten Verheiratung gesehen und seither fast vergessen hat, im Hause des eben verstorbenen Vaters (II, 1). Als sich die Geschwister in fast gleichen Hausanzügen begegnen, beginnt die Wendung in Ulrichs Dasein. Sie kündigt sich darin an, daß er diese vergessene Schwester Agathe spontan bejaht und daß beim täglichen nahen Umgang die Bejahung ständig wächst und sich befestigt. Das ist das Erste und in gewisser Weise bereits das Entscheidende, was Ulrich bei dieser Begegnung erfährt. Er „bemerkt, daß er lange Zeit in ihrer Erscheinung ... nach etwas gesucht hat, das ihn abstoßen könnte, wie es leider seine Gewohnheit ist, aber nichts gefunden hat, und er dankt dafür mit einer reinen und einfachen Zuneigung, die er sonst nie empfindet." Damit ist die ironische Distanz in Ulrichs Verhältnis zu jeglicher Wirklichkeit durchbrochen. Die Schwester ist eine Realität, die er ohne Ironie, ohne Vorbehalt bejaht und liebt. Freilich ist damit noch nicht Ulrichs Verhältnis zur Totalität des Wirklichen ins Positive verwandelt. Nur an einer Stelle ist diese Positivität zunächst möglich. Die Schwester bietet diese Möglichkeit darum, weil sie nicht völlig der gegenüberstehenden Außenwelt zugehört, sondern in gewisser Weise er selbst, eine zweite Form seines Ich ist, „eine traumhafte Wiederholung und Veränderung seiner selbst". Wenn Ulrich an diesem einen Punkt mit der Wirklichkeit in Übereinstimmung ist und sich mit ihr versöhnt, so heißt das zugleich, daß er sich mit sich selbst versöhnt. „Ich mag mich ja auch selbst nicht!", sagt Ulrich in heller Bewußtheit. „Das ist die Folge, wenn man an den Menschen immer etwas auszusetzen hat. Aber auch ich muß doch etwas lieben können, und da ist eine Siamesische Schwester, die nicht ich noch sie ist, und geradesogut ich wie sie ist, offenbar der einzige Schnittpunkt von allem!" Es ist bedenkenswert, daß dieser Satz bis in wörtliche Anklänge an die Formel erinnert, die Pascal, der als Mathematiker und homo religiosus Musil nahe verwandt ist, für die Liebe zu Gott findet. „Da wir aber nichts lieben können, was außer uns ist, muß man ein Wesen lieben, das in uns ist und das wir nicht sind, und das gilt für jeden Menschen. Nun, es gibt nur das umfassende Wesen, das dem genügt[42]." Ulrich ist ein Mystiker ohne Gott, wie es schon Paul Valérys Monsieur Teste ist[43], und er sucht ein Analogon für das Gottesverhältnis im Verhältnis zur Schwester. Beim Wiedersehn in Wien sagt Ulrich zu Agathe: „Du bist meine Eigenliebe! ... Mir hat eine richtige Eigenliebe, wie sie andere Menschen so stark besitzen, in gewissem Sinn immer gefehlt ... Und nun ist sie offenbar, durch Irrtum oder Schicksal, in dir verkörpert gewesen, statt in mir selbst! ..." Ulrich liebt sich selbst in der Schwester, liebt auch die Schwester in sich; er erfährt gleichzeitig, was ihm beides vorher unmöglich war: zustimmende Bejahung seiner selbst und eines Wesens außerhalb seiner. So steht diese Begegnung im Roman fast wie ein verschleiertes Märchen: das Märchen von Ulrich, der die verlorene Schwester wiederfindet und in ihr sich selber findet und damit erlöst wird.

Ulrich verweist auf den Mythos, der das uralte „Verlangen nach einem Doppelgänger im anderen Geschlecht" überliefert, so wie schon vorher Agathe den platonischen Mythos von den getrennten Hälften, die einander suchen, anführt. „So wie an den Mythos vom Menschen, der geteilt worden ist, könnten wir auch an Pygmalion, an den Hermaphroditen oder an Isis und Osiris denken: es bleibt doch immer in verschiedener Weise das gleiche." Die im Mythos erscheinende Dimension der menschlichen Grunderfahrungen wird hier berührt, aber in der Darstellung transponiert in den Raum der mythenlosen modernen Welt. Das Verlangen nach dem Doppelgänger ist „uralt", aber es erneuert sich immer wieder. „Es will die Liebe eines Wesens, das uns völlig gleichen, aber doch ein anderes als wir sein soll, eine Zaubergestalt, die wir sind, die aber doch eben auch eine Zaubergestalt bleibt ..." Agathe wird diese Zaubergestalt. Sie will zu ihrem ungeliebten Gatten, dem Pädagogen Hagauer, nicht zurückkehren, sondern sich von ihm scheiden lassen, und sie zieht in Ulrichs Wohnung in Wien. Das Asoziale dieser Verbundenheit verdeutlicht Musil durch eine von Agathe begangene, von Ulrich erst abgelehnte, aber schließlich geduldete gesetzwidrige Handlung: die Fälschung des väterlichen Testaments. Agathe will damit verhindern, daß ihr Mann, den sie am liebsten töten möchte, in den Besitz von Teilen des väterlichen Vermögens kommt; er soll nichts von ihr „in seinen Fingern behalten". Agathe will diesen Wunsch mit einer „nach gemeinen Begriffen schimpflichen Handlung" realisieren: es ist eine Geste des Protestes gegen die rechtlich-moralische Ordnung, eines Protestes, mit dem sie sich außerhalb dieser Ordnung stellt. Als einen solchen Protest, als eine Entsprechung zu seiner eigenen Ablehnung der Wirklichkeit begreift Ulrich schließlich diesen Schritt der Schwester (II, 18). „Denn merkwürdigerweise übte ja das Verhalten seiner Schwester, das man tadeln mußte, wenn man es bewußt untersuchte, eine betörende Lockung aus, sobald man es mitträumte . . ." Gerade die moralische Paradoxie dieses Verhaltens, „worin sich Reinheit und Verbrechen unterschiedslos mischten", fasziniert Ulrich. „. . . denn es hatte etwas von märchenhafter Sinnlosigkeit in sich, einmal ganz und ohne Warnung dem nachzugeben, was ein anderes Wesen tat." Agathe verleugnet die gegebene moralische Ordnung, die auch Ulrich, allerdings nur grundsätzlich, verwirft; sie ist gleichgültig gegen die juristischen Konsequenzen. Dadurch wird sie vollends zur „Zaubergestalt", der nachzugeben „märchenhaft" ist. Die gemeinsame Verfehlung stellt die Geschwister außerhalb der gegebenen Ordnung, und nur dort kann der utopische Bezirk des „Tausendjährigen Reiches" sich öffnen, von dem Ulrich bei seinem Abschied vom Vaterhause zum erstenmal spricht (II, 15).

Das spätere, im Entwurf der „Reise ins Paradies" geschilderte „Verbrechen" der Geschwister, der Inzest, ist nach seiner Funktion nur die gesteigerte Wiederholung des ersten, die Bestätigung des Asozialen in der Geschwisterliebe. Ihre erotische Wendung ist nicht das zentrale Motiv, sondern eine Komponente, die zur Totalität der Beziehung gehört. In deren frühem Stadium sagt der Erzähler von Agathe: „Man hätte in diesem Augenblick ebensowenig sagen können, daß sie es ablehne, zu ihrem Bruder in unerlaubte Beziehungen zu treten, wie daß sie es wünsche. Das mochte von der Zukunft abhängen . . ." Ulrich ist ebenso indifferent und spottet darüber, daß er und Agathe „psychologisch verdächtig sind", daß „inzestuöse Neigung" zu vermuten sei. Mit der reichen Entfaltung des geschwisterlichen Zusammenlebens steigert sich dann auch die erotische Komponente. Doch die erlösende Wirkung Agathes auf Ulrich hat ihre Wurzel in der mythischen Sphäre. Musil verteidigt im Tagebuch seinen Roman gegen den Vorwurf der Perversität. „Das Archaische und das Schizophrene äußern sich künstlerisch übereinstimmend, trotzdem sind sie total-verschieden. Ebenso kann das Geschwistergefühl pervers und es kann Mythos sein." Die

Intention Musils geht auf das Mythische, aber er läßt es nur zart durchscheinen, versucht nicht, es in Klarschrift zu geben, sondern läßt es nur sich reflektieren im gebrochenen modernen Bewußtsein. Worte wie Mythos, Märchen, Traum, Zauber umspielen den Vorgang, auch Hindeutungen auf frühere Weltzustände, die noch in Resten erfahrbar sind. „Selbst unter den alltäglichsten Verhältnissen der Liebe finden sich ja noch Spuren davon: in dem Reiz, der mit jeder Veränderung und Verkleidung verbunden ist . . .", so erklärt Ulrich der Schwester. „Selbst in jeder Analogie steckt ja ein Rest des Zaubers, gleich und nicht gleich zu sein."

Was in Musils Darstellung der Zeitwelt eine Form der Ironie ist, die Aufdeckung verborgener Verwandtschaften und Entsprechungen, das wird im Bereich der Geschwisterliebe positiv gewendet: als beglückender Zauber der Analogie. Der ironische Aspekt schwindet. Schon das Beisammensein der Geschwister im Vaterhause wird in einer veränderten Tonlage geschildert, die Sprache spiegelt die entspannte Atmosphäre wohltuender Vertrautheit, Gelöstheit, innerer Freiheit. Die Reizwirkung unaufhörlicher Herausforderungen durch die Wirklichkeit wird in einem abgeschirmten Bezirk gedämpft. Ulrich liest die lange vernachlässigten Schriften der Mystiker, die er wie in einer Vorahnung auf die Reise ins Vaterhaus mitgenommen hat. Als Agathe ihn fragt, was er lese, „überkam Ulrich ein Ernst, wie er ihn seit gläubigen Jugendtagen nicht mehr gefühlt hatte", und er gibt seiner Schwester eine Antwort, „die ihn mehr durch ihren völlig ironielosen Ton als den Inhalt überraschte: er sagte: ‚Ich unterrichte mich über die Wege des heiligen Lebens'." Im Bereich des Utopischen, in den Ulrich gelangt ist, schweigt die Ironie. Als er später (II, 28) einmal mit Agathe durch die Straßen Wiens geht, unterbricht er plötzlich das lebhafte Gespräch. „Sieh, wie herrlich! — unterbrach er sich und zog sie am Arm. Sie standen am Rand eines kleinen Marktes zwischen alten Häusern. Rings um das klassizistische Standbild irgendeines Geistesgroßen lag das buntfarbige Gemüse, waren die großen sackleinenen Schirme der Marktstände aufgespannt, kollerte Obst, wurden Körbe geschleift und Hunde von den ausgelegten Herrlichkeiten verscheucht, sah man die roten Gesichter derber Menschen. Die Luft polterte und gellte von arbeitsam erregten Stimmen und roch nach Sonne, die auf irdisches Allerlei scheint." Es ist eine der ganz seltenen Stellen im Roman, an denen ein ironiefrei gesehenes Stück Wirklichkeit in seiner schlichten Lebendigkeit als Schönheit erscheint. Mit der Schwester am Arm sieht Ulrich die Welt anders als früher. Er liebt sie in Agathe und durch Agathe.

Das Geheimnis dieser Liebe der Geschwister und ihrer unabsehbaren Bedeutung für Ulrich erschließt sich nicht leicht und nicht ganz der Interpretation. Doch läßt sich wahrnehmen, daß ihre Verwandlungskraft auf einer Analogie zum mystischen Zustand der Entrückung beruht, daß diese Liebe schon in sich selbst, auch außerhalb der Entrückungsmomente, das vermittelt, was in der mystischen Ekstase erlebt wird: die Identität von Ich und Welt. Denn in der Schwester erscheint eben diese Identität: sie ist sowohl das Ich wie das andere, das Nicht-Ich. So ermöglicht und verbürgt sie Ulrich *das geschwisterliche Verhältnis zur Welt,* jene Einheit des Ich und der Dinge, die der Kern der mystischen Erfahrung ist. Denn in ihr sind die Einzelheiten „geschwisterlich und im wörtlichen Sinn ‚innig' untereinander verbunden". Daher erzeugt Agathe in Ulrich das Gefühl, ständig in einem erhöhten Zustand zu leben, im „Zustand der Bedeutung", in dem die Utopie des „motivierten Lebens" sich verwirklichen könnte; in ihr tut man nichts mehr nur kausal Bedingtes, sondern bloß noch das von innen her Motivierte (Kap. II, 65). Agathes Wirkung macht Ulrich auch ein wenig heimischer in einer Wirklichkeitswelt, in der der Mensch heimatlos geworden ist: durch Glaubenszerfall, durch den Zerfall der bergenden staatlichen Ordnung, der im Untergang des alten Österreich anschaulich wird, durch die Auflösung aller Bindungen und sicheren Werte. Es ist jene Welt, in der die „erzählerische Ordnung" der Zeitfolge sinnleer geworden ist und, ganz entsprechend, auch die Errichtung eines Hauses kaum mehr ehrlich möglich ist; denn „die sozialen und persönlichen Verhältnisse sind nicht mehr fest genug für Häuser ..." Agathe macht Ulrich noch nicht eigentlich heimisch in dieser Wirklichkeit, aber sie schafft eine Voraussetzung, eine Möglichkeit dafür. Doch diese potentielle Hinwendung zur Wirklichkeit kann gerade in der Gemeinschaft der Geschwister nicht wahrhaft realisiert werden. Vielmehr sperrt diese Gemeinschaft, je inniger sie wird, beide mehr und mehr von der Umwelt ab und fordert eine inselhaft ausgegrenzte Existenz, in der allein sie sich erfüllen kann. Schon die schöne Schilderung des alltäglichen Lebens auf dem Marktplatz als ironiefrei erlebtes Stück Wirklichkeit macht die Grenze dieser Erfahrung deutlich. „‚Muß man die Welt nicht lieben, wenn man sie bloß sieht und riecht?!', fragte Ulrich begeistert. ‚Und wir können sie nicht lieben, weil wir mit dem, was in ihren Köpfen vorgeht, nicht einverstanden sind —' setzte er hinzu." Die Versöhnung mit der Welt bleibt im Bezirk der Geschwistergemeinschaft ästhetisch, sie gilt der Welt, die man „sieht und riecht", der Welt der Erscheinungen. Für Ulrich aber bedeutet diese in der Kontemplation wirksame Versöhnung mit der Welt und mit sich selbst, die Agathe ihm erlösend vermittelt, eine treibende Kraft, die ihn über den Umkreis der Kontemplation hinausdrängt. Gerade das, was er Agathe verdankt, enthält den Keim der Trennung von ihr. Denn der mit sich selbst und der Welt sich versöhnende Ulrich, der durch die Erfahrungen des anderen Zustandes sein Verlangen nach Kontemplation erfüllt hat, dem nun der „zweite Lebensbaum" nachgewachsen ist, findet auf einem höheren Kreis der Spirale zu seiner tatkräftigen Gesinnung, seinem Wirklichkeitswillen zurück. Er bleibt Utopist, er ist natürlich auch jetzt nicht „einverstanden" mit der gegebenen Welt und dem, was „in ihren Köpfen vorgeht". Aber es wird spürbar, daß sein Utopismus auch ein Aktivismus ist.

Die Entfaltung der Geschwisterliebe stellt Musil auch in den fertigen oder fast fertigen Kapiteln der Fortsetzung als doppelstimmigen Verlauf, als gegenläufige Bewegung dar. Sie ist äußerst subtil, mit einem Höchstmaß an Beziehungsreichtum und Verweisungsdichte geformt. Auch Agathe, die sich unbefangener der liebenden Gemeinschaft und der mystischen Beseligung überläßt, hat das heimliche Bedürfnis nach einer Rückbindung an die Wirklichkeit im Normalzustand. Nur darum pflegt sie ihre merkwürdige Freundschaft mit dem volltönend und selbstsicher redenden Pädagogen Lindner, der soviel banaler ist als Ulrich und oft wie dessen Parodie erscheint. Ulrich, tief beglückt vom erhöhten Zustand des liebenden Zusammenlebens und von den Ahnungen der anderen, hinter der gewöhnlichen verborgenen Wirklichkeit, findet dennoch immer wieder kritisch prüfende Vorbehalte. Aber das ist nicht die Reaktion eines unverbesserlich skeptischen Intellekts, sondern er verteidigt damit ein wesentliches, in seinen tiefsten Instinkten bejahtes Gut. Er wehrt sich nicht nur gegen das uferlose Überflutetwerden von ekstatischen Schauern, sondern auch gegen die Einseitigkeit der bloßen Kontemplation, gegen die Abschnürung von der Welt des Handelns im Wirklichen. Wenn die Geschwister (II, 54) von der eigentümlichen Kunst des Stillebens, der Nature morte sprechen, so bleibt der Faden des Gesprächs plötzlich „hängen". „Denn sich auskömmlich über die unheimliche Kunst des Stillebens oder der *Nature morte* zu äußern, war ihnen beiden deren seltsame Ähnlichkeit mit ihrem eigenen Leben hinderlich." Dieser „markbetäubte Anhauch des Stillebens" bezeichnet das Lebensfeindliche, Unfruchtbare eines Geschwisterverhältnisses, das weit über seinen natürlichen Sinn hinaus gesteigert wird. Am Anfang dieses Kapitels verweist der Erzähler auf „die im gewöhnlichen Sinn bestehende und im höheren vielleicht drohende Unfruchtbarkeit ihrer Beziehung". Dies beschattet das Zusammenleben der Geschwister, das gerade in der Phase der Fortsetzungskapitel keineswegs ein völlig ausgeglichenes Idyll ist, sondern von steigender latenter Spannung erfüllt wird.

Der völlig isolierte, von allen Bindungen radikal abgeschnittene Ulrich findet — das ist eine der schönsten dichterischen Erfindungen in der Romanliteratur der Epoche — im Bereich des Natürlichen, Verwandtschaftlichen, in einem Rest des sonst aufgelösten Familiären, eben in der „vergessenen" Schwester eine einzige echte menschliche Bindung; einen Faden, der ihn mit der Wirklichkeit verknüpft. Die Einzigkeit dieser Verknüpfung übersteigert ihre Bedeutung, gibt ihr die übermäßige Strahlkraft des Solitärs. Wenn aber der tödlich isolierte Ulrich dadurch wieder Boden gewinnt — das ist der verborgene Sinn dieser Begegnung — und aus seinem „moralischen Stillstand" erlöst wird, so bekommt er den Anstoß, sich auf diesem Boden weiterzubewegen. Das Glück der mystischen Kontemplation hat zunächst die führende Stimme in dieser Gemeinsamkeit, aber die Gegenstimme erklingt immer stärker. Die Gespräche gelten nicht ausschließlich der „Liebe als dem Leben selbst", sondern z. B. auch den Fragen „Genie, Durchschnitt und Wahrscheinlichkeit", wobei Ulrich die „Erzeugung eines mittleren Lebenszustands", die „Begünstigung des Durchschnitts" als „tiefnotwendige Aufgabe" bezeichnet (II, 47). Diese Erörterungen bereiten die für eine spätere Entwicklungsphase vorgesehene Hinwendung Ulrichs zum Fragenkreis des Sozialen vor, für die nur wenige, meist skizzenhafte Entwürfe vorliegen (vgl. II, 79—83); die Figur des Sozialisten Schmeißer sollte einen Ansatzpunkt bilden[44]. Alle derartigen, sehr vielfältigen Überlegungen Ulrichs sind nicht bloß Gedankenspiele, sondern Symptome für seine innere Hinwendung zu der außerhalb des andern Zustandes gelegenen Wirklichkeitssphäre. Musils Dichtung ist nirgends und besonders hier nicht zu verstehen, wenn man sich nur an den — ohne Zweifel vorhandenen — Selbstwert der Gedanken, an ihre theoretische Relevanz hält. „Der Gedankenreichtum ist ein Teil des Reichtums des Gefühls." Das bedeutet: Ulrichs Gedanken sind Manifestationen innerer, gesamtmenschlicher Vorgänge, seelischer Bewegungen, die in Form von Gedanken an die Oberfläche treten.

In den Gesprächen mit der Schwester spielt Ulrich die Polarität Mystik—Ratio immer mehr in die ihr zugeordnete: passivische vita contemplativa—vita activa hinüber. Das verrät, was in ihm vorgeht. In dem in Druckfahnen vorliegenden Kapitel II, 76, zu dessen vorgesehener Überarbeitung Musil vor seinem Tode nicht mehr kam, entwickelt er die Eigenart eines „nüchternen Zustands" der Erkenntnis, der sich vom ekstatischen Zustand unterscheidet. „Eine jahrtausendelange Erfahrung hat bestätigt, daß wir noch am ehesten befähigt sind, der Wirklichkeit dauernd zu genügen, wenn wir uns immer wieder in diesen Zustand versetzen, und daß seiner auch bedarf, wer beileibe nicht bloß erkennen, sondern handeln will." Für Ulrich gewinnt dieses Handeln und das Vermögen, „der Wirklichkeit dauernd zu genügen", erneute Bedeutung, und das gilt für die gesamte Sphäre der Wirklichkeitswelt. Was Musil zur Geltung bringen will, ist „der zweite Lebenspfeiler, der des Bösen oder des Appetitiven und so weiter". Diese in der Reflexion erscheinende Hinwendung zur „appetitiven" Sphäre „der Triebe, und mitverstanden des triebhaften, und des tätigen Menschen überhaupt" bleibt nicht auf die Theorie beschränkt, sondern schafft sich auch einen unmittelbaren Ausdruck, und zwar im Bannkreis des gemeinsamen Daseins mit Agathe: in Ulrichs körperlichem Verlangen nach der Schwester. Das ist der eigentliche Sinn des Inzestmotivs. Die Erotisierung der Geschwisterliebe, in vielen Momenten vorbereitet, geschieht mit leidenschaftlicher Heftigkeit in jener Szene, in der Ulrich seiner Schwester beim Auskleiden zuschaut (II, 45, eines der fast fertigen Kapitel). Es scheint nun beiden gewiß, „daß die Entscheidung gefallen sei und jedes Verbot ihnen nun gleichgültig wäre." „Trotzdem kam es anders." Das Inzestverbot, die stärkste Schranke, ist zwar für sie ungültig geworden, hemmt nicht ihr Verlangen, „aber ein noch größeres Verlangen gebot ihnen Ruhe, . . . sie fühlten eine unbeschreibliche Warnung, die mit den Geboten der Sitte nichts zu tun hatte. Es schien sie aus der Welt der vollkommeneren, wenn auch noch schattenhaften Vereinigung . . . ein höheres Gebot getroffen, eine höhere Ahnung, Neugierde oder Voraussicht angehaucht zu haben." Dieser Impuls zur Askese in der Erwartung, dadurch eine tiefere Verschmelzung zu erreichen, vernichtet jedoch das sinnliche Verlangen nicht, er dämmt es nur zurück. „Das Fieber der Liebe war in ihren Körpern, aber diese wagten keine Wiederholung . . ." Im übernächsten Kapitel (II, 47) wird das Bedrohliche dieses aufgestauten Verlangens genau bezeichnet: „aber die gleiche Leidenschaft, die sie dauernd fühlten, weil sie sich nicht sowohl an einem Verbot gebrochen hatte als vielmehr an einer Verheißung, hatte sie auch in einem Zustand zurückgelassen, der Ähnlichkeit mit den schwülen Unterbrechungen einer körperlichen Vereinigung besaß. Die Lust ohne Ausweg sank wieder in den Körper zurück . . ." Die latente Spannung ist in den Gesprächen der folgenden Kapitel ständig spürbar, und da der sicherste Schutz, das Inzestverbot, für die Geschwister nicht gilt, ist der Rückfall in den Wunsch nach körperlicher Vereinigung immer möglich. So wird der Vorgang der von Musil bereits entworfenen „Reise ins Paradies" präzis vorbereitet. In der unvollständigen Reinschrift des Kapitel II, 55, „Atemzüge eines Sommertags", tritt zwar Ulrichs Verlangen nicht mit der fast brutalen Nacktheit hervor wie in einem der vorausgehenden Entwürfe dieses Kapitels[45], aber es ist sublimiert enthalten in seiner mit nachdrücklichem Ernst vorgetragenen deutlichen „Ehrenrettung der Triebe, und mitverstanden des triebhaften, und des tätigen Menschen überhaupt". Diese Darlegung Ulrichs ist dadurch so stark akzentuiert, daß sie den Gegenpol zu Agathes großem Augenblick mystischer Entrückung im Anfang des Kapitels bildet, eine der dichterisch stärksten Darstellungen des andern Zustandes in Musils Roman. Auch Ulrich ist von Agathes mystischer Ekstase tief berührt. Dennoch bringt er gerade jetzt die andere, der schattenhaften Nature morte gegenüberstehende Seite des Menschenwesens zur Geltung und beharrt trotz Agathes Einwänden darauf. ‚"Dem appetitartigen Teil der Gefühle verdankt die Welt alle Werke und alle Schönheit, allen Fortschritt, aber auch alle Unruhe, und zuletzt all ihren sinnlosen Kreislauf!' bekräftigte er ... ‚Also', fügte er hinzu, ‚haben wir damit gesagt, daß es die Triebe sind, wem die Welt Schönheit und Fortschritt verdankt.'

‚Und ihre wirre Unruhe', wiederholte Agathe.

‚Gewöhnlich sagt man gerade das; darum erscheint es mir nützlich, daß wir das andere nicht außer acht lassen!'"

Der Erzähler bemerkt, daß dieses Gespräch „bei keinem Wort die Schicksalsfrage der Geschwister verkennen ließ ..." Sie berührt sich aufs engste mit der Frage des anderen Zustandes. Man spürt, daß die Entscheidung nahe ist, die in der „Reise ins Paradies" fallen sollte. Aus dem alten, oft skizzenhaften Entwurf sollten mehrere Kapitel entstehen. So gewichtig die Veränderungen der notwendigen Überarbeitung vermutlich gewesen wären: in den Grundmotiven würde sich der Entwurf durchaus an die Entwicklung der fertigen Kapitel anschließen. Der Inzest als solcher steht nicht im Mittelpunkt. Er geschieht in einem Moment der Ermüdung auf der strapazierenden Reise zum Zufluchtsort an der dalmatinischen Küste und soll nur die angestaute erotische Spannung lösen. Ulrich sagt: „Es ist auch das Vernünftigste, wenn wir nicht widerstehn; wir müssen das hinter uns haben, damit nicht diese Spannung das verfälscht, was wir vorhaben." Sie zollen gleichsam dem Machtbereich der „Triebe" ihren Tribut, um die höhere Vereinigung zu sichern. Denn was sie vorhaben, ist, „den Eingang ins Paradies" zu finden, den andern

Zustand als Dauerzustand zu realisieren. Zunächst erfahren sie eine über alles früher Erlebte hinausreichende Steigerung der Entrückung, die Musil mit höchster Sprachkraft beschreibt. „Mit den begrenzenden Kräften hatten sich alle Grenzen verloren, und da sie keinerlei Scheidung mehr spürten, weder in sich noch von den Dingen, waren sie eins geworden." Auf dem Höhepunkt dieser seelischen Verschmelzung erfolgt der Umschlag, die innere Entfernung. Die hochgespannte Erfülltheit läßt nach. „So ist den Verzückten zumute, wenn Gott von ihnen weicht und ihren eifernden Rufen nicht mehr antwortet." Ulrich erkennt, daß sie gerade als Geschwister sich zu nahe sind, um die Spannungsintensität zu bewahren, „daß gerade dies das Geheimnis der Liebe sei, daß man nicht eins ist". Etwas später stellt er fest: „Offenbar ist alles Absolute, Hundertgrädige, Wahre völlige Widernatur." Ulrich bemerkt die Widernatur sowohl im Absolutsetzen des andern Zustandes wie in der übermäßig gesteigerten Geschwisterliebe. Die Optik der Wirklichkeit, die in den vorausgehenden Gesprächen immer mehr Geltung für ihn gewann, setzt sich nun endgültig durch: nicht im Sinne der gegebenen Realität, wohl aber im Sinne der notwendigen Ordnung, sowohl der naturhaften, in der der Wert des Geschwisterverhältnisses in seinen natürlichen Grenzen befestigt ist, wie in der sozialen. „Wir sind einem Impuls gegen die Ordnung gefolgt, wiederholte Ulrich. Eine Liebe kann aus Trotz erwachsen, aber sie kann nicht aus Trotz bestehn. Sondern, sie kann nur eingefügt in eine Gesellschaft bestehn ... Aber eine Ausnahme braucht etwas, wovon sie Ausnahme ist." Das führt zum Entschluß der Trennung, die selbstverständlich das natürliche Geschwisterverhältnis nicht auflöst; spätere Begegnungen sind vorgesehen. Aber aus dem „Paradies" sind beide vertrieben, das „Abenteuer" ist zu Ende.

Gerade im notwendigen Scheitern erfüllt sich für Ulrich der Sinn dieses Abenteuers. Nur die Stabilisierung des andern Zustandes ist damit widerlegt, nicht sein unabsehbarer Wert als augenblickhaftes Innewerden einer anderen Wirklichkeit, nicht die Wahrheit der Einheitserfahrung, die für Ulrich unverlierbar geworden ist. Das Scheitern ist für Ulrich bedeutsam, weil gerade der Möglichkeitsmensch in der Gefahr steht, in seiner Loslösung vom fest Gegebenen sich an das Unmögliche zu verlieren. Die „Reise an den Rand des Möglichen" führt zur Abkehr vom Unmöglichen, das nur von diesem Rand her als solches erkennbar wird. Der Sinn des Utopismus aber ist es, statt vom niemals Realisierbaren zu träumen, sich auf das Mögliche hinzubewegen, das eines Tages Wirklichkeit werden könnte. Dieser mögliche Zustand wird nirgends verbindlich beschrieben, als festes Bild verdeutlicht. Die Erfahrung des zweiten Weltkrieges, den Musil noch erlebte, mußte es schwieriger denn je erscheinen lassen, ein solches Bild zu entwerfen. Doch wenn die Utopien scheitern, bleibt der Utopismus bestehen. „Wir irren vorwärts", sagte Musil 1936 in einem Wiener Vortrag. Selbst wenn Musil den Roman hätte beenden können: nur ein in diesem Sinne offener Schluß, im Horizont der Möglichkeiten, scheint denkbar.

# ANMERKUNGEN

## JEREMIAS GOTTHELF S. 9

T: „Geld und Geist" nach: Sämtl. Werke, hrsg. v. Rudolf Hunziker und Hans Bloesch, z. Zt. v. Kurt Guggisberg und Werner Juker, Erlenbach–Zürich 1910 ff.; Geld und Geist Bd. VII 2. Aufl., Briefe Ergänzungsbände IV–IX.

L: *Darstellungen:* Carl *Manuel,* J. Gotthelf, Berlin 1857, S. 94 ff., S. 255 ff., S. 271 ff.; Adolf *Bartels,* J. Gotthelf, 2. Aufl. München–Leipzig 1904, S. 87 f.; G. *Muret,* J. Gotthelf, Paris 1913, Chap. XII, p. 193 ff.; Rudolf *Hunziker,* J. Gotthelf, Frauenfeld–Leipzig 1927, S. 108 ff.; Walter *Muschg,* Gotthelf, Die Geheimnisse des Erzählers, München 1931, Kap.: Priester, S. 157 ff., vgl. auch Kap.: Mutter Erde; Werner *Günther,* Der ewige Gotthelf, Erlenbach–Zürich 1934, S. 262 ff., neue Aufl.: J. Gotthelf, Berlin–Bielefeld–München 1954, S. 182–187, S. 284 f.; Herbert M. *Waidson,* J. Gotthelf, Oxford 1953, S. 87 ff.; Walter *Muschg,* J. Gotthelf, Eine Einführung in seine Werke, Bern 1954, S. 95 ff.; Friedrich *Seebass,* J. Gotthelf, Gießen–Basel 1954, S. 189 ff.; Werner *Günther,* Neue Gotthelf-Studien, Bern 1958, S. 108 ff. – *Einzeluntersuchungen:* Fritz *Grob,* J. Gotthelfs „Geld und Geist", Studien zur künstlerischen Gestaltung, Olten 1948; Werner *Kohlschmidt,* Christliche Existenz und Gotthelfsche Form in „Geld und Geist", in: Die entzweite Welt, Gladbeck 1953, S. 25 ff. – *Zu Einzelproblemen:* Theodor *Salfinger,* Gotthelf und die Romantik, Basel 1945; Eduard *Buess,* J. Gotthelf. Sein Gottes- und Menschenverständnis, Zollikon–Zürich 1948; Jean-Daniel *Demagny,* Les idées politiques de J. Gotthelf et de G. Keller et leur évolution, Paris 1952.

Seite
N: 16, 3 Bd. VII, S. 36
16, 16 S. 42
16, 4 v. u. S. 67
17, 12 S. 51
17, 4 v. u. S. 75
18, 13 v. u. S. 91
18, 3 v. u. S. 93
19, 9 S. 96
19, 17 v. u. S. 96–97
19, 5 v. u. S. 98

Seite
20, 12 S. 104
20, 19 S. 104
20, 18 v. u. S. 117
21, 5 S. 126
25, 19 S. 131
30, 9 v. u. S. 390
32, 21 v. u. S. 92
32, 11 v. u. S. 92 f.
33, 10 S. 397
33, 17 S. 398

W. K.

## ADALBERT STIFTER S. 34

T: „Der Nachsommer" nach: Sämtl. Werke, begr. v. August Sauer, 22 Bde., Prag–Reichenberg 1901 ff.

L: Franz *Hüller,* Einführung zum „Nachsommer", in: A. Stifter, Sämtl. Werke, Bd. VI, Prag 1921, S. VII–XCVIII; Günther *Müller,* Stifter, der Dichter der Spätromantik, in: Jahrb. d. Verbandes d. Vereine kath. Akademiker, Augsburg 1924; Adolf von *Grolmann*, Adalbert Stifters Romane, Halle 1926; Dor. *Sieber*, Stifters Nachsommer, Jena 1927; Rudolf *Pannwitz*, Stifters Nachsommer, in: Adalbert Stifter. Ein Gedenkbuch, Wien 1928; Otto *Pouzar*, Ideen und Probleme in A. Stifters Dichtungen, Reichenberg i. B. 1928; L. *Arnold*, Stifters Nachsommer als Bildungsroman, Gießen 1938; Josef *Nadler*, Das Persönlichkeitsideal bei A. Stifter, in: Adalbert-Stifter-Almanach, Wien 1938; H. *Reinhardt*, Die Dichtungstheorie der sogenannten Poetischen Realisten, Würzburg 1939; Wolfgang *Paulsen*, A. Stifter und der Nachsommer, in: Corona, Studies in Philology in Celebration of the Eightieth Birthday of Samuel Singer, Durham, N. C. 1941, S. 228–251; Carl *Helbling*, A. Stifter, St. Gallen 1943; Josef *Hofmiller*, Stifter, in: Letzte Versuche, München 1943; Emil *Staiger*, A. Stifter als Dichter der Ehrfurcht, Olten 1943; Ders., A. Stifter, Der Nachsommer, in: Meisterwerke dt. Sprache, Zürich 1943, S. 147–162; J. *Kühn*, Die Kunst A. Stifters, Berlin 1943; Marianne *Thalmann*, Stifters Raumerlebnis, in: Monatshefte 38, 1946, S. 103–111; Erik *Lunding*, A. Stifter, Studien zur Kunst und Existenz, Kopenhagen 1946; Adolf von *Grolmann*, Europäische Dichterprofile, 4. Vortrag: Stifter, Der Nachsommer, Düsseldorf 1947, S. 50–63; Eric A. *Blackall*, A. Stifter, Cambridge 1948; Curt *Hohoff*, A. Stifter, Düsseldorf 1949; Hermann *Kunisch*, Stifter, Mensch und Wirklichkeit, Berlin 1950; Fritz *Martini*, Bürgerlicher Realismus und der dt. Roman im 19. Jahrh., in: Wirkendes Wort, 1950/51, S. 148 ff.; Walther *Rehm*, Nachsommer, München 1951; Fritz *Martini*, Geschichte und Poetik des Romans, in: Deutschunterricht, 1951, S. 86 ff.; Peter *Suhrkamp*, A. Stifter, in: Ausgew. Schriften zur Zeit- u. Geistesgeschichte, Frankfurt/M. 1951, S. 219–235; A. R. *Hein*, A. Stifter, Prag 1904, 2. Aufl. Wien 1952; Benno *Reifenberg*, Der Nachsommer, in: Lichte Schatten, Frankfurt/M. 1953; Roy *Pascal*, The German Novel, Manchester 1956, S. 52–75; Joachim *Müller*, A. Stifter, Weltbild und Dichtung, Halle 1956; Fritz *Martini*, Drama und Roman im 19. Jahrh., in: Gestaltprobleme der Dichtung, Festschr. f. Günther Müller, 1957, S. 207–237; Jost *Hermand*, Die literarische Formenwelt des Biedermeier, Gießen 1958; Günther *Weydt*, Ist der Nachsommer ein geheimer Ofterdingen?, in: Germ.-Rom. Monschr. 8, 1958, S. 72–81; G. Joyce *Hallamore*, The Symbolism of the Marble Muse in Stifters Nachsommer, in: Publ. Mod. Lang. Assoc. of America 74, 1959, S. 398–405; Friedrich *Sengle*, Der Romanbegriff in der ersten Hälfte des 19. Jahrh., in: Festschr. f. Franz Rolf Schröder, Heidelberg 1960; Günther *Müller*, Aufbauformen des Romans (Grüne Heinrich und Nachsommer), in: Neophilologus 27, S. 1 ff.

Seite
N: 34, 9 VII, S. 28 f.
36, 7 XIX, S. 216
36, 19 v.u. VII, S. 154

Seite
36, 2 v.u. Stifters Werke, hrsg. v. G. Wilhelm, 4. Teil, S. 42
37, 6 ebd., S. 43

## ANMERKUNGEN

Seite
37, 19 ebd., S. 43
38, 1 ebd., S. 44
38, 9 XVI, S. 10
38, 18 ebd., S. 15 f.
38, 9 v.u. XVIII, S. 10
39, 4 ebd., S. 29
39, 8 XIX, S. 284
39, 16 ebd., S. 280 f.
39, 19 XVIII, S. 107
39, 17 v.u. ebd., S. 93
39, 12 v.u. ebd., S. 119
40, 3 ebd., S. 135
40, 18 ebd., S. 53
40, 21 ebd., S. 279
40, 20 v.u. Werke / ebd., S. 279, 242
40, 19 v.u. ebd., S. 52
40, 11 v.u. ebd., S. 286 f.
40, 9 v.u. ebd., S. 287
40, 1 v.u. ebd., S. 279
42, 21 v.u. Stifter, Der alte Hofmeister, in: Corona IX, Heft 5, S. 494 ff.
42, 2 v.u. G. Wilhelm, Begegnung mit Stifter, München 1943, S. 133–146
43, 9 XVIII, S. 147
43, 13 XIX, S. 279
43, 14 v.u. Verwandtschaft / XVIII, S. 209
43, 9 v.u. XIX, S. 93
44, 15 ebd., S. 94
44, 14 v.u. XVIII, S. 297 f.
45, 15 v.u. VIII, 1, S. 238 f.
46, 7 liegen / XIX, S. 22
46, 4 v.u. ebd., S. 94 f.
47, 15 v.u. XVIII, S. 93
48, 5 ebd., S. 292
50, 1 v.u. VII, S. 354
51, 7 ebd., S. 354
51, 15 v.u. ebd., S. 28
51, 1 v.u. ebd., S. 28
52, 11 VI, S. 23
52, 16 VIII, 1, S. 83
52, 18 v.u. VI, S. 139

Seite
52, 8 v.u. gefaßt / VIII, 1, S. 82
53, 14 v.u. VI, S. 3
54, 12 VII, S. 215 f.
54, 20 VI, S. 127 f., 330
54, 20 v.u. ebd., S. 138
54, 19 v.u. VII, S. 215
54, 17 v.u. VI, S. 279
54, 12 v.u. VIII, 1, S. 200 f.
55, 5 ebd., S. 220
55, 16 v.u. ebd., S. 37 f.
56, 7 ebd., S. 40
56, 15 ebd., S. 43 f.
56, 5 v.u. VII, S. 2 f.
57, 19 v.u. VIII, 1, S. 208
57, 1 v.u. ebd., S. 217 f.
58, 4 VI, S. 319
58, 5 ebd., S. 36
58, 20 v.u. ebd., S. 113
58, 13 v.u. VIII, 1, S. 77
59, 7 VI, S. 238
59, 17 VII, S. 245 ff.
59, 20 v.u. ebd., S. 247
59, 3 v.u. VI, S. 99
61, 3 ebd., S. 32 ff.
62, 12 XVIII, S. 298
63, 10 VI, S. 9
63, 15 v.u. ebd., S. 266 f.
64, 10 VIII, 1, S. 196
64, 11 VII, S. 220
64, 13 VI, S. 174
64, 16 v.u. ebd., S. 151
64, 10 v.u. VIII, 1, S. 81
64, 1 v.u. VI, S. 185
65, 9 VII, S. 223
65, 21 v.u. VI, S. 212
66, 5 VII, S. 305 f.
66, 15 v.u. VIII, 1, S. 153
67, 2 v.u. VI, S. 214
68, 7 VII, S. 286
68, 10 ebd., S. 291
68, 21 VI, S. 122
68, 10 v.u. auf / ebd., S. 69
68, 10 v.u. erraten / VIII, 1, S. 48 f.
68, 8 v.u. gedacht / VI, S. 143, 186
68, 7 v.u. VI, S. 188

Seite
69, 3 antwortete ich / ebd., S. 168
69, 4 begreift sich / ebd., S. 246
69, 7 ebd., S. 227
69, 16 VIII, 1, S. 72
69, 20 VII, S. 227
70, 21 XVIII, S. 234 f.
70, 16 v. u. VII, S. 269
70, 15 v. u. VI, S. 226
71, 20 v. u. VIII, 1, S. 52 f.
71, 9 v. u. ebd., S. 234
72, 2 VII, S. 3
72, 6 VIII, 1, S. 227
72, 4 v. u. XIX, S. 124
72, 3 v. u. VII, S. 312
73, 2 ebd., S. 356

Seite
73, 3 VI, S. 322
73, 21 v. u. VII, S. 35
73, 15 v. u. Glück erfülle / VII, S. 157
74, 2 XVIII, S. 212 f.
74, 8 VIII, 1, S. 154
74, 15 ebd., S. 167
74, 18 ebd., S. 172
74, 19 v. u. VI, S. 233
74, 16 v. u. VIII, 1, S. 235
74, 9 v. u. VII, S. 206
74, 5 v. u. XVIII, S. 172
75, 1 v. u. H. v. Hofmannsthal, Prosa IV, Frankfurt/M. 1955, S. 216–217      V. L.

## GOTTFRIED KELLER     S. 76

T: „Der grüne Heinrich" nach: Sämtl. Werke in 22 Bdn. Auf Grund des Nachlasses besorgte und mit einem wissenschaftlichen Anhang versehene Ausgabe von Jonas Fränkel und Carl Helbling, Bern–Leipzig 1926–1949, Bd. 3–6 und 16–19 (Erste Fassung) hrsg. v. Jonas Fränkel (zit. als S.W.).

L: Emil *Ermatinger*, G. Kellers Leben, Stuttgart–Berlin 1924, 8. neu bearb. Aufl. Zürich 1950; Edgar *Neis*, Romantik und Realismus in Kellers Prosawerken, Berlin 1930 (Germ. Stud. 85); Thomas *Roffler*, G. Keller. Ein Bildnis, Frankfurt–Leipzig 1931; Georg *Lukács*, G. Keller, Berlin 1946, wiederabgedr. in: Dt. Realisten des 19. Jahrh., Bern 1951, S. 147–230; Heinz *Stolte*, G. Keller und sein „Grüner Heinrich", Gotha 1948; Günther *Müller*, Aufbauformen des Romans, dargel. an den Entwicklungsromanen G. Kellers und A. Stifters, in: Neophilologus 37, 1953, S. 1–14; Alexander *Dürst*, Die lyrischen Vorstufen des Grünen Heinrich, Bern 1955 (Basler Studien 17); Paul *Rilla*, G. Keller und der Grüne Heinrich, in: Essays, Berlin 1955, S. 51–108; Roy *Pascal*, G. Keller, Green Henry, in: The German Novel, 1956, S. 30–51.

Seite
N: 77, 21 Vgl. Kellers Briefe v. 3. 4. 1872 an Emil Kuh und v. 19. 5. 1872 an Fr. Th. Vischer
78, 9 S.W. 3, S. 105
79, 10 S.W. 16, S. 262
79, 4 v. u. S.W. 3, S. 27 f.
80, 18 S.W. 19, S. 38

Seite
80, 14 v. u. S.W. 19, S. 60
82, 13 v. u. S.W. 3, S. 92
83, 7 v. u. S.W. 19, S. 198
84, 5 v. u. Hegel, Ästhetik, hrsg. v. Friedrich Bassenge, Berlin 1955, S. 55
87, 12 v. u. S.W. 3, S. 28 f.

Seite
89, 16 S.W. 6, S. 67
92, 20 S.W. 4, S. 230 f.
93, 2 S.W. 4, S. 12
93, 7 v.u. S.W. 4, S. 13 f.
96, 1 v.u. S.W. 6, S. 99
97, 1 v.u. S.W. 18, S. 132
98, 17 S.W. 3, S. 227
100, 8 v.u. Kunst / S.W. 5, S. 7
105, 17 v.u. S.W. 6, S. 3 f.
106, 19 S.W. 3, S. 196
108, 13 Vgl. auch Kellers Brief v. 21. 4. 1881 an Wilhelm Petersen
110, 19 Vgl. die Briefe Fontanes an seine Frau über Turgenjew im Juni/Juli 1881 und über Zola im Juni/Juli 1883 sowie den Brief Raabes an E. Sträter v. 21. 9. 1892 über Zola
111, 21 v.u. Hegel a. a. O., S. 899
111, 12 v.u. Walter Muschg, G. Keller und J. Gotthelf, in: Jahrb. d. Freien Dt. Hochstifts, 1940, S. 159–198
113, 2 S.W. 5, S. 36 f.
113, 21 v.u. Jean Paul, Vorschule der Ästhetik, § 38
114, 2 S.W. 4, S. 116 f.

Seite
115, 16 S.W. 6, S. 84
116, 19 Theodor Fontane, Aus dem Nachlaß, hrsg. v. J. Ettlinger, Berlin 1908, S. 251 ff.; Thomas Mann, Die Kunst des Romans, Ges. Werke, Berlin 1955, Bd. 11, S. 457; Benno von Wiese, Die dt. Novelle, Bd. 1, Düsseldorf 1957, S. 238 ff.
116, 7 v.u. Erwin Solger, Vier Gespräche über das Schöne und die Kunst, Berlin 1815, S. 228 f.
117, 3 Friedrich Schlegel, Gespräch über die Poesie, zit. nach: Dt. Lit. i. Entw. Reihen, Reihe Romantik, Bd. 3, S. 315
118, 21 v.u. Hegel a. a. O., S. 571
120, 13 Walter Benjamin, G. Keller, in: Schriften, Frankfurt/M. 1955, Bd. 2, S. 292
121, 3 S.W. 3, S. 107 f.
123, 10 S.W. 6, S. 254; vgl. S.W. 19, S. 281
124, 9 S.W. 19, S. 107 f.
124, 14 v.u. S.W. 6, S. 65 f.
127, 9 S.W. 3, S. 116 f.    W. P.

## WILHELM RAABE S. 128

T: „Das Odfeld" nach: Sämtl. Werke, Serie 3, Bd. 4, Berlin-Grunewald o. J. [1916] (Raabe); „In alls gedultig". Briefe Wilhelm Raabes (1842 bis 1910), im Auftr. der Familie Raabe hrsg. v. Wilhelm Fehse, Berlin 1940 (Briefe).

L: *Quellen:* E. von dem *Knesebeck,* Ferdinand Herzog zu Braunschweig und Lüneburg während des siebenjährigen Krieges, aus engl. u. preuß. Archiven ges. u. hrsg., 2 Bde., Hannover 1857–58; Christian Heinrich Philipp von *Westphalen,* Geschichte der Feldzüge des Herzogs von Braunschweig–Lüneburg, nachgel. Manuskript, hrsg. v. F. O. W. H. von Westphalen, 5 Bde., Berlin 1859–72; J. W. von *Archenholz,* Geschichte des Siebenjährigen Krieges in Deutschland, hrsg. u. mit einem Lebensabriß des Verf. u. einem Reg. vers. v. Aug. Potthast, 7. unveränd. Aufl. Berlin 1861. – *Zu Raabes Leben und Werk:* Herm. Anders

*Krüger*, Der junge Raabe. Jugendjahre und Erstlingswerke nebst einer Bibliographie der Werke Raabes und der Raabe-Literatur, Leipzig 1911; Heinrich *Spiero*, Raabe. Leben – Werk – Wirkung, 2. erw. Aufl. Wittenberg 1925; Romano *Guardini*, Über W. Raabes Stopfkuchen, 2. durchgearb. Aufl. Wiesbaden [1939]; Wilhelm *Fehse*, W. Raabe. Sein Leben und seine Werke, Braunschweig 1937; Aloise *Esser*, Zeitgestaltung und Struktur in den historischen Novellen W. Raabes, Diss. Bonn 1952, ungedr.; Barker *Fairley*, The Modernity of W. Raabe, in: German Studies presented to Leonard Ashley Willoughby by pupils, colleagues and friends on this retirement, Oxford 1952; Emil *Luginbühl*, W. Raabe und die dt. Geschichte, St. Gallen 1952 (Progr. der St. Gallischen Kantonschule, 96, 1952/53, Wiss. Beil.); Georg *Lukács*, W. Raabe, in: Dt. Realisten des 19. Jahrh., Berlin 1952; Herman *Meyer*, Raum und Zeit in W. Raabes Erzählkunst, in: Dt. Vjschr. 27, 1953; Karl *Hoppe*, W. Raabe. Leben und Werk, in: W. Raabe, Werke in 4 Bdn., Bd. 4, Freiburg i. Br. 1954; Roy *Pascal*, The Reminiscence-Technique in Raabe, in: Mod. Lang. Rev. 49, 1954; Dieter *Liepe*, Die Zentralsymbolik in W. Raabes epischer Dichtung. Eine Studie über das Einsamkeits- und Vergänglichkeitsgefühl in Symbolen, Diss. FU Berlin 1955, ungedr.; Fritz *Meyen*, W. Raabe. Bibliographie, Freiburg i. Br.–Braunschweig 1955 (Braunschweiger Ausg., Erg.-Bd. 1); Hermann *Pongs*, W. Raabe. Leben und Werk, Heidelberg 1958; Wolfgang *Büsgen*, Strukturen im Erzählwerk Raabes, Diss. Tübingen 1959, ungedr.; Hermann *Helmers*, Das Groteske bei W. Raabe, in: Die Sammlung 15, 1960; Herman *Meyer*, W. Raabe. Hastenbeck, in: Das Zitat in der Erzählkunst. Zur Geschichte und Poetik des europäischen Romans, Stuttgart 1961. – Zum „Odfeld": Franz Hahne, „Das Odfeld" und „Hastenbeck", in: Raabe-Studien, im Auftr. d. Gesellsch. der Freunde W. Raabes hrsg. v. Constantin Bauer, Wolfenbüttel 1925; Richard *Hinke*, Studien zu Raabes historischer Erzählung „Das Odfeld", in: Jahrb. d. Phil. Fakultät d. Dt. Univ. in Prag, Dekanatsjahr 1924/25, 1926; Helmut *Lamprecht*, Studien zur epischen Zeitgestaltung in W. Raabes Roman „Das Odfeld", Diss. Frankfurt/M. 1958, ungedr.; Werner *Kniesche*, Historische Wirklichkeit und historische Fiktion in W. Raabes „Höxter und Corvey" und „Das Odfeld", Staatsexamensarb. FU Berlin 1959, ungedr.

Seite
N: 128, 12 Westphalen, s. L., Bd. 5, S. 1084. Zur Klärung der historischen Vorarbeiten Raabes habe ich die Berliner Staatsexamensarbeit von Werner Kniesche dankbar benutzt.
128, 17 v. u. Archenholz, s. L., S. 308
128, 13 v. u. Knesebeck, s. L.,

Seite
Bd. 2, S. 403
128, 7 v. u. Westphalen, s. L., Bd. 1, S. 417
128, 1 v. u. Raabe, Bd. 4, S. 180
129, 7 Fritz Martini, Dt. Literaturgeschichte von den Anfängen bis zur Gegenwart, 10. Aufl. Stuttgart 1960 (Kröners Taschenausg., 196), S. 405

## ANMERKUNGEN

Seite
129, 10 Raabe, Bd. 4, S. 184
129, 14 ebd., S. 180
129, 20 ebd., S. 52
129, 16 v. u. ebd., S. 6
129, 14 v. u. nach Kniesche, s. L., S. 39
129, 10 v. u. Raabe, Bd. 4, S. 6
130, 3 ebd.
130, 4 ebd., S. 32
130, 19 ebd., S. 6
130, 16 v. u. ebd., S. 24
131, 19 ebd., S. 226
131, 12 v. u. Topographischer Atlas des Königreichs Hannover und des Herzogthums Braunschweig, Blatt 60, v. A. Papen, Hannover 1842
131, 5 v. u. Martini, a. a. O., S. 406
132, 6 Briefe, S. 232
132, 11 Raabe, Bd. 4, S. 133
132, 17 ebd., S. 132
132, 17 v. u. ebd., S. 133
132, 7 v. u. ebd., S. 134
132, 3 v. u. ebd.
133, 2 ebd., S. 135
133, 4 ebd.
133, 19 ausgemachet hatte / ebd., S. 139
133, 14 v. u. ebd., S. 145
133, 9 v. u. ebd., S. 154
134, 11 Raabe, Bd. 6, S. 584
134, 7 v. u. Raabe, Bd. 4, S. 24 f.
135, 2 ebd., S. 151
135, 14 Theodor Storm, Sämtl. Werke in 8 Bdn., hrsg. v. Albert Köster, Bd. 1, Leipzig 1923, S. 299
135, 16 Briefe, S. 248
135, 13 v. u. H. Meyer, Das Zitat in der Erzählkunst, s. L.
136, 5 Raabe, Bd. 4, S. 151
136, 12 ebd., S. 145 f.
136, 17 v. u. ebd., S. 175
136, 3 v. u. ebd., S. 105
137, 7 ebd., S. 98

Seite
137, 12 Vergil, Aen. II, 640 + 679
137, 20 Raabe, Bd. 4, S. 98
137, 6 v. u. Martini, a. a. O., S. 405
137, 4 v. u. ebd., S. 407
138, 5 Goethe, Sämtl. Werke, Jubiläumsausg., ... hrsg. v. Eduard von der Hellen, Bd. 16, Stuttgart 1906, S. 58 f.
138, 10 Raabe, Bd. 4, S. 23
138, 12 ebd., S. 25
138, 16 ebd., S. 25 f.
138, 20 Braunschweig usw. ist / Briefe, S. 231
138, 17 v. u. Raabe, Bd. 4, S. 213 f.
138, 12 v. u. vgl. Kniesche, s. L., S. 53
138, 6 v. u. Baumstümpfen / Tacitus, Ann. II, 16, Übersetzung: Cajus Cornelius Tacitus, Werke, übers. v. Karl Friedrich Bahrdt, Thl. 1, Halle 1807, S. 128
139, 8 Beaufremont / Raabe, Bd. 4, S. 92
139, 10 ebd., S. 142
139, 14 ebd., Motto
139, 15 ebd., S. 209
139, 19 v. u. ebd., S. 208
139, 11 v. u. ebd., S. 40
139, 4 v. u. ebd., S. 173
140, 19 ebd., S. 228
140, 16 v. u. ebd., S. 114
140, 3 v. u. mitgeteilt bei Pongs, s. L., S. 526
141, 1 Raabe, Bd. 4, S. 46
141, 3 ebd., S. 116
141, 6 ebd., S. 195
141, 8 ebd., S. 193
141, 15 ebd., S. 14
141, 18 ebd., S. 212
141, 21 ebd., S. 129
141, 17 v. u. ebd., S. 49
141, 15 v. u. ebd., S. 81
141, 14 v. u. ebd., S. 210
142, 4 Pongs, s. L., S. 527
142, 8 Briefe, S. 366

Seite
142, 19 Raabe, Serie 3, Bd. 3, S. 253
142, 16 v. u. ebd., S. 256
142, 5 v. u. Wilhelm Scherer, Kleine Schriften, Bd. 2, Berlin 1893, S. 35
143, 14 Raabe, Bd. 4, S. 94
143, 18 ebd., S. 6
143, 15 v. u. ebd., S. 121

Seite
143, 4 v. u. Titel nach der 3. Aufl. von 1752; Raabe hat die 4. Aufl. von 1756 benutzt.
144, 4 Raabe, Bd. 4, S. 62 f.
144, 9 ebd., S. 59
144, 13 ebd., S. 226
144, 14 v. u. ebd., S. 24 f.
145, 1 Odyssee / Briefe, S. 332
145, 7 ebd., S. 376     W. K.

## THEODOR FONTANE     S. 146

T: „Der Stechlin": Da es eine hist.-krit. Ausgabe der Werke Fontanes nicht gibt und die Gesammelten Werke von 1905 selten geworden sind, füge ich zu den Seitenzahlen jeweils die Kapitelzahl hinzu. Der Text des Romans selbst wird zitiert nach der Gesamtausgabe der erzählenden Schriften, Berlin 1925, in zwei Reihen.

L: Karl *Kuhlmann*, Über Ursprung und Entwicklung des Dubslav-Charakters in Th. Fontanes Roman Der Stechlin, in: Zeitschr. f. dt. Unterricht 32, 1918, S. 219–231; Conrad *Wandrey*, Th. Fontane, München 1919; Thomas *Mann*, Der alte Fontane, in: Das Fontane-Buch, Berlin 1921, S. 35–62; Hans-Friedrich *Rosenfeld*, Zur Entstehung Fontanescher Romane, Groningen 1926; Julius *Petersen*, Fontanes Altersroman, in: Euphorion XXIX, 1928, S. 1–74; Erich *Behrend*, Th. Fontanes Roman Der Stechlin, in: Beiträge z. dt. Literaturwissenschaft 34, Marburg 1929; Clara *Sieper*, Der historische Roman und die historische Novelle bei Raabe und Fontane, in: Forschungen zur neueren Literaturgeschichte 62, Weimar 1930; Mary-Enole *Gilbert*, Das Gespräch in Fontanes Gesellschaftsromanen, Leipzig 1930 (Palaestra 174); Konrad *Peters*, Th. Fontane und der Roman des 19. Jahrh., Diss. Münster 1932; Hermann *Fricke*, Fontanes letzter Romanentwurf Die Likedeeler, Rathenow 1938; Gustav *Radbruch*, Th. Fontane oder Skepsis und Glaube, Leipzig 1945, 2. Aufl. 1948; Josef *Hofmiller*, Stechlin-Probleme, in: Dt. Beiträge II, 1948, S. 462–467; Richard *Brinkmann*, Das Bild des Menschen bei Th. Fontane, Diss. Tübingen 1949; Max *Rychner*, Der Stechlin, in: Welt im Wort. Literarische Aufsätze, Zürich 1949, S. 266–285; Ingeborg *Schrader*, Das Geschichtsbild und seine Bedeutung für die Maßstäbe der Zeitkritik in den Romanen, Limburg 1950; Joachim *Ernst*, Die religiöse Haltung Th. Fontanes, Diss. Erlangen 1951; Helga *Ritscher*, Fontane. Seine politische Gedankenwelt, in: Göttinger Bausteine zur Geschichtswissenschaft, Heft 8, 1953; Georg *Lukács*, Th. Fontane, in: Dt. Realisten des 19. Jahrh., Berlin 1953, S. 262–307; Richard *Samuel*, Th. Fontane, in: Journal of the Australian Univ. Language and Lit. Assoc. 2, 1954,

# ANMERKUNGEN 431

S. 1–12; Roy *Pascal*, The German Novel, Manchester 1956, 2. Aufl. 1957, S. 178–214; Paul *Böckmann*, Der Zeitroman Th. Fontanes, in: Deutschunterricht, Heft 5, 1959, S. 59–81; Walter *Müller-Seidel*, Gesellschaft und Menschlichkeit im Roman Th. Fontanes, in: Heidelberger Jahrb. IV, 1960, S. 108–127; Herman *Meyer*, Das Zitat in der Erzählkunst. Zur Geschichte und Poetik des europäischen Romans, Stuttgart 1961, S. 155–185; Benno von *Wiese*, Die dt. Novelle von Goethe bis Kafka, Bd. 2, Düsseldorf 1962, S. 236–260.

Seite

N: 148, 14 Fontanes Briefwechsel mit Wilhelm Wolfsohn, Berlin 1910, S. 30

148, 2 v. u. erhebt / Briefe Fontanes, Zweite Sammlung, I, 1910, S. 393–394

150, 16 v. u. Nach einem Entwurf von J. Petersen in seinem Beitrag über Fontanes Altersroman (S. 13) mitgeteilt

150, 7 v. u. Nach einem Aufsatz von Rose Macaulay über E. M. Forster, von Werner Milch zitiert in: Ströme. Formeln. Manifeste, Marburg 1949, S. 35

151, 6 Briefe Fontanes, zweite Sammlung, I, S. 247

151, 13 ebd., II, S. 418

151, 4 v. u. ebd., II, S. 344

152, 13 v. u. ebd., S. 367

152, 6 v. u. An Paul Schlenther, in: Neue Rundschau, XXI, 1910, S. 1381

152, 2 v. u. An Ernst Heilborn, in: Lit. Echo XXII, S. 399

153, 20 v. u. E. M. Forster, Ansichten des Romans, Dt. Fassung, Frankfurt/M. 1949, S. 19–20

155, 10 Gesamtausg., 1. Reihe, II, S. 163, 40. Kap.

155, 21 v. u. ebd., V, S. 137, 4. Kap.

155, 12 v. u. ebd., V, S. 389–390, 8. Kap.

Seite

156, 6 Julius Petersen, Fontanes erster Gesellschaftsroman, 1929, S. 56–57

156, 18 Gesamtausg., 2. Reihe, III, S. 112, 8. Kap.

156, 10 v. u. ebd., S. 218, 19. Kap.

156, 3 v. u. ebd., S. 195, 17. Kap.

157, 2 ebd., S. 192, 17. Kap.

157, 15 v. u. 1. Reihe, I, S. 642–643, 28. Kap.

157, 5 v. u. 2. Reihe, III, S. 31, 3. Kap.

158, 3 v. u. 2. Reihe, II, S. 395–396, 29. Kap.

159, 21 ebd., S. 387, 27. Kap.

160, 5 v. u. ebd., S. 150, 13. Kap.

161, 7 ebd., S. 155, 13. Kap.

163, 3. v. u. 1. Reihe, II, S. 533, 74. Kap.

165, 5 2. Reihe, III, S. 15–16, 1. Kap.

165, 15 v. u. ebd., S. 37, 3. Kap.

165, 10 v. u. ebd., S. 316, 29. Kap.

166, 10 Briefe, Zweite Sammlung, I, S. 303–304

166, 20 v. u. Fontane, Briefe an Georg Friedlaender, hrsg. v. Kurt Schreinert, Heidelberg 1954, S. 305

166, 7 v. u. An seine Frau vom 5. 6. 1878 in: Briefe an seine Familie, I, S. 252–253

167, 21 v. u. Karl Marx u. Friedrich Engels, Manifest der Kommunistischen Partei, Berlin 1955, S. 33

Seite
168, 2 Gesamtausg., 2. Reihe, III, S. 173, 14. Kap.
168, 14 v. u. ebd., S. 82, 6. Kap.
169, 2 ebd., S. 243, 21. Kap.
170, 1 ebd., S. 368, 36. Kap.
171, 13 v. u. ebd., S. 33, 3. Kap.
171, 8 v. u. ebd., S. 64, 5. Kap.
172, 1 ebd., S. 159, 13. Kap.
172, 5 v. u. ebd., S. 56, 4. Kap.
173, 7 ebd., S. 36, 3. Kap.
173, 18 v. u. Fontane, Briefe an Friedrich Paulsen, Bern 1949, S. 5
174, 20 Gesamtausg., 2. Reihe, III, S. 185–186, 15. Kap.
174, 10 v. u. ebd., S. 316, 29. Kap.
175, 3 ebd., S. 286, 25. Kap.
175, 15 v. u. ebd., S. 431, 41. Kap.
176, 19 ebd., S. 206, 18. Kap.
176, 16 v. u. ebd., S. 441, 43. Kap.
177, 15 ebd., S. 28, 2. Kap.
177, 17 v. u. ebd., S. 12, 1. Kap.
178, 9 v. u. ebd., S. 60, 5. Kap.

Seite
180, 5 ebd., S. 80, 6. Kap.
180, 14 ebd., S. 78, 6. Kap.
180, 12 v. u. ebd., S. 13, 1. Kap.
181, 21 v. u. ebd., S. 138–139, 12. Kap.
183, 13 ebd., S. 137, 12. Kap.
183, 20 v. u. ebd., S. 167, 14. Kap.
183, 7 v. u. Fontanes Rezension über das Keller-Buch von Brahm erschien in der Vossischen Zeitung vom 8. 4. 1883. Jetzt auch in Th. Fontane, Schriften zur Literatur, Berlin 1960, S. 98
185, 13 Gesamtausg., 2. Reihe, III, S. 441, 43. Kap.
185, 15 v. u. Fontane, Briefe, Zweite Sammlung I, S. 395, an Hertz vom 1. 12. 1878
188, 11 Gesamtausg., 1. Reihe, I, S. 458, 6. Kap.
188, 16 v. u. ebd., 2. Reihe, III, S. 316, 29. Kap.

A: 1) S. 146, 15 v. u. Christian Friedrich von *Blankenburgs* Versuch über den Roman, Leipzig–Liegnitz 1774, ist nur noch an wenigen deutschen Bibliotheken vorhanden. Das umfangreiche Werk bedürfte dringend einer Neuausgabe, weil es sich um eines der wichtigsten Dokumente in der Geschichte der Romantheorie handelt. Die angeführte Stelle S. 272 des genannten Buches.

2) S. 146, 2 v. u. Die Frage nach der Weltgültigkeit des deutschen Romans ist in dem lesenswerten Buch von R. Pascal, s. L., gestellt und behandelt. Der Rezensent des Buches in der angesehenen „Times Literary Supplement" hat die überspitzten Folgerungen gezogen, die wir anführten: „is ultimately traceable to a lack of love for humanity", wie der englische Text lautet. Sowohl mit der Darstellung Pascals wie mit der Rezension des Buches hat sich Max *Rychner* in seinem Beitrag Vom dt. Roman, in: Merkur, X, 1956, S. 1158–1171, temperamentvoll auseinandergesetzt.

3) S. 147, 5. Die weltgeschichtliche Bedeutung des Romans wird auch sichtbar daran, daß der Gattung ein eigener Beitrag in der neuen Propyläen-Weltgeschichte vorbehalten ist, die Golo *Mann* herausgibt. Der Aufsatz dort stammt abermals von Max *Rychner*, Bd. VIII, Berlin 1960, S. 339–366.

4) S. 147, 16 v. u. Gemeint ist die Anthologie von Ignaz *Hub*, Deutschland's Balladen- und Romanzendichter, 1860, 1. Aufl. 1845. Das Zitat im Vorwort zur 1. Aufl., S. III.

5) S. 148, 11 v. u. Über Fontanes Beschäftigung mit Goethes Roman „Die Wahlverwandtschaften" liegen bisher unveröffentlichte Notizen vor, die ich demnächst mitzuteilen gedenke.
6) S. 149, 8 v. u. Seitens der Kunstgeschichte hat Richard *Hamann* das Problem des Altersstils erörtert. In seinem Buch Der Impressionismus in Leben und Kunst, 2. Aufl. 1923, hat er sich mit der Alterskunst Rembrandts, Goethes und Beethovens beschäftigt. Vor allem aber ist in diesem Zusammenhang das Buch von A. E. *Brinckmann* zu nennen Die Spätwerke großer Meister, 1925. Für Goethe ist auf den Artikel „Altersstil" von Erich *Trunz* zu verweisen in: Goethe-Handbuch, 2. Aufl., Sp. 178–187, mit entsprechenden Literaturangaben. Vom Altersstil Fontanes im Stechlin handelt J. Petersen in seinem Beitrag, s. L. Gegen alle Behauptungen über einen Verfall der künstlerischen Kräfte wendet sich H. Fricke in seiner Veröffentlichung über das Romanfragment Die Likedeeler, s. L., bes. S. 4.
7) S. 151, 7 v. u. Die Materialien hat H. Fricke in dem genannten Buch zusammengetragen und veröffentlicht. Daß es zwischen dem Fragment „Die Likedeeler" und dem „Stechlin" keine Beziehungen geben soll, wie dort (S. 138) gesagt wird, leuchtet nicht ein.
8) S. 158, 18. Der Satz bezieht sich auf eine bekannte Briefstelle Fontanes (Ges. Werke, 2. Serie, Bd. XI, S. 388). Die Briefstelle wird in der Literatur sehr unterschiedlich ausgelegt. Für J. Petersen ist Woldemar der Adel, wie er sein sollte, und Dubslav der Adel, wie er ist. Unsere Analyse geht andere Wege. Auch kann die Auslegung Petersens schon deshalb nicht überzeugen, weil die so verstandene Alternative für die Adelsfiguren von der Art Gundermanns oder der Domina keinen Raum läßt. E. Behrend, s. L., S. 50, versteht Dubslav im Sinne des Adels, „wie er sein sollte". Die zitierte Briefstelle zur Grundlage einer weiterführenden Interpretation zu machen, erscheint aber in jedem Fall problematisch.
9) S. 169, 21 v. u. Das Schwanken im Politischen beanstandet G. Lukácz mit höchst befremdlichen Argumenten: „So wird Fontane – je reifer, desto mehr – zur schwankenden Gestalt ..." s. L., S. 274. Zwei Seiten später wird gar von der Skepsis gesprochen, die „zuweilen bis zum Nihilismus geht".
10) S. 171, 14. Das Buch von Friedrich Wilhelm August Bratring Die Grafschaft Ruppin in historischer, statistischer und geographischer Hinsicht erwähnt J. Petersen in seinem Stechlin-Aufsatz S. 7.
11) S. 173, 14 v. u. Wiederum orientiert Petersen, s. L., S. 45 ff., über diesen Dichter und die entstehungsgeschichtlichen Zusammenhänge. Auch die Beschreibung des Begräbnisses im Magazin für Literatur, Jahrg. 67, Nr. 9, wird dort zitiert.
12) S. 180, 2 v. u. Ein Satz von E. Behrend, s. L., S. 64.
13) S. 183, 13 v. u. An Einwänden dieser Art fehlt es in Wandreys Monographie nicht. Auch Petersen nimmt in seinem Beitrag solche Einwände auf, zumeist im einschränkenden Sinn. Was darüber gesagt

wird, steht bezeichnenderweise in dem Kapitel „Altersstil". Dort pflegt man, so scheint es, alles unterzubringen und „abzuladen", was von der herkömmlichen Romanform abweicht, nach der man zu urteilen gewohnt ist. W. M.-S.

## THOMAS MANN S. 190

T: „Buddenbrooks" nach: Ges. Werke in zwölf Bdn., Bd. I, S. Fischer, 1960. Erstausg.: 2 Bde., 566 u. 539 S., Berlin 1901; Auflagenhöhe, Lizenzausgaben und Übersetzungen verzeichnet die Bibliographie von Hans Bürgin, Das Werk Th. Manns, 1959. – Sonstige Schriften Th. Manns nach Bd. II–XII der Ges. Werke sowie Briefe 1889–1936, hrsg. v. Erika Mann, S. Fischer, 1961.

L: Heinrich *Mann*, Ein Zeitalter wird besichtigt, Berlin 1947; Viktor *Mann*, Wir waren fünf, Bildnis der Familie Mann, Konstanz 1949. Alexander *Pache*, Th. Manns epische Technik, in: Mitteilungen d. Literarhist. Gesellsch. Bonn, 2, 1907, S. 41–71; Ernst *Bertram*, Das Problem des Verfalls, ebd. S. 72–79; Arthur *Eloesser*, Th. Mann, Berlin 1925; Käte *Hamburger*, Th. Mann und die Romantik (Arb. z. Geistesgeschichte d. germ. u. rom. Völker 15), Berlin 1932; Ronald *Peacock*, Das Leitmotiv bei Th. Mann, Bern 1934; Georg *Lukács*, Th. Mann, Berlin 1949; Hans *Mayer*, Th. Mann, Berlin 1950; Henry *Hatfield*, Th. Manns Buddenbrooks. The world of the father, in: Univ. of Toronto Quart. 20, 1950, p. 33–44; Ders., Th. Mann, Norfolk, Connecticut 1951; Pierre-Paul *Savage*, Activité économique et conscience bourgeoise dans les Buddenbrooks de Th. Mann, in: Bull. de la Fac. des Lettres 30, 1951, p. 155–174, 177–186; Roger A. *Nicholls*, Nietzsche in the early work of Th. Mann, Berkeley–Los Angeles–London 1955; Max *Rychner*, Gestalten und Bezüge in den Romanen Th. Manns, in: Die Neue Rundschau 66, 1955, S. 261–277; Hermann *Stresau*, Die Buddenbrooks, ebd. S. 392–410; Waltraud *Schleifenbaum*, Th. Manns Buddenbrooks, Diss. Bonn 1956, ungedr.; Inge *Diersen*, Th. Manns Buddenbrooks, in: Weimarer Beiträge 3, 1957, S. 58–86; Hellmuth *Petriconi*, Verfall einer Familie und Höllensturz eines Reiches, in: Das Reich des Untergangs, Hamburg 1958, S. 151–184 u. 191 f.; Armand *Nivelle*, La structure des Buddenbrook(!), in: Revue des langues vivantes 24, 1958, p. 323–339; Kurt *Wais*, Zur Auswirkung des französischen naturalistischen Romans in Deutschland, in: An den Grenzen der Nationalliteraturen, Berlin 1958, S. 215–236; Paul *Scherrer*, Bruchstücke der Buddenbrooks-Urhandschrift und Zeugnisse zu ihrer Entstehung 1897–1901, in: Die Neue Rundschau 1958, S. 258–291; Ders., Aus Th. Manns Vorarbeiten zu den Buddenbrooks, in: Librarium 2, 1959, S. 22–36, 123–136; Ders., Th. Manns Mutter liefert Rezepte für die Buddenbrooks, in: Libris et Litteris, Festschr. f. Hermann Tiemann,

Hamburg 1959, S. 325–337; Erich *Heller*, Der ironische Deutsche, Frankfurt/M. 1959; Fritz *Kraul*, Die Buddenbrooks als Gesellschaftsroman, in: Der Deutschunterricht 11, 1959, Heft 4, S. 88–104; Georges *Fourrier*, Th. Mann. Le message d'un artiste-bourgeois (1896–1924), Paris 1960; Paul *Altenberg*, Die Romane Th. Manns, Bad Homburg 1961; Helmut *Koopmann*, Die Entwicklung des intellektuellen Romans bei Th. Mann (Bonner Arb. z. dt. Lit. 5), Bonn 1962.

Seite

N: 190, 8 Notizbuch 2, S. 12 (im Th. Mann-Archiv, Zürich); Auszüge veröffentlicht v. P. Scherrer, Bruchstücke der Buddenbrooks-Urhandschrift, s. L., S. 260 u. Th. Manns Mutter, s. L., S. 330

190, 11 XI, 550; vgl. XI, 123, 380, 607

190, 4 v.u. I, 9

191, 6 I, 758

191, 1 v.u. Dazu und zum folgenden bis S. 192. Mitte XI, 854–856, sowie X, 393 u. XI, 702 f.

192, 7 v.u. XI, 551; vgl. XI, 383

192, 5 v.u. XII, 89

193, 5 XI, 554

193, 12 XI, 776. Zit. nach Goethe, Dichtung und Wahrheit III, 12; WA. I, 28, S. 151

196, 9 XI, 554; vgl. XI, 380 f.

196, 15 XI, 554; chronikalische Tabellen abgedr. v. P. Scherrer, Aus Th. Manns Vorarbeiten, s. L., S. 26 ff. Zu den Übereinstimmungen mit der eigenen Familiengesch. vgl. im einzelnen Buddenbrooks, Kap. II, 1 u. V. Mann, s. L., S. 13 ff.

197, 18 v.u. I, 558

198, 20 v.u. Edwin Muir, The Structure of the Novel, 7. Aufl. London 1957, p. 102–110.

198, 14 v.u. Dazu XI, 168 f., 395, 607 f., 671 f., 747

199, 6 v.u. I, 469

202, 17 v.u. I, 259

Seite

203, 12 Trunkenheit erfüllt / I, 655

205, 6 Einzelnachweise bei Petriconi, s. L., S. 157 f.

207, 10 v.u. I, 620 u. 622 f.

209, 9 I, 437

209, 13 v.u. I, 437

211, 10 XI, 711 f.; einzelne Formeln vorgeprägt bei Nietzsche, Der Fall Wagner, Musarion-Ausg. XVII, 47

211, 21 v.u. Vgl. mit Bezug auf die Buddenbrooks XII, 73 ff. sowie X, 840 ff.

211, 18 v.u. Nietzsche contra Wagner, Musarion-Ausg. XVII, 278; dazu Th. Mann IX, 404, XII, 109 f. Auf eine ganze Reihe von Stilqualitäten der Prosa Th. Manns wird dieser Begriff übertragen von H. Koopmann, s. L., bes. S. 28–36.

211, 14 v.u. XI, 110; vgl. IX, 708

211, 11 v.u. XII, 72, auch IX, 559 u. XI, 111

212, 8 H. Hatfield, Th. Mann, s. L., p. 8

212, 19 XII, 25 f.

212, 21 XII, 90

213, 6 XII, 91 f.

213, 10 Vgl. bes. XI, 802 u. X, 353

213, 21 v.u. XI, 555 (1949)

213, 15 v.u. XI, 555

213, 5 v.u. XI, 555; dieser etwas dunkle Satz wird erläutert durch einen Brief Th. Manns über die Aufgabe des Schriftstellers, wo es in gleichem Zusammenhang heißt: „Geist ist die Selbst-

Seite

kritik des Lebens. Er ist dabei *nicht* der Feind des Lebens ..." X, 782 (1947). Vgl. dazu auch Käte Hamburger, Th. Manns Roman Joseph und seine Brüder, Stockholm 1945, S. 14–18, mit Bezug auf ähnliche Formulierungen aus den „Betrachtungen".

214, 5 XI, 556; vgl. X, 782
214, 20 v.u. XII, 72
215, 2 XI, 556
215, 15 v.u. Über das biogr. Vorbild bes. ausführl. V. Mann, s. L., S. 233, S. 388–394
215, 8 v.u. Vgl. XI, 106 f., 461 (= X, 388 f.). Dazu auch V. Mann, s. L., S. 86, S. 595–597
215, 4 v.u. V. Mann, s. L., S. 161; vgl. die Briefe S. Fischers v. 23. 3. u. 1. 4. 1901, abgedr. v. P. Scherrer, Bruchstücke der Buddenbrooks-Urhandschrift, s. L., S. 282–284
215, 2 v.u. XI, 556
216, 9 X, 15
216, 19 X, 16
217, 5 Zu den folgenden Details vgl. die Abb. bei P. Scherrer, Bruchstücke der Buddenbrooks-Urhandschrift, s. L., S. 288 u. 291, sowie den Aufsatz, Th. Manns Mutter, s. L.
217, 7 X, 21
217, 18 V. Mann, s. L., S.133–135; dazu Th. Mann XI, 799 f.
218, 19 v.u. XI, 74
219, 1 v.u. Dazu bes. der Bilse-Aufsatz X, 20 f.
220, 19 blauen Streifen / I, 126
220, 20 I, 631
220, 17 v.u. I, 155 u. 636, 157 u. 637
220, 9 v.u. Kap. X, 3, S. 630–637 u. Kap. III, 6 – III, 13, S. 125–157

Seite

221, 6 I, 142 u. 635
221, 19 v.u. So H. Mayer, s. L., S. 110 und noch jüngst H. Koopmann, s. L., S. 57 f. u. 151; vgl. Th. Mann XI, 116, 611
222, 11 v.u. Dazu und zum folgenden bis S. 224, 3 vgl. IX, 491–499
224, 11 v.u. der Kunst auf immer / X, 16 f.; diese Formulierung ist deutlich abhängig von Nietzsche, vgl. Musarion-Ausg. XV, 375 f.; dazu E. Heller, s. L., S. 78 f.
225, 8 v.u. zu wiederholen / Vgl. bes. I, 499–504
225, 6 v.u. I, 264
225, 2 v.u. I, 38
226, 12 v.u. Vgl. I, 499
226, 8 v.u. Dies ausführl. dargelegt bei I. Diersen, s. L., S. 80–83; vgl. schon A. Pache, s. L., S. 57 f.
227, 7 v.u. I, 36
227, 1 v.u. I, 71
228, 12 I, 407
228, 20 v.u. I, 563 f.
228, 17 v.u. I, 673
229, 8 I, 758
230, 10 v.u. III, 686. Dazu auch XI, 354!
230, 2 v.u. simpel / Briefe, s. T., S. 62 (28. 3. 1906)
231, 6 Briefe, s. T., S. 25 (13. 2. 1901)
231, 17 Vgl. Entstehung XI, 290–292 u. das XLV. Kap. des Doktor Faustus
232, 6 I, 520. Vgl. die Spiegelung dieses Motivs beim Zahnarztbesuch Hannos I, 512
232, 18 X, 17
232, 20 v.u. VIII, 338; dazu treffliche Bemerkungen bei E. Heller, s. L., S. 37 u. 66 f.

## ANMERKUNGEN 437

**A:** 1) S. 191, 12. Daß die Schlußszene von vornherein in diesem Satz gipfeln sollte, läßt die Notizbucheintragung von 1897 bereits erkennen. Sie enthält neben der Aufzählung der in dieser Szene versammelten Personen als einzigen Vermerk eben dieses „Schlußwort"; abgedr. bei Scherrer, Bruchstücke der Buddenbrooks-Urhandschrift, s. L., S. 261.
2) S. 191, 3 v.u. X, 357; vgl. XI, 702 f.; 854 ff. u. ö. Diese These ist bereits im späteren 18. Jahrh. vorgebracht (z. B. in Blankenburgs Versuch über den Roman 1774, Vorbericht) und von Hegel verfestigt worden (vgl. Vorl. über Ästhetik, hrsg. v. Glockner, III, 341 f.). Erneuert Th. Mann in seiner kultur- und sozialgeschichtlichen Bestimmung des neuzeitlichen Romans die Argumente Hegels, so sieht er seine künstlerische Sublimierung zu einer „geistigen und hochmenschlichen Kunstgattung" ganz mit Schopenhauers Blick als „Verinnerlichung". Zu diesem Begriff Fritz *Martini*, Die Theorie des Romans im dt. Realismus, in: Festschr. f. Eduard Berend, Weimar 1959; der Gegensatz zwischen Hegels und Schopenhauers Argumentation scheint mir allerdings dort (S. 278 f.) nicht genügend hervorgehoben. Th. Mann kehrt sich in seinem Schaffen, wie die folgende Interpretation zeigen soll, schon früh vom Prinzip der „Verinnerlichung", dem er in seiner Theorie noch als Sechzigjähriger huldigt, entschieden ab und verwirklicht gerade damit die von Hegel geforderte Versöhnung der „Poesie des Herzens" mit der „Prosa der Verhältnisse". – Zur Vorgeschichte des Begriffs „Bildungsroman" vgl. die aufschlußreiche Studie von Fritz *Martini*, in: Dt. Vjschr. 35, 1961, S. 44–63.
3) S. 192, 16 v.u. X, 360 f.; ähnlich XI, 854 ff. Vgl. dazu Hans *Mayer*, Der dt. Roman im 19. Jahrh., in: Dt. Lit. u. Weltlit., 1957, S. 271 f. Mayer macht sich in seiner Kritik an der Entwicklung des deutschen Romans diese Thesen Th. Manns weitgehend zu eigen.
4) S. 195, 8 v.u. Dazu wichtige Bemerkungen bei Petriconi, s. L., S. 152, wo allerdings die Eingangsfrage irrtümlich auf den Dekalog bezogen wird.
5) S. 196, 2. An dieser Stelle sei vermerkt, daß diese Studie wie auch die kürzlich veröffentlichte Arbeit von H. Koopmann (s. L.), die solche Probleme ausgiebig erörtert, aus einem Bonner Oberseminar, das Benno von Wiese im Winter 1959 leitete, manche Anregung gewann.
6) S. 196, 7 v.u. Über den Umfang der literarischen Einflüsse auf die Buddenbrooks unterrichten bündig Hatfield, Th. Mann, s. L., bes. p. 33 ff., und das Kapitel Les Buddenbrooks I, La Genèse bei G. Fourrier, s. L., p. 85–90, sowie mit besonderem Blick auf die westeuropäischen Anregungen Wais, s. L., bes. S. 231 ff. Th. Manns eigene Angaben über die literarischen Anregungen zu seinem Jugendroman sind verstreut, wiederholen sich jedoch in den wesentlichen Punkten und bilden die Grundlage aller genannten Darstellungen. Ich gebe die ausführlichsten Stellen: XI, 312; 379 ff.; 533 f.; 550 f.; 554; XII, 89 f.; ferner X, 185; XI, 123, 421. Zur Aufbewahrung des Buddenbrook-Manuskripts unter

einem Tolstoibild auch V. Mann, s. L., S. 156 u. 589; vgl. dazu XII, 539.

7) S. 197, 15 v.u. Petriconi datiert in seiner praktischen Zeittafel zur Geschichte der Buddenbrooks, s. L., S. 191 f., das Weihnachtsfest in der Mengstraße und die Verurteilung Weinschenks mit dem Jahreswechsel 1870/71 um ein Jahr zu spät. (Vgl. den Schluß von Kap. VIII, 9 und den Anfang von Kap. X, 4: aus Weinschenks Strafverbüßung ergibt sich zwingend das frühere Datum; auch die Schilderung Elisabeth Weinschenks in Kap. VIII, 8 paßt eher zu Weihnachten 1869.) Den Tod der Konsulin hat Th. Mann allerdings selbst erst im Laufe der Vorarbeiten von Herbst 1870 auf Herbst 1871 verschoben; vgl. die Korrektur in seinen Datenlisten, abgedr. bei Scherrer, Aus Th. Manns Vorarbeiten zu den Buddenbrooks, s. L., S. 27 u. 28.

8) S. 198, 2 v. u. Diese Gliederung der erzählten Handlung wird dadurch noch unterstrichen, daß die vier herausgehobenen Zeitabschnitte in abgemessener Folge mit „Teil"-Schlüssen des Romans zusammenfallen. Berücksichtigt man den Auftakt-Charakter des „Ersten Teils", der nur den Ausschnitt eines Tages wiedergibt, so sind dem ersten Jahrzehnt ein Teil, dem zweiten zwei, dem dritten drei und dem vierten vier Teile des Romans eingeräumt. Vgl. über ähnliche Verhältnisse im Zauberberg Herman *Meyer*, Zum Problem der epischen Integration, in: Trivium 8, 1950, S. 307–317.

9) S. 211, 4 v.u. IX, 561. Selbst wenn man dieser Einschränkung mißtraut, so warnt allein der Umstand, daß Th. Manns früheste Schopenhauer-Lektüre in eine Zeit fällt, da der Roman schon fast bis zum letzten Siebentel (Kap. X, 5) gediehen war, den Interpreten davor, seine „geistige Struktur" aus einer mit Nietzsche-Kritik versetzten Schopenhauer-Philosophie herzuleiten (so nach vielen Vorgängern noch Heller, s. L., S. 9–13). Überdies bringt das „Schopenhauer"-Kap. des Romans viel mehr das *Erlebnis* der Schopenhauer-Lektüre als ihren philosophischen Ertrag zur Darstellung (darüber auch Nicholls, s. L., p. 2 f.; 18 f.). In diesem Zusammenhang ist von Bedeutung, daß Thomas Buddenbrook sich über sein Erlebnis – wie übrigens auch Hans Castorp nach seiner Schneevision – schon sehr bald nicht mehr Rechenschaft geben kann und das Buch schließlich ohne Aufhebens an seinen „ordentlichen" Platz im Bücherschrank zurückräumen läßt.

10) S. 212, 13. Auf diesen letzteren Gegensatz baut vor allem G. Lukács seine Analyse der Komposition wie des gesellschaftskritischen Gehalts der Buddenbrooks auf (s. L., bes. S. 18 ff.). Wesentlich differenzierter und zugleich nüchterner verfährt G. Fourrier, der das Wortpaar „artistebourgeois" sogar zum Titelwort erhebt, bei seiner Interpretation (bes. p. 108: Les „Buddenbrooks" ne sont pas véritablement un „roman social" u. ff.) und bei der biographischen Erörterung „La problème de la vie et de l'art" im Anschluß an die Buddenbrooks-Kapitel (p. 117f.). Armand Nivelle kehrt die Gegensätze zwischen Bürgerlichkeit und Dekadenz bzw. Boheme hervor, um seine These zu rechtfertigen, daß Thomas Buddenbrook die Zentralfigur und der eigentliche

Held des Romans sei, da in ihm als einzigem eben diese Hauptkonflikte des Romans voll zum Austrag kämen; alle anderen wichtigen Personen vertreten nach der Ansicht Nivelles nur die eine oder die andere Sphäre, ja sie seien sogar lediglich „des composantes de sa personnalité" (p. 325). Nivelles Strukturanalyse ist in ihrer immanenten Folgerichtigkeit ein lehrreiches Beispiel für die Problemverkürzung, die sich bei einer allein auf psychologischen und soziologischen Antithesen aufbauenden Interpretation ergibt.

11) S. 216, 13 v. u. Faksimile der ersten Seite des Urmanuskripts bei Scherrer, Bruchstücke der Buddenbrooks-Urhandschrift, s. L., S. 263. Die Widmung von Th. Mann selbst mitgeteilt in den „Betrachtungen", XII, 190 f. – Was hier das „Herz" dem Dichter vorschreibt, nennt der Bilse-Aufsatz mit Nachdruck den Vorgang der „Beseelung", der allen Stoff zum ausschließlichen Eigentum des Dichters mache und damit alle „Kompromittierung" der Wirklichkeit ausschließe. In der „Pariser Rechenschaft" ist dann in entsprechendem Zusammenhang von „Vergeistigung" die Rede. Als Vorstufen des späteren Begriffs „Geist der Erzählung" verdienten diese Stellen auch im Zusammenhang mit der Romantheorie seit Hegel (vgl. A. 1), eine eingehende Untersuchung.

12) S. 217, 6 v. u. Allein auf einer Seite (I, 377) fällt die Vokabel „Wort" elfmal, achtmal wird sie S. 383 und zweimal S. 389 angebracht, ehe sie unter doppelter Wiederaufnahme am Ende des IV. Teils, S. 394, ihre Auflösung erfährt.

13) S. 219, 17. So schon früh E. Bertram, s. L., S. 78 f. Einige Äußerungen Th. Manns zur Musikalität seiner epischen Darstellung in den Buddenbrooks: XI, 116; 130; 388 f.; 552 f.; 715 f.

14) S. 221, 4 v. u. Ansätze zu einer solchen Beurteilung bieten am ehesten H. Mayers Äußerungen zu Th. Manns Realismus und Leitmotivtechnik, s. L., S. 110 ff., und Bemerkungen Fourriers, s. L., p. 91 f., über die erlebnisentsprechende Wiederholung von „Leitmotiven". Im übrigen folgt die Forschung sichtbar der Abwertung des Naturalismus in der Ästhetik der letzten Jahrzehnte. So gilt es nahezu als Ehrenrettung eines Autors, wenn sich die „realistischen" Elemente seines Darstellungsstils als Vorwand für „höhere" Absichten erklären lassen. – Grundlegende Orientierung bei Peacock, s. L.; kritischer Forschungsüberblick und förderlicher Ansatz zur Unterscheidung zwischen epischer und musikalischer Leitmotivtechnik bei Koopmann, s. L., S. 45 ff. E. L.

# FRANZ KAFKA S. 234

T: „Der Prozeß" nach: Ges. Werke, hrsg. v. Max Brod, Frankfurt/M. 1950 ff. In derselben Ausg.: Das Schloß (zit.: S), Beschreibung eines Kampfes, Novellen, Skizzen, Aphorismen, Aus dem Nachlaß (zit.: BK), Hochzeitsvorbereitungen auf dem Lande und andere Prosa aus dem

Nachlaß (zit.: HL), Tagebücher 1910–1923 (zit.: T), Briefe an Milena (zit.: BrMi), Briefe 1902–1924. Ferner: Gustav Janouch, Gespräche mit Kafka, Frankfurt/M. 1951 (zit.: Janouch).

L: a) Bibliographien: Angel *Flores*, Biography and Criticism, in: F. Kafka Today, hrsg. v. Angel Flores und Homer Swander, Madison 1958, S. 259–285; Rudolf *Hemmerle*, F. Kafka, Eine Bibliographie, München 1958; Harry *Järv*, Die Kafka-Literatur, Malmö-Lund 1961.
b) Wichtigste allgemeine Publikationen mit z. T. ausführlichen Abschnitten über Der Prozeß: Herbert *Tauber*, F. Kafka, Eine Deutung seiner Werke, Zürich–New York 1941; Friedrich *Beissner*, Der Erzähler F. Kafka, Stuttgart 1952; Clemens *Heselhaus*, Kafkas Erzählformen, in: Dt. Vjschr. 26, 1952, S. 353–376; Walter *Benjamin*, F. Kafka, Zur 10. Wiederkehr seines Todestages, in: Schriften, Frankfurt/M. 1955, Bd. 2, S. 196–228; Wilhelm *Emrich*, F. Kafka, Bonn 1958; Ders., Die Bilderwelt F. Kafkas, in: Protest und Verheißung, Frankfurt/M.–Bonn 1960, S. 249–263; Martin *Walser*, Beschreibung einer Form, München 1961.
c) Wichtige Dissertationen, ungedr.: Manfred *Seidler*, Strukturanalysen der Romane Der Prozeß und Das Schloß, Bonn 1953; Gerd *König* F. Kafkas Erzählungen und kleine Prosa, Tübingen 1954; Dieter *Hasselblatt*, Zauber und Logik, Zur Struktur des Dichterischen bei Kafka, Freiburg i. Br. 1959.
d) Wichtige Einzelinterpretationen zu Der Prozeß: S. *Vestdijk*, Over Der Prozeß van F. Kafka, in: De Poolsche Ruiter, Essays, Bussum 1946, S. 72–82; John *Kelly*, „The Trial" and the Theology of Crisis, in: The Kafka Problem, hrsg. v. A. Flores, New York 1946, S. 151–171; René *Dauvin*, Le Procès de Kafka, in: Etudes Germaniques 3, 1948, S. 49–63; Karl Heinz *Volkmann-Schluck*, Bewußtsein und Dasein in Kafkas Prozeß, in: Die Neue Rundschau 62, 1951, S. 38–48; Erich *Fromm*, Symbolic Language in Myth, Fairy Tale, Rituel and Novel, (5) Kafkas The Trial, in: The Forgotten Language, London 1952, S. 213–224; Herm. *Uyttersprot*, Zur Struktur von Kafkas Der Prozeß, Versuch einer Neuordnung, Bruxelles 1953; Erich *Neumann*, Aus dem ersten Teil des Kafka-Kommentars, Das Gericht, Das Domkapitel, in: Geist und Werk, Zum 75. Geburtstag von Dr. D. Brody, Zürich 1958; Gerhard *Kaiser*, F. Kafkas Prozeß, Versuch einer Interpretation, in: Euphorion 52, 1958, S. 23–49; Klaus *Wagenbach*, Jahreszeiten bei Kafka, in: Dt. Vjschr. 33, 1959, S. 645–647; Heinz *Politzer*, Der Prozeß gegen das Gericht, Zum Verständnis von F. Kafkas Roman Der Prozeß, in: Wort und Wahrheit 14, 1959, S. 279–292.

| Seite | Seite |
|---|---|
| N: 234, 3 HL, 360 | 253, 8 T, 180 |
| 246, 5 BK, 294 | 254, 18 T, 481 |
| 247, 18 HL, 250 | 256, 19 v. u. ausweichen / HL, 121 |
| 251, 6 HL, 196 | 257, 12 v. u. HL, 94 |
| 252, 5 v. u. T, 545 f. | 258, 10 v. u. T, 561 |

| Seite | Seite |
|---|---|
| 261, 8 T, 550 | 277, 3 v.u. S. 66 |
| 264, 11 Zögern / HL, 42, 83, 303 | 278, 12 v.u. BK, 294 f. |
| 264, 14 HL, 39, 70 f. | 282, 6 BK, 96 |
| 264, 21 HL, 51, 107 | 283, 7 BK, 268 |
| 264, 8 v.u. T, 560 | 284, 13 T, 553 |
| 272, 4 BK, 138 | 287, 8 HL, 40, 81 |
| 274, 6 HL, 123 | 287, 17 v.u. HL, 49, 102 f. |
| 276, 15 HL, 343 | 289, 9 v.u. Janouch, 88 |

A: 1) S. 254, 10 v.u. Wie eine Parodie auf den Schuldgedanken mutet es an, wenn Kafka die einzige konkrete Erörterung einer Schuld Ks. sich um die „Schuld" an der Unordnung in Fräulein Bürstners Zimmer drehen und K. selber darüber zwei sich widersprechende Auffassungen vertreten läßt.

2) S. 256, 13 v.u. Kafka nennt diese absichtlichen Trübungen der Erkenntnis „Motivationen". Ihr Ziel ist, dem Leben einen ungestörten modus vivendi einzuräumen: „die ganze sichtbare Welt ist vielleicht nichts anderes als eine Motivation des einen Augenblick lang ruhenwollenden Menschen" (HL 49 u. 103).

3) S. 265, 21 v.u. Auch Brod erörtert in seinem „Nachwort zur dritten Ausgabe" die Möglichkeit, ein anderes Kapitel zwischen das erste und zweite einzuschieben, nämlich das fünfte. Dieses Kapitel (Der Prügler) setzt aber – was Brod entgangen zu sein scheint – inhaltlich das zweite Kapitel mit seiner Anklage gegen die Wächter voraus. Auf ebenso ungesichertem Boden bewegen sich die weitergehenden Umgruppierungsvorschläge Uyttersprots. Dazu K. Wagenbach, s. L., und G. Kaiser, s. L.

4) S. 289, 7. Dieser Begriff wird hier in dem weiten Sinn verstanden, in welchem er vor allem der französischen Literaturkritik geläufig ist. Er bleibt also unabhängig von der Ableitung aus dem Begriff des Antimärchens (Jolles), die Heselhaus, s. L., vornimmt, und damit auch von der polemischen Verengung, in welche Beissner in seiner Kritik an Heselhaus (Friedrich *Beissner*, Kafka der Dichter, Stuttgart 1958, Anm. 10) den Begriff des Antiromans treibt. B. A.

## ALFRED DÖBLIN S. 291

T: „Berlin Alexanderplatz" nach: Alfred Döblin, Ausgew. Werke in Einzelbänden, in Verbindung mit den Söhnen des Dichters hrsg. v. Walter Muschg, Bd. 4, Berlin Alexanderplatz. Die Geschichte vom Franz Biberkopf, Olten/Freiburg 1961 (kritisch überprüfte Neuausgabe).

L: Walter *Benjamin*, Krisis des Romans, in: Die Gesellschaft, Internationale Revue für Sozialismus u. Politik, 7, 1930, S. 562 ff.; Gerhard *Küntzel*,

Das dramatische und epische Werk 1906–1956, Akademie d. Wiss. u. d. Lit. i. Mainz, Jahrb. 1957, S. 154 ff.; Alfred Döblin, Im Buch-Zu Haus-Auf der Straße, vorgest. v. Alfred *Döblin* u. Oskar *Loerke*, Berlin 1928, Loerkes Beitrag jetzt wieder in O. L., Gedichte u. Prosa, hrsg. v. Peter Suhrkamp, Bd. 2, Frankfurt/M. 1958, S. 560 ff.; A. Döblin zum 70. Geburtstag, hrsg. v. Paul E. H. *Lüth*, Wiesbaden 1948; Robert *Minder*, A. Döblin, in: Dt. Lit. im 20. Jahrh., hrsg. v. H. Friedmann u. O. Mann, Heidelberg 1954, 4. Aufl. 1961, Bd. 2; Fritz *Martini*, Das Wagnis der Sprache, Stuttgart 1954, 3. Aufl. 1958, S. 339 ff.; Walter *Muschg*, Die Zerstörung der dt. Literatur, Bern 1956, 3. Aufl. 1958, S. 110 ff.; Walter *Muschg*, Nachwort zur oben genannten Neuausgabe.

Seite

N: 291, 12 v. u. Der Geist des naturalistischen Zeitalters, in: Die Neue Rundschau, 1924, S. 1289
292, 4 Die dt. Utopie von 1933 und die Literatur, in: Das goldene Tor, 1946, S. 145
292, 14 Bemerkungen zu Döblin, Berge, Meere und Giganten, in: Die Neue Rundschau, 1924, S. 604
294, 18 S. 230 f.
295, 8 S. 327
296, 4 S. 497
297, 16 v. u. S. 499
299, 15 v. u. S. 487
300, 7 v. u. S. 475
301, 2 S. 499
301, 18 S. 488
303, 20 S. 500
303, 16 v. u. Epilog, in: A. Döblin zum 70. Geburtstag, s. L., S. 166 u. 171
303, 4 v. u. Bemerkungen zum Roman, in: Die Neue Rundschau, 1917, S. 410
306, 6 v. u. S. 311; vgl. auch S. 343
307, 12 v. u. S. 151
307, 5 v. u. S. 158
308, 17 v. u. selbstverständlich / Döblin, Unser Dasein, Berlin 1933, S. 474; zur Resonanz s. dort vor allem S. 171–182
309, 10 v. u. zeitlebens / S. 144

Seite

310, 20 v. u. Döblin, Unser Dasein, a. a. O., S. 32
310, 11 v. u. S. 473
310, 3 v. u. Der Geist des naturalistischen Zeitalters, a. a. O., S. 1285
311, 2 Döblin, Das Ich über der Natur, Berlin 1927, S. 239
311, 10 Das Wasser, in: Die Neue Rundschau, 1922, S. 854
311, 13 v. u. Gegenstück / Döblin, Unser Dasein, passim
311, 6 v. u. Das Ich über der Natur, a. a. O., S. 7 f.
311, 1 v. u. darin / ebd., S. 66
312, 3 Döblin, Unser Dasein, a. a. O., S. 74
312, 12 Der Geist des naturalistischen Zeitalters, a. a. O., S. 185
312, 18 Aufzeichnungen aus dem Jahre 1928. In Minotaurus. Dichtung unter den Hufen von Staat und Industrie, hrsg. v. A. Döblin, o. J. [1953], S. 221
312, 21 v. u. Person ist / Bemerkungen zu Döblin, Berge, Meere und Giganten, a. a. O., S. 606 f.
312, 18 v. u. Epilog, in: A. Döblin zum 70. Geburtstag, s. L., S. 165–167
312, 7 v. u. ebd., S. 170
313, 21 v. u. ebd., S. 167

# ANMERKUNGEN 443

Seite
313, 8 v.u. Döblin, Unser Dasein,
  a. a. O., S. 90
315, 2 Der Bau des epischen Werkes, Preuß. Akad. d. Künste, Jahrb. d. Sektion f. Dichtkunst, 1929, S. 240
316, 3 S. 53
316, 10 v.u. Die Dichtung, ihre Natur und ihre Rolle, Akad. d. Wissensch. u. d. Lit. Mainz, Abhandlung d. Klasse d. Lit., Jahrg. 1950, Nr. 1, S. 35
317, 1 Döblin, Unser Dasein, a. a. O., S. 217
317, 19 S. 14 f.
318, 14 v.u. S. 43

Seite
318, 1 v.u. S. 79
319, 18 v.u. S. 361 f.
319, 4 v.u. S. 399 f.
320, 3 v.u. S. 386
321, 21 S. 200 f.
322, 10 v.u. in Kauf nehmen / Die Dichtung, ihre Natur und ihre Rolle, a. a. O., S. 29
322, 9 v.u. Der Bau des epischen Werkes, a. a. O., S. 260
323, 13 ebd., S. 249
323, 18 Epilog, in: A. Döblin zum 70. Geburtstag, s. L., S. 164
325, 3 v.u. Der Bau des epischen Werkes, a. a. O., S. 241

A: 1) S. 291, 14. Solche Auffassungen sind neuerdings wieder vorgetragen worden von Hermann *Pongs*, Im Umbruch der Zeit, Das Romanschaffen der Gegenwart, Tübingen 1958. Zu Döblins Roman erklärt er: „Menschheit als Kollektivum ist hier der von Max Scheler so scharfsichtig durchleuchtete Kunstgriff, alle andern Werte einzuebnen; insbesondre hier die Werte der soliden Arbeit, die den Lebensrhythmus Berlins bestimmt; oder die familienbildenden Werte" (S. 52), oder: „Es ist ein Massenaufgebot Joycescher Kunstgriffe, mit dem Ziel, den zynischen Nihilismus, der den Untergrund bildet, in ein christliches Zwielicht zu rücken ... So wird aus dem Mörder, dem Zuhälter ... der Held des Massenzeitalters. Eine der vielen Thersitesmasken der Zeit, unter denen die Selbstbewußtseinsform einer aufbauenden Volkssubstanz zerstört wird" (S. 53). – Eine dritte, erweiterte Auflage des Buches konnte 1958 erscheinen.

2) S. 303, 13 v.u. 1933 noch hat Döblin die Lehre, die aus dem Biberkopf-„Test" sich ergibt, in der Schrift Unser Dasein wiederholt (vgl. dort S. 474 f.). Wieder „muß der Weg in die völlige Vernichtung, die Auslöschung, die Zernichtung gegangen sein", erst dann die „Einreihung" des Einzel-Ichs ins Ganze des Seins. „Vorher hingst du wie Rauch über der Erde, warst nicht da und glaubtest etwas zu sein." Aus diesem Anschluß ans Kollektiv dann entwickelt Döblin auch hier ein neues Existenz- und Machtbewußtsein des Eingereihten, ein Aktionsprogramm, welches die Ergebung, das Nicht-Widerstreben im Grunde zurücknimmt; im Schluß der Passage klingt deutlich der Romanschluß nach: „Laufe, lauf, mein Ich, halte dich grad und stramm. Eins, zwei, eins, zwei, die Erde ist frei, auch für dich, auch für dich!"

3) S. 307, 1 v.u. Auf die Schlachthofbilder, die Isaaksgeschichte und das Lied vom Schnitter Tod verweisend, hat Döblin 20 Jahre später erklärt: „‚Das Opfer' war das Thema des ‚Alexanderplatz'." (Epilog,

in: A. Döblin zum 70. Geburtstag, s. L., S. 167). In Wahrheit liegt der Akzent immer nur auf dem Aspekt des Einwilligens des Opfers in die Opferung. Die These vom „Opfer" als dem Zentralthema des Romans sucht vergeblich, das Programm zu legitimieren, das der Romanschluß entwirft („Wir ziehen in den Krieg mit festem Schritt, es gehen mit uns hundert Spielleute mit, Morgenrot, Abendrot, leuchtest uns zum frohen Tod").

4) S. 315, 16 v. u. Döblin erklärte im Epilog, s. L., S. 167, zur Behauptung der Kritiker, daß der mit dem „Berlin Alexanderplatz" in der Nachfolge des James Joyce stehe: „wenn ich schon einem folgen und etwas brauchen soll, warum muß ich zu Joyce gehen, zu dem Irländer, wo ich die Art, die Methode, die er anwendet (famos, von mir bewundert) an der gleichen Stelle kennen gelernt habe, wie er selbst, bei den Expressionisten, Dadaisten und so fort."

5) S. 315, 10 v. u. Aufschlußreich in diesem Zusammenhang ist schon Döblins offener Brief an Marinetti über Futuristische Worttechnik aus dem Jahre 1913 (Der Sturm, Nr. 150/51, 1913, S. 280 ff.).

6) S. 316, 18 v. u. Vgl. Martini, s. L., S. 344: „Die Sprache wird so zum Spiegel der Verwirrung des Daseins." – „Die Zerstückelung der Welt wird suggestiv in der Erzählform des Autors wiederholt; das Zusammenhanglose, die mangelnde Sinneinheit der Welt wird sprachlich sichtbar" (S. 359).  A. Sch.


HERMANN BROCH                                        S. 326

T: „Der Tod des Vergil" nach: Ges. Werke, 8 Bde., Bd. 3, Zürich 1945 (V). – Bd. 6, Dichten und Erkennen, Essays, Bd. I, hrsg. v. Hannah Arendt, Zürich 1955 (E); Bd. 7, Erkennen und Handeln, Essays, Bd. II, hrsg. v. Hannah Arendt, Zürich 1955 (E 2); Bd. 8, Briefe von 1929 bis 1951, hrsg. v. Rob. Pick, Zürich 1957 (B).

L: Hermann J. *Weigand*, Brochs Death of Vergil: Program Notes, in: Publ. Mod. Lang. Assoc. of America 62, 1947, S. 525–554; Hannah *Arendt*, The Archievement of H. Broch, in: Kenyon Rev. 11, 1949, S. 476–483; Dies., H. Broch und der moderne Roman, in: Der Monat 8/9, 1949, S. 147–151; Egon *Vietta*, H. Broch, in: Der Monat 36, 1951, S. 616–629; Erich *Kahler*, Rede über H. Broch, in: Die Neue Rundschau 63, 1952, S. 232–243; Ders., Einleitung (Biographie, geistige Gestalt, Werkinterpretation) in: H. Broch, Ges. Werke Bd. 1, Gedichte, Zürich 1953; Ders., Untergang und Übergang der epischen Kunstform, in: Die Neue Rundschau 64, 1953, S. 1–44; Jean *Boyer*, H. Broch et le problème de la solitude, (Collection Allemagne d'aujourd'hui), Paris 1954; Fritz *Martini*, H. Broch, Der Tod des Vergil, in: Das Wagnis der Sprache, Stuttgart 1954, S. 408–464; Hannah *Arendt*, Der Dichter wider Willen, in: H. Broch, Ges. Werke, Bd. 6, Dichten und Erkennen,

# ANMERKUNGEN

Essays, Bd. I, Zürich 1955, S. 5–42; Jean-Jacques *Anstett*, Le romantisme de H. Broch, in: Études germaniques 11, 1956, S. 224–239; Josef *Strelka*, Jean Boyer, H. Broch et le problème de la solitude, in: Euphorion 50, 1956, S. 482–486; Albert *Fuchs*, Einführung in den geistigen Gehalt von H. Brochs Tod des Vergil, in: Hüter der dt. Sprache, hrsg. v. Karl Rüdinger, 1959, S. 113–134; Wolfgang *Rothe*, Einleitung zu H. Broch, Massenpsychologie, Zürich 1959; Marie-Louise *Roth*, Robert Musil im Spiegel seines Werkes. Versuch einer inneren Biographie, in: Robert Musil. Leben, Werk, Wirkung, hrsg. v. Karl Dinklage, Reinbek 1960, S. 13–48.

Seite

N: 326, 15 v.u. Hölderlin, Gesang des Deutschen
327, 8 v.u. V, 42–50
330, 6 V, 39 f.
332, 9 v.u. V, 92, 20 ff.
333, 1 Unraum / V, 181–190
333, 1 v.u. B, 156
334, 9 V, 19, 25–20, 9; auch E, 265 f.; B, 316
334, 14 das Ewige ruht / V, 91, 30–92, 2
334, 14 der Tod / V, 84–89
335, 15 v.u. V, 142
336, 19 V, 242 ff.
337, 6 den Tod / V, 88–91
339, 7 Goethe, Faust, V, 382 f.
339, 2 v.u. V, 257–287
340, 14 V, 299–316
340, 17 v.u. ein Syrer / V, 291–299
340, 1 v.u. V, 333–440
342, 12 V, 441, 458
342, 14 v.u. V, 322–332
345, 12 Goethe, Iphigenie, V, 1649
346, 10 E, 198
346, 11 B, u.a. 156, 171, 200
346, 19 Goethe / vgl. unten, 53, 15; dazu Fuchs, s. L., S. 131 f.
347, 13 Goethe, Faust, V, II 344
347, 20 B, 270
347, 20 v.u. E, 267; hierzu Boyer, s. L., S. 18 f. u. Strelka, s. L., S. 483
347, 19 v.u. E, 267; B, 316; Boyer, s. L., S. 18 f.
347, 18 v.u. B, 270

Seite

349, 3 Vgl. Der Tod des Vergil, Betrachtungen H. Brochs zum Stil seines Werkes, in: Hamburger Akad. Rundschau II, 1947/48, S. 498–501
351, 21 v.u. Kunstwerks / B, 14
351, 21 v.u. Vielstimmigkeit, / B, 33
352, 14 V, 323, 11 ff.
352, 17 v.u. Goethe, Faust, V, 509
352, 2 v.u. B, 54 (zur Sprache Frank Thieß')
354, 14 allzu quietistisch / vgl. zu S. 51, 13
354, 18 B, 268
354, 19 V, 478
354, 18 v.u. B, 244
354, 8 v.u. positive Religion / B, 103 (1934), 375 (1950); F. Stössinger spricht von einer Rückwendung Brochs zum Judentum (Anstett, s. L., S. 228, Anm. 10)
354, 7 v.u. mathematisiert / vgl. zu S. 33, 5
354, 7 v.u. Unverbindlich / B, 156
354, 3 v.u. Die Wissenschaft / E 2, 83
355, 4 B, 156; vgl. Anstett, s. L., S. 229–232
355, 13 an sich ist / B, 47
355, 19 B., 23
355, 21 v.u. B, 185; E, 75
355, 21 v.u. das Ethische / E, 236
355, 19 v.u. erste Ahnung / B, 416

| Seite | Seite |
|---|---|
| 355, 15 v.u. B, 95 | 357, 2 v.u. Popularkunst / B, 226, |
| 355, 14 v.u. B, 123; E, 236 | 187 |
| 355, 11 v.u. B, 186 | 358, 4 Wanderjahre / E, 206 |
| 355, 10 v.u. E, 236 | 358, 5 Faust / ebd. |
| 355, 9 v.u. E, 196 | 358, 12 Goethe / E, 236 |
| 355, 5 v.u. Mythos / E, 60, 164, 239–242 | 358, 8 v.u. bes. E, 61, 63, 183–210; B, 91, 102, 115, 128, 153, 155, |
| 356, 11 B, 185; E, 316 | 184, 194, 317 f., 368, 415 |
| 356, 14 B, 155, 226 f. | 359, 14 E, 197 |
| 356, 17 B, 300 | 359, 20 v.u ins Unverständliche / |
| 356, 13 v.u. E, 351 | wie in „Finnegan's Wake", B, |
| 357, 4 E, 267 | 184 |
| 357, 6 das Lyrische / E, 265 f. | 359, 17 v.u. Bestätigung / B, 14 f., |
| 357, 9 v.u. B, 184 f. | 33, 115, 128, 181; E, 355 f. |
| 357, 6 v.u. B, 188, 253, 292, 300; dazu „A Study on Mass Hysteria" (E 2, 226, 257–282) und „Massenpsychologie, Schriften aus dem Nachlaß" | 359, 15 v.u. B, 187 |
| | 359, 11 v.u. E, 270 |
| | 360, 1 v.u. E, 183 |

A: 1) S. 326, 10. Es handelt sich um das Verschwinden eines obersten, sinn- und zusammenhanggebenden Zentralwertes – Gott im Mittelalter – und die daraus entstehende Verselbständigung und „Radikalisierung aller Werte" (B, 185; E, 75; heranzuziehen E 2, 5–43).

2) S. 333, 21 v.u. Lysanias trägt, von Broch ungewußt und ungewollt, „die Attribute des Knabengottes Telesphoros (aus dem Kreise des Äskulap)" (B, 419). In der antiken Mythologie ist Telesphoros ein „Dämon der Genesung" (F. Lübkers Reallexikon des klassischen Altertums", 8. Aufl. 1914, Sp. 1018).

3) S. 346, 21. „Existenzphilosophie ist das alle Sachkunde nutzende aber überschreitende Denken, durch das der Mensch er selbst werden möchte. Dieses Denken erkennt nicht Gegenstände, sondern erhellt und erwirkt in einem das Sein dessen, der so denkt. *In die Schwebe gebracht* durch Überschreiten aller das Sein fixierenden Welterkenntnis (als philosophische Weltorientierung) *appelliert* es an seine Freiheit (als Existenzerhellung) und schafft den Raum seines unbedingten Tuns im *Beschwören* der Transzendenz (als Metaphysik) (K. *Jaspers*, Die geistige Situation der Zeit, Sammlung Göschen, Bd. 1000, Berlin 1931, S. 145). Boyer, s. L., S. 60, stellt die Frage nach existenzphilosophischen Beeinflussungen; Strelka, s. L., S. 484, läßt „mit keinerlei Art von Existentialismus... irgendeine ernst zu nehmende Ähnlichkeit" gelten.

4) S. 346, 15 v.u. Nach Brochs Briefen (u. a. B, 103, 375) kann nicht mehr (wie bei Fuchs, s. L., S. 131) von „Metaphysik auf dem Boden christlicher Grundprinzipien" gesprochen werden; vgl. Anstett, s. L., S. 227.

5) S. 358, 12 v.u. „Religion ist Ehrfurcht, – die Ehrfurcht zuerst vor dem Geheimnis, das der Mensch ist. Sofern es um neue Ordnung, neue

Bindung, die Anpassung der menschlichen Gesellschaft an die Erfordernisse der Weltstunde geht, ist gewiß mit Konferenzbeschlüssen, technischen Maßnahmen, juridischen Institutionen wenig getan, und World Government bleibt rationale Utopie. Notwendig zuerst ist die Wandlung des geistigen Klimas, ein neues Gefühl für die Schwierigkeit und den Adel des Menschseins, eine alles durchwaltende Grundgesinnung, der niemand sich entzieht, die jeder im Innersten als Richter anerkennt. Für ihre Entstehung und Befestigung kann der Dichter und Künstler, unmerklich von oben ins Untere, Breitere wirkend, einiges tun. Aber sie wird nicht gelehrt und gemacht, sie wird erlebt und erlitten" (Neue Studien [1948], S. 159).

6) S. 358, 10 v. u. „Diese von dem Ich, von ‚Eigenschaften‘ getragene Verhaltensweise steht im Gegensatz zu einer anderen, ‚nichtratioïden‘, selbstlosen, verinnerlichten, kontemplativen... Musil nennt diese ‚hinter der Person‘ stehende, das heißt im Innersten des Wesens liegende andere Möglichkeit einer Lebenshaltung den ‚anderen Zustand‘ oder ‚das Reich der Liebe‘ oder auch ‚das Tausendjährige Reich‘ ... Dieser ‚Zustand‘ ist anders als die normale, funktionale Wirklichkeit, weil in ihm sich die Perspektive des Menschen ändert, die Verhältnisse zur Welt werden ‚anders‘. ‚Alles ist mit einem anderen Sinn gefärbt.‘ ‚Die Dinge sind anders, weil meine Einstellung zu ihnen eine andre ist. Es handelt sich weniger darum, daß ich andere Seiten an ihnen wahrnehme, als daß ich überhaupt weniger ‚wahrnehme‘, sondern ethisch eingestellt bin. Nicht: was ist das, sondern: wie verhalte ich mich dazu; und zwar nicht praktisch, sondern kontemplativ...‘ Das ‚nicht-ratioïde, motivierte Leben in Liebe‘ kommt dem inneren Bedürfnis des Menschen gleich nach einem ‚ganzen‘, ‚wahren‘, ‚wesentlichen‘, ‚wesenhaften‘ Leben, nach Sinnöffnung. ‚Wesentlich leben... Das Wort kommt wohl aus der Mystik oder Metaphysik und bezeichnet den Gegensatz zu allem irdischen friedlosen und zweifelvollen Geschehen; aber seit wir uns vom Himmel getrennt haben, lebt es auf Erden als die Sehnsucht, unter tausenden moralischen Überzeugungen die einzige zu finden, die dem Leben einen Sinn ohne Wandel gibt.‘ ... ‚Es gibt einen Zustand in der Welt, dessen Anblick uns verstellt ist, den aber die Dinge manches Mal da oder dort freigeben, wenn wir uns selbst in einem auf besondere Art erregten Zustand befinden. Und nur in ihm erblicken wir, daß die Dinge ‚aus Liebe‘ sind...‘ Die Liebe, die im Mittelpunkt der Musil'schen Lebensphilosophie steht, ist die höchste Möglichkeit, aus einem ‚Leben ohne Sinn, ein(em), das nur den sogenannten Erfordernissen gehorchte und ihrem als Notwendigkeit verkleideten Zufall, somit ein(em) Leben der ewigen Augenblicklichkeit‘ herauszutreten, Sinn, Einheit, Ewigkeit, Dauer, Glück zu schaffen" (Roth, s. L., S. 39 ff.).

7) S. 359, 4 v. u. Zum Jüdischen des „Mischbluts" Hofmannsthal: „La lignée paternelle lui légua une part de sang juif; dans le cadre de la transmission des qualités par le sang, c'est ... à ces ancêtres (que)

Hofmannsthal, bien que dégagé de tout rapport avec l'orthodoxie juive, devait, je crois, de sentir en lui une responsabilité envers l'esprit, une responsabilité morale, et d'en devenir toujours davantage le desservant. *Was Europa den Juden verdankt?* demande Nietzsche, et répond: ... *vor allem eins: den großen Stil in der Moral, die Furchtbarkeit und Majestät unendlicher Forderungen* (A. Fuchs, Hofmannsthal, in: Bulletin de la Faculté des Lettres de Strasbourg, XXXIX [1960–61], S. 148). A. F.

## ROBERT MUSIL S. 361

T: „Der Mann ohne Eigenschaften" nach: Ges. Werke i. Einzelausg., hrsg. v. Adolf Frisé, Hamburg 1952–1957. Der Band, der den „Mann ohne Eigenschaften" enthält (1952), wird mit M. bezeichnet, der 1955 erschienene Band „Tagebücher, Aphorismen, Essays und Reden" mit T., der Band „Prosa, Dramen, späte Briefe" (1957) mit P. Auf diese Buchstaben folgt die Seitenzahl. Bei Angaben der Kapitel bezeichnet die vorangehende römische Ziffer das erste oder zweite Buch des Romans.

L: W. E. *Süskind*, Ein Buch gegen den Aberglauben, in: Die Literatur 33, 1930/31, S. 369 ff.; Adolf *Frisé*, R. Musil oder vom Grenzschicksal der Kunst, in: Die Tat 27, 1935, S. 53 ff.; Ernst *Kaiser*, Empire in Time and Space, in: The Times Literary Supplement, 1949, S. 689 f.; Gerhart *Baumann*, R. Musil, Eine Vorstudie, in: Germ.-Rom. Monschr. 34, N. F. 3, 1953, S. 292 ff.; Walter *Boehlich*, Untergang und Erlösung, in: Akzente 1, 1954, S. 35 ff.; Wilhelm *Braun*, Musils „Erdensekretariat der Genauigkeit und Seele", a Clue to the Philosophy of the Hero of Der Mann ohne Eigenschaften, in: Monatshefte für dt. Unterricht, Madison/Wisconsin 46, 1954, S. 305 ff.; Karl Markus *Michel*, Die Utopie der Sprache, in: Akzente 1, 1954, S. 23 ff.; Wolfdietrich *Rasch*, R. Musil und sein Roman Der Mann ohne Eigenschaften, in: Universitas 9, 1954, S. 145 ff.; Gert *Kalow*, R. Musil, in: Dt. Literatur im 20. Jahrh., Gestalten und Strukturen, Heidelberg 1954, S. 338 ff.; Beda *Allemann*, Ironie und Dichtung, Pfullingen 1956, S. 177 ff.; Wilfried *Berghahn*, Die essayistische Erzähltechnik R. Musils, Diss. Bonn 1956, ungedr.; Ernst *Fischer*, Das Werk R. Musils, Versuch einer Würdigung, in: Sinn und Form 9, 1957, S. 851 ff.; Ernst *Kaiser*, Der Mann ohne Eigenschaften, ein Problem der Wirklichkeit, in: Merkur 11, 1957, S. 669 ff.; Wilhelm *Braun*, Musil's Siamese Twins, in: Germ. Rev. 33, 1958, S. 41 ff.; Helmut *Arntzen*, Satirischer Stil, Zur Satire R. Musils im Mann ohne Eigenschaften, Bonn 1960; Gerhart *Baumann*, R. Musil, Die Struktur des Geistes und der Geist der Struktur, in: Germ.-Rom. Monschr. 41, N. F. 10, 1960, S. 420 ff.; Wilhelm *Braun*, Moosbrugger Dances, in: Germ. Rev. 35, 1960, S. 214 ff.; R. Musil,

Leben, Werk, Wirkung, hrsg. v. Karl *Dinklage*, Hamburg 1960; Walter H. *Sokel*, R. Musils Narrenspiegel, in: Neue dt. Hefte 71, 1960, S. 199 ff.; Philippe *Jaccottet*, A Partir de L'Homme sans Qualités, in: Nouvelle Revue Française, 1960/61, S. 803 ff.; Wilfried *Berghahn*, R. Musil – Interpretationen und „Parallelaktionen", in: Neue dt. Hefte, 81, 1961, S. 104 ff.; Burton *Pike*, R. Musil, An Introduction to His Work, Cornell University Press, Ithaka/New York 1961; Albrecht *Schöne*, Zum Gebrauch des Konjunktivs bei R. Musil, in: Euphorion 55, 1961, S. 196 ff.; Ernst *Kaiser* u. Eithne *Wilkins*, R. Musil, Eine Einführung in das Werk, Stuttgart 1962 (nach Abschluß des Manuskripts erschienen).

Seite

N: 362, 8 M. 665
362, 21 v. u. P. 724 ff.
363, 10 P. 615
363, 2 v. u. M. 1180 f.
364, 4 P. 726
364, 8 M. 1640
364, 13 M. 1638
364, 7 v. u. M. 48
365, 7 P. 726
366, 5 M. 1643 f.
366, 15 v. u. M. 13
366, 10 v. u. M. 757
367, 2 M. 18
367, 13 v. u. M. 61
367, 11 v. u. M. 149
367, 6 v. u. M. 53
368, 3 M. 63
368, 5 M. 63
368, 9 M. 51
368, 10 M. 364
368, 13 M. 365
368, 17 M. 46
368, 18 M. 757
368, 17 v. u. M. 455
368, 5 v. u. was nicht ist / M. 16
369, 6 M. 16
369, 13 M. 19
369, 21 v. u. M. 257
369, 17 v. u. M. 158
369, 13 v. u. M. 17
369, 8 v. u. M. 1191
370, 3 M. 786
370, 9 M. 366
370, 11 M. 1645

Seite

370, 15 v. u. M. 253
370, 13 v. u. M. 135 f.
370, 12 v. u. M. 1636
370, 3 v. u. M. 253
371, 16 M. 257
371, 21 M. 312
371, 9 v. u. M. 263
371, 1 v. u. M. 366 f.
372, 15 M. 258
372, 18 v. u. kommen wird / T. 595
372, 11 v. u. M. 1637
372, 1 v. u. M. 29
373, 16 M. 29
373, 6 v. u. M. 128
374, 19 M. 129
374, 5 v. u. M. 160
375, 4 M. 1272
375, 9 M. 1272
375, 16 v. u. M. 1153
375, 13 v. u. M. 1345
375, 6 v. u. M. 1568
376, 13 empörte / M. 369
376, 12 v. u. M. 1383
376, 7 v. u. T. 237
376, 1 v. u. M. 1353
377, 15 M. 646
377, 16 M. 679 f.
377, 12 v. u. M. 1113
378, 20 M. 1207
378, 16 v. u. M. 1210
378, 4 v. u. M. 106
379, 1 T. 647 ff.
379, 15 M. 125
379, 12 v. u. M. 778

## ANMERKUNGEN

Seite
379, 10 v. u. M. 783 f.
379, 7 v. u. M. 782
379, 6 v. u. M. 768
380, 6 M. 786 f.
380, 11 M. 782
380, 21 M. 782
381, 9 M. 114
381, 14 einmal nach / M. 115
381, 20 M. 116
381, 6 v. u. M. 47
381, 3 v. u. M. 17
382, 10 T. 455
382, 7 v. u. M. 18
383, 15 v. u. M. 312
383, 12 v. u. T. 558
383, 8 v. u. T. 500
383, 5 v. u. T. 500
384, 11 T. 289
384, 20 v. u. P. 718
384, 13 v. u. Lichts / M. 680
385, 1 M. 1639
385, 2 M. 1405
385, 16 M. 1640
385, 16 v. u. M. 16
386, 8 v. u. T. 274
386, 5 v. u. M. 1042
387, 19 v. u. T. 226
390, 12 M. 1645
390, 4 v. u. T. 415
390, 1 v. u. vgl. z. B. M. 1302
391, 8 M. 1645
392, 19 v. u. M. 195
392, 14 v. u. M. 61
392, 2 v. u. M. 852
393, 12 M. 124
393, 18 M. 247
393, 20 M. 78
393, 14 v. u. M. 1600
393, 8 v. u. M. 158
393, 3 v. u. M. 102
393, 1 v. u. M. 110
394, 1 M. 61
394, 4 M. 106
394, 8 M. 105
394, 16 M. 106

Seite
394, 17 v. u. M. 579
394, 12 v. u. P. 715
394, 1 v. u. M. 1375
395, 8 M. 962
395, 11 M. 924
395, 17 M. 743
395, 20 v. u. Gefälligkeit / M. 877 f.
395, 20 v. u. Augenblicke / M. 876
395, 10 v. u. M. 984
396, 1 M. 667
396, 12 M. 678
397, 9 P. 726
398, 15 M. 606
399, 15 M. 845
399, 21 M. 1238
399, 19 v. u. M. 1248
399, 5 v. u. M. 1248
400, 16 M. 1243
401, 4 M. 606
401, 17 T. 673
401, 21 T. 675
401, 19 v. u. T. 672
401, 13 v. u. gerichtet / T. 677
401, 10 v. u. T. 683
402, 8 M. 777
403, 8 M. 1648
403, 19 P. 725
403, 13 v. u. T. 253
405, 18 v. u. M. 1629
405, 16 v. u. M. 1613
405, 14 v. u. M. 1612–1617
405, 10 v. u. M. 1620
406, 3 P. 733 ff.
407, 20 v. u. M. 1060
407, 14 v. u. M. 1619
407, 9 v. u. M. 1632
407, 4 v. u. M. 1375
408, 13 M. 1629
408, 17 T. 491
408, 21 v. u. T. 491
408, 2 v. u. M. 1626
409, 14 M. 1635
409, 16 v. u. M. 740
409, 7 v. u. M. 709

# ANMERKUNGEN 451

Seite
410, 2 M. 965
410, 15 M. 918
410, 18 v.u. anführt / M. 923
410, 15 v.u. M. 924
410, 8 v.u. M. 924
411, 2 M. 810
411, 11 M. 842
411, 13 mischten / M. 814
411, 15 M. 815 f.
411, 10 v.u. M. 881
411, 10 v.u. indifferent / vgl. M. 916
411, 8 v.u. M. 964
411, 1 v.u. T. 355
412, 10 M. 925
412, 17 v.u. M. 767
412, 5 v.u. M. 965
413, 13 M. 778
413, 15 Bedeutung / M. 1243

Seite
413, 17 v.u. M. 914
413, 4 v.u. M. 965
414, 6 v.u. hinderlich / M. 1167
415, 1 M. 1160
415, 9 v.u. M. 1644
416, 6 M. 1342
416, 11 M. 1631
416, 13 M. 1175
416, 21 v.u. M. 1107
416, 9 v.u. M. 1109
416, 3 v.u. M. 1120
417, 18 v.u. M. 1174
417, 3 v.u. vorhaben / M. 1445
417, 1 v.u. M. 1463
418, 6 M. 1448
418, 10 M. 1448
418, 12 M. 1451
418, 14 M. 1458
418, 17 v.u. M. 1463

A: 1) S. 363, 2 v.u. Wunderbar erzählt ist z. B. auch die Geschichte von Tante Jane in I, 99; auch andere Episoden bestätigen diese Könnerschaft.
2) S. 364, 11. Vgl. E. Kaiser in seinem Aufsatz, Der Mann ohne Eigenschaften, ein Problem der Wirklichkeit, s. L., S. 673.
3) S. 365, 20. Nachweise jetzt in dem Aufsatz von A. Schöne, s. L.
4) S. 365, 4 v.u. Unter diesem Aspekt werden die Reflexionen Ulrichs untersucht in der Münsterer Dissertation von Renate von *Heydebrand*, Der gedankliche Gehalt in R. Musils Roman „Der Mann ohne Eigenschaften" im Zusammenhang mit dem zeitgenössischen Denken. Die 1962 angenommene Dissertation liegt im Manuskript vor.
5) S. 367, 20 v.u. Aufschließende Hinweise darauf in der Dissertation von W. Berghahn, Die essayistische Erzähltechnik R. Musils, s. L. Hier auch eine Analyse der Zeitstruktur des Romans.
6) S. 369, 14. Vgl. dazu den Aufsatz von A. Schöne, s. L., wo auch die akzentuierte Verwendung des verbalen Konjunktivs aufgewiesen wird.
7) S. 376, 3. Vgl. z. B. den Anfang des Romans: Berge, Meere und Giganten.
8) S. 376, 18 v.u. James Joyce, Ulysses, dt. Ausg. Zürich 1956, S. 32.
9) S. 376, 5 v.u. A. Schöne hat einige Parallelerscheinungen im 18. Jahrh. aufgewiesen, s. L., S. 214 ff.
10) S. 378, 3. Wolfdietrich *Rasch*, Erinnerung an Robert Musil, in: R. Musil, Leben, Werk, Wirkung, hrsg. v. Karl Dinklage, s. L., S. 374.
11) S. 379, 1. R. Musil, Anmerkung zu einer Metapsychik (Walther Rathenau, Zur Mechanik des Geistes), T. 647 ff.

12) S. 379, 12. Der zitierte Satz aus der Schrift Der Schatz der Armen, Jena 1906, S. 33.
13) S. 380, 18 v. u. Siehe die Dissertation von Wilhelm *Bausinger*, Studien zu einer hist.-krit. Ausgabe von R. Musils Roman Der Mann ohne Eigenschaften, Tübingen 1962, ungedr., S. 109.
14) S. 381, 14 v. u. Dies geschieht in der bereits zitierten Dissertation von R. v. Heydebrand.
15) S. 383, 10. Vgl. dagegen H. Arntzen, s. L.
16) S. 383, 15. B. Allemann, s. L., S. 186.
17) S. 383, 3 v. u. Ich habe sie in diesem Sinne bereits 1954 in einem kleinen Aufsatz (Universitas, 9. Jahrg., S. 157 ff.) vorgeschlagen und etwas näher in einem Vortrag entwickelt, der zuerst 1952 in Paris, später in Münster, Hamburg, Stuttgart, Bielefeld usw. gehalten wurde und auch den von Musil selbst akzentuierten Conjunctivus potentialis als entscheidenden Modus des Romans darlegte.
18) S. 390, 19 v. u. Vgl. Walter *Rehm*, Kierkegaard und der Verführer, München 1949, S. 33.
19) S. 390, 14 v. u. Sören Kierkegaard, Über den Begriff der Ironie, dt. v. H. H. Schaeder, München–Berlin 1929, S. 218 ff.
20) S. 390, 13 v. u. Sören Kierkegaard, Ges. Werke, Jena 1909 ff., Bd. VIII, S. 34.
21) S. 391, 10 v. u. W. Berghahn gibt in seiner Dissertation, s. L., Analysen der Vorgangskomplexe und der personalen Konstellationen.
22) S. 393, 20. Zur Analogie der Wahnvorstellungen Moosbruggers und der ekstatischen Momente Ulrichs vgl. den Aufsatz von W. Braun, Moosbrugger Dances, s. L.
23) S. 394, 7 v. u. Dazu wichtige Hinweise in dem Aufsatz von G. Baumann, R. Musil, Eine Vorstudie, s. L.
24) S. 402, 10 v. u. Vgl. die Angaben in der Dissertation von W. Bausinger, s. L., S. 105–107. – Die folgenden Sätze richten sich mit Entschiedenheit gegen die Hypothesen von E. Kaiser, die er zuerst in seinem Aufsatz Der Mann ohne Eigenschaften, ein Problem der Wirklichkeit, s. L., vertrat. Hier sagt Kaiser, daß beim späten Musil „die dichterische, visionär-mystische Seite nach und nach die Oberhand gewann über das Intellektuelle, gesellschaftskritisch Satirische", daß Musil den Entwurf der „Reise ins Paradies" nicht mehr verwenden wollte, daß vielmehr eine vergeistigte Liebe die Geschwister in eine überwirkliche Sphäre führen sollte und daß „ihre Trennung ... nach 1936 nicht mehr geplant war".
25) S. 403, 1. Siehe T. 39, 46 ff., 61 ff. usw.
26) S. 404, 2. Diese Sätze stehen in dem Gespräch mit O. M. *Fontana*, Was arbeiten Sie? Gespräch mit Robert Musil, 1926, T. 785 ff.
27) S. 404, 21. Ein Beispiel. Arnheim teilt dem General Stumm mit, daß die Parallelaktion folgende Resolution gefaßt hätte: „Für seine eigenen Ideen soll sich jeder töten lassen, wer aber Menschen dazu bringt, für fremde Ideen zu sterben, ist ein Mörder!" Arnheim fügt

hinzu: „Die Resolution stammt übrigens aus einem zeitgenössischen Buch, wenn ich mich recht entsinne" (M. 1057 f.). Das ist keine Fiktion, sondern dieses Buch ist vorhanden. Es stammt von Josef *Popper* und heißt Das Recht zu leben und die Pflicht zu sterben, Dresden–Leipzig 1903 (1. Aufl. 1878). Dort heißt es S. 227: „Immer dann, wenn ein Gefühl, eine Idee im Innern des Menschen übermächtig wird und ihm den Tod vorschreibt, so stirbt es sich ihm leicht. Will aber irgend jemand Anderer, als wir selbst, uns das Leben absprechen, so nennen wir es Mord."

28) S. 404, 18 v. u. Das bereits zitierte Gespräch in T. 785 ff.

29) S. 405, 4. Der Krieg war auch in der Spätzeit als Abschluß des Romangeschehens vorgesehen. Eine Notiz vom 6. 1. 1936 besagt: „Umfassendes Problem: Krieg. Seinesgleichen führt zum Krieg. ... Alle Linien münden in Krieg ..." (M. 1617).

30) S. 405, 8. Vgl. dazu die Mitteilungen in meinem Aufsatz Probleme der Musil-Edition, Frankfurter Allg. Zeitung v. 6. u. 13. 10. 1962, Nr. 233 u. 239.

31) S. 405, 7 v. u. Mitteilungen darüber und ein Teilabdruck im Kommentar der italienischen Ausgabe des Nachlaßbandes von Eithne Wilkins und Ernst Kaiser (L'Uomo senza qualità, volume terzo, Torino 1962, S. 337 f.). Es ist eine willkürliche Auslegung der Editoren, wenn diese Disposition als „Versuch einer vollständigen Rückkehr zum Thema und zu den Texten der Vergangenheit" bezeichnet wird. Musil hatte sich nie von diesen Texten entfernt. Auch für die Behauptung, daß Musil nur aus Zeitnot – der Verlag Bermann-Fischer wollte damals den Schlußband drucken – die alten Texte verwenden wollte, statt den Roman in anderem Sinne fortzuführen, fehlt jeder Beweis oder Anhaltspunkt.

32) S. 406, 8. Siehe Musils Brief an Johannes v. Allesch vom 18. 9. 1931, Leben, Werk, Wirkung, s. L., S. 307.

33) S. 406, 11. Die Redaktion des alten Materials, so berichtet Musil weiter, bedeutete auch eine „Abrechnung" mit den alten Entwürfen, „wobei ich fast alles opferte, was ursprünglich den eigentlichen Roman und später einen Teil des zweiten Bandes bilden sollte ..." Er bemerkt, „aus dem weggestrichenen Teil" könnte „eine Erzählung im Umfang des Törleß werden". Bei dem gestrichenen Romankomplex kann es sich wohl nur um die Spätphase des Clarisse-Walter-Themas handeln, das in der Tat ursprünglich die Romanhandlung bilden sollte. Allerdings zeigen spätere Notizen, daß Musil Clarisse als Kontrast- und Spiegelfigur zu Agathe und Ulrich doch nicht opfern wollte.

34) S. 406, 18. Das Datum des Satzbeginns entnehme ich einer freundlichen Mitteilung des Druckers, nämlich der Waldheim-Eberle AG in Wien, die Herr Dr. Ludwig Polsterer leitet.

35) S. 406, 19 v. u. Mitteilung Martha Musils in der Einleitung ihrer Nachlaß-Edition, Der Mann ohne Eigenschaften, dritter Band, aus dem Nachlaß hrsg. v. Martha Musil, Lausanne 1943.

36) S. 406, 11 v. u. Siehe den Brief Martha Musils an Johannes v. Allesch vom 21. 5. 1930, Leben, Werk, Wirkung, s. L., S. 300.
37) S. 406, 9 v. u. W. Bausinger bestätigt mir das freundlicherweise brieflich aus seiner Kenntnis des Nachlasses. „Ich glaube nicht, daß man in Musils Schaffen der Schweizer Jahre eine radikal neue Wendung sogar gegenüber dem zweiten Band und den ersten Dreißigerjahren sehen kann . . ."
38) S. 406, 6 v. u. Adolf Frisés Ausgabe der Nachlaßteile hat das Verdienst – nach Martha Musils Abdruck einiger Stücke dieser Entwürfe –, sie zum erstenmal in großem Umfang mitgeteilt zu haben. Diese erste, nicht nach wissenschaftlichen editorischen Grundsätzen eingerichtete Ausgabe, der Anmerkungen und Hinweise fehlen, hat neben vielen textlichen Ungenauigkeiten auch andere Mängel. Sie fügt zuweilen Texte aus verschiedenen Entwürfen zu einem Kapitel zusammen, gibt keine genauen Datierungen und ist auch in der Anordnung z. T. problematisch. Vgl. dazu meinen schon genannten Aufsatz in der Frankfurter Allg. Zeitung.
39) S. 408, 20. Diese Utopie der „induktiven Gesinnung" wäre ein Rückgriff auf frühere Ideen Ulrichs, der wiederholt für das „Verfahren einer bewußten Induktion" im Bereich des Moralischen, mit methodischer Zusammenarbeit aller, eintritt, weil „leitende Ideen" nicht mehr vorhanden seien (M. 650). Im Grunde wäre wohl die Utopie der induktiven Gesinnung nur eine Formel für jenen Utopismus, der sich an feste Leitbilder nicht bindet, eine Umschreibung für Offenheit gegenüber der Wirklichkeit, die sich aus Ulrichs Entwicklung ergeben müßte und den „offenen Schluß" des Romans markieren könnte. Am Ende eines Schemas für die „induktive Gesinnung" heißt es: „Die geschlossene Ideologie durch eine offene ersetzen" (M. 1626).
40) S. 409, 4. Mitgeteilt in der Dissertation von W. Bausinger, a. a. O., S. 109.
41) S. 409, 14. In der Konzeption von 1926 war Agathe noch die Zwillingsschwester Ulrichs.
42) S. 410, 8. Blaise Pascal, Pensées, dt. Ausg. v. Ewald Wasmuth, Berlin 1940, S. 225, Nr. 485.
43) S. 410, 9. Paul Valéry, Monsieur Teste, dt. Ausg. v. Max Rychner, Leipzig 1947, S. 95 f.
44) S. 415, 16 v. u. Auf einem Studienblatt von 1931 notiert sich Musil: „Da ‚anderer Zustand' zu individualistisch, gleich die soziale Problematik hinzunehmen" (M. 1375). Das zehn Jahre später, in Musils letztem Lebensjahr, in Reinschrift fertiggestellte Kapitel II, 47 erfüllt diese Absicht. Musil hat das Thema „Genie und Durchschnitt" in zwei weiteren Kapitelentwürfen der Schweizer Zeit (II, 49, 50) fortgeführt, doch nicht abgeschlossen.
45) S. 417, 7. In einem Entwurf zum Kapitel II, 55, der von 1938 stammt, scheint diese Wendung schon vorbereitet. Dort heißt es von dem möglichen Übergang zur sinnlichen Vereinigung: „Das bedeutete

für ihr Leben nicht mehr als die Wahl eines Vorzeichens, einer Überschrift und einer anderen Lesart, und kein Buchstabe des Sinns und Hintersinns wäre dadurch gekränkt oder von seinem Platz gerückt worden; ja eher mochte dann erst vieles klar werden wie ein Feuer, das durch den Rauch bricht." (Mitgeteilt von W. Bausinger, a. a. O., Teil 2, S. 56a–57a.) Die warnende Stimme, die den Geschwistern nur beim Verzicht eine höhere Vereinigung verhieß, scheint hier verstummt.

W. R.